希腊史

从梭伦时代到公元前403年

（上 册）

〔英〕乔治·格罗特 —— 著
晏绍祥 陈思伟 —— 译
晏绍祥 —— 审校

北京理工大学出版社
BEIJING INSTITUTE OF TECHNOLOGY PRESS

译者序言

19世纪英国的社会变革与希腊主义

从18世纪后期到19世纪前期，希腊主义逐渐在西欧兴起和发展。一方面，工业革命造就了英国的世界霸权，也让英国在向近代社会转型中面临着严重的问题。工业资产阶级掌握着英国的大部分财富，却没有资格参与政权；工人阶级是劳动的主力军，却只能居住在贫民窟中，受到残酷的剥削，享受不到经济发展带来的好处，大部分人生活状况恶劣，几乎没有政治权利可言；手工业者在工业革命的冲击下，气息奄奄，掀起了反抗工厂的运动；环境污染严重。吉尔伯特·海埃特如此抨击当时英国自然环境的恶劣:"空中黑烟笼罩;空气中夹杂着工厂喷出的浓雾,以及机器的咆哮与刺耳的噪声;不到几年光景,迷人的山谷变成了庞大的贫民窟;清静的荒野被开发;葱绿的草地被埋在了裸露的矿渣下……那时建造的成千上万的、让人恶心的城镇和建筑,砖质教堂,以及魔鬼般的黑糊糊的工厂,至今仍在伤害着我们的眼睛。"[1]

但工业革命深刻影响了英国的政治和社会构造。工业和商业的发展,殖民扩张的成功,以及近代以来的社会转型,让英国成为19世纪欧洲最有条件实行民主政治的国家。资产阶级不断发出要求改革国会、参与政权的呼声。经过1832年、1867年和1884—1885年的三次国会改革,资产阶级参政的愿望逐步得到实现。工人阶级通过组织工会和社会主义运动,连续发起了声势浩大的罢工和反抗,要求增加工资、改善生活待遇,到19世纪末,

---

[1] Gilbert Highet, *The Classical Tradition: Greek and Roman Influences on Western Literature*, pp. 437-438.

这些要求至少得到了部分实现，其政治影响也有了较大的提升。1867年和1884—1885年的改革，让英国几乎所有的成年男性获得了选举权，奠定了普选权的基础。妇女的选举权，至少从密尔开始，不断被人提起。总体上看，英国政治虽然缓慢但稳步地迈向民主。

正是在这种进步和问题并存的时代，希腊主义逐渐在英国兴起。18世纪中后期斯图尔特和内维特两人的雅典之行，还有他们对希腊的考察和随后出版的《雅典的古迹》，让英国人第一次领略到了真正的希腊风格。他们对爱奥尼亚式和多利亚式建筑的推崇，在英国设计的希腊式建筑，都给人耳目一新之感。19世纪初厄尔金勋爵将帕特农神庙上的浮雕运回希腊，后辗转成为不列颠博物馆的藏品，让人们见识到古典希腊的真正雕刻，在英国掀起一阵希腊热。19世纪20年代希腊独立战争的爆发，以及拜伦、雪莱等英国诗人的参与，他们对希腊独立战争的报道和关注，也刺激了人们对希腊的热情。18世纪后期到19世纪前期的英国，兴起了一股前往希腊参观和考察的热潮。"希腊的吸引力在于新奇；它近得足以让人们到达，但远得又足以让人们感到是异乡，某种程度的危险，还给冒险增加了调料。对业余爱好者协会来说，它还提供了另一个机会：虽然辉格党的寡头制政治上无法攻击，但它们在美学上容易遭到抨击。只要人们知道希腊的艺术是怎么回事，就可以用其来推翻寡头们青睐的巴拉丁风格。"[1]于是在19世纪上半期的英国，不管是诗歌，还是艺术、建筑、历史，都纷纷转向希腊，甚至英国的服装和妇女的发型，都受到希腊风气的影响。

促使人们转向希腊的第一个原因，是工业革命以来英国经济的发展。人们发现当时英国与公元前5世纪的雅典有诸多相似之处。当时的著名学者阿诺德评论道，"与较早的古代比较，两个时代都是'现代的'。战争的消失、生活舒适度的增加，闲暇时追求高雅的大量机会，是两个'现代'的共同特征。最重要的是，两个'现代'都表现出'人类理智上的成熟；以批判精神观察事

[1] Richard Jenkyns, *The Victorians and Ancient Greece*, p. 4.

实的倾向；寻找规律而非随意浏览；根据理性规则而不是任性或偏见进行判断'。"但是，与雅典比较，"现代的"英国有许多不足，"政治改革、宗教宽容、商业繁荣本身变成了目的，付出的代价是忽视了其他方面——人性中比较高尚的方面"，雅典人的作品"能够帮助我们医治在我看来智力上的严重缺陷"。即当时英国人各方面的粗俗。因此，他相当欣赏埃斯库罗斯和索福克勒斯的作品，认为它们体现了那个时代生活和思想的丰满。[1]雪莱、拜伦等诗人，也都不同程度地表达了对希腊理想美的爱戴，尽管他们心目中的希腊，像阿诺德的希腊一样，很大程度上来自18世纪末德国思想家和诗人的描绘，"革命的年代里，希腊和意大利以及希腊罗马世界让人们感到是一个逃避地。它们是美丽的国度，是音乐、热情、充满温暖的南方。那里有太阳、山脉、蔚蓝的大海、湛蓝的天空，还有果树和爱笑的姑娘。它们意味着

---

[1] Frank Turner, *The Greek Heritages in Victorian Britain*, pp. 18-29. 引文见第18、22、27页。

对阴冷的北方的逃避。"[1]海埃特这话虽然针对的是革命年代，但从历史实际来说，似乎更适合19世纪。

促使希腊主义在英国兴起的另一因素，是19世纪英国政治的不断民主化。随着历史研究的发展，当时的英国人已经认识到，斯巴达和罗马都并非真正的民主政治，古代的民主政治模板只能是雅典。因此，保守派如米特福德等人，总是把雅典作为主要的批判对象。但是，也正是他们对雅典民主的批评，引起了希望在英国推进民主的激进派对希腊民主制度的关注，并迫使他们认真研究古代历史。

19世纪20年代，马考莱、格罗特、密尔等人在《爱丁堡评论》《骑士季刊》等刊物上对保守派的希腊史解释发起批评。马考莱抱怨说，以前的人写希腊史时，完全忽视了那个时代人性的特点，或者把人描写为神灵，或者描写为魔鬼，出现这种情况的

---

[1] Gilbert Highet, *The Classical Tradition: Greek and Roman Influences on Western Literature*, p. 365.

原因，"不是因为人们没有更好的方法发现真相，而是因为人们没有足够的方式发现错误"[1]。把修昔底德、色诺芬、普鲁塔克等一众古典作家的描写当成了真相，可是，这些人中，有些没有亲自参加过战斗，有些根本不知自由为何物。但是，他们的故事非常生动，由此误导了近代学者。马考莱认为，米特福德的著作有自己的长处，就是相信当时人的记述，对于后人的记述，凡与同时代人记载矛盾的，一律抛弃。可是这种合理的怀疑，却受到其政治偏见的破坏，"米特福德先生从来不放过任何机会向我们证实，它（民主政治）是一种罪恶。事实上，一个良好的政府，就像一件好的外套一样，适合它为之设计的身体。一个基于抽象的原则，宣称某种政府是好的，却对那种政府治理的人民缺乏准确的知识，其判断之荒谬，犹如一个裁缝总是根据贝尔维多的阿波罗来给他所有顾客裁衣一样。"[2]

[1] Thomas Babington Macaulay, *On Mitford's History of Greece*, p. 287.
[2] Thomas Babington Macaulay, *On Mitford's History of Greece*, p. 289.

19世纪英国思想文化界中,功利主义学派影响巨大。该学派以边沁、密尔父子、格罗特等为代表,强调人们自己的利益只有自己最为清楚,因此,最好的政治,是最大多数人的利益得到保障、最大多数人能够获益的政府。在这个意义上,民主政治因其包容了最大多数人的利益,受到功利主义哲学家的推崇,爱屋及乌之余,古代的民主政治,尤其是雅典民主政治,也得到功利主义者的肯定,其中表现最明显的是密尔。他受过非常好的古典学教育,3岁开始学习希腊语,8岁学习拉丁语,12岁时阅读古典文献,翻译过柏拉图的若干重要对话集,并写有评论;格罗特《希腊史》出版后,他曾撰写长篇评论,开头的一段话至今仍经常被人们征引:

> 对希腊史的兴趣没有枯竭,也不会枯竭。作为纯粹的故事,真正的历史中,几乎没有任何一个部分可与之竞争。它的人物、它的形势以及那些事件的进程本身,都是史诗般的。那是一篇英雄的史诗,其人物是那些民族。对我们

了解如此之多的历史,那也是对如今仍活着的我们而言具有最深远影响的。欧洲民族的真正祖先,不是他们因之获得血肉之躯的那些人,而是他们因之获得最丰富遗产的那些人。马拉松战役,即使作为英国历史上的事件,甚至都比哈斯丁斯战役重要。如果那天的结果不同的话,布雷顿人和撒克逊人或许还在丛林中游荡。[1]

希腊文明所以重要,是因为雅典重要:

> 虽然希腊历史充满让人感兴趣的事物,但都为雅典笼罩。无论希腊人拥有多少后人应当感激的最大优点,雅典人都将之推到极致。如果历史上的希腊民族是进步的主要来源和最突出的代表,雅典可以在希腊享有同样尊严的地位,因为希腊所有的进步因素,就其最高成就而言,都集

---

[1] John Stuart Mill, *Collected Works*, vol. xi, p. 307.

中在那个神奇的城市。[1]

为雅典民主辩护

在19世纪上半期的英国，格罗特是最有资格撰写新风格希腊史的人选。他的祖父本是德国新教徒，1731年移居伦敦，后开办银行，其父接续祖父事业，继续扩大业务，家资丰厚。格罗特在当时伦敦最好的学校之一查特豪斯公学接受基础教育。像当时英国大多数此类学校一样，课程除英文外，基本为古典学占据。格罗特在那里接触到维吉尔、贺拉斯和荷马等古典作家。不过在完成基础教育后，格罗特就承父命在银行开始工作。但他并未放弃自己的学习，坚持阅读古典作家的作品，同时研读詹姆斯·密尔、西斯蒙第、莱辛、贝克莱、康德、休谟、亚当·斯密、萨伊等人的政治经济学、哲学著述。老密尔关于批判地处理资料的主

---

[1] John Stuart Mill, *Collected Works*, vol. xi, p. 315.

张，格罗特肯定印象深刻。在古典语言之外，他自学了法语和德语。德国学者的史料批判方法、神话研究，他都非常熟悉。格罗特曾与詹姆斯·密尔有长期交往，与约翰·斯图亚特·密尔、边沁等也有非常密切的关系，积极参与当时英国激进派发起的议会改革运动，直接促成了1832年英国国会的第一次改革。1833年，格罗特当选为国会下院议员，并且和密尔等一道，继续为推进国会改革努力。对实际政治的参与，让格罗特对政治生活的实际运转有了深切体会。

格罗特的《希腊史》出版之前，已经有部分学者开始对18世纪以来希腊史领域中的保守倾向进行批评，其中最有分量的是瑟尔沃尔。他的《希腊史》为8卷，1835年开始出版。他有意为雅典民主辩护，承认公元前5世纪雅典人民领袖的作用，并且认为雅典人不乏怜悯和仁慈。他是第一个将德国古典学术的巨大成就引入希腊史领域的英国史学家，广泛阅读过第一手和第二手资料，有高度的批判标准。

格罗特从20年代初开始为撰写《希腊史》做准备，写有若干篇笔记。这些笔记的基本看法，是反击对古代民主的不利评论，认为雅典民主政治并未压迫富人，如果民主政治存在不足，那是它不够激进，没有废除所有的财产和家庭地位的差别。[1]1826年，他借评论克林顿《希腊史编年》的机会，亮出了自己关于希腊史的基本看法。他认为，希腊人在古典时代所取得的成就，给个人才能的发展创造的机会，是后来两千年中很少达到的。"它的制度给予个人才能的发展以无与伦比的刺激，是既不容否认、也不容怀疑的事实。"[2]可能从那时开始，他已经准备重写古代希腊历史。19世纪40年代他陆续退出政治和银行业务，全力以赴撰写《希腊史》。1846年，该书第1卷出版。在之后的10年中，他陆续出版了之后的11卷，对希腊历史上的许多重要问题，特别是雅典民主政治，给出了自己独特的解释。

格罗特的第一个贡献，是重新确定了雅典民主政治发展的

---

[1] Kyriacos N. Demetriou, *George Grote on Plato and Athenian Democracy: A Study in Classical Reception*, pp. 26-27.

[2] 'Review on FastiHellenici', *Westminster Review*, 5(April, 1826), p. 270.

分期,将克里斯提尼改革作为雅典民主政治建立的标志,并详细追溯了雅典民主政治在公元前5世纪的发展。其次,他逐一反驳了对雅典民主政治不够稳定、政治领袖都是煽动分子、雅典民众朝令夕改、对领袖薄德寡恩、民众法庭不遵守法律等指控。第三,为雅典的扩张政策,特别是雅典帝国辩护,对雅典的对外政策提出一系列新的解释。最后,是对智者派和苏格拉底问题的新解释。

格罗特之前,几乎所有希腊史著作都沿用亚里士多德或者普鲁塔克等的看法,认为梭伦改革创立了雅典民主政治,民主政治导致了僭主政治,并以此为基准评价梭伦的改革,抨击民主政治。但是,格罗特肯定梭伦将第四等级公民吸收入公民大会和创立400人议事会的措施,但对他将公民划分为4个等级、并据此分配政治权利、扩大战神山议事会权力的做法,颇有微词,认为梭伦创立的是希腊人称之为荣誉政体的政府(timocracy);他否认梭伦创立陪审法庭的传统,认为那是公元前5世纪伯里克利时代改革的结果。所以,"如果我们考察有关事实,我们会发现,与伯里克利时代比较，梭伦所创立的，不过是雅典民主政治一个赤裸的基础。"国家权力很大程度上仍留在少数寡头分子手中。正因为梭伦政体没有让人民充分参与政治，才导致了其政体的不稳定和后来的僭主政治。也就是说，通过剥夺梭伦创立民主政治的资格，格罗特把雅典僭主政治兴起的责任推给了寡头政治。

克里斯提尼改革则得到他的高度肯定，"他（克里斯提尼）与人民的联合催生了雅典民主，那是一场真正且重要的革命。"[1]经过改革，雅典全体自由民都被登记成为公民；梭伦原有的大部分制度被保存，但组成和性质都有了变化；十将军创立，削弱了军事执政官的权威；陪审法庭形成，开始掌管雅典司法；陶片放逐法则以温和手段保卫着新生的民主政治。经过克里斯提尼改革，雅典民主政治初步形成。通过新生的公民大会，雅典人"习惯于既做演说者，也做听众。每个人，因为感到他对决定施加了影响，将他自己的安全和幸福与多数人的决定相认同，并熟悉了他既不

[1] George Grote, *History of Greece*, p. 76.

能也不应抗拒的主权的观念。这是个对雅典人新奇的观念。与它同时产生的，是对言论自由和法律面前平等的神圣化……以及全共同体作为一个不可分割的整体的情感，这种情感尽管不能取代地方性的和地区性的特殊，但总是占据主导地位"[1]。也就是说，在全体人民获得对国家的统治权之后，他们与国家之间再无任何阻隔，爱国情感油然而生，成为雅典后来政治稳定与强大的基础。他的主张，正与其1831年呼吁进行英国议会改革、以树立英国公民对国家认同的小册子如出一辙。[2]随后，格罗特对新生的民主政治的基本特性进行了归纳：

> 这就是最初的雅典民主政治。它的产生，既是作为对希皮亚斯及其王朝的反应，也是克里斯提尼和无公民权的大众之间值得纪念的合作——不管是自发的还是被迫的。

[1] George Grote, *History of Greece*, p. 85.
[2] Frank M. Turner, *The Greek Heritage in Victorian Britain*, p. 220.

它既与此前梭伦确立的温和型寡头政治有别，也不同于伯罗奔尼撒战争初期以后到伯里克利生涯结束时流行的充分成熟的、对称的民主政治。它确实是一场显著的革命；它给其所诉诸的对象——公民的感情——留下的印象，不亚于政治和社会生活中可以看见的变化……但最新奇的地方，是10个新部落，包括原来特殊的胞族和氏族成员，都被真正承认为雅典的主权德摩斯或人民；享有言论自由和法律面前的平等；除梭伦财产中的四个等级以及分层的任职资格外，再无其他区别。对相当数量的公民来说，这个创新因下述事实变得更加亲切：它已经让他们脱离了外邦人和奴隶的低下地位。对大多数公民来说，它提供了一个辉煌的政治理想，一个对希腊思想来说深刻的理想：能够呼唤起最热烈的归属感和积极义务与服从的忠诚感。[1]

---

[1] George Grote, *History of Greece*, pp. 99.

由于资料的限制，格罗特将某些公元前5世纪才发生的改革都归到了克里斯提尼改革中。同时，为论证民主政治激发的爱国热情，他将克里斯提尼改革的时间似乎也略微提前：提前到斯巴达国王克莱奥麦奈斯干涉雅典政治、流放克里斯提尼之前，从而将雅典人自发地驱逐斯巴达人与伊萨戈拉斯一党，与后来反击斯巴达和比奥提亚等的干涉的胜利视为前后相继的事件，大大增强了民主政治所产生的即时效果。尽管存在这些因为资料限制造成的不准确，格罗特对雅典民主政治诞生时间的重新界定，特别是他对克里斯提尼改革各项措施及其与民主政治关系的分析，仍然成为迄今为止最有说服力的结论之一。不仅19世纪的众多史学家，包括革命导师恩格斯在内，都接受了格罗特的结论。就是20世纪的大多数史学家，也都服膺他的基本论点。1992年西方所谓纪念雅典民主政治诞生2500周年的活动，正是以格罗特的断限为基础的。时至新世纪，雅典民主研究的权威奥伯等人，也都承认克里斯提尼改革是一场革命，虽然具体的解释有所不同。

伯里克利时代雅典民主政治的发展在格罗特笔下有浓墨重

彩的描绘。他指出,克里斯提尼建立的民主政治中,战神山议事会、执政官和将军的手中仍然集中了太多的权力,富人仍垄断着官职。伯里克利时代的变革,首先是执政官的抽签选举制(随着《雅典政制》的发现,我们现在知道抽签选举实际始于公元前488/487年,与伯里克利无关);接着是陪审法庭的津贴制及其权力的增强和战神山议事会权力的被剥夺;最后是非法提案诉讼法的引入。这些变革的实现,完成了自克里斯提尼以来雅典民主制度的转变。伯里克利时代民主政治的最大优势,按照格罗特的看法,正在于自由给个人性格创造的巨大空间,以及因此产生的社会稳定和文化繁荣。对格罗特的功利主义哲学来说,雅典民主的自由,保证了最大多数人的最大幸福。

对雅典民主政治历来备受诟病的某些特点,格罗特一一予以回击。对伯里克利以后人民领袖的作用,尤其是克莱翁之类演说家的功能,他指出,由于雅典的政治领袖都是贵族出身。他们因其出身、家世和财富,受到良好的教育,并通过贿赂、家庭关系、朋友等形成庞大势力,而雅典人民对贵族的尊重,经常让领袖们把个人私利变成国家政策，某些情况下，贵族甚至可能联合起来推翻民主政治。在这种情况下，就需要克莱翁这样的演说家通过不断指出贵族的错误，把人民从贵族的影响下解放出来。克莱翁之类的政治家，在雅典民主政治中，犹如现代政治中忠诚的反对派。他们所有的活动都符合宪法，并且在国家政治中发挥着有益的作用。其次，格罗特详细对比了人民领袖的政策与尼奇亚斯、伯里克利之类一直得到好评的政治家的政策和作为，认为克莱翁是个很有能力和责任心的政治家，其政策与伯里克利等人的主张并无根本区别。至于克莱翁的作为，格罗特认为，修昔底德和阿里斯托芬等人出于自己的私心，对他进行了丑化。在分析米提莱奈辩论、斯法克泰利亚战役、安菲波利斯战役等众多重大事件中克列昂的作为后，格罗特认为，修昔底德对他的记载不符合历史事实。在分析雅典人错误发动西西里远征时，格罗特写道：

  在做出继续增兵西西里，并延续尼奇亚斯指挥权的那个伤心决定的公共集会上，如果雅典此时有个克莱翁在场，或者任何一个权力相当的其他人民领袖在场，雅典该是多么幸福！当时是一个极其需要人民领袖控告性雄辩并揭露尼奇亚斯过去真正的错误的时候，并证明他已经犯下了多少错误，以及如果延续的话，他会继续更多的错误，从而打碎人们对尼奇亚斯能力和谨慎的不恰当信任——这种信任已经变成一种情感或常规了。[1]

在这个意义上，"雅典人民为他们的民主制度以及人民领袖——他们是那些制度活跃的器官——所保护"，而人民领袖的公益精神捍卫着人民的权利，并揭露寡头派的阴谋，让民主政治稳定运转。[2] 格罗特对人民领袖作用的分析，让密尔对格罗特的评价有了合理性："格罗特先生深入的历史批判并不只是让人

---

[1] George Grote, *History of Greece*, vol. 7, London: J. M. Dent & Co; New York: E. P. Dutton & Co. p. 312.

[2] George Grote, *History of Greece*, vol. viii, London: J. M. Dent & Co; New York: E. P. Dutton & Co., p. 38.

怀疑地限定在大家认为他的政治观点感兴趣的领域。虽然这个结论听来有点夸张，但在对格罗特先生的著作进行大量研究后，我们可以毫不犹豫地断言，在他重新考察之前，希腊历史上重要的史实，几乎没有一个得到完美的理解。"[1]密尔随后指出，对雅典人民领袖作用的分析，是其中的例证之一。

雅典民主政治和提洛同盟以及后来的所谓雅典帝国之间的关系，特别是雅典对盟邦的压迫，是保守派抨击民主政治的另一重要领域。格罗特对此也进行了清理，他区分了提洛同盟初建和后来雅典帝国之间的关系，指出雅典当初建立提洛同盟，乃是顺应盟邦的要求，同盟与雅典之间的关系最初也是平等的。一些盟邦后来主动放弃服役改纳贡金，并不能归罪于雅典。至于雅典后来将同盟金库从提洛岛移往雅典，也是同盟大会的决定。对于部分退盟者的镇压，乃古代世界的惯例。在很多情况下，雅典并不干涉盟邦政治，让它们继续保持原有政体，或者它们自己选择的

[1] John Stuart Mill, *Collected Works*, vol. xi, p. 328.

政体。如果说盟邦偶有遭遇残暴待遇的情况,那也并非雅典人民,而是具体负责的军事统帅所为。同时,在雅典海军的保护下,盟邦享受着前所未有的安全和繁荣。所以,格罗特指责近代史学家们由于受到修昔底德等的影响,夸大了雅典在盟邦中不受欢迎的程度。通过分析米洛斯、米提莱奈、开俄斯等邦暴动的史实,格罗特发现,煽起暴动的主要是那些有野心的上层分子,或者希望靠波斯支持登上僭主地位的人。"贵族党派总是愿意摆脱雅典的统治,但有证据表明,它们几乎没有得到人民多少支持。"[1]

格罗特的辩护,应当说在很大程度上是站在雅典的立场上发言,犹如一个辩护律师:因为雅典的统治在盟邦中并未遭到反对,而且给盟邦带来了这样那样的好处,所以雅典的统治就是合理的。这样的看法,很有点有益的帝国主义的韵味,我们仿佛听到了大英帝国在 19 世纪给世界"传播文明"的声音。作为统治

---

[1] Kyriacos N. Demetriou, *George Grote on Plato and Athenian Democracy: A Study in Classical Reception*, p. 109.

着世界广大殖民地的维多利亚时代的自由主义者,以及自由和文化发展的推崇者,格罗特得出这样的结论,也并不奇怪。

格罗特还对智者运动与苏格拉底问题进行了清理。自柏拉图以来,智者历来被视为雅典民主政治下不问真理,只管教人诡辩,破坏雅典传统宗教和道德的恶棍,因此智者的兴起,既是民主政治衰落的标志,也加快了民主政治的堕落。至于对苏格拉底的审判和处死,更成为民主政治暴政的一个经典案例。格罗特首先指出,智者乃是对当时职业教师的一种普通称呼,他们是一批知识的自由探索者,也为那些有志从事政治的人提供教育和训练,他们既不是一个统一的学派,也无共同的主张。除了收费授徒,并拥有更大的声望、教授技术更高外,与其先驱者并无本质区别。其次,格罗特指出,苏格拉底和柏拉图一样,都属于当时的智者学派,尽管他们对智者进行猛烈的抨击。而柏拉图的抨击,是对当时所有的人,不仅有智者,还有当时的政治家、诗人、手艺人,总之,只要是没有达到他心目中那个理想的标准,都会遭到他的攻击。因此,如果我们全盘接受柏拉图的判断,犹如维多利亚时代的英国人根据欧文和傅里叶的评论,判断当时欧洲状况的政治家。实际上,即使在柏拉图笔下,智者一般也都表现得具有良好的社会责任感和道德,更像"令人尊敬的传统道德的支持者"。[1]

> 他们公开声明,他们会让雅典(或任何其他某个城市)的年轻人有资格从事积极而体面的生活,不管是私人的还是公共的生活。他们教雅典的年轻人"思考、说话和行动";当然,其教学的基础是他们接受某种性格的人——表现得令人尊敬,并为雅典公众赞同,但并不重新塑造他们,而是让他们具有某些新的能力,用新的成就来装饰他们。他们直接关心的是道德信条,而非道德理论;他们要求于后者的,是他们的理论足够合理,从而导向那种被雅典令人尊敬的社会的人视为美德的信条。我们永远不要忘记,那些教导从事积极生活的人,由于他们职业的条件,注定要

---

[1] M. L. Clark, *George Grote: a Biography*, p. 119.

让他们自己适应当时的地区和社会。[1]

也就是说，智者的出现，只是适应了当时雅典民主政治发展的需要，而且为了能在雅典生存和发展，必然要适应雅典社会的要求。他们的出现，有助于培养雅典固有的政体文化。因为在教导他人说服的技艺时，"他们只会让他感到，他对他希望说服的那些人的依赖。"[2]即增强公民之间相互友好的道德情绪。格罗特还否认公元前5世纪雅典政治和社会道德不断下降的说法。他对雅典从马拉松战役到公元前5世纪末的道德水平进行了比较，认为总体而言，雅典人的政治和道德都在进步：

那么，如果我们对从马拉松战役到三十僭主后民主改革之间87年的历史做一鸟瞰，会发现人们常说的政治腐败

[1] George Grote, *History of Greece*, vol. viii, p. 319.
[2] George Grote, *History of Greece*, vol. viii, p. 358.

> 增加且一直增长的说法毫无根据。我相信的是人民在道德上和政治上都变得更好，他们的民主政治改进了他们……无可争议的是，与马拉松战役时比较，它的人民已经获得了远为多样的思想和能力。[1]

格罗特史学方法上的修养，以及他对古代资料的解读，让他对雅典民主政治的评价成为19世纪以来最有影响的主流观点。毫无疑问，他对雅典民主政治的论述，有些地方含有理想化的成分。但总体上说，格罗特忠于历史事实，而且从修昔底德、色诺芬、柏拉图和亚里士多德等具有反民主倾向的思想家和历史学家笔下，拯救了雅典民主政治。"无论格罗特对希腊的解释是否可以接受，但他作品的价值仍是无可否认的。他对民主政治的同情，并没有歪曲他对事实的展示。它们是深厚的学养与精明的常识相结合的产物。学术的进步和新资料的发现，已经在某些点上订正

---

[1] George Grote, *History of Greece*, vol. viii, pp. 336-337.

了他的观点,但今天的历史学家仍可以从他那里学到东西。无论他是对是错,我们仍然钦佩他清晰的安排;他对古代资料的把握;他对人物和事件的生动描绘;他坚定而独立的判断,以及他不懈的思想上的努力。"[1]

简写本的选择和翻译问题

简写本的作者分别是米切尔和卡斯帕里,两人当时都是牛津的学者,古典学家沃克(E. M. Walker)的学生。米切尔后来似乎名气不大,但卡斯帕里很有成就,他后来改名卡里(Max Cary),先后任教于伯明翰大学和伦敦大学,1946年晋升为教授。中国古史学家可能更熟悉他和斯卡拉德合著的《罗马史》、他独著的《公元前323—前146年的希腊世界史》以及他主编的《希腊罗马史的地理背景》。他发表的一系列论文,以及他为《剑桥

[1] M. L. Clark, *George Grote: a Biography*, p. 128.

古代史》第1版贡献的章节，很受西方学界认可。他去世时，著名学者埃伦伯格把他与拉斯特和塔恩等并提，[1]足见其影响。不过做这个简本的时候，他还不到30岁。但更值得注意的是两人简写格罗特著作的原则，对此他们在前言中有清楚的交代：选择格罗特最有贡献的关于雅典民主政治的部分，主要是从梭伦改革到公元前403年之间，即雅典民主从开始萌生到伯里克利时代的鼎盛时期，以及民主政治在公元前5世纪末遭遇的波折和复兴。的确，格罗特这些部分写得非常精彩，有很多非常有启发的看法，有些看法到今天看仍有很大的合理性。但他们认为，格罗特关于早期希腊史部分因考古学的发展基本过时，关于公元前4世纪的部分写得缺乏生气，特别是对马其顿统一希腊的看法过于负面，因此都被他们略去了。

然而正如卡特利奇在本书罗特利奇版本的导言中所说，两

---

[1] Victor Ehrenberg, "Max Cary", *Gnomon*, Bd. 30, H. 4 (1958), pp. 319-320.

边的省略都有讨论余地。[1]格罗特关于早期希腊历史某些问题，尤其是他关于古希腊的信史只能从公元前776年古代第一届奥林匹亚赛会算起的观点，随着谢里曼轰动的考古发现以及20世纪以来的研究，肯定不再能够成立。关于早期希腊史的许多认识，随着《雅典政制》等资料的积累，新史料的发现与新方法的引入，也早已不是格罗特时代的样子。但是，他当时提出的严格依据资料并且需要对资料进行适当批判的观点，至今仍是历史学家工作的基本守则，在当时的希腊史研究中更具有革命性意义。在一些具体观点上，例如他对荷马社会政治性质及其与古典时代希腊历史关系的判断，仍然有很大的真理性；他对马其顿的批评，虽然不是完全合理，也不是毫无道理。当然今天对公元前4世纪的认识，不仅与格罗特不同，也与两位简写作者所处的时代大相径庭，特别是所谓希腊世界自伯罗奔尼撒战争以后进入衰落的说法，基

---

[1] Paul Cartledge, "Introduction", in George Grote, *A History of Greece from the Time of Solon to 403 B. C.*, pp. xiii-xv.

本被放弃,公元前 4 世纪的雅典民主政治,自琼斯以来,早已不是如格罗特所说了无生气,而是活力十足。芬利、罗兹、奥斯瓦尔德、汉森和奥伯等人的研究,给人们描绘出一幅全新的公元前 4 世纪雅典民主政治图景。[1]因此 100 年后再看简写本对公元前 4 世纪的省略,倒是从另一个角度,说明了它的合理性,这或许是两位当年还非常年轻的简写者根本没有预料到的。事实上,简写本还略去了格罗特有关雅典智者和苏格拉底等的章节,而那些部分,甚至今天也仍被哲学家们和历史学家们推崇。这些章节的删减,才是最令人遗憾的。

本书的翻译任务由我和陈思伟承担。我承担的是前面 12 章,以及序言、小传和索引等,并补充书目,其余都由陈思伟完成。本书能够翻译,他是真正的主力。在翻译完成后,由我通读一遍,

[1] 晏绍祥:《新形象的刻画:重构公元前 4 世纪的古典世界》,《历史研究》,2015 年第 1 期,第 152-168 页;晏绍祥:《芬利与欧美学术界的雅典民主研究》,《西学研究》(第 2 辑),商务印书馆,2006 年,第 151-181 页。

订正了其中一些明显的错误；一些不够统一的译名，也尽力进行统一。读者或许会发现，有些译名可能与传统译名相当不同，这主要是因为希腊语人名地名的读音相当复杂，我们的基本原则是除雅典、斯巴达等特别约定的外，其他尽量依照徐晓旭教授编制的希腊语译音表，这样便于两人取得一致，避免"百花齐放"，因而有时不免出现一些与流行译名相当不一致的情况。但在通读过程中，我发现仍有译名不太一致的情况，虽然尽最大努力做了改正，但漏网之鱼恐怕仍然难免。好在绝大多数译名都曾出现在索引的词条中（索引中都保留了英文），而今天的读者大多具备英文阅读能力，可以方便地翻查。另外，格罗特的语言典雅纯正，有些句子和用词绝非我等能够充分把握并通过中文译文传达出来的，理解错误的，大约也难以避免，诚挚期待读者批评指正。

　　本书的翻译是应北京理工大学出版社顾学云女士邀请进行的。翻译过程中，她从版本的选择到译文的编辑，都付出了大量心血。承她帮忙，注释中的几段法文引文，系请马莎莎女士完成。她的译文典雅流畅，体现了非常好的中外语文能力。没有她两位大力相助,本书的翻译不可能完成。

格罗特在注释中还引用了不少古希腊语史料,这部分引文都请中国人民大学的顾枝鹰博士校阅过一遍。他极其细心认真,改正了许多明显的错误。至于相关译文,因笔者古希腊语能力有限,基本根据洛布古典丛书的英译文翻译,肯定也难逃不准确的嫌疑。

简写本根据20世纪初年的学术提供了相应的参考书目,主要是英文和德文著作。除少数外,这些书目大多数已经过时,或者读者不太方便得到和阅读,因此在本书中,我们将书目基本替换。书目以中文为主,辅之以少量英文书,以方便读者了解最近的学术进展。格罗特的希腊史主要是民主政治的历史,但今天的希腊绝不仅仅意味着民主政治,因此这里也补充了一些社会经济和思想文化方面的书目。因个人识见所限,不免挂一漏万,存在偏颇和不足,只能求其大概。有兴趣的读者,自可顺着这些著述,寻求更近更权威的文献。

一、通史

波默罗伊等:《古希腊:政治、社会和文化史》,第2版,傅洁莹、龚萍、周平译,上海三联书店,2010年。

伯里:《希腊史》,上、中、下册,陈思伟译,吉林出版集团,2016年。

哈蒙德:《希腊史》,朱龙华译,商务印书馆,2016年。

黄洋、晏绍祥:《希腊史研究入门》,北京大学出版社,2009年。

黄洋:《古代希腊政治与社会初探》,北京大学出版社,2014年。

保罗·卡特里奇,主编:《剑桥插图古希腊史》,郭小凌等译,山东画报出版社,2005年。

库济辛主编:《古希腊史》,甄修钰、张克勤等译,内蒙古大学出版社,2013年。

伊恩·莫里斯,巴里·鲍威尔:《希腊人:历史、文化和社会》,

陈恒等译，格致出版社，2014年。

易宁、祝宏俊、王大庆等著：《古代希腊文明》，北京师范大学出版社，2014年。

Hansen, M. H., *An Inventory of Archaic and Classical Greek Poleis*, Oxford: Oxford University Press, 2004.

Nagle, D. Brendan and Stanley M. Burstein, *Readings in Greek History, Sources and Interpretations*, 2nd ed., New York and Oxford: Oxford University Press, 2014.

Roisman, Joseph, *Ancient Greece from Homer to Alexander: The Evidence*, translated by J. C. Yardley, Oxford: Blackwell Publishing Ltd., 2011.

Wilson, Nigel, *Encyclopedia of Ancient Greece*, London and New York: Routledge, 2006.

二、断代史

1. 爱琴文明

王以欣：《神话与历史——古希腊英雄故事的历史和文化内涵》，商务印书馆，2006年。

王以欣：《寻找迷宫——神话·考古与米诺文明》，天津人民出版社，2000年。

Dickinson, Oliver, *The Aegean from Bronze Age to Iron Age: Continuity and Change between the Twelfth and Eighth Centuries*, London and New York: Routledge, 2006.

John Chadwick, *The Mycenaean World*, Cambridge: Cambridge University Press, 1976.

Dickinson, Oliver, *The Aegean Bronze Age*, Cambridge: Cambridge University Press, 1994.

Vermeule, E., *Greece in the Bronze Age*, Chicago: University of Chicago Press, 1964.

2. 古风时代

安德鲁斯：《希腊僭主》，钟嵩译，商务印书馆，1997年。

伯克特：《东方化革命：古风时代前期近东对古希腊文化的影响》，刘智译，上海三联书店，2010年。

伯克特：《希腊文化的东方语境：巴比伦·孟斐斯·波斯波利斯》，唐卉译，社会科学文献出版社，2015年。

芬利：《奥德修斯的世界》，刘淳、曾毅译，北京大学出版社，2018年。

胡庆钧主编：《早期奴隶制社会比较研究》，中国社会科学出版社，1996年。

默里：《早期希腊》，晏绍祥译，上海人民出版社，2008年。

晏绍祥：《荷马社会研究》，上海三联书店，2006年。

张巍：《希腊古风诗教考论》，北京大学出版社，2018年。

Hall, Jonathan, *A History of the Archaic Greek World ca. 1200-479 BCE*, 2nd ed., Chichester: Blackwell, 2014.

Osborne, Robin, *Greece in the Making 1200-479 B. C.*, London:

Routledge, 1996.

Raaflaub, Kurt A., and Hans van Wees, eds., *A Companion to Archaic Greece*, Oxford: Blackwell Publishing, 2013.

3. 古典时代

戴维斯：《民主政治与古典希腊》，黄洋、宋可即译，上海人民出版社，2010年。

卡根：《伯罗奔尼撒战争》，陆大鹏译，社会科学文献出版社，2016年。

卡根：《伯罗奔尼撒战争的爆发》，曾德华译，华东师范大学出版社，2014年。

卡根：《尼基阿斯和约与西西里远征》，李隽旸译，华东师范大学出版社，2019年。

Hornblower, Simon, *The Greek World, 479-323 B. C.*, 4th ed., London and New York: Routledge, 2002

Kennell, Nigel, *The Spartans: A New History*, Chichester: Blackwell Publishing Ltd., 2007.

Kinzl, Konrad H., ed., *A Companion to the Classical Greek World*, Oxford: Blackwell Publishing Ltd., 2010.

Ober, Josiah, *Mass and Elite in Democratic Athens*, Princeton: Princeton University Press, 1989.

Ostwald, Martin, *From Popular Sovereignty to the Rule of Law*, Berkeley and Los Angles: University of California Press, 1986.

Rhodes, P. J., *A History of the Classical Greek World 478-323 BC*, 2nd ed., Oxford: Blackwell Publishing Ltd., 2010.

The Cambridge Ancient History, vols., 5-6, second ed., Cambridge: Cambridge University Press, 1992-1994.

三、政制史

邦纳，史密斯：《从荷马到亚里士多德时代的司法裁判》，刘会军、邱洋译，中国法制出版社，2015年。

芬利：《古代民主与现代民主》，郭小凌、郭子林译，商务印书馆，2016年。

芬利：《古代世界的政治》，晏绍祥、黄洋译，商务印书馆，2013年。

弗格森：《希腊帝国主义》，晏绍祥译，上海三联书店，2006年。

弗莱明：《民主的古代先祖——玛里与早期集体治理》，杨敬清译，华东师范大学出版社，2017年。

古朗士：《希腊罗马古代社会研究》，李玄伯译，上海文艺出版社，1990年。

顾准：《希腊城邦制度》，中国社会科学出版社，1982年。

汉森：《德摩斯提尼时代的雅典民主》，何世健、欧阳旭东译，华东师范大学出版社，2014年。

加加林和科恩主编：《剑桥古希腊法律指南》，邹丽、叶友珍译，华东师范大学出版社，2017年。

李尚君：《"演说舞台"上的雅典民主：德谟斯提尼的演说表演和民众的政治认知》，北京大学出版社，2015年。

麦格琉：《古希腊的僭政与政治文化》，孟庆涛译，华东师范大学出版社，2015 年。

祝宏俊:《古代斯巴达政制研究》，中央编译出版社，2013 年。

施治生和郭方主编：《古代民主与共和制度》，中国社会科学出版社，1998 年。

梅耶:《古希腊政治的起源》，王师译，华东师范大学出版社，2013 年。

斯特劳斯、科耶夫:《论僭政——色诺芬〈希耶罗〉义疏》，何地译，华夏出版社，2006 年。

Ehrenberg, Victor, *The Greek States*, New York: W.W. Norton, 1960.

Hammer, Dean, ed., *A Companion to Ancient Greek Democracy and Roman Republic*, Chichester, West Sussex: John Wiley and Sons, 2015.

Jones, A. H. M., *Athenian Democracy*, Oxford: Basil Blackwell, 1957.

Raaflaub, Kurt A., Josiah Ober, and Robert W. Wallace,

Origins of Democracy in Ancient Greece, Berkeley and Los Angles: University of California Press, 2007.

Rhodes, P. J., *A Commentary on Aristotelian Athenaion Politeia*, 2nd ed. Oxford, 1993.

Rhodes, P. J., ed., *Athenian Democracy*, Oxford: Oxford University Press, 2004

四、社会经济史

裔昭印：《古希腊的妇女——文化视域中的研究》，商务印书馆，2001年。

杜丹：《古代世界的经济生活》，志扬译，商务印书馆，1963年。

黄洋：《古代希腊土地制度研究》，复旦大学出版社，1995年。

Austin, M. M., and P. Vidal-Naquet, *Economic and Social History of Ancient Greece: an Introduction*, London: Batsford, 1977.

Bresson, Alain, *The Making of the Ancient Greek Economy:*

Institutions, Markets, and Growth in the City-States, translated by Steven Rendall, Princeton and Oxford: Princeton University Press, 2016.

Finley, M. I., *Ancient Slavery and Modern Ideology*, London: the Penguin Group, 1992

Finley, M. I., *Economy and Society in Ancient Greece*, London: Chatto and Windus, 1981.

Finley, M. I., *The Ancient Economy,* Berkeley and Los Angles, University of California Press, 1973.

Starr, Chester G., *Economic and Social Growth of Early Greece 800-500 BC*, New York: Oxford University Press, 1977.

Tandy, David W., *Warriors into Traders: The Power of the Market in Early Greece*, Berkeley and Los Angeles: University of California Press, 1997

Pomeroy,Sarah B., *Goddesses, Whores, Wives and Slaves: Women in Classical Antiquity*, New York: Schoken Books, 1975.

Blundell, Sue, *Women in Ancient Greece*, London: British

Museum Press, 1995.

五、思想文化史

奥斯本:《古风与古典时期的希腊艺术》,胡晓岚译,上海人民出版社,2015年。

白春晓:《苦难与伟大:修昔底德视野中的人类处境》,北京大学出版社,2015年。

布克哈特:《希腊人和希腊文明》,王大庆译,上海人民出版社,2008年。

弗里:《口头诗学:帕里——洛德理论》,朝戈金译,社会科学文献出版社,2000年。

郭小凌:《西方史学史》,北京师范大学出版社,1995年。

基尔克、拉文和斯科菲尔德:《前苏格拉底哲学家》,聂敏里译,华东师范大学出版社,2014年。

凯尼恩：《古希腊罗马的图书与读者》，苏杰译，浙江大学出版社，2012年。

刘玮主编：《西方政治哲学史》，中国人民大学出版社，2017年

罗伯兹著：《审判雅典——西方思想中的反民主传统》，晏绍祥、石庆波、王宁译，吉林人民出版社，2009年。

罗，斯科菲尔德主编：《剑桥希腊罗马政治思想史》，晏绍祥译，商务印书馆，2016年。

洛德：《故事的歌手》，尹虎彬译，中华书局，2004年。

麦克金德里克：《会说话的希腊石头》，晏绍祥译，浙江人民出版社，2000年。

莫米利亚诺：《论古代与近代的历史学》，晏绍祥译，黄洋校，北京大学出版社，2015年。

莫米利亚诺：《外族的智慧》，晏绍祥译，生活、读书、新知三联书店，2013年。

莫米利亚诺：《现代史学的古典基础》，冯洁音译，华东

师范大学出版社，2009年。

吉尔伯特·默雷：《古希腊文学史》，孙席珍、蒋炳贤、郭智石译，上海译文出版社，1988年。

聂敏里：《西方思想的起源——古希腊哲学史论》，中国人民大学出版社，2017年。

普莱斯：《古希腊人的宗教生活》，邢颖译，晏绍祥校，北京大学出版社，2015年。

田晓菲编译：《"萨福"：一个欧美文学传统的形成》，生活、读书、新知三联书店，2003年。

汪子嵩等：《希腊哲学史》第1—4卷，人民出版社，1997年。

韦尔南：《古代希腊思想的起源》，秦海鹰译，生活、读书、新知三联书店，1996年。

韦尔南：《神话与政治之间》，余中先译，三联书店，2001年。

维尔南：《古代希腊的神话与思想》，黄艳红译，中国人民大学出版社，2007年。

温克尔曼：《希腊人的艺术》，邵大箴译，广西师范大学出版社，2001年。

吴晓群：《古代希腊仪式文化研究》，上海社会科学院出版社，2000年。

汪子嵩等：《希腊哲学史》，第1-3卷，人民出版社，1994-2003年。

张广智主编：《世界文化史》（古代卷），浙江人民出版社，1999年版。

六、其他

布罗代尔：《菲利普二世时代的地中海和地中海世界》，商务印书馆，1996年。

费弗尔：《大地与人类的演进：地理学视野下的史学引论》，高福进、任玉雪、侯洪颖译，上海三联书店，2012年。

胡钟达：《胡钟达史学论文集》，内蒙古大学出版社，1997年。

廖学盛：《廖学盛文集》，上海辞书出版社，2005年。

林国华、王恒主编：《古希腊的傲慢与偏见》，上海人民出版社，2011年。

刘家和：《古代中国与世界》，北京师范大学出版社，2010年。

马克垚：《古代专制制度考察》，北京大学出版社，2017年。

日知：《日知文集》，1—5卷，高等教育出版社，2012年。

王敦书：《贻书堂史集》，中华书局，2003年。

吴于廑：《吴于廑学术论著自选集》，首都师范大学出版社，1995年。

徐晓旭：《腓利二世：霸权与泛希腊主义》，华中师范大学出版社，2009年。

晏绍祥：《古代希腊历史与学术史初学集》，湖北人民出版社，2003年。

晏绍祥：《古典历史研究史》，上下卷，北京大学出版社，2013年。

晏绍祥：《古典民主与共和传统》，上下卷，北京大学出版社，2013年。

目录

001 — 格罗特小传
012 — 编者序
031 — 省略部分的摘要

001 — 第一章
早期阿提卡（编者）

026 — 第二章
梭伦的法律与政制

095 — 第三章
庇西特拉图父子统治雅典时期的希腊事务

127 — 第四章
庇西特拉图家族被逐后的希腊事务——克里斯提尼的革命与雅典民主政治的确立

197 — 第五章
伊奥尼亚的希腊人——波斯帝国的崛起

245 — 第六章
伊奥尼亚起义

278 — 第七章
从伊奥尼亚起义到马拉松战役

337 — 第八章
从马拉松战役到薛西斯进军希腊

364 — 第九章
从马拉松战役到温泉关战役期间希腊的行动

390 — 第十章
温泉关和阿尔泰米西翁战役

419 — 第十一章
萨拉米斯战役与薛西斯的退却

458 — 第十二章
普拉提亚与米卡莱战役——波斯人被最终击退

508 — 第十三章
盖罗家族被逐和民众统治在全岛建立前的西西里事务

550 — 第十四章

从普拉提亚和米卡莱战役到地米斯托克利和阿利斯提泰戴斯之死

593 — 第十五章

以雅典为首脑的同盟的事务：帝国初建

649 — 第十六章

伯里克利时代的政制和司法变革

697 — 第十七章

从"30年和约"即伯罗奔尼撒战争前14年到伯罗奔尼撒战争前一年波提戴亚之围

773 — 第十八章

从波提戴亚之围到战争第一年结束

839 — 第十九章

从战争第二年年初到第三年年末

890 — 第二十章

从战争第四年年初到科西拉的骚乱

936 — 第二十一章

从战争第五年科西拉的麻烦到第六年年末

958 — 第二十二章

战争第七年：占领斯法克泰利亚

1000 —	第二十三章 战争的第八年
1046 —	第二十四章 一年的休战、战争重启、安菲波利斯之战、尼奇亚斯和约
1096 —	第二十五章 从尼奇亚斯和约到第九十届奥林匹亚节
1138 —	第二十六章 从第九十届奥林匹亚节到曼提奈亚战役
1187 —	第二十七章 格罗王朝垮台后的西西里事务
1221 —	第二十八章 从雅典人决定进攻叙拉古至他们到达西西里的第一个冬天
1277 —	第二十九章 从尼奇亚斯开始包围叙拉古到德摩斯提尼率领的第二支雅典远征军到达
1308 —	第三十章 从雅典与斯巴达正面冲突再起到雅典大军在西西里覆灭

1355 — 第三十一章
从雅典大军在西西里覆灭到雅典四百人的寡头派阴谋

1389 — 第三十二章
战争第二十一年：雅典的四百寡头政体

1453 — 第三十三章
从四百人被废黜、民主政治复兴至小居鲁士到达小亚细亚

1482 — 第三十四章
从居鲁士到达（小亚细亚）至阿吉努塞之战

1536 — 第三十五章
从阿吉努塞之战到三十僭主被逐后民主政治再度复兴

1598 — 索引

格罗特小传

乔治·格罗特是希腊历史学家、哲学家、教育家和政治家，1794年11月17日出生于肯特郡贝肯汉姆（Beckenham）附近的克雷希尔（Clay Hill），祖父安德莱亚斯·格罗特（Andreas Grote）本为布雷默（Bremen）商人，后移居伦敦，是格罗特-普莱斯科特及其公司的创建者之一（1766年1月）。他的长子乔治（为其第二次婚姻所生）成了赛琳娜·佩克威尔（Selina Peckwell）的丈夫，此人母亲一方出自德布洛赛（De Blossets）这个古老的胡格诺教徒家族。南特敕令被取消后，他们离开了自己在图赖讷（Touraine）的家。

历史学家乔治·格罗特是乔治·格罗特与赛琳娜·佩克威

尔的长子，他不仅继承了这位布雷默银行家的判断力和商业才能，而且在一定程度上继承了胡格诺精神的男性气质。在英国思想和商业活动的各个领域，这种气质被注入英国家庭后，经常产生辉煌的结果。赛琳娜·格罗特是一个性格倔强、雄心勃勃的女性，格罗特最初的训练正得自于她。在他6岁前往塞文奥克斯语法学校（Sevenoaks Grammar-school）前，他不仅已经在阅读和写作上受教于她，还学习了拉丁语基础。在塞文奥克斯，他的知识积累稳步增长，10岁被送往查特豪斯公学（Charterhouse），当时的校长是雷纳博士（Dr. Raine）。有趣的巧合是，在那之后成名的诸多同行学者中，他应该在那里遇到过康诺普·瑟尔沃尔（Connop Thirwall），后者的《希腊史》，至少在某种程度上，正是被他本人的著作最终取代的。在查特豪斯公学的六年，培养了格罗特对希腊和罗马文学浓厚的兴趣，终其丰富多彩的漫长一生中，他从未失去那种兴趣。因怀疑大学教育的益处，他的父亲让他16岁时离开学校进入银行。按部就班的日常生活仅仅强化了他对知识的热情，于是他稳步走上了自学的道路。为避免学习限于母语文献,他学会了德语、意大利语和法语。在此期间,他不仅研读他喜爱的古典作家,而且热情学习历史、政治和哲学。

1814—1815年冬,他首次结识了哈利雅特·卢因(Harriet Lewin)小姐,她后来成了他妻子。后者的父亲托马斯·卢因(Thomas Lewin)出自肯特的贝克斯利(Bexley),为世家子弟,且衣食无忧。1820年二人举行了婚礼。无论从哪个方面看,这都是一桩理想的联姻,并因相互尊重的纽带和思想上的共情而得到强化。

在婚前的三年中,他继续自己的研读,并且首次尝试写文艺作品,那是一篇论卢克莱修(Lucretius)——他非常崇敬的作家——的论文(手稿至今仍存)。1817年,他结识了大卫·李嘉图(David Ricardo),通过李嘉图认识了詹姆斯·穆勒(James Mill)。穆勒当时正在撰写《人类精神现象的分析》。格罗特以穆勒为师,十分欣赏他的观点。他本人经验主义理论的形成,大约也可追溯到这个时期。格罗特对形而上学问题的这种态度,因为杰雷米·边沁(Jeremy Bentham)的功利主义哲学得到强化,他本人强烈的民主政治原则以及对所有教条式宗教的不容忍，正来自边沁。后来的事件证明，他与这些人——他们后以"哲学激进派"知名——的早期联系，对他的政治生涯及《希腊史》的影响，会是多么巨大。

他早年的婚姻生活在附属于斯利奈德尔街上银行的一幢房子中度过。他们唯一的孩子出生一周后夭折，并且使格罗特夫人身染恶疾。正是在她缓慢康复过程中，他写出了第一篇论文《论议会改革》。这篇文章的大部分随后以《议会改革大纲》再度发表（1831）。它是对詹姆斯·麦肯托什爵士的强力回击，后者在《爱丁堡评论》上主张按阶层代表的制度，格罗特的文章则宣布赞成民众代表、经常性选举和秘密投票。1822年，他安排发表了杰雷米·边沁的手稿，使其以《菲利普·博尚（Philip Beauchamp）所做的自然宗教对人类世俗幸福影响的分析》的书名面世。

1822—1830年是一个安静地准备以及与挚友交流的时期，朋友中最知名的或许是小穆勒。一个学者的小圈子经常性地在斯利奈德尔街聚会,从事阅读和交流,主要讨论的是形而上学和政治哲学。在这些会议上,格罗特夫人会和其他人一样参与,努力让自己成为丈夫工作中一个合格的伙伴。1822年,格罗特开始对希腊历史从事一项专门研究,在一封落款1月14日的书信中,他写道,"目前我正研究希腊历史上的传说时代,我发现需要……大量其他早期历史的资料加以说明,以证明这些故事之完全不可靠和无价值,这些东西都是早先的古典学者们早已熟悉了的。我相当惊奇地发现,人们极其肤浅和乐意地宣讲、相信、再宣讲和被相信。"在其丈夫的传记中,格罗特夫人声称,是她本人1823年首次向他提出建议,把他的结论变成一本书。但是,如G.克罗姆·罗伯逊(G. Croom Robertson)在《国民传记辞典》的文章指出的,几乎可以肯定,他1822年已经着手这项工作。特别幸运的是,他因专注于实际的政治生活,拖到将近20年后才开始实际撰写。此时他有关希腊史的唯一作品,是一篇对米特福德(Mitford)《希腊史》的评论(《威斯敏斯特评论》1826年4月号)。

大约此时，格罗特参与的最重要的工作，是创建位于高尔街的伦敦大学（1825—1827）。1830年，他父亲因糟糕的健康状况，被迫将其在银行的工作交给他。在银行的新工作使格罗特能够支付访问革命前夜的巴黎的费用。旅行过程中，他结识了主要的自由派政治家（见格罗特夫人的《阿利·谢菲尔传》，1860年版）。当年6月，其父去世，享年70岁，格罗特因此成为林肯郡和牛津郡地产的主人，拥有约40 000英镑的现金。1831年的改革运动，他因作为父亲遗嘱执行人的工作而未能积极参与。由于这个原因，他拒绝作为该城市的候选人，但他《议会改革大纲》的论文已经表明了他的看法。1833年2月，他终于成为代表伦敦城的国会议员，两个月后，他支持秘密投票选举的动议得到讨论。他的主要观点在亚历山大·贝恩（Alexander Bain）为《次要著述》所写的导言中有介绍。他演说的特征是推理周密、绝无旁枝末节，与他作为《希腊史》作者的身份完全相配。

在连续三届国会的八年半中，他持续代表着自己的选区，看到改革运动后保守主义逐渐复兴。他慢慢地发现，"哲学激进派"的观点，无论对他本人多么有说服力，也代表不了他的党派的看法。在1841年（6月）的国会任期终了后，他决定退出。如今他可以不受妨碍地、全身心地投入有关希腊历史与哲学作品的写作中了。

1841—1842年，他在意大利旅行。回到伦敦后，他全部精力用于银行管理并为其《希腊史》做准备，有意识地阅读权威作品并致力于核实资料。作为该书第一部分两卷的前奏的，是他对尼布尔（Niebuhr）《希腊英雄故事》（*Griechische Heroen-Geschichte*）的评论。它的重要性不仅在于其与尼布尔著作内在的关联，而且在于它是一次"试验性的体验"。1843年，他开始实际撰写其著作的第一卷。为全身心投入著作的写作，他从银行的管理职位上退休。1846年，前两卷最终出版，而且获得了普遍的赞扬。在其丈夫的传记中，格罗特夫人写道："因此我破天荒地成为他的情感状态的见证人，那是一种得到满足的自爱，时不时会从他冷静谦虚的外表下习惯性地冒出来。"最为重要的评论［J.S.穆勒和迪安·米尔曼（Dean Milamn）分别发表在《爱丁堡评论》和《每季评论》上]都是完全肯定的。除第2卷最后的部分外，它们叙述的都是传说时期，第二部分（"历史时期的希腊"）刚刚开头。

前两卷得到的无条件赞赏，激励作者更加积极地工作。1847年，第3~4卷出版，1849年，第5~6卷出版。次年，他推出了第7~8卷，1852年第9~10卷，1853年第11卷，1856年第12卷即最后一卷。10年之中，这部将希腊历史叙述到亚历山大大帝之死的伟大著作，全部完成。

在完成工作后，格罗特去国外度了一次假，然后回国继续他对柏拉图的研究。这部论著为其希腊三部曲的第二部，于1865年以《柏拉图与苏格拉底的其他学侣》之名出版。它包含对泰利斯（Thales）到德谟克利特（Democritus）希腊哲学的概述、柏拉图的传记、所有独立成篇的对话的分析，以及一篇完善的注疏。他的下一部作品是1866年1月发表于《威斯敏斯特评论》、有关穆勒《对威廉·汉密尔顿爵士哲学的考察》的评论。在该书第3版的序言（第7页）中，穆勒对作为哲学家的格罗特以及那篇评论，给予了高度赞美。

现在他71岁了。他以不懈的努力开始了其三部曲第三部——亚里士多德研究。近50年来，他一直在为这部著作汇集材料，但他注定无法完成。他实际撰写的部分1872年由亚历山大·贝恩和G.克罗姆·罗伯逊出版。它包括亚里士多德的传记、对其著作的概论和对其逻辑学论著的细致分析。可是，编者能够利用他的手稿、他给贝恩《精神与道德科学手册》所写的作品，以及他对构成亚里士多德主张的其他作品的考察，补充上注释。

如果不提到格罗特为伦敦大学、大学学院以及不列颠博物馆付出的努力，这篇小传就不会完整。在创建位于高尔街的伦敦大学时，他成为董事会的议员（1827—1831）。1836年，这家大学由于伦敦大学创办于伯灵顿府（1836）而改名为大学学院。1849年，他再度加入大学学院董事会，1860年成为财务官。1868年布鲁厄姆勋爵（Lord Brougham）去世后，他担任了院长。1862年，他成为伦敦大学副校长，把自己很有价值的图书馆遗赠给这所大学，并捐赠6000英镑给大学学院，设立精神哲学讲席。

1859年，他继承亨利·哈兰（Henry Hallam）的位置，成为不列颠博物馆董事。

作为一个教育家，他同样表现出对原理的综合把握，那是他历史和哲学著述非常显著的特征。如同在《希腊史》中一样，他意识到在描述希腊世界社会和政治发展的同时描述思想的重要性，在教育上，他坚决反对那种危险的过度专业化倾向。他虽然支持设立理学学位，但毫不妥协地反对在入学考试中取消希腊语。完美的教育只能是文学、哲学和科学训练的结合，这正是他坚定的信念。

1871年6月18日，格罗特去世，享年77岁，被葬在威斯敏斯特公墓。他是皇家学会会员，曾被授予牛津大学荣誉民法博士和剑桥大学荣誉法学博士学位，他继承了马考莱在法兰西学院的外籍院士地位。1869年，他拒绝格拉斯顿先生（Mr. Gladstone）授予他爵位的提议。对他人格的评价，再无比亚历山大·贝恩更恰如其分的了。贝恩认为，"在他性格的背后，是人间罕有其匹的同情、慷慨和自我否定的综合。所有观察者都印象深刻的，是他表面上对他人礼貌、和蔼，并且非常在意他人的感受。但这种外表上的和蔼从不曾误导他，在任何情况下他都不会在自认正确的问题上让步。他对自己的工作孜孜以求，因此激起的信心和敬意，在他参与管理的所有机构和董事会中，都发挥了极其有益的作用。失去了他，对他们是一场真正的灾难"。

编者序

自格罗特伟大著作的最后一卷面世以来,50年已经过去。在这些年中,人们一直在孜孜不倦地研究希腊史,出版了诸多语种的著述。蜂拥而至的文献形态各异,有对整个主题的综合性论述,也有在最微观领域做精心研究的专著。古代的权威著作再度得到校勘,不仅是从文学和古典学的角度,而且特别留意到了它们在历史学上的重要性。为方便比较,史学家们依靠的证据被以各种具体的主题汇集起来。因此,我们可以有把握地宣布,不仅所有重要的文献证据都没有被忽视,而且几乎所有的段落都得到了分析和再分析,所有可能的解释也都得到了彻底的再考察。

编者序

其次,如今我们拥有了50年前仍然缺乏的大量证据。新证据种类多样:文献的、碑铭的、钱币的、艺术的。"考古学"一词本身获得了全新的含义。半个世纪前,对许多人来说,它仅仅意味着搜寻古代的美丽物品,它们被视为珍品,由那些缺少批判能力的热心者汇集起来,既不考虑它们的相对年代,也不论它们的历史意义。如果说那时的考古学仅仅是一种爱好,一点都不夸张,但在今天,说考古学是古代史科学一个最重要的部分,或许也一点都不夸张。例如,在讨论有关第一提洛同盟的问题时,现代的希腊史学者很可能会把他们现在可以利用的证据与瑟尔沃尔和格罗特的进行比较。或者,也可以让他把《不列颠百科全书》第8版有关特洛伊的条目与随后的1902年的版本做个比较。对此似乎毋庸赘言,但人们太容易忘记的,是我们现代理解的希腊史,已经与格罗特和瑟尔沃尔开始写作时非常不同了。确实,如果对此没有充分的理解,则不可能充分预估他们的著作的重要意义。如果我们思考一下今年与荷马以及前荷马有关的文明已经做的工作,则当我们意识到变化已经多么巨大时,我们就不能不感到吃惊。"迈锡尼的""米诺斯的"和"爱琴文明"等术语本身就是新近的事物。当我们在1905年10月31日的《泰晤士报》上读到A. J. 伊文思博士（Dr. A. J. Evans）等人的报道，并把它与格罗特或瑟尔沃尔有关同一时期的段落进行比较，并且意识到他们在什么样的条件下工作时，我们才会突然认识到，问题的特性已经发生了多么彻底的变化，评估19世纪中期的学者们的著述，又是多么困难。

此外，如果我们扫视一下格罗特《希腊史》每章的标题，则会对他著作范围的广泛感到惊奇。犹如当时人们终于发现无法在一部有关普世史的著作中处理希腊史一样，今天的作家们，谁也不会认为，在一部希腊史的框架中，可以像格罗特尝试的那样的篇幅，去处理腓尼基、埃及、巴比伦之类的主题。事实上，除非在一部肤浅的教科书中，否则面对积累起来的如此大量的史料，任何人都不会尝试去撰写一部覆盖从开端到亚历山大时期的希腊历史。

最后，有必要提及与此有关的、1892年出版的亚里士多德的《雅典政制》。这部作品的发现,几乎成为希腊历史研究中的一个新时代。无论人们赋予它什么样的价值,无论它具有怎样明显的缺陷和忽略,如本卷的注释和附录所表明的,它总算解决了许多问题,提供了之前一直缺乏的大量细节。

考虑到所有这些方面——它们的重要性我们这里只能做最概要性的讨论,读者很可能会要求出版本卷具有正当性的理由。格罗特著作独特的价值是什么?在如此之长的时期——其间整个主题都得到再考察,部分得到重构——过去后,它缘何仍让人们产生兴趣?

格罗特与他的先驱者

正是在18世纪后期,希腊史成为一个研究单位。此前它一直被视为普世史的一部分,而古代史仅仅是文学上的消遣,批评不为人所知。第一位纯粹而单纯的希腊史作者是斯坦岩(Stanyan),其书出版于1739年。在它之后,近该世纪末,分别有加斯特（Gast，都柏林，1793）、约翰·吉利斯（John Gillies）和米特福德。考虑到我们随后要谈的格罗特，有趣的是后两位作者各自的态度。在其致乔治三世的献词中，吉利斯已经充分表达了他对希腊历史上重大政治问题的情感。因为对法国革命的事件印象深刻，他对民主方法抱有深深的不信任感。米特福德的写作也受到托利党信念的强烈影响。两位作者主要关注的，都是斯巴达政体长期的和平与雅典民主发展和衰败过程中不断发生的冲突（stasis）对比。不管我们认为他们的态度有多大的正当性，我们都必须承认，他们是第一批把希腊作为有意识的政治试验诞生地来研究的，从而一劳永逸地把水平提高到了纯粹的浪漫想象之上。

此外，某种程度上正是因为这些著述反雅典的立场，促使瑟尔沃尔和格罗特从事他们的工作。瑟尔沃尔主教是一位严格且有成就的学者，最重要的是，他乃一位思想绝对诚实的人，他的著作不仅有对古代古典作家透彻的把握，而且对当代德国的学术也有深刻的了解。他的历史，尽管恰恰由于它的优点而从未流行，

编者序

但有伟大的优点,或许在当前得到了较它们出版时更大的欣赏。它在估价资料时极其谨慎,结论的提出,总是带有几乎不必要的谦逊。正是这种公正本身,造成他不管是在赞扬还是批评时,立场都不够鲜明。尽管他并不赞同米特福德对希腊民主发出的不分青红皂白的攻击,但他习惯性的谨慎,让他未能高扬民主政治的优点。

格罗特的性格完全不同。如我们在小传中已经看到的,他的家庭和早年的环境都让他不同情学术圈的精神。他在商业的氛围中接受了训练,年少时起就对当时的社会和政治运动有浓厚兴趣,他对希腊史的兴趣,是一位实践型政治家和实业家的兴趣。在老、小穆勒和杰雷米·边沁的影响下,他对各种形式的权威——不管是社会的、政治的还是思想的——都抱有强烈的反感。对他来说,所有问题都可以理性地进行讨论。他把古代历史视为人类发展中的众多领域之一,从那里扫除了抽象学术不真实的氛围,使其服从于他判断法国或英国历史那样的评判标准。

当他首次用这种精神考察希腊史的传说时期时,如他所指出的，他对那些人的轻信感到震惊：他们赋予流传久远的神话以重要性。他拒绝承认能从中推理出任何的历史事实。从那时以来，比较神话研究已经证明，他以偏概全的抨击缺少理由，但他的怀疑精神在激励后继者从事进一步研究上具有价值。虽然他的结论很大程度上被推翻，但这毕竟是人们更严格地把他本人的方法应用到更广泛的研究领域的结果。

然而，对格罗特著作持久抱有兴趣的基础，并非他对传说时期的考察。今天我们阅读它，主要是因为它提供了作者思考习惯的一个重要例证，以及他在其中活动的圈子。部分也是因为它代表了一种如今已经被替代的观点。作为对这个主题的权威解说，它实际上已经不再重要。

基于同样的批判精神，格罗特接着考察了他名之为"历史的"时期。尽管他不是瑟尔沃尔那样的学者，但他异乎寻常地坚持阅读和反复阅读古代史学著作，而且透彻地掌握了现代在这个主题上的文献，包括英文的、法文的和德文的。此外，他研究过通史，包括中世纪的和近代的，因此他能够利用取自更晚近时代的事件作为类似例证,作为他著作的说明。如我们已经看到的,他首先是一个实践型政治家,对民主政治抱有热情。从他念书起,直到他公职生涯发端,他一直从理论上研究政治哲学,彻底服膺于他导师的"哲学激进主义"。随后,在公职生涯中,他一直是民主原则稳定的倡导者,并走在改革运动的前沿。人民代表,秘密投票,废除各种形式的特权,以及推广教育,对上述的一切,他都给予支持。如果我们还记得,在其活跃的年份里,他曾不断测试和核查他研究历史与政治哲学的成果,则他会坚决反对米特福德有关希腊政治发展的观点,就不让人感到奇怪。因此,正是反驳米特福德的决心,让他开始了自己的《希腊史》的写作。

所以,他的著作首要地被视为基于历史证据提供的具体事实,为希腊民主精心准备的辩护词;其次,是对民主政治本身的研究,一个从诞生、繁荣到衰败的具体案例。他的问题是:"导致雅典,也包括整个希腊衰落的,是因为,还是尽管有自由制度?"换句话说,是"希腊民主本就不健康吗"?

将格罗特的《希腊史》与瑟尔沃尔的区别开来的,正是这个事实,并赋予它恒久的兴趣和价值,让它不会受到精确学术细节或累积起来的新资料的影响。人们甚至可以说,即使后来的研究证明修昔底德和希罗多德的作品不过是一堆最为匪夷所思的幻想组成的垃圾,但格罗特的著作对政治演化的学者仍将具有很大价值,并且是实践型政治家的指南。与绝大多数史学家不同,他用理性的热情为理想写作,背后的支撑,则是他对现代生活实际状况的彻底把握,以及对奇特人性和个人怪癖的充分认识。

毫无疑问,部分正是因为他的这种热情,使他的著作较那些德国史学家的更有可读性[例外的是库提乌斯(E. Curtius)、爱德华·迈耶(Eduard Meyer)和阿道夫·霍尔姆(Adolf Holm)]。他的表达总是清晰而精确,偶尔,如在叙述雅典在西西里的灾难时,会达到最为伟大的庄严。读者始终有一种获得感。他的论证蕴含着权威和清醒的判断,所有资料都得到了适当的评估。虽然学者们在他对所引古代史料的解释中发现了些微不够准确之处,但并不会削弱这种感觉。

如我们已经指出的,瑟尔沃尔冷静的公正,造成了下述结果:

让他的历史失去了我们或许可以称为普遍性的东西,它是与纯粹的历史价值相对的。另外,格罗特对民主政治的热情,无疑使他无法对希腊非民主政府的优点做出充分估价。他对希腊世界所谓的"僭主"的评价以及他对马其顿帝国的态度这两个部分,最为清晰地表现了他的不公正。

我们有必要对这两点做比较充分的考察,以便——如果可能的话——证明《希腊史》的这些部分在本卷中被省略的原则的正当性。

首先,对格罗特而言,所有形式的绝对统治都是他的噩梦。他完全相信,僭主政治本身,不管是对于一个民族集体还是个人,都是恶劣的。我们所关注的并非这个观点的合理性,但他更进一步,实际上否认了希腊僭主曾对他们的臣民的利益做出过实质性的贡献,认为他们除满足个人的贪婪和野心外,绝无任何其他目标。甚至他专门处理这个问题的那一章的标题(第二部第九章),都巧妙地造成误导。在谈到"独裁者的时代"时,他似乎暗示,僭主政治限于希腊发展的一个时期,而且是一个原始时期。格罗特的批评者，最显著的是马哈菲博士，[1] 对此已经多有论述，并且已经公正地指出，绝对统治是希腊世界一直存在的现象。不过，格罗特本人提到过这个史实，同时他对早期希腊的僭主政治和后来的做了恰当的区分，前者发生在宪政政体时代之前，后者崛起于希腊人的城邦国家已经被纳入帝国时代，那时公民个体不再是一个真正的政治单位。早期僭主因他们个人的能力崛起，并依靠到那时为止国家中受到压制的成分的帮助自存。他们代表了对现存权力的反抗，在某种程度上至少是"内生的产物"。后来的僭主（1）要么是外来势力的傀儡，靠外部支持（例如那些由波斯人强加给伊奥尼亚城市的僭主：前550—前500，或安提戈努斯·戈纳塔斯强加给伯罗奔尼撒城市的），代表他人利益进行统治；（2）要么是希腊化的君主，他们认为他们完全可以被恰当地称为"僭主"，与罗马的皇帝处在同一个层次上，与格罗特在该章中讨论的那些僭主完全不同。他关注的主要是在政府史的

[1] Prolegomena to Greek History, Ch. i.

编者序

参照下希腊政治发展的终极含义,因此,他认为那主要是一种文化生产机制,物质的繁荣仅具有次要意义。他把自己限定在这样一个时代,进而忽视我们名为希腊主义的希腊生活的广泛传播是多么不公正,但从他的角度观察,他谈论"独裁者的时代"是合理的。公元前508年和马其顿帝国之间的时期,在希腊本土的主要城市中,"僭主"的数量是很少的。

然而,当我们考察格罗特对"僭主"实际的叙述时,则我们必须承认,他对他们不够公正。虽然"僭主们"的动机无疑主要是谨慎而非有意施恩,但他们通过终结等级冲突为希腊的"伟大时代"铺平了道路并无疑问。僭主政治持久的必要条件是国内和平。由于一人统治的主要受害者是他剥夺了权力的寡头们,则僭主最有希望担心遭遇反对的,就来自他们。因此,他被迫赢得民众支持,后者则非常高兴地能够从他们之前主人自私的专制统治下获得喘息机会。所以,不管僭主是否仅仅是个有野心的寡头——他为了自己的利益扮演角色,还是他是商人阶级的支持者——他的财富因垄断的寡头不择手段的劫夺而处于危险中,抑或他是人民中被压迫部分的代表，结果都一样：一个强大的个人与比较贫穷和迄今为止未得代表的阶级的结合。这种结合不仅常常从混乱中创造秩序，而且给予许多人一种新的对自身的自信和某种程度的责任感。他们了解到自己的力量，而且知道如何使用力量。

其次，僭主一般需要寻求民众支持，允许人们追求他们私人的事业，对他们不加不合理的骚扰。这造成了财富的积累以及国内外市场的扩大，让希腊人熟悉其他国家自然和人工的产品，从而丰富了他们的思想。所以，我们看到了科林斯的佩利安戴与米利都的特拉叙布鲁斯和埃及的普萨麦提库斯二世（Hdt.,1, 20 et seq.）、库普塞鲁斯与古盖斯和米达斯（Hdt., ii. 14）签订商业条约的证据。此外，就西库翁的克里斯提尼（参见 Hdt., vi. 127 有关阿加利斯泰的故事）和雅典的庇西特拉图（见第三章附录）而论，我们发现因统治者结盟强化的普遍和平的原因。必须归于这个时期的，还有商业从外围国家向科林斯和埃吉纳的转移（当然部分是因为波斯征服了小亚细亚），事实上，还有商业作为政治事务中一个主导因素的诞生。

最后,僭主从两个方面对希腊艺术和文学的发展作出了贡献。第一,他们稳定的统治首次提供了艺术和文学创作的基本条件;第二,他们的政策尽最大可能地哺育了有助于国家伟大的所有事物,因此给他们的臣民留下了君主制优越于贵族政府的印象(第三章附录)。

在这些方面,希腊僭主以创造民族精神来取代阶级之间永恒的冲突的方法,不仅为宪政政府铺平了道路,甚至预示了宪政治理可能产生的诸多最优秀成果。但对格罗特而言,所有这些无可置疑的优点,都因为下述基本事实被败坏了:无论僭主的统治多么有益,无论他可能多么受欢迎,他都不是一个合法统治者。除要求公民绝对服从外,他根本就不给公民任何政治理想;他不鼓励政治意识,事实上,是尽一切可能熄灭政治领域中思想的自由。这方面一个典型的例证是庇西特拉图的统治。梭伦的政体已经失灵,因为它过于稳健,它剥夺了贵族,却没有给予民主派足够的权力。庇西特拉图很快发现,自由的种子已经播下,所以他必须避免两种极端。他绝不可得罪已经半觉醒的自由精神，但他也绝不能鼓励它。所以，他的目的是给予人民秩序和繁荣，讨好他们的自豪感，这样，在眼前的繁荣中，他们或许会遗忘他个人统治的怪异。只要农夫们不因个人原因抱怨，则他知道，他可能信赖他们会停留在自己的农庄上，不去利用他实际维持的梭伦改革措施。所以，他通过执政官统治，但小心地让那个职务留在他的亲属手中。只有在他的继承人对伪装粗心大意时，人民才发现了这个骗局。较之最为残暴的篡位者，一个伪装巧妙的独裁者是对民主发展更大的障碍。因此，格罗特从理论上评价僭主，对它的长处视而不见，最多也就是把它作为缺乏创造力的东西加以抛弃。

现在我们开始讨论本卷中省略的《希腊史》第二个重要的部分：亚历山大时代。从格罗特第1版的序言中，我们发现了他对这个时代的态度。在谈到亚历山大后继者的一代时，他说道，"希腊的政治行动变得局促而堕落，对读者不再有趣，也无关于未来世界的命运……总体上看，公元前300年到希腊被罗马吞并的时期本身就毫无趣味，其价值仅仅在于它有助于我们理解之前的数百年……作为共同体，他们（希腊人）已经失去了自己的轴心，成为更强大邻邦的卫星国"。不管这些结论是否公正，非常清楚的是，格罗特本人绝不会被诱使去研究马其顿帝国以及我们或许仍可名为希腊主义——某种程度上遵从马哈菲博士——的传播。当我们读到有关马其顿帝国崛起的章节时，我们感觉到，他的著作失去了灵魂。故事中缺少了之前各章的热情与活力，不仅冷漠而机械，而且不完整且有偏差。[1]那些意欲研究马其顿崛起的人应当抛弃格罗特，转向更晚近的著述，如 D. G. 霍加斯（D. G. Hogarth）的《腓力与亚历山大》、霍尔姆的《希腊史》第2~3卷以及贝洛赫（Beloch）的《希腊史》第2~3卷。

导致马其顿时代部分出现的错误不可能在这里进行讨论。指出下述就够了：北方君主国的干涉，绝不能被视为希腊政治发

---

[1] 这绝不表示格罗特是有意地出现偏差，他对史实细节的叙述仍然非常公正，例如，他时而会攻击德摩斯提尼而为埃斯奇奈斯辩护。问题毋宁是他整个态度不够正确。

展中偶然的、完全可悲的混乱,而毋宁是希腊共和国发展之必然结果:它们的道德能力、军事和财政实力都弱于马其顿。将马其顿统治的后果——希腊化时代,视为一个单调且无可挽回的衰败时期的看法,甚至是更大的错误。恰恰相反,那是一个躁动的时代,一个希腊生活的几乎所有领域都出现新思想的时代,代表着希腊声望在外族中最大限度的成长。此外,希腊化世界需要解决的问题具有特殊的现代特征,它的成败对于研究社会和政治演进的学者们具有指导意义。

斯巴达和底比斯霸权的年代,即使不是倒退,总体上也是一个停滞的时代,就新的政治思想而论,简直一无是处。除缺乏内在趣味外,这份记录并未因任何具有头等重要性的新文献的发现而获得丰富,但可以平稳地让它保留原样。因此,对于这个时期,编者认为学者们去参考格罗特本人文本的相关部分,就足够了。

编者序

本版本的构成

上述理由,加上要将如此之大的一部著作压缩为一卷的狭小篇幅,使编者牺牲了传说时期、僭主的故事,以及公元前4世纪和马其顿时期。但除这些整体的删削外,进一步的压缩也难以避免。我们最好是对这些细节详做说明,但在这样做之前,概述下本书前文的主要观点,以便读者在与本卷实际内容进行比较时,有一个清晰的概念,或许是合适的。

首先,格罗特是一个理性主义者,因此,由于自格罗特的著作出版以来比较神话学已经取得的巨大进展,传说时期已经被省去了。其次,格罗特是一个理想派的民主人士,因此对僭主进行了不公正的批评,所以有关僭主以及马其顿帝国的章节也略去了。

最后,作者著作中最优秀的部分,无疑是他个人真正的兴趣所在。这意味着格罗特著作的真正价值,包含在他有关雅典民主的叙述中。因此,编者选取了那些与希腊历史上这个特定时代关系最为密切的章节。但是,格罗特主要感兴趣的不仅是这一部分，也包括那些本身今天仍能做出最满意再现的部分。最近的希腊史研究仅仅是证实了格罗特如此充分和准确提供的主要线索。要让再现他有关传说时代或亚历山大大帝的叙述有任何意义，将需要复杂的修改甚至是重构，在这样的一卷中，那本不可能。所以，本书包含了构成《希腊史》核心的部分，如我们已经指出的，虽然有关这个主题的文献已经大量增长，但即使对今天的古代史学者来说，这部分本身仍具有无可估量的价值。

省略部分的摘要

1. 第一部分：传说时期。

2. 第二部分：第1—10章。这些章节包含对希腊一般的描述：它的地形、政治分区、地貌和族群。一般来说，研读大量由训练有素的探险家完成的晚近著述的地形部分，远较这些章节的描述更有益处。即使是最一般的读者，也几乎不会对不包含任何最近考古发现的希腊地形的陈旧叙述发生兴趣，对这些最简短的叙述，也会占据较它意在补充的文字更多的篇幅。此外，这个领域已完全为专业的考古著作覆盖。我们还应记住，格罗特从不曾访问过希腊，而使自己有资格写作这部分内容。

这种不合格出现在这些章节中，也出现在他有关军事行动的叙述中。注释在某种程度上将表明,对地形更细致的研究使我们能够纠正他提供的有关战役和行军的叙述(特别请见第263—267页有关萨拉米斯的叙述)*。此外,希腊族群研究(例如关于佩拉斯吉人、莱莱吉人和多利安人的主题)是自格罗特以来全新的现象。对我们当前的知识做任何有意义的概述,都会涉及对格罗特著作的重构。同样的评论甚至更适用于那些有关古代希腊宗教的部分,应保存的部分如此之少,最好是省略掉整个部分。

有关斯巴达早期历史部分(第5—8章)的省略需要多解释一句。对这些章节或其他希腊史对应部分的浏览,会发现有关这个主题的部分仍极其(我们也许可以说是令人绝望的)模糊。无论我们认为是来库古的制度,还是斯巴达的逐渐崛起,让它在伯罗奔尼撒占据支配地位,我们都会发现,古代史家所提供的细节大多是没有价值的,现代评论者中最优秀的、突出的是格罗特本人的,则是用否定来笼统地抛弃虚假推理,却没有提供任何系统的重构。

* 文中参见页码指原书页码,即本书边码,下同。——编者因此总体上看，我们只要记住斯巴达逐渐成为乡绅的代表，作为平等的贵族生活在依附者（庇里阿西人）和农奴（黑劳士）之中，就足够了。贸易和农业被留给这些低等阶级后，真正的斯巴达人就聚集在他们的都城里，专注于唯一向他们开放的职业——战斗。他们对其他伯罗奔尼撒国家取得的成功，仅仅是具体说明了训练有素的职业战士总会比那些半吊子的民兵享有优势。

从这些章节里能够得到的政治教训并不多。即使在后来的历史时代，斯巴达对希腊历史的影响主要也是负面的，仅仅是作为阻碍或妨碍希腊思想和文化真正领袖的发展时，才具有重要性。所以，我们对早期斯巴达历史的无知，也没么令人遗憾，亦无须利用如此稀少的材料反复尝试重构来加以补救。

第9章处理早期科林斯、西库翁和麦加拉，主要是对公元前7—前6世纪在这些城市兴盛的僭主政治的叙述，所以省略它们的原因前文已经陈述。

3. 第11章，讨论梭伦立法和雅典有意识的政治发展的发端部分，基于同样的理由，编者省略了第12章论优卑亚和基克拉狄斯群岛，第 13 章有关亚细亚的伊奥尼亚人部分——有关那些地区，最近的考古学著作具有头等重要的意义；第 14 章有关小亚细亚的埃奥利亚希腊人，第 15 章有关小亚细亚的多利安人的各章，都省略了。

4. 第 16—21 章讨论希腊人与之发生接触的东方国家。其中第 16—17 章包括对小亚细亚诸民族、米底人和西徐亚人的叙述。这些部分今天已经完全被改写了，如今已经是完全不同的领域，而在格罗特的时代尚不是如此。有意思的是，我们注意到，例如在格罗特的著作中根本没提到的重要的普泰利亚（Pteria）遗址，如今被众多学者视为伟大的赫梯君主国在古代的中心。

同样，"腓尼基问题"已经出现，而格罗特对此一无所知。所以，第 18—21 章已经不是有关这个民族充分的概述了，第 19—20 章更不足以代表对埃及和亚述最近研究的成果。这部分的主要内容仅仅对那些愿意追踪世界在这些研究领域的启蒙时段的博古学家们有些价值，编者仅保留了第 17 章有关吕底亚国王的数页，对造成伟大的希腊—波斯冲突而言，吕底亚的历史对希腊史学家具有重要意义。

5. 第22—24和27章，讨论希腊人对西部地区（库莱奈、意大利、西西里、伊达拉里亚、高卢、埃皮鲁斯和伊吕利亚）的殖民，与有关亚洲希腊人的各章相似，主要由不可信的建城传说构成。它们主要的价值，在于能够提供有关希腊扩张地域广阔性的知识，但这一点在后来有关完全历史时期的叙述得到了充分的说明。第25—26章讨论北方的民族（马其顿和色雷斯的，连同希腊人在这些地区的定居点），因为同样的原因被省略了。

6. 第28章有关泛希腊节日，第29章有关抒情诗和七贤的叙述，与希腊文化史有特殊的关系，因此不适合放在一个主要讨论政治演进的系列章节中。此外，就它们主要与下述问题有关：它们主要解说独裁者的时代，对此本卷几乎不涉及。

第30—31章讨论雅典公元前6世纪后半期的历史，几乎原样保留。

7. 第32—34章记录波斯帝国的崛起。由于它们纯粹讨论这个国家的问题，自罗林森（Rawlinson）以来，它们已经过时。因此，我们没有全部重印它，而是建议学者们参考迈耶的《古代史》第3卷第一部。可是，有关波斯与希腊早期关系的内容，被综合纳入一章中。第34章的结尾以及整个第35章被组合在一起，取名《伊奥尼亚起义》。

由此开始，格罗特的著作直到公元前404年雅典帝国崩溃的部分，没有任何实质性删削地重印了（第36—65章）。考虑到我们拥有的新知识，尤其是地理方面的，讨论希波战争的部分经常被增补或订正。雅典霸权的经历几乎不用改动，只有一两个问题例外，因为新的文献证据已经修正了曾被接受的结论。遇到这样的情况，对该问题的充分讨论留给附录处理。

我们已经指出，这些章节讨论的时期，除对整个希腊史极其重要外，无可否认地也是格罗特特别感兴趣的部分。为公正对待这位史学家的最高成就，编者认为最好对他的叙述原封不动，而牺牲整个公元前4世纪部分。

至于补充性注释，编者致力于提供对读者最有用和最容易得到的史料。它们也希望感谢他们从下述著述中获得的更普遍的益处。它们分别是迈耶的《古代史》（第 3～4 卷）和《古代史研究》，霍尔姆的《希腊史》（第 2 卷），格兰狄（Grundy）的《伟大的希波战争》，希尔（Hill）的《希腊史资料集》（公元前 478—前 431 年），希克斯（Hicks）和希尔的《希腊历史铭文手册》，以及吉尔伯特（Gilbert）的《希腊政制概要》。最后，注释体现了编者从讲座笔记和私人指导中获得的材料，它们来自编者以前的导师，牛津大学女王学院令人尊敬的 E. M. 沃克（E. M. Walker）。它们非常有价值，但就他们所知，目前尚未出版。他们对希腊历史问题的兴趣很大程度上得益于他，而这种兴趣引导他们尝试目前这份工作。

第一章

早期阿提卡（编者）

尽管雅典国家后来杰出，但早期阿提卡的历史，即使有任何内容，也较其他主要希腊人国家的更加模糊。有关公元前7世纪之前时期历史两部最好的史料，一是与希腊世界有接触的东方君主国的记录，一是当时诗人的歌谣，它们几乎从不涉及阿提卡（Attica）。事实上，我们会发现自己（的史料）限于随后时期的传统，其中之一在公元前5世纪之前事实上尚未成文，且这些资料的绝大部分，从年代上说，与作者们描述的事件之间的距离，就像今天的史学家与诺曼征服之间一样邈远。此外，甚至是较早形态的史料，很大程度上也依赖于纯粹的想象，即使它们似乎确实包含事实的某些方面，它们也常以歪曲和损毁的形式呈现，那说明作者们对事件缺乏恰当的理解。如果我们宣称,在所有论及早期阿提卡制度的作家中,只有修昔底德(Thucydides)既能够获得一手史料,也有能力善意地使用它,则我们做得并不太过分。对现存传统材料的总体印象证明,很多内容必须作为垃圾或者肯定虚假的东西抛弃,剩余的一点点,大部分也需要小心过滤,然后才可以给它们派上建设性的用场。

除文献记载外,我们还拥有一定数量的考古证据,在某些情况下,考古证据极其可靠。但是,虽然我们有理由期待,这类资料如最近20年来一样稳步增长,甚至可以给我们提供有关重要问题的决定性证据,但就目前的情况论,实物证据不足以让我们详尽重构该国的历史。

因此,在任何关于早期阿提卡的叙述中,我们都需要最大限度地谨慎,[1]而且相关解释似必须充分考虑对雅典后来历史的理解,因此我们必须牢记:至少到梭伦(Solon)时代,我们都行走在一片很大程度上尚无人探索过的保留地上,或许那里从不曾勘测过,也未标出足够多的地标。

关于"多利安人入侵"之前的时期,我们的文献史料没有提供任何一以贯之的叙述。流传至今的传说[2]的只言片语,常常带有无中生有的特征,不同版本之间存在许多矛盾。然而,在阿提卡大量的传说中,一直存在一个显著特征:这个国家的人民是阿提卡土地的后代,在历史时代雅典人的信仰中,这种信念都是常备信条。修昔底德[3]为这种观点提供了一个先验的理由,他指出那里土地贫瘠，对外来入侵者几乎没有吸引力，考古证据的指向大致相同。[4]

有关最早时期的另一重要事实，是物质遗存在阿提卡诸多地区的广泛分布。[5]事实上，雅典卫城上有迈锡尼（Mycenae）宫殿的痕迹，但在其他方面，它几乎不比众多其他遗址更有优势，这与以下传说非常吻合：雅典最初并非该国唯一的政治中心，像人们在早期拉科尼亚（Lakonia）历史上看到的、在比奥提亚一直保持的那样，[6]那里分成众多独立的共同体。因此，关于阿提卡最初时期的历史，我们也许可以有把握地提出两个结论：（1）阿提卡的人口中，包含进入了该地但无法追寻任何踪迹的居民成分；（2）这块土地最初被分割成众多孤立的村社。

另一点重要的是，如我们已经指出的，虽然雅典人宣称他们是土著民族，但他们的传说中经常提及外来移民。此外，最早的雅典诸共同体的历史地理取向也以这种观点为前提，因为如修昔底德告诉我们的，[7]除卫城原址及其南区外，在后来成为该城的东南部，兴起了一个定居点。

考古学总体的考察，也使得这种移民（的存在）具备相当的可能性。该地区最初的遗迹显然可以归于文化上的"米诺斯"（Minos）阶段，它发端于新石器时代的爱琴海区域，[8]随后出现的遗迹表现出新类型文明的征候，暗示有来自另一地区的居民移入。人们一般承认，在希腊历史发端之前，至少发生过一次来自北方的入侵，或许可以区分出前后相继的两股潮流。就前一次论，我们可以将其与进入阿提卡的移民联系起来，其明显的证据，是狄皮隆（Dipylon）陶器的突然出现。[9]

要准确界定这些入侵者的族群不免鲁莽，实际上，他们的组成可能不同，并且是在一个相当长的时期内逐渐扩大他们殖民范围的。可是，我们也许有比较合适的理由，把这些移民冠以"伊奥尼亚人"（Ionians）之名。[10] 采用这个名称的主要理由中，我们可以提到：（1）不同形式的"伊翁"（Ion）到达（阿提卡）的传说，以及雅典娜（Athena）和波塞东－埃莱奇泰乌斯（Poeseidon Erechtheus）的争夺；（2）在荷马史诗中（《伊利亚特》第13卷第685、689行），雅典人被归为"伊奥尼亚人"；（3）雅典东南定居点崇拜的神灵特殊的"伊奥尼亚"特征（阿波罗－德尔菲尼乌斯（Apollo Delphinius）和波塞东－赫利科尼乌斯（Poseidon Helikonius））。

后一拨入侵者，一般被称为"多利安人"，[11] 在希腊人的总体分布上留下了他们推进过程中无可置疑的痕迹。然而，文献传统一致宣称，此时阿提卡并未接纳新的人口。历史时期，人们公认的信念，是雅典人乃非多利安种族。[12]

因此，在阿提卡，我们可以识别出早期人口的两个层次：（1）土著的"阿提卡人"；（2）移民"伊奥尼亚人"。我们必须假设，"伊奥尼亚人"的出现不曾伴随多利安人突入造成的灾难，两种成分的融合推进得如此稳定，以至于种族差别的情感早早地倒向了对民族团结的信仰，而种族情感在伯罗奔尼撒（Peloponnese）从不曾完全消失，而且被西库翁（Sikyon）的克里斯提尼（Kleisthenes）这样的僭主（他代表了一个种族的反击）复活。[13] 可是，除前述已经征引的证明雅典人乃混合种族的理由外，在该国的政治制度中，也有众多特征是以最初的族群区分为前提的。

我们已经指出，我们有理由相信阿提卡最初被分为众多独立的共同体。在历史时代初期，它们似乎已经融合为一个统一的政治单位：雅典国家，而且在后来的时期，在阿提卡的疆域之外，从无任何地方分离主义，那是大多数较大的希腊人国家的毒药。

这种变化因名为统一运动（συνοικισμός）的政治集权实现，那是一个公元前5世纪雅典人仍在庆祝的节日（统一节，τὰ συνοίκια）。某些证据显示，统一是一个渐进的过程，因为后来马拉松（Marathon）地区存在的四个共同体的宗教联盟，[14] 表明那里曾有过政治联盟，埃琉西斯（Eleusis）的并入可能直到公元前700年才实现（见第2页注释6）。可是，如修昔底德[15]注意到的，这个变化的完成暗示着存在一个强大的中央政权，一般认为，统一系在国王提修斯（Theseus）统治下实现。应该指出的是，这位君主被表现为一个来自"伊奥尼亚人"城市特罗伊曾（Troezen）的新来者，他与"伊奥尼亚人"的神灵波塞东-赫利科尼乌斯和阿波罗-德尔菲尼乌斯有亲缘关系。[16] 我们可以由此推测，政治统一是一个移民王朝实现的，它手中已经集聚了大量权力，让当地的首领[荷马史诗中"神圣的国王"（διοτρεφέες βασιλῆες）]黯然失色。人们从未提到，他们曾对这位统治者形成制约。

关于君主制后来的命运，没有任何确定的东西可说。传说列举了一长串统治者的名单，事实上，对我们来说，他们不过就是名字而已。我们也许可以认为，雅典的王权经历了与其他希腊国家相同的演化历程，直到荷马时代（前900—前800），它表现出被贵族不断增长的权势吸纳的迹象。我们必须归于这一时期唯一重要的事件，是在阿提卡领导下的殖民者对基克拉狄斯群岛、小亚细亚地区——该地后以"伊奥尼亚"知名——著名的殖民，[17]那场迁移因多利安人部落迁入引起。考虑到所有这些国家都把雅典作为它们的母邦这种一贯的传统，以及梭伦把雅典作为"伊奥尼亚最古老的国家"的说法，我们必须承认，这个传说中包含某些真实的成分。[18]

像其他地区一样，君主制的瓦解是缓慢的过程。虽然我们拒绝被博古派有关这一变化任何详尽的叙述限制，但他们把这个过程区分为三个阶段的做法，我们也许可以遵从。（1）掌权者的终身制被废止；[19]（2）君主职位向所有贵族家族开放；（3）国王的职能被一批官员分担，官职任期定为一年。[20]通过这种改造——它最终大约于公元前700年完成，[21]雅典被置于我们在历史时代初期遇到的政府的统治之下。

现在我们到达了这样的阶段：从梭伦之时呈现给我们的状况中，我们可以推知早期阿提卡寡头制国家组织的状况，虽然我们仍必须意识到如此之早时期所有制度的原始特点，以避免某些史学家，突出的是公元前4世纪的理论家们，叙述中的时代误置特点。

国王被迫与他人分享的行政职能中,首先是战场上的指挥权,然后是主审法官的权力。[22] 它们的分配如下述。(1)名年执政官(Archon Eponymus):以前国王的评估人中最为年轻者,其司法权力让他超过自己的前辈,被提升到国家主席的地位,所以行政年份用他的名字命名。(2)巴西琉斯(Basileus):他拥有"统治者"之名,仅保有古老的宗教职能和微弱的宗教裁判权。[23] (3)军事执政官(Polemarch):他继续担任统帅。此外,主审法官得到一个名为"司法执政官"(Thesmothetae)群体的帮助,他们可以被称为部门法官。[24] 这些官员的选举似乎由一个贵族议事会完成。[25] 他们从那些重要家族中挑选出候选人,并从中选录相同数量的官员。[26] 在这样的制度之下,权力显然实际上限于一个封闭的贵族群体之中,它不仅像罗马的元老院那样,在其终身制的成员身上体现着雅典国家的政治智慧,而且通过他们的任命权,对国家权力机关行使着全面的控制权。除一般的行政管理权外,议事会自身,或者从其全体成员中委托(部分议员),组成法庭,听取重要案件的审判,成为专门的谋杀案审判机构。[27]

文献从不曾提及这个时期平民曾行使任何政治权利。统治权限于贵族的原因,部分应当到他们手里积累的财富中寻求。[28] 但终极原因——它使我们很大程度上能够解释早期阿提卡制度的独特性——或许可以在强加于这个国家之上的宗教组织中找到。

我们已经注意到,定居在雅典附近的"伊奥尼亚人"移民带来了他们自己的神灵。阿提卡早期和后来居民之间宗教上的分离，或许较一直认为的重要得多。对希腊宗教特点最近的研究[29]已经揭示了历史时期信仰和习惯中一直存在的非常强烈的二元特点。官方的"奥林普斯诸神"崇拜被入侵者[30]叠压在原始的大地之神的崇拜之上，后者的性质，在后来时期众多的残存中得到了表现。这种"土著的"宗教的特征对当前论证的影响在于它的"母权制"特点。他们的神灵大多是女性的，血缘上的联系，反映在人类原始的组织建立于由同一个母亲出生的基础之上。[31]

关于早期雅典的一系列传说被保存下来，即使它们没有表明母权制部落的存在，[32]至少表明了母权制宗教的存在。我们可以有把握地认为，阿提卡土著的宗教和社会规则中，并未摆脱所有这些原始的因素。

在这类残存中，我们似乎有理由把阿提卡社会的组织单位判定为胞族。对于这个假设，我们的论证如下：（1）迄今为止，所有将该组织置于其他基础之上而认为其存在有说得过去的理由的尝试中，能够解决的问题，几乎还没有他们造成的困难多。（2）胞族（φρατρίοι φράτορες）的名称显然与拉丁语的fraters是近亲，意思肯定是"兄弟关系""兄弟"。[33]值得注意的是，兄弟的纽带在父权制组织产生之前要重要得多。[34]（3）胞族（φράτορες）特殊的职责至少一直幸存到公元前4世纪，[35]那就是为胞族群体内被谋杀的人复仇。可是，这样的规定只能在无法通过父系权威得到满足的情况下才会出现。[36]此外，作为可怕的对谋杀复仇者的权力,复仇女神一直让雅典人印象深刻,她们属于原始的神灵。[37](4)所有同胞(ὁμογάλακτες)都被包括在胞族(φρατρία)之中,[38] 前一个术语暗示一种母系方面的联系。

现在我们转向阿提卡人口中的"伊奥尼亚人"成分,发现有很强的证据,证明它按照父权体系组织。因为(1)他们的主神阿波罗和波塞东是"奥林普斯诸神"中的男性;(2)典型的"伊奥尼亚人"节日阿帕图利亚节是一个 ὁπάτορες 或 ὁμοπάτορες 的集会,[39] 他们中的精英以 Εὐπατρίδαι 知名;(3)伊翁乃父亲阿波罗(Ἀπόλλων Πατρῷος)之子的传说,证明"伊奥尼亚人"宣称他们是某个确定的男性祖先的后代;(4) γεννῆται 之名暗示了在社会聚合中父系的重要性。

我们发现的这种父权体系叠压在由 γένη 体系构成的整个市民人口之上,在雅典的"伊奥尼亚人"贵族中,盖奈(γένη)成了社会组织的主要单位。作为盖奈成员的资格取决于他是否是父亲阿波罗的后代并举行仪式。"伊奥尼亚人"贵族宣称,只有他们能证明自己是阿波罗的后代,而仪式仍属于新来者集体的秘密。更有说服力的是,这些标准被强加到那些有资格任职的人头上,[40] 所以国家的所有权力实际上逐渐落入父权贵族之手,人们逐渐被明确地区分为贵族和他人。[41] 进入这个诱人小圈子的唯一办法,是以奥盖奈斯(ὀργεῶνες)的名义被接纳入盖奈的宗教崇拜仪式中,无疑还伴随着虚假的过继。[42] 名年执政官具有的重要性,证明贵族牢固控制着这架机器。执政官裁决有关家庭法的案件，甚至古老的谋杀案裁决也转归贵族控制，因为"战神山"议事会肯定全部来自这个阶级。关于埃菲塔（ἔφεται）和部落王（φυλοβασιλεῖς），[43] 情况是一样的。另一异常让人迷惑但对适当理解早期阿提卡来说没有那么重要的划分，是部落（φυλαί）和三一区（τριττύες）以及船区（ναυκραρίαι）。四个部落即盖莱翁泰斯（Γελέοντες）[44]、埃吉科雷斯（Αἰγικορεῖς）、阿加戴斯（Ἀργαδεῖς）和霍普莱泰斯（Ὅπλητες）的名字曾引出下述建议：我们拥有的是一个划分为等级的卡斯特制度。但是，除真正的卡斯特制度在希腊从无踪迹的事实外，我们还知道，贵族是登记在各个部落中的。[45]

另一方面，传统一贯声称，这些部落是"伊翁"创造的，或者说"伊翁"的儿子们有上述的名字。它们在伊奥尼亚城市反复出现证明，这划分并不原始，而是由"伊奥尼亚人"贵族引入的。

所以，部落体系也被与统一运动（συνοικισμός）联系起来了，如我们已经指出的，后者是某个"伊奥尼亚人"君主的功劳。我们可以认为，这是最初多个共同体到后来集权为单一国家之间的阶段，那么四个部落就是地方区划，[46] 在为管理意图实现完全统一后被保留了下来。我们还可以假设，"牧羊人"（Αἰγικορεῖς）居于高地（Μεσόρεια），[47] "耕作者"（Ἀργαδεῖς）居于雅典北部的平原；"武士"（Ὅπλετης）居于马拉松的四城；贵族（Γελέοντες）居于都城。

诸如氏族的宙斯（Zeus）等部落神的出现，并不能证明部落本质上是宗教组织，因为希腊人的群体组织对某个保护神的崇拜是普遍做法，甚至在他们把真实的目标合并时，也属纯粹的世俗性质。[48] 同样，罗马人的库利亚（Curiae），尽管流行崇拜神圣的库利亚（Sacra curiae），最初却是个地方单位。[49]

如其名称所示，三一区被视为部落的三分之一。关于其早期的职能，没有任何记录。但是，如果我们从克里斯提尼组织的三一区[50]回溯，则我们可以推测说，它最初是个军事单位，由一个部落三分之一的兵力构成。

48个船区（ναυκραρίαι）自然被视为三一区的下级单位。它们的军事特征得到了下述事实的证实：每个单位需要为舰队提供一条船，为陆军提供一定数量的骑士，[51] 可能还有规定的步兵。在库隆阴谋中（约前630），我们发现船区长官（ναύκραροι）[52] 或船区长官的主持者（πρυτάνεις τῶν ναυκράρων）在行使指挥权。

无论阿提卡需要什么样的陆军，几乎不用怀疑，在多利安人入侵后的最初时期，经常需要舰队。在米诺斯的海上霸权崩溃后，爱琴海上卡利亚人和腓尼基人之类的海盗横行，他们的出现得到了修昔底德的证实。[53] 作为卡劳利亚同盟的成员，雅典肯定在巡逻萨罗尼克湾（Saronic Gulf）中发挥着作用，[54] 在公元前9—前8世纪的狄皮隆陶瓶画经常描绘她的战船。后来，随着麦加拉（Megara）、埃吉纳（Aegina）、卡尔奇斯（Chalcis）和埃莱特利亚（Eretria）海军有效地涤清了爱琴海上的外国盗贼，对这支护航分舰队的需要日益降低。我们可以设想，公元前7世纪的船区很少去服海军现役了。

船区的军事职能因公元前4世纪的说法[55]被模糊了，后来的博古派学者追随了这个版本。由于梭伦法律某些残篇的强力证据——那里把船区长官表现为征收贡赋和分配国家资金，他们被视为财务官员。这些无疑是属于他们的职责。事实上，在前梭伦时代，税收的主要成分就是战争捐助。但是，在雅典发展的这个阶段，财政职责只能是偶尔需要行使。船区与德莫（δῆμος）的关系不那么容易确定。虽然后一单位直到公元前6世纪末才作为政治单位使用，但有证据表明它们此前已经存在，[56]许多德莫组织完善，是属于宗教性质的团体，表明它们极其古老。由于它们的数量远超船区，我们可以认为，虽然在估算人口时德莫是一个重要的聚居群体，但对中央政府来说似乎太小，不必考虑。

如果我们回顾早期阿提卡的政治和社会组织，会发现一批"伊奥尼亚人"贵族移民骑在雅典土著的核心人群头上。通过他们对集权程度不一般的政府的控制，首要的是对国家宗教的控制，创造了最为严格的寡头政治，平民制度的存在尚无痕迹。

在这样的条件下，阶级对抗不可避免地或早或迟地出现。就此而论，雅典与其他许多处在类似发展阶段的希腊人城市并无多大区别。由于经济上的困境，阿提卡的麻烦更加严重，因为在那些比较发展的商业共同体中，殖民性质的移民成为天然出路。

第一章 早期阿提卡（编者）

因此，有野心的贵族会利用城邦内部的无序尝试并自立为独裁者，并不令人惊奇。

公元前6世纪后期，[57]一个名为库隆（Kylon）的贵族——作为奥林匹亚赛会的胜利者，他已经拥有很高的荣誉，而且发现他的岳父泰亚盖奈斯（Theagenes）在麦加拉成功得到了绝对权力——筹划了一场阴谋，他在一个节日里围困雅典卫城。偷袭的时机并非不利，这座城堡顺利落入了阴谋者之手。但库隆犯了一个错误：利用麦加拉的军队来支持他的野心。所以，雅典人民不但没有把他欢呼为解放者，反而立刻聚集起来击退他们所认为的外来入侵。由于保持了强力围困，他们很快迫使守军陷入困境。库隆本人逃脱了，但他绝大多数的党羽放弃了抵抗，在城邦神雅典娜（Athene Polias）的庙宇中寻求庇护。围困军队的领袖们对他们背信弃义的屠杀，[58]让该城被流血罪行玷污，招致了瘟疫。污染被克里特的一位名为埃皮麦尼戴斯（Epimenides）的"圣人"通过复杂的洁净仪式从共同体清除，但贵族家族阿尔克麦翁家族（Alcmaeonids）[59]因执政官麦加克莱斯（Megakles）在犯罪行动中负主要责任，被判处流放，很久之后，仍被认为受到诅咒。

库隆不成功的政变造成的另一后果，是受到惊吓的贵族将某些权利部分让渡给人民。到该世纪末，[60]一个名为德拉古（Drako）的低级执政官受命编纂法典，用成文形式把那些直至当时仍由统治阶级保守的秘密"法令"公布出来。垄断国法的知识，[61]连同判决宗教上的神圣，曾让贵族们掌握了整个共同体，且实际上没有任何限制。他们对司法资源随意地掌控,成为早期希腊平民最严重的不满之一,因为它让平民的财产和人身没有任何安全保证。德拉古的法典对公元前4世纪的演说家来说过于严厉,仅仅是这样一部法典的公布本身,就是对被压迫阶级的仁慈,因为它至少让平民能确定他们责任的边界。[62]

德拉古的法典来得太迟,无法应对无成文法时代造成的罪恶。经济状况尤其无可挽回地恶化了,不久,更彻底变革的需要就变得明显起来。在这样的情况下,立法家梭伦抛弃了德拉古法典的大多数内容,除令人敬重的有关谋杀的法律外,没有留下它任何其他东西。[63] 事实上,德拉古的工作被有效掩盖了,以至于后来的政治家们能够利用对它的普遍无知,以德拉古的名义颁布新"政制"。[64]

附录

以上的叙述遵循了公认的传统:除对现行法律法典化外,他什么都没有做。这个观点基于亚里士多德(Aristotle)明确的声明(Politics, ii. 12)。在该段落中,亚里士多德显然运用他确定的看法来纠正当时流行的有关德拉古的错误。

乍一看这种看法似乎已经遭到《雅典政制》第四章彻底的驳斥,那里提供了有关"德拉古政制"详尽的叙述。但抛开下述不论:《政治学》是一部完全可信的论著,而《雅典政制》在某

第一章　早期阿提卡（编者）

种程度上是对好坏资料不加区别地使用，对该章更细致的考察表明，它的说法有非常严重的可诟病之处。

从第三章向第四章过渡时，这部论著直接把我们从一个极其原始的寡头制拉到了一个程度很高的"混合政制"，那只能是在成熟的政治思考的年代里才能发展出来的。

在该章大量的时代误置的说法中，我们可以提到（1）将军（στρατηγοί）和主席团（πρυτανεῖς）；（2）对官员的预审（διεγγύησις）和离任审计（εὐθύνα）；（3）在一个钱币肯定还没有渡过爱琴海、财富必须用牛和类似实物表示的时代，却规定了现金资格和财务条款［οὐσίαν ἀποφαίνοντες ἐλευθέραν（没有负累的自由人）］；（4）有关议事会（βουλή）议员的数量及其他细节（整数400添上一个投票人，以防止平票，暗示有丰富的"议会程序经验"）；（5）偏爱用εἰσαγγελίαι（公民）称呼普通公民；（6）大量使用非常专业的术语，却缺少梭伦法律中多见的古朴术语。

针对第四章的反面证据同样强劲。我们可以注意到比较特别的几个：（1）没有把准宗教的组织纳入氏族之中，在那个时代，这是阿提卡政治中的基本事实；（2）虽然在德拉古时代，土地问题肯定已经非常尖锐，但它再次彻底沉默。

面对如此绝对优势的反对证据，唯一可以用来支持该章的正面论证是在该书的其他部分提及过这一章。

可是，这些提及很可能是编者和书吏为避免明显的不一致而插入的。无论如何，它们的证据本身显然没有强大到可以压倒该章造成的根本性矛盾的程度。

剩下的就是要解释这个段落可能源自哪种史料。

根据一个假设,它最终来自在四百人革命后或三十僭主之后组成的修订委员会所发现的某些真正的德拉古法典残篇。但是,(1)有关德拉古或梭伦政制的任何记录,是否能够在公元前480—前479年的灾难中幸存,极其可疑;(2)即使这些残篇的编者应当为第四章使用的现代话语负责,甚至在基本内容上,真正的德拉古法典残篇也不可能是《雅典政制》记录的版本。

维拉摩维兹(Wilamowitz, *Arist. U. Athen*, i. 165)愿意把公元前404年秋政治危机中的泰拉麦奈斯(Theramenes)作为创作者。确实,第四章和体现泰拉麦奈斯理想政制的第二十九章的某些条文中,存在着显著的相似。例如,公民权以重装步兵为基础,官职在所有有任职资格的公民中轮换等。此外,泰拉麦奈斯夸张地尝试重建"先祖"政制。

但是,(1)很难发现如此伪造如何逃过立法委员会(νομοθέται)的审查,特别是公元前403年的审查幸存下来,那是特意受托清理归于德拉古和梭伦的大量法律的(Andok., *De Myst.*, §§ 81–83)。(2)回归德拉古法律不太可能成为泰拉麦奈斯领导下的温和派的设想,他的理想毋宁说需要到克里斯提尼那里去找(*Ath. Pol.*, c. xxviii.)。同样的理由适用于泰拉麦奈斯的同僚安德隆[Andron, 阿提卡史家安德罗提翁(Androtion)之父]。

此外，伪造可能被归于尼科马库斯（Nikomachus），吕西亚斯（Lysias, *c. Nicom.*）曾指控此人篡改旧法典；或归于他的同僚文书。但上述演说中的指控没多少说服力，我们了解的法典修改的全部背景，都证伪了这个说法，这类转抄总是受到仔细监控的（Andok., *loc. cit.*; Reinach, *Épigraphie Grecque*, p. 306 ff.）。

法典修订肯定让如此公然的伪造变得不可能，但它们未能就德拉古立法真正的性质提供清晰的说明。众所周知，公元前4世纪，所有的制度都被归于梭伦，德拉古的情况类似，他与自己更知名的继任者争夺某些法令的颁布权（例如 νόμος ἀργίας-Plut., *Sol.*, 17; Pollux, *Onom.*, viii. 42）。

上述背景很可能引诱公元前4世纪的政治投机分子创造一部"德拉古政制"，不管有意还是无意，它被纳入了《阿提卡史》中，因此也进入了《雅典政制》。我们还可以更进一步，把创作权归于伊索克拉底（Isokrates）学校的某个作家，因为（1）《雅典政制》很大程度上仰赖于这些资料；（2）第四章的"泰拉麦奈斯"特征，如同这位政治家纲领的其他部分一样，在这个群体的作家中幸存下来；（3）赋予战神山议事会重要责任，与伊索克拉底青睐的信条非常吻合；（4）对安德罗提翁那样的公元前4世纪的作家来说，财政具有特殊的吸引力；（5）伊索克拉底在前梭伦的政制中寻求其理想（Isokr., *Panath.*, § 108 *ff.*）；（6）《雅典政制》中整个那一章更像一位教授学究气的作品，而非一份由实务人士讨论的文件。

值得注意的是，《雅典政制》第四章从不曾被其他古代作家征引过。它可能早已遭到批评，并且被后来的编者忽略了。

1 本章完全是编者撰写的，意在作为梭伦之前雅典史的引子。为方便参照，后续各章添上了完整版中的数字（置于方头括号中）。

2 关于主要传说的罗列，见 Grote, i, c. ii。这些故事中的大部分由阿波罗多鲁斯、斯特拉波、哈波克拉提翁为我们保存了下来，他们的知识主要基于《阿提卡史》，或阿提卡的各种专史。它发端于赫拉尼库斯的作品（公元前 5 世纪末），终于伊斯特罗斯（前 250—前 220）的编纂性作品。这类传说性质的历史的大多数仅有很少的事实基础，被随意组合在一起。

在较早的、能更方便地记录民间传说的史料中，我们可以提到 (1) 希罗多德；(2) 公元前 5 世纪的剧作家们；(3) 公元前 4 世纪的演说家们。可是，所有这些作家都会根据假设的观念，对故事随意进行大量改写，因此他们那些无根无据的说法没什么分量。

3 I, 2.

4 阿卡奈圆顶墓中序列连续的陶片证明，自新石器时代直到完全历史的时期，对死者的崇拜不曾中断（参见 Perrot et Chipiez *Art de la Grèce Primitive*, ch. iii. § 8, pp. 414–417）。

5 在众多其他遗址中，我们可以提到的有阿卡奈、埃琉西斯、托利库斯，或许还有马拉松。

6 在雅典和埃琉西斯边界上的达菲奈关，留有原始要塞的痕迹。传统谈到过两个共同体之间的战争，暗示迟至公元前 8 世纪，埃琉西斯仍然独立。荷马致德麦泰尔的颂诗（它的创作不大可能早于公元前 750 年）高扬埃琉西斯，根本没有提到雅典。

7	II, 15.
8	里奇威教授（Professor Ridgeway, *The Early Age of Greece*）把这种文化归为"皮拉斯吉人的"。这个名称似乎像任何其他名称一样合适，但由于种族区分尚未得到证实，因此最好不要给这些民族以具体的名称。
9	在 Walter, *History of Ancient Pottery*, vol. i., pp. 177-192 和 Rayet et Collignon, *Histoire de la Céramique Grecque*, pp. 19-38，有对这种风格陶瓶的长篇讨论。狄皮隆陶瓶的归类是史前考古最难解决的问题之一。无论如何，他们在爱琴海地区的突然出现表明它发端于外部。但请见 Poulsen, *Dipylongräber*。
10	里奇威教授（前引书）把这些入侵者归入"阿凯亚人"。但这个说法存在疑难：历史时期如此弱小的一个支派，在考古记录中却造成了如此广泛的骚动。最可靠的办法，是不要给这拨北方的征服者一个确定的族名，并且假设，只是在后来的日子里，他们才分化为不同的支派，如色萨利和伯罗奔尼撒的"阿凯亚人"，阿提卡和小亚细亚的"伊奥尼亚人"。后一个名称可能起源于爱琴海东部，由于真实或假设的亲缘关系，阿提卡的移民后来采用了它。在传说中，"伊翁"和"阿凯乌斯"被表现为兄弟关系。
11	一般认为，即使火葬的习俗不是，至少铁和扣衣针是被多利安人带到希腊的。里奇威教授将所有这些革新都归于阿凯亚人。对这些相互矛盾的说法，根据现存证据几乎无法给出定论。
12	所以，希罗多德明确将希腊居民分为"多利安人"或"最初的希腊人"和"皮拉斯吉人"，并且毫不迟疑地把雅典人归到后一族群中（ii. 56; vii. 94; viii. 44）。
13	Hdt., v. 68.
14	Cf. Gilbert, *Constitutional Antiquities*（英译本）, p. 99, n. 1.
15	II. 15.

16	Plut., *Theseus*, chs. 6, 14, 18.
17	人们猜测这一事件属于公元前 1100—前 900 年，Hdt., ii, 143 记载的赫卡泰乌斯的计算表明，米利都建立于他那时之前的 16 代人，即约公元前 1050 年。
18	这并不要求我们接受有关"移民"的整个传统叙述，下述观点有很多可取之处：小亚细亚及其岛屿上的"伊奥尼亚人"已经存在，是前往色雷斯和赫勒斯滂移民的结果。希腊本土特别是雅典新人口的移入，可能创造了下述意义上的"伊奥尼亚"：它让那些人具有了凝聚力，并把他们与北方的"埃奥利亚"和南方的"多利亚"区别开来。
19	见 Mahaffy, *Social Life in Greece*, ch. ii., pp. 37, 38 有关荷马式君主地位不稳的论述，他们的年龄造成了精力的下降。
20	类似的"委员会中的王权"在科林斯得到了证实（Diod., vii. 9; Strabo, viii, p. 378）。
21	自公元前 683 年起，有一个不曾中断的主要的一年一任的官员的名单。
22	参见 *Ath. Pol.* Ch. 3。它大多基于良好的论证方法：从后来的残迹中进行推测。
23	罗马的"圣王"（rex sacrorum 或 rex sacrificulus）提供了准确的参照。
24	虽然《雅典政制》（第 3—4 章）把早期的司法执政官当成纯粹的档案职员，但格罗特赋予他们充分的司法权的做法无疑是正确的。提到档案显然是时代误置（全文见第 110 章）。 不太确定他们的数量最初是否就是六人。这条规定可能是梭伦的，据称他设立了常规的"九执政官"（*Ath. Pol.*, ch. 3, 6 and 5; Apollodorus, quoted in Diog. Laërt., *Solon*, 58）。
25	它通常的称呼 ἡ ἐξ Ἀρείου πάγου βουλή 可能不早于梭伦时代，我们难以想象那时它集会的地点限于战神山。
26	这一点可以相当肯定地从《雅典政制》第 3 章第 6 行和第 8 章第 2

27 | 行略显混乱的叙述中推测出来。选举基于"出身和财富的标准"。《雅典政制》第 3 章第 6 行将下述权力归于该议事会：（1）对法律和行政的全面控制；（2）对"不顺从者"就地裁决的权力。早期的刑事司法大多非常模糊不清。后来一般认为"战神山议事会"是审判谋杀案件的传统法庭。普鲁塔克《梭伦传》第 19 章的意思，是它在梭伦之前已经存在，但我们无法确定这种特别的裁决何时落入该议事会之手。我们也听说，在谋杀案件中，贵族们在埃菲塔（ἐφέται）法庭听审（Poll., viii. 125, and C. I. A., i. 61），为此他们根据特定的罪名，至少划分出四个法庭（Πρυτανεῖον, Παλλάδιον, Δελφίνιον 和 Φρεαττώ）。埃菲塔可能是它的委托机构。议事会全体可能保有对重要案件的审判权。梭伦似乎规定，议事会在战神山上进行这类审判（Poli., ad loc.）。

28 | *Ath. Pol.,* 2, § 2.

29 | Miss J. E. Harrison, *Prolegomena to the Study of Greek Religion*, esp. c. vi.

30 | 非常可能属于里奇威教授和荷马笔下的"阿凯亚人"。

31 | 参见 McLennan, *Studies in Ancient History* (first series), 有关《古代希腊的血缘关系》一章。后来的博古派完全没有意识到事物的这种状况，他们版本的传说常常啰唆，被现代批评者视为全无价值之记载，但无疑可从中汲取真理的内核。从这些故事中论证它们"全部"保存了爱琴海历史上晚至"米诺斯"文明繁荣时代的"母权"制度，或许并不稳妥，但它们可能包含了从幸存的宗教观念中错误地推论出的已经过时的早期习惯。

32 | 参见 *Ath.*, xiii. 2,§555; Justin, ii. 6; Plato,*Legg.* 796（有关雅典娜原始特点的讨论），特别是 St. Augustine, *De Civitate Dei*, 18, 9。

33 | ἀδελφός 和 ἀδελφή 的形式暗示源自一个共同的母亲，但并不必然来自同一个父亲。

34 | McLennan, *Studies* (first series), p. 105 *ff.*.

35 | *C.I.A.*, i. 61 (Hicks and Hill, 78); Demosth. *Or.*, 43,§ 57, 58.

36 | Cf. Grote, ch. X. (全文版)。

37 | Cf. Harrison, *op. cit.*, ch. vi.

38 | Philochorus, fr. 94 称："胞族必须要接纳奥格诺斯和格奈的成员，后者我们称为格奈塔伊"（τοὺς φράτορας ἐπανακὲς δέχεσθαι καὶ τοὺς ὀργεῶνας καὶ τοὺς ὁμογάλακτας.καιτουςομογαλακτας）。进一步的评论即οὓς γεννήτας καλοῦμεν，如果它记录的仅仅是菲罗科鲁斯时代的情况（前300 年左右），或许是适用的。但将 ὁμογάλακτες 等同于 γεννῆται 似乎在逻辑上是荒谬的，而且无助于说明古代的家庭关系。同样的说法适用于 Pollux, viii. 3，在那里，γεννῆται 和 ὁμογάλακτες 被对举。

39 | Meier, *De Gentilitate Attica*, p. 11. 阿帕图利亚节最初崇拜的神灵是阿波罗。在这个场合崇拜胞族神雅典娜（Athena Phratria）并不能证明它早于公元前 4 世纪，到那时，不同层次的神灵可以毫无违和感地被整合到一个节日中。

40 | 这个标准直到公元前 4 世纪仍在执政官任职资格中保留下来（《雅典政制》第 55 章第 3 行称："审查资格所提出的问题，首先是'您的父亲是谁……您父亲的父亲是谁……'而后问他是否有一个家庭阿波罗和住宅宙斯以及这些神座在哪里。"（ἐπερῶτοσιν, ὅταν δοκιμάζωσι, τίς σοι πατήρ...καὶ τίς πατρὸς πατήρ...μετὰ δε ταῦτα εἰ ἔστιν ἀτῶ Ἀπόλλω Πατρῷος καὶ Ζεὺς Ἕρκειος, καί ποῦ ταῦτα τὰ ἱερά ἐστι.）

41 | 其他成分的名称各不相同，分别有 Γεωμόροι, Γεωργοί, Ἀγροιῶται, Δημιουγοί 和 Ἐπιγεωμόροι，但贵族和非贵族的区分总是非常清楚的。

42 | 参考罗马进入父权家族的程序，公元前 3—前 4 世纪的城市中，他们构成了政治上享有特权的阶级，与雅典的贵族类似。

43 | Pollux, viii. 111, 125.

44	Τελέοντες 与 Γεδέοντες 的差别，因为 Γελέοντες 反复出现在库奇库斯（*C. I. G.* 3663-3665）和泰奥斯（*C.I.G.* 378, 379）的铭文中，以及在《希腊铭文集成》第 3 卷 2 号铭文中出现的 Ζεὺς Γελέων 而被消除。Γελέοντες 是 γελᾶν 的伊奥尼亚语形态（Smyth, *Ionic Dialect*, §688），希罗多德第 5 卷第 77 章的 οἱ παχέες 可能也是如此。
45	Pollux, viii. 111.
46	我们在公元前 6 世纪历史上碰到的平原（Πεδιεῖς）、海岸（Παράλιοι）和山地（Διάκριοι）的划分，似乎是非正式的。
47	参见马拉松的四城（Τετράκωμοι）（Poll., iv. 105）以及《阿提卡铭文集成》第 2 卷 570 号铭文的 Ἐπαικρεῖς 条，两者都是宗教残迹。
48	这些表面上具有宗教性质的组织的显例，是雅典和亚历山大里亚的缪斯宫（Μουσεῖον）以及希腊人的行会。
49	参见 Greenidge, *Roman Public Life*, c. i., § 4, p. 41。
50	我们可以有把握地假设，如果克里斯提尼改变了三一区的职能，则他会变更它们的名称，否则那可能会造成混乱。
51	Pollux, viii. 100 记载，每个船区要提供两名骑士，则整个阿提卡一共 96 名骑士，人数太少。所以那里可能误把"十（δέκα）"或某个类似数字写成了"二（δύο）"。
52	现在一般把这个单词（ναῦς κραίνω）翻译为"船长"或"船只提供者"。
53	Thuc., i. 4–8.
54	Strabo, viii., p. 374.
55	*Ath. Pol.*, 8, § 3: ναυκραριῶν ἀρχὴ τεταγμένη πρός τε τὰς εἰσφόρας καὶ τὰς δαπάνας.
56	Cf. Hdt., i. 60 and ix. 73; ps.–Plat., *Hipparchus,* 228 D.
57	优塞比乌斯（i. 98）把库隆取得胜利的年代定在公元前 640 年。他的阴谋必然落在随后一届的奥林匹亚年中。由于库隆认为他作为胜利

者的声望仍很有利用价值，看来比较可取的是把他的叛国行为放在他赛会胜利后不久的年份里，即公元前 636 或前 632 年。参见 J. H. Wright, *The Date of Cylon*（Boston, 1892）; Busolt, *Gr. Gesch.*, i., p. 670, n. 10。译按：正文称库隆政变为公元前 6 世纪后期，误。根据《雅典政制》和现代学者的考订，理当为公元前 7 世纪末。注释提供的年代，也都是公元前 7 世纪后期而非公元前 6 世纪，编者可能这里笔误。

58 | 在 Thuk. i., 120, 实际负责军事行动的将领们被模糊地称为 oἱ ἐπιτετραμμένοι τὴν φυλακήν, Hdt., v. 71 仅仅提到了 πρυτάνεις τῶν ναυκράρων，但谋杀的责任似乎被归到了主要执政官麦加克莱斯头上。

59 | 像某些其他雅典家族一样，阿尔克麦翁家族宣称自己是古老的阿提卡英雄的后代，总是急于摆脱与伊奥尼亚人新来者之间的联系。这种厌恶启发希罗多德写下了某些段落（i. 143; v. 69），一般认为，这些段落再现了他们家族的传统。

尽管他们傲慢地孤立，但这些当地土豪仍设法维持了自己在国家政治中的显赫地位（Hdt., vi. 125）。

这些贵族内部不同集团之间的摩擦无疑是公元前 6 世纪和前 5 世纪初雅典政策的主要决定因素，在塑造克里斯提尼的政制时，家族传统很可能有一份功劳。甚至在民主政治鼎盛时期，阿尔克麦翁家族仍认为他们自己是不同于贵族的阶级（Isocr., *De Big.*, § 25）。

60 | 从 *Ath. Pol.*, 4, § 1 推测为公元前 621 年。将德拉古的法律置于库隆阴谋之后是自然的事情，因此该事件几乎不可能晚于公元前 624 年。

61 | 关于早期国王和贵族们所做判决不负责任的特点，参见 Hom., *Il.* xvi. 384-388 和 Hesiod, *Ἔργα*, 213-285。

62 | 在希腊人中，第一部成文法典是扎琉库斯为罗克利人颁布的，定年约公元前 660 年，不比德拉古早多少。许多希腊人城市直到僭主时代之后都还没有任何成文法律。

在罗马，《民法》（*jus civile*）和《历法》（*dies fasti*）系公元前304年Cn.弗拉维乌斯的文书公布，人们公认那是对贵族权力的严重打击，此前他们一直通过他们的大祭司和副执政官管理法律，以使法律符合他们的利益（Liv., ix. 46）。

63 有些权威文献称是德拉古创建了埃菲塔法庭（Poll., viii. 125）。但他更可能仅仅规定了它们的职能。

64 见下文。

第二章 [XI]
梭伦的法律与政制

【在思考梭伦改革复杂的细节之前,重要的是要指出我们资料的来源。首先,公元前5—前4世纪显然不存在有关改革的实际条款,如果条款真的存在,则根本不会存在严重的意见分歧,否则争论者肯定会诉诸那一传统。然而,第一,从无此类情况发生。第二,在公元前4世纪的记载中,观点上存在极其重要的分歧:如(1)关于解负令,在《雅典政制》的作者与安德罗提翁(见下文)之间就存在分歧;(2)币制改革;(3)第二和第三等级各自的资格问题。此外,在说明问题时,《雅典政制》要么致力于根据梭伦的诗歌进行推理,要么纯粹依据可能性,而不是诉诸传统。

另一个史料来源是梭伦的法律。公元前4世纪,无疑有真

第二章 梭伦的法律与政制

正的梭伦之法存世,但有关解负令的法律已经作古,(即使)仍存有效条文,那也不过是几条关于农业和政制的法律而已。

因此,主要的史料是梭伦的诗歌,其残篇保存在《雅典政制》中(第12章)。总体上看,重要的是要注意到,格罗特的观点(如关于解负令的)必须基于《雅典政制》的判断做出重新考虑,如注释将表明的,《雅典政制》不仅与安德罗提翁的记载有异(关于解负令),而且就币制改革而言,与之前所有的证据都不同。——编者】

现在我们接近了希腊历史上一个新的时代——已知的第一个真正且公正的宪政改革的例证,后来它成了希腊民主的典范、这座大厦的第一块奠基石。贵族梭伦的执政官任期定年在公元前594年,晚于德拉古30年,大约晚于库隆阴谋18年(假设后一个事件的年代为公元前612年正确的话)。[1]

关于这位杰出人士,普鲁塔克(Plutarch)和狄奥根尼(Diogenes)的梭伦传记(尤其是前者)是我们主要的资料来源【但请见上文——编者】。虽然我们要为他们告诉我们的内容致谢,但对他们未能告诉我们更多,我们也必须表示失望,因为在普鲁塔克面前,肯定既摆着梭伦诗歌的原件,也有他原有的法律,以及几份转抄件,对这些材料,他偶尔会提供一二。上述资料成为他传记的主要魅力所在。如此珍贵的材料,本应比他已经叙述的能够提供更有指导意义的结果。就希腊思想宝藏的损失而论,几乎没有任何东西较梭伦诗歌的失传更令人遗憾的了，因为我们发现，现存的残篇中包含着某些他面对的政治和社会现象——那是他必须认真研究的，在与他自己个人化的感情混合起来后，那些现象和那个既荣耀又艰难的职位，都得到了令人感动的表达，后者是他的国人出于信任把他推上去的。

梭伦是埃克塞凯斯提戴斯（Exekestides）之子，一位拥有中等财富的贵族，[2] 但他血统极为纯正，属于科德吕斯（Kodrus）和奈琉斯（Neleus）家族，始祖溯及波塞东。据称其父因过于大方致家产减损，早年的梭伦因此被迫从事贸易。在从事贸易时，他访问了希腊和亚洲的许多地方。

因此，他能够扩大自己的观察范围，为他的思想以及创作提供素材。他的诗歌能力很早就表现出来了，最初在轻松的主题上，后转向严肃的。我们应当记得，那时希腊并无散文写作，所以一个有思想的人，不管是得到还是传播知识，哪怕是最简单形式的，要让自己适应的不是句号和分号的限制，而是六音步和五音步的规则。事实上，梭伦的诗歌，也无意表达较我们已经习惯的、与热诚、感人和劝解性质的散文创作联系在一起的更高的目标。他向国人传达的建议和请求，经常就以这种轻松的韵律表达，[3] 较之后来的作家和演说家如修昔底德、伊索克拉底和德摩斯提尼等完善的散文创作，这种韵律远不是那么复杂。他的诗歌和名声传至希腊世界的许多地区，以至于他和米利都（Miletus）的泰利斯（Thales）、普利埃奈（Priene）的比亚斯（Bias）、米提莱奈（Mytilene）的皮塔库斯（Pittakus）、科林斯的佩利安戴、林杜斯的克莱奥布鲁斯（Kleobulus of Lindus）、拉凯戴蒙的奇隆（Cheilon of Lacedamon）并列，他们构成的星系后以七贤知名。

与梭伦作为一个活跃政治家有关的第一个具体事件，是对萨拉米斯岛的争夺，当时在麦加拉和雅典之间存在争议。麦加拉当时能够与雅典竞争，而且一度取得成功，占领了这个重要的岛屿。当梭伦开始其政治生涯时，麦加拉人似乎实际上确立了自己在岛上的地位，雅典人在那场斗争中损失如此惨重，以至于正式禁止任何公民就重新征服该岛提出建议。由于对这个耻辱的禁令感到锥心的痛苦，梭伦假装疯癫，冲入广场，在那里一块通常由官方信使占据的石头上，面对聚集的人群发表了一首短小的哀歌诗，[4]那是他之前已经创作好的有关萨拉米斯主题的诗歌。在抨击了他们放弃该岛的耻辱后，他有力地煽起了他们的情绪，于是他们取消了那条禁令，（他高呼）"我宁愿放弃我的祖国，变成弗莱甘德鲁斯（Pholegandrus）的公民，而不愿被称为雅典人，因为他们可耻地放弃了萨拉米斯"。雅典人再度加入战争，授予他指挥权，我们得知，那部分是因为庇西特拉图的煽动，尽管后者当时（前600—前594）不再是一个男童，但肯定非常年轻。[5]

除征服萨拉米斯外，梭伦的声望还因为支持德尔菲神庙抗击奇尔哈（Kirrha）居民勒索的事业上升【关于该事件，见全本第二部第三章第51页】。对他获得其立法生涯发端鼓舞性质的预言来说，神谕的偏爱或许并非无用。

正是通过梭伦的立法，我们得以管窥阿提卡及其居民的实际状况，遗憾的是仅仅能管窥。

在阿提卡的居民中，激烈的分歧占据统治地位，他们被分裂为三个派别，分别是平原派（Pedieis），由雅典、埃琉西斯及其邻近地区组成，大多数富有家庭属于它；被称为狄亚克利（Diakrii）的阿提卡东部和北部的山地派，他们总体上是那些最贫穷的人；从大海到大海的阿提卡南部，是海岸派，他们的财富和社会地位介于两者之间。关于这些内部纠葛的详情，我们的资料不曾分别提供，然而，它们并非梭伦执政官任期前才有的特殊现象。之前它们曾经流行，后来，即庇西特拉图独裁之前，它们再度出现过。庇西特拉图站出来成了山地派的领袖，不管真假，成了较贫穷人口的领袖。

但在梭伦时代，这些内部争吵因为某种更难处理的问题恶化了，那是贫民反对富人的总暴动，原因是贫穷，还有压迫。第四等级——通过荷马和赫西奥德诗歌的描绘，我们见识过他们的处境——如今似乎构成了阿提卡居民的主体，他们是那个国家进行耕作的佃户，分成制佃农和小所有者，因为债务和依附关系，他们被压垮了，大量沦为奴隶，全部欠了富人的债，后者是大部分土地的所有者。[6]

古老而严厉的债务人与债权人法律，对奴隶制作为合法地位的认可，以及一个人有权自卖为奴，另一人有权购买，它们联合造成的所有灾难性后果，在这里都会看到。债法一度盛行于希腊、意大利、亚洲和世界的大部分地区，所有无法履行契约的债务人都可能被判为债权人的奴隶，直到他或者有办法偿付债务，或者想办法解决。不仅是他本人，他幼小的儿子、未婚的女儿和姐妹，法律都授予他出卖权。[7]所以穷人以他个人的身体以及家庭成员的身体作为抵押（这个希腊语短语的直译）。这些压迫性契约的执行如此严厉，以至于许多债务人在阿提卡本地被降为奴隶，其他许多人被卖到国外，有人只能出卖孩子维持他们自己的自由。此外，阿提卡大多数小产业都被抵押，[8]标志（根据阿提卡法律流行的形式，而且在整个历史时期都延续下来的做法）是立在土地上的石柱，上刻债务人的名字以及借贷的金额。这些被抵押土地的所有者，如果流年不利，则除了他们自己及其家人无可挽救地被奴役外，不可能有其他前景。有些人逃离了国土，以避免对他们自己法律上的判决，通过卑贱的职业，在外国挣得微薄的糊口之资。由于不公正的判决和法官的腐败，有些人也落入这种悲惨的命运之中。对世俗与宗教的钱财，以及公共和私人事务，富人的处置既无原则，又贪婪无比。

在这种制度下，贫民多种且长期持续的痛苦，使贫民地位的低下较之高卢人的平民一样不能容忍，[9]还有富人——所有政治权力都被他们掌握——的不公正，在梭伦本人的诗歌中，尽管它们保存至今的是短小的残篇，但仍得到了充分证明。情况似乎是：就在他担任执政官之前，这种罪恶已经达到了临界点——那时受苦大众决心为他们自己获取某种程度的缓解，因而情况已经众所周知，以至于现存法律无法再得到执行。公元前594年的状况就是如此，表现为被压迫阶级的暴动以及中产公民的艰辛，所以掌权的寡头政制被迫求之于梭伦广为人知的智慧和廉正。尽管他已经在诗歌中强烈抗议现行制度的不公（那无疑使他能为大众接受），但他们仍希望他成为辅助，帮助他们渡过难关。因此，他们选他为执政官，名义上是和菲罗姆布罗图斯（Philombrotus）一道，实际上拥有独裁官的权力。

在数个希腊人国家中，已经发生过下述情况：掌权的寡头派或者因为他们自己内部的争吵，或者因为在他们统治下人民普遍的恶劣处境，已经失去了对公众思想的掌控——那对他们的权力至关重要。有时候（如梭伦担任执政官之前米提莱奈的皮塔库斯，常见的是在中世纪意大利共和国的派系中），相互对立的力量的冲突让社会无法容忍，逼迫所有派别默认选举一个有某种改革精神的独裁者。可是，在早期希腊人的寡头政制中，经常出现某个有野心的个人预见到总危机，乃迎合公众的不满推翻寡头政制，篡夺独裁者的权力的情况。假如不是库隆最近遭遇失败以及因此产生的所有灾难性影响成为令人生畏的阻碍力量，则这样的情况可能在雅典发生。有意思的是，在梭伦本人的诗歌中，我们发现存在这样的气氛：他的任命是共同体的大部分人促成的，尤其是他本人的朋友们，我们应当记住，在如此早的时代，就我们所知，希腊人并不知道民主政府这个东西，因为所有希腊政制不是寡头制的，就是独裁制的，自由人的主体尚未尝过立法权利的味道。他本人的朋友和支持者是第一批力促他在解决当时不满的同时，为他本人扩大派系，夺取最高权力的人。他们甚至"在鱼儿已经入网时拒绝拉起渔网，因而抨击他是个疯子"。[10] 人民大众因为对自己的命运感到绝望，会高兴地支持他的尝试，甚至寡头派中的许多人也都默认他个人的统治，担心他们如果抵抗，会有更坏的事情发生。梭伦本可以轻松让自己成为独裁者，是几乎不用质疑的。仅仅是谨慎和美德的结合——那是他高贵性格的象征——而非任何其他东西，才把他限定在特别委托给他的信任上。在各种极端派和异议派——他们要求他采取对社会和谐致命的措施——类似的不满中（如他本人所说），让所有人吃惊而让他自己朋友不满的，是他把自己变成了那个真诚地解决问题的人。

在所有苦难中，最急迫的是债务人的状况。梭伦的第一项措施——解负令，[11] 或曰解除负担，意在缓解他们的处境。它提供的缓解彻底且直接：一劳永逸地取消了所有债务人以其人身或土地作为借贷担保的契约；禁止未来所有以债务人的人身作为担保的借贷与契约；它剥夺了债权人未来监禁或奴役债务人，或索取债务人劳役的全部权力，将之限定在法律授权夺取后者财产所做的有效判决范围内。它实际上解放了根据过去的合法判决陷入奴役的所有债务人并恢复了他们充分的权利；它甚至动用手段（我们不知道如何办到），将许多已经被卖到国外的破产者赎回，[12] 在阿提卡还给他们重新开始生活的自由。梭伦除禁止所有雅典人抵押或将自身出卖为奴外，还向这个方向迈进一步：禁止雅典人抵押或出卖处在他监护下的儿子、女儿或未婚的姊妹，只有一种情况例外：这位姊妹被人发现不贞洁。[13]

通过这些广泛的措施，贫穷的债务人——第四等级，小佃农和所有者，连同他们的家庭，被从痛苦和危险中解救出来。但他们并非国家中仅有的债务人。债权人和那些被解放的第四等级的原地主无疑反过来成了他人的债务人，而且由于解负令给他们造成的损失，他们要履行义务不那么容易。正是为了帮助这些较富有的债务人——他们的人身并无危险，但也没有全部解放他们，梭伦于是诉之于贬值货币的补充性权宜之计：让货币标准贬值。[14]梭伦把德拉克马的标准降低了25%还多，这样新标准的100德拉克马仅有过去标准的73枚，换个说法，旧的100德拉克马相当于新币的138个。由于这一变化，那些比较富有的债务人的债权人被迫承受损失，而债务人获得了大约27%的豁免。[15]

最后，梭伦规定，所有那些被执政官判定剥夺公民权（atimy）的，应当恢复他们作为公民的充分权利，但有一个例外：那些曾被埃菲塔法庭、战神山议事会或四个部落的王（Phylo-Basileis）审判，在议事会大厅因谋杀或叛国罪名受审的人。[16]因此总体上看，如此全面的大赦让我们有强烈的理由相信，执政官此前的判决是不可容忍的严厉，我们应该记得，当时执行的是德拉古的法律。

上述就是梭伦面对普遍而且危险的不满采取的补救措施。可以想象，富人和人民领袖应当非常憎恶他的主张：他剥夺了他们许多合法的权利，却没有任何补偿。在诗歌中，梭伦本人对他们的傲慢和贪婪进行了严厉抨击，那些指定他的人的愿望，他很大程度上让其落空。[17]但普鲁塔克说，那些贫穷的被解放的债务人也不满意，因为他们期待梭伦不仅会取消债务，而且会重分阿提卡的土地。这个说法完全不可信，也不曾得到梭伦本人现存诗歌任何片段的证实。[18]普鲁塔克认为，贫穷的债务人在心里（把梭伦）和吕库古以及斯巴达的财产平等比较，这（如我已经努力证明的）[19]是虚构。即使它作为一个早已成为悠久历史的过去和古董是真的，它也不大可能如这位传记作家认为的那样，以强力形式对阿提卡民众的思想产生影响。解负令肯定恶化了许多人的情感，减少了他们的财产，但它给予了第四等级和小所有者的广大群体他们可能希望的东西。我们得知，短时期之后，一般公众思想上显然就接受它了，而且大大增加了梭伦受欢迎的程度，所有阶层都共同献祭，表达感恩与和谐。[20]

事实上，有关解负令的总体措施，虽然梭伦的诗歌在古代人可用，但有关其意图和范围，古代作家有不同的说法。他们中的大多数将其解释为不加区别地取消所有金钱借贷，而安德罗提翁及一些人认为，解负令不过是降低利息率，并且将货币贬值27%。安德罗提翁何以会持这种看法，我们不易理解，[21]因为现存的梭伦诗歌残篇有力地驳斥了他。可是，另一方面，残篇不足以充分证实许多作家所赞成的相反看法——所有金钱契约都被不加区别地取消——的范围。[22]对此我们还有一个理由：如果事实真的如此,则梭伦可能根本没有理由对货币进行贬值。这种贬值假设的,肯定是**某些**债务人的契约仍然有效,而他仍希望有所帮助。他的诗歌明确提到了三件事情:(1)移除界石;(2)赋予土地权利;(3)保护、解放和恢复那些受到威胁或被奴役的债务人。所有这些说法都明确指向第四等级和小【佃农】,他们的痛苦和危机是最紧迫的,他们所需要的解救既立竿见影,也充分和彻底。我们发现,他对债务的取消走得够远,因而能够缓解他们的处境,但不会更远了。

看起来,对梭伦性格的尊敬,可能部分造成了对其解救债务人法令的这些误解。在古代是安德罗提翁,在现代是某些杰出的批评者,他们都渴望说明,他进行了解救,但没有对任何人造成损失或不公。但这种意见似乎难以接受。全面废止大量先前存在的契约以及货币的部分贬值,是毋庸伪装的事实。梭伦的解负令,就其取消了过去所有的协议而论,是不公正的,但其结果是非常有益的,而且可以通过下述途径得到辩护:没有任何其他办法可以把政府的纽带整合在一起,也无任何办法能够缓和大众的痛苦。首先,我们需要考虑先前那些契约对人极其残暴的性质,它们把自由的债务人及其家人判决为奴;其次,这种制度在贫穷大众中造成了深刻的憎恨。二者都是法官和债主执行时必须对抗的,因此,只要债务人聚集在一起,感受到共同的危险,而且决心相互保护,则他们的感情无法掌控。此外,授权债主对债务人享有把后者变成奴隶的法律,可能在借贷的那个阶级中除激起愤

第二章 梭伦的法律与政制

恨外，不会有任何其他东西，因为借贷金钱的前提是借款人将无力偿还，以及下述信念：借款人会作为奴隶来弥补损失，由此使他陷入极其贫穷的境地，目的有时是扩大债主的资产，有时是让债主致富。在当今有关债务人和债权人的良法之下，尊重契约的基础与此恰好相反，它基于下述坚定的信念：这样的契约对于作为一个阶级的双方都是有利的，破坏对它们的存在具有基础意义的信任，会对整个社会造成广泛的损害。如今最为尊重契约义务的人，如果他目睹了雅典在前梭伦的旧法之下借款人和出借人之间的交易，会抱有非常不同的情感。寡头政制全力执行那灾难性的债务人和债权人的系列契约，他们赞同寻求梭伦帮助的唯一理由，是因为民众新近觉醒的勇气和团结，使寡头们失去了继续执行法律的力量。他们无法为自己做到的事情，即使梭伦愿意，也不可能为他们做到，处在他的地位，他也没有办法免除或者补偿债权人——分开来看，他们都无可指责。事实上，追寻他的活动，我们会清楚地发现，他认为补偿不应给予债权人，而应给予那些过去遭受痛苦、被奴役的债务人，因为他将他们中的部分人从国外被奴役的状态赎回，把他们带回家园。可以肯定，单独来看，没有任何措施足以缓和那场危机，当时存在的绝对必然性，是推翻那个阶级——它造成了如此暴烈的社会骚动——所有现存的权利。从这个意义上说，虽然我们无法洗脱解负令的不公，但可以自信地肯定，因此造成的不公是维护社会和平，以及最终废除这个已经破产了的灾难性制度必须付出的代价。[23] 现代欧洲世界普遍的情感和立法，通过预先禁止所有出卖一个人或其子女为奴隶的契约，实际上认可了梭伦对债务的取消。

就这项措施，连同梭伦同时引入的对法律的修正案而言，有件事是我们永不应忘记的：它一劳永逸地解决了它所指向的问题。我们再未听闻债务人和债权人法律干扰雅典平静。在梭伦的借贷法以及民主政府之下成长起来的普遍情绪，是高度尊敬契约的神圣性。在雅典民主政制下，不仅从无对新"法"的任何要求，也无任何贬值货币的议论，而且对任何此类计划的正式禁绝被纳入数量众多的陪审员——他们组成了被称为赫利埃亚（Heliaea）或法庭陪审员（Heliastic jurors）的民众司法群体——一年一度所做的宣誓中，同一份誓言要求他们维护民主政制，也限定他们拒绝所有或废止债务，或重分土地的动议。[24] 几乎不用怀疑，在梭伦的法律——它允许债务夺去债务人的财产，但绝不授予他对债务人的人身之权——之下，金钱借贷体系具有了更加人道的特征。有害的纯粹藐视自由贫民及其后代的自由的旧契约，如今消失了，金钱借贷取代了它们的地位，基础是债务人的财产和收入前景，总体上它对双方都有利，因此在公众的道德情感上维持了它们的地位。虽然梭伦发现，他本人被迫取消了他那时遍及土地上的所有的抵押，但我们发现，在雅典整个历史时代，金钱基于同样的担保进行自由借贷，在那之后留下的证据性质的抵押柱，不曾再受到触动。[25]

【有趣的是，我们注意到，多数古代共同体认为为利息借贷是丢人行为，】在雅典整个历史时期，盛行的却是相对有利的看法。在梭伦之后通行的比较和缓的法律造成的工商业的发展，足以在非常早的时期带来这种看法，遏制公众所有对借贷人取息的厌恶。[26] 我们或许还注意到，这种更加公平的舆论是自然成长起来的，且缺乏对利息率任何法律上的规定，因为从不曾施加此类限制，根据归于梭伦本人的一道法律，借贷明确是免息的。[27] 一般来说，希腊共同体可能也都如此，至少没有任何资料使我们可以做相反的设想，但反对借贷取息的情感，在其早已不再是公民实践组成部分的时候，仍活在哲人的心中。柏拉图、亚里士多德、西塞罗[28]和普鲁塔克都把商业性的、获利的精神视为他们急欲打击的一个分支。此种论调的后果之一，是他们不太愿意为现存货币借贷合同的不可侵犯性质努力辩护。在这一点上，大众的保守情感较哲人更加强烈一些。柏拉图甚至把它作为极其不便的事物抗议，[29] 视其为立法家所有全面改革计划的障碍。确实，在绝大部分时间里，取消债务和重分土地的计划，除那些绝望的和自私的野心家——他们把这类做法视为通向专制权力的台阶——外，从不曾有人想过。无论是共同体的实践者，还是惯于冥想的思想家，都一致诅咒这类人，但当我们转向斯巴达国王阿吉斯三世（Agis III）的案例时——他主张彻底消除债务，平分国家的土地财产，他倒没有任何自私的或个人的意图，而是纯粹理想的爱国主义——不管我们从好的还是坏的角度去理解，他都意在重树斯巴达已经失去的霸权。我们发现，普鲁塔克[30]极其景仰这位年轻的国王及其计划，认为那些反对他的人是出自地道的卑贱和贪婪。政治哲学思想家认为（如我随后将说明的，很大程度上这种说法是公正的），在古代世界，安全的条件普遍要求公民绝对要保持战斗精神，并且在任何时候都要勇敢面对个人的艰难和不快。财富的增加一般会带来自我放纵的习惯，因此不管多少，都被他们认为不太有利。在他们的评价中，如果任何希腊人共同体变得腐败了，则他们乐于赞同对现存权利进行强力干涉，以使该共同体更接近他们的理想标准。维护这些权利真正的安全，端赖公民中普遍的保守情绪，其普遍程度，远超他们从哲学家那里汲取的意见。

在后来的雅典民主政治中，这种保守情绪特别根深蒂固。雅典人民大众认为，维护各种形式的财产权与他们的法律和政制不可分割。下述事实引人注目：虽然梭伦时代雅典人对他的崇拜是普遍的，但他解负令和货币贬值的原则不仅从不曾有人模仿，而且遭遇最为强烈的心照不宣的谴责。而在罗马以及大多数现代欧洲的王国中，我们知道，货币贬值一个接着一个。如果我们考虑到"希腊人的信义"被罗马作家贬低为在金钱问题上进行欺骗的同义词的程度，[31] 我们就会注意到这个史实具有的重要性。雅典民主（事实上，是全部的希腊人城邦，不管是寡头制的还是民主制的），在有关货币问题上的诚实无欺都远高于罗马的元老院，也远高于相对晚近时代之前的法兰西和英格兰王国。[32] 此外，虽然有数次政治变革在罗马创造了新的法律，或至少是契约部分贬

第二章 梭伦的法律与政制

值,但在从梭伦到民主政制自由运作告终的 300 年中,同类的现象从不曾在雅典发生过。雅典无疑有臭名昭著的债务人。司法的运行,尽管并不总是符合程序,但远不是那么不完善,以至于不能如人们期待的那样有效地遏制它们。然而在这个问题上,公众的情感是公正的和确定的。尽管在积累权威法律的先例上,罗马具有巨大的优越性和重要性,但我们可以有把握地宣布,在雅典,如在古代世界的任何时候、任何地方一样,借贷是相当安全的。这一资源最终也被纳入了罗马法学之中。在希腊共同体叛乱和骚动五花八门的原因中,[33] 我们很少听说来自私人债务的压力。

由于上文描述的挽救措施,[34] 梭伦实现了超出他本人曾希望的最好结果。他治愈了普遍的不满,他获得的信任和感恩如此强烈,以至于现在他被召请来起草一部宪法和法律,以使政府在未来更好地运转。他的宪政变革伟大而且珍贵。关于他的法律,我们听到的都是有趣的而非重要的。

曾有人宣称,直到梭伦时代,居民通过四个伊奥尼亚人部落被纳入阿提卡,在一个层面上,它由胞族和氏族组成,在另一层面上,它由 3 个三一区和 48 个船区组成,其中贵族(Eupatridae)表面上是几个特别受到尊敬的家族,而且可能是所有氏族中受到特别尊敬的几个家族,他们掌握着政府所有的权力。梭伦引入了一个新的分类原则:[35] 希腊语中称为荣誉原则。他把部落中的所有公民,不分他们的氏族或胞族,根据他们财产的多少,划分为四个等级。对公民的财产进行估价并公示,那些年收入等于500麦斗粮食（约合700蒲式耳）及其以上的——用现金计算，1麦斗相当于1德拉克马——被他置于最高等级；那些收入在300~500麦斗或德拉克马之间的，构成了第二等级；那些收入在200~300麦斗之间的，属第三等级。第四等级也是人数最多的等级，由所有那些土地收入不足200麦斗的人组成。第一等级被称为五百斗级，只有他们有资格担任执政官和所有指挥官职位；第二等级被称为骑士或国家的骑兵，因为他们的家产使他们足以供养一匹马，并且能服骑兵兵役；第三等级称双牛级，由重装步兵组成，必须各自以全套盔甲服役。这三个等级各自都需公示，因为根据他们的年收入，他们拥有可供征税的财产，但会根据收入的层次相应递减——他根据他公示的财产总额所处的等级向国家纳税，所以，这种直接税其实相当于累进收入税。在对那些最富有等级的公民（五百斗级）可供估价的财产进行计算后，出现在国家名单上的他的总资产，相当于他年收入的12倍；骑士级的总资产相当于他年收入的10倍；双牛级的相当于年收入的5倍，因此，一个五百斗级的公民，如果他的收入恰好是500德拉克马（他那个等级的最低标准），在清单上可供征税的财产是6000德拉克马，或者说是1个塔兰特，其收入的12倍。如果他的收入是1000德拉克马，则他的财产会估价为12 000德拉克马，或者说是2塔兰特。但如果我们讨论第二等级即骑士级，则两者的比例就变了。一个刚好收入300德拉克马（或300麦斗）的骑士，家产会被计算为3000德拉克马，或曰10倍于他的实际收入，对那些300德拉克马以上500德拉克马以下的，比例也是一样。同样，第三等级或者说300麦斗以下的，比例又有变化，一个刚好拥有200德拉克马的，计算家产的比例也更低，为1000德拉克马，即他年收入的5倍。所有这个等级的收入（200~300德拉克马）都按照同样的方式5倍计算，以得到可以计算的资本总量。所有直接税的征收都根据公示的各自资本的总量。如果国家的直接税是1%，则五百斗级中收入最低的要支付（根据6000德拉克马的标准）60德拉克马，双牛级中收入最低的（按1000德拉克马计算）支付10德拉克马。所以，就这三个不同的等级而论，这种评估方式的作用，犹如**累进**所得税，但就组成同一个等级的人而论，具体到个人，所得税又是平等的[36]【但请见第28页注35——编者】。

国家中所有年收入不足200麦斗或德拉克马者都被放到第四等级，他们肯定构成了共同体人口的多数，不用缴纳任何税收，最初或许根本不会进入纳税人名单，尤其是我们知道，在梭伦时代，根本不曾对这个等级征税。据说他们都被称为无产者（Thetes），但这个称呼并不贴切，而且也无法接受。降序排列中的第四等级之所以被称为无产者，因为它包括所有的无产者，也因为其成员的大多数属于卑微等级。但是，那些土地能够给他提供100、120、140或180德拉克马年纯收入的所有者，怎么可能用那个名字称呼呢。[37]

这就是梭伦在政治层面所做的划分，被亚里士多德称为财权政体。在这种体制下，权利、荣誉、职能和义务都根据各人所估价财产的多少为标准。国家最高的荣誉，即一年一度选举产生的执政官的位置，以及战神山议事会的议员席位——后者由过去的执政官组成，或许还有船区的主席，专属第一等级，贫穷的贵族失去了资格，而非贵族的富人被纳入。其他低级职位由第二和第三等级充任。他们还必须服兵役，一个等级在马背上，另一个作为重装步兵。此外，国家的公益职位，即没有薪酬的职位，如战船船长、歌队队长、健身馆馆长等，因为需要担任者开支金钱和投入精力，也以这样那样的方式在这三个等级的成员中分配，只是我们不清楚，早期的分配制度是怎样的。另外，第四或最低等级没有资格担任任何尊荣职位，他们不承担公益捐献，如果发生战争，他们仅作为轻装步兵或由国家提供盔甲，并且不承担任何直接的财产税，即埃斯弗拉（eisphora）。说他们不纳任何税并不正确，因为间接税，例如进口税，像落到其他人身上一样也落到他们身上。我们必须牢记，后面这种税在整个雅典历史的悠长时期一直在征收，而直接税仅是偶尔征收。

虽然第四等级构成了自由人的大多数，并且被排除在各个官职之外，但他们作为集体的重要性以另一种方式大大增加。他们有权从五百斗级中选举一年一任的执政官。更重要的是，一般来说，执政官和官员们在任期结束后，不是向战神山议事会述职，而是正式向公民大会述职，后者作为法官，对官员们过去的行为做出判决。他们可能被控告，并且需要为自己辩护，如果行为不

第二章 梭伦的法律与政制

端会遭到惩罚,并且被剥夺通常拥有的在战神山议事会中的荣誉席位。

如果公民大会没有帮助和指导而单独采取行动,则这种述职可能仅仅是名义。但梭伦通过另一个新制度把它变成了现实,在雅典民主政治的运作中,这个制度此后将具有重要意义。他创建了预议或事先考虑的元老院,[38] 元老院与公民大会关系亲密,专为后者准备要讨论的问题,召集并监督公民大会,确保它的命令得到执行。元老院由 400 人组成,如梭伦首次组建时那样,从四个部落中按照同样的比例选出,不是抽签选举(如他们在民主政治更发达阶段那样),而是由人民按照当时选举执政官的方式选举,第四等级即最贫穷的阶级,虽然可以参加选举,但他们本人没有资格当选。

虽然梭伦创造了一个新的预审性质的元老院,让其认同于民众大会并附属于后者,但他对现存的战神山议事会并无任何嫉妒。[39] 相反,他扩大了它的权力,赋予它对法律全面、充分的监督权,并授予它检查公民生活和职业、惩罚懒惰和放浪之徒的监察指责。作为卸任执政官,他本人是这个古老议事会的成员。据说他曾经设想,通过两个元老院,国家会牢固得到掌控,那犹如一船双锚,能抗击所有震动和风暴。[40]

在我们以适当谨慎的态度,把那些真正属于梭伦和他的时代与后世重塑的雅典政制分离开来后,上述就是仅有的我们有理由归到梭伦名下的新政制设施(除马上要谈到的法律外)。希腊事务的许多能干的解说者共同的做法,是把伯里克利到德摩斯提尼之间存在的整个政制和司法体系都与梭伦之名联系起来,甚至瑟尔沃尔博士[41]都部分遵循了这个路径。它们包括有关五百人元老院的规定:数量众多的公共陪审法庭或通过抽签从人民中选举的陪审员,以及为修订法律一年一度选举的机关——它被称为法律委员会,对那些提出任何不合法的、不合宪的或危险的法案提议人提起控告(人们称为"违法提案起诉")。事实上,对梭伦和后梭伦时代雅典的混淆,源自演说家们自己的习惯。德摩斯提尼和埃斯奇奈斯就非常随意地利用梭伦的名义,把他作为显然属于后来时代的制度的创制者。例如,陪审法庭引人注目而且标志性的誓言,德摩斯提尼[42]将之归于梭伦,但很多方面都表明它出自克里斯提尼之后的时代,尤其是那里提到了五百人元老院而非四百人元老院。在作为陪审员的公民中,梭伦普遍被尊为雅典法律的创始人。因此,演说家利用梭伦之名的意图很可能是为了强调,不会促使任何人去批判性地探寻,他当时碰巧用来影响听众的那个具体制度到底是真的属于梭伦本人还是随后的时期。瑟尔沃尔将之与梭伦之名联系起来的许多制度,是雅典人民主思想最后完善和细化的产物,无疑是在克里斯提尼到伯里克利之间的时期逐渐成长,但直到后来的时期(前460—前429)才充分生效的。数量众多的法庭和定期召开、经常和常规运作的公民大会,如果不给组成它们的陪审员支付确定的报酬,几乎是不可想象的。虽然未必是他本人实际建议的,但既然

第二章 梭伦的法律与政制

这样的津贴大约在伯里克利时代才创造出来,[43]德摩斯提尼便有足够的理由争辩说,如果津贴制被终止,则司法以及雅典的行政管理立刻土崩瓦解。[44]在缺少强有力的直接证据的情况下,如果能够让我们相信,甚至在不完善的民主政治都尚不曾尝试的情况下,梭伦会构想出民主制度的观念,可真是奇迹了;如果刚刚获得解放的第四等级和小所有者——他就是为他们立法的——尚且还在贵族执政官的皮鞭下发抖,而且对集体事务毫无经验,居然突然被人发现在履行诸如伯里克利时代胜利的雅典的公民具有的统治职能,且充满激情,积极把所属共同体的尊严认同为自己的,那就更是奇迹了。他们逐渐变得有能力,而且不仅有能力,还能非常有效地行使这些职权。假设梭伦通过建立司法陪审制或陪审法庭,例如我们在德摩斯提尼时代看到的那样运作的法庭,设想并提供了它定期修改法律的制度,(在我看来)也会与任何对其人或其时代合理的估计相左。希罗多德称,梭伦在从雅典人那里获得了神圣誓言——10年之内**他们**不得取消他的法律——之后,在那段时间里他离开了雅典,以便他自己不用被迫修改法律。普鲁塔克告诉我们,他赋予自己的法律100年的绝对效力。[45]梭伦本人,还有他前面的德拉古,都是因为当时特殊的危机被召请前来并获得授权的,由一批以抽签方式挑选的陪审团经常修改法律的观念属于一个发展高得多的时代,不太可能出现在那时任何一方的心目中。梭伦的木表法,如罗马十人团的十二铜表一样,[46]无疑意在让它们作为永久的"公共和私人法律的源泉"。

如果我们考察这个案例的事实,则我们会发现,与伯里克利时代比较,能够归入梭伦的不过是一个赤裸的基础。"我给予人民(梭伦在其现存短小残篇中的一条中说)[47]的足以满足他们的需要,既不增加也不减少他们的尊严;对那些拥有权力并且以富有知名的人,我注意为他们保留并非无价值的地位。我拿着大盾,面向双方,以便任何一方都不会不公正地占据优势。"亚里士多德还告诉我们,梭伦授予了人民必需的权力,即选举官员并审查他们的权力,但并无更多。[48]如果人民连这样的权力都不足,则不能期望他们会保持安静:他们会受到奴役,并且对政制持敌视态度。希罗多德所说也无多少不同,他描述了克里斯提尼后来进行的革命,告诉我们后者发现"雅典人民被排除在所有事务之外"。[49]这些段落似乎直接与下述假设矛盾:梭伦是独特的雅典民主制度的创造者,例如那里有经常性的、数量众多的陪审法庭进行司法审判并修改法律,这本身就根本不可能。雅典真正前瞻性的民主运动只是从克里斯提尼开始,它始自那样一个时刻:这位杰出的阿尔克麦翁家族的成员,不管是自发的,还是因为发现自己在与伊萨戈拉斯(Isagoras)的党争中被击败,通过大规模地向民众让步,在非常危急的情况下,获得了大众真正的合作。而梭伦,不管是在他本人的声明中,还是在亚里士多德的记载中,都只给予了人民绝对必需的权力,绝无更多。克里斯提尼(用希罗多德重要的话语表示)"因为在与他的对手的党争中被击败,

第二章 梭伦的法律与政制

把人民争取为伙伴"。因此，在一场相互竞争的贵族的冲突中，由于较弱一方利益的需要，至少部分因为这个原因，雅典人民首次被纳入政治上升通道，尽管克里斯提尼的做法表明，那是民众出自心底的自然情感。但是，如果克里斯提尼之后的半个世纪中，公共事务的路径没有循着最有力地激发他们的能量、他们的自我依靠、他们相互的同情和他们的雄心的路径前行，则将人民纳入这样的政制圈子也不会产生那样让人惊奇的、富有成效的积极成果。

但是，尽管仅仅是基础，梭伦的政制仍是随后民主政制不可或缺的基础。如果悲惨的雅典民众的不满没有经过他公正且补救性的调教，而是马上落入库隆或庇西特拉图那样自私的权力追逐者之手，[50] 那雅典思想在接下来一个世纪中值得纪念的发展，就永远不可能发生，后来整个的希腊历史也可能会走上不同的道路。在他立法之后30年发生的庇西特拉图、吕库古（Lycurgus）和麦加克莱斯（Megakles）之间的党争（下文会叙述），会像在梭伦被任命为执政官之前一样，表现出同样纯粹的寡头政治特征。但是，他建立的寡头制，与他看到的彻底的寡头政治非常不同，如他本人的诗歌证明的，后者充满了压迫且缺乏救助手段。

正是梭伦首次赋予中等财产的公民以及一般大众一个对抗贵族的确定地位。他使得人民部分能够保护他们自己，并且是通过合法的公民权，以和平手段行使保护自己的权利。这种保护得以实现的新力量就是被称为赫利埃亚的公民大会。[51] 它定期召开会议，拥有的特权被扩大，并通过其必不可少的盟友——预审或预先商讨的元老院【议事会】——强化了自己的地位。在梭伦政制下，这个职能仅据次席，而且是防御性的，但在克里斯提尼改革后，它变成了头等大事且是最高权力。它逐渐被划分成数量众多的民众法庭，并且如此强力地修正了雅典人的公共和私人生活，为自己赢得了独一无二的尊重和民众的服从，其程度让各个官员基本只具有辅助职能。梭伦组建的公民大会，效率上有所改进，意在对一个卸任官员进行一般的评议和审查，地位介于被动的荷马的阿戈拉和听取伯里克利或德摩斯提尼演说的全权的公民大会和法庭之间。与最后那种公民大会比较，它只有那么一抹民主色彩，因此对亚里士多德——他对演说家时代的雅典有亲身体验——来说，也是如此。但是与第一种比较，或者与梭伦之前的阿提卡政制比较，它无疑是非常民主的让步。强令贵族担任的执政官必须选举产生，或者在向下等自由人述职之后，会接受审判（在贵族社会里可能如此称呼），对那些首次承受这个经历的人来说，是一种痛苦的侮辱。我们必须牢记，这是整个希腊世界曾经提出过的最为广泛的政制改革计划。在组建公民大会及其预审性质的元老院【议事会】时，梭伦似乎并不嫉妒战神山议事会，事实上甚至扩大了它的权威。我们或许可以猜测，他宏大的目标不是要全面削弱寡头政治，而是要改善它的管理，遏制个别执政官的不法与不合规范。它的手段也不是削减寡头们的权力，而是要使他们的任职，以及之后的安全和荣誉，都受到某种程度的

第二章 梭伦的法律与政制

欢迎。

根据我的判断,梭伦把执政官的司法权转移给民众法庭的假设是错误的。这些官员仍是自为的法官,决定和判决案件,不得上诉,而不是如下一个世纪那样,仅仅作为陪审法庭的主持人。[52] 在一般地行使这类权力时,任期届满后他们需要述职,此类述职是对抗滥用的保证,尽管保证非常不足,但并不是完全无效。可是,我们马上会看到,这些执政官尽管乐于强制,或许还会压迫小人物和贫民,却没法遏制与他们同级的桀骜不驯的贵族们,例如庇西特拉图、吕库古和麦加克莱斯等,他们各自都有自己的武装追随者。如果我们把这些野心勃勃的、拔出剑来的竞争者——最终是其中一人的独裁——与后来地米斯托克利(Themistokles)和阿利斯泰戴斯(Aristeides)激烈的议会式斗争比较——后者由握有主权的人民投票和平决定,并且从不曾搅扰公共的和平,则我们会发现,与梭伦政制比较,下一个世纪的民主政治更好地实现了有序以及进步。

把梭伦政制与随后的民主政治区分开来,对于理解希腊思想的进步,尤其是雅典事务,具有本质意义。民主政治是渐进发展的结果,下文将会描述。德摩斯提尼和埃斯奇奈斯所生活的时代,是它作为制度已经完善并且充分发挥作用的时候,那时之前的成长阶段已经不再被准确记忆,聚集起来进行判决的民众法庭乐于听到他们的政制与梭伦或者提修斯的名字联系在一起。他们那有调查癖的当代人亚里士多德因此被误导了。但甚至是对前一个世纪的雅典人来说为常识的实物，也可能有同样的欺骗效果，因为在从波斯入侵到伯罗奔尼撒战争期间民主运动的整个进程中，特别是在伯里克利（Perikles）和埃菲亚尔特（Ephialtes）提议进行的变革中，一直存在一个强烈抵抗的派别，他们不希望人民忘记贵族们已经放弃的东西和即将放弃的更多东西，那就是梭伦规划出来的范围。伯里克利遭到了公民大会中的演说家和剧场中的喜剧作家们无数的攻击，在有关当时政治倾向的讽刺中，我们或许可以列举梭伦和德拉古已被抛弃的牢骚。它们出自诗人克拉提努斯（Kratinus），（在其喜剧的一个残篇里，他说）"凭梭伦和德拉古发誓，他们刻在木板上的（法律）如今被人民用来炒大麦了"[53]。梭伦有关刑事犯罪的法律，有关继承和过继的法律，以及一般地处理私人关系的法律等，大部分仍然有效，直到公元前377年瑙西尼库斯（Nausinikus）担任执政官时，他的四等级分配法也仍有效，至少是在财政问题上有效，因此可以被西塞罗（Cicero）和其他人用来证实梭伦之法仍在雅典通行。但他的政制和司法安排已经历一场革命，[54]其彻底和值得纪念的程度，不亚于雅典人民的一般性格和精神。抽签选举执政官以及其他官员，用抽签方式分配全体陪审员，或者把陪审员为司法目的分配到小组中，可以肯定不属于梭伦，而是在克里斯提尼革命后采用的，抽签选举元老院议员可能也如此。众所周知，抽签是民主政治的精神。诸如此类的措施，我们都绝不能到梭伦的制度里去找。

梭伦让古代氏族和胞族处于何种政治地位，不易区分。从

第二章　梭伦的法律与政制

任何非氏族与胞族成员不得被纳入部落的角度看，四个部落完全由氏族和胞族组成。既然预审或预先讨论的【议事会】由400名成员组成，每个部落100人，因此，那些未被包括在任何氏族或胞族中的成员，可能没有资格当选。根据古代的习惯，入选资格和九执政官一样，当然，也与战神山议事会一样。所以，非部落成员能够参加的，只剩下公民大会了。然而他毕竟是一个公民，因为他可以在执政官和议员选举中投票，能够参加对他们一年一度的审查，还有权亲自就在执政官那里受的冤屈提起申诉，而外国人只能通过有担保权的公民或曰代理人的介入才能这样做。所以，所有未被纳入四部落中的人，不管他们的财产地位如何，就政治特权而论，似乎都与梭伦等级中第四，也是最为贫穷的等级处在同一层次。曾有评论指出，甚至在梭伦之前，未被纳入氏族和胞族的雅典人数量可能就已经相当可观，而由于氏族和胞族封闭且拒绝扩张，他们的数量会变得越来越大，而新立法家的政策倾向于吸引那些希腊其他地区勤劳的定居者来到雅典。政制权利上这种巨大而且日益增长的不平等，有助于解释政府在对抗庇西特拉图进犯时的软弱，并且表现了后来克里斯提尼进行的革命的重要性，那时他废止了（完全是为政治意图）四个旧部落，创建10个包容性的新部落来取代它们。

有关梭伦组建的元老院【议事会】和公民大会的规定，我们完全没有任何资料，也很难把我们拥有的相对充分资料，但属于后来民主政治时代有关这些机构的规定，转用于梭伦政制。

梭伦的法律被刻在木制转轴和三角板上，书写方式为牛耕式（"犹如农夫耕地"，每行来回交换，上一行从左向右书写，下一行从右向左书写），最初被保存在卫城中，后保存在普吕塔内翁（Prytaneium）。在被称为库尔贝斯（kyrbeis）的木板上，刻写的主要是有关宗教仪式和奉献牺牲的法律；[55] 在柱子或转轴上——其数量至少有16个，刻写的是有关世俗事务的法律。它流传到我们时代的残篇如此之少，演说家们将实际上属于后来的法律归到梭伦名下的又是如此之多，以至于我们基本不可能对他的立法做一个整体的批判性判断，也无法探寻到指导他立法的普遍原则或意图。

此前关于杀人罪的法律和习惯，他原封不动地予以保留，因为它们与人民的宗教情感关系密切。因此，德拉古在这个领域的立法仍然保留，但据普鲁塔克记载，其他领域的法律全部被废止。[56] 可是，我们有理由认为，取消不可能像这位传记作家所说那么全面。

梭伦的法律程度不同地触及人类利益和义务的所有大的方面。我们发现那里有关于政治和宗教，公共和私人，民事和刑事，商业、农业、奢侈以及规训性质的条款。梭伦提供了有关犯罪的制裁措施，限定了公民的职业和地位，为婚姻以及葬礼、公共泉水和水井做了详尽规定，并且规定了相邻农夫在他们土地上的播种与圈围栅栏事宜。就我们能够从流传到当今的残缺的法律能够做出的判断而言，他好像无意尝试做系统的规定或分类，有些仅

第二章 梭伦的法律与政制

是一般的和模糊的指示，有些又极其琐碎。

到目前为止，对法律最为重要的修正涉及债务人和债权人——对此前文已有评论，以及废止父亲和兄弟把他们的子女和姐妹卖为奴隶的做法。禁止所有以人身为抵押的借贷合同，本身就是对贫民阶级特点和状态的巨大改善，那似乎是从梭伦立法中得出的最为合理的结论，以至于博克和其他杰出的学者认为，梭伦废止了农奴制度，把土地上的财产授予了那些贫穷的佃户，取消了地主的领主权。但是这种意见缺乏实证的证据，除取消之前的抵押外，我们也没有理由把任何有关土地的更强力的措施归于梭伦。[57]

梭伦法律的第一个柱子包含有关可出口农产品的规定。对阿提卡土地上的所有农产品，他都禁止出口，只有橄榄油例外。强制执行这道法律的神圣性值得重视，因为它是那个时代观念的表现。执政官必须对所有违反者发布神圣的诅咒，[58] 否则他将被罚款100德拉克马。我们可能需要把这个禁令与据称梭伦设想的其他目标联系起来看，特别是它鼓励雅典的手艺人和制造业主的目的。在留意到（我们了解到）许多新移民成群结队来到阿提卡寻求安身立命，因为那里比较安全，他力促他们转向制造业，而不是耕种天然贫瘠的土地。[59] 它禁止授予任何移民公民权，除非他们已经永久放弃了他们从前的住所，到雅典来从事某种手工行业。为防止懒惰，他要求战神山议事会对公民的生活进行普遍监督，惩罚所有不靠经常性的劳动来养活自己的人。如果父亲没有教会儿子某种技艺或手艺,梭伦免除了儿子所有供养晚年父亲的义务。他确保,或试图确保阿提卡居民独占所有农产品买卖和消费权利的做法,正是为了鼓励这些手艺人的增加。只有橄榄油例外,橄榄树种植广泛,满足需要外尚有剩余。梭伦的愿望,是在与外人贸易时,应该出口手工业品而非农产品。[60]

这种商业性的禁令所依据的原则,本质上与英格兰早期历史上的行动原则类似,既涉及粮食,也涉及羊毛,与其他欧洲国家比较也如此。就其所发挥的作用来说,它倾向于减少阿提卡土地上种植的农作物的总量,(如果我们假设这位立法家真有意干涉的话)它的意图也不比我们最近的《谷物法》更遭人厌恶——它注定会阻止粮食价格下跌。但梭伦之法,考虑到人类生存这个大问题,完全没有发挥作用,因为阿提卡进口的粮食和食盐不仅数量巨大,而且经常,妇女用来纺织的羊毛和亚麻可能也是如此,用于建造的木材肯定如此。法律是否适用于无花果和蜂蜜很值得怀疑,至少是后来,阿提卡的这些产品在希腊各地普遍有消费且声名卓著。在梭伦时代,劳利翁银矿的加工业可能尚未开始,它后来非常高产,给雅典的对外支付提供了一种既方便又得利的手段。[61]

有趣的是,我们注意到梭伦和德拉古都渴望给他们的同胞注入一种勤劳和自谋生路的习惯。[62]我们会发现,伯里克利表达的是同样的情绪,当时雅典的势力正如日中天。我们也不应忽视阿提卡早年表现出的对安坐型手工业公正和宽容的态度,而在希

第二章 梭伦的法律与政制

腊其他大多数地区，手工业被视为不太荣誉的事情。除战争、农业、竞技和音乐外，希腊人认为所有其他行业都不那么值得自由公民去从事，斯巴达人的做法甚至远离农业，将其留给黑劳士，在希腊世界的绝大多数地区，尽管无法照搬这个做法，却受到钦佩。甚至柏拉图、亚里士多德和色诺芬那样的思想家，相当程度上也认同这种情绪，他们的理由是，手艺人安坐的生活和不停歇的家内劳作，与军事能力无法协调。城镇里的工作经常被人们用一个带贬义的词语来描绘。他们虽然承认，对城市的存在而言，手工劳动必不可少，但认为那仅仅适合于等级较低且只有半特权的公民从事。如我已经指出的，这种希腊人以及外国人都习以为常的情绪，在雅典遭遇强烈而且日益增强的反对，与雅典类似的情绪，在科林斯也得到了证实。[63] 科林斯以及优卑亚的卡尔奇斯的贸易，在雅典几乎还未表现出任何存在感时，就已经广泛了。当佩利安戴的独裁统治对科林斯的手工业肯定产生了某种程度的阻碍作用时，同时期梭伦的立法为贸易商和手艺人在雅典提供了一个新家，首次给那些城内和皮莱乌斯（Piraeus）——我们发现，那里是下一个世纪实际的居住点——数量众多的城镇人口提供了支持。这类城镇居民的暴增，是雅典地位上升头等重要的事实，因为它不仅决定了贸易的规模，还有海军力量的突出地位。城镇居民中既有公民也有外侨，后者并非公民，但享有确定的地位和民事权利。它也造成了更进一步的后果：赋予民主制政府特殊的活力。此外，它似乎已经偏离了阿提卡文化原初的性格，后者倾向于划区而居和从事农业。所以，当我们注意到它作为梭伦立法的后果之一被首次提到，就更有趣了。

在雅典，如果一个人没有合法子嗣，首次承认他有遗嘱赠予之权的法律，也被归于梭伦。根据过去存在的习惯，我们宁愿假设，如果一人故去，既无子嗣也无血亲，则他的财产（如在罗马一样）留给他的氏族和胞族。[64]

前文已经提到，梭伦禁止父亲或兄弟把女儿或姊妹出卖为奴，那道禁令表明，此前女性一直被视为财产。看起来情况是这样：在他之前，对自由妇女的侵犯必然由官员随意处，因为我们得知，他第一个规定是，对那些引诱自由妇女者，罚款20德拉克马，对那些侵犯者，罚款100德拉克马。[65] 此外，新娘结婚时，据说除三件袍子与某些不太值钱的家具外，他禁止新娘携带任何个人装饰品与附属品。在死者亲属的悼念仪式上，他还进一步给妇女施加了几条限制。他禁止过度表现悲伤，歌唱挽歌，进行昂贵的献祭和供奉。他严格限制在葬礼宴会上可以消费的肉食和饮料，而且除非使用车辆且有灯光照明，否则禁止夜间出殡。在希腊和罗马，幸存亲属的义务感和情感刺激他们在葬礼上做灾难性的花费，而且哀伤和欢乐的激情表达缺乏节制。对依法限制的需要，得到了普鲁塔克评论的证实：梭伦颁布的类似禁令，在普鲁塔克自己的家乡喀罗尼亚同样有效。[66]

梭伦颁布的其他制裁措施还需要一提。他禁止诽谤死者，在神庙或法官和执政官之前，在任何公共节日上，他都禁止诽谤生者，否则需要向受到伤害的人支付3德拉克马，另外向国库支付2德拉克马。他制裁措施普遍的温和特性，可以从他这条有关说脏话的法律做出判断，同样也可以从前文提及的针对强奸的法律看到。这两项罪行中的任何一个，在后来民主政治下雅典的法律中都会遭到严厉得多的处理。针对诽谤死者的预防性法令，尽管很大程度上无疑源自对这种行为公正的厌恶，但部分也可以追溯到对死者愤怒的畏惧，这种观念曾强烈控制着早期希腊人的思想。

总体上看，梭伦似乎根据法律确定公共祭祀的开支，虽然我们并不清楚他具体的命令是什么。我们得知，他把一只羊等于一麦斗（大麦还是小麦？），两者都是1德拉克马，所以他还规定了用于神圣场合的一头头等公牛的价格。但当我们发现，对那些在奥林匹亚或伊斯特米亚赛会上的获胜者，他从国库中支付的奖金是前者500德拉克马——等于四个等级中最高等级一年的收入，后者是100德拉克马时，不免吃惊。奖金数字的庞大，当我们将其与强奸和诽谤支付的罚金进行比较时，印象会更加深刻。同时，我们必须记住，这些泛希腊的神圣赛会，在希腊众多的共同体中，是和平与同情主要的外在证据，在梭伦时代，为了鼓励他们，实物奖励是必需的。在土地和农业方面，梭伦宣布对那些能上交一头狼的人奖励5德拉克马，能带来一头狼崽者，奖励1德拉克马。在任何时代，阿提卡的荒野面积都相当大。他还规定了有关邻居间水井的使用，以及相邻地区种植橄榄树的距离。这些规定在雅典历史了解较清楚的时期是否继续发挥作用,无法得到确证。

关于偷窃,我们发现,梭伦据称取消了德拉科给这个罪行规定的死刑,作为制裁,规定补偿被窃财产价值的两倍。这条法律的简洁或许给下述假设提供了根据:它真的是梭伦颁布的。但演说家时代流行的偷盗法肯定是后来某个时期引入的,因为它触及的区分,提到的地点和程序形式,是不能合理地归到第四十六届奥林匹亚赛会时的。在普吕塔奈翁的公餐是执政官和精选的少数人共同参与的活动,它要么是梭伦首次确立的,要么梭伦可能做了更为严格的规定。他规定常规饭食是大麦饼,节日时是小麦面包片,而且规定了一个人在餐桌上就餐的频率。在普吕塔内翁用膳的荣誉,一直作为一个非常珍贵的奖励由政府掌控。

在梭伦的各类法律中,少有较下述法律受到更多注意的了。它规定,在一场动荡中,那个立场逍遥,不参加任何一方的人,必须视为耻辱并且应被剥夺公民权。[67] 严格地说,这似乎更像一种强烈的道德谴责,或者说是宗教性的诅咒,而非法律规定,因此可以正式在某个案件中或司法审判后运用,虽然在更加完善的阿提卡程序法中,丧失公民权(atimy)的判决,就其刑事影响和司法执行来说,都是确定的。然而,我们可以追寻梭伦愿意将其写入法律背后的思想路径,也可以从后来阿提卡的制度中寻找到类似观念的影响。他的诅咒显然限于动荡已经发生的特殊情况。我们必须假设:库隆已经夺取了卫城,或庇西特拉图、麦加克莱斯和吕库古各自率领着他们的武装党徒。如果这些领袖都是富有且有权势之人，而且那很可能是事实，现存的权力当局，例如梭伦在阿提卡看到的，哪怕是经过他本人有机改革后的机关，也都没有强大到足以保护和平，事实上，当局自身成了斗争中的一方。在这种特定背景下，每个公民越快宣布他追随的对象，则合法权力的暂停可能会越早结束。大众的冷漠，或他们让交战方自行决定重大问题，然后服从于胜利者的倾向，是最为恶劣的。最容易鼓励野心勃勃的不满者的做法，是这样的信念，一旦他能够击败围绕在执政官身边的小股武装力量，并且表明他已经武装占领普吕塔内翁或卫城，他或许马上就可以依靠所有外面的自由人的被动服从。基于这样的情感，梭伦估计，起义者的领袖或许会揣测，所有没有积极支持他的人都可能会积极反对他，那会让他的计划面对多得多的危险。事实上，除非他基于以下双重假设：他本人极其受欢迎，现存政府广泛被憎恶，否则他绝不可能指望成功。因此，由于需要面对强有力的威慑力量，所以除非他能从现存舆论中得到鼓励：他的成功是共同体所期待的结果，否则纯粹的野心不太可能诱使他走上一条注定自取灭亡的道路。在希腊的小型政治社会中，尤其是在梭伦时代，当希腊其他地区独裁者似乎达到其最大数量时，所有的政府，不管它的形式可能是什么样，都相当软弱，足以让推翻它成为一桩相对容易的事情。除非假设得到外国雇佣兵的支持，除非有公民大众方面积极而且公开的情感上的支持，否则政府没有任何其他办法支撑自己，但雇佣兵会把政府变成赤裸裸的暴力体系，当然也是这位雅典立法家从不曾设想过的事情。公民的冷漠会使他们成为所有富有的勇敢者的猎物，只要他愿意成为阴谋家。对所有希腊良好政府的维护来说，绝对必需的做法是，他们应当愿意站出来，不仅是发声，而且是以武装，同时他们应当事先被告知要这样。因为在大多数情况下，党人所占的比例可能非常不平均，阻止纯粹个人性质的革命企图和防止甚至在革命已经实际爆发时仍有的和平倾向，这样的做法是有益的，那样少数派就会被迫放弃他们的期望。

需要注意的是，在梭伦这道法律中，现存政府仅仅被作为参与争夺的一方，富有美德的公民被要求不仅是站出来支持它，而是在所有的情况下都要站出来支持它或反对它。对他的要求是，积极和预防的行动乃是他的职责。在梭伦时代，尚无任何被认为无可置疑的政治观念或制度流行，没有任何明显的标准是任何情况下公民都必须遵守的。选择仅仅是要么是现存的温和寡头制，要么是可能的专制统治。在这场竞赛中，人民的情感很少可以被认为偏向现存的政府。但政制问题上的中立在克里斯提尼革命后被终结，那时主权的人民和民主政府的观念，对所有公民来说，都是既熟悉又珍贵的。那之后我们会发现，雅典人以最为真诚和神圣的誓言，约束自己必须支持民主政体，对抗所有颠覆它的企图。在他们中间，我们会发现一种情感，它的指示实在且毫不犹豫，程度丝毫不亚于动能十足的鼓励。但在我们注意到他们性格上这个重要变化的同时，我们会观察到梭伦明智的预防性建议并未丢失：通过在两个相互竞争的领袖之间早早宣布公众的公正意见，以避免出现骚乱。从事实的角度观察，此乃名为陶片放逐法这种有益和保护性制度的意图。目前我仅仅是提示一下它与之前的梭伦之法的相似性，以及它终结激烈的党派敌意这同一意图的倾向，方法是人为地召集公正的公民大众投票来反对这个或那个领袖，但有一个重要区别：梭伦假设敌对的党派事实上是武装起来的，陶片放逐法则在征候刚出现时就运用救济手段，从而避免了那种严重的公共灾难【见下文第四章附录1，第7节】。

在前一章中，[68]我已经讨论了梭伦为更有序地背诵荷马诗篇所做的规定，有趣的是，他尊敬古老的史诗，对泰斯皮斯（Thespis）及其戏剧——它刚刚萌生，几乎看不出它将来的辉煌——则相反，表现出无保留的厌恶。悲剧和喜剧刚刚开始被嫁接到抒情诗和合唱歌上。最初是提供一个演员以减轻歌队的压力，接着引入了两个演员，以充任虚构的人物并延续对话，这样歌队的歌唱与演员的插话，构成了一个连续的片段。梭伦在听过泰斯皮斯在他本人的喜剧中的表演（如所有早期的作者一样，他既是悲剧作家，也是喜剧作家）后，问泰斯皮斯，在大庭广众之下说这样的谎话，难道不羞耻吗？泰斯皮斯答称，仅仅为了娱乐这样说和做，并无害处。梭伦以杖击地，愤怒地喊道，"一旦我们赞美和尊敬这类娱乐，则我们将很快会在日常生活中看到它们的影响"。证明这件逸事的真实性可能过于大胆，但我们至少可以将其作为某个早期的哲学家对欺骗性戏剧的抗议。有趣的是，它标志着文学出生时的挣扎，后来，雅典达到了难以企及的高峰。

梭伦所有的法律似乎未经讨论或对抗就被宣布、刻写并且被接受了。据说他并不把它们视为他能够设想的最好的法律，而是他能促使人民接受的最好的法律。他赋予它们10年的有效期，在此期间，[69]【议事会】（作为一个集体机构）作为集体，执政官分别宣誓忠诚地遵守这些法律，一旦不服从，则需要在德尔菲竖立一尊真人大小的金像。但是，虽然接受法律轻松实现，但让人民理解和服从法律，或者让起草者解释法律，就没那么容易了。每天都有人来找梭伦，或赞扬或批评，或建议进行各种完善，或质疑某个具体条文。最后，他对没完没了的回答和辩护感到厌倦，无论是消除模糊之处，还是让抱怨者满意，都少有成功。他预见到，如果他留在雅典，则他会被迫做出改变，于是他从国人那里获得离开10年的许可，相信在那个期限之前，雅典人会习惯于他的法律。他从自己的邦国隐退，完全相信在他回归之前，其法律不会被取消，因为（希罗多德说）"既然雅典人被神圣的誓言约束，要遵守法律10年，则他们不能取消他的法律"。这位史学家谈到誓言时的无可置疑的方式值得注意，它好像创造了某种物理必然性，排除了产生相反结果的所有可能性，表现了希腊人的情感。[70]

离开雅典后，梭伦首先访问了埃及。在那里，他用大部分时间与赫利奥波利斯的普塞诺菲斯（Psenophis of Heliopolis）和塞伊斯的松奇斯（Sonchis of Sais）交谈。他们是埃及祭司，关于古代埃及历史，他们有许多话要说。从他们那里，他了解到真实或虚构的事物，就所称的古老而言，它们远超最古老的希腊人谱系，尤其是那座庞大的沉默的亚特兰提斯（Atlantis）的历史，以及雅典人的祖先9000年前成功进行的战争。据说梭伦就这个主题创作了一首史诗，但他未能在生前完成写作，而且并无片言留存下来。他从埃及前往塞浦路斯，在那里他访问了小镇埃佩伊亚（Aepeia），据说他最初是提修斯之子德摩丰（Demophon）建立，据称当时由国王菲罗库普鲁斯（Philokyprus）统治——塞浦路斯的每个城镇都有它自己的小国王。该地位于克拉利乌斯（Klarius）河附近，地形陡峭而安全，但多有不便且不利供给。梭伦说服菲罗库普鲁斯放弃旧址，在城下的肥沃平原上建立了一座新城镇。他本人留在那里，成了新城的创建者，为其安全和繁荣制定了各种规定。实际上，为纪念梭伦，该城被菲罗库普鲁斯称为索利（Soli），非常繁荣，大批新定居者蜂拥而至。让我们深感遗憾的是，我们不知道这些规定到底是什么，但梭伦本人的诗歌证明了这个一般的事实，那些描写他离开该岛时向菲罗库普鲁斯告别的诗行仍摆在我们眼前。至于这位国王的取向，梭伦的诗歌给予了无条件的赞美。[71]

除访问埃及和塞浦路斯外，还有一个故事流传：他曾在萨尔狄斯（Sardis）与吕底亚国王克罗伊苏斯（Croesus）交谈。据称发生于他们之间的谈话被希罗多德编成某种道德故事，成为他整个历史中最为美丽的一个情节。虽然这个故事被反复述说，好像它是真正的历史一般,但就目前的情况而论,梭伦虽然非常可能在某个时候访问过萨尔狄斯,但这个故事与年代学无法协调。[72]

但即使不存在年代学上的障碍,这个故事的道德意图是如此明显,而且非常系统地从头到尾地贯穿故事,因此,除非有良好的同时代的证据碰巧排除了这些怀疑,否则这些内在的证据本身就足以让人质疑它作为事实的可信性。对梭伦和克罗伊苏斯的叙述,除了作为教谕性的虚构外,不可能再有其他意义,它是希罗多德从某个哲学家那里借鉴而来,并且披上了他本人优美表达的外衣,因为这里使用了比较确定的诗歌语言而非他习惯的表达。我无法改写,甚至不敢缩减这个故事。虚荣的克罗伊苏斯正处在他征服和财富的顶峰,试图从他的访客梭伦那里得到自己是人类最幸福的人的意见。在两度把谦虚谨慎的希腊人公民置于国王之上后,梭伦终于提醒克罗伊苏斯,作为幸福的证据,后者庞大的财富和权力是过于危险的标志,因为神灵嫉妒而且喜好干涉,常常把幸福的表现仅作为极端灾难的前奏,除非他一生走完,这样人们或许不会看到命运的逆转,否则任何人的生活都难称幸福。克罗伊苏斯认为他的意见荒谬,然而,"梭伦离开后,神灵的严重判罚就降临到了他头上,可能(希罗多德注意到)因为他幻想自己是世上最幸福的人"。首先,他失去了自己喜爱的儿子阿提斯(Atys),一个勇敢而聪明的年轻人(他的另一个儿子是哑巴)。奥林普斯(Olympus)的穆西亚人(Mysians)因遭遇一只破坏性强而且可怕的野猪,并且无力应对,向克罗伊苏斯求助,后者向那里派出一支精选的狩猎队伍。虽然由于让人吃惊的梦魇极其不情愿，但还是允许他喜爱的儿子陪同队伍。年轻的王子被弗吕吉亚（Phrygia）流亡者阿德拉斯图斯（Adrastus）误杀，此人却正是克罗伊苏斯庇护和保护的。[73] 国王尚未从这场不幸灾难中完全复原，居鲁士和波斯势力的快速崛起诱使他违背了自己最明智的顾问们的建议，与波斯人开战。一场大约三年的鏖战后，他彻底被击败，他的都城萨尔狄斯被攻占，他本人沦为俘虏。居鲁士命令士兵准备了一个大柴堆，将克罗伊苏斯和 14 个吕底亚年轻人一起以铁镣绑缚其上，打算以火刑处死他们，那或许是作为宗教祭品，或许是要兑现某个承诺，"或许（希罗多德说）想看看某个神灵是否会介入，拯救一个像吕底亚国王那么虔诚的人"。在最为悲伤的时候，克罗伊苏斯想起了他之前曾鄙视的警告，三次非常忧伤地喊出了梭伦的名字。居鲁士要求通译问问他正向谁吁请，从答案中得到了雅典立法家的逸事，以及在克罗伊苏斯比较得意的时候，梭伦提出的严肃忠告，从而证明了人类所有伟大的脆弱性质。这番评论深深打动了波斯的君王，那或许也是他惊恐的象征，于是他对自己的做法感到后悔，下令将已经点燃的火堆立刻扑灭。但命令已然太迟。虽然身边人尽了最大的努力，却发现还是无法扑灭火焰。如果不是克罗伊苏斯啼泣滂沱地请求救主阿波罗——他曾经非常慷慨地向德尔菲和底比斯的神庙捐献过礼物，则克罗伊苏斯还是会被烧死。他的祷告被听到了，晴朗的天空立刻布满乌云，一场豪雨降下，足以浇灭火焰。克罗伊苏斯因此得救了，后来成为他的征服者最为忠诚的朋友和顾问。

这就是希罗多德描绘的完整而且让人印象深刻的故事的简短梗概，对雅典的年轻人来说，它作为公开课的教谕意义不亚于著名的预言《赫拉克勒斯的选择》，后者是哲学家普罗狄库斯（Prodikus）[74]——希罗多德年轻的同辈——所做的极其受欢迎的讲座。它有力地表现了古典古代的宗教和道德观念。除他们自己外，诸神不能容忍任何人类的傲慢，因此对人类抱有深刻的嫉妒。[75]任何人都不会意识到，他仅仅分有幸福非常有限的一部分，任何时候他一旦超越了这个限度，就会遭遇复仇女神危险的反击；在对不同个体进行理性比较的基础上，他必须将整个一生都计算进来。作为这些情感产生的实际后果，表现了道德家针对激情冲动和不受限制的野心不断重复的告诫。在表现性格方面，这篇叙述表现得越有价值，则我们把它作为历史来对待的分量就越少。

非常遗憾的是，关于紧随梭伦法律和政制——那是公元前594年公布的——之后阿提卡的事件，我们完全没有材料，因此无法更好地理解这些变革的实际效果。[76]下一次我们听说梭伦在阿提卡的时候，是公元前560年庇西特拉图即将第一次篡权之前，梭伦在长期缺席后回归。这里我们再次见到了寡头内部同样的纷争，据报与梭伦立法之前流行的情况一样：平原派，又称雅典周围平原上富有的财主们，由吕库古领导；阿提卡南部的海岸派，由麦加克莱斯领导；山地派，又称东部地区的山民，三个等级中最为贫穷的部分，由庇西特拉图领导，他们陷入了激烈的内部纠葛。普鲁塔克的叙述表现的，是梭伦在这场动荡的高潮中返回雅典。他得到了所有派别的尊敬，但他的建议无人服从，因为年龄的关系，他无力有效影响公众。他尽力缓解党派冲突，亲自出面遏制庇西特拉图的野心，因为他很快发现了后者最终的目标。

据说甚至在他未出生前，庇西特拉图未来的伟大就首次通过一次奇迹向他正在奥林匹亚赛会上的父亲希波克拉泰斯（Hippokrates）预告了。人们意识到这一点，部分通过他的勇敢和行动——在从麦加拉人那里夺取尼塞亚时他已经展现了出来；[77] 部分通过他演说和行动受欢迎的程度，因为他支持穷人，[78] 并且表面上弃绝任何私心；部分则通过他巧妙地把策略和武力混合了起来。在向庇西特拉图做了无效的劝说后，梭伦以诗歌向人民演说的形式公开诅咒庇西特拉图的图谋。在希腊传统中，庇西特拉图最终实现图谋的伎俩值得记住：[79] 一天，他驾驶着两头骡子牵拉的战车出现在雅典广场，此前他故意弄伤了自己和骡子，但假装是政敌对他发动了猛烈攻击，从而求之于人民的同情和保护。他请求人们赐予他一支卫队，当时他们的同情心因支持他而反对所谓的刺客刚被激发，阿利斯托（Aristo）正式向公民大会（此前预审性质的元老院【议事会】——其成员是庇西特拉图的朋友——已经授权提出建议[80]）提出议案，应该给予庇西特拉图一支50人的持棒者，作为他永久的卫队。对此动议，梭伦做了顽强抵抗，[81] 但发现自己被击败，有人甚至认为他失去了理智。贫民热诚地支持动议，而富人不敢表达他们的反对意见。在致命的投票表决后,梭伦只能这样安慰自己:他高呼自己比贫民聪明,但比富人更有决心。在反对希腊人共同体自由的过程中,这是人们所玩的那个有纪念意义的策略中,第一批已知例证中的一个。[82]

民众对他的无限爱戴,使他获得了授予卫队的法令,法令没有任何预防措施防止他突破授予限度的规定,进一步表现了这一点。卫队的数量限于50人的时间并不长,他们的棍棒可能也很快被换成了更加锐利的武器。因此,庇西特拉图发现他已经强大到可以抛弃伪装以夺取卫城了。他的主要反对者是麦加克莱斯和阿尔克麦翁家族,他们立刻逃离了城市,只有梭伦令人敬重的年纪和他无畏的爱国主义,让他几乎单枪匹马地站了出来,对篡夺进行无望的抵抗。他公开出现在广场上,为激起人民的精神,运用了鼓励、抗议和谴责的手段。(他告诉他们)阻止专制统治容易,摆脱它较为困难,同时却更为光荣。[83]但他的话被付之东风,因为那些并不真正支持庇西特拉图的人仅仅服从了他们的恐惧,一直不采取行动;当他作为最后一招:以军人姿态全副武装地站在自家门前时,也没有任何人来加入他。他绝望地喊道,"我已经履行了我的责任,我尽最大努力支持了我的国家和法律"。之后,虽然他拒绝了朋友要他逃亡的规劝,但放弃了所有进一步反抗的希望。当他们询问他的靠山是什么时,他的回答是"我的高龄"。他甚至认为没有必要压制缪斯给他的灵感。有些诗行仍然幸存,那似乎是在新的专制统治者的强力开始让人们深切感受到之时创作的,其中他告诉自己的同胞:"如果你们因为自己灵魂的卑贱

第二章 梭伦的法律与政制

承受了困难,请不要怪罪于神灵。你们亲自把力量和统治权交到了这些人的手里,因此把你们自己拖入了可悲的被奴役状态。"

令人庆幸的是,在其整个独裁统治中,庇西特拉图的行动都相对温和,没有触动梭伦。这位杰出人士在他的政制实际被推翻后还活了多久,我们没法准确地弄清楚。但根据最为可能的说法,他在次年就以80岁高龄去世。

非常遗憾的是,我们没有办法详尽追踪他高贵和典范的性格。他代表了他那个时代最为优秀的趋势,而且与他个人优秀的方面大量结合了起来。他高于时代的道德感,对增长的知识和观察的渴求,在年老时一点都不亚于年轻时;他将受欢迎的制度常规化的设想,合理地偏离了他那时政府的类型和精神,而且将它们精心建立在雅典人民性格的新基础上;他对贫民大众真切和深思熟虑的同情,不仅热心拯救他们于富人压迫的水深火热,而且在他们中创造了自立勤奋的习惯;最后,在其短暂掌握极其专断的权力期间,他不仅完全没有自私的野心,而且罕见地小心在相互冲突的出路中寻求中道。在阅读他的诗歌时,我们必须时刻牢记,如今看来属于常识的东西,一度是多么的时新!因此,他所勾勒的社会图景,对他那个相对缺乏文化的时代来说,仍然是新鲜的,他的劝告也会活在人们的心中。那些为道德意图创作的诗歌一般都传达了一种对他人温柔、追求个人目标时节制的精神,它们把诸神表现为难以抗拒的、好报复的、赞赏良善之人而制裁恶徒的形象,尽管报应有时来得非常迟缓。他有关具体事务与当时状况的作品常常以比较强烈的精神表达。他时而抨击富人的压迫，时而抨击他们对庇西特拉图畏怯的屈服；他用强调的语气表达他本人自豪的意识：他曾经作为人民大众的领袖站出来。他早年的诗歌几乎片段不存，仅有的几行似乎表现出一种愉快的情绪，我们似乎完全可以认为，那已经被他遇到的政治上的困难给掩盖了，那些困难源自与麦加拉持续不断的战争、库隆渎神案、埃皮麦尼戴斯（Epimenides）治愈的公众沮丧情绪，以及在贪婪的寡头和受苦的人民之间作为仲裁者的角色。在其致明奈穆斯（Mimnermus）的一首哀歌诗中，他把60岁而非80岁作为人类可以期待的最长寿的年纪，前者是这位诗人表示有望达到的。[84]但他本人，就我们能够判断的而言，似乎活到了两个年龄段中较长的那一个。他一生中绝非荣誉最小的部分（抵制庇西特拉图），就发生在他去世前夕。

一个流行的故事说，他的骨灰被搜集起来，遍撒萨拉米斯岛。尽管普鲁塔克同时告诉我们，亚里士多德以及许多其他深思熟虑之人都相信这个说法，但他认为它是荒谬的。这个说法至少如诗人克拉提努斯一样古老，在其一部喜剧中，他简洁提到了这件事，我觉得不应否定它。[85] 雅典梭伦像的铭文形容他是一个萨拉米斯人；在为他的祖国获得该岛过程中，他发挥了主要作用，在那里前往萨拉米斯定居的雅典新公民中，他很可能得到了一块土地并被登记在萨拉米斯德莫中；作为该岛创建者，他的骨灰的播撒把他与那座岛屿联系起来，即使没有通过公众投票表达，至少是他那些幸存的朋友寄托情感的场所,是可以理解的。

现在我们已经抵达庇西特拉图篡权的时期(前560),他的王朝治理雅典达50年(在庇西特拉图本人生前有过两次短暂的中断)。这个独裁者的统治,尽管较希腊人的专制统治普遍温和,而且产生了一些重要的后果,但将留待下一章讨论。

附录
梭伦的经济改革

【上文有关名为"解负令"的措施的细节与当今学者们的看法并不相合,《雅典政制》(cc. x and xii)已经提供了新证据,另一些考虑也倾向于修正格罗特的解释。

禁止所有以人身为抵押的借贷(κωλύσας δανείζειν ἐπὶ σώμασι)一条没有疑问。这可能是事后的称呼,否则从富人手里"解放土地"就毫无意义了。梭伦显然也把那些已经被纳入私人地产(τεμένη)中的土地归还给了六一汉。从《雅典政制》所引的梭伦的诗歌中,这些都是清楚的。此外,从诗歌中我们知道,梭伦需要处理"重分土地"(γῆς ἀνάδασμος)的要求,但他拒绝给予"平等的一份"(ἰσομοιρίαν)。

但诗歌绝未证实下述看法(《雅典政制》所说):梭伦取消了所有债务。这个说法显然是从奴隶再度得到公民权这一事实做出的错误推论。

债碑（ὄροι）（格罗特将其解释为抵押柱）和六一汉问题已经在脚注中讨论过，剩下的是要讨论格罗特有关上述经济改革与币制改革之间关系的理论。格罗特对安德罗提翁有些幼稚的理论的批评有价值，但走得不够远。事实是直到《雅典政制》发现之前，所有的历史学家都完全误解了梭伦的币制改革。从《雅典政制》（c. x. 1）中，我们得知这完全不同于解负令，纯粹意在通过把雅典与最好的市场建立起紧密联系的方式，来扩张雅典的对外贸易。也就是说，梭伦用（近似）优卑亚的度量衡取代埃吉纳的，或许还对币制做了同样的改变。由于这个变化，雅典可以抛开埃吉纳和麦加拉不友好且有限的市场，寻求与卡尔奇斯和科林斯开展新的贸易，既与优卑亚、爱琴海中所有的希腊人城市，也与意大利进行贸易。结果雅典不仅走上了新的、富有成果的商业道路，而且开始与作为整体的更广大的希腊世界发生越来越多的接触，从而为她公元前5世纪的帝国目标做好了准备。我们没有理由怀疑，梭伦早年的旅行已经向他证明，一旦雅典摆脱了那将她束缚在萨罗尼克湾的货币区等，则等待雅典的是爱琴海广袤的活动空间。——编者】

1 【库隆阴谋一般被定在公元前632年。库隆已与麦加拉僭主泰亚盖奈斯的女儿联姻，企图（可能在麦加拉的支持下）成为雅典僭主，但被击败，并和他的追随者一道被背信弃义地屠杀。这肯定是麦加拉战争的原因之一，战争影响了雅典的贸易，加剧了雅典的经济困境。

第二章 梭伦的法律与政制

梭伦任执政官之年可能为公元前 594/593 年或公元前 592/591 年，前者更有可能，尽管有人坚持认为，他的改革可能延续了一年以上，为完成任务，他担任了一个特殊的官职。凯斯教授（Professor Case, *Class. Rev.*, October, 1888, pp. 240, 241）仍认为，政制法案大约在公元前 570 年通过，但请见 Busolt, ii., 2nd ed., p. 259。——编者】译按：现在德拉古立法一般被定在公元前 621 年。

2 Plutarch, *Solon*, I; Diogen Laërt. iii. 1; Aristot., *Polit.*, iv. 9, 10.

3 Plutarch, *Solon*, v.

4 Plutarch, *Solon*, viii. 那是一首 100 行的诗歌，χαριέντως πάνυ πεποιημέρων. 狄奥根尼告诉我们，"梭伦通过一位信使向人民宣读了诗篇"。这个说法既缺品位，也不准确，完全败坏了那首诗开头"我是一个来自萨拉米斯的传令官"（Αὐτὸς κήρυξ ἦρθον ἀφ'ἱμερτῆς Σαλαμῖνος）的强烈效果。

5 Plutarch, l. c.; Diogen. Laërt. i. 47. 希罗多德（i, 59）和普鲁塔克阅读过的某些作品都认为庇西特拉图在对麦加拉的战争中发挥了积极作用，甚至占领了麦加拉港口尼塞亚（Nisaea）。如果庇西特拉图第一次篡位发生在公元前 560 年，我们就难以相信他在一场发生时间不短于 40 年前的那场战争中会发挥突出作用并赢得声望。

【如果重夺萨拉米斯的年代如上所述，则庇西特拉图年龄不可能大到发挥任何突出作用（参见 *Ath. Pol.*, c. 17）。但是，伯里（*History of Greece*, p. 191）把占领萨拉米斯大致定在公元前 569 年，那时麦加拉的势力已经衰落，梭伦已经自旅行中归来，发现那正是可以迈出决定性一步的时刻。当然，这个年代解决了有关庇西特拉图发挥作用的问题。此外，如格罗特所说，梭伦用不合法的办法激起雅典人的情绪发生于此时，或许较发生在他立法之前不那么令人惊奇。对《雅典政制》第 17 章和第 14 章的比较似乎表明，对麦加拉的战争有两次，一次在公元前 570—前 565 年（可能重新夺取了麦加拉港口尼塞亚），庞西特拉图在那次战争中赢得了荣誉，另一次在公元前 600 年（存疑）（目标是重夺萨拉米斯，梭伦伟大的诗歌所述必然是那场战争），那是庞西特拉图不可能参与的。——编者】

6 Plutarch, Solon, 13.【关于六一汉（Hektemori）有大量讨论，他们肯定是阿提卡陷入窘境的阶级。当下有三种解释：（1）获得六分之一收成为工资的劳工；（2）支付六分之五作为地租的佃农；（3）支付六分之一作为地租的佃农。前两者不大可能。在一个阿提卡那样的地区，谁都不可能靠那么点施舍过活。最后一种最为可能，而且符合所有土地都在少数人手中的说法。我们似乎有足够的理由相信（例如吉尔伯特的《希腊政制》，英译本第 117 页注释），最后一种解释能说明流行的贫困。阿提卡的土地并不肥沃，农业可能非常落后。一到两次糟糕的收成，就可能迫使六一汉（他们可能根本没有余粮）成为资本家的债务人，后者自然逐渐获得了小块土地。问题全部源自下述事实：小佃农完全没有恢复能力，一旦陷入债务，他们就孤苦无助，失去他们的土地和个人自由。这可能得到了下述事实的证实：当今色萨利（希腊最肥沃的地区）仅仅支付三分之一的收成作为地租。——编者】

7 弗利西人（Frisii）就是如此，当他们无力支付罗马帝国强加于他们的贡金时，"最初仅是他们的牲口，之后是他们的土地，最后是他们的妻子和孩子，都陷入了奴隶的境地"。（primo boves ipsos, mox agros, postremo corpora conjugum et liberorum, servitio tradebant）(Tacit., *Annal.*, iv. 72）。

8 几乎所有现代史学家都把 ὅροι 一词解释为（如上文）"抵押柱"。德摩斯提尼时代，它们无疑是存在的，但不曾发现较公元前 400 年更早的（实物）。假设梭伦的改革如此成功，以至于在近两个世纪的内部和外部冲突中,没有任何土地所有者被迫抵押他的土地,是一个大胆的假设。此外,(1)没有任何古代史料把梭伦的 ὅροι 解释为这个意思;(2)在经济发展上,抵押制度远远超出了公元前6世纪初的水平,当时支付是用实物;(3)在诗歌的最后一行,梭伦称自己为 ὅρος。但是,如上文所述,如果六一汉并非自由持有者,而是佃农,那意味着抵押不可能发生。所以,ὅρος 不是抵押而是所有权的标志:土地所有者将他们私人的 τεμένη(地产)扩展到了这块土地上。这个过程无疑得到了贵族对法庭独占权很大的帮助,在那里,像罗马历史上类似的时期一样,古老的家族因为控制了宗教仪式和它们的财富,拥有强大的权力。(请见 H. Sidwick, *Class. Rev.*, 1894, pp. 296, 297 有关法官严酷的论述)对这种根深蒂固的宗教利益的废止,是克里斯提尼立法的一个主要特征。通过遏制这种侵犯性的制度,梭伦解放了土地,它已经"被奴役",他因此成了抵抗富人进一步侵犯的"界石"(ὅρος ἀνεῖλον πολλαχῇ πεπηγότας 和 ὅρος κατέστην)。——编者

9　Caesar, *Bell. Gall.*, vi. 13.

10　见 Plutarch, *Solon*, 14。首要的是梭伦本人对弗库斯(Phokus)所发表的扬抑格的八音步诗歌,即施耐德温(Schneidewin)的残篇 24~26 行:

梭伦是一个没有头脑、没有主意的人,

神赐给他幸福,他自己不愿接受;

网里已经装满了鱼,他吃惊,却不把它拉起,

一切都是因为他没有勇气,也因为他已经失掉了聪明。(中译文据吴彭鹏等译:《希腊罗马名人传》上册,商务印书馆,1999年,第181页)

(Οὐκ ἔφυ Σόλων βαθύφρων, οὐδὲ βουλήεις ἀνηρ,

Ἐσθλὰ γὰρ θεοῦ διδόντος, αὐτὸς οὐκ ἐδέξατο.

Περιβαλὼν δ'ἄγραν, ἀγασθεὶς οὐκ ἀνέσπασεν μέγα

Δίκτυον, θυμοῦ θ' ἁμαρτῇ καὶ φρενῶν ἀποσφαλείς.)

11	关于解负令,见本章附录。——编者
12	见 *Ath. Pol.*, c. 12; 也见 Plutarch, *Solon*, c. 15。——编者
13	Plutarch, Solon, c. 23; 并请与第 13 章比较。塞克斯图斯·恩皮利科斯（Sextus Empiricus, *Pyrrhon., Hypot.*, iii. 24, 211）宣称,梭伦颁布了一部允许父亲杀死（φoωεύειν）儿子的法律。这不可能是真的,肯定是从某个不够可信的史料抄袭而来。请与 Dionys., Hal., *A. R.*, ii. 26 比较,在该书中,狄奥尼修斯把早期罗马人父权（patria potestas）的过分宽泛与所有希腊人立法家——梭伦、皮塔库斯、卡隆达斯——所发现或引入的限制进行了对比。但他说,雅典的父亲获准剥夺合法男性后代的继承权,而那似乎是错误的。
14	见本章附录。——编者
15	Plutarch, *Solon*, c. 15. 请见 Boeckh, *Metrologie*, c. ix., p. 115 有关货币贬值更充分的解读。 博克认为（c. xv. §2）,梭伦不仅把货币贬值,而且也改变了度量衡。在后一个问题上,我不同意他的看法,并且在一篇对他发表在《古典博物馆》【*Classical Museum*】第 1 期的有价值的论文的评议中提出了我的理由。【G. F. Hill, *Num. Chron.*, 1897, pp. 284–292.——编者】
16	Plutarch, *Solon*, c. 19. 在首先由亚历山大大帝发布,后来由波吕佩孔再度发布的第一道关于各希腊人城市全面召回流亡者的法令中,规定那些因刑事或渎神被流放的人例外。
17	Pultarch, *Solon*, c. 15 称: "他办事并不采用尽可能温和的办法,也不在制定法律中表现得荏弱无力,不向有势力的人让步,不迎合选举他的人的欢心。"（οὐδὲ μαλακῶς, οὐδ' ὑπείκων τοῖς δυναμέωοις, οὐδὲ πρὸς ἡδονὴν τῶν ἑλομένων, ἔθετο τοὺς νόμους）等等。
18	Plutarch, *Solon*, c. 16.
19	见全本第二部第六章。——编者

20　Plutarch, l. c. "举行了一次公共祭祀，称之为'解除负担'"（ἔθυσάν τε κοινῇ, Σεισάχθειαν τὴν θυσίαν ὀονομάζοωτες）等。

21　请见本章附录。——编者

22　Plutarch, *Solon*, c. 15. 哈利卡纳苏斯的狄奥尼修斯有关解负令的说法总体上是准确的，"投票取消了穷人的债务"（χρεῶν ἄφεσι νψηφισαμένην τοῖς ἀπόροις, v. 65）针对的是那些抵押了他们身体和他们土地的债务人，他们主要是穷人，但不是所有债务人。

本都的赫拉克雷戴斯（*Πολιτ.*, c. I）和狄奥·克利索斯托姆（Or. xxxi., p. 331）表达他们的看法时不够精确。

瓦克斯穆斯（Wachsmuth, *Hell. Alterth.*, v. i., p. 259）和 K. F. 赫尔曼（K. F. Hermann, *Gr. Staats Alter.*, § 106）都援引陪审法庭的誓词及其强有力的反对取消债务的抗议作为与梭伦解负令有关的证据。但誓词仅仅溯及后来的时期，它不可能被作为适用于梭伦时代的证据，那里仅仅提到五百人议事会，表明该誓词属于克里斯提尼革命后的时期。

柏拉图（*Legg.*, iii., p. 684）段也不适用于这里的情况。

在我看来，瓦克斯穆斯和赫尔曼都过于缩小了梭伦有关取消债务措施的范围。但另一方面，他们用另一种方式放大了他的措施的效果，却根本没有足够的证据。他们认为，他把**维兰佃农**（villein tenants）提升为**自由所有者**，我根本没有发现任何有关证据，认为那不可能。梭伦解救的大部分小债务人之前可能是自由所有者，他们土地上存在的抵押柱（οροι）证明了这一点【但请见第19页注释8——编者】。

23　在债务问题上，梭伦为雅典人民所做的，较元老院使者麦奈尼乌斯·阿格利帕（Menenius Agrippa）为缓和罗马平民情绪承诺给他们的要少（公元前491年他们撤退到圣山时），虽然那看起来从未**实现**过（Dionys. Halic. vi. 83）。如果狄奥尼修斯的话可信，他承诺取消所有无力偿付的债务，没有例外，但那似乎不可能。

在梭伦问题上，瑟尔沃尔博士正确地注意到，"他必须被视为一个利益相关各方将他们的要求提交给他的仲裁人，他公开宣布的意图，是他们应当交给他决定，不是基于法律权利，而是根据他本人有关公共利益的看法。他本人正是在这样的语境中看待自己的任职的，他似乎忠诚且谨慎地履行了这份职责"。（*History of Greece*, c. xi., vol. ii, p. 42.）

24 Demosthen., *Cont. Timokrat.*, p. 746 称："我不会允许取消私人债务，也不会允许属于雅典公民的房屋和土地被重新分配。"【οὐδὲ τῶν χρεῶν τῶν ἰδίων ἀπολοπὰς, οὐδὲ γῆς ἀναδασμὸν τῆς Ἀθηναίων, οὐδ' οἰκιῶν (ψηφιοῦμαι)】请与 Dio Chrysostom, *Orat*., xxxi, p. 332 比较，他也讨论了各个希腊人城市对所有那些"取消债务"（χρεῶν ἀποκοπή）和"重分土地"（γῆς ἀναδασμός）的诅咒。同样引人注目的，是狄奥意识到，在希腊历史上，不曾有任何重分土地实际发生的真实案例。ὃ μηδ' ὅλως ἴσμεν εἴ ποτε συνέβη (l. c.)

只有一种例外的情形，那里阿提卡法总是继续给予债权人他们最初拥有的所有对破产的债务人的人身权：当债权人的目的明确是赎取被俘的债务人而借款之时（Demosthen., *Cont. Nikostr.*, p. 1249），类似于旧罗马法中的"保证人追偿之诉"（Actio Depensi）。任何欠国库金钱的公民，而且债务已经超期的，在其清偿债务之前，将暂时被剥夺所有民事权利。

狄奥多鲁斯（I, 79）给我们提供了一条据称是埃及国王波科利斯（Bocchoris）释放债务人，而仅仅以财产负责的法律，现经证实，它曾是梭伦抄录的一个例证。如果我们能够相信这位史学家，则希腊其他地区的立法家仍维持了严厉的奴役债务人的旧法，请与伊索克拉底的一个片段比较（*Orat.*, xiv., *Plataicus*, p. 305; p. 414 Bek.）。

25 但请见第 77 页注释 8。——编者

26 | 伯克（*Public Econ. Of Athens*, b. i., ch. 22, p. 128）看法不同，根据我的判断，他的看法与资料相左，他提到的段落（特别是泰奥弗拉斯图斯的段落）不足以支持他的论点，另有其他片段与此存在根本矛盾。

27 | Lysias, *Cont. Theomnest.* A., c. 5, p. 360.

28 | Cicero, *De Officiis*, i. 42.

29 | Plato, *Legg.*, iii., p. 684; v., pp. 736, 737.
就消灭对契约信任造成的混乱问题，西塞罗规定了很好的原则，但他就此提出的警告附带了一个不可能执行的条件：立法家要注意，债务契约的缔结不得损害国家的利益，请与他有关高利贷（faeneratores）的看法比较，载 *Offic.*, i. 42; ii. 25。

30 | 见 Plutarch, *Life of Agis*, 尤其是第 13 章关于债主抵押标志（κλάρια）在斯巴达广场的大火中被焚烧的描写，也请对比阿吉斯和格拉古的比较。

31 | "希腊人的忠诚"（Graeca fide mercari）。在忠诚和守信问题上，波利比乌斯把罗马人置于远高于希腊人的地位（vi. 56）。在另一段落中，他说得不是那么肯定（xviii, 17）。甚至是罗马作家的证据，有时也会赞赏阿提卡良好的信誉，而不是反对这个说法（Velleius Paterc., ii. 23）。
德摩斯提尼诉莱普提奈斯的演说，就其整个风格和论证来说，是一个雅典法庭哪怕是在借贷利息这类不那么明显的形式中，都尊重固有利益的显著例证。我们还可以补充一个来自 Demosthenes, *Cont. Timocrat.* 的著名段落，在那里，他抨击取消过去的交易的行为（τὰ πεπραγμένα λῦσαι，将其与即将生效的立法对比）乃寡头政制特有的不公正行为，与民主政制格格不入（*Cont. Timokrat.*, c. 20, p. 724; c. 36, 747）。

32 | 就货币问题上的诚实而论，同样的信誉可以授予佛罗伦萨共和国，

见 M. Sismondi, *RépubliquesItaliennes*, vol. iii., ch. 18, p. 176。

33 | 在某些比奥提亚人城邦中，对破产的债务人的惩罚，是他头顶篮子公开坐于广场之上，然后被剥夺公民权（Nikolaus Damaskenus, *Frag.*, p. 152, ed. Orelli）。

据狄奥多鲁斯记载，对债务人身体古老且严厉的法律，在被梭伦废止于雅典很久之后，仍在希腊其他地区延续（i. 79）。

34 | Solon, *Frag.* 27, ed. Schneid. 称："Ἃ μὲν ἄελπτα σὺν θεοῖσιυ ἤνυσ', ἄλλα δ' οὐ μάτην Ἔρδον."

35 | 据普鲁塔克记载（Solon, 18-23）。但《雅典政制》（c. vii, 3）称，这种划分在梭伦之前已经存在。可以设想，《雅典政制》中的"如过去已经划分的那样"（καθάπερ διῄρητο καὶ πρότερον）是编者的窜入，希望让这段话与第四章所谓的德拉古政制协调起来（关于此点请见前文第一章有关早期阿提卡的附录）。另一种意见（Bury, p. 183）认为，前三个等级是存在的，但梭伦把那些之前在这个范围之外的人组成了一个新的等级。这个问题的答案纯属学术上的兴趣，关键点是梭伦修订或发明这种分类的意图。上述提供的解释得到了许多作者的遵从（如吉尔伯特一书英译本第130页注释），但显然是不合理的。《雅典政制》根本没有提到征税问题，如我们所知，贫穷等级的领袖庇西特拉图随后统一征收了 5% 或 10% 的税，假设这种递减式的高度民主原则此前已由梭伦实行，是荒谬的，否则庇西特拉图不敢逆这种递减式收入税而行，将其变成了一种人头税。请见第62页注释4。《雅典政制》（同前）清楚地表明，梭伦所做，如果此前它存在过的话，是将此前已经存在的划分与政府机制建立起有机联系，其基础是特权和义务的累进体系。执政官无疑仍归第一等级，某些次要官职向第二和第三等级开放。可是，关键在于第四等级（他们包括海岸派的渔民和雅典的手艺人）在国家机器中得到了一定的地位和权

利。这个等级肯定没有资格担任官职（甚至公元前4世纪它的成员都只能假装是第三等级才能得到官职）。据《雅典政制》（vii. 3），梭伦赋予他们"分享公民大会和法庭之权"。《政治学》（ii. 12）称，他们得到了选举国家官员并审查官员的年度报告的权利。如果《雅典政制》（viii. 1）有关梭伦更进一步的结论——高级官职从已经选出的候选人中抽签产生——是正确的，则"分享公民大会"就没有意义了。《政治学》的说法可能是正确的，《雅典政制》（同前）描写的选举执政官的方式肯定属于马拉松战役后的情形，见第388页注释2。——编者

36 我不能赞同博克（*Staatshaushaltung der Athener*, bk. iii., c. 5）的一个看法。他将第三等级即双牛级的财产资格定为150德拉克马，而不是200德拉克马。所有正面的证据（如他本人在第31页承认的）都与确定为200而非150德拉克马相符，从旧法——德摩斯提尼曾引用（*Cont. Makartat.*, p. 1067）中做出的推论太不肯定，无法推翻史料上的一致看法。

此外，如果我们坚持把200而非150德拉克马作为双牛级最低的收入标准，则梭伦整个的计划会变得更加清晰，也更加对称，因为规定的资金，就所有三个等级的标准来说，是所得收入确定且准确的倍数：最富有的等级是收入的12倍，中间等级是10倍，最贫穷的等级是5倍。但如果我们采用博克的假设——双牛级的最低收入是150德拉克马，则这种对应就消失了，因为1000德拉克马的总资产（那是清单上双牛级的最低标准）就不是150德拉克马的整数倍。为避免这种困境，博克被迫求之于约数以及别扭的分数。他认为，每个人的收入通过乘以12倍转换为现金，就最富有的等级而论，如此得到的总数就公示在清单上，就第二等级即骑士级而论，是总数的六分之五；到第三等级即双牛级，是总数的九分之五。对我来说，这个程序相当复杂，

而且不大可能利用九分之五这类分数（既困难，又比简单的分数二分之一多不了多少）。此外，博克本人的表格（第 41 页）给第三等级提供了分数式的总数，但在第一或第二等级，则没有任何分数出现。当然，除非有任何实在的证据证明，否则这样的反对意见不可接受。但准此而论，它们与所有实证的证据吻合，而且足以（根据我的判断）反驳博克仰赖的旧法所产生的假设。

37　见 Boeckh, *Staatshaushaltung der Athener*, ut supra。波吕克斯提供了一份描述狄菲鲁斯之子安泰米翁（Anthemion son of Diphilus）的铭文，上述 Θητικοῦ ἀντὶ τέλους ἱππάδ' ἀμειψάμενος。Τελεῖν 一词并不一定表示**实际**的支付，但"被纳入了一个集合了某种义务和责任的等级之中"，那相当于人口普查（Boeckh, p. 36）。

38　使用"元老院"表达有关梭伦议事会的职能和构成，会造成一种完全错误的印象。"元老院"一词更适用于古老的"战神山议事会"，那是雅典最初的议事会，与罗马的元老院、斯巴达的长老会以及英雄时代的国王咨议会是真正相似的。梭伦的议事会，如随后经过克里斯提尼改革后的那样，不管是主要还是专门职能，都不是一个议事的集会，而是一个委员会，其主要职能是为公民大会准备并报告相关事务，后者因各种原因，仅适合就一个准备好的议题做最终决定。因此这个议事会必须被翻译为"议事会"，而非"元老院"。

考虑到对所谓德拉古政制的看法，我们没有任何理由怀疑下述观点：梭伦确实发明了这第二个议事会。它的困难在于：在剥夺了战神山议事会的管理职能后，有把太多权力留在执政官之手的危险，后者仍来自贵族。关于将一个公民大会之类的集会留在官员手中的危险，我们可以与罗马公民大会比较，后者并无定期集会制度。如克里斯提尼的议事会根据德莫选举那样（*Ath. Pol.*, 62），梭伦的议事会可能根据船区选举（Meyer, *Gesch. d. Alt.*, ii. 569）。所以，议事会是公民大会的保障，后者因为开会相对不经常，还有它的构成，必然成为国家执行官员的工具。最为重要的是，我们要记住，在公元前594年到伊萨戈拉斯与克里斯提尼的斗争之间，议事会一点都不显赫。因此，如果我们更进一步考虑达马西亚斯时代的政治危机和庇西特拉图的篡权，则议事会的职能不过是一个咨询委员会。——编者

39 | 对梭伦有关战神山议事会的条文，《雅典政制》事实上一无所知。流行的版本（Plutarch, c. xix 征引）是：战神山议事会是梭伦的发明，然而那已经为梭伦本人关于大赦法律的声明证伪，那里强调，恢复了所有被剥夺公民权的人的权利，"只有那些曾因重罪被战神山议事会判决的例外"。除其他正面的论据外，与所有其他希腊人国家的比较足以证明，这样的议事会必然非常非常古老。

那么，梭伦对战神山议事会的态度是怎样的？几乎不用怀疑，他剥夺了它古老的议事职能，所以实际上将其置于国家常设机构之外。新近扩大了基础的公民大会，以及它因新的四百人议事会触及实际管理，获得了战神山议事会曾经掌握的权力。作为对这个重要损失的补偿，旧议事会被赋予了国家保护人的崇高地位，同时保留了它对刑事案件以及攻击法律罪行的审判权。宣称梭伦"扩大了它的权力"是忽视了转交给公民大会以及与之联合的议事会新权力本质上的重要性。——编者

40 | Plutarch, *Solon*, 18, 19, 23; Philochorus, *Frag.* 60, ed. Didot; Athenaeus, iv., p. 168; Valer. Maxim., ii, 6.

41 | Meursius, *Solon*, passim; Sigonius, *De Repubbl. Athen.*, i., p. 39（虽然在某些段落中，他对克里斯提尼之前和之后的时期做了明显区分，如第 28 页）. 请见 Wachsmuth, *HellenischeAlterthumskunde*, vol. i., § 46, 47; Tittmann, *GriechischeStaatsverfassungen*, p. 146; Platner, *Der AttischeProzess*, book ii., c. 5, pp. 28–38; Dr. Thirlwall, *History of*

Greece, vol. ii., ch. xi., pp. 46-57.

尼布尔简短地提到过梭伦立法，充分注意到了梭伦所构造的雅典与克里斯提尼之后逐渐形成的雅典本质的区别。不过他认为，在罗马的贵族和雅典贵族之间存在的相似度，较我们有理由认为的更大。

42 | Demosthen., *Cont. Timokrat.*, p. 746. 埃斯奇奈斯把他的誓言归于"那位立法家"【ὁ νομοθέτης (*c. Ktesiphon.*, p. 389)】。

瑟尔沃尔博士告诉我们，这个誓言是由梭伦规定的（*History of Greece*, vol. ii., c. xi., p. 47）。

在控诉莱普提奈斯（c. 21, p. 486）和提摩克拉泰斯（pp. 706, 707）的演说中，再度如此，请与 Aeschin., *c. Ktesiph.*, p. 429 就取消现存法律和颁布新法的程序所做的评论比较。他们把所有法律归于梭伦，例如，除其他法律外，梭伦要求提案人"把他的法律公布在名祖像之前"（ἐκθεῖναι προσυὲν τῶν Ἐπωνύμων）。名祖像是英雄们（的雕像），克里斯提尼的 10 个部落据它们命名，法律提到这些雕像，宣布它本身是克里斯提尼之后的。甚至规定处置自流放中归来的被定罪的谋杀犯的法律——德摩斯提尼和道克索帕泰尔（Doxopater, ap. Walz. *Collect. Rhetor.*, vol. ii., p. 223）都称之为德拉古之法，但从该法提到旋转木板（ἄξων, Demosth., *Cont. Aristok.*, p. 629）看，实际上是梭伦之后的。

安多奇戴斯在利用梭伦之名时也同样大方（见 *Orat.*, i. *De Mysteriis*, p. 13）。在演说中，他引用了一条被视为梭伦的法律，其颁布的条文中，除其他被证明甚至是在四百人的寡头革命——发生于伯罗奔尼撒战争行将结束时——之后通过的法律外，那里提到了埃安提斯部落和五百人【议事会】（因此显然晚于克里斯提尼的革命）。主席团，荣誉席位，以及一年分为 10 个时间段，每个以主席团的名字命名等，以及那里混杂的雅典所有公共事务程序，都不属于梭伦的雅典，而是克里斯提尼十部落创立之后的雅典。

【尽管有上述论证，格伦尼奇（*Greek Constitutional History*, p. 154 n.）仍倾向于相信，最初是梭伦创建了陪审法庭陪审员的誓词。——编者】

43　请见 Boeckh, Public Economy of Athens, book ii., c. 15。

44　Demosthen., Cont. Timokrat., c. 26, p. 731。请与 Aristophanes, *Ekklesiazus*., 302 比较。

45　Herodot., i. 29; Plutarch, Solon, c. 25. 奥鲁斯·格莱乌斯证实，雅典人在强烈的宗教禁令下宣誓永远遵守这些法律（ii. 12）。【*Ath. Pol.*, c. vii., 宣称梭伦让他的法律 100 年有效。——编者】

46　Livy, iii. 34.

47　Ath. Pol., xii. 1.——编者

48　Aristot., *Polit*., ii. 9, 4.

49　Herodot., v. 69.

50　关于对庇西特拉图这种估价的批评的合理性，见第三章附录。——编者

51　Lysias, *Cont. Theomnest*., A., c. 5, p. 357. 他说"如果陪审法庭在判决之上还做了补充"（ἐὰν μὴ προστιμήσῃ ἡ Ἡλίαια）是梭伦的话。虽然我们怀疑梭伦是否曾使用"陪审法庭"这个词，因为我们发现波鲁克斯（vii. 5, 22）明确宣称，梭伦用"合法惩治"（ἐπαίτια）来表示演说家们所说的"προστιμήματα"一词。

Ἡλίαια 一词的本义是公民集会（见 Tittmann, *Griech. Staatsverfass*., pp. 215, 216），在后来的时代，我们发现它在雅典的意思是：（1）通过抽签选举并且宣誓的一年一任的 6000 人陪审团群体，或者是行使司法权的人民集会；（2）这个群体各个独立的部分，事实上它们是司法事务实践中进行的再划分。Ἐκκλησία 则成为公众议事集会的恰当称呼的术语，它可能从不会和法庭在同一天举行（Demosthen., *Cont. Timokrat*., c. 21, p. 726）。每个法庭事实上都如此称呼，好像它是在

履行某个具体责任的聚集起来的人民一般。

我猜想，梭伦时代，Ἡλίαια 一词被用作它最初的含义——公民集会，或许暗示它在进行司法活动。6000 这个固定数字不会早于克里斯提尼，因为它本质上与十部落制度联系在一起。将 6000 人这个群体按不同的意图分配到不同的法庭担任陪审员，可能是在克里斯提尼首次改革后才开始的。在论及后者以及他的时代时，我们再回到这个问题上。

52 普鲁塔克宣称，梭伦赋予就执政官决定向民众法庭上诉的权力（Plutarch, *Solon*, 18），但不为大多数解说者相信。尽管瑟尔沃尔博士似乎承认这一点，并且通过与埃菲塔法庭即德拉古组建的上诉法庭的类比来证明它。

【《雅典政制》（c. ix）明确宣称，梭伦赋予人们就官员的决定向民众法庭上诉的权利，而且似乎认为这个措施是他改革的基石（见 Bury, *H. of G.*）。这种上诉可能仅适用于民事案件，因为刑事案件仍由战神山议事会和埃菲塔法庭审理。官员们仍保留相当大的司法权力毋庸置疑，只是在后来，他们沦落为一审法庭（见 Greenidge, *Greek Constitutional History*, p. 154）。我们可以补充说，吕西亚斯（*Or.* x., c. 16）引用了一条真正由梭伦颁布的法律，其中提到了赫利埃亚。因此，赫利埃亚无疑就是法庭，至少是某种原始形态的法庭。它是梭伦的发明。——编者】

53 Kratinus, ap. Plutarch, *Solon*, 25 原文是：

Πρὸς τοῦ Σόλωνος καὶ Δράκοντος, οἷσι νῦν

Φρύγουσιν ἤδη τὰς κάχρυς ταῖς κύρβεσιν.

伊索克拉底赞扬早期雅典的温和民主，并将之与他生活于其中的民主比较。但在第 7 篇演说中（《战神山议事会颂词》），他把前者与梭伦或克里斯提尼的名字联系起来，而在第 12 篇演说（《泛雅典娜节集会辞》）中，他认为前者从提修斯时代延续到梭伦和庇西特拉图时代。在前一篇演说中，他相当准确地描述说，在梭伦政制下，人民享有的权利是"指定官员，问责那些失职者，审理有争议的案件"（τοῦ τὰς ἀρχὰς καταστῆσαι καὶ λαβεῖν δίκην παρὰ τῶν ἐξαμαρτανόντων），如果我们把 ἀρχόντων 理解为 ἐξαμαρτανόντων 的名词形式，那与亚里士多德的话"选举官员并且审查他们"（τὰς ἀρχὰς αἱρεῖσθαι καὶ εὐθύνειν）吻合。

请对 Isokartes, *Or.*, vii., p. 143 (p. 192 Bek.), p. 150 (202 Bek.) 与 *Orat.*, xii., pp. 260-264（351-356）加以比较。

54 | Cicero, *Orat. Pro. Sext. Roscio*, c. 25; Aelian, *V. H.*, viii. 10.

55 | Plutarch, *Solon*, 23-25. 他特别提到了第 16 个转轴（ἄξων），我们还知道，第 13 个转轴（ἄξων）包括第八条法律（第 19 章）；Harpokration, v., Ὅτι οἱ ποιηταί 提到了第 21 条法律。

普鲁塔克时代，这些木制转轴的残篇保存在普吕塔内翁。见 Harpokration and Photius, v., Κύρβεις; Aristot., περὶ Πολιτειῶν, *Frag.* 35, ed. Neumann; Euphorion, ap. Harpokrati., Ὁκάτωθεν νόμος; Bekker, *Anecdota*, p. 413。

我们读到的有关 ἄξονες 和 κύρβεις 并未传达有关它们的清晰概念。除亚里士多德外，人们提到，塞琉古（Seleukus）和狄杜穆斯（Didymus）都曾写过有关它们的注释（Plutarch, *Solon*, i.; Suidas, v., Ὀργεῶνες; 也请与 Meursius, *Solon*, c. 24; *Vit. Aristotelis, ap.* Westermann. *Vitarum Scriptt. Graec.*, p. 404 比较）；文献汇集于 Stephan., *Thesaur.*, p. 1095。【Gilbert, pp. 140, 141, n.——编者】

56 | Plutarch, *Solon*, c. 17; Cyrill., *Cont. Julian.* V., p. 169, ed. Spanheim. 人们列举的保留杀人罪条款的理由并不相同。Demosth., *Cont. Aristokrat.*, p. 637 的内容似乎较德拉古时代过于丰富和系统了，它或

许经过了梭伦的修订,或者在梭伦之后的时代修订了。

57 见 Boeckh, *Public Economy of the Athenians*, bk. Iii., § 5【以及前文第 9 页注释 8】,提特曼(Tittmann, *Griechisch. Staatsverfass.*, p. 651)和部分人认为(据亚里士多德《政治学》,第 2 卷第 7 章),梭伦颁布过限制每个公民可以获得的土地数量的法律。但在我看来,相关段落不足以证明这样的意见。【大多数作者接受亚里士多德的看法。——编者】

58 Plutarch, *Solon*, 24. 可是,第一道法律据称与确保赡养妻子和孤儿有关(Harpokration, v., Σῖτος)。

根据雅典的一部法律(根据规定的充分程度和措施,以及那里提到的官方人士,它显然属于梭伦之后的那个世纪),在阿提卡,禁止把橄榄树连根刨起,否则每毁坏一棵树,罚款 200 德拉克马,只有为了宗教意图除外,但为了业主方便,每年最多砍伐两棵树(Demosthen., *Cont. Makarat.*, c. 16, p. 1074)。

59 Plutarch, *Solon*, 22.

60 Plutarch, *Solon*, 22–24. 据希罗多德,梭伦曾规定,当局应当用死刑制裁那些无法证明自己日常生活方式勤劳的人(Herod., ii. 177; Diodor., i. 77)。

惩罚如此严厉,并不可信,梭伦这个观念借鉴自埃及的说法,也不大可能。

据波鲁克斯(viii. 6),在德拉古法制下,对懒惰的惩罚是剥夺公民权(atimy)。在梭伦法制下,这个惩罚仅仅针对那些连续三次被定罪的人。见 Meursius, *Solon*, c. 17; 以及他的 *Areopagus*, c. 8 and 9; 以及 Taylor, *Lectt. Lysiac.*, cap. 10。

61 Xenophon, *De Vectigalibus bus*, iii. 2.

62 Thukyd., ii. 40(伯里克利的演说)称:在我们这里,一个人承认贫穷不是羞耻，但不尽自己最大努力避免贫穷，是更大的耻辱（καὶ τὸ πένεσθαι οὐχ ὁμολορεῖν τινι αἰσχρὸν ἀλλ' οὐ διαφεύρειν ἔργῳ αἴσχιον.）。

63 | Herodot., ii. 167–177. 请与 Xenophon,*Oeconomic*., iv. 3 比较。
可是，阿里斯托芬把克莱翁（Cleon）作为皮匠、叙佩波鲁斯（Hyperbolus）作为灯具制作者进行的肆无忌惮的嘲讽证明，如果任何制造业人士卷入政治，他的反对派就会充分利用这种古老情绪去攻击他。

64 | 这似乎是 ἐν τῷ γένει τοῦ τεθνηκότος ἔδει τὰ χρήματα καὶ τὸν οἶκον καταμένειν（死者的全部财产必须留在氏族中）在如此之早时期具有的正确含义（Plutarch, *Solon*, 21）。【Bury, (p. 186 注释）认为，梭伦仅仅是让现有习惯合法化，但请见 Abbott, *History of Greece*, part i., p. 421。——编者】

65 | 据埃斯奇奈斯（*Cont. Timarch*., pp. 16–78），梭伦颁布了针对皮条客（προαγωρὸς）的制裁措施，如果是引诱，则是死刑。

66 | Plut., *Solon* 20. 梭伦对葬礼的限制很大程度上被移植到罗马的十二铜表法中，见 Cicero, *De Legg*., ii. 23, 24。他认为，在葬礼仪式问题上，把富人和穷人置于同一层次，是一件公正的事情。柏拉图追随了相反的观念，他根据死者的地位，分层次限制葬礼支出（*Legg*., xii., p. 959）。

德摩斯提尼（*Cont. Makarat*., p. 1071）所提供的梭伦关于葬礼的法律在几个点上不同于普鲁塔克。

人们曾提到，希腊人城市中，女性有时出现不可控制的过分悲伤，见米利都妇女中出现的 μανικὸν πένθος（Polyaen., viii. 63），可是，米利都妇女有卡利亚情感的色彩。

请与记录了小亚细亚埃奥利亚的希腊人城市甘布雷翁（Gambreion）有启发意义的铭文比较。在那里，关于失去了亲属的女人、男人和儿童在哀悼中许可的服装和程序有严格的规定，违者严厉制裁（Franz, *Fünf Inschriften und Fünf Städt in Kleinasien*, Berlin, 1840, p. 17）。在某些古老的斯坎迪纳维亚法律中，婚礼时禁止铺张的花费（Wilda, *Das Gildenwesen in Mittealter*, p. 18）。

当我们读到施莱曼少校（Colonel Sleeman）有关印度人中近日庆祝婚礼时造成的灾难性花费时，无论我们是否赞同在这些仪式中限制奢侈是否明智，但我们可以理解他们的动机（*Rambles and Recollections of an Indian Official*, vol. i., c. vi., pp. 51-53.）。

67 | Plutarch, *Solon*, 20, and *De Serâ Numinis Vindictâ*, p. 550; Aulus Gell., ii. 12.

68 | Vol. i., pp. 534 ff (ed. 1862).——编者

69 | Plutarch, *Solon*, 15.

70 | Herodot., i. 29. 普鲁塔克（*Sol*. 25）宣称期限是 100 年。【《雅典政制》第 vii 章说是 100 年。】

71 | Plutarch, *Solon*, 26; Heordot., v. 113. 狄奥根尼宣称，梭伦在奇利奇亚（Cilicia）建立了索利，而且他死在了塞浦路斯。这个说法没有可信度（Diog. Laërt., i. 51-62）。【许多人，如 Bury, p. 163 甚至认为，对菲罗库普鲁斯的访问都无真实的证据基础。——编者】

72 | 普鲁塔克告诉我们，几个作者因为年代学上无法调和而拒绝承认这场会见的真实性。

在我看来，这是一个教谕故事。故事中某些真实的人物——克罗伊苏斯和梭伦——以及某些确定的事实：强大的势力与它被居鲁士胜利的军队击败后带来的毁灭，连同某些可能完全虚构的事情，例如克罗伊苏斯的两个儿子，弗吕吉亚的阿德拉斯图斯及其历史，在奥林普斯山不幸的狩猎野猪的行动，以及克罗伊苏斯最终被拯救等，被混合在一起，传达了一个让人印象深刻的道德教训。对阿德拉斯图

斯整个的历险经历和克罗伊苏斯儿子的描绘，使用了极其美丽和诗化的语言。

73 Herod., i. 32, 34, 44, 45.

74 Xenoph., *Memorab.*, ii. 1, 21.

75 Herodot., vii. 10.

76 从《雅典政制》（c. xiii）中，我们可以补充上文的叙述，尽管新的资料既片面，又充满问题。我们知道（1）在梭伦任执政官之后的第五年，内部冲突（στάσις）如此严重，以至于未能选出执政官（这件事正好表明该官职仍通过选举产生）；（2）四年后（前586—前585）出现了无政府；（3）公元前582—前580年，执政官达马西亚斯（Damasias）非法任职两年零两个月，之后他被暴力赶下台，并选举了10名执政官：5个贵族，3个农夫和2个手工业者。之后是简单的陈述：城市继续承受不同派别之间永久的争斗，叙述引向庇西特拉图。

值得注意的是，内部冲突（στάσις）每四年反复发作一次，所有三次都被官方形容为"无政府状态"，即没有执政官，或者如（3）那样，是非法的执政官。可能整个故事可以被简化为一个事实：达马西亚斯的执政官任期。有人论证说，（3）所描述的解决办法代表着一种取代梭伦政制的妥协。但更可能的情况，是执政官（ὁ ἄρχων）被变成10人委员会，以避免任何一个执政官像达马西亚斯那样取得支配地位。据此假设，其他八名执政官仍然存在。

重要的是要注意到下述基本事实：梭伦离开后，贵族和农夫之间马上爆发了争吵，那几乎可以肯定地证明，梭伦移除债碑（ὅροι）的目标很大程度上遭遇了失败，它意味着公元前5世纪雅典健康的经济状况主要归功于庇西特拉图和克里斯提尼。——编者

77 见前文第17页注释5。——编者

78 | Aristot., *Politic.*, v. 4, 5; Plutarch, *Solon*, 29.
79 | Plato, *Republic*, viii., p. 565;【*Ath. Pol.*, c. xiv.】
80 | Diog. Laërt.,i. 49.【据 *Ath. Pol.*, c. xiv., 这个人的名字应当是阿利斯提翁（Aristion）。——编者】
81 | Plutarch, *Solon*, 29, 30; Diog. Laërt., i. 50, 51; *Ath. Pol.*, c. xiv.
82 | 据说这个故事在"阿利斯提翁墓碑"中被记录了下来。墓碑发现于布劳隆（Brauron）附近，上刻一手持长棒立于坟墓之旁的人像。
83 | Plutarch, *Solon*, 30; Diogen. Laërt., i. 49; Diodor., *Excerpta,* Lib. vii-x.
84 | Solon, *Fragment* 22, ed., Bergk. 伊索克拉底证实，梭伦是第一个得到智者称呼的人（后来该词有太多贬义）(Isokrates, *Or.* xv., *De Permutatione*, p. 344; p. 496 Bek.）。
85 | Plutarch, *Solon*, 32; Kratinus ap. Diogen.Laërt., i. 62.

第三章［XXX］
庇西特拉图父子统治雅典时期的希腊事务

我们现在到达了可以称为希腊历史的第二个时期，它的起点是庇西特拉图在雅典和克罗伊苏斯在吕底亚的统治。

前文已经提到，公元前560年，庇西特拉图让自己成为雅典的独裁者。他死于公元前527年，由他的儿子希皮亚斯继位，后者于公元前510年被罢黜和驱逐，因此，从父亲第一次高升到儿子最后被逐，一共有50年。基于良好的资料，这些年代是确定的，但庇西特拉图统治的33年因两次流放而被中断，一次延续不足10年，另一次5年。流放的准确年份完全没有资料确定，因此年代学家们猜测的定年也不相同。[1] 部分因为这种模糊的年代学，部分因为搜集的事实非常零散，摆在我们眼前的这半个世纪的历史的叙述也只能非常不完整了。当我们发现，仅仅半个世纪后，在庇西特拉图家族的问题上，甚至雅典人自己中间流传的说法都极其不准确，而且相互矛盾的时候，我们也不必为我们的无知感到惊奇。修昔底德明确地，多少还带点责备的意思，让我们熟知了上述情况。

自梭伦政制宣布以来，30多年已经过去。通过梭伦政制，雅典产生了一年一任的四百人元老院【议事会】，公民大会（元老院【议事会】会提前行动，并且进行帮助和规划）享有对一年任期结束后的官员们的问责权。因此，后世民主政治的种子已经播下，执政官的管理权实际上也因公民大会变得柔和了。可是，民主政治的情感还根本没有创造出来。我们将发现，此后的100年中，在雅典和皮莱乌斯蒸蒸日上的民众中，这种感情一致而且显著，我们也会不断被召唤，听取高声的抱怨，因为"那个愤怒的、刻毒的、桀骜不驯的小个老头——皮尼克斯的德摩斯"难以应付。阿里斯托芬[2]当面这样称呼雅典人民，其自由程度证明，至少他仰赖于他们的好脾气。但公元前560—前510年，在政治权利和安全问题上，人民如民主政治最顽固的敌人所期望的那样被动，政府在两到三个强势人物手中，以讨价还价和相互交换的形式易手，[3]他们是派别的领袖，派别则成为他们的传声筒，支持他们个人之间的争斗，并根据他们的命令出手。这种古代政治的做法——民主政治之前的雅典就是如此，马其顿的安提帕特（Antipater）公元前322年宣称恢复的就是这样的政制，当时他让较贫穷的公民的大多数完全被排除在政治权利之外。[4]

通过前一章叙述的策略，庇西特拉图从公民大会获得了一支卫队，他利用卫队以暴力占据卫城，由此成为国家的主人。多年中，他名誉且良好地使用自己的权力，除确保他本人充分掌权外，没有更多地干扰现存政制。尽管如此，透过梭伦的诗歌[5]（我们拥有的唯一的当事人证据），我们仍可以看到，对庇西特拉图最近的行为，普遍的感情绝不友好，许多人心里强烈感受到恐惧和厌恶，它立刻就通过他的另一个对手的武装联盟表现了出来，他们是海岸派或称沿海居民的领袖麦加克莱斯，还有那些居住在相邻平原上的人的领袖吕库古。两人的联合形成的力量过于强大，庇西特拉图无力抵抗，在获得专制权力后不久被迫流亡。但当驱逐他的两个对手发生争吵后，机会就来了[6]（到底多快我们没法说）。麦加克莱斯向庇西特拉图提出了建议，邀请他重掌权力，承诺会帮助他，并且规定庇西特拉图与前者的女儿结婚。这些条件被接受了，两个新的盟友制订了实行的计划，策略新奇，因为伪装的伤口和个人危险的虚构不太可能第二次玩得成功。两个阴谋家给一个身高达六英尺、名为菲耶（Phye）的妇女穿上雅典娜的盔甲和服装，让本属女神的仪仗队围绕着她，把她安排在一辆战车上，身边则是庇西特拉图。经过如此装扮的流亡统治者及其追随者向城市进发，前有使者引导，一路登上卫城。使者高声向人民宣布，"雅典人哪，热诚地迎接你们的庇西特拉图吧，雅典娜对他比对任何人都敬重，现在把他送回她自己的卫城了！"城中的人民暗自相信，当面膜拜，接受了这位知名的女神。而在乡村地区，这样的说法很快流传开来：雅典娜亲自让庇西特拉图复位了，因此他发现自己甚至没有遭遇一丝抵抗，就夺取了卫城和政府。一旦获得权力，他本人的一派与麦加克莱斯联合起来，强大得足以维持他的地位。除领袖们外，所有人可能都真诚地相信了女神的显现，只是在麦加克莱斯与庇西特拉图发生争吵后，骗术才逐渐被曝光。[7]

根据协议，麦加克莱斯之女很快成了庇西特拉图的妻子，但她没有为他生育孩子。众所周知，她的丈夫已经通过前一次婚姻有了成年的儿子，考虑到库隆诅咒落在阿尔克麦翁家族所有成员头上，庇西特拉图就无意让她做母亲。麦加克莱斯对这个行为非常愤怒，他不仅放弃了与庇西特拉图的同盟，甚至与第三派即吕库古的追随者缔结协议，并且采取了一种极具威胁的立场，以至于这位独裁者被迫离开了阿提卡。他退到了优卑亚的埃莱特利亚，[8]在那里待了不少于10年的工夫，忙于为武力回归做准备，甚至在流放期间都仍施加着超出一个普通人的影响力。他不仅给纳克索斯的吕格达米斯（Lygdamis of Naxos）提供了价值无限的帮助，[9]使他成为该岛的独裁者，而且以我们不知道的方式，给不同城邦尤其是底比斯做出了重要贡献。他们用大笔金钱回报他，帮助他再度夺权。他从阿尔戈斯雇用军队；纳克索斯的吕格达米斯亲自带着金钱和军队来帮忙。因此，在装备好军队并获得帮助之后，庇西特拉图在阿提卡的马拉松登陆。我们不清楚在他

第三章　庇西特拉图父子统治雅典时期的希腊事务

缺席的 10 年间，雅典政府如何管理国家，但她的领袖允许庇西特拉图不受干扰地驻扎在马拉松，从城内和乡村聚集自己的党徒。直到他已经从马拉松出发，向雅典推进，到达帕莱奈（Pallênê）时，他们才走上战场对抗他。此外，他们的行动，甚至在两军距离非常接近时，也必然是极其马虎或混乱的，因为庇西特拉图能够突袭他们，几乎不费吹灰之力就击败了他们。事实上，整个过程给人的感觉就是一场联合叛卖，因为战败的军队尽管根本未受追击，据说却遵照庇西特拉图的指令，四散而走，立刻回家了。后者继续进军雅典，第三次让自己成了统治者。[10]

第三次成功进入雅典后，他采取有力的预防措施来确保自己地位的稳固。阿尔克麦翁家族以及他们的直接党羽以流亡的方式离开了。但他抓捕了那些仍留在雅典和他觉得情感可疑的人的孩子，作为他们父母行为的保证，并把他们交给纳克索斯的吕格达米斯看管。此外，他本人拥有一支强大的色雷斯雇佣兵，由强征人民的税收供养；[11] 他对神圣的提洛岛进行了洁净，以小心获得神灵的支持。曾被埋在阿波罗神庙视线以内的尸骨都被掘出，重新安葬在远处。就在此时，亚洲的伊奥尼亚人和岛民出席的提洛岛的节日——节日与雅典当然有着特殊的联系——肯定已经从其最初的奢华逐渐衰落，因为居鲁士对大陆上伊奥尼亚城市的征服已经完成，萨摩斯的势力虽在独裁者波吕克拉泰斯（Polykrates）统治下有所增长，却好像是以较小的伊奥尼亚人城市被摧毁为代价的。对提洛岛的洁净部分源自同种的感情，部分是派别复仇行为，因为庇西特拉图把阿尔克麦翁家族的房子夷为平地，该家族已故成员的尸骨都被掘出并抛到国境以外去了。[12]

庇西特拉图第三次和最后一次的统治延续了几年时间，直到他公元前527年去世。据说他的性格如此温和，以至于他有一次竟允许自己在战神山议事会上被控告。[13]可是，如我们所知，他必须用人民的资金维持一支庞大的色雷斯人雇佣军，因此我们倾向于认为，对他的赞美是出自比较性质而不是正面性质的。修昔底德证实，他和他的儿子们用一种明智且有效的方式统治，仅仅向人民征收5%的收入税。[14]这是来自权威人士的高度肯定，尽管我们似乎应适当考虑到修昔底德从血缘上与庇西特拉图家族有联系的因素。[15]在庇西特拉图问题上，希罗多德的判断也非常正面；亚里士多德的也正面，但有保留，因为他把这些独裁者包括在了那个名单中：他们从事公共和宗教工程的目的，是有意让臣民贫穷，也让他们的臣民忙碌。这个假设得到了庇西特拉图开始的奥林普斯的宙斯大庙豪华规模——它的规模远超帕泰农或雅典娜-波利亚斯的神庙——的证实，但两者都是后来修建的，那时雅典的财力绝对大得多，[16]她表达虔敬的倾向肯定丝毫没有减少。他留下了一个烂尾工程，而且一直没有完工，直到罗马皇帝哈德良（Hadrian）接过了这个工作。此外，庇西特拉图创设了泛雅典娜节，每四年一届，在奥林匹亚赛会后第三年举行；原来一年一度的泛雅典娜节仍在延续，但从此被称为小泛雅典娜节。[17]

第三章 庇西特拉图父子统治雅典时期的希腊事务

我已经用相当篇幅说明他在获得荷马史诗全本和正确抄本方面的细心，以及他对泛雅典娜节日上背诵史诗的改进，他的这项工作让我们受益良多，但也证明不同的批评家对此做了错误的解释。他可能还搜集了其他诗歌的作品，奥鲁斯·盖利乌斯（Aulus Gellius）[18]用不太适合公元前6世纪的话语宣称，那是向公众开放的图书馆。在一个写作和阅读并不广泛的时代，他的贡献必然非常宝贵。他的儿子希帕库斯（Hipparchus）继承了他在这方面的兴趣，乐于加入当时最杰出诗人——希蒙尼戴斯（Simonides）、阿纳克莱翁（Anakreon）和拉苏斯（Lasus）——的行列，[19]更不用说雅典的神秘派奥诺马克利图斯（Onomakritus）了，后者虽不曾自称有预言能力，但以古时归于穆塞乌斯（Musaeus）名下的各种预言的编者和所有者混日子。庇西特拉图家族对这些预言相当熟悉，对它们极其珍视，小心保持着它们的完整性。有一次，希帕库斯发现奥诺马克利图斯添加了预言，于是将后者流放。[20]这位王子或他个人的朋友还在阿提卡各个地区竖立了赫尔麦斯雕像，[21]上刻简短的道德规范。名为《希帕库斯》的柏拉图式对话的作者高度赞扬了他的做法，其夸张程度几近嘲讽。但可以肯定，庇西特拉图的两个儿子，还有他本人，都严格地履行了国家的宗教义务，以不同方式装饰城市，尤其是公共泉水卡利尔霍（Kallirrhoe）。据说他们保持了先前的法律和司法形态，只是小心总是让他们自己或他们的追随者占据国家的关键官职，掌握实权。此外，他们个人的行为低调而且受到欢迎，对穷人友善。可是，他们利用赏金刺客在夜间暗杀奇蒙的行动，[22]是他们放纵敌意的一个显著例子。然而我们有足够的理由相信，在希帕库斯死于哈尔摩狄乌斯（Harmodius）和阿利斯托盖同（Aristogeiton）之手以前，庇西特拉图和他儿子的统治实际上一般是温和的，在那一事件之后，幸存的希皮亚斯（Hippias）吃惊不小，在后来的四年中变得残忍而且压迫。因此，末尾时期的严厉给雅典人留下的印象，[23]是对该王朝深刻而且难以磨灭的憎恨，修昔底德不情愿地承认了这一点，但努力证明，庇西特拉图本不应得此恶名，希皮亚斯最初也不是那样。

庇西特拉图留下了三个合法子嗣：希皮亚斯、希帕库斯和泰萨鲁斯。[24]修昔底德时代，雅典人一般相信希帕库斯是三人中的老大，继承了庇西特拉图的地位。但是，这位历史学家特别强调说那是错误，并且自己费心证明，希皮亚斯既是长子，也是继承人。这份来自他的保证尽管有某些理由让其不那么绝对，但足以值得我们信任，因为希罗多德的叙述也是同样的版本。但是，对于雅典公众在历史问题上粗心大意的程度，我们感到惊奇，这是一桩既有趣而且相对晚近的事件，甚至柏拉图好像也是那种态度。[25]为了缓解惊奇程度，并且解释一下希皮亚斯的名字如何在公众闲谈中被希帕库斯取代，修昔底德详细叙述了哈尔摩狄乌斯和阿利斯托盖同值得纪念的故事。

关于这两个雅典公民[26]——两人都来自名为盖菲莱（Gephyraei）的古老氏族，前者是一个漂亮青年，因相互友谊和忠诚的亲密关系追随后者。对这样的关系，希腊人的风俗并不谴责。希帕库斯不断向哈尔摩狄乌斯示好，但屡次被拒绝。事为阿利斯托盖同所知，既让他嫉妒，也让他担心失望的追求者可能会使用暴力。在希腊人独裁者那里，这样的担心是正当的，因为那样的行为并非不常见。同时，对于来自这个方面的侵犯，公民们缺乏法律的保护。在这种情绪支配下，他开始尽其所能地寻求办法，以推翻独裁统治。虽然希帕库斯并未计划任何暴力行动，但他对哈尔摩狄乌斯的拒绝非常愤怒，所以他非要做点什么来羞辱后者，否则怒火难平。为掩盖侮辱针对的真正对象，希帕库斯没有直接针对哈尔摩狄乌斯，而是他的妹妹。一天，他将这位年轻的姑娘召来，让其根据雅典一般的习惯，在一个宗教仪式中充当花篮小姐。但当他和自己的姐妹到达后集合时，她被轻蔑地开除了，理由是她不配担任如此尊贵的角色，而且把针对她的决定公布了。

如此公开的侮辱让哈尔摩狄乌斯义愤填膺，也让阿利斯托盖同更加怒火冲天。两人都决心冒险终结独裁统治，与几位特选的伙伴一起设计了进攻办法。他们等到了大泛雅典娜节的时候，那时公民们习惯携带武器和盾牌，武装游行到卫城，那是武装人员唯一可以聚集在一起而且不会遭到怀疑的日子。像其余的公民一样，阴谋者们全副武装地出现了，但除武器外，还身藏匕首。哈尔摩狄乌斯和阿利斯托盖同决定要亲手杀死庇西特拉图的两个儿子，其余的人则承诺立刻会冲上前来保护他们免遭雇佣兵攻击。

虽然卷入阴谋的人数不多，在重夺自由的行动中，他们仍希望一旦打击开始，可以马上依靠旁观的武装人员的天然同情。节日那天到来后，希皮亚斯和他的外国雇佣兵一起在克拉美伊科斯门外组织公民的武装游行，哈尔摩狄乌斯身怀利刃，打算执行他们的计划。接近希皮亚斯时，他们吃惊地注意到，一位阴谋者正与希皮亚斯亲密地聊天，因为后者对所有人都平易近人。他们立刻得出结论：阴谋被出卖了。想到自己马上会被抓，他们陷入绝望之中，决心至少不要在未向希帕库斯复仇时就死去，当他们发现希帕库斯在城门内名为莱奥科利翁（Leokorion）的神庙附近时，立刻刺杀了他。他的随行卫队在现场杀死了哈尔摩狄乌斯，阿利斯托盖同当时被围观的人群所救，后来被抓，历尽折磨而死，折磨他的目的是要其透露阴谋者的名字。

消息很快传到了克拉美伊科斯（Kerameikos）的希皮亚斯那里，他较正等待命令开始游行的武装公民们更早地听说了消息，极其镇定地利用了宝贵的提前知道的信息，向公民们走去，指示他们马上放下武器，集合在邻近的地区。他们不疑有他，服从了命令，此时他命令自己的卫队控制了留下的武器。在成为无可争议的主宰者之后，他抓捕了所有他不信任的人，尤其是那些携带匕首的人，因为那不是泛雅典娜节游行的习惯。

这就是有关哈尔摩狄乌斯和阿利斯托盖同值得纪念的故事，就其记载全部来自修昔底德而言，显得尤其珍贵。[27] 掌握庞大的权力，却不受法律制约，造成特殊的恐惧，乃人类之中的巨子们都极其渴求的特权，因此我们很容易就注意到甚至给他们自己带来不幸的那些案例。希帕库斯造成的恐惧——那些诡计或许并非真是他的设计，但可能是他的设计——以及他可以不受阻碍地执行计谋的能力，在这里成了他毁灭的重要原因。

这里详细叙述的阴谋发生于公元前514年，即希皮亚斯执政的第13年。他的统治又延续了四年，直到公元前510年。在雅典公众的记忆里，最后这四年被作为他统治的全部。不仅如此，许多人还会犯更大的历史知识错误，将最后这四年完全剔除，假设哈尔摩狄乌斯和阿利斯托盖同的阴谋已经推翻了庇西特拉图儿子们的统治，解放了雅典。诗人和哲学家都共享这种信仰，在有关这个主题美丽而流行的歌谣中，故事就是这么铺陈的。在那里，两位朋友据称是雅典自由的创造者，"他们杀死了独裁者，授予雅典平等的法律"[28]。这份礼物的价值弥足珍贵，仅此已足以让他们在后来民主的心灵中生根：他们用自己的生命换来了自由。此外，我们必须记住，两人之间的亲密关系，尽管可能让现代人憎恶，但在雅典是得到同情的，所以那个故事能抓住雅典人思想的地方，就在于浪漫的情调与爱国主义合一。后来，哈尔摩狄乌斯和阿利斯托盖同既作为赢得雅典自由的人，也作为自由最初的烈士，被人们记忆。在庇西特拉图的儿子们被逐后不久，就竖立了向他们致敬的雕像。他们的后代，也都被免除了税收和公共负担，那个在这类荣誉被滥用的时代提议废除免税的演说者，只把这个令人尊敬的世系作为例外。[29] 由于希帕库斯作为被杀者让这个名字无人不知，缺乏批判的公众就逐渐认为，他是庇西特拉图家族中那个居于主导地位的成员，即庇西特拉图的长子和继承人，那个居于统治地位的独裁者希皮亚斯，则相对被忽视了。

无论希皮亚斯之前多么节制，由于他兄弟的死亡以及对自己安全的恐惧，[30]他现在完全抛弃了节制。修昔底德和希罗多德都证实，而且毫无疑问是承认，他如今严厉而且残忍地使用他的权力：处死了相当数量的公民。我们还发现了一个说法，那无论如何本身都不可能发生，但在保萨尼亚斯和普鲁塔克——两人权威都较低，但就这个案例来说足够可信——那里得到了证实的一个说法：他把阿利斯托盖同的情人莱埃纳（Leaena）折磨致死，目的是从她那里得到阿利斯托盖同的秘密和同谋。[31] 不过他不可能不认识到，这种恐怖做法对他本人充满危险，所以他担心自己被从雅典驱逐，于是寻找避难和谋生地。带着这样的目的，他把自己与大流士联系起来，后者是波斯大王，与他的关系后来会产生大量的后果。希波克鲁斯之子埃安提戴斯（Aeantides, son of Hippoklus）是赫勒斯滂的兰普萨库斯（Lampsakus）的独裁者，当时很受波斯大王宠爱，他诱使希皮亚斯把女儿阿凯狄凯（Archedike）嫁给自己。在修昔底德的评价中，这是兰普萨库斯人一个不小的荣誉。[32] 可是，要解释希皮亚斯为何看上这座城镇，就需要对庇西特拉图儿子们的外交政策略做解释。

我们已经提到，甚至早在诗人阿尔凯乌斯（Alkaeus）时代，雅典人已经占领了特罗亚德（Troad）地区的西盖翁（Sigeium），

第三章　庇西特拉图父子统治雅典时期的希腊事务

并在那里与米提莱奈人进行战争，因此，他们在这些地区获得土地的活动远早于庇西特拉图时代之前。可能由于这样的背景，在他统治初期，色雷斯人中的多隆奇人，即赫勒滂对岸的凯尔索奈斯的居民，曾向雅典求助，以对抗强大的色雷斯人邻居阿布辛提人（Absinthians）部落。对雅典来说，这是送上门来的派出殖民者获得这个珍贵半岛的良机。庇西特拉图很乐意加入这个计划，而库普塞鲁斯（Kypselus）之子米尔提亚戴斯（Miltiades）——一个在他的独裁统治下感到不如意的高贵的雅典人——也同样乐意作为领袖完成计划：他及其他不满者作为殖民地创建者离去，让各方都会感到满意。据希罗多德——他既虔诚又别致，不加怀疑地传播了他认为真实的说法——德尔菲的神给他们提供了计划，而且挑选了一个人。甚至在他那时，凯尔索奈斯人仍一年一度地举行赛会，以纪念他们的创建者。沮丧的多隆奇人首领们前往德尔菲祈求帮助，以获得希腊人殖民者，却被指令选择一个人作为他们的创建者。在他们离开神庙后，那个人会第一个招待他们。他们离开了神庙，沿着被称为圣道的道路前行，穿过弗奇斯（Phokis）和比奥提亚前往雅典，但没有一次得到招待。最后他们来到了雅典，经过米尔提亚戴斯的房子。当时他本人正坐在房子前面，看到那些陌生人的武器和服装后，他邀请他们进入房子里，而且客气地招待了他们。于是他们正式通知他，他就是那个神谕确定的人选，并且请求他不要拒绝服从。在他个人询问了神谕的意见后，他接受了，作为创建者率领一帮雅典移民航往凯尔索奈斯。[33]

到达半岛并且被指定为色雷斯人和雅典人混合居民的独裁者后,他不失时机地用一道长墙设防,长墙横贯卡狄亚(Kardia)到帕克提亚(Paktya)狭窄的地峡,长约 4.5 英里。虽然这不能永久保护他们,但阿布辛提人入侵者暂时被有效隔绝在了外面。[34] 他还与海峡亚洲一边的兰普萨库斯发生了战争,但他过于倒霉,成了战俘。幸亏吕底亚国王克罗伊苏斯迅速干预,他才得以活命。克罗伊苏斯对兰普萨库斯发出了双重威胁,后者被迫释放了他们的俘虏。米尔提亚戴斯很受克罗伊苏斯宠爱,但我们不清楚是哪种方式。一段时间后,因他死后无子,由侄儿斯泰萨戈拉斯继位。庇西特拉图去世后的某个时间,他在雅典遇刺身亡。[35]

米尔提亚戴斯对凯尔索奈斯的远征肯定发生在庇西特拉图第一次篡权后不久,因为甚至他被兰普萨库斯人监禁都发生在克罗伊苏斯灭亡之前(前 546)。然而直到相当晚的时期,即庇西特拉图第三次,也是最为强大的时期,后者才发动了对特罗亚德地区西盖翁的远征。这个地方好像是从米提莱奈人手中夺取的,庇西特拉图再度夺取了它,[36] 把他的非婚生子海盖西斯特拉图斯(Hegesistratus)安排在那里作为独裁者。此时(公元前 537—前 527 年之间的某个时候)米提莱奈人已经被削弱了,不仅因为波斯人在大陆上的征服,也因为他们在波吕克拉泰斯和萨摩斯人手中遭遇的灾难性失败。[37] 希皮亚斯在位的整个时期,海盖西斯特拉图斯面对各种敌对企图,保住了那个地方,所以在那些地

第三章　庇西特拉图父子统治雅典时期的希腊事务

区，雅典人既拥有凯尔索奈斯，也有西盖翁。[38] 对前一个地区，在斯泰萨戈拉斯（Stesagoras）去世后，希皮亚斯派出了米尔提亚戴斯（Miltiades），即第一位创建者的侄子，作为那里的总督。新总督发现，半岛上弥漫着不满情绪，但通过诱捕各个城镇的领袖人物，他成功地压服了不满。他还进一步组建了一支500人的雇佣兵，并与色雷斯国王奥罗鲁斯（Olorus）的女儿海盖西普莱（Hegesipyle）结婚。[39] 第二位米尔提亚戴斯出发前往凯尔索奈斯的时间应该在公元前518年左右。[40] 在大流士的西徐亚远征后，他似乎被迫暂时逃亡，因为他已经招致了波斯人的敌意。但从伊奥尼亚起义开始到公元前493年即马拉松战役前两到三年，他又在那里了。马拉松战役时，他是雅典军队的代理统帅。

可是，凯尔索奈斯和西盖翁尽管是雅典的属地，如今却是波斯的依附国和纳贡地。在其末年的惊慌中，希皮亚斯担心万一被从雅典驱逐时寻求援助的对象，正是波斯。他精心把西盖翁打造成避难地，把埃安提戴斯以及大流士视为盟友，而两人也都不曾让他失望。

让希皮亚斯惊慌并且使他在阿提卡的统治马上变得更加压迫和更让人厌恶的背景，当然同样也抬升了他的敌人——雅典的流亡者——的期望，他们的领袖是强大的阿尔克麦翁家族。由于相信有利的时刻即将到来，他们甚至冒险入侵阿提卡，占领了帕尔奈斯山（Parnes）——那是阿提卡和比奥提亚的分界线——上一个名为雷普叙德利翁（Leipsydrion）的据点。[41] 但是，他们的计划彻底失败了。希皮亚斯击败了他们,并且把他们赶出了祖国。他的统治如今似乎稳固了,因为拉凯戴蒙人似乎与他关系亲密,马其顿国王阿明塔斯(Amyntas)以及色萨利人是他的盟友。可是,他在公开的战场上击败的流亡者用一个出人意料的策略取得了成功,由于环境有利,那个策略确定了他灭亡的命运。

由于公元前548年的一次事故,[42]德尔菲神庙失火被毁。为补偿这一重大损失,它向全希腊发出了请求,但需要的开支极其巨大,募集资金好像就花了相当长时间。近邻同盟下令,四分之一的花费应当由德尔菲人自己承担,而他们发现,据此估计会使自己的税收非常沉重,所以他们派出使者到希腊各地募集捐助。除其他捐助外,他们从埃及的希腊人定居者那里得到了20明那,另外从埃及国王阿马西斯(Amasis)那里得到一笔大礼。德尔菲人慷慨的金主克罗伊苏斯公元前546年成了波斯人的牺牲品,因此他的国库不再对德尔菲人开放。修缮需要的资金总额是300塔兰特(大约相当于115 000镑)。[43]这是一笔要从分散在各地的希腊人城市搜集来的巨款,而他们并不承认一个共同的权力当局,并且在他们之中,从各个城邦收取的比例也难以合理地确定,并且让各方满意。可是,最终这笔钱被搜集齐备,近邻同盟现在需要为修建神庙签订合同。自庇西特拉图第三次也是最后一次上台以来,阿尔克麦翁家族一直在流亡,并且得到了这份合同。在执行合同时,他们不仅用最优秀的方式完成了它,甚至大大超出了合同约定的条款,用帕罗斯大理石装饰神庙的正面,而规定的材料本来是一般的石料。[44] 如之前就流亡中的庇西特拉图所做的评论那样，我们惊奇地发现，流亡者（他们的财产已被没收）居然有如此充足的资金。我们只能认为，阿尔克麦翁家族的克里斯提尼——西库翁的克里斯提尼（Kleisthenes of Sikyon）的外孙——通过他的母亲继承了阿提卡之外的财富，并且把它存放在萨摩斯的赫拉神庙中。但事实不容怀疑，他们因为在如此重要的工程中如此豪爽地履约，在整个希腊世界赢得了空前的声誉。不用怀疑的是，修建工程花费了相当长的时间，就我们能够估计的而言，它大概在希帕库斯身死后一到两年即公元前512年左右完成，那是在它失火30多年之后。

对德尔菲人来说，他们的神庙以如此超乎规格的规模重建尤其成了所有贡献中最为重要的，他们对阿尔克麦翁家族的感激相应地增长。部分利用这种感情，部分利用了金钱，克里斯提尼能够让神谕为政治献力，促使斯巴达的强大武力去反对希皮亚斯。无论何时斯巴达人来请示神谕，不管是私人还是公事，祭司的答案永远是一样的："必须解放雅典！"这种命令的不断重复，终于从虔诚的拉凯戴蒙人那里索取到不情不愿的顺从。对神灵的敬畏战胜了他们对庇西特拉图后代强烈的友谊。阿斯泰尔之子安奇摩利乌斯（Anchimolius, son of Aster）率领一支斯巴达军队，通过海路被运送到雅典去驱逐僭主们。可是，当他在法莱隆（Phalerum）登陆时，他发现他们已经提前得到预警和准备，另有他们从色萨利盟友那里特意请求来的1000名骑兵增援他们。

在法莱隆平原上，最后这支军队尤其有效，结果安奇摩利乌斯的分队被赶回船上，并且遭受了巨大损失，他本人被杀。[45] 战败者的军队可能规模不大，它的被击退招致拉凯戴蒙人派出了一支由国王克莱奥麦奈斯（Kleomenes）亲自率领的更大的军队，这次国王是从陆路进入阿提卡的。在到达雅典平原后，他遭到了色萨利骑兵的进攻，但他们遭遇失败，于是他们立刻驰离，返回他们自己的国家去了，抛弃了他们的盟友。在色萨利人的性格中，这种不忠诚倒不少见。克莱奥麦奈斯向雅典进军，未遭进一步抵抗。在那里，他发现自己与阿尔克麦翁家族以及雅典人中的不满之徒会合了，占领了城镇。那时，除卫城周边地区外，并无要塞，希皮亚斯，还有他的雇佣军以及最忠诚于他的公民们就龟缩在那里。此前那里已经细心储备了给养，因此如同能够抗击进攻一样，那里也能对抗饥荒。他可能向包围卫城的敌人示威，因为后者对长期围困完全没有准备。可是，他对自己的处境信心不足，试图秘密把孩子们送往国外，在此过程中，孩子们被俘虏了。为了让孩子们回归，希皮亚斯同意了对他提出的所有要求，在五天之内退出阿提卡，前往西盖翁了。

庇西特拉图的王朝就这样在公元前 510 年崩溃了，那是它的创建者首次篡权 50 年之后。[46] 它是由于外国人的帮助被镇压的。[47] 那些外国人内心很可能也真心如此，尽管敌意来自对神灵请求的误解。可是，它垮台的背景和随后历史的发展，都表明它在该国少有忠诚的朋友，对希皮亚斯的驱逐受到了大多数雅典人的一致欢迎。他的家庭成员和主要党羽会陪同他流亡，那可能是当然事实，不需要任何正式的判词。卫城上建立的祭坛，连同附近的柱子，让人想起被推翻王朝过去的邪恶，还有它所有成员的名字。

附录

【前面这章，如已经在《序言》中指出的，对庇西特拉图在内政和外交关系上对雅典国家的贡献，叙述都非常不充分。它部分无疑源自作者对独裁统治深刻的不信任，不管它是多么温和，同时也是因为了解不够。后来的发现，不管是考古还是其他领域的，连同对证据公正的考察，使我们能够对雅典国家发展中这个最重要的阶段有更加公正的理解。

1. 内部事务。我们已经看到，因为多种原因，梭伦的立法失败了。不断发生的内部斗争在达马西亚斯任执政官时达到了顶峰，之后的大约20年中，是持续不断的穷人和富人、城市和乡村、地主和佃户的骚动，它们决定性地表明，梭伦改革的纯粹效应微弱。可是我们知道，庇西特拉图统治的第三个时期是普遍的和平与繁荣，以至于他可以成功征收10%的税收（见前文第62页注释14），如《雅典政制》的作者所说，那时是"克罗诺斯（Kronos）的黄金时代"。仅此事实就足以证明，该国已经发生了某种本质性的变化。

《雅典政制》（c. xvi）完全证实了本章所暗示的普遍看法：庞西特拉图是一个温和的统治者。"他的统治更像是一个合法的君主而非僭主，仁慈，宽厚，偏向于同情。"他维持了由执政官治理的形式，尽管他以某种方式保证他的亲属或朋友在职。不是如经常认为的那样，通过对抽签施加影响，因为直到马拉松战役之后，执政官还是选举产生（见第388页注释3）。如《雅典政制》（同前）特别说明的，他的主要目标是让人民幻想已经确立的制度在他的手里是安全的。为达此目的，他们和平地留在自己的农庄中是基本要求，[48]因此带来的繁荣，让他们忽视下述事实：他的地位是非法的。因此，他鼓励农业，将自由土地赐给农民，土地部分无疑从他以前的政敌们——他们已经从该国逃离——那里获得的，部分实际源自提供金钱。这样，他弥合了冲突，甚至在梭伦立法之后，它还盛行于地主和佃户之间，并且减轻了他自己在雅典自身因懒惰和不满的暴民造成的危险。为了让人口分散这同一个目标，他在整个阿提卡建立了地方法庭，他本人经常巡回审判。在一次这样的旅行中，他在叙麦图斯山（Hymettus）上遇到了一个老农，他控诉自己命运的艰苦，将其归于什一之税。据这个故事说，庞西特拉图立刻免除了此人的税收。庞西特拉图个人行使的监督权，与他智慧的政策一道，使他成为一个真正拥有政治天才的人物。

政治家的谨慎，同样使他意识到通过创立新的人民和国家的宗教削弱地主在地方上宗教统治的重要性。在克里斯提尼那里，这个政策随后达到了它合乎逻辑的结果。正是他组织了城邦大狄奥尼修斯节（Dionysia），那是献给狄奥尼修斯（Dionysius）的节日，为向它致敬，庇西特拉图在卫城脚下修建了一座庙宇，其部分遗迹至今仍能见到。既然狄奥尼修斯是乡村之神，则他将这个节日提升为国家层面庆祝，意在强化他对人民的掌控，因为他的地位仰赖于他们的支持。他鼓励泛雅典娜节赛会是出于同样的动机，并且给卫城上古老的雅典娜的石灰石庙宇添建了一个多利安式柱廊（Dörpfeld, *Athenische Mitteilungen*, 1886, pp. 337-351; Schrader, ib., 1904; Gardner, *Ancient Athens*）。虽然从未完成，但他计划修建一座宏大的奥林普斯的宙斯庙宇，直到600年后，哈德良才在原址上完成了那座著名的庙宇，部分柱子至今仍能见到。最初的帕泰农庙也被归到他的名下，那是伯里克利时代庙宇的先声。据说他曾鼓励伊卡利亚（Ikaria）的泰斯皮斯，通过他的人物扮演，他成为后来阿提卡戏剧的先驱者。他对荷马研究的贡献将在下文单独讨论。

在如此全方位的活动中，他并未忽略有益的公共工程。最近的发掘已经让庇西特拉图的水利工程重见天日。它位于战神山和皮尼克斯之间的山谷里，以储存通过引水管道从凯菲苏斯河（Kephissus）引来的饮水。[49] 我们还听说，他修建了道路以及其他公共工程。

2. 对外政策。我们已经看到，庇西特拉图的对外政策非常特殊。如果他被流放的故事是真的，则这种态度确实是环境强加给他的。可是，有迹象证明，他（如同其他希腊僭主的情况一样）充分意识到了外国盟友的价值。他在雅典之外拥有的友谊引人注目。与提摩纳萨的婚姻把他与阿尔戈斯联系起来；通过把吕格达米斯扶上纳克索斯宝座，他拥有了一个可以信赖的朋友；第二次被流放期间，他在色萨利、斯特吕蒙地区和埃莱特利亚建立了联系。与斯巴达和底比斯，他也保持着良好的关系。对雅典独特命运具有极其重要意义的，是他在赫勒斯滂地区的扩张政策。首先，他重夺了该海峡入口处的西盖翁（这无疑是另一场战争，并非阿尔凯乌斯抛弃了盾牌的那次，见前文第 69 页注释 36）。菲拉伊德家族的米尔提亚戴斯作为雅典在色雷斯的凯尔索奈斯据点的正式创建者，无疑也得到了他的庇护。紧随击败卧榻之旁的麦加拉之后，庇西特拉图通过这两项工程，成为雅典帝国无可置疑的奠基者，并为公元前 5 世纪的辉煌铺平了道路。直到那个时候，对爱琴海东部的希腊人来说，殖民都一直是独一无二的政策，他们中间，尤其是米利都人，把希腊人的商业扩展到了遥远的优克星（Euxine）海岸。在西盖翁和色雷斯的凯尔索奈斯的定居点使雅典成为那座狭窄海峡的主人，拥有了它，也就控制了本都巨量的谷物贸易。

3. 如果真有，但在多大程度上，庇西特拉图影响了荷马史诗的文本。因为资料稀少，这个问题这里无法尝试给出答案。同样，我们除表达下述看法外，也无法表达更多意见：泛雅典娜节的规定是一个事实，它的创作者或被归为梭伦、庇西特拉图或希帕库斯。由此假设出发，则最为稳妥的推测，是那时已经存在某种公认的顺序，否则我们如何知道吟游诗人们该如何歌唱？T. W. 阿伦（T. W. Allen）先生最近的看法（上文的意见借鉴于他）是：历史上的荷马约属公元前 900 年或其前后，留下了大约类似于我们今天看到的《伊利亚特》和《奥德赛》（见 *Class. Rev.*, June, 1906）。——编者】

1 | 本章所涵盖的时期在《雅典政制》中有相当细致的叙述，除其他细节外，它提供了庇西特拉图三次统治和两次流放的年份。可是，像该文中的许多其他年代一样，《雅典政制》提供的年代自相矛盾。由于批评家们未能提供一个确定的答案，而且相关的讨论纯粹属于学术兴趣，因此这里没有必要讨论这个问题（见 J. E. Sandys on *Ath. Pol.*, c. xiv., note; Bury, in *Class. Rev.*, February, 1895 and Busolt, ii., 2, p. 258）。不过我们可以提到，有些权威学者（如 Beloch in *Rhein. Mus.*, xlv., 1890, pp. 465 et seq., Meyer, *Gesch. d. Alt.*, ii., pp. 772, 773）倾向于认为，统治和流放的交替令人严重怀疑，庇西特拉图可能没有经历过那么多的波折。——编者

2 | "我们俩有个难伺候的主人，爱吃豆子好争吵的小老头儿。"
（Ἀγροῖκος ὀργήν, κυαμοτρὼξ ἀκράχολος,
Δῆμος Πυκνίτης, δύσκολον γεροντίον.）见 Aristoph., *Equit.*, 41。
皮尼克斯为雅典公民大会举行地，几乎不用我提了。

3 | 普鲁塔克（*De Heordot. Malign.*, c. 15, p. 858）对希罗多德感到愤怒，因为后者将分歧的原因归于如此琐碎和个人的特征。然而，他在那篇文章中的尖锐评论几乎总是倾向于强化而非削弱了这位史学家的可信度。

4 | Plutarch, *Phokion*, c. 27.

5 | Solon, *Frag.*, 10, ed. Bergk.:

如果你们由于自己的懦弱而受了悲惨的痛苦，

切不要因此怨恨神明。

（Εἰ δὲ πεπόνθατε λυγρὰ δι' ὑμετέρηω κακότητα

Μήτι θεοῖς τούτων μοῖραν ἐπαμφέρετε）等等。

6 | *Ath. Pol.* 说是 11 年。——编者

7 | Herodot., i. 60;【*Ath. Pol.*, c. xiv. Ad fin.】. 一个说法（Athenaeus, xiii., p.609）称，菲耶后来成了希帕库斯的妻子。

关于这个引人注目的故事，最值得注意的部分是希罗多德同时做出的评论。他认为这个做法极其愚蠢；他无法想象，如此优越于蛮族的希腊人，甚至是希腊人中最聪明的雅典人，怎么可能落入这样的陷阱。在他看来，这个故事是彻头彻尾的欺骗，他可能都不愿自己设身处地地去体会最初看到这场表演的观众的情感：他们事先没有得到任何警告，也从无半点怀疑，就看见战车向城市行进。即使如此，他的批判让我们看到在庇西特拉图到伯里克利之间希腊思想已经发生的变化与眼界的扩大。不管是伯里克利，还是他的同时代人，无疑都不可能成功玩弄类似花样。

现今摆在我们眼前的有关此事的评论，在前一章【全本第 2 卷第 8 章】叙述的一个类似案例中得到了说明。几乎与庇西特拉图这个策略同时，拉凯戴蒙人和阿尔戈斯人同意，通过 300 名精选的战士的决斗，来决定他们之间有关库努利亚（Kynuria）的纠纷。决斗实际发生了，奥特吕亚戴斯（Orthryades）——斯巴达人唯一的幸存者——的英勇，前文已经叙述。伯罗奔尼撒战争第 11 年（稍晚或接近于我们认为希罗多德的历史完成的时期），阿尔戈斯人与拉凯戴蒙人缔结了一个条约，其中插入的一条规定是，阿尔戈斯人有复活对库努利亚要求

第三章 庇西特拉图父子统治雅典时期的希腊事务

的自由,并且规定再通过精选士兵的战斗来解决纠纷。对那个时期的拉凯戴蒙人来说,这个规定极其愚蠢,因为那正是100年前实际使用过的办法。这是另一个引起我们注意的案例,其中希腊人观点的变化以及日益增强的积极趋向,与希罗多德对菲耶——雅典娜的批评比较,力度一点都不低。

伊斯特鲁斯(Istrus,公元前3世纪的一位阿提卡史家)和安提克莱斯(Antikles)发表了有关神灵向个人显现的著作,即《阿波罗的显现》(Ἀπόλλωνος ἐπιφαωεῖαι), 见 Istrus, *Fragment*., 33-37, ed. Didot。如果庇西特拉图与麦加克莱斯从未发生争吵,则他们可能继续联合玩弄神灵真正显灵的花样,并可能把伊斯特鲁斯的作品包括在内。我还可以补充的,是诸神在为庆祝他们的节日——节日是专为崇拜他们举行的——上真正现身的观念,是一直在希腊人的思想中存在的。雅典人完全相信,马拉松战役前不久,信使菲狄皮戴斯在前往斯巴达途中,潘神曾向他显现(Herodot., vi. 105),甚至希罗多德本人都没有反驳这个说法,尽管他放纵自己作为历史的实证特点,尽可能地增补,"如菲狄皮戴斯本人所说和后来向雅典公众宣布的那样"。就这个案例而言,他的信息提供者无疑是真诚的信徒,而在菲耶问题上,故事最初就是作为伪造向他讲述的。

在西西里的盖拉,似乎在庇西特拉图复辟前不久,泰利奈斯(Telines,独裁者盖隆的祖先)曾把某些流亡者带回盖拉,"没有使用任何武力,仅仅是通过神圣的仪式以及地下女神的神物"。(Herodot. vii. 153)希罗多德没有告诉我们他听来的有关流亡者回归得以实现的细节,但他一般的风格,暗示它们相当引人注目,可能有助于说明菲耶——雅典娜故事的特点。

【有人不无道理地认为,菲耶的情节全部是后来的发明,它源自一个关于庇西特拉图回归的雕刻,其中女神雅典娜,如公众所知,陪伴

着庇西特拉图进城。（见 Stein, *Herodotus*, i. 60）——编者】

8. 据《雅典政制》（c. xv.），庇西特拉图最初定居在泰尔马湾一个叫莱凯鲁斯（Rhaekelus）的地方，随后穿过地峡到了潘盖翁山周围的地区，从那里再到埃莱特利亚，那时是他流放后的第 11 年。——编者

9. 关于吕格达米斯，见 *Ath. Pol.*, c. 15。——编者

10. Herodot., i. 63. 《雅典政制》（同上）称，庇西特拉图第二次回归时，或许发现他不一定受到欢迎，就在提修斯庙做了一次公民武装检阅，有意用一种他们根本听不到的声音说话。当公民们抗议时，他要求他们移到卫城的正门处，当他接着说话时，他的代理人控制了公民们留在提修斯庙的武器。然后庇西特拉图说出了他的计谋，要求公民们回家，让他来管理他们的事务。如果这个故事是真的，如果庇西特拉图有良好的理由采取他的措施，则很难相信雅典人居然如此轻易地被耍弄。尽管有格罗特巧妙的论证（前文第 59 页注释 7），有关庇西特拉图政变的三个故事都有浪漫虚构的特点，它们很可能是后来围绕着名人的名字被堆积起来的。——编者

11. Herodot., i. 64.

12. Isokrates, *Or.*, xvi, *De Bigis*, c. 351.

13. *Ath. Pol.* (c. xv., 8) 称，那是一次谋杀控告，而且原告如此恐惧，以至于他没有继续自己的案子。由此推测庇西特拉图可能猜到结果会对他有利，肯定是合乎逻辑的。如果我们承认一般叙述认为他具有的交际天分，则在这个案件中，指责他会担心走法律途径来解决问题，就肯定不厚道了。——编者

14. 博克、阿诺德博士和瑟尔沃尔博士都认为，庇西特拉图征收了什一税或 10% 的税收，他的儿子们将其减半。我认为没有足够的证据，我们不应认为，狄奥根尼·拉尔修（i. 53）提供的庇西特拉图致梭伦的虚假信件能够证明任何东西。

第三章 庇西特拉图父子统治雅典时期的希腊事务

【《雅典政制》决绝地宣称，庇西特拉图征收了 10% 的税，由于他的管理带来了繁荣和满意，他可以征收。（Zenob., 4, 76 也说到对农民征收的什一税。）伯里主张（第 195 页）这种税是由庇西特拉图继承来的，要么是他，要么是他儿子将其降到了 5%。（这可能会缓和 Thuk., vi. 54 和 *Ath. Pol.* 之间的矛盾。）这个税收的真正意义，在于它决定性地证明梭伦不可能引入累进所得税。庇西特拉图所有的目标都是安抚他的朋友们——较贫穷的阶级，因此不到最后，不会从一个民主制度倒退到所有公民缴纳同样比例税收的办法（见前文第 82 页注释 35）。

在全本中，这里随后有一个注释，在那里，格罗特尝试依据 Herod., i. 64 反驳瑟尔沃尔的理论——庇西特拉图在斯特吕蒙地区拥有地产。《雅典政制》（前文第 60 页注释 8）称，庇西特拉图流亡期间，把部分时间用来在"潘盖翁山周围地区"聚集人员和金钱，它至少证明，《雅典政制》的作者认为没有理由否定希罗多德的说法。希波战争后，雅典人极其渴望快速从埃翁和斯特吕蒙河谷驱逐波斯总督的做法，似乎表明他们努力重夺那已被证明极有价值的地区（Thuk., i. 98）。——编者】

15　赫尔米普斯（ap. Marcellin., *vit. Thukyd.*, p. ix.）和 Thukyd., i. 20 的注疏者都证实，修昔底德与庇西特拉图家族有血缘关系。他谈论他们的风格肯定给这个说法添加了可信度。他不仅两次报道过他们的历史——一次简短（i. 20），另一次相当长（vi. 54–59），尽管这个时期并不在他直接关注的时段，而且他特别强调了他个人有关他们的家族关系的知识（vi. 55）。

16　Aristot., *Politic.*, v. 9, 4; Dikaearchus, *Vita Graeciae*, pp. 140–166; ed. Fuhr; Pausan., i. 18, 8.

17　有关庇西特拉图对宗教和艺术的贡献以及对他统治更进一步的评价，

请见本章的附录。——编者

18 | Aul. Gell., *N. A.*, vi. 17.

19 | Herodot., vii. 6; Pseudo-Plato, *Hipparchus*, p. 229.

20 | Herodot., v. 93; vii. 6. 奥诺马克利图斯是穆塞乌斯预言的搜集者和整理人（Ὀνομάκριτον, χρησμολόγον καὶ διαθέτην τῶν χρησμῶν τῶν Μουσαίου.）。见 Pausan., i. 22, 7，关于庇西特拉图家族的文艺爱好，请与 Nitzsch, *De Historia Homeri*, c. 30, p. 168 比较。

21 | Philochor., *Frag.*, 69, ed., Didot; Plato, *Hipparch.*, p. 230.

22 | Herodot., vi. 38-103., ap. Athenae., xii., p. 533.

23 | Thukyd., vi. 53; Pseudo-Plato, *Hipparch.*, p. 230; Pausan., i. 23. 1.

24 | 《雅典政制》（c. xvii. 3）宣称，希皮亚斯和希帕库斯是庇西特拉图早年婚姻的儿子，在他成为僭主之前，而伊奥丰和赫格西斯特拉图斯是阿尔戈斯妻子提摩纳萨所生，那是庇西特拉图第一次流亡或"他掌权时生的"。前两个已经成年一事或许可以部分解释他对麦加克莱斯女儿显然不够明智的行为。通过提摩纳萨——其前夫是库普塞鲁斯家族的阿奇努斯，庇西特拉图不仅与阿尔戈斯联系起来，而且与科林斯过去的僭主联系了起来。《雅典政制》补充说，赫格西斯特拉图斯又称泰萨鲁斯，但修昔底德说泰萨鲁斯是合法子嗣，希罗多德则说赫格西斯特拉图斯是私生子。此外，他曾在西盖翁担任统帅，而修昔底德说，泰萨鲁斯留在雅典。这个问题有难度，但并不重要。有价值的地方，在于《雅典政制》肯定地宣称（c. xviii. 1），希皮亚斯既较希帕库斯年长，政治上也更加稳妥和能干，因此，他统治着城邦。希帕库斯则被描绘得拥有"艺术"细胞，轻浮而且喜好拈花惹草，而泰萨鲁斯较他们年轻得多，乃一个粗鲁且傲慢的家伙。

25 | Thukyd., i. 20 如此评论他那时雅典公众一般的信仰："多数雅典人认为，当希帕库斯被哈尔摩狄乌斯和阿利斯托盖同刺杀时，他是僭主。他

们不知道，作为庇西特拉图长子的希皮亚斯才是统治者。"(Ἀθηναίων γοῦν τὸ πλῆθος οἴονται ὑφ' Ἁρμοδίου καὶ Ἀριστογείτονος Ἵππαρχον τύραννον ὄντα ἀποθανεῖν, καὶ οὐκ ἴσασιν ὅτι Ἱππίας πρεσβύτατος ὢν ἦρχε τῶν Πεισιστράτου παιδῶν)

伪柏拉图名为《希帕库斯》的对话采信了这个观念，而真正的柏拉图在《宴饮篇》（c. 9, p. 182）似乎赞同了这个说法。

26 | Herodot., v. 55-58. 普鲁塔克证实，哈尔摩狄乌斯曾是阿菲德奈德莫的人（Plutarch, *Symposiacon*, i. 10, p. 628）。

我们应当记住，他死在十部落制度引入之前，那时德莫还未被认可为共和国政治中的因素。

27 | Thukyd., i. 20; vi. 54-59; Herodto., v. 55, 56; vi. 123; Aristot., Polit., v. 8, 9.

【这个故事的总体轮廓得到了《雅典政制》的证实，尽管那个失望的爱人变成了泰萨鲁斯而非希帕库斯，骚动的原因以及某些细节也有所不同。这个偶然事件——它肯定已经被人用多种方式讲述——让人感兴趣的地方，在于在庇西特拉图儿子们统治的初期，管理的特征是温和，希皮亚斯随后的严厉显然让人非常吃惊，因此后来雅典人丰富的想象力把这桩普通的个人间争吵放大成了一场头等重要的全国性危机。抛开浪漫成分不论，哈尔摩狄乌斯和阿利斯托盖同是可悲的国民英雄，但我们应当记住，诚实地说，对希皮亚斯的驱逐不能归于任何雅典人。同样，希腊革命的英雄们所得到的荣誉，也难说是他们配得的。事实上，马弗罗科达图斯（Mavrocordatos）确实无能，坦白地说，科罗科特罗奈斯（Kolokotrones）和奥德修斯（Odysseus）是流氓无赖。关于哈尔摩狄乌斯和阿利斯托盖同的雕像，见 E. Gardner, *Handbook of Greek Sculpture*, pp.181-187。——编者】

28 | 请见下述歌谣：

两人如何杀死了僭主，把雅典变成了一个政治平等的地方。

(Ὅτι τὸν τύραννον κτανέτην

Ἰσονόμους τ' Ἀθήνας ἐποιησάγην.)

29 | Herodot., vi. 109; Demosthen., *Adv. Leptin.*, c. 27, p. 495; *Cont. Meidiam*, c. 47, p. 569; 关于德摩凡图斯法令规定的誓词，见 Andokides, *De Mysteriis*, p. 13; Pliny, *H. N.*, xxxiv. 4-8; Pausan., i. 8, 5; Plutarch, *Aristeides*, 27。

雕像被薛西斯从雅典移走，在亚历山大大帝征服波斯后，它们被归还给了雅典人（Arrian, *Ex. Al.*, iii. 16, 14; Pliny, *H. N.*, xxxiv. 4-8）。

30 | 普鲁塔克（*Artaxerxes*, c. 25）注意到，"就僭主而言，恐惧是最血腥的激情"（Ἡ γὰρ δειλία φονικώτατόν ἐστιν ἐν ταῖς τυραννίσιν）。

31 | Pausan., i. 23, 2; Plutarch, *De Garrulitate*, p. 897; Polyaen., viii. 45; Athenaeus, xiii., p. 596.

32 | 如果我们这样理解修昔底德的原话，"一个雅典人嫁给了兰普萨库斯人！"（Ἀθηναῖος ὢν, Λαμψακηνῷ, ἔδωκε, vi.59）大概不会出错。

33 | Herodot., vi. 36, 37.

34 | 结果，甚至还在米尔提亚戴斯——奇蒙的儿子和创建者米尔提亚戴斯的侄子——统治期间，西徐亚人就杀入了凯尔索奈斯，那是城墙建立大约40年后（Herodot., vi. 40）。伯里克利向凯尔索奈斯新派出1000名雅典定居者，再度修建了横贯地峡的城墙（Plutarch, *Perikles*, c. 19）。最后，拉凯戴蒙人戴库利达斯（Derkyllidas）于公元前397年左右重新修建了城墙，原因是当地居民不断抱怨他们缺乏防御（Xenophon, *Helleni.*, iii. 2, 8-10）。可是，这种保护非常不完善，约半个世纪后，在马其顿的腓力征服后初年，他们想出一个主意：横贯地峡挖掘一道壕沟，把半岛变成了一个岛屿（Demosthenes, *Philippic*, ii. 6, p. 92; *De Halonneso*, c. 10, p. 86）。可是，这个主意从未付诸实施。

35	Herodot., vi. 38, 39.
36	Herodot., v. 94. 格罗特有关两次对西盖翁的远征的看法普遍被接受了（但请见 Beloch in *Rhein. Mus.*, xiv., pp. 465-473）。第一次战争因提及阿尔凯乌斯和佩利安戴得到了证实，属公元前 600—前 590 年间，目标是打击麦加拉的贸易。《西盖翁双语铭文》（Hicks and Hill, 8）暗示了雅典在该地区的影响，铭文年代约公元前 600 年。第二次战争肯定属于庇西特拉图统治后期，特别是如果海盖西斯特拉图斯真的被指定为那里的总督的话（请见第 50 页的注释）。或许雅典最终得到西盖翁定居点的原因在于那时莱斯沃斯方面的软弱，因为它遭遇了波吕克拉泰斯的进攻。对双语铭文的简短解释请见 Bury, p. 864。——编者
37	Herodot., iii. 39.
38	Ibid., vi. 104, 139, 140.
39	Ibid., vi. 39-103.
40	除该事件的发生比希帕库斯公元前 514 年身亡要早，而且也早于公元前 516 年大流士对西徐亚人的远征，我没有办法确定该事件的年代。米尔提亚戴斯参与了那次远征，见 Clinton, *Fasti Hellenici*, 以及 J. M. Schultz, *Beitrag zu genaueren Zeitbestimmungen der Hellen. Geschichten von der 63sten bis zur 72sten Olympiade*, p. 165, 载 *Kieler Philologische Studien*, 1841。
41	Herodot., v. 62.
42	Pausan., x. 5, 5.
43	Herodot., 1. 50; ii. 180. 我把希罗多德笔下的塔兰特算作埃吉纳的塔兰特，它与阿提卡塔兰特的比例为 5:3。铭文证实，由近邻同盟保管的神庙的账目是按照埃吉纳币制计算的，请见 *Corpus Inscrip.* Boëckh, No., 1688, 以及 Boëckh, *„Metrologie*, vii. 4.【其他人如伯里估计超过

70 000 镑。——编者】

44 | Herodot., v. 62. 这位史学家的话似乎暗示，只是在雷普叙德利翁战败后，阿尔克麦翁家族才开始考虑神庙的修建计划，那是希皮亚斯被逐前一到两年时。这个设想相当不可能，因为神庙的修建必然需要一些年头。

【有趣的是我们注意到，最近的发掘证实了希罗多德的说法，德尔菲神庙真有一面大理石的正面墙（*Bull. De Corresp. Hell.*, 1896, p. 650 et seq.）。——编者】

45 | Herodot., v. 62, 63.【Ath. Pol.（xix. 4）的拼写是安奇摩鲁斯（Anchimolus）。——编者】

46 | Herodot., v. 64, 65.

47 | Thukyd., vi. 56, 57.

48 | 参见科林斯的佩利安戴（Diog. Laërt., i. 98）和西库翁僭主们的做法（Poll., vii. 68）。

49 | Dörpfeld in *Ath. Mitt.*, 1894, pp. 143-151; 1895, pp. 161 et seq., 1896, p. 265 et seq.

第四章 [XXXI]
庇西特拉图家族被逐后的希腊事务——克里斯提尼的革命与雅典民主政治的确立

与希皮亚斯一起消失的,是色雷斯卫兵,那是他和他之前的父亲用来保卫自己,也用来行使权威的依靠。克莱奥麦奈斯与他的拉凯戴蒙人军队也撤走了,他们在雅典停留的时间,长得足以让这位斯巴达国王和雅典人伊萨戈拉斯建立起个人友谊,就其随后的影响来说,这份友谊相当重要。因此,雅典人得以自为,在政治安排上,不会有任何外部干涉制约他们了。

前章已述,庇西特拉图家族绝大部分是尊重梭伦政制的。九执政官和预审性质的四百人【议事会】(两者都是一年一任)仍继续存在,公民大会,或者说是那些构成了氏族、胞族和四个伊奥尼亚部落中的那部分人民的集会,会偶尔召开。梭伦按财产分等（或按照收入分为四等，并据此分配政治权利）的做法也继续存在，条件是不得越线并服从统治家族的意图，后者总是留意使他们的一个成员作为真正的主人，居于主要行政官之列，并且总是控制着卫城以及雇佣兵。

由于希皮亚斯被逐，这个庞大的压力得以消除，被奴役的状况立刻被自由和现实填塞。在阿提卡已经30年未见的公开的政治派别再度出现，两位领袖公开相互敌对。一边是提桑戴（Tisander）之子伊萨戈拉斯，一个家世显赫之辈。另一边是克里斯提尼，出自阿尔克麦翁家族，身世不输于伊萨戈拉斯，而且当时他正得到同胞的感激，因为他是刚倒台的僭主最坚决和最有力的敌人。我们不清楚对抗如何进行，看起来不是完全和平的。无论如何，克里斯提尼完全失败了。由于这次失败（这位史学家说），"他与人民结盟，后者此前被排除在所有事务之外"[1]。他与人民的联合催生了雅典民主政治，那是一次真正且重要的革命。[2]

在梭伦之前和他之后，政治性的公民权都局限于原始的四个伊奥尼亚部落成员中，而它们每个都是众多紧密联系的群体或准家族——氏族和胞族——的结合。因此，除那些被纳入某个氏族或胞族的人外，阿提卡的任何居民都不可能有任何政治权利。这类无特权的居民可能一直以来就数量众多，而且由于新移民的到来越来越多。此外，他们最可能在雅典和皮莱乌斯迅速增长，因为移民通常在那里安家立业。克里斯提尼摧毁了现存的特权之墙，把政治权利给予了被排除在外的大众。但这只有把他们登记在新的氏族或胞族——那是在旧的氏族或胞族外创立的——中才可能实现，因为氏族关系建基于古老的信仰和情感之上，在希腊人思想当时的状态下，是不可能突然就把它们想象为与相对陌生的外来者联合的纽带的。唯一的办法，是彻底切断公民权与伊奥尼亚部落以及构成部落的氏族之间的联系，并把人们分配到新的部落中，后者的特点和意图是纯政治的。据此克里斯提尼废止了四个伊奥尼亚人部落，取而代之的是创建了10个新部落，它们建基于不同的原则之上，独立于氏族和胞族。每个新部落都由一定数量的德莫或村社组成，业主和居民都分别登录于各个德莫。阿提卡地表所有地区都被划分为德莫，这样克里斯提尼政制就能把所有自由的雅典当地人都纳入政治权利框架中，而且不仅是这些人，还有大量外侨，甚至部分地位高的奴隶。[3]如果抛开奴隶群体不论而仅考虑自由居民，则这个计划不管是在政治上，还是在司法上，事实上都接近普遍公民权。

希罗多德记录这场值得纪念的革命轻描淡写和随意的方式，容易让我们忽视它真正的重要性。他津津乐道的主要内容，是部落数量和名称的改变。他宣称，克里斯提尼非常鄙视伊奥尼亚人，因此不能容忍流行于伊奥尼亚人城市的四个部落——它们的名字来自伊翁的四个儿子——在阿提卡继续存在，就好像他的外祖父西库翁人克里斯提尼一样。他仇恨多利安人，因而贬斥西库翁的多利安人部落，并给他们取了外号。这就是希罗多德的陈述，他本人一定程度上似乎也喜好鄙视伊奥尼亚人，因此构想出一种并不真正存在的类似情感。[4]

然而克里斯提尼改革是某种范围更广的东西。他废止了四个旧部落，不是因为它们是伊奥尼亚的，而是因为它们已经与阿提卡人民现存的状况不协调了，同时也因为需要为他本人和他的政治纲领赢得新的，而且是真心实意的盟友。事实上，如果我们研究当时的背景，则我们会发现提出如此建议显而易见的理由，因为在30年时间——整整一代人——中，旧的政制仅剩空壳，只是在服从统治者的情况下运行，而被剥夺了所有真正的控制力。因此我们也许可以确定，四百人【议事会】和公民大会因为丧失了赋予它的言论自由，不仅失去了它们全部的意义，而且失去了全部的魅力，在公众的评价中无足轻重，可能仅有少数派系成员出席。在这样的情况下，该时期有资格的公民与不那么有资格的公民之间的区分，即四个旧部落成员和非成员之间的区分，事实上逐渐被消除了。实际上，这好像是希腊独裁制度[5]曾做过的唯一善事。它将特权和非特权人士都置于对双方来说一样的强制性权威之下，因此两者之间的区别，一旦独裁统治消失，则不易复兴。一旦希皮亚斯被逐，【议事会】和公民大会就重拾效率，但如果它们仍在旧基础上运行，除四部落成员外不包括任何新人，则这些部落会再度获得它们实际上早已失去的特权，因此复兴它们似乎是一个古怪的创新，其他人可能也不会服从。如果我们再考虑到当时的政治热点：一批人自流亡中归来重获权利，另一批人踏上流放之路，则长期受到遏制的仇恨——部分针对的恰是独裁者统治的腐败，则我们会发现，持重和爱国主义都要求扩大统治圈子。克里斯提尼已经在长期流放中变得聪明了，由于他在其新政制引入后可能在一段时间里继续作为他的同胞的主要顾问，则我们可以承认，它们特别的成功，既是他谨慎和技巧的见证，也是它们大胆与一致的见证。

授予他较严格的希罗多德的叙述所暗示的更加进步的声誉，似乎不是全无理由。在提出这个新政制的建议时，克里斯提尼或许并不是为了赢得民众支持而被迫如此，而可能在希皮亚斯下台后的讨论中马上提出了，因此拒绝新提议成为他与伊萨戈拉斯之间争吵的证据（而且也没有提到任何其他理由）。[6] 后者无疑在现存的【议事会】和公民大会上赢得了足够支持，从而阻止该法案在不实际求助人民的情况下无法通过。此外，他对改革的反对不难理解，因为尽管变革已成必然，但对古代阿提卡的思想来说，它的震动一点都不小。它极大地改变了部落自身的概念，那如今已经成为德莫而非氏族，是德莫同乡而非氏族兄弟的集合体了，因此它把旧制度整体与部分之间的联系，不管是宗教的、社会的还是政治的，都打碎了，对所有老派的雅典人思想来说，它仍发挥强有力的作用。组织氏族和家族的罗马贵族以及没有加入其中的平民曾长期成为同一城市中两个彼此独立、相互对立的派别，各有自己独立的组织。平民只是缓慢地赢得了空间，而贵族氏族政治上的价值仍长期保持，并且与平民部落分离。同样，在中世纪意大利和德意志的城市中，当行会在他们身边成长起来时，贵族家族仍拒绝分享他们自己独立的政治认同。尽管他们被迫放弃了部分权力，但仍继续保持着自己独立的血族关系，而且不愿根据变革后的分类和分割，与商人一道对它们再度分配，后者的财富和重要性都已经增长。[7] 但克里斯提尼的改革，不管是在名义上还是在实际上，都立刻就实现了。确实，某些情况下，一个氏族的名称被保留下来，用作一个德莫的名称，但即使在那里，旧的氏族成员也不加区别地与其他德莫成员混排了。从政治角度看，雅典人民因此变成了一个统一的整体，为方便被分配到在数量、地区和政治上都平等的各个部分之中。然而我们应当记住，虽然四个伊奥尼亚部落被废止，组成它们的氏族和胞族仍原封未动，作为家庭和宗教的联合继续存在，只是不再有任何政治特权而已。

10个新创立的部落按照固定的秩序排列，分别是埃莱奇泰伊斯（Erechtheis）、埃盖伊斯（Aegeis）、潘狄奥尼斯（Pandionis）、莱翁提斯（Leontis）、阿卡曼提斯（Akamantis）、凯奈伊斯（Ceneis）、凯克罗皮斯（Kekropis）、希波托翁提斯（Hippothoontis）、埃安提斯（Aeantis）和安提奥奇斯（Antiochis）。这些名字主要借用于阿提卡传说中令人尊敬的英雄们，公元前305年，部落增加到12个，之前这个数字一直没有变化。那年增加了两个新部落——安提戈尼亚斯（Antigonias）和德麦特利亚斯（Demetrias），后来被重新命名为托勒麦伊斯（Ptolemais）和阿塔利斯（Attalis），最后这两个借用的是仍活着的国王的名字，而非传说中的英雄们，它透露了雅典从自由到屈从的变化。每个部落由阿提卡一定数量的德莫组成,它们是村镇、堂区或城镇,但这些德莫的总数并不特别确定,因为虽然我们知道,在波莱蒙(Polemon)时代(公元前3世纪),德莫数量是174个,但我们无法确定它一直没有变过。有些批评者从希罗多德的话语中猜测,他暗示克里斯提尼最初认可的正好是100个德莫,按照同等比例分配到10个部落中。[8]然而,这样咬文嚼字的建构远不只是可疑,因为事实几乎不可能如此,原因部分在于,如果数字上的区别真的是100和174那么大,则我们可能会发现某些实在的证据;部分在于克里斯提尼确实有理由让10个部落中的每个部落的公民数量几乎相等,但没有理由让德莫数量相等。地方习惯的力量众所周知,堂区和村镇的边界又难以改变。因此,在缺乏相反证据的情况下,我们有理由认为,克里斯提尼遇到或修改后的德莫的数量与界线,应当少有变动地保存到了后来,至少是保存到了部落数量增加之时。

可是,马上可以确定的还有一点,而且也更加值得注意。克里斯提尼给各个部落分配的德莫相互之间绝不相邻。所以,作为一个整体,部落的土地并非连续组成的地区,也就不可能有不同于整个共同体的任何特殊的地方利益。这种对源自邻里的派别的系统性回避,当我们回忆起前一个世纪中海岸派、山地派和平原派之间的争吵时,就显得特别必要。尽管它们无疑是个人野心精心煽动的结果,但它们都源自地区间的冲突。此外,只有通过同样谨慎的预防措施,才能够避免城市因自身组成一个德莫或部落而产生的地方利益的优势,同时防止它形成不同于乡村的利益。克里斯提尼把城市分成数个德莫(或许他发现它已经被划分了),把那些德莫分到各个部落中,而皮莱乌斯和法莱隆各自组成一个单独的德莫,也被划分到不同的部落中,这样,就不存在一个部落对其他部落取得支配地位,或造成争夺统治权的斗争。[9] 每个德莫都有自己的地方利益需要照顾,但部落仅仅是德莫一个政治、军事和宗教意图的集合,没有独立于国家整体的愿望,也无不同于国家整体的担忧。每个部落都有一座礼堂,神圣的仪式和节日,有为此集会而需要的共同基金,目的是礼敬名祖英雄们,由部落自己选举的成员管理。所有10个部落的名祖英雄雕像被安置在雅典广场最显眼的地方,作为民主政制的父系保护人。在雅典政府未来的运作中,我们看不到任何地方派系骚动的迹象。

无论是对人还是对财产而言,德莫如今都成了共和国基本的组成部分。它有自己的德莫长、注册公民名录、集体财产、公共集会和宗教仪式,它自行征税,自我管理。合格公民名册[10]由德莫长保管,新公民的登记在德莫成员的集会上进行。在达到18岁时,他们合法的儿子会被登记下来,他们过继的子嗣,则只要过继的公民出席并且宣誓,随时可以登记。公民权只能由人民公开投票授予,但富有的非自由人有时会规避这道法律,在某个贫穷的德莫登记时,可能通过虚假的过继来贿买入籍。在德莫成员的集会上,登录名单会受到审查,有时会出现某些名字被剔除的情况,那时被剥夺公民权的一方会向陪审法庭上诉。可是,

第四章　庞西特拉图家族被逐后的希腊事务

这些德莫在地方的管理权力非常大，以至于它们被视为克里斯提尼体制对梭伦及前梭伦时代造船区的替代品。三一区和造船区[11]虽然名义上被保留下来，后者的数量还从48个增加到50个，但在公共领域似乎从此少有重要性了。

克里斯提尼保留了梭伦政治体制的所有主要特点，同时进行了修正和扩充。它们包括公民大会，自所有部落中（选举产生的）预审【议事会】，每年选举的习惯，以及官员每年向公民大会述职并接受后者审查。在一个迷茫而且分歧的时刻，可以在这样一个先前的制度基础上加以构建的价值，现在肯定被充分认识到了。但由于有资格出席公民大会的公民人数剧增，克里斯提尼的公民大会获得了新的力量和新的特点；一年一任的【议事会】被增加到500人，不再由四个旧部落按同等比例选举，但仍平等地从各个新部落中产生。如今它以五百人【议事会】之名出现在我们面前，是整个雅典民主政治中一个积极的、不可或缺的机关。此外，根据抽签决定【议员】名单的做法，似乎也已经开始实行（尽管具体年代无法得到决定性的证实）。[12]如此组建的议事会和公民大会，较之梭伦原来的安排，都要有人民性和有力得多。

虽然新的部落制度造成了一年一任的【议事会】的变革，但它对雅典国家军事上的安排所产生的直接影响，不管是对士兵还是军官来说，程度一点都不轻。那些被征召入伍的公民如今根据部落集合，每个部落都有自己的队长作为重装步兵的军官；有自己的骑兵队长统率骑兵。此外，那时首次设立了10名将军，[13]

每个部落一个，两个骑兵长官，作为骑兵的最高统帅。在此前雅典的制度下，军队指挥权似乎属于第三执政官即军事执政官，并无将军。甚至在将军设立后，军事执政官仍与将军们一道保有联合指挥权。例如，我们得知，在马拉松战役中，军事执政官卡利马库斯（Callimachus）不仅和10名将军一道享有战役会议上的平等投票权，而且甚至占据了右翼那个荣誉的位置。[14] 因此，每年轮换的10名将军（如同10个部落一样）是克里斯提尼政制的成果，同时因为对军事力量的重组，获得了极大的加强和保护。随着民主政治的发展，将军们的职能变得更为广泛，他们似乎不仅逐渐获得了陆海军的指挥权，而且有对城邦对外关系的普遍指导，而九执政官，包括军事执政官在内，从他们一度享有的全面的行政和司法权能上日渐下降，成为纯粹的警察局局长和预审法官。他们一方面受到将军的挤压，另一方面因民众法庭或众多的陪审法庭崛起，效率上又受到限制。我们可以确信，这些民众法庭不能容忍如在庇西特拉图家族独裁统治下那样集会或行事，城邦司法事务必然部分由战神山议事会管辖，部分由执政官管辖。面对顺从的公民大会，在他们一年任期届满后，庇西特拉图家族或许仅承担名义上的责任。如某些学者论证的，如果我们假设，民众直接掌管司法的习惯部分系由梭伦引入（对述职一年一审），则在立于其上的统治者施行的长期压制下，那也必然终止了。但赋予克里斯提尼力量的民众情绪的迸发，无疑使得人民在群体性的法庭中作为陪审员采取了直接行动，其程度不亚于他们在公民

第四章 庇西特拉图家族被逐后的希腊事务

大会上的选民身份，所以，已然开始的变化，有助于把执政官从原初的法官身份，降低为一个法庭的预审员和主持人的较低地位。如此众多的法庭——首先是作为30岁以上宣誓公民的集合体，后来被划分为审判具体案件的独立法庭——的召集越来越经常，也越来越制度化，最终到伯里克利时代，它们获得了一点津贴，成为雅典生活中最显著的特点之一。对于最终状态如何达到，执政官的司法权力如何被减弱为纯粹的施加小笔罚款的权力，我们无法一步步地具体列出，但第一步可以在克里斯提尼的革命中找到，而且似乎在普拉提亚战役后达于完善。关于九执政官以及雅典众多其他官员与官方人士行使的职能，包括召集陪审法庭，提交审判缘由，主持审判——那种职能是高级官员的一个特征——以及如何成为法庭主持人等，我会在下文有更多阐述。目前我仅仅希望读者注意到，在我们眼前这个值得纪念的转折点上，人民行动的领域在不断扩大。

在这个时代，城邦财政事务经历了像军事领域一样彻底的变革。每部落一人，共任命10名军事和民事官员，似乎成了普遍做法。被称为收款官（Apodektae）的10人委员会[15]被授予最高财务管理权，既处理签约者承包的收入部分，也从征收者那里接管所有税收，并根据他们的权力分配收入。关于这个委员会，其第一次任命被直接归于克里斯提尼，以替换某些被称为科拉克莱泰（Kolakretae）的人，此前他们履行着同样的职能，如今仅保有在主席厅里做仆役的身份。后来，收款官的职责限于接管公共收入，并将其支付给女神雅典娜的财物保管员，后者将它保存在帕泰农神庙的内室中，根据需要加以支出。但是，这种比较复杂的安排不属克里斯提尼。也是从此时起，五百人【议事会】越出了其为公民大会讨论准备议案的原初职责，涵括了大范围的管理和一般监督事务，后者多得几乎没法细说。议事会的会议成为经常，只有特殊的假日例外。一年按照名为主席团的任期被划分为10个部分，每个部落的50名议员轮流在自己的主席团任期内执勤，在此期间他们被称为主席团，执勤部落的次序则根据当年的抽签决定。在普通的12个阴历月的阿提卡年度，或曰354天中，六届主席团的任期是35天，四届的任期是36天。遇到13个月的闰年，主席团的天数分别为38或39天。此外，认可的做法，是一届主席团的任期更进一步被分为5段，每段7天，50名议员的部落主席团也分别划分为各为10人的小组，每组在【议事会】中主持7天，并从他们之中每天抽签产生一名为埃皮斯塔泰斯（Epitates）的新主席。在其任期之内，他受托保管卫城和财库的钥匙，还有城邦的印玺。其余不属于主席团部落的议员，如果他们愿意，当然可以出席议事会。但他们中有9人——其余9个部落中每个部落一人——必须出席，以组成有效力的会议，而且确保人民集体得到经常性的代表。[16]

就我们所知，直到伟大演说家的时代，公民大会，或曰公民正式的集会，在每届主席团任期内一般召开4次，如果情况需要，也会更加频繁，召集者通常是【议事会】，尽管将军们也有权自行召集。大会由主席团主持，问题由主席团的主席提交投票。但是，非主席团部落的9名代表自然总是在场。而且在演说家的时代，似乎已经把50人主席团的部分或全体成员挤到一边，为他们自己获得了指导权，以及把问题提交表决的权力。[17]可是，如果当我们的注意力回到克里斯提尼首次组织的公民大会的状态时（我已经指出，雅典政制的解说者太愿意遗忘不同时代之间的区别，认为公元前400—前330年的做法就是一直以来的做法），可能的情况，似乎是他为每届主席团规定了一次常规公民大会，而不会更多；赋予【议事会】和将军在需要的情况下召集公民大会的权力；但规定每届主席团一次公民大会，或者说全年10次公民大会，是国家必需。在梭伦和庇西特拉图之间的间隔期里，古代的公民大会如何召集，我们无法准确解说，一年中或许有，但很少。在庇西特拉图家族统治下，公民大会的召开可能堕落成无关痛痒的形式，因此克里斯提尼重建公民大会，不仅赋予其做出决定的全权，而且事先广而告之并对相关问题做好充分准备，连同对有序举行的绝对确保，本身就是一场革命，在所有雅典人心中留下深刻印象。为保证公民大会的效率，它的会议既经常，又自由，就成为必需的前提。经此训练，人们既习惯于做演说者，也习惯于做听众，每个人都感到它对决定产生了影响，并把自己的安全和幸福等同于多数人的投票，从而熟悉了主权的理念，那是他既不能也不应该抗拒的。随之而来的是对言论自由和法律平等的神圣情感，此后，任何雅典人听到这些术语，都绝不会无动于衷。与之并行的，还有整个共和国是一个且不可分割的情感，尽管它无法取代，但总是高于地方和地区的特殊性。宣称在雅典人的思想中，这种爱国和让人高尚的冲动乃是新事物，或许并不过分，甚至在梭伦时代，都根本不曾出现类似的事物。它们的点燃，部分无疑是对庇西特拉图家族统治强烈的反动，但更多地源自下述事实：反对派领袖克里斯提尼对这种稍纵即逝的情感派了最好的用场，赋予它恒久的活力，并且通过他的政制中特殊的人民性，让它达成了清晰明确的积极目标。在历史上，他的名字不如我们期待的那么显赫，因为它纯粹是梭伦政制计划的改革者，而后者已经被庇西特拉图推翻。他本人或许公开宣布了这个目标，因为那有助于他的议案的成功。如果我们从字面上理解，则这很大程度上是事实，因为一年一任的【议事会】和公民大会都是梭伦创立的，但经过他的改革，两者实际完全是旧瓶装新酒，而且权力大为扩张。

从克里斯提尼那里得到主权真正象征的，不仅仅是正式出席公民大会的公民们，同样也是通过他，人民首次作为陪审员被要求采取直接行动。我已经指出，如果做出某种限定，这种习惯可以说从梭伦时代已经开始，因为那位立法家赋予公民大会对执政官任期届满后的述职做出判决的权力。在这里，后来如此恢宏和豪华的建筑尽管本身不属于梭伦，但也建立在梭伦的基础之上。民众法庭，就它们自伯里克利以后存在的完善状况言之，如果是克里斯提尼一次全部引入的话，肯定让人难以置信。可是，它们逐渐演化而成的步骤,我们难以确切地发现。情况看来毋宁是这样:最初,是年满30岁以上的公民群体行使司法职能,他们被特意召集起来,并且宣誓之后,审判那些被控反对国家之人。如此召集起来的会议被称为赫利埃亚,或称赫利亚斯特(Heliasts);人们之间的普通犯罪和争议仍由城邦的各个官员判决,另有相当部分的司法权仍属于战神山议事会。我们有理由相信,克里斯提尼时代就是这样的状况,后来,因为赫利亚斯特的司法责任逐渐积累到较大的范围,这种状况逐步得到改变,所以,对集体性质的赫利埃亚必须进一步细分。

根据这种细分办法,就我们了解最为清楚的时期而言,每年用抽签的办法从全体公民中选出30岁以上的6000名,10部落中每个部落600人,其中5000公民分成各为500人的小组,剩余的1000人作为备选,以填补前者因去世或缺席造成的空缺。全部6000人都要做规定的宣誓,表达誓言的话语非常鲜明。宣誓之后,每人会拿到一张票,上刻他本人的名字以及代表他所在小组的字母。如果有罪犯或缘由可以审理,则司法执政官即六名低级执政官首先通过抽签确定哪个小组应当听审,数量按需确定。接着,是陪审员们应当在哪位法官主持的哪个法庭如B或E庭听审,这样,人们无法事先确定每位陪审员将裁决的案件。可是,实际出席并且听取审判的人员的数量,似乎差别相当大,有时是两个组一起听审。[18] 我们必须记住,这里描述的安排,已经属于陪审法庭在每天庭审后得到经常性津贴的时代,没有这个前提,它几乎不可能长期持续，而那直到伯里克利时代才实现。听审的每个小组都被称为赫利埃亚，严格地说，这个名字属于人民的集体集会，那个自身最初拥有司法权的集体集会。我猜想，将这种集体集会或曰赫利埃亚为司法意图划分为小组的做法，可能以这样或那样的形式开始于克里斯提尼改革之后，因为人民对公共事务的直接介入日渐增多，但它不可能成熟到提供经常性的和系统性的服务，那最终需要伯里克利的津贴制才能完全实现。在最后提及的那种制度下，执政官的司法权被取消，第三执政官即军事执政官已经放弃了所有军事职能。但在马拉松战役时代，这个过程尚未完成。在那次战役中，军事执政官卡利马库斯不仅与将军一道统率军队，而且对他们享有某种优势。马拉松战役后它仍未实现，那年阿利斯泰戴斯是执政官，而阿利斯泰戴斯所做的诸多重大决定，成为他荣誉性绰号"公正者"的主要基础之一。[19]

至于克里斯提尼制度下属于民众法庭和执政官司法权力的相对范围问题，事实上与雅典政制法中另外两件事情相联系，第一件是与所有公民是否有资格当选执政官有关，第二件与执政官的抽签选举有关。众所周知，伯里克利时代，执政官以及其他各类职能部门，都逐渐以抽签挑选。[20]此外，在法律上，所有公民都有资格当选，[21]可以提供自己的名字供抽签，但在上任之前，他们要接受被称为资格审查的程序，即对他们作为公民的身份，以及各种道德和宗教条件的法律审查。同时，执政官的职能已经变化，不过是替陪审法庭就两造和证人进行预审；陪审员到齐后主持庭审；以及对轻微罪犯施加小笔罚款。所有三项的政治安排本质上是联系在一起的。根据希腊人的民主观念，抽签的伟大意义，在于它让富人和穷人在任职机会面前平等。但只要穷人在法律上无当选资格，不管是对于富人还是穷人，抽签都无吸引力。事实上，抽签不如由全体公民选举民主，因为在选举制度下，虽然贫穷的公民本人无法当选，但他可以利用他的普选权享有重要的干预权。此外，在任何情况下，抽签都绝不能用于选举那些必须具有特殊技能以及仅有少数人具有的才能的职位，而且在雅典民主的历史上，它也从不曾应用过，那就是将军的职位，他们总是由集合起来的公民以举手的方式选举的。所以，我们认为，当执政官首次以抽签选举时，过去一度附属于该职位的高级权力和责任，已经，或在此过程中逐渐被剥离，被转移给民众法庭或十位经选举产生的将军，结果这些执政官仅保留了常规的治安和管理职能。确实，它们是重要的，但可以由任何资质中等，勤勉和能力也都相当的任何公民履行。这一点是肯定的，至少这样的看法一点都不荒谬。资格审查会把那些臭名昭著之辈排除，哪怕他们已成功中签。虽然年复一年地连续当选将军，伯里克利却从未担任过执政官，[22] 我们也许可以怀疑，那些才能突出且野心勃勃之辈，是否会经常报名竞选执政官。对那些野心不那么大的人来说，[23] 那无疑是成为要人的一个途径，但任何执政官都劳心费力，没有任何收入，且有一定程度的风险，因为在他任期届满后马上进行的述职审查中，他可能会得罪某些强人。不管是对于那些极其贫穷的人，还是对于那些非常富有与野心勃勃的人，这个职位都少有吸引力。对那些资质中等、愿意报名的人来说，他们可以担任，且不会造成巨大损失，因为雅典一直设置了双重保险：上任之前的资格审查和卸任后的审计。由此得出的结论，是雅典的民主派极其渴望让富人和穷人有同等机会任职。在我看来，这是一个错误的结论，而我的看法在当前似乎无人赞成。部分通过抽签挑选某些官职，尤其是执政官——过去那是国家主要的官职，而不是把它们应用到全部官职，或者那些具有非常重要的责任和难度的官职，似乎就满足了他们的感情。如果执政官仍必须保留他们非常重要的责任——裁决纠纷和判决罪犯——的话，那他们甚至都不会把抽签用在它的选举上。

因此，我认为下述三点是紧密联系在一起的，因此必然是同时或几乎同时引入的：（1）向所有公民不加区别地开放执政官职务；（2）抽签选举执政官；（3）一方面因为民众法庭司法权扩大，另一方面将军权力扩大，执政官职责范围缩减。普遍有资格担任官职肯定不可能晚于另外两个，很可能比那两项稍早。[24]

关于所有雅典人都有资格担任执政官职务的年代，我们发现了一个它首次实行的清晰而且实在的证据。普鲁塔克告诉我们，虽然是寡头派，但特别有原则的阿利斯泰戴斯本人是这一政制变革的提议者，[25] 时在普拉提亚战役后不久，那时波斯人刚被从希腊大陆逐出，逃亡的雅典人返回他们那已成废墟的城市。在人类历史上，少有这样的时刻：在那场值得纪念的迁移和英勇斗争中，雅典的穷人和富人是那么彻底的平等；当我们听说公民大众带着新点燃的爱国热情回归，并且意识到他们的国家只是由于所有人平等的努力才得以夺回，他们绝不愿有任何人因法律上的资格被排除在任何官职之外时，千万不要惊奇。正是在这个时候，政制首次真正变成了所有人"共同的"事务，执政官、将军和所有的职能部门，开始从所有雅典人中挑选，而不必在资格上有任何法律的区别。[26] 在普鲁塔克这份重要的陈述中，根本没有提到抽签，在我看来，它恰恰值得全部相信，它告诉我们，直到薛西斯入侵之时，不仅梭伦有关资格的歧视性法律仍继续有效（据此，只有前三个等级的公民有权担任各级职务，第四等级或曰佣工阶级被排除在外），而且到那时为止，执政官一直由公民选举，而不是抽签产生。在财政上，梭伦的四等级制此后仍长期存在，甚至在伯罗奔尼撒战争和三十僭主之后仍存在，但我们得知，克里斯提尼在其政制中为政治意图仍保留了它，至少是部分保留。他认可把大部分普通公民排除在所有官职如执政官和将军等之外。在他那个时代，人们也许不会就此抱怨，因为他的政制赋予群体性机关（【议事会】、公民大会和民众法庭）一定程度的权力，以及此前他们从未实现或想象过的重要性。我们或许很有理由认为，那时的雅典人，特别是许多新入籍的公民此前是外侨和奴隶，甚至对下述制度和理由都未表示异议：由富人和有地位者担任各类官职进行治理。事实上，我们还可以补充说，甚至在后来雅典充分的民主时代，尽管人民当时已经热诚地忠诚于所有公民有同等资格任职，然而在实践中，穷人很少担任那些通过全体投票当选的职务。在这部历史的叙述中，这点会有更充分的说明。[27]

自那以后，将军的选举就建立在阿利斯泰戴斯奠定的基础上，但抽签选举执政官肯定是在他提出了普遍有资格当选的建议后不久，源自同样的民主情感潮流，并作为进一步的补救措施引入，因为贫穷的公民虽然取得了资格，但毕竟无法当选。同时，我想象，将集体性的陪审员群体精心划分为不同的裁决司法事务的法庭，首次被经常化了。正是这一变化偷走了此前执政官拥有的他们司法权中非常重要的一部分；伯里克利通过向陪审员确保津贴加以更充分完善的，也是这一变革。

但现在还不是讨论雅典在普拉提亚战役后一代人中间发生的变革的时候。在缺乏直接证据的情况下，为了从那次值得纪念的战役之前、克里斯提尼改革之后的一代人中的现状回溯，这里略说了几句。他的改革虽然高度民主，但与伯里克利到德摩斯提尼时代成熟的民主比较仍有差距，因此他的政制有时被后世作家称为贵族政制，在以下三个方面尤其如此：[28]（1）它相当程度上仍认可执政官是法官，第三执政官即军事执政官和将军一道享有军事上的联合指挥权；（2）保留了执政官由公民群体每年选举的做法，不是抽签选举；（3）梭伦的第四等级仍被排除在所有官职，尤其是执政官之外。可是，梭伦的歧视性法律原则上虽然保留，但在实践中得到了缓解：梭伦虽然只让最高等级（五百斗级）有资格当选执政官，但克里斯提尼将这个尊敬的职位向前三个等级全部开放，仅把第四等级排除在外。[29] 从下述事实中我们推知他做到了这一点：阿利斯泰戴斯绝非富人，但成了执政官。我也倾向于相信，由克里斯提尼组建的五百人【议事会】不是从10个部落中选举而是抽签产生的，而且所有公民都有资格当选。要进行这场选举，即每年同时从每个部落中选举50人的群体【议员】，可能被人们认为麻烦大于价值，而且我们没有听说各部落为此单独举行会议。此外，【议员】是一个集体职位，不是单独的官职。对准民主化的雅典人的情感来说，让一个穷人成为50人主席团中的一员，也许震动不像让他作为统率军队右翼的军事执政官，或掌管司法的执政官那么让人震惊。

  梭伦政制与克里斯提尼政制的另一区别，在于战神山议事会的地位。在前者那里，这个元老院是国家的主要机关，梭伦甚至扩大了它的权力。在后者那里，它最初肯定被作为敌人对待，必然遭遇贬斥，因为它由所有卸任执政官组成，在此前的30年中，所有执政官都是庇西特拉图家族的产物，总体上看，战神山议事会必然既敌视，又讨厌克里斯提尼及其党人，其部分成员甚至可能与希皮亚斯一起流亡了。由于党派上的变化，它的影响可以理解地被削弱了，直到它逐渐被克里斯提尼政制的胞胎中产生的新执政官逐渐补充起来。在这个重要的间隔期，新组建的五百人【议事会】和公民大会取得了它们后来从未失去的优势地位，战神山议事会则不再是国家中主要和显赫的权力机关。可是，它的权力仍然可观。普拉提亚战役后，当第二波民主浪潮袭来时，他们成了当时被视为寡头抗拒派一党的核心。我已经指出，过渡期（约前509—前477）的执政官全部由公民大会选举产生，不是抽签产生的，[30] 而且第四等级，也是最贫穷和人数最多的阶级，根据法律规定仍无资格当选，而雅典的选举，甚至在所有公民一视同仁地成为选民且有资格当选时，也天然倾向于那些富有且有地位的人。因此我们会看到，过去的那些执政官，当他们统一地聚集在战神山议事会中时，是如何给那个机关注入较富有阶级的同情、偏见和利益的。在克里斯提尼政制的部分机关因过度偏向寡头政制而逐渐失去信誉时，伯里克利和埃菲亚尔特领导的更民主的派别，正因为这个与战神山议事会爆发了冲突。

另一个值得注意的、明确归于克里斯提尼的制度，是陶片放逐法。在讨论梭伦值得纪念的反对骚动时保持中立的法律时，我已经做了一些评论。[31] 毫不夸张地说，如果没有这个保护性的程序，任何其他制度恐怕都难以达到成熟。

一个公民可以被陶片放逐法流放10年，随后减为5年，没有具体的控告、审判或辩护。他的财产不会被夺走，声望也不会受损，唯一的制裁，是他被从自己的母邦流放到某个其他希腊人城邦。至于声望，陶片放逐毋宁说是一种肯定而非其他。[32] 克里斯提尼之后大约90年，人们还能生动地感受到这种情感，当时尼奇亚斯和阿克比亚戴斯之间合谋对付了叙佩波鲁斯（Hyperbolus），前面两位都建议举行陶片放逐投票，各自都希望能放逐对方，但

第四章 庇西特拉图家族被逐后的希腊事务

在投票日来临前,他们消除了相互间的争吵。用共和国的消防枪来对付一个像叙佩波鲁斯那样几乎没有危险的人,被抨击为把那个伟大的政治仪式弄得如同逛窑子一样。喜剧作家柏拉图称,"这片贝壳根本不是用来对付他那样的人的"。陶片放逐法的程序,是在贝壳或陶片上写上那个人的名字,公民们认为,为了安全,此人需要流放一段时间,被储存在一个恰当的容器中的贝壳经过清点,实现判决。

我已经指出,所有希腊城邦的政府,如果我们把它们与一个现代读者习惯设想的属于政府的暴力措施比较,则本质上是软弱的,不管这个政府是好是坏,不管它是民主制的、寡头制的还是独裁制的,都如此。任何政府掌控的用于对付阴谋家或叛乱者的力量都极其弱小,只有由雇佣军簇拥着的独裁者是个例外。所以,除非人民直接支持政府,否则它无力承受任何持续性的阴谋或篡位者(的冲击),而那近乎暂时解散合法当局,而且带有任何人都无法预见的因此产生的后果。因此,防止强人篡位的企图是最为危急的时刻。一个独裁者或者寡头派或许可以随意使用先发制人的手段,[33] 例如上一章提到的、由庇西特拉图家族主使的刺杀奇蒙,远比陶片放逐法严厉得多。最起码的,是他们可以把任何他们担心有攻击性的或危险的人打发走,甚至都不会引发多么严厉的批评。但在民主政治中——在那里,官员的专断行为是所有其他人都极其担忧的,而且既定的法律都把审判和辩护作为惩罚的前提,被普通公民视为个人安全以及自豪社会状况的保证，创造这样一种特殊的权力，则会面临严重的困难。如果我们穿越到克里斯提尼时代，即庇西特拉图后代刚被驱逐和民主机制的运作尚未得到检验之时，则我们会发现，那时是最为困难的时刻。但我们也会发现，将这种权力置于某处绝对必要，因为那些强大的雅典贵族还需要学会并得到尊重所有政制的教训。他们过去的历史所表现出来的，是麦加克莱斯、吕库古和庇西特拉图的武装派别之间持续的争斗，一段时间后，才被最后这位占优势的武力和盟友镇压下去。虽然麦加克莱斯之子克里斯提尼或许有意决心放弃父辈的先例，并且作为一个既定政制忠诚的公民行事，但他再清楚不过的，是他父辈同伙和对手的儿子们如果能够获得足够的党徒，并且看到了美妙的成功前景，他们绝不会顾忌法律施加的限制，而去追求自己的勃勃野心。此外，如果任意两位权力追求者有如此冒失倾向，会进行激烈的个人间竞争，而且各有理由，既源自恐惧，也出自野心，那不顾政制付出何种代价地击败对手，很可能会变得难以抗拒，直到某个公正的、敏锐的干涉力量能够最终遏止争斗。据说阿利斯泰戴斯在他与地米斯托克利的议会斗争白热化时曾经说过，[34]"如果雅典人明智的话，他们会把地米斯托克利和我都抛入巴拉特翁深渊"。[35]无论是谁，只要读过修昔底德第3卷有关科西拉（Kerkyra）暴动的可悲叙述，以及这位史学家对它的反思，[36]都能够追溯这些党派纷争逐渐恶化的进程。它甚至始于民主政府之下，最后，它们终于突破了公共的以及私人的道德上的篱笆。

克里斯提尼需要保护民主政制对抗的，就是这种源自内部攻击者的机会。首先，他在他们的道路上设置障碍，使得他们难以获得必需的支持；其次，在任何暴力计划成熟到能够执行之前，就把它们扼杀。要达成两个目的中的任何一个，他都必须提供一个不仅会获得公民群体的善意，而且能够点燃他们归属感的政制，两者的程度，都要达到可观的少数派甚至都不会有意通过暴力去改变它。在大众之中，他必须创造出一种我们或许可名为政制道德的稀有且深沉的情感，并且通过大众施压那些野心勃勃的领袖。政制道德赋予政制至高无上的尊严，又能强制在政制之下和之中行动的权力机关服从它，与之并行的，是公开演说、仅仅服从特定的法律制约，以及不受制约的对所有权力当局公共行动的批评。与政制道德结合的，还有对所有公民十足的信心，他们相信，在激烈的党派竞争中，对反对派而言，政制像在他本人心目中一样的神圣。自由与自我克制的并存，对权力当局的服从以及对行使权力的人拥有的不受制约的批评并存，或许在英国的贵族制（约自1688年以来）以及美国的民主制中可以找到。由于我们对之耳熟能详，我们习惯地认为，它是一种自然情感。可是，根据历史经验判断，在一个共同体中，少有其他情感像它那样难以建立和传播。我们可以看到，在瑞士的州中，它的状况是多么不完美；如第一次法国革命中大量暴力行为所表明的，除其他教训外，因缺乏这种情感造成的影响，甚至在一个高度聪明的民族中，都会产生致命的后果。可是，将这种政制道德情感不仅传播到任何共同体的多数人中，而且是全体民众中，对一个既自由又和平的政府来说，乃是必须，因为任何强有力且顽固的少数派，虽然他们没有强大到上台的程度，但可能让自由制度的运作变得不现实。在保护政制这个关键问题上，只有全体一致，或者多数派是如此强大，以至于接近全体一致，甚至那些不完全赞同政制的人也如此，才有可能使政制激情的热烈变成不流血的行动，同时却能让该国所有权力机关充分暴露在任性的和平和的批评面前。

在克里斯提尼时代——那碰巧与罗马国王逃亡同时，这种政制道德，即使在任何其他地方存在，肯定在雅典没有空间，在任何特定社会中首次创造这种情感，肯定被视为一个有趣的历史事实。借助于他改革的精神——平等的、民众的和全面的，远超此前雅典人的经历——他获得了公民群体中心的追随。但在新生的民主政治下的第一代领袖们中，由于他们有这样的先例可以回溯，不可能期待他们会对野心进行自我限定。所以，克里斯提尼需要找到一种手段，以消灭任何越界之徒，避免后来对他进行镇压的必然性，以及由此造成的流血和反动，在此过程中，政制的自由运作即使不会不可挽回地被消灭，至少也需要暂时终止。在民主政治下，要让一个人获得让人感觉他危险的影响，则公众必然看到了证据，从而使得人们有合理的办法来判断他的性格和意图。如今克里斯提尼提供的安全，就是动员公民群体就他未来的前景做出纯粹且简单的实在判断，这样，在两个强大的政治对手之间，他们就不可能过于长久地保持中立，在某种程度上，如我在前一章已经指出的，它遵循的是梭伦有关骚动中不得中立的规定。他把特权原则（借用罗马人的术语，它表示的不是赐予某人的特殊恩惠，而是强加的一种特殊的不便）纳入政制之中，但仅仅是在神圣而且规定明确的环境中，且事先做了充分的讨论和说明，并且由大多数公民实在的秘密投票决定。"任何法律，如果不是针对**所有**雅典公民，也不得针对任何个人，除非在6000名进行秘密投票的公民看来，它是有益的。"[37] 以上就是这种政制的普遍原则，其中陶片放逐法是一个具体的案例。在进行陶片放逐法投票之前，议事会和公民大会需要就此做出正当性的说明。在第六届主席团任期中，这两个机关要进行辩论，以确定共和国国体的威胁是否足以要求采取这样特殊的措施。[38] 如果他们的决定是肯定的，则指定一天，将广场圈围起来，留下10个入口，每个部落的公民一个入口，分别设置10个篮子或者器具，用于存储投票，选票是贝壳或陶片，上刻每个公民打算流放的人的名字。当天结束时，票数会得到清点，如果发现某人得到了6000票，则此人被流放。如果不足6000票，则仪式结束，什么都不会发生。[39] 在得到他需要离开阿提卡10年的通知后，被流放者有10天时间解决个人事务，但会保留他的财产，而且不会有任何其他惩罚。

在雅典，将人民的错误归为极其受欢迎的或有特权的少数人所犯各种错误，以及他们个人邪恶的兴趣，以为人民开脱，并不是雅典的原则，而且也无第三条道路存在，因为当时尚未理解代表制政府原理，在那些非常小的共同体中，也不方便运用。在人民的判断之外（雅典人的感觉如此），并无上诉对象。他们宏大的战略，是用最可能正确的保证为人民的判断保驾，同时用最好的保护手段，对抗操之过急、激情和私人的腐败。在他们看来，如果那样还得不到良好政府的政策，那就根本不可能得到了。当我下文讨论他们成熟的民主政治的运作时，我会更充分地就这个主题说明雅典人的方法。同时，就对新生民主政治这条伟大的保护措施——陶片放逐法投票——而言，我们会发现，克里斯提尼设计的这个办法——判决有效针对的是那个真正危险的人，而非任何其他人，因此他表现的远见，丝毫不亚于他的爱国主义。该法的主要目标，是使投票能够表达公众深思后的情绪，因而有别于纯粹的派别冲突。它所需要的选民的庞大基数（整个公民人口的六分之一）足以确保这个效果，特别是因为每次投票虽然都是秘密的，但明白无误地表达了真正的和独立的情感，既不能被强制，也无法收买。此外，克里斯提尼并不允许陶片放逐法投票被专门用来针对任何具体的公民。如果它针对的是所有人，则每个人都毫无例外地面对它的判决，因此地米斯托克利的朋友们不能利用它来对付阿利斯泰戴斯，后者的那些朋友也不能用它对付前者，并且让他们自己的领袖逃避面对被流放的可能性。所以，除非斗争白热化，双方都不愿放弃这个机会，人们才可能诉诸该法。白热化是日益增长的两败俱伤的敌意的准确标志，防止其走向顶峰的，正是陶片放逐法。此外，除非【议事会】和公民大会中比较中立的部分因案例被说服，否则它甚至都不可能获得批准。更重要的是，毕竟不是那次公民大会本身进行放逐投票，而是未来的某个日子，那时全体公民都被正式邀请来投票。正是通过这样的方式，人们确保的不仅是使陶片放逐法在保护政制时有效，而且防止它被用于任何其他目的。我们必须谨记，它发挥的监护性影响不仅仅限于它被实际执行的场合，单纯的对它可能被应用的认识，对那些伟人的行为也会产生克制效果。另外，尽管陶片放逐法本质上具有例外性质，但这种例外得到了政制本身的认可和限制，所以公民们在进行陶片放逐法投票时，无论如何都不会偏离政制或失去对它的尊敬。摆在他面前的问题是，"是否有任何人你认为对国家具有本质性的危险？如果有，是谁？"问题虽然模糊，但它的提出明确且合法。如果没有陶片放逐法，在遇到某个可疑的政治领袖某种特别设计的罪行，并且在法庭中被控告时，它可能会被间接地、不合法地提出来。这种滥用会具有陶片放逐法所有的不足，却缺乏保护性的益处。

克里斯提尼小心消除了陶片放逐法所有痛苦的后果，只有那些与流放不可分割的部分除外。这一点绝非设计它时所具有的智慧最无关痛痒的证据。最为肯定的，是它从未让公众失去具有政治影响力的候选人。当我们考虑到它施加的具体损害规模之小的时候，我们有两点相当充足的理由证明其合理性。就奇蒙和阿利斯泰戴斯的情况而论，因他们回归后情感的反转增加了他们随后受欢迎的程度，它的损害也被降低了。第一，它完全达到了它期望的效果，因为民主政治从呱呱落地发展到成年，不曾遭遇哪怕一次暴力推翻它的阴谋。[40]这个结果是克里斯提尼同时代任何有思考能力的人都不敢向往的。第二，由于民主政体如此平稳地运作，在雅典的重要人物中，产生了一种足够完美的政制道德，使得人民在一定的时日之后，能够取消陶片放逐法所提供的特殊保护措施。[41]对新生的民主政治而言，它是绝对必需的；对正在成长中但好斗的民主政治而言，它是有益的；但充分成熟的民主政治如果没有了它，能够而且的确站住了。约克里斯提尼之后90年，陶片放逐法被应用到叙佩波鲁斯头上，那是最后一次使用它。甚至这次也难以把它作为一个严肃的场合，它是两个杰出的雅典人（尼奇亚斯和阿克比亚戴斯）为了他们自己的政治目的而转换了一个已经逐渐过时的程序的阴谋，对于陶片放逐法，如果当时的雅典公民抱有父辈和祖辈曾经持有的它乃民主政治卫士那样严肃的态度，则这样的操纵也就不可能了。在克里斯提尼和叙佩波鲁斯之间，我们听说大约10个不同人物曾被陶片放逐法流放。首先是科拉尔古斯（Cholargus）德莫的希帕库斯，此人乃卡尔穆斯（Charmus）之子，最近被驱逐的庇西特拉图家族独裁者的亲属；[42]之后是阿利斯泰戴斯，地米斯托克利，奇蒙和麦莱西亚斯（Melesias）之子修昔底德（Thucydides），他们全都是知名的政治领袖。还有阿克比亚戴斯和麦加克莱斯（著名的阿克比亚戴斯父系和母系方面的祖父）以及卡利亚斯（Callias），他来自雅典另一个显赫家族。最后，是达蒙（Damon），伯里克利的诗歌和音乐老师，因哲学上的造诣知名。[43]最后这个案例体现了人性卑劣的一面，不管他是贵族派还是民主派。因为对两派来说，哲学的探索和哲学家的性格都一样不受欢迎，甚至克里斯提尼本人据说都被他自己的法律流放了，还有克桑提普斯（Xanthippus）。但最后这两位的史料薄弱，难以相信。[44] 米尔提亚戴斯根本没有被流放，而是因为在统帅任上行为不端受到审判，并且被判刑。

普鲁塔克证实，陶片放逐法源自民主政治固有的嫉妒和恶意，[45] 不是源自合理的恐惧，人们经常重复这个说法，却不那么愿意证实它并非实情。不仅因为陶片放逐法的作用常常是增加了那个对手被清除的政治领袖的影响，更重要的是，如果事实真如普鲁塔克所说，则这个制度理应与民主政制同寿，可是它随着叙佩波鲁斯的流放被终止了，与克里斯提尼时代比较，当时的政府绝对更加民主。事实上，它完全是民主政治及其最坚定盟友恐惧和不安全的产物，[46] 而且他们的恐惧是完全有理由的，只是因为采取了先发制人的措施阻止了攻击，因而显得没有必要。一旦政体道德使得公民群体不再严重担心出现攻击性的篡位者，陶片放逐法就停用了。由于伯里克利——他是雅典曾产生的最伟大的政治家，一直在政制范围内行事——长期享有优势，民主政制可以安全运行的感觉无疑得到了强化，而伯里克利的两个对手——奇蒙和修昔底德——企图流放他的图谋都遭遇了失败，尽管两人都有许多党徒，并且得到了伟大的喜剧作家的支持。那时喜剧在国家中的权势，处于前无古人后无来者的地位。他们成功煽起了公民群体对哲学家普遍的敌意，因而使得伯里克利的老师和朋友达蒙被流放，但伯里克利本人（用他尖刻的敌人、喜剧诗人克拉提努斯的话说[47]），"他头颅高昂，宛如音乐厅（Odeion）立于其上，因为贝壳放逐法已经成为过去"。如果伯里克利都不被视为政制的危险敌人，则他的继承人中，谁都不可能被认为会如此。达蒙和叙佩波鲁斯是最后两位被陶片放逐法流放的，两人是仅有的那项制度被明确滥用的例证，因为无论人们不喜欢二人的理由是什么，都不可能认为他们会危害国家，而所有已知的其他受害者的权力和地位，都是6000公民，至少是他们中的大部分人，把他们的名字刻在贝壳上的结果，他们所以这样做，很可能是极其真诚地相信，他们在捍卫政制，对抗真正的危险。被流放者人员特征上的这种变化，明白无误地表明，陶片放逐法与那种真诚爱国情感的谨慎——正是它最初使得陶片放逐法既合法又合民意——已经分离开来。它已经给两代人提供了难以估价的保护，它也活着看到自己两次被侮辱，然后，根据普遍的默许，变成了历史上的事物。

与陶片放逐法类似的程序在阿尔戈斯、[48]叙拉古以及某些其他希腊人的民主政制中曾经存在过，亚里士多德称，它被滥用于派别的意图。在叙拉古，它在盖隆王朝被驱逐后引入。狄奥多鲁斯证实，对它的使用是如此不公正，又如此广泛，以至于富人和有身份的人都绝不参与公共事务，因此之故，它很快被废止了。我们缺乏具体细节来评估这个一般性的说法，但我们绝不能做如

第四章 庇西特拉图家族被逐后的希腊事务

下推测：在雅典总体上运行如此良好的陶片放逐法，在其他国家也必然运行良好，更重要的是，我们不清楚它是否伴随着同样的预防性程序，也不清楚它是否需要同样庞大的最低票数，以使得流放有效。对这个本质上易于被滥用的制度，后一保证极具价值，但在狄奥多鲁斯关于橄榄叶放逐法——那是叙拉古这项制度的称呼——的简短叙述中，没有得到注意。[49]

这就是雅典最初的民主政治，它的产生既源自对希皮亚斯及其统治的反应，也是克里斯提尼与没有公民权的大众之间值得纪念的结盟的结果，不管这种结盟是自然的还是被迫的。它既与此前梭伦建立的缓和型寡头政治有别，也与自伯罗奔尼撒战争初期以降到伯里克利政治生涯即将结束时通行的充分成熟和协调的民主政治不同。事实上，它是一场显著的革命，在情感上给公民留下的印象——民主政治诉诸的就是这种情感——丝毫不亚于它在社会和政治生活中带来的明显的变化。它发现自己与新的武装同伴一起集合在重装步兵队列中；他发现自己被登录在一个新名单中；他的财产被登录于新的列表中，即他的德莫中，登录者是他的德莫长官，那是此前他没有见过的一个官职；他发现，根据法律的意图，一年被重新划分为10个区段，每段都以主席团的名字命名；每届主席团都标注了一场神圣而且自由发言的公民大会，他有权出席那样的会议，会议由被称为主席团的【议员们】召开和主持，不管是议事会成员的数量，还是他们的分配方式，都是新鲜的；他的政治义务如今通过作为部落成员来履行，并把他与来自阿提卡各个部分的部落同胞联系在一起。在阿提卡普通人的生活中，过去不曾出现这样的部落名称，这个名字又与阿提卡10位英雄中的一位相联系。在雅典广场上，如今他首次看到了这些英雄的雕像。所有这些以及其他可以感知的创新，在公民的日常生活中都能感受到。但所有创新中最伟大的，是真正承认10个新部落是拥有主权的德摩斯即人民，而且享有言论自由以及法律上的平等，抛开了所有源自胞族或氏族的特点；公民之间，除梭伦的四个财产等级以及据此产生的任职资格外，不再有任何区别。对相当大比例的公民而言，这个伟大的创新因下述事实而更具亲切感：它已经把他们从外侨和奴隶的低下位置抬升起来了。对大多数公民而言，它提供了一个光辉的、在希腊人思想上留下深刻印象的政治理念：它既能引发公民最为热诚的忠诚感，也能激发最为衷心的积极义务和服从感。现在我们需要看看他们新近创造的爱国主义如何表现出来了。

克里斯提尼和他的新政制非常彻底地赢得了民众的青睐，伊萨戈拉斯完全无力对抗，只好求之于克莱奥麦奈斯和拉凯戴蒙人的干涉。[50]克莱奥麦奈斯很乐意听从召唤，因为据称他与伊萨戈拉斯之妻有着亲密的关系。他准备亲自到雅典来，但他的第一个目标，是使民主政治失去它伟大的领袖克里斯提尼，因出自阿尔克麦翁家族，他据称沾染了从他曾祖父麦加克莱斯——篡位者库隆的摧毁者——那里继承来的罪恶。克莱奥麦奈斯遣使雅典，要求驱逐那些"被诅咒的家族"——他们的敌人就是如此称呼这

第四章 庇西特拉图家族被逐后的希腊事务

个家族的，80年后，拉凯戴蒙人玩弄同样的伎俩对付当时的伯里克利。这个要求是伊萨戈拉斯建议的，而且恰逢其时，所以克里斯提尼不敢挑战，自愿退出（阿提卡）了。结果克莱奥麦奈斯虽然仅带了一小支军队到达雅典，却发现自己成了该城的主人。在伊萨戈拉斯的煽动下，克莱奥麦奈斯把700户雅典人流放了，主要是从克里斯提尼一派中挑选出来的。他的下一个行动是解散新的五百人【议事会】，[51] 把政权全部交给他支持的首领的300名追随者。但是，此时新政制注入人民中的精神出现了。在庇西特拉图第一次篡位时，那时的【议事会】不仅没有抵抗，甚至还赞助了他的阴谋。如今，克里斯提尼新的【议事会】决心抗拒被解散，以一种反抗而且坚决的态度表现了他们的情绪，以至于克莱奥麦奈斯和伊萨戈拉斯完全不知所措。他们被迫退入卫城，采取守势，这种软弱的标志成了雅典人总起义的信号，他们把斯巴达国王包围在那片圣山上，后者显然没有预料到会遭遇抵抗，至少是那种强大的抵抗，因为在两天之后，他的给养就耗尽了，他被迫有条件地投降了。拉凯戴蒙人，还有伊萨戈拉斯，获准退往斯巴达，但那些与他一起被俘的雅典人被监禁，被判处死刑，[52] 并被人民处决了。

克里斯提尼，连同被流放的700户，立刻被召回了。由于初战告捷，他的新政制获得极大加强。可是，斯巴达重新启动攻击的前景相当严重，所以他遣使到波斯驻萨尔狄斯总督阿塔菲奈斯（Artaphernes）处，请求接纳雅典为波斯盟友。他可能还担心同住那里的被逐的希皮亚斯的阴谋。在首先了解了雅典人到底是谁、居于何处后,阿塔菲奈斯答称,如果他们把土和水送到波斯大王处,则他们可能被接纳为盟友,任何其他条件都无效。那些远离雅典的使者如此吃惊,以至于他们在长时间讨论后,才答应了这个象征无条件投降的(要求)。但在他们归来后,国人以轻蔑和愤怒的态度宣布使节们的做法无效。[53]

正是在这个时候,雅典和比奥提亚小城普拉提亚首次开始建立了联系。后者位于奇泰隆山(Kitaeron)北坡,即奇泰隆山与阿索普斯河(Asopus)之间,雅典通向底比斯的大道上。正是在这个场合,我们首次了解了比奥提亚人和他们的政制。比奥提亚联盟[54]由12~13座自治城镇组成,以底比斯为首,后者是,或据称是它们的母邦,普拉提亚是底比斯人建立的最后一座城市,[55]但受到他们的虐待,因此不满于他们与底比斯的同盟。当克莱奥麦奈斯自雅典回国时,普拉提亚人乘机向他面呈,渴求斯巴达保护他们对抗底比斯,并且无条件地把城镇和土地都交给斯巴达。斯巴达王根本无意接受这份除麻烦外什么也没有的信任,所以建议他们请求雅典人的保护,因为一旦需要,雅典离他们更近。他预见到这会使雅典与比奥提亚人纠缠,事实上,这种期望使他提出了那个建议,而普拉提亚人接受了。他们选择雅典人举行公祭的场合,派出他们的使节,后者以乞援人的身份坐在祭坛上,请求雅典人保护他们抗击底比斯。当时底比斯人入侵了普拉提亚的土地,因此亟须援助,雅典军队真出发了,前去保卫普拉提亚。战斗一触即发之际，科林斯人介入仲裁，双方都同意仲裁。他们的决定完全偏向普拉提亚，宣布底比斯人无权以暴力手段进攻任何正脱离比奥提亚同盟的成员。[56] 底比斯人发现裁决对他们不利，拒绝受裁定的约束，并且进攻了回国途中的雅典人，但遭遇完败。对这种背信弃义的行为，雅典人把底比斯阿索普斯河以南的土地给予普拉提亚人，并且把该河作为两国之间的边界。可是，除比奥提亚人的敌意外，如克莱奥麦奈斯预见的那样，雅典人这次的成功一无所获。他们与普拉提亚人之间的同盟长期延续，在历史发展过程中，发生了数次值得我们同情的事情。除一个光荣场合外，[57] 它对一方产生的仅有负担，但对另一方来说，却缺乏足够的保护。

同时，克莱奥麦奈斯返回了斯巴达，心中充溢着对雅典人的仇恨，因此决心惩罚他们，并且把自己的朋友伊萨戈拉斯扶上独裁者的宝座。可是，因为那段耻辱的经历已经教育了他，他知道那绝非易事，在没有集合起一支相当的力量之前，不敢做此尝试。他召集了伯罗奔尼撒各国的同盟者，但并未告诉他们他打算从事的工作。同时，他设计了与比奥提亚人以及优卑亚的卡尔奇斯人协同全面入侵阿提卡的计划。对于他们对雅典的敌意，他似乎较之对伯罗奔尼撒人具有更大的信心，因为他不担心比奥提亚人和卡尔奇斯人了解他的计划，而且比奥提亚人最近可能因为雅典对普拉提亚事务的干涉而大为愤怒。准备工作一旦完成，两位斯巴达国王即克莱奥麦奈斯和戴马拉图斯（Demaratus）统率着伯罗奔尼撒联军向阿提卡进军，兵锋远达埃琉西斯。但当同盟者逐渐了解他们将被利用的意图之后，不满情绪在他们中间就产生了。他们对雅典并无不友善的理由，科林斯人尤其如此，对那座城邦是偏爱而无任何其他想法，因此决定不再前进。同时，国王戴马拉图斯或许也分有这种普遍不满的情绪，或因某种此前不曾表现出来的对自己同僚的不满，放弃了这个计划。这两个例证表达了盟友中间此前普遍存在的情绪，使得整个军队四分五裂，一枪不发地返回了国内。[58]

这里我们或许会注意到，这是目前所知的第一个例证：斯巴达人作为负有义务的伯罗奔尼撒同盟的头脑行事，从各个城邦征集军队，并将军队置于斯巴达国王统率之下。此前它的领导地位仅在理论上得到承认，如今被付诸了行动。但方式不令人满意，结果证明，事先需要布置和协同，而那不会长期缺位的。

比奥提亚人和卡尔奇斯人响应了计划，在克莱奥麦奈斯进入阿提卡时，同时进攻雅典。比奥提亚人夺取了奥伊诺伊（Oenoe）和叙西埃（Hysiae），那是雅典靠近普拉提亚一边的边疆德莫；卡尔奇斯人进攻正对着优卑亚的东北边境。因三面遭遇入侵，雅典人处境险恶，被迫把所有兵力集中在埃琉西斯抗击克莱奥麦奈斯，置比奥提亚人和卡尔奇斯人于不顾。但来自伯罗奔尼撒的入侵军的意外解散，成了雅典人的救命稻草，使他们能够把所有注意力转向其他边境。他们向比奥提亚进军，一直挺进到名为欧利普斯（Euripus）的海峡——它把阿提卡与优卑亚分开，意在阻

第四章　庇西特拉图家族被逐后的希腊事务

击比奥提亚人和卡尔奇斯人合兵，并且首先攻击了卡尔奇斯人。但比奥提亚人的到来改变了他们的计划，于是他们首先攻击比奥提亚人，获得了一场彻底的胜利：杀死大量敌人并抓获700名俘虏。就在同一天，他们渡海进入优卑亚，进攻卡尔奇斯人，而且获得了另一场极具决定性的胜利，使得战争马上终止。许多卡尔奇斯人，还有比奥提亚人被俘，并被捆缚送往雅典。在那里，经过一段时间的拘留后，最终以每人两个明那的赎金被释放。因此聚集起来的资金中，十分之一被用来铸造了一辆青铜战车和四匹马，并把它们安置在卫城上来纪念这次战争的胜利。当希罗多德在雅典时，他看到过这座纪念碑。他还看到了另一种更有表现力的纪念品：捆缚战俘们实际使用的锁链，它们的外表仍带有薛西斯（Xerxes）烧毁卫城时所造成的损坏。一份四行的铭文描述了这次献祭，并且记录了产生它们的那次胜利。[59]

因这次胜利产生的另一具有某些重要性的后果，是雅典人把他们的4000名公民作为份地持有者，或曰定居者，安置在卡尔奇斯名为骑士的富裕寡头分子的土地上，后者可能是卡尔奇斯与埃莱特利亚（Eretria）之间肥沃的拉兰丁平原（Lelantum）上的地主。我们会发现，这样一种制度在雅典人的鼎盛时期会被他们广泛推广，部分意在养活他们中比较贫穷的公民，部分意在作为敌视或忠诚度可疑地区的警戒部队。这些份地持有者并未失去他们生而具有的作为雅典公民的权利，他们不是希腊人意义上的殖民者，而且他们的称呼完全不同，但他们与罗马人正式安置在被征服地区的殖民地非常接近。相对贫穷的人口的增加,是每个希腊人城邦都能感受到的,只是领悟痛苦的程度不同,因为尽管总人口的增长似乎从未特别迅速,然而贫穷家庭中孩子成倍数的增长,造成了小块土地的再次瓜分,直至最终他们无力供养自己,那些因此堕入贫穷的人发现,他们难以用其他方式糊口,尤其是比较富裕的阶级所需要的劳工大多由进口奴隶充当,恶化了穷人的处境。有些拥有土地财产的家庭无疑会绝嗣,可是这根本不可能使那些比较贫穷和较小的地主受益,因为因此多出来的土地不是转给了他们,而是通过继承、赠予或通婚,大多转给了那些日子滋润的其他财主,因为一个富裕的家庭通常会和另一富户通婚。雅典派出的数量众多的份地持有者中,派往优卑亚的是第一批,很大程度上源自贫困人口数量的增长,她利用自己扩大的权威来供养他们。她后来带有同样目的的做法,并不像我们正讨论的这一个总是那么有正当理由,根据当时的理念,这是她反击卡尔奇斯人成功后自然的做法。

可是,雅典与底比斯及其比奥提亚盟友之间的战争仍在继续,后者处境极其不利,多次失败,最终,绝望的底比斯人遣使寻求德尔菲神谕的建议,神谕指示他们"向距离他们最近的人请求"。[60]他们答称,"那我们该服从谁呢?我们最近的邻邦是塔纳格拉(Tanagra)、科罗奈亚(Koroneia)和泰斯皮埃(Thespiae),如今而且从开始就一直尽全力帮助我们"。不过,一个天才的底比斯人让他迷惘的同胞们恍然大悟。他深层发掘了传说,给传说

第四章 庇西特拉图家族被逐后的希腊事务

赋予幸运的含义，(他说)"那距离我们最近的人是埃吉纳的居民，因为泰贝（Thebe，底比斯的名祖）和埃吉纳（那座岛屿的名祖）是阿索普斯的女儿和姐妹。让我们请求埃吉纳人的帮助"。即使这个精巧的解释（基础是他们都是传说中同一始祖的后代）未能马上说服那些听到这个说法的人，至少是谁也没有更好的主意。他们马上遣使埃吉纳人，后者对这个以传说为基础提出的请求做出的回应，是给底比斯人派出了一支传说备受尊敬的辅助力量：埃亚科斯家（Aeakid）的英雄们。我们需要猜想它们的肖像是什么含义。不过，埃亚科斯家的泰拉蒙（Telamôn）和佩琉斯（Pêleus）曾经的光辉及其出现在底比斯人军营中，没有任何用处，胜利仍属于雅典人一边。于是沮丧的底比斯人再度遣使埃吉纳，归还了英雄们，[61] 请求派出更加世俗和实在的援助。他们的请求得到了恩准，埃吉纳人开始了对雅典的战争，甚至都没有体面地预先派出使节和宣战。[62]

这个特殊的使团首次让我们熟悉了埃吉纳的多利安人，他们是寡头制的、富有的和商业的民族，而且甚至在很早的时候，就是海上强国，更接近科林斯而非任何其他被称为多利安人的城邦。他们对雅典不宣而战的敌意在马拉松战役的关键时刻曾被斯巴达压制，因薛西斯统率的波斯人入侵的共同危险一度平息，但仅仅是随着那个事件约20年后该岛的被征服，以及其居民的被驱逐与消灭，才得到解决。事实上，据希罗多德记载，[63] 雅典和埃吉纳之间的对抗历史非常悠久，他提供的独一无二的叙述表明，敌意混合了宗教、政治以及对古代传统的解释等。但在底比斯人从埃吉纳请求帮助时，后者正与雅典处于和平中。埃吉纳人利用了他们当时强大的舰队劫掠法莱隆和阿提卡沿海的德莫，而雅典人尚无舰队可以抵御他们。[64] 可能的情况是，攻击产生了期待的效果，使雅典分出了对抗比奥提亚的部分力量，因而部分缓解了底比斯的（处境）。但是，雅典对两个国家的战争持续了相当时间，只是我们完全缺少有关细节的资料。

同时，雅典的注意力转移到一片更具威胁性的阴云上了，威胁来自斯巴达方面。克莱奥麦奈斯和他的同胞对在埃琉西斯不光彩的临阵退却充满了愤怒，最近的发现似乎让他更加恼怒：德尔菲女祭司要求从雅典驱逐希皮亚斯竟然是通过欺骗手段提出的。[65] 更重要的是，当克莱奥麦奈斯与伊萨戈拉斯被封锁在雅典卫城中时，他发现被庇西特拉图家族之前珍藏在那里的各种神谕，其中不少预言了对斯巴达来说是极其灾难性的事件。而雅典方面最近展现出来的无畏气概和不断胜利，似乎表明这些神谕或许都可能实现。斯巴达必须自责的，是由于克莱奥麦奈斯愚蠢和糟糕的行动，他们此前帮助进攻庇西特拉图家族所获得的影响已然失去，而且失去了雅典人本来会表现出的感恩回报。基于这样的印象，斯巴达当局迈出了引人注目的一步：派人把希皮亚斯从西盖翁的住所接到伯罗奔尼撒，并且召集他们所有的盟友去斯巴达会见希皮亚斯。

如此召集起来的会议值得注意，因为它是希腊政治新时代

第四章　庇西特拉图家族被逐后的希腊事务

的发端。克莱奥麦奈斯此前对阿提卡的远征，是我们所知的斯巴达领导权从理论转入行动的第一个例证。那场远征计划不周，因为盟友虽然追随，但不愿盲目追随，也不会成为执行他们所厌恶的计划的工具。斯巴达如今认识到，为了确保盟友衷心服从，它必须让盟友清楚自己的打算，以便至少确保计划不会遭遇顽固的反对。不管这个制度多么不完善，它都是希腊自然走向众多自治单位系统性整合运动的第三阶段。首先，是理论上提议斯巴达享有领导权，机缘巧合的是，它的实力、无与伦比的训练以及自古以来的平和，使它获得了全希腊的钦佩。其次，从理论转向行动，不仅粗糙而且缺乏规划。最后，行动被披上了程序的外衣，而且行动之前有讨论和决定。为了一个供它们考虑的共同目标，首次在斯巴达召集盟友开会，很可能被视为希腊政治史上一个重要的事件，召集会议的程序同样重要，因为那是那时的希腊人感受和行动的方式的表现，因此我们必须记住，它与我们将要描述的后来的时期之间正好相反。

在希皮亚斯被介绍给聚集起来的盟友后，斯巴达人表达了他们因把他赶下王位而产生的痛苦，以及他们对雅典新生的傲慢的憎恨与惊诧。[66]这种傲慢已经被雅典的近邻感受到了，而且对出席会议的所有国家也都是威胁。他们渴望让希皮亚斯复辟，与其说是为了补救过去的错误，不如说是通过他的统治，使雅典地位下降，变成依附者。然而，虽然建议来自斯巴达，却让听到的盟友们一致厌恶。他们并不同情希皮亚斯，对雅典并无不快，更不用说恐惧了,但他们极其仇视一个独裁者的性格。那种曾在埃琉西斯激发各武装支队的精神,在那些于斯巴达出席会议的代表中间再度出现,科林斯人再度发出了倡议。他们的代表索西克莱斯(Sosikles)以最为激烈和愤怒的情绪抗议这个计划。希罗多德借索西克莱斯之口发表的长篇演说,语气之严厉绝无仅有。在那里,他滔滔不绝地道出了科林斯流行的有关库普塞鲁斯和佩利安戴的记忆,"可以肯定,这事要让天空和大地移位,让鱼类居住在干燥的陆地上,让人类入住大海中,而你们,斯巴达人啊,建议颠覆受欢迎的政府,在城邦中建立被称为独裁统治的政治,[67]是残暴且血腥的事物。你们自己首先在斯巴达尝试一下,如果可能,然后你们再把它强加给其他城邦吧。如果你们也和我们一样经历过这样的灾难,那你们就会小心地让它远离你们自己了。凭希腊共同的神灵起誓,我们请求你们不要在她的城市中树立独裁者;如果你们坚持如此残暴的计划,则你们要知道,科林斯人不会附和你们"。

这个生动的诉求获得了同盟者的喝彩和赞同。所有人都一致站在索西克莱斯一边反对拉凯戴蒙人,[68]要求它"不要对任何希腊城邦进行革命"。当希皮亚斯回应时,没有任何人听他的。他警告科林斯人说,那样的时候终会来临——那时他们会比任何人都害怕并且憎恨雅典民主,并且希望庇西特拉图的后代再度复辟,而且他很清楚(希罗多德宣称)这样的时候会到来,因为他比任何人都熟悉神谕。但当时谁也不相信他的话,于是他被迫离

第四章　庇西特拉图家族被逐后的希腊事务

开，踏上前往西盖翁的归途。面对同盟者顽强的反对，斯巴达人不敢冒险支持希皮亚斯的事业。[69]

那种顽强的反对值得注意，因为它展现了当时希腊思想的特征。50年后人们会发现，它发生了本质性的变化。对于个人统治的厌恶，以及对库普塞鲁斯和佩利安戴之类人物的痛苦记忆，如今是回荡在希腊代表会议上的旋律。革命观念（它暗示的是使用这个词的一方所不赞同的有机而且综合性的变化）的含义在于，用那些周期轮转的官职和公民大会取代一个永久性的"一人"，前两者是寡头制和民主制的特征。当时这两者之间的对比尚隐在背景之中，对雅典的恐惧和对雅典民主的仇恨，都还不流行。但当我们转向伯罗奔尼撒战争爆发前夕时，我们会发现，这两种情绪的秩序发生了逆转。反对君主制的情绪固然尚未消亡，但已经被另一种而且更加晚近的政治对立覆盖了：寡头政治和民主政治之间的对抗，即使实际上没有成为当时唯一的情绪，至少普遍成了希腊政治家心目中最为重要的情绪。与之并行的灵魂，是活跃的党派运动。更重要的是，对雅典以及她的民主政治，已经产生了一种极其决绝的仇恨，在那些如今同情雅典的朋友的科林斯人的孙辈中，尤其如此。这里提到的感情上的这种变化，如果我们将刚刚叙述的科林斯人索西克莱斯的发言，与伯罗奔尼撒战争前夕科林斯使节在斯巴达的演说——那是修昔底德给我们提供的——做一个比较，则这里提及的情感上的显著变化，再没有任何其他演说较其更加鲜明了。[70]在后文有关中间时期事件、雅典势力的崛起以及雅典人能量更神奇的发展的叙述中,我们会对此做更充分的解释。

在刚刚触及的整个时期,这种发展在继续前进。它既是新生的民主政治的成果,也是它得以持续和光大的种子。但是,在克里斯提尼政制以及驱逐希皮亚斯后第一次出人意料的爆发,得到了希罗多德的描述,而且极其突出,不容省略。在叙述了雅典人对比奥提亚人和卡尔奇斯人连续的胜利后,这位史学家接着说,"雅典的力量就这样成长起来了。不仅在这个例证上,而且在所有其他例证中,我们都可以看到这样的证据:自由是一件多么珍贵的事物。因为甚至是雅典人,当他们处于独裁者统治下时,在战争中绝不比任何近邻高明,但一旦他们摆脱了独裁者,就成为所有人中最优秀的了。这些事实证明,当他们被一人压迫时,他们散漫且怯懦,犹如为主人工作一般;一旦他们获得解放,则每个人都渴望为自己的利益出力了"。稍后,同样的比较再度出现,他告诉我们,"当雅典人自由时,他们感觉自己可以匹敌斯巴达,但在受到一个人独裁统治时,他们就软弱而且愿意屈服"。[71]

雅典人民因他们新的民主政治而获得的迅速提升,再不能找到比这更强的表达了。当然,这不仅仅源自此前残暴制度的废止,也非更好的法律和管理。事实上,这些是基本条件,但积极转变的原因在于原则和体系,具体的变革都是细节。这个原则是拥有主权的人民的新观念,他们由自由且平等的公民组成,用深刻影响了半个世纪前法国人民的话来说,就是自由和平等。[72]对雅典人产生电击式效果的,正是这个综合性的政治观念,它在他们中间创造了一种情感、动机、同情和能力的集合体,此前他们对这些是完全陌生的。在古代希腊,民主政治拥有的特殊优势,不仅能在公民的心中点燃对政制真诚而且一致的忠诚感,而且能够创造出在寡头制下永远不可能得到的公共与私人活动能量,在寡头制下,人们能够期望的最好结果,是被动默认和服从。柏克(E. Burke)曾评论说,人民大众对于政府理论一般来说非常冷漠,但在那些在其他问题上表现出积极的智力活动和精神的民族中,这种冷漠(尽管在所有政府的实际运作中,通过改良培育冷漠)难以期待。在公元前500年古代希腊人的共同体中,真实的情况无疑相反。政府理论即使有,也不过是毫无生气的文字。与它们联系的,是那种极其强烈的情绪以及完全相反的特点。例如,永远由一人统治的理论普遍让人厌恶;少数人的统治,尽管被默认,除非它与某种独特的教育制度和习惯的保持——例如在斯巴达——相联系,或在那种它成为民主政治仅有的对抗理论的情况下——那时民主政治因独特的环境成了恐惧的目标——否则少数人统治从未真正具有吸引力。但民主政治理论极具吸引力,它在公民大众中创造出一种深沉的实在的归属感,引导他们自愿采取行动,并且为其承受苦难,根本不需要政府方面的强制。在对三种政体进行比较时,希罗多德[73]认为民主政治首当其冲的优点,是"它最光辉的名字和愿景"——它能赢得公民对政制的衷心支持,并且为联合与友爱提供共同的纽带。这甚至都不是民主政治总能做大的事情，但希腊的任何其他政府**根本不能**做到。只要一个理由，我们就足以宣布它是一个希腊人共同体最好的政府，而且最有可能产生有益的结果。可以肯定，它给雅典公民提供了一种力量，一种统一的积极政治情感，在人类历史上，这种情况极其罕见；当我们把民主政治与此前存在的冷漠，以及梭伦所暗示的当时公众心态的自然状态——在骚动中禁止中立——进行比较时，[74]民主政治让我们更加惊喜和钦佩。由于民主政治碰巧不对大多数现代读者的胃口，他们习惯于只到那种特别不体面的表现中——例如阿里斯托芬的嘲讽或演说家们空洞的常识——去看待这里描述的情感。但是，要估价雅典的民主情感的力量、真诚与纽带价值，我们就不能用这种方式。我们必须听取的是出自伯里克利之口的话语，[75]当时他正努力要求人民履行那些积极的义务，这些义务给公民们注入了动力，提供了勇气。我们也要听取寡头派的尼奇亚斯在叙拉古港口中的演说，当时他正试图恢复绝望的军队的勇气以做最后的殊死搏斗。即使在那个悲伤的时刻，他仍诉之于公民们民主政治的爱国热情，把它作为仍然活着和燃烧的火焰。[76]自克里斯提尼时代以降，这种新的全能动力的创造，让雅典人的性格发生了全面的革命。如果这个变革在希罗多德的眼里仍如此显著，则在变革发生的当代人中间，人们的感受必定要强烈得多。

雅典公民对民主政制的忠诚由两个不同序列的情感构成。第一，是权利，以及因此产生的保护与益处；第二，是尽义务，

第四章　庞西特拉图家族被逐后的希腊事务

以及为民主政治和在涉及民主政治时做出牺牲。两种序列的情感中的任何一个都从不曾完全缺失，但在不同时期，两者中的这个或那个会以不同比例出现，公民的爱国主义是一种非常不同的情感。希罗多德的评论是雅典人突然展现出了异乎寻常的全身心投入，是在整个公民群体上，那种积极情感的迸发。当我们向下追溯从克里斯提尼到伯罗奔尼撒战争结束的时期时，我们会注意到同一现象甚至更加引人注目的证据，我们会留意到一系列的事件和意图，经过精心设计，意在激起那种自我要求的、早期民主政治初次唤起的付出和纪律。但当我们进一步向下延伸，到德摩斯提尼时代时（我相信要彻底理解一个时期的希腊史，只有通过与其他时期对比才能得到，因此大胆简短前瞻），我们会发现雅典爱国主义中一种显著的变化。积极的义务感相对沉寂，确实，对民主政治的价值，公民仍有敏锐的感受，因为它保护他并且确保他珍贵的权利，而且他本人愿意为民主政治履行法律规定的普通义务，但认为那是一种天经地义的事情，而且能够在外部势力占一定优势时仍能保持民主政治，但不会付出他们的先辈们乐于加在他们自己身上的任何个人的努力。德摩斯提尼的演说包含着爱国主义中这种变化了的氛围的可悲证据：尽管雅典人把民主政治作为保护之源和良好政府的忠诚感并未降低，但他们无精打采且懒散，等待他人动手。这种情绪的出现早于喀罗尼亚战役。[77]伯罗奔尼撒战争初期斯巴达盟友既憎恨又艳羡的雅典人具有的同样异乎寻常的活跃精神，得到了属于他们的敌人腓力的演说家们的注意。民族动能上的这种变化充溢着历史，不管是古代还是现代的历史，但就希腊历史论，它们从不会被忽视。某种程度的实在的政治忠诚，还有积极的自我献身，军事上的积极和个人的努力，是维持希腊——不管是雅典还是其他地区——自治不可或缺的条件，当马其顿人一旦被一个野心勃勃而且半希腊化的国王组织起来时，它们比以往任何时候都更加热烈。自克里斯提尼以降的100年里，民主政治是那种令人惊奇的个人和多面能力——那是雅典人性格的特征——产生的首要的创造性原因。同样的超希腊精神不再持续，还有其他原因，我们将在后文提供部分解释。没有任何政府体系，甚至当我们假设它处在较雅典民主政治更加优秀、更加无误的状态时，也不敢假装宣称完成不符合民族性格的合法目标，或者以之取代个人美德与活力的必然性。就在喀罗尼亚战役前的半个世纪里，雅典人已经失去了他们那特殊的活力，而非常接近于其他希腊人的水平，与那些面对外敌的压力时不得不服从的人趋同。在此前一个世纪的民主政治中，正是这种活力把他们与其他人区分开来。这里我简短地评论了他们最后一个时期的懒散，与克里斯提尼如今打开的民主热情的首次喷发形成对照。当我们接着叙述时，我们会发现，那种人性持续的时间，比我们合理期待的要更加长久，但它太过高标准，因而不可能成为任何共同体内在的、永恒的特性。

第四章　庇西特拉图家族被逐后的希腊事务

附录一
克里斯提尼改革

【《雅典政制》（c. xxi. ff.）并未大大提升我们对克里斯提尼改革细节的了解。那里的一般描述总体上看与格罗特引用的史料在所有基本点上都是吻合的。某些点上值得特别注意。

据《雅典政制》，（1）克里斯提尼把人民划分为10个部落，以便更多的人可以分享作为公民的特权（格罗特也是如此认为），部落组织可能完全与氏族和胞族切割。换句话说，古老的地方宗教单位与政治可能全无联系了。部落改革针对地方主义的特点进一步得到了强调：它们的名字系皮提亚祭司从提议的100个阿提卡英雄[78]的名字中挑选的。（2）整个国家被划分为三组30个部分，即城区、海岸（Paralia）和内地（Mesogaea），每组包含10个三一区。10个部落中，每个都根据抽签被分配给三个三一区（这种划分进一步体现了克里斯提尼制度针对地方主义的特点）。（3）每个德莫是居民组织的一个政治单位，即他们被视为"德莫同乡"。（4）（政治上）48个造船区被德莫取代。

如此分配的主要难点如下：

1. 我们的结论必然是：每个部落的土地都是三个部分，每个部分可能由一个或数个德莫组成。可以期待的，是每个部落的德莫被划分为三组，但实际情况并非如此。所以，埃安提斯部落由法莱隆和马拉松地区北部的11个德莫组成。也就是说，该部

落的德莫是两组，其他部落的德莫有5组或6组的。⁷⁹

2. 要精确确定"城区""海岸"和"内地"的地理范围，根本不可能。城区实际上与古代的"平原"（Pedion）一致，但克里斯提尼的"海岸"较古代的海岸区更加广大，后者仅仅包括南部沿海地区。

3.《雅典政制》似乎认为，德莫是克里斯提尼的创造，但有明确的证据表明，它们是原始的单位，因此希罗多德（ix. 73）在谈到戴凯莱亚时，宣称"狄奥斯库里创建了德莫"，并且谈到了"城市与德莫"之间的敌对。我们可以相当有把握地得出结论：乡村德莫并不是克里斯提尼创立的，他仅仅赋予了它们政治意义，而雅典的德莫是由他设立的。

4. 希罗多德说，克里斯提尼按照 δέκα εἰς τὰς φυλάς 分配德莫，也就是说，每个部落10个德莫。⁸⁰《雅典政制》根本未提此事，显然，在这样一种对称的安排中，将德莫分配到30个三一区会不合时宜。此外，如格罗特所说，我们没有任何理由认为最初刚好有100个德莫【斯特拉波（第396页）提供的数字是174个，从铭文中复原的德莫名字大概是170个】。曾有人认为，德莫数最初是100个，后来增加了，以防止某些地区人口增长造成的不平等。但是，（1）德莫的规模最初肯定就存在差异，例如，在北方的山区德莫和雅典港口法莱隆的德莫之间。（2）后来人口并未保持平等，因为在随后的200年中，有些德莫的人口从100人增加到200人，而战士最多（μέρα μέρος τῆς πολέως）

的德莫阿卡奈或许可以征集3000名重装步兵。（3）上述观点的全部论证基于对德莫性质的误解。事实上，德莫成员资格是世袭的，即使因为商业或其他原因他可能居住在其他德莫，但此人仍保留他与德莫的联系，为此他需要支付一种税收（这类人被称为ἐγκεκτημένος）。

5. 下一个难题涉及克里斯提尼纳入公民队伍的那些人（前文第60页）。从《政治学》看，他显然并未把居住在阿提卡的外国人和某些奴隶（或许是解放奴隶，他们可能已经获得一定社会地位）纳入。可以设想，前者是商人，接纳他们不仅会增强他本人的党派，而且会从总体上加强国家。然而，他所做的明显不止如此。从《雅典政制》（xiii. 5）中，我们注意到，当时有一批处于公民群体外的阶层，血统不纯（τῷ γένει μὴ καθαροί）；由于显而易见的原因，这些人强力支持庇西特拉图家族，在后者被驱逐后，他们肯定被视为通过特殊投票获得公民权（διαψηφισμός）的人，缺乏自己特有的区域。

这份命令的提议者无人提及，自然的假设是，它是伊萨戈拉斯计划的一部分，但据《雅典政制》，他是"僭主之友"，[81]不会如此愚蠢，通过一道针对与自己持有同样政治观点的人的法令。[82]确实，作为庇西特拉图家族的敌人，情况似乎是克里斯提尼肯定在返回后马上就通过了这道法令，后来，因被伊萨戈拉斯击败（他当选为公元前508年执政官），他180度大转弯，作为一种政治手段，可能建议大规模接纳那些受到质疑的人。

无论这个推断是否正确，可以确定的是，格罗特的论证：除接纳外国人和奴隶外，克里斯提尼还扩大了公民队伍的基础。希罗多德和《雅典政制》都同等强调，公民权是他赢得民众支持的一个筹码。

6. 最近的评论仅仅是证明了格罗特的观点：五百人议事会是克里斯提尼架构的基石。虽然我们无法赞同那些坚持克里斯提尼之前并无议事会存在的学者的观点，[83] 但非常清楚的是，在梭伦和公元前510年之间对这个议事会的活动完全缺乏记载，表明从克里斯提尼时起，议事会获得了新的重要性，它逐渐被视为真正的行政机关，而公民大会很少集会（一个月四次），而且规模太大，无法进行真正的讨论。议事会是一个连续集会的紧凑的机关，虽然一个议员任职不得超过两届（*Ath. Pol.*, c. 62），但我们可以公正地认为，当时有某种保持政策连续性的办法。更重要的是，在他们一年任期结束后，议员需要为他们对责任的履行做出说明，他们的继任者的预审（δοκιμασία）必然也使得他们能清醒地进行讨论，后者并不必然是公民大会程序的特征。在这个问题上，重要的是要记住，至少在两个极其重要的场合，议事会被授予了全权：（1）遣使腓力（Demosthenes, *Fals. Leg.*, p. 389）和（2）调查西西里远征前夜发生的赫尔麦斯（Hermes）神像被毁案。公元前5世纪中期的雅典人赋予这个机关的重要性得到了铭文的证实（其他例证之外），那是公元前450年左右强加给埃吕特莱的，其中包括一个据认为职能类似的机关。总之，希腊民主政治恰当的运作，不可避免地以这类议事会为前提。

7. 最后，必须对陶片放逐法说上几句。在本章的上文中，格罗特以相当大的篇幅讨论了它的优点。《雅典政制》（c. xxii.）明确宣布，克里斯提尼发明了这个制度，意在摆脱僭主们，然而，直到公元前488年，庇西特拉图家族的第一个牺牲者希帕库斯才被驱逐。对此问题，我们没有答案。此外，如果这就是该法最初的目的，则在马拉松战役后，目标根本就不存在了，因为它最终浇灭了前僭主们可能抱有的任何希望。要证明它较现存的 στάσις 更加优越，显然是跑题了。

我们可以认为，陶片放逐法最好就是个权宜之计，最糟时是个纯粹的政治工具，对牺牲者来说，它是不公平的，对于国家是有害的，对于政党制度，则是灾难。实践中，它要求人民要高度自控，判断明智，但那个投票反对阿利斯泰戴斯——因为后者总是被称为"公正者"——的人的故事表明，它的结果并不幸福。人们完全可以争辩说，在薛西斯入侵期间使雅典失去了克桑提波斯和阿利斯泰戴斯的帮助，在塔纳格拉战役期间失去了奇蒙的帮助的那个制度，已经给自己定了罪。以它激起了民族意识为其辩护，则再度让人想起了阿利斯泰戴斯的故事，并且让我们怀疑，在此方面，雅典人是否因公民大会以及他们作为陪审员的服务至少得到了足够的动员。这个制度真正的意义在于，它把对政制最终的保护权从战神山议事会转移到了公民大会。[84]——编者】

附录二
雅典与埃吉纳

【从希罗多德的记载中恢复埃吉纳和雅典关系的历史（它几乎就是该岛历史的全部）非常困难。它们的争斗被回溯到有关达米亚（Damia）和奥克塞西亚（Auxesia）神像奇怪的敌对，它们是埃吉纳人从埃皮道鲁斯（Epidaurus）搬走的。埃皮道鲁斯一年一度地给雅典送去贡品，以示对神像乃阿提卡橄榄木制作这一事实的承认。埃吉纳人停止了这种礼仪性行动，但当雅典人试图搬走神像时，神像跪了下来，埃吉纳人对敌人发起了进攻，只有一个雅典人幸存。他回国后，被雅典妇女们杀死。对于这个事件，希罗多德没有提供年代。马坎（R. W. Macan）和伯里认为约为公元前570年。但这个故事显示，它是一种解释性神话，以说明神像的跪姿以及两个城邦某些古代的风俗。

公元前5世纪的战争提出了特点不同的问题。据希罗多德——那是唯一的史料，当埃吉纳坚定地加入底比斯人一边时（公元前507年后不久），雅典人打算毫不犹豫地发动严厉攻击，尽管神谕要求他们小心埃亚科斯（Aeakus）的圣所，并且只有在30年后才能期待胜利。但雅典人的行动因斯巴达为希皮亚斯采取的行动而被中断。随后（这必然是可以预料的事件）埃吉纳在公元前491年投降波斯。雅典说服斯巴达惩罚这种背叛，克莱奥麦奈斯在第一次失败后，带着他的新同道莱奥提奇戴斯

（Leotychides）成功索取了人质，并把他们交给雅典（据希罗多德，是公元前491—前490年）。他死后，雅典人拒绝交还人质，战争成为必然。雅典人尽管得到了叛徒尼科德罗穆斯（Nikodromus）的帮助，但无疑仍遭遇了失败。

这个叙述的问题在于：

1. 希罗多德明显认为，战争从公元前507年延续到公元前481年（地峡大会之时）。如他所说，虽然那是那时希腊最重要的战争，除公元前491—前490年外，他并未做任何叙述。

2. 如果战争的高潮在公元前498年（请见第155页注释12），雅典人如何敢派出20条战船（从如此之小的舰队中）去帮助拉戴的伊奥尼亚人？

可敬的沃克（Rev. E. M. Walker）提出了下述解决办法。唯一确定的年代是公元前458年，即雅典最后胜利的年代。神谕谈到从献纳埃亚科斯（神像）到那场胜利是30年，这样就是公元前488年。如果我们进一步考虑，（1）正是在公元前483—前482年，地米斯托克利说服雅典人将战船增加到200艘；（2）后来的历史学家（Eusebius, *Chron. Can.*）所说的埃吉纳势力最伟大的时期，正是公元前490—前480年，则我们很有理由得出下述结论：虽然公元前507年以后埃吉纳可能同情底比斯，但它拒绝提供实在的帮助，战争实际爆发于公元前488年，也就是雅典拒绝交出人质之时。——编者】

1 | Herodt., v. 66-69.
2 | 《雅典政制》（cc. xix., xx.）对庇西特拉图家族被逐实际上提供了相同的叙述。但是它宣称（c. xxi），虽然克里斯提尼马上得到了人民支持，但只是在伊萨戈拉斯最终被驱逐后的第四年，克里斯提尼才拟定了他的政制。意识到伊萨戈拉斯事实上当选为当年（公元前508/507）的执政官极其重要，它表明斗争是长期的，在那年克里斯提尼得到人民一致支持前，他完全无能为力。也请注意，正是在这场斗争过程中，议事会即梭伦的四百人议事会而非克里斯提尼的议事会，首次作为政治中一个统治性的因素出现。——编者
3 | Aristot., *Polit.*, iii. 1; 10; vi., 2, 11. Κλεισθένης – πολλοὺς ἐφυλέτευσε ξένους καὶ δούλους μετοίκους.（见本章附录。——编者）
4 | Herodot., v. 69. 把雅典的克里斯提尼比作西库翁的克里斯提尼，乃史学无能的一个鲜明例证，前者的部落组织是特意为普遍提升人民地位设计的，后者目标是以多利安人为代价提升伊奥尼亚人的地位。我们难以理解希罗多德缘何会认为克里斯提尼意在贬斥伊奥尼亚人。关于阿尔克麦翁家族对伊奥尼亚人的反感，请见第一章第11页注释59。——编者
5 | 对格罗特有关希腊僭主态度的批评，请见《序言》第30页以下以及前一章的附录。
6 | 可以设想，克里斯提尼此前尝试过政制改革，但《雅典政制》仅仅宣布，（如梭伦时代一样）当时出现了冲突，因此没有给克里斯提尼在公元前511—前510年已经有了改革计划的理论提供任何支持。如在庇西特拉图统治之前的时期一样，争吵可能仅仅是一场事关最高权力的斗争。
7 | 作为本处案例的说明，请见 Bluntschli, *Staats und Rechts Geschichte der Stadt Zurich*, book iii., ch. 2, p. 322。有关苏黎世政制变革的叙述，

也请见 Kortüm, *Entstechungs Geschichte der FreitsädtischenBündeim Mittlelalter*, ch. 5, pp. 74, 75。

8 Herodot., v. 69.【请见本章附录§5。——编者】

9 麦里泰（Melite）德莫属凯克罗皮斯部落，科吕图斯（Kollytus）属埃盖伊斯部落，库达泰奈翁（Kydathenaeon）属潘狄奥尼斯部落，凯拉麦库斯（Kerameikus）属阿卡曼提斯部落，斯坎波尼戴（Skambonidae）属莱翁提斯部落。

上述五个德莫都在雅典城内，分属不同部落。

皮莱乌斯属希波托翁提斯部落，法莱隆属埃安提斯部落，叙佩泰（Xypete）凯克罗皮斯部落，提麦塔戴（Thymaetadae）属希波托翁提斯部落。这四个德莫相邻，虽然其中三个属于不同部落，但在节日和其他场合相互结合，组成了某种意义上的地方性四德莫联盟。

请见 Ross, *Die Demen von Attika*, Halle, 1846 上的德莫名单，那里提供了能够确定的它们各自的地域。城区、皮莱乌斯和法莱隆的德莫被划入不同部落，在我看来成了最初分配者动机的明显证据。它表明，从一开始分配者们就希望组成各部落的德莫是不相邻的，希望以此防止不同部落利益的成长以及一个部落对其他部落的优势，它也反驳了那些人的看法：他们认为部落最初由相邻德莫组成，联系被打破源自后来的变化。

当然，存在许多相邻德莫属同一部落的情况，但10个部落中，没有一个是全由相邻德莫组成的。

10 我们可以注意到，这个名单有个专门的名称，叫法定名单，甚至到演说家时代，原来的胞族和氏族名册一直保留着它最初的名称：普通名单。

11 如果造船区仍像在古时那样每区提供一条船和两个乘马的士兵，则看来马拉松战役前的10余年中，雅典仅有50条船和100匹马。E.迈耶指出，只有克雷戴穆斯（*Frag.*, 8）谈到了克里斯提尼的造船区，暗示它们在公元前483年被废止，那时舰队增加了。可以肯定的是，我们之后再未听说任何造船区的事情，有人主张，我们应该把Poll., 8, 108的"十"读成"二"，这样骑兵就会达到480人之多。但请见博克（*Political Economy of the Athenians*, ii, §21），他为在48个造船区制度下仅有96名骑兵的信念提供了良好的说明。——编者

12　只能从公元前3世纪的铭文中推测克里斯提尼时代指定议员的方法（据 *Ath. Pol.*, c. 62，是以德莫为单位）。据铭文记录，他们是按照德莫人口比例，**抽签产生**。我们几乎不用怀疑，这个办法是克里斯提尼采用的。果真如此，则只有在最为宽泛的意义上，我们才能把克里斯提尼的议事会描绘为代表大会（Bury, p. 215）。当选的将军要有代表性得多。关于其选举方法，我们应当补充强加（约公元前450年，存疑）给埃吕特莱的类似政制（*C. I. A.*, i. 9; Hicks and Hill, 32）的资料，那里的议事会以抽签方式产生。关于公元前3世纪议员的名单，见 *C. I. A.*, ii. 868。那时阿卡奈德莫有22名议员。——编者

13　从《雅典政制》（第22章）中，我们知道，将军制度（1）至迟到公元前504年，将军肯定已经存在；（2）马拉松战役之前12年，即公元前501年，事实上已经存在。此外，军事执政官仍被视为全军最高统帅。在后文的注释（第88页注释3）中，我们会看到，执政官选举中抽签办法的引入，与该职务重要性的不断下降以及将军权力的相应上升相吻合。例如，马拉松战役10年后，军事执政官已经消失。将军们最初是由各部落从自己人中选举（不是抽签），公元前4世纪则从全体公民中选举产生（*Ath. Pol.*, c. 41）。第一个同一部落出现两位将军的案例是公元前440年的伯里克利和狄奥提穆斯（Diotimus）。因此，这个变化可能发生于公元前5世纪中期。——编者

14　Herodot., vi. 109–111.

15　更进一步说明见 *Ath. Pol.*, ch.xlviii。这是唯一能归到克里斯提尼本人名下的10人委员会。——编者

16　请见本章的附录。——编者

17　请见 Schömann, *De Comitiis*, passim 的重要论述，也请见他在 *Antiq. Jur. Publ. Gr.*, c. xxxi. 的论文，以及 Harpokration, v., Κυρία Ἐκκλησία;Pollux, viii. 95。

18　关于陪审法庭的总体介绍，见 Gilbert, *Constitutional Antiquities* (Eng. Trans.), pp. 391 ff.。——编者

19　Plutarch, *Arist.*, 7; Herodot., vi. 109–111.

20　关于抽签制的引入，见第388页注释3。——编者

21　即使在公元前4世纪，在法律上，第四等级都没有资格当选，见第28页注释35。——编者

22　Plutarch, *Perikles*, c. 9–16.

23　关于执政官的这个特点，见 Plato, *Republic*, v., p. 475B。

24　关于这个问题的总体情况，见第388页注释3和第347页注释30。——编者

25　至少伯里克利的同时代人是这样称呼克里斯提尼政制支持者的。译按：据《雅典政制》，执政官的抽签选举发生于公元前488/487年，较格罗特这里的推测早了10年。直到公元前457年，执政官才正式向第三等级开放，名义上第四等级一直没有资格担任执政官，但这一点后来在实际执行中被忽视了。因此，格罗特这里所做的推测，在当今并不成立。

26　Plutarch,*Arist.*, c. 22: "于是他颁布一条法令：各等级人民均有权管理城邦行政，执政官从全体雅典人中遴选。" (γράφει ψήφισμα, κοινὴν εἶναι τὴν πολιτείαν, καὶ τοὺς ἄρχοντας ἐξ Ἀθηναίων πάντων αἱρεῖσθαι.)

27 【请见前文注释——编者】在12—13世纪的意大利共和国中就是如此,贵族长期拥有垄断性的权利:通过选举当选执政或国家的重要职位,其至在这些官职由人民选举后仍如此。贵族习惯性的乱政和压迫逐渐终止了这一权利,在许多城镇中,人们其至通过决议,明确把他们排除在外。在米兰,近12世纪末,拥有全权(Podesta)的十二执政拥有政府所有的权力。这些执政由100名选民选举,后者又是由人民从他们自己中选举的。见 Sismondi, *Histoire des RépubliquesItaliennes*, ch. xii., vol. ii., p. 240。

28 Plutarch, *Kimon*, c. 15; 请 与 Plutarch, *Aristeides*, c. 2 和 Isokrates, *Areopagiticus, Or.* vii., pp. 143, 192 (ed. Begk.) 比较。

29 但请见第388页注释3。——编者

30 但请见第388页注释3。——编者

31 请见前文第二章第48页,以及该章的附录。——编者

32 Aristeides, *Rhetor, Orat.*, xlvi., vol. Ii., p. 317(ed. Dindorf).

33 请见 Aristot., *Politic*., iii. 8 有关陶片放逐法的讨论,他承认那是所有政府共同的问题。

34 Plutarch, *Aristeid.*, c. 3.

35 巴拉特翁是一座深坑,据称底部有铁叉,被判死刑的罪犯有时被抛入其中。虽然它可能是雅典古时的一种制裁措施,但在我们所知的历史时期,那种刑罚即使没有完全被废弃,施行至少是极其罕见,但在这个习惯已成往事时,其在话语中仍然保留。有关铁叉的证据仰赖于对 Aristophan., *Plutus*, 431 的注释,但当我们读到混合了他本人传记的这个传说时,它的权威性非常可疑。

36 Thukyd., iii., 70, 81, 82.

37 Andokides, *De Mysteriis*, p. 12, c. 13. 尽管这条法律肯定是克里斯提尼的,但根据人们在梭伦问题上惯常的随意做法,这条被称为梭伦的

法律（见 Petit., *Leg. Att.*, p. 188）。

罗马的《十二铜表法》称之为"不方便的特权"(Privilegia ne irroganto)，见 Cicero, *Legg.*, iii, 4—19。

译按：《雅典政制》表明，该法首次实行于公元前 488/487 年。但该法的发明人是克里斯提尼还是公元前 5 世纪 80 年代某个失传的政治家，仍有争议。

38　Aristotle and Philochorus, ap. Photium, App., PP. 672 and 675, ed. Porson. 从那些段落看，陶片放逐法似乎从未被正式终止，甚至在后来的时期，即亚里士多德描述的时期，提出公共安全是否需要执行陶片放逐投票问题的形式仍然保留，那是在它早已失效而且也淡出人们视线很久之后。

39　Philochorus, ut supra; Plutarch, *Aristeid.*, c. 7; Schol. ad Aristophan., *Equit.*, 851; Pollux, viii. 19. 在相关史料以及解释中存在着意见分歧：到底是总数至少需要 6000 票，还是针对某人的票要达到 6000。我赞同后一种意见，虽然普鲁塔克赞成前者，但后者得到了菲罗科鲁斯、波吕克斯和阿里斯托芬的注释者的支持。

译按：格罗特有关陶片放逐投票不会被操纵的说法，根据最新的研究需要修正，因为美国考古学家发现数百块写有地米斯托克利名字的陶片，却可能仅出自 10 余人之手，显然是投票之前有人事先准备好以供分发的。当然这仅是部分操纵，全部被操纵的情况，除流放叙佩波鲁斯的那次外，几乎没有发生过。另外，现有的研究已经证明，只能是全部投票达到 6000 票，不可能某个人得到 6000 票，格罗特的意见较编者更可取。

40　这里无须指出，不管是 400 人还是 30 人的寡头制（其中后者被称为三十僭主），都是在伯罗奔尼撒战争即将结束时建立的，那时陶片放逐法已经停用。两次变革都不是因为某一个人或几个人地位过分上升的结果,两者都源自雅典在那场伟大的对外战争中遭遇的困境和危险。

41 亚里士多德 (*Polit.*, iii. 8, 6) 似乎承认,抛开优越思想而产生的危险阴谋不论,仅仅是用于对付财富、关系等方面的优势(他将它们与才能上的优势截然分开)以及对应原则,陶片放逐法在政治上有其必要性。任何画家都不会允许在他的人像画中,会有一只脚与整个身体的尺寸不协调,虽然分开来看,它可能画得优美。歌唱队长也不会允许任何一个人的声音,不管它是多么优美,超出某种比例而支配其他人的声音。

可是,他最终的结论是,如果可能,立法家构建政制时,应当没有这种特殊的需要。但如果这一点不可能,则第二最优选择,就是利用陶片放逐法。也请与第 5 卷第 2 章第 5 节比较。

雅典民主最后一个世纪实现了这些选择中的第一项。

42 Plutarch, *Nikias*, c. 11;【*Ath. Pol.*, xxii, 4. – ED.】

43 Plutarch, *Periklês*, c. 4; Plutarch, *Aristeid.*, c. 1.

44 Alian, *V. H.*, xiii., 24; Herakleides, περὶ Πολιτειῶν, c. 1, ed. Köhler.

45 Plutarch, *Themistokles*, 22; Plutarch, *Aristeides*, 7.

46 Thukyd., viii. 73.

47 Kratinus ap. Plutarch., *Perikles*, c. 13. 原文如下:

Ὁ σχινοκέφαλος Ζεὺς ὁδὶ προσέρχεται

Περικλῆς, τῴδεῖον ἐπὶ τοῦ κρανίου

Ἔχων, ἐπειδὴ τοὔστρακον παροίχετα.

关于这位喜剧作家对达蒙的攻击,见 Plutarch, *Perikles*, c. 4。

48 Aristot., Polit., iii. 8, 4; v. 2, 5.

49 Diodor., xi. 55–87. 这位作家对雅典陶片放逐法的描述非常不完善,显然是把叙拉古的橄榄叶放逐的背景移植到雅典了。

50 关于这些时间的年代顺序，见前文第76页注释2。——编者

51 这里提到的议事会是梭伦的而非克里斯提尼的，见第76页注释2。——编者

52 Herodot., v. 70-72.【*Ath. Pol.*, c. xx.—编者】

53 Herodot., 53.【这个事件的重要性被许多作家忽略了。使者们自作主张地提供了象征投降的标志的说法相当不可信。当时克里斯提尼至高无上，肯定给使者们做出了指示，而且肯定明白，任何来自波斯的援助都意味着以屈服为前提。可能的情况是，因为受到斯巴达、优卑亚和比奥提亚（Herod., v. 73）严重的压力，他寻求来自波斯的援助，希望向公民大会掩盖协议的性质。公民大会看穿了这个计划让下述假设成为可能：在他立法后不久，即使克里斯提尼本人没有像埃利安（Aelian）的故事所说被陶片放逐法流放，至少他很快失宠了。他的彻底消失（这根本没法解释）是希腊历史上的怪事之一。无论如何，马拉松战役中阿尔克麦翁家族所谓的亲波斯在雅典并非全无先例，他们泛希腊性质的爱国主义是后来的发展。——编者】

54 请见完整版第二部第三章。

55 Thukyd., iii. 61.

56 Herodot., vi. 108. 就希腊政治的倾向而言，这个背景是重要的，下文我会回到这个问题上。

57 Herodot., vi. 108. 在叙述伯罗奔尼撒战争第3年普拉提亚被拉凯戴蒙人攻陷时，修昔底德（iii. 58）宣称，当时是普拉提亚和雅典之间结盟的第93年。据此推算，则它始于公元前519年。

我大胆揣测，从希罗多德文本的叙述（修昔底德是否同样这么认为，没法确定）看，使得普拉提亚与雅典联合的直接背景不可能发生于公元前519年，但在公元前510年希皮亚斯被驱逐后肯定已经产生，

理由如下：

1. 这里根本没有提到希皮亚斯，如果该事件发生于公元前519年，那他肯定是那个决定雅典到底是否帮助普拉提亚的人。
【但修昔底德自然不会提到希皮亚斯。他无疑会反映他那个时候的看法，他们自然不会把雅典和普拉提亚如此浪漫的关系算到希皮亚斯头上，而会算到民主政治账上。——编者】

2. 我们知道，公元前519年，克莱奥麦奈斯没有任何理由带着一支拉凯戴蒙人军队去普拉提亚附近。从希罗多德的陈述（v.76）中我们知道，当时没有任何拉凯戴蒙人对阿提卡的远征发生。但在我确定的该事件的那一年，克莱奥麦奈斯在那附近有众所周知而且可以说明的目的。
【克莱奥麦奈斯很可能忙于为伯罗奔尼撒同盟确保麦加拉。——编者】

3. 此外，在建议普拉提亚人求助雅典人时，克莱奥麦奈斯向他们提出的这个建议并非出自善意，而是希望把雅典人拖入与比奥提亚人的纠纷，使他们遭受损害和分心。在我提到的那件事情发生时，这是一种非常自然的愿望。对于造成他被从雅典驱逐的最近的事件，他感到愤怒，可能还有吃惊。但在希皮亚斯统治期间，有什么理由让他对雅典怀抱此种情感？那位独裁者与斯巴达关系极其亲密：庇西特拉图家族是斯巴达人"特殊的客人"（ξείνους τὰ μάλιστα – Herod., v. 63, 90, 91），他们只是在不情愿地服从神谕——那是克里斯提尼一个接一个地创造的——的情况下，才被诱出兵征讨希皮亚斯的。因此，希罗多德所说的克莱奥麦奈斯向普拉提亚人提出建议的动机，在希皮亚斯仍是独裁者时毫无解释力。

4. 希罗多德并不认为雅典人对底比斯的胜利发生于希皮亚斯之前，明显表现在他所做的鲜明对比中：当雅典人从独裁者统治下获得解放时，他们英勇而且成功，在希皮亚斯统治下，则胆小或退缩（v. 78）。写下这些话的人不可能相信，在公元前519年，即希皮亚斯掌握所有权力时，雅典人会对底比斯人获得重大胜利，并且为了与普拉提亚人联合，割取底比斯人的部分土地，并且从那时起，通过保护它弱小的邻邦对抗底比斯，显示出他们一直具有的优越性。
【对这个观点的反对意见，是我们知道，雅典野心的诞生**并不是**在庇西特拉图家族之后，如对西盖翁、色雷斯的凯尔索奈斯等地的远征。关于这个问题，请见 J. Wells in *Journ. Of Hell. Stud.* (1905), pp. 193 et seq.。他支持公元前519年说，但接受了希罗多德归于克莱奥麦奈斯的动机。据此我们或许必须假设，对于雅典，斯巴达多年来一直在对庇西特拉图家族友好的伪装下从事着背叛的勾当。可是，针对这个观点，我们必须指出，就事实论，普拉提亚作为雅典盟友价值巨大，因为它借此获得了一个对抗比奥提亚的基地，控制了战败的比奥提亚军队最为重要的撤退路线。更重要的是，（1）从技术上说，将93年改成83年不可行；（2）我们完全可以认为，克莱奥麦奈斯基于与希皮亚斯友好的理由——对此希罗多德可做见证——事实上意在通过有关普拉提亚的决定而让雅典受益。——编者】

58 | Herodot., v. 75.

59 | Herodot., v. 77; Ælian, *V. H.*, vi. I; Pausan., I 28, 2.【雅典人进一步在德尔菲建立了一座柱廊。最近发现了献祭铭文（Hicks and Hill, 11），内容如下："雅典人献纳了这座有武器和船首的柱廊，那是他们从敌人那里夺取的。"维拉摩维兹－摩伦道夫证明，这是指公元前506年的一场海战（*Arist. Und Ath.*, ii. 287）。——编者】

60 | Herodot., v. 80.

61 | 用希罗多德的话说，埃亚科斯家的英雄们是真的被从埃吉纳送去了，而且真的被底比斯人还回去了（v. 80, 81）。请再度与 v. 75; viii, 64 以及 Polyb., vii. 9, 2 比较，它称 θεῶν τῶν συστρατευομένων。

查士丁叙述了一个类似的情况，埃皮泽菲利安的罗克利人向斯巴达求援（xx. 3）："罗克利人惊慌中向斯巴达求援，用卑微的话语请求他们帮助。但是斯巴达人不希望发动如此遥远的远征，告诉他们请求卡斯托尔和波鲁克斯的帮助。使节们并未轻视这个来自与他们结盟的城市的回答，去了最近的神庙，献祭之后，他们请求两位神灵的帮助。牺牲显示的征兆是吉利的，如他们认为的那样，请求得到了恩准，'他们一点都没有不高兴，好像他们带着这些神灵一起上船了一样'，为他们在船上安置了靠几，带着幸福的征兆出发了。虽然没有得到任何帮助，但'他们给国人带去了慰藉'。"（Territi Locrense s ad Spartanosdecurrunt: auxilium supplicesdeprecantur: illilonginqua militia gravati, auxilium a Castore et Pollucepetereeosjubent. Nequelegati responsum sociaeurbisspreverunt; Profectique in proximumtemplum, facto sacrificio, auxilium deorumimplorant. Litatishostiis, *obtentoque, utrebantur, quod petebant – haudsecuslatiquamsideos Ipsos secumavecturiessent* – pulvinariaiis in navi component, faustisqueprofectiominibus, *solatia suis pro auxiliis*deportant."）

62 | Herodot., v. 81, 82.
63 | Ibid., v. 83-88.
64 | Herodot., v. 81-89.【请见本章附录二。——编者】
65 | Herodot., v. 90.
66 | Herodot., v. 90, 91.
67 | Herodot., v. 92.
68 | Ibid., v. 93.
69 | Ibid., v. 93, 94.
70 | Thukydid., i. 68-71. 120-124.
71 | Herodot., v. 78-91.

72	即法国革命。——编者
73	Herodot., iii. 80. 叙拉古民主派的演说家阿泰纳戈拉斯（Athenagoras）也把这种名称和愿景列为优点中的首位（Thukyd., vi. 39）。
74	请见前文第二章。
75	请见伯里克利在 Thukyd., ii. 35-46 以及 ii. 60-64 的两篇演说，并请对修昔底德有关雅典和叙拉古民主政治的反思进行比较。请见 Thukyd., vi. 69 和 vii. 21-55。
76	Thukyd., vii. 69.
77	请把科林斯使节在斯巴达所做的引人注目的发言（Thukyd., i. 68-71）与德摩斯提尼反对腓力的演说（*Olynthiac.*, i. 6. P. 13）进行比较，一般情况请见他的《反腓力》和《奥林图斯》系列演说。
78	甚至埃安提斯部落的名祖阿亚克斯（Ajax）也可以被视为如此，尽管他并非阿提卡英雄。
79	关于部落和三一区的分配，米奇霍夫（Milchhöfer, *Über die Demenorndnun des Kleisth.*, in Appendix *to Abhandlung, d. Berl. Akad.*, 1892）有详尽叙述，总体上证实了《雅典政制》（的记载）。在其他问题之外，他提到分配到各个三一区的德莫大多相邻，一个部落的三一区有时（例如埃盖伊斯和潘狄奥尼斯的）相邻。见 R. Loeper in *Ath. Mittl.*, 1892, pp. 319-433。
80	Wilamowitz-Moellendorff（*Arist. Und Athen.*, pp. 149, 150）建议把 δέκα 校改为 δεκαχὰ，即他给每个部落分配的德莫以十为单位。
81	但请注意，布佐尔特（ii.⁸, p. 401）和迈耶（ii., p. 798）认为，这个推断是错误的。事实上，后世关于阿尔克麦翁家族的传统会非常高兴地强调这一点。
82	"那些血统不纯的人"非常可能包括庇西特拉图家族的雇佣兵，在类似的情况下，盖罗（Gelo）和希埃罗（Hiero）的雇佣兵也拒绝放

弃公民权。

83 | 这里的论证很大程度上基于一份与萨拉米斯有关的铭文（Hicks and Hill, 4），其中的程式表达与后世通常出现的"看来对议事会和人民（公民大会）善好的是"不同，在那里我们看到的是"这样看来对人民有好处"。

84 | 希帕库斯成为公元前488年第一个被流放的人的事实，导致了下述建议的产生（Lugebil, *Des Wesen d. Ostrak.*）：这个办法直到公元前496年才被发明出来，因此并非克里斯提尼改革的一部分。但相当可能的情况是，《雅典政制》（xxii. 4）的结论基于从公元前480年年初返回雅典的那些人，即马拉松战役后被流放的那些人的名单。它似乎证实了这个看法。然而我们无须怀疑史料的一致看法。

格罗特的观点是，陶片放逐法只有在某个人得到了6000张反对票时才会实行，现在面临严重的反对意见，足够数量的公民大会出席者要对一个人投出如此大数量的票，是非常不可能的。可能的情况是，总票数需要6000票，如同在阿提卡法律中对其他特权的规定一样。

第五章 [XVII, XXXII–XXXIV]
伊奥尼亚的希腊人——波斯帝国的崛起

在前一章中,我把中希腊的历史叙述到非常接近亚洲的希腊人即将卷入的那一刻。此后,两条线索很大程度上开始合流。现在我要转向亚洲的希腊人事务,以及与他们相关的亚洲的国王们的事务。

从古盖斯(Gyges)这位麦穆纳德王朝(Mermnad)的国王开始,萨尔狄斯开始了对亚洲希腊人的一系列攻击,最终的结局是希腊人的臣服。古盖斯入侵米利都和斯米尔纳的领土,甚至夺占了科罗丰城(可能不是卫城)。可是,虽然他对亚洲的希腊人发动了战争,但他大方地给德尔菲的希腊人神灵捐助。他数量众多而且昂贵的捐赠,希罗多德仍能在神庙中见到。诗人明奈穆斯（Mimnermus）的哀歌体诗歌纪念了斯米尔纳人在对古盖斯战斗中的英勇。[1] 古盖斯也进攻过马格奈西亚（可能是斯皮鲁斯河上的马格奈西亚）的土地，在经过相当时期的战争后，夺取了该城。[2]

萨尔狄斯的吕底亚王国在古盖斯统治下到底扩大了多少，我们无法确定。斯特拉波宣称，整个特罗亚德地区都归附他了，[3] 米利都人在赫勒斯滂海峡上建立的希腊人定居点阿比杜斯（Abydus）被置于他的保护之下。这个结论基于什么史料，我们不得而知，但看起来有点可疑，尤其是因为许多传奇逸事都与古盖斯这个名字有关。这位国王统治了 38 年（据希罗多德），其子阿尔狄斯（Ardys）继位，后者统治了 49 年（约前 678—前 629）。[4] 我们得知他进攻过米利都人，并夺取了伊奥尼亚人城市普利埃奈（Priene）。可是，这种持有无法维持，因为后来这个城市似乎仍是自治的。[5] 然而，他长久的统治以两个事件为标志，而且对亚洲的希腊人来说都相当关键，一个是奇麦利人（Cimmerians）的入侵，一个是吕底亚的居民与米底（Media）国王统治下的上亚细亚的臣民之间第一次走向冲突（至少是我们多少拥有历史知识的第一次）。[6]

像西徐亚人统治上亚细亚 28 年，后被库亚克萨莱斯（Kyaxares）驱逐一样，奇麦利人横贯小亚细亚的入侵始于吕底亚国王阿尔狄斯统治时期，延续 12 年到他的儿子萨狄亚泰斯（Sadyattes）统治时（前 629—前 617），最终被后者的儿子阿

第五章　伊奥尼亚的希腊人——波斯帝国的崛起

吕亚泰斯（Alyattes）终结。[7]尽管有奇麦利人的入侵，萨狄亚泰斯仍继续对希腊人城市米利都的战争，在其统治的最后七年中，战争一直持续，并且把战争遗传给了他的儿子和继承人。阿吕亚泰斯又继续了五年的战争。亚洲沿海不同希腊人城市之间的统一感如此微弱，以至于除开俄斯人外，没有任何人给予米利都人援助。由于此前开俄斯在与埃吕特莱（Erytharae）的争斗中得到了援助，因而对米利都负有特殊的义务。无助的米利都人尽管因其伟大的海军而使他们免于被封锁的危险，但在战场上他们不是吕底亚军队的对手。我们只能假设，面对城墙的那些土堆的建立，即半个世纪后波斯人哈尔帕古斯（Harpagus）用以击败伊奥尼亚人城市的土堆，是当时的吕底亚人不知道的。在连续12年的时间里，每年庄稼收割之前，米利都的土地都会遭遇扫荡和劫掠。在两次战役中遭遇灾难性失败后，居民们放弃了所有抗击破坏的希望，因此入侵者的任务变得轻松，吕底亚军队在笛声和琴声的伴奏下，继续着他们破坏性的进军。在损毁庄稼和果树时，阿吕亚泰斯不允许烧毁农庄上的建筑物或乡村的房屋，以便仍能保留生产手段，这样下一个季节可以再度进行破坏。由于这种持续性的破坏，米利都人尽管仍掌握着海上，但陷入了窘境和饥荒。如果不是阿吕亚泰斯无意中犯下针对女神雅典娜的渎神罪，则后来在克罗伊苏斯统治时代落到他们身上的命运——成为向萨尔狄斯国王纳贡的臣民——可能会早50年。虽然当时谁也没有注意到这个偶然事件，但阿吕亚泰斯返回萨尔狄斯后就被漫长的疾病击倒了。由于无法得到缓解，他遣使德尔菲谦卑地向神灵寻求建议。但在他重建被烧毁的雅典娜神庙之前，皮提亚女祭司拒绝提供任何治疗建议。佩利安戴当时是科林斯的独裁者，在得到这个神谕的大意后，私下将这个消息传给了米利都独裁者特拉叙布鲁斯（Thrasyblus），因为他与后者是亲密盟友。阿吕亚泰斯方面的使者立刻到了米利都，建议为让他重建被毁的神庙这个特殊目的而休战。使者到达时，发现广场上粮食堆积如山，公民们忙于过节和享受。因为特拉叙布鲁斯把城内公私粮食全部拿出来，以便使者可以看到，米利都人显然给养充足，并把这个消息带给他的主人。这个计谋成功了。阿吕亚泰斯相信，他反复的扫荡并未给米利都人造成应有的损伤，于是放弃了他的敌对行动，与他们缔结了友好盟约。他的第一个行动是修建了两座雅典娜神庙，以取代被毁的那一座，然后他立刻从迁延不愈的病症中康复。他献纳的大银碗，以及由开俄斯艺术家格劳库斯（Glaukus）——他是铁片焊接技艺的发明者——焊接在一起的铁支架，证明了他对这次痊愈的感激之情。[8]

据说阿吕亚泰斯对部分伊奥尼亚人城邦采取了其他行动，他占领了斯米尔纳，[9]但在入侵克拉佐麦奈的领土时被击败。不过总体上看，对沿海的希腊人城市来说，他长达57年的统治是平静的，尽管我们听说他曾进攻卡利亚。[10]据报道，年轻时他极其傲慢，但后来性格逐渐公正而且得到改善。他的伊奥尼亚人妻子让他成了克罗伊苏斯的父亲，后者在他生前就被指定为阿德拉

第五章　伊奥尼亚的希腊人——波斯帝国的崛起

米提翁城（Adramyttium）以及邻近的泰贝（Thebe）平原的总督。他对小亚细亚内陆扩张了多大面积，我们并不清楚，但他长久而且相对和平的统治，可能非常有利于财富的积累，那后来使得克罗伊苏斯的财富成为谚语。他的陵墓是一座石基上的庞大金字塔形坟包，因全体萨尔狄斯人的共同努力建于萨尔狄斯附近，希罗多德时代，它是吕底亚最引人注目的建筑，规模上仅次于埃及和巴比伦的庞然大物。[11]

父亲去世后，克罗伊苏斯因父亲指定登上了王位。与他父亲57年统治中长久的安静形成鲜明对比的，是克罗伊苏斯14年的统治以攻击为特征。

克罗伊苏斯轻松找到了对小亚细亚希腊人发动战争的借口，一个接一个地进攻它们。遗憾的是，我们既不清楚这一连串攻击的细节，也不了解伊奥尼亚人城市此前的历史，从而能够解释萨尔狄斯的麦穆纳德王朝的第五位国王取得如此无条件成功的原因，而他的先驱者曾无望地尝试此举。在开俄斯的帮助下，米利都曾单枪匹马地抵抗了阿吕亚泰斯和萨狄亚泰斯11年，克罗伊苏斯拥有的海军并不比他的父亲或祖父更多，但这一次，没有任何一个城镇展现出类似的独特能量。就米利都人而论，我们也许可以推测，在目前讨论的这个时期里，它陷入了希罗多德描绘的（尽管没有确指何时）长期内部冲突中。在两代人的时间里，内战使该城军队瘫痪，最后，它通过从帕罗斯请来的仲裁者的决定才得到缓和。帕罗斯人是经米利都精疲力竭的敌对党派共同同意后被请来的,他们发现城市及其土地普遍处于被忽视和破败状态。在调查土地时,他们发现有些土地似乎仍然得到同样勤勉和良好的耕作。于是,他们把城市政府委托给这些土地的主人,相信他们会像管理自己的土地一样成功地管理公共事务。[12] 这种内部的软弱可能部分解释了米利都人轻松被克罗伊苏斯臣服的原因,同时,在伊奥尼亚人城市的习惯中,很少出现联合对抗共同敌人的努力。这些城市根本无法保持有效的政治联盟,习惯性地相互嫉妒,进行热战也并非不经常。[13] 共同的宗教节日,提洛岛上的节日以及泛伊奥尼亚节日,后来是取代提洛岛节日的以弗所节,在最糟糕的时代仍会由所有城市定期出席,但这些集会尽管在唤起社会同情方面极其珍贵,却无直接的政治作用,而且也无法控制各个城市的自治情绪,在希腊人心目中,自治是头等大事。除定期举行的节日外,在泛伊奥尼亚的神庙中也会为某些特殊危机举行会议。不过,对于这样的会议,那些没有直接卷入的城市常抱着冷漠态度。[14] 在这次的案例中,如同在整个历史时期不亚于本次的其他案例中,无力组成大范围的政治联合是经常性危险的根源,对所有希腊人国家的独立而言,事实证明那是他们灾难的原因。希罗多德热情赞同了泰利斯(Thales)对他的伊奥尼亚同胞的建议,并且(用他本人的话说),是在"伊奥尼亚的灾难之前"[15]提出的。他的建议是在泰奥斯城内组建一个共同的议事会,授予它对12个城市的权威,因为它的位置最为居中。所有其他城市仅作为这个联合起来的共和国或城邦的德莫存在。我们不应怀疑,

第五章 伊奥尼亚的希腊人——波斯帝国的崛起

甚至在克罗伊苏斯开始对米利都或以弗所采取敌对行动之前,这是它们的许多爱国者曾无望期待的提示。

那位国王连续进攻希腊人城市,为每次行动找到或者创造借口。他从以弗所下手,据说那里由一个严酷而且性格强势的名为品达鲁斯(Pindarus)的独裁者统治,后者的父亲曾与阿吕亚泰斯的女儿结婚,因此他父亲是克罗伊苏斯的妹夫。克罗伊苏斯要求品达鲁斯献出城市,但没有成功,于是带上军队进攻城市。当一座城楼被推倒时,以弗所人放弃了所有防御城市的希望,转而将城市的安全置于阿尔泰米斯的保护之下:他们从城墙牵出一根绳子——其长度稍短于七弗尔隆(furlong)到女神庙。同时,他们遣使向克罗伊苏斯求和,据说他出于对阿尔泰米斯保护的尊敬,恩准他们保持自由,同时要求品达鲁斯离开城市。这是我们在埃利安和波吕埃努斯混乱的叙述中看到的故事。但希罗多德虽然注意到长绳的事实——那是以弗所人试图与他们的女保护神寻求联系的东西,但他并未暗示,克罗伊苏斯因此受迷惑,对他们更加仁慈。像沿海的所有其他希腊人城市一样,以弗所处于臣服地位,并且需要向他纳贡。[16] 他如何对待他们,采取了哪些强制性的先发措施确保臣服和征收贡金,这位历史学家简洁的话语并未给我们提供答案。但他们必须夷平要塞,即使不是全部,至少是一部分,因为在数年后随之面对来自居鲁士的危险时,他们发现自己事实上毫无防御能力。[17]

这样,克罗伊苏斯对亚细亚大陆上希腊人的进攻取得了完全成功，他打算集合一支舰队进攻开俄斯和萨摩斯的岛民，但被该计划的不切实际说服［如某些人所说，是被希腊七贤之一比亚斯（Bias）或皮塔库斯（Pittakus）讽刺性的评论说服］。但是，在让兵锋覆盖小亚细亚大陆其他部分的行动中，他取得了完全成功，征服了哈吕斯河流域的所有领土，只有奇利奇亚人和吕奇亚人例外。吕底亚帝国至此达到其势力的顶峰，克罗伊苏斯聚集在萨尔狄斯的财富超出了希腊人此前曾了解的所有人。它们部分源自他数量众多的纳贡地，部分源自不同地区以及帕克托鲁斯河（Paktolus）含金的沙子。

从希罗多德简短但富有价值的观察中，我们得以估价克罗伊苏斯这些征服巨大的重要性，不管是对于他实际征服的希腊人城市，还是间接地对整个希腊世界来说，都如此。

（这位历史学家注意到）"在克罗伊苏斯统治之前，所有希腊人都是自由的，首先是由于他，希腊人被臣服后变成纳贡者。"[18] 他把这个事件作为一系列现象的发端，从这些现象中，产生了以希腊人为一方，以波斯人为代表的亚洲另一方之间的敌对关系。在他本人及其同时代人的心目中，这种敌对关系具有最高的重要性。

正是在克罗伊苏斯这里，希腊人首次需要与一个在好战且野心勃勃的国王统治下的庞大蛮族集合体打交道，结果只是表现了希腊人政治制度固有的弱点：无力组成大范围的联合。分立的自治城市，要么因为蛮族对手类似的分裂，要么因为他们自己一

第五章 伊奥尼亚的希腊人——波斯帝国的崛起

方优越的军事组织和地理位置，才能够维持独立。希腊本土及其诸岛上的情况，有利于这种制度的保持，但有着广大内地国家的亚洲沿海地区情况就不同了。此时伊奥尼亚的希腊人与随后一个世纪中他们将要成为的人不同，在能量上，他们几乎不输于雅典或欧洲希腊人群体，如果他们真诚联合起来，他们无疑能够保持自己的独立。但我们会发现，作为孤立的定居点建立起来，且并不偏好政治统一的希腊人殖民地，一旦来自内地甚至他们邻邦的攻击被强有力地组织起来，他们就全都沦为了依附国。如果那种组织因对方的领袖通过与希腊人自身的接触获得部分提升，尤其如此。弱小的自治城市，只有敌人的力量与他们相若之时，才能保持独立；但抵抗较大集合体的进攻，需要各种有利条件的同时并存，而那几乎不可能长期、连续地存在。所以，整个希腊最终臣服于马其顿国王之下，不过是同一原则得到最大范围实现的例证而已。

克罗伊苏斯统治下的吕底亚君主国，是到那时为止希腊人曾接触过的最大的国家，它很快被纳入了一个更大的波斯人的君主国。在无望的抵抗之后，伊奥尼亚的希腊人成了臣民。当波斯大王企图将伊奥尼亚的希腊人添加到他的帝国上无疾而终时，后者从独立的希腊人，或他们的西邻欧洲的希腊人那里得到的援助，成为希腊历史和事务全新的转折点。首先，它使一定程度的针对波斯人的集中行动成为必然，而那与希腊人的政治本能完全背道而驰；其次，它给希腊人之中最高贵、最有雄心的部分——雅典人——创造了机会，使他们有让自己引领这种集权倾向的机会。同时，内部和外部环境同步赋予了他们那种特殊的、多面的冲动，从而把行动与组织结合起来，它们创造了希罗多德和修昔底德时代的光辉。所以，希腊历史上最为辉煌的气象，直接或间接地源自亚洲的希腊人对内陆蛮族势力不情愿的依附，而它发端于克罗伊苏斯。[19]

上述观察足以表明，希腊历史上的新时代即将开始。在克罗伊苏斯时代之前，希腊城市所遭受的几乎所有痛苦，都仅仅是分别降临在它们中的这个或那个身上。希腊人本能地拒绝哪怕是修正过的政治集权形态，而且并无任何情况能够强迫他们走向集权。在强国和弱国之间，已经存在权力和臣服关系，但并无经常性的政治协调倾向出现。从此时起，我们会发现其中部分因素在发挥作用，将其引向这个方向，而且不是完全没有产生重要影响。只是这部分因素总要与希腊民族难以消除的本能对抗，而且常常被主要城邦的自私和不端行为抵消。

亚洲沿海的伊奥尼亚和埃奥利亚的希腊人已经被吕底亚国王征服，并且成为纳贡国。希罗多德宣称，"在那时之前，所有希腊人都是自由的"。他们的征服者克罗伊苏斯在公元前560年登上王位，在他难以攻克的都城里，连同萨尔狄斯无穷的财宝，似乎正处于人生的顶峰。他的辖区包括几乎远达哈吕斯河的小亚细亚全部。在河的另外一边，是他的连襟阿斯提亚盖斯（Astyages）统治下的米底君主国，其疆域向东扩展到我们无法确定的区域，

第五章　伊奥尼亚的希腊人——波斯帝国的崛起

但在东南方向包括波西斯本土（Persis proper）或法尔西斯坦（Farsistan），扎格罗斯山把它与东方的亚述人和萨伽人分隔开来（今土耳其和波斯边界）。巴比伦，连同其幼发拉底河和底格里斯河之间令人惊叹的城市，被加勒底人（Chaldaens）占据，处在国王拉布奈图斯（Labynetus）统治下。那是一片人口稠密且肥沃的土地，部分源自自然原因，部分则因勤于劳作，其肥沃程度，让我们甚至都不能相信那些目睹其后来衰落时期的目击者的描述，但当时它极其繁荣。拉布奈图斯统治下的加勒底人疆域达到埃及边界，包括作为附属国的犹太和腓尼基的土地。在埃及，本地的国王阿马西斯（Amasis）在位，他强大而富有，靠一支庞大的希腊人雇佣兵维持王权，他本人偏爱希腊的商业和定居点。克罗伊苏斯与拉布奈图斯和阿马西斯都是盟友，而阿斯提亚盖斯是他的连襟。所以，四位国王似乎与灾难无缘。可是，在30年稍多的时间里，他们所有的土地都会成为一个庞大帝国的单元，处于一位冒险家的儿子统治下，当时他的名字甚至都还不为人所知。

　　东方王朝的潮起潮落都具有共同的特征。一位勇敢而有冒险精神的国王，率领着一群贫穷、好斗和贪婪的民众，获得了统治权。当他的继承者陷入感官享受和放纵，可能也放纵压迫和暴躁倾向时，就会随着时间的推移，成为一个陌生人的牺牲品，那个陌生人具有的素质，是他们的父辈攫取王位时曾有过的。居鲁士，这位波斯帝国伟大的奠基者，至少就我们可以宣称了解到的历史而言，也符合这个一般趋势。他最初是米底人阿斯提亚盖斯的臣民，后来把他赶下了王座。事实上，甚至是居鲁士成为米底统治后的征服活动，我们的了解都非常缺乏，而他崛起为王之前的史实，我们几乎完全不了解，我们只能在相互矛盾的叙述中选择不同的叙述，其中最为完整和详尽的叙述，则打上了浪漫故事具有的所有特点。色诺芬的《居鲁士的教育》有趣而且晓畅，被视为希腊人思想的参照，一部哲理小说。[20] 在历史问题上，它居然如此大量被作为史料征引，不过是众多证据中的一个，表明作家们是多么容易满足于历史证据的基本原则。希罗多德有关居鲁士和阿斯提亚盖斯之间关系的叙述，与色诺芬的叙述史实上的吻合，不过是居鲁士乃冈比西斯（Kambyses）和芒达尼（Mandane）的儿子、阿斯提亚盖斯的外孙，就悲剧性的情节和对比性而言，甚至超出了罗慕路斯（Romulus）和莱穆斯（Remus）的故事。

对哈利卡纳苏斯的历史学家来说，我们需要与邻邦克尼杜斯的医生克泰西亚斯（Ktesias）对勘，在许多方面，他的叙述与希罗多德不同，而且不乏强力批评，尤其是在有关居鲁士早年历史叙述的基础问题上，因为他证实，居鲁士与阿斯提亚盖斯绝无血缘关系。[21] 无论我们对于克泰西亚斯诅咒性质的绰号——他暗指那用到一个其作品对我们拥有难以估量价值的历史学家身上——多么愤怒，我们仍必须承认，作为一个随侍阿塔薛西斯-穆奈蒙（Artaxerxes Mnemon）的医生，他治好过那位国王在库纳克萨（Kunaxa）所受的伤——那是他的弟弟小居鲁士造成的，

第五章　伊奥尼亚的希腊人——波斯帝国的崛起

与希罗多德比较，他有更好的机会与心智平和的波斯人交流，两人说法上的差异，应当被作为当时流行的不同故事的证据，但同样都值得信任。

居鲁士是第一位波斯征服者，他荡平的区域，不亚于经度50度，从小亚细亚沿海一直到奥克苏斯河（Oxus）和印度河（Indus）。这个事实不容争议，但对他取得这个成就的步骤，我们所知甚少。波斯本地人——他引导他们建立了如此广大的帝国——是七个农业部落和四个游牧部落的集合体，他们全都粗鲁、耐劳和勇敢，居住在山区，穿着动物的皮革，不知有酒或水果，生活中亦无任何最普通的奢侈品，他们鄙弃做买卖的想法。就地位而言，部落间非常不平等，在人数和势力上，相互间可能也非常不同。他们中排在第一位的是帕萨加戴族（Pasargadae），帕萨加戴族中的第一胞族或氏族是阿凯麦尼（Achaemenidae），居鲁士本人就来自该氏族。他与那个被他推翻的米底国王之间的关系到底是事实，还是政治虚构，我们完全无法确定。但色诺芬对被抛弃的大城市拉利萨（Larissa）和麦斯皮拉（Mespila）——那是他1万名希腊人沿底格里斯河（Tigris）东岸进军时看到的——的评论给我们的感受是，有人向他报告，波斯人对米底的征服是一场持久而且顽强的斗争。无论我们怎么理解，波斯人的优势最终是全面的，米底人一直是帝国第二民族，地位恰当地排在波斯人之后。在早期希腊作家中，东方的这个强大敌人常被称为"米底人"，也称"波斯人"。米底的埃克巴塔纳（Ecbatana）

也仍是都城之一，波斯国王通常把它作为夏宫。考亚斯佩斯河（Choaspes）上的苏萨（Susa）地处更偏南的卡西安平原（Kissian）和底格里斯河以东，是国王的冬宫。

伊朗人之间普遍的相似，使得波斯征服者在征服埃克巴塔纳之后，相对轻松地将帝国向东方扩展，成为米底国王充分的继承者。如果我们可以相信克泰西亚斯，甚至遥远的巴克特里亚（Baktria）也已经臣服那些国王了。最初，它与居鲁士对抗，但在发现居鲁士已经成为阿斯提亚盖斯的女婿以及后者人身的主人后，迅速承认了他的权威。[22]

据希罗多德的描述，居鲁士和吕底亚的克罗伊苏斯之间的战争在阿斯提亚盖斯被俘后不久和巴克特里亚被征服前就开始了。克罗伊苏斯是发起攻击者，期望为他的连襟复仇，遏制波斯征服者的成长，并且增加他本人的统治区。比较谨慎的顾问们向他指出，与这样一个既顽强又贫穷的民族战争，他所得甚少，所失甚多。但他们的劝告没有任何效果。他那时好像正在从他失去儿子的悲痛中复原。

在做出最后决定前，请示神谕是每位虔诚的国王都不会省略的步骤。但就当时那个关键的问题，克罗伊苏斯做得更多。在遣使寻求有关计划的建议之前，他决定测试周围几个主要神谕所的可信度，它们是德尔菲、多多纳、米利都附近的布兰奇戴（Branchidae）、底比斯的安菲亚劳斯（Amphiaraus）、莱巴戴亚（Lebadeia）的特罗弗尼乌斯（Trophonius）和利比亚的阿蒙。

第五章　伊奥尼亚的希腊人——波斯帝国的崛起

安菲亚劳斯成功保持了原有的声誉，而德尔菲较布兰奇戴的阿波罗更全能地打破了他的疑虑：他毫厘不差的准确，提供了格外强有力的理由，去反对那些偏向轻视神谕的人。克罗伊苏斯认为，德尔菲和安菲亚劳斯的神谕是世界上仅有的值得信任的神谕。为赢得德尔菲神灵的支持,他用一场最为慷慨的献祭表达他的感情。他献上了3000头牛，巨大的牺牲堆上，蒙上了最为奢华的紫袍和幕布，以及金银的靠几和香炉，此外，他给德尔菲当地送去了最为丰富的金银礼物，金块、雕像、碗、罐子等，其尺寸和重量，让我们读来都吃惊。克罗伊苏斯也没有完全忽略安菲亚劳斯。他给后者送去了纯金的长矛和盾牌，后来希罗多德在底比斯还见到过。这份巨量捐赠有助于读者想象他送到德尔菲去的那些礼物的巨大。

那些运送这些礼物的使者得到的，只是同时询问克罗伊苏斯是否应当发起对波斯人的远征，如果可以，他是否应当请求盟友的帮助。对于第二个问题，阿波罗和安菲亚劳斯的答案具有决定意义，它们建议他邀请希腊人中最强大者为盟友。对于第一个，也是最为关键的问题，它们的答案是典型的滑头，如同之前应对探寻时一样精明：他们告诉克罗伊苏斯，如果他入侵波斯，他会推翻一个强大的君主国。克罗伊苏斯的盲目让他把这个说法理解为无条件地承诺成功。他给神谕所送去了更多礼物，再度咨询他的王国的寿限。女祭司答称，"当一头骡子成为米底国王之时，那你就必须逃亡，千万不要感到丢人"。[23]

由于这个回答，克罗伊苏斯较过去更加有把握了。他遣使国王阿纳克桑德里戴斯（Anaxandrides）和阿里斯托（Aristo）统治下的斯巴达，献上礼物，请求结盟。他的建议得到了善意的对待，因为此前他曾出于感激给拉凯戴蒙人提供了金子，用于铸造献给阿波罗的雕像，善意更甚。现在缔结的盟约完全是一般性的，尽管很快会需要援助，但并未明确要求要做出的努力。但这个细节值得注意：它是主要的希腊人国家介入亚洲政治的第一次行动。此时克罗伊苏斯是亚洲希腊人的主人和贡金索取者，后者的分队似乎成为现在构想的远征军的一部分。那是一支主要由外国人而非当地吕底亚人组成的军队。

此时哈吕斯河构成了吕底亚和米底两大帝国的边界。克罗伊苏斯渡河进入卡帕多奇亚（Kappodokia），占领了普泰利亚城，以及周围的许多属地。居鲁士马上聚集了一支军队，规模较克罗伊苏斯大得多，进行防御，同时向伊奥尼亚人提议，让他们发起脱离克罗伊苏斯的起义。两军之间进行了一场血战，但无决定性结果。之后，克罗伊苏斯发现他现有的力量无望完成更多工作，认为明智的办法是回到都城，集合更多的军队以利下次战役。到达萨尔狄斯后，他马上遣使巴比伦国王拉布奈图斯、埃及国王阿马西斯、拉凯戴蒙人以及其他盟友，要求他们在第五个月时全都派遣援兵到萨尔狄斯。与此同时，他遣散了所有曾追随他进入卡帕多奇亚的外国军队。

如果这些盟友出现的话，这场战争或许会成功进行。至少

第五章 伊奥尼亚的希腊人——波斯帝国的崛起

在拉凯戴蒙人这边,他们没有迟延,因为他们的船只已经备好,军队正准备登船,而意外的消息已经传来:克罗伊苏斯已经完蛋。居鲁士已经预见并且阻止了他的敌人的防御计划。他毫不迟疑地领兵推进到萨尔狄斯,强迫这位吕底亚国王靠他那孤立无助的臣民作战。城池前宽广空旷的平原极其有利于吕底亚骑兵,希罗多德告诉我们,那时吕底亚骑兵是强于波斯人的。但居鲁士利用了一个策略,使骑兵变得无用。他将驮运的骆驼摆在自己的阵线之前,吕底亚的马既不习惯骆驼的气味,也从未见过骆驼,于是,克罗伊苏斯的骑兵被迫下马。虽然如此,作为步兵的他们仍英勇战斗,直到一场血腥的鏖战之后,才被驱赶进城。

克罗伊苏斯虽然被限制在首都城墙之内,但他仍有足够理由,期望能够坚持到盟友到来,为此他派出了紧急使节催促,因为萨尔狄斯被认为无法逾越,而且此前已经打退过一次进攻,波斯人被迫进入漫长的围城。但在被包围后的第十四天,一个偶然事件完成了围城者无法用技术或力量能够完成的工作。萨尔狄斯位于特摩鲁斯(Tmolus)北部一个突出的山顶上,除背靠山的一面外,其他都防御良好。因为在那一面,岩石非常陡峭,无法接近,因此人们认为那里无须要塞,居民们也相信,那个方向不可能遭遇进攻。但一个波斯士兵偶然发现,一个守军从那陡峭的岩石上下来拾取从上面滚下来的头盔。他注意到这个机会,尝试爬上去,发现那并非不可能。其他人效仿了他。要塞就这样首先被攻陷,随后全城被迅速攻占。

居鲁士曾特别下令,饶过克罗伊苏斯的性命,因此后者成了俘虏。但居鲁士准备了一场神圣而恐怖的表演:被俘的国王被绑缚起来,置于一个巨大的柴堆上,连同14名吕底亚青年一起,注定被烧死。我们甚至得知,柴堆已经点燃,牺牲者也非人力可以拯救,但阿波罗送来的神奇雨水保佑了他。对于这种超自然干预的普遍存在,希罗多德和克泰西亚斯都以这种或那种方式表示赞同,虽然他们对具体的奇迹的描述不同。[24] 一段时间后,克罗伊苏斯似乎被释放,得到征服者良好的对待,或者成为征服者以及他儿子冈比西斯的亲密顾问。克泰西亚斯还告诉我们,埃克巴塔纳附近一座名为巴莱奈(Barene)的城镇及其土地根据习惯被赏赐给克罗伊苏斯。我们会发现,在波斯大王那里,这种习惯并非不经常。

吕底亚君主国被消灭和波斯统治在萨尔狄斯的确立,对希腊是一个具有普遍意义的事件。它发生于公元前546年,[25] 伊奥尼亚的希腊人现在为他们曾拒绝居鲁士的提议——伊奥尼亚人叛离克罗伊苏斯——深深地感到悔恨,尽管这个建议提出之时,听从它可能极其冒失,因为他们合理地认为,吕底亚的势力更加强大。萨尔狄斯陷落后,他们马上派出使者前往征服者那里,祈求他们可以被纳入他的纳贡地,地位与他们在克罗伊苏斯时相同。他们得到的回答是严词拒绝。只有米利都例外,他们所要求的条件得到了恩准。[26]

大陆上其他的伊奥尼亚人和埃奥利亚人开始着手防御。吕底亚国王似乎已经把他们的防御工事全部或部分拆毁了,因为我

第五章 伊奥尼亚的希腊人——波斯帝国的崛起

们得知，他们现在开始建设城墙。弗凯亚人尤其把他们从伊比利亚人、塔泰苏斯（Tartessus）国王阿甘托尼乌斯（Arganthonius）的礼物全部用于这个目的。除加固他们自己的城市外，他们觉得派出联合使团向斯巴达求援是明智的。他们无疑不了解，斯巴达人实际上准备派兵支援克罗伊苏斯。他们的代表到了斯巴达，弗凯亚人皮泰穆斯（Pythermus）被其他使节指定为发言人。他穿上紫袍[27]以吸引尽可能多的听众，阐述了他们面对即将来临的危险时急需的援助。拉凯戴蒙人拒绝了这番祈求。虽然如此，他们派出某些代表到弗凯亚调查事态，这些人可能被弗凯亚人说服，派出一个成员去了萨尔狄斯的征服者那里，警告他说，他不应触动希腊人的任何城市，因为拉凯戴蒙人不会允许。居鲁士如此询问站在他附近的希腊人："拉凯戴蒙人是谁？他们有多少人，让他们胆敢给我发出这样的通知？"在得到答案——拉凯戴蒙人有一座城市，一个经常性的市场——后，他大叫："我从来还没有怕过这样的人，他们在城市中央指定一个地方，在那里集合起来相互欺骗并且相互发假誓。只要我活着，他们恐怕在谈论伊奥尼亚人的麻烦之外，还要讨论他们自己的麻烦了。"对波斯人来说，买和卖都是可鄙的勾当，因为他们总是会更进一步：许多有能力的希腊人甚至据此谴责借贷取息行为，居鲁士的话暗含对希腊人习惯的普遍谴责。

面对征服者，伊奥尼亚的希腊人只好尽力保卫他们自己了。可是，征服者马上离开了萨尔狄斯，亲自主持对东方的征服去了，把卫城中的驻军留给波斯人塔巴鲁斯（Tabalus），而把虏获的大批财宝，以及对吕底亚人的统治权委托给吕底亚人帕克提亚斯（Paktyas）。他之所以随身带走克罗伊苏斯，可能是因为他认为自己已经确保了那些吕底亚人的忠诚，他们是那个被推翻的君主推荐的。但他尚未到达自己的都城，就接到线报，说帕克提亚斯叛变了，武装起吕底亚人，并且利用他掌握的财富招募新兵。

帕克提亚斯到了沿海地区，利用萨尔狄斯的财富征集希腊人雇佣兵，借此保卫并围困总督塔巴鲁斯。但他表现出的勇气，与他事业危险的程度并不匹配，因为他一听说米底人将军马扎莱斯（Mazares）受居鲁士派遣正在逼近，立刻就解散了军队，逃到库麦（Kyme）作为乞援人寻求保护。马扎莱斯威胁性的指令马上到达，要求人们立刻将帕克提亚斯交出。

库麦人既没有交出帕克提亚斯，也不敢面对一支围攻的军队来保护他，于是把他送到了米提莱奈（Mitylene）。马扎莱斯的使者们追踪到达，要求得到他，并且主动提出了一份相当大的回报，大得库麦人难以相信米提莱奈人，因此他们又把乞援人护送到了开俄斯。但是，追踪者又到了。开俄斯人被说服，他们期望得到阿塔奈乌斯（Atarneus）的土地（那是面朝莱斯沃斯的大陆上的土地），于是把他从神庙中拖出，作为地价交出去了。帕克提亚斯就这样被抓，被作为囚犯送到居鲁士那里。正是后者发出了极其明确的抓捕命令，所以追踪也异常紧迫。[28]

马扎莱斯的下一步是接着进攻和征服沿海地区的希腊人。

第五章　伊奥尼亚的希腊人——波斯帝国的崛起

由于他很快因病去世，这个任务由他的继任者哈尔帕古斯完成。受到攻击的城市先后进行了英勇但无效的抵抗。这位波斯将领凭借人数优势，把守军赶入城内，面对城墙堆起土山，要么以强攻占领，要么迫使对方投降。它们全部一个接一个地被征服。对所有这些城市，投降的条件无疑要比过去克罗伊苏斯加给它们的严厉，因为居鲁士已经拒绝把那些条件赐予它们，只有米利都例外；因为这些城市曾帮助过帕克提亚斯，更加开罪于他了。[29] 普利埃奈的居民被卖为奴隶，他们第一个遭遇马扎莱斯的进攻，可能因为在帕克提亚斯对萨尔狄斯的攻击中，他们特别积极。

在那些变换了主人并且堕入更严厉臣服状态的不幸城市中，有两个——泰奥斯和弗凯亚——特别值得注意。前者的公民在发现围绕城墙的土山让任何进一步的抵抗成为不可能时，立刻登船移民了，部分去了色雷斯，在那里建立了阿布戴拉（Abdera）；其他人去了奇麦里的博斯普鲁斯，在那里建立了法纳戈利亚（Phanagoria）。可是，他们中的部分人肯定留下来了，尝试做臣民，因为该城后来似乎仍有人居住，而且仍是希腊人的城市。[30]

弗凯亚的命运总体上类似，但我们得到了有关背景更明确的细节，也更为有趣，因为居住该城的有野心的水手们一度是希腊在西方地理发现的领航人。塔泰苏斯（加的兹附近）国王阿尔甘托尼乌斯邀请他们全体移居他的王国，主动提出他们可选择他们愿意的任何地方居住。他的邀请被谢绝，虽然弗凯亚人随后可能会为此感到后悔。他也对他们表现出善意，送给他们一笔大礼。

凭借这笔礼物，弗凯亚人支付了建设环城要塞的费用。[31] 城墙既长，工程质量也好。可是，城墙无法阻止哈尔帕古斯建起土山进攻它们，同时，他本人也足够策略，用相对温和的投降条件诱惑他们：只要求他们推倒一座塔楼，给城墙打开一个缺口，献出城内的一座建筑作为臣服的象征。如果接受这些条件，意味着他们把自己交给了围攻者，因为一旦他们遵守规定，根本无安全可言。弗凯亚人要求有一天时间讨论他们的回应，请求那天哈尔帕古斯应从城下完全撤走军队。对于这个要求，后者答应了，同时表示，他非常明白那是什么意思。在确定降临到他们城市头上的是不可避免的奴役，但居民不应同等被奴役后，弗凯亚人利用他们那体面的一天准备集体逃亡，把他们的妻子和儿女，以及他们的家当和神庙中可以搬走的装饰品都装上了船。然后他们航向开俄斯，给胜利者留下了一座空城供波斯军队驻扎。

逃亡者在开俄斯好像没有得到仁慈的对待。至少在他们提出从开俄斯人那里购买邻近的凯努塞群岛（Cenussae）作为永久住所的建议时，后者以担心商业竞争为由拒绝了。所以他们必须寻求一个更远的定居地，但他们的保护人阿尔甘托尼乌斯此时已经故去，所以塔泰苏斯也不再有吸引力。可是，20 年前，弗凯亚根据神谕的指示，在科西嘉岛上的阿拉利亚（Alalia）建立了殖民地，全体弗凯亚人决定现在前往那里。在准备他们适于远航的船只时，他们首先航回弗凯亚，袭击了哈尔帕古斯留在那里的波斯守军并对他们加以屠杀，然后他们在港口中沉下大块铁锭，

第五章 伊奥尼亚的希腊人——波斯帝国的崛起

用神圣和一致的誓言约束自己,宣布除非铁块浮起,否则他们绝不会再见弗凯亚。虽然誓言在耳,但流亡的航程几乎还未开始,就有超过一半的人后悔受誓言约束,开始想家了。他们自毁誓言返回了弗凯亚。哈尔帕古斯肯定被说服了,原谅了他们之前对波斯驻军的屠杀行为,至少他相信,那是那些仍坚持流亡的弗凯亚人所为。他需要的是纳贡的臣民,不是一座空荡荡的军事据点。那些返家的毁誓者得到许可,被列入波斯大王的奴隶之中。

同时,弗凯亚人中数量较少但更加坚决的一半,与他们的妻儿一道,以60条五十桨大船或战船完成了他们前往科西嘉的阿拉利亚的航行,与此前的定居者一道在那里安家。他们在那里待了五年,其间他们不分青红皂白的海盗行为变得如此不可容忍(即使到那时,对外国船只的海盗行为似乎仍经常进行,而且不会带来什么耻辱),以至于第勒尼安海以及意大利地中海一线的港口,还有迦太基人,都联合起来镇压他们。后两者之间一直存在特殊的条约,规范非洲和意大利之间的商业往来,其中由波吕比乌斯(Polybius)保存下来的罗马和迦太基之间的条约(签于前509)可以被视为样本。[32] 60条迦太基战船,连同同样数量的托斯坎尼人(Tuscans)战船进攻了阿拉利亚附近的弗凯亚人船只,消灭了其中的40条,但自身也遭遇同样严重的损失,以至于胜利据称属于弗凯亚人。可是,他们被迫把剩余的20条船开回阿拉利亚,并且和他们的妻儿一道,去远达莱吉翁(Rhegium)的地方寻求可用空间。最后,这些沮丧的流亡者在波里卡斯特罗海湾（Gulf of Policastro）的埃利亚（Elea）建立了新的定居点，找到了永久的居所。此地又名维利亚（Velia），在波塞东尼亚[Poseidonia，又名派斯同（Paestum）]之南。那些在海战中被第勒尼安人和迦太基人俘虏的弗凯亚人战俘，都被用石头砸死。但由于这次的残酷行为，第勒尼安人的城镇阿古拉（Agylla）遭遇神的惩罚。甚至到希罗多德时代，即那次战役100年后，阿古拉人仍需要通过定期的祝圣和竞赛来消除罪孽，那是德尔菲神谕加到他们头上的惩罚。

这就是弗凯亚流亡者的命运，同时他们留在国内的同胞们，像所有其他伊奥尼亚和埃奥利亚的希腊人一样，成了哈尔帕古斯的臣民，只有萨摩斯和米利都例外。甚至莱斯沃斯和开俄斯的岛民，尽管波斯人没有舰队，从海上难以攻击，但也认为最好是放弃独立，把他们自己登录为波斯臣民，因为两国都在大陆上拥有一缕土地，舍此无法得到保护。不过，萨摩斯维持了独立，此后一个短时期内，甚至在波吕克拉泰斯的独裁统治下，势力达到前所未有的高度，或许他周围其他航海的希腊人遭遇低估，反而有利于这位毫无原则的国王的野心，对此我稍后会论及。但我们很容易就想到，伊奥尼亚希腊人联合举行的公共宗教仪式肯定表现出显而易见的低潮，它取代了前一个世纪荷马颂诗描写的聚集在提洛岛上的人群那轻松、装饰富丽的情景。事实上，在一次泛伊奥尼亚人节日上，他们中最明智者之一——普利埃奈的比亚斯——竟然提出了下述建议：所有伊奥尼亚城市的全部人口集体移民到撒丁尼亚（Sardinia）。他极力主张，在亚洲，如今绝无任何可能获得自由，但在撒丁尼亚，他们可以建立一座伟大的全体伊奥尼亚人的城市，不仅它本身是自由的，而且会成为邻邦的主人。这个建议未得到任何支持，从刚才有关弗凯亚的多数人难以磨灭的地方忠诚感的叙述中，也足以清晰地看到理由。但希罗多德给予这个建议无条件的赞美，并为其未能付诸实现感到遗憾。如果这个建议真能实现，则迦太基、西西里，甚至罗马随后的历史，可能都会在相当程度上被改变。

伊奥尼亚和埃奥利亚的希腊人就这样被哈尔帕古斯征服了，并被用作征服小亚细亚西南部居民的辅助，他们是卡利亚人、考尼亚人（Kaunians）、吕奇亚人，以及克尼杜斯（Knidus）和哈利卡纳苏斯的多利亚族希腊人。关于最后这个城市的命运，虽然那是希罗多德的祖国，他却未置一词。克尼杜斯位于大陆延伸出去的一条长舌之上，其居民试图挖断连接他们与大陆的狭窄地峡，但放弃了努力，希罗多德解释说，那源自神谕的禁止。卡利亚人和考尼亚人都不曾进行认真的抵抗，只有吕奇亚人在他们的主要城市克桑图斯进行了一次绝望的防御。由于无力在公开会战中击退攻击者，而且发现他们已经被封锁在城市中，他们亲手放火，让火焰吞噬了他们的妇女、孩子和仆从，武装起来的公民则开出城外，在与敌人的战斗中全部战死。[33] 这种英勇到甚至决绝的行动并非希腊人的性格。可是，克尼杜斯的希腊人三心二意的防御和不战而降，当我们想到他们是多利安人，是来自斯巴达的殖民者时，或许会吃惊。人们经常谴责伊奥尼亚的希腊人缺少多利安人那种坚决抵抗的勇气，恰当地说，与欧洲的希腊人比较，所有亚洲的希腊人都应受此谴责。更准确地说，他们是当地人与希腊人的混种，那是所有在亚洲的殖民地，以及绝大多数其他殖民地共同呈现的特征，在哈利卡纳苏斯尤其显著，因为它似乎一半是卡利亚人，一半是多利安人，甚至曾由卡利亚独裁者家族统治。

哈尔帕古斯和波斯人未遭遇任何严重抵抗，就控制了小亚细亚西部和南部。尽管我们没有直接证据，但可能包括了此前曾由克罗伊苏斯统治的哈吕斯河流域的全部土地。被征服的希腊人的贡金被转运到埃克巴塔纳而非萨尔狄斯。当哈尔帕古斯正忙于此事时，居鲁士本人在亚洲北部和亚述完成了范围更大的征服。

直到30年后，国王大流士才通过得到萨摩斯完成了对伊奥尼亚的希腊人的征服。在波斯将军哈尔帕古斯实现对伊奥尼亚的征服，甚至在开俄斯和莱斯沃斯都屈服时，该岛保持了独立。波斯人缺少进攻它需要的舰队，腓尼基人尚未学会绕航特利奥皮安角（Triopiancape）。事实上，伊奥尼亚人其他城市遭遇的危机，反而有利于萨摩斯的扩张，当时它正处在富有活力而且毫无信义的波吕克拉泰斯的独裁统治之下。这位野心勃勃的萨摩斯人与他的兄弟潘塔格诺图斯（Pantagnotus）和叙罗松（Syloson）一道，大约在萨尔狄斯被居鲁士征服后的第10年（在我看来是公元前536—前532年），通过暴力或欺骗手段获得了他祖国那座岛屿的统治权，并使自己成为唯一的独裁者。在这个位置上，他的野心、

第五章　伊奥尼亚的希腊人——波斯帝国的崛起

背叛和好运都同样引人侧目。他征服了邻近的几个岛屿，甚至大陆上的某些城镇；他成功进行了对米利都的战争，而且让前来援助米利都的莱斯沃斯舰队遭遇大败；他组建了一支100条五十桨战船的舰队，另有1000名雇佣兵弓箭手，其野心不亚于要吞并伊奥尼亚，以及爱琴海中的岛屿。对于朋友和敌人，他不加区别地加以攻击，因而同样恐怖，从而赢得了当时看来希腊世界曾有过的最伟大的海上势力。他曾与埃及国王阿马西斯是亲密盟友，[34]但后者最终与萨摩斯决裂了。考虑到他对盟友的行为，决裂一点也不令人惊奇，但希罗多德将其归于阿马西斯因波吕克拉泰斯连续且超越凡人的好运感到吃惊，其运气之好，肯定会因在好妒忌的神灵手中遭遇同样深重的报复而最终垮台。

希罗多德提供的事实会导致我们相信，由于波吕克拉泰斯典型的无信义，造成了他与阿马西斯友谊的破裂。他发现冈比西斯正准备入侵埃及，因而觉得培育与后者的友谊合乎他的政策。在那次入侵中，波斯的伊奥尼亚人臣民被征服役，波吕克拉泰斯觉得，那是他本人清除萨摩斯某些不满者的有利机会，因此给波斯大王派去了辅助军队。冈比西斯渴望从爱琴海第一海上霸主那里获得帮助。为此，萨摩斯的40条三列桨战船被派到尼罗河，船上是那些可疑分子。波吕克拉泰斯还给波斯大王送去了秘密请求：这些人永远不用归还。可是，要不就是他们从未前往埃及，要不就是他们找到了逃亡办法。可以确定，他们返回了萨摩斯，进攻了留在国内的波吕克拉泰斯，但被优势的对手驱离，未能完

223

成任何值得注意的功绩。他们转而向斯巴达请求帮助。

我们或许会注意到希腊世界日益增强的倾向：一旦遭遇外来危险或内部纠葛，均认可斯巴达为领袖、保护人或仲裁者。我们所知的视斯巴达为领袖的最早的真实例证，是克罗伊苏斯面对居鲁士之时，之后是伊奥尼亚的希腊人面对居鲁士，现在摆在我们面前的萨摩斯人，则是第三个。与此相关的重要事件，但稍微晚点的，是从雅典驱逐庇西特拉图家族，它们表明，在现今发生的事端15年后，斯巴达的领袖地位得到了更正式的承认。在前一章中，我们对此已有叙述，它成为同一趋势发展更进一步的证据。观察这些新的政治习惯的发展，对正确理解希腊史来说，具有根本性的意义。

我们得知，拉凯戴蒙人和科林斯人——他们联合进行计议中的远征——各有理由对萨摩斯人不满，这个动机较单纯地帮助倒霉的流亡者更加有力。但情况更像是希腊人随后的构想，他们把拉凯戴蒙人对波吕克拉泰斯的进攻视为斯巴达一直仇恨独裁统治者的一个例证了。事实上，我们知道的、能够支撑拉凯戴蒙人一直反对独裁统治倾向仅有的事实，是他们对波吕克拉泰斯和希皮亚斯的征讨。当时或许有其他例证，但我们无法把它们肯定地具体化。无论如何，拉凯戴蒙人和科林斯人的联军陪伴流亡者返回萨摩斯，进攻城内的波吕克拉泰斯。他们全力攻击了40天，一度极其接近成功，但最终没有取得任何成功就撤退了。

随着拉凯戴蒙人军队的撤退，萨摩斯流亡者陷入孤立无援

第五章　伊奥尼亚的希腊人——波斯帝国的崛起

的境地，他们搜寻可供抢劫的共同体，那种既软弱又富有的共同体，因而瞄上了西菲诺斯（Siphnos）。那时的西菲诺斯人是爱琴海中最富有的岛民，因为那里有金矿和银矿，其产品每年都在公民中分配，并把十分之一保存在德尔菲神庙中。圣地自吹，西菲诺斯的宝库是装饰最为富丽的，在其早年繁荣的日子里，他们本身可能被视为提洛岛节日上最耀眼的伊奥尼亚人访客。[35] 萨摩斯人在西菲诺斯登陆后，要求得到10塔兰特的捐献，名义上是借贷。在遭到拒绝后，他们开始蹂躏该岛，让其居民遭遇一次惨败，最终从他们那里勒索到100塔兰特。接着他们从阿尔戈斯半岛的赫尔米奥奈（Hermione）居民那里买到了邻近的叙德莱亚岛（Hydrea）。在近代的战争中，该岛声名显赫。可是，他们似乎随后改变了计划，因为他们并未占据该岛，而是把它交给特罗伊曾人照顾，自己前往克里特，打算从库多尼亚（Kydonia）驱逐那里的扎坤图斯人（Zakynthus）定居者。这一次他们成功了，并且被说服定居在那里。但在那里度过五年后，克里特人获得了埃吉纳的海上援助，借此夺回了那个地方，萨摩斯入侵者最终被卖为奴隶。[36]

这就是波吕克拉泰斯敌人们的悲伤结局。与此同时，那位独裁者比任何时候都更加强大和繁荣。在他的统治下，萨摩斯成为"众城中的首城，不管是希腊人的还是蛮族的"。希罗多德钦佩的该岛伟大的工程中，有为城市供水的管道，它穿山而过的隧道长达七弗尔浪；一道保护港口的防波堤，它长达两弗尔浪，深达 20 英寻；[37] 以及宏伟的赫拉神庙，那座工程即使不是由他开始，至少是他扩建和完成的。亚里士多德把波吕克拉泰斯的公共工程作为独裁者广泛政策的例证：让臣民忙乎，也使他们贫穷。[38] 作为希腊最早的海上霸主或曰海中之王——他们都是爱琴海中最伟大海军的主人，也是众多岛屿的主人，他通过与阿纳克莱翁（Anakreon）的友谊显示了自己对文学的热爱；通过给相邻岛屿莱内亚（Rheneia）岛上提洛岛的阿波罗的捐赠，[39] 他表现了自己的虔诚。可是，虽然他超越了所有的当代人，对斯巴达和科林斯取得了胜利，进一步光大他的形象，他却突然跌入了灾难的深渊，而且好像是要明白无误地彰显神灵的妒忌，他的灾难不是来自那些在他手中遭遇牺牲的众多人中任何一位的复仇，而是一个陌生人恶意的感恩，此人他从未冤屈过，甚至从未见过。相邻大陆上的波斯总督奥罗伊泰斯（Oroetes）对他产生了无法调和的仇恨，乃利用波吕克拉泰斯恶名昭彰的野心和贪婪，给萨摩斯派出使节，假称他的性命遭遇冈比西斯威胁，而且他本人急于带着大量财宝逃亡。他建议，只要波吕克拉泰斯愿意到大陆上把他送走，则他可以与这位萨摩斯王共享财宝。有了那笔钱，只要可以用金钱达成的目标，就足以使后者成为全希腊的主人。波吕克拉泰斯的文书麦安德利乌斯（Maeandrius）被派往麦安德河上的马格奈西亚调查情况。在那里，他看到那位总督的八个大箱子都装满黄金，而且都已打包待发。准确地说，是表面如此，实际上全是石头，只是在上面镀了一层金。[40] 波吕克拉泰斯的贪婪难以抵御如此丰

第五章　伊奥尼亚的希腊人——波斯帝国的崛起

厚的诱饵。他盛装渡海前往马格奈西亚，因而落入了奥罗伊泰斯的掌控。这位总督杀死了他，将尸体钉在十字架上。他释放了所有陪伴他的萨摩斯人，而且告诉他们，他们应当因此获得了自由政府而感谢他，但他把所有外国人和奴隶都作为俘虏留下了。

由于期待迅速回归，因而波吕克拉泰斯离开萨摩斯之时，留下麦安德利乌斯作为他在萨摩斯的副手。波吕克拉泰斯的灾难让麦安德利乌斯大吃一惊。虽然他控制着要塞、军队和财宝——它们曾是其强大主人的工具，但他清楚为他自己尝试使用这些工具的风险。部分源自这种恐惧，部分源自当时所有希腊人心中程度不等的真正的政治道德，他决定放弃自己的权力，恢复该岛的自由。"他希望（这位史学家特别评论说[41]）像最公正的人那样行事，但他未得机会那样做。"他的第一个行动是在郊区修建了一座崇奉自由之神宙斯（Zeus Eleutherius）的祭坛，并圈围一块地方作为圣所。希罗多德时代，圣所仍然存在。接着，他召集萨摩斯人的公民大会。他说："你们知道，波吕克拉泰斯所有的权力如今握于我手，没有任何东西可以阻止我继续统治你们。但是，我既然谴责他人，自己就不会这么做，而且我一直不赞同波吕克拉泰斯以及其他像他那样的人的做法，企图永久统治人们。既然波吕克拉泰斯已经终结了他的使命，我会马上放弃统治，并且宣布你们在法律面前的平等，但给我自己保留如下特权：首先，是从波吕克拉泰斯的财宝中获得6塔兰特；其次，是为我自己和我的后代保留自由之神宙斯的世袭祭司职位。我刚刚给宙斯建立了一座圣所，现在我把那位自由之神移交给你们。"[42]

这个合理而且慷慨的建议充分证明了希罗多德的格言，但萨摩斯听众对它的接受非常不同。他们中的一个重要人物高呼："你统治我们！你个卑贱的恶棍，你不配进行统治，别想那事，但请对你一直处理的钱财给我们做出说明。"其他人对他报以欢呼。

如此出人意料的回应，在麦安德利乌斯的心中造成了彻底的反转。他无可选择，只好冒险全力维持统治。他退入卫城，假称准备钱款账目以供检查，却派人把泰莱萨尔库斯（Telesarchus）和他的主要政治对手一个个请来，声称账目齐备可供查核。一旦他们到来，立刻给他们套上锁链。与此同时，作为波吕克拉泰斯声称的继承人，麦安德利乌斯和他的军队以及财宝一起留在了卫城中。

这里我们情不自禁地会把他们的行为与大约12年后雅典人驱逐希皮亚斯后的行动——前一章已有叙述——进行对比。两者之中，就自由政府悄悄且成功地发挥作用而言，萨摩斯人的处境要有利得多，因为他们有真正的独裁者自愿而且真诚地退位的便利。可是，对反弹性调查的渴望，甚至无法使他们合理地估计他们实现调查的能力。他们马上从极端臣服的状态走向了傲慢和灾难性的冒失。而雅典人，虽然环境远不是那么诱人，却避免了因回忆过去而牺牲未来前途的致命错误，证明他们既渴望获得权利，也愿意履行对一个自由共同体的义务。他们听从了明智的建议，

第五章　伊奥尼亚的希腊人——波斯帝国的崛起

行动上保持一致,以他们英雄般的努力战胜了远强于他们的军队。如果我们将希罗多德对两者各自所做的评论进行比较,[43]则我们会为这些反思所暗示的雅典人和萨摩斯人之间的差别感到吃惊。那种差别很大程度上可以在梭伦政治预先提供的教训中找到,在随后庇西特拉图家族统治期间,这种政治虽然被遮蔽,却未被根除。

随后在萨摩斯发生的事件,不过是一系列的犯罪和灾难。在麦安德利乌斯重病期间,他拘禁在卫城中的囚犯被其兄弟吕卡莱图斯(Lykaretus)屠杀,理由是这会有利于自己更轻松攫取权力。但麦安德利乌斯康复了,而且肯定作为独裁者继续在位一或两年。可是,那是一种软弱的专制统治,受到岛上不同程度的挑战,非常不同于波吕克拉泰斯的铁腕统治。在这种不确定的状况下,萨摩斯人因出现了一个新的权力和卫城的要求者而震惊,那个人更加强大,有一支波斯军队在后面撑腰。

叙罗松,波吕克拉泰斯的兄弟,最初参与了他哥哥的阴谋和篡权行动,并获允共享权力,但很快就被流放了。在波吕克拉泰斯生前,他一直在流亡中,直到大流士登上波斯王位——那是波吕克拉泰斯丧命一年之后。当冈比西斯与他得胜的军队在埃及时,叙罗松碰巧在孟菲斯。[44]当时大流士在波斯尚无名气,正在冈比西斯的卫队中服役。叙罗松穿着一件猩红色的斗篷,在孟菲斯的广场上闲逛。大流士非常喜欢那件衣服,提议购买。叙罗松得到神奇的启发,回应说,"这件衣服我是绝不会卖的,但如果你一定要得到，我可以分文不取地送给您"。最后，叙罗松吃惊地得知，那个他在孟菲斯以斗篷相赠的籍籍无名的波斯人，如今在苏萨的宫殿里被立为国王了。他到了苏萨，宣布他曾是新国王的恩人，并且得到了国王的接见。大流士被唤起了回忆，记起了那件斗篷的事情，而且表示他本人在成为波斯大王后，乐于回报他只是孟菲斯的普通一兵时受过的恩惠。大量金银被呈送给叙罗松，但是他拒绝了。他请求征服萨摩斯岛，并且在不屠杀或奴役居民的情况下，把该岛移交给他。奥塔奈斯（Otanes）受命带了一支军队前往伊奥尼亚沿海，把叙罗松送往萨摩斯，并且让他在岛上出其不意地登陆了。

麦安德利乌斯绝无抵抗入侵的能力，萨摩斯人一般的倾向也是不支持他。因此他与奥塔奈斯缔结了协议，同意让位给叙罗松，马上接纳波斯人入城。可是，他需要一段时间，以便他把卫城中的财产和财宝送上船只。卫城另有一个登陆点，或许是一条上船的地下通道和秘密廊道，那可能是波吕克拉泰斯之前预备的一处给养地。奥塔奈斯主动答应了这些条件，他本人及其高级军官进入了城内，军队则驻扎在城郊。此时，叙罗松似乎要在没有任何暴力或流血的情况下，坐上他已经死去的哥哥的宝座了。但萨摩斯人注定要遭遇更悲惨的命运。麦安德利乌斯有一个兄弟，名为卡利劳斯（Charilaus），性格暴虐，几近疯狂，因而麦安德利乌斯被迫将他拘禁起来。这个人从牢房的窗户中发现，波斯的军官们安坐于全城，有些甚至就在卫城城门下，而且因为信任协议,毫无防备。他大呼小叫地要求被释放,面见他的兄弟,嘲笑他不是一个僭主,而是一个懦夫。"你这个废物,虽然你的兄弟并无任何需要拘禁的理由,你却把他关在地牢里。虽然你不敢对波斯人复仇——他们把你赶走,使你成为一个无家可归的流亡者,而他们是很容易清除掉的。如果你害怕他们,那把你的卫队给我,我会让波斯人后悔来到这里的,而且我会把你安全送出这座岛屿的。"

在即将永远离开萨摩斯的时刻,麦安德利乌斯几乎没有任何理由去关心萨摩斯人将来的命运。由于对他们在波吕克拉泰斯死后对他的高尚行动的态度感到失望,他可能从未原谅他们,对于把一个散发着异味且沾满血腥的权杖移交给叙罗松,他也许并不是不高兴。他预见到,那会是他兄弟疯狂计划的唯一结果。因此,他带着财宝扬帆远去,把卫城留给了他的兄弟卡利劳斯,后者立刻把卫队武装起来,冲出要塞,攻击毫无戒心的波斯人。许多高级军官束手被杀,他们的军队尚未集中起来。但奥塔奈斯最终将军队集合起来,把攻击者赶回卫城之内。他本人立刻开始了对要塞的围困,而且如麦安德利乌斯预见的那样,展开了标志性的报复行动,以为他如此众多的朋友和伙伴的背信被杀复仇。他的军队的怒气丝毫不亚于他,受命攻击萨摩斯人,不加区别地进行大屠杀,男性不论老少,场合不论宗教世俗。这道血腥的命令得到了执行,然后萨摩斯被移交给了叙罗松,男丁丧失殆尽。

这样，叙罗松最终成了该岛人民的独裁者，后者即使不是全部，至少主要由妇女和儿童组成。不过我们可以假设，这位历史学家描写的血腥行动可能较之实际被夸大了。可是，看来它让奥塔奈斯的良心深感不安，因此一段时间后，他采取措施移民该岛。新的人口从哪里来，我们不得而知，但把居民从一个地方全体迁移到另外一处，对波斯大王和总督来说，是轻车熟路。

麦安德利乌斯追寻了之前波吕克拉泰斯时代流亡者的榜样，前往斯巴达寻求援助，以重树自己在萨摩斯的地位。但拉凯戴蒙人无意重复之前非常不成功的尝试，他也未能通过展示财宝以及做工精美的金盘，诱惑克莱奥麦奈斯（行动）。不过，对于这些黄白之物对其他斯巴达要人的诱惑力，这位国王不是全无担忧，因此说服监察官将麦安德利乌斯打发走了。[45]

叙罗松在萨摩斯似乎未被打扰，像大陆上的伊奥尼亚人城市一样，位同波斯的纳贡者。若干年后，我们发现他的儿子埃亚科斯（Aeakes）统治着该岛。

在消灭了桀骜不驯的总督奥罗伊泰斯，并且镇压了起义的米底人和巴比伦人之后，大流士在整个波斯帝国获得了全权。此外，由于有萨摩斯这个重要的补充，他还完成了对伊奥尼亚的征服，他的疆域因此包含小亚细亚全部及其邻近岛屿。但对波斯大王的野心来说，这还不够，仍次于伟大的居鲁士。在波斯人之中，征服的冲动尚未得到满足，他们认为扩大帝国的疆域是他们的国王的义务，而且他们的国王也认为那是他本人的义务。大流士虽

第五章 伊奥尼亚的希腊人——波斯帝国的崛起

非居鲁士的苗裔，但努力通过婚姻把自己与后者联系起来。他已经娶了阿托萨（Atossa）和居鲁士的女儿阿提斯托奈（Artystone），以及帕尔米斯（Parmys），她是居鲁士的小儿子斯麦尔狄斯（Smerdis）的女儿。阿托萨最初是她的兄弟冈比西斯的妻子，接着成了他的继承人马古斯·斯麦尔狄斯（Magian Smerdis）的妻子，最后成了大流士的妻子，并为他生了四个孩子。这些孩子中的长子是薛西斯，关于他，下文会有更多讨论。

如果她的影响取得优势的话，那大流士第一个征服的欲望或许不会是西徐亚草原，而会是阿提卡和伯罗奔尼撒，至少希罗多德是向我们证实如此。

最初阿托萨乘间提醒大流士，波斯人期待他给帝国的权力和光辉再添加上某些实在的东西。大流士回应她说，他打算马上对西徐亚人发动远征。她请求他推迟远征，首先将军队转向对付希腊，"（她说）我听说过斯巴达、雅典、阿尔戈斯和科林斯的妇女们，我希望有些这样的奴隶来服侍我。你身边就有提供有关希腊信息最为合适的人选，那就是治好了您足疾的那个希腊人"。由于这个请求，大流士打发部分值得信任的波斯人和这个外科医生戴摩凯戴斯（Demokedes）一道，前往希腊搜集情报。他命令他们根据戴摩凯戴斯的指令调查希腊海岸和城市，但预先吩咐说，无论如何不能让他逃走，或者在没有他的情况下返回。

他们参观并考察了希腊所有主要的地区，可能从亚洲和岛屿上的希腊人开始，渡海前往优卑亚，环航阿提卡和伯罗奔尼撒，然后前往科西拉和意大利。他们调查了沿海和各个城市，记录他们看到的所有值得记录的事物。这样的航海记录，如果被保存下来的话，作为公元前515年左右希腊世界实际状况的记录，会有无量的价值。一旦他们到达塔伦同（Tarentum），戴摩凯戴斯就找到了一个机会，执行他最初就设想的计划。根据他的请求，塔伦同王阿利斯托菲利戴斯（Aristophilides）抓捕了那15名波斯人，并把他们作为间谍拘禁，而戴摩凯戴斯本人逃到了克罗同（Croton）。

如米利都的希斯提埃乌斯（Histiaeus，下文我会谈到此人）一样，戴摩凯戴斯并不关心为了自己逃脱在苏萨的光荣牢房可能给他的祖国带来什么风险。因他逃跑发生的影响，即将让波斯帝国的全部军力砸落到希腊身上，而当时希腊根本无力对抗。如果大流士第一次侵略性的远征——那次是他本人御驾亲征，而且征服的欲望正强——指向希腊而非西徐亚的话，则希腊的独立几乎无可救药地会土崩瓦解，因为雅典当时仍处于庇西特拉图家族统治之下。在他们的统治下雅典的状况，我们在前一章已经讨论。她当时并无积极自救的勇气，希皮亚斯本人可能像伊奥尼亚的独裁者们一样，根本不想抵抗，会觉得接受波斯的统治于强化自己的权力有利。此外，希腊人合作的习惯当时刚刚萌发。幸运的是，波斯入侵者直到20年后才触及希腊沿海，在那段宝贵的间隔期中，雅典的性格经历了我们此前描述过的值得纪念的革命。他们的能量和组织同时得到了改进，抵抗的力量因此增长了10倍。

第五章 伊奥尼亚的希腊人——波斯帝国的崛起

除此之外,他们的行动对波斯形成严重挑衅,因而使得他们的抵抗成为必然,根据可以接受的条件投降则成为不可能。当波斯对希腊的宏大入侵来临时,我们会发现,雅典是所有抵抗力量的生命和灵魂所在。而且我们还会发现,尽管雅典付出了所有的努力,但抵抗成功的可能性仍不止一次遭到怀疑,而且如果薛西斯听取了他最优秀的顾问的建议的话,则结果或许会变得非常不同。但是,假如大流士统率着他用来入侵西徐亚的同一支大军,甚至一支规模更小的军队,于公元前514年在马拉松登陆,而不是到公元前490年派去达提斯(Datis),则他会发现,那里的人与马拉松的胜利者根本不同。就我们能够虑及的可能性言之,除斯巴达一家外,他可能不会遇到多大抵抗,后者可能会像小亚细亚的穆西亚人(Mysians)或皮西狄亚人(Pisidians),或如后世拉科尼亚的麦诺特人(Mainots)一样,在特别便于他们自己设防的地点对抗他所有的攻击。但希腊一般会变成希腊的总督区。果真如此,对随后的公元前500—前300年的两个世纪中希腊的发展,以及对人类的命运,影响都是无法估量的。因此,对于那一发展被扼杀在摇篮中的偶然性,我们绝不能置而不论。事实上,我们可以评论说,任何国家的历史,就我们可以运用的知识而论,如果从因果关系考虑,就需要我们不仅研究真实的事件,而且研究无所不在的偶然事件。它们属于即将发生,但终归没有发生的事件。

附录

【在目前的文本中,有关大流士远征西徐亚人的叙述被省略了,因为它给希腊历史打下的印记微乎其微。此外,有关该事件,我们主要的古代史料的版本(希罗多德)显然毫无价值,因此我们关于该事件的实证史实并不多。要讨论现代评论者的假设,不太符合本书的范围。有关这个主题的详尽论著,可以在 Macan, *Herodotus*, vol., ii., app. iii.; Grundy, *Great Persian War,* pp. 48-64; Bury, *Classical Review*, July, 1897, pp. 277-282 找到。

有关这次远征的主要观点摘述如下:

1. 年代,年代下限是公元前 514 年和公元前 511 年。证据偏向于公元前 512 年。

2. 目的。似乎是对另一次远征的补充,尽管希罗多德没有怎么提到,但推测极可能是为了强化波斯帝国的军事地位,那就是征服色雷斯。进军西徐亚可以被视为是对那些有可能乐于侵犯新边界的部落的一次亮肌肉行动(参见 Macan, op. cit., p. 49)。后来的亚历山大大帝(Alexander the Great)和图拉真(Trajan)都发现,类似的攻击行动是必要的。

3. 进军路线。在博斯普鲁斯海峡上架桥一事有良好的证据基础。在多瑙河上类似的行动则可以合理地被怀疑。大流士随后的进军似乎限于瓦拉奇亚平原(Wallachia)。

4. 结果。肯定是某种程度的灾难,否则拜占庭(Byzantium)

第五章　伊奥尼亚的希腊人——波斯帝国的崛起

和普罗庞提斯（Propontis）两岸的城市不太敢于暴动（请见第146—149页）。——编者】

1　Herod., i. 14; Pausan., ix, 29, 2.

2　Nikolaus Damasc., p. 52, ed. Orelli.

3　Strabo, xiii., p. 590.

4　格罗特所叙述的早期吕底亚历史不过是一连串的统治者的记录，他们实际取得的成就，我们完全不了解。虽然这份叙述完全基于希罗多德以及其他希腊作家——他们在这个问题上的知识更多的是神话而非历史，而且如今可以用最近的考古研究结果加以一定程度的补充，但资料总体上仍极其稀少。在吕底亚像其邻近的弗吕吉亚和赫梯人的王国一样可以让探险家更方便地接近以前，要写出其早期历史的编年史仍是一桩徒劳无益的工作。这些时日中吕底亚与希腊的联系仍极其模糊，对希腊史学者来说，这个亚洲王国的早期记录，从目前的情况看，几乎没有多少价值。

随着所谓的麦穆纳德王朝登基（公元前8世纪后期），吕底亚的历史变得更加有趣，某种程度上可以得到更充分的讨论。自此时起，本卷开始重现格罗特的原始文本。——编者

5　Herodot., i. 15.

6　奇麦利人的入侵，因其对小亚细亚希腊人定居者的影响，与这里的叙述有一定关系。把希罗多德叙述中少数有用的资料（i. 15, 16; iv. 11, 12）以及其他作家某些只言片语汇集起来，我们可以推测，（1）他们是一个游牧民族，此前居住在克里米亚（Crimea）及其周边地区。（2）他们突然杀入小亚细亚（或许通过海路）。（3）他们在北部海岸确立了统治，并从那里扫荡了弗吕吉亚和吕底亚。（4）

他们一度分散了吕底亚国王对小亚细亚希腊人城市的注意力。但他们自己也威胁到,甚至夺取了某些希腊人城市。(5)对小亚细亚的权力分配,它们没有产生多少持久的影响,例外的是他们摧毁了弗吕吉亚王国,因而为后来吕底亚王国进一步深入小亚细亚开辟了道路。吕底亚与更远的亚洲势力(亚述和米底)的关系,对希腊历史而言少有或根本没有重要性。——编者。译按:今天已经确认,亚述,甚至更早时期的西亚地区的历史,对希腊的发展具有重要影响。希腊的神话、字母文字、手工业技术、以及某些生活习惯,至少部分来自古代西亚和埃及。

7 | 我们不清楚波吕埃努斯(Polyaen. vii. 2, 1)从何人那里借用了他的话:阿吕亚泰斯成功地利用野狗对付了奇麦利人。

8 | Herodot., I, 20-23.

9 | 吕底亚国王的行动似乎主要针对那些处于从小亚细亚腹地前往爱琴海的重要商路末端的希腊人港口,所以位于赫尔穆斯河口附近的斯米尔纳和弗凯亚,以及控制着凯伊斯特河谷下游的科罗丰和以弗所,对一个首都处在赫尔穆斯河与凯伊斯特河道路交汇处的君主来说,就非常重要了。一旦他们获得了终端的港口,吕底亚国王就控制了穿过小亚细亚前往哈吕斯河的整个北线。同样,获得米利都使他们可以完全控制麦安戴河谷以及远达奇利奇亚的南线。——编者

10 | Nikolaus Damasken., p. 54, ed. Orelli; Xanthi *Fragment*.

11 | Herodot., i. 92, 93. 【对阿吕亚泰斯陵墓的描述见 Stein, *Herodotus*, i. 93。——编者】

12 | Herodot., v. 28.

阿吕亚泰斯的统治延续了57年,米利都人对他的顽强抵抗发生在其统治的前六年中。"两代人的内部纠纷"很可能继特拉叙布鲁斯的统治后出现。事实上,这仅仅是推测,但我们应注意到,希罗多德

在谈到伊奥尼亚人起义（前500）时，曾宣布虽然米利都当时是和平的，但曾在早先的时候被内部纠纷困扰了两代人的时间，那"两代人的时间"不太可能是指公元前617年之前的时期。

13　Herodot., i. 17; vi, 99; Athenae., vi., p. 267.

14　米利都的显著案例：由于免除了危险，它没有派代表出席泛伊奥尼亚会议（Herodot., i. 141）。

15　Herodot., i. 141-170. 关于泛伊奥尼亚节和以弗所节，见 Thukyd., iii. 104; Dionys. Halik., iv. 25; Herodot., i. 143-148。

16　Herodot., i. 26; Aelian, *V. H.*, iii. 26; Polyaen, vi, 50. 埃利安和波吕埃努斯保存的故事似乎来自西诺帕的巴同（Baton of Sinope）。
提到从城市到阿尔泰米斯神庙的绳子，我们可以提到雅典的库隆支持者祈求者类似的案例，他们企图用一根连续的绳子保持自己与祭坛的联系，不幸的是绳子断了（Plutarch, *Solon*, c. 12）。

17　Herodot., i. 141. 也请与第168章有关弗凯亚的说明比较。

18　当然，这个评论并不特别准确。有些城市，例如科罗丰，在一个多世纪前就已经被征服。——编者

19　可以肯定，吕底亚对小亚细亚希腊人城市的领主统治不是完全不利的，（1）虽然被迫拆除了城墙，城市似乎并未失去他们对自己对外事务的控制权；在克罗伊苏斯后来的战争中，他们似乎是盟友而非臣民。（2）他们支付贡金的义务，因为他们被纳入当时最伟大的贸易国家而获得了补偿。伊奥尼亚城市的贸易和财富并未因征服受损。在某些情况下，例如弗凯亚，它还获得了相当大的好处。与此相联系，我们或许还可以提到吕底亚人发明的钱币，亚洲希腊人拿来为自己所用的速度也不慢（参见 P. Gardner, *Types of Greek Coins*, pp. 1-6; Head, *Coinage of Lydia and Persia, Introduction*; Holm, *Greek History*, Engl. Transl., pp. 214, 215）。（3）征服者和被征服者的种族和宗教

差异不是非常大，而且任何一方好像都没有鲜明地感受到。波斯随后的统治虽然无论如何都不那么富有压迫性，但在希腊人眼中，与吕底亚的统治比较起来，仍显得严厉。——编者

20　在安提斯泰奈斯——色诺芬和柏拉图的当代人——失传的作品中，有一部《居鲁士：论王政》（Diogenes Laërt., vi. 15）。像他们的作品一样，源自苏格拉底的教导。

21　请见 Photius, *Cod.*, lxxii 所做的克泰西亚斯《波斯史》摘要。

22　Ktesias, *Persica*, c. 2.

23　德尔菲人随后这样解释这个神谕：居鲁士因为出生于地位不对等的父母，就是一只"骡子"（Herodot., i. 91）。——编者

24　请比较 Herodot., i. 84-87 和 Ktesias, *Persica*, c. 4。后者好像被 Polyaenus, vii. 6, 10 抄袭。

引人注目的是，在克泰西亚斯列举的奇迹中，并未提到火或者柴堆被点燃的事情。我们拥有的叙述，是克罗伊苏斯的锁链在电闪雷鸣中被神奇打掉，但根本没有提到**火**。这一点值得注意，因为它说明，克泰西亚斯是从**波斯**人叙述者那里得到资料的，他们不太可能让居鲁士为此意图用火。波斯人把火作为神灵崇拜，认为用它来烧死尸是渎神（Herodot., iii, 16）。希罗多德是从吕底亚的信息提供人那里听说了火焚故事的（λέγεται ὑπὸ Λυδῶν, Herodot., i. 87）。我们不清楚吕底亚人是否对火持有如波斯人同样的看法，但即使他们是那样，他们也不会将如此粗鲁的不虔诚行为归到居鲁士头上，就好像埃及人将另一个同样粗鲁的行为归于冈比西斯那样，希罗多德本人认为，后一个故事是假的（iii. 16）。

大马士革的尼科劳斯有关居鲁士处置克罗伊苏斯的冗长叙述，被某些人视为借用自吕底亚历史学家克桑图斯（Xanthus），他是比希罗多德稍早的同时代人。但在我看来，那仅仅是色诺芬《居鲁士的教育》

和希罗多德的叙述的汇编,并未好好地结合在一起,或许还包括了来自克桑图斯的某些具体细节(见 Nikoli, Damas.,*Fragm.*, ed, Orell., pp. 57-70,以及 Didot, *Historic. Graecor. Fragm.*, p. 40 中克桑图斯的残篇)。【另一版本将火葬堆的建造归于克罗伊苏斯本人的遗嘱,它保存在下述资料中:(1)约公元前 500 年阿提卡一个陶瓶绘画的场景中(cf. *Journ. Of Hell. Stud.*, 1898, p. 268);(2)Bacchylides, iii. 23-62. 对于尼尼微的末代国王阿淑尔埃狄拉尼(Asshuredilani),以及迦太基将军哈米尔卡(Hamilcar, Herodot., vii. 167),人们记录过他们类似的自焚行为,很可能符合闪米特人国王们的性情。

在克罗伊苏斯因阿波罗干预得救问题上,巴库利戴斯与克泰西亚斯一致,阿波罗据称把克罗伊苏斯转送到了"叙佩波莱安人(极北居民)"那里了。最后这一点让人怀疑,公元前 5 世纪的希腊人是否对克罗伊苏斯的命运有任何确定的认识。有人主张,克罗伊苏斯实际上死于他本人的火葬堆上了(Grundy, *Great Persian War*, p. 28);但是,我们必须承认本文引用的克泰西亚斯的说法正与此相反。——编者】

25　这个重要年代依靠索里努斯(Solinus, *Polyhistor.*, i. 112)和索斯克拉泰斯(ap. Diog. Laërtt., i. 95)的证据。请见 Clinton, *Fasti Hellen.*, 546 年条以及该书第 17 章有关吕底亚国王的附录。

【克桑图斯的年代记给吕底亚末代王朝分配了五代君主(167),将它的开端定在第 18 届奥林匹亚赛会期间(前 708—前 705),因此把萨尔狄斯的陷落下移到公元前 541—前 537 年(参见 Busolt, *Gr. Gesch.*, ii, p. 460)。——编者】

26　这种恩宠也许源自商业的原因。波斯人有特殊的理由遏制亚洲商路末端其他两个市场——弗凯亚和萨尔狄斯——的贸易。为达此目的,他们需要让交通线转移到麦安戴河谷一线,并将其与末端的米利都港口牢固联系起来。

27 | Herodot., i. 152. 在斯巴达千篇一律的平淡着装中，紫色衣服是一道亮丽的风景，昭示了亚洲和欧洲希腊人之间的对比。

28 | Herodot., i. 160. 兰普萨库斯的卡隆（Charon）简短的残篇经普鲁塔克引用（*Malignitat. Herod.*, p. 859），支持了普鲁塔克的看法，那是后者对希罗多德诸多不公正谴责中的一项，但与希罗多德的叙述之间并非不能协调，毋宁说是证实了他的说法。

在这篇所谓希罗多德坏脾气的论文中，我们看到普鲁塔克的面前摆放着兰普萨库斯的卡隆的著作。卡隆比普鲁塔克正抨击的历史学家早一代人，也是亚洲的希腊人。当然，这个片段适合他这篇著述的目标：提供所有他能在卡隆著作中找到的与希罗多德矛盾的记载。他未能提供任何重要事实的片段，倾向于强化我们对这位哈利卡纳苏斯的历史学家的信任，并且证明他的叙述总体上与卡隆的吻合。

29 | 与吕底亚人比较，波斯统治的主要缺点是：（1）通过当地僭主进行控制的制度；（2）取消对希腊贸易的鼓励措施。伊奥尼亚的繁荣很大程度上取决于与内陆的自由来往；除政治上的所有灾难外，这些设施的损失也足以摧毁小亚细亚沿海地区。——编者

30 | Herodot., I, 168; Skymnus Chius, *Fragm.*, v. 153; Dionysi., *Perieg.*, v. 553.

31 | 至于要塞（弗凯亚人以及其他伊奥尼亚人据称在波斯人征服萨尔狄斯后修建的），这个说法可以成立。由于这些城市在被克罗伊苏斯征服前都是独立的，它们无疑都有要塞。当克罗伊苏斯征服它们后，他下令摧毁要塞，但摧毁并不必然意味着将城墙全部推倒，因为当要塞上有一到两处缺口时，这个城市也就城门大开了。克罗伊苏斯的意图也就实现了。当他们首次想到面对萨尔狄斯的波斯人必须有防御设施时，伊奥尼亚人城市的状况可能就是如此。他们修缮并且完善了被破坏的要塞。

【如果这些城墙的石基保存下来的话——情况很可能如此，人们可以

在短时间内用生砖沿着现有的痕迹修建起城墙，如雅典人在公元前479年所为。——编者】

32 Aristot., *Polit.*, 5, 11; Polyb., iii. 22. 【关于它的年代诸见 Mommsen, *Rom. Hist.*, ii., appendix (1894)。——编者】

33 Herodot., i. 176. 除80户碰巧不在场外，克桑图斯的全部居民都丧生了。该城后来的居民系从外人中征集而来。近500年后，同一城市居民的后代们，以同样绝望的方式避免向马尔库斯·布鲁图斯（Marcus Brutus）的罗马军队投降（Plutarch, *Brutus*, c. 31）。

34 埃及国王从与爱琴海中占统治地位的海上势力的同盟中获得的好处，在托勒密王朝早期努力讨好罗德斯，以便保证他们自己的安全，维持对塞浦路斯的统治以对抗叙利亚中得到了说明。

35 西菲诺斯人给提洛同盟金库的贡金，对一个小岛来说是异乎寻常地高，公元前50年，它的贡金达3塔兰特（*C. I. A.*, i. 230）。——编者

36 克里特和埃吉纳之间的联系众所周知（cf. Stein, *Herodot.*, iii. 59）。克利萨是埃吉纳人前往埃及瑙克拉提斯（Naucrates）贸易路线上的一个站点。

37 水管至今仍存，保存状态相当不错。参见 Fabricius, *Athenische Mitteilungen*, ix., p. 163 ff. ——编者

38 Aristot., *Polit.*, v. 9, 4 称，"萨摩斯岛上的神庙是波吕克拉泰斯的工程。所有这些工程产生了同样的效果，使臣民忙乎并且贫穷"。（τῶν περὶ Σάμον ἔργα Πολυκράτεια. Πάντα γὰρ ταῦτα δύναται ταὐτόν, ἀσχολίαν καὶ πενίαν τῶν ἀρχομένων.）

39 Thukyd., i. 14; iii. 104.

40 请与汉尼拔在克里特的戈尔廷的计谋比较，见 Cornelius Nepos (*Hannibal*, c. 9)。

41	Herodot., iii. 142. 原文是 τῷ δικαιοτάτῳ ἀνδρῶν βουλομένῳ γενέσθαι οὐκ ἐξεγένετο。请与他对卡德穆斯的评论比较，后者自愿放弃了其在科斯（Kos, vii. 164）的独裁者地位。
42	关于退位君主保留宗教特权的情况，请见库莱奈的巴图斯三世（Herodot., iv. 161）以及雅典共和国的王者执政官职位(βασιλεύς)。——编者
43	Herodot., v. 78 and iii. 142, 143.
44	像许多其他希腊人一样，叙罗松纯粹出于好奇，也去"参观了那个国家"（Herodot., iii. 139）。——编者
45	这个事件的年代可能属于公元前515年左右，也就是克莱奥麦奈斯登基后不久。——编者

第六章
伊奥尼亚起义

毋庸置疑,在大流士渡过多瑙河后不在波斯的那段时间里,伊奥尼亚人丧失了一个极其有利的机会,以把他们自己从波斯统治下解放出来,但这个机会一去不返。他们的独裁者,尤其是米利都人希斯提埃乌斯所以保留受托保护的那座横跨河上的桥梁,根本不是不愿背叛他们得到的信任,而纯粹出自维护他们那不受欢迎的统治的自私意图。[1] 我们或许可以评论说,这个必然动机的真正特征,以及与之相关的讨论,都可以说有非常坚实的证据支撑。我们已经到达了对米利都历史学家赫卡泰伊乌斯(Hekataeus)有良好了解的时代,在几年后的伊奥尼亚人起义中,他发挥了积极作用,可能还亲自参加了这次远征。

从西徐亚战争的危机中脱身后,大流士从多瑙河向南穿过色雷斯,进军到赫勒斯滂,从塞斯托斯(Sestus)渡海进入亚洲。可是,他在欧洲留下了一支相当大的军队,由麦加巴祖斯(Megabazus)指挥,去完成对色雷斯的征服。普罗庞提斯沿岸的佩林图斯(Perinthus)进行了英勇抵抗,但最终被征服了。此后,所有色雷斯部落,以及赫勒斯滂和斯特吕蒙河(Strymon)之间的所有希腊人城市,都被迫屈服,献出了土和水。在斯特吕蒙河下游附近,有一座埃多尼亚人(Edonians)的城市米尔奇努斯(Myrkinus),大流士下令将该城移交给希斯提埃乌斯。因为这个米利都人,还有米提莱奈的科埃斯(Kôês),由于他们在多瑙河桥梁问题上的忠诚,都是这位波斯大王希望专门奖励的对象。科埃斯的请求,是他希望被任命为米提莱奈的独裁者。由于波斯的权威,这个愿望得到了满足。但希斯提埃乌斯的请求,是得到米尔奇努斯附近的土地,以便在那里建立一个殖民地。一旦波斯的征服达到那里,相关地区就会被移交给希斯提埃乌斯。我们会发现,米尔奇努斯附近的地区后来是著名的安菲波利斯所在地。它对定居者极具吸引力,那里土地肥沃、木材丰盈,便于航海经商,并且靠近金银矿山。

可是,波斯对色雷斯的统治似乎受到了西徐亚人入侵的干扰。为报复大流士的入侵,西徐亚人劫掠了远达色雷斯的凯尔索奈斯的土地,据称他们甚至遣使斯巴达,建议由斯巴达人和西徐亚人从不同方向同时入侵波斯。雅典人米尔提亚戴斯是凯尔索奈斯的独裁者或曰统治者，一度被迫从那里逃离，希罗多德将他的撤退归于这些游牧民的入侵。但我们或许有理由怀疑，这位历史学家误解了这次撤退的真正原因：由于劝说伊奥尼亚人摧毁多瑙河上的桥梁，他已经招致了大流士的敌意，因此不可能再留在凯尔索奈斯了。[2]

麦加巴祖斯的征服并不以斯特吕蒙河西岸地区为满足，他的军队渡过了那条河，征服了派奥尼亚人（Paeonians），迫使阿明塔斯统治下的马其顿人纳贡。根据大流士明白无误的命令，相当数量的派奥尼亚人被送往亚洲。这种对居民的暴力迁移是波斯征服的天才发明。[3]

七位知名的波斯人被从派奥尼亚的普拉西亚斯湖（Prasias）派往马其顿。阿明塔斯马上向他们献上了屈从所需要的象征，而且邀请他们加入一场盛大的宴会。在葡萄酒的刺激下，他们要求看看王家的女眷们。她们因此被介绍给了客人们，但受到了粗暴的对待。最后，阿明塔斯的儿子亚历山大对这样的侮辱感到憎恨，进行了一场标志性的复仇。当另一个知名的波斯人布巴莱斯（Bubares）被派往马其顿进行调查时，亚历山大用大笔贿赂以及把自己的妹妹古盖娅（Gygaea）嫁给他的办法，使其终止了调查。[4]

与此同时，麦加巴祖斯渡海进入亚洲，带上了斯特吕蒙河地区的派奥尼亚人。因为对希斯提埃乌斯在新城米尔奇努斯建设上的进展感到吃惊，他把自己的感受转达给大流士，后者被说服后，召回了希斯提埃乌斯，把他留在自己身边，并把他作为顾问和朋友带到了苏萨，给了他所有的荣誉，但私下的意图，是永远不让他回到小亚细亚。波斯将军的担心或许并非无理，但将希斯提埃乌斯拘禁在苏萨，后来成为一桩重要事件。

大流士前往首都之时，指定他的兄弟阿塔菲奈斯为萨尔狄斯总督，以奥塔奈斯取代麦加巴祖斯为沿海地区军队的将领。新将军严厉对待普罗庞提斯附近的各个城市，理由是它们在最近对西徐亚的远征中逃避义务，甚至在大流士撤退时骚扰他的军队。他夺取了拜占庭和卡尔凯东（Chalkedon），以及特罗亚德地区的安坦德鲁斯（Antandrus）与兰波尼翁（Lamponium）。依靠莱斯沃斯舰队的帮助，他成功进行了新的征服，占领了嫩诺斯（Lemnos）和因布罗斯（Imbros），当时两岛由皮拉斯吉人占据，好像根本没有任何希腊人居民。[5]

大流士离开萨尔狄斯前往苏萨时，带上了希斯提埃乌斯，并指定他的兄弟阿塔菲奈斯为萨尔狄斯总督，授予其小亚细亚西部最高指挥权。可以理解的是，沿海地区的希腊人城市被置于他的总督权力之下，但似乎主要由各自城市的独裁者统治，在希斯提埃乌斯缺位时，米利都显然由他的女婿阿利斯塔戈拉斯（Aristagoras）统治。那座城市如今正处于其势力和繁荣的顶点，在各个方面都是伊奥尼亚的领袖城市。大流士之返回苏萨似乎在公元前512—前510年，从那时起，上文描写的那种状态未受任何干扰地延续了10年左右，用我们历史学家的话说，是"一个

第六章 伊奥尼亚起义

没有痛苦的喘息期"。

约公元前506年，被流放的雅典独裁者希皮亚斯，在因为拉凯戴蒙人盟友一致拒绝参与其事业后，被从斯巴达驱逐了。他从西盖翁到了萨尔狄斯，以请求者的身份出现在阿塔菲奈斯面前。此人现在无疑发现了他通过女儿与兰普萨库斯独裁者埃安提戴斯家族（Aeantides）结盟的好处：大流士对后者的偏爱，让前者处在有利位置。他不断以将雅典置于波斯统治下为条件，向总督提出急迫的请求，目标是在雅典复辟。对于这个计划，如果时机有利，阿塔菲奈斯愿意提供帮助。他是如此全心全意地积极支持希皮亚斯的事业，以至于当雅典人遣使萨尔狄斯，并提出城邦的理由来反击流亡的妄求者时，阿塔菲奈斯的回应不仅是否认，还有威胁：如果他们想寻求安全的话，那就接回希皮亚斯。这样的回答等于是宣战，雅典人也是这么认为的。我们可以推测，这位总督甚至已经在反复构想联合希皮亚斯远征阿提卡了。但对雅典人来说，幸运的是其他计划和必须处理的事情介入，将波斯人计划的实施拖延了数年。

这些新的计划中，第一个就是征服纳克索斯岛。如希皮亚斯的情况一样，这个计划也来自纳克索斯流亡者的煽动。他们是一帮富有的寡头分子，此前被一次人民起义驱逐。如基克拉狄斯群岛的其他岛屿一样，这座岛屿当时还是独立于波斯人的。[6] 那是一座富裕且繁荣的岛屿，拥有大量自由民和奴隶，并且得到了战船以及8000名重装步兵的保卫。流亡者向阿利斯塔戈拉斯求助,后者发现,如果他可以说服阿塔菲奈斯与他一道加入这个计划,则他能够把他们变成他自己政策的工具,因为他本人的力量不足以单独成事。所以他前往萨尔狄斯,向总督提出了他的计划,并且说明,一旦流亡者获得强力援兵登陆,则纳克索斯可以不费什么劲地征服。邻近的岛屿帕罗斯、安德罗斯(Andros)、泰诺斯(Tenos)以及基克拉狄斯的其他岛屿,在纳克索斯被征服后,都不可能长久坚持,甚至庞大和有价值的优卑亚也不会。如果他有幸得到100条战船,则他本人会为波斯大王完成所有的征服,并且还可以承担军费开支。阿塔菲奈斯乐于支持这个建议,而且承诺次年春天会有200条而非100条战船。前往苏萨的使节带回了大流士积极赞同(的消息),在波斯将领麦加巴泰斯(Megabates)——他受阿利斯塔戈拉斯节制——指挥下,马上装备了一支庞大舰队,既有波斯人的,也有沿海附近所有纳贡国提供的。

阿利斯塔戈拉斯和纳克索斯流亡者带着这支军队从米利都出发,宣称他们将前往赫勒斯滂。在到达开俄斯时,他们在该岛西部港口考卡萨(Kaukasa)等待顺风,以便他们直接渡海直奔纳克索斯。但一份及时传出的警告被纳克索斯人最大限度地利用了。他们转移财产,储备给养,为围攻做好了所有准备,结果当舰队到达时,遭遇顽强抵抗。围攻者在岛上停留了四个月,做了无效的围攻后,除建立一座要塞供纳克索斯流亡者安身外,被迫一事无成地撤退。

第六章 伊奥尼亚起义

如今阿利斯塔戈拉斯决定把他反叛波斯的计划付诸实施，碰巧几乎同时他的岳父希斯提埃乌斯——他被迫滞留在苏萨宫廷——给他派来了信使，秘密煽动他做出正好同样的决定。由于不知道如此危险的信息能够托付给何人，希斯提埃乌斯给一个忠诚的奴隶剃了发，把必要的话语烙在头上，然后一旦头发长好，立刻打发其前往米利都，让他给阿利斯塔戈拉斯传口信说，要再次给他剃头，并且检查头部。希斯提埃乌斯所以努力煽动这次危险的起义，纯粹是一种让自己从苏萨获得释放的手段，他的算计是大流士会派他前往沿海地区重建秩序。阿利斯塔戈拉斯召集他在米利都的骨干们开会，向他们透露了这个令人生畏的起义计划。他们全部赞同，只有一个特殊的例外：米利都的历史学家赫卡泰乌斯。他反对这个绝对毁灭性的计划，争辩说，大流士的势力过于强大，不可能留给他们任何成功的希望。当他发现直接反对无用时，他接着坚持要夺取邻近的布兰奇戴的阿波罗神庙的巨额财宝，以供起义之用。他说，只有这个办法，才有希望让米利都人成为海上主人，因为他们过于软弱，单凭自己的力量不是对手。而且即使**他们**不夺取这些财宝，胜利的敌人也肯定会夺取。两个建议都显示了提案人的明智和远见，但一个也没有被接受。可能的情况是，攫取财宝虽然对即将来临的斗争极其有用，而且如赫卡泰乌斯预见的那样，虽然它们最终会落入敌人之手，但对人民虔诚的感情来说，这样的做法得不到支持，因而会产生更加有害而非有利的结果。

阿利斯塔戈拉斯和他的朋友们决心马上起义。他们第一步的行动是通过在各个城市废黜独裁者，在整个亚洲的希腊人地区重获人民支持。如希斯提埃乌斯在多瑙河桥梁上强力论证的，这些独裁者既是波斯统治的工具，也支撑了波斯的崛起。在相当大范围内马上发动打击的机会比较有利，因为最近被用于进攻纳克索斯的舰队尚未解散，仍集中在米乌斯（Myus），许多独裁者和作为舰队的统帅，也都在场。于是，亚特拉戈拉斯（Iatragoras）被从米利都派出，尽其所能地抓捕了许多独裁者，并且煽动士兵起义。这决定性的一步，是挑战大流士的宣言。亚特拉戈拉斯取得了成功，舰队随他行动，许多独裁者落入他的手中，其中包括泰麦拉的希斯提埃乌斯（Histiaeus of Termera，另一同名的人）、米拉萨的奥利亚图斯（Oliatus of Mylasa）（两人都是卡利亚人），库麦的阿利斯塔戈拉斯（Aristagoras of Kyme，另一个同名的人）。同时，米利都人阿利斯塔戈拉斯本人正式宣布反叛大流士，邀请米利都与他一道行动。他交卸了自己的权力，将政府交到了人民手中。在亚洲的希腊人地区，不管是岛屿上的还是大陆上的，大多数城市都爆发了革命，独裁者们被驱逐，公民们对起义表现出了热情。落入阿利斯塔戈拉斯手中的僭主被移交给他们过去的臣民。在他们手中，多数人被悄悄驱逐了，我们会发现，后来他们是波斯人积极的助手。人们提到的唯一例外是科埃斯，他被米提莱奈人用石头砸死了。[7]

这些初步成功的行动使得伊奥尼亚起义具有了广泛和重要

第六章　伊奥尼亚起义

的特征，也许较谨慎的赫卡泰乌斯曾预见的可行性要大得多。波斯在爱琴海中的海军马上被吸引过去，转到他们的敌人一边去了，伊奥尼亚人因此完全控制了海上，而且如果不是从腓尼基来了第二支海军，事实上他们会继续控制。此前波斯人从未如此行事，或许那时也没有指望。

在劝说所有起义城市任命将军并且进行防御之后，阿利斯塔戈拉斯渡过爱琴海向斯巴达求援，当时它正处在国王克莱奥麦奈斯统治下。他觐见了后者，"手执青铜板，板上雕刻有整个地球的线路，包括整个大海和所有的河流"。或许这是在斯巴达看到的第一张地图，它给人们留下了如此深刻的印象，以至于甚至到希罗多德时代，人们还能记得。[8] 在特别请求斯巴达人向他们的伊奥尼亚兄弟伸出援手——他们正为自由进行殊死的斗争——他接着描述了亚洲的财富和富足（黄金、白银、青铜、华服、牲畜和奴隶），以及亚洲人糟糕的武器和战争技术。他宣称，类似亚洲人那样的敌人可以被斯巴达人那样经过军事训练的人轻松击败，他们的财富会被剥夺，斯巴达人的长矛、青铜头盔、胸甲和宽大的盾牌，使他们鄙视波斯人的弓箭、短标枪、轻型柳条盾、头巾和裤子。最后，他特别夸大了苏萨的巨大财富，（他最后说）"相反，与你们的邻邦阿尔戈斯人、阿卡狄亚人和美塞尼亚人进行的战斗，战斗艰苦，酬劳微薄，那为什么不把你们变成全亚洲的统治者，那可是一份既轻松又获利丰厚的奖品"。对于这些诱人的煽惑，克莱奥麦奈斯的回答是第三天给他答案。当约定的日子来临时，他向阿利斯塔戈拉斯提出了一个简单的问题：从苏萨到大海边有多远？对这个问题，阿利斯塔戈拉斯的回答是诚实压倒了策略：那是三个月的路程。正在他接着大吹路途的便利时，克莱奥麦奈斯打断了他："米利都的客人，请日落前离开斯巴达。如果你想把拉凯戴蒙人带到离海三个月的距离，那你根本就不是他们的朋友！"尽管有这样一道警告性命令，阿利斯塔戈拉斯仍想最后一试运气。他手持祈求橄榄枝，再度去了克莱奥麦奈斯家，后者正与自己八岁的女儿戈尔戈（Gorgo）坐在一起。他请求克莱奥麦奈斯把女儿打发走，但请求被拒绝，于是他期望继续游说。开始他向斯巴达国王提出一笔贿赂表达谢意，而且出价越来越高，从10塔兰特涨到50塔兰特。最后，是这个小姑娘突然喊了起来："父亲，如果你不马上走开，这个人会腐蚀你的。"喊声让克莱奥麦奈斯突然惊醒，他马上终止了会见，阿利斯塔戈拉斯也立刻离开了斯巴达。[9]

希罗多德无疑是从他拉凯戴蒙资料提供人那里听来有关这次会见的叙述的。可是，我们或许仍会怀疑他借阿利斯塔戈拉斯之口所说的那些建议，是否真的提出过，或者说他真的曾抱有那样的希望，那可能是取得对波斯人胜利一代人之后的公元前450—前440年构想出来的，但它与公元前499年无关。甚至到马拉松战役时，米底人之名仍是希腊人的梦魇，雅典人高度而且公正地被赞扬为第一个敢于直面波斯人的群体。阿利斯塔戈拉斯很可能表示，在战场上，斯巴达人优于对手波斯人，但甚至那样

第六章 伊奥尼亚起义

的说法，在公元前502年也会被认为过分，那更像是一个请求者真诚的愿望，而非旁观者清醒的评估。

米利都人已经向希腊的重要势力斯巴达提出了建议，因此我们发现，这个特点越来越多地得到承认，并且正在变成希腊人一种一贯的做法。此前50年时，由于环境使然，斯巴达人得到了克罗伊苏斯的吹捧，因为在所有希腊人中，后者请求他们成为他的盟友，而他们把这种优待作为一个当然的事实接受了。

在被斯巴达拒绝后，阿利斯塔戈拉斯接着前往雅典，后者当时肯定已是希腊第二强国。他发现在那里任务比较轻松，不仅因为雅典是亚洲希腊人的母邦（祖城），而且因为她已经招致了波斯总督众所周知的敌意，在希皮亚斯的煽动之下，一旦时机合适，她就可能会遭遇攻击。与此相反，除共同的希腊主义的联系外，斯巴达人不仅与伊奥尼亚无亲缘关系，而且与波斯的关系亦非敌对，如果介入亚洲的战争，可能会招来一个新的敌人。因此，阿利斯塔戈拉斯的陈述在雅典人中赢得了更多支持，除了而且超出同情的说法之外，他们也有强烈的兴趣支持伊奥尼亚暴动，以间接保护雅典人自己：对他们来说，伊奥尼亚舰队脱离波斯人是显著而且重要的缓冲。雅典人马上决定派出一支20条船的舰队，以麦兰提乌斯（Melanthius）为统帅，前往援助暴动的伊奥尼亚人。希罗多德将这些船只视为"希腊人和蛮族人之间麻烦的开始"，因为在此前的荷马的《伊利亚特》中，帕利斯（Paris）横渡爱琴海的船只已经得到了这样的称号。希罗多德接着评论说，欺骗许多人似乎比欺骗一个人更容易,因为阿利斯塔戈拉斯在克莱奥麦奈斯那里遭遇了失败,但赢得了 30 000 名雅典公民的支持。但对于这个评论,有两点不言自明:第一,就与伊奥尼亚的麻烦来说,斯巴达的环境与雅典的并不相同,而且是希罗多德此前不久做出的观察:这场争斗涉及雅典人重要的利益,包括政治的和同情心方面的,而斯巴达人与此完全无关。第二,如希罗多德时代的认识那样,干涉的最终结果,如在希罗多德时代那样,虽然中间经历了严重的考验,但不管对雅典还是希腊来说,都相当有利和光荣。

当阿利斯塔戈拉斯返回亚洲后,他可能发现波斯人已经开始对米利都的围困。20 艘雅典船只很快横渡爱琴海,发现那里有 5 条埃莱特利亚(Eretria)的船只前来援助伊奥尼亚人。埃莱特利亚人大方地利用当前的机会,以回报他们与卡尔奇斯进行战争时,从古代米利都那里得到的帮助。在这些盟友到达后,阿利斯塔戈拉斯组织了一次对萨尔狄斯的远征,军队从以弗所出发,统帅是他的兄弟卡罗皮努斯(Charopinus)。船只被留在了科莱苏斯(Korêssus),那是一座山,也有海港,距以弗所五千米,陆军则在以弗所向导带领下继续进军,先是沿着卡伊斯特河前进,接着翻越托鲁斯山(Tmôlus)前往萨尔狄斯。阿塔菲奈斯并无足够军队保卫其坚固的卫城,因而攻击者未遇任何抵抗地占领该城。但是,他很快召回了自己在米利都附近的军队,[10]并从所有邻近地区召集波斯人和吕底亚人,因而实力胜过卡罗皮努斯。后者发

第六章 伊奥尼亚起义

现,由于一次偶然的火灾,他被迫退出萨尔狄斯。城内大多数房屋以茅草或谷草盖就,屋顶全部都是厚厚的干草。因此,碰巧一点火星溅到一座房子上,就会引发全城大火。由于这一事故,城中居民被迫放弃他们的住所,全部集中在广场上。因为波斯的增援瞬时云集,伊奥尼亚人和雅典人的处境危险起来,他们撤出了城市,在托鲁斯山上扎营,夜幕降临时,尽快向海边退却。阿塔菲奈斯的军队发起追击,在以弗所附近赶上并击败了他们。埃莱特利亚将军欧亚尔奇戴斯(Eualkidês),以及相当数量的士兵,都在战斗中阵亡。由于开局不利,尽管阿利斯塔戈拉斯急切地恳求雅典人留下,他们还是登上船只开回国内。在这场斗争中,他们再无任何作用。[11] 他们的撤军所以如此突然和彻底,可能是经历了他们亚洲盟友某种让人吃惊的背叛,与斯巴达将军戴库利达斯(Derkyllidas)公元前396年遭遇的危险类似。[12]

如萨尔狄斯这般重要的地方的烧毁,连同当地女神库贝贝(Kybêbê)的神庙,都与其他建筑一起被毁,因而对双方都产生了重大影响。它鼓舞了起义者,也激怒了波斯人。阿利斯塔戈拉斯派出船只沿海航行,北方远达拜占庭,南方远达塞浦路斯。赫勒斯滂和普罗庞提斯附近的希腊人城市,或因为被迫,或因为同情,都加入他这一边。卡利亚人热诚支持他的事业,甚至考尼亚人此前本来没有表明立场,听到萨尔狄斯被占领后,也马上加入他的一边。而塞浦路斯的希腊人,除阿马图斯(Amathus)这个唯一的例外,也马上拒绝承认大流士的权威,准备支持这场艰苦的竞赛。[13] 萨拉米斯——该岛最重要的城市——的奥奈西鲁斯（Onesilus）发现民众乐意，但他的兄弟戈尔古斯（Gorgus）不愿意，乃把后者关在了城门之外，自任萨拉米斯和其他起义城市联合力量的统帅，并围攻阿马图斯。这些城市当时和后来似乎都一直继续处在独裁统治下，但是，与伊奥尼亚僭主普遍不同的是，他们与自己的臣民一道参加了反波斯的起义。[14]

暴动现在变得如此严重，以至于波斯人被迫做出他们最大的努力来镇压。他们的帝国由不同民族组成，使他们可以挑动一个进攻另一个，因此腓尼基人对希腊人古老的憎恨现在极其有用了。腓尼基舰队被用来把波斯将军阿提比乌斯（Artybius）运送到塞浦路斯，同行的是一支奇利奇亚和埃及军队。阿塔菲奈斯麾下驻萨尔狄斯的军队得到了增援，使他马上对小亚细亚沿海地区，从普罗庞提斯到特利奥皮亚突角，都采取行动。另外，共同的危险暂时把伊奥尼亚人一反常态地联合在了一起，所以我们既是首次，也是最后一次，听说了一个相当有效的泛伊奥尼亚权威的存在。

考虑到阿提比乌斯以及腓尼基舰队即将到来，奥奈西鲁斯及其塞浦路斯支持者请求伊奥尼亚舰队支援，他们在波斯人于岛上登陆后不久就到达了。奥奈西鲁斯让伊奥尼亚人挑选，看他们是愿意在海上与腓尼基人战斗，还是在陆地上与波斯人战斗。后者自然倾向于海战，而且依靠一定程度的勇敢与协同，获得了一场光辉的胜利，萨摩斯人表现尤其突出。但在陆上同时进行的战斗中，走向是不同的。

塞浦路斯人个人的勇敢，因为他们阵营中的背叛而归于虚无。库利翁独裁者斯泰塞诺尔（Stêsênor）在战斗中逃跑了，甚至萨拉米斯的战车队也追随了他，而英勇的奥奈西鲁斯，因遭遇削弱，在军队彻底被歼灭时阵亡了。起义者再无任何希望可言，胜利的伊奥尼亚舰队返回了国内，萨拉米斯落入它过去的独裁者戈尔古斯之手，塞浦路斯的其他城市陆续遭遇围困并被拿下，可是它们并不全无决心抵抗，因为仅仅索利就坚持了五个月。

与此同时，大流士的主力已经集中在萨尔狄斯，道利塞斯（Daurisês）、叙麦亚斯（Hymeas）和其他那些与波斯大王女儿们结婚的将军分头对付西海岸的不同部分。道利塞斯进攻赫勒斯滂附近的城市，包括阿比杜斯、佩尔科泰（Perkôtê）、兰普萨库斯和派苏斯（Paesus），它们几乎没有进行抵抗。然后他受命南进卡利亚，而叙麦亚斯与另一支分队一起，夺占了普罗庞提斯地区的奇奥斯（Kios），接着从赫勒斯滂南下，完成了对特罗亚德以及伊达（Ida）地区埃奥利亚人的征服。阿塔菲奈斯和奥塔奈斯攻击沿海地区的伊奥尼亚人和埃奥利亚人城市，前者夺取了克拉佐麦奈，后者夺取了库麦。

现在就剩下卡利亚了，它与米利都相邻，坚决抵抗了道利塞斯。由于预先知道他正逼近，卡利亚人在一个名为白柱（White Pillars）的地方集结，那里地处麦安戴河（Maeander）与马叙亚斯河（Marsyas）交汇处附近。一场残酷的战斗后，胜利倒向了道利塞斯一边，原因主要在于他们人数上的优势。据说战场上倒下的有2000名波斯人和不下于1万名的卡利亚人。战后卡利亚幸存者再度集合在拉布兰达（Labranda）附近的宙斯-斯特拉提乌斯圣林中，商量他们是应投降波斯还是永远移居他处，此时一支米利都援兵刚好到达，恢复了他们的勇气。随后双方进行了第二次战斗，但卡利亚人再度失败，这次的损失主要落到了米利都人头上。胜利的波斯人如今继续攻击卡利亚人城市，但米拉萨的赫拉克雷戴斯（Heraklêides）非常巧妙地为波斯人设下了埋伏，而且非常幸运地摧毁了几乎全部的波斯军队，道利塞斯与其他波斯将军阵亡。在两次惨重的失败之后，这次成功的努力为卡利亚人的持之以恒赢得了声誉，希腊人的谚语中，对卡利亚人一般不假辞色。胜利暂时拯救了卡利亚城市，直到米利都陷落后，它们才被征服。

因此，在陆地上，起义者到处遭遇失败，尽管在海上，伊奥尼亚人仍是主人。但缺乏勇气的阿利斯塔戈拉斯开始对成功感到绝望。他召集起自己主要的顾问，向他们描绘了事情悲观的状态，以及一旦他们从米利都被逐，取得某个避难场所的必要性。然后他向他们提出了如下问题：在他们看来，到底是撒丁尼亚，还是色雷斯地区斯特吕蒙河上的米尔奇努斯（希斯提埃乌斯此前已经开始对那里设防）最符合这个意图。在他咨询的人中有历史学家赫卡泰乌斯，他对两个计划都不表赞同，而建议在邻近的莱罗斯岛（Leros）上建立一个设防据点，那是一个米利都人的殖民地，可以把那里作为一个临时栖身地。如果米利都无法坚守，这样做的话，一旦有机会，则很容易返回那座城市。[15] 如果如阿利斯塔戈拉斯建议的那样移民米尔奇努斯，则那里根本没有避难的希望，因为如果波斯人重新掌控了小亚细亚，是不可能不再度把势力伸展到斯特吕蒙河的。[16] 无论如何，咨询会以采纳移民米尔奇努斯的计划告终，因为没有任何伊奥尼亚人能够忍受把距离无限遥远的撒丁尼亚作为新的家乡。阿利斯塔戈拉斯航往米尔奇努斯，与之随行的是所有愿意陪伴他的人。但他登陆后不久，就在围攻邻近一座色雷斯人城镇时，与他几乎所有的同伴一起阵亡了。虽然起义开始时他就宣布放弃最高权威，但他仍尝试很大程度上保有这个权力，在前往米尔奇努斯时，他把权力委托给了毕达哥拉斯（Pythagoras），一个极受尊敬的公民。可是，米利都人似乎很少服从他的继任者，不管是在实质上，还是在名义上，他们这个时期的政府都是民主制的。

他离开后不久，另一个独裁者——米利都的希斯提埃乌斯，即他的岳父和起义的联合煽动者，出现在米利都城门口要求入城。如他所预料的那样，起义的爆发使他能够离开大流士。那位国王对萨尔狄斯遭遇的进攻和焚毁极为暴怒，那是一场伊奥尼亚人全面的起义，由米利都人阿利斯塔戈拉斯领导，但由于雅典人的积极合作才付诸实际。大流士狂呼："雅典人！他们何许人也？"在得到答案后，他要来自己的弓，扣箭上弦，尽力射向空中，发誓说，"宙斯啊，请允许我本人向雅典人复仇。"同时，他要求随从每日三餐时提醒他，"主啊，记住雅典人"。因为他确信，对伊奥尼亚人而言，报复会很快到来而且相当容易实现。[17]

最初大流士倾向于把伊奥尼亚的运动归于希斯提埃乌斯的秘密煽动，但后者找到了让他满意的理由，甚至声称，如果他（希斯提埃乌斯）在米利都而不是被困在苏萨的话，这样的问题就不会发生了。由于这样的保证，他得到了自由，前往萨尔狄斯，承诺一旦完成任务，他会尽快返回。但到达萨尔狄斯时，他发现总督阿塔菲奈斯掌握的情况较苏萨的波斯大王更多，所以希斯提埃乌斯逃亡了，前往沿海地区，从那里继续前往开俄斯。在这里，他发现自己被用相反的理由——他是大流士的线人和伊奥尼亚的敌人——被抓捕了。可是，在宣布他本人不仅是从波斯拘禁中秘密逃脱，而且是伊奥尼亚起义的主要策划者后，他被释放了。他还补充说，大流士已经打算把伊奥尼亚人迁往腓尼基，同时把腓尼基人迁到伊奥尼亚，为了阻止这种迁移，他（希斯提埃乌斯）煽动了起义。这个说法尽管一点都不比纯粹的虚构高明，但为他获得了开俄斯人的善意，后者把他送回了米利都。但在离开之前，他给萨尔狄斯送去了一些信件，收信人是波斯的显赫人士，内容表现得好像他已经与他们合谋要反抗大流士一般，而且打算邀请他们一道加入实际的起义。他的信使出卖了他，把书信直接送给了阿塔菲奈斯。这位总督期望这些信件会送到信件所指称的那些人手里，但送给希斯提埃乌斯的信件需要交给他本人。回信的大概内容是，阿塔菲奈斯已经被劝服，抓捕且处死了他身边的某些波斯人，但令希斯提埃乌斯失望的是，引发当地暴动的目标没有

第六章 伊奥尼亚起义

实现。

到达米利都后,希斯提埃乌斯发现阿利斯塔戈拉斯已经不在那里了,公民们完全不赞同他们过去的独裁者回归。他企图夜间强行入城,但被击退了,甚至伤了大腿。他回到开俄斯,但开俄斯人一条船都不愿提供,接着他渡海去了莱斯沃斯,从该岛的居民那里他得到了八条船,利用它们去占领拜占庭。[18]

在米利都附近,一支庞大的波斯军队,既有陆军也有海军的,逐渐集中起来,进攻阿塔菲奈斯决心指向的主要目标。不仅小亚细亚的所有军队都集中了起来,而且有从奇利奇亚和埃及完成塞浦路斯征服后的新的援兵,甚至有被击败的塞浦路斯人。同时,整个腓尼基舰队——战船数量不下600条——在海上给予协助。应对战场上如此庞大的陆军远非伊奥尼亚军队所能,泛伊奥尼亚的联合议事会决定,米利都人尽可能保卫他们的要塞,同盟城市的全部力量则集合上船。在海上,因为在塞浦路斯附近对腓尼基人的胜利,而且海上不曾遭遇失败,所以他们根本没有理由绝望。据此,伊奥尼亚人的联合舰队,包括埃奥利亚的莱斯沃斯人在内,战船总数达到353条,都集中在拉戴(Lade)。当时那是米利都附近的一座小岛,如今由于麦安戴河口泥沙日积月累,已经与海岸线连接起来。80条米利都船只组成了右翼,100条船的开俄斯人担当中军,60条船的萨摩斯人为左翼,米利都和开俄斯人之间的空当由来自普利埃奈的12条船、米乌斯的3条船和泰奥斯的17条船填充,开俄斯人和萨摩斯人之间的空当,则由来自埃吕特莱的8条船、弗凯亚的3条船和莱斯沃斯的70条船占据。

如此组成的全军，数量上与15年后赢得萨拉米斯战役的舰队相差无几，那时面对的波斯舰队较当前的（腓尼基舰队）大得多。此外，在船上，伊奥尼亚人的勇气与爱琴海另一边他们同时代的人相当。关于同盟者之间的分歧，我们在下文中将发现，萨拉米斯战役前的环境，较之拉戴战役前夕更加让人担忧。所以，就成功的机会论，至少是两者持平，在目前的情况下，波斯人和腓尼基人的前景充满疑虑，所以他们认为，为了分裂伊奥尼亚人，有必要采取明确的措施。对希腊人来说幸运的是，薛西斯在萨拉米斯没能设计出谨慎的、针对同一目标的计谋。所有那些在起义之初被阿利斯塔戈拉从各自城市赶出来的各位独裁者如今都在波斯人的军营中。根据阿塔菲奈斯的提议，他们各自都给同盟舰队中自己城邦的公民送去了秘密信件，承诺一旦表示顺从将获得温和处置，如果他们坚持武装对抗，则会遭遇极其严厉的惩罚，意在把他们分别从全体起义者中分化出来。虽然这些信件都是在其他人不知情的情况下送出的，但所有人的回答无一例外地都是拒绝。拉戴的同盟者似乎在精神上和心灵中，都比在萨拉米斯的雅典人、斯巴达人和科林斯人更加团结一心。

但一个巨大的区别翻转了天平：在萨拉米斯的雅典领袖们超常的能量和能力，连同他们是雅典人这一事实的配合，也就是说，他们统率着整个舰队中最大最重要的分舰队。

第六章　伊奥尼亚起义

在拉戴，不幸的是事情正好相反。每支分舰队都有自己的指挥官，但我们根本没听说有联合舰队指挥官，领袖们也不是来自比较大的城市，如米利都人、开俄斯人、萨摩斯人或莱斯沃斯人，统帅也不是地米斯托克利那样既有能力，也愿意走上前来自命领袖的人，他一度依靠全体的同意以及共同的利益，篡夺了本不属于他们的特权。然而，在拉戴，唯一有足够能量且自愿站出来的，是弗凯亚人狄奥尼修斯，不幸的是，他是最小分舰队的将领，因此也是最不被待见的。因为弗凯亚虽然一度是西部水域的探险者，但自波斯征服后已经严重衰败，如今能够提供的船只不过三条。

对连续的辛苦操练和纪律的不耐是伊奥尼亚人的特点，在拉戴战役前的表现导致了他们的灭亡，50年后作为雅典的盟友时，那时我会描述雅典帝国，我还有机会证明这一点。[19]

从伊奥尼亚人抛弃狄奥尼修斯那天起，他们的营地中就出现了不和与不信任。有些人如此胆大和不服管理，以至于较好的部分人对进行一次有纪律的战斗都绝望了，萨摩斯人如今尤其后悔他们拒绝了他们那被逐的僭主——叙罗松之子埃亚科斯——秘密提出的建议了。他们私下重开谈判，得到了和过去一样宽松的新承诺，并且同意时机来临时会脱逃。交战那天，当两支舰队即将接战时，萨摩斯人的60条船扫数离开，只有11条船例外，他们的船长鄙弃这种背叛行为。其他伊奥尼亚人学了逃跑者的样儿。但在希罗多德听说的这种相互背叛中，他发现难以确定到底谁该负责,尽管他提到莱斯沃斯人乃最早的逃跑者。开俄斯人的100条船,每条船载有40名全副武装的士兵,成了所有人的例外。他们极其忠诚而且坚决地战斗,给敌人造成巨大伤亡,自己也损失惨重。弗凯亚人狄奥尼修斯的行动兑现了他之前的话语,靠他的三条船俘获了同样数量的腓尼基人船只。但如此勇敢的榜样无法补偿其他人的怯懦与背叛。伊奥尼亚人在拉戴的失败是彻底且无可挽回的。对忠诚的开俄斯人来说,他们在战斗中和战后的损失都是可怕的。虽然部分船只战败后平安返回了开俄斯,但其他船只受损如此严重,被迫就近冲到附近米卡莱的突角上。在那里,水手们放弃了船只,打算向北穿过以弗所人的土地,到达与他们的岛屿相对的大陆上。我们吃惊地听说,在这个危急时刻,以弗所的妇女正在举行神圣的地母节,那是一个夜间在露天无人居住的空地上庆祝的节日,不能有任何男性在场。当开俄斯人的幸存者夜间进入以弗所人的土地时,他们的到来既不为人所知,也出人意料,人们相信,他们是盗窃犯或者来劫掠妇女的海盗。由于这种误解,他们受到以弗所人的攻击,被屠杀了。从这个时间看,以弗所人根本没有参加伊奥尼亚起义,在各支分舰队中,既不曾提到他们,也不曾谈到科罗丰、莱贝杜斯和埃莱(Erae)的任何行动。

弗凯亚人狄奥尼修斯意识到,拉戴的失败是伊奥尼亚人事业的末日,他自己的母邦将再度注定臣服波斯,因此认为甚至回国都不会安全。战后他立刻驶离,不是前往弗凯亚,而是腓尼基

第六章　伊奥尼亚起义

沿海，当时那里全无任何护航船只。他俘获了几条腓尼基商船，从中获得相当利润，接着他驶向西西里，在那里从事对迦太基人和第勒尼安人的私掠活动，但不伤害希腊人。这种职业当时似乎被认为是完全可以接受的。相当数量的萨摩斯人也移民西西里，他们对将领们在战斗中的背叛行为感到愤怒，对独裁者埃亚科斯即将来临的复辟，则更加愤怒。

拉戴战役的胜利，使得波斯人能够既从海路，也从陆路进攻米利都。他们极其坚决地进行围困，动用了各种工程机械，毁坏城墙。自哈尔帕古斯以来，他们在这方面的资源似乎扩大了。不久，城市被暴力攻克，留给它的命运是悲惨的。成年男性人口大多被杀，那些幸存者，连同妇女和儿童，都被送往苏萨，等待大流士的裁决，他把距底格里斯河河口不远的安佩（Ampe）分配给他们作为居住地。如赫卡泰乌斯在起义之初预见的那样，布兰奇戴的神庙被烧毁和劫掠，那里储存的大量财宝肯定被用来支付波斯军队的花费了。据说米利都土地上原有的居民被消灭殆尽，波斯人为他们自己占据了城市及其周边的平原，而把山区给了佩达萨（Pedasa）的卡利亚人。少数米利都人出现在前往西西里的萨摩斯人移民中。然而可以肯定，随后有希腊人移民被接纳入米利都，因为虽然势力和重要性都下降了，但该城此后似乎仍是一个希腊人城镇。

起义开始后第六年，米利都被占领，[20] 与之相伴的，是邻近的卡利亚的城镇也都很快归顺了。[21] 次年夏天，腓尼基人舰队已经在米利都过冬了,波斯军队海陆两路再度征服了亚洲的希腊人,不管是海岛上的还是大陆上的。开俄斯、莱斯沃斯和泰奈多斯,凯尔索奈斯的城镇,色雷斯的塞林布利亚(Selymbria)和佩林图斯,普罗庞提斯沿海的普罗孔奈苏斯(Prokonnesus)和阿塔凯(Artake),所有这些城市都被波斯与腓尼基舰队占领或劫掠了。甚至在波斯人到达之前,拜占庭和卡尔凯东的居民大多都已逃亡到麦森布利亚(Mesembria);雅典人米尔提亚戴斯只是因为一条快船,才从他的住所到了雅典,逃脱了被波斯人俘虏(的命运)。事实上,追击他的人如此贴近,以至于他的一条船——他儿子麦提奥库斯(Metiochus)就在那条船上——落入了波斯人之手。因为在远征西徐亚时,米尔提亚戴斯急切地要求摧毁多瑙河上的浮桥,所以腓尼基人特别急切地要抓住他,以把他作为波斯大王最中意的希腊人俘虏。可是,当米尔提亚戴斯的儿子麦提奥库斯被带到苏萨后,波斯大王不仅没有伤害他,反而对他极为仁慈,给了他一个波斯人做妻子,还有舒服的生活设施。

对那些再度被征服的沿海或靠近海岸线的城市,波斯将军的处置相当不同。拉戴战役前发出的威胁都被充分实现了,最漂亮的希腊青年人和处女被挑选出来,被分配给波斯显贵们作为太监或者作为后宫的近侍。不管是宗教的还是世俗的城市,连同它们的高层建筑,都被付之一炬。就岛屿的情况而论,希罗多德甚至告诉我们,波斯人从海岸到海岸地排成一线,从南向北扫遍整个岛屿,将其中的居民赶出来。毫无疑问的是,如此严厉的处置

第六章 伊奥尼亚起义

有坚实的证据，但迁移和毁灭的范围肯定被夸大了，因为这些岛屿和城市后来似乎又被希腊人占据，尽管状况有所恶化，但勉强还可以接受。萨摩斯成为所有城市中的例外，完全被波斯人放过，以作为他们的船长在拉戴战役中树立背叛榜样的奖励。而埃亚科斯，那座岛屿的独裁者，再度掌握了权力。在所有时代两性中曾遭受过的、众多无辜之人承受的痛苦中，希斯提埃乌斯的命运几乎不能激起同情。听到米利都陷落的消息时，他正在拜占庭。之后他认为，当今之计是与他的莱斯沃斯船只驶往开俄斯，但那里拒绝接纳他。可是，由于开俄斯人因最近战役中的失败遭到削弱，他们几乎无力抵抗，因此他打败了他们的军队，劫掠了那座岛屿。在当时亚洲希腊人溃不成军的状态下，无疑有很多人（如弗凯亚人狄奥尼修斯）选择不回到被奴役的家乡，但对新的去向尚无确定计划。在这些流亡者中，不少人都临时栖身于希斯提埃乌斯帐下，并陪伴他去了塔索斯（Thasos）。[22] 在围攻那座城市时，他得到了腓尼基舰队已经离开米利都去进攻其他伊奥尼亚人城市的消息，因此他中途放弃了对塔索斯的进攻，以便前往保卫莱斯沃斯。但在后面这个岛上，由于给养的缺乏，他被迫前往对面的大陆上收割阿塔奈乌斯附近和凯库斯河附近平原上正常成熟的庄稼。在这里，他遭遇了哈尔帕古斯指挥下一支相当大的军队。他被击败，被迫逃亡，然后被俘了。在被带往萨尔狄斯后，总督阿塔菲奈斯马上把他钉死在十字架上，原因部分当然是深切的仇恨，部分则是他相信，如果希斯提埃乌斯作为俘虏被送往苏萨，则他可能再度成为危险人物，因为大流士可能再度饶恕他的性命，原因是对后者维护多瑙河桥梁难以磨灭的感激之情。希斯提埃乌斯的头被做了防腐处理，然后呈递苏萨。在那里，大流士隆重地将之埋葬，诅咒了对曾保护他的人未经许可的处死。

我们不用奇怪，米利都的陷落在雅典人中激起了最为强烈的情绪，混合了同情和震惊。次年（虽然年代无法正面证实，但至少人们让我们认为是），它成了戏剧诗人弗吕尼库斯（Phrynichus）一部悲剧的主题——《米利都的陷落》。上演之时，它如此痛切地激发了雅典听众的情感，以至于他们在剧场中痛哭起来，诗人被判罚款1000德拉克马，因为"让他们回忆起了他们自己的不幸"。[23] 这部悲剧此后被禁止再度上演，并未流传到当今。

1 | 希斯提埃乌斯指出，大流士军队在西徐亚的覆灭，会造成针对希腊僭主——他们陪伴进行了那次远征——的人民起义。——编者

2 | Herodot., vi. 40-84. 在我看来，米尔提亚戴斯在事关国王及其大军生死的问题上如此明确地针对国王后，却能在大流士远征西徐亚与伊奥尼亚起义（那时波斯人彻底成了那些地区的主人，同时奥塔奈斯正在附近惩治那些逃避在大流士统率下服役的其他城市）之间的时段，仍能不受打扰地留在凯尔索奈斯，极其不可能。在瑟尔沃尔博士（*History of Greece*, vol. ii., app. ii., p. 486, ch. xiv., pp. 226-249）眼中，也同样如此。瑟尔沃尔博士对其中的疑难感受非常强烈，以至于他怀疑在多瑙河桥梁上米尔提亚戴斯的行动和建议都是20年后米尔提亚戴斯本人伪造的，目的是在马拉松战役前夕赢得雅典的民心。我完全不能认可这个假设。就事实论，它与希罗多德的矛盾非常明显，

第六章　伊奥尼亚起义

而在这个问题上，他似乎能轻松获得良好的信息。我已经注意到，历史学家赫卡泰乌斯对伊奥尼亚人和大流士之间的关系拥有第一手的知识，而且他很可能就在桥上。在这些问题上，赫卡泰乌斯提供的资料可供希罗多德考察。

我认为，我们有办法解决这个问题上出现的疑难，而不用在任何重要和明显的史实或任何诸如此类的问题上挑战希罗多德。在第 6 卷第 40 章，我们看到，在大流士的西徐亚远征结束到伊奥尼亚起义之间，米尔提亚戴斯**的确退出了凯尔索奈斯**。希罗多德实际上是告诉我们，他所以退出是因为西徐亚人入侵。如果我们不否认这次入侵是事实，则我们或许有理由认为，把入侵作为米尔提亚戴斯逃亡的原因就是错的。在西徐亚人入侵波斯和伊奥尼亚起义之间，由于担心波斯的敌意，米尔提亚戴斯无法连续居住在凯尔索奈斯。我们不用一定要相信他从不曾到那里，但他在那里的生活肯定会被中断，而且不安全。

科尔奈利乌斯·奈波斯称，由于害怕波斯人，自西徐亚返回后，他立刻就离开了那里。这个说法或许大体上是真实的。

【我们无须认为，米尔提亚戴斯是唯一建议破坏桥梁的人，这个主意在希腊人的分舰队中或许多处流传。或许在雅典受审时，米尔提亚戴斯及其友人很可能夸大了他发挥的作用。希罗多德一定程度上受到了菲拉伊德家族传统的影响。

在这个场合，考虑到普罗庞提斯地区城市对大流士不满的日益增长，以及伊奥尼亚起义期间米尔提亚戴斯小心逃离波斯人的史实，则我们完全可以认为，他的行为是背叛性质的。米尔提亚戴斯所谓的逃离西徐亚人——它以一种拙劣的方式进入希罗多德的文本中——或许是他的敌人方面的歪曲，例如，阿尔克麦翁家族的，几乎可以肯定，其传统得到了希罗多德的使用。如果西徐亚人的确到达了凯尔索奈斯，如此逃亡而非坚守在要塞之中，会表明米尔提亚戴斯人品极其

低劣，因为那些游牧劫掠者甚至都没有攻击要塞。——编者】

3 | 希罗多德提供的迁移动机纯属幻想。真正的原因无疑是要控制前往马其顿的重要的沿海道路，它的一面是大海，另一面是普拉西亚斯湖和潘盖翁山（Mount Pangaeus），很容易被当地的土著封锁（参见 Grundy, *Great Persian War*, p. 67）。这个措施可能是麦加巴祖斯首先提出的，他的战略感还让他警告说，不要把米尔奇努斯留在希斯提埃乌斯手中。——编者

4 | 我们有很好的理由证明对使者的谋杀乃是伪造，那是亚历山大随后在希腊人中散布的，以便为其所谓的亲希腊加分（参见 Macan, *Herodotus*, i., p. 162）。希罗多德似乎在数个段落中重述了该家族的传统（vii. 173, viii. 136-140, ix. 44）。如果这个故事是真的，则我们必须假设，大流士忽视了这场侮辱，因为他希望为那些桀骜不驯的官员们树立一个样板。——编者

5 | 对嫩诺斯和因布罗斯的吞并可以被追溯到庇西特拉图家族的时代。如果原住民在公元前502年之前尚未被逐，则我们应期待听到大流士在公元前494年将他们重新安置在那里的消息（参见 Meyer, *Forschungen*, i., pp. 13-15）。我们轻松就能想到，雅典民主是如何把征服的荣誉从僭主那里转移到民众的英雄米尔提亚戴斯那里的。——编者

6 | Herodot., v. 31. 普鲁塔克宣称，吕格达米斯被庇西特拉图立为纳克索斯的独裁者（Herodot., i. 64），他被拉凯戴蒙人驱逐（*De Herodot. Malignit.*, c. 21, p. 859）。我承认我对这部论著中有关斯巴达驱逐众多独裁者的说法没有多少信心。我们既不清楚普鲁塔克借鉴的资料的来源，也没有任何与它们相关的背景资料。

7 | 希罗多德有关围攻纳克索斯的故事和起义原因的叙述，在如下几个方面可以提出异议。

第六章 伊奥尼亚起义

1.通过征服纳克索斯来扩大阿利斯塔戈拉斯本人势力的前景分量过轻，不值得图谋。希斯提埃乌斯被剥夺米尔奇努斯，应当已经消除了阿利斯塔戈拉斯在这个问题上的任何幻想。

2.麦加巴泰斯警告纳克索斯人的举动，以及纯粹出自对阿利斯塔戈拉斯恶意而使远征流产的行为，甚至没有可信度。麦加巴泰斯不太可能通过这样的行动去羞辱他。

3.如果纳克索斯人直到远征军已在途中时才得到警告，则他们不太可能进行设防并为他们的城市储备四个月的给养。公元前490年，他们对大军的抵抗或许不至于马上完全崩溃。

4.希斯提埃乌斯期待只用一封概括性的书信煽动起义，不太合理。

5.阿利斯塔戈拉斯能够在整个小亚细亚西部煽动起义，不太可能用他追求的纯粹自私的政策来解释。

希罗多德叙述的总体路径毋宁指向下述的发展：

1.起义早已协调停当。因为（1）众所周知，早在公元前512年，起义的普遍愿望已经存在（Herodot., iv. 137）。（2）希斯提埃乌斯占据米尔奇努斯暗示某种计划，意在为希腊人建造一座对抗波斯前进的堡垒。（3）希斯提埃乌斯的信件只能是执行一个已经预先安排好的计划的最后信号，不太可能是任何其他东西。（4）反僭主的革命轻松成功，证明在大多数希腊城市中已经做好了计划。

2. 纳克索斯远征为阴谋者首领提供了一支伊奥尼亚大军（波斯分遣队不期而至，无疑是不受欢迎的援兵）。在纳克索斯城下长期的迁延，为他的大军提供了攻击的时机——bellum habere quam gerere malebat。我们非常乐于猜测，给纳克索斯人发出警告的不是麦加巴泰斯，而是阿利斯塔戈拉斯，至少是阿利斯塔戈拉斯借用了麦加巴泰斯的手，信息已经提前透露了。

3.起义潜在的原因必然是普遍存在的，仅仅独立的愿望就很重要，大流士的西进以及把爱琴海变成波斯内湖的危险，可能让那些与希腊本土以及西方有重要贸易关系的城市感到惊慌，但所有城邦僭主的直接意图表明，伊奥尼亚人无疑如今觉得他们愿意模仿雅典，将政府掌握在自己手里，因此极其憎恨波斯借助当地独裁者进行统治的制度。值得注意的是，大流士随后并未重立僭主（参见 Grundy, *Great Persian War*, pp. 79-91）。

因此，伊奥尼亚起义看来是一场爱国的、计划周密的运动。如果希罗多德很大程度上（尽管前后不无矛盾）从负面立场去观察它，那可能源自他利用的史料。我们可以列举的有如下述：（1）赫卡泰乌斯，他认为起义从开始就注定失败，而且在战争议事会上总是被挫败；（2）萨摩斯传统，它自然希望通过把整个起义说成一桩错误的事业，以为它的国人在战争中糟糕的行为开脱，而且绝不会说其竞争对手米利都的好话；（3）雅典的伯里克利圈子的意见，它对伊奥尼亚人少有同情，而且觉得贬低公元前5世纪臣服国的军事能力，对他们有利。——编者

8　人们提到的最早的地图由伊奥尼亚的阿纳克西曼德制作，显然是此前不久，见 Strabo, i., p. 7; Agathemerus, 1, c. 1; Diogen. Laërt., ii. 1。

9　我们可以评论说，这个例证以及克莱奥麦奈斯时代及其生平中的所有其他例证，都表明这位斯巴达国王在对外事务上积极介入和指导，可是，一旦行为不检，会被监察官提起审判并制裁（Herodot., vi. 82）。后面我们会发现，监察官逐渐把实际的管理权越来越多地掌握在了他们自己手里。

10　兰普萨库斯的卡隆和吕萨尼亚斯的埃莱特利亚史似乎提到了对米利都最初的围攻，由于对萨尔狄斯的远征，围攻终止，见 Plutarch, *De Heordot. Malignit.*, p. 861，由于那里的引用混乱不堪，但我们也没法从中得到多少信息。

11	Herodot., v. 102, 103. 有意思的是，兰普萨库斯的卡隆没有提到雅典人和伊奥尼亚人的这次联合行动的失败，请见 Plutarch, *De Herodot. Malignit.*, utsup.。
12	就雅典自冲突中撤出的动机，人们提出了更多说法。 1. 对埃吉纳的战争（据希罗多德）公元前 491 年是高潮，但公元前 498 年已进入尖锐时期，雅典分舰队离国前往伊奥尼亚，让埃吉纳人的武装进攻有机可乘（但请见第 4 章附录二）。 2. 从萨尔狄斯退却后，雅典的亲波斯派可能占了上风。这个派别公元前 507 年曾短暂上升，公元前 496 年再度上升，使希帕库斯（可能是僭主的某个亲属）成功当选执政官（Dion. Hal., *Antiq. Rom.*, vi. 1）。从公元前 498—前 493 年，雅典政府很可能掌握在这个派别手里。米利都的陷落以及入侵的危险，再度让爱国党在后一个年份中掌握了权力（请见第 164 页注释 23）。
13	这场起义可能因为伊奥尼亚人在潘菲利亚海岸外对腓尼基人的胜利被联系起来了（Plutarch, *De Herod. Malign.*, ch. xxiv. 提到了这件事）。该战可能为公元前 497 年以前腓尼基船只的被动提供了解释（Grundy, op. cit., p. 99 et seq.）。——编者
14	Herodot., v. 103, 104, 108. 请与精力充沛的萨拉米斯的埃瓦戈拉斯治下公元前 386 年左右塞浦路斯对阿塔薛西斯 – 麦蒙的行动比较，当时岛上的那些小王一度都成了他的臣民，但公元前 351 年，它们中的九个是独立的（Diodor., xiv. 98; xv. 2）。当亚历山大围攻推罗时，它们的数量似乎同样多（Arrian, ii. 20, 8）。
15	希罗多德或许搞错了赫卡泰乌斯提出这个建议的场合。公元前 496 年，这个建议简直就是个荒谬的馊主意。如果战争真的毫无希望，移民到米尔奇努斯或亚洲之外的某个地区是唯一能够确保伊奥尼亚人的办法。即使坚守海上和收复大陆上的土地仍有某种前景，退出

16	米利都也是不得已的牺牲。赫卡泰乌斯的建议更适合米利都内部因党派争吵而陷入危机之中时（参见 Macan, *Herodotus*, i., p. 267）。——编者
16	米尔奇努斯控制着渡过斯特吕蒙河唯一的通道，而且只用一小支军队就几乎可以无限期地坚守。或许从最初起，希斯提埃乌斯和阿利斯塔戈拉斯的设想就是找到一个可以阻挡波斯西进的屏障。
17	Herodot., v. 105 的原文是：Ὦ Ζεῦ, ἐκγενέσθαί μοι Ἀθηναίους τίσασθαι。请与色雷斯和神灵沟通的方式比较，他们把箭高高地射向空中（Herodot., iv. 94）。【这里希罗多德使用的似乎是阿提卡的版本，或许是在马拉松战役后创作的，"以放大雅典人的光辉"。——编者】
18	希斯提埃乌斯做海盗的记载不值得相信。如果他破坏伊奥尼亚人的商业活动，联盟肯定会派出分舰队去制止这种讨厌的行为。他一年多未受任何干扰的事实，证明他仍然信守承诺。他的使命更可能是保证博斯普鲁斯海峡向补给船开放，并且确保拜占庭的忠诚（参见 Grundy, op. cit., p. 121 et seq.）。——编者
19	虽然伊奥尼亚人以他们在拉戴战役中的行动清楚地表明他们缺乏团结，并且以拒绝服从狄奥尼修斯纪律的方式，暗示了他们所犯错误的巨大，但希罗多德叙述的有关他们懒惰和喜爱自在的故事，仍难信任。伊奥尼亚过去的全部历史以及舰队在那次起义中的成就（Herodot., v. 121），都证明他们是熟练和活跃的海员。希罗多德嘲笑伊奥尼亚女人气所表现出来的厌恶，恰好证明了他本人说法的不真实，暗示他这里征引的是有偏见的史料（请见第 151 页的注释）。——编者
20	Herodot., vi. 18. 这是我们在希罗多德著述中发现的有关伊奥尼亚起义年代唯一明确的声明。【有关年代学的详尽说明，请见 Macan, op. cit., p. v; Grundy, op. cit., pp. 142–144。总体上看，大多数史料将起义确定在公元前 499—前 494 年。——编者】

21 | 在佩达萨战役后，卡利亚完全从希罗多德的叙述中消失，暗示那里已经被征服（参见 Grundy, op. cit., p. 135）。这也解释了阿塔菲奈斯缘何有那么大一支军队可供调遣的原因。——编者

22 | 对塔索斯的进攻似乎是征服米尔奇努斯的预备行动（Grundy, op. cit., p. 139）。——编者

23 | 对弗吕尼库斯的控告似乎代表了雅典亲波斯党人绝望的努力：掩盖来自伊奥尼亚那些轰动性的消息，因为它们会导致情感转而有利于爱国者（请见第 155 页注释 12，参见公元前 348 年奥林图斯陷落后的影响）。公元前 493 年的标志，是米尔提亚戴斯回归雅典以及地米斯托克利当选执政官。或许后者就是弗吕尼库斯的歌队赞助人，诱使他写作了这部爱国剧（Meyer, *Gesch. d. Altertums*, iii., p. 312）；公元前 476 年，他支付了《腓尼基妇女》（*Phoenissae*）的制作费用，其中同一位诗人讴歌了萨拉米斯战役（Plutarch, *Themistokles*, ii., §6）。虽然弗吕尼库斯被定罪，但主战派直到马拉松战役后仍获得并且保持了控制权。——编者

第七章
从伊奥尼亚起义到马拉松战役

在前一章中,我已经指出了欧洲和亚洲希腊人历史的交汇点——波斯决心征服阿提卡。因此从这时起,希腊和波斯事务逐渐相互直接发生联系,而且较以前更能够融合为一部连续的叙述。

在彻底完成对伊奥尼亚的再征服后,阿塔菲奈斯着手组织那里未来的政府,出手谨慎,而且富有波斯做法中不太常见的远见。他将所有城市的代表召集起来,强令他们达成友好解决分歧的永久协议,以防止任何一个城市针对其他城市的所有暴力手段。此外,他以帕拉桑格(1帕拉桑格等于30斯塔狄亚,约3.5英里)为单位测量各个城市的土地,并根据这次测量的结果确定贡金,不过,与起义前支付的总数相比,并无本质性的变化。遗憾的是,

第七章 从伊奥尼亚起义到马拉松战役

希罗多德在提到这类工作时通常轻描淡写，而对充分理解其含义而言，这类处置极其有趣。然而，我们可以基本确定，伊奥尼亚人城市中，即使不是所有，至少是许多城市的人口和土地都因为此前的起义有了重大改变，尤其是因为镇压起义过程中的残忍行动。就米利都而言，希罗多德告诉我们，波斯人为他们自己保留了城市及其周边的平原，但把米利都的山区部分给予了佩达萨的卡利亚人。这样的过程自然需要重新测量并且厘定贡金，在其他地区，可能也有类似的土地转移。我已经指出，对于在希罗多德书中看到的降临到城市头上的彻底毁灭与驱离人口，我们不能完全相信，因为这些城市后来都有了人，而且全都是希腊人，许多城市可能接纳了新居民，以补充人口上的损失。新鲜血液的融入可能强化了阿塔菲奈斯所引入的组织的必要性，目的是明确规定这些城市对波斯政府以及相互之间的义务。希罗多德认为，这样的安排对伊奥尼亚人极其有益，事实无疑也是如此。他进一步补充说，直到他的时代，总督确定的贡金仍无变化。对此我们需要进行某些评论，我会留到描述薛西斯从希腊本土败退后亚洲希腊人的状况时再进行。

与此同时，大流士征服希腊的意图如今充分暴露。次年春，马尔多尼乌斯被授予最高统帅权，率领着一支大军去实现这个计划。进军到奇利奇亚时，他本人登上船只，由海路前往伊奥尼亚，而他的军队沿陆路穿越小亚细亚前往赫勒斯滂。他在伊奥尼亚的举动让我们吃惊，对希罗多德本人以及他的读者而言，似乎同样让人惊奇。马尔多尼乌斯废黜了各个希腊人城邦的独裁者,让各城邦的人民统治自己,条件是服从波斯统治并缴纳贡金。与此前波斯的政策比较,这是彻底的转向,因此必须归于新的信条,且它无疑是明智而且理由充分的,最近在波斯人的领袖中发展起来的,那就是利用这些独裁者为工具,不满的增长超过了他们力量的成长。伊奥尼亚最近发生的起义,很可能被视为一场这样的教训。但我们经常会看到,在整个历史进程中,波斯人会从这样的经验中受益。

马尔多尼乌斯在伊奥尼亚停留的时间不长,但与他的舰队一道去了赫勒斯滂——陆军已经到达了那里。他将军队运过欧洲,开始穿越色雷斯的进军。那里所有部分都已经被麦加巴祖斯征服,而且似乎没有参与到伊奥尼亚起义之中。塔索斯岛未加抵抗地归顺了,陆军被运过斯特吕蒙河,进入希腊人城市阿坎图斯(Akanthus)。那是一座斯特吕蒙河西岸的城市,马尔多尼乌斯由此出发进入马其顿,征服了那里相当部分的居民,或许是部分尚未纳入阿明塔斯统治下的人,因为那位国王此前已经投降了麦加巴祖斯。与此同时,他的舰队受命绕过阿托斯(Athos)海角,在泰尔马湾(Gulf of Therma)再度与陆军会合,目的是征服尽可能多的希腊土地,甚至进军至远达雅典和埃莱特利亚的地区。如果不是一场恐怖的风暴损毁了舰队,则后来薛西斯完成的远征,至少已经在12~13年前由马尔多尼乌斯尝试过了。不管是当时还是现在,阿托斯附近的海洋对航海家都充满危险。在其附近如此经常出现的一场飓风战胜了波斯舰队，消灭了300条舰船，不少于20 000人被淹死或撞向海岸。那些到达岸边的人中，许多人死于严寒，或者被那块不好客的舌状土地上的野兽吞噬。这场灾难彻底制止了马尔多尼乌斯的继续进军，后者本人及其陆军也损失惨重，他本人也遭遇夜间袭击受伤，袭击者是被称为布吕吉人（Brygi）的色雷斯人部落。虽然他足以打退攻击并进行复仇，征服了布吕吉人，但他无法再继续推进。陆军和舰队都返回了赫勒斯滂，自那里再渡海回到亚洲。

马尔多尼乌斯的尴尬似乎鼓舞了最近刚投降的塔索斯人，他们有意暴动。至少他们的行动引起了大流士的怀疑，因为他们积极准备防御，既建造了战舰，还加强了城防。此时塔索斯人非常富裕，主要财富来自金银矿，矿山既有他们自己岛上的，也有对面大陆土地上的。色雷斯的斯卡普泰叙莱（Skaptê Hylê）的矿山每年为他们提供了80塔兰特的收入，在支付了政府所有的税收——所以该岛的居民不用纳税——之后，收入的总结余是200塔兰特（如果单位是阿提卡塔兰特，是46 000英镑；如果是优卑亚或埃吉纳塔兰特，会更多）。靠着这么大笔的资源，他们很快进行准备，以至于引起了邻邦的注意。他们中的许多人无疑是嫉妒塔索斯的繁荣，在斯卡普泰叙莱有利可图的矿山所有权问题上，他们或许打算提出争议。如在其他情况下一样，在这里，臣服者相互的嫉妒常常表现为向宗主国告密。塔索斯人的行动被揭发，他们被迫平毁城防，并将所有船只移交给阿布戴拉（Abdera）的波斯人。[1]

大流士更渴望执行其征服希腊的计划了。他身边的希皮亚斯每天提醒他对雅典人的愤怒。为进行新的尝试，帝国的航海城市都接到了装备战船以及马车的命令。此时，因波斯军队近期进入马其顿，他的意图可能已经为希腊知晓。虽然如此，他认为派出使者巡行希腊绝大多数城市，以索取象征投降的正式标志土和水，是值得推荐的做法。大陆上的许多希腊人，还有被提出了要求的岛民们，都表示投降。尽管希罗多德没有具体提及，但我们可以归到前一批人中的有底比斯人和色萨利人。后一批人中，优卑亚和部分较小的岛屿不在其中，但当时希腊第一海上强国埃吉纳被明确纳入其中。

任何东西都不如埃吉纳人的投降更能表明希腊自由危险的迫在眉睫，以及波斯人在重新征服伊奥尼亚后所激起的恐惧。埃吉纳人与亚洲诸岛以及大陆商业上的联系，还有后者抵抗波斯大王失败所造成的悲惨后果，无疑让他们印象深刻。但就眼前而论，他们如此行动的原因中，对雅典的敌意与对波斯的恐惧同样重要，所以希腊面临的威胁，是波斯军队将介入希腊人的内部竞争，身份是盟友和仲裁者，这种概率，如今即使只是埃吉纳和雅典的争吵，但很可能导致希腊必然被奴役的命运。虽然在将近一个世纪后，即伯罗奔尼撒战争即将结束之时，因拉凯戴蒙与雅典之间绵延不绝的争斗，它的确发生了，但那时希腊自身的力量已足够强大，因而能够在不损失独立本质的情况下承受这种状况。

尽管从与埃吉纳开战到现在显然不足 14 年（约前 506—前

492），敌对的状态仍在延续。我们轻松就能想到，波斯进攻希腊重要的煽动者希皮亚斯肯定会说服雅典所有的敌人保持谨慎，至少不要对抗波斯让他重返那座城市掌权的努力。部分出自这种情绪，兼之真正的震惊，底比斯和埃吉纳都明确向大流士的使节表达了服从的意向。

在这些使者中，有些人被派到了雅典和斯巴达，目的同样是要求土和水。[2]

我们发现，雅典和斯巴达的关系大约在此时被拉近了。[3]雅典人首次更愿意在斯巴达去控告埃吉纳人向大流士献出了土和水，指责他们是出于对雅典的敌意这样做，以便可以与波斯人联合入侵阿提卡。他们把这种行为表述为"对希腊的背叛"，要求作为希腊领袖的斯巴达干预。因为他们的请求，斯巴达国王克莱奥麦奈斯去了埃吉纳，"为了希腊的共同利益"采取措施，对付最近的事态。

在希腊历史的发展中，现在出现在我们面前的行动具有极大的重要性。这是历史上第一次明确而且正面的表现：希腊是一个联合体，以斯巴达为首脑，成员有某种程度的义务，忽略或者违反这种义务，则构成某种形式的背叛。我已经点出几个较早的偶然事件，证明希腊人的政治思想如何从最初完全脱离国家，到逐渐愿意接受下述观念：一个永久性的联盟，成员相互负有义务；联盟有一个永久性的首脑，被赋予了强制权。这种观念从不曾充分实现，但如今明显表现了出来，而且部分发挥了作用。第一，斯巴达已经获得的巨大势力和土地，它的军事训练、平稳的政治传统，创造了人们无意识顺从它的倾向，那是其他城邦不曾享有的。第二，人们已经看到它召集一批自负义务的伯罗奔尼撒同盟者并进行战争（驱逐希皮亚斯后针对雅典的行动），并且有固定的形式，因而赋予同盟令人生畏的永恒性和神圣性。第三，作为希腊的头号强国或主席，它的地位已经得到承认，不管是外国人（克罗伊苏斯）邀请它加盟，还是希腊人寻求它帮助，如普拉提亚人对抗底比斯或伊奥尼亚人抗击波斯之时，都是如此。但斯巴达尚不情愿承担作为普遍保护者的义务，它拒绝了伊奥尼亚人以及萨摩斯人麦安德利乌斯，也拒绝了普拉提亚人，尽管他们的请求都源自他们共同的希腊人血统。它对萨摩斯的波吕克拉泰斯的远征，源自自己曾经不快的动机，甚至在拉凯戴蒙人自己的评价中也是这样。此外，即使所有这些请求都得到俯允，它似乎主要也是出自同情而非履行它固有的作为领袖的义务。但就目前的情况论，即雅典控告埃吉纳的案例，后一动机显然非常突出。雅典并非斯巴达的盟国，也不是在面对一个超级希腊人强邻无助时要求斯巴达同情，它抱怨的理由，是埃吉纳人违反了全体希腊人的义务，伤害并威胁到了雅典，因此要求斯巴达制裁拒不履行这些义务的国家。在希腊历史上，这是第一次提出此类要求，也是希腊历史上第一次得到有效回应。考虑到斯巴达人的迟缓、难以说服和宅居性格，以及他们对遥远的危险普遍的漠不关心，如果不是波斯使者的冒险让斯巴达人的自尊心难以承受，则我们完全有理由怀疑，请求是否会得到回应，驱使他们走向对波斯大王无法调和的敌对，从而把他们和雅典人抛到同一条船上，以便共同打退那威胁到希腊人共同自由的敌人。

从此时起，我们可以认为，希腊对抗波斯的公认的政治团结已经存在，至少是某种希腊人性格可以接受的接近政治团结的事物存在。就当前的情况论，它的首脑是斯巴达。一直以来，希腊历史就逐渐向给予斯巴达这种显赫的地位迈进。但无可争议的最终的事件，而且暂时让它古老且唯一的对手阿尔戈斯感到难堪的事件，马上就要谈到。

在这些波斯使者到达希腊之前的3~4年，即与米利都被波斯将军们围困非常接近的时候，斯巴达和阿尔戈斯之间爆发了战争。[4]希罗多德没有告诉我们战争的理由。克莱奥麦奈斯因得到神谕的鼓励——他会攻占阿尔戈斯，乃率领拉凯戴蒙军队到了埃拉希努斯（Erasinous）河畔，那是阿尔戈斯的界河。但牺牲——没有牺牲不得渡河——的兆头不吉，所以他改变了路线，从埃吉纳人和西库翁人那里索取船只，将军队通过海路运到瑙普利亚（Nauplia），那是阿尔戈斯的港口，位于提林斯的土地上。阿尔戈斯人出动军队抵抗，两军在提林斯附近的塞佩伊亚（Sêpeia）交战。利用敌人方面的单纯——我们觉得希罗多德的记载难以置信，克莱奥麦奈斯得以发动突袭，获得了一场决定性的胜利。因为阿尔戈斯人（这位历史学家宣称）的军队面对敌人扎营后，非常担心被敌人的诡计所乘，以至于他们听从了拉凯戴蒙人传令官高声宣布的命令，并且让他们自己的军队服从因此听到的同样的命令。此为克莱奥麦奈斯所知。他私下告诉士兵们，当传令官宣布用饭时，他们不应当服从，而应马上武装起来。我们可以猜想，阿尔戈斯人的营地与拉凯戴蒙人的营地足够接近，因此可以听见对方传令官的声音，但因为地形的原因，不能够看到。所以，阿尔戈斯人一听到敌人营地的传令官宣布用饭的命令，他们自己也就做饭了。斯巴达人进攻时，他们正处于混乱状态，他们被击败了，许多人当场死亡，幸存者托庇于一片茂密的橄榄林，那是献给他们的名祖英雄阿尔古斯（Argus）的。克莱奥麦奈斯包围了圣林，但认为用欺骗而非武力更加稳妥，乃从叛逃者那里得到了被包围的阿尔戈斯人主要人物的名字，然后一个个地让传令官把他们喊出来，假称他已经得到了他们的赎金，因此已经被释放。一旦后者走出来，立刻就被处死。由于枝叶茂密，这些不幸者的命运并不为橄榄林里的人所知，直到大约50人被杀后，某个人爬上树梢发现并且宣布了正在发生的事情。由于不能再诱使更多阿尔戈斯人离开他们神圣的庇护所——他们仍无望地相信，那片树林会保护他们，克莱奥麦奈斯放火烧着了橄榄林，将其烧成一片白地，林中之人或被火烧死，或被武器砍死。不下于6000公民——那是阿尔戈斯的荣光和力量所在——在这场灾难性的战役和撤退中阵亡。这座城市被打垮得如此彻底，以至于如果克莱奥麦奈斯选择马上进军并且猛攻的话，他本来可以轻松拿下城池的。如果我们相信后来的历史学家们——波吕埃努斯、保萨尼亚斯和普鲁塔克——抄袭的都是他们,则他的确从那里出发并进攻了城池,但被英勇的阿尔戈斯妇女们击退。由于最近的失败造成战士寡少,妇女们在女诗人泰莱西拉(Telesilla)率领下,与奴隶们一起拿起武器,勇敢地保卫城墙。[5]这可能是神话,意在给稍早前神谕中"女性击败男性"[6]的说法添上细节。由于希罗多德明白无误的声明,我们必须承认,克莱奥麦奈斯从不曾进攻阿尔戈斯。在烧毁阿尔戈斯的圣林后,他把军队主力遣回斯巴达,仅仅保留了1000名特选士兵,推进到赫拉神庙,那是阿尔戈斯和迈锡尼之间的一座伟大神庙,他要去献祭。当值的祭司禁止他进入庙内,宣称任何外国人都不得在庙内献祭。但是,克莱奥麦奈斯已经做过不顾女祭司及其请求强行进入雅典卫城上雅典娜圣所的事情,所以,他对阿尔戈斯的祭司更加粗暴。他指令黑劳士将祭司拖离祭坛并且折磨了他。献祭过后,克莱奥麦奈斯与他其余的军队一起返回了斯巴达。

然而他遣送回国的军队充分相信阿尔戈斯本可以轻松拿下,为错过这个机会应当负责的只有国王。他本人一旦回归,他的对手们(或许是他的同僚戴马拉图斯)就在监察官面前控告他,指控他受贿。对此他这样为自己辩护:他入侵敌人的领土,因为他坚信神谕所说他应当攻取阿尔戈斯的保证,但当他烧毁英雄阿尔古斯的圣林时(不知道那是属于他的圣林),他马上意识到,那就是神所说的"攻取阿尔戈斯"的含义,因此神的允诺已经完全实现了。所以他认为,在确定神是否赞同并且惠允他成功之前,自己无权发动任何新的进攻。正是出于这样的考虑，他在赫拉圣所中献祭了。在那里，虽然牺牲显示吉兆，但他注意到，神坛上点着的火苗不是自赫拉雕像的头部出来，而是从雕像的胸膛出来。如果火焰从头部出来的话，则他马上就会知道，神让他以武力攻占阿尔戈斯城。可是，火苗自胸膛出来，明显表示他已经不可能取得最高峰的成功，他已经收获了所有它们让他取得的光荣。我们可以看到，虽然希罗多德没有批评这个故事，但他怀疑这个故事是伪造。不过斯巴达监察官不这样认为。在他们看来，这个故事的真实性，不亚于胜利者的辩护，因此克莱奥麦奈斯被光荣开释。[7]

虽然这位斯巴达国王失去了攻取阿尔戈斯的机会，但他赢得的胜利使后者遭受的打击，要一代人才能恢复过来，因此让阿尔戈斯一段时间里完全无力与拉凯戴蒙争夺霸权。在传说和最初的历史中，阿尔戈斯曾是希腊的第一强国，传说中曾要求领袖的地位，而且绝对高于拉凯戴蒙，后者逐渐篡夺了阿尔戈斯的地位，先是作为领袖的现实，后来则被承认为带头人，如今，在我们所讨论的时期，居然自行承担起一批盟友头领的权利和职责，而盟友们既忠诚于斯巴达，也相互联系在一起。可是，它这个光荣的头衔从不曾得到阿尔戈斯承认。非常可能的是，刚刚描述的战争，一定程度上源自主事国家不断增长的权力——那是环境交到它手里的。如今阿尔戈斯暂时的瘫痪，是斯巴达悄悄获得这一权力的一个基本条件。这个事件发生于我们前述的波斯使者的经历之前，

第七章　从伊奥尼亚起义到马拉松战役

因此它清除了当时既有意愿，也有能力与斯巴达竞争的唯一对手。这个对手或许会阻止任何团结在另一个领袖之下的努力，尽管它自己无法获得任何泛希腊的优势地位；同样，这个对手会紧随埃吉纳之后屈服于波斯，因此将给希腊的保卫力量造成无可挽救的破坏。克莱奥麦奈斯既从埃吉纳人，也从西库翁人那里索取了不情不愿提供的船只，以让军队在瑙普利亚登陆，因此让这两个城市都招致了阿尔戈斯的敌意。西库翁人支付了一笔金钱来和解，但埃吉纳人拒绝这样做。因此，克莱奥麦奈斯战争的背景，不仅意在削弱阿尔戈斯，而且分裂了阿尔戈斯的天然盟友和支持者，为斯巴达无可争议的霸权开辟了道路。

现在我们再回到雅典人宁愿向斯巴达人控告埃吉纳背信弃义地屈服于大流士的事情了。我们发现，国王克莱奥麦奈斯马上渡海前往该岛，意在进行调查和制裁。他打算抓捕并带走若干埃吉纳的重要人物，但他们中的部分人威胁要进行抵抗，告诉国王说，他既没有斯巴达方面任何常规的证明，又受到了雅典人贿赂的影响，因为为了表示权威，两个斯巴达国王应当一起出现。埃吉纳人冒险采取如此危险的做法，并非他们的本意。克莱奥麦奈斯的同僚戴马拉图斯来自普罗克莱斯一系，资历较浅。他向埃吉纳人提出了这样的建议，并且承诺他们会平安过关。在斯巴达，两个同僚国王之间存在分歧并不新鲜，但就戴马拉图斯和克莱奥麦奈斯的情况论，此前若干年出兵阿提卡时两人的矛盾已经爆发过，因此戴马拉图斯较过去更加憎恨同僚，他与埃吉纳人密谋，有意破坏了克莱奥麦奈斯的介入。他成功了，所以克莱奥麦奈斯被迫回到了斯巴达，但明确地对赶走他的克利乌斯（Krius）和其他重要的埃吉纳人发出了威胁，而且他决心把戴马拉图斯赶下台。

对戴马拉图斯出生合法性的怀疑似乎一直存在。他名义上的父亲阿利斯托连续两个妻子都无所出，最后他爱上了他朋友阿盖图斯（Agetus）的妻子，那是一个超级美女，因而设计与后者达成协议，借助神圣的誓言，要他本人交出另一位可能要求的、属于他自己的任何东西。阿盖图斯对阿利斯托的要求马上得到了满足，作为回报，后者要求得到阿盖图斯的妻子。虽然很不情愿，但誓言是预先立下的，所以他被迫答应了。这次更换丈夫之后，戴马拉图斯的出生如此之快，以至于阿利斯托第一次得知此事时——当时他正在凳子上与监察官们坐在一起，他掰着指头计算他婚后的月份，接着大声发誓说，"这个孩子不可能是我的"。然而，他很快撤销了自己的意见，承认了这个孩子。他未受任何质疑地长大了，自出生后就由国家抚养，并且继承了父亲的王位。但阿利斯托最初说的话从不曾被遗忘，私下的疑虑——戴马拉图斯是他母亲前夫的儿子——仍然存在于人们心中。

现在克莱奥麦奈斯决定为了自己的目标利用这些怀疑，煽动莱奥提奇戴斯（Leotychides）——普罗克莱斯王系的次等继承人，公开质疑戴马拉图斯的合法性。克莱奥麦奈斯发动自己的全部影响支持莱奥提奇戴斯对王位的要求，作为回报，后者承诺会支持他干涉埃吉纳。激励莱奥提奇戴斯的不仅有野心,还有对戴马拉图斯的私怨,因为后者得到了他中意的新娘。他热心地加入了阴谋之中,指责戴马拉图斯根本不是赫拉克勒斯真正的后代,并且提供证据,证明了阿利斯托最初表示的怀疑。于是斯巴达出现了严重的争议,克莱奥麦奈斯借此支持莱奥提奇戴斯的要求,并且建议说,戴马拉图斯的合法性问题应当通过咨询德尔菲神谕决定。透过德尔菲当地一个强力人物的影响,他从皮提亚女祭司那里得到了答案:它宣布戴马拉图斯并非阿利斯托之子。莱奥提奇戴斯借此成了普罗克莱斯一系的国王,而戴马拉图斯成了一个普通人,在随后的青年节(Gymnopaedia)上,他当选为官员履行职能。新国王无法克制获得胜利的喜悦,派自己的随从询问正在国家剧院中的戴马拉图斯:在做过国王之后,再做一个军官感觉如何?戴马拉图斯从剧院退回家中,立刻离开斯巴达去了埃利斯,借口是前往德尔菲咨询神谕。

众所周知,戴马拉图斯是一个高傲而且有野心的人,除其他事情外,他是直到希罗多德时代唯一取得奥林匹亚战车赛胜利的拉凯戴蒙人国王。因此,对于他在流放期间可能对他们所造成的麻烦,克莱奥麦奈斯和莱奥提奇戴斯都感到惊慌。根据斯巴达法律,任何赫拉克勒斯的后代都不得在国外建立自己的住所,否则就是死刑。[8]所以他们派人追击戴马拉图斯,在扎昆图斯(Zakynthus)岛上赶上了他。但是扎昆图斯人不同意交出他,所以他不受阻碍地到了亚细亚,在那里他面见大流士,受到热情的恩宠，得到大量礼物。

与此同时，克莱奥麦奈斯在莱奥提奇戴斯那里得到了一个顺从的同僚，与后者一道去了埃吉纳，渴望为此前他所遭受的冲撞进行报复。由于两位国王同时出现并提出了要求，埃吉纳人不敢再做任何抵抗。克莱奥麦奈斯选择了10位富有、高贵和有影响的公民，把他们送到雅典，作为人质存在雅典人手中。

当波斯大军在马拉松登陆时，雅典和希腊事务的一般状况就是如此。对波斯登陆的情况，我们现在就进行讨论。考虑到刚刚叙述的事件对那支大军成功的间接影响，它具有巨大的重要性。根据雅典的要求，斯巴达如今首次证实承担了作为全希腊领袖的角色，它古老的对手阿尔戈斯如今过于沮丧，无力与之竞争。它的两位国王在这个节骨眼上意见一致，利用了他们作为主席的权威强制了埃吉纳，并把埃吉纳人质置于雅典人之手。为赢得对邻邦和对手的胜利，埃吉纳人或许不是不愿意付出臣服波斯的代价。正是由于斯巴达的介入，才能遏制他们与波斯入侵者合谋进攻雅典，从而使雅典人能够腾出手来，毫无顾忌地面对即将来临的考验。

同时，因过去两年中帝国各个部分的准备，波斯军队被集中起来，聚集在奇利奇亚靠近大海的阿雷安平原（Aleïan）上。一支由600条武装三列桨战船组成的舰队，连同大量配备了人员和马匹的补给船，从那里前往出发地。陆军被安置在甲板上，沿海岸线航向伊奥尼亚的萨摩斯。伊奥尼亚和埃奥利亚的希腊人构成了这支大军的重要组成部分，而雅典流亡僭主希皮亚斯作为进攻阿提卡的向导和辅助者，也在甲板上。将军是米底人达提斯和阿塔菲奈斯，后者是同名的萨尔狄斯总督之子，大流士的侄儿。我们或许会注意到，在大流士登基后，达提斯是人们提到的米底那个家族中第一个被任命为高级指挥官的人。在此之前，波斯人和米底人之间存在民族矛盾，而且那是两者关系的特征。[9]他们得到的总指令，是征服所有那些不曾献出土和水的希腊人，强令他们纳贡。但大流士特别指令他们要征服埃莱特利亚和雅典，并把他们作为奴隶带到他面前来。

阿托斯山附近最近爆发的可怕风暴让波斯人不敢追随马尔多尼乌斯的先例，取道赫勒斯滂和色雷斯。他们决定从萨摩斯直接横渡爱琴海到优卑亚（这类攻击方式是地米斯托克利那类聪明的希腊人最担心的，哪怕是在打退薛西斯之后），攻击半道上遇到的岛屿，其中包括纳克索斯。10年前，该岛曾抗击过长期的围攻，击退了波斯人麦加巴泰斯和米利都人阿利斯塔戈拉斯。达提斯的主要目的之一，是抹去波斯军队的那个污点，对纳克索斯人做出标志性的复仇。他从萨摩斯进军到纳克索斯后，在岛上登陆，结果发现获得那份奖品比他预想的容易：被吓坏了的公民们抛弃了城市，与他们的家庭成员一起逃到最高的山峰上去了。当波斯人把那些漫不经心逃亡的人抓为奴隶后，他们放火烧毁了不加设防的城市，世俗和宗教建筑一并被毁。[10]

达提斯从纳克索斯派出舰队，环航基克拉狄斯群岛，从各个岛屿索取人质以保忠诚，索取分舰队以壮大自己的军队。可是，对于神圣的提洛岛，他的处置温柔而敬畏。在他到达之前，提洛岛人已经逃亡泰诺斯，但达提斯派出传令官要求他们回归，承诺他们的人身和财产不受损害，并且宣布他已经从波斯大王那里得到指令，要尊敬阿波罗和阿尔泰米斯出生的岛屿。他行如所言，因为舰队不得触及该岛，他本人只带了几个随从上岛，在祭坛上做了豪华的献祭。由于其舰队的大部分由伊奥尼亚的希腊人组成，这种对提洛岛面子上的尊重，或许源自满足伊奥尼亚人宗教情感的愿望，因为在他们早前的自由时代，如我已经不止一次地指出的，这座岛屿是他们定期举行神圣节日的场所。

在未遭抵抗地沿着诸岛航行，从各个岛屿索取人质和分遣队后，达提斯最终抵抗优卑亚最南端的卡吕斯图斯（Carystus）及其土地。最初，卡吕斯图斯人既拒绝交出人质，也拒绝提供用于对付邻邦和朋友的分舰队。但是，由于入侵者攻击性的破坏，他们很快被迫屈服了。

对优卑亚的居民来说，大军的最终目标并非秘密。因为不断发生的分歧，他们最主要的感受是恐惧。他们向雅典求助，后者乐意把4000名军事殖民者或海外公民——那是他们16年前安置在邻邦卡尔奇斯的土地上的——供他们使用。然而，尽管有了这支援兵，许多人对保卫城市仍感到绝望，认为唯一获得保护的办法，是如此前人数更多，也更加强大的纳克索斯人已经做过的那样，躲到该岛最高的山峰上去。另外一派试图通过国家的灾难谋取自己的利益,坐等把城市出卖给波斯人的机会。虽然国家做出了保卫城市的决定,但非常明显缺乏坚定的信心,而信心是拯救城市的唯一手段,以至于一个名为埃斯奇奈斯(Aeschines)的重要的埃莱特利亚人不耻于就即将来临的叛卖行为提前警告那4000名雅典人,督促他们挽救自己,以免太晚而后悔莫及。他们遵循了他的建议,渡海通过奥罗普斯回到了阿提卡。当波斯人军队从船上下来,甚至他们的马匹下船时,他们曾期望埃莱特利亚人会出来战斗。由于埃莱特利亚人并未出来迎战,他们就向前推进包围城市。埃莱特利亚人勇敢地抵抗了若干时日,双方的损失都相当惨重。最后,两个重要的公民把埃莱特利亚出卖给了包围者。它的神庙被烧毁,居民沦为奴隶。我们无法给予柏拉图的夸张说法以信任:波斯人手拉着手排成一线横贯整个土地,将土地上的居民扫地以尽。柏拉图把这个说法用在埃莱特利亚的波斯人身上,同样,希罗多德曾用它来描述在开俄斯和萨摩斯的波斯人。[11] 无可置疑的是,大部分居民被作为战俘掠走,但出卖了该城的叛徒被豁免了,而且得到了波斯人的奖赏。[12] 我们明确地发现,肯定有部分居民被留了下来,并且移入了新的定居者,因为10年后埃莱特利亚人又被视为薛西斯的对手之一了。

在埃莱特利亚停顿数日,将最近抓获的战俘安顿在邻近的埃吉利亚(Aegilia)岛上后,达提斯把军队重新装上船,渡海前往阿提卡,并让军队在马拉松东海岸值得纪念的马拉松湾登陆,那个地方是希皮亚斯指示给他的。在被从统治者地位上赶下台

20年后，希皮亚斯与波斯人一起登陆了。47年前，他作为一个年轻人，与他的父亲一道，在后者第二次复辟时，走过从埃莱特利亚到马拉松的同一条路线。在之前那个场合，陪伴他父亲的军队比如今护卫儿子的少得都无法计算，但是，那支小军队足以让他胜利进入雅典，公民的软弱抵抗既不坚决，也不统一。如今，根据希罗多德提到的他警醒的希望和梦境，希皮亚斯设想，他本人从马拉松向雅典的进军会同样轻松。可是，他现在看到的雅典人，已经与他留下的那些人极其不同了。

对于自希皮亚斯被逐以来雅典人在民主制度之下性格上经历的这种重大变化，我在前一章中已经提请注意。克里斯提尼引入的政制上的修正已经存在约18年，不曾遭遇任何暴力推翻它的企图。普通公民中，私下无疑仍有希皮亚斯的党徒，或许也有私下联系者。但对于他的回归，普通公民的大多数，不管在生活的哪个层面上，除了厌恶外，不太可能有其他态度。民主的雅典人新近获得的能量到底有多大，能够用来捍卫他们的国家和制度，已在前一章述及。但遗憾的是，对于公元前490年之前10年中雅典的历史，我们仅有很少的细节，也没法详尽追踪那个政府的运作。可是，雅典政治取得的新形态，当我们观察这个重要时代出现的三位杰出人物——米尔提亚戴斯、地米斯托克利和阿利斯泰戴斯——时，会部分表现出来。

三人中的第一位在达提斯逼近前的三到四年前回到了雅典，离开了色雷斯的凯尔索奈斯。他最初是于公元前517—前516年被希皮亚斯派去继承他叔父——创建者米尔提亚戴斯——的遗产以及最高权力的。作为凯尔索奈斯的独裁者,同时又是波斯的一个臣民,他成了西徐亚远征中陪伴大流士到达多瑙河的伊奥尼亚人之一。他曾经提出了那个值得纪念的建议——摧毁浮桥,让波斯大王自生自灭,但希斯提埃乌斯和其他独裁者认为,遵循那个建议并不符合他们的利益。所以,他无法永久待在凯尔索奈斯了,理由我们前文已谈及。但在伊奥尼亚起义期间,他好像占领了那个地区。我们不清楚他在起义中的角色。在逃过腓尼基舰队的追击回到雅典时,他在司法性质的公民大会上遭遇审判,罪名是在凯尔索奈斯所谓的治理不当,用希罗多德的话说,是他在那里实行的"独裁统治"。定居在那个半岛上的雅典公民或许有良好的理由指责他,更可能是他执行了雅典在庇西特拉图家族治理下的政府原则,并且花钱雇用了一队色雷斯雇佣兵。[13] 可是,雅典人民光荣地开释了他,在波斯人这次远征期间,他是那个共和国每年选举产生的10名将军中的一员。

米尔提亚戴斯的性格一方面极其勇敢,另一方面很有决断力。但与他更年轻的同代人地米斯托克利和阿利斯泰戴斯比较,米尔提亚戴斯并不只属于克里斯提尼的民主派。那两人是希皮亚斯被逐以后雅典新阶级成员的代表,因而与前一代人中的庇西特拉图、吕库古和麦加克莱斯等不同。地米斯托克利,程度稍轻的阿利斯泰戴斯,尽管在取向上不同,但两人都是带有民主印记的政治家,依靠而且是通过人民获得优势,把全部时间都用来履行公共义务，而且经常参与政治性的和司法性的公民大会的讨论，因而能够把行动、理解和有说服力的演说融合在一起。它让雅典人逐渐习惯于既把他们作为顾问，也把他们作为领袖看待，但他们总要承受来自不友好的对手的批评和指控，相互之间作为对手竞争，且竞争的激烈程度一直在增长。

无论是地米斯托克利还是阿利斯泰戴斯，都无法自夸他们像埃亚科斯家的米尔提亚戴斯一样出自神灵和英雄的世系。两人地位和背景都中等。阿利斯泰戴斯是吕西马库斯（Lysimachus）之子，双亲都是纯粹的雅典人，但地米斯托克利之父奈奥克莱斯的妻子是一个来自色雷斯或卡利亚的外国妇人。由于地米斯托克利肯定出生于庇西特拉图家族统治期间，这样的结合一点都不让人惊奇，那时雅典公民的地位尚未获得其政治上的价值。这两个杰出人士对比鲜明，而且在一个人那里极其突出的，恰好是另一个人所缺乏的。在对地米斯托克利的描述——我们有幸在修昔底德那里获得一鳞半爪——中，极其突出的是他巨大的天赋创造力和理解力，而且他不曾得到任何因教育或实践逐渐摸索的助益。那种天性自发的能力，[14]没有比在他身上表现得更加突出的了。他明白当前困境的复杂局势，并且本能地发现神秘未来的机会，其聪明程度与速度相若，犹如恰当的应急之策总在他的心中随时闪现，哪怕遇到的是最令人困惑的局势，也根本不用预先考虑。他行动的大胆与智谋同样杰出。在参与联合行动时，他超人的能力总是使他成为他人追随的领袖，任何事务，哪怕他完全没有经历过，也不会让他吃惊，或者让他彻底慌乱。这就是修昔底德描绘的他的同胞，从年代上说，他的去世几乎与修昔底德本人的出生同时。在他心目中，地米斯托克利质朴的敏捷与全面，可能与他本人时代的那些政治家形成了鲜明对照，后者的代表，也是最伟大的，是伯里克利，在考虑和讨论公共事务时，会更加循规蹈矩，小心预习。地米斯托克利不曾受到哲学家、智者和演说家的教导，他们是修昔底德时代出身良好的年轻人的导师，也是阿里斯托芬——修昔底德较年轻的同辈——嘲笑的对象，认为这种教导较完全不教更糟，与此相对，他更欣赏马拉松的胜利者们淳朴的勇敢，以及纯粹的训练的成就。在修昔底德心目中，根本不存在对他自己时代不恰当的鄙薄，但同样对比性的话语也潜存于他的思想中，他似乎认为，地米斯托克利的巨大能力更多的是奇迹，因为他不是源自前期教育的结果，创造伯里克利的，正是这种前期教育。

普鲁塔克描绘的总体性格，[15] 虽然许多细节都属鸡毛蒜皮而且并不真实，倒与我们刚才征引的修昔底德的简短描述吻合。地米斯托克利不仅对于光荣无限热衷，而且乐于各种卖弄，其热衷程度让他认为，米尔提亚戴斯在马拉松获得的桂冠夺走了他的光辉。在表演性展示——那是在雅典赢得欢迎虽非唯一但肯定重大的源泉——中，他渴望与那些比他富有的人竞争，而且毫不顾忌地获得这样做的手段。除孜孜于出席公民大会和法庭外，他知道大多数公民的名字，而且总是乐于就私人事务向他们提出建议。

此外，他拥有党人专有的调和政治盟友、击败政敌的所有技巧。虽然在其生涯的早期他真诚地致力于维护和扩大他的祖国，而且在某些极其关键的场合为她做出了难以估量的贡献，但是总体上看，他在道德上的无所顾忌与他的聪明一样引人注目。在行使权力时，人们发现他非常腐败，而且会利用勒索手段，有时是为了达到本身光辉和爱国的目的，但有时仅仅是为了自己发财。他在多年的耻辱后结束了他光辉的一生，让希腊人对他所有的尊敬和情谊化为乌有。他是一个富人、一个流亡者、一个叛徒、一个领取大王补贴的人，致力于消除此前他本人完成的解放事业，那是他在萨拉米斯的胜利实现的。

遗憾的是，关于阿利斯泰戴斯，我们没有出自修昔底德之手的描绘，但他的性格如此单纯和一贯，以至于我们可以接受希罗多德和柏拉图简短但无条件的赞美，在普鲁塔克和科尔奈利乌斯·奈波斯（Cornelius Nepos）的传记中，描述得到了扩充，[16]虽然后者的细节几乎没多少可以相信。在智谋、迅速、善变以及应付困难方面，阿利斯泰戴斯不如地米斯托克利，但在公私道德上，不管是与地米斯托克利比较，还是与其他对手和同时代的人比较，在高尚程度上的差别不可以道里计。他与金钱的诱惑以及其他不良影响绝缘，其人格应当而且确实享有最高程度的尊敬。他被描述为民主政治第一个创建者克里斯提尼独一无二的朋友，[17]在政治生活中追求直率而且唯一的路线，与党派绝无瓜葛，[18]既不在乎与朋友和好，也不担心开罪于敌人。在面对腐败——不管犯下腐败罪行的是何人——时，他决不动摇，由此为他赢得了高雅的外号"公正者"。他作为执政官做出的司法裁决的公正，丝毫不亚于他裁决私人纠纷时的公正，在政治争议中，他甚至都开诚布公。在其悠长一生的公共生活中，充满了诱人的机会，但他的公正毫无瑕疵，无人置疑，既得到了他尖刻的敌人、诗人提摩克莱翁（Timokreon）的承认，[19]也得到了雅典盟友的承认，因而委托他首次厘定了贡金。就金钱上的廉洁而论，在希腊的各个地区，不管真假，少有重要人物完全声名无瑕。但不管是谁，只要被公开承认拥有这种关键品质，就会较杰出的能力更能获得公众的尊敬。在诸多伯里克利所拥有的品质中，修昔底德把清廉突出地排在第一位。尽管在所有其他方面尼奇亚斯都远远弱于伯里克利，但在这方面与后者不分伯仲，因此之故，他得到了雅典人民持续赋予他的、比例被严重夸大了的信任。阿利斯泰戴斯的能力虽然明显足以应对他遇到的所有情况——如果我们把他与地米斯托克利那样特殊的人物比较，仅略有不足，但因为他不可腐蚀的清廉，能力反而退隐了。可是，清廉为他获得普遍尊敬的同时，也招来了他经常遇到的舞弊者私下相当程度的敌意，甚至是某些人的嫉妒，后者对那种说法感到不耐烦。我们得知，一个乡下不识字的公民以陶片放逐法投票流放他，并且表示不喜欢阿利斯泰戴斯，[20]理由很简单：他讨厌听到后者总是被称为"公正者"。可是，无论是狡猾的敌人还是那些言行无忌的朋友，都无法剥夺他的同胞给予他一生的持久尊敬，尽管中间偶有不快。

马拉松战役和萨拉米斯战役之间的部分时期里,他曾被流放,当时他与地米斯托克利的斗争如此激烈,以至于两人不可能无害地都留在雅典。但在薛西斯入侵之间,雅典面临的危险使他在10年流放期未满即被召回。他的财产最初本就非常普通,生前更进一步减少,结果他在赤贫中去世,国家被迫对他的子女施以援手。

这就是雅典民主政治培养出来的最早的两位领袖地米斯托克利和阿利斯泰戴斯的性格。50年前,地米斯托克利或许会成为海岸派和平原派之争中一个积极的党徒,而阿利斯泰戴斯可能是一个不受关注的公民。尽管在随后的一个半世纪中,士兵、官员和演说家的性格越来越趋向分离,但在雅典历史当前的时期,它们之间是密切融汇在一个公民身上的。在达提斯横渡爱琴海那年,甚至可能是在得知远征已在途中之后,阿利斯泰戴斯和米尔提亚戴斯都当选为十将军的成员,各自代表自己所在的部落。此外,从普鲁塔克的一个段落中,尽管可疑,但我们猜测,同一年中,地米斯托克利也是他自己部落的将军。[21] 不过可以肯定的是,他参与了在马拉松的战斗。十将军共同统率军队,每位将军轮流行使统帅权一天。除10名将军外,第三执政官即军事执政官被视为军事会议中的第11位成员。当年的军事执政官是阿菲德奈(Aphidnae)的卡利马库斯(Kallimachus)。

当4000名军事殖民者——安置在优卑亚的居民——从被波斯围困中的埃莱特利亚逃走,给他们国内的同胞带来那座城市即将陷落的口信时,雅典军队的统帅们,很大程度上也是对外事务

第七章　从伊奥尼亚起义到马拉松战役

的管理者,就是如此。显然,波斯大军会从埃莱特利亚前来进攻雅典。数日后,希皮亚斯让他们在马拉松下了船。

对于雅典此时的状况,我们没有任何细节。对于需要采取的适当步骤,意见并不一致,背叛的疑虑也不是不存在。长跑手菲狄皮戴斯(Pheidippides)[22]马上被派往斯巴达祈求援助。他的精力如此旺盛,以至于他在48小时里,步行完成了150英里。[23]在向监察官报告埃莱特利亚已经被奴役后,他请求他们帮助雅典——希腊最古老的城市——免遭同样的命运。斯巴达当局乐意承诺援助,但遗憾的是当时是那个月的第9天。古代的法律和风俗禁止在月圆之前的最后几天里出兵,至少在那个月如此。但在月圆之后,他们会毫不延迟地出动。在这个关键时刻,对受到威胁的城市而言,五天的延迟可能是灾难性的,但斯巴达人提供的理由,对斯巴达人而言似乎不是借口。那只是古老习惯盲目的顽固残留,我们发现,随着他们历史的推进,虽从未消失,但程度会得到缓解。[24]

在这方面,菲狄皮戴斯带回的消息让人苦笑,因为在应对入侵者应采取的恰当措施方面,它会增加已经在将军们中间流行的不确定性和犹豫不决。部分可能因为期待斯巴达人预料中的援助,10名将军中有5人坚决反对马上与波斯人交战,而米尔提亚戴斯以及其余的将军力促马上对敌人采取行动,不能给那些胆怯和背叛之徒留下时间,使他们能与希皮亚斯建立联系,并采取行动来瘫痪公民一方的联合行动。在希罗多德笔下,决定雅典命运最关键的辩论发生在马拉松,那时军队已经出发并且就驻扎在波斯人眼前,而在科尔奈利乌斯·奈波斯笔下,有关辩论发生在军队出城之前,内容是到底是在战场上与敌人决战,还是坚守城池和圣石更明智。虽然后者一般被认为不够准确,但在这个问题上,他的说法好像较希罗多德更为可能:如果之前没有决定战斗的话,则10名将军几乎不可能率军离开雅典前往马拉松。此外,是在战场上决战还是在城内抵抗的问题,在埃莱特利亚已经出现过,对五位缺乏信心的将军而言,他们的立场不言自明。[25]

不管怎样,不管是在马拉松还是在雅典表现出来的,是10名将军在两种意见上平分秋色确定无疑。米尔提亚戴斯只好期待军事执政官卡利马库斯决定性的一票。他向后者强调指出了延迟的风险,以及某些背叛性阴谋因此会煽起公民中的不和与放大公民紧张的风险。除一场大胆的、决定性的和迅捷的攻击——他(米尔提亚戴斯)愿意为进攻的成功担保——外,没有任何其他办法能够阻止这样的背叛发生,以及因此产生的受波斯人与希皮亚斯奴役的可怕后果。对雅典来说幸运的是,军事执政官赞同了米尔提亚戴斯的意见,而拟议中的叛变行动,直到战役已经胜利后才显山露水。据称阿利斯泰戴斯和地米斯托克利都积极支持了米尔提亚戴斯的意见,所有其他将军也都同意,把他们各自享有的一天指挥权也交给米尔提亚戴斯,因此让他成了全军唯一的统帅。[26]据说米尔提亚戴斯一直等到他本人轮值指挥的那一天,才发动决战。可是,考虑到他表现出来的马上决战的急切心情,我们认为,在这样的节骨眼上，他不可能允许任何严重的延迟发生。[27]

雅典军队集中在马拉松附近献给赫拉克勒斯的圣地，波斯人和他们的舰队则占据了平原以及平原下的海岸，就在雅典人准备马上行动时，小邦普拉提亚全军加入了他们一方，约1000名重装步兵，他们是取道奇泰隆山南缘，穿过戴凯雷亚（Dekeleia）后，直接从自己的城市赶到战场的。在这个重要场合，他们的到来是出于感激的自然反应，但我们不能由于他们的利益其实与雅典人唇齿相依而减少肯定：如果雅典战败，则普拉提亚除被底比斯人征服外，全无其他选择。可是，许多希腊城邦会因为担心招惹一个新的、可怕的敌人，而选择无视自然的冲动和理性的谋划。如果我们想象一下与此有关的全部背景，我们会感到，普拉提亚全军自愿赶到马拉松，是希腊整个历史上最为动人的事件。由于史料来自后来的时代，那时希腊人已经不再害怕波斯，所以这种想象需要费点心思。它给雅典留下了难以磨灭的印象，后来甚至在雅典使节的公祷中一直得到纪念，[28] 作为回报，雅典还授予普拉提亚人充分的雅典公民权（可能没有政治权利）。

我们得知，在马拉松对峙的两军中，雅典人有10 000名重装步兵，可能包括，也可能不包括来援的普拉提亚人。[29] 这个说法尽管不是来自希罗多德，但并非绝不可能。希罗多德是我们有关这个问题唯一真正有价值的史料，但他并未提到兵员总数。事实上，考虑到不少于4000名的军事殖民者或曰海外定居者刚刚自优卑亚来到雅典，则文献提到的数字似乎比我们期待的要少。当然，有足够多的公民被留在后方保卫城市。对于波斯人的数字，除他们数量大大高于希腊人外，我们能说的是完全不知道，也没有任何事情是确定的。从希罗多德那里，我们听说他们的军队最初由600艘战船组成，但我们并不清楚有多少船只用于运输。此外，当他们横渡爱琴海，一个个地征服沿途的岛屿时，又得到了多少增援。[30] 军队中包含一定比例的骑兵，部分运输船显然是用来运送马匹的。希罗多德还告诉我们，希皮亚斯选择马拉松平原作为登陆点，因为那是阿提卡最适合骑兵活动的地区，虽然奇怪的是在战役中并未提到骑兵。[31]

马拉松地处阿提卡东岸一个海湾附近，位于雅典东北方向，两者之间有高耸的彭泰利库斯山（Mount Pentelikus）相隔，有两条道路通向那里，一条在山北，另一条在山南。两条道路之中，北边的一条最短，但最难通行，长约22英里；南边的一条长些，但更易通行，是唯一可供战车通行的道路，长约26英里，预计行军时间约6个半小时。它穿过彭泰利库斯山和叙麦图斯山之间，经过古代的加尔盖图斯（Gargêttus）和帕莱奈德莫。47年前，当庇西特拉图和希皮亚斯登陆马拉松和向雅典进军时，所取正是此道。马拉松湾因向北突出的海角的保护，是一个深水港湾，而且海岸便于登陆。海岸线上是一片广阔的平原，长约6英里，宽度绝不下于1.5英里。平原的两端是两片沼泽地，南边的不大，在酷热的季节结束后几乎干涸，但北边沼泽的面积一般远大于1平方英里，有几片地方是任何季节都无法穿越的。不过，两片沼泽地和大海之间，都有一片宽阔的、坚实的沙滩。绵延不断的平原之上，甚至连一棵树都没有，一座半圆形的石山和崎岖的群山把它与阿提卡其余地区分隔开来，在较低的山脊上，是与内地相连的陡峭而难行的小道。[32]

战役之前米尔提亚戴斯占据的阵地，尽管后世的雅典人全都认为是在马拉松附近的赫拉克勒斯圣橄榄林，但更可能是这座平原之上的某块高地。波斯人占据了平原上的位置，他们的舰队沿海岸线排列，希皮亚斯本人亲自统率他们准备战斗。波斯人和萨卡人为全军精锐，占据了中央部分，他们认为那里是荣誉之位，如果波斯大王本人亲征，那里由他占据。希腊人认为右翼是对等的位置，军事执政官卡利马库斯掌控着那里。重装步兵按照他们各自部落的顺序从右向左排列，最左翼是普拉提亚人。对米尔提亚戴斯而言，为了防止自己一方被从侧翼攻击，前锋排列的宽度必须与数量更多的波斯大军相等或几乎相等。鉴于此点，他命令中央的部落，包括莱翁提斯和安提奥奇斯部落，厚度排列得较薄，占据宽大的地域，而两翼比较强大，阵容更深，以便有效攻击两翼。他全军都是重装步兵，有若干奴隶为随从，他们根本没有武装或是轻装兵，但既无弓箭手，也无骑兵。

最终，希腊一方的牺牲对战役结果有利。米尔提亚戴斯命令他的军队跑步推进，穿过分隔两军的那一英里的距离，从而迅速与对方短兵相接，赢得了一切。[33]使波斯的弓箭手不能发挥作用无疑有利于调度，但我们可以合理地猜想，它也会让雅典人的阵形混乱，当他们接近波斯阵线时，他们必然已经是气喘吁吁，长矛和盾牌也无法排列整齐，而那是他们的力量所在。在两翼，因为阵形深厚，这样的混乱并未产生不好的影响，波斯人在进行一阵抵抗后就被击垮并且后退了，但在中央，阵形比较单薄，而且是波斯人和其他精锐的所在，气喘如牛且阵形不整的雅典重装步兵发现，他们遭遇的困难大得太多。虽然有地米斯托克利和阿利斯泰戴斯在场，莱翁提斯和安提奥奇斯部落事实上是被击败了，队形被冲开，被迫后退，并且受到波斯人和萨卡人的追击。当米尔提亚戴斯发现自己被迫大幅度减弱中军的厚度时，他似乎已经预见到了遭遇挫折的可能性，因为他的两翼在击败了对面的敌人后，直到解救了中军之后才发起追击，波斯人和萨卡人与其他人一道逃跑了。然后追击变成了全军的行动，波斯人被赶上了他们停泊在海岸上的船只，有些人陷入了无法穿越的沼泽并且在那里阵亡了。[34]雅典人试图放火烧毁船只，但这里的抵抗坚强而且成功，好几个突前的雅典战士被杀，在众多被毁船只中，仅有七条被俘获。这一部分的战斗以波斯人占优告终。他们把雅典人赶到了海岸上，从而平安地再度登船，遗下少量或几乎没有战俘，但有大量的帐篷和装备，那是已经被卸下船只的，无法运走。

希罗多德估计，在这场值得纪念的行动中，波斯方面阵亡了6400人。雅典方面阵亡的数字是准确的，因为他们全部被集中起来举行了最后的神圣葬礼——他们共192人。到底有多少人受伤，我们不曾听闻。勇敢的军事执政官卡利马库斯，以及十将军中的斯泰西劳斯（Stesilaus），都阵亡了。还有库奈盖鲁斯（Kynegeirus），欧弗利翁（Euphorion）之子，因企图抓住一条船的船帮，被斧头砍掉了一只手，因伤而亡。他是诗人埃斯库罗斯（Aeschylus）的兄弟，诗人本人也参加了战斗。希罗多德所提供的波斯方面的损失似乎是可靠而且合理的，[35]但他并未具体提到阵亡者中的任何杰出人士。

但是，虽然波斯人被击败，并且被迫放弃了他们在马拉松的阵地，但尚未打算完全放弃他们进攻阿提卡的机会。人们注意到，他们的舰队前往苏尼翁海角方向了，那里是存放埃莱特利亚战俘以及留在埃吉利亚岛上的给养的地方。同时，一副盾牌，因其表面磨光而能从远处见到，被发现在阿提卡某个高山上——如李基少校（Colonel Leake）很可能正确设想的，或许是彭泰利库斯山的山顶——举起。雅典人，还有波斯人，无疑都看见了。米尔提亚戴斯立刻对此做出了正确解释，把它与离去的舰队的航向联系了起来。盾牌是雅典的党人发出的信号，在雅典军队出征时，要求波斯人沿海路绕向雅典。米尔提亚戴斯识破了这个阴谋，不失时机地返回了雅典。就在战役当天，雅典军队全速从马拉松的赫拉克勒斯圣地回师，抵达了雅典附近库诺萨盖斯（Kynosarges）地区同一神灵的圣地，并且赶在波斯舰队之前到达。达提斯很快来到法莱隆的港口，但由于马拉松军队的迅速回防，希皮亚斯的党徒们非常沮丧，以至于他未能发现他期待用于在雅典近郊再度登陆所需要的助手和设施。可是，虽然已经太晚，但似乎他并未晚得太多，因为马拉松的军队也刚刚完成了他们回师的强行军。如果米尔提亚戴斯识破背叛信号、下达马上回师的命令哪怕稍许迟缓一点；在一场疲劳程度不亚于艰苦战役的超级强行军中，哪怕雅典公民在克服疲劳上有一点倦怠，则波斯人以及希皮亚斯的党徒很可能就会占领雅典。然而事实是，达提斯发现法莱隆根本没有任何友好的动作鼓舞他，恰恰相反，已经在马拉松击败他的士兵们出人意料地出现在现场，因此他根本不再尝试在阿提卡登陆，而是马上航行离开，稍后去了基克拉狄斯群岛。

雅典就这样得救了，至少是这次，免除了既可怕又迫在眉睫的危险。除米尔提亚戴斯极力主张的决定性的、毫不迟疑的进攻外，没有任何其他东西能够拯救它。对于这场最为有趣的危机，尽管希罗多德提供的叙述很不完整，但我们清楚地看到，希皮亚斯的党徒们确实组织了一场阴谋，而且阴谋的失败不过是晚了毫厘而已。彭泰利库斯山上高举的闪亮的盾牌，是通知波斯人阴谋者们在雅典的准备情况，意在马拉松的行动发生之前，就赶快出现在他们面前，那时雅典的军队仍被羁留在马拉松，因此，达提斯可能已经派出部分舰队绕向法莱隆，留下其余部分与面前的敌人作战。如果马拉松的军队知道了波斯分舰队在法莱隆登陆的消息，而且已经与那些雅典叛徒秘密会合，甚至可能已经夺取城市，则他们可能因双重的危险而心神不宁，也会担忧他们的妻子儿女，因此他们很可能无法协调地执行军事上的命令。[36]从公元前510年色萨利骑兵击败斯巴达人安奇摩利乌斯看，那时法莱隆还未修

第七章 从伊奥尼亚起义到马拉松战役

建长城,那里是一片有利于骑兵活动的良好平原。将军们和士兵们会出现无法调和的意见分歧,甚至可能相互猜疑。一般而言,希腊的公民兵个人士气高涨,服从命令和纪律,雅典人尤其如此。但他的勇气是不平均的,也不是冷静的和无条件的,后者是威灵顿(Wellington)或拿破仑(Napoleon)的军队的特点。它是阵发性的,因偶然事件而高涨或沮丧,常对并不存在和无法预见的危险而非他在阵前马上遇到的敌人更敏感。所以,拥有一支协同一致的雅典军队的优点,就目前的案例而论虽难以言表,但米尔提亚戴斯对它了如指掌,就是面对战场上一支敌人的军队,而且是唯一的一支。当我们触及10年后的萨拉米斯战役时,我们会看到,那时的希腊人拥有同样的优点。但薛西斯最精明的顾问们曾要求他明智地分散他庞大的军队,派出分舰队分头进攻希腊人的国家,如果那样,则无疑会产生分化希腊人联军的效果,并且不会留下任何核心或者合作的力量保卫全希腊。马拉松战役之前,如果时间允许波斯人向雅典运动,则雅典人的胜利很可能被转变成一场灾难性的奴役。从开头就理解形势紧急程度的荣誉应归于米尔提亚戴斯,他以自己的一心一意,克服了同僚的犹豫不决。

我已经指出,希腊历史上我们了解最为清楚的阶段,乃战场上鄙弃波斯人的一个时代。那也是我们从生活于其中的伟大作家们那里汲取资料的时期,在环境完全倒转后,我们需要一定的想象力,才能复活之前的情绪。诗人埃斯库罗斯在创作其悲剧《波斯人》以庆祝入侵者薛西斯可耻的逃跑时,甚至都可能忘记了15年前马拉松战役前夕的那种激情,当时他和兄弟库奈盖鲁斯自雅典出发(迎击敌人)。因此,我们必须注意到下述事实:直到达提斯在马拉松湾登陆之时,波斯成功的浪潮都很少被中断,尤其是在之前的10年中,对伊奥尼亚起义的严厉剿灭把希腊人的惊慌推向了顶点。除此之外,我们还必须加上达提斯本人的成功,以及埃莱特利亚的灾难,它们恍如昨日刚刚发生,显然预判了雅典死刑。面对这样的入侵者,雅典人需要最大的勇气,在10名将军的意见分歧中得到了印证。将所有这些因素合并起来,它成了希腊历史上史无前例的举动,它甚至高于温泉关战役之上,如我在描述那个值得纪念的事件时表现的那样。马拉松战役绝非具有重大决定性的失败,但它是波斯人在战场上首次显著地被希腊人击败。如果10年后的萨拉米斯战役可以被地米斯托克利视为希腊人千钧一发机会的话,则马拉松战役更是如此。甚至对那些最富见解和最有决心的希腊人而言,也是它首次提供了合理的证据,证明波斯人实际上可以被击败,面对波斯人,欧洲的希腊人可以保持独立。考虑到随后必然来临的巨大考验,这个信念的价值是无限的。

对雅典人自己而言,"首次战场上成功面对波斯军队可怕的面孔"时取得胜利,其影响还要更加激动人心和深刻。[37]这让他们有了决心,使他们在10年后面对薛西斯入侵时,乐意承受大得多的牺牲,毫不犹豫地忠诚于全希腊的事业。在国内,因为在所有普通公民心中激起了共同的情感和爱国的友情,强化了他们的地位。它的确只是雅典人的功劳，是那些一心一意、毫无例外的雅典人的功劳，虽然人民似乎从不曾对他们单枪匹马取得对46个民族的胜利的暗示感到厌倦，[38] 但演说家们的自夸和重复，把它几乎蜕变为常识。为获得胜利，雅典的血不曾因内战洒落一滴，因为甚至那些在彭泰利库斯山上发出盾牌信号的不知名的叛徒，也不希望因为对胜利缺少表面的同情而出卖自己。最后，那是对他们的民主政治最终的保证，扼杀了希皮亚斯在未来复辟的所有可能性。[39]

到底是谁举起盾牌发出了背叛的信号，将波斯人引到雅典，从不曾落实。非常可能的是，在成功的狂欢之中，对此根本未做调查。可是，如果不选出这种背叛的始作俑者，公众的信念不可能得到满足。希罗多德得到的资料（可能是公元前450—前440年，即马拉松胜利后的40~50年）是把它归于阿尔克麦翁家族。他并未提到任何其他的报道，尽管他有非常充分的理由拒绝承认针对阿尔克麦翁家族的指责。自库隆渎神案以来，他们就是一个宗教上有污点的家族，因此是这桩未破的罪案方便的替罪羊，而党派的敌对，即使最初没有发明，至少是在传播和证实这样的谣言中发挥了积极作用。当希罗多德了解雅典时，正是克桑提波斯之子伯里克利与米尔提亚戴斯之子奇蒙之间的政治对抗处于顶峰之际。伯里克利母亲一方属于阿尔克麦翁家族，我们知道，这样的血缘关系会被他的敌人用作政治操纵手段。[40] 此外，奇蒙和伯里克利之间的对抗，又都是父辈以来的世仇，因而我们会发现，马拉松战役后不久,克桑提波斯是米尔提亚戴斯案件中最显赫的控诉人。虽然克桑提波斯并非阿尔克麦翁家族成员,但他与阿加利斯泰的婚姻间接把他与该家族联系起来,他的儿子伯里克利则直接与该家族有关。从这种一直存在的政治对抗中,我们可以找到有关阿尔克麦翁家族背叛的虚假报道的起源。[41]

当雅典军队自马拉松以急行军返回雅典时,阿利斯泰戴斯及其部落被留下来保卫战场和战利品,但达提斯从阿提卡的迅速撤退,让雅典人有充分的空闲再访战场,并且履行对死者最后的责任。他们在战场上为阵亡的192名雅典公民修起一座大坟(被雅典授予如此特殊待遇的,仅此一例),把他们的名字刻在战场上竖起的10根柱子之上,每个部落一根柱子。他们为阵亡的普拉提亚人建起第二座坟,为奴隶建起第三座,而且为米尔提亚戴斯专门修起一座葬礼纪念碑。那场战役600年后,保萨尼亚斯看到了那几座坟,并且仍能读出石柱上不朽将士们的名字。[42]甚至到今天,距离海岸约半英里处仍有一座显眼的坟墓,李基少校相信,它就是那座大坟。[43]马拉松德莫的居民把这些阵亡的战士作为英雄,与他们自己的名祖英雄以及赫拉克勒斯一起崇拜。

在雅典人的信仰中,如此辉煌的胜利,如果没有显著的超自然的帮助,是不可能取得的。在匆忙从雅典前往斯巴达的道路上,潘神遇到了信使菲狄皮戴斯,并且告诉后者,雅典人一直忽视对他的崇拜,让他很受伤。虽然如此,他仍承诺会在马拉松给予有效帮助。潘神忠实履行自己的承诺后,作为回报,雅典人建立一座神庙，每年举行崇拜和奉献牺牲。此外，英雄提修斯也被发现在战役中努力给予帮助，而一个不知名的战士，穿着乡下服装，只以犁铧为武器，给波斯人造成杀伤。战役之后，人们找不到他了，雅典人在咨询德尔菲他是何人之后，被指示要崇拜英雄埃凯特鲁斯（Echetlus）。[44] 甚至在保萨尼亚斯时代，人们仍能听到这座值得纪念的战场每夜发出战士的吼声和马匹的嘶鸣。民主政治自由运行期间，雅典用于装饰的饰品中，马拉松的光荣理所当然地占据了突出位置。那场战役被画在了一座名为波伊奇莱（Poekile）的柱廊的一块隔板上，除军事执政官卡利马库斯和将军米尔提亚戴斯外，还有数位神灵和英雄——雅典娜、赫拉克勒斯、提修斯、埃凯特鲁斯和马拉松当地的保护神——的形象，他们地位尊贵而且突出，而普拉提亚人因他们比奥提亚人的皮头盔被区分开来。[45] 波伊德罗米翁月（Boedromion）即第六个月是那场战役的纪念时间，甚至到普鲁塔克时代，雅典人仍会举行那一年一度的仪式。[46]

满月之后，2000名斯巴达人立刻从他们的城邦出发，第三天到达了阿提卡边境，如果我们考虑到从斯巴达到雅典的距离大约是150英里，则他们的努力程度让人吃惊。可是，他们直到战斗结束和波斯人离开后才到达。好奇心让他们去了马拉松战场，观看了波斯人的尸体，之后他们返回了国内，好好地赞扬了一番胜利者。

达提斯和阿塔菲奈斯穿过爱琴海，带着他们的埃莱特利亚俘虏回到了亚洲,波斯的将军们把他们的俘虏送往苏萨宫廷,到了大流士面前。他们被安置在一个名为阿戴利卡(Arderikka)的地方,那里是奇西安人(Kissians)的土地,地处萨尔狄斯到苏萨的大道上,距苏萨约 26 英里。希罗多德本人在两个首都之间旅行时,似乎还见到过他们的后代,而且用希腊语与他们进行了满意的交谈。我们很轻松地就可以想到,在一个距离伊奥尼亚海岸近 3 个月的地方,那场交谈给他留下了某些印象。

如果米尔提亚戴斯在马拉松企图给战败的波斯人船只放火时,与军事执政官卡利马库斯同时光荣阵亡的话,他或许会幸福地"呼出了胜利的气息"(animam exhalasset opimam)。他的历史短促的后续,与他在马拉松的英勇恰成悲惨对照。

战前他已经声名赫赫,战后国人对他的崇拜和信任无以复加。他向国人建议,装备一支 70 条船的舰队和足够的武装人员,并完全由他自主处置,没有告诉他们他打算前往哪里,而只是保证,如果他们追随他的话,他会把他们引到一个富产黄金的国度,因此让他们致富。[47] 马拉松新近的胜利者口头上的承诺就足够了,舰队准备好了,除米尔提亚戴斯外,谁也不知道舰队的目标是哪里。他驶向帕罗斯,[48] 围困了那座城池,并派出传令官向居民索要 100 塔兰特,否则彻底摧毁该城。米尔提亚戴斯对他们发起了 26 天的进攻,但没有效果,他蹂躏了那座岛屿,但他的攻击对城池毫发无伤。因为对军事行动的成功开始感到绝望,他开始与一个名为提摩(Timô)的妇女谈判,她是城门附近德麦泰尔神庙的女祭司或仆人。这位妇女答应向他透露一个秘密，借此他会掌控帕罗斯，因此诱使他夜间访问神庙，而那里是男性绝不许进入的。在翻过外围的栅栏后，他接近了圣所，但再走近点，他突然感到恐慌，几乎毫无道理地逃亡了。在跳下同样的栅栏时，他严重扭伤或挫伤了大腿，因此彻底无法行动了。在这样的倒霉状态下，他被送上了甲板，解除包围，全军返回了雅典。[49]

伟大的伯里克利的父亲克桑提波斯马上控告米尔提亚戴斯犯下欺骗人民之罪，因此应当被判处死刑。[50]被控告者本人因大腿伤势无法行动，而且可能已有感染迹象，无法站立，或者为自己做哪怕一个字的辩护。他躺在靠几上出现在法庭上，他的朋友们则尽力为他周旋。但好像没有任何辩护，他们能做的，仅仅是诉诸他过去的贡献，他们不断提醒人民，而且强调他在马拉松做出的难以估量的贡献，还添上了他此前对嫩诺斯的征服。集体法庭或陪审员们对这样的强力请求有动于衷，拒绝了控告人判他死刑的建议，但他们"因为他的不公正"罚他 50 塔兰特。科尔奈利乌斯·奈波斯证实，这 50 塔兰特是代表了国家为装备舰队所花的费用。

在雅典那些判决未事先根据法条确定的刑事案件中，如果被告被认为有罪，则通常会把案件随后单独提交给陪审员，让他们决定判决的数量。首先，原告会提出他认为合适的判决，之后被告被传唤上来，提出他本人可以接受的判决，陪审员必须在两者之中选择其一，没有第三选择可供考虑。当然，在这种情况下，对被告一方来说，甚至就是他本人的案子，有利的做法是，提出某种真正而且严肃的判决，某种陪审员可能认为与他刚刚被证实的罪行不是完全不匹配的惩罚措施，因为如果他提出的判决过于轻巧，则他会驱使陪审员倾向于那个由对手建议的更重的判决。[51] 所以，就米尔提亚戴斯的案子而论，他的朋友因渴望诱使陪审员拒绝死刑判决，提议罚款50塔兰特，以作为被告自我评估的罚金。作为辩论中的一个看法，他们可能宣称，这个数量足以支付远征的开支。法庭判了这笔罚款，但米尔提亚戴斯没能活下来支付罚款，他因为受伤的大腿化脓去世，留下罚金由儿子奇蒙支付。

据科尔奈利乌斯·奈波斯、狄奥多鲁斯和普鲁塔克记载，在被判罚款之后，米尔提亚戴斯被投入监狱，死在了那里。[52] 但希罗多德并未提到这场监禁，而且在我看来也不可能是事实，如果他知道这事，他不太可能略过不提。陪审法庭罚款后马上监禁相关人员，直到罚金清偿，这样的做法并非雅典法律程序自然和惯常的路线，虽然个别案例中，有类似强化措施作为补充。一般来说，虽然从被判决为国家债务人的那一刻起，被定罪的人会被剥夺公民权，并失去所有政治权利，但雅典会给支付留出一段时间，[53] 然后才诉诸强制执行，直至罚款付清。就米尔提亚戴斯的情况来说，他伤腿的可悲状况让逃亡变成不可能，因此没有任何特殊的理由要偏离通常的做法，马上把他监禁起来。此外，如果他没有马上被监禁，则他根本就不会被监禁，因为审判之后，他已经没有多少时日好活。所有的陈述都共同宣称，他死于众所周知的外伤，甚至在他受审之时，那已经让他无法动弹。他去世后，其子奇蒙支付了50塔兰特。如果他能够支付的话，则可能他父亲应该也能支付。这是我们相信根本没有监禁的另一个理由，因为除了不支付外，没有任何其他因素让他坐监。

马拉松胜利者的一生就这样结束了。它的最后一幕给人的印象是如此伤心，以至于不管是古代还是现代的读者，都希望找到某个应为此负责的人才算满意，其中我们必须排除希罗多德，我们的原始资料，我重述了这个过程，一丁点都没有暗示他有意指责任何人。如马基雅维利（Machiavel）很久之前已经注意到的，说人民的坏话，是所有时代所有人的习惯，甚至是民主政治之下的人，都可以安然无恙地随意乱说，而且不会从对手那里遭遇任何反击。在这个案例中，米尔提亚戴斯严酷的命运被归于雅典人及其民主政治的恶劣，人们引用它作为证据，部分是说他们善变，部分是说他们寡恩。但是，从这一系列痛苦的事实中，无论多少责备可用来缓和人们心灵中的悲伤，如果我们对这些事实进行合理的分析，则会发现无法证明它们的合理性。

在这个例证中，说雅典人善变的不过是他们对米尔提亚戴斯的评价出现了迅速而且决定性的变化，从无限崇拜立刻转向极端的愤怒。要确定的问题是，这种变化是否有足够的理由。就米尔提亚戴斯而言，这个问题的答案必然是肯定的。[54]

针对雅典民众法庭不知感恩的指责，实际上是这么回事：

在审判一个被控现在犯罪或犯错的人时,他们倾向于严格而且绝对地把自己限定在指控的具体事务上,要么是忘记了,或者说很少考虑他过去可能做出的贡献。任何想象中雅典法庭习惯如此的人,肯定没有有意识地去研究演说家(的演说),他们真正的缺点恰好相反:他们太乐意偏离他们面前的具体问题,太容易被此前的贡献和行动的说法影响了。[55] 雅典的被告通常在陪审员心中努力创造的,是有利于他一般性格和行为的印象。当然,他会尽力去应对原告具体的指控,但也从不会忘记向陪审员强调,他曾经是多么优良地履行作为一个公民的一般职责:他多少次在军队中服役;多少次担任三列桨战船船长,而且成果又是多么辉煌。事实上,被告对开释的要求太多依赖于他之前的贡献,太少触及具体控告罪名上他的清白或者正当。这正是我们从这样一群普通的、非职业的公民那里——他们因此案聚集在那里——自然期待的东西,各个地方的陪审制度,多少都有这种特点。但它正好与寡恩或对过去的贡献习惯性冷漠之说相反,为此,他们常常被猛烈抨击。

我已经指出,在讨论他们对米尔提亚戴斯的处置时,被大多数人归于民主政治的善变,不过是基于可信的根据意见上合理的变化而已,我们也不能宣布,善变无论如何都是雅典民主政治的一个特性。众所周知的事实,是情绪,或曰意见,或曰判断的态度,一旦在大多数民众中扎根,则它较在一人或少数人中更加持久,更不易变化,多数人的判断和行动明显更多地承认过去的影响，对于未来的行动，可以预料的是更加可靠。如果我们要判断多少人的性格，则毋宁是他们是不适当地顽固而非不适当地善变。在这部历史中，我们不需要做任何事情，来证明雅典人民基于不充分的理由改变了他们的立场，更经常的情况，是不用负责的一个人或少数人会改变他们的态度。

但是，在雅典民主政治的运作中，人们所以认为它比较善变，但实际并非如此的情况，有两个因素。第一，意见的表达和改变全部是公开的、不加伪装的和喧闹的；人民会根据当时的印象发言，不管这种印象如何，而且特别开诚布公。如果他们的意见真的改变了，他们不羞于承认它。第二，**当前**的印象，不管它可能是什么样的，不仅在表示时不加伪装，而且程度上倾向于加以夸大。这一点在民主政治的运作中一般来说特别重要。这可能源自他们是在多人的集会上处理公务，它的影响众所周知：通过与富有同情心的邻居圈单纯地接触，在所有人心目中激起情感。无论这种情感是什么，是恐惧、野心、贪婪、愤怒、沉静、虔诚、爱国、忠诚，等等，[56] 也无论它理由是否充分，它或多或少会受到这种强化性原因的影响。当然，这是一种一定程度上属于所有由多人行使权力的机构的特征，哪怕它们是代表性机关，当人民的性格不像英国人这样相对沉静、行动迟缓，而是像希腊人或意大利人那样，行动迅速、热情似火、难以遏制时，尤其如此。但是，对聚集在皮尼克斯山上的自主行动的人民来说，它的影响还要强烈得多。事实上，它是民主政治的制度性痼疾，人民自身对它有充分的感受,在随后叙述他们试图提供针对性的预防手段时,我会证明这一点,但任何预防措施都不能完全消除这个痼疾。公民集会的频率根本不会恶化这个缺点,但会减轻它。在做出最后判断之前,人民会因此习惯于听取和平衡众多不同的看法;他们会减弱个人利益,尊重数量众多的意见不同的演说家;他们甚至会实际上获得某种程度的他们自己会犯错的意识。此外,由于智者和修辞学家——他们已经受到了非常多的抨击——的教授,公共演讲习惯的传播会加强这一趋势——在听众中打破感情上的单一,使不同的判断成倍增加,而会让纯粹同情性的冲动的媒介变得温和。这些都是重要的缓和措施,而且进一步得到了雅典人民高雅的趣味和智力的帮助。但是,这种痼疾——当前情绪过分和误导性的强化——仍然存在。如修昔底德所描述的,在伯里克利鼎盛时期,这种情绪发挥了难以估量的作用:他对人民的掌控如此牢固,以至于他在演说的时候,总是与占统治地位的过分情绪唱反调。这位历史学家宣称,"当伯里克利看到人民毫无道理地自信和傲慢时,他发言时就会让他们警醒;当他们毫无来由地感到恐惧时,他会与之斗争,让他们重拾信心"。[57]我们会发现,德摩斯提尼在从事着同样光荣的任务,尽管权力要小得多。雅典人民常常需要纠正,但遗憾的是,他们并不总是能找到那种既友好又威严的政治家来管制这种情绪。

1 | Herodot., vi. 46-48. 请见泰奈多斯和莱斯沃斯之间一个因嫉妒被揭露

的类似案例（Thukyd., iii. 2）。

2　希罗多德宣称斯巴达和雅典对这些使节所犯的罪行，或许是公元前5世纪末的伪造，那时希腊人对波斯抱鄙弃态度。此外，波斯使者公元前491年到雅典也与下述故事不合：伊奥尼亚起义期间，大流士已经对他们做了"决绝的宣战"，并且在公元前492年发动了专门针对他们的远征（参见Macan, *Herodotus*, ii., pp. 98-101）。——编者

3　这种友谊可以追溯到公元前493年雅典爱国主义的反应（请见第164页注释23），逐渐成熟，变成一种防御性的同盟。

4　对米利都的围困与阿尔戈斯人被克莱奥麦奈斯击败同时或几乎同时，出自一条同时提及两者的一份共同的神谕。在皮提亚那同一份预言中，一半提到了米利都的灾难，另一半提到了阿尔戈斯的灾难（Herodot., vi. 19-77）。

我认为这个年代证据较保萨尼亚斯的更加可靠。后一位作者将对阿尔戈斯的行动定在紧承克莱奥麦奈斯登上王位之后（Paus., iii. 4, 1）。由于麦安德利乌斯从萨摩斯到斯巴达时（Herodot., iii. 4, 1），克莱奥麦奈斯已经是国王，因此他登上王位的年代不可能晚于公元前518或前517年。这是在公元前480年之前38或37年，如我们从希罗多德（vii. 149）中可以看到的，对克莱奥麦奈斯和阿尔戈斯之间的战争来说，这个年代早得太多。

【威尔斯先生最近就这场战争较早的年代提出了论证（*Journ. Hell. Stud.*, 1905, pt. ii., pp. 193-197）。他的主要理由包括：（1）保萨尼亚斯的说法；（2）约公元前487年，1000名阿尔戈斯志愿者加入了埃吉纳对雅典的战争；（3）公元前519—前509年，斯巴达的势力扩张到伯罗奔尼撒之外，在阿尔戈斯被打垮之前，这几乎不可能；（4）泰莱西拉故事的特点让人生疑，它暗示神谕所仰赖的基础是后来伪造的。

针对这种观点，我们可以争辩说，（1）保萨尼亚斯的版本显然来自一种有偏见的叙述，意在强调支持克莱奥麦奈斯而非多利欧斯为王的愚蠢。将对阿尔戈斯的战役置于"紧接着登上王位之后"，斯巴达传统将这种偏爱所产生的灾难性影响置于聚光灯下，因此年代学必须给予当地的斯巴达传统以理由。（2）如同在伯罗奔尼撒战争期间一样，阿尔戈斯可能是受到了高额回报的诱惑。（3）公元前 519—前 495 年，斯巴达的政策表现出许多犹疑的迹象。公元前 519 年把普拉提亚交给雅典（见第 102 页注释 57）；对雅典的战争进行得不温不火；抛弃比奥提亚人盟友；拒绝了麦安德利乌斯和阿利斯塔戈拉斯的建议（前 515 和前 499），肯定需要用即将来临的"阿尔戈斯危险"来解释。（4）一个如此模糊的神谕，以至于需要用虚构加以解释，正说明它不大可能是后来的伪造。更重要的是，神谕做了**错误的**预言（阿尔戈斯人艰难取胜）似乎决定性地证明了它的真实性。此外，神谕不大可能发布于公元前 530—前 520 年，因为大约这个时期，米利都与波斯关系尤其友善，预言它的毁灭就是画蛇添足。——编者】

5 Pausan., ii. 20, 7; Polyaen., viii. 33; Plutarch, *De Virtut. Mulier*., p. 245; Suidas, s. v. Τελέσιλλα.

6 Herodot., vi. 77:

当一个妇女战胜了男子，把他驱离战场，

并且在阿尔戈斯人中间赢得荣誉的时候，

等等。

（Ἀλλ' ὅταν ἡ θηλεῖα τὸν ἄρσενα νικήσασα.

Ἐξεσάσῃ, καὶ κῦδος ἐν Ἀργείοισιν ἄρηται,）etc.

如果这个预言有任何特殊意义的话，则它可能暗指赫拉击退斯巴达人。她是阿尔戈斯的保护神。

7 克莱奥麦奈斯胜利后撤退的真实动机，更应该从斯巴达对阿尔戈斯的一贯政策中去寻求。虽然两者经常处于敌对状态，但斯巴达对它的"姐姐"总是显著的宽容，他们期望的不过是让阿尔戈斯不能主动作恶。伯罗奔尼撒战争期间（前420—前415），这种态度时不时表现出来。我们发现，一个希腊人城市彻底摧毁另一个的情况少见，如果克莱奥麦奈斯攻克阿尔戈斯，则会让希腊人震惊，在他的祖国，除少数极端分子外，也不会得到任何喝彩。——编者

8 Plutarch, *Agis* c. 11: 一条是禁止赫拉克勒斯的后代与外国妇女结婚生子，一条是凡离开斯巴达定居于外国人中者，以死刑制之 (κατὰ δή τινα νόμον παλαιόν, ὃς οὐκ ἐᾷ τὸν Ἡρακλείδην ἐκ γυναικὸς ἀλλοδαπῆς τεκνοῦσθαι, τὸν δ' ἀπελρόντα τῆς Σπάρτης ἐπὶ μετοικισμῷ πρὸς ἑτέρους ἀποθνήσκειν κελεύει.)。

9 Rawlinson, *Herodotus*, app. bk. Iii., essay ii. 证明，大流士统治初期的起义源自宗教的而非民族的情感。——编者

10 纳克索斯的史学家证实，达提斯被从该岛击退。在 Plutarch, *De Malign. Herodot.*, c. 36, p. 869 众多激烈且无根据的对希罗多德的反驳中，我们发现了这个说法。

11 Plato, *Legg.*, iii., p. 698, and Menexen., c. 10, p. 240; Diogen. Laërt., iii. 33; Herodot., vi. 31. 请与 Strabo, x., p. 446 比较，他把柏拉图关于（波斯人）清理（σαγήνευσις）埃莱特利亚的说法归于希罗多德。柏拉图根本没有提到对城市的叛卖。

我们可以评论说，在《法律篇》的那个段落中，柏拉图提到了这个故事（关于波斯人横扫埃莱特利亚的土地以廓清居民），但对其真实性表示某种程度的怀疑，而且它好像是达提斯有意传播的一个谣言，意在恐吓雅典人。但在《麦奈克塞努斯篇》中，这个故事说得好像是真实的历史事实一般。

12 Plutarch, *De Garrulitate*, c. 15, p. 510. 近100年后，埃莱特利亚人贡

古鲁斯（Gongylus）——此人这次投靠了波斯——的后代被发现在米西亚拥有一个城镇和领地，那是波斯大王赐予他们的祖先的。希罗多德并未提及贡古鲁斯（Xenoph., *Hellen.*, iii. 1, 6）。

13 不太可能以"僭主政府"的罪名控告他，因为米尔提亚戴斯最坚决的敌人是阿尔克麦翁家族，他们几乎可以肯定是前僭主希皮亚斯的朋友。在这个日子以重罪控告米尔提亚戴斯，找不到令人满意的理由。一个富有吸引力的假设是：试图通过预审（Apodokimasia）使其失去将军资格（如果这个程序在公元前5世纪初存在的话），但这种努力因与马拉松战役后的司法审判搞混了，被放大成了一场司法审判。——编者

14 Thukyd., i. 138.

15 Plutarch, *Themistoklês*, c. 3, 4, 5; Cornelius Nepos, *Themist.*, c. 1.

16 Herodot., viii. 79; Plato, *Gorgias*, c. 172: "雅典最为优秀和公正的人"（ἄριστον ἄνδρα ἐν Ἀθήνῃσι καὶ δικαιότατον.）。

17 Plutarch, *Aristeidês*, c. 1-4; *Themistoklês*, c. 3; *An Seni sit gerenda respublica*, c. 12, p. 790; *Praecepta Reip. Gerend.*, c. ii., p. 805.

18 阿利斯泰戴斯完全与党派政治无涉并不是没有争议。人们发现，他命运的好坏与阿尔克麦翁家族同步。公元前489年，他当选为执政官；公元前479年以及随后的年代里，他在公共事务中地位显赫，而阿尔克麦翁一派政治上也正在上升，他们的主要代表克桑提波斯经常与阿利斯泰戴斯共同行动。公元前483年阿利斯泰戴斯被流放之后，同样的命运随之降临到了阿尔克麦翁家族的领袖们头上。

"公正者"的名头可能是因公元前478年厘定同盟贡金而首次授予他的（Meyer, *Gesch. d. Altertums*, iii., p. 492）。这个头衔导致公元前4世纪以来的作家们把阿利斯泰戴斯的性格理想化，而且成为无数逸事附着其上的基础。我们对阿利斯泰戴斯真正的了解限于希罗多德

有关他的少量叙述。——编者

19 | Timokreon ap. Plutarch, *Themistokles*, c. 21.

20 | Plutarch, *Aristeides*, c. 7.

21 | Plutarch, *Aristeides*, c. 5.

22 | 如今这个名字一般被读作菲利皮戴斯（Philipides）。——编者

23 | 金内尔先生（Mr. Kinneir）评论说，波斯的徒步信使可以每天60~70英里的速度连续走上数天（*Geographical Memoir of Persia*, p. 44）。

24 | 我们怀疑，在这场危机中，斯巴达人失去了克莱奥麦奈斯的这个强力工具，当时他可能处于流放中（见第176页）。——编者

25 | 有关在出城交战还是守在城墙之后的问题无疑在雅典已经解决，但进攻的方法和具体时间只能在战场上决定（cf. Macan, op. cit., ii., pp. 208, 209）。——编者

26 | 希罗多德对卡利马库斯与米尔提亚戴斯关系的叙述暴露出某些混乱。卡利马库斯好像是辩论的主持人，但战役中的指挥似乎完全掌握在米尔提亚戴斯之手。此外，这位史学家显然以为，军事执政官和将军的职能像他本人的时代一样，那时前一官职已经完全失去了重要性，根据抽签不加区别地挑选，真正的权力掌握在将军手中。

但是，现在可以确定，公元前487年之前，高级官员的地位并无变化（*Ath. Pol.*, c. 22），因此我们可以有把握地得出结论：卡利马库斯是统帅，米尔提亚戴斯是他的下属。如果希罗多德不恰当地夸大了米尔提亚戴斯的官方地位，且后来的史学家们普遍认可他的说法，完全排除了卡利马库斯，则他们的错误很可能源自雅典人民后来的传统，他们正确地把米尔提亚戴斯当成了那场战役的主角，但那是因为他的建议，而非他口中的统帅权，使得米尔提亚戴斯让那场战役获得了成功的结局（cf. Grundy, op. cit., pp. 174-178）。

27	关于延迟的真正原因,请见第 189–190 页注释 36 的解释。
28	Thukyd., iii. 55.
29	查士丁宣称,除 1000 名普拉提亚人外,雅典人有 10 000 人;科尔奈利乌斯·奈波斯、保萨尼亚斯和普鲁塔克提供的数据,是两者共 10 000 人。见 Justin, ii. 9; Corn. Nep.,*Miltiad.*, c. 4; Pausan., iv. 25, 5; x. 20, 2; 请与 Suidas, s. v., Iππιας 比较。
30	查士丁(ii. 9)称,波斯人总数有 60 万人,其中 20 万人阵亡。柏拉图(*Menexen.*, p. 240)和伪吕西亚斯(*Ora. Funer.*, c. 7)提到,波斯人总数有 50 万人;瓦莱利乌斯·马克西穆斯(Valerius Maximus, v. 3)、保萨尼亚斯和普鲁塔克(*Parallel. Graec.*, ad init.)提供的数字是 30 万人。科尔奈利乌斯·奈波斯的数字比较适中,是 11 万人。

希罗多德的沉默(关于薛西斯统率的军队的数量,我们会发现它非常详尽)似乎表明,他并未得到他可以相信的数字。他对马拉松战役的描写,使他与之后那些随意而夸大的人物形成了严肃对比。因为虽然他并未告诉我们多少,而且与我们希望了解的差得太远,但他有关两军行动的叙述,真正说了的都是合理而且可能的。正因为这个原因,他发布的少量内容更加可信,因为它们数量如此之少,因而表明他严格地遵从他的资料。

希罗多德的叙述中,所有迹象都让我们相信,他肯定访问过马拉松战场。

波斯军队的人数并不是完全不可计算。(1)假定每艘波斯战船有 100 名士兵(军队有专业运输船的情况极其不可能出现),那我们可以得到 60 000 人,但 600 这个数字也是公元前 512 年(Herodot., iv. 87)和公元前 494 年(Herodot., vi. 9)波斯舰队战船的数量,因此显然是个方便的总数,并且后来在薛西斯的舰队中以整倍或被整除的分数形式出现过(Meyer, *Gesch. d. Alt.*, iii., p. 325; Grundy, op. cit., p. 49

note）。（2）波斯人损失5400人可能是参战总人数的三分之一或四分之一，因为他们的伤亡，尤其是中军的损失，比例较高。如果我们假设全军大约一半不在战场上（请见第189—190页注释36），则让我们得到40 000~50 000人的总数。——编者

31 有关马拉松平原适合骑兵活动的说法后来受到了挑战，他们宣称，那里耕种程度太深，太多的沟濠切割了土地（Stein, *Herodotus*, vi. 102, 2 note; T. M. Hughes in *Class. Rev.*, March 1901, pp. 131-136）。这些障碍是否会妨碍波斯人优秀的轻骑兵，难以判定。或许马匹的登陆只是为了在长途海上航行后得到休息和草料。关于骑兵在战役中缺席的问题，请见第189—190页注释36。——编者

32 自格罗特以来，马拉松的地形已得到更加细致的调查，特别请参看Grundy, *Great Persian War*, pp. 163-165，以及库尔提乌斯（Curtius）、考伯特（Kaupert）和米希霍夫（Milchhöfer）绘制的阿提卡地图（Berlin, 1903）。——编者

33 李基少校和芬莱先生似乎倾向于把跑步减弱为快速行军，部分理由是：如果奔跑1英里，则军队必然队形散乱，而且气喘吁吁。希腊人确实如此的可能是存在的，而且是中央部分失败很大的原因。它需要严格的纪律以防止重装步兵在进击时加速成奔跑。请见Xenoph., *Anabas*., i. 8, 18; Diodor., xiv. 23有关库纳克萨战役的叙述，并请与Polyaen., ii. 2, 3比较。这里提及的狄奥多鲁斯的段落比较了跑步进击的优点与缺点。

【大多数现代评论者倾向于把实际的奔跑限于最后200码左右，那时雅典人已经处于波斯弓箭手的射程之内，而且侧翼缺乏保护。甚至对训练有素的希腊重装步兵的进击（ὁπλιτῶν δρόμος）来说（那时盾牌必然是一种严重的障碍），奔跑1英里也会让他精疲力竭。

德尔布吕克（Gesch. *Der Kriegskunst*, vol. i., book i., 5）注意到，在法萨卢战役中，恺撒的士兵在快速冲过600~700英尺的地区时中途停

下休息。——编者】

34 Pausan., i. 32, 6.

35 关于波斯方面阵亡者数字夸张的故事，请见 Xenophon, Anabas., iii. 2, 12; Plutarch, De Malign. Herodot., c. 26, p. 862; Justin, ii. 9; 以及 Suidas, s. v. Ποικίλη 条。

在克泰西亚斯的叙述中，达提斯在这一战役中被杀了，他进一步宣称，雅典人拒绝交还他的尸体以举行葬礼，那成为薛西斯后来入侵希腊的原因之一。见 Ktêsias, Persica, c. 18–21。

36 格罗特敏锐地感觉到，举起盾牌是给达提斯发出信号，让其舰队绕航法莱隆，从而给现代批评者成功解释舰队行动路线提供了最好的钥匙。根据最近的看法，我们也许可以这样建构这场战役：

1. 达提斯之所以在马拉松登陆，与其说是因为他的骑兵，不如说是为了诱使雅典军队尽可能地远离都城。

2. 在提供了足够力量以牵制和拖住驻扎在彭提利库斯山突出部的雅典军队后，达提斯保留了一支分舰队，打算绕向法莱隆，依靠雅典亲波斯派的帮助发动打击。所有骑兵都在这后一支军队中，或许意在用于打击偶尔出现在雅典附近的斯巴达军队。

这个突袭雅典的计划可能出自希皮亚斯的建议，因为赢得一场不流血的胜利对他是有利的。

3. 只要全部波斯军队仍在马拉松，雅典人就坚守不动。没有斯巴达援兵的帮助，他们显然过于弱小，无力发动攻势（参见第183页注释25）。

4. 当波斯攻击力量登船时，或许在盾牌信号之前（希罗多德的版本让我们相信如此），或许就在信号出现之后，雅典人利用这个机会打击敌人，立刻攻击了断后的军队。雅典人意识到关键时刻来临的方式可能不同：（1）实际注意到舰队的一半离开了，或者正为此准备；

（2）猜到了盾牌信号的意义；（3）从达提斯舰队中的伊奥尼亚人那里得到了消息，据说他们送信给米尔提亚戴斯，大意是"骑兵已经离开"（Suidas, s. v., Χωρὶς Ἱππεῖς Μαψαν, оп. Ψιτ., ιι., π. 231）。这一理论的主要优点是它解释了下述事实：（1）双方最初都不愿发起进攻；（2）盾牌信号的至关重要；（3）战斗中波斯骑兵缺席；（4）雅典人相对轻松地赢得了当天的战斗。即使我们所有的古代史料都对达提斯的分兵保持沉默，但我们应当记住，雅典的爱国者很可能压下所有小视这场胜利的记载，而且叛徒们没有理由解释盾牌情节的真实历史。

这里的叙述大体上遵循了摩诺（*Journ. Hell. Stud.*, 1899, pp. 186-197）和格兰狄（*Great Persian War*, ch. 4）有关这场战役的重建。这些论述，连同马坎（Herodotus, ii., app. x.）对古代史料的批判分析，对补充格罗特的叙述而言，肯定是必要的。——编者

37　Pausanias, i. 14, 4; Thukyd., i. 73: "在马拉松，我们独自承受了蛮族第一次攻击的重压。"（φαμὲν γὰρ Μαραθῶνί τε μόνοι προκινδυνεῦσαι τῷ βαρβάρῳ）, etc.

Herodot., vi. 112: "他们是第一次不怕看到米底人的衣服和穿着这种衣服的人的，而在当时之前，希腊人一听到米底人的名字就给吓住了。"（πρῶτοι τε ἀνέσχοντο ἐσθῆτά τε Μηδικὴν ὁρέοντες, καὶ ἄνδρας ταύτην ἐσθημένους. τέως δὲ ἦν τοῖσι Ἕλλησι καὶ τὸ οὔνομα τὸ Μήδων φόβος ἀκοῦσαι.）

下述评论并非多余：在 Demosthenes, *De Corona* 中值得纪念的誓言——他以马拉松战士的名义起誓——中，他照抄了修昔底德的原话："我以你们在马拉松承受战争冲击的祖先起誓……"（οὐ μὰ τοὺς; ἐν Μαραθῶνι προκινδυνεύσαντας τῶν προγόνων）（Demosthen., De Corona, c. 60）

	【这段话对伊奥尼亚人不公,他们曾勇敢地对战居鲁士和大流士只有这里的"希腊人"仅仅代表欧洲的希腊人,这句话严格说来才是真实的。——编者】
38	所以这里的计算来自雅典演说家的话(Herodot., ix. 27)。要批判地对其进行考察不免不公正了。
39	据西塞罗(Epist. *Ad Attic.*, ix. 10)和查士丁(ii. 9),希皮亚斯在马拉松被杀了。苏伊达斯词典(v. Ἱππίας)称,他后来死于嫩诺斯。这些说法都不可信。希皮亚斯不太可能前往嫩诺斯,当时那里属于雅典;也不可能在役中被杀,否则希罗多德应该提到。
40	Thukyd., i. 126.
41	虽然希罗多德努力把阿尔克麦翁家族表现为杰出的爱国者和仇恨僭主者,但他本人在他处承认,(1)他们最早的代表(尤其是麦加克莱斯)与数位独裁者关系良好;(2)公元前507年,克里斯提尼主张臣服波斯(见第四章第101页注释53);(3)公元前489年,他们在控告米尔提亚戴斯时作用显著。重要的还有,在阿尔克麦翁家族的麦加克莱斯的颂诗——为庆祝公元前490年秋的胜利而作——中(*Pyth.*, vii.),根本没有提到马拉松,对惯于提到当代伟大事件的品达(Pindar)来说,这颇反常规(cf. Macan, op. cit., ii., p. 176)。 关于雅典不同派别对波斯战争的政策,见第155页注释12。——编者
42	Pausan., i. 32, 3. 请与克利提亚斯的哀歌诗比较,见 Athenae., i., p. 28。
43	现存的这座坟约30英尺高,周长200码(Leake, *On the Demi of Attica: Transactions of Royal Soc., of Literat.*, ii., p. 171)。 【这一定位的正确性最近遭遇批评,但得到了 T. M. Hughes, *Class. Rev.*, March, 1901, p. 131 ff. 的支持。——编者】
44	Plutarch, *Theseus*, c. 24; Pausan., i. 32, 4.

45 | Pausan., i. 15, 4; Demosthen., Cont. Neaer., c. 25.
【这里应该提到雅典人在德尔菲的宝库，用马拉松战役的战利品捐献（见 Paus., x. 11, 5;Homolle, *Fouilles de Delphes*; Hicks and Hill, *Historical Inscriptions*, n. 13）。有关波伊奇莱柱廊画廊的充分叙述，见 Harrison and Verrall, *Mythology and Monuments of Ancient Athens*, pp. 133-137。——编者】

46 | Herodot., vi. 120; Plutarch, *Camill.*, c. 19; *De Malignit. Herodoti*, c. 26, p. 862; and *De Gloria Atheniensium*, c. 7.
波伊德罗米翁月是阿提卡历法的 3 月，雅典的新年始于夏至后不久。
【Boeckh, *Mondcyklen der Hellenen,* § 15, p. 64 et seq. 认为波伊德罗米翁月仅仅是纪念日所在的月份，而非战役纪念日（请与我们官方的"国王生日"比较）。虽然格罗特并不赞同，但这个理论一般被现代批评者采纳，因为它避免了许多把雅典与斯巴达当年的历法对应起来时造成的难题。——编者】

47 | 这可能暗指塔索斯，或许那仅仅是借口（cf. Macan, *Herodotus*, ii., p. 254）。对米尔提亚戴斯的计划来说，秘密行动无疑是基本要求。在民众政治下，保持计划秘密经常会成为将军们的障碍。——编者

48 | 科尔奈利乌斯·奈波斯（*Miltiades*, ch. vii.）的叙述可能基于埃弗鲁斯，而且表现的传统较希罗多德依靠的帕罗斯和阿尔克麦翁传统更加可靠。他说，米尔提亚戴斯有一个惩罚亲波斯岛民以及重新控制大多数爱琴海上岛屿的总体规划。虽然他的叙述颇有公元前 5 世纪后期的味道——那时雅典是提洛同盟的盟主，但它有助于我们恢复米尔提亚戴斯远征的真实意图——建立一个防御性的外圈，至少让它在未来能阻滞波斯舰队。不管他是否征服了其他岛屿，但我们可以设想，纳克索斯尚未被波斯征服，获得与它相邻的、次大的岛屿帕罗斯，会给雅典人提供一个漂亮的中心区，从而在基克拉狄斯群岛中建立

一条前推的防卫线。

这次远征的年代，或被定在公元前490年，或前489年。——编者

49 埃弗鲁斯 (*Fragm. Hist. Gr.*, n. 107) 把米尔提亚戴斯的受伤归于被围困者的武器，忽略了希罗多德保存下来的帕罗斯版本。但像后者一样，他未能给解围提供一个自然的动机。——编者

50 埃弗鲁斯和科尔奈利乌斯·奈波斯的版本（loc., cit）把控告罪名写成"背叛"：因为米尔提亚戴斯受贿，导致对帕罗斯的围困以失败告终。——编者

51 米尔提亚戴斯时代是否存在这样的法律程序，并不确定。对他的控告更可能从公民大会上指控他渎职开始，后来通过修正案改变了死刑的判决（cf. Macan, op. cit., ii., p. 257; Meyer, *Gesch. d. Alt.*, iii., 339）。——编者

52 Cornelius Nepos, *Miltiades*, c. 7; and *Kimon*, c. 1; Plutarch, *Kimon*, c. 4; Diodorus, *Fragment.*, lib. X. 所有这些作家的资料都可能来自同一源头，或许就是埃弗鲁斯。但我们无法确定。关于对奇蒙的所谓监禁，则他们肯定抄自不同的史料，因为他们的说法都不相同。

53 请见 Boeckh, *Public Economy of Athens*, b. iii. Ch. xiii., p. 390, Engl. Transl. (vol. i., p. 420 Germ.); Meier und Schömann, *Attisch. Prozess*, p. 744。瑟尔沃尔博士对此有不同看法（*Hist. Gr.*, vol. Iii., app. Ii., p. 488），虽然他有关米尔提亚戴斯审判的总体评论是公正而且合适的（ch.xiv., p. 273），但对此我无法赞同。

54 如果我们遵照奈波斯比较可信的叙述，则我们会发现，米尔提亚戴斯虽然理当被罚款，但肯定不应被定死罪，针对他的唯一合理控告，是他未能夺取帕罗斯。提议死刑的事实，证明他的敌人们控告他时带着深深的仇恨。虽然我们难说这个案件中人民是否绝对不应受到谴责，但米尔提亚戴斯的政治对手倾向于此控告，无疑表现出他们

最强烈的复仇情绪。

控告者的主谋是阿尔克麦翁家族。前文已经指出，他们前些年不爱国的政策是如何被米尔提亚戴斯挫败的（见第155页注释20）。帕罗斯远征的失败给他们提供了向对手复仇和暂时重夺优势的机会。阿尔克麦翁家族的版本很可能被希罗多德弄舌了，对这个事件，他显然没有参考菲拉伊德家族的传统，尽管关于米尔提亚戴斯早年的活动，他显然从那里汲取了资料。——编者

55　在《论提图斯·李维历史的前10卷》中，马基雅维利在第29章中考察过这个问题，"民众政府和国王之中，哪个更容易被控忘恩负义？"他认为后者更偏向这样做，请与同书第59章比较，在那一章中，他再度支持了类似的意见。

56　这是一个一般真理，古代作家经常如此声明，有时出于偏见，有时则会夸张。李维说，"民众的天性，要么胆小如奴才，要么傲慢如主人"。（Haec est natura multitudinis; aut humiliter servit aut superbe dominatur.）塔西陀也说，"暴民如果不是极端，就啥也不是，他们要么气势汹汹，要么畏畏缩缩。一旦受到恐吓，他们就完全可以忽略不计"。（Nihil in vulgo modicum; terrere, nipaveant; ubi pertimuerint impune contemni, Annal., i. 29）希罗多德第3卷第81章的话说，"犹如一条泛滥的河流，一直前冲，盲目奔流"。[ὠθέει δὲ (ὁ δῆμος) ἐμπεσὼν τὰ πρήρματα ἄνευ νοοῦ, χειμάρρῳ ποταμῷ ἴκελος]

值得注意的是，亚里士多德在《政治学》中很少或者几乎没有提及人数众多的集会都有这种特性。他似乎更愿意推定，多数人的智慧乃组成会议的所有人各自智力的总和（Polit., iii. 6, 4, 10, 12），犹如众人之财产，如果放到一起，则会比少数富人的财产多得多。他也没有提到集体判决或各自判决时个人数量之间的差异。我确实注意到，这样的忽略不会让他犯下任何实在的错误，某些情况下，恰是有意地

让我们吃惊，而这里提及的观点上的不同非常值得注意（见 *Politic.*, iii. 10, 5, 6）。

57 | Thukyd., ii. 65.

第八章
从马拉松战役到薛西斯进军希腊

在前一章中,我已经重述了雅典在马拉松战役的胜利,击退波斯将军达提斯和波斯军队横渡爱琴海返回亚洲海岸的情况。波斯君主对自己向雅典的复仇极不满意,被迫听取了有关这场不光彩的失败的故事,他对雅典人的愤怒较过去更高了,开始为对雅典人以及对全希腊新的进攻做强力准备。他决心集合整个帝国的全部力量,指示全亚洲所有的总督和次级统治者提供兵员、马匹、船只,以用于战争和运输。因为这次大范围的征兵,帝国扰攘了不少于三年的时间,而且大流士决定御驾亲征希腊。在准备工作完成时,埃及爆发了起义,但他的决心并未因此缓和。就在他同时启动两场行动——征服希腊和再征服埃及——的节骨眼上，在统治了36年之后，他突然去世了。作为对拟议中远征的预防措施，他已经指定他与阿托萨的儿子薛西斯为继承人。这位皇后的优势，确保薛西斯较他的兄长阿塔巴扎奈斯（Artabazanes）更得偏爱，后者是大流士与前妻的儿子，而且出生在他登上王位之前。储君的选择没有遭遇质疑，薛西斯未遇任何反对登上了王位。值得注意的是，虽然我们看到了某些波斯王室内部犯下的残忍与残暴行动，但并无任何类似系统的亲族灭绝行动。在土耳其和其他东方帝国中，这一点被认为是确保继位所必需的。

对雅典深刻的仇恨在大流士心中已经占据支配地位，到他去世时也没有得到缓和。对雅典人来说，幸运的是大流士的王冠如今落到了一个既不那么顽固敌视，各方面能力也较弱的王子头上。他个人非常英俊漂亮，在他率领远征希腊的众人之中，也是最具威仪的，但在虚荣、幼稚的自负和盲目自我欣赏的弱点之外，他还性格腼腆，胆小怕事，前者是后来波斯国王们的共性，虽然程度不等。可是，我们会发现，甚至在他的指挥之下，对希腊的入侵也非常接近成功，如果他性格勇敢，或者像他父亲那样，为极端敌视情绪激怒，则他完全可能取得成功。

薛西斯登上王位时，发现帝国军队已经根据大流士的命令动员起来，只有埃及例外，那里仍在起义中。他的第一要务是再征服这个国家。当时已经准备的庞大军力，足以完成这个目标。埃及被制服了，而且被降低到较过去更加严苛的附属地位。我们可以设想，不仅贡金增加了，波斯占领军的数量也增多

第八章　从马拉松战役到薛西斯进军希腊

了，军队由向当地人征收的捐献维持。薛西斯的兄弟阿凯麦奈斯（Achaemenes）被任命为那里的总督。

但薛西斯最初同样无意执行他已故父亲针对希腊的计划，至少希罗多德的说法如此，他把马尔多尼乌斯描写为入侵的主要煽动者，原因部分是马尔多尼乌斯渴望军事上的功勋，部分是其期望自己被任命为打算征服的地区的总督，而且波斯并不缺少强化他的建议的人，他们或承诺给予帮助，或以宗教为理由。出自拉利萨，或许还有色萨利其他城镇的阿琉亚戴家族（Aleudae）非常热衷此事。他们的重要成员来到苏萨，主动邀请波斯轻松占领希腊的那个边境地区，而雅典流亡的庇西特拉图家族，也一直在为跟在波斯大军后面复辟而做出努力。事实上，根据当时流行的情绪，要证明波斯新国王必须光荣地扩大帝国的疆土并非难事。[1] 源自第一创始人的征服冲动尚未耗尽，雅典人对波斯的侮辱仍未得到报复。

对于这次已经宣布且即将进行的入侵，我们要特别留意主要的报道者希罗多德的著史风格和观念。薛西斯对希腊的入侵以及他军队的最终败退，是他最后三卷的全部叙述和整部历史的主要意图，此前的叙述，都是为此目标。在此前的铺垫中，无疑存在大量本质上重要而且本身就有趣的东西，而且所占篇幅如此之大，以至于它们好像是平行的和主要的，因此历史的线索一度迷失。可是，如果我们把他历史中较大部分合并起来，忽略细节偶尔造成的不协调，则我们会发现，那条线索从来不曾从这位史学家的心中消失。一名细心的读者或许会从他的序言以及紧随其后的声明——克罗伊苏斯是伊奥尼亚希腊人的第一个蛮族征服者——到他主题的完全展开即薛西斯的远征中追踪到主题,后者使"希腊与蛮族卷入了无聊的战争"(Graecia Barbariae lento collisa duello)。那场远征是其历史框架的顶点,不仅较此前的事件叙述得更加充分和连续,而且引入了不寻常的宗教与诗歌对应的严肃问题,因此希罗多德的第7卷让我们想起了《伊利亚特》第2卷中的许多情节。当薛西斯打算放弃计划时,神灵打发梦神来恐吓薛西斯;那里也有对波斯大军中出现的各个民族和杰出人士的列表,两者都与《伊利亚特》存在显著的对应。希罗多德似乎乐于把远征希腊的计划作为阿特莱乌斯家族(Atreidae)远征特洛伊计划的反面观照。[2] 在希罗多德一书中的其他段落如此频繁出现的宗教观念——神灵天生嫉妒,而且敌视凡人过分的好运与不加节制的欲望,在他的薛西斯的历史中被加工成反复出现的道德故事,以及远征不光彩结局的主要原因。[3] 当我们继续叙述时,我们会发现,我们的史学家以他可敬的诚实——普鲁塔克称之为他的"恶意",对他的同胞,除个人的勇敢外,并无其他赞美,也没有尝试遮掩他们的误算可能造成的大量失败机会。[4]

根据希罗多德的描写薛西斯最初讨厌这个计划,只是被马尔多尼乌斯游说后才刺激起了兴趣。这可能是波斯人真正的信仰,因为如此巨大的一场灾难自然要被从君主那里转移到某个恶劣的顾问身上。与这位将军——他是薛西斯罪恶的体现——的冒失相反，我们发现有阿塔巴努斯的精神和丰富经验，他是已故的大流士的兄弟，所以是君主的叔父。这位波斯人的涅斯托尔的年龄和与君主的关系，使他敢于承担那项危险的任务：质疑薛西斯的决定，虽然他表面上要求他人提出意见，但他宣布那是他心中已经决定的事情。希罗多德借阿塔巴努斯之口所说的，是一个有思想而且虔诚的希腊人的话。

在希罗多德笔下，薛西斯的庞大远征好像部分源自马尔多尼乌斯的冒失——此人在普拉提亚战场上收获了他痛苦的酬报，更多的则是"阴险的奥内罗斯"（Oneiros）的影响，后者受神灵差遣（如《伊利亚特》第2卷一样）来欺骗薛西斯，甚至以恐怖手段压倒了他和阿塔巴努斯的疑虑。诸神已经决定［如在阿斯提亚盖斯、波吕克拉泰斯和其他人的例证中一样］，波斯帝国必须在希腊人手中遭受标志性的屈辱，因而他们迫使波斯君主违背自己较好的判断，从事这项毁灭性的工作。这种宗教性质的想象绝不应被认为只属于希罗多德，而是他的同时代人一般共有的，既包括希腊人，也包括波斯人，虽然在希腊人中，因为他们的史诗或准历史性的诗歌的丰富，而受到特殊的启发。薛西斯之梦的故事缘起于波斯人的想象（希罗多德这样告诉我们的），[5]某种程度上是对他们民族虚荣的一种安慰，但它被一个希腊历史学家改造，并被赋予了色彩。这位史学家提到了第3个梦，那出现在薛西斯已最终下定决心进军之后，马古斯僧侣错误地把梦解释成了鼓励，[6]尽管它其实意味着毁灭。对于事件因果关系的这种宗教观念到底有多少属于那个时代，表现在下述事实中：它不仅出现在品达以及阿提卡悲剧的诗歌中，而且萨拉米斯战役后七年上演的埃斯库罗斯的《波斯人》，都浸透了这种精神，在那里，我们发现诸神对于凡人庞大的势力和过分扩张的权力警告性质的梦。[7]虽然希罗多德对他从波斯信息提供者那里获得的资料没有任何为薛西斯开脱的意思，把他描写得倾向于明智建议，但因为诸神难以抗拒的意志而被带到了相反的方向。

当我们适当注意到诗人和历史学家围绕希腊人和蛮族之间这场庞大冲突的宗教观念时，我们就不用再费神去寻找有关这场入侵除野心和复仇之外的真实动机了。考虑到那是大流士去世前三年所宣布的计划，他的儿子和继承人绝不可能不知好歹地放弃。重新征服埃及后不久，薛西斯就开始了入侵的准备，其规模既证明了他的决心，也证实了他计划的范围。整个帝国各个层次的总督和下级军官都得到了命令，要提供最足额的士兵和战备给养，根据当地的情况，提供马匹和驮兽、战船、马车、物资等各类给养。对于那些执行命令最为有效的人，大王会给予奖励，我们得知，在大流士死前的三年中，准备工作一直在进行中。

此时的波斯帝国比此后的任何时期都要范围广大，因为它包括色雷斯沿海、直到色萨利边境的马其顿，以及克里特以北和优卑亚以东的爱琴海上几乎所有的岛屿，包括基克拉狄斯群岛在内。在色雷斯沿海的多利斯库斯（Doriskus）、埃翁及其他地区，

第八章 从马拉松战役到薛西斯进军希腊

有波斯的要塞和驻军,而阿布戴拉以及沿海地区的其他希腊人城镇也被作为苏萨的纳贡国。[8]我们必须记住薛西斯登上王位时帝国的这些边疆地区,到后来伯罗奔尼撒战争时,它已被缩减,原因部分在于,我们可以理解,不管是对波斯人,还是对**亲波斯**的希腊人来说,他的远征显然有成功的可能性,部分在于我们可以理解后来与雅典海上帝国形成相关的背景。

公元前481年秋,薛西斯从帝国各个角落征集的大军到达了萨尔狄斯或该城附近,其中相当大部分受命集中在卡帕多奇亚的克利塔拉(Kritala),该地位于哈吕斯河东边,薛西斯本人自苏萨出发后,途中与他们在那里会合。他自那里渡哈吕斯河,穿过弗吕吉亚和吕底亚,抵达萨尔狄斯,那里有为他准备好的冬宫。但这支陆军尽管规模庞大,但帝国需要提供的,这并非全部。薛西斯已经决定,不像达提斯那样横渡爱琴海前往埃莱特利亚和马拉松,而是同时用陆军和海军进攻希腊,其中前者渡赫勒斯滂海峡,经色雷斯、马其顿和色萨利推进,后者意在协同与合作。除数量众多的补给和后勤船只外,在赫勒斯滂、色雷斯以及伊奥尼亚沿海,已经集中了一支由战船组成的舰队。此外,薛西斯已经预料到,军队规模要大大超越他父亲大流士对西徐亚的远征,在从赫勒斯滂到斯特吕蒙河进军路线上沿海合适的地区,他下令修建了大量军需仓库。在进行军事准备的四年间,他们有足够的时间把大量的面粉和其他必需物资从亚洲和埃及集中到这里来。

如果当时整个世界都为薛西斯集中的庞大人力与战争物资

感到惊愕,则我们甚至可以说,尽管已经过去如此之长的时间,而且有了后来所有的经历,但他的计划中的两项工程,让我们吃惊的程度,丝毫不亚于古人。它们一是在赫勒斯滂海峡上架桥,一是横穿阿托斯地峡挖掘一条供船只航行的运河。两项工程中的第一项确有先例:35年前,大流士已经在色雷斯的博斯普鲁斯海峡上架设过桥梁,并通过桥梁走上了西徐亚远征的路途。可是,大流士的这座桥虽然是伊奥尼亚人和一个萨摩斯的希腊人建造的,但只在提到遥远地区时提及,在希腊人中,一般来说鲜为人所知,也不大为人提到。下述事实使我们做出了这个推论:诗人埃斯库罗斯的话语表明,[9]他好像从未说过该桥。薛西斯的桥梁则一直被波斯人和希腊人记住了,成为亚洲人无限能力最为令人生畏的表演。这座船桥——或者更应该说是两座相距不远的桥梁——横跨于海峡之上,亚洲一边起自阿比杜斯近郊,欧洲一边终于塞斯托斯和马狄图斯(Madytus)之间,此地海峡的宽度约为英制一英里。工程的实施最初不是委托给希腊人,而是腓尼基人和埃及人,他们很早之前就接到了命令,准备了极其结实的绳索,数量足以应付需要。腓尼基人所用的材料是亚麻,埃及人利用的是莎草根茎。本来工程已经完工,并被报告给薛西斯可供渡海,但恰好风暴骤起,且如此猛烈,完全摧毁了桥梁。得知这场灾难后,这位君主的愤怒无以复加。他的命令部分针对主要的工程人员,下令将他们枭首,[10]部分还针对赫勒斯滂海峡本身。他命令抽打海峡300鞭,而且投入一副锁链作为进一步的惩罚。[11]

可是，通行的观点，是不仅把这里所说的话，甚至对赫勒斯滂海峡的惩罚[12]这个主要事件，都作为纯粹的希腊人的发明而非真正的事实。整个过程极端的幼稚和荒谬，给人一种敌人诽谤的韵味。但是，如果我们深入当事人的时代和相关方，则这个理由似乎不够充分。把人类的感觉还有意志和计划转移到无生命的物件上，是人类早期多样的本能之一，也是一种宗教的原始形态。[13] 根据雅典古老的做法，一个造成了某人死亡的无生命物件会受到严肃的审判，并且被抛出境外。这个做法虽然逐渐被废弃，但从未被完全废止。阿卡狄亚的年轻人在一无所获的狩猎一天，饥肠辘辘地归来时，会鞭打和戳刺潘神或其神像作为报复。我们可以猜想，年轻的波斯君主，因为被他周围人普遍的阿谀奉承败坏，更有可能无理性地发泄怨气。[14] 向河流奉献牺牲，并且以此向河流的贡献表示感激，是古代宗教中一种熟悉的仪式。虽然不信任这段叙述的理由因此受到严重削弱，但实在的证据也非常有力。薛西斯远征时，希罗多德大约4岁，因此他后来有充足的机会与目睹并且参与过远征的人交谈。他的全部叙述表明，他本人有大量的机会接触资料。此外，横跨赫勒斯滂海峡的桥梁，以及所有与之相关的事件，必然是许多目击者都熟悉的行动，所以也更容易得到证实。

新工程师或许是希腊人，他们可能与腓尼基人和埃及人一道，也可能是取代了他们。他们受命马上重新开始工作，希罗多德对此有详尽描述。为架起两座桥梁，两列船只，其中既有三列桨战船，也有五十桨大船，被并排停泊在海峡之中，船头朝着优克辛海方向，船尾对着爱琴海，因为洋流总是快速从前者流向后者。[15] 它们的船头各有船锚，还有很长的绳索固定。用于建造接近优克辛海方向桥梁的船只的数量是360艘，另一座桥所用船只是314艘。在从海岸的一边排到另一边的两列船只上，有6根巨索，既发挥着把船只固定在一起的功能，也起着在船上铺设桥面的作用。在两岸的桥头，各有绞盘拉紧绳索。桥梁中间有三个地方的船只间留出了空隙，供无桅杆的小型贸易船只从巨索下来回穿越，进出优克辛海。

在巨索之上，铺上了木板，它们被锯成适当的宽度，上有第二根绳索横贯，以固定木板。最后，在这样的基础上，利用泥土和树木铺设道路，两边立有栅栏，高度足以避免牲口看见海水。

为进军便利，薛西斯下令完成的另一项伟大工程，是把多风暴的突角阿托斯山与大陆连接起来的地峡切开。[16] 地峡与大陆的交接点，即从斯特吕蒙湾到托罗奈湾（Toronaic Gulf），宽度是12斯塔狄（较弗尔浪小）。根据薛西斯的命令挖掘的这条运河，宽度和深度都足以让两艘三列桨战船并行。在这份工作，还有在赫勒斯滂海峡桥梁的工程上，腓尼基人是波斯君主所有臣民中最能干而且最有效率的，但其他朝贡者，尤其是从近邻阿坎图斯来的希腊人，事实上还有帝国所有沿海地区的兵力，[17] 都被集合起来帮忙。舰队的统帅们先在库麦和弗凯亚，之后到了色雷斯的凯

第八章　从马拉松战役到薛西斯进军希腊

尔索奈斯最南端的埃劳斯。在那里，它可以保护，同时协助即将在赫勒斯滂和阿托斯山进行的两项工程。

希罗多德评论说，薛西斯之所以从事这个费力的工作，纯粹是出于炫耀，（他注意到）[18]把舰队的所有船只拖过地峡"根本就不费事"，所以根本就不需要运河。在一个公元前5世纪的希腊人心目中，通过机械的方法把船只运过地峡，是一个非常熟悉的做法。对他们而言，那种特殊的沟槽或者滑道是现成的，科林斯地峡上的曳道就是如此。值得注意的还有，挖掘阿托斯山运河的人们是在皮鞭的抽打下工作，我们应当记住，这些人不是买来的奴隶，而是自由人，只是他们需要向波斯君主纳贡而已。作为哈利卡纳苏斯的土著，勇敢的女王阿尔泰米西娅（Artemisia）的臣民，历史之父或许就在他们中间。随着战争的进展，我们还会发现这种不加区别地使用皮鞭的情况的其他例证，而且充分相信，从波斯人的立场看，[19]甚至驱赶他们臣民组成的支队在战役中向前冲锋，皮鞭都是绝对必要的。对自由人，尤其是对服军役的自由人使用皮鞭，不管是在希腊人的习惯中，还是在希腊人的情感中，都特别令人厌恶。亚洲的和岛屿上的希腊人摆脱了波斯的统治后，他们先是成为雅典的盟友，后来是雅典的臣民，因而被豁免了此项劳役，同时也被免除了其他艰苦工作。当我们估价针对雅典霸权的指控时，我们应该注意到这样的事实。

在薛西斯的臣民支队挖掘运河——运河两端近海处以夯土墙或堤岸加以防护——之时，他们还在斯特吕蒙河上架设浮桥。

这两项工程，连同横跨赫勒斯滂海峡上改善的双桥，当薛西斯公元前481—前480年初冬到达萨尔狄斯时，都报告大功告成，可以使用。整支大军是否与他本人同时到达萨尔狄斯并且在那里过冬，可能值得怀疑。但到公元前480年春，全军集中在了萨尔狄斯，准备进军希腊。

在萨尔狄斯过冬时，这位波斯君主向所有希腊城市派出了使节，要求得到臣服的标志——土和水，只有雅典和斯巴达例外。有关他庞大军队的消息被精心散布出去，以便在那些甚至最坚决的人的心中激起恐惧。同时，他下令色雷斯和马其顿沿海的城市为他本人和他庞大的随从队伍准备"御膳"，因为他进军时要经过那里。当年初春，这项工作也开始了。

薛西斯指挥大军从萨尔狄斯向阿比杜斯前进，首先穿过了穆西亚和凯库斯河（Kaikus），然后穿过阿塔尔奈乌斯、卡利奈（Karinê）和泰贝平原（Thêbê）。他们越过阿德拉米提翁和安坦德鲁斯（Antandrus），过伊达山脉（Ida）——该山在他们的右手边，[20] 因为雷暴天气，军队遭遇了一定损失。从那里他们抵达伊利翁以及斯卡曼戴河（Skamander），那条河被喝了个见底，原因部分可能是大批军队和牲口踩踏导致无法饮用。薛西斯登上了伊利翁的圣山，参观了卫城佩加穆斯（Pergamus）——据说那里是普利亚姆（Priam）曾经生活和行使权力的地方，并且向保护神雅典娜献祭了1000头牛，在那片令人尊敬的土地上，让马古斯僧侣奠酒向倒在那片令人尊敬的土地上的英雄们致祭。他甚至屈尊咨询有关那场或真实或传说的伟大战争——希腊的编年史家们至今几乎都未能给它提供一个准确的年代——在当地的细节,对此伊利翁的居民们给游客们提供的可谓丰富。又一天的进军使他到达了阿比杜斯,途中罗伊泰翁(Rhoeteium)、奥弗吕内翁(Ophryneium)和达尔达努斯(Dardanus)在他的左手边,盖尔吉斯的泰乌克利人(Teukrians)地区位于他的右手边。在阿比杜斯,赫勒斯滂海峡上两座新近修建的桥梁在恭候他的驾临。

对于从亚洲渡海到欧洲,希罗多德长篇予以特殊的强调。他用大量戏剧性的场景加以包装,不仅提到了为薛西斯在阿比杜斯附近一座小山上修建的大理石御座——他可以从那里检阅他满布海岸的庞大陆军,以及在海峡中航行与竞赛的船只(在那场竞赛中,西顿的腓尼基人超越了希腊人和所有其他分舰队),而且在这个真正的事实之外,还添上了一篇与阿塔巴努斯的对话,意在展示薛西斯的内心世界。

太阳初升之际在东方人的心中是非常神圣的时刻,[21] 薛西斯下令开始过桥。桥上喷洒了芳香剂,而且绑上桃金娘枝,薛西斯本人用黄金樽向大海奠酒,并向赫利奥斯(Helios)祷告,期望他征服欧洲直至极边的计划可以不受任何阻碍地实现。与奠酒同时,他把金樽本身投入了赫勒斯滂,连同一只黄金碗盏和一把波斯弯刀。两座桥梁之中,接近优克辛海的那座专用于军事,另一座供仆从、行李以及驮兽通过。被称为"不死队"的10 000名波斯人全都头戴花冠,第一批过桥,薛西斯本人和其余的军队随后通过。在这位国君抵达欧洲一边后,看到在他身后的军队正"在皮鞭下"过桥。虽然使用了如此严厉的手段加快进度,但他的军队数量如此庞大,以至于他们至少用了七天七夜,而且在毫不间断的情况下,才完成了过桥任务。

在如此渡过海峡之后,薛西斯挥兵沿色雷斯的凯尔索奈斯向连接色雷斯的地峡进军。地峡把他左手边的卡狄亚城镇与右手边的赫勒墓——海峡因之得名的英雄——联系起来。在穿过地峡后,他转而向西,沿麦拉斯湾(Gulf of Melas)和爱琴海的海岸推进。经埃奥利亚人城市埃努斯(Aenus)后,他到达了海边名为多利斯库斯的平原,它是赫布鲁斯河口附近富饶的三角洲,大流士已经在那里修建了要塞并驻屯了军队。

在这里,他与舰队会合了,后者让色雷斯的凯尔索奈斯最南端的突角放大了一倍。[22] 他认为,这里方便对陆海军进行总检阅和统计。

在人类历史上,从不曾把这么多的人从如此遥远、如此不同的地区,为了一个共同的目标集中起来,并置于一人统率之下,但他们现在就集中在色雷斯的赫布鲁斯河口附近。对于它的总数,我们绝不能假装有任何确定的概念。关于其不同分队之间的差异,则无可置疑。[23]8 个民族提供了舰队,他们是腓尼基人(300 艘战船)、埃及人(200 艘)、塞浦路斯人(150 艘)、奇利奇亚人(100 艘)、潘菲利亚人(30 艘)、吕奇亚人(50 艘)、卡利亚人(70 艘)、伊奥尼亚的希腊人(100 艘)、多利亚的希腊人(30 艘)、埃奥利亚的希腊人（60艘）、赫勒斯滂的希腊人（100艘）、爱琴海岛屿上的希腊人（17艘），总共1207艘三列桨战船或曰三排桨的战船。我们在希罗多德的描述中看到的服装和武器既奇特又多样。塞浦路斯人和卡利亚人（还有部分船上的埃及人水手）携带的武器类似希腊人的（也就是说，适合连续作战和持续进攻的武器，既用于阵线中肉搏，也用于保护自己，但过于沉重，不便于追击或逃跑）。其他民族都装备的是标枪和长矛、剑和镰刀等，枝条或兽皮的轻型盾牌，甚至根本没有盾牌，戴头巾或皮帽而非头盔。他们的装备不便于在整齐的队列中作战，也不利于抗击希腊人重装步兵攻击他们的长矛和盾牌阵线。与后者比较，他们对个人受伤的保护也要差得多。

正是在多利斯库斯，全部陆军的战斗人员首次得到清点，因为希罗多德明确告诉我们，从未单独统计过不同分队的人数，而且承认了他对各个分队人数的无知。统计的方法引人注目：先把10 000人作为一个单位，[24]而且尽可能排列紧凑，然后绕他们画一条线，修建一道围墙，将他们占据的空间圈围起来，所有军队鱼贯而入，这样，分队的总数就确定了，而每个分队是10 000人。希罗多德的信息提供人证实，如此确定的数量是170个，因此步兵总数是170万人，此外有80 000骑兵，来自利比亚的众多战车兵以及阿拉伯的骆驼兵，这样额外多出的据估计有20 000人。[25]这就是波斯君主统率的庞大陆军。他的海军也同样豪华，不仅有1207艘三列桨战船或曰三排桨的战船，还有3000条较小的船只和运输船。每条三列桨战船的水手是200人，[26]另有30名战斗人员，他们是波斯人或萨卡人。每条随行船只的人员是80人，这是一个平均数，希罗多德认为，这个数字大体真实。如果我们把这些项目叠加起来，则薛西斯从亚洲带到多利斯库斯平原和沿海地区的总人数可能达到让人瞠目的231.7万人。这还不是全部。在从多利斯库斯向温泉关继续进军时，薛西斯强令他经过地区的所有民族都提供士兵和船只，因此又得到了120条三列桨战船及其24 000名水手，以及30万新得到的陆军，这样，当他出现在温泉关时，他的总兵力为264万人。据希罗多德估计，在这个数字之上，我们还要加上数量一点都不比这个少的随从、奴隶、随军小贩、补给船和后勤运输等人员。所以，当波斯大王到达希腊人第一个抵抗战场时，陪伴他的男人达到了528 3220人！对这支大军——东方世界全部的力量所在——人数的夸张估计，希罗多德以清晰且明确的数字加以表示，他本人显然认为数字本应更大些，因为他觉得"军营随从"的数量不仅是等于，实际上大大高于战斗人员。

要接受这样一个极其夸张的总数，或者任何接近的数字，显然不可能。至于三列桨战船的数量，他的说法似乎有真相支撑，我们可以从当时人埃斯库罗斯的史料中判断这一点，在《波斯人》中，他提供了在萨拉米斯战斗的波斯船只的准确数字：1207艘。[27]但3000条较小的船只，更重要的是170万步兵，就根本不是不能信任的问题了。对统计的人来说，他少有或根本没有准确的理由做到准确，却有一切理由去夸大，这种名义上无限庞大的总数，令军队高兴的程度丝毫不亚于君主本人，所以，在到达温泉关时，希罗多德提供的陆军和战船水手的2 641 000人的总数，可以作为毫无根据、难以置信的数据抛弃。他关于在场的非军事人员的人数等于或略多于军事人员的计算，是基于根本无法接受的假设确定的。虽然在一支完整的希腊人陆军中，习惯上是每个重装步兵有一个轻装兵或随从，但这样的估计绝不能用到波斯军队身上。直到今天，一个亚洲人士兵都只有很少的出征费用，其匮乏程度欧洲人会觉得难以忍受。[28]但在完全缺乏确定数据的情况下，尝试猜测任何实在的数据，不免冒失。当我们从修昔底德那里听说他发现没法弄清在曼提奈亚作战的小股希腊军队的准确数量时，[29]对于无法计算多利斯库斯的亚洲人数量，就不会感到那么丢人了。

克泰西亚斯提供的军队总人数为80万人和1000条三列桨战船，战车没有计算在内。如果他把水手排除在80万之外（这种情况似乎是可能的），则总数会大大超过100万人。埃利安提供了70万人的数字，狄奥多鲁斯[30]似乎部分追随希罗多德，部分则利用了其他史料。这些目击者中，在我们被迫不相信希罗多德的时候，却没有一个人能够让我们订正他的记载。[31]

在检阅过军队后，薛西斯登上了一条西顿三列桨战船，沿他庞大舰队的船首航行，它们在距离海岸400英尺处排成一线，每条船都整装待发。这一壮观的景象是经过精心安排的，以激发强大自信的感情。也是为了这个意图,他立刻请来了斯巴达的流亡国王戴马拉图斯,后者是他的顾问之一,咨询希腊方面是否甚至想过要抗击如此庞大的力量。他们之间的对话在希罗多德的书中有戏剧性的记载,成为希腊语言中让人印象最为深刻的表达情感的段落。[32] 戴马拉图斯向薛西斯证明,斯巴达人肯定会誓死抗击,伯罗奔尼撒的多利安人可能也会这样做,不管两军数量的差距有多大。

完成检阅之后,薛西斯和陆军继续向西进军,全军分为3支,沿3条不同的道路推进,穿过了色雷斯人7个不同部落的领土,其间偶有希腊人在沿海的殖民地。[33] 由于拥有大陆上的矿山,塔索斯城招待波斯大军的开销不少于400塔兰特[34](相当于92 800镑)。

在穿过埃多尼亚的色雷斯人和皮埃利亚人的领土——位于潘盖翁山和大海之间——后,薛西斯抵达了斯特吕蒙河上的重要补给地恩奈亚霍多伊(Ennea Hodoi,意为"九路"),那里后因建立了安菲波利斯被人们记住。河上已然架起桥梁,马古斯僧侣为此祭献了多头白马并把它们抛入河中,向河流致以神圣的敬意。从斯特吕蒙河继续前行,穿越比萨尔泰人的土地,附近是希腊人的殖民地阿吉鲁斯(Argilus)和斯塔盖鲁斯(Stageirus),最后到达了希腊人殖民城市阿坎图斯。它紧邻阿托斯地峡,那里最近刚刚开挖了运河。

薛西斯经过的所有希腊人城市都积极服从了他的命令,如此庞大的一支军队会取得最终成功,可能很少有人怀疑。在阿坎图斯,他与舰队分手,后者穿过阿托斯运河,两次越过卡尔奇狄凯半岛西南的海角,进入泰尔马湾,在泰尔马等待国王驾临。舰队沿途从西托尼亚(Sithonia)和帕莱奈两个半岛征集补充的军队。在泰尔马(萨罗尼克)附近,即该海湾的内陆和阿克西乌斯河(Axius)河口以东地区,舰队等待薛西斯从阿坎图斯经陆路到达。薛西斯的进军似乎不顺利,有些支队走上了一条相当内陆的线路,即穿过派奥尼亚和克莱斯托尼亚(Krestonia)的道路,那是一条蛮荒、林密、无人涉足的乡村,运送辎重的骆驼遭遇狮子攻击,而且遇到了体形庞大、富有攻击性的野牛。最终他与舰队在泰尔马会合,军队遍布米格多尼亚(Mygdonia)即古代的皮埃利亚,以及波提埃伊斯(Bottiaeis),最远到达哈利亚克蒙河(Haliakmon)河口。

薛西斯现在到达了可以看到奥林普斯山的地区了,那是被称为赫拉斯的本土的北界,在穿越臣服者的土地,而且事先已经备有军队给养的仓库的地区后,他沿途征集了补充支队,可能还有色雷斯志愿者加入,意在从劫掠中分肥。甚至到希罗多德的时代,他进军走过的道路仍受到色雷斯人高度的尊敬,免受侵入和耕作。马其顿国王,即薛西斯西部纳贡国中的最后一个——他现在就在前者的土地上,连同色萨利的阿琉亚戴家族一道,护送他继续前行。这个任务似乎并不艰巨,希腊人对抗他的措施,将在下一章中叙述。

1   Aeschylus, *Pers.*, 761.

2   对波斯人的战争被比喻为特洛伊战争的做法，可能在公元前480年战争后埃吉纳人捐建的神庙的山墙雕刻上也能看到（但请见 Furtwängler, *Aegina*, 1906）。——编者

3   有关希罗多德伦理观更充分的讨论，请见 E. Meyer, *Forschungen*, vol. ii., pp. 252-268。

4   虽然普鲁塔克（如果《论希罗多德的恶意》真的是普鲁塔克的作品）认为希罗多德不诚实，怀揣恶意，腐败，是伟和光荣行为的诽谤者，则狄奥尼修斯持相反观点更有理由，后者把希罗多德作为史学家中愿望极其良好的人，并把他这方面的情况与修昔底德进行比较，因为修昔底德曾长期被流放，因此在批评雅典时，修昔底德带着更不友好的调门。"希罗多德的态度一直是公正的，对善事欢欣，对恶事伤心。另一方面，修昔底德的态度直言不讳而且严厉，暴露了他因被流放对自己祖国的不满。他对错误进行列表，细节锱铢必较，但当事物按照计划发展时，他或者根本不提，或者就像一个很克制的人。"(Ἡ μὲν Ἡροδότου διάθεσις ἐν ἅπασιν ἐπιεικὴς καὶ τοῖς μὲν ἀγαθοῖς συνηδομένη, τοῖς δὲ κακοῖς συναλγοῦσα· ἡ δὲ Θουκυδίδου διάθεσις αὐθέκαστός τις καὶ πικρά, καὶ τῇ πατρίδι τῆς φυγῆς μνησικακοῦσα τὰ μὲν γὰρ ἁμαρτήματα ἐπεξέρχεται καὶ μάλα ἀκριβῶς, τῶν δὲ κατὰ νοῦν κεχωρηκότων καθάπαξ οὐ μέμνηται ἢ ὥσπερ ἠναγκασμένος)【Dionys. Hal, Ad Cn. Pompeium de Praecip. Historicis Judic., p. 112, ed. Rhys Roberts —Ed】

5   Herodot., vii. 12 的原文是：καὶ δή κον ἐν τῇ νυκτὶ εἶδε ὄψιν τοιήνδε, ὡς λέγεται ὑπὸ Περσέων.
关于梦境在决定土耳其早期苏丹计划中的影响，见 Von Hammer, *Geschichte des Osmanischen Reichs*, book ii., vol. 1, p. 49。

6	请与大流士-科多曼努斯的梦境比较,请见 Plutarch, *Alexander*, c. 18。 【类似的观念出现在公元前4—前3世纪一个卡努西翁的希腊人陶瓶上(Gerhard,*Antike Denkmäler*, pl. 105),在那里,波斯大王被表现得坐在顾问中间,头顶上是有翅膀的欺骗之神(Ἀπατή)。——编者】
7	Aeschylus, *Pers*. 96, 104, 181, 220, 368, 745, 825. 请与 Sophocl., *Ajax*, 129, 744, 775, 以及《奥狄浦斯王》的结尾比较;Euripid., *Hecub*., 58; Pindar, *Olymp*., viii. 86; Isthm., vi. 39; Pausanias, ii. 33, 3。请与 Xenophon, *Agesilaus*, c. 11, § 8 中的 δεισιδαίμων 一词比较,它的意思是"在成功中害怕嫉妒的神灵的人"。
8	Herodot., vii. 106, 108; also vii. 59, and Xenophon, *Memorab*., iii. 5, 11. 请与 Aeschylus,*Pers*. 871-896 比较。
9	Aeschylus, *Pers*., 731, 754, 873.
10	普鲁塔克(*De Tranquillitate Animi*, p. 470)提到,他们的鼻子和耳朵被割掉了。
11	Herodot., vii. 34, 35. 如果我们看到薛西斯本人后来的行动(vii. 53),则这个说法——谁也不得向赫勒斯滂献祭——似乎有点奇怪。请与 vii. 113 和 vi. 76 比较。
12	请见 Stanley and Blomfield on Aeschyl., *Pers*., 731, and K. O. Müller, *Kleine Schriften*, vol. ii., p. 59。
13	Cf. Tylor, *Primitive Culture*, vol. ii.(论动物性)——编者
14	另一方面,我们应该注意到,伊朗民族的崇拜显然缺少动物和人形神的观念,薛西斯的父亲无论如何是纯粹的琐罗亚斯德教的支持者,参见 Rawlinson, *Herodotus*, app. to bk. iii., essay 2。——编者
15	格罗特虽然对希罗多德描述中的几个疑点做出了正确的解释,反驳了之前的批评者们,但他本人对此的描述仍有些许错误,主要是因

为他误解了塞斯托斯附近的海岸线以及因此产生的洋流走向。他可能认为两座桥都与海峡是垂直的。

但是，（1）希罗多德（vii. 34）等下的 ἀκτὴ τραχέα 是一个突角，那里不太容易登陆，因此两座桥梁的欧洲一边必然与这个突角的任何一边都有相当距离。如果两座桥梁都从阿比杜斯开始，则下游桥梁的自然走向必然与海峡垂直，因为上游的一座要稍向北偏。这与希罗多德的描述完全吻合：上游的桥梁所用船只较下游的一座更多（所以也更长）。

（2）由于塞斯托斯这里海峡的弧度，洋流并不与海岸线平行，而是程度不等地从塞斯托斯流向阿比杜斯。除非上游桥梁的船头正好与洋流方向相反，否则船只一侧压板所受压力过大，由于船只的偏离，船上的工程也会基础不牢。因此，如果这座桥的船只停泊方向与洋流一致，则它们会侧身在海峡中。这个解释与希罗多德叙述中比较随意使用的叙述（vii. 36）吻合，他说，"所有这些船只都与优克辛海形成直角而且与赫勒斯滂海峡的洋流平行"。（τοῦ μὲν Πόντου ἐπικαρσίας τοῦ δὲ Ἑλλησπόντου κατὰ ῥόον.）

希罗多德提供的数字，是从阿比杜斯到塞斯托斯的距离为 7 斯塔德（按今制为 5000 英尺）。组成两桥的船只的数量暗示长度稍长，上游的一座可能超过 1 英里。参见 Stein, *Herodotus*, ad loc., 和 Grundy, *Great Persian War*, pp. 215, 216。——编者

16 | 关于阿托斯突角毁灭性风暴的经典描述，参见 Ephorus, *Fragment*, 121, ed. Didot; Diodor., xiii. 41。

17 | Herodot., vii. 22, 23, 116; Diodor., xi. 2.

18 | Herodot., vii. 24. 在古人（Juvenal, *Sat*., x.）和现代人（Cousinéry, *Voyage en Macédoine*, I 转录了李基少校的观察）中，都有人常把横贯阿托斯地峡的这条航道运河作为寓言对待。那位杰出的观察者指出

了运河过去存在过的显而易见的证据。但在我看来，即使如今这样的遗迹已经消失，希罗多德和修昔底德（iv. 109）就足以证明它的确存在过。李基少校的观察同时说明了开掘运河的动机，他说，"运河的宽度似乎不超过60英尺。由于历史不曾提到薛西斯之后它曾有过任何修复，则周边高地的水流自然会历经多年后将部分运河用土填塞起来。然而，不投入大量劳力，也不可能重新开掘。毫无疑问，它对爱琴海上的航行是有用的，因为希腊船夫们非常害怕阿托斯山周围地区洋流的力量和流向不定，以及那座山附近地区的风暴与海浪，一年之中，半年都是如此。由于奥法纳湾（Gulf of Orfaná）缺乏港口，让它们变得更加可怕。我在半岛上时，尽管出了高价，但却不能说服任何船只愿意把我从半岛的西部送到东部。所以，不管是为了他的舰队的安全，还是因为那件工作轻松以及地形的有利，薛西斯都完全有理由开凿这条运河，后者似乎明确地成为这项工程的魅力所在。马尔多尼乌斯前次远征损失的经验，促使人们提出了这个建议。绕航安佩鲁斯（Ampelus）和卡纳斯特莱翁（Canastraeum）海角的危险要小得多，因为那里的海湾提供了某些良好的港口。薛西斯的目标，是在他经过那些地区时，可以从希腊人城市中征集军队"。（Leake, *Travels in Northern Greece*, vol. iii., ch. 24, p. 145）

19 | Herodot., vii. 22; 请与 vii. 103 以及 Xenophon, *Anabasis*, iii. 4-25 比较。古代波斯人设想的对臣服的纳贡者使用皮鞭的根本必要性以及皮鞭的广泛使用，在现代的突厥人中找到了对应。

20 | 希罗多德说是"在左手边"（vii. 42, §2）。关于这个有趣错误的根源，见 Grundy, op. cit., p. 217。——编者

21 | Tacitus, *Histor*., iii. 24 在对维泰利乌斯和韦伯芎的罗马军队于克雷摩纳附近夜战，以及太阳升起时战斗尚未结束时的情景所做的令人印象深刻的描述中说，"全军发出了一阵呼叫声，而第三军团的士兵

则按照叙利亚的习惯向旭日欢呼"。（Undique clamor, et orientem solem, ita in Syriâ mos est, consalutavêre），也请与 Quintus Curtius, iii. 3, 8. 比较。【也请见 Hdt., iii. 84。——编者】

22 Herodot., vii, 58, 59; Pliny, *H. N.*, iv. 11. 请见 Grisebach, *Reise durch Rumelien und nach Brussa*, ch. vi., vol., 1., PP. 157-159（Göttingen, 1841）有关多利斯库斯及其仍名为埃努斯的城镇附近地形有价值的评论。他证明有理由相信，海岸的凹入——那里地图上标记为埃努斯湾——在古代并不存在，至少不比现在更严重。

23 希罗多德（vii. 61-96）列举了 46 个民族，这个总数他可能得自波斯的"兵力清单"（cf. Munro in *Journ. Hell. Stud.*, 1902），可能来自阿塔巴祖斯（cf. Stein on Hdt., vii. 126），或来自赫卡泰乌斯的《历史》（Ιστοριαι），也可能是两个数据的综合。——编者

24 大流士用于进攻西徐亚的军队据说就是根据 10 000 人为单位计算的，但过程不曾得到详细描述（Herodot., iv. 87）。

25 Herodot., vii. 60, 87, 184. 150 年后，大流士-科多曼努斯（Darius Codomannus）领兵前往伊苏斯战场之前，也用过同样粗略的统计方式（Quintus Curtius, iii. 2, 3）。

26 这种计算方法可能不适合公元前 5 世纪初。迈耶（*Gesch. d. Altertums*, iii., p. 359）认为，这个时期每条战船仅有 150 人。——编者

27 即使埃斯库罗斯是萨拉米斯战役的目击者，甚至就是战役的参加者，他很可能也无法根据某些类似希罗多德使用的官方材料来确定波斯战船总数，所以，与埃斯库罗斯高估萨拉米斯波斯总兵力——他忘记从最初的官方总数中减去之前的损失了——比较，希罗多德也不大可能低估波斯总兵力（请见第 259 页注释 15）。——编者

28 关于这一点，请见 Volney, *Travels in Egypt and Syria*, ch. xxiv., vol, ii., pp. 70, 71; ch. xxxii., p. 367; 以及 ch. xxxix., p. 435（英译本）。

Kinnier, *Geographical Memoir of the Persian Empire*, pp. 22, 23. 1665年，贝尼尔（Bernier）曾追随奥隆泽别（Aurungzebe）从德里开始的进军，他说，有人估计营地中有30万人，但其他人的总数不同，可是，谁也不知道确数，也从不曾进行清点。他宣称，"毫无疑问，你无法想象战场上共维持了多少人员和牲口。对这个问题最好的解决方案，可以在印度人的性格以及他们简单的饭食中找到"。（Bernier, *Travels in the Mogul Empire*, translated by Broick, vol. ii., App., p. 118.）佩提特·德拉克鲁瓦（Petit de la Croix）也谈到过成吉思汗庞大的军队数量，"人类做事是如此的有分寸，以至于他们可以与万物和解。"那位作者似乎估计，成吉思汗的军队最多是 70 000 人（*Histoire de Gneghis*, liv. ii., ch. vi., p. 193）。

29 Thukyd., v. 68.

拉古萨公爵（在其 *Voyage en Hongrie, Turquie* 等书中）提及1826年镇压君士坦丁堡禁卫军暴动后那些流行的极其夸张的数字后，注意到，"据说他们的人数已上升至八千至一万，这一观点在当时广泛流传且使大多数人深信不疑。（实际大约是500人）但是一般来说，东方人，尤其是土耳其人，对数字并没有什么概念。他们日常使用它时并不加以精确计算，且他们骨子里都倾向于夸大事实。再者说，政府似乎也在助推这一坊间传闻（关于上文提到的人数），为的是使人们产生强烈印象，以此煽动一场腥风血雨。"

【众所周知，对总数10 000以上的数字，希腊人就开始失去他们特殊的数字概念了。——编者】

30 Ktesias, *Persica*, c. 22, 23; Aelian, *V. H.*, xiii. 3; Diodorus, xi. 2-11.

萨摩斯诗人科伊利鲁斯（Choerilus）较希罗多德年轻数岁，是修昔底德同时代的人，曾就薛西斯远征希腊创作过一首史诗，该诗被保存下来的只有两到三个短小的残篇。他列举了给薛西斯提供分队的各个民族，我们发现，他们中不仅有萨卡人，而且有索吕米人（显然是犹太人，约瑟弗斯如此称呼他们）。见 *Fragments*, iii, and iv；载奈科（Naeke）编辑的科伊利鲁斯第 121—134 页。

31 希罗多德提供了他确定薛西斯军队数量的主要标准（viii, 126），他说，在国王撤退到亚洲过程中，阿塔巴祖斯一直把他护送到马其顿。由此观之，则薛西斯似乎把他带到希腊的军队全部留了下来。埃斯库罗斯对撤退的描绘（*Persae*, 482 et seq.）也让我们得出同样的推论。果真如此，则波斯陆军总兵力不可能超过公元前 479 年马尔多尼乌斯掌握的军队太多（Busolt., *Gr. Gesch.*, ii.2, p. 671; Munro in *Journ. Hell. Stud.*, 1902, p. 295）。

如果希罗多德提供的马尔多尼乌斯的军队的数量 30 万人（viii. 113）被接受，则整个波斯陆军的数量很难超过 50 万人（Grundy, *Great Persian War*, p. 211 倾向于稍高点的数字）。

另一方面，甚至马尔多尼乌斯军队的总数都完全可能被夸大了（见第 284 页注释 19）。德尔布吕克（Delbrück, *Perser- und Burgunderkriege*, p. 164）倾向于把波斯战斗人员减少到 50 000 人；迈耶（*Gesch. des Alt.*, iii., p. 375）倾向于 10 万人。摩诺（Munro, loc. cit.）主张，希罗多德第 7 卷第 61 章及其以后提到的 30 位将军，每位名义上统率 10 000 人。除非相当数量的官军被留在了后方——虽然摩诺提出了这个建议（loc. cit., p. 298），但那似乎不太可能，否则薛西斯的陆军就是近 30 万人。在舰队中服役的总兵力可能不超过 20 万人（见第 212 页注释 26）。——编者

32 当希罗多德专门提及他的消息提供者时（相当令人遗憾的是，他没能更经常地具体说明），他们好像常常是希腊人，如雅典流亡者狄凯伊乌斯（Dikaeus），比奥提亚的奥科麦努斯人泰桑戴尔（Thersander of Orchomenus），斯巴达的阿奇亚斯（Archias），等等 (iii. 55; viii.

65; ix. 16)。他经常提到斯巴达国王戴马拉图斯,而且经常出现在尊贵又有戏剧性的时刻。他很可能与国王本人或者他的后代谈过话,后者长期定居在小亚细亚地区埃奥利亚海岸上的泰乌特拉尼亚(Teuthrania),见 Xenoph., *Hellenica*, iii. 1, 6,因此可能听说过这位流亡国王与薛西斯的谈话。

薛西斯和戴马拉图斯之间对话的骨架还可能是大体真实的,那是希罗多德从戴马拉图斯本人或其儿子那里听来,因为这位拉凯戴蒙流亡者极其特殊地把赞颂限于斯巴达人和多利安人,而没有包括其他希腊人,这不大可能是希罗多德本人的看法。

希罗多德提供的有关戴马拉图斯被废黜和家庭背景上的过分详细(vi. 63 et seq.)以及他有关克莱奥麦奈斯之死系他伤害那位国王的报应的说法,似乎源自他家族的信息(vi. 84)。

33 格兰狄证明(op. cit., p. 220 et seq.),除沿海路线外,其他道路均无法实际使用,插入内陆一线的部队是扎营保护军队侧翼,以防山民劫掠。——编者

34 400塔兰特相当于波斯国王征课小亚细亚西部和南部沿海一年全部的租金收入,除吕奇亚人、潘菲利亚人等外,它包括伊奥尼亚和埃奥利亚全部的希腊人(Herodot., iii. 90)。

第九章
从马拉松战役到温泉关战役期间希腊的行动

有关波斯人自马拉松败退后希腊事务的资料极其稀少。

斯巴达两位国王——克莱奥麦奈斯和莱奥提奇戴斯（前者出自较长的，又名欧吕斯泰奈斯的家族，后者出自较年轻的，又名普罗克莱斯的家族）——合谋将普罗克莱斯家族的国王戴马拉图斯赶下王位，克莱奥麦奈斯甚至为此动用了德尔菲女祭司。他的操纵不久被泄露，对于斯巴达人的不快，他非常紧张，遂逃亡色萨利，从那里到达阿卡狄亚。在阿卡狄亚，他利用自己作为国王以及英雄世系的强力影响，将阿卡狄亚人武装起来反对他的国家。[1] 这次轮到斯巴达人惊慌了，他们主动邀请他回国，答应赦免他。但是他复位后的任期不长。他性格中习惯性的暴力倾向恶

第九章　从马拉松战役到温泉关战役期间希腊的行动

化成极度的疯狂，他的亲属被迫给他戴上锁链，幽禁起来，派一名黑劳士看守。一天，他通过严厉的威胁强迫这个人给了他匕首，用匕首给自己造成可怕的伤势，之后死去。如此恐怖的死亡肯定需要宗教上的解释，可是，在因他一生的不端行为而招致神灵报复的解释中，难以确定到底是哪一件。不过最让我们吃惊的，是我们听说，斯巴达人通常较其他希腊人更加愿意把所有异常现象归于神灵，这次却仅仅找到了一个世俗的生理上的原因：（他们证明）由于克莱奥麦奈斯习惯性的酗酒，他已经疯掉了，那是他从到斯巴达来的西徐亚人使节那里学来的。[2]

克莱奥麦奈斯之死以及对他性格的污蔑，鼓励埃吉纳人向斯巴达就他们10名人质的问题提出了抱怨，他们是在达提斯统率下的波斯人入侵阿提卡前夕，克莱奥麦奈斯和莱奥提奇戴斯从该岛带走，并作为给雅典人的保证安置在雅典的，以防止埃吉纳在关键时刻发动入侵。在索取人质时，莱奥提奇戴斯是克莱奥麦奈斯的辅助，埃吉纳人的指控就是针对他的。虽然相关处置无疑有利于希腊整体的事业，但拉凯戴蒙人对已故的国王及其行动实际上非常不高兴，因而幸存者莱奥提奇戴斯被交付公审，并应要求解救囚犯，以缓和埃吉纳人的怨气。正在埃吉纳人打算带走他们的囚犯法办之时，一位尊贵的名为泰亚西戴斯（Theasides）的斯巴达人向他们指出，他们以如此不光彩的方式对待一个在位的国王，会招致危险。（他注意到）斯巴达人是因一时激愤通过了判决，如果他们看到判决得到执行，则他们的感情可能转为同情。

218

于是埃吉纳人满足于下述要求：莱奥提奇戴斯应当陪同他们前往雅典，重新索回被拘禁在那里的人质。尽管斯巴达国王强调了归还存放物品的重要，但雅典人拒绝交出人质。他们证明，拒绝的部分理由是，之前是两个国王联合把物品存放在这里的，现在不能只交给其中一人。但他们或许想的是，他们手中的人质与其说是保证，不如说是对抗埃吉纳人敌意的保证，他们不愿放弃的，就是这个保证。

莱奥提奇戴斯被迫空手而归，埃吉纳人决定自己采取报复措施。他们等待一个每五年一次在苏尼翁庆祝的神圣节日。那时一条船经过特殊装备，会载着某些重要的雅典人作为圣使（Theors）从那里前往雅典。他们设法捕获了这条船，将船上所有人作为俘虏带往埃吉纳。双方是否有过俘虏交换，还是双方把他们的俘虏抑或人质都处死了，我们并不清楚，但行动的后果，是雅典和埃吉纳之间一场确定无疑的战争。[3] 战争似开始于公元前488或前487年，一直延续到公元前481年，即薛西斯入侵之前的一年。[4]

一个名为尼科德罗穆斯的埃吉纳公民利用这次战争发动了针对该岛政府的阴谋。他此前被流放过，如今组织一次人民起义以反抗占据统治地位的寡头们，他与雅典人协调，以同时入侵支持其计划。所以在指定的日子里，他与自己的党徒武装暴动并且占领了旧城，那是一个强固的据点，因海岸上更现代城市的发展已逐渐被取代，后者虽然更加便利，但保护性较差。[5]

但没有任何雅典人出现。缺少了雅典人，尼科德罗穆斯在目睹了自己一派的彻底失败后，无法坚守阵地，被迫从岛上逃亡。他的党徒数达700人，都落到了政府手里，之后被带到外面处死。

那些帮助尼科德罗穆斯的雅典人到得太晚，整整晚了一天。[6]他们的行动，因为在自己的50条船之外，还必须从科林斯人那里借20条船，而被耽搁了。[7]靠这70条船，他们击败了埃吉纳人迎击他们的同样数量的船只，之后在岛上登陆。埃吉纳人请求阿尔戈斯援助，但该城当时要么对他们极其不快，要么因在斯巴达人克莱奥麦奈斯手中遭受的失败而过于疲弱，未能给予援助。虽然如此，1000名阿尔戈斯人志愿者前来援助埃吉纳人，并且发动了一场有力的针对雅典人的战争，且取得了不同程度的成功。

在海上，雅典人遭遇失败，当舰队陷入混乱时他们遭遇了进攻，因此损失了四条船以及船员。在陆地上，他们更成功些，仅有很少阿尔戈斯志愿者生还。最后，入侵者被迫在没有取得决定性成果的情况下弃岛而去，战争似乎以双方经常性的攻击和劫掠的方式继续进行，在此过程中，尼科德罗穆斯和埃吉纳人流亡者被雅典人安置在苏尼翁附近的阿提卡沿海，发挥了积极作用。[8]总体上看，雅典人占有优势。战争的一般进程，特别是因为从科林斯借船造成的与尼科德罗穆斯协同行动的延迟，给雅典人留下了深刻印象，告诉他们必须扩大自己的海军力量。自此时起，我们可以在他们中追寻到他们海洋活动这种决定性倾向最早的成长，那恰好与他们民主政治的扩张幸运地同步，由此开始了希腊历史上的一个新时代，也是他们自己新征程的开始。

在前文已经描述过的背景中，马拉松战役的胜利者米尔提亚戴斯被从舞台上赶走之后，阿利斯泰戴斯和地米斯托克利成为雅典的领袖人物，前者在下一年被选举为执政官。两位领袖之间的争斗如此尖锐且富有威胁，以至于据称阿利斯泰戴斯本人曾说过，"如果雅典人明智的话，他们会乐意把我们两人都投入巴拉特翁"。在这样的情况下，不用多说需要名为陶片放逐法的制度来保持国家的和平。在连续三至四年的争斗之后，两位领袖诉之于陶片放逐法，阿利斯泰戴斯被流放。[9]

关于他们争斗的具体节点，遗憾的是我们了解甚少。但是，其中之一很可能是上文提到的政策上重要的转向：雅典从一个陆军强国变成一个海上强国，还有这种新的、激动人心的因素造成的人民思想的发展。所有的史料都把政策的转变主要地而且具体地归于地米斯托克利。[10] 阿利斯泰戴斯反对的，可能正是这个而非任何其他。但是，这个变化与老派的希腊做法不合，那是一种不受干扰的、统一的日子，积极的义务和经历都有限。阿利斯泰戴斯赞同的，似乎与后来的哲学家们一致。与重装的士兵比较，海员自然更偏向于做一个流浪者和世界公民。现代希腊的海员甚至仍相当程度上如此，他们长于变换主意，思维敏捷。在陆军中服役的，是那种坚定和不善变通的士兵，而在海军中服役的，善变且乐于冒险。虽然我们可以评论说，他们对雅典海员们并不公正,但柏拉图和其他哲学家们极力宣扬的,正是这种看法。[11]与雅典的重装步兵和骑兵比较,海员的训练更为完善和刻苦,他服从的习惯更全面。[12]那种训练始于地米斯托克利,在伯罗奔尼撒战争开始时达到其最成熟的状态。

在主张以特殊的努力创建海军并且获得海上锤炼之时,地米斯托克利展现了他对当时的局势和危险精明的理解,对此修昔底德予以首肯。阿利斯泰戴斯虽然无疑是两人中较为诚实的那个,但在这场特殊的危机中,对他的国家来说,反倒没有那么重要。当时不仅存在着与埃吉纳——那是一个海上与雅典对等甚至更强的对手——的战争,处在雅典港口的眼皮底下,而且在原初,有更可怕的可能性危险需要预防。波斯大军已经丢脸地被从阿提卡逐回亚洲,但波斯大王侵略的资源并未被削弱,报复心还更强烈。地米斯托克利清楚地知道,来自那个地区的危险较任何时候都大。他相信,达提斯横穿爱琴海到达马拉松的远征那样的情况会再次发生,[13]对此最有效的防御,就是数量众多而且训练良好的舰队。对一个清醒的观察者来说,大流士大规模的重新进攻的准备,他不可能不了解,因为它的范围扩及波斯帝国如此众多的希腊人臣民之中。如此实在的警告如今说服了他的国人,他们开始积极进行海上准备的工作,既为对付埃吉纳,也为对付波斯。他们不仅新建了200条战船,训练公民为海员,而且开始了一件重要的工作。在地米斯托克利担任执政官时,这项工程已经开始:[14]在皮莱乌斯为雅典建造并且设防一个新港口,而非利用古代开放的法莱隆海湾。[15]后者事实上距离雅典城更近,但皮莱乌斯有三个独立的天然港口,[16]一旦关闭和设防,则无论在安全性上,还是在便捷性上,都具有无可比拟的优越性。我们可以毫不夸张地赞同希罗多德的说法,"对埃吉纳的战争拯救了希腊,它强迫雅典人把自己变成了一个海上势力"。[17]随后抵抗薛西斯时的全体上阵,尽管是因某些机缘巧合,使其达到了忍耐力的极限,但它强化了雅典组织上这种新的动向。因为重要的是,从马拉松失败到为进行报复而重新发起入侵被延迟了10年,但实际上那是一个偶然事件的结果。首先,是埃及的暴动;其次,是大流士之死;最后,是薛西斯登基之初,对希腊事务漠不关心,一直把入侵拖后到公元前480年,而自然进行的话,应是公元前487或前486年。果真如此,则他们会发现,那时雅典尚无她的木墙——随后拯救她的伟大工程。

另一偶然助力——没有它新舰队不可能建造起来——是相当大的一笔公款,雅典人现在幸运地可以使用。首先是在诗人埃斯库罗斯一个明确的段落中,[18]随后是在希罗多德关于那时的记载中,我们听闻了阿提卡地区劳利翁的银矿,以及它们给国家提供的有价值的产品。它们位于阿提卡南部,距离索尼翁海角不远。雅典政府的习惯,是把这个产品丰富的特定地区要么出售,要么出租给个人或公司相当长的时间,它们中部分是支付固定的总额或租费,部分支付相当于总产值的二十四分之一作为固定租金。

第九章 从马拉松战役到温泉关战役期间希腊的行动

希罗多德告诉我们,当地米斯托克利提出扩大海军力量的建议时,雅典的国库中有来自劳利翁矿山的大笔金钱,正准备在公民之中进行分配,每人10德拉克马。[19] 如此大笔的金钱很可能是出售产品或从最近的拍卖中获得的租金,因为小额的一年一度的固定租金不太可能连续多年积累下来。矿山新的和扩大的经营,很可能是最近由个人通过与政府的合同开始开发的,否则此时不可能有如此大的一笔现金盈余,或者有足够的资源进行拟议中的具体分配。地米斯托克利本人利用了这个宝贵的机会,解释了对埃吉纳战争的必要性,以及来自亚洲那个强大对手更可怕的威胁,并且说服人民放弃了拟议中的分配,以获得一支强大的海军。[20] 无可置疑的是,当时肯定有许多演说家企图讨好人民,反对这个建议而支持分配。就人民的权力普遍感受到了遥远的动机的力量而非措意于眼前的收益来说,这个决定足以成为他们即将来临的伟大一个严肃的信号。

不仅是雅典,更是希腊全体,都从这种自我克制中得到了确实巨大的回报,那时薛西斯的准备接近完成,可以猜想,他的大军正在逼近中。装备船只和储备给养的命令,由波斯大王发布给了亚洲、爱琴海和色雷斯的希腊人臣民,希腊本土当然也都一清二楚。在阿托斯山开凿运河投入的庞大劳动力,在那些参观于伯罗奔尼撒举行的节日的所有塔索斯和阿坎图斯公民中,尤其会成为随意谈论的主题。薛西斯正式宣布,他的愤怒和复仇对象全部针对雅典,其他希腊人城市因此会希望毫发无伤地逃脱灾难,因此，大入侵的前景最初并未在他们之中激起哪怕是一丁点的共同抵抗的情绪。所以，当薛西斯公元前481年秋——稍早于他个人前往赫勒斯滂——首次自萨尔狄斯派出使者，并且向不同城市要求土和水时，许多城市倾向于服从。不管是对雅典，还是斯巴达，都不曾派出使节，因而这两个城邦从一开始就形成了共同利益，必须进行防御。在这个未定之秋，两个城邦都遣使咨询德尔菲神谕。同时，为组织对预料中的入侵者的抵抗，两个城邦联合在科林斯地峡召开了泛希腊的会议。

前一章中，我已经指出了希腊各个国家所采取的各种措施，甚至违背它们天然本能地被拖向某种几乎接近政治统一的状态。当前的这次会议因面临对波斯的共同恐惧召开，较任何此前希腊历史上发生的事件都更有泛希腊特征：它的范围远超斯巴达的直接盟友伯罗奔尼撒国家，其中包括雅典，部分甚至就是因雅典努力鼓动而召开的。此外，它尝试联合所有希腊人族群的国家都加入其中，不管相距多么遥远，甚至包括克里特人、科西拉人和西西里人。确实，所有这些国家实际上都未参加，但人们付出了最为真诚的努力，希望他们加入。希腊人大家庭散落的兄弟受到请求，为了共同的政治目标——保卫该种族共同的炉灶和母城——站在一条战线上。在希腊历史上，这是件新事，开辟了与过去根本不同的领域和观念。它极大地扩大了与希腊领袖相关的职能与义务，同时引入了次等国家之间日益增长的合作习惯，以及领袖之间壮大自身的相互争夺。此前领导权一直掌握在斯巴达人手中，

第九章 从马拉松战役到温泉关战役期间希腊的行动

但如今似乎变得过于广泛,以至于它无力管理了。在科林斯地峡召开的会议,标志着希腊集权倾向的进一步发展,而且最初似乎是向着同一方向前行的,但人们会发现,这种前景不会实现。

它迈出的第一步具有无法估量的价值。当大多数代表团代表各自所在的城邦,打算宣誓相互忠诚与亲密合作时,他们也致力于缓和会议某些成员之间盛行的敌意和分歧,其中最为显著的,也是最为危险的,是雅典与埃吉纳仍在进行的战争。因 10 年前后者曾向大流士献出土和水,因而难逃**亲波斯**(支持波斯大王事业)的嫌疑。不过它现在的行动完全可以消除疑虑:它积极参加了会议,加入了共同防御队伍,而且愿意弥合它与雅典的分歧。在调和敌对行动方面——它对希腊的安全是必要的,雅典人地米斯托克利以及阿卡狄亚地区泰盖亚的凯伊莱奥斯(Cheileos)发挥了突出作用。[21] 会议决定派出使节,请求那些尚在摇摆或事不关己的城邦,尤其是阿尔戈斯、科西拉、克里特和西西里的希腊人的援助,同时派出间谍前往萨尔狄斯,以了解波斯全军的状况与计划。

这些间谍马上就回来了,因为他们被发现了,被波斯将军判处死刑,但根据薛西斯明确的命令释放了。他下令让他们参观全军,这样希腊人的恐惧就会被放大。他很可能是有意为之,因为在这个关键时期,当暴风雨即将降临到他们头上时,整个希腊已经极其沮丧。对希腊生活和自治的延续本身感到绝望的情绪,甚至在希腊人宗教圣地德尔菲神庙都有发作。当时雅典人在沮丧和六神无主中遣使咨询神谕，两位使节几乎还没有履行惯常的献祭，坐进女祭司阿利斯托尼凯（Aristonike）的内室，她马上就尖叫起来："可怜的家伙，你们怎么坐在那里？赶快离开你们的国家和城邦，逃到远处吧！头、身体、脚和手都同样会腐烂，叙利亚战车上的火与剑会击败你们，你们的城邦，还有其他的城邦，甚至诸神的诸多庙宇，也难逃宿命，它们因恐惧和注定的命运大汗淋漓，颤抖不已，因即将降临的残酷灾难，屋顶鲜血淋漓。带上你伤心的魂灵，离开圣所吧！"

从女祭司的唇间还很少飞出这样可怕的回答来，使节们彻底被它吓傻了，极其不希望把这样的答案带回雅典。悲痛之中，他们得到了一个名为提蒙（Timon）的有影响的德尔菲人的鼓励（如在其他地区一样，我们在这里寻到了这些德尔菲重要人物暗中对女祭司的影响）。他建议使节们手执象征祈求者的典型标志，第二次去要求神谕。对此，女祭司的回答是："雅典娜所有的请求和智慧，都无法缓和奥林普斯的宙斯（的怒气）。但我会给你们一个保证，既坚固又强大。当凯克罗普斯（Kekrops）国土上所有其他东西都被掠取时，宙斯会赐给雅典娜木墙保卫你们和你们的子孙，只有它是不可战胜的。不要站在那里等待从那座大陆到来的骑兵和步兵，而是转过身去撤退，否则你们不可能多活一天。神圣的萨拉米斯啊，您将消灭妇女所生的孩子们，不是在播种季节，就是在收获季节。"[22]

与第一次回答比较，第二次回答可以理解地缓和了。虽然

第九章 从马拉松战役到温泉关战役期间希腊的行动

隐隐约约、模糊不清而且难以索解，但还是留下了某些逃脱的希望。当神谕向人民宣读时，其意义的含混引起了多种不同的解释。"木墙"是什么意思？有人认为卫城本身就是逃生避难地，最初那里有一道木栅栏包围；但更多的人，其中大多数人是专业的预言解读人，坚持认为"木墙"指舰队。但这些专业的解读人对一场海战的想法感到悲观，坚持认为那必然是永久放弃阿提卡。

即使有这些鼓舞性的解释的助力，除了无法战胜的决心和爱国主义外，没有任何其他东西能够鼓舞雅典人面对来自德尔菲神灵如此可怕的咒语，坚持进行抵抗而非以移民的方式寻求安全。希罗多德向读者强调了这个印象的真实性，因为甚至他都不免离题，宣布雅典是希腊真正的救主。虽然他大概是在伯罗奔尼撒战争初期这样做的——那时雅典已经达到其帝国的顶点，大多数希腊人国家对她是既佩服又害怕，还仇视，所以他清楚，他表达的意见不为一般的听众所喜，但由于证据的力量，他还是为此做了些类似辩护的评论。雅典人不仅勇敢地留了下来，面对巨大优势的敌人作战，而且他们把力量和意愿都投入这项事业，如从后来发生的事情中可以看到的，那使他们取得了成功。

但对结果产生影响的，第三种办法也同样值得注意。代表们一旦在科林斯地峡聚集开会，认可某个城邦作为领袖就变得必须起来。关于陆军，谁也不会做梦去与斯巴达的杰出竞争，但关于舰队，斯巴达的要求就比较有争议了，因为它最多也仅提供16条船，少有甚至根本没有海战技术，而雅典占了整个海军力量的三分之二，有最好的船只和水手。基于这些理由，最初的设想是雅典指挥海上力量，斯巴达指挥陆上力量，但同盟的多数对此表现出决绝的反感，宣称他们绝不追随斯巴达人之外的人。当雅典人发现，在这个危急时刻，盟军力量的统一可能瓦解时，他们立刻放弃了自己的要求。这是雅典人的光荣之处。要估价对此要求如此合理放弃的意义，我们必须记住，对杰出的热爱，乃是希腊人性格中最突出的特征，是他们伟大和优秀的不尽来源，但也使他们做了不少蠢事，犯下不少罪恶。为了公共义务而放弃个人的荣耀和光荣，或许是希伦的儿子们中极其难得一睹的美德。

在薛西斯自萨尔狄斯出动前的那个冬天，在地峡上举行的大会正企图让希腊人城邦采取统一行动，但几乎没有成功的。在阿提卡和伯罗奔尼撒以北的城邦中，大多数要么倾向于投降，如底比斯和比奥提亚的大多数城邦所为，要么至少对独立事业不够热心。在这个未定之秋（如53年后不幸的普拉提亚人所说），坚决抗击入侵者的希腊人的爱国主义信心是那么薄弱。

甚至在伯罗奔尼撒内部，强大的阿尔戈斯仍保持着捉摸不定的中立。会议的第一步，是派出特使前往阿尔戈斯，说明共同遭遇的危险并请求合作。结果是确定的：没有得到合作。在那场战争中，阿尔戈斯人毫无作为。关于他们的真实立场，或者说他们拒绝的理由，传到希罗多德耳朵中的说法相互矛盾。他们亲自证实，尽管有德尔菲神谕阻止，他们仍愿意加入希腊人的共同事业，要求的条件是斯巴达人应该与他们缔结30年的休战和约，

第九章　从马拉松战役到温泉关战役期间希腊的行动

并且与阿尔戈斯平分领导权的荣誉。对于拟议中的停战协议，可能并无反对意见，对平分领导权大约也无异议。但斯巴达人补充说，他们有两个国王，而阿尔戈斯人只有一个，由于两个国王中任何一个都不可能被剥夺投票权，所以阿尔戈斯的国王只能被视为与他们联合投下的第三票。对阿尔戈斯人（他们认为，甚至不可分割的统帅权都不过是他们古已有之的权利）来说，这个建议无异于傲慢的侵犯，让他们如此愤怒，以至于他们要求使节们在日落之前离开阿尔戈斯国土。他们宁愿作为波斯的纳贡国，也不愿正式承认低于斯巴达的地位。[23]

这就是阿尔戈斯人自己所说的故事，但似乎既不被任何其他希腊人信任，也不为希罗多德本人相信，通行的看法，是阿尔戈斯人已经与薛西斯达成秘密谅解。有人甚至证实，他们就是邀请薛西斯进入希腊的一方，这样在他们被克莱奥麦奈斯击败后，既可以保护他们自己，又能向斯巴达复仇。希罗多德本人显然相信，阿尔戈斯人已经**投靠波斯**了，虽然他本人不是非常确定，用一堆云山雾罩的话来掩盖他的看法，它们透露的，是哪怕50年后，围绕此事仍存在激烈的争论。[24] 可以肯定，阿尔戈斯人行动上是中立的，中立的理由之一，是除非作为统帅，否则他们不会加入任何泛希腊的军事行动。但更有力的理由，可能是他们共享当时整个希腊非常广泛流行的印象：（希腊）根本无力抗击即将到达的军队，因而他们宁愿静观事态发展。他们甚至与波斯的代表进行了秘密谈判，但事情悬而未决时，他们还不愿做出决断。下述情况也并非不可能：由于对斯巴达的仇恨，如果波斯成功了，则他们会更加高兴。所有这些，都可以合理地被视为**投靠波斯**。

在克里特和科西拉同样的例证中，阿尔戈斯那样对希腊缺乏忠诚的行动得到了证明。到他们那里去的使节是同时从地峡派出的。克里特人拒绝参加，理由是神谕禁止了他们；科西拉人承诺了，但没有兑现，甚至根本无意兑现。他们的中立是希腊人方面严重的损失，因为他们可以装备一支60条船的海军，实力仅次于雅典。他们打算以这支重要的分队加入希腊舰队，而且实际上从科西拉出发了，但他们刻意没有越过马莱亚海角（Cape Malea），或者说到达战场。他们的舰队停在伯罗奔尼撒西部或南部沿海，假称被天气所阻，直到他们得知萨拉米斯战役决定性的结果。他们的感觉是波斯君主会取得胜利。如果那样的话，他们就可以因未能及时到达而得到好处。当结果是另一回事，并且因缺席受到希腊人谴责时，他们也准备好了拖延的合理借口：风向不利。如果我们记得，科西拉习惯的政策就是孤立于希腊联盟之外，则如此首鼠两端并不特别让人吃惊。[25]

访问科西拉的使节们继续他们前往叙拉古独裁者盖隆那里的使命。对于这位大权在握的人——希罗多德认为他比任何希腊人国家都更加强大，我会在下一章中有更充分的叙述，既然他并未为对抗击薛西斯提供任何援助，现在只要提一下就够了。无论他的倾向如何，他都没有能力去做，因为在波斯君主进攻希腊的同一年，迦太基人也选择那年对西西里发动可怕的入侵，这样会

第九章　从马拉松战役到温泉关战役期间希腊的行动

让西西里的希腊人忙于保卫自己。可能的情况，甚至是这种协同入侵或许就是波斯人和迦太基人设计的。[26]

从地峡出发的希腊人使节们的努力，除科西拉人美妙的言辞外，并未为他们的事业求得任何其他援助。大约就在薛西斯打算渡过赫勒斯滂时，即公元前480年年初，根据色萨利人的建议，希腊人实际采取了最初的抵抗行动。虽然色萨利的大家族如阿琉亚戴家族就陪伴着薛西斯，最显赫的家族邀请他入侵希腊，并且承诺他们的同胞会乐意臣服，但这些承诺在现实中似乎并未得到证明。阿琉亚戴家族只是少数派的首领，可能像庇西特拉图家族一样，还处在流放中。大多数色萨利人还是倾向于抗击薛西斯，为此他们向地峡派出使节，说明保卫奥林普斯山隘口——希腊最北部的入口——的必要性。对防御行动，他们提供了热诚的帮助，并且补充说，如果这个要求不能实现，他们将被迫各自屈服。所以，一支10 000人的希腊人重装步兵在斯巴达人欧埃奈图斯（Euaenetus）和雅典人地米斯托克利统率之下，沿海路被派往阿凯亚-弗提奥提斯（Achaea Phthiotis）的阿鲁斯（Alus），他们在那里下船，从陆地穿过阿凯亚和色萨利。在色萨利人骑兵加入后，他们占领了腾佩（Tempe）峡谷。佩内乌斯河由此冲开道路注入大海，因而在奥林普斯山和奥萨山（Ossa）之间形成了峡谷。

腾佩谷长而狭，蜿蜒曲折，当时以及今天都是唯一冬夏皆宜的、从下游或沿海的马其顿进入色萨利的入口。高耸的山崖相互如此接近,以至于在某些地区,几乎都无足够空间开辟道路,因此那里极其便于防御,少数坚决分子就足以在峡谷中阻击一支数量特别众多的大军的推进。[27] 但希腊人很快就发现,他们的阵地无法坚守,第一,因为薛西斯强大的舰队可以让陆军在希腊人的后方登陆;第二,因为在夏季,另有两个其他入口可以从上马其顿进入色萨利,那是奥林普斯山上的关口,它们会横穿佩尔海比亚人的土地,到达色萨利的贡努斯(Gonnus)附近,那里正是腾佩峡谷开始变得狭窄的地方。事实上,波斯先头部队肯定会做的,正是通过第二个关口,以避免穿越腾佩峡谷造成的难以克服的困难。在他们到达那个地区之前,希腊人指挥官对腾佩之外进入色萨利的其他入口的存在一无所知。或许他们可以一段时间里同时保卫两个关口,而且考虑到在希腊边境阻击波斯推进的重要性,也冒险值得一试。但他们在腾佩仅停留数日,然后立刻退回到了船上,沿海路返回了科林斯地峡,那大约正是薛西斯渡过赫勒斯滂之时。

突然的撤退产生了极其灾难性的而且令人丧气的后果,它似乎让奇泰隆山以北的希腊以及麦加拉地区全无防守,并且成为这条线以北多数希腊人国家屈服于薛西斯的理由或借口,其中有些之前已经开始这样做了。[28] 薛西斯进军到达泰尔马湾途中,前方可见奥林普斯山和奥萨山,他在萨尔狄斯时派出的使节给他带来了投诚的象征,其中包括三分之一的希腊人族群名称——色萨利人、多罗皮斯人、埃尼亚尼人、佩尔海比亚人、马格奈提人、

第九章　从马拉松战役到温泉关战役期间希腊的行动

罗克利人、多利斯人、马利亚人、弗提奥提斯的阿凯亚人和比奥提亚人。在最后那个群体中包括底比斯人，但不包括泰斯皮亚人和普拉提亚人。色萨利人尤其值得一提，他们不仅投降了，而且极其热心，在阿琉亚戴家族——他们的派别如今占据了统治地位——的鼓励下，为薛西斯的事业做了大量工作。对于那些来保卫他们的人的匆忙撤退，他们可能感到愤怒。

如果希腊人能够坚守奥林普斯山和奥萨山的关口，则北部地区可能全部受邀加入抵抗事业，而不是成为入侵者的仆从。在希腊人从腾佩撤退到薛西斯到达泰尔马之间，大约六周或两个月过去了，希腊人尚未完整地制订任何新的防御计划，因为直到波斯人到达泰尔马的消息为地峡上的希腊人所知，希腊海陆军才行动起来，占领温泉关和阿尔泰米西翁。

1　阿卡狄亚同盟的核心以共同在宗教上崇拜宙斯－吕考斯的形式存在，与之有关的是这个时期发行了一种联邦钱币（Head, *Historia Numorum*, p. 372）。——编者

2　斯巴达传统对克莱奥麦奈斯尖锐的敌意，明显影响了希罗多德（尤其是 v. 42; vi. 75）和保萨尼亚斯（iii., ch. 4）的叙述，原因无疑是部分再度伸张古代国王的特权以对抗监察官群体的侵犯。后一官职似乎在公元前6世纪获得了对政府实际的控制权，但在克莱奥麦奈斯统治期间，监察官们退缩为背景。这位国王的被逐可以归于他们的努力，而且我们怀疑，希罗多德有关克莱奥麦奈斯之死的叙述掩盖了监察官方面的一桩丑闻。后者肯定因他的死亡大大受益，因为自那以后

的 250 年中，他们的霸权地位再未遭遇挑战。

针对克莱奥麦奈斯的诽谤不应让我们忽略下述事实：由于他早年政治家一般的政策，他很大程度上帮助巩固了伯罗奔尼撒同盟，由于他对埃吉纳和阿尔戈斯的强硬措施，他及时让两大强国瘫痪，否则它们可能严重阻碍公元前 490 和前 480 年爱国者的策略。

3 | Herodot., vi. 87, 88.

我遵循的是索曼建议并经博克赞同的校改，不读成"在索尼翁有一场五年的节日"（ἤν γὰρ δὴ τοῖσι Ἀθηναίοισι πεντήρης ἐπὶ Σουνίῳ）(vi. 87)，而是"五年一次的"（πεντετηρίς）。请见 Boeckh, *Urkunden über das AttischeSeewesen*, chap. Vii., pp. 75, 76。

4 | 从希罗多德 vi. 89 引用的一个神谕中，可以相当确定地把年代推定为公元前 488/487 年。神谕承诺雅典人在 30 年后的战争中一定会击败埃吉纳。虽然神谕发布的场合并不清楚，那或许就在实际占领埃吉纳前夕，甚至紧随其后，但可以有把握地推定，在雅典最终胜利之前的 30 年，开始了一场大规模冲突，后者在公元前 458—前 457 年到来（cf. Macan, *Herodotus*, iii., app., viii.）。

这里也许是方便地重述埃吉纳战争可能的年代学（但请见第 4 章附录 2）：

庇西特拉图之时，首次爆发。

公元前 506 年：埃吉纳与底比斯结盟。

公元前 498 年：埃吉纳对雅典开战。

公元前 491 年：克莱奥麦奈斯强令休战。

公元前 488 年：战争重新开始。

公元前 481 年：埃吉纳与雅典和解。

公元前 459—前 457 年：最后的冲突，埃吉纳成为雅典的纳贡国。——编者

第九章　从马拉松战役到温泉关战役期间希腊的行动

5　见 Thukyd., i. 8。

6　雅典人未能帮助尼科德罗穆斯的原因可能是希罗多德不曾提及的一场海战的失败。

第 5 卷第 89 章提到的神谕曾预言，战争期间，雅典人会多次遭遇痛苦（τοὺς Ἀθηναίους πολλὰ πείσεσθαι）。如果这暗示那些不成功的战役，则我们应当注意到，公元前 488—前 458 年，实际记录下来的败仗仅有两场（Herodotus, vi. 93; Thuk., i. 105）。参见 Busolt, *Griech. Geshc.*, ii². p. 648。——编者

7　希罗多德（vi. 89）称，船只名义上是按照每条 5 德拉克马的价格出售的，关于这次交易的场合，他不太可能弄错。马拉松战役后不久，我们发现雅典人就准备了一支 70 条船的舰队进攻帕罗斯，这暗示，在常规的国内的 50 条船之外，他们已经得到了科林斯人的 20 条船。所以这场交易可能发生在公元前 498 年或稍后（cf. Macan, op. cit., p. 116）。

科林斯人此时对雅典习惯性表现出的友好（cf. ch. 31, pp. 142, 144）无疑主要源自她与埃吉纳的商业竞争。希波战争之后，当雅典成为她最强大的竞争对手时，科林斯人就与埃吉纳人共同行动了。——编者

8　对于距离如此之近的埃吉纳和阿提卡国家，这种私掠战造成了多大伤害，可以从后来有关公元前 388 年进行同类战争的描述中看到（Xenophon, *Hellenica*, v. 1）。

9　《雅典政制》发现后，我们对公元前 490 年之后雅典的党派政治了解得更加清晰了。

归于公元前 487/486 年的一个重要变化，是执政官的指定办法。此后他们以抽签而非选举产生，或许是从部落中选举的 500 名第一等级的预选名单中抽签产生（*Ath. Pol.*, c. 22）。这一措施的结果，是管理

中真正的权力从执政官转到了选举产生的将军委员会手中。到波斯大入侵之时,前一个序列的官员已经归于没落。这个变化可能源自阿利斯泰戴斯(cf. Plut., *Arist.*, 22)。

公元前483—前482年放逐阿利斯泰戴斯之前,阿尔克麦翁家族的领袖麦加克莱斯和克桑提波斯(前485—前484)已经被流放,他们可能与阿利斯泰戴斯结盟反对地米斯托克利(参见第181页注释18)。参见 *Ath. Pol.,* c. 22; Hicks and Hill, *Historical Inscriptions*, No. 14。

普鲁塔克(*Themist.*, c. 4)记录了斯泰辛布罗图斯——公元前5世纪后期地米斯托克利的传记作者——的言论,后者认为,地米斯托克利通过提出海军计划的建议,已经击败了米尔提戴斯的抵抗。但是,(1)米尔提亚戴斯似乎毋宁是支持雅典扩张政策的,而且理解海上力量的价值;(2)在地米斯托克利严肃地提出他的建议之前,米尔提亚戴斯已经去世。斯泰辛布罗图斯可能有意把米尔提亚戴斯由马拉松的英雄变成马拉松战役时代的人(ἀνὴρ Μαραθωνομάχης),如同阿里斯托芬所做的那样,即把他刻画成一个顽固的保守派,对所有海军工程(ωαυτικὸς ὄχλος)以及相关工作都抱着根深蒂固的厌恶。——编者

10 | Plutarch, *Themist.*, c. 19.

11 | Plato, *Legg.*, iv., pp. 705, 706. Plutarch, *Thmistokles*, c. 19. Isokrates, *Panathenaic.*, c. 43.

Plutarch, *Philopoemen*, c. 14的看法是:"有些人说,埃帕米农达斯不愿让他的同胞从海上的优势中尝到甜头,以便他们不会成为堕落的水手,而非柏拉图所说的'坚定的重装步兵',让他吃惊。所以他虽然一无所成,但有意识地从亚洲及其岛屿上返回。"(Πλὴν Ἐπαμεινώνδαν μὲν ἔνιοι λέγουσιν ὀκνοῦντα γεῦσαι τῶν κατὰ θάλασσαν

数毋宁代表的是设想中的总数，到希波战争重新开始时，这个总数尚不曾达到。——编者】

21　Plutarch, *Themistokl.*, c. 10. 关于凯伊莱奥斯，见 Herodot., ix. 9。

22　原文是：

Τεῖχος Τριτογενεῖ ξύλινον διδοῖ εὐρύοπα Ζεὺς

Μοῦνον ἀπόρθητον τελέθειν, τὸ δὲ τέκνα τ' ὀνήσει.

....

Ὦ θείη Σαλαμὶς, ἀπολεῖς δὲ σὺ τέκνα γυναικῶν, 等等。

（Herodot., vii. 141）

【两个神谕是否像希罗多德所说那样，前后紧密相接地发布给了雅典人，令人怀疑。

在前一个神谕中，德尔菲人的意图明显是要通过恐吓把雅典人赶出希腊。他们无疑相信，雅典是薛西斯真正的具体目标，主要罪犯的离开，可能会保全希腊整体。考虑到这一点，他们也建议阿尔戈斯、克里特，或许还有其他希腊人国家，采取一种静观态度。

第二个神谕显然是要雅典人上船，但并不一定要他们移民。有人猜测，态度上的这种变化是由斯巴达人造成的，后者承受不了失去雅典舰队的损失，因此诱使德尔菲人暗示雅典人应当备好舰队交战（Grundy, *Great Persian War*, pp. 233-238）。德尔菲人提蒙无疑首次向雅典人透露了立场上的这种变化。

第二个神谕的最后两行几乎可以肯定是事后添加的，所以地米斯托克利再次向国人确保这两句话力量的事情也就彻底破灭了。但在说服雅典人相信他们的舰队上，地米斯托克利无疑提供了帮助。——编者】

23　Herodot., vii. 147-150.

24　希罗多德的意见以一种特殊的方式表达，他没有提到阿尔戈斯人的名字，显然是不愿如此。在列举了集中起来保卫地峡的希腊人各分队,以及根据族群列举了伯罗奔尼撒的居民之后,他接着说,"这七个城市之中,除我前面提到的外,都置身于这场战争之外,如果我可以自由发言的话,则可以说他们加入了敌人一边"。(Τούτων ὦν τῶν ἑπτὰ ἐθνέων αἱ λοιπαὶ πόλιες, πάρεξ τῶν κατέλεξα, ἐκ τοῦ μέσου ἑκατέατο · εἰ δὲ ἐλευθέρως ἔξεστι εἰπεῖν, ἐκ τοῦ μέσου κατήμενοι ἐμήδιζον.)(viii. 73)这个声明中把阿尔戈斯人包括在内,但没有提到他们的名字。

当他指名道姓地谈到阿尔戈斯人时,他绝不是那么自由和分明的,请与第7卷第152章比较,他不会提出他自己的意见,从而与阿尔戈斯人自己给出的说法有分歧。他提到了其他与这个说法无法调和的故事,但并不保证它们的准确性。他一般的警告,是那些认为他们很有理由抱怨他人行为的人一般会发现,如果公正考察,则其他人同样有理由抱怨他们,"因此阿尔戈斯的行为并不比其他人的更坏。"——原文是:οὕτω δὴ οὐκ Ἀργείοισι αἴσχιστα πεποίηται。

伯罗奔尼撒战争初期,即希罗多德历史可能正在写作之时,阿尔戈斯人的地位特别有利。他们不曾加入雅典或拉凯戴蒙的任何一边,两边都担心得罪他们。一个公开抨击他们在值得纪念的、过去的那场对薛西斯的战争中犯严重叛国罪的历史学家,因此可能会遭到希腊双方的厌恶。

在这个问题上,普鲁塔克对希罗多德的评论几乎没有价值(*De Herodoti Malgnit.*, c. 28, p. 863),事实上也不公正,因为他陈述的是全体希腊人普遍相信的(ἅπαντες ἴσασιν)阿尔戈斯人版本,而它显然不是不可信。

25 Thukyd., i. 32-37. 在修昔底德笔下,科林斯人使者并未提及科西拉人在波斯入侵期间的两面派政策,特别奇怪,那时他们在雅典公民大会上猛烈抨击了科西拉(Thukydid., i. 37-42)。

【这种沉默论证法非常有利,因为我们被诱导着相信科西拉人为他们的迟到找到了一个很好的借口。萨拉米斯战役大约发生于"季风变向"之时,这个季节的东北风可能让舰队及时绕过马莱亚海角成为不可能。

希罗多德的版本或许受到伯罗奔尼撒战争爆发后不久雅典情绪的影响,当时科西拉人对他们新保护人的不温不热无疑造成了不快的情绪,并且产生了"科西拉人的背叛"的谣言。——编者】

26 | Herodot., vii. 158-167; Diodor., xi. 22.

27 | 对腾佩峡谷的远征可能并非斯巴达当局认真考虑的。从长远的观点看,波斯舰队在马格奈西亚沿海或帕加塞(Pagasae)登陆军队的危险,使得这条前伸的战线无法坚持。远征的发动,无疑纯粹就是向色萨利人表达善意,但由于匆促撤退,效果完全被破坏了,如此严重的错误,只能从这个角度观察。

在这个问题上,同盟者最初到底是否意识到腾佩谷可以被从陆地上绕过,或者在发现这个事实后感到沮丧,就没有多大重要性了。我们肯定不用追随希罗多德,让马其顿的亚历山大一世出场。对于这位君主,我们的历史学家一般来说使用了远非公正的史料。

关于腾佩关的地形,见 Grundy, op. cit., p. 231。——编者

28 | Diodor., xi. 3 称,"甚至当防御力量还在腾佩关之时……"(ἔτι παρούσης τῆς ἐν τοῖς Τέμπεσι φυλακῆς, etc.)

第十章
温泉关和阿尔泰米西翁战役

正是在北希腊的国家陆续脱离共同事业之时,聚集在科林斯地峡的代表们相互缔结了神圣的盟约:一旦胜利,将对这些拒不加入的兄弟施以适当的制裁,将他们财产的十分之一,或许还有他们十分之一的人,作为给德尔菲的神的财产。因无法避免的命运而被迫屈服的那些国家被排除在受制裁者之外。当时这样的誓言似乎没有多少可能实现,它是一种决绝情感的表达,意在把那些加入誓言的国家团结在一起,但对威胁其他国家而言,不可能发挥多大作用。

展现他们自己力量的唯一有效方式,是让那些心生疑虑的盟友团结起来。继腾佩之后,温泉关现在被确定为最有利的防守

第十章　温泉关和阿尔泰米西翁战役

阵地，色萨利人、佩尔海比亚人（Perrhaebians）、马格奈提人（Magnetes）、弗提奥提斯的阿凯亚人（Phitiotid Achaeans）、多罗皮斯人（Dolopes）、埃尼亚奈人（Aenianes）、马利斯人（Malians）等，都被留给，实际上是放弃给敌人了。如果坚持腾佩一线，则他们全都可以被包括在内，但温泉关能够最大限度地保证自己的安全。温泉关另有一个腾佩的阵地不具备的优点：这里的大陆仅有一道狭窄的海峡与优卑亚岛分开，它的最狭处即克奈米斯山（Mount Knemis）与凯奈翁海角（Cape Kenaeum）仅有2.5英里宽。在优卑亚岛北端，即直接面对马格奈西亚和弗提奥提斯的阿凯亚处，是一条被称为阿尔泰米西翁的海岸线，其名得自阿尔泰米斯神庙，那是它最突出的特点，其地属希斯提埃亚（Histiaea）。希腊人的安排是舰队在那里集合，以便与陆军协同，因此同时对抗波斯两路的攻击。人们认为，在狭窄的空间中作战，[1]在海上对希腊人有利的程度不亚于陆上的希腊人，因为他们的船只数量既少，又较大多数波斯人的船只重。据估计，他们可以在阿尔泰米西翁阻击波斯舰队进入狭窄的海峡。海峡从北边和西边把优卑亚与大陆分割开来，而在卡尔奇斯和比奥提亚之间，海峡过于宽阔，无法架设桥梁。对阻击波斯舰队在温泉关守军背后登陆而言，占领优卑亚海峡北端是绝对需要的。

　　优卑亚海峡的西界是被称为马利亚湾的水域，在安提库拉镇（Antikyra）附近，斯佩尔凯伊乌斯河（Spercheius）在此注入海湾。该河下游宽广肥沃的谷地由马利亚人各部落占据，后者北方和东方与弗提奥提斯的阿凯亚相邻，最南端的马利亚人有城镇名特拉奇斯（Trachis），它占据了奥伊塔山（Mount Oeta）和大海之间的平原，平原有些地方相当狭窄，有些地方是非常狭窄。奥伊塔山自此向东延伸，边缘近马利亚海湾。两者之间就是值得纪念的温泉关。在特拉奇斯到温泉关的道路上，紧靠着温泉关前面，是安泰拉镇（Anthela），那里因近邻同盟的神庙以及近邻同盟的德麦泰尔圣地，以及近邻同盟秋季在此举行议事会知名，在神庙中，有同盟成员的席位。

在安泰拉附近，奥伊塔山山脊庞大且漫长的北坡距离海湾非常之近，海湾的边缘，至少是形成了海湾边缘的无法通过的沼泽地那边，留下的空间仅容独轮车通过。这个狭窄的入口就是温泉关的西门。稍远一点，即向东三英里处，再度出现了山脉和大海之间狭窄的连接，因此它成为温泉关的东门，那里距名为阿尔佩尼（Alpeni）的罗克利人城镇不远。两门之间的地方相对宽阔和开放，但它过去的特殊之处，至今也仍是它特殊的地方，是那里有丰富的温泉，含盐和硫黄。弗奇斯人不久前有意引入了水流，以使关口完全无法通行，同时横贯关口修建了一道隔离墙，意在阻击色萨利人的进攻。此前色萨利人一直试图向南和向东扩大他们的征服。

这就是总的情况：两道狭窄的关口，关口之间是扩建了的道路以及温泉，在古代，它得到了温泉关——热水关——这个富有含义的名字。有时人们更简洁地称之为皮莱（Pylae），即关口。在特拉奇斯附近的一个地方，即山脉与海洋之间，或许是温泉关

第十章 温泉关和阿尔泰米西翁战役

之外大约两英里的外面，道路狭窄的程度几乎不亚于温泉关，但从那里可以向西绕行，因为临近的山脉要低些，而且穿越也不那么困难，而温泉关自身，由于突出的奥伊塔山陡峭、林木茂密、难以通行，因此要从色萨利进入罗克利以及奥伊塔山东南的土地，只能直行穿过关口，此外就只有人迹罕至且曲折难行的山路，我们马上就会谈到这条山道。弗奇斯人最初将隔离墙建在横跨关口之处，如今因年久失修已成残垣断壁。但希腊人轻松地重建了隔离墙，决心在狭窄的关口——那时它甚至较腾佩关更狭窄——静待入侵军。边上的海岸线似乎绝大部分是沼泽，既不适合步行，也不适于航行，但有些地方小船可以靠岸，因此希腊人与阿尔泰米西翁的舰队保持着经常性的联络，而他们背后的阿尔佩尼镇负责提供给养。[2]

似乎在从腾佩撤退后不久，虽然集中在地峡的希腊代表团做出了联合保卫温泉关和优卑亚海峡的决议，但他们的陆军和海军实际上直到薛西斯已经确定到达泰尔马湾之后，才占领了这些阵地，然后两军都开始了行动。陆军统帅是斯巴达国王莱奥尼达斯（Leonidas），海军由斯巴达统帅欧吕比亚戴斯（Eurybiades）指挥，时间显然是【8月中旬】。[3] 莱奥尼达斯是前一位欧吕斯泰奈斯家族国王克莱奥麦奈斯的弟弟、继承者和女婿，他与后者唯一的女儿戈尔戈结为连理。同一家族的另一兄弟多利欧斯本较莱奥尼达斯为长，但甚至在克莱奥麦奈斯去世之前，就已经在一次对西西里不成功的殖民中死去，因此机会出人意料地落到了最小的兄弟头上。莱奥尼达斯现在率领着一支特选的300名斯巴达人从地峡前往温泉关。他们全都是成年的公民，在家里留下了儿子以补充他们的位置。[4] 与他们同行的有来自泰盖亚的500名重装步兵，曼提奈亚的500人，阿卡狄亚的奥科麦努斯的120人，阿卡狄亚其余地区的1000人，科林斯的400人，菲利乌斯的200人以及迈锡尼的80人。毫无疑问的是，当时也有数量不详的黑劳士和其他轻装兵，可能还有一定数量的非斯巴达人拉凯戴蒙重装步兵。[5] 在穿越比奥提亚过程中，有泰斯皮埃的700名重装步兵和400名底比斯人加入，前者是真心加入这项事业的，后者由莱翁提亚戴斯（Leontiades）统率，忠诚比较模棱两可。事实上，当时正处于极其狭隘的寡头政治下的底比斯领袖们，甚至在波斯人真正踏上他们的国土之前，就已经决心**效忠波斯**，或者拥护波斯的事业。莱奥尼达斯要求他们出动一定数量的军队帮助防守温泉关时，曾怀疑底比斯人是否会听从他的命令，并公开宣布反对希腊人的事业。底比斯的领袖们虽然觉得那与他们真正的倾向相反，但觉得还是服从比较安全，并且提供了一支400人的分队。[6] 他们系从那些感情上反对领袖们的公民中挑选的。事实上，底比斯的人民，以及一般地说比奥提亚人，除泰斯皮埃和普拉提亚外，似乎对双方都漠不关心，只是被动地追随了他们的领袖们的动议。

莱奥尼达斯率领这些军队到了温泉关，从那里派出使节邀请弗奇斯人和奥普斯的罗克利人加入。最后那个属于已经向薛西斯献出了土和水的城邦之列,据说他们已经后悔,走上那一步可能仅仅是出于恐惧。在那个特定时刻,他们服从莱奥尼达斯的召唤,如果波斯最终取得了胜利,则他们可以不得已来证明自己的正当。[7]而弗奇斯人最初本倾向于效忠波斯,现在则因为他们的死敌色萨利人积极加入薛西斯的事业,而且在指导他的行动中颇有影响,而不再能够这样做。[8]希腊使节尽其所能地鼓励,增添了召唤的力度。他们说,"先在温泉关的军队仅仅是前锋部队,在主力之前出发的,而且期待军队每天都会有所增加。在大海上,已有足够的舰队担任警戒。此外,弗奇斯人没有理由害怕,因为入侵者终归不是神而是人,而一个人在遭遇命运的某些挫折时,会不可避免地怨怼所有的人,首要的是那些处在显赫地位的人"。[9]无论是否因为他们的再三保证,奥普斯的罗克利人派了一支大军前来,1000名弗奇斯人在温泉关与莱奥尼达斯会合了。[10]

问题自然就出现了:为什么希腊人不马上派出全军而仅仅是先头部队?答案可能在希腊人的另一性格中寻找:这既是在阿尔菲乌斯河(Alpheius)岸上庆祝奥林匹亚赛会的时候,也是斯巴达和大多数其他多利安人城邦庆祝卡尔奈亚节日的时候。[11]

计划制订之时,他们相信温泉关狭窄的隘路是入侵军队唯一可能通行的道路。但莱奥尼达斯到达现场后,第一次发现还有一条山路,它起自特拉奇斯附近,沿阿索普斯河谷而上,登名为阿诺派亚(Anopaea)的小山,然后过奥塔山山峰,由此下到温泉关背后罗克利人城镇阿尔佩尼。这条道是它的第一批发现者——特拉奇斯的居民——透露给他的,在弗奇斯人以隔离墙封锁温泉关关口后,他们曾引导色萨利人通过此道进攻弗奇斯人,因此弗奇斯人并不知晓,这条道是从特拉奇斯延伸到他们的国家的,于是他们自愿向莱奥尼达斯请战,会占领并防御这条道路。但希腊人发现,他们必须在温泉关布置两道防线,既防御山路,也防御峡谷,情况一如他们之前被迫放弃腾佩之时。伯罗奔尼撒的军队只想保卫他们自己在科林斯地峡的防线,希望马上由此撤退。莱奥尼达斯认为,必须向各邦派出使节,强调军队数量不足,请求马上增援。他们现在感到,把军队主力留在后方直到伯罗奔尼撒的宗教节日结束,产生了极其痛苦的后果。

虽然在欧吕比亚戴斯指挥下,在优卑亚北岸阿尔泰米西翁集中的船只数量要大得多,但希腊人此时对他们海军的信任感也不强烈。它们的组成如下:雅典的100艘三列桨战船,部分由公民,部分由普拉提亚人充任水手,尽管后者完全缺乏在海上作战的经验;科林斯的40艘;麦加拉的20艘;雅典的20艘,由卡尔奇斯人居民充任水手,船只是雅典人借给他们的;埃吉纳人的18艘;西库翁人的12艘;拉凯戴蒙人的10艘;埃皮道鲁斯人的8艘;埃莱特利亚人的7艘;特罗伊曾人的5艘;优卑亚的斯提鲁斯2艘;凯奥斯的2艘。因此,三列桨战船总数是271艘,另有9艘五十桨大船,部分来自凯奥斯人,部分来自奥普斯的罗克利人。地米斯托克利是雅典分队的统帅,阿戴曼图斯是科林斯人的统帅;

对其他将领，我们一无所知。色萨利沿海有3艘船巡游，那里地处斯奇亚托斯岛（Skiathos）外，目的是监视波斯舰队自泰尔马湾的向前推进。

正是在这里一次值得纪念的竞赛中，洒下了这场战争的第一滴血。波斯舰队中10艘最好的船受命前往斯奇亚托斯方向航行，因此与希腊人的3艘三列桨战船相遇。希腊人可能认为那是波斯全部舰队的先遣队，试图逃到自己的舰队中求得保护，但他们被追上并且被抓获。

薛西斯在泰尔马湾停留数日，利用其大部分军队砍伐树木，清理从上马其顿进入佩尔海比亚的奥林普斯山关口上的道路，那是他的马其顿盟友向他推荐的，较腾佩峡谷的一线天更好。[12]他无意穿越腾佩进军，但据说从海上去看了看，归于他名下的评论是可以轻松封闭峡谷，从而把整个色萨利变成一个大湖。他自泰尔马出发，经马其顿、佩尔海比亚、色萨利和弗提奥提斯的阿凯亚进入马利斯人的国土以及温泉关附近，一共用去了11~12天。[13]他经过的城镇的人民都已经表示臣服，色萨利人尤其热心附和他的事业。他数量庞大的军队，因为这些新近臣服民族以及亚历山大统率的马其顿军队的加入，进一步膨胀了。他尊重并且保护宗教场所，这个事件表明，希腊人强加到他头上的渎神和摧毁神庙的行为，虽然在雅典和米利都等地是真实的，但绝不普遍，从偶尔出现的例证中，我们发现他甚至非常尊重希腊人的宗教情感。沿马利亚湾的进军最终让他到达了温泉关附近的特拉奇斯人领土，他在那里扎营，似乎是等待舰队到达，以便协调他下一步的行动，因为敌人已经就在他的面前了。

但是，他的舰队注定不能像他到达温泉关前面那样顺利到达会合地。在前已提及的10艘船（他们捕获了3艘希腊人的警戒船）确定斯奇亚托斯和大陆之间的海峡安全之后，波斯统率麦加巴泰斯与整个舰队从泰尔马或皮德纳（Pydna）起航，[14]前往他在泰尔马湾的停泊地，那是他的君王已经开始陆上进军11天之后，在一天的航行后到达了马格奈西亚东岸，距其最南端的突角不远。这条海岸线的大部分是奥萨山和佩利翁山（Pelion）延伸的斜坡，乱石密布，不利航行，但名为卡斯塔奈亚（Kasthanaea）的城镇南边，有一小段开放的海滩。在到达名为塞皮亚斯阿克泰的海岸线之前，那里可供舰队夜间休息。第一排船只面向陆地停泊，但这支庞大的舰队蜿蜒停泊了八排。这种情况下，次日清晨突然遭遇了一次超级飓风，当地人称它为赫勒斯滂风，径直向海岸吹去。水手中最为警醒的人把他们的船只拖上海岸或者固定在海岸上，得以避免危险，但大多数船只没有采取此等预防措施，随风飘荡，撞向这个不友好地区附近的麦利波亚（Meliboea）、卡斯塔奈亚和其他海岸，成为碎片。根据最低的估计，有400艘战船以及无数运输船、补给船被毁，生命和财产损失巨大，因为这场风暴造成的恐怖延续了三天，其间岸上的船员们几乎听天由命，而且担心附近的居民会攻击或抢劫他们，因此他们被迫把那些冲上海岸的船只拆除，用木板修建一道栅栏。到第4天，天气

第十章 温泉关和阿尔泰米西翁战役

终于重归平静,所有那些尚可出海的船只沿海岸航行,绕过了马格奈西亚南端的突角,到达了帕加塞湾入口的阿菲泰。

与此同时,薛西斯在温泉关视线之内扎了营,四天里没有发起任何进攻。一个可能的理由是舰队遭遇的极端危险,据报它被风暴彻底摧毁了,但希罗多德另外提供了一个理由。薛西斯无法相信(据这位历史学家说),温泉关上如此少的希腊人会严肃地考虑抵抗。

虽然在希罗多德的著述中读到的是如此,但我们不太可能相信我们看到的是历史真实的境况。薛西斯整个的处置,以及他召集的军队的庞大规模,都表明他预料到会有积极的抵抗。虽然与波斯人比较,莱奥尼达斯军队的数量微不足道,但从他们当时占据的阵地看,不太可能被这样看待,那是一个不比一辆独轮车通过的道路略宽的关口,有一道横墙,此后是稍稍宽阔点的延长带,在它们的背后,又是一个同样狭窄的出口。

薛西斯下令米底人率先攻击,由于回忆起他们在亚洲的霸主地位,同时也希望为马拉松的战败复仇,因此米底人个人表现出极大的勇气。阵地上,弓箭几乎没什么用处,近身肉搏是基本战法。在这方面,不管是在组织上,还是在武器上,希腊人都享有优势。攻击者较短的长矛,轻薄而稍宽的盾牌,以及短袖束腰外衣,不能很好地匹敌防御一方的长矛、重而便于掩护的盾牌、稳固的队列和对战斗的训练有素。可是,波斯军队中最为勇猛的人从后面向前挤压,除数量外,他们没有任何优势,但长期进行着这种不平等的战斗,导致他们自己大批阵亡,而希腊人损失微小。在连续两天的战斗中,虽然波斯人不断被击退,但攻击也一直在反复进行。希腊人军队的数量足以让他们疲劳时轮换休息,因为空间如此狭小,所以只有少数人能同时战斗。甚至不死队,即波斯精选的万人卫队,以及陆军中的其他精锐,在第二天受命发动攻击时,都同样被耻辱地击败,并且像其他人一样被屠杀。薛西斯从一个显然在高处为他准备好的国王宝座上观察到了这尴尬的失败,(历史学家以他荷马式的生动笔调说道)"三次从宝座上跳了起来,为他的军队感到伤心"。

两天的战斗之后,波斯一无所获,关口似乎无法逾越,防御者取得的胜利不亚于他们的勇敢。但那时一个名为埃菲亚尔泰斯(Ephialtes)的马利斯人向薛西斯透露有一条常走的山路。希腊人普遍的信念,至少是把他作为这个致命秘密的出卖者。[15] 可是,据证实,也有其他希腊人因为这份同样有价值的情报而赢得薛西斯的恩宠。当时很可能不止一个告密者,事实上,当时是向导的色萨利人就不太可能不清楚这条道路。可是,波斯军队中很少有人想到这条道路,以至于他们中都无人知道这条道已经被弗奇斯人占领。夜幕降临时,叙达尔奈斯带着一支波斯分队沿阿索普斯河谷前进,走上阿诺派亚的小道,穿过奥伊泰人和特拉奇斯人占据的丛林地带,破晓时发现他自己到了山顶附近,进入了1000名弗奇斯人守军的视线之内。[16] 在凌晨的静寂之中,他的军队穿越灌木丛的声音惊醒了守军,但双方都大吃一惊。叙达尔奈

第十章　温泉关和阿尔泰米西翁战役

斯惊慌之中询问他的向导这些人是否也是拉凯戴蒙人。在确定答案是否定的时候，他发动了进攻，一阵箭雨迫使守军放弃了道路，到更高的山顶上寻求安全去了。因为仅仅担心他们自己的安全，对于他们受命守卫的这条道路开放后难以估量的价值，他们并不在意。如果希腊人全军都在温泉关，则他们在山道上布置的军队，可能不会比在下面的关口上更容易被打败。

叙达尔奈斯不忙于追击弗奇斯人，而是顺着山路下行，那比上山的距离要短，在午后不久，他到达了温泉关背后。但他尚未完成下山的行军，莱奥尼达斯已经得知了这个致命的真相：敌人正从后方对他进行包围。山顶上的哨兵，还有波斯方面的逃兵，都送来了同样的消息。对守军来说，他们有足够的时间撤退。在这个问题上，莱奥尼达斯的分队统帅意见分歧。多数人倾向于放弃阵地，因为它现在已经无法坚守，以保护他们自己在将来可以对击退入侵者做出有意义的贡献。在当时的情况下，我们不用怀疑，那是勇敢的士兵和谨慎的军官都有的自然反应。但对莱奥尼达斯来说，撤退的想法不可接受。他个人的荣誉，还有斯巴达分队以及斯巴达自身的荣誉，都禁止他把他受命保卫的关口交给敌人。他的国家的法律，要求他在分配给他的阵地上，不管敌人数量上的优势多么巨大，都是要么胜利，要么牺牲。此外，我们得知，德尔菲的神谕曾宣布，要么是斯巴达自身，要么是她的一个国王，必须牺牲在波斯军队的手中。如果他撤退，则他几乎难逃责备，尤其是在希腊，那总是会喷洒在一个战败的将军头上的。

他自愿的忠诚和牺牲，不仅可以让所有诽谤者闭嘴，而且会让他作为男人和国王的名声高如云天，并且在希腊世界急需那样的样板时，树立一个爱国侠客的榜样。

人们发现，在慷慨就义方面，莱奥尼达斯统率下的300名斯巴达人完全合格。他可能希望以此激起整支队伍同样的情感，但它发现他们无动于衷，于是他马上下令他们撤退。[17]除泰斯皮埃人和底比斯人外，没有一支分队留在莱奥尼达斯身边。将军德摩菲鲁斯（Demophilus）统率的泰斯皮埃人是自愿与斯巴达人共命运的，甚至较斯巴达人表现出更强的英雄主义，因为他们并无这样的道德义务，必须面对声誉卓著而且占有优势的敌人。但对他们而言，撤退的前景不过是单纯的保命，他们要么被奴役，要么流亡而凄惨，因为泰斯皮埃地处比奥提亚，肯定会被入侵者扫荡。[18]同时，伯罗奔尼撒分队仍留在科林斯地峡，他们无疑仍希望能够保卫那里。至于底比斯人，更加让我们迷惑，因为希罗多德告诉我们，他们是作为人质被莱奥尼达斯留在那里的，所以在随后的战役中，他们尽可能少地卷入，而且一旦可能，他们就作为战俘投降了薛西斯。狄奥多鲁斯说，只有泰斯皮埃人与斯巴达人在一起。保萨尼亚斯虽然提到80名迈锡尼人与泰斯皮埃人一道留下（这个说法可能并不正确），但根本没有提到底比斯人。[19]把所有这些因素都考虑进来，则可能的情况似乎是：底比斯人留下了，但是自愿留下的，如狄奥多鲁斯描述的那样，他们是反波斯的一党，对他们来说，与留下比较，与伯罗奔尼撒人一起撤退，

第十章　温泉关和阿尔泰米西翁战役

或许并不见得危险小点，因为他们被怀疑**亲波斯**。但当真正的考验来临时，他们的勇气并不像斯巴达人和泰斯皮埃人那样坚定，他们希望因**亲波斯**的名声保得性命，假装是被莱奥尼达斯强制留下的。

与莱奥尼达斯一起留在温泉关的忠诚团队有300名斯巴达人以及照顾他们的若干数量的仆从，还有700名泰斯皮埃人，显然还有400名底比斯人。根据向导埃菲亚尔泰斯的协同计划，薛西斯将进攻延长到接近中午之时，那时叙达尔奈斯的军队可能很快就出现在敌人后方了。可是，在这最后一天中，莱奥尼达斯清楚，剩下的就是尽量把他的分队的性命卖得贵点，因此它并不限于防守，而是把战线推进到关口前较宽的地带，成为攻击者，逼近波斯大军最先头的部分，因此他们中的许多人，或者被希腊人的长矛杀死，或者落入附近的大海和沼泽之中淹死，甚至因他们自己人数众多被踩死。波斯人军官们竭尽全力，动用威胁以及大量使用皮鞭，强令他们的士兵加入战斗。面对如此优势的敌军，希腊人战斗得绝望而极其勇敢，直到最后他们的长矛被折断，除了短剑之外再无任何其他武器。正是在这个关头，莱奥尼达斯本人阵亡了，围绕他尸体的战斗也比任何时候都更为激烈。波斯人全力以赴要夺取尸体，但数次被希腊人击退，且伴随着众多将领的损失，尤其是薛西斯的两个兄弟。少量的守军精疲力竭，数量寡少，而且失去了他们最有力的武器，带着他们统帅的尸体退到了隔离墙背后的一个狭窄通道中，在那里，他们全体歇息在一座山丘之上，一面暴露在波斯军队主力攻击下，另一面处在叙达尔奈斯分队的攻击之下，后者现在终于完成了进军。他们就这样被包围，被标枪击败，全体阵亡，即使到最后，也没有失去勇气，而是用仍有的匕首以及徒手保卫自己，甚至用上了牙齿。

莱奥尼达斯与他英雄的伴侣们，包括300名斯巴达人和700名泰斯皮埃人，一起阵亡了。希罗多德曾询问并且获得了这可敬的300人的名单。甚至在600年之后，保萨尼亚斯仍能在斯巴达的一根石柱上读到他们的名字。[20]

在这个勇敢团队的最后时刻，我们不免厌恶地想到底比斯人的背叛和投降。据说他们参加了最后的战斗，尽管只是为了面子，而且是不得已，但当斯巴达人和泰斯皮埃人筋疲力尽，失去了武器，退入关内小山上决一死战时，底比斯人却分开了，摊开双手走向敌人请求庇护。现在他们高声宣布，他们是波斯大王的朋友和臣民，是违背他们的意愿来到温泉关的。在波斯军队中，所有这些都得到了色萨利人的确认。尽管在行动得到波斯人理解之前，有少量底比斯人被杀，但其余的人得到了赦免，不过不是没有象征性的耻辱：根据国王的命令，他们被作为不可信赖的奴隶打上了烙印，他们的统帅莱翁提亚戴斯以及其他人等被迫承认，这是奇耻大辱。这就是希罗多德的叙述，而且不曾表现出任何的不信任甚至怀疑。普鲁塔克明确反驳了这一点，甚至援引一个比奥提亚作家的话为据，[21]后者证实，温泉关的底比斯人统帅是阿纳克萨库斯（Anaxarchus），而非莱翁提亚戴斯。[22]虽然我们不

第十章 温泉关和阿尔泰米西翁战役

怀疑底比斯分队骑墙的态度和投降,但我们有理由拒绝这种不名誉的打上烙印的故事,那是薛西斯被击退后,因希腊盛行的强烈的反底比斯感情而被发明出来的。

在战斗结束后巡视战场时,这位君主的愤怒据说被发泄在英勇的莱奥尼达斯的尸体上了,他下令砍去了后者的脑袋,并将其钉在十字架上。但充塞他心灵的不仅仅是怒气。对于在这里出人意料地抗击他,且几乎不可战胜的小分队,他还有不由自主地钦佩。现在他知道对接下来的进一步的抵抗感到担忧了。据说他对身边的斯巴达流亡国王戴马拉图斯说:"戴马拉图斯,你是一个好人,你所有的预见都是正确的,那请你告诉我,那里剩下的还有多少拉凯戴蒙人,他们也都是像这些阵亡者这样的战士吗?"戴马拉图斯回答道:"哦,大王,拉凯戴蒙人的数量和他们的城镇都是伟大的,仅在斯巴达,成年战士就有8000人,他们都与在这里战斗的人一样,其他的拉凯戴蒙人,虽然较他们差些,但仍是优秀的士兵。"薛西斯答称:"击败这些人最轻松的办法是什么?"对此戴马拉图斯建议,薛西斯应派出一支分舰队占领库泰拉岛,从那里对拉科尼亚南海岸发动攻击,那会分散斯巴达人的注意力,并且使她无法加入任何合作防御计划,共同抗击他的陆军。除非做到这一点,否则伯罗奔尼撒的所有力量都会集中起来保卫科林斯狭窄的地峡,波斯大王在那里将会遭遇比他曾目睹的任何战役都更加可怕的战斗。

对希腊的安全来说,幸运的是薛西斯的兄弟阿凯麦奈斯插了进来，阻止大王采用这个稳妥的计划。在遭遇最近的风暴造成的损失后，舰队无法再做更小的划分了。把波斯军队全部集中起来，不管是在陆地上还是在海上，形成一支统一的和合作的大军，是必需的。[23]

与温泉关战役同时，阿菲泰和阿尔泰米西翁的舰队也同样积极行动起来。[24]

对保卫温泉关和总的防御计划来说，绝对必需的做法是，优卑亚海峡应当得到防御以对抗波斯人。希腊人不可能期待比在这里战斗更加有利的地形了。

波斯人希望不放过敌人的哪怕是一艘船，所以分出200艘战船绕航优卑亚岛，从南边也就是希腊人的后方封锁优卑亚海峡。直到这支舰队到达阵地、切断了撤退的希腊人退路之后，他们才在正面发动了进攻。虽然派遣分队从斯奇亚托斯岛之外绕航的调度隐蔽进行，但希腊人马上就从一个叛逃者——斯奇奥奈的斯库利亚斯（Skyllias of Skione）——那里得知了此事。[25]

希腊人决定，他们下一个夜晚从阿尔泰米西翁的停泊地前去偷袭200艘船的波斯分舰队，在地米斯托克利的鼓舞下，他们胆子大了起来，打算主动出击，向阿菲泰附近的主力舰队挑战。[26]由于希望获得某些波斯舰队中腓尼基和其他人操纵和调度船只的实践经验——那是领袖和士兵都仍然缺乏的，他们一直等到下午较晚的时候，那时太阳仅有余晖。[27] 他们大胆前进的举动——因为他们数量既少，甚至船只也弱于对手，让波斯海军将领吃惊，

第十章　温泉关和阿尔泰米西翁战役

并且让正为他们服务的伊奥尼亚人和其他希腊人臣民——他们是不积极的辅助者——感到沮丧。对这两类人来说，波斯人的胜利好像都是确定的而且全面的，因为他们的船只快速投入战斗，而且数量多得足以包围希腊人。最初希腊人的船只围成一个圆圈，船尾向内，船头朝外，布满圆圈上的各个点。[28] 在这样的情况下，由于被压缩在狭窄的空间中，希腊人似乎在等待敌人的攻击，后者围着他们组成了一个更大的圆圈。但是在第二个信号发出后，希腊人的船只发动了攻击，从内圈划桨而出，径直冲向周围的敌船，夺获或击毁了不下 30 艘船。如此出其不意的首先突击让波斯人大乱，不过他们再度集合起来，给希腊人造成了相当大的损失和破坏。然而，夜幕的降临结束了战斗，双方各自回到了之前的阵地。波斯人去了阿菲泰，希腊人去了阿尔泰米西翁。

第一天战斗的结果虽然本身不具有决定意义，但让双方都感到吃惊，并且大大增强了希腊人的信心。可是，接下来的夜间的事件影响更大。另一场风暴被神灵打发来帮助希腊人了。虽然时值仲夏，就希腊的气候而言，那时少有雨水，但那一整夜里，极其强烈的暴风雨肆虐，正好刮向停在阿菲泰沿海的波斯人，因此对于正处在对面的希腊人，几乎没有造成什么麻烦。波斯舰队的水手们尚未完全从塞皮亚斯阿克泰的前一次风暴中复原，被同样危险的再度降临几乎逼得绝望。当他们发现，水面上满布死尸以及最近一次战役留下的船板——那是洋流冲到他们的海岸边的——围住了他们的船头，妨碍了船桨的划动，他们就更加绝望了。如果说这场风暴对于阿菲泰的主力舰队是破坏性的,则对负责绕航优卑亚岛的分舰队来说,那是彻底的毁灭,因为他们是在该岛危险的东海岸(那里被称为优卑亚的空洞)遇到风暴的,因而撞上了礁石,沉入海底。[29]上天的第二次阴谋,或者说神灵针对性地干涉了入侵者的计划,对希腊人来说是非常鼓舞人心的消息。53艘雅典船只的及时到来——他们于次日增援了希腊人,进一步提升了他们的士气。当天下午,他们向阿菲泰的波斯舰队开进,攻击并消灭了甚至仍停泊着的奇利奇亚人船只。由于前一夜的风暴给舰队造成的损失过大,波斯人没有出来迎战。[30]

次日大约中午,波斯海军统帅率领全部舰队航行到希腊人在阿尔泰米西翁的阵地附近,并且组成一个半月形阵势。希腊人仍停泊在海岸线附近,这样他们就不可能被包围,波斯人也无法让他们全部的舰队投入战斗,船只相互撞击,没有足够的空间发动攻击。战斗整日都非常激烈,双方都损失惨重。波斯人方面,埃及人赢得了勇敢的桂冠;希腊人方面,雅典人战斗得最为勇敢。虽然到目前为止,波斯方面的实际损失更大一些,虽然希腊人仍留在海岸线附近,获得了他们自己的死者以及破损的船只与漂浮的碎片,但因为他们的船只总数少些,因此受伤和受损的船只所占比例反而更大,雅典人的船只尤其如此,上一次战役中他们冲在前面,这次他们半数的船只需要更换。只有埃及人拿获了5艘希腊人的船只以及它们的全部船员。

同一个晚上,希腊人得到了他们绝对必须撤退的消息。雅

第十章 温泉关和阿尔泰米西翁战役

典人阿布罗尼库斯（Abronychus）及其船只停泊在温泉关附近，以便保持陆军和舰队之间的联系，他带来了灾难性的消息：薛西斯已经控制了关口，莱奥尼达斯的分队或者被消灭，或者逃跑了。基于此，舰队马上放弃了阿尔泰米西翁，航向优卑亚海峡，以科林斯舰队为先导，雅典人殿后。地米斯托克利指挥后者在各个水源地和登陆地逗留的时间，足够他们在相邻的石头上刻下劝诱在薛西斯麾下服役的伊奥尼亚人的标语。这些标语劝告伊奥尼亚人不要攻击他们的祖国，如果可能的话，开小差，至少要尽可能地消极或落在后面。地米斯托克利希望通过这种策略，或许可以把部分伊奥尼亚人从波斯人方面分化出来，或者至少使他们不被信任，从而降低他们的效率。在完成了这类铭文必要的工作后，他追寻其余的舰队而去，那时他们绕过阿提卡的海岸，马不停蹄地到达了萨拉米斯岛。

希腊人撤退的消息很快被一个希斯提埃亚公民传给了在阿菲泰的波斯人，他们最初不相信，拘禁了报信人，直到他们派人去确认了这个事实。次日，他们的舰队穿过优卑亚北端的海峡，成了希斯提埃亚和邻近土地的主人，从那里，他们中的许多人获得甚至受到薛西斯邀请，渡海前往温泉关考察战船和死者。关于死者的数量，薛西斯据称有意要给参观者留下印象，他有意把他自己一方的死者都埋葬起来，仅仅留下1000具尸首，而希腊人阵亡在温泉关的4000人全部裸露，堆成一堆，以便造成这样的印象：希腊人的损失较之波斯人更加严重。根据希罗多德的说法，波斯方面有20 000人被杀,如果我们考虑到他们少有防御性武装,而且经历了3天的战斗,这个估计并非不合理。同一位史学家宣布,希腊人方面的死者是4000人。如果这个数字正确的话,则其中必然包含相当比例的黑劳士,因为在最后一天中,除300名斯巴达人、700名泰斯皮埃人和400名底比斯人外,并无任何其他希腊人重装步兵在场。[31] 在前两天的战斗中,当然会有部分重装步兵牺牲,然而数量显然不多。最初前来防守温泉关的兵力大约为7000人,但墓志铭是随后不久创作的,根据近邻同盟大会的命令刻在了此前的战场上,并且被传递给后代,它自吹来自伯罗奔尼撒的4000名战士"曾在这里与300万敌军战斗"。关于这个声明中波斯兵力的总数,有人已经做过评论:来自伯罗奔尼撒的4000名战士的说法,指的是最初在莱奥尼达斯统率下自半岛出发的人。可是,近邻同盟大会在用话语记录下这桩值得纪念的功绩时,应该不会抛开非伯罗奔尼撒的同道,而让伯罗奔尼撒人获得不朽功勋,因为非伯罗奔尼撒人的功绩完全可以并提,特别是泰斯皮埃人,他们像莱奥尼达斯和他的斯巴达人一样,表现出同样的英雄般的自我奉献精神,尽管没有同样负责和严酷的纪律要求他们做那样的准备。这份铭文意在纪念全体的功绩,但附近另有一份铭文,同样简洁而让人印象深刻,那是专门纪念斯巴达人死者的:"过客啊,请告诉拉凯戴蒙人,我们服从他们的命令,躺在这里了。"在关口内的小山包上——那里是这个忠诚的团队受到致命伤的地方,人们竖立了一块纪念碑、大理石雕刻的一头狮子，以纪念莱奥尼达斯，上面装饰的，显然是诗人西蒙尼戴斯撰写的墓志铭。这位杰出的天才至少创作了一首颂歌来纪念光荣的温泉关，该诗除一伟大的残篇外，其余皆荡然无存。他还创作了数篇墓志铭，其中之一是纪念预言家麦吉斯提亚斯（Megistias）的，"他非常清楚即将降临到他头上的命运，但不愿抛弃斯巴达人的领袖们"。

1　Herodot., viii, 15-60. 请与 Isokrates, *Panegyric*, or. iv., p. 59 比较。我马上就会对波斯战争与伯罗奔尼撒战争期间雅典人情感的革命性变化进行评论。

2　对于这个关口及其邻近地区的详尽描述，请见 Grundy, *Great Persian War*, pp. 277-291。——编者

3　关于温泉关战役的年代学，见 A. Mommsen, *Ueber die Zeit der Olympien*, p. 63; Busolt, *Griech. Gesch.*, ii^2., p. 674. 格罗特倾向于将这次行动定在约 6 月中。

4　在为危险的任务选择人手时，斯巴达人更倾向于那些已经成家的人。如果这样的人被杀，则他身后有子，可以向国家履行他的责任，并且保持这个家族神圣礼节的延续，家族的绝灭被认为是一桩大不幸之事。在我们的观念中，一个家庭中年龄成熟的父亲的生命可能被认为更有价值，与更加年轻和未婚的男人比较，他的死是更大的损失。

5　大量黑劳士出征非常不可能出现，在狭窄的温泉关，他们与其说是帮手，不如说是累赘。更合理的设想是，远征军中包括某些庇里阿西人，请见 ix. 85。如果我们在希罗多德列举的总共 3100 名伯罗奔尼撒人之上添上 1000 人，则会得到 Herodot., vii. 228 提到的墓志铭中所说的 4000 名伯罗奔尼撒人（参见 Stein, ad loc.）。——编者

Diodorus, xi. 4 谈到了 1000 名"拉凯戴蒙人"【参见 Isokr., *Pang.*, § 90（χιλίους αὐτῶν ἐπιλέξαντες）Ktesias, *Pers.*, 25】。

6 | Herodot., vii. 205; Thukyd., iii. 62; Diodor., xi. 4; Plutarch, *Aristeides*, c. 18.

修昔底德的段落在这里非常重要，因为他很大程度上证实了希罗多德的说法，并且使我们可以理解普鲁塔克在这个特殊问题上的批评是非常有可信度的（*De Herodoti Malign.*, pp. 865, 866）.

狄奥多鲁斯的说法："属于另一派别的大约 400 名底比斯人"（Θηβαίων ἀπὸ τῆς ἑτέρας μερίδος ὡς τετρακόσιοι），在科西拉政府的行动中得到了说明（Thukyd. iii. 75），当时他们登录敌人以便把他们送走。意大利的库麦的情况也是如此（Dionys. Hal., vii. 5）。

7 | Diodor., xi. 4.

8 | Herodot., viii. 30.

9 | Ibid., vii. 203.

10 | 希罗多德再未提到罗克利人分队，他们似乎没有参加温泉关的决战。摩诺（*Journ. Hell. Stud.*, p. 313）认为，他们被留下来守卫赫拉克雷亚的坚固阵地了。这个要塞在温泉关偏西一点，完全控制了沿阿索普斯河谷进入多利斯和凯菲苏斯河谷的道路（cf. Grundy, op. cit., pp. 261-264）。虽然这条道难以通行，但几乎可以肯定，如果任其开放，则波斯人肯定会用它包抄温泉关阵地，而且一支波斯军队随后利用它进入了弗奇斯（Herodot., viii. 31）。所以，可以合理地假设那里得到了防御。如果叙达尔奈斯（Hydarnes）通过阿索普斯峡谷开始进军（见第 105 页），则罗克利人必然在数日抵抗后投降了。如果情况如此，则有关他们可耻行为的故事很可能被掩盖起来了。——编者

11 | Herodot., vii. 206. 在卡尔奈亚节日的那个月，只有多利安人国家（拉凯戴蒙、阿尔戈斯、西库翁等）有义务克制进攻性军事行动，其他

国家（甚至伯罗奔尼撒的那些国家），埃利斯、曼提奈亚等，当然还有雅典，则并无这类限制（Thukyd., v. 54, 75）。

我这里的意思并不是说这两个节日（卡尔奈亚节和奥林匹亚节）恰好同时进行，所以人们不可能两者同时出席。看起来卡尔奈亚节是两个节日中稍早的那个，但希腊人的节日取决于阴历月份，因而与太阳年多少有些不同。卡尔奈亚节一年一度，奥林匹亚节四年一次。

【现代批评者或多或少都同意，庆祝节日仅是被用来作为借口，斯巴达采取这种三心二意政策的真正理由被用不同原因解释。阿尔戈斯的反水可能需要一支斯巴达力量留在伯罗奔尼撒（cf. Herodot., ix. 12），盟友可能忙于收割（cf. Thuk., iii. 15）。占领温泉关可能仅仅是暂时行为，给舰队在选定的阿尔泰米西翁得到一个决定性的打击机会。但派出信使请求增援一事，表明莱奥尼达斯无论如何是打算在温泉关认真进行抵抗的。所以，斯巴达政府最初的意图，似乎是采取积极政策，但后来决心动摇，发现自己的手脚被其他伯罗奔尼撒国家束缚。它们服膺的，肯定是防御地峡的短视政策。——编者】

12　薛西斯穿越的关口是经佩特拉（Petra）、皮提翁（Pythium）和奥罗松（Oloosson），即经佩特拉（Saltum ad Petram）和佩尔海比亚（Perrhaebiae saltum，Livy, xlv. 21; xliv. 27）。佩特拉临近从皮埃利亚或下马其顿进入上马其顿之处（见 Livy, xxxix. 26）。

关于这个关口以及邻近地区的一般特点，请见 Colonel Leake, *Travels in Northern Greece*, vol. iii., ch. xviii., pp. 337-343；以及 ch. xxx., p. 430。也请见 Boué, *La Turquieen Europe*, vol. 1., pp. 198-202。

伯罗奔尼撒战争初期，色雷斯国王斯塔尔凯斯（Sitalkes），如这时的薛西斯一样，被迫清理掉森林，以便为他的军队清理出道路（Thukyd., ii. 98）。

13　波斯舰队直到薛西斯和陆军离开11~12天之后才离开泰尔马

（Herodot., vii. 183）。它一天之内就到达了马格奈西亚东南，名为塞皮亚斯阿克泰（Sepias Akte），然后连续三天受到风暴的攻击和困扰（vii. 191），此后迅速前行到阿菲泰（Aphetae）。当他到达后面这个地点时，薛西斯本人已经在马利亚人的土地上停留了三天（vii. 196）。

14 | Diodor., xi. 12.

15 | 克泰西亚斯宣称，特拉奇斯的两个强人——卡利亚戴斯（Kalliades）和提马菲奈斯（Timaphernes）——向薛西斯透露了这条山路（*Persica*, c. 24）。

16 | 弗奇斯人的阵地可能不在卡利多罗穆斯山（Mount Kallidromus）上，而更靠近阿索普斯河谷，这样他们也可以守卫从多利斯进入他们自己土地的道路。理由如下：（1）这部分有浓密的橡树（而卡利德罗穆斯山上的是杉树）；（2）弗奇斯人可能拒绝守卫卡利多罗穆斯，那里有被包围后失去向西撤退的天然路线的危险。

在这个片段中，如同在其他片段中一样，希罗多德（viii. 30; ix. 17）试图尽可能有利地解释弗奇斯人战争期间首鼠两端的行为，但与北希腊以及中希腊其他民族比较，他们一点都不更无私，则几乎不用怀疑（cf. Munro, loc. cit., pp. 314, 315。关于阿诺派亚关口的描述，请见 cf. Grundy, op. cit., pp. 301–303）。——编者

17 | Herodot., vii, 220.

请与不那么光彩的背景下拉凯戴蒙人指挥官阿纳科西比乌斯（Anaxibius）可敬的自我献身行为比较，当时他在阿比杜斯人的土地上遭到伊菲克拉泰斯（Iphikrates）指挥下的雅典人的袭击（Xenophon, *Hellenic.*, iv. 8, 38）。他与12名拉凯戴蒙人驻军全都拒绝以逃跑获得安全。他对手下说，当抵抗无望时，"伙计们，对我来说死在这里是光荣的，但在与敌人近战交手之前，你们赶快逃命吧"。

第十章　温泉关和阿尔泰米西翁战役

(Ἄνδρες, ἐμοὶ μὲν καλὸν ἐνθαδε ἀποθανεῖν · ὑμεῖς δὲ, πρὶν ξυμμίξαι τοῖς πολεμίοις, σπεύδετε εἰς τὴν σωτηρίαν.)

【只是在波斯战争中，我们拥有两个例证：斯巴达指挥官荣誉无损地进行了撤退（欧吕比亚戴斯和保萨尼亚斯）。至于神谕，无疑是事后的虚构，以鼓舞斯巴达人的希望。同样，希罗多德所叙述的莱奥尼达斯后来的英雄行为，肯定属于"官方"叙述，那会立刻提升斯巴达人勇敢的美名，分散对此前温泉关问题上短视政策的注意力。这个版本在其他伯罗奔尼撒人中间也会赢得支持，他们自战场上撤退因此也有了良好的借口。

至于让莱奥尼达斯和比奥提亚人留下的真正动机，曾有人主张，他希望阻滞叙达尔奈斯，甚至以派出伯罗奔尼撒盟友登上阿诺派亚关口东端或稍远于阿尔佩尼的地方，陷其于两军之间。伯里（op. cit.）估算在温泉关阵亡的共有 4000 人，并将其归于伯罗奔尼撒人惨重的损失。但如果真如此，则有关英勇抵抗叙达尔奈斯的所有记录可能都全部灭失了。

更可能的情况是：莱奥尼达斯希望尽可能长久地坚守关口，以为舰队的决定性打击赢得时间，在那之后，温泉关的撤退无论如何在道德上的影响都会小些。】

18　幸存的泰斯皮埃人随后的窘境，在下述事实中被有力地表现了出来：在次年的普拉提亚战役中，他们根本没有重装步兵（Herodot, ix. 30）。在薛西斯最后被击退后，他们被迫接纳新公民进入城邦（Herodot., viii. 75.）。

19　Herodot., vii. 222. 这些底比斯人怎么可能成为人质！如果他们意在保卫莱奥尼达斯，那对抗的是何种罪恶？他们又能从中得到什么好处？在这样的场合，不情不愿的同道是绝对不需要的。普鲁塔克（*De Herodot. Malign.*, p. 865）严厉地批判了希罗多德的这个说法，而且理由很是有力。在其论文大量不公正的评论中，这是少有的几个例外之一。

请与 Diodorus, xi. 9 和 Pausan., x. 20, 1 比较。

当然，底比斯人虽然后来心甘情愿地追随了薛西斯，但把他们的分队描写成尽可能少地反抗他，是有好处的，而且可能传播了这样的故事：莱奥尼达斯扣住他们为人质。温泉关战役之前，底比斯的政治基本上是首鼠两端，捉摸不定，在薛西斯到来之前，不敢公开参与反对希腊人的行动。

20 | Herodot., vii. 224. Pausanias, iii. 14, 1. 甚至在他那个时代，仍有每年一度的节日，连同泛希腊的演说与体育竞技，来纪念莱奥尼达斯，以及摄政王保萨尼亚斯，后者随后的背叛玷污了他在普拉提亚获得的桂冠。值得注意的是，两位国王在同一个公共节日中被作为同僚纪念。

21 | Herodot., vii. 233; Plutarch, *Herodot. Malign*., p. 867. 普鲁塔克援引的阿里斯托芬的比奥提亚史坦承，他的历史部分建立在一部回忆录基础之上，回忆录是根据官员和将军任职顺序（ἐκ τῶν κατὰ ἄρχοντας ὑπομνημάτων ἱστόρησε）而安排的。

22 | 莱翁提亚戴斯这一名字具有重要意义。另一个莱翁提亚戴斯——可能是此人的孙子——公元前431年率军进攻普拉提亚（Thuk., ii. 2），因此当希罗多德撰写其第7卷时，这个名字在雅典无疑让人厌恶。老莱翁提亚戴斯及其士兵无疑成了同一场诽谤之战攻击的对象（见 Stein, *Herodotus*, ad. loc.）。——编者

23 | 无论真实与否，这个故事（希罗多德可能是从泰乌特拉尼亚的戴马拉图斯的后代那里听说的，参见 Xen., *Anab*., vii. 8, 17）都具有重要意义：它给我们提供了波斯舰船真实数量的线索。阿凯麦奈斯宣称，在阿尔泰米西翁等地的损失后，他们无法再从主力中分出一支舰队一事，表明在萨拉米斯战役中它们的总数不可能像希罗多德和埃斯

第十章 温泉关和阿尔泰米西翁战役

库罗斯认为的庞大总数那么大。——编者

24 希罗多德记载，阿尔泰米西翁战役前，希腊人两次陷入了惊慌。（1）听说三艘侦察船被抓获（请见第238页）后，他们退到了卡尔奇斯，在三天的风暴期间，他们就停留在那里，但在听说了波斯舰队在塞皮亚斯沿海的损失后，他们回到了之前的阵地（vii. 182, 189, 192）。（2）在发现波斯舰队仍有战斗力时，他们再度提议逃跑，但地米斯托克利接受了优卑亚人的贿赂，他反过来又贿赂欧吕比亚戴斯和阿戴曼图斯留在阿尔泰米西翁。（3）在三天的艰苦战斗后，他们再度建议撤退，那时温泉关失守的消息传来，撤退变得急迫起来。

这些故事的荒谬之处无须进一步证明。关于希罗多德歪曲的记载背后的真实状况，第一次"逃跑"可能是退到优卑亚岛背风的一面，意在躲避风暴（Grundy, op. cit., p. 324）。另一方面，希腊舰队可能在邻近的希斯提埃亚港口中足够安全。无论如何，其中之一或所有的故事，可能都源于雅典一支53艘船的分队防守卡尔奇斯的狭窄水道以对抗波斯人绕航的分队的事实（见第248页注释30）。或许在阿尔泰米西翁的"逃跑"是对萨拉米斯那些故事的复制（cf. Bury, op. cit., p. 38 et seq.）。——编者

25 有迹象表明，这些船只是在舰队到达塞皮亚斯海岸的当天晚上派出的。这个假设的主要优点，是它让我们能够去掉紧随第一场风暴之后的第二场风暴，在希腊的夏天，那是不寻常的。使得塞皮亚斯海滩上主力舰队遭难的同样的风暴也击中了优卑亚外海的分舰队（请见 Bury, loc. cit., pp. 307–309）。这样，我们可以假设，风暴给波斯人造成的总的损失，不仅仅是主力舰队的损失达到400艘船。——编者

26 Diodorus, xi. 2.

27 我们可以猜测，这次进攻不仅仅是试验性质，所有清醒的指挥官，

例如地米斯托克利等，都明白，如果希腊人必须冒险决战，那他们必须在海上进行。阿尔泰米西翁就是这样一场战斗的有利战场（Grundy, op. cit., p. 334），与温泉关的陆军比例的比较，舰队的力量使得我们认为，他们的努力集中在海上而不是陆地上。因此，他们在阿尔泰米西翁的进攻，可能意在进行一次全面决战，以彻底使波斯舰队瘫痪。但希腊人的战斗不像在萨拉米斯时那样受到必然性的刺激，所以没能给敌人留下什么印象。——编者

28 | 请与 Thukyd., ii. 84 有关弗尔米奥统率的雅典舰队与拉凯戴蒙人的海战的描写比较，在那里，后者的船只布成同样的阵势。

29 | 格兰狄（op. cit., p. 335）认为，"空洞"指的是优卑亚岛西南海岸最南端的港湾。

30 | 伯里和摩诺（loc. cit.）认为，这场战斗发生在空洞附近，那里有 53 艘雅典的警戒船，他们从卡尔奇斯出发，可能捕获了在优卑亚沿海损毁的波斯分舰队船只。从 Isokr., Paneg., §90 的说法中，我们可以得出有利于这个观点的说法，他说雅典人打败了 τὰς πρόπλους，也就是说绕航的分舰队。但格兰狄（op. cit., p. 334）证明，奇利奇亚的分舰队可能被孤立了出来，在阿尔泰米西翁附近，基本按照希罗多德所描述的方式被消灭。——编者

31 | 在温泉关有 3000 名黑劳士的说法难以置信（请见第 235 页注释 5）。最简单的解释，是希罗多德把墓志铭中的"4000 人"与死者名单弄混了（vii. 228），前者仅仅是在温泉关**战斗过**，在关口上实际阵亡的人数不可能超过 2000 人。——编者

第十一章
萨拉米斯战役与薛西斯的退却

后来的希腊人回望温泉关战役时,他们向后来所有读者所传递的感情,都是对莱奥尼达斯与其团队的勇气和爱国主义公正的钦佩,这种感情既历时久远,又前后一贯。但在当时的希腊人中,这种感情尽管无疑也被真诚地感觉到了,但绝不是主流。它被更加紧迫的失望和恐惧所压倒。对于温泉关和阿尔泰米西翁的便于守御,斯巴达人和伯罗奔尼撒人非常自信,以至于在这场灾难的消息传到那里时,他们甚至根本就没有动员军队。节日和赛会已经过去,但他们并未采取任何积极措施。同时,入侵者的军队,包括陆军和舰队,都在向阿提卡和伯罗奔尼撒推进,而且都准备充分,更糟糕的是,对于保卫希腊的心脏地带,希腊人没有任何联合与协同计划。在温泉关，薛西斯所遭遇的损失，与他庞大的总兵力比较，比例上并不比新近得到的希腊仆从更多。不仅马利斯人、罗克利人和多利斯人，而且大批比奥提亚人，连同他们的首城底比斯，如今都加入薛西斯一边，只有泰斯皮埃和普拉提亚例外。薛西斯的斯巴达人朋友戴马拉图斯陪同他前往底比斯，与底比斯的寡头派领袖阿塔吉努斯（Attaginus）再续古老的故友情缘。与此同时，马其顿亚历山大派出小股部队到大多数比奥提亚城市，[1]既保护它们免遭劫掠，也确保它们能够忠诚。另一方面，泰斯皮埃人放弃了他们的城市，逃往伯罗奔尼撒。普拉提亚人一直在国外阿尔泰米西翁的雅典人船只上服役，现在当舰队撤退时，他们在卡尔奇斯登岸，以取陆路前往他们自己的城邦，接走他们的家庭成员。薛西斯的陆军不仅因此得到了加强，舰队也从优卑亚的卡吕斯图斯以及基克拉狄斯群岛的几个岛屿得到了某些补充，因此在塞皮亚斯因风暴、在阿尔泰米西翁因战斗造成的损失，至少部分得到了恢复。在数量上，波斯舰队是超过希腊人的。

伯罗奔尼撒战争初年，即这些事件之后约50年，科林斯使节提醒斯巴达说，由于她没有做好足够的预防措施，薛西斯有时间从大地的尽头到达伯罗奔尼撒大门口。这个批评几乎句句都是真理。[2]只是在莱奥尼达斯之死的消息的刺激和恐惧之下，拉凯戴蒙人和其他伯罗奔尼撒人才开始全力以赴。但那时履行向雅典承诺的在比奥提亚建立阵地以保卫阿提卡的承诺已经太晚。[3]现在他们能考虑的，只能是保卫科林斯地峡了，而且

第十一章 萨拉米斯战役与薛西斯的退却

似乎也是当时唯一的选择。在斯巴达国王克莱翁布罗图斯（Kleombroutus, 莱奥尼达斯的兄弟）率领下，他们所有可以利用的人力都匆忙赶到那里，并且开始横贯地峡设防，切断从麦加拉到科林斯的斯奇罗尼亚大道（Skironian road），而且表现得极其急切。拉凯戴蒙人、阿卡狄亚人、埃利斯人、科林斯人、西库翁人、埃皮道鲁斯人、菲力乌斯人、特罗伊曾人和赫尔米奥奈人都是全军出动，分成众多万人队（每队10 000人）工作，夜以继日地运来材料。对于从陆地上保卫自己免受攻击，这是一个极好的阵地。他们认为这里是他们最后的机会，而全部放弃了在海上成功抵抗的希望。但是他们忘记了，设防的地峡甚至都不能保护他们自己免遭薛西斯海军的攻击，而且这种做法不仅公然抛弃了阿提卡，还有麦加拉和埃吉纳。所以，温泉关失守后，希腊遭遇了新的危险：人们找不到任何像温泉关那样的阵地，有令人想念的峡谷能够同时保卫所有的国家。由此产生的分歧，让他们命悬一线。

如果说伯罗奔尼撒人有很大的理由感到惊慌，则雅典人的处境似乎更加绝望。由于期待会有一支伯罗奔尼撒军队到达比奥提亚增援莱奥尼达斯，他们不曾采取任何措施转移他们的家庭成员与财产。但他们沮丧地发现，在从阿尔泰米西翁撤退时，胜利者全速从温泉关开进，通向阿提卡的大道向他敞开，伯罗奔尼撒人只是忙着保卫他们自己的地峡以及他们各自的生存。自阿尔泰米西翁撤退的舰队受命在特罗伊曾的港口集结，在那里等待与尽可能征集到的援兵会合，但雅典人请求欧吕比亚戴斯停泊在萨拉米斯，以便他们能有一小点时间讨论他们事务的状况，并且帮助他们转移家眷。当欧吕比亚戴斯因此停留在萨拉米斯时，有数艘新船前来与他会合。这样，萨拉米斯暂时成为希腊人的海军基地，对此事先没有任何精心规划。

与此同时，地米斯托克利和雅典水手在法莱隆登陆，忧伤中进入了雅典。由于前景看来暗淡，意见几乎也少有分歧，更不用说迟延了。官员们和公民大会马上发布命令，请求所有雅典人尽其所能地把家眷送离本国。当我们想到，通告要在整个阿提卡流动宣布和执行，从索尼翁到奥罗普斯，都只有短短的不到六天的时间（撤退），我们可以设想这个出人意料的通告发布后引起的骚动和恐惧，因为薛西斯到达雅典的时间不可能比这个时间更长，他实际到达的甚至可能更快。[4] 希腊全部舰队无疑都被用来转运不幸的逃亡者了，大多数人去了特罗伊曾，在那里，他们得到了友好的接待和慷慨的供养（特罗伊曾人似乎是准伊奥尼亚人，而且从古代以来就与雅典有着宗教上的和交通上的往来），[5] 但部分送往埃吉纳。可是，也有许多人无法或者不愿去比萨拉米斯更远的地方。地米斯托克利让那些遭受痛苦的人相信，他们这样做是在服从神谕，后者曾要求他们放弃城市，并且在木墙后面求得庇护。要么是他的政策，要么是当时的沮丧风气，让其他故事流传开来，说明甚至是卫城内的神灵也一度离开了。在岩石上的城邦神雅典娜旧庙——她在那里或据相信在那里居住——中，作为女神圣所的保护者或常规侍者的，是一条圣蛇。为喂养它，每月一次会在那里放置一块蜂蜜饼。此前蜜饼经常被吃掉，但在这个关键时刻，女祭司宣布，饼原封未动。所以，神圣的保护者已经树立了离开卫城的榜样。她要求所有公民都遵循她的榜样，相信女神本尊未来会返回并且复仇。

很少数的人，因为太穷根本没法维持自己，或者年事太高而不关心在他处保命，此外更相信他们自己对皮提亚女祭司宣布的木墙不可逾越的解释，把自己和神庙管理人员一道关在卫城之中，用木门和栅栏封闭了入口，也就是西部的正面。[6]当我们读到，近半个世纪后伯罗奔尼撒战争第一次爆发，阿提卡人民拥挤在雅典宽大的要塞中避难所遭受的苦难是多么巨大时，[7]我们也许可以对那种外迁民众所遭受的难以估量的巨大痛苦有某些模糊的概念，他们匆匆忙忙，不知到何处能够逃离薛西斯的长臂。

在这种灾难性的险恶环境中，无论是雅典的战士还是领袖们都没有失去力量，他们的武装和思想都达到了人类决心的最高峰。政治分歧被放在了一边，地米斯托克利向人民提出了一道法令建议，而且获得批准：邀请所有被判决暂时流放者返回家园。此外，他不仅把他自己伟大的对手阿利斯泰戴斯包括在内，甚至特意在流放者中点名召回，当时是后者被陶片放逐法流放后的第三年。[8]同样在这次外迁中，控告人克桑提波斯和米尔提亚戴斯之子奇蒙成了伙伴。后者根据财产规模被登录在国家的骑兵中，却被人发现和自己的同伴高兴地穿过克拉麦伊科斯，把马勒献给了卫城，放弃了缰绳而换取那里的神圣武器，由此树立了愿意在船上而非马背上服役的榜样。⁹获得金钱供应现在成为必需，部分是帮助那些较为贫穷的迁移者，但更主要的是装备舰队。然而国库中没有任何资金。不过战神山议事会，因其大部分议员来自比较富有的阶级，拿出了所有公共的以及私人的捐献，为他人树立榜样，成功为每个服役的士兵征集到8德拉克马的费用。¹⁰

通过最为艰苦的努力，这仅有的重要的几天足够把所有人，连同尽可能多转移走的财产，从阿提卡撤出，有能力服役者前往萨拉米斯的舰队，其他人前往避难地。这个国家的撤离是如此彻底，以至于当薛西斯大军成为这块土地的主人时，所能攫取和掠走的不过是500名俘虏。此外，那些在阿尔泰米西翁被打坏的战船很快得到了修复，结果当波斯舰队到达的时候，它们又处在可以战斗的状态了。

现在集合在萨拉米斯的联合舰队共366艘战船，较在阿尔泰米西翁时多了不少。这些战船之中，雅典人的不下200艘，可是其中的20艘被借给了卡尔奇斯人，由他们配备人手。科林斯人的40艘，埃吉纳人的30艘，麦加拉人的20艘，拉凯戴蒙人的16艘，西库翁人的15艘，埃皮道鲁斯人的10艘，7艘来自安布拉奇亚，埃莱特利亚人提供了相同数量的船只，5艘来自特罗伊曾，3艘来自赫尔米奥奈，琉卡斯人的船只等同于赫尔米奥奈；2艘来自凯奥斯，2艘来自斯提拉，1艘来自库特诺斯，4艘

第十一章　萨拉米斯战役与薛西斯的退却

来自纳克索斯。最后这4艘船本是被派往波斯舰队的，但船长和水手们自发地选择到了萨拉米斯。所有这些都是三列桨战船，还有一小支被称为五十桨大船的较差船队，它们组成了整支舰队。意大利大量希腊人城市仅有1艘三列桨战船出现，那是一个自愿者，有一位名为法伊鲁斯（Phayllus）的杰出公民装备和指挥，他曾三次在皮提亚赛会获胜。因此，与15年前伊奥尼亚人起义期间亚洲希腊人在拉戴的联合舰队（353艘）比较，这次全部舰船的数量略多。然而可以怀疑，这个自希罗多德那里得来的总数，是否会比后来在萨拉米斯战役中实际投入战斗的要多些，埃斯库罗斯提供的确定性数据是舰队由300艘船组成，另有10艘头等和特选的船只。那位伟大的诗人本身就是一名战士，在那场战役仅仅过去7年之后上演的一部戏剧中如此发言，因此在这一点上，他的材料甚至是比希罗多德都更可靠的史料。[11]

舰队刚在萨拉米斯集合，雅典人刚刚完成转移，薛西斯和他的大军就扫荡了那个被遗弃的地区，他的舰队占领了法莱隆的道路以及邻近的海岸。在色萨利人引导下，他的陆军在温泉关战役两到三天后就行动了起来。某些到他那里寻求受雇的阿卡狄亚人保证，伯罗奔尼撒人甚至在那时还在忙着庆祝奥林匹亚赛会。他问道："胜利者会获得什么奖励？"对此的回答是：奖励不过是野橄榄枝的桂冠。尽管可能会招致君主本人和侍者的不快，但君主叔父阿塔祖斯的儿子特利坦泰克麦斯（Tritantaechmes）据说还是忍不住喊道："天哪，马尔多尼乌斯，你领着我们来进攻的这些人都是些什么人啊，居然不是为钱竞赛，竟然是为荣誉竞赛！"不管这个评论是真实发表过，还是某个希罗多德的同时代人想象出来的戏剧性画面，作为观察希腊人生活特征的角度，它的兴趣丝毫不减，它不仅与同时代东方人的风俗形成对照，甚至与荷马时代的早期希腊人的风俗也会形成对比。

温泉关和阿提卡边界之间的所有希腊人，除弗奇斯人外，没有任何其他人拒绝臣服。弗奇斯人所以拒绝，仅仅是因为他们的宿敌色萨利人独一无二的影响，使他们对获得有利条件感到绝望。色萨利人指引薛西斯通过小国多利斯，后者马上投靠了波斯，避免被劫掠，之后进入凯菲苏斯河上游的河谷，到达了弗奇斯人的城镇。所有城镇都已经撤离一空，居民此前要么逃亡到名为提托莱亚（Tithorea）的帕尔纳苏斯山宽阔的山顶，要么逃得甚至更远，越过山峰进入了奥佐利亚的罗克利人的土地。10~12座弗奇斯人小镇，其中最重要的是埃拉泰亚（Elateia）和叙安波利斯（Hyampolis），被入侵者劫掠和摧毁。甚至阿拜（Abae），连同其神庙和阿波罗神谕所，也根本没有得到较其他城镇稍好的对待。所有圣库都被抢掠，并且被付之一炬。薛西斯从帕诺佩乌斯（Panopeus）另遣一军劫掠德尔菲，自己和主力穿过比奥提亚，在那里，他发现所有城镇都顺从而且欢欣，只有泰斯皮埃和普拉提亚例外。两城都已经被公民们放弃，现在也都被付之一炬了。由此他率军进入已经被放弃的阿提卡土地，未遭抵抗就到达了雅典卫城的山脚下。

第十一章 萨拉米斯战役与薛西斯的退却

他从帕诺佩乌斯分派出去进攻德尔菲的支队的命运就完全不同了。在这里,阿波罗较之在阿拜更有力地保卫了自己的神庙。波斯大王的贪婪,因为有关德尔菲积累的无量财富尤其是克罗伊苏斯丰富捐赠的叙述,被刺激起来了。在极度的惊慌之中,德尔菲人自己企图在帕尔纳苏斯的山顶上求得安全,把他们的家眷送到了科林斯湾对面的阿凯亚,同时请示神谕,看是否应该把圣所的财宝送走或者埋藏起来。阿波罗指示他们,财宝原地不动,宣称他本尊有能力照顾自己的财产。只有60名德尔菲人冒险留守,但超人的助力很快就出来鼓励他们了。藏于内室的神的武器是任何凡人都不能碰触的,却被发现放在了神庙的门前。当波斯人沿着名为"裂缝"的道路爬上帕尔纳苏斯山陡峭的岩石下崎岖不平的道路——那条道通向德尔菲——时,到达了雅典娜-普罗奈亚的神庙,突然,人们听见一声可怕的炸雷,两座巨大的山崖自动分开,震耳欲聋地向他们砸了下来,将许多人砸死。在雅典娜神庙的内殿中,人们听到了交战的吼声。惊恐之中,入侵者转身逃跑。他们不仅受到德尔菲人的追击,而且受到两个超过常人身高,且武器威力巨大的两名武士的攻击。希罗多德本人访问德尔菲时,还在雅典娜圣库看到过同样的巨型石块,就是它们击败了波斯人。[12]

当薛西斯到达他推进的最后目标雅典时,他离开亚洲已然四个月。与之同行的,是庇西特拉图家族的成员,他们无疑认为,他们的复辟已经是板上钉钉,有少数雅典流亡者忠于他们的事业。

虽然这个国家已经撤离一空，聚集在卫城中的少数人仍企图挑战他。庇西特拉图后代的说服也未能诱使防守者放下武器，前者还是渴望可以保护圣地免遭劫掠。雅典卫城是一座突兀程度不等的高耸悬崖，高约 400 英尺，山顶东西长约 1000 英尺，南北宽约 500 英尺，实际上仅有西边可以进入。[13] 此外，卫城的各个部分似乎都有可能攀爬，由名为皮拉斯吉墙的古代要塞保卫着。波斯军队被迫以强力攻取，驻扎在北部和西部，并从近邻西北部的突出部开始攻击，那里被称为战神山。他们从那里用绑上火把的标枪（如果我们可以冒险使用这个称呼的话）向门前的木栅发起攻击。也就是说，他们在箭上绑上燃烧的火球，大量倾泻到木栅上。木栅栏和木板立刻燃烧起来，且很快烧尽。但当波斯人试图从西边通向山门的道路发动攻击时，少量的无畏守军仍能成功阻击。他们利用巨大的石块，把石头从山上向下滚去。一段时间里，波斯大王似乎可能被迫进行漫长的封锁战。但最终围攻者的某些冒险之徒试图从北边攀爬陡峭的岩石。岩石因阿格劳鲁斯神庙变得更加难爬，后者几乎就在波斯阵地之前，但在西山门和高坡之后。这里的岩石自然难以逾越，因而完全没有防守，甚至似乎都没有设防。[14] 此外，少量守军的注意力全部集中在西门之前的波斯主力军身上。因此，零散的攀爬人员能够不受注意地完成他们的任务，并且从守军背后登上山顶。守军完全失去了任何希望，或者自围墙上以头触地跳下自杀，或逃入内庙以求安全。成功的攀爬者为波斯全军打开了山门，整座卫城立刻落入他们之手。守军被杀，神庙被劫掠，所有屋宇，不管是宗教的还是世俗的，都被付之一炬。雅典卫城出人意料地落入了薛西斯之手，方式与萨尔狄斯落入居鲁士之手非常一致。

这样，神灵的预言都实现了：阿提卡完全落入波斯人之手，萨尔狄斯的火焰在其攻击者的家乡和卫城上得到了报复；报复还落到了埃琉西斯神圣的神庙上。薛西斯马上把消息送到了苏萨，在那里激起了难以言表的狂欢，似乎驳斥了他叔父阿塔巴努斯的悲观预言。但就在次日，一位追随他的雅典流亡者接到了他的命令，或者说是得到了他的许可，前往卫城的废墟中献祭，如果可能的话，求得那块圣地的原谅。他们发现，埃莱奇泰乌斯庙附近的神圣橄榄树——女神雅典娜的特殊礼物，尽管已经被最近的大火烧得剩下树根，却已经长出了一肘尺的新枝。至少是后来回归雅典的虔诚者相信，这是个令人鼓舞的征兆，类似的征兆，据说狄凯乌斯（Dikaeus，庇西特拉图后代的一个雅典人随从）在特利西亚平原上（Trisianplain）也看到过。那天是特意选出来用于庆祝埃琉西斯秘仪的日子。虽然在那悲伤的一年中，并无任何庆祝活动，也没有任何雅典人在那块土地上，但狄凯乌斯仍然觉得，他看到了尘土，听见了众多人的大声呼喝，和平时期，那一般是从雅典到埃琉西斯游行仪式时才有的。如果不是戴马拉图斯阻止了他，则他可能把这个事实向薛西斯透露，但是他认为那是女神们自己正从埃琉西斯出发，前往萨拉米斯帮助雅典人。

约在卫城被攻占的同时，波斯舰队也安全到达了法莱隆湾，得到了来自卡吕斯图斯和基克拉狄斯群岛各个岛屿舰队的补充，所以希罗多德估计，波斯舰队像在塞皮亚斯阿克泰遭遇可怕的风暴之前一样强大，但这个估计肯定是无法接受的。[15]

在薛西斯本人到达海岸边后不久，他就检阅了舰队，并且就进攻敌人舰队是否合适咨询各位海军统帅，后者就停泊在他附近的萨拉米斯和阿提卡的狭窄海峡中。他邀请他们各自坐下，其中西顿国王坐了首席，推罗国王次席，马尔多尼乌斯依次分别向他们发问，当我们得知所有人都赞成马上战斗时，我们或许会满意地发现，他们事先肯定都清楚薛西斯本人的意见。这种普遍赞同中仅有的例外是阿尔泰米西娅——哈利卡纳苏斯的女王，希罗多德借她之口发表了一篇有点篇幅的讲话，抨击了在萨拉米斯狭窄海峡中决战的主张。她预言，如果陆军前往攻击伯罗奔尼撒，则萨拉米斯舰队中的伯罗奔尼撒人会为了保卫他们自己的家园回国，那样舰队就会星散，因为岛上少有或根本就没有粮食。此外，她还谈到，与希腊舰队比较，波斯舰队与水手缺乏效率，因而遭到鄙视，薛西斯臣民的分舰队一般也是如此。对女王阿尔泰米西娅发表过这种谨慎的意见，我们并无理由怀疑，哈利卡纳苏斯的历史学家或许听说过她发表意见的根据，但我们发现，她公然如此评价波斯的海上臣民，则令人难以置信，因为她不仅侮辱了所有听到这个意见的人，而且因为还包括后来的人，尽管在希罗多德写作的时候，这个评价可能比较接近真理，[16]而且阿尔泰米西娅本人后来可能还抱有这种信念。但薛西斯的决定是应当依据多数人的意见，或曰他本人的意见行事。于是他发出了舰队次日进攻的命令，陆军则向伯罗奔尼撒推进。

当法莱隆海岸上一个全能的意志强令得到了表面的一致、排除了所有真正的讨论时，附近萨拉米斯希腊人舰队表现出来的反差实在巨大，在后者的成员中，占据统治地位的是无限的分歧。有人宣称，希腊舰队最初在岛上集结，意图不是要把那里变成海军驻地，而纯粹是为了帮助雅典人转移。这个目标已经完成，薛西斯也已经到了阿提卡，欧吕比亚戴斯召集将领们讨论哪里是最为合适的海战战场。大多数人，尤其是那些来自伯罗奔尼撒的，都不愿留在萨拉米斯，建议舰队应当转移到科林斯地峡，那里可以与伯罗奔尼撒的陆军就近联系，因此一旦海战失败，船只可以在岸上求得保护，人员则可以加入陆军服务。如果在萨拉米斯附近的海军行动中失败，则他们会被包围在那座岛上，根本没有机会从那里逃生。多数人正式投票通过的决议，是转移到科林斯地峡去。但因为夜晚来临，实际的转移被拖延到次日。

现在人们感到缺少一个温泉关那样的阵地，它可以给所有的希腊人同时提供保护，从而遏制各自的恐惧和利益的滋长。我们几乎不用怀疑，伯罗奔尼撒的统帅们，尤其是科林斯人——他们提供的分舰队规模庞大，地峡上的陆战似乎也会发生在他们的土地上，因此他们表现得极其不愿在萨拉米斯战斗，而且要求把阵地转移到那样的地方：一旦海战失败，他们可以帮助自己在陆地上的士兵，而且可以得到陆地上自己士兵的帮助。然而，萨拉米斯不仅是最有利的海战场所，因为那里海峡狭窄，对希腊人数量较少的舰队有利，而且要保持舰队的团结，就不能放弃那里，因为麦加拉和埃吉纳会得不到保护，他们各自的舰队会马上撤退，以保卫他们自己的家园。而雅典人，因为大部分流亡家庭都在萨拉米斯和埃吉纳，也会因同样的原因从地峡的联合海上行动中退出。如果转移到后一个地方，甚至伯罗奔尼撒人自己都不太可能被保持在一支舰队中，因为即使欧吕比亚戴斯希望把舰队拢在一起，但埃皮道鲁斯、特罗伊曾、赫尔米奥奈等各自都会担心波斯舰队在相互分割的这个或那个港口登陆，因此需要回国击退这样的偶然进攻。所以，自萨拉米斯撤往地峡的命令，无异于所有联合海上行动的末日，所以对雅典人、埃吉纳人和麦加拉人等而言，这个决定极其令人憎恶，为了他们各自的安全，他们也要求保卫萨拉米斯。可是，尽管他们全部反对，尽管地米斯托克利抗议，伯罗奔尼撒领袖们的顽固不化，使得撤退的命令得到通过，他们各自回到自己的船上准备次日上午的撤退。

可是，地米斯托克利说服欧吕比亚戴斯重新召集一次议事会。欧吕比亚戴斯向议事会解释说，他心里产生了疑虑，所以将他们召集起来重新考虑之前的决定。地米斯托克利发起了辩论。他激烈而有力地证明，必须在狭窄的萨拉米斯海而非地峡附近的宽阔水域作战，同时可以保卫埃吉纳和麦加拉。他争辩说，在萨拉米斯的胜利，对保卫伯罗奔尼撒而言，效果丝毫不亚于在地峡的胜利。相反，如果舰队撤往地峡，则他们将吸引波斯人尾随而

第十一章 萨拉米斯战役与薛西斯的退却

至。但是他的发言对伯罗奔尼撒的统帅们没有产生什么影响,他们甚至对再度被召集起来,再次就已经做出的决定进行辩论感到愤怒,并且以他们认为对自己安全必需的方式做出决定。科林斯人阿戴曼图斯尖锐地抨击了地米斯托克利,要求后者闭嘴,因为他并不能代表任何一个自由的希腊人城邦——那时雅典已落入敌人之手。不仅如此,他甚至宣称,欧吕比亚戴斯无权把地米斯托克利的一票计算在内,除非后者可以证明,他是某个自由城邦派到议事会来的。对一个希腊一半多舰队的统帅进行这样的攻击既不大度,也不理智,证明科林斯人当时已经极其不耐烦。地米斯托克利立刻提醒他们,当他拥有200艘全员战舰时,他可能为自己在任何地方获得新城和土地。但是他清楚地看到,用论证来推行他的政策已经毫无希望,除非使用赤裸裸的威胁,否则不可能成功。他转向欧吕比亚戴斯,私下里向他指出,"如果您留在此地并且英勇战斗,则一切都会转好,但如果您不停在此地,则希腊就会灭亡,因为对我们而言,所有战争资源都集中在我们的船上。请您听我的建议。如果不听,则我们雅典人会让家眷上船前往意大利的西利斯,那样做是公正的,那里从古代以来就是我们的,而且预言宣布,我们有朝一日要去那里。所以,你们这些领袖,当失去我们这样的盟友时,过后会想起我现在说的话的"。

此前欧吕比亚戴斯几乎已经被地米斯托克利印象深刻的请求说服了,但最后这个明目张胆的威胁使他下定了决心,甚至可能让科林斯人和伯罗奔尼撒人闭上了嘴，因为非常明显的是，没有了雅典人，希腊舰队就一无是处。可是，他并未把问题再度提交表决，而是自己决定撤销之前的决议，下令留在萨拉米斯备战。对于这个命令，所有人都默认了，不管是愿意还是不愿意。次日黎明，他们都在准备战斗而非撤退了，并且祈求萨拉米斯的埃亚科斯家族的英雄们——泰拉蒙和埃亚库斯——提供保护。他们甚至派出一艘三列桨战船前往埃吉纳恳请埃亚库斯本尊和现存的埃亚库斯家的后人们。

但伯罗奔尼撒人虽然不敢不服从斯巴达统帅的命令，却顽固地保持着之前的恐惧和不甘，在短暂的间歇之后，他们又要击败地米斯托克利那严重的威胁了，而且得到了来自地峡那边建议的进一步强化。自那里归来的信使们描绘了他们那些不在场的兄弟在建设横贯地峡的城墙，抵抗即将来临的陆上入侵时的恐惧和紧张。他们为什么不在那里参与并且帮助防御呢？即使在海上被击败，至少在陆地上，又何必为已经落入敌手的阿提卡浪费精力？最初抱怨在人们之间相互传递，后来是很多人严厉地谴责欧吕比亚戴斯的疯狂，最终，这种共同的情绪公开爆发，叛乱迹象显现。他们要求举行一次新的将领议事会，而且召开了会议。这次会上，同样激烈的辩论、同样无法调和的分歧再度发作，伯罗奔尼撒的统帅们大声要求马上撤离，而雅典人、埃吉纳人和麦加拉人同样急切地赞成留下作战。对地米斯托克利来说，尽管有欧吕比亚戴斯的命令，统帅们的多数明显仍会投票反对他。一场灾难性的危

第十一章 萨拉米斯战役与薛西斯的退却

机似乎迫在眉睫,它注定使希腊丧失所有海上联合防御的机会。此时他决定诉诸最后的策略来应对极其严峻的危机:把逃跑变成不可能。他借机从议事会上溜走,派出心腹信使渡过海峡,信使携带了他给波斯将领的秘密书信。他的奴隶西琴努斯(Sikinnus)似乎是一个懂波斯语的亚洲希腊人,受命以地米斯托克利的名义与他们私下接洽,后者假装心中希望波斯人取得成功,告知说,希腊舰队不仅极其恐慌,打算立刻逃跑,而且不同分队之间意见分歧是如此严重,以至于他们很可能相互内讧而非与任何共同的敌人作战。因此(他补充说),眼下是波斯人美妙的机会,如果他们愿意立刻利用这个机会,那就首先要包围并且阻止他们逃亡,然后攻击已经四分五裂的舰队,其中的许多人,一旦战斗开始,会公开支持波斯人的事业。

这就是地米斯托克利穿过狭窄的海峡送出的重要情报。海峡将萨拉米斯和邻近的大陆分隔开,其最窄处仅有四分之一英里宽,敌人就驻扎在大陆上。信息传递所使用的话语量,正好产生了他希望制造的印象,随后产生的光荣的成功,使它变成了一个光辉的策略,但如果它随后失败,则他就会臭名昭著。最让我们吃惊的是,它在获得了希腊人眼中作为策略的标志性荣誉之后,地米斯托克利居然生前就因此受益了:在他后来被流放时,[17]它变成了给这位波斯君王一个至关重要的贡献。如果我们考虑到当时希腊事务的基本状况,则这明显的双关解释本来就会诱使他送出这种信息,也并非不可能。[18]

薛西斯非常欣喜地掉入了圈套之中,指令他的将军们从两边封锁萨拉米斯海峡,既有萨拉米斯城北边的,也有该城南边的,如果有任何让希腊人逃跑的漏洞留下,则拿他们的人头是问。[19] 数量众多的波斯舰队驻泊在阿提卡沿岸,它的指挥部设在法莱隆湾,但无疑会占据那里的三个天然港口,可能扩展到法莱隆湾西海岸的南半部分。港口属皮莱乌斯德莫,当时尚未经历人工改造。希腊舰队停泊在名为萨拉米斯的港口中。港口系该岛一部分,面对阿提卡的埃加莱奥斯山(Mount Aegaleos)。部分波斯舰队自皮莱乌斯沿阿提卡西岸北上,[20] 封堵了萨拉米斯城北边的港口和城市,这样就关住了海峡面向埃琉西斯一边的北口,另一部分封锁了皮莱乌斯和萨拉米斯岛东南角之间的另一个出口,并且在那个角落荒弃的普叙塔雷亚岛(Psyttaleia)上安排了一支陆军登陆。这些措施的目的,全都是为预防希腊人逃跑,然后在他们自己的港口附近攻击希腊人。[21]

与此同时,希腊人统帅之间激烈的争论,在地米斯托克利已经派出秘密信使之后,仍毫无缓解地继续着,而且议而不决。所以,夜幕降临时,辩论仍悬而未决。辩论要么整夜在继续,要么被拖延到次日天明前的一小时左右。但那时一个偶然事件,既有趣又重要的事件,让辩论出现了新的转机。阿利斯泰戴斯自埃吉纳到达了萨拉米斯。[22] 他是第一个带来自波斯人阵地前撤退已经不现实的消息的人,因为他本人的船只自埃吉纳开来时,只是在夜幕掩护下才避过了波斯人。可是,有些海军将领即使听到了阿利斯泰戴斯的声明之后，仍然不愿接受消息的真实性。直到一艘泰诺斯的船只——它是从波斯人方面叛逃过来的——到来后，他们才终于相信,事情的实际状态就是如此,撤退已完全不可能。一旦确认了这个事实，他们将在黎明时准备即将到来的战斗。

在把陆军沿着正对萨拉米斯岛的岸上列好阵式后，薛西斯为他自己搭建了一个高高的王座，王座位于埃加莱奥斯山突出的悬崖上，位于赫拉克勒斯圣地附近，正好突出地悬在海上。[23] 他可以从那里清楚地看到他臣属军队的战斗和行为。他相信，他们在阿尔泰米西翁未尽全力，因为他本人当时不在场。所以他的在场会给他们灌注新的勇气。此外，他的王家书吏侍立身旁，以记录英勇战斗者和怯懦者的名字。他舰队的右翼是腓尼基人和埃及人，正对着希腊人左翼的雅典人；他的左翼是伊奥尼亚人，正对着拉凯戴蒙人、埃吉纳人和麦加拉人。

希腊人从岸边划桨发起进攻，喊着他们惯常的号子，波斯人方面自信地加以回应。[24] 事实上，后者是两者中最渴望开战的。希腊的水手们在逐渐接近敌人时，起初有点犹豫，甚至一度后退了一段距离。[25] 雅典人船长阿美尼亚斯（Ameinias）和吕科麦戴斯（Lykomedes）【前者是诗人埃斯库罗斯的兄弟】从阵线中冲了出来，撞角完全嵌入了一艘腓尼基人船只中，两艘船纠缠在一块，结果无法再次分开。两边的其他船只都赶来相助，全面交战由此开始。

希罗多德以他一贯的直白，告诉我们他对行动的细节了解很少，只有他自己城邦的女王阿尔泰米西娅例外，因此我们除了一般的事实外几乎一无所知。情况看起来是这样：除伊奥尼亚的希腊人——他们中许多人（希罗多德乐于承认是他们中的大多数人）三心二意，有些甚至是厌烦——外，薛西斯的臣民们一般都表现出很大的勇气。腓尼基人、塞浦路斯人、奇利奇亚人、埃及人都与甲板上作为士兵的波斯人和米底人竞争，试图让他们那挑剔的君主满意，后者正坐在岸边观察着他们的行为。他们的惨败不是因为他们任何人的缺乏勇气，而是第一，狭窄的空间，那使得他们数量上的优势成了累赘而非优势；第二，源自他们较希腊人较差的队列秩序和纪律；第三，源自下述事实：当命运似乎对他们不利时，他们缺乏忠诚感或者相互的归属感，每个同盟者都愿意牺牲甚至撞沉他人，以便实现他自己的逃亡。他们的数量和协调的缺乏，让他们陷入混乱，使得他们相互冲撞。那些在前列的无法后退，在后方的无法推进，船桨因相互冲撞而破损，舵手失去了对他们船只的控制，也无法调整船只的航向以便可以与对手的撞角对撞。在古代的战争中，这是关键的一招。一段时间的战斗后，整个波斯舰队被逐退，彻底陷入了无法掌控的状态，结局毫无疑问：除靠个别人的英勇延迟争斗外，再无任何办法。当左翼的雅典分队——他们在那里遭遇了最大的抵抗——打散他们正面的波斯右翼追击时，埃吉纳人从右边杀出，截住了逃亡者前往法莱隆的航线。[26] 德摩克利图斯（Demokritus）是纳克索斯人船长，据说单枪匹马地俘获了波斯人五艘船。薛西斯的兄弟阿利

第十一章 萨拉米斯战役与薛西斯的退却

亚比格奈斯（Ariabignes）是海军统帅，同时遭到了两艘雅典三列桨战舰的进攻，他在勇敢地企图登上其中一艘船时阵亡了，大批杰出的波斯人和米底人共享了他的命运，由于他们中少有人会游泳，情况更加严重，而那些落到海里的希腊人水手中，多数都会游泳，而且在近在咫尺的萨拉米斯海边得到了友好的帮助。

舰队中的腓尼基人水手似乎把失败的责任推给了伊奥尼亚的希腊人，有些人在激战中被赶到了薛西斯王座所在的海岸边，他们咒骂其他人是叛徒，借以给自己解脱。

在这次灾难性的战役中，如同在之前战役的辩论中一样，哈利卡纳苏斯的阿尔泰米西娅的行为薛西斯他完全满意。这位女王似乎在战役中保全了自己的舰队，直至秩序无法恢复。之后他尝试逃亡，遭遇雅典人三列桨船长阿美尼亚斯追击，但发现她的前进路线被部分逃亡者或者说她前面处境窘迫的同伙挡住了。在这种困境中，她为了摆脱追击和保存自己，攻击了她自己的一个同道：她进攻了卡利亚国王、卡林杜斯的达马西提穆斯（Damasithymus of Kalyndus）的船只，撞击并且击沉了它，结果这位国王与所有的船员都溺亡了。如果阿美尼亚斯意识到他正追击的那艘船是阿尔泰米西娅的船只，则任何事情都不可能让他放缓追击。但是，他只知道她的船是一艘敌船，发现她攻击并且消灭了另一艘敌船后，他得出结论：她是一个变节者，因此转向他处追击了，让她得以逃脱。同时，碰巧达马西提穆斯船只的被毁发生在薛西斯以及他身边立于岸上的那些人的眼皮底下，他们认出了阿尔泰米西娅的船只,但认为被摧毁的是一艘希腊人的船只。所以他们对他评论说,"'主人,您看阿尔泰米西娅战斗得多么勇敢,她刚刚击沉了一艘敌船。'在确认那确系她所为后,据说薛西斯回答道,'我的男人都变成了女人,我的女人都变成了男人'。这样,阿尔泰米西娅不仅得救了,而且因为摧毁了薛西斯一方的一艘船获得了他更大的尊敬,那艘船上,没有一个船员能够活下来报告真实的故事"。[27]

对双方舰队各自总的损失,希罗多德根本没有给我们提供任何估计数字,但狄奥多鲁斯宣称,希腊方面被毁的船只是40艘,波斯方面是200艘,这还没有计算那些水手全部被俘的船只。波斯方面的损失还要添上所有他们战役前登陆普叙塔雷亚岛上的陆军。一旦波斯舰队逃亡,阿利斯泰戴斯就率领部分希腊人重装步兵到了岛上,击败了敌人,把他们全部处死。这个损失似乎相当令人痛惜,因为他们都是精锐,大部分是本土波斯人组成的卫队。[28]

尽管这次胜利伟大而且重要,但战后仍有足够比例的波斯舰队甚至继续积极战斗,更不用说那强大的陆军了,他们还原封未动。希腊人自身战后马上在岛上集中,尽可能地收拾船只碎片和尸体,准备第二次交战。但由于入侵者君王的胆怯,[29] 他们被免除了这项任务。在他心里,萨拉米斯的失败突然逆转了他盲目的自信,他不仅愤怒和失望,而且极其担心他个人的安全。对他的海军,他的感觉混合了愤怒和不信任,因为它完全由臣服民族组成，包括腓尼基人、埃及人、奇利奇亚人、塞浦路斯人、潘菲利亚人、伊奥尼亚的希腊人等，另有少量的波斯人和米底人，后者的任务是在甲板上从事可能并不完全适合他们的工作。所有这些臣民对于入侵的成功都无任何兴趣，除恐惧外，也没有任何其他动机服役。而伊奥尼亚的希腊人的同情，甚至是确定无疑地反对入侵。[30] 薛西斯虽然叫着要复仇，[31] 而且讨论了在通向萨拉米斯的海峡中修建巨大的防波堤或在海峡上架设桥梁的问题，但迅速放弃了工程：他下令全部舰队夜间离开法莱隆，当然，那些在甲板上服役的最为优秀的士兵都被卸下船只。舰队受命直接前往赫勒斯滂，警戒那里的桥梁以等待他的到来。

这个决定因马尔多尼乌斯加速执行，他注意到他的主子被恐惧困扰，而且看到了其中所包含的他本人的危险。那位将军非常清楚，头顶这样一次耻辱性的失败回到波斯，他根本没有安全可言。对他来说，更好的做法是本人接过征服希腊的机遇，对此他仍认为很有希望完成，并且建议薛西斯本人平安、轻松地返回亚洲。对那位惊慌中的君主来说，这个建议无异于雪中送炭，对马尔多尼乌斯本人而言，它提供了新的机会，不仅可以使他获得安全，而且使他权力有所扩大，光荣增加。所以他开始向他的主人再度保证，最近的失败毕竟没那么严重，因为它只触及军队中较弱的部分和毫无价值的外国奴隶，例如腓尼基人和埃及人等，而本土波斯人的军队仍未被击败，且不可能被击败，他们足以执行君主对希腊复仇的计划。如果主人愿意，则他现在就可以和他的大部分军队一道撤退,他(马尔多尼乌斯)保证,他率领的30万人的精锐部队一定会完成征服任务。这个建议既安慰了那位君王受伤的虚荣心,也确保了他的人身安全。

在萨拉米斯的希腊人获知敌人舰队自法莱隆湾离开,他们既吃惊又高兴,马上发动了追击。追踪远达安德罗斯岛,但未能成功。据称地米斯托克利和雅典人甚至渴望马上冲向赫勒斯滂,击毁那里由船只搭建的桥梁,以便阻止薛西斯逃跑,但他们被欧吕比亚戴斯和伯罗奔尼撒人的谨慎阻止了,后者认为,把这位波斯君主困在希腊的心脏地带是危险的。[32]

现在,他(地米斯托克利)利用舰队在基克拉狄斯群岛去勒索它们,以惩罚它们追随波斯人。当舰队忙于针对安德罗斯人时,地米斯托克利派人到其他各个城市,私人从他们那里索要财物,条件是确保他们免遭进攻。利用这种手段,他从卡吕斯图斯、帕罗斯和其他地区为他本人以及其他将军索取贿赂,但在安德罗斯,他似乎并未取得成果,在短期脱离主力后,舰队被带回了萨拉米斯。[33]

萨拉米斯战役后,薛西斯仅在阿提卡停留数日,之后就将军队通过比奥提亚撤到了色萨利,在那里,马尔多尼乌斯挑选了未来他行动所需要的士兵。他保留了所有的波斯人、米底人、萨卡人、巴克特利亚人和印度人,骑兵和步兵全数保留,连同留下的其他精选的支队,据希罗多德报道,总数为30万人。但当时已经是9月初,其中的60 000人在阿塔巴祖斯率领下,必须护送薛西斯本人前往赫勒斯滂,所以马尔多尼乌斯建议,军队在色萨利过冬,将进一步的军事行动进一步延缓到次年春天。[34]

在离开了马尔多尼乌斯指挥下的绝大部分军队后,薛西斯与其他军队向赫勒斯滂前进,所取路线与他数月前相同。关于他的撤退,流传着非常多的故事。[35] 它们相互矛盾,富于想象,甚至根本不可信。希腊人的想象力,不管是当时的诗人埃斯库罗斯,还是拉丁道德家塞涅卡(Seneca)和玉外纳(Juvenal),都乐于以最鲜明对比的方式处理这次入侵。在离开阿提卡连续45天的行军之后,薛西斯本人终于到达了赫勒斯滂。在那里,他那自萨拉米斯撤退的舰队早已到达。但是,短命的桥梁已经被风暴摧毁成了碎片,因此军队是被船只转运到亚洲的,在那里,士兵们第一次放松下来,获得了充足给养;在那里,给养从短缺到富足的变化造成了新的损失。在希罗多德时代,阿布戴拉的公民仍然展示着薛西斯赠送给他们的镀金弯刀和软毡帽。撤退途中,他曾在该地逗留,得到了满意的款待。

同时,因为不管是在陆地上还是海上,雅典人和伯罗奔尼撒人都没有了眼前的敌人,所以从极端恐惧突然变得自在和安全起来,一方面对这场意料之外的胜利感到狂喜,另一方面大肆自我吹嘘。在战役前一天,希腊似乎已经无可挽回地失败了,如今她却被毫无道理地拯救了,飘浮在头顶的恐惧阴云散去了。在分配战利品时,埃吉纳人被判定为行动中最为杰出的,有权获得他们选择的部分;献给神灵的各种感恩祭品也单独分了出来,其中有三艘腓尼基三列桨战船分别被献给了萨拉米斯的阿亚克斯、苏尼翁的雅典娜和科林斯地峡上的波塞东,另有礼物送往德尔菲的阿波罗处。在被问及是否对礼物满意时,阿波罗答称,除埃吉纳人外,其他所有人都尽了他们的义务,由于埃吉纳人获得的奖励,他要求额外的捐赠。他们被迫在神庙中献纳了青铜手杖上的四颗金星——希罗多德在德尔菲还亲眼看到过它们。在埃吉纳人之后,雅典人获得了第二名。在一般战斗人员中,埃吉纳人波吕克利图斯(Polykritus)、雅典人欧麦奈斯(Eumenes)和阿美尼亚斯荣登榜首。[36] 关于阿戴曼图斯和科林斯人在战斗中的行为,希罗多德时代的雅典人描绘了一幅极其不利的画面:他们在战役开始时就逃跑了,只是因为得到了希腊人获得胜利的消息后,才返回了战场。可是,在这个问题上,情况似乎是:不仅是科林斯人自己,而且希腊普遍的声音,都与雅典人的故事相矛盾,并且为他们辩护说,他们的行动勇敢又积极。我们必须记住,当希罗多德可能搜集他的资料时,雅典和科林斯人之间盛行的是仇恨,阿戴曼图斯之子阿利斯泰乌斯(Aristeus)是雅典最可怕的敌人之一。[37]

除勇敢奖的第一名和第二名外,集中在地峡的统帅们试图在他们中间选出技术和智慧方面的第一人和第二人。他们各自都在波塞东祭坛上投入两个人的名字。当人们计票时,发现每个人都认为自己应当得到第一名,但大多数人都把第二名投给了地米斯托克利。[38] 如此投票的结果,是谁也无法得到第一名。没有第一名,统帅们也无法投出第二名,结果是地米斯托克利尽管得到了较高的赞扬，却并未获得奖励。或许恰恰因为没有得奖，他反而赢得普遍的名声。不久后他去了斯巴达，从拉凯戴蒙人那里得到了对所有外国人来说都空前绝后的荣誉。事实上，给予第一名欧吕比亚戴斯的是橄榄冠，同时地米斯托克利因其无与伦比的智慧，被特别授予同样的冠冕以为奖励，另有一辆战车，那是该城曾生产的最为精美的战车。此外，他离开之时，被称为骑士的300名特选的年轻人——他们是该国现役的卫队与警察——作为护卫，全部陪伴他到达泰盖亚边境。如此让人吃惊的表现，竟然来自高傲而且声色不露的斯巴达人，以至于有些作者将它们归于他们的恐惧：担心地米斯托克利因为被剥夺了大奖而被得罪。据说他们甚至以此激起了雅典人极大的嫉妒心，结果地米斯托克利被从将军委员会中赶走，克桑提普斯取而代之。[39] 最后这两条报道都很可能是真的，且都未得到希罗多德的证实。次年克桑提普斯成为舰队将军，乃雅典军队职务的正常轮换，与妒忌地米斯托克利没有任何关系。

1 | Plutarch, *De Herodot. Malignit.*, p. 864; Herodot., viii. 34.
2 | Thukyd., i. 69.
3 | 面对薛西斯的得胜之师，企图在相对不利的比奥提亚或阿提卡边境进行防御，是一个非常冒失的举动，因此甚至是公元前480年的雅典人也未必赞同这个主张。这个政策更符合下一年战役的精神，可能也是被后来的阿提卡传统糅合进公元前480年的故事中的（cf. Meyer, *Gesch. d. Alt.*, iii. 384）。或许撤退开始于收割前（cf. Herodot.,

4 | Herodot., viii. 41; Plutarch, *Themistokles,* c. x.
1821—1822年，即希腊解放之前的战争中，雅典人被迫三次离开他们的家园，在萨拉米斯避难。这些事件得到了 Dr. Waddington, *Visit to Greece* (London, 1825), *Letters,* vi., vii., x 有趣而且富有启发的勾勒。在第92页，他写道，"雅典人三次集体迁移，在缺少房屋的萨拉米斯岩石下避难。我确信，在这种情况下，许多人住在山洞中，许多人在破旧的小屋中，那是他们依靠虚弱的双手在山边建造的；许多人因为受到恶劣天气影响死去，许多人得病，那是因为居住条件恶劣患上的；许多人死于饥饿和营养不良。土耳其人撤退后，幸存者返回了家园。但他们回到的是什么样的家园？一片荒凉而且贫瘠的土地。事实上，在奥麦尔·布利奥尼（Omer Brioni）离开后第一次光复雅典期间，据说在粮食从叙利亚和叙德拉（Hydra）到达皮莱乌斯之前，个别人一度依靠青草为生"。

【1688年，也是在威尼斯人与土耳其人战争期间，阿提卡的居民被迫移居到萨拉米斯、埃吉纳和科林斯（参见 Finlay, *History of Greece,* ed. 1877, v., p. 188）。——编者】

5 | 雅典人从这座城市得到了他们的英雄提修斯（参见有关早期阿提卡的一章，第5页——编者）。

6 | 希罗多德对卫城守军的叙述造成了几个难题。（1）"穷人"本应登上战船，分享战神山议事会分发的物资才能更好地照顾他们自己的利益（见前文）；（2）财产少的人不可能得到供应，抗击对卫城的包围；（3）被波斯人进攻者杀死的少数狂热分子不可能让萨拉米斯的希腊人陷入恐慌（cf. viii. 56）。这种恐慌或许不是历史，但它可能基于某种真实的沮丧情绪，表明舰队接到了某些严重的坏消息。有人主张，留在卫城上的是真正的守军，对它的防御被雅典人视为至

关重要之事（Bury in Class. Rev., December, 1896, pp. 414-418）。他们很可能预见到薛西斯摧毁圣所的决心，因而渴望保护它们免遭损害。重要的是，雅典娜神庙的财务官留在那里保护其中的珍贵物品。希罗多德叙述的虚假无疑是由雅典人的自豪决定的，它不能允许一支常规守军居然在如此之短的时间里都没有守住如此强固的阵地。——编者】

译按：1960年，美国学者M. H.詹姆逊发表了当时发现的一篇铭文，内容为面对波斯入侵时雅典撤退的安排。那里显示，由于地米斯托克利的远见，雅典人早已料到温泉关难以坚守，因此做好了在萨拉米斯进行海上决战的准备。如果铭文内容为真（大多数学者的意见），则有关温泉关战役和萨拉米斯战役的性质都需要重新估计。但因为铭文可能刻写于公元前4世纪末或者公元前3世纪，距离战争已近200年，因此否认其具有真实性的学者也不少。如果后一种意见成立，则格罗特有关温泉关和萨拉米斯战役的分析仍是成立的。有关该铭文最新的中文译文，请见张强《古希腊铭文辑要》，中华书局，2018年，第77—79页。

7　Thukyd., ii. 16, 17.

8　这个事件发生在公元前481或前480年（*Ath. Pol.*, c. 22），因此必然发生在6月底之前——编者。译按：如果地米斯托克利法令是真实的，则可能早在公元前481年，经地米斯托克利提议，雅典人已经有召回被流放者的打算，因此阿利斯泰戴斯才能在公元前480年统率一支雅典分舰队。

9　Plutarch, *Themistokles*, c. 10, 11; and *Kimon*, c. 5.

10　公元前480年的危机中，战神山议事会可能不仅拿出了金钱，或许还暂时接管了整个管理工作。显然，由于退出雅典，正常的民主机制完全停止了运作，撤退的有序执行显示有某种类似"公安委员会"

之类的机构监督。战神山议事会随后多年的巨大声望（Arist., *Polit.*, v. 3, 5）指向某种特殊的爱国主义表现。

后来的雅典民主政治自然为了自己的利益掩藏这个情节，但公元前4世纪的史学家们复活了这个传统。从这些后来者无法找到授予战神山议事会特殊权利的法令来看（*Ath. Pol.*, c. 23），可以确定的似乎是，这个团体的行动，虽然结果证明了它的合理性，但严格地说，就是篡夺。——编者

11 Aeschylus, *Persae*, 347; Herodot., viii. 48; vi. 9; Pausanias, i. 14, 4. 希罗多德公布的总数是378艘船，但他提供的分项加起来，仅为366艘。克泰西亚斯的描述，是波斯在萨拉米斯的战船多于1000艘，希腊人的是700艘（*Persica*, c. 26）。

【如果埃斯库罗斯的估计被认为本质上正确，则希罗多德提供的总数需要减去60~70艘。除非对雅典分舰队数量取较低的数字，否则这个几乎不可能实现，那可能只能达到克泰西亚斯提供的总数110艘船（cf. Meyer, *Gesch. d. Alt.*, iii., p. 387）。雅典舰队在阿尔泰米西翁遭遇严重损失后（Herodot., viii. 18），那里雅典最初的船只总数不会超过127艘（将53艘船的特遣舰队从**最初的**总数中拿掉，而不是作为*后来的*增援），则到萨拉米斯后，雅典舰船不大可能上升到180艘或200艘。雅典人后来肯定有夸大他们船只总数的倾向，在公元前431年前往斯巴达——希罗多德写作的大概时间——的雅典使节的发言，以及公元前380年伊索克拉底的声明中得到了证实［Thuk.l, i. 74: "在总数400艘船的舰队中，我们的船只占了近三分之二。"（ναῦς παρεσχόμεθα ἐς τὰς τετρακοσίας ὀλίγωι ἐλάσσους τῶν δύο μοιρῶν）; Isokr., *Paneg.*, 107: "我们拥有的船只两倍于其他所有船只的总和。"（ἡ πόλις πλείους συνεβάλετο τριήρεις ἢ σύμπαντες οἱ ναυμαχήσαντες）］。除非希罗多德提供的366艘船这个总数仅仅是算术错误，否则就是另

外的 12 艘船可能被算作埃吉纳人的预备舰队（参见 Herodot., viii. 46, 1，斯坦因在那里插入了 δώδεκα 一词）。这样他们的分舰队船只总数超过 40 艘船，如 Paus., ii. 29, 5 所说，他们提供了希腊第二大的分舰队。】

12 | Herodot., viii. 38, 39; Diodor., xi. 14; Pausan., x. 8, 4.
请与保萨尼亚斯（x. 23）有关击退布伦鲁斯以及从德尔菲击退高卢人的叙述比较。在他的叙述中，高卢人的败退不完全像在希罗多德这里一样是神灵的功劳。虽然得到了神灵介入的极大帮助，但有一支数量较大的战士保卫神庙，而且双方都有损失。那里同样提到了从山顶掉落的石块。

现场附近仍有许多石块和大石头，那是从山顶上滚落下来的，让旅行者想起了这些段落的记载。

这里描述的针对德尔菲神庙的攻击来自薛西斯的命令，但似乎不易与马尔多尼乌斯的话调和，见 Herodot., ix. 42，更无法与普鲁塔克的提法（*Numa*, c. 9）调和，他宣称，德尔菲神庙是被米底人烧毁的。

【波斯前往德尔菲的军队可能不是被薛西斯派去抢劫的，神谕**亲波斯**的程度特别明显，不应当在他的手中得到这样的处置。有人主张，这支分队是被派去**保护**神庙的，但这个意图不为帕尔纳苏斯山上的游击队所知（Munro, op. cit., pp. 319, 320）；它也可能是一支脱离了掌控的散兵游勇。从希罗多德后来的叙述（viii. 134）看，在阿拜造成的破坏似乎也不像他的信息提供人（无疑是弗奇斯人）试图让人相信的那么严重。——编者】

13 | 关于卫城的自然特征，请见 E. Gardner, *Ancient Athens*。——编者

14 | 关于阿格劳鲁斯庙，见 Gardner, op. cit., pp. 45-50。——编者

15 | 希罗多德似乎无意识地提供了波斯舰船的大概数量，他借阿凯麦奈斯之口说，波斯舰队并不比希腊舰队大多少（cf. Herodotus, vii. 236;

note 23 on p. 245）。在从最初的总数 1207 艘中减去到当时为止所受的损失（近 400 艘船）后，我们得到的总数不会超过 800 艘。自卡吕斯图斯等地来的补充不会太多。——编者

16 色诺芬《居鲁士的教育》把波斯臣民描写为缺乏战斗力，而且缺乏战斗经验的人（ἀνάλκιδες καὶ ἀσύντακτοι），甚至被刻意保持成那样，因而与波斯人本身形成了对照（Xenophon, Cyropaed., viii. 1, 45）。

17 Thukydid., i. 137. 把这条与 Asechlus, Persae, 351 et seq. 对比，会相当有趣。也请见 Herodot., viii. 109, 110.

18 上文所提供的，大多是重复了希罗多德的叙述，只有某些细节例外，这些细节一般不为现代批评者相信。可是我们应当注意到，（1）对希腊人而言，确定到底是在海上还是陆地上决战的必要性较在阿尔泰米西翁更加明显；（2）如阿尔泰米西翁的阵地一样，萨拉米斯的阵地有利于抵消波斯舰队数量上的优势，并且给希腊人提供"内线作战"的便利，这点不大可能不会对希腊海军将领们产生影响；（3）不太可能三次召开战争议事会。

总体上看，我们可以得出下述结论：至少召开过一次这样的会议，有些海军将领无疑渴望增援地峡上的陆军，对地米斯托克利的建议提出了大量反对意见。但希罗多德的版本夸大了这些辩论的时间长度与严重性。

西琴努斯的故事得到了埃斯库罗斯的支持，值得相信，但除非海军将领们的争吵真的如同希罗多德所说那样严重，否则信使的派出很可能得到了欧吕比亚戴斯的赞同。——编者

19 Aeschylus, Persae, 370.

20 狄奥多鲁斯（xi. 17）声称，薛西斯舰队中的埃及分队被派出去封锁萨拉米斯和麦加拉地区之间的出口，也就是说，绕过该岛西南角到达西北的海峡，在那里，该岛西南角被一个狭窄的海峡与麦加拉隔开，

在该地附近，伯罗奔尼撒战争期间修建了布多鲁姆（Budorum）要塞。【这个说法得到了普鲁塔克（*Themistokles,* c. 12）的支持，他宣称，绕航的舰队达到 200 艘之多。据希罗多德，这个数字代表了埃及舰队的实力。

这次移动显然重复了波斯人在阿尔泰米西翁追求的策略。相当可能的情况是，他们的指挥官们对这次调动抱有巨大期望，如果成功，则会全歼希腊舰队。或许正是这种前景，而非地米斯托克利的信息，诱使薛西斯选择了在许多方面不利于他的大军的战场。

如在阿尔泰米西翁一样，希腊人肯定清楚地意识到了他们背后被包围的危险，所以他们可能采取了同样的措施来防范这一点（请见第 272 页注释 37）。这样，他们就充分获得了"内线"调动的优势，并且有机会彻底击败波斯军队。】

21 希罗多德（viii. 70, 76）宣称，波斯舰队做了两次调动。（1）<u>当天晚上</u>他们向右移动，以便封闭阿提卡海岸与萨拉米斯之间的海峡；（2）半夜时，他们的一翼面向萨拉米斯（πρὸς τὴν Σαλαμῖνα），并且"占据了直到穆尼奇亚的整个海峡"。

格罗特认为，后一次移动意在让船只再度并排沿阿提卡海岸更向西的部分布好阵形，这样次日上午的阵势正好可以进攻沿萨拉米斯海岸布成类似阵形的希腊人舰队。

但是，希罗多德的叙述显然是错的。我们可以提出如下主要的反对意见：（1）在几个方面它无法与埃斯库罗斯（*Persae,* 1, 355 et seq.）协调，他提供的有关战役策略的第一手证据较之希罗多德的叙述绝对更为可取。（2）如果希腊人及时发现，则波斯人的第二次变阵可能使得波斯先头警戒船只完全处在希腊人掌控之中，而且我们很难理解希腊人为何不会发现这一点。（3）在离开他们海峡对面的阵地时，波斯人等于放弃了他们封锁海峡、占领普叙塔雷亚岛以及派分舰队绕航到萨拉米斯西部的所有好处。

最简单的解决方案,是认为行动乃夜半时进行的,当战役在皮莱乌斯和普叙塔雷亚开始时,波斯舰队仍然封锁着海峡。次日晨,希腊人自萨拉米斯开出,占据了萨拉米斯城与埃加莱奥斯突角之间的海峡。至于希罗多德所说的第二次调动,则它的含义相当模糊。这位历史学家显然受到了第8卷第77章所引用的神谕的误导,因此把更可能用于阿尔泰米西翁的阵形误用到了萨拉米斯(cf. Munro, op. cit., p. 306, n. 21)。他可能还期待波斯人**在战役期间**进行一次调动——右翼沿阿提卡海岸快速向前移动。

有关这个问题的详尽讨论,见 Goodwin, *Journal of the Archaeological Institute of America*, 1882—1883, pp. 234-262,尤其是 Grundy, *Great Persian War*, pp. 369-373, 382-387。——编者

22　前文已经指出(见第447页注释8),阿利斯泰戴斯在当年初已经被召回。由于他在普叙塔雷亚岛上指挥雅典重装步兵,他很可能当选为公元前480或前479年的将军,并且因此被接纳入海军议事会。他前往埃吉纳的航行可能要么是监护雅典非战斗人员的转运,要么是去搬取埃亚科斯家的英雄们(cf. Bury, *Class. Rev.*, December, 1896, pp. 417, 418)。如果是后一种情况,则运送这些神像的船只肯定在半夜之时已经回到了萨拉米斯(大约是波斯绕航舰队正通过萨拉米斯和埃吉纳之间的海峡之时),虽然整个舰队只是在交战前才得知了它们到达的消息(Herodot., viii. 83; R. M. Burrows, *Class. Rev.*, June, 1897, pp. 258, 259)。——编者

23　Aeschylus, *Pers.*, 473; Herodot., viii. 90. 薛西斯端坐于上的王座的腿系白银打造,曾长期保存在雅典卫城中,那是他撤退时留下来的。见 Harpokration, Ἀργυρόπους δίφρος。

24　埃斯库罗斯笔下的战号(*Pers.*, 396-415)是一个实际参战的战士的

记载，它表明在当天的海战和 50 年后即伯罗奔尼撒战争初期雅典人改善后的策略之间的区别。弗尔米翁（Phormion）尤其请求他的人必须保持静默（Thukyd., ii. 89）。

25 | 这个举动是故意的也并非不可能，因而对希腊人的胜利有重要贡献。为进攻敌人，波斯舰队已经（1）向左摆，中心靠近普叙塔雷亚岛，以便与希腊舰队对阵；（2）当他们推进到海峡颈部的时候，他们的正面威胁已经减弱。这种双重的调动要求不同部分有准确的协调，否则波斯舰队的阵线肯定会在某些部分过于拥挤，并在其他部分留下漏洞。如果右翼被希腊人左翼引诱，推进过快，则他们的中央和左翼因在普叙塔雷亚附近过于拥挤，必然落在后面相当距离，整条波斯战线就会一分为二。这样的解释可以说明：（1）埃吉纳人（希腊人阵线的中央部分）从后方攻击波斯人右翼的成功；（2）腓尼基人（右翼）提出的有关伊奥尼亚人（左翼）背叛的指控。参见 Grundy, op. cit., pp. 394, 397, 398。

值得注意的是，希腊人阵地上的航道现在约一英里宽，在古代甚至更窄些。海峡中的海平面较古代上升了六英尺（cf. Negris, *AthenischeMitteilungen*, 1904, p. 355 ff）。——编者

26 | Simonides,*Epigr.*, 138, Bergk.

27 | Herodot., viii. 87, 88, 93. 希罗多德提供的有关阿尔泰米西娅逃跑策略的故事似乎完全可能，他或许是从那些当时在船上的自己的同胞那里听来的。虽然普鲁塔克指责他过分偏向这位女王，但希罗多德本人显然并不喜欢这个故事，更不用说偏爱了，因为他本人对此都有所怀疑，"我不知道她是否有意撞击卡林杜斯的船只，还是碰巧与其发生了碰撞"。由于撞击如此具有毁灭性，以至于卡林杜斯的船只彻底被撞毁沉没了，所有水手都死去了，因此我们可以相当确定，撞击是有意的。虽然击沉卡林杜斯人船只的故事像是真的，但对于

薛西斯的观察，我们就没法说同样的话了，据称薛西斯本人亲眼见到了这一幕。这一切听起来怎么看都像地道的小说。

我们肯定感到遗憾的是（如普鲁塔克在《论希罗多德的恶意》第873页注意到的），希罗多德告诉我们的关于其他人的事情较阿尔泰米西娅少得多，但他所**听说**的关于她的事情，无疑较所有其他人都多，或许他本人的亲属当时就在她的分舰队中。

28　Herodot., viii. 95; Plutarch, *Aristid*., c. 9; Aeschyl., *Pers*., 454–470; Diodor., xi. 19.

29　薛西斯本人胆小怕事的性格，大流士·孔多曼努斯在伊苏斯和阿尔贝拉的胆怯，都大大有助于希腊人对波斯人的胜利（Arrian, ii. 11, 6; iii. 14, 3）。

30　除薛西斯的感觉外，确定的事实是，波斯人一旦失去了对海洋的掌控，则无法依赖海军获得整支大军所需要的必要给养。因此，留在希腊的陆军数量只能是那个国家可以养活的规模。薛西斯和他的全军马上发现希腊无法养活他们，犹如半岛战争期间，当英国人推进得距离他们沿海的补给基地过远时，发现西班牙无法供养他们一样。——编者

31　如果弗吕尼库斯名为《腓尼基人》的悲剧保存了下来，则我们对腓尼基分舰队在这次入侵中的地位和行动会有更多的了解。仅仅萨拉米斯战役三年后，即公元前476年，它就在雅典得到了描述，悲剧的资助者是地米斯托克利，较埃斯库罗斯的《波斯人》早了四年。格劳库斯（Glaukus）证实，它是对前一悲剧的改编（παραπεποιῆσθαι）。《腓尼基人》的歌队由腓尼基妇女组成，可能由那些战后被薛西斯下令砍头的腓尼基人的遗孀组成【Herodot., viii. 90. 如布鲁姆菲尔德（Blomfield）博士所认为的那样，见他为埃斯库罗斯的《波斯人》所写的序言第ix页】，也可能由那些未参与这次远征的腓尼基人组成。

32	公元前480年，根本不可能提出类似于本处归于地米斯托克利名下的建议。更可能的情况是，甚至这位领袖从一开始就采取了希罗多德第8卷第109章归于他名下的更加谨慎的政策。只要希腊人仍需要全力对付波斯陆军，就无法把舰队全军留在遥远的水域，则进攻赫勒斯滂的计划根本不现实。占领赫勒斯滂的一或两个港口不可能切断薛西斯的撤退路线，所以对这些区域的攻击没有多大意义。——编者
33	Herodot., viii, 112; Plutarch, *Themistokles*, c. 21。普鲁塔克援引了当时的诗人提摩克莱翁（Timokreon）数行尖刻的诗歌。
34	这个说法的重要性在于，它证明薛西斯并未将其大部分军队带回亚洲（见第214页注释31）。——编者
35	在我看来，埃斯库罗斯有关这次撤退行军的叙述是夸张的，在多个点上不可信（*Persae*, 482-513）。由于缺乏给养，波斯军队撤退途中损失惨重、许多人死于饥饿，毫无疑问是真实的。但是我们必须考虑减少数字，原因如下：（1）这次撤退发生在10月和11月，所以是在收获季节后不久；（2）马尔多尼乌斯的大军整个冬天都留在色萨利，次年春天出征仍有战斗力；（3）在平安护送薛西斯后，阿塔巴祖斯率领的另一支大军整个冬天都在色雷斯进行军事活动。
	当我们考虑到这些事实，甚至埃斯库罗斯有关饥荒造成损失的声明似乎都必然包括巨大的夸张成分。他有关斯特吕蒙河的段落，在我看来难以置信。
	类似靠近斯特吕蒙河河口这样的大河（180码宽，位置约为北纬40度50分），在一个不可能晚于11月初的季节里，不可能一夜之间封冻，而且坚固得足以让大批军队在天亮之后、太阳尚未暖和之前，在上面行军。这个说法肯定需要一个较埃斯库罗斯更加有责任感的证人来宣布。

在薛西斯进军期间，斯特吕蒙河上曾架起一座船桥，人们不可能有任何理由证明，那座桥那时为何会不在了。阿塔巴祖斯在护送国王到达赫勒斯滂后，肯定再度从桥上走过。

36 Herodot., viii. 93-122.

37 Herodot., viii. 94; Thukyd., i. 42, 103; τὸ σφοδρὸν μῖσος 自科林斯到了雅典。关于阿利斯泰乌斯，见 Thukyd., ii. 67。

普鲁塔克（*De Herodot. Malignit.*, p. 870）在反驳雅典人这个著名的故事——史学家本人并不认为它是真实的——时，用了许多激烈的话语。狄奥·克利索斯托姆（*Or.*, xxxvii., p. 456）不仅不满足于拒绝雅典人的故事，而且长篇大论地证实，科林斯人赢得了勇敢的锦标，他们是胜利的原因。但他所援引的西蒙尼戴斯的墓志铭根本不能证明这类说法（p. 459）。

【科林斯人的墓志铭在萨拉米斯旧墓地——地处一个令人尊敬的位置——被发现的事实，倾向于证实普鲁塔克和狄奥的说法：科林斯人在萨拉米斯发挥了杰出作用（Hicks and Hill, *Historical Inscriptions*, n. 18）。

阿戴曼图斯"向西逃跑"的故事可能源自下述事实：他受命（如雅典人在阿尔泰米西翁的特遣分舰队一样）阻击埃及人进行包围的分舰队；他的"回到战线"则表明敌人未能突破科林斯人在西部海峡的战线，最终退却了，因此让阿戴曼图斯自由地与主力舰队重新会合（Grundy, op. cit., p. 405）。

我们或许可以把"建造防浪堤"——克泰西亚斯（*Persica*, c. 26）和斯特拉波（ix., p. 395）将其置于战役之前——与上述行动联系起来（cf. Munro, op. cit., p. 332）。——编者】

38 Herodot., viii. 123; 普鲁塔克宣称（*Themist.*, c. 17; 请与 DeHerodot. Malign., p. 871 比较）：每位统帅都把第二名的票投给了地米斯托克

利。我们越是把希罗多德的记载与其他作家比较,我们就越是发现他毫无夸张的意思。

39 | Diodor., xi. 27; 请与 Herodot., viii. 125 以及 Thukyd., i. 74 比较。
【狄奥多鲁斯有关地米斯托克利因受贿被罢黜的说法似乎包含着真实的内核。从普鲁塔克征引的提摩克莱翁非常尖刻的攻击话语(见第270页注释33)中,我们可以推测,由于勒索金钱的行为(无疑是自私而且无原则的),地米斯托克利在爱琴海上的希腊人中不受欢迎。可以肯定的,似乎是地米斯托克利从未再度享有对舰队的指挥权,因为阿利斯泰戴斯是陆军的天然统帅,地米斯托克利无论是否当选,都不曾在这次战争中发挥更进一步的作用。——编者】

第十二章
普拉提亚与米卡莱战役——波斯人被最终击退

虽然在萨拉米斯的失败使波斯人失去了所有从海上进攻希腊的希望，但他们仍期待马尔多尼乌斯在随后的战役中于陆地上取得成功。在把他们的君主与陪伴的陆军送过赫勒斯滂之后，他们的舰队撤往库麦和萨摩斯过冬。次年春初，舰队再度集结在萨摩斯的海军基地，战船数达400艘，但少了腓尼基人。可是，他们的意图仅是对伊奥尼亚人保持监视性质的警戒，几乎没有想到希腊人舰队会冒险进攻他们。

在一个长时间里，那支舰队的行动让它的敌人有理由证明他们的信念。春季，在斯巴达国王莱奥提奇戴斯指挥下，一支达110艘船的舰队集中在埃吉纳，向前推进到远至提洛岛的地区，

第十二章 普拉提亚与米卡莱战役——波斯人被最终击退

但并未进一步东进。开俄斯人与其他伊奥尼亚人遣往斯巴达当局和舰队的使节们费尽口舌，并且承诺一旦希腊人舰队出现，他们就发起脱离波斯的起义，但都未能说服莱奥提奇戴斯冒险采取任何攻击计划。到那时为止，伊奥尼亚和爱琴海东部水域已经15年完全处在波斯掌控之下，而且希腊人很少访问那里，以至于前往那里的航行犹如前往赫拉克勒斯柱一般，对缺少航海经验的斯巴达国王而言，尤其如此。[1]52年后，当拉凯戴蒙人海军统帅阿尔奇达斯（Alkidas）进行同样的航行时，冒险程度一点都不低。那年他第一次冒险让他的舰队出现在雅典帝国专属的水域中。

与此同时，薛西斯匆忙且灾难性的撤退在他的臣民和盟友中产生的不利影响，较之预期的要小。马其顿国王亚历山大、色萨利的阿琉亚戴家族、比奥提亚的领袖们，都仍然诚心诚意地与马尔多尼乌斯合作，在阿提卡和麦加拉地区以北的西部和北部的希腊人中，除弗奇斯人的忠诚在他看来可疑外，都无须担心忠诚问题。只有在卡尔奇狄斯半岛发生了真正的起义。波提戴亚位于帕莱奈地峡之上，它与该半岛长舌上的近邻城镇宣布独立，附近的奥林图斯本被半希腊的波提埃亚人（Bottiaeans）占领，正打算追随他们的榜样。波斯将领阿塔巴祖斯在护送薛西斯前往赫勒斯滂后返回希腊途中，发动了对这些城镇的征服，在奥林图斯取得了完全成功。他占领了该城，屠杀了所有居民，并将新人迁居该地。新移民是托罗奈的克利托布鲁斯（Kritobulus）领导下的卡尔奇狄凯的希腊人。后来如此重要和有趣的城市奥林图斯，就这样首次变成了一个希腊人的和卡尔奇狄凯人的城市。但阿塔巴祖斯对波提戴亚的围攻不那么成功，该城的防御者得到了来自帕莱奈其他城镇公民的帮助。他与提摩克塞努斯（Timoxenus）——城中斯奇奥奈人辅助兵的统帅——所设计的阴谋，也偶然被揭露出来：在企图利用低潮从城墙——它横贯连接帕莱奈半岛与大陆的整个狭窄地峡——下进入城内时，相当数量的波斯军队被消灭。在三个月的围困后，他被迫放弃了这项工程，把军队撤往色萨利与马尔多尼乌斯会合。

在春季战役启动之前，马尔多尼乌斯认为，明智的做法是请示希腊人的神谕，特别是在比奥提亚和弗奇斯境内的神谕。他走出这一步的意图，可能是对盟友的宗教感情表示表面上的尊重，因为他现在相当依赖他们。但不管是提出的问题，还是得到的回答，都没有公开。[2] 可是，似乎在这个时期，马尔多尼乌斯尝试通过神谕强化自己的地位，制订了与雅典单独签订和约与结盟以对付伯罗奔尼撒人的计划，一些为他效力的人散布了下述预言：波斯人和雅典人联合从伯罗奔尼撒驱逐多利安人的时刻正在到来。[3] 这样，他为派遣马其顿国王亚历山大出使雅典铺好了道路，后者受命提出了极为诱人的条件：承诺补偿阿提卡的所有损失，以及波斯大王未来可靠的友谊。作为同意与波斯订立平等而独立的同盟的回报是，雅典人会得到大片新近获得的土地。

这个提议在春季送出，当时雅典人已经全部或者部分回到了他们那半城被毁的城市。如果一年前薛西斯在温泉关提出一个

第十二章 普拉提亚与米卡莱战役——波斯人被最终击退

温和的、可以接受的条件，或许就不仅仅是把雅典人从希腊的共同事业中分离出来了。在眼下时刻，虽然巨大的恐惧压力已经消退，但他们仍有许多理由接受马尔多尼乌斯的建议。与雅典结盟，会确保这位波斯将军在希腊取得无可置疑的支配地位，雅典自身则会免遭更进一步的破坏，并且会处在决定胜负的有利地位。反之，马尔多尼乌斯的军队，他的地位，他的盟友，即使按照当时的情况，也会让雅典承受一场毁灭性的、结局不定的战争，其中阿提卡会承受主要的冲击。此外，当时雅典人正遭遇最为严重的饥荒，因为不仅他们被毁的房屋和神庙需要重建，而且他们已经失去了上一个夏天的收成，连同已经过去的秋天的播种。[4] 因此，对形势谨慎的判断有利于马尔多尼乌斯，而非任何其他选择，尤其是它还得到了当时支配雅典的悲惨处境的强化。拉凯戴蒙人如此担心亚历山大的建议可能被接受，以至于他们派出使者劝说雅典人不要听亚历山大讲话，同时对该城当时的贫困表示同情。在听取双方的意见后，雅典人以神圣而且尊严的决定做出了回答，那是他们的后代乐于不断重复的。他们对亚历山大说："不要再啰唆什么波斯的军力比我们强大许多倍，我们像你们一样清楚这一点，但我们终归是热爱自由的，因此会尽力抵抗他。要拉我们与他结盟，还是别白费力气了。告诉马尔多尼乌斯，只要太阳继续沿着现在的轨道运行，则我们就永不可能与薛西斯订立盟约。我们会在防卫战中抗击他，信任他根本就未表现出尊重的诸神和英雄们——它们的房屋和雕像都已经被他烧掉了——的帮助。您也不用再带着类似的建议过来了,即使是善意地,也不可能说服我们做这种无耻的交易。您是雅典的客人和朋友,我们不愿意您在我们手里遭遇伤害。"

对于斯巴达人,雅典的回答是同样的坚决,表达了他们难以遏制的对希腊共同事业和自由的忠诚,并且承诺,无论什么样的诱惑,不管是金钱还是土地,都不能诱使他们抛弃兄弟情义、共同语言和共同宗教的纽带。哪怕雅典人战斗到最后一人,也不会与薛西斯订立盟约。然后他们感谢斯巴达人在当前窘迫的情况下提供的帮助。但在谢绝帮助的同时,他们也提醒斯巴达人,马尔多尼乌斯一旦意识到他的建议被拒绝,则他可能会马上进军,因此雅典人极其希望有一支伯罗奔尼撒军队出现在比奥提亚,以帮助他们保卫阿提卡。5 斯巴达使节承诺兑现雅典人的请求,而且对雅典人决心的坚定感到满意,之后就离开了。

面对他们当时的悲惨处境以及对未来诱人的条件,雅典方面表现出了对希腊共同事业毫不动摇的忠诚,公正地得到了他们的后代的崇敬以及其他演说家经常的赞美。但在斯巴达人和伯罗奔尼撒人中,与萨拉米斯战役前曾严重威胁事情进展的情绪——对地峡之外的希腊人漠不关心——同样的心情,再度出现了。他们曾一直忙于修建横贯地峡的城墙——他们要靠它对抗薛西斯的陆军——现在随着薛西斯的撤退,一直断断续续,没有完工,但一旦预料到马尔多尼乌斯会再度推进,工程再度开工。可是,当马其顿国王作为使节到达雅典时,工程尚未竣工,他们特殊的防

第十二章 普拉提亚与米卡莱战役——波斯人被最终击退

御手段未完工的状态，是他们惊慌的原因之一：他们担心雅典人会接受提出的条件。那个危险暂时避免后，他们在地峡上夜以继日地努力工作，因此城墙很快就达到了足以防御的状态，他们还沿着山顶修建了堡垒。在他们的堡垒之后得到安全后，他们就不再考虑在比奥提亚与雅典人联合，并且帮助他们对抗马尔多尼乌斯、保卫阿提卡的承诺了。事实上，他们的国王克莱翁布罗图斯在地峡上指挥着陆军，对当时发生的日食感到非常恐惧，那时他正在献祭，以确定诸神对即将来临的战争的态度，因此他甚至认为，有必要和主力一起撤到斯巴达。不过他很快在斯巴达去世了。[6] 除了这两个理由——漠不关心和不利的征兆——使得斯巴达人不能帮助阿提卡外，还有第三个理由：他们正忙于庆祝叙亚琴提亚节。（这位历史学家说）[7] 履行"对神灵的义务"是他们的第一目标。

与此同时，马尔多尼乌斯得知他的建议在雅典遭遇不利，马上动员军队自色萨利南下，联合所有希腊人辅助部队以及从色雷斯和马其顿新征集的军队。当他穿过比奥提亚时，底比斯人真心支持他的事业，因而努力劝他不要继续进军去对抗敌人的联合力量，而是力请他对不同城邦的主要人物尝试贿赂，从而分化他们。但马尔多尼乌斯渴望再度君临阿提卡，因此忽略了他们的建议。在薛西斯撤退大约10个月后，他未遭抵抗就进入了那片土地，再度把波斯统帅部设在了雅典（公元前479年5月或6月）。

他到达之前，雅典人已经再度转移到萨拉米斯了。他们极其失望和愤怒，无望地等待着斯巴达人兑现承诺：有一支伯罗奔尼撒军队与他们携手在比奥提亚保卫他们的边境。最终，因为无法独力与敌人正面冲突，他们发现自己被迫把他们的家眷送到萨拉米斯。与上一年夏天的转移比较，这次远不那么可怕，因为马尔多尼乌斯没有舰队骚扰他们。但如果斯巴达人遵守承诺，则转移本可避免，那样他们会更加感激，那样的话，普拉提亚战役会较实际发生的战斗提前两个月。

马尔多尼乌斯虽然成了雅典的主人，但仍渴望与雅典人和解，最初他避免损害城市和乡村，并且派出第二个使团前往萨拉米斯，重复了他通过马其顿的亚历山大传达的条件。他认为他们现在也许会愿意听取，因为他把免除对阿提卡的劫掠作为一个附加诱人条件。赫勒斯滂地区的一个希腊人穆吕奇戴斯（Murychides）受委派向雅典人在萨拉米斯的议事会重提这些建议，但他遭到了拒绝，且坚决程度不亚于对马其顿的亚历山大的回应，那是全体一致的回答。一位倒霉的议事会议员吕奇达斯（Lykidas）是这一致中的例外，冒险提议接受穆吕奇戴斯的建议。他唯一的否定意见遭遇如此愤怒——人们非常怀疑他受贿，以至于其他议员和人民联合起来用石头把他砸死了。萨拉米斯的雅典妇女们在听说了发生的事情后，自发前往吕奇达斯家，把他的妻子和孩子也都砸死了。在雅典人当时陷入的那种极端决绝的气氛中，反对派被视为叛徒。对他们的感情来说，一致，哪怕需要以恐怖手段获得，都是必需的。[8]

第十二章 普拉提亚与米卡莱战役——波斯人被最终击退

当雅典人再度用证据证明了他们对希腊事业的坚定忠诚时，他们与麦加拉人和普拉提亚人一道派出使节，向斯巴达人抗议后者的迟缓和背信，请求他们稍后立刻出兵，在阿提卡迎击马尔多尼乌斯。他们没有忘记威胁一句：如果他们被抛弃的话，则他们只能违背自己的意愿，接受敌人的条件。斯巴达监察官一直拖延对使节们的回复，而且连续10天都如此，与此同时，他们尽最大努力去完成地峡上的防御工事。如果不是一个名为奇莱奥斯（Chileos）的泰盖亚人，则在尽可能地与使节们周旋之后，监察官们打算最终给使节们一个否定性的答复。奇莱奥斯在斯巴达很受尊重，他提醒监察官说，如果雅典人与马尔多尼乌斯结盟，从而让伯罗奔尼撒半岛向海洋开放，则地峡上的任何工事都不足以保卫伯罗奔尼撒。

这位令人尊敬的泰盖亚人的强力意见向监察官证明，他们自私的政策不可能得到伯罗奔尼撒盟友的附和，并且让他们注意到，虽然波斯舰队已经在前一年战败，现在停在远离希腊的地方，但海上的危险可能再度出现。这一下改变了他们的决定，其彻底程度不亚于突然程度，结果他们在夜间派出5000名斯巴达公民前往地峡，每人都有7名黑劳士跟从。当不知政策突然变化的雅典使节们次日前来预备通知雅典无法再承受这种背叛，而会马上为自身的安全与单独的和平采取措施时，监察官们以誓言证实，军队已经在开进的路上，而且此时可能已经出了斯巴达的土地。[9]考虑到这是对此前的背叛和背信的赎罪措施，对此前的不完美、拖延和迟钝做出的补偿，监察官们可能认为，夜间出兵的神秘，将之作为事实突然透露给使节们，是一种会让后者印象特别深刻的回答方式，因为他们马上就带着这个好消息去了萨拉米斯，并要他们的国人快速行动。5000名斯巴达公民，每人有7名轻装的黑劳士作为随从，就这样走上了战争的舞台。在整个希腊历史上，我们从未听说过有接近5000名斯巴达公民同时投入国外战场的事情。但他们并非全部，因为5000名拉凯戴蒙的庇里阿西人，每人有1名黑劳士轻装兵随侍，也被派往地峡地区，参加同一场战斗。如此史无前例的努力，说明当时斯巴达做了虽然迟缓，但真真切切的足够充分的动员。其他伯罗奔尼撒城邦也追随了他们的榜样，因此在斯巴达人保萨尼亚斯麾下，集中了一支大军。[10]

此时马尔多尼乌斯似乎在秘密与阿尔戈斯人谈判，后者虽然宣布中立，但据说曾承诺马尔多尼乌斯他们会阻遏斯巴达人出兵国境之外。如果他们曾做过这样的承诺，则发兵的突然性，以及军队数量的庞大，妨碍了他们兑现承诺，而且监察官可能已经料到如此，他们知道，阿尔戈斯人可能会进行阻挠。无论如何，后者被迫满足于用他们最快的信使马上通知了马尔多尼乌斯相关事实。它使得那位将军撤出阿提卡，在比奥提亚进行战争，那里各方面都对他更加有利。他一度克制自己，不对雅典及其周围地区进行破坏，希望诱导雅典人接受他的建议。但他在那里驻扎的最后几天都被用来烧毁、消灭任何前一个夏天薛西斯大军饶过的所有东西。在偷袭用来保卫麦加拉的1000名拉凯戴蒙人的尝试

第十二章　普拉提亚与米卡莱战役——波斯人被最终击退

失败后，他全军退到了比奥提亚，既未走经埃琉泰莱（Eleutherae）到普拉提亚的直道，也未走经菲莱（Phyle）到底比斯的道路，两条道路都经过山区，不利于骑兵活动，而是沿东北方向奔戴凯雷亚，在那里，他遇到了来自阿索普斯河附近地区的一些向导，由那里经过斯芬达雷斯（Sphendaleis）德莫到了塔纳格拉（Tanagra）。这样，在走过距离较远但相对轻松的道路之后，他发现自己到了比奥提亚的阿索普斯平原。次日，他沿着那条河西进到斯科鲁斯（Skolus）。这是一座底比斯城镇的土地，地处普拉提亚附近。[11] 然后他在不远处的阿索普斯河左岸的平原上列阵：左翼背靠埃吕特莱，中央背靠叙西埃（Hysiae），右翼在普拉提亚人的土地上。他动用军队，立刻修建了一座长10弗尔浪的正方形设防营地，外设木墙和塔楼，树木砍伐自底比斯人的土地之上。

这样，马尔多尼乌斯发现，他拥有数量众多的军队，处在一个便于骑兵活动的平原之上，而且有一座程度不等的可以防御的营地。他的背后是底比斯设防的城市，不仅有相当充足的给养，而且背后就是可以取得更多给养的地区。可是，他的军队中仅有极少数人衷心拥护这项事业或者对成功抱有信心。[12] 甚至土生土长的波斯人都因为一年前他们君主的逃亡而心情沮丧，心中满是不利的预兆。

如果许多将领都对这项事业不仅仅是冷漠，而且是绝望，那追随者和臣民盟友就更加严重地缺乏意愿和希望了。前一年追随那位大王，对许多波斯人来说在很多方面感到满足，但由于在马尔多尼乌斯统率下，如今数量锐减，第二统帅阿塔巴祖斯不仅懈怠，甚至嫉妒自己的上司，因而所有人都对战斗感到不快。在这种背景下，当我们发现马尔多尼乌斯被杀之时，整支军队立刻消失，都不会感到惊奇。

在马尔多尼乌斯的希腊人盟友中，底比斯人和比奥提亚人积极且热心，其他大多数人得过且过，弗奇斯人的忠诚甚至都让人怀疑。他们1000人的分遣队姗姗来迟，只是在他从阿提卡退到比奥提亚时才露面。有些弗奇斯人仍留在帕尔纳苏斯附近，对波斯人表现出明显的敌意。

根据底比斯人的说法，希腊的自由如今将在比奥提亚决定。马尔多尼乌斯不仅已经占领了阵地，而且在希腊联军的前锋自地峡出发抵达奇泰隆山时，他的营地已经设防。在拉凯戴蒙人全军抵达地峡后，他们需要等待伯罗奔尼撒人和其他的盟友。与他们会合的重装步兵如下述：来自泰盖亚的1500人；科林斯的5000人，另有一支来自科林斯殖民地波提戴亚的300人小分队，阿卡狄亚的奥科麦努斯600人，西库翁3000人，埃皮道鲁斯800人，特罗伊曾1000人，莱普莱翁200人，迈锡尼和提林斯400人，卡尔奇斯400人，安布拉奇亚500人，琉卡斯和阿纳克托利翁800人，凯法伦尼亚的帕莱200人，埃吉纳500人。从地峡向麦加拉进军时，他们接收了3000名麦加拉人重装步兵；前锋部队一到达埃琉西斯，因为阿利斯泰戴斯统率的8000名雅

第十二章　普拉提亚与米卡莱战役——波斯人被最终击退

典人和600名普拉提亚人加入，全军完成会合。阿利斯泰戴斯是从萨拉米斯过来的。[13]因此，重装步兵的全部兵力共38 700人。当时没有骑兵，弓箭手也极少，但如果我们把那些轻装兵或笼统地称为无武装的人——他们可能有标枪和剑，但没有任何防御性武装——加上，则这支大军不少于11万人。根据希罗多德的计算，在这些轻装或无武装的士兵中，有斯巴达5000公民的随从黑劳士35 000人，其他重装步兵共有34 500名随从。另外还有泰斯皮埃的1800人。他们名义上是重装步兵，但装备太差，没有被算在重装步兵之内。[14]

这就是在普拉提亚面对波斯人的战斗中在场或者随时可以调用的希腊人的数量。战斗稍后发生，但各分遣队最初似乎并未完全到齐，直到战役前几天，新援仍在陆续到来，与他们一起的，是结队到达的牲口和给养，以保持军队的生存。保萨尼亚斯首先从地峡推进到埃琉西斯，在那里，来自萨拉米斯的雅典人加入了他的队伍。在埃琉西斯和地峡上，所献牺牲的兆头都令人鼓舞，于是联军向前翻越奇泰隆山，看到了波斯人。当保萨尼亚斯发现波斯人在山下平原上的阿索普斯河边列阵时，他把军队停在埃吕特莱附近的山嘴上，没有冒险进入平地之上。[15]马尔多尼乌斯发现他们无意在平原上求战，乃派出他数量众多的优秀骑兵进攻他们，骑兵统帅是他军队中最为杰出的军官马西斯提乌斯（Masistius）。由于地面如此崎岖，大部分军队未能推进，但麦加拉人碰巧较其他部队更加暴露，遭到巨大压力，他们被迫向保萨尼亚斯求援。他们不仅没有骑兵，而且无任何弓箭手或带标枪的轻装兵。而波斯人是优秀的射手和投枪手，还有大量的弓箭手，且他们自孩提时代起就得到了良好训练。他们连续冲击，以投枪和弓箭赢得了对希腊人的优势。[16] 对波斯人骑兵的畏惧是如此普遍，以至于保萨尼亚斯找不到任何其他希腊人自愿前往拯救麦加拉人。例外的是雅典人，尤其是在奥林匹奥多鲁斯（Olympiodorus）统率下的 300 名特选士兵，在部分弓箭手的帮助下，马上到达现场，接过了与波斯人的战斗。一段时间里，战斗激烈而且结局悬而不决。最后，将军马西斯提乌斯，那个以勇敢知名的人，又是一个大个子，穿着醒目的甲胄，乘上一匹黄金装饰的尼塞亚马（Nisaean horse）发起攻击，但他的马肋部中箭，这头牲口立刻人立起来，把主人甩在了地上，且就在雅典人身旁。他们蜂拥而上，虏获了马匹，并且在马西斯提乌斯起身前杀了他。统帅的阵亡并未被波斯骑兵注意到，但一旦他们发现将军阵亡之后，马上意识到了损失，疯狂地发起了集体冲锋，意图夺回尸体。最初雅典人人数太少，无力抵抗攻击，一度被迫后撤，放弃了尸体。但增援瞬间应召而来，波斯人遭遇损失后被击退，希腊人最终控制了尸体。

马西斯提乌斯的阵亡，连同骑兵最终被击退并且把他的尸体留给希腊人，对双方产生了强烈影响，鼓舞了一方的同时，让另一方丧胆。

希腊人现在变得如此自信，以至于保萨尼亚斯敢于放弃水

第十二章　普拉提亚与米卡莱战役——波斯人被最终击退

源不足的山地的保护，在山下的平原上列阵，阵中仅有低矮的小山包分隔。他们从埃吕特拉沿奇泰隆山山嘴西移，过叙西埃，沿阿索普斯河在普拉提亚人境内扎营。营地扎于河右岸，其右翼接近加尔加菲亚泉（Gargaphia），左翼近普拉提亚的英雄安德罗克拉泰斯（Androkrates）庙。[17] 在这座阵地上，他们根据民族，或者说是希腊人各自的名称集中起来。拉凯戴蒙人占据右翼，泰盖亚人和科林斯人紧挨着他们，雅典人占据了左翼。[18]

马尔多尼乌斯认识到了形势的变化，也将军队稍许西移，这样正好面对希腊人，两军中间由阿索普斯河隔开。根据底比斯人的建议，他本人与波斯人以及米底人，即他军队中的精锐部分，占据了左翼，直接面对希腊人右翼的拉凯戴蒙人，甚至延伸的长度还覆盖了拉凯戴蒙人左边的泰盖亚人。巴克特利亚人、印度人、萨卡人，以及其他亚洲人和埃及人，占据了中央；为波斯效劳的希腊人和马其顿人占据了右翼，面对雅典的重装步兵。最后提到的这波希腊人（波斯方面的希腊人和马其顿人），希罗多德不知道具体数量，虽然他估计他们为5万人。我们对他提供的属于马尔多尼乌斯的总数达30万的其他军队，也无法给予任何信任，虽然他们的数量不会少太多。[19]

或许因敌人的承诺或贿赂的鼓励，在雅典比较富有的重装步兵中，开始了一场阴谋，意图在雅典建立波斯霸权下的寡头政治，[20] 如同底比斯那样。在如此关键时刻，这场阴谋危险极大，幸运的是，它被阿利斯泰戴斯既柔和又果断的手段扑灭了。

在底比斯人指引下,波斯骑兵造成的损害源源不断。他们持续不停的攻击,还有来自阿索普斯河对岸的标枪,使希腊人无法利用河中的水源,结果全军都被迫到最左边拉凯戴蒙人重装步兵附近的加尔加菲亚泉取水。此外,底比斯领袖提麦盖尼达斯(Timegenidas)注意到,在希腊人营地背后,给养通过奇泰隆关口运来,还有为护送它们持续到来的重装步兵援兵,因此说服马其顿人利用骑兵去切断交通。这类行动中的第一波动作,是夜间针对名为橡树头的关口采取的,并取得了显著的成功:500头驮兽的运输队,连同给养以及护送的队伍,都被赶到了山下的平原上,全部被杀或者被作为俘虏带到了波斯营地。因此,希腊人方面任何更多的运输活动都变得不安全了。在提麦盖尼达斯建议、马尔多尼乌斯执行这个策略之前,八天已经在无所事事中过去。对希腊人来说,幸运的是马尔多尼乌斯没有早点这么做,它也提供了明确的证据,证明在不发起灾难性的总体行动的情况下,他对骑兵的使用效率是多么低下。虽然如此,在又等待了两天之后,他的耐心被消耗一空,决心马上发起总攻。阿塔巴祖斯无望地尝试阻止他迈出这一步,他的观点与底比斯人一样:在阵地战中,希腊联军不可战胜,唯一的成功之策,是让拖延和贿赂分散希腊人。他建议利用底比斯采取守势,那里设防周密,给养充足,从而有时间在不同的希腊人城邦中有效贿赂那些重要人物。希罗多德认为,这个建议是明智的,而且有成功的可能。但建议被马尔多尼乌斯拒绝,他将之视为怯懦,而且与波斯军队公认的优势不相配。

类似马尔多尼乌斯统率的那样大部队的进攻，在任何情况下都不大可能采取偷袭希腊人的方式进行，但后者因为马其顿国王亚历山大的一次秘密访问而得到了预警。夜半时分，他骑马来到雅典人前沿阵地，希望与阿利斯泰戴斯或其他将军交流。他只向他们透露了自己的名字，并且宣布他同情希腊人的事业，进而告知希腊人，虽然马尔多尼乌斯很早以前就渴望发起战斗，但用任何方法都无法获得吉兆。然而，哪怕是有这样的障碍，他还是决心次日上午发动攻击。[21]

波斯骑兵的快速移动，以及如雨一般的箭矢和标枪，越来越让希腊人难受。后者（如此前已经说过的）根本没有骑兵，他们的轻装兵虽然数量足够，但除雅典的弓箭手外，似乎没有做出任何贡献。波斯骑兵所获得优势的巨大程度，可以由下述事实证明：拉凯戴蒙人一度被从加尔加菲亚泉逐离，泉眼被堵塞，以至于不适于再启用。此前军队已经被骑兵阻击，无法利用阿索普斯河的水源，最近这眼泉水成了唯一的水源，没有了它，他们已经占据的阵地就无法坚持，而他们的给养也耗尽了。由于担心波斯的骑兵，车队无法从奇泰隆山上下来与他们会合。[22]

在如此窘境下，保萨尼亚斯把希腊人将领都召到他的帐篷中（开会）。在激烈的辩论后，他们做出了决定：如果当天马尔多尼乌斯没有发动总攻，则在夜间——那时他们不会遭到来自骑兵的阻挠——他们改变阵地，占据一个名为"岛屿"的地方，那是向西约 10 弗尔浪的位置，似乎地处普拉提亚城北，军队距普拉提亚城自身约 20 弗尔浪。这个称呼并不恰当的岛屿所包括的地方，是奥伊罗伊河（Oeroe）两条支流之间的一块土地，[23] 两条支流都发源于奇泰隆山，在峡谷中流经时本有 3 弗尔浪的距离，在此合二为一，流向西北，注入科林斯湾的一处海湾，因而与阿索普斯河颇为不同。它的上游虽然距离奇泰隆山下最低的山嘴近在咫尺，却向东流去，注入优卑亚对面的大海中。在这个所谓的岛屿处扎营，则军队会从他们背后的溪流获得安全的水源，同时，他们不会像现在那样，把宽阔的正面暴露在敌人占优势的骑兵面前——两者的距离不过是一条阿索普斯河。他们还进一步决定，一旦军队占领了岛屿，则全军的一半马上推进，以解救被困在奇泰隆山上的车队，并护送他们入营。这是在希腊人各位将领之间决定的计划，行军将在第二轮夜哨时开始，那时敌人的骑兵完全退出了战场。

尽管马尔多尼乌斯据称已经决定，他还是让那一整天都过去了，没有发起任何全面攻击。但他的骑兵可能因为最近在拉凯戴蒙人面前的表现而得意，在那天显得比任何时候都更加勇敢而且富有活力，给希腊人造成了大量损失以及严重损害，以至于希腊军队的中央部分（科林斯人、麦加拉人等，他们处在右翼的拉凯戴蒙人和泰盖亚人与左翼的雅典人之间）待撤退到岛屿的时间一到，事实上就开始了撤退，却忘记或者无视了此前拟订的计划以及保萨尼亚斯的命令，忙着寻求彻底免遭骑兵攻击的避难所。

他们不是前往岛屿，而是走了20弗尔浪，直接到了普拉提亚城，并且在赫拉神庙前面列阵。[24] 在那里，他们部分可以得到建筑物的保护，部分得到相对较高的地形的保护，那里就是城市和神庙的所在地。在希腊人即将离开的和他们决定占领的阵地之间（阿索普斯河与奥伊罗伊河之间），有一连串的小山。拉凯戴蒙人自右翼出发，需要直接翻越这些小山，而左翼的雅典人要绕过小山，从另一边进入平原。保萨尼亚斯意识到中央部分已经开始了他们夜间的行动，当然得出结论：他们是根据命令前往岛屿了，因此拖后了一段时间以防止混乱，然后下令拉凯戴蒙人和泰盖亚人也开始向同一位置移动。但此时他发现遇到了一个意料之外的尴尬障碍：这次移动是自敌人面前后退，因而与斯巴达人的军事荣誉不符。虽然如此，大多数联队长（taxiarch）都沉默地接受了命令，但阿摩法莱图斯（Amompharetus）——希罗多德称为皮塔纳支队的支队长，[25] 顽固地予以拒绝。由于他没有参加做出了决议的那次会议，他宣布，"他是那个从不会因为在外国人面前逃跑而让斯巴达蒙羞的人"。保萨尼亚斯和副统帅欧吕亚纳克斯（Euryanax）用尽了所有办法，意图说服他接受，但就是没法劝服他撤退。他们也不敢抛弃他走开，那会让他的整个支队单独暴露在敌人面前。[26]

在夜间的黑暗中，在这种悬而未决的状态下，雅典一位信使乘马而至，受命确认正在发生的状况，并且寻求最终指示。雅典信使发现拉凯戴蒙人仍留在他们的阵地上，将军们正与阿摩法莱图斯激烈争吵。争吵一直持续到破晓之时，此时保萨尼亚斯因担心停留过长，发出了撤退的信号，意图是让这个顽固的队长真的发现自己的支队孤零零地留下时，可能会决心追随。在前进了10弗尔浪后，当他们穿越把他与岛屿分隔开的小山时，他下令暂停，以便阿摩法莱图斯决定跟上来时，可以稍许等待，或者他过于冒失，单枪匹马地留在阵地上，那保萨尼亚斯可以就近提供帮助并救援他。幸运的是，阿摩法莱图斯发现他的将军真的离开了，放弃了他的原则，便追了上来，在摩罗埃伊斯河（Moloeis）与埃琉西斯的德麦泰尔神庙附近赶上了大部队，并且与后者会合了。[27] 雅典人与保萨尼亚斯同时开始行动，绕过小山从另一边进入平原，接着向岛屿进军。

当天大亮的时候，波斯骑兵吃惊地发现希腊人的阵地已被放弃。他们马上着手追击斯巴达人，后者的进军路线在更高也更显眼的位置。此外，由于阿摩法莱图斯长期的拖延，他们的行军也比较滞后。雅典人则毫不停歇地向前推进，已经到达了小山之后，因此视线受阻。马尔多尼乌斯立刻下令全军追击，尽最大努力进攻。波斯人渡过阿索普斯河，全速尾追希腊人，根本没有想到秩序或者做任何打破抵抗的准备，一片混乱，军队已经在高呼胜利口号。他们完全相信，一旦追上逃亡者，肯定就会把后者全部吃掉。

亚洲的盟友全部也都在混乱中向前冲击，[28] 但马尔多尼乌斯右翼的底比斯人和其他希腊人似乎仍保持了较好的阵形。

第十二章 普拉提亚与米卡莱战役——波斯人被最终击退

保萨尼亚斯不过是退到了埃琉西斯的德麦泰尔神庙附近，他在那里停了下来等待阿摩法莱图斯赶上来。他先是被波斯骑兵，后来是马尔多尼乌斯的主力追上，所以立刻派出快马通知雅典人，并请求他们的帮助。雅典人立刻答应了他的请求，但他们很快就发现，与之冲突的是敌人的盟友底比斯人，因此无法马上赶到他那里。于是拉凯戴蒙人和泰盖亚人只好独力对抗波斯人，没有得到其他希腊人的任何帮助。在敌人进入弓箭射程之内后，波斯人就把他们长形柳条盾尖状的一端放到地上，组成连续的胸墙。他们躲在盾牌之后，向希腊人发射如蝗的飞箭，[29]因为他们的弓比较强劲，而且力量与技术都堪媲美。尽管敌人因此造成了伤亡和不利形势，但保萨尼亚斯仍坚持履行战前献祭这道必需的职责。牺牲征兆一度不吉，因此他不敢冒险下令推进和发起近战。许多人在阵线中受伤或牺牲，其中包括勇敢的卡利克拉泰斯（Kallikrates），军队中那位最漂亮和最强壮的人。最后，保萨尼亚斯对这种被动的和痛苦的延迟失去了耐心，将眼光转向普拉提亚人显眼的赫拉圣所，请求赫拉仁慈地介入，以消除将他局限在原地的障碍。他刚刚说完这些话，牺牲立刻发生变化，征兆有利了。[30]但在他尚在祈祷之时，泰盖亚人已经预见到了结果，急不可待地冲向了敌人。保萨尼亚斯发布命令后，拉凯戴蒙人随之冲出。波斯人面前的柳条盾胸墙很快被希腊人冲垮。尽管波斯人已经失去了他们的保护墙，且缺少防御性武装，他们仍依靠个人的勇气战斗。由于完全没有纪律或训练有素的集体调动，面对整齐的阵形，一致的脚步和保护周密的敌人，还有希腊人的长矛，波斯人的顽强更值得注意。[31] 他们向拉凯戴蒙人冲去，抓住他们的长矛，将它们折断，许多人集合成 10 人左右的小群，意图依靠身体杀入敌阵，用他们的短剑和匕首与敌人个别地展开肉搏。[32] 马尔多尼乌斯本人骑着白马，显眼地冲在战士们最前面，组成他卫队的 1000 名精锐士兵比其他人都表现杰出。最后，他被一个名为埃伊奈斯图斯（Aeimnestus）的杰出斯巴达人亲手杀死，他的千人卫队大多阵亡在他周围。剩余的波斯人，由于长期与优势的敌军作战，已经筋疲力尽，将军的阵亡，彻底让他们丧胆。他们转身逃跑，直到进入木栅设防的营地——那是马尔多尼乌斯在阿索普斯河对岸建造的——才敢休息。亚洲人盟友一旦发现波斯人战败，毫无作为，也脚底抹油了。

同时，左翼的雅典人与比奥提亚人，尤其是底比斯人领袖们统率的紧挨着他们的重装步兵之间，卷入了一场严重的冲突，后者战斗得极其勇敢，但在损失了他们的 300 名精锐后，最终被赶了回去。可是，底比斯骑兵仍保持着良好的阵形，保护着步兵的撤退并且阻击雅典人的追击，因此逃亡者得以平安到达底比斯，那是一个较波斯营地更好的避难地。除底比斯人和比奥提亚人外，其他投降波斯的希腊人中，谁也没有做出真正的贡献。他们不是帮助或者增援底比斯人，而是根本就没有前进以发起攻击，倒是在逃跑刚开始时就马上追随而去。在数量众多的波斯—希腊人军队中，真正战斗过的军队，左翼仅有本土波斯人和萨卡人，右翼

第十二章 普拉提亚与米卡莱战役——波斯人被最终击退

仅有比奥提亚人。前者面对的是拉凯戴蒙人，后者面对的是雅典人。

即使是本土波斯人也不是全部参加了战斗。阿塔巴祖斯统率的4万人中，无疑部分是本土波斯人，一枪未发，完整地离开了战场。那位将军似乎是波斯军队中最有能力的，他最初就对马尔多尼乌斯被任命为总司令感到厌恶，又因反对任何总攻行动而进一步感到不快。他意识到马尔多尼乌斯攻击撤退中的希腊人过于冒失，所以集合起他的支队，率领他们脱离了战场。他对成功感到绝望，或许也不希望他本人的预言居然被证明是错误的。当马尔多尼乌斯发现希腊人撤退了，他对自己击败希腊人信心过分膨胀，因此根本没有注意确保全军行动一致，而是冒冒失失地发动了第一次无头苍蝇式的进攻。因此，在阿塔巴祖斯到达战场之前，他发现总司令统率下加入战团的波斯军队已被击败，正在逃跑。他既不做哪怕是最低程度的努力去挽救败兵，也无意重启战端，而是立刻向自己的支队下令撤退。可是，他没有前往设防的营地或底比斯，而是立刻放弃了所有的战斗，取直道经弗奇斯到了色萨利、马其顿和赫勒斯滂。

如同一边只有本土的波斯人、萨卡人和比奥提亚人是仅有的真正战斗者一样，另一方只有拉凯戴蒙人、泰盖亚人和雅典人参战。前文已经提到，希腊军队的中军在夜间已经去了普拉提亚城而非到了岛屿，因此他们与保萨尼亚斯被完全隔开了。关于那场战斗，他们听说的第一桩事情，是拉凯戴蒙人正赢得胜利。受到这个消息的鼓舞,又急于前来分享部分荣誉,他们匆忙到达了现场,完全没有秩序。科林斯人直接翻山而过,麦加拉人、菲利乌斯人和其他人取沿平原的较长道路进军,因此绕过小山到了雅典人的阵地上。阿索波多鲁斯(Asopodorus)统率下的底比斯骑兵本被用来阻击胜利的雅典重装步兵的追击,发现这些新来者毫无秩序,于是发起猛攻,将他们驱赶了回去,被迫在高地上寻求庇护,并且损失了600人。但这里部分的成功,却无助于缓解全军的溃败。

拉凯戴蒙人扩大追击,接着进攻波斯人寻求托身的木栅栏。虽然他们得到了所有或者大部分希腊中军分队——他们未参加此前的战斗——的帮助,但对攻击营垒工事非常无知,因此没有取得任何进展,进而彻底束手无策了,直到雅典人赶来帮忙。守军虽进行了勇敢且长期的抵抗,但工事还是被强攻了下来。泰盖亚人第一个冲进了营内,劫掠了马尔多尼乌斯豪华的帐幕,其马匹的青铜料槽多年后仍留在雅典娜-阿莱亚的神庙中展出,而他银腿的宝座和弯刀,和马西斯提乌斯的甲胄一道,被保存在了雅典卫城中。[33]一旦攻入营内,有效的抵抗就终结了。希腊人毫不留情而且毫无节制地进行了屠杀。如果我们相信希罗多德,则组成马尔多尼乌斯军队的30万人中,仅有3000人幸存,另有4万人与阿塔巴祖斯一道撤退了。[34]

关于这些数据,除某些模糊的报道外,这位历史学家没多少可说,他也不曾做任何计算的尝试。关于希腊方面的损失,他

第十二章　普拉提亚与米卡莱战役——波斯人被最终击退

的声明值得给予更多注意，当时他告诉我们，阵亡者中，有斯巴达人91名，泰盖亚人16名，雅典人52名。可是，这里不包括麦加拉人的损失，也不包括被杀的非斯巴达人的拉凯戴蒙人，前者遭遇了底比斯人的进攻，后者未能明确点出，而他宣布的其他具体数据，考虑到波斯箭矢的密度和希腊人重装步兵缺乏盾牌保护的右面，可能比实际的数字要小。总体上看，普鲁塔克有关行动中不下于1360名希腊人被杀的说法，似乎是可能的。他们无疑都是重装步兵，因为他们几乎没有提到轻装兵，事实上，我们也不知道轻装兵曾在战役中是否发挥过积极作用。无论波斯人方面的损失有多大，这次失败被证明是他们军队彻底的灾难，但我们可以合理地假设，许多人被饶过性命并被卖为奴隶，而大量逃亡者可能设法加入了阿塔巴祖斯退却中的军队。那位将军快速穿越了色萨利和马其顿，对最近的战役一直守口如瓶，假装他们是被马尔多尼乌斯派去执行特殊使命的，并报称他本人正在赶来。如果希罗多德是正确的（虽然我们完全有理由怀疑，色萨利和其他投奔波斯的希腊人国家的情绪，是否像他所暗示的那样变化迅速），则阿塔巴祖斯在战役的消息普遍为人所知之前就穿越了上述地区，然后取最短最直的路线，经色雷斯内地到达了拜占庭，并从那里渡海进入亚洲。内地的部落因未被征服，而且喜好劫掠，给他的撤退造成了相当程度的损失，但我们发现，很久之后，波斯驻军仍控制着色雷斯沿海的主要地区。在薛西斯面前，阿塔巴祖斯随后上升到了更受尊敬的地位。

胜利之后，希腊人首先用10天时间埋葬死者，之后是搜集和分配战利品。拉凯戴蒙人、泰盖亚人、麦加拉人和菲利乌斯人各自分别埋葬了他们的死者，建立了用于纪念的坟茔。拉凯戴蒙人实际上把他们的死者分成三组，分别埋在三座墓地中，一座属于所谓的埃伊莱奈人（Eirenes），他们中包括那些最近这场战役中阵亡的最杰出的人士，如阿摩法莱图斯——那位桀骜不驯的队长；第二座是其他斯巴达人的；第三座是黑劳士的。[35] 除那些有公民真正参加战斗并阵亡的城邦在普拉提亚近郊建立的纪念性建筑外，希罗多德时代还可以见到几座类似的建筑。在普拉提亚人的合谋和帮助下，其他城邦建立的那些坟墓，是为了假称有同样的荣誉。[36] 马尔多尼乌斯的尸体在死者中被发现，并且得到了保萨尼亚斯的尊敬，据说他甚至愤怒地拒绝了一个埃吉纳人向他提出的建议：他应当像薛西斯对莱奥尼达斯尸体的卑鄙做法一样，对这具尸体进行报复。[37] 次日，这具尸体失窃并被埋葬，何人所为，我们永远无法确切地知道了，因为有许多不同的冒名者因此从马尔多尼乌斯的儿子阿尔塔因泰斯（Artayntes）那里以此借口得到了奖赏。在保萨尼亚斯时代，那座葬礼纪念碑仍然可以看到。[38]

战利品丰富而又多样，金银的大流克、工具、装饰品、毯子、华丽的手镯和服装、马匹、骆驼等等，甚至薛西斯奢华的帐幕也在其中。薛西斯撤退之时，将其留给了马尔多尼乌斯。根据将军保萨尼亚斯的命令，黑劳士将之前的物件汇集一处以供分配。在给德尔菲的阿波罗留下十分之一，还有充足的献给奥林匹亚的宙斯、地峡上的波塞东，以及作为将军的保萨尼亚斯的充足份额外，其余战利品根据他们各自分队人数的多少，在各支军队中分配。[39] 虽然汇集起来的战利品数量庞大，但仍有大量珍贵物品被埋入地下，后来，普拉提亚人发现并且利用了它们。

普拉提亚战役真正的胜利者是拉凯戴蒙人、雅典人和泰盖亚人。科林斯人和其他人组成了面对马尔多尼乌斯的军队的一部分，但直到战役结束才赶到了战场上，尽管他们无疑在进攻设防的营垒和随后针对底比斯的行动中都提供了帮助，并且不管在铭文中还是在泛希腊的颂词中，人们普遍承认，他们为解放希腊的事业做出了贡献。[40] 直到夺取波斯人营地后，埃利斯和曼提奈亚的分队才首次赶到了战场。他们可能属于运输分队，被波斯骑兵拦截，无法自奇泰隆山口上下来。由于对错过这桩光辉事业感到羞愧，新来者最初渴望出发追击阿塔巴祖斯，但拉凯戴蒙人指挥官制止了他们，所以他们回国之后，没有得到任何其他安慰，只好流放了他们的将军，因为后者未能率领他们更快地赶到战场。

然而，马尔多尼乌斯最有实力的同盟者——底比斯城邦——仍然还在。战役后第 11 天，保萨尼亚斯发布命令，要求交出那些投靠波斯的领袖，尤其是提麦盖尼达斯和阿塔吉努斯。遭到拒绝后，他开始攻击底比斯城墙，采取更有效的破坏他们土地的策略，并且通告说，毁灭工作将持续到这些首领被交出为止。在承受 20 天的攻击后，首领们终于提出建议：如果事实证明保萨尼亚斯的确是要他们的人，而且拒绝接受金钱作为变通，则他们会自愿投诚，以换取他们国家的解放。据此，底比斯与保萨尼亚斯进行了谈判，那些上了名单的人被交给了他，只有阿塔吉努斯例外，他在最后时刻得以逃亡。他留在家里的儿子们被作为替换交了出去，但保萨尼亚斯拒绝处置他们。他公正地评论道，他们根本就没有参与到其父亲投靠波斯的行动中。在那个时候，这样的见识甚至可以说是宽大的。[41]提麦盖尼达斯和其余俘虏被押送到科林斯，没有经过哪怕是最低程度的讨论和形式上的审判，立刻就被处死了。保萨尼亚斯担心，如果给予他们任何周旋空间或讨论，则他们的财富以及他们朋友们的财富实际上会为他们买到开释的判决，事实上，这些俘虏所以受劝自动投降，部分就源自那种期待。值得注意的是，仅仅数年后，保萨尼亚斯本人因为叛国的嫌疑，基于类似的希望——可以用金钱赎买自己的罪名——返回了斯巴达，并且主动投诚。[42]可是，如提麦盖尼达斯之前受骗一样，他发现自己被这个希望骗了。同样值得注意的事实，是他暗示的普遍印象：在司法事务上，希腊城邦中的领袖们通常意欲受贿，那些超然于这个诱惑之上的人是稀有的例外。当我解释雅典司法机构及其民众的特色时，我会就希腊人领袖们众所周知的不值得信任做出说明。

希腊人是否就普拉提亚战役中的勇敢奖进行过实际投票，非常值得怀疑。希罗多德的沉默是对普鲁塔克下述重要声明的否定：雅典人和拉凯戴蒙人几乎公开决裂，因为他们各自都认为自己有资格获奖；阿利斯泰戴斯缓和了雅典人的怒气，说服他们接

第十二章 普拉提亚与米卡莱战役——波斯人被最终击退

受盟友共同的决定；麦加拉人和科林斯人的领袖们试图避免这个危险的陷阱，主张把奖项授予普拉提亚人，对此阿利斯泰戴斯和保萨尼亚斯都接受了。[43] 但情况似乎是：普遍的意见是承认拉凯戴蒙人与保萨尼亚斯是勇敢者中最为勇敢的，因为他们击败了敌人最精锐的军队，杀死了敌人的将军。

然而，虽然我们无法相信普鲁塔克的声明——普拉提亚人经全体投票被授予勇敢奖，但可以肯定，他们获得了很大荣誉和补偿，因为他们是希腊人借以赢得自由的那块土地的主人。他们城镇的广场和中心区被挑选出来，作为神圣的感恩祭的场所，在战后由保萨尼亚斯以全体聚集在那里的盟友的名义，当着他们的面，向自由之神宙斯奉上祭品。普拉提亚土地上的当地神灵和英雄们——战役之前曾在祈祷中向他们发出请求，而且曾赐予希腊人军队吉祥的战场，因此成了仪式的参与者、见证者以及与之相关的和约的保证人。[44] 普拉提亚人如今再度进入因波斯入侵而被迫放弃的属于他们的城市，获得了光荣任务：为纪念这场伟大胜利定期献祭，并且对阵亡将士的墓地履行维护和宗教责任。由于当时他们的城市一半是废墟，土地未得耕种，那对他们可能是非常严厉的要求，作为使他们有能力履行这项义务的补助，他们从战利品的现金部分得到了 80 塔兰特的大份，其中部分用于建造和装饰一座漂亮的雅典娜神庙——那是他们与雅典重新恢复联系的象征。他们每年要在将士墓地举行宗教仪式，并且每五年要举行一次公共的庆祝自由的神圣赛会，比赛项目与希腊其他伟大的节日赛会类似。[45] 考虑到履行这些义务需要的支出，还有土地的神圣化，保萨尼亚斯和全体盟友以誓言保证普拉提亚的自治，以及她的土地的不可侵犯。这就把这个城市从比奥提亚联盟的羁绊中，还有底比斯这位领袖强加的义务之中解放了出来。

不过，同盟的盟约似乎还有其他目的，而且较之保护普拉提亚、创立纪念仪式更大的目的。他们全体再度宣誓结成针对波斯的防御性同盟，并使它永久化。为进行战争，他们同意并且承诺组建一支10 000名重装步兵、1000名骑兵和100艘三列桨战船的联军，并给每个盟友规定了具体的任务。此外，普拉提亚城北确定为每年一度的集会地，所有代表都将在那里一年一度地集会。[46]

据说这个决议根据阿利斯泰戴斯的提议通过，我们难以追寻它的动机。虽然波斯军队已经遭遇标志性的失败，但谁也不知道它何时会再被集中起来，或者得到援助。事实上，甚至在米卡莱战役的消息已经传开之后，波斯新的入侵仍被认为并非不可能发生。[47] 谁也没有预见到雅典人后来组建的同盟会有使波斯陷入被动那种非凡的运气与活动。更重要的是，希腊北半部仍然投靠波斯，不管是在事实上还是在表面上，薛西斯一方新的努力可能会使他在那些地区保持优势。由于当时就假设战争将重新开始，阿利斯泰戴斯和雅典人有非常强烈的兴趣，要组建一条既可以保卫阿提卡，也可以保卫伯罗奔尼撒的防卫线，同时防止伯罗奔尼撒人像过去曾做过的那样，把自己局限在地峡以南地区。虽然雅典随后出人意料的启动以及其他事件,既妨碍了广泛的同盟,也阻止了普拉提亚的神圣不可侵犯——那是阿利斯泰戴斯的设计——的实现,但为此利用拉凯戴蒙人新生的对普拉提亚的尊敬和感恩,在当时是一个极其合宜的理念。[48]

在保萨尼亚斯和希腊陆军于普拉提亚取胜的同一天,莱奥提奇戴斯和克桑提普斯指挥下的海军舰队在亚洲海岸的米卡莱正进行着一场重要性几乎一点不差的行动。希腊舰队(三列桨战船达到110艘)的指挥官在前行到远达提洛岛后,虽然伊奥尼亚的使节,尤其是来自开俄斯和萨摩斯的使节,在提洛岛和斯巴达都极力恳求援助,但舰队不敢继续向东推进,也不敢对萨摩斯的波斯人采取任何攻击行动,以拯救伊奥尼亚。三位萨摩斯人——其中之一名为海盖西斯拉图斯,他向莱奥提奇戴斯保证,一旦希腊人舰队出现在岛外,则他们的国人愿意起义反抗僭主泰奥麦斯托尔(Theomestor),后者是波斯人扶植上台的。在演说家们持之以恒的热切恳求下,莱奥提奇戴斯的畏难情绪逐渐消退,双方最终订立了协议。另外两位使者受命前往该岛准备相关事务,海盖西斯特拉图斯留下指引舰队。

当他们到达萨摩斯卡拉米附近的赫拉圣所,[49] 准备进行海战时,他们发现敌人的舰队已经从该岛退到附近的大陆上。由于波斯指挥官因萨拉米斯的战败而丧胆,他们不愿在海上作战。我们不清楚他们舰队的数量,但可能相当部分由伊奥尼亚的希腊人组成,而他们的忠诚非常可疑。在放弃了海战的想法后,他们让腓尼基人分舰队离开，与剩余的战船航往米利都附近的米卡莱突角。[50] 在这里，他们处于6万陆军的保护之下，后者由提格拉奈斯（Tigranes）指挥，是薛西斯防御伊奥尼亚的主力。船只被拖到了岸上，木石营栅被建立起来以保护他们，同时阻击的军队在岸上列阵，似乎足以击退来自海上的进攻。

不久希腊舰队就到了。由于敌人自萨摩斯逃跑，他们的作战意图未能实现，他们最初打算返回希腊，或者转向赫勒斯滂，但他们最终被伊奥尼亚的使节们说服，决定追击敌人并在米卡莱再度求战。到达那里时，他们发现波斯人已经放弃了海洋，只打算在陆地上战斗。希腊人因此受到极大的鼓舞，他们大胆下船，进攻他们面前的海陆联军。由于他们成功的机会很大程度上取决于伊奥尼亚人的叛逃，莱奥提奇戴斯最初的行动照抄了此前地米斯托克利自阿尔泰米西翁撤退时在优卑亚的水源处实施过的策略。他紧靠海岸航行，通过一个大嗓门的使者高声地、真诚地请求敌人中的伊奥尼亚人起义，意图是即使他们不能听从他的建议，至少可以使得波斯人不再信任他们。接着，他让军队登陆，意在集合起来攻击陆地上的波斯营垒。波斯的将领们对希腊人的大胆感到吃惊，又担心由于莱奥提奇戴斯的计谋，或者由于此前的活动，伊奥尼亚人会与他暗通款曲，乃下令解散萨摩斯人分队，米利都人撤到军队的后方，以占领通向米卡莱山顶的各条山间道路，因为米利都人熟悉他们自己的那部分土地。

虽然希腊人在远离他们自己家园的舰队中服役，但他们把

第十二章 普拉提亚与米卡莱战役——波斯人被最终击退

一支由波斯人和希腊人组成的、马尔多尼乌斯指挥下的强大军队留在了比奥提亚，所以他们极其担心他的军队最终会取得胜利，从而消灭他们国家的自由。当他们登陆并准备下午之前发动攻击时，怀抱的正是这种为他们那不在现场的兄弟们担忧的情绪。但那是一个会永远被记住的下午：公元前479年波伊德罗米翁月（大概是9月）的第四天。因为特殊的巧合，正好那天上午保萨尼亚斯已经在比奥提亚的普拉提亚取得了胜利。当希腊人前推攻击时，一个神圣的信息（Phêmê）传进了营地。人们发现，一根使者的权杖因西风漂向海岸，那犹如电流传播的信号，如一种启示，突然、同时而且难以抗拒地闪现在所有人心中，就好像全体士兵有一个共同的灵魂与感受，让他们觉得，正是在那天上午，他们在比奥提亚的同胞已经赢得了对马尔多尼乌斯的彻底胜利。此前的担忧瞬间烟消云散，整支军队都充满了欢乐和自信，以双倍的力量发起了攻击。这是希罗多德的叙述，在他的时代无疑是被普遍接受的说法，那时米卡莱的战士们还能亲自讲述他们自己的故事。狄奥多鲁斯和其他后来的作家们写作之时，[51]那种时间感已经消失，神的干预也不那么容易被完全接受，因而对整个进程的处理，好像这个消息是将军们有意传播开，意在鼓舞他们的军队。

右翼的拉凯戴蒙人和他们附近的军队面前的道路崎岖难行，需要爬山和越过沟壑，雅典人、科林斯人、西库翁人和特罗伊曾人，还有左半部分的军队，只需要沿着海滩推进，因此与敌人接战要早得多。如在普拉提亚一样，波斯人利用了他们的柳条盾牌，将分叉的一端插入地面作为胸墙，从盾牌背后放箭。他们奋力抵抗，以阻止这堵防御设施被撞翻。最终是希腊人成功摧毁了盾牌阵，把敌人驱赶到要塞之内，在那里，他们无望地试图坚守阵地，对抗追击者的奋力攻击，后者几乎是与守军同时强行冲入了要塞。甚至在最后一道营垒被攻陷后，且波斯人的盟友也已逃亡时，本土的波斯人仍毫不气馁地继续战斗。由于缺乏列阵和格斗训练，而且只能小股作战，武器如同在普拉提亚深切感受到的一样不够先进，他们仍坚持与希腊重装步兵不平等地对抗。直到拉凯戴蒙人以及他们那一半的军队加入攻击之后，防守的一方才因毫无希望而放弃。营地中伊奥尼亚人的起义给这次灾难性的失败加上致命一击。首先是被解散的萨摩斯人，接着是其他伊奥尼亚人和埃奥利亚人，最后是被安置在后方保卫关口的米利都人，不仅都叛逃了，而且积极参与了进攻。尤其是米利都人，他们本是波斯人信任的通向米卡莱山顶的向导，却把波斯人指到了错误的道路上，把后者交到了追击者的手里，最后还亲手攻击波斯人。大批本土的波斯人，连同他们的陆军将领提格拉奈斯和马尔东泰斯（Mardontes），都在这次灾难性的战役中阵亡了。波斯两位海军统帅——阿尔塔因泰斯（Artayntes）和伊塔米特莱斯（Ithamithres）得以逃生，但军队无可挽回地溃散了，所有被拖到岸上的船只也都落到了进攻者之手，并且被烧掉了。但是，希腊人的胜利绝非兵不血刃。他们的左翼承担了行动的重任，相当部分人，尤其是西库翁人，还有他们的将领佩利劳斯（Perilaus），

第十二章 普拉提亚与米卡莱战役——波斯人被最终击退

都阵亡了。战斗的荣誉首先被授予了雅典人，之后是科林斯人、西库翁人和特罗伊曾人，拉凯戴蒙人的作用相对较小。雅典人赫尔摩吕库斯（Hermolykus）是一个著名的五项全能选手，赢得了最杰出战士的个人奖项。

溃散的波斯军队，至少是那些最初就在米卡莱山顶获得保护的人，马上在阿尔塔因泰斯的指挥下，从沿海撤退到萨尔狄斯。薛西斯再无现成新兵派往沿海地区，因此希腊人城市，甚至那些在大陆上的，首次实际上从波斯的统治下被解放出来，同时岛上的希腊人赢得了更加安全的地位。

取得胜利的希腊舰队的指挥官们对自己保卫岛屿的能力有充分的信心，因而愿意把开俄斯人、萨摩斯人、莱斯沃斯人以及其他至当时为止作为波斯臣民的岛民们纳入保护，并相互订立盟约。我们可以猜想，斯特拉提斯和泰奥麦斯托尔之类的独裁者被从开俄斯和萨摩斯驱逐了，但伯罗奔尼撒的指挥官们在是否给予大陆上的城邦以同样安全的自治保证时出现了犹豫，因为面对伟大的内陆强国，他们必须付出持续的且全部的努力，否则无法坚持。虽然如此，他们也不能容忍把大陆上的伊奥尼亚人留给薛西斯处置，因此主动提出建议，把伊奥尼亚人迁移到欧洲部分的希腊，并且把那些**投靠波斯的**希腊人自沿海港口驱逐后留下的地方作为他们的居住地。但是，这个建议立刻遭遇雅典人的否决，他们不会允许原本由他们自己建立的殖民地居然被抛弃，从而损及雅典作为母邦的尊严。[52] 拉凯戴蒙人很快接受了反对意见，而且很可能乐意有如此体面的理由可以放弃显然难以执行的全盘驱逐的计划,[53]同时,他们还可以放弃对伊奥尼亚人如此繁重的义务,把保卫他们或放弃他们的耻辱留给雅典人。第一步就这样迈出了。我们很快会发现,在有关亚洲希腊人的问题上,其他人也跟着把责任留给了雅典人,让他们获得独立上升的机会,进而先是结成了提洛同盟,之后是雅典的海上帝国。

希腊舰队从伊奥尼亚沿海向北航行,到达赫勒斯滂,主要是应雅典的要求,目的是摧毁薛西斯的桥梁。他们的情报非常不完善,相信到公元前479年9月桥梁仍然坚固,可以通行,事实上,10个月之前,当薛西斯渡过海峡撤退之时,桥梁就已经损毁无用了(约公元前480年11月)。在到达阿比杜斯,确认桥梁已经被毁后,莱奥提奇戴斯和伯罗奔尼撒人马上返回了家乡,但克桑提普斯以及雅典分队决心留在那里,并把波斯人从色雷斯的凯尔索奈斯驱逐出去。从老米尔提亚戴斯首次定居在这座半岛到伊奥尼亚起义被镇压之间,在超过40年的时间里,虽然半岛那时是波斯的纳贡地,但其大部分处在雅典控制之下。自米尔提亚戴斯二世逃亡到薛西斯被逐出希腊期间(前493—前480),波斯君主无可抗拒,而且对雅典充满仇恨,任何雅典公民都无法在那里平安生存。自米卡莱出发的雅典分舰队自然渴望重建雅典在那里的统治,夺回雅典公民在凯尔索奈斯的财产。许多领袖人物,尤其是米尔提亚戴斯的儿子奇蒙,可能在那里有大量的财产需要拿回,如同阿克比亚戴斯后来的日子里一样,在那里有自己的私人城堡。除此之外，进攻凯尔索奈斯还可以加上另一个动机：粮食生产的重要性，以及为从普罗庞提斯出来的运粮船清理穿过赫勒斯滂前往雅典和埃吉纳的通道的重要性。[54] 即使缺少了伯罗奔尼撒人的合作，克桑提普斯和雅典领袖们仍愿意围攻塞斯托斯的理由，就是如此。塞斯托斯是半岛上最为坚固的据点，海峡的钥匙，近邻所有地区波斯驻军的中心。在奥伊奥巴祖斯（Oeobazus）和阿尔塔伊克泰斯（Artayktes）统率下，他们被从卡狄亚和其他地区集中到此处。[55]

凯尔索奈斯的希腊人居民高兴地加入雅典人一方驱逐波斯人，后者因完全没有准备，被迫收缩到塞斯托斯，既无给养储备，也无可供长期守御的手段。但在所有凯尔索奈斯人中，最为积极和愤怒的是埃劳斯人，那是半岛最南端的城市，以英雄普罗泰西劳斯（Protesilaus）的陵墓、神庙和神圣橄榄林知名。在有关特洛伊的传说中，此人是阿加门农军队中第一个跳上岸的最杰出的战士，因此成了赫克托尔长矛下的第一位牺牲者。普罗泰西劳斯的神庙显眼地耸立在海岸之上，不仅是埃劳斯居民，也是邻近地区所有希腊人的崇拜场所和朝圣之地。由于充足的还愿物品，可能也因为安全存放的现金，神庙富有起来。故事说，当薛西斯渡过赫勒斯滂进入希腊之时，阿尔塔伊克泰斯贪求神庙所有财富，已经夺取了普罗泰西劳斯的神圣橄榄林，将所有财富转移到塞斯托斯。他并不以此为满足，进而侵犯希腊人的感情：他把牲口赶进橄榄林，耕种其土地，据说甚至和自己的小妾一道进入圣所，因此亵渎了圣所。在凯尔索奈斯的希腊人中，这些行为所激起的远不只是最为强烈的敌意，他们现在群起帮助雅典人，把他围困在塞斯托斯。在一段时间的围困后，城内给养缺乏，饥荒开始影响驻军。尽管如此，他们仍以痛苦的轮换和忍耐坚持着，直到晚秋时分，甚至围困的雅典人的耐心都极可能耗尽了。对于营地中表现出来的返回雅典的鼓噪，雅典的领袖们好不容易才压服了。

抱怨得到了缓解，水手们仍团结在一起，围困没有丝毫懈怠地继续着，很快，驻军的配给变得难以接受。于是阿尔塔伊克泰斯和奥伊奥巴祖斯最终被迫决定突围。他们仅带了少数随从，从城墙上封锁不彻底的缺口缒下城墙。奥伊奥巴祖斯寻路进入色雷斯，可是，他在那里被当地土著阿布辛提人俘房，被作为祭品献给了他们的普雷斯托鲁斯神（Pleistorus）。阿尔塔伊克泰斯沿赫勒斯滂海岸向北逃跑，但被希腊人追及，在一场顽强的抵抗后，于羊河附近被俘。他和儿子一道被锁链缠身带到塞斯托斯——在他们离开后，当地居民已经高兴地投降了雅典人。他无望地建议，他愿意以100塔兰特作为对普罗泰西劳斯财宝的补偿，另付200塔兰特给雅典人，作为他本人和他儿子的赎金。但他对圣所的侮辱如此令人愤怒，以至于雅典指挥官克桑提普斯和埃劳斯的公民们都认为，任何惩罚都不如严厉甚至残暴的对他本人的制裁更能补偿愤怒的普罗泰西劳斯。阿尔塔伊克泰斯目睹儿子被石头砸死，之后他自己被吊在专为此设计的一块高高的木板上，任其自生自灭，地点就在薛西斯固定桥梁处。这种处置更多东方而非希腊色

第十二章 普拉提亚与米卡莱战役——波斯人被最终击退

彩，因为希腊人的性格是不愿用人为和长期的先期折磨，来加重死亡的。

攻占塞斯托斯后，雅典舰队带着他们的掳掠品，于初冬回到了家乡，他们并未忘记把薛西斯桥梁的巨索带走。巨索本已被运到塞斯托斯城中。作为胜利的象征，它成为雅典卫城的装饰。

1 Herodot., viii. 131, 132; 请与 Thukyd., iii. 29-32 比较。
   希罗多德说，甚至在劝说莱奥提戴斯继续前行到提洛岛这么远的地方时，开俄斯使节都遇到了很大的困难。

2 Herodot., viii. 134, 135; Pausanias, ix. 24, 3.

3 Herodot., viii. 141.
   在这个特殊时刻，这类神谕肯定是为符合希腊那些亲波斯派的希望而伪造的，没有任何其他时刻适合这些神谕的出炉。通过波斯人和雅典人的联合将多利安人逐出伯罗奔尼撒，不可能有任何其他时刻可以产生这样的梦想。据说此时拉凯戴蒙人确实"回想起那些预言"，好像这些预言是古老的，而非那时首次被制造出来一般。但我们不能忘记，预言的伪造者如奥诺马克利图斯之流会马上把它们作为古老预言加以传播，也就是说，把它们作为某个古老预言集的一部分，如有关巴奇斯（Bakis）或穆塞乌斯（Musaeus）的预言集的一部分。希罗多德本人无疑相信它们是古老的，因此他自然认为拉凯戴蒙人同样这么认为，假设他们因"回想起那些预言"感到惊慌。

4 Herodot., viii. 142. 斯巴达使者对雅典人说，"我们同情你们的遭遇，因为你们已经失去了两季的收成，而且你们的财产又受到长期的蹂躏"。（Πιεζευμένοισι μέντοι ὑμῖν συναχθόμεθα. καὶ ὅτι καρπῶν ἐστερήθητε διξῶν ἤδη, καὶ ὅτι οἰκοφθόρησθε χρόνον ἤδη πολλόν.）考虑

到这些话说于马尔多尼乌斯入侵之前,则两季庄稼的损失必然包括前一年秋天的。地米斯托克利给他的国人的建议"在把蛮族完全赶走后,让我们重建房屋,辛勤播种"(καί τις οἰκίην τε ἀναπλάσασθω, καὶ σπόρου ἀνακῶς ἐχέτω. viii. 109),在大多数情况下实际无法实现。

5 Herodot., viii. 143, 144; Plutarch, *Aristeides*, c. 10. 据普鲁塔克,建议并且准备好回答的,正是阿利斯泰戴斯。但像在他处一样,普鲁塔克夸张的风格,与希罗多德的单纯和直白形成了不利的对照。

6 [日食发生于10月2日。——编者]两位斯巴达国王(莱奥尼达斯和克莱翁布罗图斯)在短时间内先后去世,可能是这次危机中斯巴达政策如此犹豫不决的原因之一。

7 Herodot., ix. 7. 近100年后,我们得知,无论他们碰巧在哪次远征中服役,阿米克莱的重装步兵回国庆祝叙亚琴提亚节,都是一直坚持的做法(Xenopho., *Hellen.*, iv. 5, 11)。

8 Herodot., ix. 5. 虽然其他作家叙述过发生在一个名为库尔西鲁斯(Kyrsilus)的人身上同样的事情,时在雅典人退出雅典前的一年,但我无法拒绝有关吕奇达斯的故事(见 Lykurgus, *Cont. Leokrat.*, c. 30, p. 222),请见 Demosthen., *De Corana*, p. 296; Cicero, *De Officiis*, iii. 11。雅典人两次犯过这样的事情绝非完全不可能。如果我们需要在两个故事中选择一个,则希罗多德记载的故事发生的可能性明显大得多。

伊索克拉底(*Or.* iv., *Panegyric.*, s. 184, c. 42)宣称,雅典人以**亲波斯**的罪名判处许多人死刑(无疑暗示其中之一是地米斯托克利),但他补充说,"甚至现在,他们都会对那些与波斯友好谈判的人加以诅咒"。(ἐν δὲ τοῖς συλλόγοις ἔτι καὶ νῦν ἀρὰς ποιοῦνται, εἴ τις ἐπικηρυκεύεται Πέρσαις τῶν πολιτῶν.)这肯定是一种古老的风俗,在其已经无关或不合适时仍保留着。

9	黑劳士很可能随后出发,我们很难相信,如此庞大的人数会突然被集中起来,而且在事前没有任何准备的情况下,可以在一夜之间开拔。
10	除斯巴达军队集中的秘密性和速度外,值得注意的还有它前往地峡时所取的路线。它没有利用更加便捷的穿过阿尔戈斯或阿卡狄亚东部的路线,而是沿优罗塔斯河谷北上到达埃莱斯泰斯圣地(距后来的麦加罗波利斯不远)。将两个事实合并起来,表明当时斯巴达人并未完全控制伯罗奔尼撒半岛中部。希罗多德本人(ix. 12)明确暗示,如果阿尔戈斯人预见到的话,他们会阻击斯巴达军队。而在中央一条道路上,曼提奈亚是一个背叛中心(cf. ix. 77)。因此,斯巴达不仅需要对抗科林斯和其他伯罗奔尼撒国家的冷漠,还要对抗它近邻更活跃的敌意。
	这个困难足以说明公元前479年春斯巴达政策表面上的无信无义。我们完全相信,他们在冬天对雅典人承诺的入侵比奥提亚是真诚的。事实上,如果斯巴达军队缺乏足够的士气面对马尔多尼乌斯,或者不那么急切地要与马拉松的雅典人的成就竞争,那就让人惊奇了。至此,有关拖延攻击行动的指责可以消除,它毋宁应落在次等的伯罗奔尼撒国家而非斯巴达国家头上。希罗多德无疑受到了"斯巴达背叛"的呼声的误导,在他写作时,雅典的空气中正弥漫着这种呼声(cf. Ar., *Ach.*, 307, Lysia., 629; Eurip., *Androm.*, 445)。
	作为军事效率的例证,这场突然动员的成就或许在希腊历史上空前绝后。——编者
11	关于阿提卡和比奥提亚之间关口的地形,见 Grundy, op. cit., pp. 446-448。关于斯科鲁斯的位置,见第449页的注释。——编者
12	Herodot.l, ix. 16, 40, 45, 67; Plutarch, Aristeides, c. 18.
13	请将此名单与保萨尼亚斯在宙斯雕像上读到的名单比较,雕像由参加了普拉提亚战役的希腊人建于奥林匹亚(Pausan., v. 23, 1)。

保萨尼亚斯看到，希罗多德这里提示的所有名字几乎都刻上了，只有克法莱尼亚的帕莱除外。此外他发现了埃利斯人、凯奥斯人、泰诺斯人、纳克索斯和米洛斯人的名字。最后这五个是爱琴海中的岛民，他们被派到普拉提亚的分遣队人数无论如何肯定都非常少。听闻他们派人来让人吃惊，特别是我们应记住，此时有一支希腊人舰队在活动，他们加入舰队而非在陆军中服役应该是自然做法。

【这些岛民可能是因为他们以一般的方式帮助消灭了蛮族，加入了在德尔菲的共同感恩祭，因此被包括在内（Thuk., i. 32）。但是，保萨尼亚斯显然不是现场抄录的奥林匹亚的清单，而是根据记忆写下来的。因为他忘记提到希罗多德名单上和参与捐赠德尔菲的数个城邦（泰斯皮埃人、埃莱特利亚人和琉卡斯人）。可以设想，他用自己从其他清单上了解到的国家替换了上述国家。

三条蛇盘绕的庆祝柱本竖立于德尔菲（ix, 81），被君士坦丁转移到了他的新首都，至今仍能在那里见到。它的还愿铭文包括31个名字，包括岛民和埃利斯人（保萨尼亚斯也提到了他们），但没有曼提奈亚人（cf. Hicks and Hill, Historical Inscription, No. 19）。——编者】

14 这里提供的希腊人的数字可能相当准确。贝洛赫（*Die Bevölkerung der griechisch-römischen Welt*）认为，这些数字过大，因为伯罗奔尼撒战争中，许多希腊人国家提供的军队常需要少得多。但是，许多城市，尤其是伯罗奔尼撒的，完全可能在公元前480年拥有较之公元前430年稠密得多的人口。在某些地区，例如科林斯和麦加拉，事实上可以肯定，这样的人口下降真的发生过。

15 关于埃吕特莱的位置，以及两军最初的阵地，见 Grundy, op. cit., pp. 458-460。——编者

16 关于波斯人的标枪武装和技艺，见 Herodot., i. 136; Xenophon, *Anabas.*, iii. 4, 17。

17	关于叙西埃的地形以及安德罗克拉泰斯英雄祠，见 Grundy, op. cit., pp. 464-468。这位学者（pp. 470, 471）主张，希罗多德说希腊军队集中在阿索普斯河右岸（ix. 30）是错误的，它或许在一座小山的侧面，那里沿海有一条向东通向普拉提亚和底比斯的道路。——编者
18	有关雅典人和泰盖亚人就在左翼战斗的荣誉的争论（Herodot., ix, 26-29）遭到 W. J. Woodhouse, *Journal of Hell. Stud.*, 1898, pp. 41, 42 的反驳。——编者
19	归于马尔多尼乌斯名下的军队的总数——350 000 人——显然太大，因为：（1）那片土地不可能为如此庞大的军队提供必要的供应；（2）普拉提亚战役后，30 万人之中，不可能仅有 4 万人逃走。15 万人或许是更合适的数字。——编者
20	Plutarch, *Aristeides*, c. 13.
21	亚历山大还声明，给养正日益减少，因此波斯人要么发动一次成功的进攻，要么就得撤退（Herodot., ix. 45）。——编者
22	希罗多德（ix. 46, 47）在叙述了亚历山大的故事后，重述了一个故事：斯巴达人害怕面对本土的波斯人，由于担心马尔多尼乌斯进攻，他们请求与雅典人互换位置，但敌人发现了这次调动，并且在自己的阵线上做了类似调整，斯巴达人回到了他们最初的阵地。 这个故事现有的版本无法接受。但背后的真相具有重要性。在前进到他们的第二个阵地后，希腊人企图秘密向左扩展他们的阵线，意图渡过阿索普斯河，从侧面攻击波斯人（参见 Grundy, op. cit., p. 473）。他们的计划无疑是以最初的左翼为枢纽向右轮转，这样在新的阵地上，斯巴达人就会处于左翼，雅典人居于右翼，这个调动因希罗多德被阿提卡传统误导，因而做了错误的解释（参见 Woodhouse, op. cit., pp. 44-48）。波斯人显然发现了这个动作，准备对他们的阵地做类似的变动来应对。所以希腊人的计划或许从不曾付诸实施。——编者

23	关于岛屿的位置，见 Grundy, op. cit., pp. 480-487。——编者
24	这座庙在城外偏北的某个位置，系一片三角形高地的顶端，公元前 480 年，普拉提亚人占据了它南端的底部（请见 *American Journal of Archaeology*, 1891, pp. 390-405）。——编者
25	修昔底德和希罗多德在这个问题上有分歧，前者证明斯巴达从无一个这样称呼的支队（Thukyd., i. 21）。 我们无法弥合这个分歧，也无法确定修昔底德对过去所有的否定性理解（ὃς οὐδ' ἐγένετο πώποτε）都是正确的。
26	关于希腊人的撤退，我们怀疑中央部分是否就是因为怯懦而撤退得过远，在夜间的山里，他们或许容易迷路。 至于斯巴达人的行军路线，可能是他们有意首先向右移动，以便避开德吕奥斯克法莱（Dryoskephalae）山口（Grundy, pp. 490-492）。 希罗多德有关阿摩法莱图斯顽固不从的叙述，很可能是他的信息提供人——皮塔纳人阿奇亚斯提供的部分传统（iii. 55）。有人主张，他事实上被留在一个突前的阵地上，以掩护斯巴达人有一定程度危险的调度，防止波斯骑兵在他们到达奇泰隆附近的高地上之前骚扰他们（Woodhouse, op. cit., pp. 51-54）。——编者
27	关于那里的地形，见 Grundy, op. cit., pp. 494-498。——编者
28	Herodot., ix, 59. 希罗多德尤其长篇记载了波斯人推进时的大胆和缺乏纪律。普鲁塔克则相反，他说马尔多尼乌斯是"全军列阵，向拉凯戴蒙人压来"。(ἔχων συντεταγμένην τὴν δύναμιν ἐπεφέρετο τοῖς Λακεδαιμονίοις) 见 Plutarch, Aristeid., c. 17。
29	关于波斯人的弓，请见 Xenoph., *Anabas.*, iii. 4, 17。
30	有关希腊军队因未得牺牲吉兆而不愿行动，不得不承受艰难的例证，请见 Xenophon, *Anabasis.*, vi. 4, 10-25; *Hellenic.*, iii. 2, 17。

第十二章 普拉提亚与米卡莱战役——波斯人被最终击退

【保萨尼亚斯迟迟不宣布有利吉兆，被人们解释为军事天才而非迷信。通过暂时控制军队，他让波斯人的攻击变得较之前更加破碎，从而使他的军队与对手在更加平等的情况下交手。所以，当斯巴达军队在平原上被波斯骑兵赶上，因而似乎必然失败之时，却被转变成了一场决定性的胜利，原因在于（1）波斯追击者过分渴望近身肉搏；（2）保萨尼亚斯的灵感：他让这种过于匆忙的行动的效果充分地显现了出来（Grundy, op. cit., p. 501）。——编者】

31　Herodot., ix. 62, 63. 他关于波斯人勇气的描写值得注意，"他们抓住了对方的长枪，并把它们折断了。波斯人论勇气和力量都是不差的，但是他们没有防护的武装，此外他们的训练不够……他们总是单个地、十个一群或者是更多或更少的人一群一群地冲出来，杀到斯巴达人中间去，结果就都死在那里了"。（λήματι μέν νυν καὶ ῥώμῃ οὐκ ἐσσονες ἦσαν οἱ Πέρσαι. ἄνοπλοι δὲ ἐόντες, καὶ πρὸς, ἀνεπιστήμονες ἦσαν, καὶ οὐκ ὁμοῖοι τοῖσι ἐναντίοισι σοφίην ... πλεῖστον γάρ σφεας ἐδηλέετο ἡ ἐσθὴς ἔρημος ἐοῦσα ὅπλων, πρὸς γὰρ ὁπλίας ἐόντες γυμνῆτες ἀγῶνα ἐποιεῦντο.）请与薛西斯和戴马拉图斯那段鲜明的对话（Herodot., vii. 104）进行比较。

希罗多德对这些装备极差的波斯人面对拉凯戴蒙人阵形整齐的长矛阵勇敢冲锋的描绘，可以与李维的描写（xxxii. 17）相提并论，那里描写了罗马人对马其顿方阵的进攻。也可以与森帕克（Sempach）战役（1386年6月）并提，那次战役中，1400名半武装的瑞士人击败了一支全副武装的奥地利人，后者突出的长矛构成了无法逾越的阵线。他们一度无法突破，最终，他们的一名叫阿诺德·冯·温凯尔利德（Arnold von Winkelrid）的战士抓住了数支长矛，为他的国人踏着他的尸体打开了道路，请见 Vogelin, *Geschichte der Schweizerischen Eidgenossenschaft*, ch. vi., p. 240. 事实上，任何一部瑞士史都会描述这个值得纪念的事件。

32 | 关于波斯人的武装，请见 Herodot., vii. 61。

在另一处，希罗多德宣称，波斯军队使用的是埃及式胸甲（θώρηκας）。这可能是普拉提亚战役后的情况。甚至在这次战役中，马背上的波斯将领们都拥有很强的防御性装备，如我们在前文叙述马西斯提乌斯的案例中看到的那样。到库纳克萨战役时，那种习惯传播得更加广泛（Xenoph., Anabas., i. 8, 6），至少骑兵中如此。

33 | Herodot., ix. 70; Demosthenes, Cont. Timokrat., p. 741, c. 33. 保萨尼亚斯（i. 27, 2）怀疑这是否真的是马尔多尼乌斯的弯刀，他争辩说，拉凯戴蒙人从不曾允许雅典人得到弯刀。

34 | Herodot., ix. 70; 请与 Aeschyl., Pers., 805-824 比较。后者指出，在普拉提亚消灭波斯人的伟大武装是"多利安人的长矛"，这非常公正。布鲁姆菲尔德博士（Dr. Blomfield）对这个赞美表示惊奇，但我们应当记住，悲剧之前的部分全部被用来铺陈雅典人在萨拉米斯的光荣，他很可能让伯罗奔尼撒人得到了他们在普拉提亚应当得到的荣誉。品达对斯巴达和雅典的荣誉做了类似的分配（Pyth., i. 76）。

35 | Herodot., ix. 84. 事实上，希罗多德认为第二个埋葬地仅仅是特选士兵之外的其他斯巴达人的。不管是在战役中还是在提到埋葬时，他根本没有注意拉凯戴蒙人不全是斯巴达人，尽管他已经告诉我们，他们在军队中有 5000 人。

【希罗多德将斯巴达人分为埃伊莱奈人（或年轻人，犹如阿提卡的埃菲比）、斯巴达人和黑劳士的做法似乎并不令人满意，因为（1）阿摩法莱图斯几乎不可能是一个 20 岁左右的年轻人；（2）拉科尼亚的庇里阿西人明显被忽略了。更可能的分配办法是（a）斯巴达人，其中包括埃伊莱奈人；（b）庇里阿西人；（c）黑劳士（参见 Stein, Herodotus, ad loc.）。——编者】

第十二章 普拉提亚与米卡莱战役——波斯人被最终击退

36 | Herodot., ix. 85.
【难以相信埃吉纳人没有任何人阵亡,尽管他们的死者在任何位置都不密集,也不均匀,因此无法被汇集到一座共同的国家墓葬中。在这种情况下,我们可以猜想,当无法获得阵亡者遗骨时,建立衣冠冢以为纪念不是为了欺骗,而是符合希腊人的一般习惯。——编者】

37 | Herodot., ix. 78, 79. 这个建议让希腊人非常厌恶,因而被我们的历史学家借埃吉纳人兰彭(Lampon)之口说出。在前一个注释中,我已经提及希罗多德所提供的另一个说法对埃吉纳人也不太有利。此外,还有第三个例子(ix. 80),在那里,他把他们描写为在购买战利品时欺骗黑劳士的人。我们可以假设,他在普拉提亚听说了所有这些逸事。他访问那里的时间可能是在伯罗奔尼撒战争前不久,当地的居民一直与雅典关系亲密,无疑同情雅典人仇恨埃吉纳的情绪。但并不能据此推定所有故事都不是真实的。我不太相信把马尔多尼乌斯的尸体钉上十字架的建议出自兰彭。

【第9卷第80章的故事充满了荒谬,那里的评论"那就是埃吉纳人首次获得他们巨大财富的方式",表明它真正具有恶意嘲讽的特征。它无疑发端于埃吉纳人的贸易对手中。

我们需要记住的是,当希罗多德写作其后来的卷章时(伯罗奔尼撒战争初期),雅典的公众舆论对埃吉纳极其仇恨。——编者】

38 | Herodot., ix. 84; Pausanias, ix. 2. 2.

39 | 狄奥多鲁斯(xi. 33)说是按比例分配的,希罗多德(ix. 81)只是说,"那些在普拉提亚战斗中最优秀的人各自得到了多少,谁也没有说过"。(ἔλαβον ἕκαστοι τῶν ἄξιοι ἦσαν)。

40 | 普鲁塔克(*De Malign. Herodot.*, p. 873; 请与 Plut., *Aristeid.*, c. 19 比较)严厉地抨击了希罗多德,因为他宣称,除拉凯戴蒙人、雅典人和泰盖亚人外,没有任何希腊人参与过普拉提亚战役。伪吕西亚斯重复了

与希罗多德同样的说法（*OratioFunchr*., c. 9）。(普鲁塔克质疑道)"如果这是事实，那当时的铭文和诗歌为何承认，那是希腊全军的功劳，并且把科林斯人和其他人都包括在内？"但这些铭文与希罗多德的证明之间并不存在真正的矛盾。实际的战役仅仅是由希腊全军的一部分打的，但这很大程度上属于偶然，其他军队不过在一英里开外，几小时前还占领着同一连续阵地的部分战线。此外，如果战役延续得再长一些，则他们就会及时赶到提供实际的帮助。因此，他们自然有权分享全部战果的荣耀。

可是，后来一个陌生人访问了普拉提亚，他只看到了拉凯戴蒙人、泰盖亚人和雅典人的坟墓，根本没有科林斯人的，也没有埃吉纳人等的，他自然会调查后面这些人为何在战役中没有任何人阵亡，然后他就会得知，他们并不真正在场。所以，这些城邦在当地建立空墓纪念碑的动机，如希罗多德告诉我们的那样，他们后来是由个别普拉提亚人建造的。

41 | 请见本章稍早有关雅典处置议事会议员吕奇达斯妻儿的叙述（Herodot., ix. 5），也请与 Herodot., iii. 116; ix. 120 比较。

42 | Thukyd., i. 131 称："他相信可以用钱平息指控。"（καὶ πιστεύων χρήμασι διαλύσειν τὴν διαβολήν）请与 Thukyd., viii. 45 比较。在那里，他声称拉凯戴蒙人以及盟邦的三列桨战船船长和将军（只有叙拉古的赫尔摩克拉泰斯例外）接受了提萨弗奈斯的贿赂，出卖了他们的水手以及国家的利益。同卷第 49 章也谈到了拉凯戴蒙人将军阿斯提奥库斯（Astyochus）。斯巴达国王莱奥提奇戴斯和普雷斯托亚纳克斯的受贿也有记录在案（Herodot., vi. 72; Thukyd., ii. 21）。

43 | Plutarch, *Aristeides*, c. 20; *De Herodot. Malgn.*, p. 873.

44 | Thukyd., ii. 71, 72. 罗马皇帝维泰琉斯在访问贝德里亚孔战场时——他的军队最近在那里取得了胜利，"向当地的神灵献祭"。（instaurabat

第十二章 普拉提亚与米卡莱战役——波斯人被最终击退

sacrum Diis loci, Tacitus, Histor., ii. 70.）

45 Thukyd., ii. 71; Plutarch, *Aristeides*, c. 19–21; Strabo, ix., p. 412; Pausanias, ix. 2, 4.

自由赛会在阿提卡的第四个月即波伊德罗米翁月举行，日子就是战役发生的那天。而一年一度的装饰墓地、举行致敬死者的仪式，发生在阿提卡的麦马克泰利翁月的第16天。

46 Plutarch, *Aristeides*, c. 21.【普鲁塔克有关战后在普拉提亚通过的决议的说法，必然相当可疑。他使用的专门术语（"阿利斯泰戴斯提议通过法令"[ἔγραψεν Ἀριστείδης ψήφισμα]等）显然与那个场合不符。如果确曾有过建立"希腊联盟军队"的提议，则它可能是非正式提出，并且以欢呼的方式通过，没有任何约束力（参见 Holm, *Greek History*, Engl. Transl., p. 76, n. 10）。可以肯定，在我们的历史记录中，它从不曾再被提及过。——编者】

47 Thukyd., I. 90.

48 正是这次胜利后在普拉提亚举行的全体的和神圣的会议，让我们可能想起下一个世纪里历史学家和演说家们注意到的另一次誓言，如果那次誓言的真实性没有疑问的话。希腊人一方面承诺忠诚相待，在他们之间坚持和平谈判，同时判定把所有**投靠波斯**的人的财产的十分之一献给神灵，据说他们还发誓，他们不会修缮或重建被波斯入侵者烧毁的神庙，宁愿让它们保存准废墟的状态，以昭示薛西斯的渎神。甚至到保萨尼亚斯时代，雅典附近某些被破坏的神庙仍是火焚后的残垣断壁（x. 35, 2）。伯里克利后来尝试在雅典召集一次泛希腊的会议，意在讨论对这些神庙如何处理（Plutarch, *Perikles*, c. 17）。尽管演说家莱库古和狄奥多鲁斯都宣布自己是逐字照抄，但泰奥庞普斯宣称，这个所谓的誓言是伪造的。我们可以有把握地声明，誓言目前的版本是不真实的，但对那些自愿加入薛西斯一方的人课以什一之税的誓言——希罗多德此前在成功悬而未决时提到过，在胜利时刻可能被重新宣誓。见 Diodor., ix, 29; Lykurgus, *Cont. Leokrat.*, c. 19, p. 193; Polybius, ix. 33; Isokrates, *Or.*, iv.; *Panegyr.*, c. 41, p. 74; Theopompus, *Fragm.*, 167, ed. Didot; Suidas, s.v., Δεκατεύειν, 以及这部历史倒数第二章的开头部分。

49 | Herodot., ix. 96.

无法确定这里的赫拉圣所是否就是萨摩斯城附近著名的神庙（iii. 80）。希罗多德的话似乎暗示，他所指乃是该岛另外某个地区的另一座赫拉神庙。

50 | 萨摩斯东部的突角（波塞狄翁海角）距离大陆仅有 7 斯塔狄亚（Strabo, xiv., p. 637），地近格劳克所在地（Thukyd., viii. 79），现代观察者认为距离远超过 1 英里（Poppo, *Prolegg. Ad Thucyd.*, vol. ii., p. 465）。

51 | Diodor., xi. 35; Polyaen., i. 33. 查士丁（ii. 14）对"消息传播如此之快"（tantam famae velocitatem）感到吃惊。

【没有证据反驳希罗多德的说法：战役在同一天发生。但基于通讯的一般理由，那似乎不太可能，这个故事发生的可能性因下述事实被减弱：在希麦拉和萨拉米斯（Herodot., vii. 166）或温泉关战役（Diod., xi. 24）日子的记载中，存在类似的偶合。

显然，普拉提亚的决定性战役不可能在米卡莱的冲突之前打完并且传播到爱琴海对面。他们听到的可能是此前在比奥提亚发生的一次行动，例如马西斯提乌斯的阵亡（参见 Grundy, op. cit., pp. 526, 527）。——编者】

52 | Herodot., ix. 106; Diodor., xi. 37. 后者把伊奥尼亚人和埃奥利亚人表现得好像实际统一搬家到欧洲的希腊，事实上，雅典人自己最初同意这个计划，虽然他们后来后悔了并且反对这个计划。

53 | 如此全方位地把人口从一个大陆迁移到另一个大陆的举动，或多或少一直是东方独裁者的习惯。古代的波斯人和最近的土耳其人都是如此。在类似希腊人这样的自由国家中，这种协调行动肯定是不现实的。关于土耳其人苏丹巴萨耶特（Bajazet，A. D. 1390-1400）把人口从亚洲迁入欧洲的情况，请见 Von Hammer, Geschichte des Osmanischen Reichs, vol. i., book vi., p. 251。

54 | Herodot., vii. 147; Schol. Ad. Aristophan., Equites, 262. Demosthenes, De Fals. Legat., c. 59 说明了雅典掌控赫勒斯滂的价值。

55 | Herodot., ix. 114, 115. 希罗多德的原文是 Σηστὸν - φρούριον καὶ φυλακὴν τοῦ παντὸς Ἑλλησπόντου。另见 Thukyd., viii. 62；并请与 Xenophon, *Hellenic.*, ii. 1, 25 比较。

第十三章
盖罗家族被逐和民众统治在全岛建立前的西西里事务

【除对殖民活动的零星记载外,关于西西里早期的历史我们知之甚少;即便与殖民活动相关的史料,其主要价值也在于它提供了派出殖民者的城邦的清单。人们普遍认为,各殖民地建立的传统年代都不值得信赖。

我们只能说,关于西西里的可靠历史始于与公元前6世纪的事件相关的一些零散的记载。这正是本章准备着手叙述的内容。

关于西西里早期进一步的细节,读者可以参阅格罗特:《希腊史》(全本),第22章;弗里曼:《西西里史》(Freeman, History of Sicily),第一卷和第二卷;霍尔姆:《西西里史》(Holm, Geschitchte Siziliens),第一卷,第1—170页;G. F. 希尔:《古

第十三章　盖罗家族被逐和民众统治在全岛建立前的西西里事务

代西西里的钱币》（G. F. Hill, Coins of Ancient Sicily）。——编者】

虽然叙拉古在大约公元前485年落入格隆之手后成为西西里最强大的城邦，但此前岛屿南侧的盖拉和阿格利根同才是执牛耳者。阿格利根同在建立几年后就落入该邦公民法拉利斯（Phalaris）的控制之下，此人是一位精力充沛、嗜血好战、残酷无情的僭主。法拉利斯来自罗德斯附近的阿斯提帕莱亚（Astypalaea），家资富足。作为阿格利根同最早的殖民者，此人大概在公元前570年就设法当上了僭主。在此之前，他被任命为城邦高官。因为他曾出资在卫城修建了宙斯·波利乌斯的神庙（恰如雅典的阿尔克麦翁家族为遭受火灾的德尔菲修建神庙一样），所以每当他出现在公共场合时，城邦允许他召集数量颇巨的一帮人与其同行。他把这批人武装起来，利用公民在节日祭拜德麦泰尔之机，转而与人民为敌。据说，他曾征服了许多邻近的西坎人的城邦。不过，此人最引人注目的特征是对臣民的强取豪夺和残酷无情，西西里铜牛使他遗臭万年。这种装置腹内中空，足以把一个或者更多的囚犯填装入内；当铜片受热时，里面的囚犯惨受酷刑，他们发出的惨叫甚至超过了动物的咆哮声。铜牛的制作者名为佩利鲁斯（Perillus）。据说奉僭主之命，第一个遭受这种酷刑的也正是此人。尽管法拉利斯令人憎恶，但他仍然当政16年。最终，作为一位从民众中崛起的将军，法拉利斯被人民领袖泰莱玛库斯（Telemachus）施以枭首之刑，从而结束了这位僭主的生命和统治。[1]泰莱玛库斯是否当上了僭主,我们不得而知。但60年之后,我们发现他的后代泰罗(Thero)成了僭主。

大约在法拉利斯去世之时,叙拉古重新征服了反叛的殖民地卡马利纳(位于叙拉古与盖拉之间的东南部),逐出其居民,并重新占领其国土。[2]除此意外情况,我们对于西西里诸邦的资料一无所知。这种情况一直持续到公元前500年之前的克罗同和叙巴利斯战争,最终叙巴利斯被毁。大约在这一时期,雅典庇西特拉图家族的僭主统治被废除,克里斯提尼的民主政制确立。

与希腊本土城邦历史时代的早期一样,西西里的希腊人建立的第一种政体大概也全都奉行寡头制。尽管我们不知道西西里的希腊人是通过何种变革使他们跟上时代的步伐,但是情况或许都与叙拉古大体相似。地主(Gamori,也即最初殖民至此、占有地产的富有首领的后代)将他们占有的众多地产交由广大的被称为库吕利人(Kyllyrii)的西凯尔农奴耕种。但只有地主才是全权公民,城邦的所有官员和将领都从他们中间产生并由他们担任。德摩斯,也即没有特权的自由人,最初是自给自足的小农,他们自食其力,没有奴隶,亲自在田地里耕种或在果园里劳作;后来手工业者和商人也被纳入其中。经过了两三代人,许多原本处于特权等级的公民日渐贫困,与没有特权的公民地位相若。然而,那些勤劳致富的下层公民尽管经济上富足,但他们并没有因此成为特权等级。充分的材料表明,不满之情日渐滋生。那些出生特权等级的野心家成为民众反对运动的领袖,推翻了寡头政体,成

第十三章 盖罗家族被逐和民众统治在全岛建立前的西西里事务

为僭主。民主政体在那时希腊的任何地方都几乎无人知晓。我们所能了解的就是关于这种变化的一般性事实。如若没有后来的修饰性描述，可以肯定，类似的情况可能在每一个城邦都有发生。在僭主政制出现之前，特权等级内部不时会有因相互倾轧而产生的暴力冲突。[3] 公元前500年左右，阿纳克西劳斯（Anaxilaus）在莱吉翁成为僭主；斯库泰斯（Skythes）在赞克莱、泰利鲁斯（Terillus）在希麦拉、佩塔戈拉斯（Peithagoras）在塞林努斯、克莱安戴（Kleander）在盖拉、帕奈提乌斯（Panaetius）在莱翁提尼建立独裁。[4] 大约在公元前509年，斯巴达王子多利欧斯带领一批殖民者前往西西里岛西北角的埃吕克斯和埃盖斯塔，希望驱逐当地的非希腊居民，建立一个全新的希腊殖民地。此前，多利欧斯在利比亚的奇尼普斯（Kinyps）建立殖民地时，当地人在迦太基人的帮助下驱赶了殖民者。如今，因其所建城邦紧邻在傍，迦太基给予了埃盖斯塔更强有力的援助。这位斯巴达王子在短暂占领该地区后，最终被击败，并与他大多数的战友一同殒命。成功逃脱的殖民者在欧吕莱翁（Euryleon）的率领下占据了米诺亚。该地在当时是邻邦塞林努斯的殖民地和附属邦，由僭主佩塔戈拉斯统治；后来成了城邦赫拉克雷亚[5]。欧吕莱翁加入了塞林努斯反抗者的队伍，推翻了佩塔戈拉斯，并成为新的僭主。夺取政权不久后，他在一次民众的兵变中被杀身亡。[6]

在此，我们第一次了解到了腓尼基人与希腊人在西西里岛上的角逐，在此后双方还会展开一系列的竞争。正如11—12世纪萨拉森人与诺曼人的斗争决定该岛是属丁非洲还是欧洲的版图一样,三个世纪之后,最终二者都被纳入了罗马广阔的胸怀。事实上,迦太基和埃盖斯塔不但颠覆了多利欧斯的城邦,还征服了邻近的希腊殖民地;后来,叙拉古僭主盖罗才恢复了对这些地区的控制权。[7]

在多利欧斯去世不久,盖拉僭主克莱安戴开始提升其所在城邦的地位。那时,西西里的希腊城邦即使不是地位平等,也至少保持着独立。他拥有一支强有力的主要从西凯尔人征召而来的雇佣军。[8]尽管如此,这支雇佣军仍无法保护其安全;在他统治盖拉七年后,被一位名为萨比鲁斯(Sabyllus)的公民杀死。但他的弟兄也是其继承者希波克拉泰斯(Hippokratês)控制的地盘扩张到整个岛屿几乎一半的区域。在盖拉的雇佣军中,两位将领特别突出,他们分别是盖罗和埃奈西德穆斯(Ænesidêmus)。盖罗出生于特里奥皮安海角附近泰罗斯岛的一个世家。他随罗德斯人安提菲穆斯(Antiphemus)前往西西里,成了最初一批殖民者。盖罗的直系先祖名为泰利奈斯(Telines)。当时,一些政治人物在党争中遭到惨败,被迫在附近城镇马克托利昂(Maktorium)寻求庇护。正是泰利奈斯通过慷慨支持这帮失意者,将家族提升到了一个显赫的地位。此人享有某些特殊的宗教祭仪,可以安抚地下神德麦泰尔和佩耳塞福涅。希罗多德记载说:"至于他是从什么人那里获得这些权利,或者他是如何获得这些权利,我就不得而知了。"泰利奈斯的所作所为给人留下了非常深刻的印象。

第十三章　盖罗家族被逐和民众统治在全岛建立前的西西里事务

以至于他敢于率领居于马克托利昂的流亡者勇敢地向盖拉进军，并恢复了他们的权力。他恐吓人民放弃抵抗的方式，一如雅典人被装扮成雅典娜的妇女菲耶威慑雅典人，她与庇西特拉图一道坐着战车。他在此过程中的胆大包天，尤其是他得知泰利奈斯性格平和、不喜征伐时，希罗多德对此人大为倾慕。重获政权的流放者授予他及其子孙后代世袭的特权，永远充任两位女神的祭司。[9]这种权力无疑令人尊崇，它还可能有利可图，因为祭司掌管着圣产并有权享有相当大一部分的祭品。

盖罗出生于盖拉城一个古老而显赫的祭司家族。其父戴伊诺麦奈斯（Deinomenes）有四个儿子，他们分别是盖罗、希埃罗、波吕泽鲁斯（Polyzelus）、特拉叙布鲁斯（Thrasybulus），盖罗是长兄。在僭主希波克拉泰斯的军队中，他被提升为骑兵的最高指挥官。通过个人努力，他进一步为自身获得了名声。在很大程度上，正是盖罗的英勇战斗，才使僭主赢得了一场又一场的胜利，征服了一个又一个的城邦；伊奥尼亚和卡尔奇斯的城邦卡利波利斯（Kallipolis）、纳克索斯、莱翁提尼、赞克莱相继沦为叙拉古的附属邦。[10]

赞克莱的命运引人注意。该城邦由僭主斯库泰斯统治，他与叙拉古僭主希波克拉泰斯结成一种附属的同盟关系，并与麦塞奈海峡对岸的莱吉翁僭主长期交恶。当小亚细亚伊奥尼亚起义遭到镇压、米利都被波斯人再一次征服时（前494/493），居于西西里的伊奥尼亚希腊人对于爱琴海东岸同一部族同胞所遭受的灾难自然会感同身受。他们想尽办法来帮助亚洲的流亡者前往新的地方定居。赞克莱表现得尤为积极。他们邀请流亡者在西凯尔人的土地上建立一个全新的泛伊奥尼亚殖民地；这个打算以卡莱阿克泰（Kale Akte）命名的殖民地位于西西里岛北部海岸，土地肥沃，位置优越，整个北部仅有希麦拉一个希腊人殖民地与此相邻。来自萨摩斯和米利都的流亡者接受了邀请。他们按寻常的航线登船前往赞克莱。首先沿阿卡那尼亚海岸到科西拉，由此跨海到达塔伦同（Tarentum），最后沿意大利海岸，穿过麦塞奈海峡。当流亡者抵达城镇埃皮泽菲利安·罗克利时，赞克莱僭主斯库泰斯碰巧不在城里。他正率领军队主力远征西凯尔人，其目的很可能是为在卡莱阿克泰建立殖民地扫清障碍。他的老对头莱吉翁僭主阿纳克西劳斯乘此良机，诱使暂驻罗克利的流亡者攻打没有设防的赞克莱城，并将其据为己有。流亡者听从了他的建议，攻下了城市，占据了远征在外的赞克莱人的家庭和财产。听到这个噩耗，赞克莱立即撤军返回以图挽救他们的损失。僭主斯库泰斯呼吁他的同盟者兼上司希波克拉泰斯给予他强有力的援助。希波克拉泰斯因损失一个附属城邦而受到了刺激，抓捕并监禁了斯库泰斯，认为此人是这次损失的根源。[11] 但萨摩斯人向希波克拉泰斯建言，要求他背叛对援助赞克莱人的承诺，夺取这座城市。僭主发现有利可图，欣然接受了这个建议。根据双方以誓为盟的约定，城外所有及城内一半的财产和奴隶归希波克拉泰斯所有，城内另外一半归萨摩斯人。对希波克拉泰斯原来打算援助的赞克莱人而言，

第十三章 盖罗家族被逐和民众统治在全岛建立前的西西里事务

城墙之外的物品是构成其财产最不重要的东西。如今，除300人之外，所有赞克莱人都沦为了奴隶。这300人都是城邦显赫的公民，他们被交给萨摩斯人。为了预防这些人找到朋友交纳赎金，干扰萨摩斯人对城市的控制，僭主准备听任萨摩斯人对他们尽情杀戮。不过，萨摩斯人放过了这300人，虽然史料并未交代他们最后的命运。通过萨摩斯人与希波克拉泰斯背信弃义的交易，叙拉古成了一个繁荣的城邦，萨摩斯人也分得了丰厚的赃物。令人欣慰的是，被收押囚禁的斯库泰斯寻找机会，成功逃脱。他逃到了波斯大王大流士的帐下，获得了优厚的待遇。[12]然而，萨摩斯人在这一块他们征服的土地上还没有待多久，就被唆使他们夺城的莱吉翁僭主阿纳克西劳斯驱逐。这位僭主将一批新的居民——多利安人和美塞尼亚人——安置在此，并以美塞奈之名重新殖民；此后该城一直以美塞奈而闻名。[13]直到公元前476年这位僭主去世，这座城市似乎一直由他或他的儿子克莱奥夫隆（Kleophron）统治。

除以上谈及的征服外，盖拉僭主希波克拉泰斯正在准备另一次更重要的针对叙拉古的征伐。在赫罗鲁斯河（Helorus），他打败了叙拉古人，俘虏许多人投入监狱；后来在科林斯人和科西拉人的调停下，叙拉古人割让了卡马利纳及其国土作为赎金；满足其愿望后，这位僭主才最终收手。他首先移民到这块臣服于盖拉的土地，接着开始进一步征服西凯尔人。最后，他在叙布拉（Hybla）寿终正寝或被人所杀。希波克拉泰斯之死在盖拉引起了兵变。人们拒不承认其了的统治地位，力图重获自由。但骑兵长官盖罗全力支持僭主的儿子们，镇压了民众的反抗。一旦万事俱备，盖罗扔掉了伪善的面具，废黜了希波克拉泰斯的儿子们，夺取了权柄。[14]

盖罗不但成了盖拉之主，而且还很有可能继承了他的前任享有的对伊奥尼亚城邦的宗主权，因此，他成为西西里岛上最有权势的人物。几年之后（前485），一个偶然的事件不但使他的权力得到了进一步强化，而且使权力的宝座从盖拉转到了叙拉古。叙拉古的地主们，也即广有财产的寡头等级，因赫罗鲁斯一战的灾难性失败而灰头土脸，在被称为库吕利人的农奴和被称为德摩斯的小生产者的联合努力下，被剥夺了统治权。地主们被迫退往卡斯麦纳（Kasmenae），呼吁盖罗给予他们帮助，以便能恢复其权力。那位野心勃勃的僭主答应了下来，得心应手地完成了这项任务。叙拉古的民众眼见他们的政治对手有强大的外邦势力撑腰，未做任何抵抗就举手投降。[15]但是，盖罗并没有恢复此前的寡头制，而是将权力窃为己有；将盖拉交由他的弟弟希埃罗统治。他极大地扩建了叙拉古城，并加强了城防设施。很有可能他是第一个将城市的范围扩展到奥尔提吉亚岛（Ortygia）以外的人；如今叙拉古城包括了附近面积更大的大陆（更准确地说是西西里岛），大陆上的这一区域被称为阿克拉狄纳（Achradina）。为了充实范围更大的叙拉古城，他强拆了卡马利纳，将所有居民搬迁至此；并把盖拉城超过一半的居民也搬迁到叙拉古。上述举

第十三章　盖罗家族被逐和民众统治在全岛建立前的西西里事务

措降低了盖拉的重要性，使叙拉古成了西西里岛上的首要城市。叙拉古城甚至还获得了一批来自附近麦加拉、优卑亚城市的人口补充。

与叙拉古一样，麦加拉和优卑亚这两个城邦都奉行寡头政体，自耕农依附于这些寡头，德摩斯（自由小土地所有者）被排除在政治特权之外。这两个城邦为了抵抗侵略都在与盖罗交战，都遭受了叙拉古的围攻并最终被占领。统治城邦的政治寡头们既是战争的发起者也是战争的领导人，别无他法，只能在征服者的手中坐以待毙。德摩斯因为既没有发起战争也没有参与战争（据推断参与战争的仅有寡头派及其农奴），相信征服者不会给他们带来任何伤害。但是，盖罗的所作所为寡头派和德摩斯都感到失望。他将两派的人都运送到叙拉古，让寡头派定居城内，并成为公民；而把德摩斯卖作奴隶，要求奴隶贩子务必把这些人运到西西里岛之外。希罗多德说："他的所作所为是由他的信念所决定的：与德摩斯相处是一件令人生厌的事情。"[16] 他希望建立一个与色萨利类似的社会：整个社会只有贵族和农奴，一个平民也没有。富有家产的政治寡头居住在城市里，依附于他们的劳动者佩涅斯泰伊（Penestae）在农土里为他们农作。但整个社会自给自足的小农或商人人数非常有限，不能够形成一个可识别的阶级。鉴于盖罗将这些被征服城邦的自由民迁往他处，在城里或城市附近除了自给自足的小农外并无其他的居民，可以推断，寡头们的地产在废除之前仍在耕种。甚至寡头们在成为叙拉古的居民后，仍可能会获得他人向他们缴纳的农产品。但是，这些自给自足的小土地所有者一旦被迁往叙拉古，将完全丧失赖以生存的前提，因为他们的土地太远，无法亲自耕种，而且他们也没有农奴。

如此巨大的面积、高峻的城墙和众多的人口，使叙拉古成为西西里最大的希腊城市。盖罗的权力不但扩及叙拉古，而且还远及岛上相当广大的地区，其臣民既有希腊人又有西凯尔人。叙拉古也成为那时力量最强的希腊城邦。其统治范围不但囊括了从阿格利根同到赞克莱（或称美塞奈）以东和东南的所有希腊城市，还包括西凯尔人相当多的部落。美塞奈处于莱吉翁僭主阿纳克西劳斯（Anaxilaus）统治之下，阿格利根同由埃奈西德穆斯（Aenesidemus）之子泰罗（Thero）统治，希麦拉的僭主是泰利鲁斯（Terillus），处于埃盖斯塔和迦太基控制区边缘的塞林努斯无论实行民主制还是僭主制都得与迦太基结盟或臣服于迦太基。[17]无疑，统治范围如此广大的地区会带来巨额的贡赋。除贡赋外，由于盖罗已经征服了很多地方，剥夺了许多人的地产，并在叙拉古重新殖民，他可轻轻松松为支持者提供土地，并授予他们公民权。[18]因此，又能够从物质上扩大希波克拉泰斯留给他的军队，并组建一支海军。此外，在马拉松战役到萨拉米斯战役的10年中，当如此众多的希腊城邦沦为波斯帝国的臣属，波斯人入侵的乌云笼罩在希腊本土的大地时，本土居民日渐增长的不安全感或许使移民西西里变得异乎寻常地有吸引力。

上述情况可从一个方面解释了希罗多德陈述的盖罗的实力

第十三章 盖罗家族被逐和民众统治在全岛建立前的西西里事务

是多么强大，所处地位是多么的尊崇。公元前481年秋，当希腊人相聚在科林斯地峡，结盟对抗薛西斯时，专门派人请求他的援助。[19]那时，他是西西里至高无上的领袖。这位历史学家（希罗多德）告诉我们，他可以为希腊人提供2万名重装步兵、200艘三列桨战船、2000名骑士、2000名弓箭手、2000名投石手、2000名轻装骑兵；此外，只要战争仍在继续，他就将为全部的希腊军队提供装备。[20]如果这些数据可信（笔者并不相信），希罗多德是在确定无疑地告诉我们，任何一个希腊城邦的军事力量都无法与盖罗相提并论。[21]有充分的理由相信，虽然上面提及的数据或许有夸大的成分而非实实在在的现实，但其总体上的优势地位大体真实可信。

由于盖罗雄厚的实力，我们可以第一次寻找到西西里走向联合和权力集中的痕迹。盖罗很有可能形成了一个计划，准备将西西里所有或部分的希腊力量团结起来，驱逐因海上力量而盘踞在岛屿西部角落的迦太基和埃盖斯塔，为斯巴达王子多利欧斯之死报仇。为此，他甚至试图劝诱斯巴达和中希腊的其他城邦与其合作实施这个计划，最后无功而返。在遭到拒绝后，他只得依靠西西里的力量部分地实施其计划。[22]关于这次远征，我们掌握的材料相当有限且模糊不清。其中，盖罗可能充当着在西西里岛上与蛮族斗争的统帅，他也是希腊利益的捍卫者，成了狄奥尼修斯、提摩勒昂和阿加托克莱斯的先行者。但是，他已经开始为他自己谋划，其领袖地位也获得他人的认可。公元前481年，当来自斯巴达、雅典、科林斯等城邦的使节相聚科林斯地峡时，纷纷请求他伸出援手，抵抗即将渡过赫勒斯滂如潮水般的大批入侵者。盖罗首先提醒他们，他已在此前拒绝了一次类似的请求。接着他强调，他不但不会在急需时刻以虚假和刻薄回报他们，还会给予他们全方位的支持（上文已征引希罗多德给出的数据）。唯一的条件是，希腊人务必认可他作为整个希腊与波斯斗争的总司令。他的提议遭到了人们的拒绝，斯巴达的代表对此发出了嗤之以鼻的嘲笑声。盖罗降低了他的要求，答应担任陆军或海军的统帅，任何一种在他看来更合意的都可。但雅典的代表对此表示抗议。盖罗回答说："来自雅典的陌生人，你们似乎已有司令官，但是没有士兵可供你们指挥。如果愿意，你们可以马上返回城邦，告诉希腊人，今年他们已经丧失了春天。"

　　为了对抗薛西斯，伯罗奔尼撒人派出使节向盖罗求助，结果以失败告终。这件事情可以争辩是一个插曲。他们拒绝叙拉古僭主全权指挥的理由是虚荣心作祟。值得怀疑的是，这个理由与其说源自历史传递，不如说起因于历史学家或其消息来源者的观念，他们照顾到了双方的关系。在他所处的时代，斯巴达、雅典、叙拉古是希腊三个最强大的具有帝国性质的城邦。为希罗多德提供材料的西西里见证人对于盖罗过往的强大感到自豪，他完全有可能夸大盖罗在领导权竞争中显示出来的超群实力；此人提供的材料决定了希罗多德的戏剧化描述。盖罗承诺提供的总兵力越令人难以置信，他拒绝提供援助的理由就越充分。事实上，在西西

第十三章 盖罗家族被逐和民众统治在全岛建立前的西西里事务

里岛内，他正遭遇迦太基人的攻击，不得不全力做好自我保护。

就在薛西斯跨过赫勒斯滂的同一年春天，强大而令人生畏的迦太基人也以雷霆之势入侵西西里。盖罗已全身心投入与迦太基人的战斗中（如前所述），并已获得一个又一个的胜利；希腊人首次开始寻找机会进行反攻。早在三年之前，波斯人就已在准备入侵希腊。召集的军队不但来自整个东方世界，而且还包括推罗和西顿两个姊妹之邦。人多势众的波斯入侵者很有可能鼓舞着迦太基人。有充分的理由相信，从伯罗奔尼撒半岛和西西里岛同时发起进攻是迦太基人与薛西斯协商的结果，[23] 腓尼基人代表薛西斯居间作为掮客。然而，迦太基与波斯的联盟也不能排除受到岛内同时发生的其他事情的影响，从而导致迦太基人向波斯人求助并发出了邀请。阿格利根同虽不受盖罗的统治，但仍由他的朋友兼亲戚泰罗统治。莱吉翁和美塞奈归阿纳克西劳斯，而希麦拉受其岳父泰利鲁斯掌管。上述几组同盟使得塞林努斯在西西里的希腊城邦中成为受到排挤的少数派，而塞林努斯与盖罗和泰罗关系不睦，但与迦太基交好且关系密切。[24] 大约在公元前481年，受希麦拉一个党派之邀，泰罗将该邦僭主泰利鲁斯赶下台并占有了这座城市。泰利鲁斯在女婿阿纳克西劳斯的支持下，转而向迦太基寻求帮助。阿纳克西劳斯对于双方的战争是如此急切，他甚至不惜让亲生孩子前往迦太基，成为迦太基执政（Suffes）、泰利鲁斯私下交好的朋友和客人哈米尔卡（Hamilkar）的人质。他们的请求得到了迦太基人积极的回应。公元前480年是一个多事之秋。就在这一年,哈米尔卡率领一支3000条战船和数量更大的补给船组成的舰队在巴勒莫(Panormus)登陆,随船前往的士兵超过了30万人。要不是装载骑兵和战车兵的战船碰巧遭遇到了暴风雨,士兵的人数将会更多。[25]然而,我们只能根据史家们的记载重述这个数字,而不能对此进行考证;尽管如此,这个数字证明,这支军队的规模相当庞大。不过,希罗多德报道的组成陆军的不同部族却大体可靠。其中包括腓尼基人、利比亚人、伊比利亚人、利吉埃斯人(Ligyes)、赫利西基人(Helisyki)、撒丁尼亚人和科西嘉人。[26]这是我们掌握的关于构成人数众多的迦太基雇佣军的第一则材料。迦太基正是通过由不同种族不同语言的人构成雇佣军,[27]从而达到减少将领策划谋反和兵变的目的。

在巴勒莫登陆后,哈米尔卡就开始向希麦拉进军。他先将所有舰船拖上岸,以土墙将其围起来加以保护,然后开始围攻希麦拉城。这时,在得到泰罗和阿格利根同军队的援助后,希麦拉人决定坚守不降,他们甚至将城门都以砖加固。希麦拉人派人向盖罗送去了加急快件,请求他的支援。盖罗召集起所有的力量,据说步兵50 000、骑兵5000,向希麦拉进军。援军的到达恢复了城里居民的信心。在经过几场希腊人稍占上风的小规模战斗后,一场大战接踵而至。这是一场残酷而血腥的战斗,从日出时分一直持续到傍晚。左右最终胜负的是希腊人截获的一封信件。在这封写给哈米尔卡的信中,塞林努斯人允诺派出一支骑兵作为援军,并告知他骑兵到达的具体时间。这封信最后落入盖罗之手。这支

第十三章 盖罗家族被逐和民众统治在全岛建立前的西西里事务

由盖罗的一队骑兵假扮成的来自塞林努斯的援军被迎入哈米尔卡的大帐。一进营帐,他们就开始制造恐怖和混乱,散播流言说将军被杀害,战船被焚。乘此时不待我的良机,希腊军队迅速加入战团,打败了数量远超过他们的迦太基人,并最终击败了敌人的负隅顽抗。如果狄奥多鲁斯[28]的记载可信,那么迦太基一方有15万人被戮;其余的一部分逃入西坎人居住的群山之中,被阿格利根同俘虏;另一部分逃往丘陵地区,因没有水喝,他们不得不举手投降,任人宰割。只有少数人坐20条船逃脱,但这20条船在逃跑的航程中也终被暴风雨摧毁,只剩下1条小船把全军覆灭的灾难性消息带回了迦太基。[29]抛开那些没有事实依据的夸大之词,我们只能大胆地断言,战斗过程紧张激烈,希腊人取得的胜利全面而彻底,迦太基死伤者和被俘者人数众多。尽管盖罗命人仔细搜查,但哈米尔卡的尸首仍没有被找到。迦太基人坚称,眼见失败已经无法挽回,哈米尔卡纵身跳入熊熊燃烧的祭火之中,为供奉诸神献上了整个牺牲(通常祭品只是动物的很小一部分),[30]很快被大火吞噬。

可以想见,阿纳克西劳斯及其来自莱吉翁的军队也遭到了与被他召来的外族入侵者同样的失败,其他与外族敌人站在同一战壕的希腊人很可能也概莫能外。[31]如今这些城邦被迫向盖罗乞求和平,恳请有幸被其纳入,成为同盟者中的一员,这样就只需缴纳贡金而不必承受更加沉重的负担。[32]甚至迦太基人自身也被这次惨败给吓倒,派人前往叙拉古请求和平。据说,在盖罗的妻子达马莱忒（Damaretê）恳求下，迦太基终于得到了和平，其条件是支付 2000 塔兰特的战争赔款，并建立两座神庙，将条约的内容永久保存在里面。[33] 如果我们相信泰奥弗拉斯图斯（Theophrastus）的看法，盖罗对迦太基人的一个强制性要求是，迦太基人将来永远不得在宗教崇拜中以人为牺牲。[34] 但采用如此手段干预外族宗教信仰的做法在那一个时代并无先例，而且，据我们所知，以人为牺牲的祭祀在迦太基并没有被一劳永逸地终结。[35] 事实上，我们有充分的理由对此提出质疑。狄奥多鲁斯的记述主要抄袭自事件发生很久之后的埃弗鲁斯（Ephorus）和提迈乌斯，他们都在一定程度上夸大迦太基人在战争中的损失、战后遭受的耻辱和战争赔款的数额。诗人品达的作品写于希麦拉战争之后不久，其中有几段诗句描写说到迦太基新一次的入侵给人们带来的不安和警醒。[36] 人们发现迦太基的战船开始在意大利海岸挑起战端，当地的希腊人要求盖罗的兄弟兼继承者对此采取强硬的举措。

希麦拉之战的胜利使西西里的城邦不但免受外族战乱之祸，而且获得了丰厚的战利品。人们在希麦拉、叙拉古和德尔菲的神庙[37]中为诸神奉献了大量的祭品以致感谢。西摩尼戴斯为献祭德尔菲神庙的三角鼎而赋的隽语诗[38]将盖罗与他的三个兄弟希埃罗、波吕泽鲁斯、特拉叙布鲁斯与萨拉米斯和普拉提亚的英雄相提并论，一起视为使希腊摆脱蛮族控制的解放者。西西里人声称，尽管必须屈从于斯巴达人的节制，但盖罗事实上已打算马上增派援军，帮助希腊人抵抗薛西斯；就在这时，波斯人遭到失败并已

第十三章　盖罗家族被逐和民众统治在全岛建立前的西西里事务

撤退的消息传了过来。另一则材料记载说，盖罗派出一位名为卡德姆斯的秘使前往德尔菲，其目的是关注薛西斯率领的入侵者的进展。一旦波斯人获胜（他认为情况将确实如此），就献上礼物，并代表叙拉古向入侵者投降。[39] 波斯人在萨拉米斯和迦太基人在希麦拉令人意外的失败突然间为希腊和西西里扫除了令人恐怖的阴云，留下了一片明净的天空，带来兴盛繁荣的希望。

对获得胜利的盖罗军队而言，他们既有丰富的战利品供抢劫以补偿自己，还可以分配。其中最值钱的战利品是难以计数的战俘。盖罗根据每年城邦提供战斗人数的比例将其划分。所以与盖罗结成同盟或附属于叙拉古的西西里城邦，尤其是刚提到的那两个城邦，都将这些战俘奴隶充作公共奴隶，戴上脚镣手铐劳动，[40] 他们或者被用于修建公共防御工事、装修性的光彩工程和庄严肃穆的宗教建筑，或者被卖给私人以便增加城邦的收入。阿格利根同的公共奴隶数目非常巨大。自这次战役到最终被迦太基人攻占的70年是阿格利根同最繁荣的时期。被俘者中的许多人被强迫为城邦修建公共建筑；这些建筑提升了城市的品位，使阿格利根同成为雄伟壮丽之城的标志。剩下的战俘数量仍然巨大，被城邦卖给了个人；不少人家里甚至蓄养的奴隶不少于500人。[41]

随之而来的和平使盖罗成为叙拉古和盖拉的主宰，西西里岛东部的卡尔奇斯人建立的城邦也纷纷投怀送抱。而泰罗统治着阿格利根同，其子特拉叙陶斯（Thrasydaus）成为希麦拉僭主。无论从权力还是声誉上看，盖罗毫无疑问是整个岛上的头号人物。

此外，他还通过联姻，与泰罗结成了世代交好的友谊。无论是对叙拉古人还是对属邦公民，他都举止文雅、行为谦和。但他在此之后的政治生涯非常短暂。就在希麦拉战役结束不到一年，他就因患水肿病与世长辞。尽管如此，希麦拉战役的荣光在每个人的记忆中仍然非常鲜活。由于叙拉古的法律严令禁止葬礼奢侈浪费，盖罗强令他的葬礼必须严格依照法律规定举办。然而，民众的积极参加和继承者的热情使盖罗生前的命令并没有得到执行。熙熙攘攘的人群跟着出葬的队伍从城市一直到了他妻子在乡间的住宅，绵延了15英里。人们在坟旁为他建起了9座雄伟的高塔，并将他当作英雄加以崇拜。虽然盖罗的坟茔先被迦太基人给破坏，然后遭到僭主阿加托克莱斯（Agathokles）的践踏，但在叙拉古人的心目中，对于这位希麦拉征服者的美好记忆并没有随岁月的流逝而消散。[42] 当想到随后迦太基的入侵所造成的灾难性后果时，我们就更能清楚地感受到时人对盖罗的感恩之情是多么深厚。

人们不但将盖罗视为希麦拉的征服者，而且在一定程度上将其当作叙拉古的再建者[43]加以隆重崇拜。在他的统治下，城邦的面积、实力、人口都得到了大幅度的增加。除了从盖拉带来的新移民外，不少于10 000名来自叙布拉的麦加拉和西西里优卑亚的雇佣军也登记纳入公民册中。而且，大概这些新近入籍的公民居住在叙拉古城的腹心地带——奥尔提吉亚岛。[44] 如前所述，奥尔提吉亚岛是人们最初的聚居地，在盖罗扩建之前，叙拉古城的范围没有超出这座小岛。我们并不知道盖罗是如何将如此众多

第十三章 盖罗家族被逐和民众统治在全岛建立前的西西里事务

的新来者安排到这块新土地上的,但是当逐渐注意到城邦其他公民对这些新来者的憎恨之情时,我们有理由推断,原有公民可能被僭主剥夺了财产并降了等级。

盖罗的儿子尚处垂髫之年。按僭主的遗嘱,城邦的权力传给他的两名兄弟波吕泽鲁斯和希埃罗。波吕泽鲁斯与僭主的寡妻结婚,并按遗嘱规定被任命为军队的总司令;希埃罗享有治理城邦的权力。然而,不管盖罗的意愿如何,城邦的实权最终落入希埃罗之手。此人不但精力充沛、干事果决,而且是品达、西摩尼戴斯、巴库利德斯、埃皮卡尔穆斯(Epicharmus)、埃斯库罗斯及当时其他著名诗人的慷慨赠予者和庇护者。但是,他也成为来自城邦内部抱怨者的牺牲品。这些人抱怨他猜忌心强、性格冷酷,在城邦治理中贪婪成性;[45]指责他组织系统的谍报机构,让臣民们的言论自由就此终结。希埃罗的弟兄波吕泽鲁斯在城邦里颇孚众望,僭主对他猜忌之心很重,决定派他远征克罗同人(Krotoniates),希望以此借刀杀人。但波吕泽鲁斯意识到这是一个陷阱,决定逃到阿格利根同,向其内弟僭主泰罗寻求保护。当希埃罗向泰罗发出的归还叛逃者的要求遭到了拒绝后,他准备诉诸武力达此目标。事实上,叙拉古的军队已经推进到了盖拉河畔,但战争似乎并未爆发。耐人寻味的是,诗人西蒙尼戴斯因曾受过对抗两方僭主的尊崇和赏赐,成为双方和平的调停者。[46]

这两位强有力僭主之间短暂的对抗和突然的和解从一个侧

面证明了希麦拉正经受着痛苦并行将走向灭亡。泰罗是阿格利根同的僭主，而希麦拉的事务由其子特拉叙陶斯管理。这个年轻人因施行高压政策，很快激起了人们最强烈的憎恶之情。希麦拉人知道不可能指望泰罗与其子对抗，因此利用泰罗与希埃罗之间的不和，支持叙拉古人，要求希埃罗驱逐特拉叙陶斯，使希麦拉成为叙拉古的属邦。泰罗的两位堂兄弟卡皮斯（Kapys）和希波克拉泰斯与其不和，向希埃罗寻求庇护，成为策划让希麦拉脱离泰罗统治阴谋的参与者。但是，一旦和平条约签订，希埃罗立即向泰罗透露了此前的阴谋，并出卖了希麦拉的反叛者。材料暗示，卡皮斯和希波克拉泰斯纠集了一支军队抵抗泰罗的镇压，但最终在希麦拉河畔被打败。[47] 接下来，泰罗夺取了希麦拉城，并处死了一大批希麦拉公民。被杀害的人是如此之多，加上双倍的因为恐惧而逃窜被杀者的人数，以至于这座城市的人口急剧减少。泰罗从其他地方招集来了许多移民（主要是多利安血统），并使他们登记入籍成为新公民。[48]

在与泰罗和波吕泽鲁斯达成和解后，通过几件事，希埃罗的权势达到顶峰，与盖罗相较，至少不会处于下风，甚至成为不但是西西里而且是整个希腊世界最有权势的人物。位于遥远的意大利的海岸城市库麦因受迦太基和提莱尼亚人舰船的侵扰向叙拉古求救，希埃罗派出一支舰队打败并驱逐了入侵者。[49] 他甚至在附近的皮特库塞岛建立了一个叙拉古殖民地。莱吉翁和美塞奈的僭主阿纳克西劳斯很可能曾攻打其邻邦埃皮泽菲利的罗克利并将其纳为属邦。在罗克利的请求下,希埃罗派克罗米乌斯(Chromius)为使,表达了他的愤怒,阿纳克西劳斯被迫断了吞并的念想。[50]更多英雄般的荣耀还等着他去获得,在希腊,这些荣耀属于一个新城市的创建者(the Oekist)。他驱逐了卡塔纳(Katana)和纳克索斯的居民,在卡塔纳的原址上创立了一个新的城邦埃特纳(Aetna)[51]取而代之。他命令纳克索斯人和卡塔纳人迁入莱翁提尼与当地的居民混处。希埃罗从叙拉古和盖拉迁来5000人,并从伯罗奔尼撒半岛迁来同样数量的居民,令他们居于埃特纳城。这些人充作准军事力量,一旦叙拉古出现骚乱,他们随时准备听候召唤。在其继任者当政时,我们就会发现他的远见卓识。这些人不但占有原来属于卡塔纳人的地盘,而且主要通过牺牲邻近的西凯尔人部落的利益,获得了更多土地。希埃罗的儿子戴伊诺麦奈斯、他的知己良朋克罗米乌斯也分别登记成为卡塔纳人,成为该城邦的联合执政者。这座城市的宗教及社会风尚与多利安人相似。[52]品达希望将来这位僭主与埃特纳公民之间的关系类似于斯巴达国王与其臣民的关系。品达宣称,希埃罗和克罗米乌斯都曾参加了皮提亚赛会和奈麦亚赛会(Nemean games),他们的战车都曾荣获多次桂冠。正是在这些赛会上,参会的民众才首次听到埃特纳这一座希腊新城的名称。通过品达的恭维之词,[53]我们看到希埃罗对于他城邦建立者的新称号颇感自得。但必须指出,他的美名的获得并不是像其他大多数情况一样将希腊人迁入在此前蛮荒的地方,而且对没有任何过错的其他希腊公民横加驱逐和剥夺。盖罗和希埃罗当政第一次显现出通过暴力将一个地方的居民全部搬迁到另一个地方的倾向。这不但是亚述和波斯帝王的寻常做法,而且亚历山大大帝的继业者以更大的规模将人们迁入他们建立的一个又一个新城市。

莱吉翁僭主阿纳克西劳斯在听从希埃罗的指令放过罗克利人不久就去世了。人们出于对他的怀念和尊敬,让其幼子担任莱吉翁和美塞奈的僭主;在由其任命为摄政王的被释奴米库图斯(Mikythus)治理下,城邦仍在有效运转。[54] 不过,大约公元前472年阿格利根同僭主泰罗之死给西西里带来了更重大的变化。作为迦太基战争胜利中盖罗的搭档,泰罗在阿格利根同人的心中享有盛誉,认为他能力超群,治理城邦得法。经品达的桂冠诗句,他的美名成为不朽。通过与他的儿子兼继承者的比较,人们更加珍视对他的美好印象。在同时兼任希麦拉和阿格利根同的僭主后,特拉叙陶斯更加肆无忌惮地压制民众的思想,实行血腥统治。正是因其暴虐的性格特征导致了此前希麦拉人的憎恶和不满。僭主感受到了民众的憎恨和不满,决定在其父的基础上,进一步扩大军队,并招雇了大批雇佣军。就这样,特拉叙陶斯掌握的马步军队共计超过2万人。要不是胆大妄为触怒了邻邦强大的僭主希埃罗,或许他本可以步法拉利斯的后尘,在他的地盘上长时间地恣意妄行。在两位僭主之间展开了一场势均力敌、杀戮甚众的战斗。这真是一场规模空前的大绞杀啊!叙拉古一方死亡2000人,而阿格利根同一方有4000人丧命。最关键的是,两支军队主要由

第十三章　盖罗家族被逐和民众统治在全岛建立前的西西里事务

希腊人构成，很少有非希腊人组成的雇佣军参加。[55] 特拉叙陶斯失败得非常彻底，他不但被迫逃离了阿格利根同，而且不得涉足西西里半步。后来，他逃到希腊本土的麦加拉，在那里他被判处死刑并殒命。[56] 阿格利根同人欣见自身已从压迫者的魔掌中解放出来，向希埃罗发出请求，希望获得和平。据说，他们建立了民主政府。但史料告诉我们，希埃罗放逐了许多希麦拉、阿格利根同和盖拉的公民。[57] 无须怀疑，这三个城邦大概已被纳入叙拉古的属邦。只有当盖罗家族遭受泰罗家族同样的命运时，自由的一刻才会降临。

对特拉叙陶斯的胜利使希埃罗进一步奠定了西西里之主的地位，其权势甚至超过他的兄长盖罗此前的影响。史料告诉的我们关于这位僭主最后一幕的壮举，是他代表其内弟们[58]——僭主阿纳克西劳斯诸子（现已达掌权的年龄）——干预莱吉翁的朝政。在阿纳克西劳斯去世后，米库图斯（Mikythus）不但获得了所有的财富而且执掌权标，掌管着莱吉翁。希埃罗暗地里鼓励他的诸位内弟对米库图斯的继承权提出挑战，并表明他随时准备为他们提供武力支持。面对他们提出的无理要求，米库图斯应对有序，给出的理由恰当而令人信服；阿纳克西劳斯的儿子们承诺继续由米库图斯统治，他们甚至答应为他的统治保驾护航。米库图斯明智地拒绝了他们的要求，带走属于自己的那一份财产，隐居于阿卡狄亚的泰盖亚。不久，希埃罗在遭受长年的疾病之痛后去世。他的统治共计 10 年。[59]

希埃罗死后,他的弟兄特拉叙布鲁斯与他的侄儿盖罗之于就继承权发生了争端。整个家族的支持者就此四分五裂。特拉叙布鲁斯以锦衣玉食的奢华生活诱惑他的侄儿,图谋让这个年轻人逐渐边缘化,最终夺得了统治权。[60] 家族的分裂成为依靠血缘关系起家的希腊僭主们的诅咒,经常带来最触目惊心的暴行。[61] 类似的分裂与特拉叙布鲁斯的命运也如影随形,最终导致了强大的盖罗王朝的垮台。希埃罗诸多不端言行如今在特拉叙布鲁斯的身上进一步呈现出来,尽管此人没有希埃罗不竭的精力。为了夺取别人的财产,他处死了大批公民,将更多公民流放,最终引起了全体叙拉古人的极端仇恨,甚至许多原来支持盖罗的民众也企图除之而后快。虽然他通过增加雇佣军努力强化其实力,但仍不能阻止叙拉古民众持续不断的起义。通过召来希埃罗驻扎在埃特纳的军队,加上来自属邦的各种军队,特拉叙布鲁斯发现为其效命者已达 15 000 人。此时,他还控制着内城奥尔提吉亚岛。这座岛屿是叙拉古人最初的居住地,不但地理位置特殊,易守难攻,而且备有码头、船只,城市的港口也在他的掌控之下。起义的民众控制着外城(如今名为阿克拉狄纳)。此地与西西里大陆毗连,周边修有城墙,一块用作墓地的洼地将其与奥尔提吉亚岛隔开。[62] 虽然起义者人数占据优势,但战斗力不及特拉叙布鲁斯的军队,因此他们不得不请求西西里其他城邦和西凯尔部落给予支持。他们宣称盖罗家族是阻碍所有西西里人获得自由的公敌,并声称一旦获得胜利所有城邦将会获得独立。幸运的是,没有强如泰罗一

第十三章　盖罗家族被逐和民众统治在全岛建立前的西西里事务

样的僭主帮助特拉叙布鲁斯。盖拉、阿格利根同、塞林努斯、希麦拉甚至西凯尔部落都迅速做出回应，响应号召，组成一支大军，从水陆两路增援叙拉古民众。特拉叙布鲁斯先在海战中遭到失败，然后在陆战中也被彻底击败，被迫龟缩在奥尔提吉亚岛。很快，他发现自己已陷入困境中。于是，他决定与对手谈判。其结果是他引咎辞职，退隐罗克利；民众允许他带来的雇佣军不受干扰就地解散。[63] 后来，特拉叙布鲁斯作为一个普通公民生活并老死在罗克利。他与泰罗之子特拉叙陶斯在麦加拉的命运迥然不同，尽管两人都被民众推翻。

在持续 18 年的统治后，强大的盖罗王朝在叙拉古就此终结。[64] 王朝的垮台在整个西西里无异于一场影响深远的革命。在岛上各个不同的城市，原本有许多小僭主，他们都有一支隶属于自己的雇佣军，以此作为统治的工具，都仰仗叙拉古大僭主的保护。如今，所有僭主全被赶下台，到处都建立了或多或少带有民主性质的政府。[65] 阿纳克西劳斯诸子在莱吉翁和美塞奈统治的时间稍长，但这两个城市的公民最终跟随时代的大势，强制他们退隐，[66] 开启了自由。

但是，虽然西西里的僭主们被赶下了台，但新建立的民主政府在最初面临着许多的困难和冲突。前面提到，无论是盖罗、希埃罗、泰罗、特拉叙陶斯还是特拉叙布鲁斯，都曾将许多公民流放并剥夺其财产，同时从外迁入了新公民和雇佣军，其数量绝非少数。史料并未说明这些雇佣军来自哪一种族，或许他们本属希腊人的一部分。一旦铁腕式的压迫消除了，人员和财产上的剧变不可能不导致老公民与新公民在利益和情感上的尖锐冲突。虽然导致人们相互倾轧的根源在西西里各个城邦普遍存在，但任何一个城邦都不及叙拉古那么激烈。在叙拉古，被特拉叙布鲁斯召来的最后一批雇佣军在僭主退位时也就此解散。他们中的许多人回到了希埃罗建立的城市埃特纳，那也是他们出发的地方。但即便在这座城市，也有许多其他公民，他们主要由盖罗引进，另外一部分由希埃罗迁入。其中仅盖罗引进入籍的就达 10 000 人，如今仍有超过 7000 人。在最近爆发的革命中，盖罗引入的这批公民起着什么作用，也无任何确凿无疑的证据说明。可能的情况大概是他们并未作为一个整体支持特拉叙布鲁斯，其中许多人甚至加入了反叛者的队伍。

革命成功后，叙拉古人召开了一次公民大会。大会通过的第一个决议是设立宗教节日纪念这一事件。人们建起了一座巨大的宙斯·埃琉泰利乌斯（Zeus Eleutherius）塑像，每年庆祝埃琉泰利亚节，举办赛会和祭祀活动。接着，他们讨论城邦的政体。出于对垮台的盖罗家族的痛恨和恐惧，加上返回故土的被放逐者的蛊惑和刺激，人们宣布在盖罗和希埃罗治下入籍定居的新公民无权当官或获得荣誉。这项严厉而彻底的剥夺权利政策马上付诸行动，许多少数派人士成为受害者。这项政策自然激起了新仇旧怨和城邦内战。由盖罗带来的公民都是城邦中最好战之人，他们是前朝享有特权的派别，居住在叙拉古的内城[67]奥尔提吉亚岛。

第十三章　盖罗家族被逐和民众统治在全岛建立前的西西里事务

这些人发起了公开的叛乱。普通民众尽管掌控着外城，但他们的力量不够强大，不足以成功拿下防御良好的内城。[68] 不过，民众们设法几乎将这座岛屿完全封锁，以便截断物资供应和与外界的联系。他们在奥尔提吉亚与埃皮波拉（Epipola）要塞之间修建了一道新的城墙。这道城墙从外城一直延伸到大港。因此，驻守岛内的士兵只有通过持续不断的战争，付出沉重代价才可能获得一些补给。这次灾难性的内战持续了几个月，双方在陆上和海上展开了许多局部战斗。通过这些战斗，公民大众逐渐习惯了使用武器。其中一支由600人组成的训练有素的特选部队战斗效率尤其高。眼看无法长久坚持下去，盖罗一派的士兵被迫冒险发起决战。经过一场惊心动魄的战斗，他们被彻底击败。这支600人组成的特选战队对于战斗的胜利贡献突出，不但获得了公民赠予的桂冠奖励，而且每人还得到1明那奖金。[69]

编年史提供的材料非常有限，对于上述事件没有进行具体描述而只是稍有涉及，其中几乎没有谈到这次重要的胜利造成的政治格局。许多盖罗的支持者或许遭到了驱逐。可以肯定的是，他们至少被剥夺了单独居住在内城要塞奥尔提吉亚岛的危险特权。[70]

与此同时，西西里其他地方正经受着与叙拉古类似的政治动荡。在盖拉、阿格利根同、希麦拉，随着反盖罗家族运动的深入，被剥夺财产的公民大批涌入；他们要求归还其财产，恢复其影响；但他们发现民众拒绝满足其要求。此前卡塔纳人被希埃罗赶往莱翁提尼以便让该城成为新殖民地埃特纳的一部分;如今,卡塔纳人武装起来,与西凯尔王杜凯提乌斯(Duketius)结盟,重新征服了他们原来的家园,并归还了西凯尔人被希埃罗夺取用以扩大埃特纳版图的土地。他们的行动得到了叙拉古人的支援,因为对叙拉古人而言,在周边有一个由希埃罗支持者主导的城邦是危险的。然而,卡塔纳人也是经过与埃特纳人的长期争夺和几次战争后才实现了他们的目标。卡塔纳人最终签署了约定。埃特纳人撤出卡塔纳,只保留恩涅西亚(大概是西凯尔的Ennesia)或伊涅萨(Inessa)的城区及乡村,并更其名为埃特纳,建纪念碑,立希埃罗为城邦的创立者。希埃罗在卡塔纳的坟墓被重归的居民拆毁。[71]

这些冲突扰乱了整个西西里岛的和平,逐渐令所有人都无法忍受,因此人们决定召开一次大会,调解各个城邦的矛盾。会议做出联合决议,重新接纳流亡者并逐出各邦由盖罗家族安置的移民。这些被逐出的移民被安置到美塞奈城邦内的一个聚居区。流亡者可能重获他们的财产,至少城邦为他们重新分配了土地作为补偿。盖拉的居民将城邦的流亡者重新安置在卡马利纳。[72]此前,卡马利纳被盖拉僭主希波克拉泰斯征服,并被从叙拉古人手中夺走;但是,随着盖罗将驻地搬到叙拉古,卡马利纳也成了叙拉古的一部分,其居民也被搬迁到了叙拉古城。如今,叙拉古人宣布放弃对卡马利纳的所有权,其理由或许是在盖罗迁入叙拉古的新移民中,不但包括了原来的卡马利纳人,还包括许多原来的

第十三章 盖罗家族被逐和民众统治在全岛建立前的西西里事务

盖拉公民。[73]如今，这些人被迫离开叙拉古，在卡马利纳为他们和其他被盖罗家族流放的人提供一个居所方便易行。或许我们还可以进一步推断认为，这座新城也用于接纳整座岛上其他无家可归的公民。盖罗家族的支持者将卡马利纳视为一个独立城邦，遵循多利安人仪式和传统。城邦的土地被重新分配，在公民中也不乏非常富裕之人，可以派出驷马战车前往伯罗奔尼撒参加赛会，并为品达的颂诗支付薪酬。在城邦初创面临诸多困难时，卡马利纳人普萨乌米斯（Psaumis）荣获奥林匹克桂冠，为这个新建城邦赢得了全希腊范围内的盛名。[74]

这就是西西里人为了反抗此前的僭主高压暴力政策而做出的规模巨大的反应。虽然我们只能了解运动的大致状况，但仍可见到所有迁徙者和放逐者的地位发生了逆转，僭主们原有的安排都被颠覆。毫无疑问，在修正过去不公的过程中，必然会在很多情况下造成新的不公。因此，对于在叙拉古发生的、在没有任何正当理由的情况下许多人新近登记入籍的事情，[75]我们也不会感到惊讶，这些人甚至还分配到了土地。此时叙拉古人对于占支配地位的认识与盖罗那一个时代也完全不同。过去，德摩斯，具体而言靠自己双手劳动为生的小生产者，被视为"一群令人生厌的泥腿子"，适合卖到海外做奴隶。如今，公民团体包括的范围很可能比过去任何时候都要广大，其基本原则类似于雅典克里斯提尼的自由主义，让更多公民加入城邦的管理。尽管史料仍混乱不清，但随着这一时期民主政府的建立，在直到老狄奥尼修斯上台之前的50年里,我们见到了西西里历史上最繁荣昌盛、发展最好的一段时期。

对于意大利沿岸的希腊城邦,在盖罗家族统治时期,我们所知道的内容有限,几句话就可以说完。僭主阿纳克西劳斯和米库图斯统治下的莱吉翁主要被视为一个西西里城邦,在西西里的政治发展长河中偶露峥嵘。但在涉及意大利希腊人历史的唯一保存至今的事件中,该邦也被牵涉其中。大约公元前473年,塔兰同决定远征非希腊人的邻邦亚皮吉亚,希望占领属于亚皮吉亚人(Iapygians)的叙里亚(Hyria)及其他城镇。莱吉翁僭主米库图斯违背人民的意愿,强制派出3000人在塔兰同军中充任辅兵。事实证明,这次远征给双方带来了巨大的灾难。尽管在战场上与希腊联军作战的亚皮吉亚人多达20 000,但仍被彻底击败。鉴于战场在敌人的境内,似乎莱吉翁和塔兰同军队的大部都或死或伤。因此,希罗多德宣称,这是他所知道的希腊人被杀人数最多的一次战役。[76] 被杀的塔兰同人中很大一部分是家资颇丰的富裕公民;这些人在战斗中的折损明显地影响到了城邦的政体。此后,塔兰同强化了德摩斯的权力,政体也变得更加民主。我们并不知道政体的变化具体表现在哪些方面。亚里士多德的记载使我们有理由相信,即便在这一事件发生之前,其政体已经相对民主了。[77]

1 | 关于法拉利斯的所作所为,博学而敏锐的本特利在其专论《法拉利

第十三章 盖罗家族被逐和民众统治在全岛建立前的西西里事务

斯的信函》中都有所提及并进行了讨论。同时比较 Seyffert, *Akragas und sein Gebiet*, pp. 57–61. 相较于本特利博士作品的读者通常看到的批判态度，赛弗特对伪作的法拉利斯信函给予了更多的关注。

关于法拉利斯铜牛的逸闻似乎建立在充分的证据之上。品达曾特别提到过这只铜牛。迦太基人占领阿格利根同后，曾把铜牛运往迦太基。当西奇比奥夺取迦太基后，重新把铜牛送回了阿格利根同。

关于阿格利根同的神庙，参见 R. Koldewey and O. Puchstein, *Die griech, Tempel in Unteritalien und Sicilien*, Berlin, 1899. ——编者

2　Thukyd., vi. 5; Schol. Ad Pindar., *Olymp.*, v. 19.

3　盖拉的情况，参见 Herodot., vii. 153; 叙拉古的情况，参见 Aristot., *Politic.*, v. 3, 1。

4　Aristot., *Politic.*, v. 8, 4; v. 10, 4.

5　狄奥多鲁斯把赫拉克雷亚的建立归于多利欧斯。但他的记载与希罗多德的不相吻合，除非我们认为，赫拉克雷亚在多利欧斯建立后又被迦太基人毁灭，或者后来欧吕莱翁或其继承者将原名为米诺亚的城市重新命名为赫拉克雷亚。Diodor., iv. 23.

6　Herodot., v. 43, 46.

7　Herodot., vii. 158. 他的叙述太简短且令人费解，而且我们也没有其他旁证用以证明这个问题。

8　Polyaenus, v. 6.

9　关于泰利奈斯及其后代的宗教特权，参见 Herodot., vii. 153. 根据品达的记载，希埃罗仍享有这种世袭的宗教权利（*Olymp.*, vi. 160, the Scholia *ad loc.* and Scholia ad Pindar., *Pyth.*, ii. 27）。

10　Herodot., vii. 154.

11　Herodot., vi. 22, 23. "他却由于斯库泰斯失掉了城市而把赞克莱的国王斯库泰斯和他兄弟皮托盖奈斯抓起来并上锁链，并把他们送

到伊努克斯去。"（Σκύθην μὲν τὸν μούναρχον τῶν Ζαγκλαίων ὡς ἀποβαλόντα τὴν πόλιν ὁ Ἱπποκράτης πεδήσας καὶ τὸν ἀδελφεὸν αὐτοῦ Πυθογένεα ἐς Ἴνυκα πόλιν ἀπέπεμψε. ὡς ἀποβαλόντα），这段话表明，希波克拉泰斯与斯库泰斯原来就有主从关系，斯库泰斯受到惩罚是因为他丢掉了一个重要的据点。

12　Herodot., vi. 23, 24. 亚里士多德（*Politic.*, v. 2, 11）记载说，萨摩斯人最初获准进入了赞克莱，其后他们驱逐了原来的居民。不过，亚里士多德的记述太简单，不足以推翻希罗多德清晰易懂的叙述。

13　Thukyd., vi. 4; Schol. Ad Pindar, *Pyth.*, ii. 84; Diodor., xi. 48. 萨摩斯人被逐的日期不能肯定。从钱币证据看，可能晚于公元前490年。我们也不能肯定美塞奈这一新名的日期。弗里曼（*History of Sicily*, vol. ii., note 9）根据狄奥多鲁斯的一个章节坚称时间可能更晚，他认为这一名称直到公元前460年才开始使用，此时，因黑劳士起义而来的美塞奈逃亡者赋予了这个城市名称。但是，萨摩斯人占领时期的钱币上就已出现了ΜΕΣΣΑΝΙΟΝ，其拼写形式（Ε而非Α）表明，是多利安人而不是伊奥尼亚人为该城命名。在后来的钱币上（约前460），既出现了ΜΕΣΣΕΝΙΟΝ，又发现了ΔΑΝΚΛΑΙΟΝ。这表明，在美塞奈的黑劳士涌入之前，该城的名称还没有固定下来（Head, *Historia Numorum*, pp. 133-135; Meyer, *Gesch. d. Alt.*, iii., p. 642——编者）。

14　Herodot., vii. 155; Thukyd., vi. 5. 品达的《奈麦亚颂》第9首（v. 40）是为献给叙拉古僭主希罗的朋友克罗米乌斯（Chromius）而作，其中就涉及纪念赫罗鲁斯战役和其他伟大事迹。

15　Herodot., vii. 155. 亚里士多德（*Politic.*, v. 2, 6）将盖罗僭政之前的叙拉古民主制作为一个民主制度被自身的目无法纪和混乱无序给破坏的典型案例。但如果希罗多德的陈述值得依赖，那么事实可能并非如此。驱逐有产者不是目无法纪的民主人士的行为，而是自由民与

第十三章 盖罗家族被逐和民众统治在全岛建立前的西西里事务

奴隶反抗寡头政府的斗争。在有产者被驱逐后,民主派既无时间来拟定宪制,也无时间来体现他们是否有能力在多大程度上治理城邦。希罗多德的陈述表明,有产者刚被驱逐,盖罗就恢复了其权力。此外,盖罗支援被逐有产者的军力占有绝对优势,这足以解释叙拉古民众迅速投降的原因。或许,亚里士多德掌握的材料与希罗多德不同。事实上,我们可以大胆地推断,亚里士多德心目中的盖罗或许是关于狄奥尼修斯的错误的记忆。非常有可能的是,就在政权落入狄奥尼修斯之手之前,叙拉古的民主政治曾一度造成了局部的混乱。正是这种混乱使得他夺得了最高权力。但是,我们不能把同样的推论运用于盖罗之前的时代。毕竟,那时,民主政体才刚刚在希腊出现。一些草率的历史学家经常会把盖罗和狄奥尼修斯混为一谈。哈利卡纳苏斯人狄奥尼修斯曾对此提出了严厉的批判(Antiq. Roman., vii. 1, p.1314)。我们可以授受拉谢尔(Larcher)的推论,保萨尼亚斯(vi. 9, 2)尽管告诉我们的是盖罗占领叙拉古的时间,但事实上他给出的是盖罗占领盖拉的时间(Fynes Clinton, *Fast. Heelen. Ad ann.* 491 B.C.)。

16 | Herodot., vii. 156.

17 | Diodor., xi. 21.

18 | Pausan., v. 27, 1, 2. 我们发现,在一个世纪之后,老狄奥尼修斯将被征服城市(意大利的考罗尼亚和希波利翁)的所有自由人变成叙拉古人(Diodor., xiv. 106, 107)。

19 | 波利比乌斯(xii. 26b)及品达的注释者(*Pyth.*, i. 146)表明这是盖罗自发的愿望,并派出一名使者告诉给希腊人。如果盖罗此刻已结束了在西西里的征伐,公元前480年之后,这种愿望完全有可能实现(cf. Freeman, *History of Sicily*, ii., pp. 515–517)。——编者

20 | Herodot., vii. 157: "你权力广大,作为西西里的主人,统治着希腊绝非最小的部分"(σὺ δὲ δυνάμιός τε γὰρ ἥκεις μεγάλης, καὶ μοῖρά τοι

τῆς Ἑλλάδος οὐκ ἐλαχίστη μέτα, ἄρχοντί γε Σικελίης. ）。他的实力可能更强，参见163："西西里僭主"（ἐὼν Σικελίης τύραννος）。ἄρχων一词与ἀρχή相关，譬如雅典的"执政官"，其义不及τύραννος。在希罗多德为盖罗撰写的演说中多次提及这个词。βασιλεύς之名号出现在（1）雅典使者的演说（Herodot., vii. 161）；（2）Diod., xi. 26宣称，在取得希麦拉战役胜利后，盖罗是如何被人们欢呼为国王；（3）品达（*Ol.*, i. 23; *Pyth.*, iii. 70）的作品中。但在巴库利德斯（Bacchylides）的作品中从来没有提及。巴库利德斯（v., l. 1, 2）使用了στρατηγός之名号；狄奥多鲁斯（xiii. 94）提到，在狄奥尼修斯的第二次僭政时期，他以盖罗为榜样，使用了στρατηγὸς αὐτοκράτωρ，阿加托克莱斯（前317—前310，Agathokles）最早使用这种名号。在品达和巴库利德斯的一些诗句（Pind., *Ol.*, i. 12; Bacch., iii. 70）中，盖罗和希埃罗被视为集军事独裁官和民事官为一体的领袖。参见伯里在 *Class. Rev.*, March 1899, pp. 98, 99 的论述。可以将罗马皇帝兼帝国续任执政官和平民保民官的权力进行比较。同样地，非官方的名号ἄρχων（或许也是雅典人用以特指狄奥尼修斯——Hicks and Hill, *Historical Inscriptions*, No. 91）类似于普通人对罗马元首的称呼。但无论是盖罗还是狄奥尼修斯的统治，都没有改变叙拉古共和时期钱币的式样。——编者

21 | Herodot., vii. 145.

22 | Herodot., vii. 158. 非常遗憾的是，我们并无涉及相关事件的进一步材料。这些材料表明，迦太基人和埃盖斯塔侵占了希腊人的一些地盘，并威胁要占领更多。盖罗发起了战争，成功地将入侵者击退。

23 | Ephorus, *Fragment* 111, ed. Didot; Diodor., xi. 1, 20.

24 | Herodot., vii. 165; Diodor., xi. 23; 也可对照 xiii. 55, 59。与此类似，在老狄奥尼修斯统治时期，莱吉翁与美塞奈组成一个与叙拉古利益相抗衡的同盟（Diodor., xiv. 44）。

第十三章 盖罗家族被逐和民众统治在全岛建立前的西西里事务

25 | 希罗多德(vii. 165)和狄奥多鲁斯(xi. 20)都记载了陆军的人数。狄奥多鲁斯还给出了舰船的数量。

26 | Herodot., vii. 165. 利吉埃斯人来自意大利和法国的南部边界地区,大致居于里昂湾和热那亚湾一带。我们无法令人信服地证明赫利西基人来自何方。尼布尔富有独创性地推断他们可能是沃尔西人(Volsci)。

27 | Polyb., i. 67. 在第一次布匿战争结束后,他对迦太基兵变的描写具有高度的启发意义。

28 | 狄奥多鲁斯陈述所依据的材料来源于提迈乌斯(Meyer, Gesch. d. Alt., iii., p. 397)。因此,相关事实大体是正确的。但是应当适当考虑提迈乌斯的反僭主倾向和西西里强烈的爱国主义热情。——编者

29 | Diodor., xi. 21-24.

30 | Herodot., vii. 167 σώματα ὅλα καταγίζων. 希罗多德这一段的记述得到了最近在马赛发现的一块腓尼基铭文的证实,莫费斯(Mövers)对此进行了学术上的补遗注疏。在犹太人的传统中,需要奉献整只牺牲,腓尼基人远古的传统也是如此(Porphyr., de Abstin., iv. 15)。后来,腓尼基人背离了这种习惯,但说背离也并非完全正确。一旦遇到大灾大难或陷入进退失据的焦虑状况下,人们又会重拾这种传统(Mövers, *Das Opferwesen der Karthager, Breslau*, 1847, pp. 71-118)。哈米尔卡的母亲是一个叙拉古人,这从一个奇怪的侧面证实了迦太基与叙拉古之间的姻亲关系。公元前398年,当老狄奥尼修斯对迦太基宣战时,许多迦太基商人居住在叙拉古和西西里的其他城市,在这些城市,他们拥有商船和其他财产。一旦决定开战,狄奥尼修斯宣布可以任意劫掠迦太基人的财产(Diodor., xiv. 46)。不过,一次血流成河的战争刚刚结束,迦太基的商品在希腊城市里立即就会出现并迅速增加。这有力地证明了商业活动的自发趋向。

31 | Diodor., xiii, 62. 根据希罗多德的说法,希麦拉战役与萨拉米斯战役发

生在同一天。据狄奥多鲁斯，与温泉关战役在同一天。很有可能这两位史学家的看法都不正确。从希罗多德所给的有限证据看，他认为希麦拉战役的作战过程与狄奥多鲁斯的记载完全不同。希罗多德的材料似乎来自迦太基。狄奥尼修斯给出的版本具有浓厚的"爱国主义情怀"。（*cf.* Freeman, *Hisotry of Sicily*, ii. P. 518 *te seq.*）——编者

32 | 笔者从狄奥多鲁斯（xi. 66）的记载推断盖罗处理阿纳克西劳斯就是采用了这种方式。至少，从史料中很难看到盖罗给阿纳克西劳斯的其他"巨大利益"。

33 | Diodor., xi. 26.

34 | Schol. Ad Pindar, *Pyth.*, ii. 3; Plutarch, *De Serâ Numinis Vindictâ*, p. 552, c. 6.

35 | Diodor., xx. 14.

36 | Pindar, Nem., ix. 67 (=28 B) with the Scholia.

37 | 考古学家们发现了献祭用的三角鼎的基座（*cf.* the *Bulletin de Correspondance Hellénique*, 1897, p. 588 *et seq.*; Hicks and Hill, *Historical Inscriptions*, No. 16）。——编者

38 | Simonides, *Epigr.*, 141, ed. Bergk.

39 | Herodot., vii. 163–165. 可与 Diodor., xi. 26; Ephorus, *Fragm*. III, ed. Didot. 比较。

40 | Diodor., xi. 25. 胜利者将战俘锁上脚镣手铐用于公共建筑的类似事例，可参见希罗多德关于泰盖亚和萨摩斯的记载（Herodot., i. 66; iii. 39）。

41 | Diodor., xi. 25. 鉴于奴隶属于国家所有，奴隶一般是租赁给私人雇主。比较色诺芬《论收入》中设计的规模巨大的财政计划（Xenophon, *De Vectigalibus*, cc. 3 and 4）。

42 | Diodor., xi. 38, 67; Plutarch, *Timoleon*, 29; Aristotle, Γελῴων Πολίτεια; *Fragm.*, p. 106, ed. Neumann.

第十三章　盖罗家族被逐和民众统治在全岛建立前的西西里事务

43 | Diodor., xi. 49.

44 | Diodor., xi. 72, 73.

45 | Diodor., xi. 67; Aristotle, *Politic*., v. 9, 3. 尽管品达在诗作中大肆恭维希埃罗（πραΰς, ἀστοῖς οὐ φθονέων ἀγαθοῖς, ξείνοις δὲ θαυμαστὸς πατήρ, Pyth., iii. 71=125），但他也间接地对希埃罗提供了告诫和警示，这充分地证明了这位僭主真正的性格（Dissen ad Pindar., *Pyth*., i. and ii., pp. 161-182）。

46 | Diodor., xi. 48; Schol. Pindar, *Olymp*., ii. 29.

47 | Schol. Ad Pindar., Olymp., ii. 173. 品达注疏者的作品在阐释诗人简短提及的历史事件时往往颇有助益。【注疏者的终极来源主要是埃弗鲁斯（cf. Freeman, *History of Sicily*, ii., p. 516）。——编者】

48 | Diodor., xi. 48, 49.

49 | 在奥林匹亚附近发现了一具刻有希埃罗之名并库麦之战胜利的铜盔，这仍是关于这次战争的一个纪念物。这具头盔确实是希埃罗为奥林匹亚的宙斯奉献的众多祭礼中的一件（参见 Boeckh, *Corp. Inscriptt. Graec*., No. 16, part i., p. 34）。【铭文也可参见 Hicks and Hill, *op. cit*., No. 22. 这具头盔如今保存在大英博物馆（No. 250 in the Bronze Gallery）】库麦海战的胜利可能对埃特鲁里亚人在意大利南部地区摇摇欲坠的霸权地位产生了影响，公元前5世纪，这一霸权已转移到奥斯坎部落（Oscan）之手。就在这次战争之后不久，史料记载，罗马与埃特鲁里亚人订立了有利于己的和平条约（cf. Holm, *Greek History*, Engl. Transl., ii., p.85）。希埃罗的胜利防止了这个弱小的拉丁共和国被此时强大而可怕的邻邦吞并，这种推断也并非完全没有可能。

50 | Diodor., xi. 51; Pindar, *Pyth*., i. 74（=140）; ii. 17（=35）with the Scholia; Epicharmus, *Fragment*, p. 19, ed. Krsemann; Schol. Pindar, *Pyth*., i. 98; Strabo, v., p. 247.

51	Schol. ad Pindar., *Nem.*, i. 1.
52	关于克罗米乌斯，参见 Schol. Pind., *Nem.*, ix. 1；关于埃特纳的多利安风尚等问题，参见 Pindar., *Pyth.*, i. 60–71。
53	Pindar, *Pyth.*, i. 60 (=1117); iii. 69 (=121). 比较 *Nemea*, ix 1–30 献给克罗米乌斯的话语。在一些颂歌中，希埃罗被称为叙拉古人，但叙拉古与新建立的埃特纳密切地联系在一起（参见 *Nemea*, i. init.）。
54	Justin., iv. 2.
55	这是我对狄奥多鲁斯这段文字的理解：πλεῖστοι τῶν παραταξαμένων Ἑλλήνων πρὸς Ἕλληνας ἔπεσον（Diodor., xi. 53）。
56	Diodor., xi. 53. 这是外邦人对一位暴虐成性的专制暴君痛恨之情的典型事例。希腊本土的城邦麦加拉通过叙布拉·麦加拉和塞林努斯与西西里保持着密切的联系。
57	Diodor., xi. 76.
58	希埃罗娶了阿纳克西劳斯之女为妻，不过他似乎另外还有两位妻子——泰罗的姐妹或堂姐妹、叙拉古公民尼克克勒斯（Nikoklês）之女。尼科克勒斯之女生下戴伊诺麦奈斯（Schol. Pindar, *Pyth.*, i. 112）。据史料记载，阿纳克西劳斯之子克莱奥弗隆（Kleophron）在其父在世时就已统治美塞奈。很有可能这位年轻人盛年辞世，否则米库图斯不可能继位（Schol. Pindar, *Pyth.*, ii. 34）。
59	Diodor., xi. 66.
60	Aristotle, Politic., v. 8, 19. 狄奥多鲁斯没有提及盖罗之子。芬内斯·克林顿（Fynes Clinton, *Fasti Hellenici*, App. Chap. 10, p. 264 *et seq.*）讨论了与叙拉古和西西里所有主要事件相关的年代问题。
61	色诺芬《希埃罗》第3章第8节称："我觉得，最牢固的友谊是那些连接父母与孩子、孩子与父母、妻子对丈夫、同伴对同伴的。只要你观察一下，你会发现，普通公民事实上最受到这些人爱戴。但

第十三章　盖罗家族被逐和民众统治在全岛建立前的西西里事务

僭主会怎样？许多僭主处死了他们的孩子，还有许多被他们的孩子谋杀；许多人的兄弟，独裁统治时的同伴，相互死在对方手里了；许多人甚至被他们的妻子害死；哎呀，还有许多是死在他们认为最好的朋友之手。"（εἰ τοίνυν ἐθέλεις κατανοεῖν, εὑρήσεις μὲν τοὺς ἰδιώτας ὑπὸ τούτων μάλιστα φιλουμένους, τοὺς δὲ τυράννους πολλοὺς μὲν παῖδας ἑαυτῶν ἀπεκτονότας, πολλοὺς δ᾽ ὑπὸ παιδων αὐτοὺς ἀπολωλότας, πολλοὺς δὲ ἀδελφοὺς ἐν τυραννίσιν ἀλληλοφόνους γεγενημένους, πολλοὺς δὲ καὶ ὑπὸ γυναικῶν τῶν ἑαυτῶν τυράννους διεφθαρμένους καὶ ὑπὸ ἑταίρων γε τῶν μάλιστα δοκούντων φίλων εἶναι.）Xenophon, Hiero, iii. 8; 比较 Isokrates, De Pace, Orat. viii., p. 182, § 138. 塔西陀（Hist., v. 9）提到在推翻叙利亚王朝后，犹太当地国王的情况是："犹太人选择他们自己的国王，这些人反过来又被那些易变的暴民驱逐了，但以武力重夺王位后，他们就流放公民，消灭城市，屠杀兄弟、妻子和父母，毫不犹疑地犯下王室会犯的各种罪恶"。（Sibi ipsi reges imposuere : qui, mobilitate vulgi expulsi, resumpta per arma dominatione, fugas civium, urbium eversiones, – *fratrum, conjugum, parentum, neces – aliaque solita regibus ausi*, etc.）

62　狄奥多鲁斯（xi. 67, 68）认为，特拉叙布鲁斯控制着奥尔提吉亚岛和阿克拉狄纳，而起义者控制着城市的其他地区，伊提克（Ityke）、泰卡（Tyche）是其中的一部分。显然他认为，公元前463年的叙拉古占有自狄奥尼修斯到罗马帝国时代的叙拉古一样的面积，并由四个城区构成。西塞罗（Orat. *In Verr*., iv. 53, 118–120）列举了这四个城区的名称，分别是奥尔提吉亚、阿克拉狄纳、泰卡和尼亚波利斯。笔者坚信这种看法是错误的。我们可以从修昔底德关于公元前415年叙拉古地貌的一般描述看到50年前的大概状况。修昔底德（vi. 3）只提到内城（奥尔提吉亚岛）和外城。外城后来得名为阿克拉狄纳，尽管这一名称并非始于修昔底德。狄奥多鲁斯明确提及奥尔提吉亚和阿克拉狄纳有各自的城墙（xi. 73）。在导致盖罗王朝灭亡的战争中，我认为特拉叙布鲁斯占有奥尔提吉亚岛，此时这座岛屿是叙拉古内城的中心区域，也是叙拉古最有价值的一部分。在罗马统治时期，马尔凯鲁斯（Marcellus）严禁任何叙拉古土著居于其内（Cicero, *In Verr.*, v. 32–34, 38, 98）。与之相对，笔者认为，特拉叙布鲁斯的对手占领的是阿克拉狄纳。叙拉古人在城市的两个区域修建两道城墙，使城市一分为二。一旦来自外邦的力量挑起纷争，无疑必将为城邦的内斗提供更多便利。亚里士多德（*Polit.*, v. 2, 12）评述说，这与科罗丰与诺提翁、克拉佐麦奈（Klazomenae）的外岛与本土大陆的关系类似。

63 | Diodor., ix. 67, 68.

64 | Aristotle, *Politcs.*, v. 8, 23.

65 | Diodor., xi. 68.

66 | Diodor., xi. 76.

67 | 作为一则新公民遭受苦难的事例，亚里士多德（Politic., v. 2, 11）提到，在盖罗家族统治结束后，叙拉古人允许外邦雇佣军获得公民权。但自此时起，暴动和武装冲突就开始了。但该事件并不能完全征引证明他试图支持的原则。只要王朝仍然存在，这些雇佣军就是城邦的头等公民。在王朝被推翻后，他们成为低等公民，无法获得荣誉。地位上如此巨大的变化激起他们的反抗，就不足为奇了。但这并非证明难以调整与新入籍公民事务的最佳事例。在这些事件200年之后，阿加托克莱斯被逐出了叙拉古，同样也因雇佣军不能担任官员和荣誉性职务而再一次引起了争端和暴动（Diodor., xxi., *Fragm.*, p. 282）。

68 | Diodor., xi. 73. 在此，狄奥多鲁斯再一次重复了我在前面的注释中谈到的同样一个错误看法。他认为，盖罗的党羽占据着奥尔提吉亚和阿克拉狄纳。然而，他们和特拉叙布鲁斯在前面谈及的斗争一样，

也只占有前者。他们的对手占据着外城阿克拉狄纳。他们只需建好埃皮波拉和大港之间的城墙就可以轻易地限制奥尔提吉亚与周边农村的联系。

69 | Diodor., xi. 72, 73, 76.
70 | Diodor., xiv. 7.
71 | Diodor., xi. 76; Strabo, vi. 268. 与此相较，在叛离雅典后，安菲波利斯人拆毁了市场上纪念建城者雅典人哈格农的建筑物（Thukyd.,v. 11）。
72 | Diodor., xi. 76.
73 | Herodot., vii. 155.
74 | 参见品达第 4、第 5 首奥林匹克颂歌，时间是第 82 届奥林匹亚德，或公元前 452 年，也即盖罗的支持者重建卡马利纳后的第 9 年。Τὰν νέοικον ἕδραν（Olymp., v. 9）; ἀπ' ἀμαχανίας ἄγων ἐς φάος τόνδε δᾶμον ἀστῶν (Olymp., v. 14).
75 | Diodor., xi. 86.
76 | Herodot., vii. 170; Diodor., xi. 52. 狄奥多鲁斯断言，作为胜利者，亚皮吉亚人将其军队一分为二，一部分追击莱吉翁逃兵，另一部分追击塔兰同人。追击莱吉翁的亚皮吉亚人行动速度如此之快，（他说）以至于与莱吉翁逃兵同时进城，他们甚至控制了这座城市。与此前一样，狄奥多鲁斯对于这次战争后米库图斯统治下的莱吉翁没有任何记载。或许可以认为，关于意大利南部的地理状况，狄奥多鲁斯定然形成了一套他自己的奇怪的思维方式。因而他只谈亚皮吉亚人的追击和莱吉翁的逃窜。
77 | Aristotle, *Polit*., v. 2, 8.【另一方面，大约这一时期，城邦突然采用有德摩斯形象的新币种，这表明民主政体首次引入该邦（cf. Head, Historia Numorum, p. 45）。——编者】

第十四章
从普拉提亚和米卡莱战役到地米斯托克利和阿利斯提泰戴斯之死

在前一章讲述西西里的希腊人击败迦太基人的历史后，现在我们回到希腊人与波斯人战斗的这个中心话题。这次战争的胜利不但从总体上提升了人类文明的层次，还有其他更加引人入胜的地方。

薛西斯集合的队伍如此庞大，而他取得的胜利如此微不足道，如此巨大的落差自然招致了人们对波斯军队的蔑视，激起了人们对于其对手的崇敬。正是在这么一支相对弱小的军队面前，波斯人遭到了可耻的失败。无疑这两种看法都正确而合理，但是人们经常会将其夸大。审慎地考察相关史实很有必要。波斯人进行战争的方式（或许与现代土耳其人的战争方式类似，如今土耳

第十四章 从普拉提亚和米卡莱战役到地米斯托克利和阿利斯提泰戴斯之死

其人狂热盲从的时代已经过去）相当杂乱无序且缺乏效率。事实上，从个体上看，东方人，尤其是波斯人并不缺少成为一名士兵的优秀品质，但他们的装备和组织拙劣。与此相较，希腊人即便在个体的勇敢方面不占上风，也至少与波斯人不相上下；而在装备和军队纪律方面他们更胜一筹。但是，希腊人在领导力上不足，内部的不团结是危险发生的一个持久根源。正如普鲁塔克（更准确地说是伪普鲁塔克）在专论《希罗多德的谎言》中所说，一些学者坚持认为，在那些艰难岁月里，高尚的品格和英雄主义推动着希腊人不断向前。因此，他们不得不对了解这一段历史依据的价值及难以估计的事实进行严厉批判。证据清楚地表明，尽管希腊人展现出勇于献身的无畏胆识，他们甚至比温泉关的牺牲者和萨拉米斯的胜利者更加勇敢，但是希腊的解放主要是因为薛西斯的愚笨。[1] 如果他的确拥有居鲁士亲力亲为的精神，或者有阿尔泰米西娅的判断力，我们怀疑，无论希腊人是多么善于运作，无论他们是多么精诚团结，都不可能与在军力上占据如此巨大优势的波斯大军抗衡。但是，可以肯定，如果在战场上将军们没有表现出更加高超的指挥才能，相互之间没有更加诚挚的合作，单凭列成战阵的士兵们展现出的勇气不可能达到这个目的。

在这一段多事之秋 150 年后，情况发生了逆转。马其顿人亚历山大率领的希腊联军成了攻入波斯的入侵者。在如此长的一段时间里，波斯的军事战略没有什么改善，大流士·科多曼努斯（Codomannus）苦思冥想的防守策略与薛西斯的进攻战略存在同样的缺陷。但希腊一方在每个方面都取得了巨大的进展。士兵们无畏的勇气和秩序井然的纪律一直得到了保存甚至有所加强。希腊将领的指挥才能和各兵种联合作战的能力达到了此前人类历史一个无可比拟的顶峰。在这一段时间里,一般认为,希腊人创造出了军事学。正如下文即将看到,军事学的发展经历了几个阶段:德摩斯提尼与布拉西达斯(Brasidas)、小居鲁士和色诺芬的军队、阿盖西劳斯(Agesilaus)、伊菲克拉泰斯(Iphikrates)、埃帕米农达斯(Epaminondas)、马其顿人腓力和亚历山大。[2]这两位马其顿国王借鉴了希腊人的战略战术,不过,他们将这些战略战术进一步发展,并身体力行,形成了马其顿风格,取得了雅典人和斯巴达人无法企及的成就。在对照薛西斯的西征和亚历山大的东侵时,有必要比较希腊人的进取精神和亚洲人安于现状的心态;希腊人的进取精神激励并预示着当下欧洲精神的到来,而亚洲人懒散的心态尽管有时会因个别杰出人士的号召而警醒,但无论在战争时代还是和平时代,从来未曾很好地与新的社会思想或新的社会力量相适应。

正是因为薛西斯的入侵,新的政治和军事力量逐渐崛起并联合起来,在接下来的一个多世纪里让希腊历史使人为之振奋。雅典通过角色和地位的改变,将这些新崛起的力量整合在一起;雅典成了改良者,在一定程度上提升了陆军的战斗力,当然,更主要的是成了希腊海军战略战术的巨大推进者,成为希腊最早表现出有能力组织并指挥许多同盟者和属邦联合作战的城邦。

第十四章 从普拉提亚和米卡莱战役到地米斯托克利和阿利斯提泰戴斯之死

在斯巴达领导的与波斯人战争的泛希腊同盟中，与其他普通成员相较，雅典并未占据任何外在的优势地位。尽管表面上没有任何头衔，但如今无论是在希腊人的眼中还是在情感上，雅典的实力都与过去不可同日而语。它在战争中，尤其是海战中，遭受的损失比其他所有同盟者加起来还要大。在米卡莱之战后，伯罗奔尼撒人都急匆匆返乡享受胜利成果，但雅典军队并未停止不前，而是继续战斗，清除赫勒斯滂地区波斯人的势力并占领其中的重要据点，遵循希腊人的愿望站了出来，为了保卫小亚细亚的希腊城邦与波斯人继续战争。除全体雅典人共同取得的这些丰功伟绩外，在这一重要的历史时刻被推向前台的有两位指挥天赋异禀的雅典人——地米斯托克利和阿利斯提泰戴斯。

伯罗奔尼撒人在波斯人入侵的过程中几乎没有受到什么损失，而雅典人在当时不但丧失了城市和乡村，而且很大一部分的动产也不可挽回地被敌人摧毁了；鉴于这种情况，对于伯罗奔尼撒人，我们自然希望他们即便不在阿提卡的复兴中提供慷慨而积极的援助，也至少会友善地欢迎原来居住在那里的居民能够重建其城市。但是，古已有之的自私狭隘心理再一次主导了他们。

普拉提亚战役结束后，雅典人从萨拉米斯返乡，开始以更大的规模在各个层面重建城市和城防设施。没有这些设施，城邦的政治生活和公民的个人安全都无从谈起。但是，正当雅典人着手开始进行这项必不可少的工作时，希腊同盟者纷纷警醒，向斯巴达提起控诉，要求它阻止这项工程的实施。斯巴达人对于同盟者的指控心有戚戚，赞成在泛希腊同盟中进一步推广不建城墙的做法，乐见所有希腊城邦都像斯巴达一样，按部就班地实现城邦的防卫化。于是斯巴达派出一个使团前往雅典，友好地规劝雅典人停止重新修建城墙的工程。但他们不能公然地不由分说地严令禁止一个自治城邦履行其享有的正当权力。于是他们假意谨小慎微地道明反对雅典人计划的原因。他们强调，一旦波斯将来再次入侵，入侵者将可能在伯罗奔尼撒半岛外找到一座城防坚固的城池展开进一步行动，正如最近底比斯之于马尔多尼乌斯一样，这对入侵者来说是一个优势，威胁着希腊城邦的安全。因此，他们建议雅典人不但要停止其城防建设，而且应帮助他们拆除伯罗奔尼撒半岛范围之外其他城邦所有的城墙。斯巴达人承诺，一旦需要，所有受到威胁的城邦皆可前往地峡之内寻求庇护。

像地米斯托克利这样的政治家虽然不会被斯巴达人的外交手腕所蒙蔽和勒索，但他明白如果斯巴达人决定要阻止工程的开展，他们完全有这个能力；因此，只能借助欺诈手段才可能诸事顺遂。在他的建议下，雅典人打发走了斯巴达使团，告诉他们将派人前往斯巴达当面说明其看法。作为使团三位成员之一，地米斯托克利立即亲自前往，向斯巴达政府做出解释。经过事先的安排，另外两位成员阿利斯提泰戴斯和阿布罗尼库斯一路上拖拉缓行。到达斯巴达后，地米斯托克利以另外两位成员仍未抵达为借口，仍然不采取行动，甚至拒见任何一个斯巴达人，反而指责斯巴达人让这两人耽搁了那么久才来。当阿利斯提泰戴斯和阿布

第十四章　从普拉提亚和米卡莱战役到地米斯托克利和阿利斯提泰戴斯之死

罗尼库斯故意落在后面时，全体雅典人加班加点一刻也不停歇地修建他们的城墙。不管男人、妇女还是小孩都抓住这个宝贵的时间差竭尽全力地投入其中。为了提供足够的材料，所有私人的房屋和神庙建筑都被全部贡献。雅典人的热情终有报偿。当三位使者最终在斯巴达聚齐时，城墙已经高得至少足以抵御外敌入侵了。[3] 不过，这个时间间隔拖得那么长足以引起人们的怀疑；即便头脑反应慢的斯巴达人也会如此。而且，警惕心更强的埃吉纳人向斯巴达人汇报城墙正以很快的速度在增高。

听到这个消息，地米斯托克利断然否认其真实性。由于那时地米斯托克利享有的个人声名是如此之盛，所以在一段时间里他的保证获得了人们无条件的信任。直到新消息传来才再一次让斯巴达人心中疑窦丛生。为了迷惑斯巴达人，地米斯托克利要求监察官亲自派人前往雅典打探消息，从而厘清事实真相。监察官毫不怀疑地听从了他的建议；与此同时，地米斯托克利私下带信回雅典，希望雅典人在他及其另外两个同事安全返回之前不要准许斯巴达使者离开，因为他担心当计谋败露时斯巴达人拒绝雅典使者离开。如今，阿利斯提泰戴斯和阿布罗尼库斯已抵达，雅典人宣称城墙至少已达让人不可小觑的高度，地米斯托克利立即扔掉了面具。

真相大白后，斯巴达人受到了奇耻大辱。事实表明，他们不但被人牵着鼻子走，而且完全被雅典瞒骗。与此同时，他们还被地米斯托克利果敢坚定的语气给镇住；此后斯巴达人永不再原谅他。如果提前阻止城墙的修建完全是可行的，如果在事实摆在那里后仍使用武力解决将会非常危险。此外，雅典人在战争中做出的难以估量的贡献再一次左右了斯巴达人的决定。最终情感和审慎同时起了作用。因此，斯巴达人装着没有受到伤害，接见了雅典的使者。他们也没有提出任何托词以图正式要求雅典人拆除。双方的使者都返回了自己的城邦，雅典人也没有受到任何阻碍地完成了城墙的建设。[4]

全民动手加快工程进度和力图避免受到干涉的事实，所有雅典人心里想必都知道同盟者阻止他们修建城墙的意图。从后世的考古来看，修建城墙的石头有不少是不成形状的碎石，结构不规则，甚至墓碑石和刻有铭文的石柱也被嵌入其中。参与工程的有贫有富，有强壮者也有孱弱者，有男有女有小孩；可以肯定，所有人对于这项工程的感情都是非常热切的。所有雅典人都曾遭受过流离失所的痛苦，所有人都为战争的胜利做出了贡献，如今所有人都同样殚精竭虑地保护好他们失而复得的城市。我们必须注意这些激动人心的事实。这是沐浴在民主制下25年的一代雅典人所独具的，他们在没有强援的环境下取得了马拉松之战的胜利。如果我们能够未卜先知，了解接下来的时代里雅典人的性格特征，我们就会发现，雅典人迸发出更加强烈的进取精神，满怀自信，渴望并善于领导他人，并将民主的政治组织形式传播到更加广阔的地区。

新城墙的设计规模与后来雄伟壮丽的雅典城也算相得益彰。

第十四章 从普拉提亚和米卡莱战役到地米斯托克利和阿利斯提泰戴斯之死

城墙的周长为 60 斯塔狄亚（约合 7 英里），将卫城几乎围在最中间。[5] 修昔底德记述说每个方向都有扩大，不过，由于不知道原来城墙的周长，我们无法衡量扩建的程度有多大。新城墙将战神山、皮尼克斯山和缪斯山（Museum）三座山丘纳入其中。城市的南端一直延伸到伊利苏斯（Ilissus）南侧河畔，并将卡利罗埃泉囊括其间。虽然城墙修建匆忙，但其构造坚固，足以抵御任何一支外敌入侵，而且城内的大片地区并未修建房屋。人们在空出来的地方搭建临时帐篷供从乡村逃难而来的带着家产的民众居住，这对一个希腊城邦来说特别有用。对雅典来说，其用处更是不言而喻，因为城邦的主要力量是海军，而城邦的公民大多数习惯于居住在整个阿提卡互不相邻的各个德莫。

但是，地米斯托克利原来规划的城市范围更广，力图实现的目标更加雄伟。不但雅典人此次谋略的成功受惠于他，他还是推动雅典人开始实施宏伟海上霸业最早的创建者；在过去几年里，雅典人建立的强大海军和前不久将雅典人从波斯征服中拯救出来的主导者也是地米斯托克利。他预见到海上力量不但是将来从波斯人重新发动的海上进攻中解放出来的唯一手段——这种可能性在当时非常大，而且是更远的未来在希腊世界的海岸和岛屿上获得优势的可行之策。城墙刚完工，地米斯托克利就将同胞们的注意力带回波斯大王入侵期间成为他们庇护之所的木墙上。他说服雅典人立即为舰船提供安全而宽敞的停泊之所，扩建并为皮莱乌斯城修建城防。这不过是对此前已经开始的工程的继续。早在几年前担任执政官时[6]他已经使同胞们意识到法莱隆港的开敞泊地根本不安全,并说服他们在一定程度上使用并改善更开阔的港口皮莱乌斯和穆尼奇亚(Munychia),从而使三个天然港湾都能够得到保护并随时关闭。雅典人已经开始了皮莱乌斯港的扩建工程,不过很可能在后来被波斯入侵者破坏。现在,地米斯托克利重启这项工程,不过其规模比他此前提议的更加宏大;皮莱乌斯港的规模表现了他头脑中预想的雅典的前程和宏伟蓝图。

在他新的规划中,城墙范围内的皮莱乌斯和穆尼奇亚所占面积与扩建后的雅典一样大;城墙的构建更是煞费苦心且稳如泰山。环绕不足整座城市的城墙周长60斯塔狄亚;在城墙的高度和厚度上,他的规划令人瞠目结舌,使任何外敌的进攻只能望墙兴叹;这样城邦的所有军力都用在舰船上,只留下老人和小孩守卫雅典城。因为在实际修建过程中人力物力都不充足,如今可见的城墙大概只有他预想的一半高度;仅凭此即可判断他的计划是多么宏大。不过,就城墙的厚度而言,他的构想完全得到了实施。两辆马车相向而行,为城墙的外侧左右各自运送石头,从而形成两道平行的墙体;填充两道墙体之间(自然,其宽度不会低于两辆并排的马车)的"不是希腊人通常使用的碎石,而全是长方形条石,相互之间用金属钳夹在一起"。[7]其结果是,一道厚度不低于14或15英尺的坚固城墙出现在人们的面前。地米斯托克利计划建造的就是这样一道厚度不同寻常的城墙。他不辞辛劳地动

第十四章 从普拉提亚和米卡莱战役到地米斯托克利和阿利斯提泰戴斯之死

员并劝告人们,修建如此费力耗财的一项工程是值得的。他不厌其烦地让雅典人牢记,皮莱乌斯比雅典城更有价值;一旦城邦的国土再一次被实力超强的敌对势力的陆军占领,皮莱乌斯将会给他们提供一个可以安全撤退的庇护之所。

在此之后45年,即伯罗奔尼撒战争爆发之初,我们将会见到,伯里克利开始践行实施地米斯托克利的宏伟计划。他几乎用同样的话告诉雅典人,完全或主要依靠海上活动就足以维持雅典强大的实力。在伯里克利的时代,雅典帝国已经是一个既存事实;而在地米斯托克利的时代,帝国还只是一个梦想。地米斯托克利大胆的设想远远超过了后来人们实际修建的规模。这表明他具有非同寻常的远见卓识和洞察力,对此,修昔底德对他大加颂扬。事实证明,美好未来的热切希望如今已经深入雅典人的灵魂之中;我们发现,以地米斯托克利的构想为保证,雅典人正在从事一项充满艰辛而又耗费钱财的新事业;此刻,雅典人才从流离失所中返回荒凉而国困民穷的故土。

除直接用作海军的船坞和军港外,皮莱乌斯还被用于其他目的。薛西斯入侵时,众多外侨被驱离了雅典,如今出于保护和防卫海军安全修建了各种设施,很可能将他们再次吸引了回来。为了欢迎这些人的回归并吸引更多外邦人到雅典经营和生活,地米斯托克利建议对这些人免征外侨税(Metoikion)。[8] 虽然这项免税措施只持续了一段时间,但是因为雅典海军和港口受到了有效的保护,产生了有利于贸易发展的安全环境和优良设施,这对他们的回归更有吸引力。对雅典人而言，无论对私还是对公，大量外侨的出现都是有百利而无一害的有利可图之事。大多数的商业、手工业和其他非农职业都掌握在他们手中。虽然雅典的法律将他们排除在政治特权之外，但从其他层面看，这对他们也是恰如其分且具有保护作用的。就经营商业而言，外侨比公民占优势；他们参军服役的频率比公民要低。自这一时期起，外侨数量得到了迅速增长。外侨使整个阿提卡，尤其是他们居住的皮莱乌斯和雅典，物质财富得到了增长。同时也有助于我们解释伯罗奔尼撒战争之前遍及整个城邦物质上的异常繁荣和精神上的巨大成就。在城邦范围内，人们生产大麦、蔬菜、无花果、橄榄油；在蓬勃兴旺的德莫阿卡奈[9]出产木炭；在沿海地区人们捕获丰富的鱼类。在一座人口日渐膨胀的城市，所有这一切都可以找到络绎不绝的顾客及持续不断的需求。

另有材料记载说，地米斯托克利[10]说服雅典人每年建造20艘全新一线战船，或许可以推断这些都是三列桨战船。虽然不能肯定这个数目是否总能得到严格的保持，但是每届政府必不可少的责任之一就是维修战船并将战船保持在一定的数量上。

尽管皮莱乌斯城墙比雅典的城墙规模更大，更不同寻常且令人生畏，但斯巴达大概没有对此提出任何异议。不过，狄奥多鲁斯记载说，地米斯托克利认为有必要派出一个使团前往斯巴达，[11]告知说他的计划是当波斯人将来进攻时为希腊联合舰队提供一个安全的港口。

第十四章 从普拉提亚和米卡莱战役到地米斯托克利和阿利斯提泰戴斯之死

如此巨大的工程必然会耗费很长的时间,并占用了雅典大量的人力物力。尽管如此,工程并没有妨碍雅典人伸出援手。就在普拉提亚战役之后的第二年(前478),在斯巴达国王保萨尼亚斯的率领下,希腊舰队远航前往小亚细亚。保萨尼亚斯从伯罗奔尼撒半岛各邦带来的船只共计20艘;而雅典一邦就装备了30艘战船交由阿利斯提泰戴斯和奇蒙指挥;伊奥尼亚和爱琴海诸岛的同盟者也派来了一些船只参战。希腊联合舰队首先驶往塞浦路斯,将岛上大多数的希腊城邦从波斯人的统治下解放出来;接着,驶返色雷斯的博斯普鲁斯,围攻拜占庭。与塞斯托斯和凯尔索奈斯类似,拜占庭地理位置重要且驻守的敌军实力很强。这座城市驻扎的波斯军队人数颇多,且由几位重要的波斯将领甚至王族成员率领。大概经历了很长一段时间的围攻后,拜占庭终于被希腊人攻占,从而扫清了联系黑海和希腊交通的阻碍。

攻占拜占庭标志着希腊各邦的关系出现了重要而出人预料的变化。虽然导致关系变化的直接原因在于保萨尼亚斯的不当之举,但是也必须考虑其他各种各样的深层次原因。在讲述米尔提亚戴斯的历史时,[12] 笔者谈到希腊的领导人有可能因一时的胜利而得意忘形,这令人感到非常可叹。这种坏毛病迅速地传染给了保萨尼亚斯。作为普拉提亚战役中的胜利者,他不但在全希腊获得了无与伦比的声望,而且分得了一份诱人的战利品。波斯人的妻妾、马匹、骆驼和金银铠甲都落入了他的腰包;正是这些战利品腐蚀了节制而纪律严明的斯巴达人的生活。虽然他在邦外位高权重，但一旦回到国内，他的权力就受到监察官的制约。他新近养成的颐指气使的傲慢作风很快就显现出来。普拉提亚战役之后，他授意人们在德尔菲献上一只三角鼎以资纪念。他在鼎上刻上了自己的大名，并直截了当地称呼自己为希腊人的统帅和波斯人的毁灭者。对于这种不合时宜的自吹自擂，拉凯戴蒙人首先就提出了非难，要求他消除鼎上的铭文，并将所有参加了战斗的城邦之名全部列在鼎上。[13] 尽管如此，他仍被派率领希腊联军远征塞浦路斯和拜占庭。就在占领拜占庭时，他的野心和不满足感达到了极致，使他明目张胆地从事叛国投敌的活动。他写信给埃莱特利亚的流亡者贡古鲁斯（如今投降了波斯，获赠了地产并统治着穆西亚的一块地方）说，他将把新获得的拜占庭交给贡古鲁斯，并将好好照顾那些身份高贵的被俘者。

这些俘虏被秘密地送给薛西斯，随同送达的还有保萨尼亚斯的一封亲笔信。书信内容如下："斯巴达统帅保萨尼亚斯满怀诚惶诚恐之心将这些俘虏送给您，向您致以诚挚的敬意。如蒙您的恩宠，我愿意娶您的女儿为妻，并将斯巴达及希腊其他城邦置于您的统治之下。如果您能给予适当的援助，我自问能够达成这个目标。如果您能采纳我的建议，请您派心腹之人前往海边，此后我们将通过他互通信息。"薛西斯对于这次千载难逢的机会感到非常满意，立即派出阿塔巴祖斯（此人也是波斯人在比奥提亚的次帅）取代麦加巴泰斯担任达斯库利翁（Daskylium）总督。薛西斯命令这位新总督积极推进保萨尼亚斯的行动，同时命其带

第十四章 从普拉提亚和米卡莱战役到地米斯托克利和阿利斯提泰戴斯之死

来了盖有大王印玺的回信。[14]

在整个征战过程中，保萨尼亚斯都是颐指气使、盛气凌人。无论在军营还是饮水池边，他动辄将同盟者与斯巴达人比较，并以最无礼的方式贬低他们。他还以所有希腊人都不能忍受的方式对待士兵。受其鄙视的包括一位名为赫拉克雷戴斯的斯巴达人和一位凯旋的将领。但是，在收到薛西斯的回信后，他立即与阿塔巴祖斯取得了联系，得到了一笔供他奢侈腐化的金钱；[15] 他疯狂的奢望了无穷尽，甚至幻想着成为波斯大王的女婿，当上整个希腊的僭主。对希腊而言，幸运的是，他叛国投敌的想法既没有来得及详细规划，又没有很好地隐藏起来直到实施之日才被人知晓。保萨尼亚斯穿着波斯人的盛装，带着一队由波斯人和埃及人组成的侍卫横穿色雷斯，照搬波斯首领豪华的餐饮，在对待拜占庭自由公民妇女时模仿波斯人的礼节。此外，他一点也不收敛自大傲慢的脾气，经常爆发出难以控制的愤怒，使人根本无法接近。最终，同盟者完全将他视为了一位僭主而非将军。不久，保萨尼亚斯的可恶行径及其与波斯人勾搭的明显证据传到了斯巴达。斯巴达人将其召回，要他对自己的行为做出解释。与其一同召回的大概还有斯巴达人的船队。[16]

尽管他的行为臭名昭著，但拉凯戴蒙人还是将其无罪开释，声称他的错误是个别的且出发动机不坏。不过，因为怀疑他与敌人勾结，斯巴达人派出多尔奇斯（Dorkis）取代了他的统帅之职。尽管如此，在同盟者的心目中，对斯巴达人的印象发生了根本变化，这对于希腊的发展具有巨大的重要性。领导权，更准确地说霸权，落入雅典人之手。斯巴达人多尔奇斯发现，同盟者已经不再认可他的权威。

甚至在萨拉米斯战役之前，人们就已经提出[17]，鉴于雅典人的舰船数量更多，是否应当由他们统领海军。在此关键时刻，同盟者对于斯巴达人领导的唾弃，无论是陆军还是海军，使雅典人放下了矫饰的伪装。接下来的一次又一次胜利极大地提升了雅典人在希腊人心目中的地位。如今，仍在作战的军队在构成上已与在萨拉米斯战役中的军队不同，其包括了很大一部分新近参战的伊奥尼亚人；他们不但不愿意接受斯巴达人的统领，而且从每一个层面上都偏向于雅典人。因为他们与雅典人不但同宗同族，而且特别指望着雅典数量超凡的舰船。雅典才是他们能够依靠的与波斯人战斗的唯一保护者。此外，指挥这次远征的雅典将军是阿利斯提泰戴斯和奇蒙，二人处事公正、为人谦和，与保萨尼亚斯形成鲜明对比。伊奥尼亚人发现保萨尼亚斯不但对他们严加打压，而且完全逆希腊人的感情行事。所以他们宣布，伊奥尼亚人及其船队接受雅典指挥官的保护；同时，基于同样的血缘关系，他们请求在雅典人手下作战，并要求雅典取代斯巴达担任他们的领袖。

普鲁塔克说，阿利斯提泰戴斯不但想方设法与保萨尼亚斯为难，因为这位国王曾傲慢地拒绝了他的提议，这事发生的可能性非常之大；而且要求伊奥尼亚的同盟者个别地去羞辱保萨尼亚

第十四章 从普拉提亚和米卡莱战役到地米斯托克利和阿利斯提泰戴斯之死

斯,以便使双方的和解不再可能,并将此作为他答应他们请求的前提。于是,一位萨摩斯船长和一位开俄斯船长分别故意进攻并毁坏了停泊在拜占庭的斯巴达旗舰。[18] 普鲁塔克关于这段材料来源的历史学家必然想当然地认为雅典人乐见同盟者与斯巴达人发生争端。后来,这种不满情绪确实自发地产生了。但事实上,雅典对于这样的争端并无兴趣;对于这则故事,我们也不能信以为真;而且,修昔底德也不曾注意到有类似事件的发生。让斯巴达人找到一个发泄愤怒的正当理由会放大阿利斯提泰戴斯的轻率行为。不管从何种动机看,雅典都应当满足同盟者的要求。因此,阿利斯提泰戴斯开始采取措施,充当起了同盟者的保护人和领袖。保萨尼亚斯的召回大大地便利了阿利斯提泰戴斯开展其工作。在召回其国王时,斯巴达军队可能全部撤走,甚至陪伴国王身边的那一支小规模卫队也被召回。因此,雅典的将军们抓住最好机会接过了领导权,并开始承担起同盟者授予他们的指挥战斗的任务。当多尔奇斯前来接替保萨尼亚斯时,雅典人已经完全占据了优势。多尔奇斯只带了很小一支队伍,无法用强攻争夺领导权,最终只得返回了斯巴达。

这一事件虽然并不意味着对斯巴达的宣战,但仍是希腊人第一次公开挑战其领导权威的集体叛离,也是希腊世界第一次分裂为两个界线分明的组织集团(这只考虑了希腊世界本身,而将譬如波斯入侵外族教唆下的分裂排除在外);每个集团都有自身共同的利益和目标。尽管遭受了耻辱,自尊心受到伤害,斯巴达仍保持了克制；在某些方面它甚至都没有表现出不满，只是平静地听之任之。斯巴达无法强迫伊奥尼亚同盟者的意志。如今，与波斯的战争已经不再是严格意义上的自保防御战，战场已经远离了希腊本土，主要集中于海上；这样的战争与斯巴达人纪律严明的本土常规作战不相适应。斯巴达那些思想保守的长老议事会成员甚至认为这是好事一桩。一旦雅典接管了波斯战争的领导权，战事将不可能只持续一朝一夕。这样雅典人将不会完全表现出对斯巴达的敌意，不会让这些老人成天担惊受怕。[19] 不仅如此，事实上，在一个世纪后，斯巴达人同样相信了雅典人的说法，因为他们听从了雅典人的建议，由斯巴达和雅典分别掌握希腊陆上和海上的领导权。[20] 如果战争仍在斯巴达的领导下进行，斯巴达人必须不断派出他们的国王或将领指挥战斗。保萨尼亚斯的事例使斯巴达人明白，如此遥远而不受制约的军事指挥权会如何使他们的领袖堕落。

国王莱奥提奇戴斯是大约同一时期证明相同发展趋势的另一则事例。就在保萨尼亚斯启航前往小亚细亚与波斯人作战的时候，莱奥提奇戴斯也被派往色萨利，镇压阿琉亚戴家族及其他站在薛西斯和马尔多尼乌斯一边的色萨利人。虽然这次战斗取得了胜利，但他却因被敌人收买而名誉受损，人们甚至发现在他名下有一大笔来路不明的金钱。因为这个缘故，拉凯戴蒙人将其驱逐，并将他的房屋夷为平地。在流放期间，他死于泰盖亚。[21] 可以推断，当带兵外出打仗时，这两件事情使拉凯戴蒙人对来

第十四章 从普拉提亚和米卡莱战役到地米斯托克利和阿利斯提泰戴斯之死

自赫拉克勒斯家族的国王不再有任何信任。正是这种不信任感在很大程度上使斯巴达人将小亚细亚战事的领导权让给了雅典。伯罗奔尼撒同盟的其他城邦很有可能也与斯巴达人一道退出了战争。因此,继续进行战争的责任就留给了以雅典为首的新近获得解放的希腊人。

根据波斯人入侵之前的发展趋势看,斯巴达已越来越担当起一个类似于泛希腊联盟团体的主席的角色,这个联盟涵盖了绝大多数的希腊城邦。至少局势朝此方向发展。除陈腐、虚弱但自负的阿尔戈斯外,如果一个一个城邦单独地脱离这个联盟,至少任何一个都不会寻求建立与之对抗的联盟。

那时,斯巴达占据了绝对的优势地位。它不但有出众的能力照顾希腊城邦共同利益,同时野心勃勃地获得自身崇高地位,而且有能够让希腊人在一个强大城邦的领导下实现团结一致的急迫愿望。此外,斯巴达军力强盛、纪律严明,古老的政体从未遭到破坏,这也是斯巴达吸引各希腊城邦的原因。共同抵抗波斯的需要大大强化了这种发展趋势。许多需要保护的希腊城邦在斯巴达人的率领下打败了它们此前的主人获得了解放。抵抗战争的成功似乎注定会进一步强化斯巴达人的领导。譬如,在普拉提亚和米卡莱战役后,斯巴达被尊为整个泛希腊同盟的领导者,而雅典只是其中的一个主要成员。要是斯巴达能够继续坚持上述政策,或者努力实现自我导向,或者根据环境的变化灵活处理问题,既保护本土的也接纳距离更远的希腊城邦,斯巴达在同盟中的领导地位和完整的泛希腊同盟或许将能够得到长久维持。然而不幸的是，斯巴达缺乏上述所有必备的素质；同盟的规模越大，斯巴达的不足就越明显地表现出来。与之相对，雅典不同寻常地拥有上述所有的优秀素质；更关键的是，其强大的海上力量正是那一个时代希腊城邦所急需的；因此作为一个相抗衡的领导者，雅典开始与斯巴达展开竞争。斯巴达人展现的无能和过失（就保萨尼亚斯而言）在各个方面为雅典夺取领袖地位准备好了条件。

斯巴达人多尔奇斯的离去使雅典的将军们获得了权力。当时的环境赋予了他们组建一个新同盟的责任，希腊人选择了他们开展筹建工作。全体伊奥尼亚的同盟者立即就同盟的建立提出动议，因为它们最需要保护免遭波斯的攻击，如今不可能指望继续获得斯巴达和伯罗奔尼撒城邦的友好帮助。即便受到的压力不是那么强烈，但以阿利斯提泰戴斯为代表的雅典人的有效运作或许也足以使它们心悦诚服地与之合作。与面对共同的敌人时需要充分投入一样，这位新的领导者对待同盟者仍旧公平。同盟者须遵守的条款由所有成员组成的同盟大会制定；同盟大会定期在提洛岛阿波罗和阿尔泰米斯神庙召开，审议重大事宜；此地是伊奥尼亚各城邦举行宗教节庆的古老圣所，对所有成员而言都是一个便利的活动中心。每个城邦都有各自不同的确定义务，要么提供舰船，要么提供资金。作为同盟的领导者，雅典人确定每一个成员都应为同盟做出贡献的形式。雅典人拟定的贡金肯定获得了大会的审议通过。此时雅典人无权实施任何未经同盟大会同意的条款。

第十四章 从普拉提亚和米卡莱战役到地米斯托克利和阿利斯提泰戴斯之死

阿利斯提泰戴斯厘定的征收方式当时不但因其新颖的想法受到欢迎,因为同盟者可以随时聚在一起检查讨论;而且在雅典从一个负责任的同盟领导者蜕变为不受欢迎的帝国后,这种公平而适度的征收方式仍然大体得以维持。[22] 关于首次厘定的贡金,除了总价值 460 塔兰特[23](约等于 106000l. sterling)这个唯一的事实外,其他情况我们几乎一无所知。这一总数额是如何构成的,每一个城邦需要缴纳的数量是多少,同盟者提供了多少条战船,缴纳了多少金钱?对于上述情况我们一概不知。我们能够掌握的相关信息比这一时间稍晚【前454】。在一段简短的描述中,修昔底德使我们清楚地了解到,公元前 476 年担任领导者的雅典和享有自治权的定期聚集的同盟者之间与公元前 432 年雅典帝国与臣属的同盟之间有关系的差异。用来表达"同盟"的希腊语使我们可以大体了解这两种不同的称谓,力量强大的城邦占据非常大的优势。同样从这位历史学家的笔下,我们也可以探知变化发展的基本原因。但是,他留下的关于发生变化的背景很少,关于第一次修订贡金的背景则完全没有。他只是记载说,雅典人任命了一个名为希腊财务官(Hellenotamia)的特别委员会,负责收取并管理同盟共同的经费;提洛岛被选为同盟圣库所在地,保管同盟资金;向同盟者征收的金钱被称为"贡金"(phorus)。

腓尼基人的舰队及波斯人的陆军随时可能重新出现,除组成同盟外,希腊人毫无与之对抗的希望。在此背景下,结成同盟不但是那些可能受到攻击的希腊人诚挚的想法,而且也是那时他们最迫切的愿望。是同盟者共同的畏惧而非雅典人的野心催生了提洛同盟的出现，他们对于组织这个同盟心怀感激。他们共同选定了希腊财务官之名，为纪念这个时刻打制了钱币，将提洛岛作为同盟的中心，同盟成员定期召开大会。所有一切都展现了提洛同盟注定服务于爱国主义的、兄弟般的目标。的确，保护爱琴海免遭外来海上力量的侵略、清剿无法无天的海盗、不让波斯军队渡过赫勒斯滂和博斯普鲁士海峡，是所有城邦首要的目标。所有对此有利害关系的城邦必然会通过缴纳共同贡金的方式平等地参与其中。任何一个岛屿或港口如果拒绝缴纳贡金，则将是以牺牲其他城邦为代价的获利者。此刻，波斯的威胁仍然严重，同盟者面临着共同的危险，需要履行共同的责任。这正是将如此众多成员集合到一起的真正原因，也是促使强大的城邦与弱小的城邦能够休戚与共的动力。在恰当的地方，我们将会看到提洛同盟在后来是如何转变成雅典人实现雄心壮志的工具。但在最初建立时，它是一个平等的同盟而不是雅典帝国，强大者与弱小者曾经地位均等。不仅如此，同盟的每一个成员都比雅典更容易遭到攻击、更加缺乏保护且从雅典的保护中获利更多。事实上，在希腊历史上，如此众多的分裂不合的政治势力同时基于共同的、平等的、互利的、真诚的目标集合到了一起，这是难能可见的一次。提洛同盟曾一度覆盖了几乎所有弱小而孤立的城邦。无论在原则上还是细节上，同盟的建立都体现出平等和审慎，预示着在那时会取得最有利的成效。同盟不但保护各城邦免遭波斯的入侵，还成为

第十四章　从普拉提亚和米卡莱战役到地米斯托克利和阿利斯提泰戴斯之死

爱琴海上一支受全体成员监督的维持治安的常备力量。如果不能履行这些承诺，作为平等同盟者的成员在承担它们原本稳定而心甘情愿的义务时就会愤愤不平。与雅典的野心一样，同盟的固有缺陷至少会成为雅典失败的原因而受到口诛笔伐。另外，在此前自由自在的日子里，希腊人成群结队前往观瞻这座神圣的岛屿；如今雅典人选择该岛作为同盟的中心，恢复了提洛岛在父辈心目中的庄严地位。

如前所述，对于保萨尼亚斯所犯的过错和压制他人的指控最终都无罪开释。但是他通敌卖国的嫌疑（写给波斯人的出卖希腊的书信）太大，以至于人们虽未发现有罪的证据，但不再重新任命其担任军队统帅。宽大的处罚似乎只是使他更加大胆地放手去实施其与希腊为敌的计划。为了实施这个计划，他假扮成一个支援希腊人的志愿者，前往拜占庭，在没有任何正式职务的情况下加入了战斗。在拜占庭，他重新开始与阿塔巴祖斯谈判。保萨尼亚斯的地位和声望仍让他可以左右他人的思想，他甚至在一定程度上主导了拜占庭。鉴于已被认可为同盟的领导者，雅典人不得不使用武力将其驱逐。[24] 他逃往特罗亚德的科罗奈（Kolonae），在一段时间里继续实施其计划，并派出密使到希腊各邦用波斯金币收买变节者。[25] 最终，人们将他的行径告诉了斯巴达政府；斯巴达人派出一位传令官，对他发出最后通牒，要求他立即随传令官返回祖国；如果他不服从命令，则"斯巴达人将向他宣战"，或者宣布他为公敌。

鉴于斯巴达政府的最后通牒可能挫败他将来所有的阴谋，保萨尼亚斯认为服从命令更加明智；也有可能他信心满满地认为，他完全可以通过贿赂逃脱斯巴达人对他的所有指控；阿塔马祖斯无疑已经为他准备好了贿赂所需的应有尽有的金钱。当监察官发布命令要将他收监候审的那一刻，他可能还有些愤愤不平。不过，即使他此时仍是国王而非摄政，监察官大概在法律上也完全有权力将其监禁。不久，通过他本人的申请和朋友及支持者的私下运作，他获得了释放，出庭应答人们对他的各种指控。作为原告，站出来指控权力如此大的人面临着巨大的危险。在涉及他叛国罪上拿出具体证据更加危险。似乎没有一个斯巴达人胆敢对其进行指控或提供证据。因此，保萨尼亚斯不但仍然逍遥法外，而且甚至都没有受到指控。他继续厚颜无耻地开展他在希腊内部的策反，在外仍与阿塔巴祖斯保持着书信往来。他开始与黑劳士谈判，鼓动他们起义，并承诺将他们释放且授予其政治特权，以此企图对斯巴达未加防御的软肋冒险发起攻击。[26] 他的想法是，一方面取缔监察官委员会，使自己成为斯巴达的僭主；另一方面在波斯的帮助下获得希腊的最高统治权。其中一些获得保萨尼亚斯承诺的黑劳士将阴谋透露给了监察官。然而，尽管面临如此巨大的危险，监察官决定在掌握更确切的消息之前并不采取针对保萨尼亚斯的行动，因为此人的声名和地位是如此显赫。虽然斯巴达人对保萨尼亚斯如此怀疑，但因为有的人对他心怀畏惧，有的人对他的行动纵容默许，他的阴谋仍然快要走到了成功的边缘。

第十四章 从普拉提亚和米卡莱战役到地米斯托克利和阿利斯提泰戴斯之死

在最后几封写给阿塔巴祖斯的信中，表示他已时刻准备战斗，并暗示双方会立刻协同展开行动。这些信事实上仍在送信人手中。斯巴达因一起偶然事件而获救。

被派送最后这几封信的是保萨尼亚斯最喜爱最信任的一个奴隶。出卖其主人也绝非这位名为阿吉利安的奴隶的本意。但是，在得到这几封信时，他想起此前没有任何一个送信者能够返回。因此，他打开封印，证实了他的怀疑。信中明确交代，要求收信人把他处死。这个发现使他别无选择，只得把信交给了监察官。但是，那些此前不相信黑劳士告密者的当权者仍然拒不相信这位宠幸的奴隶及其带来的保萨尼亚斯亲笔签名和印章。一同缴获的还有此前写给波斯人的所有书信的副本，这无疑也是这位奴隶同时要递交给波斯人的。其中也没有遗漏那些由保萨尼亚斯写给薛西斯的信件——笔者从修昔底德作品中征引过它们，否则相关内容绝不可能公之于众。一方面因为古代人对于奴隶证词的怀疑，只有在受严刑拷打的前提下获得的证词才可信；另一方面因为处罚如此一位位高权重犯人的危险性，监察官不可能只听信奴隶的一面之词或单凭他们耳朵听到的证据就草率决定。监察官命令这个奴隶扮作一个乞援人前往塔埃那鲁斯（Taenarus）角的波塞冬神庙寻求庇护。他暂住的是一间双耳房。另外两个人藏身于后面。保萨尼亚斯匆匆赶到神庙里。就在这里，奴隶向他透露说已经知道了书信的内容。保萨尼亚斯承认了全部事实，并企图平息奴隶的担忧，郑重地答应如果他离开神庙，将确保其安全。同时催促他立刻动身，以便让正在施行的计划不会因此推迟。

躲藏在后面的监察官听到了二者对话的全部内容，收集到了所有罪证，最终决定在保萨尼亚斯返回斯巴达时立即将其逮捕。监察官们准备在离卡尔奇斯建城者雅典娜（Athene Chalkioekus，也称黄铜屋）神庙附近的大街上逮捕他。但是，当他们向他走近时，可能是来势汹汹的目光，也可能是其中的一个人向他发出了点头的暗示，让这位身犯重罪的国王明白了他们的目的。他逃到神庙里寻求庇护，作为一个乞援者躲进神庙里的一间狭小的盖有屋顶的房间里。由于无权冲进去捉他，监察官们只得揭掉屋顶，加固了门窗，守在外边，直到他快要饿死。根据当时的说法[27]（修昔底德对此不赞同，但与斯巴达人的行事风格吻合），因为对他的卖国行径深恶痛绝，其母亲成为第一个搬来石块堵死门口的人。就在他快要丧命时，人们把他拉了出来，其目的是避免亵渎神庙。这位国王生命最后的一段时光仍受到了严密的监视。他被葬在不远之处。一段时间之后，按照德尔菲神谕的指令，人们把他的尸体挖了出来，运到他去世的那个地方埋了起来。而且，神谕甚至并没有要求给他重新举行葬礼，宣称整个过程亵渎了雅典娜的圣所，命令为女神送来两具尸体为运走的这个人赎罪。

对于这一时期许多重大事件的先后顺序我们并不完全知晓，不能推算出每个事件的准确时间。但我们得承认，在保萨尼亚斯在拜占庭被解除统帅一职到他去世大约有九年的间隔。双方花如此长的时间来进行涉及谋逆的书信交流令人费解。我们只能非常

第十四章　从普拉提亚和米卡莱战役到地米斯托克利和阿利斯提泰戴斯之死

勉强地解释为，一方面斯巴达人习惯性行事迟缓拖沓，另一方面这位受到怀疑的国王或许花大量时间在希腊许多地方与他或真或假的党羽联系和沟通。他企图列入共谋起事的人中就包括了地米斯托克利，此时他的权力虽然有所削弱，但仍发挥着重要影响。地米斯托克利之所以受到与波斯勾结的指控，与那个城邦政治派别之前的活动有关。

薛西斯的入侵大大地平息了地米斯托克利与阿利斯提泰戴斯之间的竞争，双方必须加强合作才能够抵抗他们共同的敌人。从表面上看，在雅典人胜利地荣归故里的那一段时间里，双方的矛盾还没有重新开始。至少，我们看到两人都积极投身于城邦事务并担任着城邦显赫的官职。[28] 地米斯托克利是城墙和建造皮莱乌斯的策划者；阿利斯提泰戴斯统率着舰队，是提洛同盟的第一位组织者。此外，我们似乎可以探知到阿利斯提泰戴斯担任的角色已经有所转变。他已不再作为雅典传统土地所有者利益的代言人与地米斯托克利相抗衡，而是进行海军改革的倡导者。自从萨拉米斯战役以来，海军改革已是确定无疑的事实，深刻地影响着城邦和每一个雅典人。同时，我们大概还可以加上最近以来海军的优势地位并未损害陆军或阿提卡的农业生产。我们将会发现，在波斯战争与伯罗奔尼撒战争期间，雅典的陆军和农业生产都获得了长足的发展。如今，海军及充任舰船水手的全体雅典人成了城邦的决定因素。

雅典在政治上的变化可与军事变革相提并论。因为"以海为业的平民大众是萨拉米斯胜利的创造者",[29] 也正是这种新职务所使用的工具使雅典成为提洛同盟的领导者,所以这些人如今也在政治体制中占据了优势。他们不是一个独立的特权阶级,而是囊括了所有雅典人,从而强化了整个社会的民主情怀,保护人们免遭一切可识别的政治不平等。在强制平等时期,政治特权已然湮没。其后,平民大众不可能对国内完全恢复政治特权听之任之。我们看到,在经历1813—1814年的伟大斗争后,在积极的政治感情推动下,德意志人民虽然经受着艰难困苦,但仍精力充沛地投入军事斗争中,并取得了多么伟大的胜利。军事的胜利激发起人们的政治尊严,他们纷纷要求获得完全的公民权。如果如此一个习惯于消极对待政治权利的民族已出现这种发展趋势,那么可以预想,经历了克里斯提尼的民主制度训练近30年的雅典人将会更加积极。

在刚返回阿提卡的那段时间,克里斯提尼的宪政可能进一步扩大了担任官职的公民范围。按照规定,梭伦在人口普查时确定的第四等级,也即最后一个等级,原来不能担任城邦的官职,如今这个限制已部分地被废除。[30]

如今,雅典被推到了一个新的位置上。与之交往的城邦范围是如此大,我们可以称之为外交关系;同盟的建立要求公民必须到遥远的地区服兵役;自然,将军之职变得更有吸引力,但其职责也更加复杂。随着雅典城和皮莱乌斯的扩大,导致城市人口尤其是外侨和奴隶增加,城邦内部的管理即便没有更加困难也至

第十四章 从普拉提亚和米卡莱战役到地米斯托克利和阿利斯提泰戴斯之死

少更加麻烦。大约在这段时间,也就在萨拉米斯战役结束不久,古老的传统和习俗在一定程度上被如此众多的激动人心的变革给冲淡,执政官完全地让出了手中的政治权力和军事权力,仅限于从事民事和司法事务的管理。在马拉松战役中,军事执政官是统帅,是十将军的主席;后来只是一名民事官员,负责外侨和奴隶的司法事务;将军们抛开军事执政官履行指挥战斗之职。笔者认为,这一改变必然发生在我们正在讨论的这个时段;在此时段,雅典建立涉及各种事务的机构,需要对其进行更加明确的职责分工。上述变化表明,执政官的性质也发生了变化。雅典的诸多职能部门一部分在雅典城办公,一部分在皮莱乌斯办公。这些部门如此分布一定是从这个时间段才开始的,因为此时地米斯托克利才使皮莱乌斯成为一座城池坚固的体面城市,并成了城邦的港口。城市监督官(Astynomi)和市场监督官(Agoranomi)维持街道和市场的秩序,度量衡监督官(Metronomi)监督商品销售时的度量单位,西托菲拉凯斯(Sitophylakes)监督城邦与谷物的保管和销售相关的各种规章制度是否得到有效实施。上述人员与其他各种官员在皮莱乌斯行使着与雅典城的官员同样的职责。[31] 或许我们可以假定,这些部门最初都是应一时之需而设立的,在我们讨论的这一个时间段,大多数是为了分担执政官的职责。后来(执政官手头的事务太多)原来由执政官处理的大多数事务就托付给了各个互不相同的部门手中。紧接着萨拉米斯战役结束之后的那一个时间段发生了特别而重要的变化,那就是执政官和将军的界限更加明确。将军负责外交和军事部门,执政官只负责与行政和司法事务相关的民事部门。而上述各种机构很可能是在波斯战争与伯罗奔尼撒战争期间随着人口增加、城邦实力加强、贸易发展而逐渐扩大的。正是通过诸如这般的几步发展,雅典的行政机构逐渐完善。在伯罗奔尼撒战争之后的一个世纪里,我们所知的几乎所有与之相关的直接材料,都展现出这些机构在运作中。

因坦率的性格和清廉的品质,阿利斯提泰戴斯获得了人们持久的拥戴。如今,作为新的提洛同盟的贡金评定者,他在与地米斯托克利竞争中的优势更加明显。虽然人们经常为地米斯托克利无与伦比的政治才能、大无畏的精神以及为公众提供的标志性建议而喝彩,但他的这些优秀品质也不时因其表里不一的欺诈行为和对金钱的贪欲而颠覆。与他为敌的新政治家开始涌现,他们赞同阿利斯提泰戴斯,但采取的手段比他本人更加猛烈。这帮新人的领袖是奇蒙(米尔提亚戴斯之子)和阿尔克麦翁。[32]在雅典,拉凯戴蒙人的影响力可谓不小;这帮人利用这种影响力支持与其对抗的政治联盟。[33]据说他曾受到个人虚荣心泛滥的指控;指责他总是吹嘘自己为城邦做出的巨大贡献,而且还在其私宅附近建起了一座供他自己使用的纪念阿尔泰米斯·阿利斯托布莱(Artemis Aristobule)的神庙。

但导致他声名败坏的主要原因是其利用自身巨大的影响力从事腐败勾当。最近一段时间,从波斯的桎梏中解放出来的希腊

第十四章 从普拉提亚和米卡莱战役到地米斯托克利和阿利斯提泰戴斯之死

城邦数量众多,类型各异。在这样一个动荡不安的环境下,原来的暴政需要清除,违法犯纪者需要革除查办,流放者需要重返故国;与所有的混乱和猜忌隔阂相伴的是政治环境和外交政策的巨大变化。在此情况下,在雅典居于主导地位的领导人在决定如何处理特定个人时享有巨大的影响力。雅典人派出地米斯托克利率领一支队伍前往爱琴海诸岛。他们一边准备与波斯的战斗,一边组织这个新同盟。据悉,在此过程中,地米斯托克利肆无忌惮地收受贿赂;在重使一批公民返回故国、驱逐一批公民或处死另一批公民的过程中,在审理这些案件时,他根据贿赂将法律的公正玩弄于股掌之间。地米斯托克利的朋友兼客人、来自罗德斯岛亚吕苏斯的诗人提摩克莱翁留下了相关的记载。他本指望这位雅典统帅能使他重返家园,但后来发现其政敌送了3塔兰特而使其美梦落空,他仍因受到"亲波斯"的指控而流亡在外。无疑,提摩克莱翁的说法带有对地米斯托克利强烈的愤怒之情,个人主观看法明显且颇为夸张。但这是记录当时人们情感的有价值的材料,与这位显赫人物的基本特征非常一致,使我们不得不对此深信不疑。提摩克莱翁谴责地米斯托克利,说他是"一位背信弃义、缺乏忠诚之心的卖国贼";[34] 但他对阿利斯提泰戴斯却极其崇敬。

这些行为定然使居于爱琴海岛屿上的同盟者对地米斯托克利又恨又怕。不过如今同盟者的看法对雅典人来说相当重要。在雅典,类似的对他不满的情绪也在增长,人们怀疑他有投降波斯通敌卖国的可能。这是因为波斯是有可能提供最高金额贿赂的国家，对一个公开收受贿赂的人来说，自然就受到了被波斯人收买的怀疑。与保萨尼亚斯一样，地米斯托克利曾在与波斯人斗争的过程做出了巨大贡献，他的行为也可能发生致命变化，从而走向堕落。在拜占庭统率军队时，保萨尼亚斯就受到了雅典人的怀疑，而在斯巴达，很久过后对他的指控才被证实。正是保萨尼亚斯的叛国行为使人们开始推断地米斯托克利也可能私通波斯，同时人们将其在处理公共事务上的腐败行径联系起来。不要忘记，甚至对抗薛西斯时采用的计谋也让人们对地米斯托克利的这种推断添加了色彩。他采用的计谋具有双重性，既能够从波斯的角度来解释，也可从希腊的层面加以说明。[35] 公元前476—前471年的某个时候，雅典人再次举行陶片放逐的投票，决定暂时流放地米斯托克利。

他遭到流放，退隐于阿尔戈斯。他带去了数量颇多的财产，不时造访伯罗奔尼撒半岛上的其他地方。这时在斯巴达，保萨尼亚斯的书信被发现，其罪行败露，最终身败名裂而死。在书信中有证据表明地米斯托克利也曾暗中参与。修昔底德认为他的通敌卖国的事实确切而充分。根据埃弗鲁斯和其他历史学家的记载，虽然在保萨尼亚斯的请求下，他获准知晓整个计划，但是他一直保守着这个秘密，拒绝与他们合作。[36] 在遭受流放后，他可能比以前更明确地参与这个计划，因为阿尔戈斯是开展这个计划的绝佳之地。该城不但与斯巴达不睦，而且在薛西斯入侵希腊时，充分的证据表明它与波斯人勾结。在此情况下，拉凯戴蒙人公开派

第十四章 从普拉提亚和米卡莱战役到地米斯托克利和阿利斯提泰戴斯之死

出使者前往雅典,要求正式指控地米斯托克利的卖国行为,并督促雅典必须在斯巴达召开的同盟大会上将其作为一个对全希腊犯有罪行的犯人加以审判。[37]

当斯巴达和雅典刚派出联合使团拘捕他时,就有人把消息告诉了他。他立即从阿尔戈斯逃到科西拉。岛上的居民虽然对他心怀感激,对于他的遭遇感到不平,但在两大强邦面前,不敢冒险地为他提供保护,只得把他送到附近的大陆上。然而,他仍然受到联合使团的追踪,被迫向他原来的一位手下败将求救。此人是他的私敌,摩罗西亚(Molossians)国王阿德麦图斯(Admetus),此前在雅典时他曾拒绝过这位国王的一个要求。幸运的是,当他到达时,阿德麦图斯没有在家。地米斯托克利向他的妻子乞求帮助,博得了她强烈的同情心。她让他手抱他们的孩子,以乞援人最庄重的形式端坐在炉床上,以便能够软化她丈夫的心肠。阿德麦图斯一回到家,地米斯托克利就告诉了自己的名字及面临的危险,并摆出一个无助的乞援人的样子恳请他的保护。阿德麦图斯让他双手抱着孩子将他从炉床上扶了起来。这意味着国王接受了他的请求,愿意为他提供保护,拒绝将他交给使团。最终,在地米斯托克利表达了希望拜会波斯大王的愿望后,国王才将他送了出来。两位马其顿向导带领着他穿过群山来到了泰尔马湾附近的皮德纳(Pydna)。在此,他发现了一艘正准备启帆驶往小亚细亚海岸的商船。虽然船主和船员都不知道他的名字,但仍决定随船捎带他一程。一场不期而至的暴风雨把商船吹到了当时正遭受

³⁵¹ 雅典进攻的纳克索斯岛。[38] 如果被迫在此地登陆，他当然会被认出并被抓捕，但是他与生俱来的精明并没有在此刻弃他而去。在言明了他的姓名和等待着他的危险后，他恳请船主帮助他逃得一命，并承诺不会伤害任何一个准备登陆的船员。他威胁说，如果因任何事故被人发现，他必将拖着船主一起走向灭亡；他会指证说，船主收受了金钱贿赂，是他的共犯，企图协助地米斯托克利逃跑。如果能够确保安全，他答应给他们一大笔奖金。对于他的承诺和威胁权衡再三，船主决定指挥着船员，强迫他们在整个一天一夜里摇橹前往，没有登陆靠岸，而是远离了海岸。经过这一整天的危险航行后，风浪剧减，商船安全抵达以弗所。

就这样，经历了一系列的波折和危险后，地米斯托克利安全到达爱琴海的波斯一侧。虽然在雅典他被宣布为叛徒，其财产被剥夺，但是，（正如被剥夺财产时经常发生的那样）他的朋友给他送去了一大笔钱，并把他留在阿尔戈斯的钱财也一并送到了亚洲。因此，他能够慷慨地回馈给那位保全他性命的船主。除去
³⁵² 这笔金钱外，按泰奥弗拉斯图斯的说法，他拥有的未被掩藏起来的财产达 80 塔兰特，按泰奥彭普斯的说法达 100 塔兰特。与这笔数额巨大的金钱相较，在开始其政治生涯时，他的财产不会超过 3 塔兰特。[39] 与他的政敌的富裕相较，阿利斯提泰戴斯去世时的贫困给人留下了深刻的印象。

按修昔底德的说法，这位流放者是希腊的一名弃儿，人们也是这样看待他的。更重要的，他被作为波斯大王真正的恩主，

第十四章 从普拉提亚和米卡莱战役到地米斯托克利和阿利斯提泰戴斯之死

而且因此受到希腊人的伤害,因为他曾向薛西斯报告希腊人打算自萨拉米斯撤退,也曾报告希腊人打算摧毁赫勒斯滂的桥梁。

(修昔底德说)此前,在波斯大王的宫廷里还从没有一个希腊人获得了如此巨大的影响力和如此显赫的地位。如今,他的聪明才智都被用来规划如何让希腊臣服于波斯,显然这最让波斯国王感兴趣。因此,国王奖给了他一个波斯老婆和大量的礼物,并派他前往离伊奥尼亚海岸不远的麦安戴河上的马格奈西亚担任长官。那座城市附近的地区每年可以获得多达50塔兰特的收入,国王将此指派给他作为其生活的主要来源;附近海港米乌斯的收入作为其额外的零花钱;米乌斯港转口销售赫勒斯滂兰普萨库斯盛产的美酒,收入颇丰。在亚洲各地参观后,[40] 他在马格奈西亚住了一段时间。他的家人也从雅典前来与他在此会合。

虽然我们不知道他在马格奈西亚住了多久,但似乎时间不短,足以让他获得当地人的尊重并为他修建一座纪念碑。他死于疾病,享年65岁。最终他并没有采取任何步骤,实现他向阿塔薛西斯的承诺:在各种战斗中取得胜利。有传言说,他的尸体秘密埋葬在阿提卡,这种看法未必可信。当马格奈西亚的居民为地米斯托克利建起宏伟的纪念碑时,他们的行为已经确切无疑地证明,此人的尸骨确实埋葬在下面。[41]

阿利斯提泰戴斯在大约地米斯托克利被放逐后三年或四年去世。[42] 但是,关于他去世的地点及如何过世,普鲁塔克之前的作家存在几种相互矛盾的看法。有人认为他是在黑海地区从事外事活动的过程中去世的，有人认为他在国内去世。他的故去使全体雅典公民悲伤不已，也赢得了全体希腊人的尊敬。还有人认为，阿利斯提泰戴斯受到了雅典法官的不实指控，说他在评定盟邦贡金时收受贿赂，结果被罚款50塔兰特。因为无法支付这笔罚金，他被迫逃到伊奥尼亚，最终丧命于此。支持这种看法的证据仅限于克拉泰鲁斯的一段对白。普鲁塔克对此进行了激烈的批判。除最后一种看法外，我们发现与其逝世的任何材料都不能确定。但有一点是肯定的，那就是他去世时非常贫穷，这也是他最受人尊敬的品格。有人声称，他甚至都没有留下足够的钱支付葬礼的花费。雅典人用公共开支将他葬在了法莱隆，同时为其子吕西马库斯（Lysimachus）捐赠了一笔数目可观的款项，并为他的两个女儿提供了嫁妆。在此后的两三代人，他的子孙仍然穷困。甚至直到相当久远的时间里，他的有些后人仍从公共开支中获得援助，以此缅怀这位清廉的先祖。如果将阿利斯提泰戴斯与地米斯托克利的各个方面进行比较，对比会非常鲜明。地米斯托克利在奥林匹亚出手阔绰，在雅典担任歌队队长屡获优胜，通过这种方式，使自己卓尔不群。然而，他不顾忌获得财富的方式。他在马格奈西亚获得了比以往任何时候都要多的财富，其生活在雅典和马格奈西亚的后代都富甲一方。他最后却身败名裂而死。500多年后，他的后裔雅典人地米斯托克利被哲学家雅典人阿莫尼乌斯（Ammonius）收为门下，成为普鲁塔克的同志和朋友。[43]

第十四章 从普拉提亚和米卡莱战役到地米斯托克利和阿利斯提泰戴斯之死

1. Thukyd., i. 69: "蛮族人的失败主要来自他自己的错误。"（ἐπιστάμενοι καὶ τὸν βάρβαρον αὐτὸν περὶ αὑτῷ τὰ πλείω σφαλέντα.）
2. 参见在德摩斯提尼第三篇《诉腓力辞》（*Philippic*）第10节。
3. 用饰有纹理的石头砌成的城墙大约只有四英尺高，其余部分由烘干的泥砖堆砌，即便生手也可快速堆建。因此，贝洛赫（*Gr. Gesch.*, i., 458）对修昔底德提及的速度提出质疑不足采信。*Cf.* E. Meyer, in *Hermes*, xl. (October, 1905), pp. 561–569.——编者
4. 这是修昔底德（i. 89-92）描述的发生在波斯战争与他讲述的伯罗奔尼撒战争期间的诸多事件梗概的第一件。狄奥多鲁斯（xi. 39, 40）、普鲁塔克（*Themistokles*, 19）及科尔奈利乌斯·奈波斯（*Themist.*, 6, 7）可能都是依据修昔底德的记述，虽然普鲁塔克注意到泰奥彭普斯曾谈到，地米斯托克利是通过贿赂监察官完成了他的目标。这并非不可能，也不会与修昔底德的记述产生冲突。泰奥彭普斯或者没有听说或者根本不相信这种说法。
5. 参见 E. Gardner, *Ancient Athens,* pp. 48–50。——编者
6. 关于任职时间，参阅 note 23 on, p. 164。——编者
7. Thukyd., i. 93. 以上描述引自科洛内尔·利克（Colonel Leake），这是他在目睹这道著名城墙如今仍然可见的残垣断壁后写下的。Colonel Leake, *Topgraphy of Athens*, ch. ix., p. 411.【E. Gardner, *Ancient Athens*, pp. 50–52.——编者】比较 Aristophan., Aves, 1127, 其宽度与涅菲罗科基齐亚（Nephelokokkygia）的城墙相当。
8. Diodor., xi. 43.
9. 关于外侨和异邦人造访带来的好处，可以比较一个世纪后伊索克拉底的评述，Orat. iv., *De Pace*, p. 163, and Xenophon, *De Vectigalibus*, c. iv.
10. Diodor., xi. 43。
11. Diodor., xi. 43.

12	参阅第七章。
13	在攻占埃翁和取得欧吕麦东河大捷后雅典人奉献的祭品铭文中,甚至都没有提到统帅奇蒙之名(Plutarch, *Kimon*, c. 7; Diodor., xi. 62)。
14	修昔底德逐字逐句地叙述了这些信件的内容(i. 128, 129);这位史学家或目睹或得到了这些信件的抄本(ὡς ὕστερον ἀνευρέθη)。无疑这些信件最后是被这位参与机密要务的阿吉利亚(Argilian)奴隶泄露出来的。
15	Diodor., xi. 44.
16	Thukyd., i. 95–131; compare Duris and Nymphis *apud* Athenaeus, xii., p. 536A.【*Frag. Hist. Gr.*, vol. iii., Nymphis, No. 14.——编者】
17	Herodot., viii. 2, 3. 比较雅典使节在盖罗面前陈述的话语(Herodot., vii. 155)。
18	Plutarch, *Aristeides*, c. 23.
19	Thukyd., i. 95. 笔者主要按修昔底德对于这些事件的理解来进行叙述,这一过程与狄奥多鲁斯(xi, 50)的记载非常吻合。显然,狄奥多鲁斯不是借鉴修昔底德而很可能是埃弗鲁斯的描述。
20	Xenophon, *Hellen*., vi. 5, 34. 此时恰逢琉克特拉战败,斯巴达人请求雅典人施以援手。
21	Herodot., vi. 72; Diodor., xi. 48; Pausanias, iii. 7, 8; compare[Plutarch], De Herodoti Malign., c. 21, p. 859. 由于我们对拉凯戴蒙这一时期的年代了解不够精确,在莱奥提奇戴斯的放逐和死亡的日期上很有可能出现一些混乱。阿奇达穆斯就位的日期或许可以从莱奥提奇戴斯被放逐的日期中推断得出,也可以从这位国王去世的日期中获得某些线索。狄奥多鲁斯给出的日期是莱奥提奇戴斯去世之日,但这大概只是他被逐之日。这位国王一直活到了公元前469年。【上面讨论的年代问题还有另外一种解决办法。希罗多德(*loc. cit.*)说色萨利远

第十四章 从普拉提亚和米卡莱战役到地米斯托克利和阿利斯提泰戴斯之死

征因莱奥提奇戴斯的腐败而失败,他被当场抓获(ἐπ' αὐτοφώρῳ)收受满满一长手套的银币贿赂。可以认为,莱奥提奇戴斯被逐出斯巴达的时间不会晚于公元前476年。虽然狄奥多鲁斯(xi. 48)说莱奥提奇戴斯死于公元前476年,但他也陈述说此人统治了22年,而阿奇达穆斯当政42年。莱奥提奇戴斯于公元前491年就位为王,因此他被废黜的时间定然是公元前469年——这与阿奇达穆斯当政的时间吻合,因为阿奇达穆斯去世于公元前427年。令人奇怪的是,狄奥多鲁斯准确地给出两位国王当政的总时间是64年,却自相矛盾地认为莱奥提奇戴斯死于公元前476年。同样,为何狄奥多鲁斯记述说阿奇达穆斯死于公元前434年?这正好是公元前476年之后的42年,但他却又说这位国王在公元前427年仍然在位。可能的解释如下:谈及阿奇达穆斯三世时,他同样陈述说他死了两次,分别是公元前346年和前338年。材料说阿奇达穆斯三世去世的原因是受到渎神罪的审判。因此,狄奥多鲁斯立马将时间确定为神圣战争之时,即公元前346年。或许他使用了某种关于国王当政时长(而非日期)的官方记载,并将莱奥提奇戴斯的情况反推为公元前338或前346年。我们倾向于接受莱奥提奇戴斯死于公元前469年的观点,因此,将色萨利远征的时间最迟定于公元前476年。格罗特解释说希罗多德作品中的故事是因其本人未曾经历的一个虚构。上面的推断可以作为对格罗特解释的另一种不同看法。有可能狄奥多鲁斯的说法是基于一种更复杂的计算得出的结果,而我们并不掌握相关史料。另一种可能是他只是在两种情况下都犯了类似的错误。但无论如何,同样在时间上碰巧都自相矛盾,这至少是一个值得注意的问题。引人注目的是,从保萨尼亚斯(前471/470)和莱奥提奇戴斯(依此假设)的相继落马可以得出监察官重新占据优势地位的推论。而此前,保萨尼亚斯在对待监察官时完全不假辞色,缺乏必要的尊重。(前471—

前469）监察官将两位国王驱逐似乎是重提大约八年前的贪腐旧案。虽然修昔底德的记述并未清楚表明这层含义，但是他关于这一时期斯巴达内部斗争的陈述在史料价值上非常令人可疑。克林顿（*Fasti Hellenici*, app., ch. iii）认为色萨利远征发生在公元前469年。但普鲁塔克（*ad loc.*）记载说："在薛西斯逃离后，希腊人发起了远征。他们进入帕加塞（Pagasae）扎营过冬。"在萨拉米斯海战结束到公元前464年之间文献讲述的唯一一支舰队是由莱奥提奇戴斯率领的获得米卡莱胜利的那支海军。围攻塞斯托斯的那支雅典分队也就此安营过冬（Hdt., ix. 114）。非常可能的是，莱奥提奇戴斯率领斯巴达军队到达帕加塞，驱逐了驻扎在色萨利的波斯军队。这就是希罗多德绘声绘色描述的希腊人的远征，但前面的论述已经否定了这则故事的真实性。没有理由认为公元前469年还有另外一次远征。——编者】

22 | Thukyd., v. 18; Plutarch, *Aristeides*, c. 24. 普鲁塔克说，同盟者特别要求雅典人派阿利斯提泰戴斯负责厘定贡金的事务。这并非没有可能。当伊奥尼亚人反对保萨尼亚斯，作为保萨尼亚斯帐下雅典支队的统领，阿利斯提泰戴斯正在拜占庭，成为伊奥尼亚人希望得到的保护人。同样，他也是执行将领导权移交雅典职责的自然人选。我们没有必要强调同盟者特别请求要他来完成上述事务。

23 | 公元前454年之前，贡金数量不可能达到460塔兰特。其原因在于：第一，吕奇亚（Lykia）和卡利亚直到公元前466年才加入同盟（Plut., Kimon, 12）；第二，直到公元前463年，兰普萨库斯和米乌斯还在地米斯托克利的掌控之下；第三，第一个加入同盟的色雷斯城市埃翁只是在公元前476/475年才被攻占的（Thukyd., i. 98）。鉴于由阿利斯提泰戴斯厘定的贡金被认为非常公平，雅典人也从未吹嘘曾削减过贡金数量，因此，断言公元前478年贡金数额就已达460塔兰特是不可想象的。值得注意的是，修昔底德（i. 96）记载说公元前

第十四章　从普拉提亚和米卡莱战役到地米斯托克利和阿利斯提泰戴斯之死

478年就有雅典人的司库（这种官职是公元前454年设置的），这同样是错误的。——编者

24　Thukyd., i. 130, 131.【关于这次事件，可以参阅普鲁塔克关于奇蒙的记载（Plut., *Kimon*, 9）。作为同盟的总司令，奇蒙为雅典军队获得了数量众多的战利品。在第一次围攻拜占庭时，奇蒙还是阿利斯提泰戴斯的下属。不过，该事件或许缺乏史实依据，我们不必太信以为真。——编者】

25　参阅Demosthen., *Philippic*, iii. C. 9, p. 122 and *De Fals., Legat.*, c. 76, p. 428; Aeschyn., *Cont. Ktesiphont., ad fin.*; Harpokrat., v. Ατιμος – Deinarchus, *Cont. Aristogeiton*, § 25, 26。

26　Aristotel., *Politic.*, iv. 13, 13; vi. 1, 5; v. 6, 2; Herodot., v. 32.

27　Diodor., xi. 45; Cornel. Nepos, *Pausan.*, c. 5; Polyean., viii. 51.

28　《雅典政制》（Ath. Pol., ch. 23）关于地米斯托克利与阿利斯提泰戴斯的职责分工可能只是建立在推断基础之上。——编者

29　Aristotel., *Politic.*, v. 3, 5. "海军大众成为萨拉米斯战役胜利的原因，因此雅典的霸权来自它海上的力量，结果使得民主政治变得更加强大。"（Καὶ πάλιν ὁ ναυτικὸς ὄχλος, γενόμενος αἴτιος τῆς περὶ Σαλαμῖνα νίκης, καὶ διὰ ταύτης τῆς ἡγεμονίας καὶ διὰ τὴν κατὰ θάλασσαν δάναμιν, τὴν δημοκρατίαν ἰσχυροτέραν ἐποίησεν.)

30　对于这个问题普鲁塔克（*Arist.*, 22）和《雅典政制》有冲突。《雅典政制》（c. 26）记述说，在埃菲亚尔特去世6年后，执政官一职向双牛级公民开放；严格地讲，即便在公元前4世纪，日佣级公民也没有资格担任官职，虽然他们或许可以冒充成双牛级公民当选。如果确实如此，那么普鲁塔克就是对整个情况产生了误读，因为他给我们的印象是，阿利斯提泰戴斯将官职向所有公民开放，以此作为对ναυτικὸς ὄχλος（以海为业的平民大众）的奖励。尽管对双牛级做出了让步，

但这些属于日佣级的公民仍没有获得任职权。或许，阿利斯提泰戴斯只是引入了"混合抽签制"（参见 note 9 p. 220）。由于担任执政官的权力扩至第三等级的时间可能是公元前457年，所以他最多只是认可骑士级公民的任职权。此外，普鲁塔克说执政官"由所有人选举产生"的看法明显也是错误的，因为抽签制度是公元前487年引入的。有学者认为普鲁塔克引用的是克拉泰鲁斯的短语"ψηφισμά των συναγωγή"，但任何投票都不可能开始 κοινὸς ἔστωή πολιτεία。在这篇毫无价值的传记的第10、21节中，还可以发现作者杜撰的法令（ψηφίσματα）。——编者

31 | 关于这些官员的情况，参见 *Ath. Pol.*, c. 24 and 42 *ff*。——编者

32 | 奇蒙是菲莱伊德家族（Philaid family）的一员，通过婚姻与阿尔克麦翁家族联系在一起，与阿尔克麦翁和克桑提波斯有姻亲关系，并与阿利斯提泰戴斯关系友好。地米斯托克利属于"新人"（*novus homo*），要与自视享有法定特权的地位、高高在上的贵族联盟相制衡。Cf. Holm, *Gr. Hist.* (Eng. Trans.), ii., pp. 96, 97, 120. ——编者

33 | Plutarch,, *Kimon,* c. 16; Scholion 2 to Aristophan., *Equit.*, 84.

34 | Plutarch., *Themist.*, c. 21.

35 | 狄奥多鲁斯（xi. 54）提到在遭到陶片放逐之前的一次针对地米斯托克利的指控。格罗特倾向于将其等同于由阿尔克麦翁之子莱奥波塔斯（Leobotas）提出的指控（Plurarch, *Themist.*, c. 23）。但是，首先，这次指控或许就是让地米斯托克利颜面扫尽的最后遭到的那一次缺席审判，其原因在于指控主要受到斯巴达的唆使。其次，对地米斯托克利的两大罪责使人怀疑与保萨尼亚斯受到的双重指控相对应。再次，狄奥多鲁斯仅将对他的第一次审判作为保萨尼亚斯的罪行被揭露的一个后果来看待，这是地米斯托克利驻留在阿尔戈斯时才可能发生的。最后，对一位政治家提出未经证实的私通波斯的指控表

第十四章 从普拉提亚和米卡莱战役到地米斯托克利和阿利斯提泰戴斯之死

明政敌的准备还相当草率。——编者

36 | Thukyd., i. 135; Ephorus *ap.* [Plutarch], *De Malign. Herodoti*, c. 5, p. 855; Diodor., xi. 54; Plutarch, *Themist.*, c. 23.

37 | Diodor., xi. 55.

38 | 关于地米斯托克利余生发生的事情迷雾重重,在以上记述中都没能完全显示。关于地米斯托克利所作所为最后一个可以确定的日期是公元前476年。此年,他担任歌队队长(Plut. *Them.*, v. 6)。修昔底德(i. 135–138)关于整个时间段的记述相当匮乏。他提到了两个与地米斯托克利相关的事件。其一,就在阿塔薛西斯即位为王不久,地米斯托克利来到了苏萨;其二,他差一点落入了正在围攻纳克索斯的雅典人之手。阿塔薛西斯是在公元前464年(春)成为国王,而围攻纳克索斯的时间是公元前469年,当然比公元前467年更早。由此可见,地米斯托克利在前往苏萨之前在小亚细亚待了5年或3年,我们很难解释延误产生的原因,而修昔底德甚至都没有注意这个问题。普鲁塔克(*Them.*, 25, 26)注意到了这个难题。虽然他引用了修昔底德提到的纳克索斯之名,但几乎可以肯定,为了使征引的内容与修昔底德保持一致,后来有人将塔索斯(Thasos)改成了纳克索斯(Meyer, *Forsch.*)。此外,普鲁塔克补充说,地米斯托克利不是在以弗所而是在爱奥利斯的库麦登陆。这意味着他延宕停留的地方不是在纳克索斯附近而是在塔索斯附近。雅典人围攻塔索斯从公元前465年持续到了前463年。一旦弄明白这个问题,前面的难题就迎刃而解。下面的解释可能还有不尽如人意之处。斯泰辛布罗图斯(Stesimbrotus,同时代的史家)说,地米斯托克利离开阿德麦托斯后,先前往叙拉古投靠希埃罗(前467),然后去了以弗所。(Stes., fr. 2 in *Frag. Hist. Gr.*, ii. P. 54, quoted by Plut. *Them.*, 24)这大概可以表明,地米斯托克利想投奔的不是阿塔薛西斯而是薛西斯。公元前4世纪

的作家（比如埃弗鲁斯）都认为是薛西斯而非阿塔薛西斯。这种看法缺乏证据令人怀疑，在公元前4世纪的修辞作家的笔下尤其突出。安全的做法是接受修昔底德的看法，既不用塔索斯代替纳克索斯，也不用劳心费神解释时间的间隔。兰普萨库斯人卡隆持这种观点。这位史学家出生于阿塔薛西斯指派给地米斯托克利作为收入来源的其中一座城市。该城的居民甚至在公元2世纪仍怀崇敬之心纪念着他。因此，对于这个问题，卡隆获得的信息或许更充分。那些仅出自不太出名作家口中的所有与地米斯托克利晚年有关的叙述都值得怀疑。他们的说法要么与修昔底德冲突，要么明显不真实。普鲁塔克、泰奥彭普斯和埃弗鲁斯都同样靠不住。《雅典政制》记载对战神山发起攻击时将地米斯托克利和埃菲亚尔特联系起来（c. 25, 3）并将地米斯托克利与阿利斯提泰戴斯胡乱比较（c. 23）的做法，使关于此人的荒谬记载达到了顶峰。——编者

39　Plutarch, *Themish.*, c. 25.

40　Plutarch, *Themistokles*, c. 31. 虽然普鲁塔克驳斥了这种看法，但游历之事似乎仍然有据可循。

41　从马格奈西亚的钱币可见，人们把地米斯托克利作为一位英雄加以崇拜。钱币上，地米斯托克利（或他的塑像）一只手上托着一个圆形饰盘（Rhousopoulos, *Ath. Mitth.*, xxi., 1896, p. 22）。他的脚下是一只被宰杀献祭的公牛，这大概与他喝公牛之血而自杀的传说（Aristoph., *Eq.* 83, followed by Diod., xi. 58, and Plut., *Them.*, 31）有关。可以确信，修昔底德（i. 138）提到的纪念碑以被误以为慕尼黑"英雄王"的形式保存至今。——编者

42　关于阿利斯提泰戴斯的清廉，可参阅喜剧作家欧波利斯的一段有趣的残篇（Δῆμοι, Fragm., iv., p. 457, ed. Meineke）。

43　Plutarch, *Themist.*, c. 5–32.

第十五章

以雅典为首脑的同盟的事务：帝国初建

在前一章中，笔者叙述了小亚细亚的希腊人是如何摆脱斯巴达人保萨尼亚斯的控制，请求雅典组建一个新同盟；这个同盟又是如何迅速自动吸引了爱琴海周边沿海和岛屿上的绝大多数希腊人。同盟共推雅典为首，不但要实现紧迫的目标，而且基于平权原则对其中一些成员进行控制。

修昔底德用最平实的语言准确地描述了这个新同盟在初建几年中的特征。但遗憾的是，他几乎没有提供任何具体事实。由于此类有说服力的事实的缺乏，人们习惯地对从公元前477—前405年（截止日期是羊河之战）整个时段的雅典帝国进行似是而非的粗略描述。对于这个持续了72年的同盟，"帝国"一词可以恰当地用来修饰后来的一个阶段，也即最后的 40 年。但如果用来描述前面一个阶段，则有误导之嫌；事实上，找不到任何一个恰当的词语可准确地归纳两个不同阶段的特征。在同盟运作过程中，发生过影响重大的变化。如果只讨论雅典帝国的霸权或领导权，我们就忽略了同盟发生变化的事实。修昔底德对"帝国"和"领导权"（或"霸权"）二词进行了仔细的区分，认为斯巴达失去而雅典获得的不是"帝国"而是"领导权"。[1]

伯罗奔尼撒战争期间的雅典演说家断言，自赶走波斯人以来，他们的帝国都具有同样的性质。假如生活在 50 年前的地米斯托克利或阿利斯提泰戴斯听到公元前 415 年雅典人欧菲穆斯（Euphemus）在卡马利那发表的演说，这两位分别以审慎或公正闻名的政治家势必会觉得受到了冒犯。这表明，演说家的看法是不准确的。

伯罗奔尼撒战争初期，已处于雅典帝国的政治环境之下。盟邦（除开俄斯和莱斯沃斯外）都已成为纳贡属邦，爱琴海成为雅典的内湖。这一时段自然是雅典在希腊世界大展宏图，发挥作用最大的时期，也是给历史学家、演说家和哲学家留下印象最深刻的时期。这样的政治环境会使人浮想联翩，认为由某一城邦统治整个爱琴海是希腊世界的自然状态。一旦雅典人丧失了统治权，将会转移到斯巴达人手中。人们甚至会联想到在雅典获得统治权之前的古代统治了爱琴海的人物，比如传统中的克里特人米诺斯及其他诸人。

第十五章 以雅典为首脑的同盟的事务：帝国初建

对于发生在公元前479—前450年的事情，甚至那些生活在雅典帝国全盛时期的人的相关记载也语焉不详。从修昔底德暗示所言及他所提供的非常有限的事实看，对于波斯人的入侵及此前的历史有人记录，但没有人对于紧邻波斯战争结束后的那一段时间感兴趣。因此，投射于这一时段的微弱光线主要借自此后时段的作品（如果我们把审慎的修昔底德排除在外）。这些史家只是把雅典的霸权视为雅典帝国的发端。他们相信，雅典眼光远大、野心勃勃，自波斯战争结束后就开始布局谋划。地米斯托克利[2]或许预测到了某些方面可能产生的结果，但只是随着时间和接连发生的各种事件及其发展才拓展到更宽阔的方向。然而，如此系统地未卜先知将来的结果对于任何正确理解这些事件还是这个时代的尝试都是致命的。当阿利斯提泰戴斯和奇蒙打发走拉凯戴蒙海军统领多尔奇斯并将再次占据拜占庭的保萨尼亚斯赶走时，一个需要处理的当务之急的问题摆在他们面前。他们必须彻底击败比较强大的波斯大军，创立并组织一个仍处于萌芽之中的同盟。这足以将雅典人的注意力全部吸引过去，使他们无力考虑雅典的海上帝国。

修昔底德脱离正题，简单勾勒了伯罗奔尼撒战争之前发生的事情。他并没有也不打算对实际发生的所有事情进行完整的叙述。关于公元前477年小亚细亚的盟邦首先舍弃保萨尼亚斯投向雅典到公元前466年纳克索斯反叛[3]之间的这一段时间，他只讲述了三件事情。其一，围攻并占领波斯人驻扎的斯特吕蒙河畔的埃翁城；其二，攻占斯库罗斯（Skyros）岛，并将其据为己有，向岛上派驻军事殖民者；其三，与优卑亚岛上的卡吕斯图斯（Karystus）作战，并迫使该邦投降。毋庸置疑，这整整的10年或11年不可能只发生了三件事情。鉴于修昔底德谈到这段时间资料严重不足，或许我们可以推断这就是他掌握的所有依据可靠的事情。事实上，这三件事情对此后雅典自身的历史产生了直接而特别的影响。埃翁是建立雅典重要的殖民地安菲波利斯的第一块踏脚石。在修昔底德的时代，斯库罗斯是雅典公民的海外领地。除此之外，我们对于雅典如何指挥这个新近建立同盟的军事力量几乎全然不知。可以肯定，雅典取得领导权的最初10年是与波斯人军事对抗最为激烈的时候。关于这个问题的一则有利证据通过希罗多德（i. 106, 107）*的记载偶然保存至今。希罗多德说："薛西斯入侵之前，在色雷斯和赫勒斯滂到处都有波斯总督和驻军。但远征结束后，所有地方都被希腊人征服。唯一例外的是多利斯库斯总督马斯卡麦斯（Maskames）；虽然来自各邦的希腊人多次对他占据的要塞发起进攻，但都无法将其打败。"

在所有被希腊人打败的总督中，除埃翁总督波盖斯（Boges）外，没有哪一位总督组织的抵抗足以引起薛西斯的赞赏。在经过一次又一次勇敢的抵抗后，波盖斯仍拒不投降；眼见弹尽粮绝，继续抵抗已不再可能。于是，他点燃了一个巨大的火葬堆，杀死自己的妻妾、儿女和农奴，并将他们扔到火堆里；然后将所有值钱的东西扔到城墙外的斯特吕蒙河里；最后他也纵身跃入熊熊大火之中。他的勇敢行为成为激励波斯人的赞美诗的一个主题，他

第十五章 以雅典为首脑的同盟的事务：帝国初建

在波斯的亲属获得了薛西斯慷慨的奖赏。前面谈到，修昔底德记载了由奇蒙率领的攻打埃翁的战斗。但希罗多德的记载让我们知道这只是与波斯人进行的一系列战斗中的一次。所有这些战斗，修昔底德都没有注意到。不仅如此，从希罗多德的记述看，在薛西斯在位的整个时期（时间可能更长），马斯卡麦斯都占据着多利斯库斯，并且击败了希腊人一次又一次的进攻。

征引自希罗多德的这些珍贵材料充分地证明，在获得领导权的最初几年里，同盟一直忙于对波斯人的战争，并取得了多次胜利。虽然萨拉米斯战役、普拉提亚战役和米卡莱战役将波斯人驱出了希腊，但并没有立即将所有遍布在爱琴海周边和色雷斯地区的各种要塞尽数拔除。毫无疑问，雅典人必须清剿驻扎在沿海及岛屿上的数量颇大的各类波斯军队。完成这项任务既不轻松，花费的时间也定然不短，因为不但当时攻城器械效率有限（从塞斯托斯和埃翁的事例可见），而且进攻也并非总能奏效（就像多利斯库斯的例子告诉我们的那样）。正是在与共同的敌人积极展开海战的这些年里，雅典人得到了经常而系统的艰苦训练，直到伯罗奔尼撒战争的爆发，雅典水手的海战技术持续不断地得到提高。正是因为这样的环境，加上现实中对波斯人的恐惧，雅典人才能组织起迄今为止所知的最大最有效的希腊同盟，召集各邦代表审议同盟的议案，在执行集体决议的过程中确立了优势，并向所有盟邦征收到一笔数量不菲的赋税。最后，也正是在同样的环境下，与波斯人的战斗非常成功，消除了眼前的恐慌，结果使同盟中那些不够热心、不那么积极的成员感到疲乏。他们有的希望减免其承担的金钱贡赋，有的采用任何方式逃脱在同盟中承担的义务。在公元前477—前466年的10年中，除非他们面临着波斯人实实在在的威胁，急切地需要组织起来同侵略者斗争，否则雅典人不可能获得充分的海上训练，同盟不可能成为一个运转有效的组织，成员的疲乏和不满也不可能产生。

必须谨记的是，提洛同盟是为实现所有成员共同的目标而组建，因此在一定程度上会制约着每一个成员的自治权，让它们享受特定的权利，承担特定的义务。同盟建立时，所有成员都庄严宣誓，阿利斯提泰戴斯代表雅典也宣誓。誓约要求所有成员永世为盟，叛离者受到诅咒；人们将厚重的铁块抛入大海之中，以此表明背约者将永远不为人所见。4 由于这个同盟既具有强制性又具有无期限性，使每个成员之间相互约束，不允许任何一个成员退出，因此必须建立一定形式的决策机构和奖惩机构，以便维持同盟的正常运行。决策机构是在提洛岛举行的同盟大会，奖惩机构的主席由雅典担任。由雅典向每一个盟邦成员征收规定的军队或金钱，对拒不服从者采取强制手段，并对不愿完成军事任务的成员进行处罚。在所有任务中，雅典只需要尽好自身作为同盟领导者的职责即可。毫无疑问，在严厉处罚违背盟约成员的问题上，同盟大会定然会诚挚地与它站在一起；5 因为这些成员获得了保护，但拒绝承担其应尽的义务。

但几年之后，不少同盟成员厌倦了总是亲赴战场作战，诱

第十五章 以雅典为首脑的同盟的事务：帝国初建

使雅典人代替它们提供舰船和人员；作为交换，它们缴纳适当数量的金钱。或许最初人们引入这种代替措施满足某些特定不便情况下的不时之需；后来，无论是雅典还是同盟成员都发现，这种措施很好地调节了各方的口味；逐渐地，推广到同盟的大部分成员。那些不好征伐的同盟者倦于提供人员，也不希望被褫夺成员资格，因此这项宽解举措受到了它们的欢迎。对雅典而言，公民充满激情，纪律严明，乐于为城邦的强大出汗出力；这项举措提供了固定的资金，使其保持一支数量可观的舰队，否则强大舰队的计划将付诸东流。修昔底德的记述明白无误地告诉我们，运作方式的改变和引入源自同盟者的请求，而非出自雅典的压力和阴谋诡计。虽然事实确实如此，但是参与方式的变化不但对于矮化同盟者在雅典面前的地位而且对于削减同盟成员之间原有的平等权力和伙伴关系的情怀具有致命的影响。正是这种情怀将它们紧密地联系在一起，共同面对危险，追求荣耀。逐渐地，雅典人不但将自己当作战士，也把自己视为军事统帅，统治着一群缴纳贡赋的臣属城邦，掌控着它们的内政外交以满足雅典一己之私。当然，雅典人也有义务保护同盟者免遭外敌的入侵。属邦的军事力量借自身之手在很大程度上转移到了雅典，恰如印度许多土邦君主将权力移交英国人手中一样。尽管如此，同盟在与波斯人的对抗中军事效率大大加强，这在一定程度上是因为雅典的有力决议[6]越来越少地受到众口不一的、不定期召开的同盟大会的干扰。其结果是，战争取得了比以往更大的胜利，原本促使同盟建立的首要压力——波斯人入侵的威胁——逐年减少。

在这样的情况下,有几个同盟成员逐渐厌倦了缴纳贡金,甚至不愿继续成为同盟的一员。虽然它们曾多次努力以图退出同盟,但在同盟大会配合下,雅典通过征服、罚款、解除武装等方式逐一镇压了反叛者退盟的企图;其中解除反叛者的武装最为轻松,因为在大多数情况下,同盟者大部分的海军力量都交到了雅典手中。随着纳贡盟邦和被征服者数量的持续增加,同盟的性质不可能再发生任何显著的变化了。在无意识之中,同盟者被降为了臣属者,而雅典在没有任何预先拟订计划的情况下,从同盟的统帅发展成为一个僭主。通过强制要求貌合神离的同盟者严格遵守盟约规定的义务,并对反叛者实行残酷的镇压,雅典在获得新权力的同时也越来越不孚众望,但这一切都不关它的任何过错。在此情况下,即便雅典想要减轻对纳贡属邦的控制,但考虑到自身安全,它也会打消如此念头。因此,有理由相信,同盟者会倾其所有支持雅典的对手。可以肯定,雅典绝不会赞同这种做法,它比古今任何一个国家更愿意做出自我牺牲,主动放弃巨大的优势和有利可图的收入。如今,雅典公民的野心因城邦实力的上升而增长。在他们看来,维持城邦的优势体现了雅典人的热情和爱国主义。[7]因此,他们根本不会放权给同盟者稍加考虑。

除刚才谈到的外,还有另外两个导致奉行帝国政策的雅典不受欢迎的原因。其一,一个需要永远承担义务的同盟不但与希腊人的天性相冲突,希腊人崇尚每个互不相同的城邦在政治上享有自治权；而且与伊奥尼亚人思想的转变有矛盾，他们不能忍受个别城邦持续地占据优势地位，而这恰恰是维持提洛同盟的根本前提。其二，在打败波斯人并将其赶到内陆地区后，雅典开始使用其武力和臣属城邦缴纳的贡金同希腊人作战；同盟者从中没有获得任何好处。这是导致雅典不受欢迎的最根本原因，颠覆了同盟者作战的目标，有悖于希腊统一的精神。因为上述原因，在雅典人为了维持统治权而进行的漫长的与希腊人斗争的过程中，臣属者有充分的理由表达出它们的不满。

很有可能的是，不愿亲力亲为的心态使提洛同盟中的盟邦愿意缴纳金钱代替当兵打仗，同样的心态使它们逐渐缺席了同盟大会。但我们不清楚最初富有效率的同盟大会是如何逐渐堕落成为一个徒具其表的形式并最终销声匿迹的。然而，没有任何能比下面的对比更加展现雅典海上同盟与斯巴达为首的伯罗奔尼撒同盟在性质上的差异：前者认为纳税取代军役是有利可图的，结果导致同盟减缩为个别城邦的军事行动；而后者"做好了献身的准备"，认为缴纳贡金是不现实的。[8] 在修昔底德的记载中，多利安人还屡屡表现出对于伊奥尼亚人军事效能的轻慢，甚至已超过了实际情况。在这一段时间里，雅典人在艰苦的海上训练中表现出巨大的耐心和持久的忍耐力；在军事行动中，他们展现出令人钦佩的不知疲倦、坚忍不拔的精神。与雅典人进行比较就会发现，同盟者既无训练又无行动。鉴于二者在功绩、能力、实力上表现出如此令人炫目的不均衡，维持一个成员地位平等的同盟已不再可能。理所当然地，同盟要么解体，要么变化成为雅典帝国。

如果没有刚才提及的几则基本记述，虽然其数量有限，而且在事件发生的日期上也未经严格考证，那么读者几乎不可能理解这些权威材料所述的特定事件产生的影响。公元前476—前466年，雅典人进行的第一宗（不能确定是否真为第一宗）为人所知的冒险是征服斯特吕蒙河畔的重要据点埃翁。第二件大事是对斯库罗斯岛上的多罗佩斯人和佩拉斯吉人（Dolopes and Pelasgi）展开行动（时间大约是公元前470年），同时进攻居住在优卑亚岛上卡吕斯图斯城市和郊区的德吕奥佩斯人（Dryopes）。德吕奥佩斯人是卡尔奇斯人和埃莱特利亚人的同宗，但并未得到他们的支援，最后被迫投降。多罗佩斯人和佩拉斯吉人受到了更加严厉的惩处，被驱逐出岛。斯库罗斯岛土地贫瘠，除了在海上地理位置优越、拥有一个良港外，别无他用。然而，岛上的居民与被雅典征服之前的嫩诺斯岛上的佩拉斯吉人相似，他们生性残忍，以海盗为业。不久之前，一批色萨利商人遭受岛民的劫掠和囚禁，他们向近邻同盟议事会（Amphiktyonic synod）提出控诉。议事会判定斯库罗斯的岛民有罪并对此做出赔偿。岛上的居民责成犯罪者承担罪责。为了逃避罚款，这些有罪者请求奇蒙率军前往。最终，奇蒙征服了这座岛屿，驱逐了岛民，并迁雅典人前往居住。

如此的清剿行为是有益之举，不但与雅典作为保护爱琴海免受海盗侵扰的守护者的新角色相得益彰，而且似乎也有雅典的

第十五章 以雅典为首脑的同盟的事务：帝国初建

发展规划相关。这座岛屿不但所处位置与嫩诺斯岛（无疑在逐出波斯人后，雅典重新占领了这座岛屿）联系便利，而且与嫩诺斯岛一道，成为众人认可的阿提卡的一块属地或海外领地。此外，古老的传说还将斯库罗斯岛作为提修斯的坟茔所在地与雅典人联系在一起。在传说中，提修斯是民主政体的支持者。在萨拉米斯海战刚结束的那一段时间，这位英雄尤其受到雅典人的钟爱。公元前476年，神谕指令雅典人从斯库罗斯岛迎回提修斯的骸骨，并准备在他们新建的城市里风风光光地埋葬这位英雄，为其修建神庙以便祭祀。虽然雅典人努力想要完成这个任务，但多罗佩斯人的敌对行为使搜寻活动没法展开。只是在占领了这座岛屿之后，奇蒙才发现（或者说假装发现）了他的骸骨。公元前469年，[9]提修斯的骸骨被送回雅典，人们以最庄严最热烈的游行加以欢迎，仿佛英雄亲自返回家乡一样。他的骸骨被埋葬在雅典卫城之上。

大约在这件事之后的两年或稍后，发生了第一次有成员试图叛离提洛同盟之事。纳克索斯基是基克拉狄斯群岛最大最重要的岛屿。我们并不清楚它叛离的特定原因是什么，或许这些较大的岛屿以为，它们比较小的城邦更应当被免除保护同盟的责任。同时，它们对雅典也更加嫉恨。在经历雅典及其同盟者军队一段未知时长的围困后，纳克索斯被迫投降，并被降为一个纳贡属邦，无疑其武装的舰船也被剥夺，城墙被毁。至于该邦是否被处以罚金或受到其他惩罚，我们就不得而知了。

毋庸置疑，削弱这个力量强大的岛屿虽然给同盟的平等和自治原则带来了巨大的负面影响,但是通过将纳克索斯的整支舰队和新缴的金钱贡赋纳入盟主手中,强化了雅典的军事实力。通过加强对共同敌人的军事行动,雅典试图既动用武力,也力图在后来的行动中使用残酷的手段。虽然关于与波斯人战斗的细节我们并不知晓,但考虑对埃翁发起的进攻,可以推断此类战斗仍在进行。镇压纳克索斯反叛后不久,由奇蒙率领的远征取得了令人瞩目的成果。这位统帅率领300艘三列桨战船(200艘来自雅典,100艘来自各个盟邦),攻打驻守在小亚细亚西南和南部海岸的波斯人。他进攻并驱逐了镇守在卡利亚和吕奇亚(Lykia)各个希腊城邦中的几支波斯驻军。其中还包括重要的商贸城邦法塞利斯(Phaselis)。虽然该邦最初进行了顽强的抵抗,甚至曾坚守城池,但经过奇蒙帐下开俄斯人的好言相劝,法塞利斯答应缴纳10塔兰特贡金,并加入对波斯的远征。在上述各次征战的时间间隔中,波斯的总督们在潘菲利亚的欧吕麦东河口附近聚集起一支庞大的军队,其中既有陆军又有海军;统军将领分别叫作提特劳斯泰斯(Tithraustes)和菲任达泰斯(Pherendates),二人皆有皇家血统。波斯人的舰队主要由腓尼基人组成,数量大约200艘,预计另有80艘腓尼基战船即将赶往驰援。事实上增援的舰船就要到达,因此两位指挥官并不希望在援军到达之前贸然开战。奇蒙率领舰队对波斯人发起了猛烈的进攻。波斯人的抵抗似乎强烈,这大概一方面是因为其数量处于下风,另一方面是因为援军未到令其受挫。波斯人很快被击溃,不顾一切地逃到岸上;而希

第十五章 以雅典为首脑的同盟的事务：帝国初建

腊人的损伤很小。奇蒙命令士兵登陆，对聚集在岸边保护波斯人的陆军发起进攻。陆上的战斗持续时间长，呈胶着之势。最终奇蒙获得了完胜，驱散了敌军，抓获战俘无数，夺取并摧毁了敌人的全部战船。在确保胜利并处理完战俘后，奇蒙立即率军驶往塞浦路斯，半道拦截前往增援的80艘腓尼基战船。幸运的是，腓尼基人还不知道欧吕麦东的战况，结果受到了突然袭击。虽然大多数水手游到岛屿的岸上，逃得了性命，但增援的所有战船同样被尽数摧毁。同一支军队同一天内在海战和陆战中分别取得了两次如此巨大的胜利。有充分的理由相信，这是希腊人历次征战中取得的最辉煌的胜利。在为纪念战斗的胜利将战利品的十分之一祭献给阿波罗而作的铭文对其大肆赞颂。[10] 胜利者捕获的战俘和抢夺的战利品不计其数。

如前所述，在过去的几年里，雅典人已将波斯人驱离了斯特吕蒙河畔最重要的港口埃翁。这座城市是进入邻近地区色雷斯最便利的港口。色雷斯以土地肥沃和矿产资源丰富而著称。一旦占领这座港口，雅典人就有充裕的时间熟悉毗邻的主要被埃多尼亚（Edonian）的色雷斯人占领地区的生产潜力。很有可能，许多来自雅典的普通殖民者前往此地，希望获得授权或通过与有权势的色雷斯人合伙开发潘高斯山周边地区的金矿发财。在这一过程中，他们很快发现与对面塔索斯岛上的希腊人产生了冲突。这些来自塔索斯的希腊人不但在大陆拥有数量颇丰的土地和各种类别的依附城镇，而且每年从斯卡普泰叙莱和周边其他矿山中获得一大笔收入。此时（约前465）塔索斯的情况表明，自从其从波斯的压迫下获得解放以来，爱琴海的希腊诸邦取得了一定的进展。大约公元前491年，在大流士的命令下，塔索斯的城防被拆除，海军被解散；直到薛西斯被赶走，情况很有可能仍然如此。但如今，这个城邦城防优良，并拥有一支强有力的水上力量。

虽然对于塔索斯人和埃伊翁的雅典人因贸易和色雷斯的矿山而产生纷争的具体细节我们不得而知，但双方的冲突达到了如此激烈的程度，以至于雅典人被说服由奇蒙率领一支实力强大的军队入侵塔索斯岛。在海战中彻底击败塔索斯海军后，雅典人登岛作战，取得了若干战斗的胜利，并从海陆两路将这座城市团团围住。与此同时，作为同一个战略计划不可或缺的一部分，雅典人着手在离埃翁不远隶属于色雷斯的土地上建立一个面积更大、实力更强的殖民地。自埃翁沿斯特吕蒙河上溯大约三英里，具有湖泊性质的开阔河面开始收缩，河流再一次变窄。就在这里，有一座埃多尼亚人建立的被称为"九路"（Ennea Hodoi）的城镇；紧邻该城是一座桥梁，是内陆各部族居民互通往来的重要通道。米利都的两位僭主希斯提埃乌斯和阿利斯塔戈拉斯都曾被该地优良的地理位置所吸引，准备在此建立殖民地。这两位僭主的努力都以失败告终。有必要加上另外一次规模更大的努力。雅典人曾派出一支数目不菲的殖民队伍，[11] 人数达1万人。一部分是雅典公民，另一部分来自同盟城邦，或许该地的发展潜力吸引了不少的志愿者。殖民者成功征服了"九路"，将原拥有此地的埃多

第十五章 以雅典为首脑的同盟的事务：帝国初建

尼亚人尽数驱离。但当试图继续向东占领一处名为德拉贝斯库斯（Drabeskus）的矿区时，他们遭遇到了色雷斯各部组成的联军的顽强抵抗。在战斗中，这1万名殖民者全部或大部被杀，这个新近建立的殖民地一度完全被舍弃。

虽然雅典人对于这次冒险颇感失望，但他们并未放弃围困塔索斯。经过两年的围困，到了第三个年头，塔索斯才投降。塔索斯的城墙被毁，33艘战船被剥夺，[12]在对面大陆的土地和矿山被让渡给雅典人。此外，塔索斯被迫立即缴纳一笔罚金，并在将来按财产比例每年缴纳贡金。[13]征服这座实力强大的岛屿是雅典加强对同盟者统治力的另一个步骤。

在投降之前的那一年，塔索斯人采取了另一个值得特别注意的步骤，表明在希腊政治视域中新近涌现出层层乌云。塔索斯人偷偷地向拉凯戴蒙人寻求援助，恳请他们入侵阿提卡，以便转移雅典人的注意力。在雅典毫不知情的情况下，拉凯戴蒙人事实上已着手遵照塔索斯人的请求行事。只是因为国内爆发了严重而可怕的灾难才阻止了他们履行承诺。[14]尽管因偶然的原因没能实施，但这一个充满敌意的承诺成为一个非常重要的事件。

据普鲁塔克，在征服塔索斯并解除其武装后，雅典人原本希望奇蒙能够更进一步，征服马其顿。事实上，他甚至都着手这项极有可能成功的计划；他坚信圆满的成功是水到渠成的简单事情。在这样的背景下，奇蒙却放弃行动，返回雅典，因此，受到伯里克利和其他人的指控，认为他收受了马其顿国王亚历山大的贿赂。最后经公民大会审判，他被无罪释放。[15]

发生在紧随普拉提亚战役之后12或15年的事情我们几乎一无所知。在驱逐了入侵者后举行的近邻同盟议事会（Amphiktyonic synod）上，拉凯戴蒙人提议将所有曾投降波斯的希腊人开除出同盟。[16] 地米斯托克利眼光更加远大，成功地抵制了这个提议。正如从雅典重修城墙时拉凯戴蒙人的言行可见，因担心将来入侵时被敌人所用，拉凯戴蒙人甚至建议采取更激烈的举措，将所有伯罗奔尼撒半岛之外的城防设施全部拆毁。至于比奥提亚，似乎底比斯领导下结成的联邦此时也几乎陷于停滞。被摧毁的城邦普拉提亚和泰斯皮埃得以复国，泰斯皮埃在雅典的影响下也重新有人居住。雅典和伯罗奔尼撒同盟的一致想法是维持这些城邦，以便与底比斯抗衡，从而防止底比斯借古老的比奥提亚之名强化其霸权。

在提洛同盟成立后的20年里，我们知道斯巴达在阿卡狄亚（Arcadia）[17]进行了不止一次的战争，以图打败该地区的城镇和乡村。虽然斯巴达取得了胜利，但对于这些战争的细节我们并不知道。我们还知道，在波斯战争结束后的几年，埃利斯的居民将许多分散的城镇组成了一个大城埃利斯。[18] 很有可能，大约与此同时，特里菲利亚的莱普莱翁（Lepreum）、阿凯亚的一两个城镇通过类似的过程组成或扩大了城邦。[19] 将原本分散的乡村聚集成城市的举动既有违拉凯戴蒙人的意愿，也不利于斯巴达优势地位的确立。毫无疑问，斯巴达与雅典和皮莱乌斯的快速发展不可

第十五章 以雅典为首脑的同盟的事务：帝国初建

同日而语，波斯战争之后因保萨尼亚斯（此人虽名为执政，但实则与国王的权力相当）和莱奥提奇戴斯两位国王的不当行为，它的外交政策陷入了尴尬和不受信任的境地。

此外，公元前464年对斯巴达而言是一个更加恐怖的不幸年份。一次剧烈的地震在离斯巴达不远的地方爆发，摧毁了城市的大部分建筑，包括斯巴达公民在内的许多居民因此丧生。按斯巴达人的说法，那是因为人们最近冒犯了大地的撼动者波塞东的圣所，把一批在此乞援的黑劳士拖了出去加以惩罚。[20] 其中一些黑劳士有可能就是保萨尼亚斯受挑动起来谋反的人。虽然无论何时黑劳士都对他们的主人充满敌意，但这一刻，他们的情绪似乎达到了难以遏制的程度。此时斯巴达正好爆发了地震，尤其这次地震被认为是因最近黑劳士被杀激起的神灵的报复。许多黑劳士甚至一些庇里阿西人立刻行动起来，掀起了轰轰烈烈的起义。起义者拿起武器，径直向斯巴达进军。最初时刻，斯巴达人陷入了惊恐之中。要不是年轻的国王阿奇达穆斯勇敢地挺身而出，情况将不可收拾。在他从容不迫地对幸存公民的鼓舞下，人们打退了起义者的进攻。不过，进攻虽然被打退，但起义者并没有屈服。他们仍在战场上与斯巴达军队进行战斗，有时还占据了不小的优势。在斯泰尼克莱鲁斯平原的战斗中，虽然斯巴达人数量占优，但仍被击败，埃伊奈斯图斯（在普拉提亚亲手杀死马尔多尼乌斯的勇士）与300名战士被杀身亡。[21] 当起义者终于在战场上被击败后，他们占领了伊托麦山，并对这座其麦塞奈先祖值得纪念的古老卫城构筑了防御工事。在此,他们进行了长时间顽强的防御战,抵抗了整个拉哥尼亚一次又一次的侵袭。事实上,防守这座孤城并不十分困难,因为此时的拉凯戴蒙人承认甚至最弱不禁风的工事他们都无法攻破。鉴于围困了伊托麦两三年仍不见任何胜利的可能,拉凯戴蒙人开始感到捉襟见肘,感到财力已难以支撑他们继续发起进攻,决定号召各个同盟城邦给予援助。需特别指出的是,其中包括了埃吉纳、雅典和普拉提亚。[22] 据说,由奇蒙率领的雅典援军多达4000人,这是因为雅典仍属于拉凯戴蒙同盟的一员。

那时的攻城器械不够完善,即便充满智慧的希腊人制造的也不值一提,因此军力的增加并未对伊托麦的防御带来立竿见影的效果。当拉凯戴蒙人见到雅典人和他们一样也没有取得什么成效时,他们先是感到惊愕,继而产生了不信任和担心之情。作为统帅,众所周知,奇蒙对斯巴达非常景仰,虽然士兵们未必一定如此。但拉凯戴蒙人不禁会对这帮由他们招来的伊奥尼亚陌生人不竭的精力和野心感到猜忌,于是以未建尺功为名,要求雅典军队解散回国。但是,其他同盟者仍然留下,和以往一样,继续封锁伊托麦。

这次遣散极其粗鲁,而且很有可能因斯巴达人处理事情的一贯粗暴态度,造成了更坏的影响,激起了雅典战士和雅典人民最强烈的愤怒。人们的愤怒因此前不久发生的事情而进一步加剧。当拉凯戴蒙人第一次发出请求时,派兵前往拉哥尼亚的决定都没有经过雅典人充分的讨论。经常与奇蒙为敌的伯里克利和埃菲亚尔特党派及推进激进民主制的狂热分子对此极不赞成,号召支持他们的乡民不要帮助强大的政敌重新恢复元气并强大起来。或许,雅典人已经听说了此前拉凯戴蒙人应塔索斯人之请准备入侵阿提卡的消息,不过人们对此将信将疑。即便此时并非每个人都知道了这则消息,但也没有任何其他理由使我们相信这项政策有可能不能通过。但奇蒙动用了他所有的信誉和影响再一次提请人民讨论。他最信奉的政治信条包括:在平等的基础上,维持与斯巴达的同盟关系;维持希腊各个大邦之间的和平,共同对抗波斯;防止雅典进一步民主化。到那时为止,奇蒙无论在个人魅力还是政治上的优势都远超他的对手;而且雅典的海上力量联盟与斯巴达领导下的陆上力量还没有产生明显冲突,塔索斯事件双方的冲突才开始显现。奇蒙仍可将二者的共存视为维护希腊人福祉所必需。尽管不善言辞,但他请求雅典公民大会展现出更强大更慷慨的爱国热情,不致让斯巴达蒙羞。"我们不应该让希腊变成一个跛子,也不应该让我们的城市丧失一个并驾齐驱的伙伴。"[23]正如他的朋友兼伙伴开俄斯人伊翁告诉我们的,这就是他对人们所讲的话。事实证明,奇蒙的发言发挥了作用。

雅典军队被遣散一事无论对其国内的政治制度还是对外关系都将产生影响。雅典人立即通过了一项正式的决议,宣布终止与拉凯戴蒙人在对波斯战争中的同盟关系。更为重要的是,他们开始留意拉凯戴蒙人陆上的潜在敌手,以便能与这些城邦结成同盟。

那时，无论从在希腊世界的地位还是真正的实力上看，排名首位的都是阿尔戈斯。在波斯战争期间，阿尔戈斯保持中立。此时，它已经从大约30年前被斯巴达国王克莱奥麦奈斯击败的悲惨遭遇中恢复过来。公民们的子弟如今已长大成人。随着公民遭遇的惨败，庇里阿西人曾短暂在城邦中占据优势；如今庇里阿西人再一次被赶下了台。阿尔戈斯周边有迈锡尼、提林斯、米戴亚（Midea）等实力弱小但在神话中享有盛名的城邦；如今这些小邦都依附于它。这些城邦对阿尔戈斯在希腊面临危险时畏惧不前的行为颇为不耻，因此也派兵参加温泉关战役和普拉提亚战役。阿尔戈斯虽然强大，但因担心拉凯戴蒙的干预，对于它们的派兵行为既未加以阻止也未在事后报复。但是，眼见拉凯戴蒙人陷入了危险，忙于处理国内事务，阿尔戈斯人利用这个有利时机，不但对迈锡尼和提林斯发起了进攻，而且攻打奥尔奈埃（Orneae）、美戴亚和周边其他半独立的城邦。许多城邦被征服，其居民被剥夺了自治权，其领土被纳入阿尔戈斯的版图。但是，一方面因为英勇的抵抗，另一方面因其在传说中的美名受到嫉妒，迈锡尼人要么被卖为奴隶，要么被放逐。[24] 在获得这些胜利后，如今的阿尔戈斯比以往任何时候都更加强大，雅典向它发出了结盟的倡议，以便强化二者的力量，共同对抗拉凯戴蒙，同时为阿尔戈斯提供了一个恢复原来丧失的伯罗奔尼撒霸权的新机会。色萨利人成为这个共同对抗拉凯戴蒙新同盟的一员。无疑，同盟也希望吸引原本为拉凯戴蒙同盟的成员加入。

第十五章　以雅典为首脑的同盟的事务：帝国初建

如今，雅典人不但在海上占据优势，而且希望成为陆上同盟的一个有力竞争者。雅典的这种新特性为保护其邻邦麦加拉提供了可能。科林斯曾同时入侵克莱奥奈（Kleonae）和麦加拉的边界；[25] 不过麦加拉已经获准成为雅典的同盟者。对雅典人而言，他们获得了一个价值非凡的信号。不但越过外科林斯地峡通向克利萨湾（麦加拉的佩加湾就位于此）内部的整个广阔区域都对他们开放，而且使他们占据了盖拉内亚山的各个关隘，从而可以阻止伯罗奔尼撒人的军队穿过地峡，进而保护阿提卡免遭侵犯。此外，这对希腊世界的政治产生了极其重要的影响。因为这给科林斯带来致命的伤害，点燃了科林斯与雅典交战的火焰；科林斯的盟友埃皮道鲁斯和埃吉纳也加入了战团。虽然雅典还未非法入侵任何一个伯罗奔尼撒城邦，但它的野心和不懈的精力已经激起了所有城邦的恐惧。雅典周边的海上城邦，譬如科林斯、埃皮道鲁斯和埃吉纳，看见雅典通过与阿尔戈斯和麦加拉结盟，给它们带来了近在眼前的实实在在的威胁。而且，雅典与埃吉纳之间的世仇虽在波斯战争之前沉寂了下来，但一直没有得以缓解，双方都还铭记在心。埃吉纳人居住的地方在皮莱乌斯港视线所及的范围之内，对如今雅典拥有的庞大海上力量最有感触也最担心。虽然伯里克利总是将埃吉纳称为皮莱乌斯的眼中钉，[26] 但可以肯定，经过这一代人的经营，皮莱乌斯已经成为一个规模巨大、城防坚固的港口，对埃吉纳人而言，更是肉中刺眼中钉。[27]

彼时，雅典人正在塞浦路斯和腓尼基海岸积极地发动对波斯的战争，拥有的战船不少于200艘，摇桨的水手来自同盟各邦，作战的战船由同盟者共同提供。此外，由伊纳罗斯（Inaros）率领的埃及反叛军为他们攻击波斯大王提供了新的方式。在叛军的邀请下，希腊人的舰队经尼罗河驶达孟菲斯。最初的形势一片大好，他们看到了推翻波斯人统治的希望。然而，尽管可以支配的军力充足，希腊人仍然以不竭的精力展开军事行动。铭文记载了埃莱奇泰乌斯部落纪念在塞浦路斯、埃及、腓尼基、哈利埃伊斯（Halieis）、埃吉纳和麦加拉殒命公民的活动，[28]这有力地证明了雅典人的精力是多么令当时的人感到震惊，同时也警醒了时人。

雅典人在麦加拉最初采取的步骤在希腊现存环境下完全是一种创新。雅典人不但必须保护其新盟友抵御占据绝对优势的伯罗奔尼撒陆军，而且需要确保通过海洋与盟友保持持续不断的联系。但与古代希腊大多数城市一样，麦加拉城坐落在一座离海有一定距离的小丘之上，与其港口尼塞亚（Nisaea）大约有一英里路程。雅典人最初采取的一项行动是建造两道平行且相隔不远的城墙，将麦加拉城与尼塞亚连在一起，从而使两座城市的防御合二为一。在城墙内，长年驻扎着一支雅典卫戍军，保证在需要时能够获得来自雅典持续不断的补给。虽然这类"长城"后来在其他地方被人模仿，建造的规模也更大，但此时仍是富有天才的创新，其使雅典的海上力量扩展到了一个内陆的城市。

然而，科林斯最初的行动并不是对麦加拉发起进攻。雅典

第十五章 以雅典为首脑的同盟的事务：帝国初建

人曾力图在哈利埃伊斯（该邦位于阿尔戈斯半岛南端，与特罗伊曾和赫尔米奥奈接壤）境内登陆，但在陆战中被科林斯和埃皮道鲁斯的军队击溃。不过，或许正是这次远征，雅典人获得了对特罗伊曾的控制权。我们发现，此后该邦一直依附于雅典，但没有明确材料证明是何时开始了这种附属关系。在发生于凯克瑞法莱伊亚（Kekryphaleia，位于埃吉纳与阿尔戈斯半岛之间）的海战中，雅典人获得了胜利。显然，这两次战争的胜负都不具决定性。此后，埃吉纳人开始在战争中投入更多的精力，不但倾其全部的海上力量，还纠集了科林斯、埃皮道鲁斯及其他伯罗奔尼撒城邦的舰队参与其中。雅典也召集同盟者装备了一支数量相当的舰队。不过，对于双方舰船的具体数目，我们也不得而知。接下来，在埃吉纳岛附近海域发生了一起规模空前的海战。利用自波斯战争以来20年实践积累的全新海战技术，雅典人展现出对传统希腊战船和水手的巨大优势，获得了一场彻底而具有决定意义的胜利。埃吉纳的海上力量遭到了不可逆转的毁灭。雅典人夺取了70艘战船，一支大军登陆到岛上，开始不但从海上而且从陆上围困埃吉纳城。

科林斯和埃皮道鲁斯不但派出一支300名重装步兵组成的援军前往埃吉纳，而且进攻麦加拉，以图进一步给予其全力的支援。他们推断，雅典人如果不从埃吉纳撤军，将很有可能无法解麦加拉之困，因为许多雅典人此刻正在埃及作战。令敌人失望的是，雅典展现出三线同时作战且三线平均着力的能力。米隆尼戴斯（Myronides）率领一支由老少两极年龄段的公民组成的军队从雅典出发向麦加拉进军，这也是当时国内唯一的军队。他的军队在麦加拉城附近与科林斯人交上了锋，取得了一场有争议的小胜。在科林斯人撤回后，雅典人建起了一座胜利纪念碑。但当科林斯军队返回时，受到了城邦里上了年纪者的批评，指责他们竟然不能打败由孤幼老弱组成的雅典军队。于是，在战斗结束20天后，科林斯人返回麦加拉，在他们控制的一侧建起了一座胜利纪念碑，并宣称在上一次战斗中获胜。雅典人冲出麦加拉城，再一次对科林斯军队发起进攻。这一次雅典人取得了决定性的胜利。在撤退的过程中，本已被打败的科林斯人遭遇到了更大的不幸。其中一支小分队迷失了道路，闯入一块四面皆被深深的沟渠所环绕、仅一个狭窄出口的地方。米隆尼戴斯发觉到科林斯人的这一致命失误，将重装步兵列阵于出口防止他们逃跑，并派轻装步兵将敌人团团围住，向科林斯的重装步兵投掷标枪发射箭矢。科林斯人很有可能都没有做什么抵抗或战斗就全军覆灭。

鉴于这些年来雅典人在陆上和海上取得的成果是如此辉煌，不难预见，雅典人的对手会随不久之后拉凯戴蒙人的参战在实力上得到加强。一方面是出于对斯巴达参战的考虑，另一方面也是因为民主制的发展步伐加快、伯里克利远大的目光和未雨绸缪。此时，民主派的力量在城邦中已经占据主导。在他们的推动下，雅典人开始了修建长城将雅典城与大海连在一起的伟大工程。无疑，这个想法最初得到了最近修建的连接麦加拉和尼塞亚长城的

第十五章 以雅典为首脑的同盟的事务：帝国初建

启发，虽然后者规模更小，距离更短。连接雅典城与皮莱乌斯的城墙长达40斯塔狄亚（约等于4.5英里），连接雅典城与法莱隆的城墙长达35斯塔狄亚（接近4英里）。[29]如果没有麦加拉长城作为先例，这项工程对乐观向上的雅典人来说也过于奢侈。可以肯定，数年之前，对地米斯托克利本人来说也是如此。随着雅典人近来取得的多次大捷和多利安人最强大的海上力量埃吉纳的战败和被围，伯罗奔尼撒各邦警报迭起，顿时陷入风声鹤唳的惊慌之中。斯巴达人将长城的修建视为自为皮莱乌斯建立城防之后雅典人实现其雄心壮志迈出的第二步，[30]其作用显而易见，其影响将弥久而不衰。

但是，除了在敌人内心深处造成的震撼外，修建长城的举措也在雅典各政治派别之间引发了激烈的争论。奇蒙不久前才被陶片放逐，由伯里克利和埃菲亚尔特（不久之前）推动的民主运动正蓬勃发展，业已取得胜利。长城组成了伯里克利对外政策的一个重要部分。伯里克利以更庞大的规模持续推进了地米斯托克利最初设计的皮莱乌斯发展计划。长城的修建使雅典有能力与任何一个陆上强邦开战，藐视伯罗奔尼撒半岛所有城邦组成的军队，抵抗他们从陆上发起的兵力占据绝对优势的进攻。

虽然伊托麦的黑劳士起义仍未被压服，但鉴于雅典一系列行动造成的恐慌，同盟者劝说拉凯戴蒙人应当发起一次在伯罗奔尼撒半岛之外的远征。这支军队由1500名斯巴达人和10 000名来自各同盟邦的公民组成，统军将领为摄政王尼科麦戴斯

（Nikomedes）。这次军事行动表面的动机或托词是保护小邦多利斯，因为弗奇斯人近来入侵了多利斯并占领了三座城镇。如此庞大的一支军队立即迫使弗奇斯人放弃对多利斯的征服，但人们很快发现，这只是斯巴达力图实现目标的很小一部分。在科林斯人的煽动下，斯巴达的主要目的是遏止雅典的不断壮大。科林斯人洞察到，与最近发生在麦加拉和此前发生在普拉提亚的情况一样，雅典人或许不久要么将比奥提亚的城镇纳入提洛同盟，要么将它们征服。因为此时的比奥提亚联盟组织相当无序；作为联盟的主要城邦，底比斯因支持波斯的侵略而受到盟邦的怀疑，在联盟中的优势地位还未得以恢复。增加底比斯的力量，使其重获对比奥提亚诸邦的优势，就可使雅典立即感受到一个强大且充满敌意的邻邦的存在，进而防止雅典人进一步扩大在陆地上的影响。80 年后，埃帕米农达斯（Epaminondas）施行了同样的政策，组织阿卡狄亚和麦塞奈（Messene）对抗斯巴达。为此，伯罗奔尼撒同盟的军队一部分用于扩大和强化底比斯自身的防卫，另一部分用于支持其他比奥提亚城邦中众所周知的有寡头倾向的党派上台，进而限制这些城邦的影响，以便让它们遵从底比斯的权威。[31] 对于这个计划，底比斯人给予了热情的支持，承诺在将来能够钳制周边的邻邦，分担斯巴达的压力，从而使它少向这一地区派兵。[32]

更重要的是，斯巴达人和科林斯人也在谋划另一个方案。雅典的反对派寡头党人对于长城、伯里克利和民主运动极其憎恨。

第十五章 以雅典为首脑的同盟的事务：帝国初建

有几个人已经开始与伯罗奔尼撒同盟的领导者进行秘密商谈，邀请他们率军进入阿提卡，在雅典国内的斗争中给予其支持，以便不但能够中止长城的修建，而且颠覆民主制。由于伯罗奔尼撒的军队仍在比奥提亚开展行动，等待着雅典的不满现状者武装起来。因此，他们驻扎在离阿提卡边界很近的塔纳格拉（Tanagra），以便能够迅速与反叛者展开合作。无疑此刻是雅典最危险的时候之一，奇蒙已被放逐，人们怀疑他留在雅典的朋友们策划了这次阴谋。不过，雅典的领导者们意识到了拉凯戴蒙人在比奥提亚活动的意图，也明白这样一支大军屯驻在紧邻的边界上意味着什么。他们采取了果决的措施，避免了危险的发生。在1000名阿尔戈斯骑兵和若干色萨利骑兵的支持下，雅典人集结了国内所有力量，越出边界，向塔纳格拉进军。当然，这支军队仍然主要由米隆尼戴斯率领的在麦加拉参战的老年和青年人组成，因为围攻埃吉纳的战争仍在进行。拉凯戴蒙的军队也不可能不战就返回了伯罗奔尼撒半岛。因为作为麦加拉地区的主宰，雅典人控制着盖拉内亚（Geraneia）山区易守难攻的关隘及地峡上行进的主要道路，而且雅典人的舰船以佩盖港（Pegae）为依托，一旦伯罗奔尼撒人试图通过海上跨越克利萨湾（这似乎是他们可能出现的地方），雅典人时刻准备着对他们进行阻截。在塔纳格拉附近，两支军队进行了一场血战，最终因色萨利骑兵在战斗的紧要关头当了逃兵，拉凯戴蒙人取得了胜利。虽然斯巴达人取得了优势，但并未取得决定性胜利，无法阻止阿提卡的崛起。伯罗奔尼撒人也没有获得什么实在的利益。他们只是在麦加拉地区稍事蹂躏后，通过盖拉内亚高地，不受干扰地返回了半岛。[33]

虽然塔纳格拉战役失败了，但由此引发的一系列与之相关的变化却对雅典极为有利。奇蒙虽然被放逐，但当军队越过阿提卡边界时，他就请求作为一名普通的重装步兵，加入他所在部落的方阵，与敌人作战。不过，他的请求遭到了拒绝，他也被迫无功而返。离开之前，奇蒙恳求与他交好的朋友们通过行动不但消除了人们对他忠诚的怀疑，而且洗刷掉了他们自身的污点。朋友们以坚毅的决心勇敢投入了战斗，超过100人战死疆场。伯里克利也作为部落的一员参加了战斗。他知道他不但必须在战场上展现出超乎常人的勇气，而且必须凸显他为大众的生命安全奋不顾身的决心。尽管如此，伯里克利却毫发无伤地逃离了战场。上述事件为雅典原本纷争不休的各派别带来了妥协的可能。奇蒙及其朋友们坚定的爱国热情不但使那些与敌人暗通信息的阴谋者顿时觉得脸上无光，而且解除了他们的精神武装。这种氛围带来了积极的效果。不久，在伯里克利亲自提议下，雅典人通过了一则法令，缩短对奇蒙的放逐时间，允许他立即返回雅典。[34]

塔纳格拉战役之后激发了雅典人的爱国热情和团结精神非常强劲，很快，雅典人也洗刷掉了战败带来的耻辱。就在战争结束62天后，米隆尼戴斯率领雅典人入侵比奥提亚。时间是如此精确，这也是修昔底德在概述波斯战争和伯罗奔尼撒战争诸事件时唯一精确记载的一次，表明在雅典人的记忆中，这一事件留下

第十五章 以雅典为首脑的同盟的事务：帝国初建

的印象是多么深刻和强烈。在奥伊诺菲塔（Oenophyta），雅典人面对的是底比斯与比奥提亚同盟的联军（如果狄奥多鲁斯可信，那么发生了两次战役，奥伊诺菲塔战役是第二次），最终米隆尼戴斯获得完胜。除底比斯外，雅典取缔了不久前斯巴达人安插在比奥提亚的代理人，建立了民主政府，成了该地区大多数城邦的主宰，并将支持底比斯霸权和仍与拉凯戴蒙人保持联系的寡头派人士尽数流放。[35] 被雅典人占领的还不只是比奥提亚。弗奇斯和罗克利斯也相继成为依附于雅典的同盟者。弗奇斯总体上与雅典关系友好，乐于接受这种变化。但罗克利斯决定一直对雅典保持敌视态度，最终100名有影响力的人士被拘捕并被送到雅典作为人质。雅典人通过维持各邦内部的党派斗争，并在需要的时候从外部进行干预的方式，扩展了影响力。受雅典影响的地方从包括麦加拉和佩盖在内的科林斯边界一直向北延伸，直到温泉关附近的海峡。[36]

雅典人取得的辉煌成就因长城的完成和埃吉纳的征服而达到了顶峰。埃吉纳人因受长时间的围困缺粮少食，最终被迫投降；投降的条件是摧毁城墙，交出所有战船，并成为雅典的一个附属盟邦，每年缴纳一定的贡金。[37] 征服这个曾经强盛一时的海上强邦标志着雅典不仅成为爱琴海的主宰，而且控制着伯罗奔尼撒周边海域。海军统领托尔米戴斯（Tolmides）在伯罗奔尼撒半岛周边肆意驶航，焚毁拉凯戴蒙人的港口麦托奈（Methone）和古提翁（Gythium），以此展示雅典海上的力量。此外，他还夺取了科林斯人的殖民地卡尔奇斯和科林湾入口附近原本隶属于奥佐利亚的罗克利斯人的瑙帕克图斯，[38]在西库翁登陆，与该邦交战并取得优势，不但使（或迫使）扎坤图斯（Zakynthus）和克法莱尼亚与雅典结盟，而且使阿凯亚的一些城邦归附雅典，因为后来我们会发现这些城邦与雅典有同盟关系，但并不清楚这种关系始于何时。[39]次年，在伯里克利亲自率领下，1000名雅典重装步兵从麦加拉位于克利萨湾的佩盖港出发，再一次发起了对西库翁的进攻。不过，这位显赫一时的人物并未获得比托尔米戴斯更大的成果，他只是在战场上打败了敌军，将西库翁人赶到了城墙里。接着，他进攻阿卡纳尼亚，将阿凯亚人纳入雅典的同盟者。但他进攻奥伊尼亚戴（Oeniadae）的计划流产，没有取得什么战果。同一年，雅典人进击色萨利，以图恢复一位遭到流放的法萨鲁斯（Pharsalus）王公奥莱斯泰斯（Orestes）的统治。但这次远征也未获得成功。虽然随军参战的包括比奥提亚和弗奇斯的同盟者[40]军力颇盛，但色萨利人战斗力超强的骑兵迫使他们无法前进，只能据守在重装步兵控制的那一块狭小的区域内。雅典人进攻色萨利人城市的企图落空，他们指望色萨利叛军从内部给予支援的希望化为了泡影。[41]

如果雅典人在色萨利获得了成功，他们将可能使整个除伯罗奔尼撒之外的希腊地区与之建立同盟关系。但即便没有色萨利，雅典人的影响也是令人感到惊讶的，此时其影响力达到了无与伦比的最高峰。在取得如此众多的胜利时，雅典人也遭到了一次失

第十五章　以雅典为首脑的同盟的事务：帝国初建

败。在经过与波斯人六年（前460—前455）的战斗后，他们在埃及遭到了灾难性的失败。最初，在叛军首领伊纳罗斯的协助下，雅典人获得了巨大的优势，除被称为"白城"的坚固要塞外，他们将波斯人赶出了整个孟菲斯。这就是雅典出现在埃及后波斯国王阿塔薛西斯听闻的噩耗。于是，他派麦加巴祖斯带着大笔金钱前往斯巴达，诱使拉凯戴蒙人入侵阿提卡。不过，收买活动以失败告终。阿塔薛西斯派麦加巴祖斯率领一支人数众多的波斯军队远赴埃及，以便赶走雅典人及其同盟者。经过一场惨烈的战斗，希腊人被赶出了孟菲斯，逃往尼罗河上的一个名为普罗索皮提斯（Prosopitis）的小岛。在此，他们被围困了18个月，最终麦加巴祖斯改变河道，使原来的渠道干涸，从陆上对这座"小岛"发起猛烈的进攻。只有很少一部分雅典人从陆路逃到了库莱奈，其余人要么被杀，要么成为俘虏。叛军首领伊纳罗斯遭到了十字之刑。降临雅典人身上的不幸因50艘新近到来的战船而进一步加剧。这些战船没有收到消息，在雅典人被击败后才到来。它们驶入尼罗河的支流门戴西安（Mendesian），在毫无觉察的情况下落入波斯人和腓尼基人的魔爪。这些战船和人员几乎没有一个成功逃脱。除阿穆尔陶斯（Amyrtaeus）统治的地盘外，整个埃及再一次成为波斯的属地。他率人设法逃往无人能够前往的沼泽，仍然维持着独立。希腊及其同盟者派出的最庞大的一支军队就这样全军覆灭了。

大约就在雅典军队在埃及遭遇惨败、托尔米戴斯率军周航于伯罗奔尼撒半岛之时，拉凯戴蒙人与黑劳士（也即伊托麦的美塞尼亚人）之间的内战终于结束。[42] 因无法再继续坚持，这些被围困的人被迫放弃了古代美塞尼亚王国独立时的最后一个要塞，最终投降。投降时双方商定，美塞尼亚人可以带着他们的妻子和家人离开伯罗奔尼撒半岛，前往一个安全的地方；补充条文规定，如果任何一个黑劳士回到伯罗奔尼撒半岛，将成为第一个将其抓获者的奴隶。托尔米戴斯将他们安置在瑙帕克图斯。在后来的历次战争中，他们为雅典提供了很大的帮助。

在取得塔纳格拉之战胜利后，拉凯戴蒙人在接下来的几年里没有在伯罗奔尼撒半岛之外发动其他远征，他们甚至没有阻止比奥提亚和弗奇斯被纳入雅典同盟。疏忽的原因一部分源自斯巴达人普遍的性格特征，一部分源自对伊托麦持续不断的围攻将他们拖在了国内，或许更重要的是，作为麦加拉地区的主宰者，雅典人控制着通过盖拉内亚高地的道路，能够对任何试图走出伯罗奔尼撒半岛的军队形成障碍。即便在攻克伊托麦后，拉凯戴蒙人仍沉寂了三年。此后，所有伯罗奔尼撒同盟的成员与雅典签署了一则为期五年的正式停战协定。很大程度上，这则协定是在奇蒙的影响下签署的。[43] 奇蒙希望采取有效的措施重新开启与波斯人的战争；但这与伯里克利的政治利益不相吻合，他希望最大的竞争对手无法参加对外的征战，[44] 这样才不会妨碍他在国内的影响。于是，奇蒙在雅典和同盟者那里装备了200艘三列桨战船，驶往塞浦路斯。到达塞浦路斯后，应起义首领阿穆尔陶斯之请，派遣

第十五章 以雅典为首脑的同盟的事务:帝国初建

了60艘战船前往埃及,支持他在沼泽地区与波斯人继续抗争。其他的军力发起了对基提翁的围攻。在这次围攻基提翁的过程中,奇蒙因疾病或受伤而身故。军队因补给匮乏陷入了尴尬的境地。他们完全放弃了对基提翁的围攻,转而与塞浦路斯的萨拉米斯近海的腓尼基和奇利奇亚舰队作战。他们先后在海战和陆战中取得了胜利,虽然与欧吕麦东战役一样,两次战斗可能未必发生在同一天。在这之后,他们返回雅典;前往埃及支援阿穆尔陶斯的60艘战船也在随后返回。[45]

在此之后,雅典及其同盟者没有继续对波斯人展开军事行动。似乎双方订立了一项协定,波斯大王做出了两点承诺:其一,承认小亚细亚沿海地区希腊人的自由,对他们不干扰、不征税、在离海岸一定距离之内不派驻军队;其二,不向法塞利斯以西【有的材料记载是凯利多尼亚群岛(Chelidonean)甚至更西的地方】或黑海与色雷斯·博斯普鲁斯王国交界的基亚奈安(Kyanean)海礁之外的地方派出任何类型的战船。雅典人承诺,波斯大王对于塞浦路斯和埃及拥有无可争议的权力。出身于雅典显贵家族的卡利亚斯(Kallias)与其他几名雅典人一道被派往苏萨商谈这项协定。作为雅典彼时的同盟者,某几位来自阿尔戈斯的使节也利用这个机会同时前往,强化了双方的互信,重申了他们的城市在薛西斯入侵希腊时确定的友好谅解关系。[46]

正如战争之后订立的其他条约一样,双方的协定只不过是承认了现状,没有让任何一方获得更多优势,也没有因此采取任何措施。但修昔底德甚至都没有注意到这个协定。或许,我们可以对他的避而不谈做出一个合理的解释。从前面的叙述可见,修昔底德毫不避讳地宣称,对于波斯战争和伯罗奔尼撒战争中间的这一个时段,他只需简单勾勒期间发生的主要事件。然而,公元前4世纪的作家,无论是演说家、修辞学家还是历史学家,都是一些夸夸其谈、不求甚解的蛊惑家。他们总是对于这项协定的内容大肆放大,不管在时间还是细节上都错误百出。其目的是赞颂那一代人在如此艰苦的条件下给波斯大王带来了如此巨大的耻辱,为雅典人带来如此辉煌的荣光。他们的描述让他们自己都产生了怀疑,他们偶尔也会问到雅典人如此辉煌的成就为何被修昔底德视而不见。如今我们对于这个问题的回答是,事实上,协定本身并不值得大书特书,它不过是对当时现实和相互关系的确定。[47]这些现实和关系在协定签订之前就大体存在,这才是令雅典感到荣耀的地方。对后世的这些作家而言,和约是证明在他们那一个时代雅典的荣光已经远去的易于辨识的证据。然而,修昔底德及其同时代的人成长在雅典帝国鼎盛时期,自然不会认为这项协定是一则证据,而只会将其视为一个事件,进而一笔带过。虽然修昔底德没有提到,但他也没有提到任何证据表明和约不存在。他的叙述与和约的存在暗相契合。其一,自前述雅典人在塞浦路斯附近取得大捷之后,雅典与波斯之间所有公开而直接的对抗就此停止。在修昔底德列举的伯罗奔尼撒战争之前雅典同盟者的名单中,这个岛屿并未被纳入其中。而且,雅典也没有进一步

第十五章 以雅典为首脑的同盟的事务：帝国初建

给予埃及起义者阿穆尔陶斯更多援助。其二，直到雅典军队在叙拉古遭到灾难性失败之前，波斯的总督们既未向小亚细亚的希腊城邦征收贡金，也未允许波斯舰船出现在爱琴海。[48] 波斯大王的统辖权没有延及沿海地区。加上修昔底德对此三缄其口，因此，必然会推导出双方没有订立任何协定的结论。而且，从其描述提供的证据看，所谓协定规定和确认的内容事实上已是历史的实际。但是，希罗多德确定无疑地向我们证明，[49] 卡利亚斯及其他雅典使节造访了苏萨的朝廷，我们也无法找到其他合理的解释说明协定的内容与访问之间关联的可信度。当然，在双方都认为处于交战状态的情况下，任何使节也不会前往。虽然，他们也有可能是为了缔结和约才前往苏萨，最终却无功而返。这种可能性超出了情理之外。[50]

因此，我们或许可以确信雅典与波斯达成了协定的事实。这个协定有时被误称为"奇蒙协定"，之所以是错误的，是因为协定不但订立在奇蒙去世之后，而且促使协定签订的雅典人的胜利也是在他去世后取得的。更有甚者，非常有可能的是，如果奇蒙还活着，双方大概什么协定也不会签订。因为，奇蒙关注的重点和荣誉之源是发动针对波斯的战争。无论在为官之道还是演说能力上，他都无法与伯里克利相提并论，维持他在民众中声望的方式也只能是在对波斯的战争中取得胜利，并劫掠波斯沿岸地区。奇蒙与伯里克利在性格特征和采取的政策上大相径庭，他的死确保了伯里克利获得绝对的优势。[51] 即便作为奇蒙的继承者和反伯里克利派的领袖，麦莱西亚斯（Melesias）之子修昔底德也只是一个在议事会和公民大会上发挥作用，而非征服战场上的骁将。伯里克利不愿从事长途远征和通过危险的方式获得战功，只希望维持雅典在希腊世界无可撼动的优势。此时，这种优势刚好达到了顶峰。他清楚地意识到，保持雅典人的团结和对城邦的忠诚是实现目标的充要条件。但正如不久就会见到，事实上雅典人做得还远远不够。鉴于这种倾向，伯里克利自然乐于签订这样一份和约，将波斯人排除在凯利多尼亚群岛以西所有小亚细亚海岸之外，波斯人的势力也被禁足于爱琴海的水域。雅典承诺的条件只不过是放弃进一步入侵塞浦路斯、腓尼基、奇利奇亚和埃及。就波斯大王而言，他已多次领教了雅典人不竭的精力，担心他们在接下来继续侵略上述地区。事实上，从形式上放弃一部分贡金对大王没有太大损失，因为那里他几乎没有希望实现征收的目的。不过，一旦条件有利，他时刻准备收回征税权。鉴于这些事实，我们不难发现，被误称为奇蒙和约的协定是缔约各方基于当前所处状况和心理承受力的自然结果。

此刻，在伯里克利领导之下，雅典国内外一片祥和繁荣。帝国统治的城邦众多，舰队强大，国库充盈。此前存放在提洛岛的从盟邦收来的贡金如今已转移到了雅典卫城。不过，对于贡金转移的确切时间，我们不得而知。[52] 我们也不能确定雅典同盟演进的具体步骤，具体说明那些具有自由意志的同盟者是如何从雅典保护下身披铠甲积极作战的勇士，变成了依托雅典的军事力量被解除武装的被动纳贡者。原本这些自由自在的同盟者每隔一段时间会聚在提洛岛,自主决定家国大事;但如今他们成了各自为政的臣属者,每年定期向雅典纳贡,坐等雅典人指令行事。不过,可能的情况是,这些变化发生在伯里克利当政之前。如今,只有开俄斯、莱斯沃斯、萨摩斯三个同盟者仍按原来的条件自由决策,自行武装。每当一个自行武装的同盟者变成纳贡者,每当一个试图退盟者被征服时,自由城邦的数量自然就会逐次减少,从而使提洛同盟议事会的权威受到冲击。更糟糕的是,改变了雅典与同盟者之间的互助关系,动摇了相互之间的情感,使雅典成为一个暴君,而同盟者沦为了被动服从的臣属。

当然,最明显的变化是将同盟金库从提洛岛转移到雅典。我们所知的关于同盟金库转移的唯一情况是这项动议是由萨摩斯人提出的。[53]作为同盟中军力仅次于雅典的第二大城邦,萨摩斯不可能赞同任何有助于实现雅典人阴谋诡计的提案。随着与波斯、埃吉纳和伯罗奔尼撒的战事逐渐减少,同盟者已不再经常前往提洛岛,出席因战争事务而举行的同盟议事会。萨摩斯人觉得,将逐年增加的累积起来的大笔资金存放在雅典比在提洛岛更安全,因为如果存放在提洛岛,必将长久驻扎一支军队,确保不受敌人的攻击。但不管萨摩斯人提出动议的原因何在,当他们确实提出转移金库的动议时,我们或许有理由推断,同盟中较大的城邦似乎未必会高人一等;就雅典而言,似乎也并未像人们经常谈及的那样,处处体现出以武力对盟邦施行高压和专制。

在结束与埃吉纳的战事和打完奥伊诺菲塔战役后，雅典的地位发生了越来越大的变化。更多新的城邦被纳入同盟者的名录，其中一些成为埃吉纳一样的纳贡者，另一些享有与开俄斯、莱斯沃斯和萨摩斯一样的地位，只需在外交和军事上与雅典保持一致。第二类城邦包括麦加拉、比奥提亚诸邦、弗奇斯、罗克利斯等。所有这些城邦虽然都是雅典的同盟者，但它们对于驻扎于提洛岛、与波斯进行对抗的那一个同盟相当陌生。因此，原来的那一个同盟在不知不觉中成为历史，让位入盟者数量众多的雅典帝国，其盟员中既包括自由城邦，又不乏纳贡城邦。在金库地点转移的同时，同盟者自身的角色和情况也发生了变化。上述变化使雅典在物质上获得了同盟者无法企及的地位。如今，雅典不但是希腊首屈一指的海上强邦，而且很可能在陆上实力与斯巴达也不相上下。它拥有麦加拉、比奥提亚、弗奇斯、罗克利斯及伯罗奔尼撒半岛上的阿凯亚和特罗伊曾。虽然如今雅典人不论在海上还是陆上都聚集了如此众多的城邦，此外每年同盟者缴纳的贡金数额可观，加之雅典人自身的性格，使其在发展潜能和纪律性上超越了所有希腊人。不过，它对敌手的威胁仍在增加。在占据麦加拉的港口佩盖后，雅典人完全可以采取任何方式在科林斯地峡的东西两侧展开海上行动。更重要的是，因为控制着麦加拉地区和盖拉内亚高地，他们就能够制止任何企图从伯罗奔尼撒半岛出发的军队，（加之控制着海洋）从而完全使阿提卡免于受到外敌的攻击。

大约公元前448年，伯罗奔尼撒同盟与雅典签订了"五年

第十五章 以雅典为首脑的同盟的事务：帝国初建

和约",波斯与雅典也签订了所谓的奇蒙和约。如果观察此时的希腊形势,任何一个有辨识力的希腊人就能够预见,这个帝国的进一步扩大当是大势所趋。因为每一个希腊人都习惯于将独立自主的城邦视为自由人和公民必不可少的精神家园,所以帝国发展的势头难免会激起人们的厌恶。雅典同盟最初的入盟者是岛屿城邦或极端的海权城邦,伯罗奔尼撒人对它们的同情之心表现得不够明显。但当多利安岛邦埃吉纳也被征服,沦为一个毫无自卫能力的纳贡盟邦时,他们觉得在每一个方面都遭受了无情的打击。这座令人难忘的岛屿古已有之的声名、萨拉米斯战役中的突出贡献都不能够保全其独立。品达颂诗曾花大量的篇幅歌颂在神圣赛会中获得优胜的埃吉纳世家大族,通过希腊各个城邦难以计数的客谊,他们到处诉说城邦被征服的苦楚。基于上述所有情况,或许我们可以感知到一种强烈的既恨且惧的感情正在广泛地扩散。这个新近崛起的不可一世的暴君式的城邦不是通过合法的方式而是通过超强的武力维持着自身的优势。然而,来自它的威胁仍然继续在增加。我们发现,16年后,类似的情感将在伯罗奔尼撒战争中再次被引燃。在我们讨论的这一段时间里,这种情感比伯罗奔尼撒战争开始时更深地根植在希腊人的脑海里。对于此后人们的这种想法,除非将其视为更早时期"五年和约"签订时(约前451—前446)传承下来的,否则我们既不能领会也无法做出合理的解释。

无论从现实的角度还是从人们想象的角度看,雅典帝国都是如此令人生畏。人们的憎恨之情更加强烈,传播的范围也更加广泛。其结果是，虽然对其他城邦的威胁与日俱增，但帝国的实际影响力却开始降低。影响力降低并非源自对公开的敌人发起的进攻。因为在"五年和约"期间，斯巴达只展开了一次行动，而且行动并非针对阿提卡。斯巴达曾派兵前往德尔菲，参加所谓的"神圣战争"，其目的是驱逐已掌控神庙的弗奇斯人，恢复德尔菲当地人对神庙的控制权。对此，雅典虽然并没有直接提出抗议，但拉凯戴蒙人才离开，雅典人就进军德尔菲，重新将神庙置于弗奇斯人的手中，因为那时弗奇斯人仍是其同盟者。[54] 德尔菲本是弗奇斯联盟的一员。自古以来，双方对于神庙的管理权一直都存在争议。其核心是，神庙应单独属于德尔菲人还是属于整个弗奇斯联盟。管理神庙的城邦受到人们的尊敬，在相当长的时间里被视为希腊政治中的一个重要因素。德尔菲的主政者与斯巴达人情意相投，欣然加入了拉凯戴蒙一方。但雅典人希望支持弗奇斯以中和这种发展趋势。从现存证据看，在被雅典人战败之后，拉凯戴蒙人并未采取任何秘而不宣的步骤。这就是当时政治状况的重要写照。

正当雅典帝国不可一世时，对其影响力带来打击的是那些附属城邦。雅典人能够维持在比奥提亚、弗奇斯、罗克利斯和优卑亚的优势，其手段不是驻扎军队，而是支持那些城邦内亲雅典的派别建立一个与之相配的政府。这与斯巴达在伯罗奔尼撒同盟中维持其影响力的方式大同小异。在奥伊诺菲塔战役胜利后，雅典人解散了塔纳格拉战前斯巴达在比奥提亚各邦建立的政府，转而推行民主制。与弗奇斯、罗克利斯发生的情况一样，许多原本

第十五章 以雅典为首脑的同盟的事务：帝国初建

显赫一时的人物遭到流放。此时，许多来自比奥提亚、弗奇斯、罗克利斯、优卑亚、埃吉纳等城邦的流亡团体对雅典极度仇恨，时刻准备加入任何一次进攻雅典的行动。我们还知道，奥伊诺菲塔战役后在底比斯建立的民主政体被人颠覆。[55]

所有的流亡者聚集起他们的力量，与城邦内部的支持者协同采取行动，成功地夺取了奥科麦努斯（Orchomenus）、喀罗尼亚（Chaeroneia）及比奥提亚其他一些不太重要的地方。雅典将军托尔米戴斯率领1000名雅典重装步兵和一支由同盟者组成的辅兵前往，试图将他们驱逐。似乎这次远征准备不充分而且行动鲁莽。托尔米戴斯率领的重装步兵主要由出身于世家大族的年轻志愿者组成。眼见比奥提亚人在等待一支力量更强的援军，他们对此非常轻视。伯里克利力劝雅典人应当召集一支更强大的军队并小心行事，但人民根本不听他的规劝。[56] 虽然托尔米戴斯在第一次交锋中获胜，重新占领了喀罗尼亚，并驻扎了一支守军，但是当离开那个地方到达科罗奈亚时，他的军队遭到了伏击，被流亡者及其支持者组成的联军打得措手不及。在希腊历史上，还没有哪一次失败是如此彻底，如此具有破坏性。托尔米戴斯被杀身亡，许多雅典重装步兵也一同丧命，更多人沦为了俘虏。为了赎回这些出身于世家大族的战俘，雅典人不得不放低姿态，签署了一份协定，答应完全从比奥提亚撤军。在该地区的所有城邦，所有流亡者都重返故土，民主政府被推翻，比奥提亚也从一个雅典的同盟者变成了它的宿敌。这次行动遭受的致命损失长久地驻留在雅典人的记忆之中，[57]使他们一直以为比奥提亚重装步兵的战斗力最强。但是，如果托尔米戴斯率领的重装步兵是在战场上全部丧了命，人们还很有可能会为他们复仇，或许也不会失去对比奥提亚的控制权。然而，由于比奥提亚仍控制着那些活着的公民，雅典人被迫不惜一切代价将他们赎回。当斯巴达人在斯法克泰利亚岛上被抓获时，我们将会看到拉凯戴蒙人非常类似的反应。

在接下来的时间里，这次灾难性的失败立即使雅典背上了沉重负担。在比奥提亚行动结束后，流亡者组成的联军继续开始在弗奇斯和罗克利斯驱逐亲雅典的政府，而且他们还将反叛之火带到了优卑亚。鉴于这座岛屿的重要性，伯里克利亲率一支大军前往。然而，因为一件更可怕的事情，他还未完全重新征服这座岛屿就被召回了雅典。麦加拉人叛离了雅典。根据早已拟订的计划，一支由科林斯人、西库翁人和埃皮道鲁斯人组成的重装步兵分队已获准进入麦加拉城驻扎。除少部分人逃到了尼塞亚港，驻守在长城的其他雅典士兵在被俘虏后遭到杀害。在经过盖拉内亚山的道路被打通后，雅典人立即感受到了这次灾难产生的影响是多么严重。斯巴达国王普雷斯托亚纳克斯（Pleistoanax）已经宣布将率军攻入阿提卡。他确实也开始行动，召集了一支由拉凯戴蒙和伯罗奔尼撒同盟组成的联军进入阿提卡，兵锋所指达到了埃琉西斯（Eleusis）附近和特利亚（Thriasian）平原。这位国王年纪尚轻，于是监察官派了一位名为克莱安德利达斯的（Kleandridas）成年斯巴达人作为其助手和顾问随同前往。（据说）伯里克利通过大笔贿

第十五章 以雅典为首脑的同盟的事务：帝国初建

赂收买了这两人中的一个人，从而使斯巴达军队不再进攻雅典，撤出了阿提卡。返回斯巴达后，拉凯戴蒙人发现二人都犯有腐败之罪，二人都被流放。克莱安德利达斯再也没能返回斯巴达，而普雷斯托亚纳克斯在泰盖亚一座雅典娜神庙附近住了很长一段时间。[58]

拉凯戴蒙人才刚离开阿提卡，伯里克利就率军返回优卑亚，彻底重新征服了这座岛屿。作为一名军人，伯里克利的突出特点是谨小慎微。因此，与托尔米戴斯犯下急躁冒进的致命错误不同，此次出征的军队包括40艘三列桨战船和5000名重装步兵，在数量上占据了绝对优势。他接受了大多数优卑亚城邦的投降，驱逐了由被称为希波波塔的富裕寡头派组成的卡尔奇斯政府。[59]居于岛屿北部的希斯提里亚人因抢夺一艘雅典商船并杀害所有船员受到了更严厉的惩罚，全部或大多数自由人被驱逐，土地被作为军事殖民地被雅典公民或殖民地瓜分。[60]

然而，重新征服优卑亚还远远没有恢复雅典在科罗内亚惨败之前的地位，其陆上帝国及最近获得的对德尔菲神谕的影响力不可避免地一去不复返，回归此前仅靠海上力量的状况。虽然雅典仍继续占有尼塞亚和佩盖，但与佩盖港的联系因麦加拉城及周边地区的丧失中断。因此它不但失去了在科林斯湾采取行动的手段，而且无法保护和约束在阿凯亚地区的同盟者。如今，尼塞亚对雅典的价值已不再是联系麦加拉城的港口，而是骚扰那座城市的一个前哨。

同样危险的是，雅典还控制着一些心有不甘的同盟者。它们极有可能激励臣属的海上同盟者采取类似的行动。如今这成为仅次于伯罗奔尼撒同盟的军队入侵阿提卡之外的最大威胁。此刻，占据雅典人脑海的是各种难堪综合在一起强加给他们的恐惧，尤其令他们不安的是，一支他们难以打败的敌军时刻会对埃琉西斯和雅典周边人口稠密的地区带来毁灭性的打击。后来发生的一系列不幸事件是如此迅猛和突然，足以撼动雅典人的自信心，使仍在持续的战争前景暗淡，充满危险。无疑，为了寻求和平，一向审慎的伯里克利劝告雅典人放弃他们在陆地上占领的土地和盟邦，如今这些东西已经变得没有任何价值。但是，可以肯定的是，极端的气馁简直无法使雅典公民大会听取这样的建议，他们接受如下所述的不体面和约。雅典人与斯巴达及其同盟者签订的"30年和约"始于公元前445年。和约规定，雅典放弃尼塞亚、佩盖、阿凯亚及特罗伊曾，从而完全放弃了伯罗奔尼撒半岛。[61] 麦加拉（包括其全部的领土及两座港口）成为斯巴达为首的伯罗奔尼撒同盟的一员。

和约订立后雅典地位的变化对麦加拉影响至深。因为麦加拉人脱离了阿提卡的控制，投入伯罗奔尼撒人的阵营，使阿提卡在入侵者面前了无屏障。也正因为如此，引起了雅典人对于麦加拉的刻骨仇恨。在接下来的时间里，雅典人将这种仇恨显现了出来。这种仇恨是自然而然的。因为几年之前，为了抵抗科林斯人的进攻，麦加拉人主动寻求与雅典人结盟；后来，在没有遭受雅典人任何不公的情况下，他们脱离了同盟，成了雅典人的敌人，

第十五章 以雅典为首脑的同盟的事务：帝国初建

使雅典在陆上更易受到敌人的攻击。

1 | Thukyd., i. 94. ἐξεπολιόρκησαν（Βυζάντιον）ἐν τῇδε τῇ ἡγεμονίᾳ. 也即，在雅典人被邀请担任霸主之前斯巴达领导下的霸权。比较 i. 77 的 ἡγησάμενοι, and Herodot., viii. 2, 3, 在接下来的小节中，我们看到"所以他们请求雅典人，要求他们因亲属关系出任领袖"（φοιτῶντές τε πρὸς τοὺς Ἀθηναίους ἠξίουν αὐτοὺς ἡγεμόνας σφῶν γενέσθαι κατὰ τὸ ξυγγενές）。此外，当斯巴达人派多尔奇斯取代保萨尼亚斯时，盟邦"不愿接受他们的领导"（οὔκετι ἐφίεσαν τὴν ἡγεμονίαν）。在雅典人接下来的运作中，斯巴达人"认为雅典人有资格担当对波斯战争的领导"（παραλαβόντες δὲ οἱ Ἀθηναῖοι τὴν ἡγεμονίαν τούτῳ τῷ τρόπῳ ἑκόντων τῶν ξυμμάχων διὰ τὸ Παυσανίου μῖσος,) etc。请与 i. 75 所说"盟国来到我们面前，自然要求我们担当领袖"（ἡμῖν δὲ προσελθόντων τῶν ξυμμάχων καὶ αὐτῶν δεηθέντων ἡγεμόνας καταστῆναι）及 vi. 76 比较。接着是从 ἡγεμονία 到 ἀρχή 的过渡（i. 97）："对那些自治的盟友，我们最初行使的是领导权，并参与盟邦大会的讨论，在这次战争和波斯战争之间的时期，雅典人既从事战争，也管理公共事务"（ἡγούμενοι δὲ αὐτονόμων τὸ πρῶτον τῶν ξυμμάχων καὶ ἀπὸ κοινῶν ξυνόδων βουλευόντων τοσάδε ἐπῆλθον πολέμῳ τε καὶ διαχειρίσει πραγμάτων μεταξὺ τοῦδε τοῦ πολέμου καὶ τοῦ Μηδικοῦ）。修昔底德接着说，为了表明雅典帝国（ἀρχή）最初是如何形成的，他注意到，自最初获得霸权起，它就"提前做了很多事情"："同时，对这些事件的叙述有助于解释雅典的统治是如何确定的"（ἅμα δὲ καὶ τῆς ἀρχῆς ἀπόδειξιν ἔχει τῆς τῶν Ἀθηναίων ἐν οἵῳ τρόπῳ κατέστη）。就在伯罗奔尼撒战争爆发之前不久（i. 75），雅典使者在斯巴达发表的演说中就描述了从 ἡγεμονία 到 ἀρχή 的转变。有必要指出，"霸权"或"领导权"

一词的用法非常普遍，可以随意指代任何一种领导与服从关系，不管这种关系多么短暂，受到多么大的限制还是不过是一种荣誉。但 ἀρχή、ἄρχειν、ἄρχεσθαι 等词汇有更加明确的意蕴，指一种程度不同的地位更高的、具有强制性的力量。对照 Thukyd., v. 69; ii. 8, etc. 短语 πόλις ἀρχὴν ἔχουσα 与 ἀνὴρ τύραννος 大同小异（vi. 85）。

2 Thukyd., i. 93.

3 在下面叙述该邦被围时（p. 361），格罗特谈到发生在迎回提修斯的骸骨（前 469）之后"2 年或稍后"。按他的记载，纳克索斯的反叛时间也不会晚于公元前 467 年。我们有充分的理由将反叛的时间确定为公元前 469 年，因为在欧吕麦东战役爆发之前，这座岛屿就肯定已经被一战制服。——编者

* 格罗特标注的卷次有误。应为（vii. 106）。——译者

4 Plutarch, *Aristeides*, c. 24.

5 事实上，伯罗奔尼撒战争的第三年，修昔底德（Thukyd., iii. 11）借在奥林匹亚发表演说的米提莱奈使者之口暗示，全体大会赞同雅典决定的情况。

6 参见伯里克利对在斯巴达举行的拉凯戴蒙同盟大会上的辩论所持的不屑一顾的评价（Thukyd., i. 141）。

7 就在伯罗奔尼撒战争爆发前稍早，雅典使节在斯巴达发表的演说中陈述说，雅典帝国的壮大主要是伴随着公义的发展（Thukyd., i. 75, 76）。他承认甚至夸大了雅典帝国不受欢迎的程度，但强调在很大程度上，人们对帝国的不欢迎自创立之初就定然是不可避免的且不必要的。当然，可以推断，这位使节略去了雅典加剧其不受欢迎程度的过程。整篇演说值得深入研究，并可以比较一下伯罗奔尼撒战争第二年时伯里克利在雅典发表的演说（Thukyd., ii. 63）。

8 Thukyd., i. 141.

第十五章 以雅典为首脑的同盟的事务：帝国初建

9 克林顿（*Fasti Hellenic.*, ad ann. 476）将奇蒙征服斯库罗斯的时间定于公元前476年。普鲁塔克记述，神谕发布于菲冬（Phaedon）任执政官的那一年（前476）。迎回提修斯的骸骨发生在阿普塞普西翁（Apsepsion）任执政官的那一年（前469）。这两种说法并不自相矛盾，修昔底德和狄奥多鲁斯的记载（正如克林顿力图证明的）也不能证明他的观点。事实上，狄奥多鲁斯的两段记载与这件事无关。如果说狄奥多鲁斯是这件事的权威记载，那么他也与克林顿的看法相左，因为他认为斯库罗斯是在公元前470年被征服的（Diodor., xi. 60）。修昔底德只告诉我们，希腊人相继对埃翁、斯库罗斯和卡吕斯图斯展开了军事行动，其时间在公元前476—前466年，但他的记述并不能帮助我们确定这两件事情发生的具体年代。

10 关于欧吕麦东战役，参见 Thukyd., i. 100; Diodor., xi. 60-62; Plutarch, *Kimon*, 12, 13。关于后两次战斗的记叙主要来自下个世纪的埃弗鲁斯、卡利斯泰涅斯（Kallisthenes）及更晚的作家法诺戴穆斯（Phanodemus）。只要与修昔底德的简短记述相吻合，笔者就会有限地借鉴他们的看法。狄奥多鲁斯的叙述极其混乱，几乎令人难以理解。法诺戴穆斯说波斯舰船数量达到600艘。埃弗鲁斯说有350艘。狄奥多鲁斯（从埃弗鲁斯）给出的数据是340艘。普鲁塔克谈到，预期前往增援的腓尼基舰船有80艘。在笔者看来，这与当时的情况非常吻合，可以解释为何奇蒙在欧吕麦东可以轻松获得海战的胜利。据修昔底德，在欧吕麦东被摧毁的舰船不超过200艘。虽有阿诺德（Arnold）博士的权威注疏，不过笔者仍不揣冒昧，再一次阅读修昔底德的这一段话：καὶ εἷλον（Ἀθηναῖοι）τριήρεις Φοινίκων καὶ διέφθειραν τὰς πάσας ἐς διακοσίας. 阿诺德博士对此的释读是："总计数量达200艘。换言之，被夺取和摧毁的船舶总数为200艘，而非整支舰队不超过200艘船。"笔者虽然承认他的补释是正确的（viii. 21或许可以作为旁证），但必须强调，按照古代人一般的作战方式，战败的腓尼基战船会驶向岸边，寻求伴随舰队的陆军的保护。因此，当陆军被击败并被驱散时，自然，所有战船将全部落入胜利者之手。即便有逃跑的战船，那也只是相当偶然的情况。此外，在此情况下，较小的舰船数量（200艘）很可能是真实可信的。因为，正是因为海战轻易获胜，才会为同一天艰巨的陆战留下足够的实力。

【关于古代各部权威著述的详尽讨论，参见 E. Meyer, *Forschungen zur alten Geschichte*, vol. ii, pp. 1-88.——编者】

11 | 公元前476年在夺取伊翁时，一次失败的殖民努力记录在 Schol. Aesch., *De Fals. Leg.*, 31. *Cf.* Holm., *Greek Hist.*, ii. 128. ——编者

12 | Plutarch, *Kimon*, c. 14.

13 | 最初对塔索斯评定的贡金非常少。公元前449年（C. I. A., i. 231）贡金总计2.5塔兰特。自公元前445年起（C. I. A., i. 235, 242）正常的数额为30塔兰特，只有埃吉纳可与之相提并论。贡金额的波动或许表明，随着该邦地产被剥夺（后被恢复），塔索斯的地位进一步下降；另一种可能是在支付战争罚金期间雅典降低了贡金的数额。——编者

14 | Thukyd., i. 101: "在雅典人不知情的情况下他们做出了承诺，而且打算履行承诺。"（οἱ δὲ ὑπέσχοντο μὲν κρύφα τῶν Ἀθηναίων, καὶ ἔμελλον, διεκωλύθησαν δὲ ὑπὸ τοῦ γενομένου σεισμοῦ.）

【据修昔底德记载，斯巴达人的承诺有些半心半意。我们怀疑，事实可能未必如此。他们这样做不过是为了取悦使节，消除他们因未对雅典发动不友好的行动而产生的不满。在公元前5世纪早期，事实上斯巴达一直急切地希望与雅典一战。因为直到公元前5世纪后期，雅典人作为希腊抵抗波斯入侵统帅的身份使他们受到原来同盟者的尊敬。——编者】

15 | Plutarch, *Kimon*, c. 14.【考虑到他后来被陶片放逐及放逐的时间（see

p. 395, no. 20 below），奇蒙此次免于指控颇为重要。——编者】

16　Plutarch, *Themistokl.*, c. 20.

17　关于公元前469年至黑劳士大起义之间斯巴达在伯罗奔尼撒半岛展开军事行动的记载模糊不清。据希罗多德（ix. 35）记载，发生了两次大战，即泰盖亚之战和狄派亚（Dipaea）之战。鉴于泰盖亚之战发生在莱奥提奇戴斯逃亡之后（否则他也不可能逃往那里避险），可以相信，时间不会晚于公元前468年。而狄派亚之战发生在公元前468—前467年。阿尔戈斯人参加了泰盖亚之战，但没有参加公元前468—前467年的狄派亚之战。狄派亚之战中，除曼提奈亚外，所有阿卡狄亚人都卷入其中，并参与了最终摧毁迈锡尼的行动。狄派亚之战后，斯巴达能够在阿卡狄亚各邦建立起亲拉科尼亚的寡头政府，而阿尔戈斯成为伯罗奔尼撒半岛一个霸主的企图再一次受挫。

大约建于这段时间的波伊克莱柱廊（Stoa Poikile）的一块侧板绘有奥伊诺埃（Oinoe）战役的场景，以此作为马拉松战役场景的垂饰。或许视图是在获胜后不久就绘上的，几乎与阿尔戈斯人参加迈锡尼之战同时（cf. Robert, *Hermes*, xxv., 1896, p. 412*ff*）。希克斯和希尔（Hikcks and Hill, No. 31=C. I. G. 29）提到在奥林匹亚阿尔戈斯人曾献祭了一顶科林斯头盔。上面的铭文表明是我们所讨论的这一段时期。

【关于迈锡尼战，参见 p. 368 及 note 24 on p. 369。——编者】

18　Diodor., xi. 54; Strabo, viii., p. 337.

19　Strabo, viii., pp. 337, 348, 356.

20　Thukyd., i. 101–128; Diodor., xi. 62.

21　Herodot., ix. 64.

22　Thukyd., i. 102; iii. 54; iv. 57.

依据普鲁塔克的记载，克林顿（*Fast. Hellen.*, ann. 464–461 B.C.）发现拉凯戴蒙人曾两次向雅典发出了请求，雅典人也曾两次驰援斯巴达,两次远征都由奇蒙统领。第一次远征发生在公元前464年,就在地震发生和起义爆发不久;第二次发生在公元前461年,也即战争持续一段时间后。

据笔者判断,没有理由表明斯巴达人两次向雅典发出了请求,雅典也不可能两次出兵。问题出在普鲁塔克的记载中。他太把阿里斯托芬(Aristoph., *Lysistrata.*, 1138)为达喜剧效果的夸张说法当真:"你们的使者伯里克莱达斯(Perikleidas)当年来到雅典,脸色惨白充满恐惧地请求雅典人支援:美塞尼亚人向我们发动了进攻,波塞东把我们的土地猛烈摇撼。那时候,奇蒙率领的4000重装步兵,拯救了拉凯戴蒙。"

我们知道,当地震爆发时,围攻塔索斯的战斗正在进行中。正是地震使拉凯戴蒙人无法分身支援塔索斯人抵抗雅典的入侵。此时,奇蒙正在指挥围攻塔索斯的战斗(Plutarch, *Kimon*, c.14),因此在所谓第一次驰援斯巴达时他不可能离开担任远征的统帅。

23 Plutarch, *Kimon*, c. 16.

24 Diodor., xi. 65; Strabo, viii., p. 372; Pausan., ii. 16, 17, 25. 狄奥多鲁斯将这一事件发生的时间定在公元前468年。

【这一段落记载说斯巴达人无法阻止阿尔戈斯人的进攻,但没有提到公元前464年的地震。斯特拉波(viii., 377)虽没有明确记载事情发生的具体时间,但谈到泰盖亚和克莱奥奈加入了阿尔戈斯人的远征。这从一个侧面证明了狄奥多鲁斯的时间断限。保萨尼亚斯(ii. 25-28)告诉我们,提林斯经这次事件后人口也同样大减。

马哈菲(Mahaffy, *Problems in Greek History*, ch. 5)将上述城邦的被毁和居民被迁徙归于两个世纪之前菲冬(Pheidon)统治的时代。他不赞成是公元前5世纪,主要依据是:其一,公元前7世纪之后,这些地方缺乏文化遗存;其二,阿提卡的剧作家对迈锡尼避而不谈。悲剧

第十五章 以雅典为首脑的同盟的事务：帝国初建

作家们所属的城邦与阿尔戈斯有同盟关系（*cf.* Aesch., *Eum.*, 287），不能在官方层面对阿尔戈斯的敌人表达同情，考古证据的不足多次表明我们还无法圆满解决这个问题。

诸多证据使我们相信迈锡尼和提林斯在公元前480年甚至更晚都还存在。此外，《奥克叙伦库斯纸草》（*Oxyrhynchus Papyri*, ii., p. 85, No. 222, 1. 42）记载说，公元前468年一位奥林匹克优胜者来自提林斯。伯里对于这个人们广泛接受的日期没有提出质疑。参阅 note 17 on p. 365。——编者】

25 | Plutarch, *Kimon*, c. 17.

26 | Plutarch, *Perikles*, c. 8.

27 | 导致这次战争的主要动因应当从萨洛尼克湾的这两大港口城市的商业竞争中去寻找。在埃吉纳人占主导地位时，我们发现，科林斯人与雅典人结成同盟（Herdot., v. 89）。后来，出于对雅典人垄断贸易的担心足以使埃吉纳与科林斯联起手来。

通过控制麦加拉，雅典人也获得了攻击科林斯西线贸易的一个基地。雅典和科林斯围绕西线贸易的竞争对接下来这些年份邦际格局的发展产生了重要影响，仍然在公元前5世纪政治中占据最重要的地位。——编者

28 | C. I. G.. 165; Hicks and Hill, 26.

29 | 关于雅典的长城，参见 E. Gardner, *Ancient Athens*, pp. 56-58, 68-72; and Wachsmuth, *Stadt. Athen*, i. 556-559。——编者

30 | 伯罗奔尼撒战争爆发前稍早科林斯人在向斯巴达人发表的演说中使用下述话语表达："错误全部在你们，是你们在波斯战争后首先允许他们修建城墙，后来又建筑了长墙"（Καὶ τῶν δε ὑμεῖς αἴτιοι, τό τε πρῶτον ἐάσαντε αὐτοὺς τὴν πόλιν μετὰ τὰ Μηδικὰ κρατῦναι, καὶ ὕστερον τὰ μακρὰ στῆσαι τείχη.）。

31 | Diodor., xii. 81; Justin, iii. 6. "与底比斯人谈判，恢复了底比斯人对比奥提亚城邦的霸权"（Τῆς μὲν τῶν Θηβαίων πόλεω μείζονα τὸν περίβολον κατεσκεύασαν, τὰς δ' ἐν Βοιωτίᾳ πόλεις ἠνάγκασαν ὑποτάττεσθαι τοῖς Θηβαίοις.）。

32 | Diodor., *loc. cit.*

33 | 导致斯巴达人这次撤退的一个原因可能是收获季节即将来临，这在一定程度上会瓦解伯罗奔尼撒军队的军心（Thuk., iii. 15; see E. Meyer, *Gesch. des Altertums*, vol. iii. Ch. 6）；另一种可能是阿尔戈斯军队的调动对他们形成了威胁。更简单的原因是，正如公元前446年和前404年一样，斯巴达人不愿意彻底摧毁雅典。——编者

34 | 对于这个问题，还可参阅 p. 397 note 26. 有理由相信，奇蒙直到公元前453年或前451年才返回了雅典。——编者

35 | 从公元前457—前447年，各邦发行的钱币可以见到雅典人重组彼奥提亚的印迹。在这一段时间里（恰如公元前387—前374年斯巴达人享有宗主权时期一样），同盟钱币上刻有赫拉克勒斯之盾（这也是底比斯武器的标志）被各个城邦自行规定的图案所取代。*Cf.* Head, *Historia Numorum.*——编者

36 | Thukyd., i. 108; Diodor., xi. 81, 82.

37 | 埃吉纳核定的贡金是30塔兰特（C. I. A. 230, 238），数量之高仅有塔索斯可与之相提并论。但鉴于埃吉纳不但商业发达，而且手工业也有一定基础，这笔贡金的数额并不太高。——编者

38 | 大约这一时期，铭文中有把居于奥普斯（Opus）的罗克利斯人迁到瑙帕克图斯的记载（Roehl, *Inscr. Gr. Ant.*, 321; Hicks and Hill, 25），这次迁徙或许是受到了科林斯的鼓动，其目的是强化这个在海湾的据点的力量。伯罗奔尼撒战争中，科林斯人做出了巨大的努力，以图重新获得在托尔米戴斯远征中丧失的这个基地。——编者

| 39 | Thukyd., i. 108-115; Diodor., xi. 84.
| 40 | 从一则铭文的残篇（C. I. A., iv. 22b）可以推断，雅典人与弗奇斯人的联盟即便没有最终实现，也至少有过这样的计划。——编者
| 41 | Thukyd., i. 111; Diodor., xi. 85.
| 42 | Krüger（ad loc.）将 Thuk., i. 103 的 δεκάτῳ ἔτει 修订为 τεκάτῳ，他的看法得到了 Busolt（*Gr. Gesch.*, ii. 475）的支持。驻守伊托麦的黑劳士投降时间可以确定为公元前461年，美塞尼亚人殖民帕克图斯的时间为公元前460年。这为雅典与科林斯战争的爆发寻找到了进一步的动因。但是，花10年的时间围困伊托麦这样一块面积广阔的高地令人难以置信，尤其是斯巴达人对于攻城拔寨的技术知之甚少。——编者
| 43 | Theopompus, *Fragm.*, 92, ed. Didot; Plutarch, *Kimon*, c. 18; Diodor., xi. 86.
| 44 | Plutarcch, *Perikles*, c. 10, and *Reipublic. Gerend. Praecep.*, p. 812.
| 45 | Thukyd., i. 112; Diodorus, xii. 13. 狄奥多鲁斯坚持认为，奇蒙在世时不但攻占了基提翁（Kitium）和马鲁斯（Mallus），而且获得了两次大捷。不过，无论从哪个角度看，修昔底德比狄奥多鲁斯都更权威。作为奇蒙的亲属，修昔底德对于奇蒙之死的记载更具权威性。
| 46 | Herodot., vii. 151; Diodor., xii. 3, 4. Demosthenes（*De Falsa Legat.*, c. 77, p. 428R: 比较 *De Rhodior. Libert.*, c. 13, p. 199）将这次和平称为 τὴν ὑπὸ πάντων θρυλλουμένην εἰρήνην。比较 Lycurgus, Cont. Leokrat., c. 17, p. 187; Isokrates（Panegyr., c. 33, 34, p. 244; Areopagitic., c. 37, pp. 150, 229; Panathenaic., c. 20, p. 360）。

演说家们的用语随意，无法从中确定附近海岸的确切界线。伊索克拉底是如此粗心，把哈吕斯河作为双方的边界；德摩斯提尼说是离海岸"一匹马跑一天的路程"。

南北两地以海洋划定的边界不但清楚而且理所当然。雅典帝国的边界北方为基亚奈安海礁，南边为法塞利斯或凯利多尼亚群岛（这两个

地方之间距离不远）。

47　迈耶（E. Meyer Forschungen, ii）在阐释卡利亚斯和约时认为，事实上雅典将塞浦路斯和埃及割让给了波斯。如果情况确实如此，希罗多德和修昔底德对于协定条文保持缄默就更加能够理解了。——编者

48　Thukyd., viii. 5, 6, 56.

从修昔底德的以上章节可以得到两个颇有价值的信息。其一，自雅典同盟完全成形到雅典在西西里被打败之间的时段，小亚细亚的沿海城市隶属于雅典帝国，不向苏萨缴纳贡金。其二，然而，即便这段时间，这些城市仍然一直位列为波斯大王额定缴纳贡金的名录中，苏萨的朝廷时刻等待着合适的时机，以便能够执行对这些地区征税的诉求，消除雅典为他们带来的不幸。

在描述总督阿塔菲奈斯（在公元前493年镇压伊奥尼亚起义后）重新安排和丈量伊奥尼亚各邦领土之后，希罗多德接着叙述说，总督评估了每一个城邦在重新丈量面积后应缴纳的贡金数额。在希罗多德生活的那个时代，金额仍然没有发生变化。非常明显，希罗多德第三卷关于所有行省缴纳给波斯的贡金的记载要么来自波斯财务部门官方的记录，要么得自了解这份记录的希腊书吏。

这就是关于贡金的缴纳情况。公元前477—前412年，虽然波斯国王声称伊奥尼亚沿海地区仍属其国土范围，但并未获得希腊人的承认。因此，人们不允许任何波斯船只进入这些海域。关于这些事实，参见 Thukyd., viii. 56; Compare Diodor., iv. 26.

49　Herodot., viii. 151. 狄奥多鲁斯也曾谈到，和约是由雅典人卡利亚斯签订的（xii. 4）。

50　在笔者看来，虽然显而易见，某些反驳之词并不是毫无说服力，但总体上双方签订了协定，这是一个历史事实。

如果完全否认协定包含的历史现实，我们必须接受达尔曼（Dalmann,

Forschungen, p. 40）的假说："最早明确提及并坚称双方正式签订了那样一则和平条约是安塔尔奇达斯（Antalkidas）和约订立不久，主要由雅典的智者学派提出，其目的是从修辞的角度找到一个反对安塔尔奇达斯和约的对应条约。"

可以假定，有人会不辞辛劳地把这样一份伪造的和约镌刻在石柱之上，将其要么放置在（祭祀大母神的）麦特隆（Metrôon）神庙要么放置在其他记录雅典人丰功伟绩的场所。有材料显示，确实在一根柱子上刻有和约的内容（Theopompus *ap.* Harpokration, Ἀττικοῖς γράμμασι）。泰奥彭普斯对此提出质疑（其依据是刻写和约的并非古朴的阿提卡字母，而是伊奥尼亚字母。只是在欧克莱戴斯任执政官的那一年之后，伊奥尼亚字母才成为雅典的法定文字），认为协定是后世的伪作而非历史事实。不过笔者不能完全接受这种看法。假定确实有那样一份和约，自然会以小亚细亚伊奥尼亚城市的人习惯使用的字母来草拟和刻写，这些人才是对和约最感兴趣的人。此外，和约甚至可能被人重新刻写，因为自和约的签订到泰奥彭普斯见到这根石柱已几乎历经一个世纪。必须承认，与达尔曼的假说相较，笔者更愿意相信协定包含的历史事实。笔者认为，很有可能双方确实订立了协定，演说家们只是对相关内容夸大和不实的陈述，而不是他们为了修辞的目的完全编造了这样一份和约，并将其与一位牛头不对马嘴的使节联系在一起。

51　Plutarch, *Perikles*, c. 21-28.

52　据 C. I. A. I. 260 所载的贡金列表，我们可将时间大致定为公元前454年，不可能再晚。参见第十七章的附录。——编者

53　Plutarch, *Aristeides*, c. 25.

54　Thukyd., i. 112; compare Philochor., *Fragm.*, 88, ed. Didot.

55　Aristotle, *Politic.*, v. 2, 6.

56 | Plutarch, Perikles, c. 18. 也参见普鲁塔克关于伯里克利与法比乌斯·马克西姆斯的对比，c. 3。

那位著名的阿克比亚戴斯之父克里尼亚斯（Kleinias）在这一次战役中丧生。然而，鉴于阿尔泰米西翁海战前他已 33 岁，因此虽然他属于第一等级，但不可能列于青年军的行列（Plutarch, *Alkibiad.*, c. 1）。

57 | Xenophon., *Memorabil.*, iii. 5, 4.

58 | Thukyd., I, 114; v. 16; Plutarch, *Perikles*, c. 22.

59 | 关于优卑亚殖民，参见 C. I. A., iv.（I）, 27a, p. 10（=Hicks and Hill, 40）记录雅典人与卡尔奇斯人所订协议的条款（cf. also appendix to ch. 17），C. I. A., i. 339（= Hiicks and Hill, 42）证明在埃莱特利亚有军事殖民者，C. I. A., i. 29 谈到希斯提埃亚的 δικαστήρια。不过，优卑亚的城邦可能在公元前 447 年托尔米戴斯远征时就开始接受雅典的移民（Diod., xi. 68; Paus., i. 27, 5）。

公元前 445 年之后，优卑亚岛上唯一发行本邦钱币的两个城邦埃莱特利亚和卡尔奇斯关掉了它们的制币厂，一直到公元前 411 年叛离雅典后才重新制币（Head, *Hist. Num.*, PP. 303-308）。

公元前 446 年至少有 20 个城邦没有缴纳贡金，这表明在这次危机中整个同盟面临着解体的严重危险。（*cf.* Busolt, *Gr. Gesch.*, ii, 554）——编者

60 | Thukyd., i. 114; Plutarch, *Perikles*, c. 23; Diodor., xii. 7.

61 | 鉴于和约签订于公元前 445 年初，有理由相信，优卑亚、麦加拉反叛及普雷斯托亚纳克斯入侵阿提卡发生在公元前 446 年。比奥提亚的惨败发生在或公元前 446 年年初或前 447 年年末。

第十六章
伯里克利时代的政制和司法变革[1]

在我们前面讨论的那一个时期，雅典公共生活的民主性首次得到了充分的发展和完全的体现。在司法、立法和行政中，民主的发展趋势也体现得淋漓尽致。

司法制度上的变化集中于分配方式上。通过扩大公民在司法机关中的直接参与人数，相当大一部分公民被分配到其中，并对每个参与司法的公民发放固定的津贴。前面谈到，即便在克里斯提尼的民主政体下，虽然由普通公民组成的公民大会（Ekklesia）和陪审法庭（Heliaea）在立法和司法事务上的限制作用有所提高，但权力仍主要集中于执政官或战神山议事会（战神山议事会无一例外地由卸任执政官组成，任职终身）。必须指出，虽然自上世纪【18世纪】政治改革以来，行政权和司法权的分立备受当代欧洲各国的复杂政府重视，但在雅典历史发展的早期，三权分立之说完全为世人所不知。与罗马早期的国王和副执政官（Praetor）出现之前的执政官一样，雅典的执政官不但要处理行政事务，还要处理司法事务；不管自愿还是被迫，他们都必须调解纠纷、问询案情并宣判惩处罪犯。战神山议事会、甚至克里斯提尼创设的500人议事会的职能也同样混杂在一起。与执政官类似，将军无疑也具备两个方面的能力：指挥陆军、海军及处理对外事务的能力，发布命令及利用自身权威对不服从命令者施以处罚的能力。一般而言，将军们拥有的治权（imperium）能够确保他们行使城邦授予的权力；一旦出现争议时，他们也能够判定一个公民是否有罪。在克里斯提尼创制的政体中，虽然行政官员只对自身应当处理的行政事务负责，但是在任期结束时人们不能到陪审法庭上对于他们处理司法事务提出不满，也不能更进一步在每年定期召开的公民大会（或审议大会）上提出批评意见。在某些时候召开的公民大会上，人们虽然可能会正式提出议案，在任期结束前要求免除某一位行政官员的职务，不过，尽管会受到某些制约，但是行政、司法、惩罚及处理民事纠纷的权力还是集中到了同一批人的手中；除了当时存在的几则有限的法律外，没有其他任何准则对他们的行为进行规范，也没有任何程序对他们进行指控。随着权力越来越多地积聚到这些人的手中，人们定然感受到了切肤之痛；权力的集中必然经常会导致腐败、专断和压迫的发生。如

第十六章 伯里克利时代的政制和司法变革

果说行政官员还会接受一年一度的审查和问责，那么战神山议事会的成员们就不是这样的了。因为战神山议事会是集体决策，个体的成员几乎不会受到审查和问责，所有成员还任职终身。[2]

上文提到，在流亡到萨拉米斯岛的雅典人返回雅典后不久，人们已经在讨论取消官员的财产资格限制。虽然有选举资格的公民人数会有所增加，但事实上，选举的结果没有太大变化，经常当选的仍是那些富裕公民。因此，那些掌握着如上谈及的巨大行政权和司法权的官员和任职终身的战神山议事会成员仍然几乎全部来自比较富裕的阶层，他们或多或少赞成或同情寡头制。与此同时，在雅典的公民大众中，民主热情逐渐增强。随着雅典越来越重视海洋，皮莱乌斯人的数增加，重要性加强。甚至最贫困的公民也因自身在城邦强大中发挥了一定的作用而受到了鼓舞。自普拉提亚之战以来，已经历经了20年。其间，在雅典以伯里克利、埃菲亚尔特为首和奇蒙为首的保守派之间的政治斗争中也能够感受到人们的民主热情。

并无确切的证据表明，在选举执政官和其他各种官员时，正是伯里克利引入了抽签之法取代了投票选举。[3] 抽签之法的目的是给予每个候选人，无论贫富，担任公职的平等机会。任何一位公民只需报名并在个人和家庭状况上通过资格审查（dokimasy）即可。但是，可以肯定的是，正是伯里克利和埃菲亚尔特精心设计出在雅典的民众法庭上为陪审员发放固定的津贴。这对于公民特性的培养发挥了非常重要的作用。这两位影响深远的政治人物剥夺了所有官员和战神山议事会此前拥有的除小额罚款外的一切司法和刑事权力，并将一切刑事和民事司法权转交给由公民组成的陪审法庭。陪审员每年 6000 名，经抽签产生。中签后，他们首先宣誓，然后分成 10 组，每组 500 人；剩余者组成预备组，时刻准备补缺。如今，官员不再审判案件并对违犯者施以处罚，他们的职责仅限于挑选陪审员。如果某一宗案件通过小额罚款就可以处理，官员有权施以处罚；一旦超出这个范围，他们必须将案件交由前述 10 个小组的其中一个处理。最终通过抽签，决定审判的小组。因此，在审判之前，没有人事先知道案件将由哪一个小组审理。在审判过程中，官员担任主持人。他向陪审法庭提交要审理的案件，一同提交的还有他先期审查的结果。其后，原告和被告相继发言，并呈递证人的证词。处理私人纠纷的民事案件也大体如此。接受案件后，转交给由执政官担任主持人的陪审法庭审理。需要指出的是，因为私人原因，雅典人频繁采用仲裁制度。[4] 每年城邦会任命一定数量的公共仲裁人，在初审时，一切个人纠纷都可以呈递给任何一个公共仲裁人（或者由双方一致同意的其他公民）。如果对于仲裁结果不满意，纠纷的任何一方可在此后将案情提交给陪审法庭。

笔者之意并非强调在伯里克利和埃菲亚尔特之前从未曾有过公民参与审判的情况发生。没有人怀疑过，在此之前举行过许多次具有司法性质的被称为赫利埃亚（Heliaea）的公民大会，听证针对被问责官员的指控及各种针对公共事务的案件。或许在某

第十六章 伯里克利时代的政制和司法变革

些情况下，也会从公民中抽签选出一些人员审理特定的案件。但更确切的看法是，直到这两位政治人物上台后，雅典城邦才开始系统分配并经常起用人数众多的陪审员。[5]博克（用稍许夸张的表达）强调说："几乎三分之一的公民每天会前往法庭充当陪审员。"[6]让贫困公民付出那么多时间不可能不给他们一定数量的补偿。自伯里克利时代及其后，除一些特殊情况（譬如杀人案或其他案件）外，陪审法庭成为所有民事和刑事案件唯一的审理机构。可以设想，由这位政治家倡导的这项改革是多么重要且影响深远；正是他使陪审法庭成为一个运作规范的机构，并承担了原本由行政官员和战神山议事会享有的几乎所有司法权力。行政官员和战神山议事会的地位和影响力发生了巨大的变化。司法执政官最重要的司法权力都被取消，只剩下如下一些细枝末节的功能，包括接受人们的投诉，对他们进行问询，对案件进行初步介入以进一步了解事情的原委和指控的目的，确定审判日期，主持陪审法庭，并宣布终审结果。虽然执政官的行政权仍然保留不变，但作为司法者的审讯权和决定权已经一去不复返。[7]

对战神山议事会而言，伯里克利引入的改革措施对它也不可谓不大。该议事会出现的时间先于民主政体，其成员是唯一能够任职终身的职务，享有广泛而不明确的权力，经长期的发展逐渐具有了神圣性。战神山议事会还被笼罩着一种宗教的气氛，人们坚信它拥有某种源自非凡的神秘传统。[8]尤其重要的是，它掌握的对故意杀人罪的审理权被认为是古老阿提卡宗教习俗的一部分，其权威性不亚于法官审理权。在波斯人入侵时，雅典人遭受到了难以名状的痛苦和灾难。战神山议事会表现出的积极进取精神和炽热的爱国热情受到了人们的广泛赞誉，在政治上的影响力也与日俱增。审理杀人罪是归其管辖的权力的很小一部分。在其他许多方面它也会行使司法权。在更加重要的时刻，它发挥着监察官的职责，对所有公民的生活和习惯进行监督。尤为关键的是，战神山议事会行使着指导和监督公民大会的权力，确保公民大会的所有会议议程不会违背城邦现存法律制度。这项权力相对模糊但非常巨大，虽然没有获得人民的授权，但来自无法追忆的古代，并因民众的敬畏而长久维持下来。当从后世诸如德摩斯提尼、埃斯奇奈斯、戴那库斯等演说家的口中获得对它严肃庄重的表述时，我们可以理解在一个半世纪之前波斯入侵之时战神山议事会的影响有多大。在波斯战争结束 100 多年后，伊索克拉底在名为《战神山议事会》(*Areopagitucus*)的演说词中描绘了战神山议事会的权威还未消退时的图景，将其权力归因于某种几乎不受干预的父亲般的专制地位。他认为，战神山议事会享有的这种地位对城邦是有益的，有助于提升城邦的影响力。事实上，伊索克拉底的这种看法在很大程度上是一种理想，是他借助过去的历史提出的他对现实的一种诉求。非常明显，这位演说家描绘的图景是不准确的。[9] 不过，相关记述有助于推断，我们所描述的这一个时间段内，无论在公共事务还是私人事务中，战神山议事会都拥有巨大的调节作用。

第十六章 伯里克利时代的政制和司法变革

可以确信，战神山议事会滥用了手中掌握的诸多权力。我们知道，斯巴达长老会议公开收受贿赂，[10] 雅典那些任职终身的议事会成员定然也不会好到哪里去。即便他们如伊索克拉底坚信的那样，基于优良德行的指导来行使权力，但从本质上，他们也只能统治被动而安于现状的民众。然而，一切事情的发展，尤其是那一个时代的雅典，都完全处于相反的态势。在波斯入侵的压力下，人们授予了战神山议事会非同寻常的权力；在紧接而来的时间里，议事会调度有方，强化了自身的影响力，也加强了它对人们的监管。但战争的磨难不但唤醒了普通公民大众的民主情怀，也增加了个人与城邦的权力意识，产生了差异明显且互有冲突的相异力量，同时这两种力量都在加紧活动以图付诸行动。[11] 不唯如此，许多与原来完全不同的环境对雅典人的个人生活和公共嗜好产生了新的影响。这些差异包括城市的进一步扩大、一座城防坚固的新港皮莱乌斯的出现、以海为业的公民人数得到了增加、作为提洛同盟的领袖雅典发挥着积极的作用等。公元前480—前460年新的环境开启了雅典人的希望，激发了他们新的欲望，并催生着他们采取新的行动。其结果是，老派而保守的行事方式必然让战神山议事会干预城邦政治越来越困难。

鉴于其性质和笼罩在它周围古已有之的敬畏感，战神山议事会自然成为寡头派和保守派的活动中心，议事会成员希望一直保留克里斯提尼的政体，甚至不稍改变。在我们谈论的这个时段，奇蒙是该政治派别最引人注目的领袖。他不但在欧吕麦东取得了辉煌的胜利，还在其他战役中立下了汗马功劳。这无疑大大地增强了他在国内的政治影响力。该党派很有可能也将雅典绝大部分富裕而古老的家族涵括其中。

伯里克利与奇蒙的政治对立是有家族渊源的。伯里克利之父克桑提波斯是指控奇蒙之父米尔提亚戴斯的原告。他们两人都来自城邦首屈一指的大家世族，奇蒙是一个军事天才，而伯里克利具有成为优秀政治家的禀赋，这使他们分别成为将雅典一分为二的对立政治派别的领袖。伯里克利在很年轻时就开始从政。在长达40年的从政经历（约前467—前428）中，[12]虽然面临着势均力敌的对手，遭受过尖刻无比的攻击，承受过肆无忌惮的诽谤，但他一直担任着城邦最有影响力的职务，在从政的后期，无论在道德还是政治上他都占据着无与伦比的优势地位。他的公职生涯大约开始于地米斯托克利被放逐和阿利斯泰戴斯退隐于政治舞台之时。作为一位年轻的公民，虽然他在担任军职时恪守忠诚且任劳任怨，但当他第一次面对民众时却稍显胆怯。这与他谨小慎微的性格特征非常吻合。不过一部分传记作家解释说，这是因为他担心被公民大会陶片放逐，而且他的容貌特征与僭主庇西特拉图近似。[13]可以肯定，二者在容貌上的相似性是政敌在他的优势确立后构建添加的，而且作为一个刚开始从政的年轻人，他不太可能被陶片放逐。

伯里克利将自己归入民主派的阵营，秉承民主派的特征，将他所有的才能投身于民主政治的事业中。如果采用现代的术语来描述，他领导的党派以改革者的形象出现，以与时俱进的行动同保守派的抱残守缺相抗衡。虽然他总是不知疲倦地潜心于公共事务中，但很少出入公共场所，几乎不会理会大众过分的热情。他雄辩的口才极具号召力，总能给人留下深刻的印象。不过，如同萨拉米斯的三列桨战船一样，他不轻易发表演说，一般时候由他的朋友或支持者代替，只在隆重严肃的时刻才畅所欲言。[14] 此外，他从朋友兼老师阿纳克萨戈拉斯那里习得了一些自然哲学知识，强化了他的头脑，[15] 使他能够免受当时盛行的各种迷信的影响。不过，这也使他对人们（无论富人还是穷人）的粗俗行径敬而远之。事实上，具有寡头作风的奇蒙频繁采取措施，蛊惑民心，获取民众的支持。他坦率的行事方式得到了私交甚密的朋友诗人伊翁（Ion）的赞颂；与此同时，诗人还将他的行事方式与其对手伯里克利内敛而严肃的作风进行了比较。奇蒙将历次海上远征中获得的丰厚战利品用于装饰公共建筑，并慷慨地馈赠给贫困公民；他还开放其田地，让所在德莫的公民随意采摘地里的瓜果蔬菜；同时，在衣着华丽的仆从的陪同下出席公共活动，一旦任何公民需要，他就命令仆从脱下身上暖和的大衣与他人的破旧衣服交换。无论从品位、性格还是天赋上，奇蒙都与伯里克利大相径庭。奇蒙是一名勇敢而战功赫赫的统帅、出手大方的施与者、纵情于声色犬马的性情中人，但他不能将所有的精力都集中于城邦的事业，欣赏拉凯戴蒙，讨厌演说术和哲学。而伯里克利的优势在于他令人羡慕地综合了作为一个优秀文职人员应具备的所有素质：正直、坚忍、勤勉、良好的判断力、雄辩及引领支持者的能力。

索福尼戴斯（Sophonides）之子埃菲亚尔特是此时另一位民主派的领袖人物。虽然他出身贫困，但在个人的廉洁自律方面与伯里克利可相提并论，其地位也与他不相上下。[16] 在政治斗争的侵略性上，他甚至比伯里克利更加活跃；而在伯里克利漫长的政治生涯中，对其政敌似乎没有显示得那么冷酷无情。遗憾的是，对于雅典的历史我们的了解有限。呈现在我们面前的只是一些基本过程和某几个重要事件。在埃菲亚尔特提出他主要的议案，即削减战神山议事会的权力之前，他似乎曾采取了积极的行动，在对官员进行审计时对他们提起诉讼，以此约束官员在现实中滥用权力的行为。在进行了多次限制官员滥用权力的努力后，[17] 埃菲亚尔特和伯里克利最终提出了永久削减战神山议事会的提案，并引入了一套新体制。

上述举动必然会激起强烈的党派之间的仇视。很有可能，在一定程度上，正是这种氛围导致了塔索斯投降后针对奇蒙的收受了马其顿国王亚历山大贿赂的指控（约前463），最终他被无罪释放。此时，奇蒙的党派（也即寡头派）正处于权力正盛之时。当派兵援助拉凯戴蒙人镇压聚集在伊托麦起义的黑劳士的议案提出时，奇蒙激发了人们的慷慨之情，引导着人民通过了议案，尽管埃菲阿尔特强烈反对。[18] 当奇蒙和雅典的重装步兵返回时，人们得知，由于受到了侮辱和怀疑，他们才被斯巴达人遣返。此时，

第十六章 伯里克利时代的政制和司法变革

雅典人的愤怒之情达到了极致。他们宣布终止与斯巴达的同盟，与阿尔戈斯建立了友好关系。当然，奇蒙的影响力和寡头党人的地位因此事件而发生了根本的变化。鉴于党派之间存在已久的积怨，毫不奇怪，不久，奇蒙的对手利用了这个机会发起了陶片放逐的投票。[19] 投票的结果是奇蒙被逐。这一事件证明，他的对手如今占据了上风。

此时，[20] 伯里克利和埃菲亚尔特开始实施对司法进行的重要改革。战神山议事会被剥夺了除杀人案之外的一切司法权力和自由监察权。各级官员及五百人议事会也被剥夺了司法权（除有权征收小额罚款外）。[21] 一切司法权力都转交给新近成立的享有薪酬的陪审员手中，所有陪审员抽签组成 10 个小组。埃菲亚尔特[22]是第一个将梭伦的法律从卫城搬到市场附近的人，这里是陪审法庭所在地。这清楚地表明，如今司法权掌握在了民众之手。

在许多作家的描述中，很少有人认识到这次宪政大变革全部的影响。他们通常会告诉我们，伯里克利是第一个为雅典陪审员发放薪金的人，他用公共的资金贿买人民（普鲁塔克如是说），其目的是与奇蒙相抗衡，因为此人是自掏腰包贿买人民。这种描述仿佛是在强调说薪金是改革的主要特征，伯里克利为原来无偿出任陪审员的公民发放薪酬，他所做的一切似乎都是为了使他自己在民众中赢得声望。事实上，将如此众多的陪审员分成 10 组并在一年之内随时召集他们出席审判的做法如今才是第一次实施。伯里克利所作所为带来的影响是，首次剥夺了原来附属于行政官员的司法权。[23]虽然，一位在民事行为中与他人产生了纠纷的原告或一位指控他人对公民个体或城邦造成伤害的控诉人仍不得不到某一位执政官面前提呈诉讼，但是他的目标只是为了最终能够让陪审法庭审理他的案件。尽管如此，杀人罪的审理仍专门保留下来交给战神山议事会，因为这种案件与其说是司法事务，不如说是宗教事务。自古以来人们把战神山处理宗教事务视为神圣之事，任何一个改革者都不敢将其推翻甚至稍做修改。[24]

很有可能也是基于同样的原因使保守党人努力捍卫战神山议事会的所有特权，他们公然抨击埃菲亚尔特提出的削减议事会权力的改革措施不但大不敬而且违背了祖宗之法。[25]从结果可以判断，当变革的举措付诸实施后，反对派的愤恨是多么巨大，而此刻不同政治派别之间的冲突是多么激烈。在其政敌的策划下，埃菲亚尔特被一位来自比奥提亚地区塔纳格拉的杀手暗杀。此类政治谋杀案在雅典政治史上仍为少见，在公元前411年寡头派复辟之前，除此之外，我们并不知道还有类似的事件发生。这次谋杀案不但意味着变革才一启动就产生的严重影响，还表明了反对派对于变革的极度仇视，保守派肆无忌惮的性格特征也一览无余。奇蒙正处于流放中，这次事件与他无干。

从这时起，我们可以宣称伯里克利时代的到来：如今他成了雅典人民的首席顾问（我们甚至可称他为"首相"）。正如前所述，他上台的第一年就取得了一系列的辉煌胜利：使麦加拉成为同盟者，在与科林斯和埃吉纳的战争中获得大捷。但是，当他

第十六章 伯里克利时代的政制和司法变革

提议对将雅典和皮莱乌斯连为一体的长城进行大规模维护和改进时，同样是那批反对司法改革并暗杀埃菲亚尔特的寡头党人再一次站了出来，表达了强烈的反对。当发现直接的对抗徒劳无益时，他们毫不犹豫地开始了叛逆谋反，写信给斯巴达人，祈求外邦人派出一支军队推翻民主政府。前面已经讲述了塔纳格拉战役爆发之时雅典面临的处境是多么严峻，我们也知道战争结束后所有党派是如何出乎人们的预料迅速达成了和解。大概也正是因为这次事件，奇蒙得以在放逐尚未期满时就返回了雅典。[26] 随着他与伯里克利竞争的缓和，双方甚至达成了和解。借此，城邦的国内事务留给其中一人，对外征战的事务留给了另一个人。在接下来的10年里，雅典人取得的胜利比以往任何时候都更加辉煌，雅典的力量达到了鼎盛。这无疑对民主制的稳定和维持伯里克利的地位产生了重要影响。在科罗奈亚战败和"30年和约"订立期间，虽然雅典丧失所有陆上同盟者，但民主制和伯里克利的地位都没有因此动摇。

与伯里克利倡导的重大司法变革相伴，城邦按同样的方案和设计进行了其他变革。[27]

与伯里克利有关的一个重大变革是创立了法律审订委员会（Nomothetae）。[28] 这些人事实上就是由每年抽签选任的6000名陪审员充当。但是，与分成小组（每个小组以一个字母作为代号）每年在一起审理案件的陪审员不同，他们只在特定场合下和必要时才由抽签选任，共同坐在一起决断。根据改革的规定，公民大会，甚至五百人议事会都无权通过新法或取消现存的任何一部法律。这两个机构只能颁布 *psephism*，更准确地说，应对紧急情况的法令。不过，雅典人经常使用 *psephism* 一词的广义，有时也指普遍和永久的法令。针对法律的拟制，雅典人形成了一整套特别的司法程序。雅典人要求司法执政官每年审核现存的法律，注意不同法律之间是否自相矛盾或对于同一件事情有两种不同的法律规定；在每年第一个主席团任期的第 11 天会举行一次公民大会，首要议程是逐一（seriatim）审核各种法律，并提交公民投票赞同通过还是反对和废止。其顺序首先是与议事会有关的法律，然后是其他重要事务相关的法律，尤其是规定官员的职责和权力的法律。如果公民大会投票认为每部法律都不合时宜，或任何公民提出新法，将举行主席团第三次大会。大会在讨论其他任何议题之前，首先任命法律审订委员会成员，并规定为他们支付薪金的方式。主席团需提前当众通知任何一个与新提案类似的公民，其目的是根据公民可能提交审理议案的多寡，测算法律审订委员会成员讨论需要花费的时间。接下来提名公诉人为所有受到攻击的法律进行辩护，提出废止议案的公民必须对公诉人的辩护进行批驳，以便说服在场的法律审订委员会成员。委员会成员从 6000 名宣誓的陪审员中抽签出任，根据情况的不同，组成人数相异。有时 500 人，有时 1000 人，但可以肯定人数总是相当可观。

这种运作机制的结果使法律的确立或废止具有同样的严肃性，并保证与司法审判过程和程序具有一致性。宣誓对陪审员有多大的影响力，这从演说家频繁要求参与诉讼的人发誓，并将其与公民大会上不宣誓进行比较就可见到。[29] 毫无疑问，在决策的严密性和正确性上，法律审订委员会比公民大会更有保障。其保障性取决于雅典所有宪政安排依据的同样原则：虽然有时只是一部分公民赞同，但这些人足以代表所有人的利益。保障性的另一个源泉是让两者都能够充分阐述自己的看法。通过紧急法令的权力仍然掌握在公民大会之手。但也不能不认识到，虽然公民大会讨论的议案首先经过了五百人议事会的审议，然后才能提交，但与陪审法庭和法律审订委员会相较，公民大会更可能做出轻率的决议。

为了保证公民大会不做出与现存法律相违背的决定，我们必须提一条非常重要的规定。这就是"违宪指控"（Graphe Paranomon）。[30] 在某些原因下，法律或紧急法令的提案者可能会受到指控，并可能因此受到陪审法庭的处罚。一旦公民要提出任何议案，他必须留意相关举措不得与任何现行法律相违背。如果确实有任何违宪条款，他必须给出正式的说明，要求废除现存的条款，并提前当众呈递他对此的提议是什么。他这样做的目的是一方面确保不会有两款相互冲突的法律条文同时在发挥作用，另一方面保证议事会或公民大会不会通过与现存法律相违背的法令。如果提案人有所忽视，他就可能受到"违宪指控"，任何雅典公民都可以在司法执政官的干预和主持下向陪审法庭对他提起诉讼。

从罪名可以判断，这项指控最初仅限于因某种特别的原因导致新旧法律出现形式上的冲突，后来其范围就自然得到了延展。指控的公民可以向陪审员证明，他指控的内容不但在字面上，而且在精神和目的上都与现存法律有矛盾，以此强化他的说服力，并进一步谴责违法条款对整个城邦造成了危害、使城邦蒙羞。在德摩斯提尼的时代，我们发现"违宪指控"达到了毫无节制的程度。如果陪审员认为某人有罪，他所受到的惩罚会根据情况的不同有所变化。同时，（与其他公共诉讼一样）如果不能获得陪审员五分之一的赞成票，原告将被罚款1000德拉克马。不过，提案者承担的责任只在新法实施后持续一年。如果时间超过一年后才受到指控，原告可以要求不对提案者施加惩处，陪审员的处罚不得针对任何人而只能针对法律本身。无论处罚是否针对提案者，"违宪"的法律都会被废止。

对法律或法令的提案者提出"违宪指控"可能在该法律或法令颁布之前或在法律审理委员会裁定之后更好。具体而言，如果是法令，在五百人议事会受理之后；如果是法律，在获得公民大会通过之后并被送往法律审理委员会裁定之前。

该规定是建立在彻底的保守精神之上，其目的是保护现存法律不会因一则新的提案而部分地或完全地沦为一纸空谈。因为，在法律审订委员会的裁定程序中，不论什么时候，一旦有人提案明确要求废止某款现存的法律条文，他们都有可能受到某一个演说家的攻击，被认为不能担负保卫法律之责。因此，当任何

第十六章 伯里克利时代的政制和司法变革

一个公民提出一个新议案时，反对者不必一定要马上提供足够的保护措施。提案者须承担个人责任，这进一步保障了法律的权威性。在提出动议之前，他必须确保新的法令或法律不会有与原来的法律不一致的地方。如果确实有冲突，他必须首先正式直接提议，要求废止此前存在的类似法律。每一个雅典人无一例外享有在公民大会自由发言、自由提出议案的权力。[31] 在民主制度下，人们珍视这种权力；寡头派的思想家谴责这种权力。出台这种规定的目的就是限制人们随意使用这种权力。即便在当代欧洲最自由最完善的政府中，法律也是由民选代表或民选代表大会制定和实施的。在如此不同的组织形式下，不可能出现个人为新法律的提案而担负责任的观念。此外，在这样的代表大会中，个人提案要么完全不可能存在，要么对法律的制定影响力非常有限。而在法律实施过程中，总是有一个不变的司法机构依法行事，或多或少地独立于立法机构，而且常用司法解释剔除法律中互相矛盾的内容，从而使司法传统保持着相当程度的延续性。但在雅典，提案者如果提出一则新法令或一部新法律，他只能劝诱五百人议事会或公民大会将其通过。如果动议违背了法律规定，提案者并不能免除个人的责任。因为他故意向议事会或公民大会隐瞒了他已经知道或至少必须知道的事实，这事实上犯下了欺瞒之罪。

可以肯定的是，"违宪指控"在雅典适用范围过大，导致了滥用之势。虽然其目的可能是制止公民未经深思熟虑就提出新的议案，但它却并未达到人们预期的效果。对那些将政治活动作为经常性事务的演说家来说，他们既能揣摩公民的习性，也能在提出新议案时得到一帮朋友的支持。在政治生涯的末期，阿里斯托芬夸耀说，他曾75次被人指控，结果每次都被无罪释放。这种指控带来的最严重结果是，助长了弥漫于相当大一部分阿提卡演说词（甚至最著名的篇章）中的张扬的个性和针对个人的恶毒攻讦。在演说过程中，人们将法律提案的审议变成了法庭上的夸夸其谈，将法律或法令的讨论与针对提案者个人品质的长篇大论混杂在一起。与此同时，"违宪指控"也经常是废止每项法律或紧急法令最方便的形式，因此人们甚至会在一年期限截止时甚至提案者已经不再有受到指控危险时仍提请这样的诉讼。正如德摩斯提尼反莱普提奈斯（Leptines）的长篇大论中讨论的一样，指控的对象可能只是法律或法令本身。

伯里克利体制下审理每宗"违宪指控"案件的陪审员人数并不相同。材料中，陪审员的人数从来没有少于200人，大多数情况下由500人构成，有时在审理重要案件时人数可达1000、1500甚至2000人。[32] 在完成当天的审判事务后，每一位陪审员从财务官（Kolakretae）那里领取薪酬，每人每天3奥波尔（半德拉克马）。这一数额至少一直持续到伯罗奔尼撒战争前期。博克认为，伯里克利最初提出时的薪金是1奥波尔，后来克莱翁将其提升到3奥波尔。[33] 关于每天出席的陪审员人数及每次庭审所需陪审员的最少人数，我们掌握的材料非常有限。不过，可以肯

第十六章 伯里克利时代的政制和司法变革

定的是,由于等着参与庭审的陪审员人数总是很多,而且没有任何一位陪审员知道他可能参加审理的是哪一宗案件,所以提前贿赂陪审员几乎不可能。[34]

前面讲述的就是由伯里克利和埃菲亚尔特倡导的对宪政的大变革。这些措施产生了巨大的现实效果。实现了自克里斯提尼开启的民主政制的转型,在过去20年的转型过程中,雅典人的政治热情逐渐上升,如今达到了顶峰。不过,人们一般没有感受到这些变革产生的最大力量,因为人们通常认为陪审法庭和法律审订委员会是梭伦宪政的内容之一,伯里克利不过是为陪审员提供了薪酬。这种似是而非的错觉使人们不能清楚地认识到雅典民主政制的发展,而将最近精心设计的制度前推到民主崭露头角还不完善的初始阶段。经过改革,除小额罚款外,行政官员所有的司法权力都被剥夺;除审判杀人案之外,战神山议事会所有的司法权力也被剥夺。雅典所有的司法事务和废止、实施某部法律的权力都交到由民选的、人数众多的、享有薪酬的陪审员手中。至此,雅典民主制的发展达到了顶峰。此后,一直到马其顿人入侵之前(除"四百人政权"和"三十僭主"暂时的中断外),雅典的民主政体都没有发生任何实质性的变化。自伯里克利确立后,雅典民主政体一直延续到了德摩斯提尼的时代——虽然在政体的特征和人们(既包括富人与包括穷人)的参与热情上发生了一些可以察觉的变化。

在表达对雅典各种类型陪审法庭卓著有效运行的赞赏之情

时，可以比较人们可以料想到的从一般官员那里获得的公正有多大。我们必须考虑到，首先，无论在雅典还是在斯巴达，个人腐化和贪污受贿似乎是社会头面人物的共同恶习；受此恶习影响的既有个体官员，也有几人组成的整个委员会，甚至斯巴达的国王也不能幸免。从寡头倾向明显的伪色诺芬的描述可见，富有且地位显赫的大人物不但公然违抗官员的命令，而且以夸耀对官员们的蔑视为荣。[35] 这成为当时各个希腊城邦普遍存在的一种现象。我们知道，充任舰船水手的贫穷公民以纪律严明而著称，组成重装步兵的中产阶级就不那么听招呼，出任骑兵的富裕公民最不服从指挥。[36] 事实上，无论在哪个地方，让有钱有势的犯罪者服从法律的公正判决都如此困难，以至于让我们感到震惊，这会是在希腊吗？这种情况直到不久之前才有所好转。即便雅典民主政治已经完全成熟时，我们也能见到克利提亚斯（Kritias）、阿克比亚戴斯[37]、美狄亚斯（Meidias）等富裕公民不计后果的张狂行径。从他们的所作所为，我们可以确信，生活在克里斯提尼政体下的先辈们往往太过强大，不但城邦之法根本无法对他们施以惩罚，而且任何一个手段平凡甚至被认为正直善良的执政官都无法将他们压服。[38] 如今，由伯里克利创设的陪审法庭既不会腐化堕落，也不容易受人操控和威胁。这是因为陪审员人数不定且采用秘密投票，几乎不可能提前知道哪些陪审员会出席审判，从而避免了腐化和操控的发生。此外，出庭的陪审员人数庞大，按如今我们对于司法事务的理解来看甚至可以称为过多，这对于达到监护的效果也是必要的。[39] 此外，这还有助于增加审判的庄严性。同时，从史料看，涉及重要案件时，陪审员的数量会增加两倍或三倍，从而使判决结果对涉案双方及在场观众的灵魂带来震撼效应。除了增加陪审员的数量[40]外，其他任何方式都不可能强化陪审法庭的严肃性。因为出庭的陪审员大多数要么出身贫困，要么年老体衰，他们中的任何一个人都可能会被在他们面前受到指控的富有者鄙视。对此，阿里斯托芬和伪色诺芬的记载使我们有清楚的认识。[41]

与受过专业训练的职业法官相比较，我们不难发现，雅典陪审员的日常事务不过是组成陪审团审理案件。不过，陪审员人数多，成员组成具有系统性，无须参考法律条文，意愿表达不受他人控制且不必参照此前的判例。因此，将陪审制度的优缺点表现得淋漓尽致。人们对陪审制度大加赞颂，但雅典陪审制度的民主性表现得更加充分。人们可以向陪审团陈述对对手的斥责。现代的陪审法庭也允许如此，只是陈述的内容有所限制。自1688年光荣革命以来，英国也广泛使用了与雅典相同的陪审员及陪审团审判理论：审判人员由一定数量的提前并不知晓的普通公民组成；他们宣誓公平且不带偏见地听取原告和被告、指控者和被控者的陈述；根据陪审员的良知对特定案件进行裁决。在雅典，这种观念是自然发展的结果，但在英国，与其他许多方面一样，与其传统观念背道而驰。陪审制度虽然是司法体系中古老而持续不断的一个组成部分，但它却只是整个司法体系的一个部分，一直隶属于由强有力的国王和主审法官占主导地位的人为法律体系，受其约束和规范。虽然在过去150年来，陪审团对事实的裁量权更加自由，新的审判制度已经取代了原来的形式，但主审法官的意见比陪审员的想法更有分量，他对审判过程的影响更具有法律上的权威性。他自然总是能够对陪审员的情感施加影响，并引领普通人的判断。这种审判方式虽然有时会有损于实质正义，但更多的时候（除政治审判外）却有助于实质正义的实现。然而，雅典的陪审员不但裁决事实而且裁决法律。因为雅典的法律数量不多，而且在多数情况下相关条文就只有几句话。确定事情的前因后果是怎样，在事实不存争议的情况下，判定是否正确援引了法律条文，这是提交给陪审员解决并判决的重要组成部分。此外，每一个陪审团独立阐释相关法律条文。除非类似情况确实对陪审员的判决产生了影响，否则他们不必援引此前的判例。每一个陪审员都是自由自决的个体，无须求助于学校教育，同时也不受职业法官令人生畏的地位的约束。他们只需按照良知的自发感召行事即可，除熟悉的城邦法律外，不承认任何其他权威。

虽然自1688年光荣革命以来，英格兰就已开始实施陪审制度，并在政治上取得了巨大成就，成为人民反对政府逆民意而行的一道保障措施，但当阅读现代作家的颂扬之词时，我们将会发现，雅典陪审法庭不但直接带来了纯粹且不偏不倚的公义，而且还间接地教育并提升了公民的普遍素质。这正是伯里克利在谈及雅典陪审制度的长篇大论中重点强调的内容。英国人或美国人经

第十六章 伯里克利时代的政制和司法变革

常会非常肯定地强调，相较于固定的职业法官制度，陪审法庭做出的判决是多么公正且不受腐败之扰。如果事实确实如此，那么对一个普通的雅典人而言，如将陪审法庭与司法执政官进行比较，他的自豪之情将会更进一步。陪审制度对于传播法律和宣传宪政发挥了重要作用，使每一位公民自觉遵守法律，维护宪政。同时，通过在陪审法庭中发挥积极而高尚的作用，无权无势而且贫困的公民也找到了自身的尊严。所有这一切作用都是在一种更高的程度上通过雅典陪审法庭来实现的。出席陪审法庭的公民人数众多，他们经常参与而且根据自身判断做出自己的决定。这样，原本负责判决的职业法官被抛在了一旁。

另一方面，在雅典的运行体制下，陪审法庭与生俱来的弊端以一种放大的形式体现了出来。出席陪审法庭的各位陪审员都是当时的普通人，相互之间通常有邻里关系。确实这种庭审方式可以使他们不受金钱腐败之扰，也不必担惊受怕，但是他们却不可能完全不受同情心、对个人的偏见或憎恶之情的影响。这些情绪往往发挥着更大的作用，因为陪审员往往并未意识到这些情绪的存在，而这些情绪对于他们的想法和判断的形成似乎是必不可少的。如果一个陪审团分别由天主教徒或清教徒、爱尔兰人或英国人、商人、农民或者居于走私盛行的辖区的居民等不同人群组成，他们之间极有可能会形成相应的偏见或歧视。每当国家陷入大混乱（比如天主教阴谋案）或某一地区发生大骚乱（比如1791年伯明翰发生的教会和国王支持者与支持普莱斯特利博士

（Dr. Priestley）和持不同政见者之间的骚乱)时，我们就会发现，陪审员就会犯下和平时代被称为大冤案的错误。陪审员是运用大众的共同情感和共同理性——有时是大众中某个特定部分人群的个别情感——强行将法律的规定运用到某件特定的案件中。他们能够避免事情变得更加糟糕，尤其可以防止常设官僚集团的腐败和奴性，但他们不可能让事情变得更好。雅典的陪审制度产生了同样的后果，具有与英国陪审法庭同样的错误和误判。然而，因为没有拥有强大权力的法官的制衡，也缺乏在英国形成的一套完善程序法规，所以带来的危害更大。在审判过程中，陪审员的个人情绪所起作用更大，理性不足。这一方面是因为陪审员人数更多，审判结果自然受每一个人的个人情绪影响更大；另一方面是因为控辩双方或代他们发言的演说者的陈述在整个过程中占据着最显著的地位，而目击证人的口供只起着微不足道的附属作用。因此，陪审员听到事实本身只及皮毛，而事实本身才应当是他做出理性审判的恰当依据。然而，他听到的却是控辩双方讲述的貌似可信的谎言、针对他人的诽谤和中伤、与案件本身无关的陈述和建议等，这些话题在某种意义上恰恰能够投陪审员所好。当今法官最重要的作用是去伪存真，剥去双方陈述中的谎言和修饰，让事实本身呈现在陪审员的面前。就此而言，法官的影响也被视为限制陈述者的一个有效手段。从现存的阿提卡演说词中不难发现，其中脱离事实真相的似是而非的谎言是那么多，演说者时刻都恳请陪审员的同情，斥责对手的可憎，展现了各种类型的歧视和偏见。我们并不知道他们

第十六章 伯里克利时代的政制和司法变革

事实上在多大程度上误导了下面的听众。[42]或许，因为频繁出席陪审法庭，他们具备了一般公民不具备的探知诡辩之词的洞察力。然而，毫无疑问的是，在相当多的案件中，成功与否并不是取决于事实本身的是非曲直，而是控辩双方、他们的见证人、在法庭上代表他们发言的朋友展现出的清白无辜、貌似合理的讲述、反应的机敏及良好的个人品性。为了说服陪审员惩处对手所谓的流氓行径，阿提卡控诉词使用的语言无所不用其极。如今在英国的刑事审判中已被禁止，虽然在两个世纪之前的政治犯审判中还非常普遍。为了表明自身的清白，被告及其朋友会想尽办法激起陪审员的怜悯之心。他们的恳求更可能获得成功，因为被告的发言就发生在陪审员做出判决之前不久。罗马的情况与雅典都是如此。[43]

作为一个司法机构，雅典的陪审法庭设计简单，需要全体陪审员参与裁决。其与生俱来的优势和缺陷都凸显无疑。它确保庭审一结束就能够立即做出一个廉明、代表民意、给人印象深刻的判决；同时最大限度地保证了惩处富有者和强势者的违法暴力行为。[44]陪审法庭的极度公开性、简单性及口传性与罗马法自开始就注重法律条文的规定及仪式的专门性形成鲜明的对照，对后世的贡献不可谓不大。但是，作为一种司法手段，无论缺陷有多么大，它对人们的思维习惯和注重演说都起到了激励作用，因此，在雅典的社会环境中，其发挥的效能可谓无与伦比。无疑，如果在底比斯或阿尔戈斯也设立了陪审法庭，定然不能发挥同样的作用。雅典人敏锐的智识、政治民主性的不断扩大和此前的实践是陪审制度充分发展的必要条件。不管阿里斯托芬怎样嘲讽陪审制度，当雅典人坐在陪审席上听取控辩双方陈述案情时，他们真实的感受是满怀荣耀且对城邦的事业做出了贡献。陪审制度的最初创立与阿提卡悲剧从埃斯库罗斯到索福克勒斯的最大发展几乎同时发生。雅典人在悲剧和喜剧中表现出来的天赋通过这种新的司法体系以演说词的形式同样得到了发展。如今一定程度的演说能力不仅成为那些有志于在政治上发挥积极作用的公民的必备能力，而且对任何一个需要在法庭上维护自身权利或摆脱他人指控的公民也是必需的。即便是没有野心的公民，这也是他们最重要的实用技能，几乎与使用武器或在体育馆锻炼所起的作用不相上下。因此，文法和修饰的教师及为他人捉刀撰写演说词的枪手人数迅速增加，并获得了无与伦比的重要地位。这种情况存在于雅典和同时代奉行民主制的叙拉古。在叙拉古也建立了某种形式的民众法庭。[45]

从这一个时代成长起来的那一代人的著作中，我们发现修辞学家和智者成了颇具影响的名人。这两个名词指那些思想和学术才能相似的人群，事实上他们经常就是一类人。人们基于不同的角度对他们的称呼略有不同，[46] 他们自称能够提升他人的品德修养，或者提高人们的交际能力和表达技巧。[47] 阿提卡兰诺斯（Rhamnus）德莫的安提丰（Antiphon）、卡尔凯东人特拉叙马库斯（Thrasymachus）、叙拉古人提西亚斯（Tisias）、莱翁提尼人高尔吉亚（Gorgias of Leontini）、阿布戴拉人普洛泰哥拉

第十六章 伯里克利时代的政制和司法变革

（Protagoras of Abdera）、凯奥斯人普罗狄库斯、拜占庭人泰奥多鲁斯（Theodorus）、埃利斯人希皮亚斯、埃利亚人芝诺（Zeno of Elea）是第一批从事此类教育的先驱者。安提丰是最早撰写用于在陪审法庭上宣读的诉讼词的作家，他的作品也通过后世的评论家流传至今。[48] 这些人虽然大多数来自雅典帝国所属城邦，但主要不是由雅典公民构成。不过，当时帝国属邦发生的重要司法案件经常需要前往雅典审理。因此，所有人都将雅典城视为他们活动的中心和荣誉的来源之所。对于 Sophist 一词，希罗多德满怀诚挚的敬意将其用于指代诸如梭伦、阿那卡尔西斯、毕达哥拉斯等智力超群的人，[49] 但如今用于指代那些传授美德、修辞、交往、辩驳之技的教师。他们中的许多人声称，熟悉包括物理学和伦理学（那时伦理学指代的范围还相当狭窄）在内的人文科学的全部知识；只要有需要，他们就可畅谈其中的任何一个部分，回答人们提出的任何问题。一方面为了代表自己的城邦出使他邦，另一方面为了向更多的听众展示他们的天赋，以此获得更高的名望和更多的财富。[50] 他们周游各邦。社会上的大多数人似乎对他们满怀嫉妒和仇视之情。[51] 在一个每位公民都需要到陪审法庭面前为自己辩护的年代，对那些有一定财富可以修习演说术的人而言，他们都具有了一种特别的技艺作为他们的武器，恰如在一个决斗盛行的社会里每个人都成了斗剑士或职业剑士一样。[52] 此外，作为同时代的一个产物，苏格拉底也亲自参加了上述话题的讨论，同样背负着"智者"的骂名。[53] 但是，苏格拉底，更准确地说柏拉图笔下的苏格拉底，鄙视当时的政治活动和司法活动。他更加注重从智力的角度激励并从德行上启迪他的听众。终其一生，他一直在与智者和修辞学教师进行辩论和斗争，并取得了难以企及的胜利。

然而，这不是讨论智者和修辞学教师善恶的地方。目前我们可以肯定地说，他们的出现是时代的产物。他们提供的正是人们急需的，适应了时代蓬勃发展的要求。人们需要修习演说术，一方面是满足公民大会磋商的需要，更重要的是为了在陪审员面前进行自身辩护和批驳对手。不管愿意与否，数量更多的公民都主动或被动地积极参与了法庭的辩驳。由伯里克利倡导的陪审法庭经常召集，开启了雅典人的智慧，正好与雅典人与生俱来的善辩天赋相契合，使演说之术迅速发展。智者和修辞学教师不但对于希腊演说术的发展必不可少，而且作为副产品，他们对于纯理论道德、政治哲学、修辞和方法的教育分析等学问的发展至关重要，在希腊的那些创造性天才逝去很久后，这些学问仍然长存。三十僭主上台后就提出了一则紧急法令，禁止任何人教授演说之术。[54] 阿里斯托芬嘲笑雅典人热衷于交谈和辩论，仿佛耗尽了他们的战斗精神。但可以肯定的是，在他生活的那个时代，这样的谴责还言过其实，甚至哪怕一个部分都未必能当真，直到标志着伯罗奔尼撒战争结束的灾难性事件发生。在战争期间，雅典城邦的主要特征是忙乱和干劲十足，人们投入演说和政治辩论的热情受到了一定的影响，而且在德摩斯提尼之前的时代，城邦的经济状况发生了变化。

雅典设立为陪审员支付薪金的陪审制度是整个希腊历史上最重要且影响最深远的一个事件。获得的薪酬有助于超过服兵役年龄的年老公民维持日常生计。年纪大的公民是充任陪审员的最佳人选,在斯巴达和英雄时代都由他们负责司法事务。伯里克利经常因为这种制度受到人们的指责,仿佛这是雅典首次引入薪金制度[55]而此前的陪审员都是无偿服务一样,又仿佛正是他让贫困的公民出席庭审而此前都是由经济状况更好的公民出任陪审员一样。但是,首先,这种推断实际上是错误的,因为在此之前,根本不存在无偿固定出任陪审员的制度;其次,即使这种说法可以接受,那么总是将贫困公民排除在外将不可避免地使陪审法庭的大众性难以为继,并使这些陪审员无法应对雅典占主导地位的政治情怀。此外,对那些长期为城邦提供服务的公民发放固定薪金的做法将不再被视为合理之举。事实上,带薪陪审制度是雅典整个制度设计的基本组成部分。因此,四百人寡头政权刚一建立就取缔了陪审员的薪酬,其目的是暂停陪审制度。对此,只能从那个角度进行讨论。

附录

下面关于伯里克利主导权的叙述主要来自普鲁塔克(*Perikles*, xvi.)和西塞罗(*De Oratore*, iii. 39, 138)的记载,从公元前469—前429年,伯里克利在雅典获得了最高权力。这种看法可能最初征引自泰奥彭普斯,但并未得到《雅典政制》(c. 27)的支持。可能的原因是,其一,直到埃菲亚尔特去世,伯里克利才成为民主派的领袖;其二,公元前453—前451年,他的主导权受到了贵族势力的严重威胁。因此,一方面,从史料可见,伯里克利第一次在公共生活中亮相是公元前463年审判奇蒙之时,那时他还是一个年轻人。这种看法得到了如下事实的证实。在此之前,无论在军事上还是政治中伯里克利都没有显赫的经历。此外,在奇蒙案中,伯里克利只是原告之一,他只起着形式上的作用。由此可以推断,他与这次审判案的关系并非因为他本身发挥的重要作用,而只是出名后人们对于他参加的第一次公共活动的记忆。此外,有充分的理由相信,在剥夺战神山议事会的过程中,埃菲亚尔特而非伯里克利才被人们视为民主运动的领导者。虽然二手材料提供的资料强调,这是伯里克利与奇蒙斗争的结果。不可否认,《雅典政制》错误地将地米斯托克利与埃菲亚尔特联系在一起,但这至少可以清楚地表明,应对危机所制定的法令不应当归于伯里克利,因为在谈到"三十僭主"废除这些法令时,《雅典政制》(c. 35)说是"埃菲亚尔特和阿凯斯特拉图斯(Archestratus)的法令"。此外,阿提卡史家菲罗科鲁斯的作品强调,埃菲亚尔特留给战神山议事会的只剩下 τὰ ὑὲ π ρ τοῦ σώματος 之权。非常明显,人们公认的公元前461年之前的关键时刻引领民主运动的领袖是埃菲亚尔特而非伯里克利。同样指向的其他证据包括普

第十六章 伯里克利时代的政制和司法变革

鲁塔克（*Kimon*, 16）关于奇蒙的记载。奇蒙提出的援助斯巴达镇压黑劳士的议案遭到了埃菲亚尔特的反对。埃菲亚尔特也因为指控官员的腐败和无能被描述为"寡头政体的噩梦"。最后，埃菲亚尔特遭人暗杀。伯里克利惩治罪犯为自己赢得声名的记载进一步证实了埃菲亚尔特才被人视为煽动人们反抗的发动者（*cf.* p. 396, n. 25）。

另一方面，前面讨论了关于奇蒙回归的各种假设（see note 26, p. 397）。在他回归后，伯里克利在公元前453—前451年感受到了来自寡头派的巨大压力。我们被迫得出这样的结论：在遭受埃及（前454）和阿卡纳尼亚的失败后，公众的态度转向了支持公元前451年春回归的奇蒙。在公元前453年后，所有针对希腊城邦的远征都没能继续下去。公元前451年夏，希腊的团结因斯巴达与阿尔戈斯之间"30年和约"（该和约直到公元前421年才被取消）的签订才得到了巩固。亲斯巴达是奇蒙对外政策的主要构成部分。这种亲拉凯戴蒙的态度完全回归到了自公元前461年以来的民主政治的一贯政策。如果进一步参考前面谈到的关于伯里克利公民权法时间顺序（note 55, p. 411）和引入陪审员薪金的讨论，我们将会发现，在这些年里，伯里克利正尽其最大努力重新赢得公民大会的赞许，因为奇蒙的影响力曾短暂地取而代之。因此，关于伯里克利主导雅典政治40年是一个伪命题，是对强调伯里克利引领雅典鼎盛时期的作家相关记述的错误推导。其实，他的主导地位的开始不会早于公元前461年；其公元前453—前449年曾受到严重的威胁,只是在修昔底德遭到陶片放逐后才最终确立下来。埃菲亚尔特是奇蒙、修昔底德(麦莱西亚斯之子)和伯里克利的敌手。——编者

1 参见本章关于伯里克利至高无上地位的附录。——编者
2 埃斯奇奈斯(Aeschines, *Cont. Ktesiphont.*, c. 9, p.373)谈到战神山议事会必须接受审查(ὑπεύθυνος),人们对它的看法无疑也是如此。但是很难相信在现实中如何强化对这样一个机构的审查。该机构最多只能够承担这样的责任,即如果其中的成员被证明收受了贿赂,受到惩罚的将只可能是这个成员个体。虽然人们一般认为议事会不负有责任,但事实上也会受到牵连。
3 根据《雅典政制》(c. 22)的记载,阿利斯泰戴斯很有可能在公元前487年执政官候选人(ἐπὶ Τελεσίνου ἄρχοντος)的选举中引入了抽签方式。在同一本书中也谈到,梭伦提出了官员选举的κληρωτοὶ ἐκ [τῶν] προκρίτων,即每个部落选出50名候选人,再从这些候选人中抽签选举出9名执政官和书记员(grammateus)。但此处的描述,(1)与书中其他地方一样,是作为比较的一个基础;(2)与事实不相吻合,因为书中(*Ath. Pol.*, c. 13,同时对照马西亚斯任执政官时的党争和无政府状态)谈到,从梭伦直到庇西特拉图,执政官一直是投票选举产生;(3)可以肯定的是,即便此前确实存在混合抽签制度(事实并非如此),但在僭主制度垮台后再一次重新确立下来(Ath. Pol., 22)。公元前487年这一时间的可能性很大。首先,几乎可以肯定,《雅典政制》的作者第22章的叙述引自某一位阿提卡史家(Atthis);其次,我们知道最近到公元前487年,随着将军权力的增加,执政官的重要性已经降低。此外,正如我们所知,雅典政制的一个基本原则是,

第十六章　伯里克利时代的政制和司法变革

任何重要职位都不能由抽签产生。因此，希罗多德曾谈到马拉松战役的军事执政官（plemarch）是由抽签产生，很有可能他犯了时代错位之误。另一方面，在与薛西斯的战斗中，没有提及军事执政官。因此，可能是两次战争之间，即公元前487年，情况发生了变化。值得注意的是，公元前487年之后的执政官名录中没有任何一个重要人物名列其中，而在此之前执政官总是由城邦的显赫公民担任。——编者

4　可能由每一位仲裁人单独问询和处理纠纷，并因此从双方处共获1德拉克马仲裁费。在纠纷的双方达成共识后，他们可以延请任何一位公民担任仲裁人。不过，城邦每年会从公民中投票选举或抽签产生一定数量的公共仲裁人，原告可以向任何一位公共仲裁人呈递纷争。在每年任期结束时一旦受到指控并确认犯有腐败或仲裁不公之罪，公共仲裁人将有可能被处以 εὔθυναι 之刑。

由罗斯教授（Professor Ross）发现并在其著作 *Uber die Demen von Attika* 中刊行的一份铭文记录了安提克莱斯任执政官的那一年（前325）所有公共仲裁人（Diaeteeae）的姓名及其所属部落的名称【C. I. A., ii. 869】。

铭文记录的公共仲裁人共计104人。这些人是从普通公民中通过投票或抽签产生的，选举时人们对他们所在的部落并没有太多考虑。

5　毫无疑问，为陪审员发放津贴的制度是由伯里克利引入的。无论从史料的角度还是可能性的角度都与这个观点相吻合。至于引入的具体时间，我们一无所知，甚至《雅典政制》（27.3）中也没有明确说明。非常明显，学者们（本世纪末）认为，伯里克利的目的被认为是与奇蒙的深孚众望相抗衡。因此，这一项改革应当发生在奇蒙从放逐地返回之后，也即不可能早于公元前453或前451年（see note 26, p. 397），也不会晚于他去世之时，也即公元前449年。换言之，发生在本章结束处注释推导的寡头派暂时占据上风的时候。总体而言，

这个时间得到了发生在公元前461—前450年审理的重要案件的证实即那些涉及剥夺公民权、逃跑（ἀτιμία, θάνατος, φυγή）的案件，参见第17章附录）。在这些年份内，涉及同盟者的要案开始移送雅典审理。因此，这10年内，雅典法庭要处理的案件数量大幅度增加。必须承认，上述推论主要依据这样一个事实，即奇蒙是在公元前453或前451年返回的。不过，关于这个时间最明确的阐释却因相关证据的不充分或相互矛盾而变得复杂。相关事件的先后顺序可能是这样的：公元前451年，奇蒙返回雅典，伯里克利引入陪审员津贴制度；公元前450年，斯巴达和雅典签订"五年和约"，雅典实施公民权法案（ἐξ ἀμφοῖν ἀστοῖν, Ath. Pol., 26）。没有材料交代城邦最初为陪审员发放的津贴数量为多少。有学者认为是2奥波尔，有学者认为与出席公民大会时的津贴一样，也是1奥波尔。后来，克里昂将数额增加到了3奥波尔（Schol. on Aristoph., Wasps, 88, 300）。参见 Gilbert, Constitutional Antiq., pp. 343, 344。——编者

6　*Public Economy of the Athenians*, book ii., chap. Xiv., p. 227, Engl. Transl.

博克的看法定然是全部或至少几乎全部的6000名陪审员每天都会参与审判。在笔者看来，这种推论无论是参与的人数还是参加的天数都夸张太多。

7　Aristotle, Politic., ii. 9, 3："埃菲亚尔特和伯里克利剥夺了战神山议事会的权利，而伯里克利创立了给法庭陪审员支付津贴的制度。这样，一系列的人民领袖不断累积，引导造成了当前的民主。"（Καὶ τὴν μὲν ἐνἈρείῳ πάγῳ βουλὴν Ἐφιάλτης ἐκόλουσε καὶ Περικλῆς. τὰ δὲ δικαστήρια μισθοφόρα κατέστησε Περικλῆς. καὶ τοῦτον δὴ τὸν τρόπον ἕκαστς τῶν δημαγωγῶν προήγαγεν, αὔξων εἰς τὴν νῦν δημοκρατίαν.）

8　Deinarchus, *Cont. Demosthen.*, Or. i., p. 91："一个尽管你要诽谤，但

却注定要保卫你经常声称受到威胁的你的生命的议事会,它有一种神奇的特性,那是城邦完全得以维系的所在。"(φυλάττει τὰς ἀπορρήτους διαθήκας, ἐν αἷς τὰ τῆς πόλεως σωτήρια κεῖται,)etc. 因此,埃斯奇奈斯将战神山议事会称为"拥有最高权力的法庭,具有神圣的一面"(τὴν σκυθρωπὸν καὶ τῶν μεγίστων κυρίαν βουλὴν)。(*Cont. Ktesiphont.*, c. 9, p. 373; 也请与 *Cont.Timarchum.* c. 16, p. 41 比较;Demosth., *Cont. Aristokrate.*, c. 65, p. 641)。Plutarch, Solon, c. 19:"使该议事会成为国家总的监督者和法律的监护者。"(τὴν ἄνω βουλὴν ἐπίσκοπον πάντων καὶ φύλακα τῶν νόμων),等等.

"战神山议事会过去判决几乎所有的犯罪和违反法律的案件,如安德罗提翁在其《阿提卡史》第 1 卷和菲罗科鲁斯在其《阿提卡史》的第 2 卷和第 3 卷充分叙述的那样。"(Ἐδίκαζον οὖν οἱ Ἀρεοπαγῖται περὶ πάντων σχεδὸν τῶν σφαλμάτων καὶ παρανομιῶν, ὡς ἅπαντά φησιν, Ἀνδροτίων ἐν πρώτῃ καὶ Φιλόχορος ἐν δευτέρᾳ καὶ τρίτῃ τῶν Ἀτθίδων)

(Philochorus, *Fr.*, 17-58, ed., Didot. p. 1)。

9 伊索克拉底或许也是《雅典政制》(第 23 章)作者依据的最终的来源。这位作者走得如此远,以至于他声称,公元前 480 年,战神山议事会"不是因为法律规定了他的领导地位"(οὐδένι δόγματι παρέλαβε τὴν ἡγεμονίαν)。这表明,作者并没有以《阿提卡史》(*Atthides*)保留下来的文献材料作为立论的基础。因此,很有可能他主要的写作灵感来自他在伊索克拉底的文法学校中的所思所想。

与此同时,公元前 480—前 461 年恰恰没有出台法规(δόγματα),这表明这一时期的保守倾向。虽然无疑此时"以航海为业的乌合之众"(ναυτικὸς ὄχλος)已经积聚起了自信,但他们更愿意把城邦的政治交到贵族领袖手中。无论如何,《雅典政制》的记载比 Plutarch, *Aristeides*, ch. 22 的记述更加准确。——编者

10 | Aristotle, *Politic.*, ii. 6. 18.
11 | 在《政治学》（v. 3.5）的一个引人注目的段落中，亚里士多德特别强调雅典的这两种相互承继、相互矛盾的发展趋势："由于某些官职或者国家某些部声誉的增长，也会使政体走向寡头制、民主制或公民政体，例如，波斯战争期间，战神山议事会声誉的增长，据信就造成了政制的更加严格，之后，海军大众成为萨拉米斯胜利的原因，雅典的霸权来自海上实力，又使民主政治更加强势。"

（Μεταβάλλουσι δὲ καὶ εἰς ὀλιγαρχίαν καὶ εἰς δῆμον καὶ εἰς πολιτείαν ἐκ τοῦ εὐδοκιμῆσαί τι ἢ αὐξηθῆναι ἢ ἀρχεῖον ἢ μόριον τῆς πόλεω. οἷον, ἡ ἐν Ἀρείῳ πάγῳ βουλὴ εὐδοκιμήσασα ἐν τοῖς Μηδικοῖς ἔδοξε συντονωτέραν ποιῆσαι τὴν πολιτείαν. Καὶ πάλιν ὁ ναυτικὸς ὄχλος γενόμενος αἴτιος τῆς περὶ Σαλαμῖνα νίκης καὶ διὰ ταύτης τῆς ἡγεμονίας καὶ διὰ τὴν κατὰ θάλατταν δύναμιν, τὴν δημοκρατίαν ἰσχυροτέραν ἐποίησεν.）

12 | 关于这个问题，参见本章附录。——编者
13 | Plutarch, *Perikles*, c. 4–7 *et seq.*
14 | Plutarch, *Reipub. Gerend. Praecpt.*, p. 812; *Perikles*, c. 5, 6, 7.
15 | Plato, *Phaedrus*, c. 54, p. 270; Plutarch, *Perikles*, c. 8; Xenoph., *Memor.*, i. 2. 46.
16 | Plutarch, *Kimon*, c. 10; Aelian, *V. H.*, ii. 43; xi. 9.
17 | Plutarch, Perikles, c. 10; 称："埃菲亚尔特是寡头派的噩梦，在从那些虐待人民的人那里要求解释和控告他们时，绝不让步。他的敌人设计了针对他的阴谋，使他秘密地被塔纳格拉的阿利斯托狄库斯刺杀。"：（Ἐφιάλτην μὲν οὖν, φοβερὸν ὄντα τοῖς ὀλιγαρχικοῖς καὶ περὶ τὰς εὐθύνας καὶ διώξει τῶν τὸν δῆμον ἀδικούντων, ἐπαραίτητον, ἐπιβουλεύσαντες οἱ ἐχθροὶ δι' Ἀριστοδίκου τοῦ Ταναγρικοῦ κρφαίως ἀνεῖλον），请与 Valer. Maxim, iiii. 8. 4 等比较。

| 18 | Plutarch, *Kimon*, c. 16.
| 19 | Plutarch, *Kimon*, c. 17.
| 20 | 文献记载的这一系列事件的顺序（1. 美塞尼亚远征的失败；2. 奇蒙遭到陶片放逐；3. 战神山议事会被倾覆）并未被近年来的研究者普遍接受。他们以普鲁塔克《奇蒙传》（15）为依据，认为战神山议事会的倾覆发生在奇蒙从伊托麦返回之前；奇蒙被放逐是因为他返回后试图重新恢复战神山议事会的权力。这种看法主要依据的事实是，没有任何记载表明，当埃菲亚尔特提出改革议案时，奇蒙一派没有提出反对意见。真正的原因是，奇蒙在远征失败后就被陶片放逐；在他被放逐后战神山议事会才垮了台。非常清楚，在这次远征遭到失败之前，奇蒙的党派一直占据优势，民主党人甚至都不能阻止远征的发生。因此，（正如 E. Meyer 认为的那样）民主党人不可能指望通过类似倾覆战神山议事会这样的激进改革方案，因为战神山议事会正是奇蒙一派的大本营。此外，同样清楚的是，假定对宪政的改革始于奇蒙的返回，那么由于在美塞尼亚的惨败导致奇蒙的声望遭到毁灭性打击、城邦的对外政策变得极端反拉哥尼亚（see previous chapter p. 367）时，寡头党人试图扭转现存政体就显得颇为荒谬了。从《雅典政制》可知，埃菲亚尔特的法令是科农担任执政官时（前462 或前 461）通过的，因此，奇蒙被逐定然发生在公元前 462 年 3 月到 7 月之间。——编者
| 21 | Demosthen., *Cont. Euerg. et Mnesibul.*, c. 12.
| 22 | Harpokration, 'Ο κάτωθεν νόμος Pollux xiii. 128.
| 23 | Aristot., *Polit.*, iv. 5, 6: ἔτι δ' οἱ ταῖς ἀρχαῖς ἐγκαλοῦντες τὸν δῆμόν φασι δεῖν κρίνειν. ὁ δ' ἀσμένως δέχεται τὴν πρόκλησιν. ὥστε καταλύονται πᾶσαι αἱ ἀρχαί。请与 vi. 1, 8 等比较。
亚里士多德的评论不能完全运用于由伯里克利完成的这次变革。这次

变革并未将夺自行政官员的权力转交给人民，而是转交给某个特定的人数多代表性强的机构——陪审法庭。陪审员们宣誓遵循众所周知的成文法审判。

柏拉图也意识到行政权从本质上与司法权相伴随（*Legg., vi., p. 767*）：πάντα ἄρχοντα ἀναγκαῖον καὶ δικαστὴν εἶναι τινῶν。就某种狭义的角度而言，他的这种看法无疑是相当正确的：两种权力不可能完全能够区分开来。

24　【Demosthen.】*Cont. Neaer.*, p. 1372; Dem., *Cont. Aristokrate.*, p. 642.

25　这种说法是狄奥多鲁斯引述的那些作家的用语（Diodor., xi. 77）："在从事了如此无法无天的活动后，也未能不受伤害的逃脱，而是在一个夜间被杀了，人们从来不知道他是怎么死的。"（οὐ μὴν ἀθρόως γε διέυγε τηλικούτοις ἀνομήμασιν ἐπιβαλόμενος（Ephialtês）. ἀλλὰ τῆς νυκτὸς ἀναιρεθείς, ἄδηλον ἔσχε τὴν τοῦ βίου τελευτήν.）Compare Pausanias, i. 29. 15.

伯里克利的政敌散播流言（伊多麦纽斯提到）说，正是伯里克利出于对埃菲亚尔特深孚众望的嫉妒，才导致埃菲亚尔特遭到了暗杀（Plutarch, *Perikles*, c. 10）。从这则流言不难推断，埃菲亚尔特的影响力是多么大。

26　大多数著作家认为奇蒙在塔纳格拉战役之后就立即被召唤回国。他们主要依据普鲁塔克（*Kimon*, 14）的记载。与其他次要作家一样，普鲁塔克强调召回奇蒙的目的是安排"五年和约"。下面两点相互矛盾：如果说奇蒙是公元前457年回归，那么他的回归与公元前451年的和约就没有特别的联系；如果说他回归的目的确实是安排和约相关事宜，那么其时间应当是公元前451年，他法定的放逐期限也已经结束。普鲁塔克不但将奇蒙的回归与"五年和约"联系在一起，还与居鲁士的远征混为一谈，完全忽视了时间的不符。泰奥彭普斯

(*Frag.*, 92)认为,奇蒙的回归"离他放逐期满还有五年",其目的是与斯巴达缔结和平,他的努力获得了成功。但我们应当如何解释这五年或六年的间隔期?有学者认为,奇蒙回归后张罗的和平不是"五年和约"而是狄奥多鲁斯(xi. 80)提到的在塔纳格拉战役与奥伊诺菲塔战役之间的"四月和约"。首先,狄奥多鲁斯是唯一记载"四月和约"的作家,修昔底德(i. 108)记载说奥伊诺菲塔战役发生在塔纳格拉战役61天之后。其次,如果狄奥多鲁斯的记载正确,那么在安排好和约的相关事宜后,奇蒙消失了六年,然后再一次出现安排另一款和约,这是否可信呢?再次,奇蒙的回归是如何与居鲁士远征联系在一起的呢?最后,泰奥彭普斯提供的证据并不能令人满意,因为没有材料显示,关于他谈到的那五年的史料是否摘自其他人的记述,还是他自己想当然地认为回归发生在塔纳格拉战役之后,并将时间从公元前462年减到了前457。几乎可以肯定,关于这个时间,泰奥彭普斯不是获自阿提卡史家,否则将会出现在《雅典政制》中或注释家笔下,但情况并非如此。

从另一个层面看,安多奇戴斯(*De Pace*, 3)肯定地将奇蒙的回归与"五年和约"联系在一起。首先,他的这一个段落虽然在其他方面错误百出,但是也讲述了当时人们的普遍看法。其次,如果奇蒙是在公元前457年被召回,而且他与伯里克利之间达成的妥协不虚,那么在接下来六年发生的战事中,为何奇蒙一次都没有率军出征(我们对于这段时间所有领袖之名都很清楚)?有学者推断,奇蒙在公元前457年回归,很快再度被陶片放逐,然后在公元前451年再次被召回。这种假说也几乎没有可能。最后,正如格罗特指出,普鲁塔克强调雅典人因担心拉凯戴蒙才召回了奇蒙的看法非常明显是错误的。没有充分的理由相信召回奇蒙发生在公元前457年。因此,总体而言,奇蒙的回归更有可能是陶片放逐的正常程序,应当发生在公元前451

年。不过，也不能排除，他不是塔纳格拉之战之前而是在公元前453年才被召回的（cf. Diodorus, xi. 86）。支持这种看法的有利证据是古代作家普遍认为他的回归是因为城邦发布的某一则特别法令。也有证据强调，公元前453年雅典人就支持让他回归，但他的召回事实上发生在公元前451年（see note on supremacy of Perikles, p. 411）。——编者

27 | 近年来，大多数学者都不相信公元前5世纪有"法律护卫者"（Nomophylakes）的存在。《雅典政制》的作者没有提到这个名字。正如格罗特指出，就材料所见，该委员会既未参加阿吉努塞战役之后对将军的审判，也未对"四百人政权"进行干预；如果确实存在，在这两次重大事件中，该委员会必将发挥突出的作用。此外，菲罗科鲁斯是记述埃菲阿尔特任命法律护卫者委员会的唯一古典作者。在他所撰历史的第六卷中讲述了公元前317—前307年法莱隆的德麦特利乌斯统治雅典时，他将"法律护卫者"之名授予原来被称为"十一人"的委员会。色诺芬、亚里士多德和柏拉图提到的"法律护卫者"都不是雅典的官员。在斯巴达、埃利斯、罗克利斯等城邦也存在这样一个委员会。*Cf.* Gilbert's *Gk. Constitutional Antiq*（Eng. Trans., 1895, pp. 155, 160）引用了上述作家的相关论述。值得注意的是，德麦特利乌斯注重将铁腕隐藏于天鹅绒手套中（他的别名为 ἐπιμελητὴς τῆς Πόλεως），因此，对他而言，"法律护卫者"之名自然是一个不错的选择。此外，由一个专职的司法委员会对 γραφὴ παρανόμων 进行补充，这与雅典的民主精神不相符合。——编者

28 | 第一次提到 νομοθέται 是在 Thuk., viii. 97，该段落描述了公元前411年"四百人政权"的统治被推翻后重新恢复民主制的情况。非常有可能，这是雅典人第一次设立了类似这样一个机构。正如文献中描述的那样，在伯里克利时代，人们觉得没有必要煞费苦心地对法律

进行重大的修订，在"四百人政权"通过武装政变夺取政权之前，也似乎没有法律受人忽视的危险。公元前5世纪的另一则文献（Ankok., De Myst., 82, 83）明确规定 νομοθέται 的职责是查找出三十僭主及公元前411年寡头复辟时期为满足他们一己之私而制定的所有模棱两可和过时的法律规定。在伯里克利及其继任者平和的管理下，不需这样的机构，政体运作也相当完美。——编者

29　Demosthen., *Cont. Timokrat.*, c. 20, pp. 725, 726. Compare Demosthen., *Cont. Eubulid.*, c. 15.

30　没有哪一位古典作家记载了这种制度出现的确切时间。但可以肯定，公元前411年就已经存在（Thuk., viii. 67），并明显地被人们视为宪政的基石。在战神山议事会的权威被取代之前（前462）没有必要采用这种制度。——编者

31　与剥夺公民在公共场合自由发言的权力（παρρησία）相随的是处罚被称为 ἀτιμία，即全部或部分地剥夺公民权（【Demosthen.】*Cont. Naer.,* p. 1352, c. 9; *Cont. Meidiam,* p. 545, c. 27）。比较【Xenophon】, *Republ., Athen.,* i. 9 寡头派的看法。

32　安多奇戴斯提到，其父莱奥哥拉斯（Leogoras）以 γραφὴ παρανόμων 之罪起诉议事会成员斯普西布斯（Speusippus）时，有6000名陪审员参与了听证，也即所有陪审员都列席。然而，安多克戴斯的演说经常不够严谨，因此相关记载难以令人置信（Andokides, *De Mysteriis*, p. 3, § 29）。

33　相关论述参见 Boeckh, *Public Econ. of Athens,* ch. xc., p. 233。
　　注释家谈到，陪审员的薪金是波动的（οὐχ ἕστηκεν – ἄλλοτε ἄλλως ἐδίδοτο），这表明薪金不是从1奥波尔自然升到了3奥波尔，而是根据情况的不同左右摇摆的。史料表明，有时国家财政非常困难，我们有理由怀疑此时陪审员能否领到薪酬。参见 Lysias, *Cont. Epikrat.,*

c. 1; *Cont. Nikomach.*, c. 22; and Aristophan., *Equit.*, 1370。因此，薪金的数量有时会受到环境的影响。

34 在【Xenophon】, *De Republic. Athen.*, iii. 6 中有一个段落谈到这个问题。他说："那么想象看，难道人们不认为所有这些案子都该处理了吗？如果不用的话，且让人们建议哪些可以省掉。那样，我们就西部赞成下述说法：所有这些事情都必须处理，那法庭就必须常年开庭，因为甚至现在，当他们常年开庭的时候，他们都因为涉及的案子众多，而无法阻止犯罪。"（Φέρε δή, ἀλλὰ φησί τις χρῆναι δικάζειν μὲν, ἐλάττους δὲ δικάζειν. Ἀνάγκη τοίνυν, ἐὰν μὲν πολλὰ ποιῶνται δικαστήρια, ὀλίγοι ἐν ἑκάστῳ ἔσονται τῷ δικαστηρίῳ. ὥστε καὶ διασκευάσασθαι ῥᾴδιον ἔσται πρὸς ὀλίγους δικαστάς, καὶ συνδεκάσαι (so Schneider and Matthiae in place of συνδικάσαι) πολὺ ἧττον δικαίως δικάζειν）

在雅典，很可能也存在相当数量的个人贿赂行为（【Xenoph.】, *De Repub. Ath.*, iii. 3）；我们也不得不相信，在某些特定场合，人们也会行贿陪审员；有陪审员甚至因为收受贿赂被判处了死刑（Aeschines, *Cont. Timarch.*, c. 17–22, pp. 12–15）。但从前文所引对雅典民主不友好的伪色诺芬的段落可见，防范陪审员腐败的措施完善而有效，当然不排除有时这些预防措施被人钻了空子。

35 【Xenophon.】, *De Republ. Laced.*, c. 8. 2. "我是从下述事实推断出这一点的：在其他城市，最强有力的公民甚至都不乐意给人留下他们害怕官员的印象，认为那不是自由。而在斯巴达，重要的公民对官员表现出极大的尊敬，为他们自己的谦逊而自豪。"（Τεκμαίρομαι δὲ ταῦτα, ὅτι ἐν μὲν ταῖς ἄλλαις πόλεσιν οἱ δυνατώτεροι οὔτε βούλονται δοκεῖν τὰς ἀρχὰς φοβεῖσθαι, ἀλλὰ νομίζουσι τοῦτο ἀνελεύθερον εἶναι. ἐν δὲ τῇ Σπάρτῃ οἱ κράτιστοι καὶ ὑπέρχονται μάλιστα τὰς ἀρχάς）, etc.

关于底比斯有权有势者的暴力行为犯下的罪行及人们因担心被处死，

几乎不可能公正地对他们施以处罚。参见 Dikaearchus, *Vit. Graec.*, Fragm. Ed. Fabr., p. 143, and Polybius, xx. 4, 6; xxiii. 2.

36 | Xenophon, *Memorab.* iii. 5. 18.

37 | Xenophon, *Memorab.*, i. 2. 12–15; Thukyd., vi. 15 及阿克比亚戴斯在公民大会的发言（v. 17）；Plutarch, *Alkibiad.*, c. 7–8, 16；德摩斯提尼诉美狄亚斯的演说词。Also Fragm. V. of the Πέλαργοι *of Aristophanes, Meineke, ii., p. 1128.*

38 | Sir Thomas Smith, in his Treatise on the Commonwealth of England 解释说星室法庭最初是为了"处罚力量太强大普通司法难以处理的犯罪者"而设立的。描述此类犯罪者的单词 Ὑβριστόδικαι 融合了希腊语的诸多内容，这也是欧波利斯（Eupolis）一部失传喜剧的题目。参见 Meineke, *Historia Critica Comicorum Graecorum*, vol. i., p. 145。

撒路斯特的一段残篇生动地描述了罗马共和政体下有权势公民的张狂行为（*Fragm.*, lib. i., p. 158, ed. Delph.）："但是，不和与贪婪，还有因成功引发的野心和其他罪恶，在迦太基被摧毁后极大地增加了。确实，强者滥用权力，因此造成的平民与贵族的分裂，以及其他内部的争吵，从一开始就存在。国王被驱逐后公正而谦和地行使权力延续的时间，一点都不比塔克文引起的恐惧以及与伊达拉里亚人严重战争的消逝更长些。后来，贵族对平民的统治，犹如平民是奴隶一般，贵族以君主的态度规定他们的生活和地位，将他们从土地上驱逐。所有权力都由贵族掌管，不给他人留下分毫。"（'At discordia, et avaritia, et ambitio, et caetera secundis rebus oriri sueta mala, post Carthaginis excidium maxime aucta sunt. Nam injuriae validiorum fuere jam inde a principio: neque amplius, quam regibus exactis, dum etus a Tarquinio et bellum grave cum Etruria positim est, aequo et modesto jure agitatum: dein, servili imperio patres plebem exercere: de vita atque tergo, regio more consulere.')

比较 Hüllmann's *Stadte-Wesen des Mittelalters*（especially vol. Iii., pp. 196-199）描述的整个欧洲所有城市在 13、14、15 世纪中的情况。在这几百年几乎所有意大利城市都存在一个值得注意的名为 Podesta 的机构。Podesta 指 "最高行政长官"，担任者不属于城市的一员，任职期限短。设立 podesta 为权宜之计，其目的是避免与大家世族关系密切的人在司法和行政上完全颠覆原来的传统。

马基雅维利的《佛罗伦萨史》表明豪强家族总是想让自身超越法律和司法机构之上，这已是根深蒂固的恶习。他强调说："人民希望依照法律的规定而生活，但大人物总是否定法律的权威。因此这两个阶层的人不可能和谐共处。"（Machiavelli, *Istorie Florentine*, liv. Ii., p. 79, *ad ann.* 1282）

39 | 在共和国最后 150 年里，罗马法庭采用 quaestiones perpetucae 刑事审理案件，陪审员人数 100、7、70、56、51、32 不等。

在奥古斯都时代，罗马的陪审员共计有 4000 人，分成 4 个法庭（Pliny, *H. N.*, xxxiii, 1. 31）。

罗马的陪审员来自国家最富有、地位最高的两个等级，即元老和骑士。他们以唯利是图、群体腐败而臭名昭著（Appian, *Bell. Civ.*, i. 22, 35, 37; Asconius in Ciceron., *Verrin.*, pp. 141-145, ed. Orell.; 及西塞罗写给阿提库斯的信件中，*Ep. ad. Attic.*, i. 16）。

40 | 在后来的历史发展过程中，通过抽签选出数量较多的陪审员的做法似乎在罗德斯（虽然罗德斯没有实行民主制）和其他希腊城邦也曾实施，而且效果颇佳。

马基雅维利在《李维史论》（Machiavel, *Discorsi sopra Tito Livio*, lib. i., c. 7）中强调，在奉行共和制度的国家因为既无常备军也无职业官员，所以必须实施人数更多的司法陪审制度，这才是强化公共正义、

第十六章　伯里克利时代的政制和司法变革

对抗豪强者犯罪的唯一手段。

41　Aristophan. *Vesp.*, 570;【Xenophon】, *Rep. Ath.*, i. 18.

亚里士多德（Aristotel, Ath. Pol., ch. 27. 5; compare Harpokration v. Δεκάζειν; Plutarch, Coriolan., c. 14; and Pollux, viii. 121）暗示，安尼图斯（Anytus）是第一个向人民传授贿赂陪审员之术（τοῦ δεκάζειν τὰ δικαστήρια）的政客，时在羊河之战前不久。除这则相当含混不清的史料外，还可以注意到，在四百人寡头政府被推翻到羊河战役期间，雅典的财政及政治状况相当困窘，城邦是否能够继续正常支付陪审员的薪金很值得怀疑。因此，在此困难时期，一旦很少召集陪审法庭——即便召集，陪审员也无法获得薪金——势力强大的被诉人就会发现比此前政体运作正常时更容易提前收买陪审员。然而，我们不能确定这种情况发生在羊河之战之前的什么时候，或许在西西里远征之前，或许在三十僭主被推翻之后。——编者

42　德摩斯提尼（*Cont. Phormio.*, p. 913, c. 2）重点强调说，证人在人数众多的陪审员面前比在仲裁人面前做伪证时更加小心谨慎。

43　阿斯科尼乌斯（Asconius）讲述了即将对斯考鲁斯（Scaurus）做出判决时西塞罗向罗马陪审员的游说和恳求（ed. Ciceron., *Orat. pro Sauro*, p. 28, ed. Orell）。

比较 Cicero, *Brutus*, c. 23 为塞尔吉乌斯·加尔巴所做的辩护；Quintilian, *I. O.*, ii. 15。

44　柏拉图在《法律篇》（*De Legibus*, vi. p. 768）中采用了雅典陪审法庭的所有原则。他特别强调，那些没有承担这种职责的公民就会以为自己对城邦事务不够关注——τὸ παράπαν τῆς πόλεως οὐ μέτοχος εἶναι。

45　Aristot. *ap.* Cicero, *Brut.*, c. 12. Compare Diodor., xi. 87; Pausan., vi. 17. 8.

46　Plato, *Gorgias*, c. 20-75; *Protagoras*, c. 9. 吕西亚斯有时被视为修饰学家（【Demosth.】*Cout. Naer.*, c. 7, p. 1351; Athenae., xiii., p. 592）。

47 | 亚里士多德《修辞学》第一卷（上面一条注释也隐约提及此事）对生活在他那个时代之前的修辞学教师进行了点评。他强调说（在他之前柏拉图也有评论），这些人的教学多半范围狭窄而实用性强，是专门为了应对法庭诉讼的需要而开设的（περὶ τοῦ δικάζεσθαι πάντες πειρῶνται τεχνολογεῖν）。虽然亚里士多德制定了更加深入而全面的修辞学及其相关问题理论（在一部从哲学分析的角度难以超越的专著中），但是当劝告人们注意他的结论时，他强调的仍是修辞学教学的巨大实用价值，可以帮助人们在需要时可以自我求助，为自己而战——"此外，下述观点是荒谬的：如果我们不能用身体捍卫自己，那是耻辱。但就话语而言，那显然较使用身体更能表达人的特点，所以并不是不名誉的手段"（Ἄτοπον εἰ τῷ σώματι μὲν αἰσχρὸν μὴ δύνασθαι βοηθεῖν ἑαυτῷ, λόγῳ δὲ οὐκ αἰσχρόν）（*i. 1. 3; Compare iii. 1. 2; Plato, Gorgias, c. 41-55; Protagoras, c. 9; Phaedrus, c. 43-50; Euthydem., c. 1-31; and Xenophon, Memorab., iii, 12. 2, 3*）。同样参见色诺芬在《长征记》（ii. 6. 16）中对普罗克塞努斯（Proxenus）性格的描述。另见【Plutarch】, *Vit. X. Orator.*, p. 307; Aristophon., *Nubes*, 1108; Xenophon, *Memorab.*, i. 2. 48; Plato, *Alkibiades*, i., c. 31, p. 119; and a striking passage in Plutarch's *Life of Cato the Elder*, c. 1。

48 | 【Plutarch】, *Vit. X. Orator.*, p. 832; Quintilain, iii., 1. 10. 据说安提丰曾是历史学家修昔底德的老师。

49 | Herodot., i. 29; iv. 95.

50 | Plato, Hippias Major, c. 1.2; Menon, p. 95; and Gorgias, c. 1, with Stallbaum's note. Diodor., xii. 53; Pausan., vi. 17. 8.

51 | Xenophon, *Memorab.*, i. 2. 31. 哲学家和有知识的人经常受到人们的恶意批驳，说他们传授他人演说之术——τὸ κοινῇ τοῖς φιλοσόοις, ὑπὸ τῶν πολλῶν ἐπιτιμώμενον（Xenoph., *Memor., i. 2. 31*）。比较 *Aeschines*,

Cont. *Timar.*, about Demosthenes, *c.* 25, 27.

52　这可能就是修昔底德在一段描述雅典修辞学教师安提丰的著名篇章要表达的意思（viii. 68）："虽然他不出席公民大会，也不参与公开的竞争，但由于他聪明的名声，他仍受到怀疑。可是，只要他们来寻求他的建议，对那些卷入争斗的人，不管是在法庭上还是在公民大会上，他都特别能帮忙。"（ἐς μὲν δῆμον οὐ παριὼν οὐδ' ἐς ἄλλον ἀγῶνα ἑκούσιος οὐδένα, ἀλλ' ὑπόπτως τῷ πλήθει διὰ δόξαν δεινότητος διακείμενος, τοὺς μέντοι ἀγωνιζομένους καὶ ἐν δικαστηρίῳ καὶ ἐν δήμῳ, πλεῖστα εἷς ἀνήρ, ὅστις ξυμβουλεύσαιτό τι, δυνάμενος ὠφελεῖν.）

53　Aeschines, *Cont. Timarch.*, c. 34, p. 74. Ὑμεῖς μὲν, ὦ Ἀθηναῖοι, Σωκράτην μὲν τὸν σοφιστὴν ἀπεκτείνατε.

从 δόξα（猜想）和 ἐπιστήμη（知识）二词的对照可见，在伊索克拉底严厉批评的智者中，柏拉图显然也被纳入其中，而且在柏拉图的作品中非常明显地展现了出来（Isokrates, *Cont. Sophistas*, Or. xiii., p. 293; Also p. 295）。我们知道，吕西亚斯将柏拉图和埃斯奇奈斯都称为智者苏格拉底的门徒（Aristeides, *Orat. Platonic.*, xlvi. Ὑπὲρ τῶν τεττάρων, p.407, vol. Ii., ed. Dindorf）。阿利斯泰戴斯强调说，智者之名只是一个普通名称，包括所有哲学家、教师及能识文断字的人，他的评价是恰当的。

54　Xenoph., *Memor.*, i. 2. 31: λόγων τέχνην μὴ διδάσκειν.

55　最早提到为陪审员支付薪金的文献出现在记载驱逐僭主吕格达米斯后殖民哈利卡纳苏斯的铭文中，时间可能是公元前460—前455年（Roehl, *Inscr. Gr. Ant.*, 500; Hicks and Hill, 27, 1. 26*ff*）。但是这是一个裁定财产所有权的特别法庭，陪审员需要更强的能力和更加公正不阿。

与此相关，或许我们也可以顺带提及由伯里克利在公元前451年颁行的一项举措（*Ath. Pol.*, c. 26. 5）。其具体内容是，伯里克利为陪审员发放薪酬以便与奇蒙相抗衡；公民权（及出席法庭充任陪审员之权）仅限于能够证明父母双方都是雅典公民的人。从菲罗科鲁斯（Philoch., *fr.* 90）和普鲁塔克（*Perikles*, c. 37）的记载可知，这项措施得到了严格执行。公元前445年，在发放"利比亚国王"普桑麦提库斯（Psammetichus）赠送的粮食时，4760人因未能通过审核而被剥夺了公民权。如果对于《雅典政制》（fr. C. 18, διαψήφίσις τῶν δικαστῶν）的补释不误，那么限制公民权的真正目的就清楚了。这项举措另一个值得注意的地方，是表现了伯里克利对于提洛同盟其他成员的排斥态度。格罗特对这种态度进行了批判（pp. 335, 347），杜卢伊（*Hist. of Greece*, Engl. transl., ii, 2, p. 490 *ff.*）将这种态度与罗马人对同盟者扩展通婚权的宽容态度进行了比较。事实上，制定该项法令的人是如此目光短浅，以至于诱使敦克尔（*Berl. Akad. Sitzungsherichte*, p. 936 ff.）拒不承认其真实性，认为是后世的伪作。然而，《雅典政制》依据的是某一位阿提卡史家征引的一份官方文献，我们不能对此完全无视。

普鲁塔克（Per., ii）提到，为重装步兵发放薪金（除此前发放的武器置办费用外）也是伯里克利的一项创举。

议员津贴（βουλευτικὸς μισθός）制度可能也是伯里克利引入的，可以肯定这种制度在公元前411年仍然存在（Thuk., viii. 69）。无论如何，与陪审法庭一样，在伯里克利民主制机构下，议事会的功能变得更加复杂（cf.【Xen.】, *Resp. Ath.*, iii. 1）。——编者

第十七章
从"30年和约"即伯罗奔尼撒战争前14年到伯罗奔尼撒战争前一年波提戴亚之围

前一章描述了雅典由伯里克利和埃菲亚尔特倡导的司法改革。改革使相当部分的公民得以直接参与司法事务，并使他们对于城邦的宪政产生积极而浓烈的兴趣，这是他们此前从未享有的权力。这些变化是此前公民的民主情感不断积聚增加的结果，也是引发未来进一步发展的一个原因。此时的雅典人已经时刻准备着为城邦的事业在各个方面尽自己的努力。他们欣然参军服役，为城邦在海上和陆上与敌人作战，恰如他们在城邦内参加公民大会和充任陪审员一样从容。在海军中服役尤其要求人们更加刻苦和勤勉，只有这样才可能在作战技术和效能上不断提高。贫困的公民是海军的主要组成人员。与构成骑兵和重装步兵的更加富裕的公民相较，他们更具服从性和纪律性。[1] 在海军中服役的公民不但具有强烈的自信心和勇气，而且通过艰苦的训练，操船弄桨的技术也与日俱增，从而使雅典的海上实力逐渐与希腊其他城邦拉开了差距。海上实力的强大更加成为如今统辖范围仅限于海洋和海港的雅典帝国不可或缺的一个组成部分。

原本始于提洛岛、以雅典为首、具备由各盟邦组成的同盟会议和章程的海上同盟如今已经转变成为一个唯雅典马首是瞻的确定无疑的帝国，其他城邦成为外来的属邦，除开俄斯、萨摩斯和莱斯沃斯外，都必须缴纳贡金。这三个大邦仍按原来的规定，保留着自治同盟者的地位，维持着自身的军队、舰船和城防。它们的义务是在必要时提供陆上和海上的援助，无须缴纳贡金。有必要回顾，甚至在创立之初，同盟合约都是各个成员为实现特定的目标而缔结的，同盟也因大多数成员投票赞同而长久地聚合在一起，这与斯巴达同盟可相提并论。[2] 同盟的根本目标是驱逐波斯的舰船、维护爱琴海的通达。为了贯彻这个目标，任何一个成员都不得脱离同盟，不得以牺牲其他同盟者为前提获得受波斯保护的承诺。因此，当纳克索斯和其他成员脱离同盟时，它们的行为就被视为对同盟的反叛，雅典只不过是履行了作为同盟之首镇压反叛者的职责。

所有同盟者不大可能会一致联合起来密谋脱离同盟或不再继续向每一位盟员征收贡金。事实上，他们也不愿意这样做。因为，一旦如此，希腊将普遍遭受损失，而同盟者自身将遭受的损

第十七章　从"30年和约"即伯罗奔尼撒战争前14年到伯罗奔尼撒战争前一年波提戴亚之围

失最为重大，因为它们将毫无防御地暴露在波斯和腓尼基海军面前任其鱼肉。然而，雅典人犯下的最大错误是，尽管将整个同盟掌握在他们的手中，但却仅将同盟者视为臣属，从未试图通过某种形式的政治合作或集体协商使它们融为一体，从未采取任何措施维持整个共同体的共同利害关系，或允许同盟者保持某种形式的自治（无论是真实的还是虚伪的）从而使雅典人成为居于其上的管理者。如果雅典真尝试如此行事，事实会证明，这可能会很难实现。因为，加入同盟的每一个希腊城邦在地理位置上的分散性如此之大，在公民的生活中自给自足的倾向如此之强，同时它们对任何形式的持续不断的对外义务非常反感。尽管如此，似乎雅典人甚至都没有进行过这种尝试。眼见城邦逐渐发展成为一个帝国，同盟者日渐沦为臣属，雅典的政治家们攫取这些成果作为炫耀的资本，并从中谋取实利。即便作为所有政治人物中最审慎、眼光最长远的政治家，伯里克利也没有意识到问题的严重性。一个没有共同利益和认同感黏合在一起的帝国，虽然在现实中没有采取压迫政策，其发展趋势也必然是越来越不受欢迎，最终走向四分五裂。

伯里克利并未试图珍惜或恢复雅典与同盟者之间的平等之情，而是正式拒绝承认二者的平等地位。他宣称，只要按盟约完成了驱逐波斯军队、维持爱琴海水域安全的规定，雅典就不会因从盟邦收取了贡金而亏欠它们什么了。[3]正如他极力主张的那样，这就是雅典担负的责任。如果雅典忠实履行了这个责任，同盟者就无权提出疑问或进行干预。任何人都不能否认，雅典确实忠实地履行了这个责任。除雅典及其同盟者的战船外，在爱琴海的东西两岸都不见任何蛮族人的船只。一支由60艘三列桨战船组成的雅典海军（主要由雅典公民担任水手）在这些水域巡逻。这一方面为贸易的发展提供了保护，另一方面也使水手们可以长期领取薪酬并获得足够的训练。[4]雅典维持的对海权的控制是如此有效，以至于在面临丧失麦加拉和比奥提亚、收复优卑亚的遇到困难时，数量众多的海上属邦中也没有一个利用这个机会起来反叛。

按阿里斯托芬喜剧诗文的说法，[5]所有的纳贡城邦数目多达1000个。阿里斯托芬的说法不可能比实际数目少，他的数据很有可能远远超过了实际数目。每年上缴的贡金被置于财务官的管理之下。这些官员最初来自同盟各邦，但自同盟总部从提洛岛迁入雅典后，完全成为雅典国库的一个委员会。色诺芬说，在伯罗奔尼撒战争开始之时，雅典包括贡金在内的所有收入共计1000塔兰特。[6]关税、来自港口和市场的税收、劳利翁银矿的收入、公共财产的租金、来自司法审判中的罚款、对奴隶征收的人头税、外侨缴纳的外侨税等共计可能超过400塔兰特。这一数目加上600塔兰特贡金合计就是色诺芬记载的数目。不管伯罗奔尼撒战争之前雅典的财政预算如何，我们知道，在伯里克利当政的大部分时间里，包括贡金在内的收入管理良好，每年会留下大量盈余。[7]伯罗奔尼撒战争之前，在卫城积聚的资金最多时曾达9700

第十七章　从"30年和约"即伯罗奔尼撒战争前14年到伯罗奔尼撒战争前一年波提戴亚之围

塔兰特（合2230000 l.）；在经历基于各种目的的严重消耗后，在战争爆发时仍然有6000塔兰特。[8]这种由年复一年的资金不断聚集起来的公共经济体系是雅典所独有的，伯罗奔尼撒各邦根本没有任何公共资金储备。[9]这种体系使伯里克利成功地避免了受到浪费公共资金随意向公民发放钱款以便获得民心的指控；同时也使雅典公民免于受到依靠公共收入而过活的责难，但在现实中对他们的这种责难却经常见到。奇蒙去世后，希腊人没有进一步发动对波斯人的战争。即便在他去世之前的几年里，此类战事也鲜有发生。因此，收缴而来的贡金并没有花费出去而是储备了起来，按照规定由担任同盟首脑的雅典负责，以便用于将来某个时候战事重起时的花费。

如今，雅典不再像原来一样，是一个以阿提卡为其领土的单一城邦。雅典是帝国的首府之城。正如敌对者称呼（有时甚至本邦公民也这样称呼）它的那样，[10]它也是一个僭主式的城邦。许多臣属城邦依附于它，听从它的号令。在伯里克利的眼中，为雅典人在臣属城邦中获取利益是施政的一个重要目标。为此，伯里克利中断了所有距离遥远且冒失的军事活动，[11]比如入侵埃及和塞浦路斯，转而在爱琴海的海岛和周边海岸建立许多军事殖民地，[12]使雅典人的殖民与同盟者的居住地呈犬牙交错之势。他派遣了1000名公民到色雷斯的凯尔索奈斯，500人到纳克索斯，250人到安德罗斯。在凯尔索奈斯，他击退了边境外野蛮的色雷斯入侵者，并在连接半岛与色雷斯的地峡上，着手修建一道城墙加强防御。因为这些野蛮的色雷斯部落虽然在此前曾一度被奇蒙驱散,[13]但如今仍不时会重新入侵这个半岛。自80年前老米尔提亚戴斯占领以来,半岛上就有许多雅典人地主,他们与半开化的色雷斯人混居。虽然这道防御城墙可能没能长久维持,但如今殖民者的力量更加强大,获得的保护也更加完善。伯里克利在海上的远征甚至远及黑海地区,到达了该地区重要的希腊城市西诺佩(Sinope)。此时,该邦由僭主提麦西劳斯(Timesilaus)统治,相当大一部分公民对他的统治非常不满。伯里克利留下13艘雅典战船,指派拉马库斯(Lamachus)协助当地公民推翻了僭主的统治,并将僭主及其亲朋党羽驱逐。被驱逐者的地产尽数遭受剥夺,分配给了600名雅典公民,让他们与西诺佩人享受平等的权利,并与西诺佩人比邻而居。可以推断,即便此前不是,但至此之后,西诺佩成了雅典同盟的一个纳贡城邦。此外,伯里克利率领的数量众多、装备精良的雅典舰船对沿岸各位蛮族王公和各个部落留下了深刻的印象,[14]确保了希腊贸易的安全,甚至可能为它获得了一些新的臣属盟邦。[15]

通过如此这般的连续行动,许多由雅典公民组成的殖民队伍在这个海上帝国的各个地区定居下来。一些富有者(利用雅典在海权上无可争辩的优势)在这些岛屿上占有的地产甚至比在阿提卡的还要安全,因为随着麦加拉的丧失,阿提卡已不再有任何防卫伯罗奔尼撒人陆上入侵的屏障。[16]穷人则充任雇工受雇于他人。[17]嫩诺斯、因布罗斯和斯基罗斯三座岛屿及优卑亚岛北部

第十七章　从"30年和约"即伯罗奔尼撒战争前14年到伯罗奔尼撒战争前一年波提戴亚之围

的希斯提埃亚完全被来自雅典的业主和公民所占据。他们也占据了另外一些地方的一部分田产。无疑，岛民在贸易中与雅典联系在一起会更加有利，因为这样他们就更有机会获得雅典舰船的保护。雅典有时会通过一些与臣属盟邦通商的条例，正如我们见到，在伯罗奔尼撒战争之前不久，雅典出台了一则规定，严禁麦加拉人进入任何一个帝国的港口。在伯罗奔尼撒战争之前的那段时间，皮莱乌斯与爱琴海各地的商贸交往达到了顶峰。[18] 这种贸易关系并非仅限于阿提卡东边和北方的城邦，还远及西部诸多地区。这一段时间雅典建立的最重要的殖民地是安菲波利斯和图里伊（Thurii）。

　　安菲波利斯是公元前437年在雅典人哈格农（Hagnon）率领下由雅典人和其他希腊人建立的一个殖民地。该城位于色雷斯的斯特吕蒙河的东岸。就在此处，斯特吕蒙河从上游的湖泊流出，重新汇入河道中。该地原是埃多尼亚的色雷斯人的一个定居点，被称为"九路"（Ennea Hodoi）。这座城市价值巨大，一方面靠近跨越斯特吕蒙河的桥梁，另一方面周边地区也是建造舰船所需木材的出产地和金银的富藏区。此外，该城与河口的雅典殖民地埃翁仅有三英里之遥。来自埃翁和塔索斯的普通雅典公民非常有可能与当地的色雷斯豪强大族过从甚密，并通过这种联系积极参与此地的矿山开采，以便既能为他们带来巨大的财富，也能增进雅典的收入。因为，在针对地产征收直接税时，军事殖民地的地产或雅典公民占据的殖民地土地也被纳入征收范围中。在诸多幸运的冒险者中,我们或许可以将历史学家修昔底德也纳入其中。他可能是雅典公民与色雷斯人的混血儿,而且他的妻子要么是一个色雷斯人,要么来自该地区的一个殖民者家庭。通过这种关系,他在矿区拥有大量的财产,同时在周边地区拥有巨大的影响力。[19]

公元前437年雅典派遣哈格农建立的这个殖民地人丁兴旺,虽然居住于周边的令人生畏的埃多尼亚人进行了两次努力试图阻碍殖民地的建立,但它最终还是很好地维持了下来。这是因为殖民地占据着"九路"这个优越的地理位置。它原来的名称"九路"被殖民者改为安菲波利斯,这是因为新城背靠的那座山丘三面被河流环绕。殖民者可能来自不同城邦,雅典人在其中并没占据绝对优势。因为可以从斯特吕蒙河和埃翁港通向大海,所以安菲波利斯成为色雷斯和马其顿地区所有雅典属邦中最重要的一个城市。

大约在安菲波利斯建立七年之前,也即在公元前443年与斯巴达签订"30年和约"不久,雅典人在意大利塔兰同海湾之畔建立了殖民地图利伊。该邦以原来的城邦叙巴利斯为其主要的国土范围,图利伊城离原叙巴利斯城不远。因为在公元前509年古老的叙巴利斯被克罗同人摧毁后,该邦的大部分土地仍未被其他城邦占领。此前居于该邦的公民及其后代散布在劳斯(Laüs)和其他地方,他们的力量不够强大,无法建立一个新的城邦。当然克罗同人也不愿见到他们建立一个新城邦。不过,在接下来的60年里,最初的一些来自色萨利的殖民者成功地占据了该地,

第十七章　从"30年和约"即伯罗奔尼撒战争前14年到伯罗奔尼撒战争前一年波提戴亚之围

后来叙巴利斯人在向斯巴达人提议无效的情况下，最终说服了雅典人重启对这一地区的殖民。伯里克利派遣兰彭（Lampon）和克塞诺克利图斯（Xenokritus）——两位神谕释读者和预言家，[20]在雅典的资助下率领10艘船只建立了新殖民地图利伊并担任城邦的领袖。殖民者来自希腊各地，其中包括多利安人、伊奥尼亚人、爱琴海的岛民、比奥提亚人，当然也包括了雅典人。但是，原叙巴利斯人的后裔要求殖民者将他们视为特权公民，垄断城邦的政治权力，独占紧邻城池的最有价值的土地。这种特权和垄断思想频繁出现在早期的殖民地中，对城邦的安定或发展（有时对两者）具有致命的影响。然而，就图利伊而言，它是由奉行民主的雅典资助建立的，因此这种思想不可能取得任何持久的影响。我们发现，才过了不久，大多数的殖民者就奋起反抗享有特权的叙巴利斯人，将他们杀死或驱逐，并按照平等的原则在来自不同部族的殖民者中分配了城邦的所有土地。自此后，这个城邦实行民主政体。在接下来的30年里这个城市平稳发展，欣欣向荣，无内乱之扰，直到雅典在西西里遭受毁灭性的失败之前，在叙拉古的主导下，图利伊的亲雅典党派才被推翻。图利伊10个部落分别是阿尔卡斯（Arkas）、阿凯伊斯（Achais）、埃莱伊亚（Eleia）、比奥提亚、安菲克替奥尼斯（Amphiktyonis）、多利安、亚斯（Ias）、阿泰莱伊斯（Athenais）、优皁伊斯（Eubois）和涅斯奥提斯（Nesiotis）。从名称判断，部落的命名采用了雅典的模式，而且图利伊的居民构成多样。因来自的部族各不相同，他们不可能随意确定一个雅典人为建城者。事实上,除了阿波罗外,他们不可能认可任何一个人作为建城者。[21] 几年之前与国王普雷斯托亚纳克斯一道因接受雅典人贿赂而被放逐的斯巴达将军克莱安德利达斯前往图利伊,在与塔兰同的战争中他被公民选为将军。这次战争最终通过双方在两个城邦之间一块名为塞里提斯(Siritis)的肥沃之地共同建立一个新城邦——赫拉克雷亚——而达成了和解。[22]

关于图利伊最吸引人的一件事是演说家吕西亚斯、历史学家希罗多德都定居于此并成为该邦的公民。这个城邦与雅典似乎只保留着微不足道的关系,并没有成为一个纳贡的附属城邦。鉴于来自雅典的图利伊殖民者所占比重是如此之小,我们或许可以推断,那时,即便在如此肥沃而前途光明的地方可以获得许多土地,但并没有多少雅典人愿意到那么遥远的地方,使自己与雅典失去了联系。很有可能的是,伯里克利急切地希望那些有殖民意愿的贫困公民应当到爱琴海的岛屿或港口成为军事殖民者,(如同罗马的殖民地一样)使这些地方成为维护雅典帝国的某种形式的前沿哨所。[23]

"30年和约"的签订到伯罗奔尼撒战争爆发这14年见证了雅典海上帝国是如何走向全盛的,其中虽然有一部分盟邦力图抗争,但都没有获得成功。雅典与帝国之外的所有城邦保持着和平关系,同时源自菲狄亚斯(Pheidias)和其他人的美化城市的装饰工程也在如火如荼地进行。在建筑和雕刻方面取得的成就也不

第十七章 从"30年和约"即伯罗奔尼撒战争前14年到伯罗奔尼撒战争前一年波提戴亚之围

遑多让。

自奇蒙去世起,伯里克利逐渐成了雅典帝国完全意义上的首席公民。他的个人品质体现得越多,雅典人对此的了解也就更加深入。甚至"30年和约"之前雅典遭受的灾难性失败也未能改变人们对他的看法。因为当雅典人最初提议由托尔米戴斯率军远征比奥提亚时,伯里克利就提出了反对。不过,如果说伯里克利的个人影响力在与日俱增,那么反对派的力量似乎也在不断增强,而且组织得也更好。反对派的领袖麦莱西亚斯之子修昔底德在许多方面都比奇蒙更富有成效。[24] 这位新领袖是奇蒙的近亲,但在个人品格和天赋上更类似于伯里克利。他们都是优秀的政治家和演说家而非将军。在修昔底德的影响下,贵族派在政治活动和五百人议事会中与伯里克利的对抗越来越频繁,组织性也越来越好。奇蒙虽然在军事天赋上无与伦比,但在政治中从未能取得如此气势。同盟中的贵族派拥有他们特定的名称,自称为"人格高尚、值得尊敬的公民",每当参加公民大会时,他们坐在一个特定的区域,以便不和平民大众同流合污,并自认为担负着纠偏矫正城邦法令的职责。会场上,他们会为某些提案鼓掌叫好而对另一些提案提出异议,他们相互鼓励,为不同的发言人分配不同的内容。与此前那些能力超凡的个人混杂在平民大众中相较,如今他们更能够实现自身党派的目标。[25]

在民主政体下,他们对伯里克利提出反对意见完全是受允许的。这种反对意见效果必然非常明显,同时也给伯里克利带来了尴尬。但是，麦莱西亚斯之子修昔底德倡导贵族派首领与人民大众截然分开的举动很可能迅速使大多数民主派人士团结在伯里克利的身边，从而使党派之争开始恶化。[26] 就我们所了解的内容来看，贵族派提出反对意见的原因一方面是伯里克利对待波斯人的和平政策，另一方面是他用于美化城邦的巨额花费。修昔底德声称，雅典假借安全之名将同盟金库从提洛岛转移到卫城的行为使城邦在希腊人面前蒙羞，因为它不是将其用于发动对波斯人的战争，[27] 而是用于为了美化城市而新建的神庙和价值不菲的雕像。对此，伯里克利答复说，雅典虽收纳盟邦的贡金，但已履行了它应尽的义务，保护了同盟者，使任何一个外敌都不敢近前；如今，它已经完成了这个目标，保存下充沛的资金，确保将来处于类似境地时能够获得安全；既然如此，对于支出的节余，雅典无须向同盟者做出说明，完全可以自由将之用于兴建和美化城市。就此而言，雅典改进了城防，兴建了各种建筑、雕像和装饰物、频繁举办盛大的宗教节日表演、音乐和诗歌竞赛。在同盟者和全希腊人的眼中，雅典人的所作所为成为公众关注的一个非常重要的对象。

考虑到争议双方分别提出的理由，我们得出的答案可能会更加全面。看着伯里克利不断地把大笔金钱存放在同盟金库里，没有人能够提出充分的理由，指责他挪用了紧急情况下防卫的资金到美化城市的建设中。修昔底德及其支持者催促他仍应把同盟的经费继续用于在波斯、埃及和其他地方进行的侵略战争，以便和奇蒙在世时追求的事业保持一致。[28] 但伯里克利争辩说，此类

第十七章　从"30年和约"即伯罗奔尼撒战争前14年到伯罗奔尼撒战争前一年波提戴亚之围

开支只不过是浪费金钱，无论对雅典还是对同盟者都无益处；反之，正如几年前在埃及的经历一样，同盟还很有可能在遥远的地方遭到惨败。事实上，同盟者或许也有一定理由指责伯里克利。一方面，眼见现存的钱款已经远远超出了同盟达成合法目的所需，它们要求降低贡金的数额；另一方面，在支配这些钱款时，伯里克利没有积极响应它们提出的建议。不过，我们发现，同盟者的要求既没被修昔底德及其党派采纳，也没有在雅典的公民大会上得到贵族派或民主派的支持。

我们承认雅典不再讲求公正平等，更像一个僭主而非一个首领，不再与同盟各邦进行积极而诚挚的合作。不过城邦的两个派别都是如此，奇蒙与伯里克利的政策其实殊途同归。尽管如此，我们发现，伯里克利各方面的计划明显地具有泛希腊的特征。他强化雅典的实力，美化雅典城，尽力使公民参与城邦的所有事务，修建辉煌巍峨的神庙，奉献丰厚的宗教祭品，创作名垂千古的艺术品，举办神圣的节庆。所有这一切对希腊人都具有难以企及的吸引力。伯里克利的目的是将雅典塑造成一个伟大的城市，而不只是一个拥有许多臣属城邦的帝国的首都。他渴望雅典成为一个表达希腊人优越感的场所，一个能够激发希腊人智慧的城市，一个民主爱国政体的堡垒，同时成为一个充分自由表达个人品位和抱负的天堂。他还希望不但能够使属邦保持忠诚，而且让周边独立的城邦对雅典称羡不已，进而自觉顺从于雅典。这样雅典在精神上获得的优势远远超过其武力直接所达的范围。伯里克利从可见事物的层面成功地提升了雅典的影响力，使它比本身的实力似乎更加强大，进而软化了属邦心灵，使它们不再因为顺从而觉得耻辱。

修昔底德及其党派对修建计划提出的反对意见是如此强烈，以致不久之后只能通过陶片放逐的方式来解决双方的纷争。投票结果是大多数人决定将修昔底德放逐。[29] 看来大多数人的意见取得了决定性的胜利，因为修昔底德一党最终彻底瓦解。

显然，修昔底德遭到陶片放逐一事发生在"30年和约"订立（前443—前442）两年之后，[30] 也正是这个时候之后，伯里克利倡导的伟大工程开始兴建。卫城的南墙已利用奇蒙夺回的战利品修缮完毕。连接雅典与其海港的第三道长城是由伯里克利提议修建的，不过修建的具体时间不明。最初完成的长城只有两道（正如前所述，是塔纳格拉战役之前不久），一道从雅典到皮莱乌斯，另一道从雅典到法莱隆。[31] 然而，这两道城墙之间的空间很大，如果落入敌人之手，雅典与皮莱乌斯的联系将会中断。因此，伯里克利说服人民再修建一道长城，使其与通往皮莱乌斯的第一道长城相向而行，但与之的距离很小（大约只有1弗隆）。通过这种方式，即便敌人攻入了法莱隆城池之内，也能够确保雅典城与皮莱乌斯的联系不受任何干扰。大约也在此时，雅典人在皮莱乌斯修建了功能齐备的船坞和军械厂。伊索克拉底宣称，一共花费了1000塔兰特。[32] 而人们对皮莱乌斯城重新进行规划，横平竖直的街道直角相交。显然，这种规划形式是希腊的一种新创举。

第十七章　从"30年和约"即伯罗奔尼撒战争前14年到伯罗奔尼撒战争前一年波提戴亚之围

因为，一般而言，希腊的城市，尤其是雅典，都不会呈现出对称的构造，也没有宽阔而延续不断的街道。[33] 米利都人希波达穆斯（Hippodamus）是那一个时代在自然哲学上颇有造诣的一个人。他因为为皮莱乌斯设计了整齐的街道而荣膺最早城市建筑师的美名。此外，据史料记载，希波达穆斯最后定居的殖民城邦图利伊也是按平直、宽阔的街道而规划建造的。[34]

虽然关于皮莱乌斯的新方案是雅典海上力量强盛的一个明证，但雅典城及卫城的那些宏伟建筑才是反映伯里克利时代荣光的典型代表。首先是被称为奥戴翁（Odeon）的剧场，它是为泛雅典娜节上音乐和诗歌表演而兴建。其次是雅典娜金碧辉煌的神庙——帕泰农，其间的装饰性雕塑、饰带、浮雕全都是巨匠们的杰作。最后是耗费了巨资的山门，它是为装点卫城的入口而兴建的，位于卫城山的西侧，节庆时的盛大游行就从这座山门穿过。奥戴翁剧场和帕泰农神庙都在公元前445—前437年完工，[35] 山门的完工时期稍晚，在公元前437—前431年，[36] 不久伯罗奔尼撒战争爆发。同时，对被薛西斯入侵焚毁的城邦保护神雅典娜·波利亚斯的古老神庙埃莱克泰伊翁（Erechtheion）的修复和重建也在一并进行。[37] 但是，伯罗奔尼撒战争的爆发似乎使这座神庙和埃琉西斯庆祝埃琉西斯秘仪的德麦泰尔大庙未能完工。受战事影响未能完工的建筑还包括苏尼翁（Sunium）的雅典娜神庙和兰诺斯的复仇女神庙。雕像给人留下的印象与建筑可谓不相上下。三座出自菲狄亚斯的雅典娜神像装点着卫城。其中耸立于帕泰农神庙的女神巨像高47英尺,全身用象牙雕刻而成;[38]另外一座是铜像,被称为嫩尼安·雅典娜(Lemnian Athene);剩下一座也是规模巨大的铜像,被称为雅典娜·普罗马科斯(Athene Promachos),放置在山门与帕泰农神庙之间。

当然,这些辉煌灿烂艺术品享有的盛名不应归于伯里克利的名下。我们尤其应当提到拥有不朽声名的巨匠菲狄亚斯。[39]他是建造所有这些装饰工程的伟大设计者和管理者,正是借助这些建筑和雕像,伯里克利赋予了雅典此前任何一个希腊城邦都不曾获得的壮丽和庄严。伊克提努斯(Iktinus)、卡利克拉泰斯(Kallikrates)、科罗埃布斯(Koroebus)及那些修建帕泰农神庙和其他建筑的建筑师都是在他的指导下开展工作的。此外,他手下还有一批学徒和仆奴帮助他完成那些机械性的工作。鉴于菲狄亚斯为增添雅典的荣光做出的巨大贡献,他在远离雅典的另一个地方获得了最后但最伟大的成就,即奥林匹亚的宙斯巨像,开工的时间就在伯罗奔尼撒战争爆发之前的那几年。这座惊人的艺术品高60英尺,全身由象牙和黄金雕成,以视觉的形式体现了希腊诗歌和宗教若干最伟大的洞见。在接下来的许多个世纪里,它对瞻仰宙斯圣容的崇拜者产生了空前绝后的影响,可以比得上历史上任何一件神圣或世俗的艺术品。

仅考虑这些在艺术领域取得的惊人成就对雅典和希腊历史施加的影响就能明了这些奇迹具有的非凡重要性。我们知道,这些伟大的艺术品给后世的希腊观众留下多么深刻的印象;那么不

第十七章 从"30年和约"即伯罗奔尼撒战争前14年到伯罗奔尼撒战争前一年波提戴亚之围

难判断，对目睹它们开始兴建和完工的那一代人产生的影响是多么巨大。公元前489年，雅典因被薛西斯占领而被摧毁。自那时起，希腊人首先见到雅典城以更大的规模开始重建和设防；其次见到在皮莱乌斯建造船坞和军械厂；后来又见到两座城市因长城的建造而连在了一起，从而将希腊世界人口最多、财富最集中、军力最强大的区域纳入长城的保护范围之内；最后见到了如此众多的焕然一新的艺术品迅速地出现在他们的面前，这包括菲狄亚斯的雕塑、塔索斯绘画巨匠波吕格诺图斯（Polygnotus）在提修斯神庙里绘制的壁画以及被称为波埃克莱（Poekile）的柱廊。普鲁塔克评论说，这些工程的快速完工最令人瞩目的事情，是完成它们时的背景。[40] 工程的花费庞大，只能在卫城金库充盈、盟邦缴纳的贡金可观时才可能承受。如果我们相信依据貌似可信的材料得出的计算结果，那么工程的总花费定然不会少于3000塔兰特（约合690000英磅）。[41] 当然，如此巨额的开销成为承包商、小商贩、大商人、各种手艺人等个人丰厚收入的一个来源。通过这种或那种方式，这些金钱流入城邦大部分人的手中。为修建这些工程支出的大笔费用被视为对神灵的虔诚，同时也影响着希腊人的看法。他们用羡慕的眼光看待着各种富丽堂皇的公共设施，用顺从报答那些为建造这些设施投入时间和金钱的富人。伯里克利深知，城邦这些显而易见的宏伟建筑对他同时代的人是如此新奇，必然会使雅典看起来比它原本具备的力量更加强大，会让它在所有希腊城邦中获得虽未被公开承认但实实在在的影响力，甚至获得某种形式的主导地位。

伯里克利采取的一个步骤表明,获得这种主导地位是他的直接目标,而且他将其与实现希腊和谐和效用联系起来。他说服公民大会派遣使者到无论大小的每一个希腊城邦,邀请它们派出代表团到雅典出席泛希腊大会。在这次筹办的大会中将讨论以下三个问题。其一,重建被波斯入侵者焚毁的神庙;其二,履行对诸神许下的承诺;其三,保障所有与会者的海洋和海上贸易安全。[42]

对雅典而言,从"30年和约"的订立到伯罗奔尼撒战争爆发的这14年绝非风平浪静的和平年代。在第6年,萨摩斯人发动了大起义。

萨摩斯可能是雅典所有同盟者中实力最强大的城邦,[43]在实力上,它甚至超过了另外两个同样不缴纳贡金的盟邦——开俄斯和莱斯沃斯。这三个城邦只需要在受到召唤时提供舰船和人员,除此之外,它们享有完全的自治权,拥有寡头政府、建有城防设施并维持着自身的武装力量。与其他大多数靠近海岸的岛屿一样,萨摩斯在亚洲大陆拥有一块领土。在其大陆领土与米利都之间,是泛伊奥尼亚神圣同盟的12个初始成员之一的小邦普利埃奈。为了争夺普利埃奈的所有权,在"30年和约"订立(前440/439)的第6年,一场战争在萨摩斯和米利都之间爆发。战争中,米利都遭到了惨败,普利埃奈落入萨摩斯人之手。米利都本是雅典的一个纳贡盟邦,他们随即向雅典人抱怨萨摩斯人的所

第十七章 从"30年和约"即伯罗奔尼撒战争前14年到伯罗奔尼撒战争前一年波提戴亚之围

作所为。米利都人同时也派出一个使团前往萨摩斯提出抗议，指责他们的寡头政府及其非法行动。雅典人要求陷入纷争的两个城邦派员前往，在雅典公民大会前进行辩驳，并由公民大会判定双方的是非曲直。但是，萨摩斯人拒绝遵从雅典人的命令。[44]因此，雅典派出40艘战船前往萨摩斯岛，建立了民主政府，留下一支驻军，并押送50名主要贵族家庭成员和许多儿童前往嫩诺斯作为人质。然而，一些贵族家庭成员撤退到了大陆，与萨狄斯总督皮苏泰斯（Pissuthnes）谈判，以便向他寻求援助并恢复在萨摩斯的统治。利用总督为他们提供的700名雇佣兵，他们乘夜渡海返回岛上。在原来留在岛上的贵族党人协助下，他们推翻了萨摩斯的民主政体，打败了雅典驻军，并将俘虏送往萨狄斯成为皮苏泰斯的囚犯。幸运的是，他们还成功地营救出那些最近被送往嫩诺斯充当人质的萨摩斯人。接着，他们宣布起兵反抗雅典。拜占庭也加入了反抗者的行列。虽然采取这样的步骤必定会招致雅典全力的反扑，但他们最初的步骤只是重新开始了针对米利都的敌对侵略行动。无论在哪里出现，萨摩斯人都武装着一支由70艘舰船组成的队伍，其中20艘船上运载着士兵。

一收到这则重要情报，雅典就命令10位将军率领60艘三列桨战船驶往萨摩斯，其中两位将军是伯里克利和悲剧诗人索福克勒斯，[45]看来这二人是年分别被选了十将军之一。但是，必须留下16艘舰船作为预备队，因为一方面这些舰船是由开俄斯和莱斯沃斯提供和装备的，另一方面是为了监视在卡利亚海岸以防传闻中的腓尼基战船前往支援。所以，伯里克利率领的队伍只剩下44艘战船。尽管这样，他仍毫不迟疑地在特拉吉亚（Tragia）岛附近对从米利都返回的70艘萨摩斯战船发起了进攻，并最终取得了胜利。不久，他获得了来自雅典的40艘战船和来自开俄斯和莱斯沃斯的25艘战船的支援。这样，他拥有足够的力量发起对萨摩斯的登陆战。很快，雅典人打败了萨摩斯的陆军，并用一部分舰船封锁了萨摩斯的港口，建造了一道三重城墙将萨摩斯城团团围住。此前，萨摩斯人派出斯泰萨戈拉斯（Stesagoras）率领5艘船舶前往催促腓尼基海军尽快前往支援。腓尼基海军即将到来的传言再一次甚嚣尘上。伯里克利觉得必须对此保持警戒，他（从总共的125艘中）派出60艘战船，经大约14天的航行到达了考努斯（Kaunus）和卡利亚的海岸附近。虽然狄奥多鲁斯[46]相信腓尼基海军确实已经起航，但它们最终并未出现在希腊人的眼前。笔者倾向于认为，波斯总督乐于让雅典的同盟者一直抱有一线希望并鼓励它们反叛雅典，但他不敢公然违背卡利亚斯和约。和约严禁波斯人派出舰船向西越过凯利多尼亚海岬。然而，伯里克利的离开极大地削弱了雅典派驻在萨摩斯外海的水上力量。在此激励下，萨摩斯舰船突然驶出港口，在城邦最著名的公民、哲学家麦利苏斯（Melissus）的率领下，突袭并打败了封锁城市的雅典军队；此外，他们甚至击败了剩余的雅典舰船，那些船甚至都没有来得及离开海边。[47]在接下来的14天里，萨摩斯人控制着海洋，随意运进运出他们认为必要的东西，直到伯里

第十七章　从"30年和约"即伯罗奔尼撒战争前14年到伯罗奔尼撒战争前一年波提戴亚之围

克利率军返回，他们再一次被围困起来。如今，增援舰船的数量进一步增加，除了从开俄斯和莱斯沃斯前往的30艘外，雅典又派出了60艘，从而使围城的舰船数量达到了大约200艘。尽管双方力量相差悬殊，麦利苏斯和萨摩斯人进行着英勇而徒劳的抵抗。整座岛屿被完全封锁起来，直到大约9个月后，他们才在无法坚持的情况下根据条件投降。萨摩斯人被迫拆毁所有防御设施，放弃所有战船，派出公民充当人质，并通过分期付款的方式承担所有战费，据说总计多达1000塔兰特。与此同时，拜占庭人也投降了。[48]

关于这次反叛，如下几个方面值得注意，从中可以管窥雅典帝国的存在情况。首先，为了扑灭萨摩斯人的反叛，雅典动用了城邦的所有军力，此外还需开俄斯和莱斯沃斯军队的支援。因此，虽然拜占庭也加入了反叛者的队伍，但雅典似乎腾不出人手来镇压它。不过，值得注意的是，拜占庭周边及其他地区并没有任何一个臣属盟邦利用了如此有利的时机加入叛军的队伍。[49]这一事实似乎可以清楚地表明，当时同盟者的不满情绪可能并没有那么强烈。如果反叛扩散到其他同盟城邦，皮苏泰斯很有可能就会履行他的诺言，派出腓尼基海军。对居于爱琴海地区的希腊人而言，这将会是一场难以挽救的灾难；只有完好无缺地维持了雅典帝国才可能使腓尼基人不敢接近。

其次，在反叛雅典后，萨摩斯人不但向皮苏泰斯求助，而且呼吁斯巴达及其同盟者伸出援手。在为此召开的特别会议上，伯罗奔尼撒同盟的成员围绕接受还是拒绝他们的请求进行了正式的辩论。虽然"30年和约"才订立六年仍然有效，而且雅典并未违反和约，但大多数斯巴达的同盟者仍投票赞成给予萨摩斯人援助。斯巴达的态度如何，我们不得而知。不过科林斯人明确地提出了反对意见。他们不但强烈反对答应萨摩斯人的请求，而且强调每一个同盟有权惩罚拒不服从的成员。如果伯罗奔尼撒同盟制定了相反的政策，雅典帝国可能将陷入巨大的危险之中。腓尼基海军将很有可能加入战团，战争的进程将会发生根本性的逆转。

最后，在重新征服萨摩斯后，我们理所当然地认为，雅典肯定将恢复反叛之前建立的民主政府。然而，如果雅典人确实如此，必然的结果是民主政府将会再一次被推翻，萨摩斯将不惜一切代价摆脱雅典的控制。但在接下来的27年里，文献中几乎就没有关于萨摩斯的记载。直到公元前412年，伯罗奔尼撒战争中，雅典帝国再一次分裂时，萨摩斯才再一次出现在我们面前。此时该邦保持着一个由土地所有者（Geomori）控制的寡头政府。在其领导下，萨摩斯人成功地叛离了雅典。鉴于公元前439—前412年之间萨摩斯没有城防、被剥夺了舰船、沦为雅典同盟的一个纳贡城邦，[50]而且因为该邦确实保留或建立了寡头政府，所以我们可以得出结论，如果同盟城邦自身的党派斗争倾向于寡头制，雅典可能没有采取武力干预以便确保该邦的民主化进程。从史料可见，萨摩斯反叛时莱斯沃斯的政治状况（下面将提及相关情况）证实了这样的结论。[51]

第十七章　从"30年和约"即伯罗奔尼撒战争前14年到伯罗奔尼撒战争前一年波提戴亚之围

直到伯罗奔尼撒战争爆发之前不久，我们都没有听闻同盟者有任何不满。它们对于雅典的这种看法可能既非出于忠诚也非出于憎恨，而只不过是对其霸权的漠然和默许。同盟者的不满情绪不断增加并非因为它们确确实实遭受了艰辛和困苦，而是基于希腊人心目中普遍存在的政治天性——对于政治自决的渴望。在他们看来，臣属于雅典的同盟者被视为处于地位低下、遭受奴役的状态。斯巴达的同盟者对于雅典既恐惧又憎恨，它们反复向人们强化这种看法，结果人为地激起了雅典帝国臣属城邦的不满。事实上，雅典不但拥有完全的制海权，而且无论在哪个方面都对帝国所有岛屿占据绝对优势，它对于同盟城邦没有任何诉求，只是希望让自身受到帝国成员的欢迎。甚至对于同盟是否奉行民主政体，它最初也不会刻意鼓励或支持，直到伯罗奔尼撒战争爆发后，支持同盟者奉行民主制才成为雅典政策的一个组成部分。即便雅典试图采取措施，使同盟者认识到共同的利益并维持对同盟的忠诚感，但很有可能政治独立的天性会挫败雅典人的一切努力。事实上，雅典人根本没有进行过类似的尝试。在这些实际掌握着权力的人的心目中逐渐形成的伦理指导下，雅典认为有权让同盟者屈从于它的淫威。在修昔底德的作品中，有一些雅典人甚至抛弃所有关于权力合法性的伪装的说辞，赤裸裸地声称雅典霸权所依靠的就是难以企及的武力。[52] 因为虽然几乎所有同盟城邦都奉行民主政体——在雅典的间接影响下或更确切地说在雅典系统的指导下——但每一个城邦内部都有贵族把持的反对派。因此，反叛雅典的行动往往是在贵族派或某些个别公民发起的。这时，普通民众虽然或多或少有自治的愿望，但他们要么对贵族政体心存畏惧，要么对雅典的做法认同，结果在反叛行动时，他们总是拖在后面，有时甚至断然拒绝参加。

在大多数情况下，前述的反叛是在一小撮不满现状的寡头派的谋划下发动的，他们并未征得民众的意愿。即便他们提前在公民大会上咨询民众的意见，事实证明，虽然民众更愿意享有政治独立，但从内心上他们既对雅典没有憎恨，也不愿与雅典决裂。

导致同盟者对雅典的霸权产生不满主要是基于以下三个原因：其一，每年缴纳的贡金。其二，个别雅典人利用他们的优势地位侵犯或伤害了同盟者的利益。譬如，雅典在那些被征服同盟城邦的土地上安置军事殖民者，强制要求同盟城邦公民在舰船上服役，向同盟城邦派遣巡视员，在同盟城邦临时派驻军队，在同盟城邦进行投机倒把行为。其三，强制要求同盟者将大部分的司法案件交由雅典陪审法庭审理。

就贡金而言，在上文中笔者已经谈到，自最初厘定到伯罗奔尼撒战争爆发，[53]其金额并没有什么提高。[54]每五年，征收贡金的官员很有可能会发生变化，他们大概会重新评估并重新厘定每个城邦承担的金额。鉴于第二批征收官员可能会感到不便，他们有时可能会增加某一些城邦承担的金额。个别雅典人（主要是军队的官员和有权有势的公民）会因此给同盟者带来诸多烦恼。[55]无疑，自雅典从同盟领袖变成一个暴君时开始，在同盟者

第十七章 从"30年和约"即伯罗奔尼撒战争前14年到伯罗奔尼撒战争前一年波提戴亚之围

中或多或少总能真切地感受到这种不满。但是,直到伯罗奔尼撒战争开始之前,人们的不满情绪可能并不那么强烈。战争爆发后,我们更能理解同盟者的反叛行为,因为此时,雅典越来越多地使用驻军、巡视员、征纳贡赋的舰船才能维持帝国的运转。

前面提到的第三种情况,即要求同盟城邦隶属雅典的陪审法庭,比第二种情况更令同盟者感到不满,不过伪色诺芬可能过于夸大其词了。可以肯定的是,雅典陪审法庭开始处理司法事务与提洛同盟大会几乎同时出现,也即在同盟最初组建之时。组建提洛同盟一个不可或缺的前提是所有成员必须放弃相互私战的权力,并将它们之间的争端提交同盟大会和平仲裁。即便在相互关系远不及提洛同盟的其他联盟中也引入了这一原则。该原则对于有效维持任何一次针对波斯人进攻采取共同行动是必不可少的。[56] 当然,在爱琴海地区散布着众多的岛屿和海港,它们相互之间因共同的情感、贸易和共同的敌人而联系在一起,也定然会因此产生各种公共争端和私人纷争。由各城邦派员组成的提洛同盟大会自然成为处理这些纷争的仲裁机构。自创立之日起,雅典一直担任同盟大会主席,对于大会拥有支配性和强制性的作用。当同盟大会的功能逐渐减小时,人们发现雅典人不但已经完全取而代之,而且早已把持着大会的各个部门。事实上,自同盟创立之初,雅典人就主导着同盟者的司法权。当同盟变成了雅典帝国,大会的司法权也随同盟金库一道转移到了雅典。此时,雅典人对同盟者享有的司法权无疑也大幅度地扩展。总体而言,对同盟者,尤其是国力弱小、没有防卫力的小邦而言，由雅典人主导司法权利大于弊。

在向雅典纳贡的城邦中，如果一个小邦或某一城邦的公民试图对某一个大邦提出控诉，除了提洛同盟大会或雅典的法庭外，它（他）别无其他渠道。正是同盟大会或雅典法庭才能确保审判的公平和公正。但是，我们不能想当然地认为，每一个臣属城邦所有公民之间的私人纠纷和案件都必须呈送雅典由雅典陪审法庭审理。不过，我们也不能明确划分哪些案件须呈送到雅典，哪些案件仅须在本邦审理。从史料可知，臣属城邦似乎无权做出死刑判决。相关案件必须首先在雅典审理和判定后，才能遣送回属邦执行。[57] 换言之，雅典保留着对于重罪的审判权，或称"高等司法权"（higher justice）。属邦公民之间包括叛国、贪贿、未完成公共义务等政治指控无疑也须递送雅典审理，或许类似案件是雅典司法审判最重要的组成部分。

但是，雅典维持这种司法霸权的目的并不是从实质上改善每一个同盟城邦司法管理，而是为了规范各同盟城邦、不同城邦的公民、雅典公民及官员和与他们有关系的任何一个同盟城邦、每个城邦内部不同派系及其与作为帝国之首的雅典之间的关系。所有这些都是雅典帝国亟待解决的问题。解决这些问题的最佳方式是通过召集某种形式源自所有同盟者的共同大会来实现。除此之外，我们发现，雅典人提供的或许应当是次佳方式。一旦将其与斯巴达在颠覆雅典帝国后采取的方式加以比较，我们更能感受

第十七章 从"30年和约"即伯罗奔尼撒战争前14年到伯罗奔尼撒战争前一年波提戴亚之围

到它的优越之处。虽然在特别需要的时候,也会偶尔派员,但总体而言,雅典人并没有系统地在各臣属城邦派遣与斯巴达军事总督(harmost)类似的统治者。然而,雅典的舰船和官员经常会造访盟邦。鉴于这些主要官员一点也不避讳地滥用其职权,作为总是向同盟者开放的一个控诉机构,雅典的陪审法庭对于前述暴政起着矫正和防范的作用。正如修昔底德谈到的那样,作为一个保障其权益机构,同盟者自身有着真切的感受并备感珍惜。它们必须限制的主要恶行是雅典官员和有权有势者的不端行为。一旦这些人滥用雅典的力量来达到他们的个人目的,同盟者就可以指望"雅典人民成为惩治那些犯下这种罪恶的人,并为他们提供庇护的港湾"。[58] 如果雅典陪审法庭不对外开放,同盟城邦必然会遭受雅典各类官员为谋求个人私利带来的更大危害。

有必要再次强调,雅典公民个体而非官方人员在整个帝国范围内充当军事殖民者、地主或商人的范围是多么广。必然地,这些雅典公民与臣属盟邦的当地人会产生一些纠纷,同样地,当他们来自不同臣属盟邦时,相互之间也会有矛盾。譬如,如果一位塔索斯公民认为他的利益受到了历史学家修昔底德的侵害,无论此时这位史家是作为雅典驻守当地的海军统领,还是作为色雷斯金矿的业主,那么这位公民都可以前往雅典陪审法庭提出指控,要求修昔底德进行赔偿。这位地位显赫的雅典人和这位地位卑微的塔索斯人一样,都必须服从陪审法庭的判决。对任何一个来自盟邦的公民而言,在雅典陪审法庭上被他人起诉的可能性很小;

但他可在陪审法庭上起诉那些几乎无法高攀上的人,因此这成为一项值得他特别珍视的特权。他既享有了这种权益,也付出了代价。

伪色诺芬用满怀恶意而片面的态度评论雅典民主制说,如果臣属盟邦不需在司法上有求于雅典,它们就根本不会理会雅典民众,而只会对驻守在其国土上的将领、军事殖民者或使节等个别雅典人大献殷勤。然而,在现存体制下,盟邦公民不得不作为原告或被告造访雅典,同时也必须向很多民众——那些组成陪审团的地位低微的公民行贿,并在法庭上恳请他们给予支持或争取获得宽大的处理。[59]但无论从设置的目的还是实际效果看,这都只是伪色诺芬对于保护盟邦举措的无端诽谤和毫无依据的怀疑。因为,提交陪审法庭审理远比未经申告直接由在任雅典将领宣判或被迫通过行贿免除罪行要好得多。

即使雅典的陪审法庭在处理司法事务中确实有缺陷,但我们仍必须牢记,每一个雅典公民将他们的财富和荣誉交由陪审法庭来审理,而每一个属邦的公民也获准享有与雅典公民同样的机会在同样的陪审法庭上得到公平正义。因此,在伯罗奔尼撒战争爆发之前不久,派赴斯巴达的使节将雅典公正处理属邦的事务归因于帝国的司法制度。他强调说:"如果我们的力量落入他人之手,就不难比较我们使用强力是如何温和。然而,我们的温和获得的却是轻视而不是赞扬。因为即便我们在与同盟者争讼时使自身处于劣势,并且规定由我们与同盟者一道按照双方认为平等的法律审判这些事务,我们却被形象地描绘为一帮只会争讼的懦夫。"[60]

第十七章 从"30年和约"即伯罗奔尼撒战争前14年到伯罗奔尼撒战争前一年波提戴亚之围

他继续强调说,"如果我们利用超强的武力公开对盟邦采取强制措施,它们也不会提出任何怨言。但是,我们将强权即真理的箴言弃之一旁,而将它们作为平等者加以对待。同盟者已经习惯于这一切,一旦某一项微不足道的措施出乎它们的期望,让它们感到失望,它们就会抱怨不休。如果你们(指斯巴达人)征服了我们,使我们成为斯巴达帝国的一部分,它们将会受害更多。"

无论在雅典帝国鼎盛时期还是其后,历史都证明这位来自雅典的发言人所言非虚。[61] 事实上,一位雅典公民并不会觉得与一位盟邦公民当庭诉讼有什么困难,而会觉得这是一件荣幸之事。因为无论是在针对他本人还是盟邦公民,他们都被获准在陪审法庭面前提出指控。一旦遭受不白之冤或受控不忠于雅典帝国,他们皆可以在同样的陪审员面前为自身做出辩护。盟邦公民被置于与雅典人同样的基准之上。同盟者对此发出抱怨之声一点也不令人感到吃惊。因为,一般而言,雅典的帝国举措每一个城邦都认为与它们理应拥有独立的自决权相违背。而集中司法权是雅典长期奉行的一项最引人注目的制度,也是臣属城邦隶属于雅典的一个重要标志。可以断言,如果要将帝国维持下去,我们能够马上找到的更加有效而压迫更小的方式只能是充分发挥陪审法庭的监督和管理能力。[62]

在此讨论的是伯罗奔尼撒战争之前雅典帝国所处的情况。虽然伯里克利在雅典拥有巨大的权力,但他行事审慎,政策稳健。他既反对通过武力拓展帝国的疆土,也不赞成因扩张而增加盟邦的负担。他更愿意采取措施确保爱琴海贸易的正常进行,从而使所有城邦都从中获益。如果阅读修昔底德所载的伯罗奔尼撒战争第四年米提莱奈反叛雅典时,其使者在奥林匹亚对拉凯戴蒙人及其同盟者发表的演说,[63]我们将会惊讶于他们的说辞是多么乏力,甚至这位演说者也意识到了自身说辞的空洞。他们一直强调米提莱奈人是缺乏防卫、地位低下的臣属者,雅典人高高在上,所做决定未经他们的同意。除此之外,他不能提供任何其他证据。就米提莱奈而言,这些说辞也言过其实,因为它是一个平等、拥有武装、政治自决的盟邦。当然,这样一个拥有自身武装的盟邦就可能会置身于整个同盟之外;只要条件许可,它们自然会想尽一切办法挣脱同盟的束缚。但是,这位米提莱奈演说者的说辞中对雅典的指控与伯罗奔尼撒战争爆发前不久雅典的一位使节在斯巴达发表的演说相左。这位雅典人强调,除了有的城邦享有自身的武装外,事实上同盟者几乎没有什么可以报怨的。虽然对像米提莱奈那样的一个城邦而言,其实力足够强大,即便没有雅典的帮助,也可以保护自身的安全,维护城邦贸易的正常开展。但是,对弱小的同盟者而言,脱离了雅典帝国将会极大地削弱城邦人员在爱琴海航行和贸易的安全。如果它们想要获得自由,必将付出相当巨大的实实在在不利的代价。[64]

此时,几乎整个希腊世界(除意大利、西西里和非洲的希腊人外)要么被纳入拉凯戴蒙同盟,要么成为雅典人的同盟者;通过"30年和约",确保整个地区暂停了敌视和对抗。此外,

第十七章 从"30年和约"即伯罗奔尼撒战争前14年到伯罗奔尼撒战争前一年波提戴亚之围

在萨摩斯人起兵反叛雅典时,拉凯戴蒙同盟通过投票拒绝了提供援助的议案。似乎此时已形成双方遵守的规则,即两大同盟中任何一方不得干预另一方的行动,每方有权约束或惩罚各自同盟中不服从的成员。[65]

伯罗奔尼撒同盟的拒绝对于萨摩斯战争的进程产生了实质性的影响。科林斯是这次拒绝援助的主要推动者。因为科林斯所处的情况颇为特殊。斯巴达及其同盟者主要是陆上强国,而自远古以来,科林斯一直致力于发展海上力量,并积极参与海上贸易和海外殖民。事实上,该邦与埃吉纳一道,曾拥有全希腊最强大的海军。但是,在过去的40年里,它要么根本没有强化其海上力量;即便它有所强化,也因雅典海上力量的急剧扩张,而相形见绌。科林斯在埃皮鲁斯沿海及周边地区拥有许多殖民地或商业据点,譬如琉卡斯(Leukas)、阿纳克托利翁(Anaktorium)、安布拉奇亚、科西拉等。位于色雷斯帕莱奈地峡的波提戴亚也隶属于科林斯并与其保持着密切的联系。科林斯人的商业利益使该邦反对伯罗奔尼撒同盟与雅典人超强的海军正面对抗。正是基于这样的考量,科林斯人使拉凯戴蒙人的同盟者克制住了为萨摩斯出头挑起战争的冲动。虽然在将麦加拉纳入雅典同盟之前的几年里双方冲突不断,使得科林斯人对雅典的嫉恨之情更加强烈,但是他们也清醒地认识到,一旦与全希腊第一强大的海上强邦开战,他们定然会成为最大的输家。

只要科林斯人的政策倾向于和平,战争就很有可能可以避免，至少只有在非常必要时才能获得伯罗奔尼撒同盟的批准。但是，就在萨摩斯反叛结束大约五年之后，发生了一场出乎意料的事故，所有一切突然间就发生了逆转。科林斯不但收回了它的和平倡议，而且转而成为煽动战火的急先锋。

科林斯在埃皮鲁斯海岸建立的诸多殖民中，大多数承认它的霸权或领导权。但是，除荣誉上的名号外，我们并不能具体描述，这种认可意味着科林斯人能够真正行使多大程度的权力或对殖民地进行多大程度的干预。[66] 科林斯人颇受殖民地人民的欢迎，他们的干预措施往往不会超出殖民者可接受的范围之外。然而，实力强大的科西拉成了例外。科西拉罔顾这种友善的关系，经常与其母邦的意见相左，有时相当敌视其母邦，甚至无视对母邦的孝敬之情，拒绝送缴惯常的贡品。正是在科林斯与科西拉相互敌视的恶劣关系下，双方因埃皮丹努斯产生了争执。埃皮丹努斯是科西拉人在伊奥尼亚湾离他们居住的岛屿以北相当远的伊吕利亚海岸建立的一个殖民地。鉴于希腊人把建立一个殖民地视为非常神圣的事情，因此，尽管科西拉人对科林斯人充满敌意，但他们仍根据习俗，被迫从科林斯为埃皮丹努斯选择了一个建城者（Oekist）。此人来自赫拉克雷戴家族，与他一同前往的还有一些来自科林斯的殖民者。因此，尽管埃皮丹努斯是一个科西拉人建立的殖民地，但仍被人们视为一个科林斯的孙邦（如果可以使用这种说法）。通过定期庆祝的纪念建城者的圣典，埃皮丹努斯进一步强化了这种记忆。

第十七章 从"30年和约"即伯罗奔尼撒战争前14年到伯罗奔尼撒战争前一年波提戴亚之围

埃皮丹努斯建立在陶兰提亚人（Taulantii）所居住的伊吕利亚海岸一个向外延伸的半岛的地峡之上。建立之初，该邦颇为兴盛。但是，在我们即将讨论的这段时间之前不久，这座城邦的发展遇到了巨大的挫折。寡头派和民主派的冲突使城邦力量受损，附近伊吕利亚人的入侵加速了城邦实力的衰落。不久，民主派打败了寡头派。最近发生的这次革命使城邦的实力进一步受到了削弱。因为被放逐的寡头派人士纠集了一支军队，在伊吕利亚人的支援下反复从陆上和海上侵扰城邦。埃皮丹努斯的民主派处于极度的困难中，被迫派人前往科西拉寻求援助。虽然科西拉被民主派所主导，或许人们指望科西拉会对埃皮丹努斯的请求动恻隐之心，但是科西拉人断然地拒绝了援助的请求。其原因在于，与科西拉保持联系的主要是埃皮丹努斯的寡头派；埃皮丹努斯的民主派人士多是小地产者和小商人，他们可能来自不同城邦，对于与母邦之间的血统没有明显的追忆。眼见科西拉拒绝了他们的请求，无法为当前的危急状况寻求到有利的援助，埃皮丹努斯的民主派尝试着向科林斯寻求帮助。然而，考虑到如此行事于理不合，他们派出使节前往德尔菲问询阿波罗的建议。神谕告知说如此行事不会受到责罚，于是他们就背负着这个使命前往科林斯。使节发现他轻而易举地说服了科林斯人。因为在科林斯人看来，埃皮丹努斯是由科林斯与科西拉联合建立的殖民地，他们有权利和义务保护埃皮丹努斯。科林斯人做出这个决定还受到了与科西拉累世宿仇的推动。他们很快组织起一支由科林斯人、琉卡斯人、安布拉奇亚人组成的远征军。其中一部分人是有意向的殖民者，另一部分是前往保护他们的军队。为了避免与强大的科西拉海军正面冲突，这一支由混合人员组成的队伍从陆路一直行军到阿波罗尼亚，然后才乘船通过海上前往埃皮丹努斯。

虽然这样一支援军的到来暂时拯救了这座城邦，但是这也使城邦招致科西拉入侵的巨大危险。科西拉人将科林斯的干预视为对他们权力的侵犯，对此极其愤慨。他们为流亡在此的埃皮丹努斯寡头派组建了一支由25艘战舰组成的舰队，并将其派往埃皮丹努斯。寡头派要求科西拉人立即恢复他们的统治，并将新近来自科林斯的殖民者驱逐。但是，科西拉人根本没有理会寡头派的要求。他们派40艘战船和一支来自伊吕利亚的辅军，开始围攻埃皮丹努斯城。科林斯人也迅速派出另外一支远征军。这支军队不但足以解埃皮丹努斯之围，还能够战胜科西拉人必然会出来增援的部队。除了30艘三列桨战船外，科林斯人还派出3000名由本邦公民组成的重装步兵，同时要求同盟者提供舰船和金钱的支持。麦拉加提供了8艘满员装备的战船，克法莱尼亚岛上的帕莱斯（Pales）、埃皮道鲁斯、特罗伊曾、赫尔米奥奈、琉卡斯、安布拉奇亚分别提供了4艘、5艘、2艘、1艘、10艘和8艘战船。底比斯、菲利乌斯和埃利斯提供了金钱上的援助。他们进一步当众宣布，邀请各邦公民殖民埃皮丹努斯，承诺给予所有殖民者平等的政治权力；如果任何人打算殖民，但不能立即前往，可以每人预存50科林斯德拉克

第十七章　从"30年和约"即伯罗奔尼撒战争前14年到伯罗奔尼撒战争前一年波提戴亚之围

马，以确保将来会被接纳。[67]虽然这些新殖民者的前景充满着疑虑和危险，但基于对母邦科林斯提供保护的信心，我们还是发现有许多人加入了远征军或者预存了款项以便将来加入其中。

科西拉清楚地意识到，科林斯现在正在进行着积极准备，并将如此众多的城邦纳入与其对抗的联盟之中。他们明白，尽管科西拉非常富有且拥有一支120艘战船组成的令人生畏的、仅次于雅典的舰队，但单凭一邦之力几乎无法与科林斯匹敌。于是，他们尝试着通过和平方式避免这次冲突，说服斯巴达和西库翁派出几名调停者随他们一道前往科林斯。科西拉使者要求科林斯必须撤回最近派往埃皮丹努斯的军队和殖民者，声称科林斯无权干预该邦。同时提议，如果双方对此有争议，可以提交某一个不偏不倚的伯罗奔尼撒城邦仲裁，或者参照德尔菲神谕行事。通过仲裁，决定埃皮丹努斯应当是属于哪一个城邦的殖民地。针对科西拉的提议，科林斯人答复说，除非科西拉围攻的军队撤出埃皮丹努斯，否则他们不会接受任何提议。然而，科西拉人回答说，除非由科林斯派出的新殖民者和军队撤离，否则他们也不会撤军。

虽然科西拉人非常断然地拒绝了埃皮丹努斯的第一次求救，但从在科林斯提出的倡议来看，公平正义在他们一方。然而，科林斯人做得太过火了。他们的态度太过于咄咄逼人，让双方根本没有机会听取第三方的仲裁。当舰船才装备完毕，科林斯人就扬帆向埃皮丹努斯进发，并派出传令官正式向科西拉人宣战。当这支由75艘三列桨战船和2000名重装步兵组成的军队到达安布拉奇亚海湾入口的亚克兴（Aktium）海角时遭遇到了科西拉舰队。该岛拥有的120艘三列桨战船中，尽管有40艘正在围攻埃皮丹努斯，但剩余的80艘全部参加了这次战斗。在随之而来的战斗中，科西拉人获得了一场完胜，摧毁了15艘科林斯战船，并捕获了相当数量的战俘。就在科西拉人取得胜利的那一天，埃皮丹努斯向包围该城的舰船投降。双方达成的约定是，城内的科林斯人成为俘虏，其他新来的殖民者被卖为奴。战败后，科林斯人及其同盟者并未在海上进行太长时间的停留，而是返回了各自的城邦。科西拉人成为周边海域无可争议的主宰者。按照希腊人的战争惯例，他们杀害了除科林斯人外的所有俘虏，而将科林斯战俘掳入城内，以便作为谈判时的重要砝码。接着，科西拉人开始对那些在最近这次远征中提供了援助的科林斯同盟者展开报复行动：蹂躏了琉卡斯的国土，烧毁埃利斯的海港库莱奈（Kyllene）。科西拉人制造的破坏是如此之大，以至于科林斯被迫在此年夏末再一次派兵前往亚克兴海角，以便保护琉卡斯、阿纳克托利翁和安布拉奇亚。科西拉舰队再一次聚集在琉奇麦（Leukimme）海角附近。但双方没有进行进一步的冲突。随着冬天的来临，双方的军队就地遣散，回到各自的城邦。

这次海战的失败让科林斯人受到了奇耻大辱，由他们召集而来的殖民者被驱散的行为也让他们大丢颜面。虽然埃皮丹努斯的丧失使原本的计划受挫，但他们仍决定采取更加猛烈的举措报复其累世宿仇科西拉。在战后整整两年，科林斯人将全部的身心

第十七章　从"30年和约"即伯罗奔尼撒战争前14年到伯罗奔尼撒战争前一年波提戴亚之围

投入修建新战船和装备军队的事务中,以便能够聚集足够的兵力实现报仇的目的。尤其值得注意的是,他们不但派人前往伯罗奔尼撒半岛各港口,而且派人到雅典帝国治下的各个岛屿,以图用高薪招揽最优秀的海员。经过长时间的努力,在上次战争结束的第三年,90艘装备精良的科林斯战船准备扬帆起航。在同盟援军到来后,整支舰队的数量多达150多艘战船。其中来自安布拉奇亚的有27艘,麦加拉12艘,埃利斯和琉卡斯各10艘,阿纳克托利翁1艘。

如果不能获得其他城邦的援助孤军奋战,科西拉人不可能冒险与如此强大的一支军队血拼到底。然而,该邦既未加入雅典同盟,也未成为拉凯戴蒙同盟的一员。凭借着丰盈的国库、强大的国力、优越的位置,科西拉一直奉行独立自主的政策并以此为傲。到目前为止,该邦确实能够安然地独善其身。然而,无论是其朋友还是敌人,都将该邦能够安然地超然于两大同盟之外视为这座岛屿的特别之处。由此我们或许可以得出这样的推论:如果雅典帝国土崩瓦解,帝国内爱琴海的那些岛邦能够维持真正意义上独立的可能性是多么微乎其微。但是,尽管科西拉直到彼时还维持着光荣孤立的政策,但随着希腊其他城邦力量的增长和巩固,它也不能够再继续固守独立自主的政策了。如果申请加入拉凯戴蒙同盟,与其针锋相对的对头在同盟中具有重要影响,这对科西拉人而言根本不可能。因此,它别无选择,只能寻求与雅典结盟。此时,雅典在伊奥尼亚湾还没有同盟者。因为它不但在血缘上与多利安血统的科西拉没有任何关系，而且此前与这个城邦也不存在任何友好关系。但是，即便双方之前没有为建立同盟关系打下一定基础，至少也没有采取措施禁止这种关系的发展。因为，雅典和斯巴达订立的和约中明确规定，任何一个没有真正加入的城邦，都可以随意加入其中一个同盟。

根据现代政府理论，宣战、媾和、订约是授予独立于代表大会的行政部门的主要职能。然而，根据古代人的观念，上述事务是最有必要提交由全体公民组成的大会决定的事情。事实上，希腊人确实会将上述事务提交公民大会讨论。在奉行完全民主制的雅典如此，甚至在奉行部分民主的城邦也会如此。科西拉使节一到雅典就首先向城邦的将军知会他们即将商谈的事务。将军在提前通知所有公民后，指定某一天让使节在公民大会前发言。他们的使命并非秘密，因为当科西拉人提议将双方的争端提交第三方仲裁，他们已经在科林斯表达过这样的想法。即便没有这次提议，基于政治上的考量，科林斯人也显然会意识到双方的接触必然会发生。最终在雅典的"代理人"（proxeni，关照科林斯人公共或私人事务的雅典公民，他们通过秘密通信与科林斯政府保持联系。"代理人"有时经政府任命，有时自愿充当。他们部分地承担着现代社会大使的职责）会告知他们科西拉使节到来的消息。因此，就在将军指定科西拉使节在雅典公民大会上发言的当日，科林斯的使节也出现在公民大会上，对科西拉人的发言进行应答，并强烈反对雅典人同意科西拉人的请求。

第十七章 从"30年和约"即伯罗奔尼撒战争前14年到伯罗奔尼撒战争前一年波提戴亚之围

修昔底德的著作记载了双方的发言。虽然著作中的演说是历史学家用自己的语言组织的,但具体内容是他亲耳听到的,很有可能确实呈现了双方使节发言的主旨。虽然这两段演说到处浸润着修昔底德特定的风格和严整的结构,但仍是他整部作品中最平实、最有条理的演说,将当时的状况完全呈现在我们的面前。

科西拉以双方共同的利益和互惠性作为寻求雅典人友谊最有说服力的根据。对于埃皮丹努斯,他们曾向科林斯提出,要求将此事付诸第三方公正仲裁。然而,他们的提议遭到了拒绝。这表明,事情的是非曲直已不言自明。此外,如今他们势单力孤,但面对的敌人已不再只有科林斯一邦;因为科林斯虽曾被打败,但通过金钱利诱,组织起一个令人生畏的同盟,甚至从雅典的同盟者中招揽到一批精挑细选的水手。如果答应了科西拉人的请求,雅典将不但会摆脱滥征战伐的恶名,而且能够获得长久的正当理由,承担起保护公理事业的美名,同时确保自身获得一支强有力的援军。对雅典自身而言,科西拉海军在希腊首屈一指,如今雅典人可纳为己用。如果拒绝这个提议,听任科西拉被人征服,那么这支强大的海上力量将会落入敌人之手。因为科西拉的对手是科林斯和伯罗奔尼撒同盟,而雅典人不久就会公开向其宣战。在当前希腊世界的形势下,伯罗奔尼撒同盟与雅典的冲突不会推迟太久。科林斯人正在考虑利用这次机会试图强占科西拉并将其纳入自身的海军之中。因此,雅典迫切需要制定出详尽的政策,援助科西拉,进而挫败科林斯人的诡计。"30年和约"的条款允许雅典如此行事。虽然或许有人会争辩说，在当前的关键时刻，接受科西拉入盟无异于对科林斯宣战，但事实表明，这种预言是错误的。因为，一旦雅典进一步强化了自身的实力，敌人将更不愿意与它交战。如果这样，雅典不但拥有一支不可战胜的海上舰队，而且将成为连通西西里和伯罗奔尼撒海域的主宰，防止西西里的多利安人向伯罗奔尼撒派出援军。[68]

来自科林斯的发言人对于科西拉人的陈述进行了答复。他们谴责说，不论是在埃皮丹努斯还是在此前的所有事务中，科西拉奉行的政策都一直不但自私而且邪恶不公。[69]最令人寒心的是，它一直对其母邦科林斯不但不尽职责而且居心叵测。按照希腊人普遍认可的道德，它应当效忠于母邦。对此，科林斯其他殖民地都乐于遵从。[70]埃皮丹努斯不是一个科西拉的而是科林斯的殖民地。科西拉人不但错误地围攻了这座城市，而且在他们提议的仲裁即将进行时也不愿撤出军队。虽然"30年和约"的规定确实许可雅典接受科西拉成为同盟者，但和约并不允许接受那些已经结成殖民关系的城邦入盟，尤其不许接受那些纠纷不断、地位悬而未决的城邦。对于这次事件，如果双方都有权请求雅典的援助，那么科林斯应当比科西拉更有优势。因为，科西拉从来不曾与雅典人有任何事务往来，而科林斯不但通过"30年和约"仍与雅典保持着友好关系，还通过劝阻伯罗奔尼撒盟邦不要援助反叛的萨摩斯实实在在地帮了雅典一把。通过这次劝阻行为，科林斯人捍卫了希腊每个同盟有权处罚同盟内不听招呼的成员的邦际法规

第十七章　从"30年和约"即伯罗奔尼撒战争前14年到伯罗奔尼撒战争前一年波提戴亚之围

准则。如今，他们要求雅典也要遵守这个准则，不去干预科林斯与其殖民地之间的纷争。因为一旦违背这个准则，就可能报应到雅典自身，从而导致它众多的属邦离心力加强。对于伯罗奔尼撒同盟与雅典之间即将到来战争的担忧，这样的一次事件就成为未定之数。如果雅典能公平处理，同意在这样的关键时刻支持科林斯，或许战争将永远不会爆发。但是，如果雅典拒绝支持，战争必然会爆发，给雅典造成的危害会远远超出科西拉承诺的海上合作带来的补偿。

这就是针锋相对的双方使节发言的主要内容。这次辩论持续了两天，在接下来的一天，雅典公民大会宣布休会。然而遗憾的是，修昔底德并未记载雅典人陈述的内容，甚至连做出最终决定的伯里克利也没有一点记载。

埃皮丹努斯母邦归属的争论未能吸引雅典公民大会多大的注意力，但是科西拉海上力量成了人们关注的重大问题。因为这支强大的海上力量是站在己方还是与己为敌关系重大，除伯罗奔尼撒战争爆发的危险外，没有任何问题可与之相较。对于涉事双方的发言，最初占绝大多数的公民大会出席者支持科林斯；但逐渐地，人们改变了主意，支持与科西拉结盟，他们认识到，冲突已不可避免，在伯里克利的循循善诱下，人们接受了他的看法。[71]然而，雅典人决定采取某种形式的中间路线，以便既能拯救科西拉，又在可能的范围内逃脱违背现存的和约并挑起伯罗奔尼撒战争的责任。因此，双方只签订了一则严格意义上的防卫协定的盟约,以便在科西拉受到攻击时保护其国土和财产。雅典人决定仅武装一支奇蒙之子拉凯戴孟尼乌斯率领的由 10 艘三列桨战船组成的舰队前往。这支小小的队伍不可能对科林斯城构成侵略的威胁,能够让科林斯人可以接受。同时,这支队伍既能把科西拉从毁灭中拯救出来,也能激起战争,削弱双方的海上力量。这恰恰是雅典最希望见到的结果。

很快,由 150 艘战船组成的科林斯大军从海湾出发,到达与科西拉岛最南端相对的埃皮鲁斯海岸一个名为凯伊麦利翁(Cheimerium)的海岬。他们在这个港口建立了一个军港并安营扎帐。同时获得了附近一支人数颇多的由对其友好的埃皮鲁斯诸部落组成的军队支援。加上雅典的 10 艘战舰,科西拉的舰队一共有 110 艘。他们在附近一座名为叙布塔(Sybota)的小岛扎营。陆军和来自扎坤图斯的 1000 名重装步兵快速推进到科西拉岛的琉奇麦(Leukimme)海岬。双方都为战争做好了准备。夜半时分,科林斯人从凯伊麦利翁海岬扬帆起航;拂晓时分,遭遇到了正向他们推进的科西拉舰队。科西拉舰队分为三个分遣队,每个分遣队由一位将军率领;雅典的 10 艘战船加入了最右侧的分遣队。与雅典战船相对的是科林斯舰队的精锐舰船;一旁是同盟者的船队,麦加拉和安布拉奇亚人的舰队行驶在最右侧。此前,还没有如此众多的舰船参加双方都是希腊人参与的海战。然而,双方运用的战术和谋略并不能与如此众多的舰船相匹配。至少就科西拉一方而言,甲板上挤满了重装步兵和弓箭手,而在下面摇桨的很

第十七章　从"30年和约"即伯罗奔尼撒战争前14年到伯罗奔尼撒战争前一年波提戴亚之围

大一部分是奴隶出生的桨手。双方的舰船奋力向前，以图直接撞向对方的船头。但是，最终双方纠缠在了一起，登上对方的船，如同陆地作战一样，展开了激烈的肉搏。双方采用的战术仍然是希腊海战的传统方式，并未引入过去几十年来雅典海军对于战术的改进。

在科林斯的右翼也即科西拉的左翼，科西拉人获得了胜利。20艘舰船追击科林斯的同盟者安布拉奇亚人，不但将他们追上了岸，而且船上的科西拉人还登上陆地，劫掠了科林斯人的营帐。事实证明，他们轻率地长时间远离战场造成了难以估量的损失。因为科西拉人的总人数处于劣势，而且与其右翼相抗衡的是科林斯的精锐战船。经过一场艰苦的战斗后，科西拉人被彻底击败。许多舰船丧失了继续战斗的能力，其余船只被迫想方设法撤出战场。假如另外一个侧翼取得胜利的战船保持着很好的战斗阵形，这些战船在撤退时本可以得到有效的保护。虽然雅典海军最初严守城邦发出的命令，尽可能远离战斗，但是当战局变得混乱时，尤其是科林斯人力图进一步巩固他们的胜利时，雅典人再也不能超然在战局之外，积极地发起了对追击者的进攻，努力营救遭受了败仗的科西拉人。当科西拉人被赶回他们的岛屿后，获胜的科林斯人返回刚才的战场，发现那里到处是破损和进水的战船。他们穿行在破损的战舰中，并未想法把它们拖离战场，而是追击船上的水手，将其中一部分掳为战俘，把剩余的大部分杀死。在尽可能打捞己方战死者的尸体后，科林斯人将这些尸身运送到离埃皮鲁斯海岸最近的叙布塔岛。然后，集合舰队，准备重新从科西拉的海岸对敌人发起进攻。科西拉人将所有仍可航行的战船集合在一起，加上原本停留在港口的一小部分战船，以图不惜一切代价阻止敌人登上海岸。原本严守城邦要求的雅典战船如今也准备全力参加科西拉的防守。此时已是傍晚时分。突然他们看到，科林斯人不再向前推进而是向后驶返。不久科林斯舰船掉转船头，径直驶往埃皮鲁斯海岸。科西拉人不能理解科林斯战舰突然撤退的原因。后来据称，雅典新近派出的20艘战船正在靠近，这才出人意料地解除了危机。科林斯发现了这些舰船，认为这可能只是一支更庞大舰队的先遣队。

虽然这20艘雅典战船并非如科林斯想象的是一支庞大舰队的先头部队，但它们的到来彻底改变了战争的发展态势。在此前的战斗中，科西拉人被击沉或丧失续航能力的战船多达70艘，科林斯只有30艘。因此，在战船数量上，科林斯人仍占优势；然而船上却扣押着1000名战俘需要照看。即使抛开这些不便，科林斯人也不急于冒险再一次发动新一轮战斗，与由30艘雅典战船和剩余的科西拉战船组成的联合舰队对抗。当科西拉和雅典联合舰队跨海驶往埃皮鲁斯海岸与他们作战时，科林斯人不与其正面交锋，未加思考就立即撤退。在返航途中，科林斯人袭击了安布拉奇亚湾入口处的阿纳克托利翁。此时，该邦由科林斯和科西拉共同拥有。攻下这座城池后，科林斯人又安插了一批殖民者，以便保证该邦将来的忠诚。一回到科林斯，他们就解散了舰队，

第十七章　从"30年和约"即伯罗奔尼撒战争前14年到伯罗奔尼撒战争前一年波提戴亚之围

并将绝大部分战俘（800名）卖为奴隶。但却将余下的250名继续扣押并好好招待。他们中的许多人出身于科西拉的名门望族，拥有的财富丰盈。科林斯人打算将他们争取过来，以便利用他们在科西拉岛上发动一场革命。

自此后，科林斯人认为"30年和约"已被破坏，并公开地毫不掩饰地极端仇视雅典。这次战斗中，雅典人派出了一支不大的队伍就将科林斯的舰队驱离了埃皮鲁斯海岸，然而他们却毫无所获。没过多久，科林斯人就找到了一个机会，通过对雅典散布各地的其中一个殖民地，给予他们的敌人沉重一击。

多利安城邦波提戴亚位于一个名为帕莱奈的小半岛（色雷斯地区位于泰尔马湾与斯特吕蒙湾之间的卡尔奇狄凯半岛三个向外延伸的叉状半岛中最西的一个）的地峡上。虽然该邦是雅典的一个纳贡城邦，但最初由科林斯殖民，并仍与科林斯维持着某种形式的宗亲关系。每年，科林斯会派出一位公民前往该城，担任名为埃皮戴米厄吉（Epidemiurgi）的官员。附近周边海岸地区几个属于卡尔奇狄凯人和波提埃安人（Bottiaeans）的小城邦也以类似的方式成为雅典的纳贡城邦。邻近的内陆地区[72]被马其顿国王、亚历山大之子佩狄卡斯（Perdikkas）所据。50年前，亚历山大曾参与了薛西斯对希腊的远征。在雅典人击败驻守色雷斯的波斯军队后，两位君王可能逐渐地拓展了他们的统治范围，最终占据了阿克西乌斯（Axius）河与斯特吕蒙河之间的所有地区。彼时，佩狄卡斯曾一度与雅典交好并与其结盟。不过，马其顿还有另外两位王公，分别是佩狄卡斯的弟兄腓力和德尔达斯（Derdas）。他们分别僭称国王，占据着上马其顿地区，与佩狄卡斯争端不断。自从雅典将这两位王公纳入同盟者后，佩狄卡斯成了雅典最积极的反对者。雅典在海岸地区面临的所有困难最初也正是因为他的阴谋而导致的。相较于海岛，雅典帝国对于大陆上港口控制的彻底性和稳定性要低得多。[73] 大陆上的港口总是或大或小地从属于某个强大的陆上城邦，有时对于这个陆上城邦的依附性甚至超过了雅典这个海上霸主。我们发现，雅典也在想尽一切办法培养与西塔尔凯斯（Sitalkes）等强大的色雷斯王公的友好关系，以此强化对这些港口的控制力。[74] 不久，佩狄卡斯开始挑拨并援助卡尔奇狄凯人和波提埃安人反叛了雅典。他不但派出使节前往科林斯，鼓动波提戴亚反叛以便于上述反叛者一致行动，还派人前往斯巴达，煽动伯罗奔尼撒同盟宣布与雅典全面开战。此外，他说服了许多卡尔奇狄凯人放弃了散布在海岸边的小城，移居到离海几斯塔狄亚的奥林图斯。

雅典人并未将佩狄卡斯充满敌意的准备活动及来自科林斯的危险置若罔闻。科西拉海战结束不久，他们就采取了预防波提戴亚反叛的诸多措施，[75] 要求该邦居民拆毁朝向帕莱奈半岛的城墙，使该城向半岛一侧（或朝海的一侧）开放，而只在朝向大陆的一侧设防。同时，要求该邦公民提供人质，驱逐由科林斯派遣的每年一任的官员。雅典人还派出一支由 30 艘三列桨战船和 1000 名重装步兵组成的军队前往，一方面制止佩狄卡斯在泰尔

第十七章　从"30年和约"即伯罗奔尼撒战争前14年到伯罗奔尼撒战争前一年波提戴亚之围

马湾的行动，同时强化对波提戴亚的遏制作用，镇压周边卡尔奇狄凯人可能爆发的反叛。在收到雅典人的无理要求后，波提戴亚人立即同时向雅典和斯巴达派出了使者。派人前往雅典的目的是希望取消这些无理要求并争取更多时间；派人前往斯巴达的目的是说服斯巴达，要求一旦波提戴亚被雅典进攻，它能联合科林斯派兵入侵阿提卡。虽然"30年和约"仍然有效，但使者们从斯巴达政府那里获得了确定的承诺。[76] 由于在雅典遭到了拒绝，他们在阿凯斯特拉图斯（Archestratus）率领的舰船起航时就公开爆发了反叛（时间大约是公元前432年仲夏）。科林斯与卡尔奇狄凯人和波提埃安人交换庄严的誓言，并承诺为他们提供援助。在科林斯人的煽动下，上述两邦也一起反叛。[77] 驶抵泰尔马湾后，阿凯斯特拉图斯及其所率舰队发现处于四面楚歌的窘况中。由于兵力不足，他们无法兵分多路，只能前往马其顿攻打佩狄卡斯。因此，在来自腓力及其弟兄德尔达斯的上马其顿军队的合作下，他全力围攻泰尔马。攻占该城后，他接着开始围攻皮德纳。或许，他立即集中所有兵力攻打波提戴亚将更加明智。因为，在他与人合作攻打泰尔马的六个多星期里，科林斯人已向波提戴亚运送来了一支强大的援军。其中包括1600名重装步兵和400名轻装兵，士兵的一部分来自科林斯，另一部分是为了这次战斗招雇的来自伯罗奔尼撒其他城邦的公民。率领这支军队的将领是阿戴曼图斯之子阿利斯泰乌斯（Aristeus）。此人在科林斯和波提戴亚都深孚众望，许多士兵都是自掏腰包自愿随他前往的。因此，就是反叛的消息传入雅典不久,在雅典人派出另外一支军队攻打时,波提戴亚就已做好了充分的防备。不过,雅典人还是迅速派出了一支军队。在卡利亚戴斯之子卡利亚斯的率领下,40艘三列桨战船和2000名雅典重装步兵赶往泰尔马湾,[78]并与此前围攻皮德纳的军队合二为一。在经历短暂攻城无果的战斗后,雅典人发现,由于必须马上与阿利斯泰乌斯和波提戴亚交战,只能被迫以最有利的条件与佩狄卡斯达成和解。雅典人放弃了马其顿,进攻贝罗埃亚城(Beroea),无功而返。接着,他们沿泰尔马湾东岸陆上行军向波提戴亚的方向前进。[79]

尽管双方在皮德纳签订了和约,但正如我们以后还要多次见到的那样,佩狄卡斯天性毫无信义,如今他再一次和卡尔奇狄凯人站在了一起,派出200名骑兵加入他们的队伍中。阿利斯泰乌斯通知驻扎在附近地峡的科林斯和波提戴亚士兵,将为他们提供一个露天市场,以便士兵们不会有缺乏补给之忧。他选择的地方在靠近奥林图斯一侧的一处地势高、位置险要之所。该地虽距该城大约七英里,但对市场发生的事情仍可一目了然。他在此静候雅典人的到来,同时指望着来自奥林图斯的卡尔奇狄凯人在见到信号后对雅典的后队发起进攻。但卡利亚斯所率军队的力量非常强大,仅用投靠他的马其顿骑兵和其他同盟军队就抵抗住了奥林图斯人的进攻。同时他亲率雅典主力军队行进到地峡,在阿利斯泰乌斯的军队面前停驻下来。在随后的战斗中,阿利斯泰乌斯及其所率的科林斯精兵很快就取得了大捷,突破了敌人的方阵,

第十七章 从"30年和约"即伯罗奔尼撒战争前14年到伯罗奔尼撒战争前一年波提戴亚之围

并追击了相当长一段距离。然而，其他的波提戴亚士兵和其他来自伯罗奔尼撒同盟的士兵被雅典人击败，并被赶入城墙之内。在追敌返回的过程中，阿利斯泰乌斯发现刚刚获得胜利的雅典军队正揳入他与波提戴亚城之间。他并不知道雅典人是想切断科林斯人返回波提戴亚城还是撤军返回奥林图斯。他假定雅典人是想切断他们的回路，于是主动对雅典方阵的侧翼发起了进攻，并派人跳入海中，以便控制对波提戴亚城墙的末梢之处。因为这道城墙横贯整个地峡，两端入海处各建有一道防波堤。通过这招冒险之举，阿利斯泰乌斯在遭遇一定的困难并付出一定的损失后终于成功地挽救下他的这一支分遣队。与此同时，在见到科林斯人发出的信号后，来自奥林图斯的辅兵也开始行动起来，但是他们很快被马其顿骑兵击败。结果，波提戴亚人还没有进行有效的转移，就被迫发出撤退信号，他们被击败后返回了城里。被击败的波提戴亚人和科林斯人放弃了进城的愿望，逃离战场。经此一役，他们损失300人，而雅典战死150人，另加其将军卡利亚斯。

在这次战斗中，雅典人取得的胜利非常彻底。他们立即在靠大陆一侧修建了一道横贯地峡的城墙，切断波提戴亚与奥林图斯及卡尔奇狄凯城邦的联系。为了使封锁更加彻底，必须在地峡靠帕莱奈半岛一侧再修建一道城墙。但由于他们无法单独派出一支队伍全力从事修建工程，直到弗尔米奥（Phormio）从雅典新率1600名重装步兵到来后，这道城墙才最终完工。雅典人缓缓地向波提戴亚进军，踩躏其国土，以图激怒城里公民外出与之作战。但人们对他的挑衅行为不理不睬。他的行动没有妨碍靠帕莱奈半岛一侧城墙的修建。最终波提戴亚与大陆被完全隔绝开来，其港口也被一支雅典舰队严密监视。城墙完工后，只需留下军队的一小部分围攻该城即可。这样弗尔米奥可以腾出手来，自由对卡尔奇狄凯和波提埃安人的城镇进一步采取侵略行动。如今，夺取波提戴亚只是时间长短的问题。为了让补给维持的时间更久，阿利斯泰乌斯向公民提议，要求只留下500人驻守城内，其余人选择一个顺风的日子登上战船，突然从港口里驶出，趁机逃脱雅典战船的封锁。虽然他本人是留守城内的一员，但他不能确信波提戴亚的公民胆敢面对这样大胆的一次冒险行动。于是，按提议的方式，波提戴亚的战船分成若干小队，在他的率领下向外逃走，希望同时获得外面来自伯罗奔尼撒同盟者的援助。但是，除了卡尔奇狄凯人采取了局部的军事行动外，他并未获得其他人的帮助，这次撤离的企图对于缓解该城的围困于事无补。尽管如此，波提戴亚仍坚持了整整两年。在这两年里，其他地方发生了许多重要的事情。

雅典和科林斯因两件事情展开了博弈。双方首先在科西拉展开了间接的竞争，然后公然在波提戴亚展开了直接的斗争。下一章将叙述因这两次博弈引发的在伯罗奔尼撒同盟内部发生的若干重大事件。

第十七章 从"30年和约"即伯罗奔尼撒战争前14年到伯罗奔尼撒战争前一年波提戴亚之围

附录

近年来的考古发现使关于雅典与其同盟者关系的全部问题大大简化。通过贡金的支付和行政、司法两个子目就可以非常圆满地解决这个问题。虽然，我们不能宣布所有问题都已最终解决，但是，无疑为最重要且最令历史学家感兴趣的历史论题提供了更多思路。

I 同盟者缴纳的贡金

近年来基于对贡金列表更加深入的考察，学者们大大地修正了原来的观点并补充了一些新的证据。在上一章中我们对这些观点进行了陈述。

1. C. I. A., i. 260 (Hill's *Sources*, p. 23) 的年表证明，第一份贡金列表颁布于公元前454年。由此我们可以有把握地推断，将同盟金库自提洛岛转移到雅典也发生在这一年。[80] 公元前454年也与如下推断相契合：大约这个时候，雅典人肯定听到远征埃及的舰队即将失败的消息，因此有理由担心爱琴海地区的安全。

2. 就贡金的数额而言，修昔底德估计的最初厘定金额为460塔兰特可能不尽准确。公元前466年的战争爆发之前，如此巨额的一笔贡金几乎不可想象（see note 23, on p. 342）。此外，贡金列表也不支持修昔底德（ii. 13）认为伯罗奔尼撒战争爆发之前年贡金达 600 塔兰特的记载。如何解释这样的差异现仍存分歧。布索尔特（Busolt, *Philol.*, 41, p. 703）的看法是，修昔底德把萨摩斯战争的赔款也加入总额之中（but see Beloch, *N. Rhein. Mus.,* vol. 39, 34 ff., and vol. 48）。另外一种可能的解释，*cf.* note 27 on p. 479。

从公元前 425 年列表中的贡金总额（C. I. A., i. 37; Hicks and Hill, 64）可见，此时贡金额确实大幅度增加。这进一步证明修昔底德的三缄其口和格罗特的质疑（*cf.* Appendix, ch. 22）有冲突。

在新税则条件下，帕罗斯缴纳 30 塔兰特，纳克索斯和安德罗斯各为 15 塔兰特。这一事实表明，雅典最初征收的总额还算适度。因为就在三年之前，城邦向公民征收了一年的所得税，结果获得 200 塔兰特（Thuk., iii. 19）。此外，自公元前 413 年起，为了增加城邦的收入，贡金主要或完全被针对进出口货物征收的 5% 关税所代替。非常清楚，盟邦并未被征收高额贡金。

3. 将所有盟邦分为五个纳贡区的做法只在公元前 443—前 436 年存在（C. I. A., i. 237-244）。在此之前，并没有严格意义上的地理划分。在此之后，也有四个纳贡区，因为伊奥尼亚纳贡区和卡利亚纳贡区被合二为一，成为伊奥尼亚区。

4. 就纳贡盟邦的数量，基希霍夫在 C. I. A., (i. 226 *ff.*) 中列举了 200 个。有学者甚至举出 290 个。而阿里斯托芬给出的数目（1000）远远超出列表的记载。相关记载的不同可以解释为若干个城邦在某些情况下组成了一个纳贡单元（συντελεῖς）。（*cf.* Antiphon, xv. Fr. 56）

第十七章 从"30年和约"即伯罗奔尼撒战争前14年到伯罗奔尼撒战争前一年波提戴亚之围

5. 评定贡金的方式。（自公元前454年之前）贡金列表每四年会在泛雅典娜节上重新修订。换言之，修订时间为每个奥林匹亚德的第三年。后来（约前437），修订时间为每个奥林匹亚德的第四年（举行小雅典娜节庆典时）。在τακταί（一个由8人组成的评定委员会，公元前425/424年每个纳贡区选出2名委员）的协助下，五百人议事会向公民大会提出草案进行审议。其程序如下：首先，每个城邦在委员会面前进行自我评定。委员会可能接受盟邦自我评定的数额，也可能由委员会重新厘定。然后把相关情况向五百人议事会汇报。一旦盟邦自我厘定的数额获得通过，列表中就不会做出任何描述。如今所见的情况多是如此。如果用这种简单的方式没有解决这个问题，将提交公民大会裁决。那些找到充分的理由不接受委员会厘定金额的城邦被描述为πόλεις αὐταὶ φόρον ταξάμεναι（C. I. A., i. 243, 244, 256）；那些找不到充分理由的城邦被称为πόλεις ἃς ἔταξαν οἱ τακταί（C. I. A., i. 266）。如果某一个城邦提出另外一个数额（在公民大会上，或按科勒的说法在五百人议事会上），并被公民大会所接受，这个城邦被归类于ἃς οἱ ἰδιῶται ἔταξαν（C. I. A., i. 266）或ἐνέγραψαν φόρον φέρειν（C. I. A., i. 243, 244, 256）。另外一类城邦被称为ἃς ἡ βουλὴ καὶ οἱ πεντακόσιοι [οἱ ἡλίασται]ἔταξαν。上述分类未必确信无疑，但从中可以清楚地看到，盟邦拥有（与普通雅典公民类似的）特权，可向陪审法庭提出它们的意见（C. I. A., i. 266）。所谓的贡金列表记载的是城邦的名字及其应当向雅典娜的圣库缴纳的金额（数额为六十分之一）。另外一种解读参见 Busolt in Philologus, xii., pp. 625-718。

6. 每年埃拉菲波利翁月（Elaphebolion，即2—3月）各个盟邦在五百人议事会上向希腊财务官缴纳厘定的贡金。如果城邦未能按时缴纳，被称为 ἐκλογεῖς 的官员（Antiphon, xv., fr. 52 or 53; Lysias, fr. Vii. 9）将被派往催促。战争时期，城邦将派出一支船队保护这些官员（ἀργυρολόγοι νῆες, Thuk., iii. 19; iv. 50, 75）。

7. 博克认为，军事殖民地也要缴纳贡金。贡金列表驳斥了他的看法，表明派驻了军事殖民者的盟邦比原来缴纳的贡金要少（譬如，公元前450年安德罗斯缴纳12塔兰特，但公元前449年只有6塔兰特）。此外，自公元前430年起，波提戴亚不再出现在列表之上。军事殖民者是雅典的全权公民，因此自然无须承担落到盟邦头上的负担。

II 行政与司法

或许在铭文中（C. I. A., ii. 17a; Hicks, *Hitorical Inscriptions*）可以发现关于第一次提洛同盟真实状况最令人感兴趣的评论。这则铭文讲述了瑙西尼库斯（Nausinikus）任执政官的那一年（前378或前377）第二次提洛同盟的具体安排。在寻常的序言后，铭文接着记叙说："如果任何一个大陆或岛屿上的希腊城邦或蛮族城邦，只要它们不是（波斯）大王的臣属，且自愿成为雅典及

第十七章　从"30年和约"即伯罗奔尼撒战争前14年到伯罗奔尼撒战争前一年波提戴亚之围

其同盟者的盟邦，都可以自行其是，保持自治，保留本邦公民乐于选择的政府形式。不得向任何一个城邦派遣驻军或指派军事长官。盟邦不用缴纳贡金。"此外，铭文中还规定成立一个独立的同盟议事会，明确强调任何雅典人不得在属于同盟者的区域殖民，更不得侵占同盟者的土地和房产。任何违反上述规定的雅典人将会受到同盟大会的审判，有争议的财产一半归告密者所有，另一半归同盟金库所有。

无疑，这一篇铭文对第一次同盟中让同盟者难以忍受的诸多内容做出了明确的限制。上述措辞表明，在处理那些希望脱离同盟的城邦（纳克索斯、塔索斯、萨摩斯等）时，雅典使用的强制措施不合乎同盟的规定。无论此类行动的实际效果如何，都被同盟者视为侵略行动，在最初设计的同盟中都没有经过深思熟虑（*cf.* Thuk., i. 98 *ad fin.*）。[81] 格罗特在此前一章中抱怨的第二点和第三点内容得到了铭文的充分证实。铭文记载了雅典与埃吕特莱（Erythrae）、卡尔奇斯、米利都结盟的条款［C. I. A., i. 9; iv.（1）27a, p. 10; iv.（1）22 a; Hicks and Hill, 32 and 40］。就此而言，非常明显，在第一次雅典同盟中，雅典有时会与各同盟者分别签订不同的盟约。虽然不能断定类似情况有多频繁，但从中可见，事实上，这些盟约规定雅典享有处理涉及同盟者事务的特权。在涉及埃吕特莱的铭文中规定雅典有权采取类似措施。该邦主要的审议和行政职权掌握在一个由120人组成的议事会中。其成员的任职资格与雅典议事会成员相同，也需要接受职前审查（δοκιμασία）和卸任审查（εὔθυνα）。成员的选举最初受两位官员的监督，他们分别是监督员（ἐπισκόπος）和驻军长官（φρούραρχος），后来受驻军长官和议事会监督。显然，监督员只是一个临时的官员（see also Ar., *Av.*, 1023），但驻军长官却是一个常设官员，在最初一年后，他的某一些民政权力被剥夺。在现实中，雅典人在同盟城邦中驻军的情况有多么广泛，我们不得而知。修昔底德提到了 οἱ ἐν τοῖς φρουρίοις，并提到分别在萨摩斯(i. 115, 3)和色雷斯(iv. 7)驻扎着一支军队。[82] 或许也有例外情况的发生。从上述描述中，我们有充分的理由相信，认为加入第一次雅典同盟的城邦完全没有任何事务掌控在雅典官员手中的看法是荒谬的。这从附录最初引用的那一篇铭文可以得到充分的印证。在埃吕特莱法令中，议事会全体成员发誓他们将不会反叛雅典，也不会劝说其他人背叛雅典。法令还规定，一旦任何人企图重新在城邦建立僭主政治，将被判处死刑。铭文最后规定，所有可能会判处死刑的叛国案件都必须由雅典陪审法庭审理。规定卡尔奇斯与雅典关系的法令除包含着规范雅典权责的条款外，还规定所有官员卸任时都必须在卡尔奇斯接受审查，只有流放、丧失公民权或死刑案件除外。规定与米利都关系的铭文表明，当地的法庭只能处理涉案金额不超过100德拉克马的司法案件（C. I. A., iv. 22a fr. c., 1. 8）。

学者们一直以来坚持认为，雅典不会干预盟邦的民事案件。但伪色诺芬（[Xenophon], *Resp. Ath.* i. 16）认为雅典从审案费

第十七章 从"30年和约"即伯罗奔尼撒战争前14年到伯罗奔尼撒战争前一年波提戴亚之围

（πρυτανεῖα）中收获颇丰，无疑他的说法有一定程度的夸张。虽然米利都或许只是例外情况,但既然民事案件的审理要缴纳费用，盟邦自然有充分的理由发出抱怨之声了。因为不但它们的自由被剥夺，而且为了打官司，人们必须跋山涉水，经过很长的行程才可能完成。此外，无论审判结果公正与否，盟邦公民自然都会怀疑判决过程在一定程度上受到了外来因素的影响。无论雅典人的意愿是多么希望追求公平正义，也无论集中司法产生的效果是多么有利，这种司法制度都不满足同盟成员的要求，也不可能掩盖雅典对纳克索斯和塔索斯采取的极端行动。同盟者抱怨说，在雅典被判有罪的个人大多属于各城邦的寡头派人士，因此审判结果被视为党派利益的一种表现（[Xen.], *Resp. Ath.*, i. 16; Ar., *Pax*, 639）。同盟者的抱怨并不令人感到惊讶。

前面一个章节谈到，最初司法权由同盟大会掌管。如果情况确实如此，毫无疑问，这种权力转移到雅典陪审法庭之手是再自然不过的事情了。然而，事实上，并没有材料表明同盟大会曾经行使过按前述法令规定的司法权力。此外，认为雅典法庭的司法权毋宁是"规范城邦与城邦的关系"的看法也不够准确。铭文的记载表明，事实上，雅典至少在一定的情况下会干预同盟城邦内部的私人事务。认为同盟者不应当对此抱怨连连，因为他们是"在决定每一个雅典公民命运和荣誉的同样的陪审员"面前接受审判的，是没有抓住要点。基本的现实是，这种安排不可能受到同盟者的欢迎，因为他们更愿意按他们自身的法律接受审判。

有必要讨论雅典人是否"系统地通过武力干预臣属城邦的民主化进程"的问题。亚里士多德(Politics, viii., vi., 9, 1307b, 20)说，οἱ μὲν γὰρ Ἀθηναῖοι πανταχοῦ τὰς ὀλιγαρχίας, οἱ δὲ Λάκωνες τοὺς, δήμους κατέλυον（雅典人到处破坏寡头城邦，斯巴达人则到处压制民主城邦）。[83] 伊索克拉底(Paneg., 106)强调，"我们在其他城邦建立了雅典同样的政体。"(τὴν αὐτὴν πολιτείαν ἥνπερ παρ' ἡμῖν αὐτοῖς καὶ παρὰ τοῖς ἄλλοις κατεστήσαμεν)(see also *Panathen.*, 54; Thuk., viii., 21, 48, 64, 65)。因此，公元前4世纪的普遍看法是，雅典愿意将与其类似的政制强加给盟邦。涉及埃吕特莱的法令证实了这样的看法(*C. I. A., i.* 9; Hicks and Hill, 32; cf. Thuk., iii. 34)。另一方面，（正如前面一个章节谈到的）直到公元前440年，在开俄斯、莱斯沃斯和萨摩斯仍然奉行寡头政体，塞林布利亚 [*C. I. A., iv.* (1) 61a, p. 18; Hicks and Hill, 77] 获准自主选择政府组织形式。这些证据都与上述结论相悖。然而，值得注意的是，在同盟建立之初，开俄斯、莱斯沃斯（直到前428）、萨摩斯（直到前440）都是自治城邦，而塞林布利亚反映的是帝国步履蹒跚、行将崩溃之时的状况（前409）。公元前439年之后的萨摩斯历史太过模糊，几乎不能做出什么有价值的推论。我们发现，第二次雅典同盟明确规定，不得强制同盟者采取任何一种政体。基于此，可以合理地得出这样的结论：亚里士多德和伊索克拉底的看法未必是空穴来风。

因此，前面一个章节中关于提洛同盟的看法至少还有值得

第十七章 从"30年和约"即伯罗奔尼撒战争前14年到伯罗奔尼撒战争前一年波提戴亚之围

进一步讨论的地方。充分的证据表明,至少在某些情况下,雅典的统治非常严苛,已经接近于僭政。下述回应难说公正:在西西里远征之前,盟邦的歧义数量寡少,而且并不经常,因此盟邦必然总体上是顺从的。非常明显的是,因为雅典有一支强大的舰队巡航在爱琴海上,岛屿上的同盟者不可能奋起反抗;而处于内陆的卡利亚、吕奇亚、卡尔奇狄凯的反叛经常发生。修昔底德记述说,这些城邦时刻准备着全力($καὶ\ παρὰ\ δύναμιν$)参与叛乱。我们必须相信,对于雅典的统治,同盟者的的确确抱怨颇深。在政治事务、商业贸易、司法审判中,他们都受到控制。他们还必须忍受雅典官员和驻军出现在城邦内。[84]此外,对于雅典在与每个城邦订立盟约的条款中体现出越来越傲慢的态度,他们也是憎恨不已。

上述批判绝不意味着同盟者在每一个方面都对雅典的干预不满。正如在希罗多德的叙述中(Hdt., vi. 42)我们看到的那样,伊奥尼亚人的商业道德颇为人诟病。而或许正是雅典的干预才在一定程度上限制了他们的欺诈行为。总体而言,雅典确实在私人事务上对那些名义上保持着独立的同盟城邦进行了干预。在希腊人看来,上面描述的这些干预行为无异于僭政。无论雅典人的动机如何,他们采取的方法无疑最终走向了其设定目标的对立面。——编者

1. Xenophon, *Memorab.*, iii. 5. 18.
2. Thukyd., v. 30 关于斯巴达同盟的记载：此外，协定中有这样的话："如果神灵和英雄 不妨碍他们的话，"（εἰρημένον, κύριον εἶναι, ὅ, τι ἂν τὸ πλῆθος τῶν ξυμμάχων ψηφίσηται, ἢν μή τι θεῶν ἢ ἡρώων κώλυμα ᾖ.）
3. Plutarch, *Perikles*, c. 12.
4. *Ibid.*, c. 11.
5. Aristophan., *Vesp.*, 707.
6. Xenophon, *Anab.*, vii. 1. 27: οὐ μεῖον χιλίων ταλάντων; Compare Boeckh, *Public Econ., of Athens*, b. iii., ch. 7, 15, 19.
7. 很有可能在同盟金库从提洛岛转移到雅典时（前454），卫城的国库就已存在大笔资金，这主要来自奇蒙在一系列取胜的战斗中获得的战利品（*cf.* note 80 on p. 452）。在奇蒙去世后，据说同盟的经费就开始缩水。其中一部分用于公元前447—前445年和前440—前439年的历次战事，一部分被用于支出雅典新建的建筑。此外，一支由60艘三列桨战船组成的海军仍继续巡航待命。因此，城邦自身的盈余定然不能补足亏空。霍尔姆（Holm, *Gk. Hist.*, Eng. Tranl., ii., pp. 214, 215）计算的结果是，维持一支60艘三列桨船组成的海军每年就花费460塔兰特。换言之，这将耗尽盟邦每年上缴的贡金。
——编者
8. Thukyd., ii. 13.
9. Thukyd., i. 80.
10. 伯里克利对它的称呼，参见Thukyd., ii. 63；克莱翁的称呼，参见Thukyd., iii. 37；米洛斯使者的称呼，参见v. 89；欧菲穆斯的称呼，参见vi. 85；自然敌对者科林斯人也是这样称呼它的，参见i. 124。
11. Plutarch, *Perikles*, c. 20.

第十七章　从"30年和约"即伯罗奔尼撒战争前14年到伯罗奔尼撒战争前一年波提戴亚之围

12　除文献包括的大量与军事殖民地相关的信息外，铭文中也可获得一些材料。纳贡名录经常能够证实古典作家关于新建军事殖民地后降低贡金数量的记载，有时甚至能使我们确定具体的时间：可以确定，在安德罗斯建立军事殖民地的时间是公元前450年，纳克索斯是前447年，凯尔索奈斯是前447年（虽然狄奥多鲁斯给的时间是前453—前452），嫩诺斯和因布罗斯是前447年，卡尔奇斯和埃莱特利亚是前445年。C. I. A., i. 31（Hicks and Hill, 41）对于色雷斯的布里亚殖民地有详细记载（严格地说，这是一个普通殖民地而非军事殖民地。cf. Plut., *Per.*, 11）；C. I. A., 340（Hicks and Hill, 59）提到波提戴亚的军事殖民地；C. I. A., 13谈到科罗丰（最迟是前446）；C. I. A., i. 226, 230谈到黑海地区的阿斯塔库斯（Astakus, cf. Strabo, xii., p. 563）及一枚钱币上镌刻着阿米苏斯的一个名为 Πειρα（ιενς?）的新建殖民地（Brit. Mus. Cat., *Pontus*, pl. ii., No. 9, and Strabo, xii., p. 547）。根据敦克尔的研究成果（Duncker, *Gesch. des Alt.*, ix. 237），伯里克利派出的军事殖民者达15 000人。

有必要区分三种类型的军事殖民地：其一，原来的居民被驱逐（比如波提戴亚、埃吉纳和米洛斯），国土成为阿提卡公地（ager Atticus）的一部分，无须缴纳贡金；其二，殖民者仅占整个共同体的一小部分（比如纳克索斯和安德罗斯）；其三，殖民者不是居住在殖民地的份地上，而是住在雅典城（比如莱斯沃斯）。——编者

13　Plutarch, *Kimon*, c. 14.

14　Plutarch, *Perikles*, c. 19, 20.

15　除西诺佩、阿米苏斯和阿斯塔库斯的殖民地外，纳贡名录（C. I. A., i. 37）还表明雅典在黑海地区影响力的扩散，其中列举说它在该地区的附属城邦有17个。主要的纳贡者是斯基泰海岸的宁法伊翁（Nymphaeum）和奥尔比亚，这两个城邦因与雅典有数额颇巨的粮

食贸易而保持着密切的关系。博斯普鲁斯的斯巴托西王朝第三任国王琉康（前387—前347）获得了雅典公民权，这一事实体现了双方的这种亲密关系一直在持续。值得注意的是，虽然从严格意义上讲该王朝的国王是僭主，他们也被称为王朝的统治者，但他们仍经常使用"执政官"的称号。参见 V. V. Latyshev, *Inscr. Orae Septent. Ponti Euxini*（Petersburg, 1890）。——编者

16　【Xenophon】, *Resp. Ath.*, ii. 16. Compare also Xenophon, *Memorabil.*, ii. 8. 1 and *Symposion*, iv. 31.

17　可以参见纳克索斯的自由雇工和农夫。Plato, *Euthyphro*, c. 3.

18　从【Xenophon】, *Resp. Ath.*, ii. 7 可以进一步证实雅典与黎凡特和西部地区的广泛贸易关系，其中谈及的商贸伙伴包括埃及、塞浦路斯、吕底亚、本都、伯罗奔尼撒半岛、西西里、意大利等。在 Hermippus, *Phormophori*, fr. 63 中罗列了雅典进口的物资。各种考古文献同样证实了这样的论断：其一，诸多铭文材料（C. I. A., i. 40, 42 – cf. Hicks and Hill, 60; Meyer, *Gesch. des Alt.*, iv., ch. 2, § 426）表明了与黑海地区的粮食贸易和与马其顿的木材贸易。其二，在南俄地区发现的陶瓶有助于解释雅典是如何支付其进口的粮食。在伊特鲁里亚（Etruria）和意大利南部发现的数量巨大的阿提卡陶片证明科林斯在西部地区的贸易中成功地受到了限制。其三，遍及爱琴海周边各地（许多城邦在公元前5世纪取缔了本邦的钱币）甚至远及瑙克拉底斯的雅典钱币（Holm, *Gk. Hist.*, ii., p. 258）、阿提卡币制及度量衡的广泛采用表明，雅典几乎垄断了黎凡特的贸易。

就此而言，将伯里克利时代的雅典与意大利的商业共和国进行比较很好地契合了霍尔姆的观点（Holm, *Gk. Hist.*, passim），事实上，贸易对城邦在财政和政治上的影响不能简单地认为言过其实。虽然修昔底德的研究忽视了当时社会和经济现象，但有时他也会言及商业价

第十七章 从"30年和约"即伯罗奔尼撒战争前14年到伯罗奔尼撒战争前一年波提戴亚之围

值的重要性（iii. 86, iv. 108, vi. 90）。因此，有必要记住，在决定公元前5世纪希腊历史的诸因素中，除单纯的政治因素外，还有其他一些虽然未必显著但具有持久而有力的影响在发挥作用。那些仅仅使用修昔底德提供的证据解释这一时期各种现象的研究者不可避免地对当时的情况会得出一种扭曲的图景。——编者

19　Thukyd., iv. 105; Marcellinus, *Vit. Thucyd.,* c. 19. 这位历史学家与米尔提亚戴斯和奇蒙有血缘关系，与色雷斯某部落的王公奥罗鲁斯（Olorus）有亲戚关系，而这一位王公的女儿海盖西普莱是马拉松的征服者米尔提亚戴斯的妻子。

20　有人认为，殖民图利伊是由伯里克利的政敌提议的，而伯里克利只是对原来的方案进行了一些修改。这种"反对"方案不可能是由贵族派提出的，因为奇蒙（以及后来的尼奇亚斯）的政策完全集中于在爱琴海和东部地区的扩张。另一方面，自地米斯托克利以来，民主派一直觊觎西部地区。伯里克利时代就有人提出了征服"西西里、迦太基和埃特鲁里亚"的冒进政策。伯罗奔尼撒战争期间，这一政策首次被付诸实施。

但是，如果伯里克利（Plut. *Per.*, 20）确实对这种不计后果的冒险活动提出了反对意见，那也并不意味着他完全不赞同向西部地区扩张。事实上，有证据表明，伯里克利刚获得城邦主导权时就曾尝试性地采取了此类的活动（*cf.* ch. 27, introduction）。此外，如果我们注意到了他的长远计划，那么他在科林斯湾采取的咄咄逼人的行动就更好理解了。显然，他与科西拉建立同盟关系也是出于这样的考虑（Thuk., i. 36）。

另外，值得注意的是，兰彭和希波达穆斯是伯里克利私下交好的朋友。图利伊殖民方案的不完善，而且雅典人在殖民者中占据的比例很小（只有10%的雅典人和30%的雅典同盟者），这大概不应归因于党派斗

争而主要是因为殖民地的距离太过遥远和约 15 000 名雅典富余公民已被伯里克利安排到了各个军事殖民地。富余人员的不足还清楚地表现在安菲波利斯建立过程中人员构成的国际特性中。如果可能,伯里克利定然会确保雅典殖民者的优先地位。——编者

21	Diodor., xii. 35.【发生在公元前 434 年。——编者】
22	Diodor., xii. 11, 12; Strabo, vi. 264; Plutarch, *Perikles*, c. 22.
23	Plutarch, *Perikles*, c. 11.
24	《雅典政制》(c. 28)中提到修昔底德、尼奇亚斯和泰拉麦奈斯是三位能与古代先贤相提并论的最有影响力的政治家。——编者
25	请与尼奇亚斯的发言比较,他谈到召开公民大会时,年纪较小的公民和阿克比亚戴斯的支持者围坐在他的身旁(Thukyd., vi. 13)。同时参见 Aristophanes, *Ekklesiaz.*, 298 *et seq.*, 谈到不同党派自行坐在一起。
26	Plutarch, *Perikles*, c. 11.
27	Plutarch, *Perikles*, c. 12. 请与伯罗奔尼撒战争第四年莱斯沃斯人反叛时对雅典提出类似的指控(Thukyd., iii. 10)比较。
28	Plutarch, *Perikles*, c. 20.
29	Plutarch, *Perikles*, c.11-14.
30	Plutarch, *Perikles*, c. 16. 然而,具体时间却模糊不清。
31	加丁内尔(E. Gardner, *Ancient Athens*, pp. 68-72)认为在伯里克利当政的晚年没有再修建长城,并认为最初修建的这两道长城几乎与皮莱乌斯所在的阿克泰半岛的两端平行。假定如此,最高端的城墙通向了法莱隆(Φαληρόνδε(*Thuk., i. 107*))。就此而言,这道长城只是抵达了法莱隆湾(如今的法莱隆)的边缘,而未将整个海湾包括其中。——编者

第十七章　从"30年和约"即伯罗奔尼撒战争前14年到伯罗奔尼撒战争前一年波提戴亚之围

32	Isokrates, *Orat.*, vii.; *Areopagit.*, p. 153, c. 27.
33	See Dikaearchus, Vit. Graeciae, Fragm. Ed. Fuhr., p. 140. 对照修昔底德（ii. 3）对普拉提亚的描述。所有保存至今的希腊海岛上的古老城市都呈现出同样的样式：狭窄、泥泞、街道蜿蜒曲折，几乎没有几幢房子会排列在一起成为一条直线（see Ross, *Reisen in den Griechischen Inseln*, Letter xxvii., vol. ii., p. 20）。【如今的雅典老城到处都是狭窄弯曲的小巷（alleys）。——编者】
34	Diodor., xii. 9.
35	杜鲁伊（Duruy）认为帕泰农神庙完工于公元前435年，但以菲罗科鲁斯的记载为基础，人们通常认为是公元前438年。——编者
36	Leake, *Topography of Athens*, Append., ii. And iii., pp. 328–336, and edit.
37	关于这座神庙到底是在原址重建还是重新选址新修一座取而代之仍存在激烈的争论（see Miss Harrison, *Mythology and Monuments of Ancient Athens*; and Furtwängler, *Mastering pieces of Greek Sculpture*, engl. transl., Appendix）。——编者
38	Leake, *Topography of Athens*, 2nd ed., p. 111, Germ. Trans.【Overbeck, *Die Antiken Schriftquellen*, pp. 113–114.——编者】
39	Plutarch, *Perikles*, c. 13–15.【cf. also E. Gardner, *Ancient Athens*, c. 6–8; Waldstein, *Essays on Art of Pheidias*; Furtwängler, *Masterpieces of Greek Sculpture* (Engl. transl.), c. 1.——编者】
40	Plutarch, *Perikles*, c. 13.
41	See Leake, *Topography of Athens*, Append, iii. P. 329, 2nd ed., Germ. transl.
42	普鲁塔克（*Perikles*, c. 17）没有明确道明时间。格罗特正确地认为该事件不可能发生在公元前460年之前，因为此时伯里克利的影响力还

不够大。此外，公元前 460—前 451 年战争频繁发生。我们认为最有可能的时间是公元前 448 年，主要基于以下几点考虑：其一，在遭受公元前 447—前 445 年的一系列惨败后，雅典不可能冒昧地提出这样一个建议；其二，会议的召集自然应当是在帕泰农神庙开工之前，即在公元前 447—前 446 年之前；其三，这次会议完全可以解读为对雅典实现惩罚波斯人职责的认可，因此最恰当的时间应当是在奇蒙最后一次战役结束和对波斯人的战争中止之后。——编者

43 | Thukyd., i. 115; viii. 76; Plutarch, *Perikles*, c. 28.

44 | Thukyd., i. 115; Plutarch, *Perikles*, c. 25. 似乎普鲁塔克在这一节的大多数陈述都借鉴自当天涉事双方夸大其词的回忆。

45 | Strabo, xiv., p. 638.
关于索福克勒斯，可参见开俄斯诗人伊翁有趣而详细的描述。据说他曾在这次远征的过程中遇到了索福克勒斯并与他交谈。Athenaeus, xiii., p. 603.

46 | Diodor., xi. 27.

47 | Plutarch, *Perikles*, c. 26. 普鲁塔克关于萨摩斯战役的记述可能不但依据了埃弗鲁斯、斯泰辛布罗图斯（Stesimbrotus）、杜利斯（Duris），还参照了亚里士多德。亚里士多德的记述必然与修昔底德相去甚远。他相信萨摩斯将军麦利苏斯打败的是伯里克利，这与修昔底德的描述并不吻合。
生活在这次战役大约一个世纪之后的萨摩斯历史学家杜利斯有大量关于雅典人残酷的描述，这些描述可能与事实不符。Plutarch, *loc. cit.*

48 | Thukyd., i. 117; Diodor., xii. 27, 28; Isokrates, *De Permutat.*, Or. xv., sect. 118; Cornel., Nepos, *Vit. Timoth.*, c. 1. 埃弗鲁斯声称（Diodorus, xii. 28, and Ephori Fragm. 117, ed. Marx, with the note of Marx）伯里克利在攻城中曾使用了攻城锤，并派克拉佐麦奈人阿尔泰蒙（Artemon）负责。

第十七章 从"30年和约"即伯罗奔尼撒战争前14年到伯罗奔尼撒战争前一年波提戴亚之围

他的说法受到了本都的赫拉克雷戴斯（Ponticus）的质疑。他的依据是，阿尔泰蒙与阿纳克莱翁是同时代的人，生活在一个世纪之前。修昔底德认为伯里克利完全是通过围城的方式攻占了萨摩斯。

喜剧诗人欧波利斯（Κόλακες, Fr. Xvi., p. 493, ed. Meineke）保存至今的一段简短诗篇表明雅典人对于萨摩斯战争的担忧及他们在再一次征服这座岛屿之后的巨大欣喜。比较 Aristophan., Vesp., 283。

49 务必注意的是，公元前439年，雅典提高了色雷斯的11个城邦须缴纳的贡金数额。有理由推断，反叛的负面影响可能比上述陈述的更大。公元前440年，色雷斯6个城邦的贡金数额阙如，然而，次年，该地区11个城邦的金额提高（C. I. A., i. 237, 244）。另一点值得注意的是，公元前438—前436年，雅典在赫勒斯滂区另外增加了一类贡赋，而且拜占庭的贡金从15.7塔兰特增加到18.3塔兰特（C. I. A., i. 238, 242, 244）。在 C. I. A., iv. (1) 446a（Hicks and Hill, 46）中记载了雅典人在凯尔索奈斯（ἐν Χερρονήσῳ）遭遇的损失。从 C. I. A., i. 177 可见，因镇压反叛的花费至少总计可达1400塔兰特。——编者

50 我们对于萨摩斯与提洛同盟的关系并不清楚。虽然从严格的法律地位上看，萨摩斯确实是一个无须纳贡的城邦，但修昔底德（vii. 5, 7, 4）将其归入缴纳贡金（ὑποτελεῖς φόρου）的类型。因此，有理由相信，萨摩斯确实向同盟金库缴纳了一定的贡赋。很有可能，它缴纳的贡金流向了萨摩斯的赫拉神庙，类似的安排可参见 Hicks and Hill, lx.; C. I. A., i. 40 关于麦托奈的描述。有学者指出这里的 φόρος 是指分期付款的战争赔款，不过这种可能性不大。——编者

51 参见本章附录 part ii., ad fin。——编者

52 Thukyd., iii. 37; ii. 63. 参见伯罗奔尼撒战争第16年雅典使团成员与米洛斯人的对话（Thukyd., v. 89 et seq.）。

53 [Xenophon], Repub. Athen., iii. 5:"我省略了大量公共事务，但我列举

了除厘定贡金外的最重要的事务。"（πλὴν αἱ τάξεις τοῦ φόρου. τοῦτο δὲ γίγνεται ὡς τὰ πολλὰ δἰ ἔτους πέμπτου.）（下面几页的相关讨论，参见本章结束之前的附录。——编者）

54 贡金列表证明，公元前454—前426年的总额（κεφάλαια）呈逐年减少之势，一小部分同盟者成功摆脱了雅典的控制只是其中的一个因素。（1）公元前454—前451年，列表中的总额大约为495塔兰特；（2）公元前450—前447年降到455塔兰特；（3）公元前446—前440年降为414塔兰特；（4）公元前439—前437年，贡金总额再一次增加到大约435塔兰特；（5）公元前428—前426年再一次降到410塔兰特（C. I. A., i. 226 *ff*）。对个别城邦而言，有时下降的幅度相当可观。在此情况下，如果不是因为这些城邦的土地被征用来安置军事殖民者，那么导致贡金数额下降可能就是因为商贸不景气（E. Meyer, *Gesch. des Alt.*, iv., ch. 2）。——编者

55 [Xenophon], *Repub. Athen.*, i, 14:"至于他们与同盟者的关系，他们显然会派人外出，并对盟邦中值得尊敬的人提起指控"（Περὶ δὲ τῶν συμμάχων, οἱ ἐκπλέοντες συκοφαντοῦσιν, ὡς δοκοῦσι, καὶ μισοῦσι τοὺς χρηστούς, etc.

οἱ ἐκπλέοντες 一词所指的被任命的到底是哪一些人，在该小册子稍后之处（i. 18）似乎有更明确的说明，即由雅典派出的将军、官员、使节等。

对于军事殖民地，即在反叛者或被重新征服者的土地上由雅典公民建立的居住地，在伪色诺芬的小册子中并未见到同盟者对此进行抱怨，同样在修昔底德的作品记载的反雅典演说中也未曾谈及。相关批判似乎是帝国覆灭后，尤其在雅典再一次崛起希望重建军事殖民地时人们的指责。因为，在伯罗奔尼撒战争结束时，帝国也被摧毁，所有的军事殖民者被驱赶回雅典，他们在海外的财产被剥夺，并归还

第十七章 从"30年和约"即伯罗奔尼撒战争前14年到伯罗奔尼撒战争前一年波提戴亚之围

给岛上原来的业主。这些重获财产的业主担心雅典人会想尽一切办法重新夺取这些失去的权利，因此他们强烈反对恢复军事殖民制度。

56 | 参见修昔底德（v. 27）关于阿尔戈斯打算在伯罗奔尼撒半岛扩展其同盟者的相关描述。其前提包括两个方面：其一，所有城邦务必保持独立；其二，所有城邦自愿将相互间的争端提交同盟公正仲裁——ἥτις αὐτόνομός τέ ἐστι, καὶ δίκας ἴσας καὶ ὁμοίας δίδωσι.【在伊奥尼亚起义后，阿塔菲奈斯强令所有伊奥尼亚城邦订立了类似的仲裁条约（Herodot., vi. 42）。——编者】

57 | Antipho, *De Caede Herodis*, c. 7, p. 135: ὃ οὐδὲ πόλει ἔξεστιν, ἄνευ Ἀθηναίων, οὐδένα θανάτῳ ζημιῶσαι.

58 | Thukyd., viii, 48.

[Xenophon](*Rep. Ath.* i. 14, 15) 强调在任的雅典官员针对盟邦的寡头派做出了许多不公的审判，包括罚款、流放、处死等。而雅典人虽然对于盟邦的繁荣有着强烈的公共愿望，这样就可以征收到更多贡金，但是他们认为，任何一个雅典公民最好还是尽其所能侵吞同盟者的财产，除了生活和劳作所必需的物品外，什么东西也不要留下，这样就不会让同盟者反叛之心。

虽然雅典在任官员可能经常会利用职务之便采用不公方式成功地侵吞同盟者的财物，但是雅典民众乐见城邦公民中饱私囊的做法肯定与事实不符。

59 | [Xenophon], *Rep. Athen.*, i. 18: "此外，如果同盟者不到雅典接受审判，则他们只会尊敬那些在海外的雅典人——将军、舰长和使节，但目前的情况，是每个同盟者都被迫讨好雅典的普通人民。他们意识到，在到达雅典后，他在法律上得到的判决完全仰赖于普通人。雅典的法律就是如此。因此，他被迫在法庭中谦卑地请求，当他出庭时，像祈援人那样抓住人们的手。这强化了盟邦对雅典人民的屈从

程度。"（Πρὸς δὲ τούτοις, εἰ μὲν μὴ ἐπὶ δίκας ἦσαν οἱ σύμμαχοι, τοὺς ἐκπλέοντας Ἀθηναίων ἐτίμων ἂν μόνους, τούς τε στρατηγοὺς καὶ τοὺς τριηράρχους καὶ πρέσβεις · νῦν δ᾽ ἠνάγκασται τὸν δῆμον κολακεύειν τῶν Ἀθηναίων εἷς ἕκαστος τῶν συμμάχων, γιγνώσκων ὅτι δεῖ μὲν ἀφικόμενον Ἀθήναζε δίκην δοῦναι καὶ λαβεῖν, οὐκ ἐν ἄλλοις τισιν, ἀλλ᾽ ἐν τῷ δήμῳ, ὥς ἐστι δὴ νόμος Ἀθήνησι. Καὶ ἀντιβολῆσαι ἀναγκάζεται ἐν τοῖς δικαστηρίοις, καὶ εἰσιόντός του, ἐπιλαμβάνεσθαι τῆς χειρός. Διὰ τοῦτο οὖν οἱ σύμμαχοι δοῦλοι τοῦ δήμου τῶν Ἀθηναίων καθεστᾶσι μᾶλλον.）

60　Thukyd., i. 76, 77.

笔者倾向于杜克（Duker）和布鲁姆菲尔德（Bloomfield）而非波波（Poppo）和戈勒尔（Göller）的看法，将 ξυμβολαίαις δίκαις 在意义上解释为 ξυμβόλαια 而非 ξύμβολα，可参阅后两位编者详尽的阐释。Δίκαι ἀπὸ ξυμβόλων 指由两个不同城邦之间共同商订的特别条款，其目的是处理不同城邦公民之间的矛盾。这些条款与各自城邦一般的法律规定颇为不同。这位雅典发言者在此强调的明显与这种观念相违背：他说同盟者获准分享雅典审判和法律的好处，恰如雅典公民一样。在雅典陪审法庭上同盟者获得的司法待遇不能完全视为 δίκαι ἀπὸ ξυμβόλων，除非最初组建提洛同盟时的法令是 ξύμβολαν。虽然严格地说材料中通常提到的不是 δίκαι ἀπὸ ξυμβόλων，但现实中可能就是如此。此外，笔者认为安提丰的相关叙述（De Caede Herodis, p. 745）表明，发生诉讼时，适用 δίκαι ἀπὸ ξυμβόλων 是没有与雅典结盟的城邦公民，当他们居住在自己的城邦时就不再是雅典的同盟者。关于这一个段落，编者赞同博克的阐释（Boeckh, Public Econ. of Athens, book iii., ch., xvi., p. 403, Eng. Transl.）。

伪德摩斯提尼（【Demosthnes】, Orat. de Halones., c. 3, pp. 98, 99; and【Andokides】, Cont. Alkibiad., c. 7, p. 121）对 ξύμβολα 在各种不同情

第十七章　从"30年和约"即伯罗奔尼撒战争前14年到伯罗奔尼撒战争前一年波提戴亚之围

况下特殊而应当受到的惩罚的司法规定进行了充分的解释。

M. 博克将自治城邦（伯罗奔尼撒战前的开俄斯和莱斯沃斯）与臣属城邦进行了区分。他认为："前者拥有无限的司法权，而后者被迫由雅典法庭审理相互间的纠纷。"无疑，这种区分在一定程度上具有合理性，但是二者的差别到底多大，我们几乎无从知晓。【Hicks and Hill, 36 (C. I. A., ii. 9) 表明，私人之间的纠纷可以在契约订立的城邦审理，因此似乎对此没有一个统一的规定。——编者】

笔者认为，文法学家强调同盟城邦与雅典人都接受 δίκαι ἀπὸ ξυμβόλων 的常规，这可能在第二次雅典同盟时期确实如此。*Bekker, Anecdota, p. 436*: Ἀθηναῖοι ἀπὸ συμβόλων ἐδόκαζον τοῖς ὑπηκόοις. οὕτως Ἀριστοτέλης. Pollux, viii. 63: Ἀπὸ συμβόλων δὲ δίκη ἦν, ὅτε οἱ σύμμαχοι ἐδικάζοντο. Also Hesychius, i. 489. 在第二次雅典同盟中，雅典人或许真正与许多同盟城邦订立了特别司法协定（σύμβολα），而在第一次雅典同盟中，雅典是同盟的司法中心。

61 | Compare Isokrates, Or. iv., *Panegyric*, pp. 62, 66, sect. 116–138; and Or. xii., *Panathenaic*, pp. 247–254, sect. 72–111; Or. viii., *De Pace*, p. 178, sect. 119 et seq.; Plutarch, *Lysand*, c. 13; Cornel. Nepos, *Lysand*, c. 2, 3.

62 | 【Xenophon】, *Repub. Ath.*, i. 16. 这本小册子的作者认为雅典人将盟邦的案件和诉讼呈送雅典审理所产生的一项积极影响是，审理案件时缴纳金钱的数额是如此之大，足以支付所有陪审员一年的津贴。但在这本小册子的另一处（iii. 2, 3）他描述说，雅典的陪审法庭需要审的案件太多，以至于他们难以应付。结果很多案件要拖很长的时间才能呈送到法庭审理。因此，为了筹集陪审员的津贴而人为地招致盟邦的更多抱怨是不可能的。

63 | Thukyd., iii., 11–14.

64 | 值得注意的是，从本质上看，雅典帝国是一个"对属国的统治"

（government of dependency），即作为一个奉行帝国主义的城邦，雅典对属邦的政府行使权力。当其中一方享有霸权，另一方处于从属地位时，维持双方政府的和谐关系，并使这种关系令双方公民满意，这往往成为一个非常难以解决的大问题。请见 Sir G. C. Lewis, *Essay on the Government of Dependencies*, p. 367。

65 | 参见前一条注释中提及的重要段落。

Thukyd., i. 40:"当萨摩斯人反叛你们，伯罗奔尼撒人在帮助他们的问题上意见纷纭时，我们并未投票反对你们，我们公开主张，每个同盟都应不受干扰地规训它自己的盟邦"（οὐδὲ γὰρ ἡμεῖς Σαμίων ἀποστάντων ψῆφον προσεθέμεθα ἐναντίαν ὑμῖν, τῶν ἄλλων Πελοποννησίων δίχα ἐψηφισμένων εἰ χρὴ αὐτοῖς ἀμύνειν, φανερῶς δὲ ἀντείπομεν τοὺς προσήκοντας ξυμμάχους αὐτόν τινα κολάζειν.）。

66 | 隶属于科林斯的殖民地使用的钱币在形制上与母邦相同，差别在于殖民地的钱币上刻写着各自城邦的名称。因此，有学者对殖民地的钱币是在哪里打制的提出了质疑。无论如何，通常情况下，科林斯与其殖民地保持着密切联系的事实是非常明显的。但是，科西拉的钱币源自其原来的母邦埃莱特利亚，按另一种不同的标准打制，在外观上与科林斯钱币完全不同。*Cf.* Head, *Hist. Num.*, p. 275.——编者

67 | 似乎采取类似的预防措施防止假意答应殖民的人的条文也并非不常见。对照关于殖民布里亚的铭文（C. I. A., i. 31; Hicks and Hill, 41）。——编者

68 | Thukyd., i. 32-36.

69 | 希罗多德（vii. 168; compare Diodor., xi. 15）描述说，在面临薛西斯的入侵，为了希腊的事业向它寻求援助时，科西拉表现得口是心非。希罗多德的描述与科林斯人在此对于他们性格的负面描述暗示，全希腊对他们的普遍印象可能就是如此。【然而，希罗多德对科西拉

第十七章 从"30年和约"即伯罗奔尼撒战争前14年到伯罗奔尼撒战争前一年波提戴亚之围

人的不喜欢可能源自伯罗奔尼撒战争初期雅典的公共舆论。此时，这个新近加入的盟邦态度冷漠，可能造成了人们的诸多非议。——编者注】

关于科西拉的富庶和科西拉人的傲慢，参见 Aristotle *apud* Zenob., *Proverb*., iv, 49。

70 | Thukyd., i. 38 包含着一个值得注意的段落，表明母邦与殖民地的关系。这种关系可以包含于霸权（hegemony）一词的意蕴之中，即强者有支配弱者的权力，弱者有敬畏和服从强者的义务。当然这种服从关系的程度受到了一定限制。虽然我们不知道限制具体表现在哪些方面，但很有可能会根据不同的情况而有所变化。

71 | 对于这种联系，我们可以征引颁布于公元前435/434年所谓的"卡利亚斯决议案"（psephism of Kallias, C. I. A. I. 324; Hicks and Hill, 51）。该法令规定：1. 加强各种神庙的圣库的管理，所有神灵的欠款必须偿还；2. 在雅典娜神庙圣库中，创设数额多达3000塔兰特的专项资金，只有在特别的情况下才能支取（*cf*. E. Meyer, *Forschungen*, vol. ii., p. 88 *ff*）。这则铭文清楚地表明，自科西拉事件开始，雅典人已经考虑到战争的可能，准备好了将来经济上的应对。然而，要找出人们态度变化的理由并不那么容易。直到公元前438年，伯里克利仍把同盟的资金慷慨地用于修饰城市的风雅工程。这表明，直到那时，他几乎没有预料到战争会爆发。此外，如果对此前几个世纪以来斯巴达对待雅典的态度进行一次不偏不倚的梳理就会发现，这完全不足以支撑修昔底德（i. 23）的论断，即斯巴达始终在寻找一个合适的机会通过战争释放它的嫉妒之心。

如果伯里克利确信战争即将爆发的推断是正确的，那么我们最有可能应到商业竞争中去寻找其原因。虽然权威的文献对于双方的商业竞争三缄其口，但这种竞争定然一直存在。科林斯的商人或许对于雅典商业的发展又惊又惧。正是这样的担忧进一步加深了科林斯对雅典的敌意,否则仅凭科西拉事件和波提戴亚事件不可能导致战争的爆发。

但即便战争不可避免,对于雅典是否应当在这个时机插足其中也值得推敲。如果把这次争端留给科林斯和科西拉,科林斯能否从麦加拉和其他城邦(i. 46)纠集到如此强大的一支军队,就令人生疑。即便同盟舰队能够在外海击败科西拉人,接下来他们未必一定征服这座岛屿。因为在公元前 375 年斯巴达战无不胜的海军大将姆纳西普斯(Mnasippus)在此就遭受了重挫(Xen., *Hellen.*, vi. 2, §§ 3-8, 18-23)。通过这种方式,雅典人可以达到他们的目的:使对抗的双方相互削弱,而自身不会采取"不友好的行动"。——编者

72 | 修昔底德(ii. 29)所用的 τὰ ἐπὶ Θρᾴκης - τὰ ἐπὶ Θρᾴκης χώρια 一般用来指卡尔奇狄斯凯半岛上的城邦。这些地方位于色雷斯的边缘地带而本身并不属于色雷斯的一部分。

73 | 参见修昔底德关于二者比较的两个段落。Thukyd., iv. 120-122.

74 | Thukyd., ii. 29-98. 在 Or. v., *Ad Philippum*, sect. 5-7 中,伊索克拉底对这个话题进行了精彩的论述。他指出,在一个强大王国的边上建立一个殖民地是鲁莽之举。希腊人最佳的选址是库莱奈,因为其周边只是一些弱小的部族。接着他强调,对雅典而言,拥有殖民地安菲波利斯与其说有利不如说有害。这必然会导致雅典要看腓力的眼色行事,因为腓力不时会用武力骚扰雅典的殖民者。这与此前雅典因殖民凯尔索奈斯半岛而依附于色雷斯国王麦多库斯(Medokus)一样。

75 | 或许波提戴亚在萨摩斯战争期间有过不满甚至反叛行为,因为公元前 437/436 年,该邦的贡金由 6 塔兰特提高到 15 塔兰特(C. I. A., i. 242, 244)。——编者

第十七章 从"30年和约"即伯罗奔尼撒战争前14年到伯罗奔尼撒战争前一年波提戴亚之围

76 | 这个承诺归因于 τὰ τέλη τῶν Λακεδαιμονίων，换言之，是监察官的承诺。修昔底德（Thuky., i. 58）并未提到获得公民大会的同意。对于入侵阿提卡这样的重大事情，只有公民大会才能做出决定。正如在塔索斯反叛（*cf. p. 364, n. 14*）时一样，很有可能监察官此时也不愿意与雅典交战。——编者

77 | Thukyd., v. 30.

78 | 卡利亚斯是一位出身于贵族家庭的雅典公民。他曾出资100明那，向哲学家埃利亚人芝诺学习演说、哲学和修辞之术（Plato, Alkibiades, i., c. 31. p. 119）。

79 | Thukyd., i. 61. 修昔底德的陈述在地理上说不太通。

80 | pap. Argentinensis 中给出的时间是公元前450年，并认为金库地点的转移是伯里克利主导的。曾有学者试图调和两种说法。认为公元前454年贡金额只是名义上的，公元前450年才真正付诸实施。除后世人书写的可信度存疑的莎草纸文献外，另有文献记载说金库转移的金额达5000塔兰特，这使莎草纸文献提供的证据进一步受到质疑。考虑到在接下来的几十年里雅典的财富消耗颇巨，我们很难解释公元前440年仍聚集着9700塔兰特。我们也必须抛弃莎草纸文献中提供的与狄奥多鲁斯（xii. 38）估计8000塔兰特大体相当的证据。波斯战争初期缴获的战利品就达到这个数目。

81 | 或许同盟者是在不同时期（εἰς τὸν ἀεὶ χρόνον）分别与雅典订立同盟条约的，不过这并未得到证实。但如果确实如此，在某种程度上，雅典人采取这样的行动就说得通了。此外，尤为重要的是，盟约规定，任何岛屿不得用作海盗的基地。此前，即便有一支强大的舰队巡行各处，海盗仍一直是为害爱琴海地区的一大滋扰。雅典海上力量的衰落导致了海盗活动死灰复燃，在罗马共和国统治时达到了顶峰。其间只是在后来两个世纪的一部分时间里，罗德斯人基于公益之心

才在一定程度上限制了海盗的活动。伊索克拉底在公元前 4 世纪 80 年代写作的《泛希腊集会辞》（*Panegyricus,* 115-119）清楚地表明这种恶行得到了迅速的增长。

82 | *Ath. Pol.* c. 24 谈到伯罗奔尼撒战争期间有 2500 人承担着驻防任务。*Cf.* also Ar. *Vesp.*, 236 (Byzantium), and Eupolis fr. 233, Kock (Kyzikus)。

83 | 史料表明，直到公元前 418 年，斯巴达才开始了政治宣传。因此，这种对照太过强烈。

84 | 还安插着秘密警察（Bekker, *Anecd.*, i., p. 273, 1. 33）。

第十八章
从波提戴亚之围到战争第一年结束

即便在最近的科西拉和波提戴亚敌对冲突出现之前,希腊人也已经清楚地认识到,长期遵守"30年和约"变得越来越不确定。雅典在整个希腊地区带来了憎恨、恐惧和嫉妒,三种感情交织在一起激发斯巴达同盟尽快行动起来,抓住任何一个有利时机,以便一举击溃雅典的力量。因此,不但萨摩斯人在反叛时曾向同盟请求过援助,而且莱斯沃斯人也曾因为同样的目的努力开启与斯巴达的谈判。然而,鉴于这两次求助都是秘密展开的,只能单独与政府交流,最终未能实施,斯巴达政府也并未给予这两个城邦任何支援。[1]

虽然人们不断提到战争爆发的可能并希望使城邦时刻保持

着应敌的状态，但是，在伯里克利主导下的雅典根本没有扩张帝国或侵犯其他城邦的想法。就目前所知，在科西拉事件之前，雅典与斯巴达同盟众多成员产生冲突的唯一事件是通过了麦加拉法令。法令禁止麦加拉人前往雅典及雅典帝国所有港口经商或交往；一旦违反，将处以死刑。据称，导致被禁的原因是麦加拉人曾收容逃亡的雅典奴隶，侵占边界上雅典人的土地并在上面种植庄稼。这些土地一部分属于埃琉西斯两女神的圣产，另一部分是两邦存在争议的一块区域，双方曾达成共识，将其作为共同的牧场，任何人不得永久圈占。[2] 对于这一块共有地，雅典曾派出传令官安泰摩克利图斯（Anthemokritus）前往麦加拉抗议，但遭到了粗暴的对待，不久身死他乡。后来雅典人将他的死归罪于麦加拉人。[3] 被逐出雅典及帝国所有港口意味着麦加拉人被排除在爱琴海上每座岛屿和周边的每一个海港之外。这对麦加拉人具有毁灭性的打击。于是他们就此大声向斯巴达提出抗议，强调这是对"30年和约"的公然违背。不过，雅典无疑完全有权采取这样的行动。正如伯里克利比较的那样，他们这样做比斯巴达有组织地驱逐异邦人要缓和得多。[4]

在科西拉战争和雅典围攻波提戴亚之后，这样的抱怨越来越多地引起了人们的注意。如今，科林斯人对雅典的愤怒和求战之情达到了最高峰。导致科林斯人愤怒的不但有过往的仇恨，而且他们还担心雅典会驻守并夺取波提戴亚，并因此感受到了敌对方强烈的压力。因此，他们立即行动起来，力争激起斯巴达人对

第十八章 从波提戴亚之围到战争第一年结束

雅典的憎恨之情，并诱使他们邀请所有对雅典怀有抱怨之情的同盟成员前往斯巴达。前来参会的不只有麦加拉人，还有其他几个同盟者，他们都向斯巴达控诉雅典的霸道行为。埃吉纳人因身处岛国，在这样的会议上出现可能有危险，于是通过他人之口让与会者也能听到他们的声音。他们抱怨说，雅典剥夺了和约赋予他们的自治权。

按惯常的做法，拉凯戴蒙人必须首先排除同盟者的干扰，由斯巴达人亲自判定是否有充分的理由证明雅典确实对他们或伯罗奔尼撒的同盟者犯下错误，不管是违背了"30年和约"还是在其他方面行不义之事。如果斯巴达人得出的答案是否定的，那么事情根本不会提交同盟大会讨论。但如果情况属实，那么同盟者将被召集起来也发表它们的看法。如果同盟者多数的投票与斯巴达原来判断的结果相同，整个同盟将采取一致行动。如果多数同盟者的看法与其相异，要么斯巴达单独采取行动，或仅由同盟者自身参与行动。每一个同盟成员无论大小都享有平等的投票权。因此，斯巴达自身不是作为同盟的一个成员投票，而是独自作为领导者参与投票。只要提交给同盟者讨论的问题，其结果就只能是它们赞同或不赞同它已经做出的决定。这就是如今即将遵循的决策过程。科林斯人与其他几个伯罗奔尼撒同盟的成员觉得受到了雅典的欺压，并对雅典的行动感到吃惊，他们在斯巴达公民大会上陈述自己的看法，力图向大会证明，雅典人不但违背了和约，而且即将侵犯伯罗奔尼撒同盟的利益。

这是一次重要的大会，自此希腊命运的许多层面都将发生转向。对此，修昔底德的作品花了异乎寻常的长篇大论描述这次大会。首先，科林斯使节陈述了他们的看法。其次，此时碰巧因其他某些事务在斯巴达的雅典使者也出席了大会，听到了科林斯人和其他城邦使团的发言。这些雅典人获得了主持官员的许可，也在大会上发了言。再次，斯巴达国王阿奇达穆斯的发言阐述了斯巴达所采取政策的恰当过程。最后，在监察官斯泰奈拉伊达斯（Sthenelaidas）简短而特征突出的发言后，这个问题被提交给公民大会决定。

科林斯人清楚地知道，即将听取发言的听众支持他们的看法。因为拉凯戴蒙人的政府在波提戴亚人反叛之前就已经明确告诉科林斯人和波提戴亚人，承诺将入侵阿提卡。这次革命对斯巴达人触动很大，因为当莱斯沃斯打算反叛时，他们曾拒绝为这座力量更强大的岛屿提供帮助，而此次革命是因科林斯的利益和民族情感受到侵害而引发的。不过，科林斯人也知道，他们对雅典违反和歪曲现存和约的指控理由不足，缺乏说服力。无论在波提戴亚争端还是科西拉冲突中，雅典都没有违背和约，也没有侵害伯罗奔尼撒同盟的利益。在这两次与科林斯人的冲突中，雅典针对的都只是科林斯，完全与整个同盟没有瓜葛。无论是根据和约的规定还是广为接受的邦际法的原则，雅典在获得科西拉的请求后，都有权为其提供防御性的援助。而且，按照萨摩斯反叛时科林斯人自身拟定的原则，雅典也有权镇压波提戴亚人的反叛。

第十八章 从波提戴亚之围到战争第一年结束

喋喋不休地纠缠于孰是孰非与科林斯使节的意愿不符。因为对于个别事件的纷争，"30年和约"明确规定此类事件应当付诸友好协商和仲裁，然而，这位使节从不曾考虑过仲裁。他的任务是向斯巴达公民大会表明，伯罗奔尼撒同盟，尤其是斯巴达，必须毫不犹豫地立即参战，这是同盟的义务。他运用了栩栩如生的语言深刻地描绘了雅典人的野心勃勃、勤奋实干、行动的果决；并将此与斯巴达人的贪家恋室、拖沓懒散、谨小慎微进行了比较。因此，他斥责斯巴达人在思想上落后保守，在行动上胆小怕事；眼见雅典的力量快要达到令人生畏的顶峰，而不采取任何行动加以抑制；尤其在薛西斯溃败时，竟然听任雅典人修建了城墙，并对后来修建连接雅典城与其海港的长城之举束手无策。

他的发言尽管辛辣刻薄，但此时却非常合时宜，甚至让斯巴达人有一些愉悦。听到他的发言后，斯巴达人恨不得立即投身于战斗中。在对这些辛辣的斥责进行半心半意的道歉后，这位科林斯发言者非常直率地表明，必须要直面对他们形成了威胁的强大敌人。他说："你们没有认识到雅典人与你们是多么截然不同。首先，他们是天生的创新者，敏于构思并善于将决定的事情付诸实施；而你们仅仅乐于固守手中所获，从来不会未雨绸缪，除生活必需之外，绝不会更进一步。其次，他们的冒险精神超出了实力所及，所行的冒险之事超越了他们的判断，身陷危难时仍能满怀希望；而你们的习惯是，行动时裹足不前，难与你们的实力相匹配，即便判断无误时也缺乏自信，危难时节你们丧失了所有信心。他们从不会犹豫不决,而你们总是畏缩不前;他们热衷于纵横海外,而什么也无法激发你们走出家园;因为他们总是相信海外行动会带来更多利益,而你们总是杞人忧天地认为一切新事物将危及现有的利益。成功时,他们乘胜追击;失败时,他们决不退缩。此外,他们乐于为城邦的事业慷慨捐躯,仿佛自己的身体是他人的一样;他们修身养性以便为城邦效力。当征伐的计划未能成功实施时,他们感觉如同他人抢夺了他们应得之物一样;一旦获得想要的一切,他们认为所获不过是随之而来成功的一小部分;一旦遭受失败,他们马上想出新计划,以其他方面新的希望填补所需。对他们而言,有希望就一定会有收获,因为他们会立即将想法付诸实践。这就是他们终身的事业,充满艰难险阻且需辛勤劳作,为此他们付出了一生的心血。他们苦多乐少,因为总在追求更大的幸福。对他们而言,尽职尽责就是最好的休假,和平安宁、无所事事则是最乏味而令人不快的事情。一言以蔽之,如果说雅典人不爱和平也不让他人享受和平,那么就一针见血地道出了全部实情,那就是他们与生俱来的天性。

"无论在政治上还是在技艺上,与时俱进的革新必然会取得成功。对一个没有纷争的公民共同体来说,虽然一成不变的制度固然最好,但层出不穷的积极义务需以类别各异的发明和创新为基础。正是通过这些难以计数的努力和尝试,雅典在方式方法上获得了数量上远超你们的新发展。"

科林斯人最后总结说,如果在经历此前那么多次的警告,

第十八章 从波提戴亚之围到战争第一年结束

如今再一次重复这样的警告后,斯巴达仍不与雅典抗争,仍拒绝保护它的同盟者;如果斯巴达仍拖延不决,不准备履行其对波提戴亚做出的承诺,仍然不立即入侵雅典;他们(科林斯人)将即刻寻求一个足以担当大任的新同盟者。

这就是雅典最凶恶的敌人在斯巴达公民大会之前呈现的关于雅典及其公民最令人难以忘怀的形象。很有可能给斯巴达公民大会留下深刻印象的不是对于雅典人最近犯下的或某些特别的罪行的控诉,而是他们对于过去这些年来归罪于雅典的无原则、无止境的侵略行为的普遍认识。他们肯定地认为,除非采取果断的敌对措施,否则情况将进一步恶化,将来会完全毁灭整个伯罗奔尼撒同盟。对于这种担心,雅典使节在征得主持官员的允许后做出了回答。如今,雅典帝国处于这样一种尴尬的地位:在座的年轻人对于帝国发生和发展的背景缺乏了解;对于他们所需要的相关信息,甚至年长者也必须经人提醒后才会有一定印象。

他以否认所有试图指控其母邦干了某些坏事从而违背了现存和约来开始他的发言。这并非这位使节任务的组成部分。同时他也否认斯巴达在处理雅典和科林斯争端中能够充当一个公正的法官。尽管如此,他仍认为驳斥对雅典不公正的、充满恶意的指控是他的义务。同时,他认为有义务向斯巴达人提起严正的警告,要求他们不要试图执行倾向性明显的政策。接着,他详细讲述了波斯侵略战争时的情况,陈述了雅典人在战争过程中体现出的奋勇向前、从不畏缩的精神和无与伦比的忍耐力,特别强调在整个战争过程中体现出的强大海上优势。他声称，雅典将军地米斯托克利杰出的领导才能甚至获得了斯巴达人的称羡。他进一步强调，可以毫不夸张地说，在那样一段令人难忘的岁月里，雅典足以荣膺希腊救世主的美名。单凭如此的贡献，就应当让雅典帝国不受世人的责备。事实还不唯如此。当斯巴达不再愿意也没有能力担负与波斯继续战争的重任时，同盟者迫于波斯人的压力组成了这个由雅典领导的帝国。然而，雅典因为对约束那些不愿履行义务的城邦采取了一些简单的措施，并对那些反叛的同盟进行弹压，逐渐变得不那么受人欢迎。在此过程中，斯巴达也逐渐从朋友变成了敌手。如果雅典放松对同盟者的控制，将会使这些城邦变成与雅典对抗的斯巴达的盟友。因此，随着同盟者野心的膨胀和收入的增加，雅典的担忧之心日炽，不得不进一步通过武力维持帝国的统治。只要身处雅典的位置，任何一个希腊城邦都不可能或不会采取与其相异的其他方式。任何一个希腊城邦，当然包括斯巴达在内，都不会与其臣属城邦完全平等，也不会对其态度和善；它也不会听任臣属者抱怨连天。他强调，如果在波斯人统治下，情况更糟，如果在斯巴达的管理下，也会更糟。因为斯巴达人会将每一个同盟者置于寡头派的奴役之下。同盟者不喜欢雅典，那只不过是因为任何臣属者总会憎恨现任的统治者，不管这个统治者到底如何。

这位使节最后提醒说，斯巴达应当对此冷静地思虑，不要听信他人的恶言谩骂，也不要受激情的刺激匆匆做出决定。斯巴

第十八章 从波提戴亚之围到战争第一年结束

达现在正在迈出不可回头的关键一步，任何个人或任何一方都无法预见到跨出这一步后未来的前景如何。他号召，斯巴达不要撕毁经双方宣誓的和约，而应当如雅典准备进行的那样，按和约的规定通过仲裁调解所有分歧。

阿奇达穆斯的发言体现出斯巴达人的审慎。他把对雅典的仇恨和同盟者的盲目抛在一旁，而只从斯巴达的利益和荣誉出发看待问题本身，虽然他也不会完全忽略斯巴达自身的帝国特性。他援引老一辈和同时代的经历为鉴，向公民大会强调说，如果未经准备匆忙参战，他们将面临着沉重的责任、不确定的结果、诸多的艰难困苦。他提醒公民们，雅典不但国库充盈、海上实力雄厚、步兵和骑兵都非常强大，还控制着数量众多的海外同盟者；面临这样的对手，斯巴达人以什么样的方式才能战而胜之？他们拥有的舰船稀少，训练有素的水手更少，更关键的是国库空空如也。事实上，他们可能入侵并蹂躏阿提卡的方式只能是通过人数占优的陆军；但是，雅典人因拥有丰富的海外资源，完全可以舍弃阿提卡的物产；雅典人还可利用强大海军随时袭扰伯罗奔尼撒半岛进行报复。他强调，幻想对阿提卡发动两三次破坏力巨大的远征就结束战争完全是不切实际的错误。此类行动只能激怒雅典人而不会对其实力造成真正的损害。因此战争的过程将会旷日持久，甚至可能延续整整一代人。他特别指出，在发动战争之前，非常有必要准备更多切实有效的策略，不但要在希腊人中增加更多的同盟者，还要尽可能广交外邦人为友。在此过程中，应当派出使节前往雅典，对提洛同盟诸邦遭受的苦难提出抗议并要求尽力进行补救。如果雅典人愿意接受抗议，那最好；如果他们拒绝，那么在战争开始后的第三或第四年，斯巴达人就有望获得胜利。阿奇达穆斯提醒他的同胞们，伯罗奔尼撒诸盟邦将为他们现在正做出决定的事件承担责任。他劝诫斯巴达人，虽然他们因为行动迟缓而受到嘲笑，因勇猛而受到颂扬，但是仍要以一个真正的斯巴达人稳健的精神，坚持谨慎的基本国策。[5]

阿奇达穆斯的发言不但清楚地阐明了原因，而且完全是站在斯巴达的立场来看待这场冲突，反映了斯巴达人保守的性格和偏见。然而，尽管如此，虽然这只是他个人的看法，但体现出彼时人们不可压制的敌对感情。提议将这个问题提交公民大会讨论的五监察官之一的斯泰奈拉伊达斯决定结束辩论。他简短的几句发言立即展现出此人言简意赅的性格和会议的氛围。不过，这几句并没有体现出他高超的判断力，因为阿奇达穆斯已经让斯巴达公民来做出判断。

他说："我并不明白雅典人发表的这篇冗长的演说词意欲何为。虽然他们说了许多赞扬自己的话，但是并未否认对他们的指控。他们确实得罪了我们的同盟者，侵害了伯罗奔尼撒。虽然他们过去在打击波斯人时表现良好，但是现在却成了侵犯我们利益的作恶者，他们理应为其罪恶受到加倍的惩罚。但我们不管在过去还是现在都是一样。我们清楚地明白不应当对于侵害同盟者的行为坐视不管，不应当眼看他们受到侵害而不施以援手。别人

第十八章 从波提戴亚之围到战争第一年结束

虽国库充盈、舰船众多、骑兵强大,但我们拥有忠诚的同盟者。当受到的侵害不只停留在言语时,我们绝不会舍弃同盟者而投奔雅典人,也不会仅将此付诸仲裁或用口舌之争来解决,而应当给予同盟者迅捷而全力的援助。不要让别人说我们在确实受到侵害时仍讨论不休,只有那些企图作恶的人才会提前进行深思熟虑的讨论。因此,拉凯戴蒙人啊,就战争进行表决吧!这是斯巴达荣誉的需要!不要让雅典的势力继续壮大,不要背叛我们的同盟者,让他们陷于毁灭!诸神庇佑,让我们奋勇向前迎击侵略者吧!"

仅仅这几句话就完全消除了阿奇达穆斯对斯巴达人做出的谨小慎微的告诫。斯泰奈拉伊达斯决定立即将这个问题交由公民大会表决。斯巴达公民的表决既不是通过举手,也不是向一个大瓮投入票珠,而是通过与英国下院类似的表示赞成的"耶"或表示不赞成的"嘘"声,并由主持大会的监察官宣布哪一种声音更大。为了找到恰当的理由,展现哪一种看法占据更明显的优势,斯泰奈拉伊达斯假装无法判断哪一种声音更大。因为一小部分人或许因为担心并不敢公开表明他们真实的看法。于是,他决定让赞成者和反对者分在一列,结果赞成发动战争者占据了绝对优势。

在做出这个重要决定后,拉凯戴蒙人采取的第一个步骤是派人前往德尔菲求神谕,问询发动战争是否对他们有利。求回的答案(修昔底德确定并没有给出答案)是,如果他们努力做到最好,就一定会获得胜利;不管他们是否召唤神灵,神灵都会给予他们帮助。与此同时,为了将最近通过的决议提交表决,他们在斯巴达举行了一次全体同盟成员参加的大会。

对科林斯人而言，因亟待解波提戴亚之围，大会即将做出决定的重要性不亚于斯巴达人刚才做出的决定。因此，他们派出使节前往每一个盟邦，恳请不要迟疑，尽快批准战争的决议。大多数城邦的发言者都对雅典恶言谩骂，急切地盼望着尽快采取行动。科林斯人一直等到最后，进行了一次鼓动人心的演讲，以便确保能够获得令他们满意的投票结果。此前，他们的发言是通过羞辱的方式激怒和警醒拉凯戴蒙人；而这一次他们采取的方式是代表所有盟邦成员提醒斯巴达人，如果不明智地放弃领导权，将会使其蒙羞。他们强调，因为伯罗奔尼撒同盟无论在人数和军事技术上，还是所有成员的服从性和平等性上，都占据着巨大优势，此次战争很有希望不会持续太久。雅典的海军优势主要取决于其招雇的桨手；如果能够从德尔菲或奥林匹亚的圣库中借来款项，伯罗奔尼撒同盟将很快能拿出更多钱为最好的桨手支付薪酬，从而与雅典在海上并驾齐驱。此外，他们还可以煽动雅典的同盟者反叛，并在反叛者那里建立一个永久的袭扰阿提卡的设防基地。德尔菲的阿波罗神已向伯罗奔尼撒人做出承诺与他们合作。战争进展过程中，全希腊都会要么因畏惧要么因利益而同情拉凯戴蒙人。从道义上讲，并非他们破坏了和约，因为正如阿波罗神明白无误地宣称的，雅典人已经违反了和约的规定。因此，立即派兵增援波提戴亚吧！除了那些已经遭受雅典奴役的城邦外，如今，又有一个多利安城邦正在遭受伊奥尼亚人的围攻！

第十八章 从波提戴亚之围到战争第一年结束

科林斯人的发言结束后，这个问题被提交给每一个出席大会的城邦代表讨论。城邦无论大小，都一视同仁。最终多数城邦决定发起战争。这个重要的决议案通过的时间是公元前432年年底。此前两个月左右，即公元前432年10月或11月，斯巴达人已经单独做了决定。

回顾此刻希腊两大集团的所作所为，参照现存的各种条约和可资为证的怨声，可以清楚地发现，雅典或许站在正义一方。它并未采取任何可称为违反"30年和约"的行动。当科林斯人声称雅典的行动违反和约规定时，它愿意将其提交中立城邦仲裁，而这恰恰是和约规定的。面对冲突时，斯巴达总是站在后面，但这一次它走到最前面，坚定地站在了雅典的对立面。原因一部分应归于斯巴达对于雅典的恐惧和嫉妒，一部分应归于同盟者（尤其是科林斯人）的压力。

修昔底德认为，更多的是对雅典的恐惧和憎恨而非同盟者的催促才使斯巴达下定了决心。[6] 波斯战争后不久的那一段时间里雅典的急剧扩张促使伯罗奔尼撒同盟产生了警惕并导致其嫉恨。没有人对此会持不同看法。但是，如果只将公元前432年的雅典纳入考察就会发现，自"30年和约"签订以来的14年里，雅典既未获取也未企图获取任何一块新的势力范围；而且，和约本身就标志着对其势力的削弱和对其的羞辱。我们发现，即便在科林斯与科西拉发生争端之前，任何一位有远见的希腊人都可预见战争已迫在眉睫。在萨摩斯反叛时，就差一点擦枪走火，爆发全面战争。和平得以保全一方面源于科林斯的商业和海上利益，另一方面有赖于雅典的凝神静气。但是，科林斯与科西拉的争端及科西拉与雅典的结盟表明，雅典再一次开始了势力扩张，从而使科林斯从和平的倡导者转变为一个极力鼓动战争的叫嚣者。在科林斯的煽动和斯巴达入侵雅典承诺的鼓动下，波提戴亚举起了反叛的大旗。事实上，这次反叛不但是第一起显而易见的违约行为，也标志着伯罗奔尼撒战争的开端。斯巴达人为此召开的公民大会及随后在斯巴达举行的同盟大会，不过是为了确保同盟成员衷心一致行动所履行的必不可少的一道正式手续。

此时，伯罗奔尼撒同盟对雅典的情绪不是恐惧而是憎恨，整个同盟确信一定能够征服雅典。事实上，伯罗奔尼撒人的自信似乎也不乏依据。人们有充分的理由认为，雅典人绝不容忍他们精耕细作的良田全被毁坏；至少可以肯定，雅典人必然会外出迎敌，为了保护良田美宅在战场上与敌人拼死一战；而这恰恰是伯罗奔尼撒人热切期待的。

对雅典而言，即将到来的战争展现出了非常不同的一面，其程度不亚于随之必然的巨大损失和物资缺乏。早在科西拉争端之前，伯里克利及其他有远见的雅典人就预见到了这次不可避免的战争爆发的可能。[7]不过，伯里克利是第一个也是唯一一个在民主政体之下能够获得公民集体尊敬、信任和聆听的政治人物；与其他政治人物相较，虽然在他实施的其他大部分事务上，因雅典奉行言论自由和个人行动，人们也会提出质疑和反对，但他们的态度是真切而热情的。如前所述，雅典的使节在斯巴达公民大会上提出了抗议和反对意见。虽然抗议无效，但他们将拉凯戴蒙人正式决定宣战的消息带回了雅典。在同盟大会召开并宣布确认投票通过之前，斯巴达既未采取任何行动，也没有派出传令官正式向雅典宣布他们的决定。他们只是向雅典提出了各种要求。但他们提出的要求并不是想获得满意的结果或者力图寻找到某种避免战争爆发的可行之策，而是达到了相反的目的。他们提出超出雅典人能够接受的要求，进一步激化了双方的争端。

拉凯戴蒙提出的第一个要求是针对他们首要对手伯里克利的政治伎俩。伯里克利的母亲阿加利斯泰来自伟大的阿尔克麦翁家族。200年前，其祖先麦加克莱斯杀害了向神灵乞援的库隆派而犯下了渎神罪，因为这个污点，该家族世代受到了无法逃脱的诅咒。[8] 就在将希皮亚斯从雅典逐出后不久，斯巴达国王克莱奥麦奈斯要求对雅典所有自古以来的亵渎神灵的行为进行一次清理。以此为托词，克里斯提尼及其主要的支持者遭到了驱逐。[9] 在克里斯提尼的对手伊萨哥拉斯的煽动下，克莱奥麦奈斯向雅典人提出了这个要求。他的要求得到了遵从，并很好地实现了提出者的目标。如今，拉凯戴蒙人再一次针对他们的政敌伯里克利（克里斯提尼的后裔）重施故技。按宗教礼仪的规定，"被女神憎恨的人应当遭受放逐"。如果雅典人遵从了这个要求，那么他们将在这个生死存亡的关键时刻丧失最有能力的领袖。不过，拉凯戴蒙人也没有指望他们的要求得到遵从，只是希望伯里克利受到人们的怀疑,从而将家族的不虔敬作为战争爆发的一个理由。无疑,在雅典公民大会上,政敌会大声地将对伯里克利的质疑公之于众。

就在不久之前,伯里克利因三位与他关系密切的亲友受到指控而间接地遭到质疑,这三人分别是他的女友阿斯帕西亚(Aspasia)、哲学家阿纳克萨戈拉斯(Anaxagoras)和雕塑家菲狄亚斯。

我们并不清楚他们受到指控的具体时间或真正的原因是什么。阿克斯奥库斯(Axiochus)之女阿斯帕西亚祖籍米利都,她貌美迷人、受过良好的教育且志向高远。阿斯帕西亚长住雅典,据信(虽然证据相当令人怀疑)她蓄养着一批女奴,作为妓女招揽客人。虽然很有可能事实并非如此,不过是政敌针对伯里克利散播的一个丑闻,[10] 但无论事实到底如何,可以肯定的是,她的魅力是如此迷人,她在谈吐、演说和文艺批判上的造诣是如此精深,以至于包括苏格拉底在内的各年龄段各种性格的最著名的雅典人,都亲往拜会她;他们中的一些人甚至带着妻子聆听她的教诲。

此前,按几乎所有雅典人都必须完成的义务,伯里克利出于家族的考量选择了一位门当户对的女性为妻,娶了一位大家世族的妻子,夫妻俩育有二子,克桑提普斯(Xanthippus)和帕拉鲁斯(Paralus)。但他们的婚姻并不和谐。其后,经双方协商,并按阿提卡法律的规定,同意解除婚约。[11] 后来,他与阿斯帕西亚生活在了一起，并与她生了一个孩子，同样名为伯里克利。婚后，夫妻双方琴瑟和鸣，感情深厚。

然而，喜剧作家不但攻击伯里克利与许多妇女关系暧昧，还毫不留情、不加掩饰地指责阿斯帕西亚人尽可夫，称她为雅典这个伟大的赫拉克勒斯或奥姆法莱（Omphale）、戴伊亚奈伊娜（Deianeira）或宙斯的赫拉。最终，喜剧作家赫尔米浦斯（Hermippus）不再只满足于在舞台对她进行指责，而是到陪审法庭指控她犯下不敬之罪，认为她参与了由阿纳克萨戈拉斯及其他伯里克利圈子的人组织的哲学讨论并发表了不敬神的言论。与此同时，克莱翁或麦莱西亚斯之子修昔底德也对阿纳克萨戈拉斯提出了指控，在狄奥佩泰斯（Diopeithes）的提议下，公民大会通过了一项决议案。鉴于阿纳克萨戈拉斯已经离开雅典，雅典人对他进行缺席审判，并判处他放逐之刑。[12]伯里克利亲自在陪审法庭为阿斯帕西亚进行辩护，最终她被无罪释放。

从现存非常不完整的材料看，伟大的雕塑家菲狄亚斯在承包修建著名的雅典娜黄金象牙塑像过程中因受到贪污挪用款项而受到指控大约也发生在这一时期。[13]公元前437年，女神的塑像完工并敬献到帕泰农神庙。在这之后，菲狄亚斯全身心投入奥林匹亚的工程，主持修建他最后一件也是最伟大的作品——奥林匹亚宙斯巨像。大约公元前433或前432年，在完成这一件伟大的作品后，他回到雅典应答伯里克利的政敌针对他发起的中饱私囊的指控。[14]菲狄亚斯的一位奴隶提供的证词，证明菲狄亚斯的清正廉洁人有问题,这位雕塑家被收监隔离,等待着陪审法庭的审理。然而,女神塑像身上的金片完全可以拆卸下来称重。伯里克利要求指控者将其拆卸,称量的结果分毫不差。除了受中饱私囊的指控外,其他一些事情也让菲狄亚斯不受人们的欢迎。人们发现,帕泰农神庙饰带浮雕显眼的地方有他自己和伯里克利的图像。[15] 菲狄亚斯大概在接受审判之前就死在了监狱。有人甚至宣称他是被伯里克利的政敌毒杀,其目的是进一步加剧人们对伯里克利的怀疑,因为伯里克利才是他们真正的攻击目标。据说,德拉孔提戴斯(Drakontides)在公民大会提出议案,责成伯里克利对由他支付的钱款做出详细说明,并将其提交陪审法庭审核;陪审员应当在祭坛前以最庄严的形式对审核结果进行表决。哈格农对表决形式进行了补充说明,要求 1500 名陪审员参与审判,仍按通常的规定将投票珠投放到投票瓮中。[16]

如果伯里克利确实因此受到审判,其结果无疑是体面地获得无罪释放。因为修昔底德在谈到涉及他为人清廉时所使用的语言完全不能用在一个在公众面前被宣判犯有贪贿之罪的人身上。[17]

从这些未经证明的指控中我们能够发现,在伯罗奔尼撒战争爆发之前的两三年里,伯里克利因政敌的控诉而处境艰难。[18]正当他处于政治困难的紧要关头,拉凯戴蒙人向雅典传达了前面提及的要求。不过,他们的无礼要求并没有获得成功,雅典人也没有听从他们驱逐受诅咒的阿尔克麦翁家族成员。相反,雅典人回答说，斯巴达人也犯下了渎神之罪，应当受到驱逐。因为，他们曾冒犯了塔埃那鲁斯海岬的波塞东圣所，将一些在里面求庇护的黑劳士拖拽而出并处死；此外，在斯巴达卡尔奇斯建城者雅典娜的神庙里，他们曾围困犯罪的摄政保萨尼亚斯并将其活活饿死。

不久，又来了几批斯巴达使节，他们带来一些新的要求。要求雅典人首先将军队撤离波提戴亚，其次恢复埃吉纳的独立，最后撤销驱逐麦加拉人的法令。

导致双方关系陷入紧张状态的最重要因素是麦加拉法令，斯巴达人甚至暗示，如果废止该法令战争或可避免。从整个过程可以清楚地看到，拉凯戴蒙人与雅典的反伯里克利头目相互配合采取行动。对斯巴达及其同盟者而言，废止针对麦加拉的法令不及拯救被困在波提戴亚的科林斯军队重要。不过，反伯里克利的派别更有可能就麦加拉的话题在公民大会上获得人们的支持。一旦这个决议能够通过，将会广泛地削弱伯里克利的影响。然而，斯巴达人提出的三个要求都未获得通过。针对麦加拉的议题，雅典人抵住了反对者的所有压力，进一步维持并确认了驱逐法令的有效性。最终，拉凯戴蒙人再一次派出了一批使节。这一次他们毫无掩饰地体现出了最真实的目的。"拉凯戴蒙人希望和平得以维持；只要你们愿意让各邦的希腊人保有自由，和平**或许**就能够维持。"得知这个与此前完全不同的要求后，雅典人决定就战和问题重新召开公民大会，让人们充分讨论，以便一劳永逸地就此做出最终决定。

斯巴达人提出的最后要求无异于完全解散雅典帝国。这个要求看似可能会使所有雅典人达成一致的看法,使所有参加此次公民大会的雅典人普遍认识到战争已经不可避免,但事实上并非如此。大多数的与会者从内心上并不想走上战场。对其中相当部分的公民来说,他们的避战意愿是如此强烈,以至于如今甚至愿意回到最初与拉凯戴蒙人关于废止麦加拉法令的谈判中,仿佛该法令真是导致战争的罪魁祸首。伯里克利对这种看法进行了反驳。他对此发表的演说坚毅果决且激励人心,哈利卡纳苏斯人狄奥尼修斯将其列为修昔底德作品中最精彩的演说。或许修昔底德确实亲自聆听到了这一次演说。

"雅典人,我坚持这样一个原则,那就是绝不能向伯罗奔尼撒人让步。如今我只不过是再一次重复给你们的建议。我恳请你们当中那些听从我建议的人,要支持公民同胞一致做出的决议,即便结果未必完全如意也要如此。因为事物发展的过程往往超出人们的预料,脱离其发展的正常轨道。我们习惯于将这些出乎意料的变化归咎于命运使然。此前,拉凯戴蒙人对我们虎视眈眈,如今他们的目标更加昭然若揭。和约规定,应当通过协商解决我们之间的争端,在裁决期间,双方应当维持现状。但是拉凯戴蒙人非但从未提出这样的请求,反而在我们提出时断然拒绝。他们宁愿以战争而非协商的形式解决人们的不满;他们到此不是提出忠告,而是向我们下达命令,命令我们从波提戴亚撤军,听任埃吉纳独立,撤销麦加拉法令。不仅如此,最后这一批使节竟然对

第十八章 从波提戴亚之围到战争第一年结束

我们发出最后通牒,责令我们让所有希腊城邦保持独立。如今,你们中的任何一个人都不会相信,如果我们拒绝废除麦加拉法令,我们会因为这件微不足道的事而投入战斗。尽管他们原来曾经提出,仿佛废除该法令就会避免一场战争。同样,你们也不要自责仿佛是为了一件无足轻重的小事而兴师作战。其实,这一件微不足道的小事关乎全局,是对你们勇气的磨砺。如果你们做出了让步,不久他们将会提出其他一些更加厚颜无耻的要求,正如那些因为害怕而屈从的人一样。如果你们坚决捍卫尊严,就会让他们清楚地明白,必须以平等的身份与你们相交。"

接着,伯里克利对比了双方的力量及各自获胜的机会。伯罗奔尼撒人自给自足,无论在公共事务还是私人事务中,他们都很少使用奴隶,财富贫乏。因此,他们无力支撑远距离的、持久的战争。虽然他们时刻准备为城邦奉献自己,但不愿献出自身拥有的那一点微不足道的财产。在其国境周边作战或只从事一两次陆上的战斗,他们可能会战无不胜;但与雅典这样一个强大的城邦进行系统而持久的战争,他们就既无优秀的统帅也无足够的金钱,无法利用胜利之机获利。伯里克利预测说,伯罗奔尼撒人或许会在阿提卡境内建起一个要塞,但这绝不会给雅典带来严重的危害;然而,在海上,他们完全处于劣势,对于雅典的进攻无可奈何,而且雅典的舰队将小心翼翼地守卫着海上交通要道。伯罗奔尼撒同盟也不能利用从奥林匹亚或德尔菲攫取金钱引诱外邦精于摇桨操帆的水手弃雅典舰船而去。[19]因为,来自臣属岛邦的水手发现,由于雅典将在事后报复，即便可以得到更高的薪酬，他们也会成为受害者；此外，一旦有需要，仅凭雅典的公民和外侨，也可以为舰队配备足够的人员；与希腊其他所有城邦相较，雅典自身的桨手和海员不但素质更高，而且人数也更多。遗憾的是，雅典不是一个岛屿，它的一方还有弱点，可能会被敌人入侵和蹂躏。对此，雅典人必须暂时屈服，千万不要轻率发起一场陆上的决战。除阿提卡外，雅典人还有广阔的国土，其中包括岛屿与大陆，足以为他们提供丰富的供给。此外，他们还可以利用海军之利，破坏伯罗奔尼撒人的国土，伯罗奔尼撒人则无海外领土可以依靠。

"让我们遣散这些使节，告诉他们我们的答复吧！如果拉凯戴蒙人停止那些驱逐我们及我们的同盟者入境的规定，我们就会允许麦加拉人使用我们的市场和港口。只要那些在和约订立时仍是独立的城邦，同时，只要拉凯戴蒙人让其同盟者独立，并允许每一个城邦自由选择自身的政体，而不是按斯巴达的旨意行事，我们愿意根据和约答应他们的要求。我们不会主动发起战争，但将击退那些胆敢挑起战端的城邦。我们必须清楚地明白，战争是不可避免的。我们越是欣然接受战争，敌人的进攻热情就越发低落。无论对城邦还是公民本身，越危险的地方就越容易最终获得最巨大的荣耀。可以肯定的是，在与波斯人斗争时，我们的父辈拥有的资金没有现在这么丰富，他们甚至被迫放弃所有一切投身战斗。他们不但击退了入侵者，而且把城邦的事务发展到现在的高度。他们取得的成就不是因为幸运而是因为广纳众言后三思而行，不是因为实力使然而是因为无畏的胆识。我们绝不能拖父辈的后腿，必须以各种方式与敌人周旋，努力将一个实力无损的伟大城邦留给我们的后代。"

伯里克利激动人心的发言俘获了大多数公民的心。于是公民大会告诉了使节雅典人的答复，此前人们还有争执的所有问题都按照伯里克利提议的那样去做。此外，使节们还被告知，就战和问题，雅典人愿意依照和约的规定，就对方指控的任何问题进行讨论，并愿意接受平等而友好的仲裁。但是，他们绝不会接受任何命令式的要求。

从修昔底德的记述看，雅典民众明显并未毫不迟疑地就决定做出这样的答复。但是，从这位历史学家的记述，尤其是他关于科林斯和斯巴达行动的陈述，或许不难推断，如果不是遭受到任何政体的城邦都无法承受的在尊严和武力上的屈辱，甚至它自身的权力都不能体面地得到保证，雅典也不是完全没有可能避免战争。恰如修昔底德的叙述表明伯里克利在此关键时刻做出了正确的判断一样，[20] 他的叙述也同样证实了雅典正确地采用了人们广泛接受的处理邦际纷争的原则。破坏和约的不是雅典（恰如斯巴达人后来逐渐认识到的那样[21]）而是它的敌人，正是伯罗奔尼撒人煽动起了波提戴亚的反叛并承诺入侵阿提卡。在和约遭到破坏后，不是雅典而是它的敌人提出了一系列过分的要求，以便尽可能在战争中占据上风。虽然在从赶走薛西斯到签订"30年和约"的这35年里，雅典的雄心确实非常宏大，其实力的增长也相当可观，但也不能否认，在和约中它的损失也相当巨大，在自和约订立到与科西拉联盟的这14年里，它并未获得什么实利来弥补和约中的损失。伯里克利奉行的政策并不是向外扩张，或者侵犯或惹怒其他希腊城邦。甚至与科西拉的结盟都不是由他倡导而是由当时的环境决定的。事实上，接受与科西拉人的结盟与现存和约的规定完全不相背离。当时的环境表明，与其说是雅典野心勃勃，不如说是科林斯雄心万丈。正是科林斯企图将科西拉的海军占为己用。伯罗奔尼撒同盟一方面是出于恐惧另一方面是出于憎恨才对雅典采用了咄咄逼人的态势。拉凯戴蒙人的目的是进攻并肢解雅典帝国，认为这个帝国危险、不义且反希腊。因此，这次战争一方面是原则的对抗，即帝国原则与每个希腊城邦应当享有独立的原则；另一方面也是力量的对抗，在战争之初，斯巴达与科林斯的野心比雅典有过之而无不及。

在接下来的几个星期里，双方的沟通逐渐减少，互信降低。如果雅典的野心比其敌人更大，此时对方的准备还未完成，正是发动第一波进攻的好时机，而且获胜的可能非常大。但雅典严格地将自身的活动限于和约规定的范围内。打开一系列带来灾难的相互进攻战争，将希腊世界撕裂为碎片的是雅典的对手和邻邦。

普拉提亚这一个小城邦出乎意料地成了这次战争的爆发之地。普拉提亚位于比奥提亚境内，紧邻奇泰隆山的北麓，其南部与阿提卡相接，北部与底比斯相邻（双方以阿苏普斯河为界）。普拉提亚到底比斯的距离大约为70斯塔狄亚（约合8英里）。

第十八章 从波提戴亚之围到战争第一年结束

虽然具有比奥提亚血统,但普拉提亚完全被隔绝在比奥提亚同盟之外,而全心全意与雅典人结成同盟。在过去的三代人里,雅典一直保护着普拉提亚使其不受底比斯人虎视眈眈的敌对和侵扰。然而,尽管经过了如此长的时期,作为比奥提亚同盟之首,底比斯人仍然觉得未将普拉提亚纳入同盟是他们的耻辱。一批普拉提亚的富有寡头党人希望颠覆城邦的民主政府,成为城邦的领袖,建立寡头制。他们的计划与底比斯人的野心一拍即合。对这批寡头党人和底比斯政府而言,此时正是一次千载难逢的绝佳时机。因为战争已经迫在眉睫,他们必须抓住情况比较混乱的时期,在雅典人布防警戒岗哨,并在开始着手其他预防战争的措施之前采取行动。于是,他们决定利用宗教庆典举行之时,趁着夜色突袭普拉提亚,因为此时普拉提亚人可能完全疏于对城池的防御。公元前431年3月底的一个雨夜,[22]正当人们才刚入眠不久,一队由300多名重装步兵组成的底比斯军队出现在普拉提亚的城门之前。城内的寡头党人打开了城门,带领底比斯人前往市场。他们排成整齐的队列,不费吹灰之力占据了市场。底比斯的精锐部队打算在拂晓时分抵达普拉提亚,以便支援先期到达的部队。

底比斯坚信如今他们已经成为普拉提亚的主宰,并确信天明时分一支强大的援军即将到来。他们认为可以用武力威胁的形式让城里的居民接受他们提出的任何条件而不会遭遇实质性的抵抗行动。此外,他们还希望采取措施加剧而不是调和此前对普拉提亚人犯下的错误。因此,底比斯人派出传令官,向所有普拉提亚人公开通告，邀请那些愿意认祖归宗的人加入比奥提亚同盟，加入底比斯的军队，在同一个方阵中他们共同作战。这个令人瞠目结舌的消息把普拉提亚人从睡梦中惊醒。人们发现最大的敌人已经成为城市的主宰，在黑暗中，误以为攻入城市的敌人比实际的人多得多。因此，尽管普拉提亚人完全忠诚于雅典，但认为现在的形势已经毫无希望，于是被迫开始与底比斯人举行公开的谈判。但是，他们很快发现，底比斯人的数量并不大，他们完全可以应付得了。于是普拉提亚人重拾信心，决定对敌人发起进攻。他们打通了每家每户的墙壁，使相互之间能够保持联络，[23]并将大车横抛街上在合适的地方成为路障。

拂晓将至时分，普拉提亚人从他们的屋子突然涌出发起了进攻，很快攻到了底比斯人驻扎的地方。如今，底比斯人发现自己成为被突袭者，被围困在一座陌生的城市之中，街道狭窄、弯曲而泥泞，即便白天也很难安然走出去。尽管如此，底比斯人尽可能地保持着良好的密集阵形，击退了普拉提亚人发起的两三次进攻。攻防一直持续，直到最终底比斯人精疲力竭，队形开始散乱。但是，逃跑和抵抗一样困难。因为他们已经无法找到逃出城市的道路，甚至不知道入城的大门在哪里，原本开着的城门如今已被一位普拉提亚公民关闭。他们在城市里被熟知每一寸土地的普拉提亚人追击。其中多数人逃到了靠近城墙的一座大宅子的门口，误以为这些门口可以通往城门。他们被堵在那里，再也不能逃走。普拉提亚人最初打算放火烧掉这座大宅，但经过一番讨价

第十八章 从波提戴亚之围到战争第一年结束

还价,双方最终约定,大宅里的底比斯人连同城里所有底比斯人无条件地投降。

倘若来自底比斯的援军能够在预计的时刻到来,这场灾难本可以避免。然而,倾盆大雨和漆黑的夜晚迟滞了大军的前往,阿苏普斯河也因河水暴涨而难以涉水通过。结果,援军还未到达普拉提亚的城门,他们在城里的同伴就已经要么被杀要么被俘。底比斯军队决定在普拉提亚境内大肆劫掠其人口和财产(普拉提亚人并未采取预防措施,因战争可能带来危险将这些人和物转移到城墙之内),只有这样他们才可能有某些物件交换被扣的底比斯人。就在他们准备付诸行动时,普拉提亚人派出一位传令官,告诫他们其罪恶的行径已经严重地违背了和约的条款,并特别提醒他们不要在城墙之外采取任何错误的行动。如果底比斯人立即撤退,不进一步伤害普拉提亚人的利益,被扣的战俘将会得到遣返;否则,这些战俘马上就会被处死。以此为基础,双方订立了一个约定并对神灵起誓。就这样,底比斯军队没有采取任何积极的行动,就撤离了普拉提亚。

至少,这是底比斯人记述的撤离过程。但普拉提亚人给出了另外一种说法,他们拒不承认做出过任何明确的承诺或对神起誓,而坚称只是答应,在双方讨论是否能达成一个满意的协定前,暂缓对战俘采取最后的决定。

鉴于修昔底德记载了双方的说辞,但并未道明他自己更相信哪一方,或许我们可以推断双方都有一定的依据。底比斯人的说法无疑最有可能，但普拉提亚人似乎理解错了约定的内容，他们甚至建构了一套说法。因为底比斯军队才一撤走，他们（普拉提亚人）就立即把城外的公民及一切值钱的动产都搬到了城里，接着未经任何正式的审判就杀害了所有战俘。被杀害的战俘总数达到180人。[24]

就在底比斯首次攻入的当天晚上，普拉提亚人派出了一个信使，将消息送到了雅典。另一位使者紧随而至，报告了普拉提亚人获胜并俘获一批战俘的事。雅典人立即派出一位传令官，吩咐普拉提亚人在雅典的指示到达之前不要对战俘采取进一步的行动。但是，伯里克利最担心的事还是发生了，在雅典人的信使到达之前，这些战俘已经被杀害。除违反双方的约定外，仅从广为人们接受的古代战争习惯，处死这些战俘也被认为是异常残忍，必然会受到人们的指责。同一时代那些不带偏见的人将会注意到普拉提亚人的这次行动是多么不当，雅典人对此也深感惋惜。如果这批战俘仍掌握在雅典人和普拉提亚人手中，考虑到底比斯的实力，从底比斯那里获得的价值将远远超过这些人的性命。对照过往雅典在科罗奈亚战役和夺取斯法克泰利亚岛后斯巴达采取的行动（关于此事，后面有进一步叙述）可见，底比斯人对被囚禁公民的同情之心是多么强烈（其中几个战俘地位显赫，在城邦中担任重要职务）。

雅典人即刻派出军队支援普拉提亚，使其成为一座重军驻扎的城市。所有的老年人、病人及妇女儿童都被转移到雅典。

第十八章 从波提戴亚之围到战争第一年结束

双方都非常清楚地认识到，如今战争已经真正开始了。除了将这场战争继续下去之外，其他任何举措可能都是多余的了；除了受保护的传令官外，其他任何进一步的人员交往都不再可能。普拉提亚事件开启了双方全面的战争，使交战各方的各党派人士都完全陷入战争的兴奋之中。高度紧张的兴奋感迅速从各主要交战方蔓延到全希腊的每一个角落。此刻，这种兴奋之感通过满天飞的神谕、预言和宗教传奇表现出来。提洛岛最近爆发的地震和其他各种奇特的自然现象被人们解读为即将来临的可怕战争的前兆。这不但是一个因战争造成直接灾害的时代，也是一个日食、地震、干旱、饥荒、虫灾频发的时期。

无论是纳贡城邦还是自由城邦，雅典都会派出情报人员，以便提前警告或激励各同盟城邦，不管是纳贡的还是自由。后者除色萨利、阿卡纳尼亚、瑙帕克图斯的美塞尼亚人之外，其他都是岛邦，包括开俄斯、莱斯沃斯、科西拉和扎坤图斯。其中，雅典人与阿卡纳尼亚的同盟关系是不久之前（或许就是前一年的夏天）因安菲罗奇亚（Amphilochia）的城镇阿尔戈斯才刚刚建立的。

这座城镇位于阿布拉奇亚湾的南部沿岸，最初由一支非希腊人的部族安菲罗奇亚人占据。从血缘上看，他们介于阿卡纳尼亚与埃皮鲁斯人之间。来自阿布拉奇亚的一些殖民者最初获准与安菲罗奇亚人一起居住在这座城镇里，后来他们将原住民驱逐，完全将这座城镇及其周边的土地据为己有。被逐出的居民寻求他人的支持以图恢复统治，为此，他们请求雅典人为他们提供援助。

于是，雅典派出一支由弗尔米奥（Phormio）统领的由 30 艘三列桨战船组成的海军，在安菲罗奇亚人和阿卡纳尼亚人的支援下，发起了对阿尔戈斯的进攻，将阿布拉奇亚人沦为奴隶，并让安菲罗奇亚人和阿卡纳尼亚人恢复了对这座城镇的主导权。就是在这个时候，阿卡纳尼亚与雅典的同盟关系才首次建立。[25]

每年需向雅典纳贡的各属邦分布在爱琴海周边各地，包括了克里特以北除米洛斯岛和泰拉（Thera）岛之外的所有岛屿。此外，雅典自身的武力完全具备了守卫一个大帝国首府的规模。伯里克利声称，他的同胞完全足以装备 300 艘三列桨船；城邦还拥有 1200 名骑兵和骑射兵、1600 名弓箭手；最重要的是，雅典还拥有一支不少于 29 000 名主要由公民（也包括一部分外侨）组成的重装步兵。重装步兵中，有一支由 13 000 名无论在年龄还是在装备上都经过精挑细选的精锐部队。余下 16 000 名主要由年老者、青年和外侨组成的队伍在连接雅典和皮莱乌斯、法莱隆的长城上承担巡防任务，他们也驻扎在阿提卡境内外的各要塞中。[26] 除了强大的陆军和海军外，在卫城中，城邦还拥有数量不少于 6000 塔兰特的银币（约合 140 万镑），这批金钱是同盟者缴纳的贡金和其他收入聚积而成。国库的积蓄一度多达 9700 塔兰特（约合 223 万镑）。但是，因为支出近来的宗教活动、装点雅典的建筑及围攻波提戴亚，积蓄减少到了 6000 塔兰特。此外，卫城及城邦境内的其他神庙还有丰富的祭品、存款、圣杯及用于游行和节庆的银器，总价值估计不少于 500 塔兰特。而最近才由

第十八章 从波提戴亚之围到战争第一年结束

菲狄亚斯在帕泰农神庙为女神塑建的象牙黄金巨像上，黄金的重量不少于40塔兰特，转换成白银超过400塔兰特。伯里克利隐含地谈到，这些圣物也是城邦的财产，只有在必要时才能使用。正如科林斯曾提议向德尔菲和奥林匹亚筹借款项一样，一旦城邦状况好转，就应当坚决地还给诸神。此外，雅典人事实上掌控在手中的每年还有一大笔收入，那就是属邦缴纳的贡金，价值调到600塔兰特，约合138000镑；加上其他收入，[27]每年总计至少可达1000塔兰特，约合23万镑。

除这些令人可畏的战争资源外，还可以加上雅典水手无与伦比的航海技术和纪律，以及出众的情报系统。伯里克利声称，雅典可以通过其海军和一连串的海上要塞封锁伯罗奔尼撒半岛；他保证，只要雅典人坚持不懈、严守纪律、思虑周详，咬紧牙关，经历住这一段暂时而不可避免的痛苦，胜利必将到来。同时，雅典人尚需克服其他困难，抛弃远赴重洋获取荣誉的冒险之心，驻守在城邦周边保障战争必需物资的供应。如此美好的未来是建立在目光远大的深思熟虑基础之上，必须超越一城一池的眼前得失，不被普通公民的鼠目寸光所左右，也不要被当前面临的实实在在的困难所压服。此外，伯里克利最希望的战略是积极防御：完整地维持雅典已习以为常的那个庞大的帝国。伯里克利奉行的政策完全是保守性的，他并不希望采取任何激励措施积极获得更大的利益。

在战略方针上，伯罗奔尼撒同盟更具进攻性。不但伯罗奔尼撒半岛的全部力量（除阿尔戈斯和阿凯亚之外。虽然阿凯亚的城镇佩莱奈（Pellene）在战争爆发时加入了伯罗奔尼撒同盟，但总体而言这两个地区最初保持了中立。后来所有阿凯亚的城市都加入了拉凯戴蒙一方）聚集在了一起，而且麦加拉、比奥提亚、弗奇斯、奥庞提亚的罗克利、安布拉奇亚、琉卡斯和阿纳克托利亚等也与其并肩作战。与拉凯戴蒙人并肩作战的同盟者中，科林斯、麦加拉、西库翁、佩莱奈、埃利斯、安布拉奇亚和琉卡斯提供了海军，而比奥提亚、弗奇斯、罗克利提供了骑兵。正是主要依靠重装步兵和比奥提亚强大的骑兵，拉凯戴蒙人发动了整个战争最初也是最重要的一次行动——蹂躏阿提卡。整个伯罗奔尼撒同盟都一致心怀对雅典强烈的不满之情，急切地希望并满怀信心地立即展开了这次远征，在征战过程中将他们的憎恨之情和喜好劫掠的愿望展现得淋漓尽致。如果雅典人的自尊心激励着他们出城迎战，伯罗奔尼撒同盟强烈希望一举击溃雅典并立即终止这次战争。人们普遍相信，即便第一次入侵战争不能征服雅典，它也不可能在如此反复进行的破坏极强的战争中坚持两三个夏天。

虽然伯罗奔尼撒人自信仅凭陆战就可以达到征服雅典的目的，但他们也没有忽视利用海军进行辅助，并开始为长期的战争做准备。拉凯戴蒙人决定利用自身和同盟者现存的海上力量，并在意大利和西西里友好的多利安人城市的资助下，将舰队扩充到500艘三列桨战船。[28] 此外，拉凯戴蒙人图谋派遣全部军力前往波斯和其他蛮邦。斯巴达人的举动显然是对希腊城邦事务进行

第十八章 从波提戴亚之围到战争第一年结束

的一次令人可悲的变革。因为，若干年之前，所有的希腊人还在共同努力、排除万难，将这位专制暴君赶了出去；如今却有人恳求他率领腓尼基舰队再一次进入爱琴海，其目的竟然是要征服雅典。

毫不耽搁地入侵阿提卡是需要完成的基本目标，为此，在普拉提亚突袭战发生不久，拉凯戴蒙人就发出了入侵的命令。虽然仍需同盟者的投票才能保证这次战争的合法性，但就在投票程序刚刚结束，拉凯戴蒙人就立刻指挥着同盟各邦将各种措施付诸实施。指令要求，每个同盟城邦三分之二的重装步兵务必在指定的当天前往科林斯地峡集合，带上足够的供给和装备开始进行一次持续时间较长的远征。显然，三分之二只是列入同盟者名单的城邦有义务承担的大致比率，因此，比奥提亚及其他提供了骑兵的就不必非要提供城邦三分之二的重装步兵。作为盟军的指挥官，斯巴达国王阿奇达穆斯向来自每一个城邦的统领和主要官员发表了一次谈话，对他们提出忠告并进行鼓励。他讲话的主要目的是缓解整支军队盲目乐观过分自信的情绪。他说："我们即将进击的敌人无论在哪个方面都已准备就绪，军容军纪令人称羡。因此，可以预见，他们会外出与我们一决高下。即便他们的军队如今还未开赴边界迎战，但当他们眼见我们进入并大肆踩躏其疆土、劫夺其财物时，他们定然也会外出一战。"

就在大军集合不久，阿奇达穆斯派遣麦莱西普斯（Melesippus）为使，前往雅典下达战书。直到此时，他仍希望雅典人能够屈服。但在伯里克利的倡议下，雅典公民大会已经做出决议，一旦伯罗奔尼撒大军开拔，将不接受任何来自拉凯戴蒙的传令官或使者。因此麦莱西普斯未获准进入雅典城就被遣返了回去。

在获悉他派出的最后一位使者告诉他的消息后，阿奇达穆斯率领大军继续从地峡向阿提卡进军。大军沿前往阿提卡与比奥提亚交界的奥伊诺伊要塞的大道前行，但推进过程相当迟缓。他认为，必须对奥伊诺伊要塞进行持续的进攻。[29] 这座要塞易守难攻，拉凯戴蒙人进攻不力，在发起各种形式的进攻之后，它仍被掌握在雅典人手中。在此地耽搁几天后，阿奇达穆斯被迫放弃了一切努力。

这位斯巴达国王对战争的热情因在地峡、行军过程中和奥伊诺伊的一次又一次延误而消耗殆尽。他的消极怠慢使急于参战的大军怒火中烧，一路上人们对他的指挥都在大声抱怨。不过，他仍按他在斯巴达发言时订下的计划行事。在他看来，阿提卡精耕细作的良田是要挟爱好和平的雅典人的人质；一旦这些良田遭到了破坏，雅典人就更有可能屈服；虽然未必能一击而中，但雅典人的投降就在其国土上而且时间不会等得太久。就此而言，在边境地区稍做停留未必是坏事。或许雅典支持和平的党派给了他信心，他们能够很快占据上风。

毫无疑问，在雅典一方，伯里克利也面临着诸多困难。他不得不告诉所有阿提卡的有产者一个残酷的事实，那就是他们必

第十八章　从波提戴亚之围到战争第一年结束

须坐视其良田美宅被人蹂躏甚至完全被人破坏，而为了安全，他们自身及其家眷和一切可以移动的财产都必须搬往雅典、邦内某一个要塞之内甚至越洋过海到周边的某一座海岛。恰如在波斯人入侵时那样，雅典人将会目睹良田被毁而不能组织一支军队进行抵抗，他们不得不舍弃并拆除在乡间的房屋。这种情景可能是除伯里克利之外任何人都不希望见到的。此外，雅典人一般保留着传统的习惯，居住在阿提卡各个村社而不是雅典城。许多人仍然保留自独立于雅典时的宗庙、节庆、习俗和有限的自治。基于上面的考虑，搬迁会让他们更加痛苦。

来自阿提卡各个地区的居民涌入雅典城墙包围之内的地方，他们带着自己的家眷、各种能够搬动的财产，有人甚至带上了家里的木制家具。牛羊被运送到优卑亚及其他周边的岛屿上。尽管有一部分逃难者通过投亲访友获得了一个地方居住，但大多数人被迫在雅典城和皮莱乌斯的空地露营，还有一些人在城里各种神庙（除卫城和埃琉西斯两女神的圣所外，因为为了防止亵渎者的闯入，这两处地方一直严格对无关人员关闭）里面或周边居住。即便紧邻卫城之下的被称为佩拉斯吉康（the Pelasgikon）的空地也因现实的需要而被人们利用了起来，但根据自古以来的传统，居于此地大为不祥，所有人禁止在此居住。[30] 尽管损失是如此严重，面临的困难是如此巨大，雅典人的先辈们在薛西斯入侵时表现出来的值得称道的坚忍不拔的精神被他们忠诚地继承下来，那时先辈们所处的环境更加糟糕，因为他们别无其他选择。然而，如今，面对着阿奇达穆斯的进军,他们或许可以通过投降而避免厄运,这虽然有损雅典人的尊严,但不会影响它的安全,而只会剥夺它的地位和影响。

在奥伊诺伊前停留数日后,阿奇达穆斯既未能够夺取这个要塞,也没有收到雅典人送来的消息。于是,大约6月中旬,他率军向埃琉西斯和特利亚平原进发。他率领着一支不可抗拒的大军,据普鲁塔克的说法,有不少于60 000名重装步兵,[31] 据其他人的说法甚至超过100 000万人。但是,修昔底德虽然对这次进军记载相当详细,但他并未说明总人数。或许可以推断,他认为,听到的所有数据都不可靠。

鉴于雅典人并未为和平采取任何行动,阿奇达穆斯料想,他们将会出城在肥沃的埃琉西斯和特利亚平原与他一决雌雄。于是这一带就成为他首先破坏的国土。然而,除遇到一支骑兵分队外,竟然没有雅典军队与他一战。在未经什么抵抗蹂躏这一块平原后,阿奇达穆斯认为从特利亚出发,翻越埃加莱奥斯山(Mount Aegaleos)的山脊,径直通往雅典的道路不太适合进军。于是大军向东而行,从埃加莱奥斯山的右侧经过,到达科罗佩伊亚(Kropeia),经此大军翻越埃加莱奥斯山的余脉,抵达了阿卡奈。该村社距离雅典大约只有七英里,下了一段缓坡,就进入连接雅典西边和西北边的平原。站在雅典的城墙上就可以看到这一切。阿奇达穆斯在此安营扎寨,列好战阵准备迎敌,同时他也打算派兵破坏这个村社及其周边地区。阿卡奈是阿提卡所有村社中面积

第十八章 从波提戴亚之围到战争第一年结束

最大人口最多的一个,能够为城邦提供不少于3000名重装步兵;[32] 另外,它还生产粮食、葡萄、橄榄,并利用周边山上成片的冬青树,为城里烧制丰富的木炭。阿奇达穆斯估计,当雅典人真正看到他的军队不但离自己的城市如此之近,还明火执仗地在他们最富庶的村社烧杀抢掠时,他们一定难以控制自己的愤怒,必定会冲出城里与他交战。

阿奇达穆斯预料的事几乎就要发生。除了伯里克利凭着高超的个人领导才能外,什么也不能阻止群情激愤的雅典人。首先是阿卡奈人,然后是年轻的公民,他们大声叫嚷着要武装起来,冲出城与敌人战斗。到处都有成群结队的公民聚在一起,[33] 就当前的关键问题进行大声的争论。与人们激动的情绪相伴,各种神谶和预言满天飞,无疑其中许多预言声称雅典人能够在阿卡奈击败敌人。

在雅典人怒火中烧的情况下,伯里克利自然成为人们抱怨和怒骂的主要对象。人们指责他是造成现存所有苦难的根源,并挖苦他是一个懦夫,不敢带领公民们与敌战斗,不配将军之职。人们爆发出的自发的不满因伯里克利各种政敌的发酵而不断加剧,其中影响最大的当数克莱翁。[34] 他在恶言谩骂方面的才能最初是在贵族色彩浓厚的学派活动和公共集会上得到训练的。然而,不管民众的骚动是如何激烈,都无法扰乱伯里克利准确的判断和坚定的意志。他倾听着所有对他的控诉,但这丝毫不能动摇他的决心。因此,在当前公民群情激愤的情况下,他毅然地拒绝人们召开任何形式公民大会的提议,也不允许任何代表着某种权威的集会。似乎,作为一名将军,更准确地说十将军之一,他已在法律上不但被授予了在恰当的时机召集公民大会的权力,而且被授予了让每年固定时间在普吕塔内翁定期举行的四次公民大会不再举行或延期举行的权力。因为公民大会不再召开,民众因狂怒可能提出的任何公共决议就不可能出现。能够将民众的狂躁之情牢牢地控制住,这只是伯里克利许多令人称道的优秀政治品性之一。但在他拒绝召开公民大会以便有效防止过激政策出台这一事实上,其实远没有想象的那么精彩。如今,全体雅典公民都居住在城墙之内;一旦他拒绝召开公民大会,民众完全可以轻易地在皮尼克斯山集会而将他排除在外。在这样的背景下,找到一个言之成理的借口并不困难。在此生死攸关的时刻,雅典民众展现出了对城邦民主政体神圣不可侵犯的尊重,同时无疑也体现了他们长久以来对伯里克利的敬仰。这成为雅典历史上最令人难忘的一段插曲。

就在伯里克利禁止任何外出全面会战的同时,他也在尽一切努力为备感压抑的公民找到事做。雅典的骑兵与来自同盟者色萨利的骑兵一道被派遣出城,以便迟滞敌军轻装兵的前进,同时保护城市周边的良田免受劫掠。与此同时,他还装备了一支强大的舰队开始出征,甚至侵略者还在阿提卡时,这支舰队也对伯罗奔尼撒半岛进行了掠夺和破坏。在阿卡奈大肆蹂躏,感觉停留时间够长,确定雅典人不敢与之一战后,阿奇达穆斯就率军离开了雅典，沿穿过戴凯雷亚的大道，转而向西北方位于布利莱苏斯（Brilessus）山与帕尔奈斯山之间的各个村社进发。大军继续在这一地区抢劫和破坏，直到他们的供应耗尽，才从靠近奥罗普斯的西北向大道撤出了阿提卡，进入比奥提亚境内。大体而言，拉凯戴蒙人撤离阿提卡的时间是在7月底，在雅典国境停留了30~40天。

与此同时，雅典的舰船与科西拉的50艘战舰及其他一些来自盟邦的战舰一道，绕行于伯罗奔尼撒半岛的海岸，并不时登陆对沿岸各个地方进行袭扰，并在拉凯戴蒙国境西南半岛上的麦托奈城进行破坏。[35] 如果不是泰利斯（Tellis）之子布拉西达斯（Brasidas），该城可能会遭受极大的困难。这位勇猛善战的斯巴达人首次出现在了文献之中，此后他注定会获得巨大的声名。当时，他碰巧驻防在附近的另一个哨所。听到消息后，他亲率100名战士快速进军，在散布四周的雅典军队还没来得及聚集起来之前，就进入了麦托奈城。接着，雅典人舰队沿伯罗奔尼撒半岛的西部海岸航行，在埃利斯沿岸登陆并对其国土进行了两天的劫掠，打败了来自周边地区的军队及选自埃利斯全境的300名精兵。此后，舰队继续向北行驶，对沿岸的许多地方进行破坏。最后来到了科林斯在阿卡纳尼亚沿岸建立的殖民地索利翁（Sollium）。雅典人占领了这个地方，将其交给来自附近阿卡纳尼亚城镇帕拉埃鲁斯（Palaerus）和阿斯塔库斯（Astakus）的居民管理，并使这座城镇成了雅典同盟的一员。由此出发，雅典人驶往克法莱尼亚,他们幸运地不动一兵一卒就使其成为雅典的同盟者。上述行动持续了近三个月,始于7月初,当他们返回雅典时大约是9月底。

在克莱彭普斯(Kleopompus)的统领下,30多艘三列桨战船通过欧里普斯(Euripus)海峡前往与优卑亚岛北角隔海相望的罗克利沿岸地区。雅典人在此登陆了几次,洗劫了罗克利城镇特罗尼翁(Thronium)和阿罗佩(Alope),并在罗克利沿岸无人居住的岛屿阿塔兰塔(Atalanta)永久驻军,其目的是制止来自罗克利诸城镇的海盗抢劫优卑亚岛。雅典人决定进一步将埃吉纳居民逐出埃吉纳岛,从而完全对该岛殖民。雅典人审慎地采取了这一步骤,部分是基于该岛处于阿提卡与伯罗奔尼撒半岛必经之路的重要位置。但当前人们主要是基于对埃吉纳人古已有之的憎恨,力图报复埃吉纳人原来对雅典发动的战争及因此给雅典带来的许多灾难。埃吉纳人及其家小被遣送到船上。在伯罗奔尼撒半岛登陆后,他们获得斯巴达人的允许,居住在靠近阿尔戈斯的提莱亚(Thyrea)城及周边沿海地带。埃吉纳岛被转交给雅典的军事殖民者,他们在岛上拥有一块份地。

我们发现,从此以后,埃吉纳人遭受的苦难还将进一步恶化。与此同时,麦加拉人也备受煎熬。是年9月底,在伯里克利的率领下,由公民和外侨组成的雅典大军长驱直入,侵入麦加拉地区,蹂躏了其大部分国土。当陆军在麦加拉地区大肆破坏时,绕行伯罗奔尼撒半岛的上百艘战船也返回抵达了埃吉纳。那些雅典士兵也加入入侵麦加拉的队伍中。这两支队伍一起组成了迄今为止所见过的最庞大的雅典军队。其中重装步兵中有公民10 000人（另外还有3000人正在围攻波提戴亚）和3000名外侨。此外，还有数量众多的轻装兵。在整个战争期间，雅典人每年都会破坏一次麦加拉，而且有时还会在同一年入侵两次。卡利努斯在公民大会曾提出一条法令——虽然该法令未必一定付诸了实施——要求将军们必须将每年两次入侵并蹂躏麦加拉作为其任职宣誓的一部分内容。[36] 而且由于雅典人利用强大的海军和邻近的萨拉米斯岛封锁了尼塞亚港，麦加拉变得十分贫困，甚至难以生存下去。

雅典人预料到这将是一场持续时间漫长的战争，因此他们做好充分的准备，使阿提卡不管在陆上还是在海上都能够永久处于防御的状态。对于他们采取的措施我们就不详细讲述了。但其中一项举措尤其值得一提。雅典人从卫城的国库拿出1000塔兰特作为不可侵犯的储备金，只有在一种特定的情况下才能动用：敌人的海军即将进攻雅典城，但雅典人再也找不到其他金钱抵抗敌人的进攻了。他们还进一步强调，如果任何一位公民在公民大会上提出议案将这笔金钱挪为他用或任何一位官员提议付诸表决，他将被处以死刑。此外，出于同样的特别需要，雅典人还决定，每年保留100艘最优良的三列桨战船并将之交由最富经验的舰长指挥和装备。

对违反者如此严格的处罚表明，人们对他们关于储备力量所做决定的重要性认识非常深刻而严肃。决议提前告知了所有公民和任何会议为了其他目的将储备金挪为他用将面临的危险,并使这笔储备金笼上一层人为的神圣面纱,迫使任何企图挪用这笔款项的人从最初提出草稿时起就在每一个层面都面临着重重困难,不但被视为对此前公民大会做出的严正保证的背离,而且被看作是为通敌叛国的行为开启了方便之门。如果只是对此类挪用行为进行较轻的处罚或只是加以禁止而没有任何特定形式的惩处,那就既不会达到以儆效尤的作用,更不会真正达到制止挪用的目的。公元前431年的公民大会虽然不能以任何方式颁布后来的公民无法更改的法令,但是可以建构立法规则,并赋予其庄严性,使后来者能够强烈感受到这种规则不容更改的权威性,除非城邦面临急迫而明显的危机必须动用这笔款项,否则任何人都不敢提出动议肆意将其废除。

在笔者看来,雅典通过的这则法令并非显示了它的野蛮暴虐,而主要表明了城邦的审慎和对未来的远见卓识。鉴于这则法令与伯里克利的性格特征相得益彰,或许它本身就是由这位政治家提出的。雅典即将参与的这场战争持续的时间长短未为可知,但耗费的钱财定然不计其数。防止民众耗尽他们聚积的所有积蓄,储备一些必需品以防极端巨大的困难发生,这对于城邦极其重要。与其他情况相较,这个特定的缘由,即伯里克利认为能够动用这1000塔兰特的唯一前提(据推断伯里克利是议案的提出者),在公元前431年的环境中,是最不可能发生的。因此,一旦与这个意图绑定,则这笔款项肯定是为其他可怕的紧急情况而准备的。

第十八章 从波提戴亚之围到战争第一年结束

我们将会发现,后来当雅典面临着最大的危险,如果没有这笔钱城邦将难以为继时,真正动用这笔钱时给雅典带来的好处是多么难以估量。如果没有在战争初期城邦可资利用的资金如此充足时做出这样的提议,民众将不可能在如此严酷的经济状况下支撑下去。雅典人首先采用这个未雨绸缪的预防措施,并在此后的19年里持之以恒,这为他们的远见卓识和矢志不渝增光添彩。那时,雅典的经济承受着巨大的压力,最终一切的精打细算既不再可能也不具建设性时,人们才动用了这笔储备金。

通过在伯罗奔尼撒半岛登陆作战及蹂躏其海岸,雅典展示了力量,报复了斯巴达的入侵,在战争第一年的夏天,这一切无疑具备相当大的重要性。不过,客观而言,或许将这支军队用于征服仍被围困的波提戴亚及其周边正在反叛的色雷斯的卡尔奇狄凯人更有必要。这年夏天,在色雷斯的奥德吕西亚国王西塔尔凯斯(Sitalkes)的帮助下,雅典征服这些城镇已经是指日可待。西塔尔凯斯娶阿布戴拉公民宁弗多鲁斯(Nymphodorus)的姊妹为妻,而且宁弗多鲁斯及其儿子萨达库斯(Sadokus)与雅典结盟。在宁弗多鲁斯的劝说下,雅典人将此前夺取的泰尔马归还给马其顿国王佩狄卡斯,从而使二者达成了互信。因此,雅典在对抗卡尔奇狄凯和波提戴亚的过程中获得了一支潜在的有力援助。不过波提戴亚人仍在苦苦支撑,暂时还看不到他们投降的迹象。

在深秋时分,经民众的选举,伯里克利在为阵亡战士举行的公共葬礼上发表了葬礼演说。

修昔底德花了 11 小节记述这篇葬礼演说词。人们一般认为，虽然历史学家使用了他的语言和逻辑顺序，但这篇演说词仍被视为古代留给今人的最令人难忘的一份遗产。整篇演说词的用语虽时有严厉而怪癖，但总体而言令人印象深刻，恰如一位心智超群的伟人受一篇不够标准但难以企及的范本影响构想出来的精工之作。从中可以发现这位杰出政治家内心的渴望和思想的皈依。其中大多数都是伯里克利所独具的：内容丰富、判断理性、满怀热切的爱国之情。当时大多数演说词华丽优雅，但内容空洞，主要不是用于现场演讲。伯里克利的葬礼演说与之形成强烈的对照。与现存的出自柏拉图、伪德摩斯提尼甚至吕西亚斯的葬礼演说相较，这篇演说词完全可以配得上修昔底德所宣称的超越他那一个时代的佳作。这不是一篇为了应景的煽情之作，而具有永恒的生命力。

在这篇演说词的开始部分，伯里克利将他自己与之前在同样情况下发表演说的公共演说家区分开来，认为他们习惯于颂扬法律授予了他们在葬礼上发表这些长篇大论的权力。

整篇演说的一个显著特征是认真和客观，是雅典这个城邦对逝者的颂扬和褒奖，同时也是对生者的鼓励和劝勉。伯里克利首先简短地介绍帝国的伟大及雅典人和其先辈付出的不懈努力与承受的痛苦。接着，他描述了促使雅典人取得如此辉煌成就的生活的图景、政治制度及习俗习惯。

"庇佑我们生活的政制绝没有照搬任何邻人的法律，相反地，我们的政制却成为其他人模仿的典范。我们的制度被称为民主制，那是因为城邦的永恒目标是为大多数人而非少数人服务。在解决私人争端时，法律公平地对待每一个人；一旦涉及公共事务，需要发挥个人才能时，每个人承担公职的机会不是由他属于哪一个党派，而是由他的真才实学和在这个特定领域内的声誉来决定的。任何人，只要他对城邦有所贡献，绝对不会因为贫穷或低下的社会地位而湮没无闻。此外，我们不但在公共事务方面享有自由，而且在日常生活中我们也会对相互之间的差异采取包容之心。我们不致因邻人的为所欲为而生气，甚至不会因此而给他们难看的脸色，尽管这种脸色不会对他们造成实际的伤害。虽然我们在私人关系上宽松自在，但是在公共事务上，因为对当权者的服从和对法律的敬畏使我们不敢越雷池一步。尤其那些保护受伤害者的法律，无论这些法律是成文法，还是虽未写成文字，但违反就算是公认的耻辱的法律。另外，我们安排了种种娱乐活动，以便我们的心智从劳作中得到恢复。每年城邦会举行各种常规而庄严的祭祀和节庆；在家里，我们有华丽而风雅的设备。这些日常的娱乐驱除我们心中的烦闷。我们的城邦如此伟大，将全世界的产品都吸引到我们的港口。因此，对雅典人而言，享受其他地方的奢侈品就如同享受本土的产品一样，数量多而且有保障。回过头来看我们的军事政策。就战争的训练而言，我们与对手（拉凯戴蒙人）在如下几个方面有着本质的不同。首先，我们的城市对全世界开放。即便是敌人，我们也从未通过排外条例禁止他们探访或观察，或许他们认为从中可以捞取好处。就军事效率而言，我们更相信自己与生俱来的勇敢而非阴谋诡计。就教育制度而言，拉凯戴蒙人从孩提时代起就通过枯燥乏味的训练培养其勇敢气概；在雅典，我们的生活完全自由自在，但在面临各种危险时，我们能够利用自身的力量，随时准备应对，游刃有余。从下面的事实可以得到证明：对我们发起进攻时，伯罗奔尼撒的同盟者从来不敢单独前来，而是带着整个同盟的所有军队；而当进攻他们的国土时，我们多半能够打败他们的全军，迫使他们全力防守其疆土。没有哪一支敌人的军队曾经遇到并与我们所有的军队进行过战斗。但是，当他们有机会与我们其中一支军队交战的时候，如果有幸获胜，他们就自吹说打败了我们全部的军队；如果遭受击败，他们就借口被我们所有大军群殴而败。

"我们宁愿以轻松的心情而不是艰苦的训练应付危险；我们的勇气是从风俗习惯中自发而生，而非法律强制使然。我们最终能够成为胜利者，这不是因为我们提前接受了令人不胜其烦的训练以应对即将到来的痛苦；但是，当考验真正到来时，我们的表现与那些一直不停接受这种训练的人同样无畏。

"与卓然的禀赋一样，在其他事务上，我们的城邦也令人称羡。我们热爱高贵而典雅的东西，但同样追求简单平凡的生活；我们追求知识，但并未因此而柔弱。公职人员在尽职尽责完成政治事务的同时，也很好地履行了作为普通公民的家庭义务；普通公民虽经年累月地忙于自身的生产劳作，但仍对家国大事有足够的了解。因为，与其他城邦的公民不同，我们认为一个不关心公共事务的人不是一个无害之人，而是一个无用之人。此外，对任何公共事务，当城邦领袖提出看法后，我们总是充分阐述自己的观点，并乐于听取不同意见，或者对他们的意见提出必要的质疑。我们不是把讨论当作行动的绊脚石，而会对未让我们知晓就采取的行动提出抱怨之词。事实上，我们将如下这两大最优秀的品质合而为一：不但行动极其果敢，而且在即将采取行动之前进行了最充分的讨论。对其他城邦的人而言，无知使他们无畏，辩论只能导致犹豫不决。无疑，真正的勇者应是那些既了解战争的恐怖又知道和平的甜蜜，但仍勇往直前，在危难面前从不退缩的人。

"一言以蔽之，我可以断言，总体而言，我们的城邦是全希腊的学校。就个体而言，我们的公民知识完备、家资富足，生活方式各异而特立独行，温文尔雅而又多才多艺。在所有的城邦中，只有雅典在遇到考验时证明了它的名声比人们认为的更加伟大。它的臣民不会因为服从了不够资格的统治者的指令而自降身份。不但现代，而且后世也将对我们表示赞叹。因为我们的强大虽未世人的证明，但有最明显的证据作为支撑。我们不需要荷马为我们唱颂赞歌，也不需要任何他人撰写颂词，因为他们的歌颂只能使我们暂时陶醉，而一旦事实本身被人知晓，人们可能就会对他们的真实意图提出质疑。我们的勇敢使一切陆地和海洋都成为坦途，在世界各地都留下了不朽的丰碑，既传达着我们布施的恩德，也表达着我们的敌意。

"这就是我们的城邦。它代表着这些仙逝者,他们为了保护我们的城邦而勇敢战斗,慷慨捐躯;它也代表着在座的诸位存世者,我们务必为它而不懈奋斗。"

在民主政体下,公民分布广泛且权力平等。这种政体对所有雅典人带来的影响不只体现在强烈的归属感上,还体现在巨大的个人牺牲上。如前所引伯里克利的演说及如下的话语充分地展现了民主政体所产生的影响。"当认识到城邦所有的伟大之处,体会到它的伟大是由于那些作战勇敢、勤勉敬业、在行动中满怀荣誉之心的人所赢得的时,你们一定会在日常的所作所为中思忖城邦真实的实力,并对它产生强烈的依恋之情。"伯里克利力图呈现,城邦的伟大不但是公民共同情怀、勇气、智慧的目标,而且是促进公民个体——无论贫穷还是富裕——相互之间尊重协作的根本原因。

虽然爱国主义被视为基本而必不可少的最高权威被人们提出,但主张爱国主义绝不是完全排除了一切的民主活动或降低了民主活动的影响。人们的一切活动皆应服从爱国主义、城邦法律及保护个人或集体免受侵犯的裁决。在此过程中,雅典引以为豪地展现了人类一种丰富而多变的激情,那就是不受限制地追求个人的爱好和与众不同之处,同时人与人之间相互体谅各自引以为傲的嗜好,甚至只要对方没有将敌对之情付诸行动,也不会投以让生活难堪的"怒目而视"。伯里克利的这一段演说值得特别注意,因为这有助于修正一种错误的认识。在比较古代社会与现代社会时，人们常常认为，古代社会的人必须牺牲个人来满足国家利益；只有进入现代社会后，才拥有了属于自己的个人自由。这种看法流传广泛，人们经常不加区别地得出类似的论断。无疑，这种论断对斯巴达完全适用，在很大程度上也适用于柏拉图和亚里士多德描绘的理想社会。但是，这种论断不但对奉行民主制的雅典完全不适用，而且对主要的希腊城邦我们也没有多大的信心断言其适用性。

他特别强调，在雅典，人们不但可以不受法律过多的限制，而且不受现实中人与人之间狭隘和偏执的影响，不受大多数人对个别因品位和追求异于常人的迫害，雅典人有权自由思想和自由行动。伯里克利对此问题的强调值得特别注意，道明了此时智识发展所依靠的国民性格的一个重要问题。在很大程度上，国民的习性会对各种积极正向的探寻冲动持宽容态度。人们允许每一个人呈现心中独特的想法，任其开花结果，而不会用某种来自外部的看法横加干预，或循循善诱地强行让其与某种想当然的标准保持一致。无疑，雅典人和希腊其他地方的人严格地遵守法律。但在法律限制之外，个人的激情、品位乃至怪癖都会被人们宽容地接受，而不会像在其他地方一样，受到邻人或公众的指指点点。雅典人生活中这一个引人注目的特征不但有助于我们在接下来的章节解释苏格拉底为何为从事那种与众不同的事业，还以另外一种形式在很大程度上向我们展现了雅典政体的监督者为何会以"民主特许状"之名对他提出指控。雅典人生活的独立自主和多样化令色诺芬、[37]柏拉图和亚里士多德等厌烦,因为他们要么崇尚斯巴达千篇一律的军事操练,要么推崇其他某种理想的标准形态。这些理想形态虽然比斯巴达更好,但哲学家们都倾向于通过强有力的手段使整个社会保持协调一致。伯里克利宣扬既不受法律过多限制也不受僭主嫉妒之心影响的个人自由,这种自由自然专属于民主政体。与其他政体相较,在民主政体下,没有一个人或少数人会被遴选出来接受人们的崇拜,也不允许开这种先河。不过,现在这种宽容的态度已经相当少见,即便这个国家奉行民主制。现代的政治制度,无论是民主制、贵族制还是君主制,几乎都不可能见到在这位雅典政治家的演说词中读过的那种对游走于社会主流意识之外、坚持个人独特品位的人的宽容态度。

与对个体差异的相互宽容相联系的是身体和灵魂上行动的多面性。这与组成斯巴达政体的基本要素针锋相对,即思想上的狭隘性、身体上对纪律的严格遵从、行动上对战争永不停息的准备。伯里克利断言,雅典甚至在斯巴达人引以为豪的优势上——战场上的效率——也与其不相上下,这无疑站不住脚。但是,给人留下深刻印象的是,他简单地描述了此时激发并推动雅典人的众多同时迸发的灵感:在艺术和风雅的品位、对拓展智识的渴求。雅典人对它们的追求迅速而持久。此外,所有公民,无论贫富,都对公共事务的讨论和行动产生了浓厚的兴趣,而且对此有着良好的判断力。社会在多个方面取得了如此广泛的发展,促进了人们的行动力和持久力,也使人们的心态乐观向上。这种理想状态是如此令人瞩目，以至于我们认为它只存在于某一个哲学家的想象之中。当我们回忆这一位演说者同时代的公民的言谈时，至少也能获得大体相同的一些主要特征。这更让我们相信伯里克利的描述所言非虚。不过，必须看到，这种状态只属于伯里克利及其同时代的人生活的雅典。[38]它与50年前波斯战争时期不能相得益彰，也与70年之后德摩斯提尼的时代大相径庭。在前一个时期，虽然伯里克利引以为豪地谈到了彼时的艺术、文学和哲学，但总体而言与此时相比还相形见绌。彼时，虽然人们精力充沛、对民主充满热情，但仍未达到此时的高度。在后一个时代，虽然雅典人在智识上的成就表现得淋漓尽致，且仍然活力四射，但我们发现，公民的热情和进取心事实上已然缩减。

伯里克利发表的葬礼演说为这一个时期平添了伤感之情。此时，雅典仍然实力雄厚，处于鼎盛时期。虽然与"30年和约"之前相比，其实力无疑大幅度削弱，但自和约订立后巍然耸立的巨大建筑物和宏伟的艺术品，至少就其伟大给人的感观上而言，弥补了实力上的损失。无论是城邦的公民还是城邦的敌手，都不会认为雅典已经走向了衰落。

附录

1. 我们习惯于将公元前431—前404年作为组成希腊历史的一个特别单元，便利地将其归于"伯罗奔尼撒战争"这一个通用名称之下。这种看法隐含地意味着,我们所讨论的这个时间段与之前和之后存在泾渭分明的界限,而且这一时间段本身被某种强烈的内在统一联系在一起。几乎无人否认,公元前404年战争的结束标志着希腊历史一个时代的终结。然而,对于传统看法的其他论点或许还可以提出强烈的质疑和反对意见。

首先,公元前431年所见证的不过是雅典与斯巴达时断时续的古老冲突的延续。的确,修昔底德第1卷的序言章节事实上是承认,如果不了解自波斯战争以来的历史,就不可能理解"伯罗奔尼撒战争"的诸多事件。

其次,发生在我们讨论的这一时期的各种大事在性质上并不始终如一。对战争的叙述在中间被一段插曲给中断,将我们从主战场带到希腊西部地区,甚至发生在希腊本土两个阶段的战争也被认为差别大于共同之处。因此,在第一个阶段(前431—前421),(1)加入战团的是希腊两大同盟;(2)它们给对方造成致命的企图都以失败而告终;(3)战斗主要在陆上进行;(4)在很长时间内,力图给雅典造成伤害最活跃的对手是科林斯。在最后一个时期,(1)两大同盟的实力都遭到了削弱,都感觉有必要寻求外来援助(结果导致了公元前4世纪尴尬的政治环境,此时"蛮族"成为希腊各方认可的内部纷争的仲裁者);(2)然而,任何一方都能够给对方造成巨大的打击;(3)战争几乎都发生在海上;(4)斯巴达成为雅典最危险的对手。另一个不同是,第一个阶段中,双方很少动员政治宣传;但后一个阶段中,斯巴达开创了它在公元前 4 世纪奉行的对同盟者现存政体进行干预的政策。

当时的希腊人对这种差异有所感知,这可从他们将公元前 431—前 404 年的事件分为几类的事实中得到证明。在安多奇戴斯（Andok., *De Pace*, 8）看来,公元前 431—前 421 年的战争是一次独立的战争,随尼奇亚斯和约的签订而结束。在吕西亚斯（*Ed. Didot* ii. 256, fr. 18）的作品中,我们见到了"阿奇达穆斯战争"的说法。在伊索克拉底的笔下（*De Pace*, 37; *Plataicus*, 31）,战争的第二个阶段（前 413—前 404）被称为"戴凯雷亚战争"。在埃弗鲁斯之前,很有可能并无"伯罗奔尼撒战争"之说。（这一名称出现在 Diod., xiii. 38; Plutarch, *Perikles*, c. 29; Strabo, xiii., p. 600）

最后,值得注意的是,这次"战争"并未持续不断,成为一个整体。在公元前 421 年之后,正式的和平存在了九年。显然,修昔底德也认识到了这个问题,并提醒他的读者不要把这些年份视为和平之年。然而,他自己的叙述驳斥了他前述的看法。公元前 420 年,只有在色雷斯的战争仍在持续（对此,事实上我们一无所知）；公元前 419 和前 417 年,几乎没有发生冲突；公元前 416 年,只有远征米洛斯的战争。这些年份无论从事实上还是从法律上都是和平之年。曼提奈亚战役只不过是一个插曲,并未导致双方重新开始全面的战争。

那么,如果说"伯罗奔尼撒战争"这一术语是后世的发明而且相对武断,自然我们会问,修昔底德关于这次战争的叙述是否缺乏相应的一致性。

毋庸置疑,有证据表明,当下我们所见的这部历史在结构上不够完整。其一,第5卷似乎有一些断裂(尤其是涉及斯巴达与阿尔戈斯的战斗及雅典在色雷斯的行动);其二,第8卷的很多章节含混不清,而且结束得相当突兀。

2. 因此,有学者推断认为,修昔底德首先写作的是一部"阿奇达穆斯战争史",接着又分别写作了一部"西西里远征史"和一部"戴凯雷亚战争史";最后,将这三部分合在一起,添加了第5卷将其串联在一起。

支持这种看法的有利证据包括:(1)有两篇序言(i. and v. 26);(2)在第一部分的最后两段使用了 ὅδε ὁ πόλεμος 指代"阿奇达穆斯战争"。(a)在 iv. 48 中,我们读到科西拉内战结束于公元前425年,ὅσα ἐς τὸν πόλεμον τόνδε,也即直到公元前421年,因为公元前410年,新的骚动再起。[39](b)在 i. 23 中,讨论了"这次战争之后"(μετὰ τόνδε τὸν πόλεμον)发生的灾难。但没有提及公元前421年之后发生的任何灾难,或许西凯尔人的城市在公元前409—前406年被迦太基人摧毁例外。(3)修昔底德将 πρῶτος 与在 ἀνακωχή 状态下的 ὕστερος πόλεμος 进行了区分(v. 26)。鉴于修昔底德随战争的进行,分别记录了每一年发生的事件,所以他不可能以现有的形式来开始编撰其历史。正常的顺序是划出战争中最引人关注的部分,随着战争的进程,

第十八章 从波提戴亚之围到战争第一年结束

单独对其浓墨重彩处进行描述。

然而，我们几乎没法相信，他对战争的不同阶段进行了精心写作，并将不同阶段的历史分别付梓出版。

其原因在于：（1）卷1是一部视野宏大著作的序言，似乎不只是关涉到 v. 25 就结束；

（2）第一部分包含着几则材料暗指其写作出版的时期靠后。（a）在 i. 97 中，提到阿提卡史家赫拉尼库斯，其著作出版的日期不会早于阿吉努塞战役，即公元前406年；（b）在 i. 93 中，提到长城被毁后的情况；（c）在 ii. 65 中，对雅典最终的失败进行了评述；（d）从 ii. 100 中可以推断，马其顿正由阿凯劳斯王当政（此人继位的时间不会早于公元前415年）；（e）在 iv. 74 中，描述说公元前424年麦加拉建立的寡头政体"已经持续了相当长一段时间"。

3. 卷6和卷7经常提及希腊本土发生的事件，整个西西里远征被视为"在这次战争中"（ἐν τῷδε τῷ πολέμῳ）（vi. 17, vi. 36, vii. 18, vii. 27, 28）。

鉴于仍然坚持认为这些章节是后来插入的看法难以令人置信，所以各部分在不同时段独自写作的假说大概也站不住脚。

解决这个问题最可能的方式是：修昔底德在战争进行期间就已经为"阿奇达穆斯战争"（i.–v.25）和西西里远征（vi. and vii.）拟订了草稿，但是，随着战局的拖延不决，他不得不等到公元前404年战争结束后才将稿件付梓出版。由于最后确定了其作品的时间范围，他对前面的两份初稿进行了精心处理，并加入卷5（第26节之后）作为过渡章节，同时加入了卷1作为整个战争的序言。最后，他开始投入战争最后九年的写作，但大概还没有完成卷8就与世长辞。

与这种假说几乎完全一致的是波利比阿的写作程式。这位史学家最初选择以公元前220—前167年作为其主题，因这一时段标志着罗马建立了一个世界性的帝国，即该书的卷3到卷30。后来，他意识到需要一篇序言（卷1和卷2），介绍有可能成就罗马霸权的伟大的布匿战争。最后，公元前146年发生的众多事件使他又加上了一篇后记，讲述罗马是如何使用它新近获得的优势地位（卷30到卷40）。就这样，他的著作就包含了从公元前264—前146年的整个时段。波利比乌斯将各个部分糅合到一起，成为一部前后相继的著作出版。——编者

1 | Thukyd., iii. 2-13. 莱斯沃斯人在斯巴达提出的援助倡议必然发生在雅典与科林斯因科西拉事件发生冲突之前。
2 | Thukyd., i. 139; Plutarch, *Perikles*, c. 30; Schol. ad Aristophan., *Pac*., 609.
3 | 在讨论雅典通过针对麦加拉人颁布禁令的原因时，修昔底德（i. 139）只提到两条指控：滥种边界的土地和收留逃亡奴隶。他并未提及传令官安泰摩克利图斯之死。他更没有提到那一个时代诸如阿里斯托芬及其他喜剧作家将伯里克利个人对麦加拉人的愤恨与伯罗奔尼撒战争联系起来的流言。据这个流言，几个雅典的年轻人从麦加拉偷走了妓女斯玛埃妲（Simaetha），作为报复麦加拉的年轻人抢走了

第十八章 从波提戴亚之围到战争第一年结束

雅典"两个迷人的妓女",其中一个就是伯里克利的情妇。这让伯里克利大为发火,于是提议对麦加拉人发出禁令(Aristoph., Acharn., 501-516; Plutarch, Perikles, c. 30)。

此类故事主要价值在于让我们认识到此时的政治丑闻。不过我们不能将传令官安泰摩克利图斯及其死亡的传闻完全弃之一旁。可以肯定,无论修昔底德还是伯里克利本人,都不相信麦加拉人是导致其死亡的真正原因。否则,这样的传闻可能就是拉凯戴蒙人派出使者对禁令提出抗议时雅典人的说辞,因为谋杀信使的事情会引起所有希腊人极度的厌恶。

4 我们并不知道颁布麦加拉法令的真实情况是怎样的。关于该法令的大多数记载相当粗略,普鲁塔克(Perikles, c. 30)的记载虽更加详细,但并非完全可信,而且他的记述根本没有虑及时间这一重要问题。这一事件的起止时间应当在审判菲狄亚斯(Ar., Pax, 604 ff)——至多不早于公元前 438 或前 437 年——与公元前 432 年秋(Thukyd., i. 67)之间。最有可能的时间应当是叙布塔战役之后,因为麦加拉加入了反雅典的科林斯同盟。

另一个重要的问题是通过的法令是一则还是多则。大体而言,最简单的看法是,在普鲁塔克提到的传令官受到不公对待之前并没有颁布任何法令,而正是因为这一事件导致麦加拉人被排除在雅典的商业贸易之外。这则禁令成为引发修昔底德(i. 67, 139)描写的麦加拉人不满的关键。因此,我们不必想当然地认为此前还有一则 ἄσπονδος καὶ ἀκήρυκτος ἔχθρα 法令(Plutarch., loc. cit.),更不可将禁令分割成为两项举措(Busolt, Gr. Gesch., iii, 30)。紧随禁令的 ἔχθρα 并无什么特定所指。此外,卡利努斯法令规定将军必须宣誓每年将率军两次入侵麦加拉,但在公元前 432 年这是不可思议的,而应当将这一时间移到公元前 431 年。或许,普鲁塔克被战争初期雅典人的习惯做法给误导，错误地认为公元前 432 年也有这样的入侵行为。插入将军宣誓的环节表明，普鲁塔克的描述最基本的依据可能是建立在对喜剧的拙劣模仿上（对照 Ar. Thesmophor., 331—351 的"诅咒"）。最重要的是，该法令的通常用语 τὸ Μεγαρικὸν ψήφισμα 表明仅有一则法令。因此 Ar. Ach., 315—539 完全没有必要指出有多则法令。

无论法令通过时的情况到底如何，无疑它就是战争爆发的导火索，因而具有重要意义。除修昔底德（i. 67, 139）、阿里斯托芬（Ach., 501 ff., and Pax, 604 ff., followed by Plut., Per., c. 32）和狄奥多鲁斯（xii. 38 ff., followed by Plut., Alkib., 7）提到的条款外，关于战争的爆发与伯里克利颁布的法令的关系，我们应当推想到多数民众的意见促使了上述法令条款的通过。当然，我们应当抛弃那些粗鄙下流的动机的干扰。在成书公元前 390 年的 Ankok., De Pace, 8 中也给出了该事件缘起的同一个版本。

因此，如果该法令确实如此重要，最终导致了雅典与斯巴达反目，那么或许我们会问，伯里克利颁布并执行该法令的动机是什么。毋庸置疑，希望对公元前 445 年的反叛和屠杀进行复仇是其中的一个原因。迈耶（Meyer, Gesch. d. Alt., vol. iv., ch. 5）认为，伯里克利试图将该法令作为对雅典敌视者的一次挑衅，以此表明他是不会受人威胁的。但是，像伯里克利这样的政治家根本不可能采取如此冲动的行动。此外，雅典人与卡尔奇狄凯人交战正酣，我们也很难明白雅典急于与伯罗奔尼撒交恶有何利益可寻。值得注意的是，雅典人曾要求对此进行仲裁（Thukyd., i. 78 and 140）。由此有理由相信，直到公元前 432 年秋，雅典仍愿意为避免或推迟战争而做出努力。

从伯里克利无论如何也不愿意撤回这则法令可见，他对法令实施所能产生的成果确实抱有一定的希望。或许，麦加拉地区重要的战略地位坚定了他的决心。因为，公元前 457 年占领盖拉内亚山区及其三条

第十八章　从波提戴亚之围到战争第一年结束

易守难攻的道路给雅典带来了巨大的好处，而公元前 446 年丧失对上述地区的控制权直接导致阿提卡受到了入侵。考虑到此前历次与斯巴达的战争，随着叙布塔战役的爆发和斯巴达承诺帮助波提戴亚，战争的乌云迅速聚集。眼见如此，或许伯里克利痛下决心，不惜一切代价提前征服或占据麦加拉。他估摸着，随着法令的实施，饥荒和商业破产要么将迫使麦加拉人乞求和平，要么会有助于引发一场亲雅典的革命（公元前 425 年确实发生了这样一场革命）。

类似这样一场贸易禁令确实成就了一次行之有效的强制政策。1456—1465 年，威尼斯通过对亚德里亚海、爱琴海周边不听招呼的邦国（cf. Holm, *Greek History*, ii., p. 327, n. 3）和意大利出口商人采取类似的高压措施，成功地使它们一起联合起来抵制英格兰（Einstein, *The Renaissance in Italy*, pp. 252−256）。一旦采取了这样的强制措施，将其废除就无异于自杀；可以肯定的是，哪怕想获得避免战争的不确定的机会，也必然会以牺牲至关重要的军事优势为代价。——编者

5　斯巴达人的性格特征源自斯巴达的政体及阿奇达穆斯谈及的傲慢，认为他的同胞们愚昧而心胸狭隘。关于那些愚昧、狭隘者的类似描述不但表现为他们对雅典民主政治中人们展现学识和演说的不屑（see Aristophanes, *Ran.*, 1070; compare Xenophon, *Memorab.*, i. 2），也体现在克莱翁的演说中（Thukyd., iii. 37）。

6　Thukyd., i, 88; campare also c. 23 and 118.

7　Thukyd., i. 45; Plutarch, *Perikles*, c. 8.

8　关于库隆事件及随之而来的渎神行为的记述参见第 11 页。

9　See Herodot., v. 70; compare vi. 131; Thukyd., i. 126; and c. 4 of this History.

10　Plutarch, *Perikles*, c. 24. Respecting Aspasia, see Plato, *Menexenus*, c. 3, 4; Xenophon, *Memorab.*, ii. 6, 36; Harpokration, v. Ἀσπασία.

11 | Plutarch, *Perikles*, c. 24.

12 | 事情的来龙去脉可能如上所述。不过还有其他不同的说法，其中的许多细节都还不确定。Compare Plutarch, *Perikles*, c. 16–32; Plutarch, *Nikias*, c. 23; Diogen. Laert., ii. 12, 13.

13 | Plutarch, Perikles, c. 31: Φειδίας – ἐργόλαβος τοῦ ἀγάλματος.
坊间流传最广的说法是伯里克利保护菲狄亚斯不受挪用公款的指控："全部都可以取下来而且可以称重。"（ἡ χειρίστη αἰτία πασῶν, ἔχουσα δὲ πλείστους μάρτυρας）(Plutarch, *Perikles*, c. 31)。

14 | 考古工作者对于菲狄亚斯是否是在敬献帕泰农雅典娜女神之后修建的宙斯神像存在争议（cf. E. Gardner, *Handbook of Greek Sculpture,* pp. 251, 252; and Furwängler, *Masterpieces of Greek Sculpute*, Engl. transl., pp. 36–50）。因此，我们也不能肯定审判是否发生在菲狄亚斯从奥林匹亚返回之后。Schol. Ar., Pax, 604 ff. 认为审判发生在公元前438年，对此也只能存疑。这个时间依据的是菲罗科鲁斯的记载，不过他的意思可能只是想说明敬献雅典娜神像发生在那一年。他并未说明随后其他事件发生的具体时间。菲狄亚斯不可能在雅典娜神像才对大众公开后立即就受到指控，此时他显赫的声名完全可以保护他平安无事。有充分的理由表明，这次审判很有可能发生在麦加拉法令颁布之时，即公元前433年，否则为世人普遍接受的 Ar., Pax, 604 *ff.* (*cf.* Plut. *Per.*, c. 31) 就会失去了笑点。——编者

15 | 在大英博物馆模仿雅典娜之盾的"斯特兰福德盾"（Strangford Shied）上仍可辨识声称是他们两人形象的画像。——编者

16 | Plutarch, Perikles, c. 13–32.
狄奥多鲁斯（xii. 38–40, as well as Plutarch, *Alkibiad.*, c. 7）讲述了另外一种说法。当伯里克利情绪低落、处境尴尬时，阿克比亚戴斯曾前往拜会他，并询问他原因。伯里克利告知说，提交支出报表的日

期就近在眼前，而他正在思考如何应付。阿克比亚戴斯建议他应当考虑的是如何逃脱审查，其结果是伯里克利使雅典陷入了伯罗奔尼撒战争。

17 关于这次审判的前因后果的记载追根结底可能来自克拉泰鲁斯（Kraterus）。更有可能的是，这不过是发生在公元前430年修昔底德记述的那次控告（Thukyd., ii. 65; Meyer, *Gesch. d.* Alt., vol. iv., ch. 5）。这一次指控更可能是不敬而非贪贿。——编者

18 很有可能的是，大约在这一段时间，趁着伯里克利日渐衰老，不但阿斯帕西亚和阿纳克萨戈拉斯，而且他的朋友兼老师音乐家、哲学家达蒙也被放逐。据说达蒙是被陶片放逐，也有可能他受到了审判然后被判处放逐。这两种情况有时混杂不清。

19 这是对伯罗奔尼撒同盟的领袖们一直谋划的诡计的回应，在伯罗奔尼撒同盟大会上，科林斯人曾提及这个建议（i. 121）。无疑，已经有人向伯里克利汇报了在斯巴达发生的公共辩论的主旨。
【我们完全同意伯里克利的观点，确实公元431年占据像戴凯雷亚那样的一个要塞的作用其实并不太大。雅典完全可以装备一支力量强大的军队，阻止伯罗奔尼撒人长期占据这样一个要塞。情况到西西里远征后才发生了变化。关于雅典海上的优势和陆上面临的危险，伪色诺芬进行了充分的描述。[Xenophon], *Resp. Ath.*, ii., 1–15.】——编者

20 虽然普鲁塔克持相反的意见（Plutarch, *Perikles*, c. 31; and compare in his *Comparison of Perikl. and Fab. Max.* c. 3）。

21 Thukyd., vi. 21.
同时也参阅关于描写斯巴达人看法的重要段落（vii. 18）。修昔底德记述道，斯巴达人认为"他们感到，在前一次战争中（即伯罗奔尼撒战争初期），侵略者毋宁是他们自己，因为底比斯人在休战期

内进入普拉提亚。虽然在此前的协定中已经规定，如果一方提出仲裁，谁都不得诉诸武力，可是，当雅典人要求他们进行仲裁时，他们自己拒绝回应。因为这个原因，他们认为自己活该失败……" ἐν τῷ προτέρῳ πολέμῳ σφέτερον τὸ παρανόμημα μᾶλλον γενέσθαι, ὅτι τε ἐς Πλάταιαν ἦλθον Θηβαῖοι ἐν σπονδαῖς, καὶ εἰρημένον ἐν ταῖς πρότερον ξυνθήκαις ὅπλα μὴ ἐπιφέρειν ἢν δίκας θέλωσι διδόναι, αὐτοὶ οὐχ ὑπήκουον ἐς δίκας προκαλουμένων τῶν Ἀθηναίων. καὶ διὰ τοῦτο εἰκότως δυστυχεῖν τε ἐνόμιζον, etc.

22 | Thukyd., ii. 2, ἅμα ἦρι ἀρχομένῳ。这似乎表明此时是在 4 月之前而非之后。或许，我们应当注意到修昔底德在纪年时以二分（春分和秋分）作为标志将每年分为夏（θέρος）和冬（χείμων）两季。在他的笔下，夏冬两季各占一半（Thukyd., v. 20）。

23 | 在半岛战争中，街道上相邻的房屋也是通过类似的形式保持着内部联络，这成为西班牙人反抗拿破仑入侵的英勇的萨拉戈萨保卫战的一个最令人难忘的特征。

24 | Thukyd., ii. 5, 6; Herodot., vii. 233.

25 | Thukyd., ii. 68. 修昔底德并未明显表明弗尔米奥远征并攻占阿尔戈斯的时间，不过从他的记载可以推断，正如波波（Poppo）注意到的那样，其时可能在战争开始之前。在公元前 432 年 10 月或 11 月，弗尔米奥被派往卡尔奇狄凯半岛（i. 64）。对阿尔戈斯的远征可能发生在远征卡尔奇狄凯与前一个春天之间。

26 | 很有可能，雅典人有两份公民名册，一份是野战部队名册，另一份是卫戍部队名册。两份名册的人数相等，公元前431年，各有 13 000 人。在战争开始之时，野战部队主要在本土作战，其中 10 000 名重装步兵参加了入侵麦加拉的战斗，另有 3000 名围困着波提戴亚（Thukyd., ii. 31）。随着 3000 名外侨的加入（Thukyd., ii. 31），卫戍部队的人

数可能上升到了 16 000 人（在 Thukyd., ii. 13 中给出了总人数）。《雅典政制》（*Ath. Pol.* c. 24）提到，此时有 2500 人驻守海外。这些人大概主要是还不能参加野战的年轻人（Ar. *Vesp.*, 236）。

关于这些人数的讨论，参见 E. Meyer's *Forschungen*, ii., pp. 149-168 (cf. Wilamowitz-Moellendorff, *Arist. und Ath.*, ii. 209)。迈耶指出，首先，修昔底德将 13 000 名卫戍人员与 13 000 名野战人员等而视之；其次，修昔底德（ii. 31. 3）亲承卫戍人员的数目只是他的估计，不过他的估计可能是正确的；最后，事实上，对长达 15 英里的长城而言，5000 人甚至 10 000 人驻防还远远不够。鉴于驻防人员由老年人（πρεσβύτεροι）和青年人（νεώτεροι）两个部分组成，如果 13 000 名野战人员包括了所有 20~60 岁的男性公民，那么卫戍部队的人数不可能超过 13 000 人的三分之一。迈耶暗示，虽然所有年龄在 20~60 岁的人都有义务到战场作战，但事实上只有那些能力最强者才可能应征出战（E. M. 沃克试图证明，其中五分之四年龄在 20~35 岁，五分之二在 35~50 岁，50~60 岁的人仅占二十分之一）。虽然并不能确定，但这种做法在本质上是完全可能的。无论如何，认为修昔底德记述的 16 000（其中包括了 3000 名外侨）应当是 6000 的看法是不可能的，我们应当将其抛弃。——编者

27 | Thukyd., ii. 13; Xenophon, Anabas., vii. 4.

【修昔底德的估算与狄奥多鲁斯（xii. 41，460 塔兰特）不相一致，也与贡金列表不相吻合（cf. n. 53 on p. 432）。或许修昔底德将以下情况也视为贡金（φόρος）：其一，严格地说，贡金的六十分之一不归雅典娜的帕泰农神庙，因此未在列表中标出 (cf. Methone in C.I.A., i. 40; Hicks and Hill, 60; and Samos, n. to p. 170)；其二，所有经过赫勒斯滂的运粮船缴纳的什一税（ἐκ τῆς ὑπερορίας, C. I. A., i. 32; i. 40 = Hicks and Hill, 49, 60; and Xen., *Hellen.*, i. 1, 22）。关于其他 400 塔兰

特内部税收（ἔνδημα τέλη）的来源，见 pp. 416, 417。　　编者］

28 | Thukyd., ii. 7. 狄奥多鲁斯说，斯巴达要求意大利和西西里的同盟者提供 200 艘三列桨战舰（xii. 41）。但这些同盟者似乎并未提供。

29 | 围攻奥伊诺伊完全可以理解，因为，其一，如果攻占了此地，将使同盟直接控制特利亚平原；其二，这座要塞连着雅典通往普拉提亚的道路；其三，伯罗奔尼撒人需要进行攻城战术的训练，而这种战术或许在某一天进攻雅典时会有用。*Cf.* Grundy, *Journal of Hellen. Studies*, vol. xviii. (1898), pp. 218-228.——编者

30 | 佩拉斯吉康是卫城西坡周边一段城墙。此地是一个相对平缓的斜坡，可由此进入卫城。Thukyd., ii. 17 中记载的保护它的神谶无疑古已有之。甚至在卫城不再作为要塞使用后，关于此地禁忌仍然保留了下来。Πελασγικόν 之名很有可能与史前时代佩拉斯吉人修建的外面堡垒，比如卫城的城墙的神话有关（*Herodot.* v. 64; vi. 137）。Πελασγικόν 本义为"鹳之巢"（*Ath. Pol.*, 19），这似乎与阿里斯托芬在《岛》（ii. 832, 869）中使用的双关语异曲同工。*Cf.* E. Gardner, *Ancient Athens*, pp. 42-44; Wachsmuth, *Stadt Athens*, p. 299 *ff*.——编者

31 | Plutarch, *Perikles*, c. 33.

32 | 没有必要将修昔底德记载的重装步兵（ὁπλῖται）校改为公民（πολῖται）。后者指代的与阿卡奈那样一个 δῆμος 不匹配。从一则铭文可以看到，从阿卡奈产生了 22 名议事会成员（C. I. A., ii. 868）。此外，由于阿卡奈人主要是农民，因此他们主要属于重装步兵的阶层。——编者

33 | 民众对国家大政方针过于关注所产生的危害，通过雅典的街头政客威胁要干预伯里克利精心谋划的战争策略的强烈态度充分地表现出来，这与 1897 年土耳其战争期间英国民众向乔治国王政府施加巨大的压力具有同样的效果。雅典民主制的缺陷与荷兰共和国时期市民欣然涌

第十八章 从波提戴亚之围到战争第一年结束

入其祖国却无助于保卫莱顿、代尔夫特（Delft）和阿姆斯特丹免受西班牙人（1574）和法国人（1672）的进攻一样。Cf. Motley, *Rise of Dutch Republic*, iv. 2; and Voltarie, *Siècle de Louis XIV.*, ch. II.——编者

34 | Plutarch, *Perikles*, c. 33.

35 | Thukyd., ii. 25; Plutarch, *Perikles*, c. 34; Justin, iii. 7. 5.

36 | Plutarch, *Perikles*, c. 30.

37 | 色诺芬的看法与伯里克利在此大力宣扬的思想形成鲜明对照。色诺芬积极颂扬斯巴达人严格的纪律，责备雅典人的懒散。（Xenophon, *Memorab.*, iiii. 5, 15; iii. 12. 5）

38 | 务必谨记，伯里克利的葬礼演说包含着他希望雅典人应当成为的一种理想状态，而不完全是他在他们身上观察的真实写照。尤其值得注意的是他关于雅典陆军作战能力的论断。在整个战争过程中，雅典陆军的战斗力表现不尽如人意（对照 [Xenophon], Resp. Ath., ii. x 对其的苛责）。此外，雅典外交政策上表现出彻彻底底的自私自利。Holm（Gk. Hist., ii., 346, n. 2）敏锐地注意到伯里克利演说使人联想到当代法国的一些独具特征。尽管如此，作为评价伯里克利理想与宏愿的一则史料，这则演说仍是非常有价值的一份文献。——编者

39 | 这进一步表明这一段落写于公元前 410 年之后。

希腊史

从梭伦时代到公元前403年

（下 册）

〔英〕乔治·格罗特 —— 著
晏绍祥 陈思伟 —— 译
晏绍祥 —— 审校

北京理工大学出版社
BEIJING INSTITUTE OF TECHNOLOGY PRESS

第十九章
从战争第二年年初到第三年年末

在底比斯人突袭普拉提亚未遂事件爆发一年行将结束时，希腊交战各方仍处于一种势均力敌的平衡状态。虽然双方互有损伤（无疑阿提卡遭受的破坏最大），但伯罗奔尼撒人也并未取得多大的进展，未能实现诱使他们发动战争的那些目标。尤其是他们希望达成的最紧迫的目标——解波提戴亚之围，没有取得任何进展。雅典人发现没有必要放松对这座城市的围困。战争第一年的成果令科林斯人及其他那些积极煽动战争的人感到失望。不过战争的进程与伯里克利和阿奇达穆斯预料的结果相一致。

开春后，伯罗奔尼撒人决定再一次蹂躏阿提卡。大约3月底，伯罗奔尼撒同盟的全部大军（与此前一样，三分之二来自各同盟城邦）齐集，在阿奇达穆斯的率领下，向阿提卡进军。这一次，他们不但如前次一样，对特利亚平原及雅典城近郊的平原进行系统的破坏，而且对远及劳利翁银矿的阿提卡半岛南端进行劫掠。大军抵达时发现，雅典人已经放弃了这些地方，全部撤退到城墙之内。

对于伯罗奔尼撒人的再次入侵，伯里克利采取了与前一次相同的防御策略。但是，一场新的变故发生了。虽然侵略者给他们造成了巨大的破坏，但是雅典人不得不将他们的注意力转移开来。在阿奇达穆斯进入阿提卡几天之后，始料不及地，雅典暴发了一场瘟疫或传染性极强的疾病。

可能的情况是，这场可怕的混乱已经在地中海周边区域肆虐了一段时间。人们相信，它最初开始于埃塞俄比亚，接着传入埃及和利比亚，并蔓延到波斯治下亚洲的相当一部分区域。此前16年，类似的灾难已经出现在罗马及意大利各地。[1] 很快，嫩诺斯及爱琴海上的其他一些岛屿也遭到了瘟疫的侵扰。不过这些地方的受灾程度没有那么剧烈，没有引起希腊世界的普遍注意。最后，瘟疫传入了雅典，开始出现在皮莱乌斯。随着疾病的突然出现，它以相当迅猛的速度传播开来，并造成了相当巨大的破坏性。同时，城市及城墙内聚集着密集的人口，乡村遭到敌人的入侵。对任何一种传染病而言，这种环境都极为不利。[2]

关于这次瘟疫（或者更恰当地说是一次突发的伤寒热），历史学家修昔底德给我们留下了最清晰且印象深刻的描述，因为

第十九章 从战争第二年年初到第三年年末

他自身不但是一名见证者，也是一名病患的亲历者。他观察到的现象如下，值得我们特别注意："关于这次疾病，无论他是不是医生，每一个人都对它是如何起源、因何发病有自己不同的看法，每个人的看法都是如此有说服力，足以引发一场革命。我本人不但是这次病患的亲历者，也见证了其他人患病后遭受的痛苦。我将描述当时的情况到底如何，并将指明与此相关的其他症状，从而让人们牢记在心，具备相关的知识和方法，以便同样的不幸再次发生时能够提前想出应对措施。"修昔底德在序言中提到，记录过去是为了将来可以做理性的预防，并将其视为激发他撰述历史的动力。但这种观念在彼时很少被人视为一种责任。我们有充分的理由对他构建的这种理论及其在现实中实践这种观念大加称颂。修昔底德不愿从一个看似能解释所有事物但缺乏牢固基础的假设中抽象出某种理论，他摒弃了彼时名声最响亮和最令人感兴趣的论断能够推导出的理论。

当发现祭司和医生都既无法阻止疾病的传播，也不能缓解病情时，雅典人放弃了希望，陷入绝望之中。城墙之内所有区域都呈现出一派阴郁痛苦的景象。任何一个人，只要一患上这种疾病，就立即丧失了一切勇气。在所有情绪中，最糟糕的是人们的沮丧之情。这种情绪使人们屈从于命运，坐而等死，放弃了一切活下去的努力。虽然最初亲戚朋友还会出于寻常的亲情对病人伸出援手，加以照顾，但是很多人也因与病人接触，"像睡着了一样"，染病身亡。最终，再也没有人胆敢以身犯险。那些品德最高尚的人仍长期坚守他们的职责,但他们死亡的人数最多。[3]因此,患病者被扔在一边,没人照顾,自生自灭。只有那些曾经患病如今康复的人,才愿意前往照顾病人。他们成为那时唯一不受广泛传播疾病影响的幸存者,因为任何人都几乎不会再次染上这种疾病,即便被传染上,也不会致命。正是依靠他们,去世者的尸体才得到了掩埋。当时的情景是如此令人绝望而伤心,甚至是他们的至亲也不能替逝者完成葬礼;而在一个希腊人的心目中,葬礼是人一生中最神圣的事。没有什么场景能比阅读一位亲历者描述的段落会让我们如此形象地感受到人们的垂死挣扎和绝望。在拥挤不堪的人群中,死亡完全不能引起旁人的注意和丝毫的怜悯。在公共场合的大街上,在神庙里,逝者的尸体与垂死者相互堆积在一起,尽管众所周知,这样会亵渎圣所;半死者因难耐的干渴,东倒西歪地躺在泉水的周围。有时候,经过一个焚化他人的火葬堆旁时,扛负者把尸体扔到里面一同焚化。[4]更有甚者,人们看到有人准备了一个火葬堆,但尸体还没有运到,就把他们扛负的尸体扔到上面,点上火,然后迅速离开。对雅典人而言,如此这般的混乱行为在任何一个平常的时间都是不可容忍的。

除了所有这些身体的病痛、死亡和无穷无尽的绝望之外,另外一种罪恶也接踵而至,使那些有幸逃脱死神的人也深受影响。因为每个人自身生命和他人的生命都完全变得不确定,所以法律和道德的束缚也随之松弛。在惩戒不太可能降临的情况下,人们不会在乎弃恶从善；在存活下去的希望如此之小，无法在未来获得荣誉或得到认可的情况下，没有人愿意克制他们的欲望，安贫乐道，遵守他们最坚定的信念。在大限来临之前，在同样深陷周围所见的四处蔓延的痛苦之前，人们指望的就是纵情享受这一段短暂而甜蜜的时光，因为灾难会不分青红皂白地影响到每一个人，无论贤达者还是作恶者。

不止一位声名显赫的作家曾描写过在致命灾疫压力下的社会百态：身体的折磨、不幸的遭遇、道德的沦丧。但是，没有一位作家能比修昔底德的描述更加真实、简洁而令人印象深刻。[5]因为，在此之前人们只有这样的经历，还没有前人对此进行过描述，他无从抄袭。值得注意的是，与这一时期所有灾难相伴随的痛苦中，没有如同迦太基人在遭遇瘟疫时为抚慰诸神而施行的人祭，也没有对某一些想当然的疾病制造者进行残酷的迫害，如同1630年米兰暴发黑死病时户外涂油者（Untori）的遭遇一样。[6]

这次瘟疫使雅典人遭受的不幸持续了三年。战争的第二年和第三年一直持续不断。此后的一年半，情况有所缓解；之后瘟疫死灰复燃，又持续了一年，病情与最初时一样严重。这个不期而遇的敌人除了为个人带来了巨大的痛苦外，还造成了难以估计的公共损失。选自城邦最富有阶层的1200名骑兵中，有300人死于疾病；此外，可以正式入列充任重装步兵的公民中，有4500人因病丧命；更贫困的公民中，损失的数量如此之大，难以计数。[7]伯罗奔尼撒人的任何努力都不可能给雅典带来如此巨大的破坏，不可能如他们所期待的那样结束战争。这次灾难似乎也对他们更为有利，因为瘟疫根本没有传播到伯罗奔尼撒半岛，而只是从雅典蔓延到了一些人口密集的岛屿上。因担心接触到瘟疫，拉凯戴蒙人在病菌还没传染到军队之前，就撤出了阿提卡。

但是，当拉凯戴蒙人仍驻扎在阿提卡、可怕的疾病第一次暴发之时，伯里克利就装备了100艘三列桨战船和4000名重装步兵从皮莱乌斯出发，对伯罗奔尼撒半岛的海岸发起了进攻。300名骑兵乘坐着多艘运送战马的旧战船一道出发。减少聚集在城市的人数无疑是一种有益的尝试。但不幸的是，这些人也随身携带上了已被传染的疾病。这种疾病不再局限于城市之内，也传染到船舶之上，使雅典的海军战斗力受挫。在来自开俄斯和莱斯沃斯的50艘战船的支援下，雅典首先在伯罗奔尼撒半岛靠近埃皮道鲁斯的海岸登陆，接着入侵到阿尔戈斯半岛更南端的特罗伊曾、哈利埃伊斯（Halieis）和赫尔米奥奈（Hermione），最后进攻并夺取了拉科尼亚东海岸的普拉西埃（Prasiae）。返回雅典后，这支军队立即在哈格农和克莱奥彭普斯（kleopompus）的率领下进一步加强了对波提戴亚的围攻。此时，对这座城市的围攻仍在持续，并未取得任何明显的进展。大军刚到，雅典人就利用攻城锤和其他攻击性武器对城墙发起了猛攻，但没有取得什么成果。事实上，这支军队不能完成胜利强攻的任务。因为，在与新近来自雅典的士兵接触后，那些待在波提戴亚此前没被传染的士兵也染上疾病。这次疾病造成的死亡非常令人可怕，在哈格农带来的

第十九章　从战争第二年年初到第三年年末

4000名重装步兵中，有不少于1050人在短短的40天内染病身亡。在如此糟糕的情况下，这支军队被遣送回雅典。对波提戴亚的围攻仍如此前一样缓慢地进行着。

刚从伯罗奔尼撒半岛的远征返回，伯里克利就发现，他的同胞们因多重的打击而身心俱疲。人们将不满之情统统发泄到伯里克利身上，认为他不但是导致战争的原因，而且是雅典人现在遭受的各种苦难的根源。不管他是否同意，他们派遣使节前往斯巴达，公开与其商谈和平，但斯巴达人对雅典人的提议置若罔闻。新的失望使人们对伯里克利更加怒不可遏，无疑，与他长期交恶的政敌大声附和着人民对他性格和政策的谴责。面对困难能够处之泰然，面对民众的叫嚣能够庄严而坚定，这是伯里克利诸多美德中最重要的部分。在此关键时刻，更需要他坚定的态度和充分的展现。

伯里克利以将军的名义召集了一次正式的公民大会，以便当众证明其决策的正确，制止泛滥的不满情绪，并劝导人们继续坚持他的方针政策。修昔底德并未记载反对者的发言，但以相当长的篇幅记录了伯里克利令人难以忘怀的演说。这篇演说词勾勒出这位伟人的性格及当时的真实环境。从中可以看到，伯里克利不但清楚地意识到雅典的正确目标，而且明了雅典正当而合理的期许。面对当时所处的自然困难，他坚贞不屈，敢于挑战；面对难以计数的极端不幸，他愈战愈勇。在民众的不满情绪面前，他没有自怨自艾；而恰恰是在此时，他获得了人们最直接、最崇高的敬意。他宣布，将继续坚持雅典人长久信奉的一切。所有一切如同属于他的既得权力一样。

在整篇演说词中，他最主要的目标是让听众的胸中充满为整个城邦谋福祉的爱国热情，以此抵消因个人悲痛带来的伤感之情。他力图证明，如果整个城邦繁荣昌盛，个人忍受的不幸将会烟消云散。然而，如果整个城邦沦陷了，个人将不可能获得任何的成功（毫不夸张地说，他的看法在古代社会和古代战争环境下完全正确，虽然在当下社会未必完全如此）。"因为城邦遭受的灾难，你们迁怒于我，因为我曾建议你们奔赴战场；同时你们也感到自责，因为听从了我的建议。你们之所以听从我的建议，是认为我在判断、演说、爱国热情及清廉上比他人更胜一筹。如今，你们不要因为我提出了建议而将我视为有罪之人。事实上，战争已经不可避免，如果逃避战争，将会造成更大的危害。我仍然是同样的那一个人，没有丝毫的改变，但是在面对不幸时，你们不能坚持在未受伤害时坚持的信念。事实上，虽然降临到你们身上的伤痛是如此剧烈而无法预见，但是你们身居一个伟大的城邦，所受的教育与城邦的伟大相得益彰。因此，你们也必须下定决心，振作起来，勇敢面对灾祸带来的巨大压力，绝不牺牲你们的荣光。我经常向你们阐明，不必怀疑战争最终的胜利必将属于你们，但是如今，我比以前任何时候都更想着力地提醒你们，强大的舰队不但使你们成为同盟者的主宰，而且成为整个海洋的主人；整个可见的世界一半任凭你们自由行动、到处驰骋。这一切看似

第十九章 从战争第二年年初到第三年年末

大吹大擂，但有利于将你们从不自然的沮丧情绪中激发起来。与如此强大的实力相较，你们的房屋和土地暂时被人占领，简直是无足轻重之事，如同一件装饰挂件，不值得考虑。如果你们能够保全自由，所有一切很快就会恢复。祖辈们的努力最初为你们挣得了这个帝国，他们没有任何你们现今享受的各种有利条件；因此，你们也万不可成为离祖败德的不肖子孙丧失他们争取到的这一切。当所有人兴高采烈地分享城邦和帝国的荣耀时，你们千万不要逃避责任，要不辞辛劳地努力维持帝国的荣光。你们不但是为了自由而非奴役而战，而且是为了维持还是丧失帝国而奋力拼争。如今帝国主义受到了广泛的质疑，所有的危险也因此而生。即便你们愿意如此，但放弃帝国对你们并不安全。因为你们如同一位专制君主一样控制着这个帝国，或许在最初获得时就缺乏公义，一旦放弃就会带来毁灭。不要因为建议你们走向战场而对我心生愤怒，因为自战争爆发时就预料到敌人造成的破坏会如此巨大。对于不可预见的疾病我所负的责任更小。我们的城邦因勇于直面不幸的命运而获得了无上的荣耀，城邦强大的军力、享有的声名、针对希腊人建立的帝国都是此前任何时代都未曾见识过的。如果我们选择伟大，就必须暂时承受他人的嫉恨，这是获得永世英名的必要代价。如今，你们的所作所为应当不负城邦的荣光。雅典人，展现出你们的勇气吧！这是当前避免你们成为不肖子孙的必要手段，也是你们的将来受人尊敬的必要保证。不要再派使者前往斯巴达了，默默承受着你们的不幸，不要将你们的悲伤写在脸上。"

伯里克利的演说给出的理由难以抗拒,充满着自豪和果决,文采斐然,不可能完全是修昔底德创作的。闻听他的演说后,公民大会同意了他的建议。因此,公民大会决定不再提出和平倡议,而以最充沛的精力继续投入战斗中。

然而,虽然大众决定采纳长久以来对伯里克利权威的遵从的习惯,但仍有个别人对他心生怨恨,认为他是使他们陷入如此困境的制度的始作俑者。他的政敌克莱翁、西米亚斯(Simmias)、拉克拉提达斯(Lakratidas)相互协作,利用民众中普遍存在的愤怒情绪,找寻机会将其付诸实施,在陪审法庭上对伯里克利提呈诉讼。据说,指控的依据是他犯有贪污之罪,最终被课以大笔罚金。对于罚金的数目,不同的作家有着完全不同的记载,从15、50到80塔兰特不等。[8] 不过,事情的进展出乎他们的意料。对其课以罚款不但使人民对他的愤怒之情瞬间消解,反而使他们对他的好感倍增,让人民对他的尊敬和崇拜之情重新和原来一样的强烈。人们发现,继伯里克利之后担任将军的那些人根本不具备与其匹敌的公信力。因此,不久他重新当选,重获与此前一样巨大的权力和影响力。

但是,虽然备受尊敬、长期当政且为城邦做出了巨大贡献,但他毕竟已经年过六旬。除了最近对他的罚款外,其他许多繁复的事务加速了他的衰老,使他深切地感知到生命的终点即将来临。就在伯里克利循循劝导他的同胞们,面对个人的苦难,必须为共同的父母之邦毅然奉献不竭的生命时,他自己其实就已经身患重病。这场瘟疫不但夺走了他两个儿子的生命(也是他唯一合法的两个孩子,克桑提波斯和帕拉鲁斯),而且使他的姊妹、几个亲戚及他最亲密最有帮助的政治上的朋友丧了命。无论是面对家国的一系列灾难,还是在如此众多的亲密朋友的葬礼上,他都控制自己的悲伤,维持他一以贯之的自制,直到最钟爱的儿子帕拉鲁斯之死使他遭受最后一次打击。帕拉鲁斯之死导致他再也没有合法的继承人维持这个家族及其世代相传的圣职。面对这最终的一击,虽然他仍与此前一样努力克制,但在这位年轻人的葬礼上,当遵行仪式,将花环放在死者的尸体上时,他顷刻间涕泗滂沱,难以抑制他的悲伤。[9]

在接受的几次针对他个人的审判中,阿克比亚戴斯和其他几个朋友曾暗示他,要努力让人民重拾对他的信任,并尽力重新当选将军之职。[10] 说服他再一次出席公民大会并重新指导城邦事务花了朋友们不少的工夫。多年之前,他亲自提议通过了公民权法,将雅典公民权限定为父母双方都是雅典人的居民。[11] 如果没有合法的子嗣,伯里克利来自其母亲一方的阿尔克麦翁家族的房产将被遗弃,一直由该家族担任的圣职将因此中断。每一个雅典家庭都会因此而深感不幸,将之视为对所有逝去者的不敬,会给整个城邦所有的幸存者带来痛苦。因此,公民大会同意将他与阿斯帕西亚所生的孩子,也名伯里克利,立为嫡嗣,并录入他所在的胞族和部落。

就这样,在公元前430年8月或9月,伯里克利恢复了将军之职。在这之后,他活了大约有一年,只要身体健康,他都一直维持着对城邦的影响力。但这一刻之后,我们再也没有听到与他相关的任何事情,直到他患上了重病,虽然不那么严重,但持续低烧,令人意志消沉,侵蚀着他的精力,让他的能力也因此衰退。在一则故事中我们读到,就在他生活弥留之际,他躺在床上,意识已经模糊,了无知觉。朋友们围坐在他的卧榻边,回顾他一生的丰功伟绩,称赞他取得了如此众多的胜利,在不同时期建了九座胜利纪念碑。他听着朋友们的讲述,打断他们说:"你们所赞颂的我一生中取得的功劳很大一部分原因是在于好运,其他将军也会取得同样的成就。最令我感到自豪,而你们恰恰没有注意到的是,没有任何一个雅典人因我的所作所为而丧命。"[12]

如此自我满足的一个事例证明他目光远大、不愿从事距离遥远而胜负未卜的远征,而且对公权心存敬畏。究其整个政治生涯,他一直都是这样行事。古今不同作家已经从完全不同的角度表现了他的性格特征,而我们用以打破这种平衡状态的材料并没有希望的那么好。但是,无论在他的朋友还是其政敌的话语中(事实上,其政敌的看法更有说服力),都体现出他长期不间断地领导着这个城邦,并拥有无与伦比的口才。以挖苦和打击每一个政治人物为乐事的喜剧作家自然对他相当仇视。这其中包括泰莱克雷戴斯(Telekleides)、克拉提努斯、欧波利斯(Eupolis)、阿里斯托芬和一切的观众及伯里克利的政敌。[13]他们挖空心思搜罗流言蜚语，说他如同手握霹雳和闪电的奥林普斯神宙斯，或者恰如赫拉克勒斯或阿喀琉斯，一旦张嘴说话，就会成为全场唯一的发言者，并在所有听众的心目中留下深深的印象。而哲学家柏拉图虽然对他的政治活动及其对雅典人的道德影响持否定态度，但对他的学识和演说才能大为推崇，称之为"庄严的智慧"，称赞他在用语的坚定性上比修昔底德有过之而无不及。[14] 与史料相契合的另一点，同样也值得赞颂的是，在他漫长的政治生涯中，虽然政治斗争如火如荼，但是伯里克利对政敌总是相当仁慈宽大。[15] 同时代的诗人伊翁斥责他内心自负，行事傲慢，[16] 与行事谦和质朴的奇蒙（也是诗人的庇护人）形成鲜明的对照。虽然诗人的说法略有夸张，但无疑大体上也有理有据。阅读了前述修昔底德记载的伯里克利最后一次演说的人立即就会明白诗人所言不虚。与生俱来的品位、对哲学研究的热爱及对公共事务孜孜不倦的参与使他不可能与平民大众打成一片，使他对思虑如何赢得大众喜爱的方式相当漠然，或许过于漠然。

即便我们承认诗人对他的斥责有理有据，事实可能也确实如此，但是，这恰恰否定了归咎于他身上的更巨大、更严重的政治罪恶。有人声称，伯里克利为了维持其政治权利，牺牲城邦的长治久安和高尚的道德，通过发放公共津贴腐化民众。用普鲁塔克的话说："他解开了绑在民众身上的绳索，并通过投其所好来巩固他的领导权，经常在国内举行盛大的公共节庆或游行，从而培养了公民优雅的享乐生活；同时，每年派遣60艘三列桨战船出航，装载着领着全薪的公民水手，让他们操习获得航海技术。"[17]

上述作家对伯里克利的指控是：不怀好意地贪图眼前的名望、不顾城邦的长久利益而对民众的贪欲做出不恰当的让步。修昔底德用最直截了当的方式从根本上驳斥了上述指控。有必要把同时代的历史学家的评论引用如下："伯里克利品性高洁、才能出众，最重要的是为人正直、不受腐蚀。他是一位能够独力控制民众的人物。事实上是他领导着民众，而不是民众领导着他。因为他从来不会使用不当的手段追求权力，也从未被迫逢迎他们。相反，由于享有崇高的威望，他偶尔会提出相反的意见，甚至向他们发怒。每当看到他们自傲自大、不合时宜地自信满棚时，他就会发表演说对他们提出警告，并对他们进行敲打。每当看到他们感到过度恐慌时，他会想尽办法消解他们的恐惧之心，恢复他们的信心。可以说，雅典虽名义上奉行民主制，但事实上帝国的权力都掌握在城邦的第一公民手中。但在他去世后，继任者的情况就大不相同。他们彼此间势均力敌，每个人都渴望超过他人、高居首位，最终他们采取另外不同的方式来迎合民众的喜好，为达此目标竟牺牲了城邦更为重要的利益。"[18]

可见，此处所引的修昔底德的论断与其他作家通常责备伯里克利腐蚀雅典民众的看法大相径庭。那些作家认为，他为了获得并维持自身的政治权利，采取了一种不恰当的方式，对愚蠢而反复无常的民众大肆让步，向他们发放公共津贴。事实上，可能应当对伯里克利漫长政治生涯的前期和后期进行一定的区分，普鲁塔克宣称他注意到了这个差别。（恰如传记作家所言）为了获得权力，伯里克利在从政之初腐蚀了民众。但在获得权力后，他可以不受约束地行使其权力，并将其运用于城邦大计之上。对其政治生涯的后期，修昔底德得出的论断无疑是正确的，但不能运用到早期。[19]没有任何证据使我们相信应对修昔底德对伯里克利晚期的赞颂之词持保留意见，也没有证据表明那与其前期的活动和颂词泾渭分明。公平地解读这位历史学家的记载我们发现，他明显没有考虑伯里克利早期的政治生涯。在修昔底德看来，柏拉图、亚里士多德、普鲁塔克及其他作家坚称的展现伯里克利腐蚀民众、获得优势的政治变革都不能称为有害和堕落。这些变革包括限制战神山议事会和行政官员的权力，建立人数众多、经常聚集且发放津贴的民众法庭，为出席公民大会者发放津贴，耗费财力修建公共设施、宗教建筑及装点城市，发放2奥波尔津贴（为了让贫困公民能够支付剧场的门票，在各种节庆上为他们每人分发2奥波尔）[20]等。

修昔底德并未深入探究在伯里克利影响之下雅典政制发生的变革，但这位史学家所言所载都让我们不得不相信，他的确认为，总体而言，这位政治家所做的一切代表着雅典的力量和雅典人的性格特征，对城邦具有无上的价值，而伯里克利之死是雅典无法挽回的损失。因此，借助这位从各个方面看都是我们最好见证的历史学家的评判，我们或许可以回应对伯里克利腐蚀了雅典人的习性、败坏雅典政府的指控。不可否认，他确实花费大量的公共经费用于修建和美化宗教建筑,并耗费资财装点城邦使其更加富丽堂皇。但是,在战争开始之时,他也留存下大笔随时可以用于战争的金钱储备,完全足以支付所有防卫、公共安全和战事的开支。没有任何证据表明,伯里克利曾舍大求小,牺牲长久而远大的目标,追求短暂的浮华,或放弃现实的拥有,盲目从事遥远、胜负难分的新的征服。伯里克利并未被视为雅典性格的塑造者。他发现雅典的性格乐观向上但敏感而易受人影响,他总是吹毛求疵地向民众指出并力求改进,使其日臻完善。对于雅典人的雄心壮志,他总是加以限制而不是鼓励;对于雅典的民主化运动,他总是力求将其规范化,将其纳入雅典人日常生活所及的司法制度之中。在我看来,伯里克利总是力求在国家利益与个人安全之间找到最佳的平衡。虽然我们也不能否认,陪审法庭仍存在诸多不足。毋庸置疑,与伯里克利上台之时相较,在他去世之时雅典发生了巨大的变化,其中最大的不同表现为文化上的差异:演说术、诗歌、艺术、哲学研究及各种休闲娱乐。除此之外,我们还应当注意到,阿提卡土地上农业的巨大进步、雅典商业的扩张、通过艰苦的训练雅典人的航海技术达到极致(可从弗尔米奥指挥的海战推断)、通过修建长城扩大了雅典人绝对安全的区域、通过美轮美奂的建筑和雕塑使雅典的大地包裹上帝国的荣光。这些就是伯里克利的政治生涯中取得的实实在在的进步。强加于其身的恶行更多是人们的想象而非真实,将不会产生什么影响。

  M.博克曾评述说,伯里克利以牺牲阿提卡土地所有者利益为代价来满足雅典海上帝国利益的实现。[21]当然，博克的评述是建立在伯罗奔尼撒战争期间阿提卡的乡村因斯巴达人的入侵遭到了巨大破坏的基础之上，事实上，在战争开始之前，阿提卡的农民和地主所处的地位尤为令人羡慕。博克的指责是否成立，取决于这样一个问题，即伯里克利对于这场灾难性战争的爆发具有多大的影响，或他有多大的权力可以避免这场战争。确实这场战争不但给雅典而且给整个希腊世界带来了致命的影响。同样地，如果审慎地循着修昔底德的叙述，我们就会发现，按照这位历史学家的判断，伯里克利不但没有引发战争，相反地，要不是雅典审慎的保守派和激进的爱国派一致强烈禁止做出让步，他本可能避免这场战争。按照修昔底德的说法，无论是菲狄亚斯、阿斯帕西亚还是麦加拉人所引发的事件，即使我们承认背后确实具有一定的真实性，但这些事件最多不过可以视为战争的借口及附产品，而非战争的真正根源。然而，在谈及伯里克利时，现代的研究者极易将这些事件当作不证自明的史实对待。

与同盟者的关系是雅典的一个薄弱环节。对这种关系进行大调整不但超出了伯里克利的能力所及，而且可能也并非他的意愿。因为在政治上合并的观念及通过建立一个行之有效的联邦政府使不同城邦形成一个共同而平等联盟的观念不可能得到希腊人的认可。[22]从史料可见，他曾号召包括雅典同盟者在内的所有希腊城邦派出代表前往雅典举行代表大会；但是该方案不可能付诸实施，因为伯罗奔尼撒人根本不可能派人参加，这并不令人感到奇怪。实际上，在他当政期间，同盟者没有受到不公的对待。只不过，随着战争持续的时间不断被拉长，其他的不良后果日渐凸显，与雅典和其他希腊城邦一样，同盟者遭受的苦难越来越严重。同盟者的反叛是基于伯里克利无法掌控的诸多因素及那些完全与他睿智而清醒的计划背道而驰的行动引发的。伯里克利思维缜密，演讲扣人心弦，行动果决；无论在民事还是军事、无论在公民大会还是在战场，他都能游刃有余；他精神充沛、智识过人，总能引领城邦以和平的方式在各个方面都取得全面发展；他品格高尚、廉洁奉公、为人审慎、不屈不挠。在一个国家里，具备这些优秀品质的人非常少见，而将所有这些品质集于一身者则少之又少。总之，在希腊历史的整个发展历程中，再也找不到一个可与之相提并论之人。

在疾病的压力和巨大死亡率的影响下，雅典的行动自然是一片惨淡；而它的对手虽然更加积极，但也未取得什么胜利。拉凯戴蒙人派克奈穆斯（Knemus）率领100艘三列桨战船装载着1000名重装步兵攻打扎坤图斯，但除了在该岛的开阔地带破坏一番之外，并未取得什么成果，随即只得怏怏而归。在此之后不久，大约9月，安布拉奇亚人对安菲罗奇亚人（Amphilochians）位于安布拉奇亚湾南部沿岸的城市阿尔戈斯发起进攻。在考尼亚人（Chaonians）和其他一些埃皮鲁斯部落的支持下，他们开始向阿尔戈斯进军，毁坏其国土，并力图通过武力强占其城市，不过最终被击败，不得不撤退。[23] 这次战役使雅典人意识到必须派出一支常备军保护他们在这一地区的利益。是年秋,雅典人派弗尔米奥带领一支由 20 艘三列桨战船组成的分队占领了瑙帕克图斯(在此居住的是美塞尼亚人),将此作为一个永久的海军基地,监视着科林斯湾的入口。

虽然伯罗奔尼撒人的海上力量不强,难以在正式的海战中与雅典一决高下,但他们个别的掠私船队,尤其是从尼塞亚港驶出的麦加拉掠私船非常活跃,肆无忌惮且不加区别地破坏雅典及其他中立城邦的贸易。[24] 其中一些伯罗奔尼撒海盗的活动范围甚至远达小亚细亚西南沿海地区,他们在此找到一些临时的避风港,袭扰从法塞利斯和腓尼基驶往雅典的商船。为了保护该地区海上贸易的正常进行,是年秋,雅典人派麦莱桑戴尔(Melesander)率六艘三列桨战船前往。此外,雅典人还命令他负责征收该地区臣属盟邦的贡金,他甚至可以随心所欲决定贡金的数额。在执行征收贡金的任务中,他从海岸向一个吕奇亚的内陆城市发起了远征,但被人击败,损失惨重,他本人也被杀身亡。

不久,雅典人报复斯巴达残酷对待其海军俘虏的机会来临了。为了执行战争开始之时制订的计划,拉凯戴蒙人派阿奈利斯图斯(Aneristus)和其他两名使节前往波斯,恳请波斯大王在金钱和军事上施以援助以对抗雅典。波斯大王则希望利用希腊各邦的纷争,逐渐铺平道路,以便重获对爱琴海的控制权。泰盖亚人提摩戈拉斯(Timagoras)、科林斯人阿利斯泰乌斯及阿尔戈斯人波利斯(此人并无任何正式的任务)随同前往。鉴于制海权掌握在雅典人之手，他们不得不经陆路，从色雷斯经赫勒斯滂绕道而行。阿利斯泰乌斯急于采取一定措施力图解波提戴亚之围，说服了使团的人员向奥德吕西亚（Odrysian）国王西塔尔凯斯求助。虽然那时这位君王正与雅典结盟，其子萨达库斯（Sadokus）甚至获得了雅典公民权，但是使团仍认为不但有可能使其脱离雅典同盟，而且有可能从他那里获得一支军队，以此对雅典人发起进攻，从而解波提戴亚之围。然而，西塔尔凯斯身边的雅典人对他影响巨大，使其不但拒绝了使团的无礼要求，而且说服萨达库斯协助他们。当阿利斯泰乌斯及其同伴穿越色雷斯时，这些雅典人将使团成员全部抓获。所有成员被作为俘虏送至雅典。这些人未经审判、未做自我辩解，就被处以死刑。

作为挑动波提戴亚反叛的煽动者，阿利斯泰乌斯[25]遭到了如此下场，雅典人也因此除掉了一个危险的敌人，如今这座被围困城市的命运也因此而注定了。仲冬时节，在被围困两年后，波提戴亚有条件投降。这两年里，该城遭受极其严重的饥荒，一些逝者的尸体甚至被活着的人吃掉。尽管波提戴亚人抵抗如此激烈，给雅典人带来了难以忍受的苦痛，但是雅典将军欧利皮德斯（Euripides）之子色诺芬及其两位同僚仍以优厚的待遇允许他们有条件投降。城里所有居民及来自科林斯的同盟者可以自由离开，并为每一个人发放一定数额的金钱，以便他们能在周边地区的卡尔奇狄凯城镇找到一处庇护之所。鉴于波提戴亚已经处于绝望之境，事实上不久肯定会无条件投降，所以上述条件可谓异常优厚。

不过，在如此严寒的冬天，甚至城外的军队也遭受着非常严峻的困难。雅典人早已因长时间的围困和巨大的开支而疲惫不堪。雅典为此花费的金钱不少于2000塔兰特，因为在整整两年的围困中，围攻的人数从来没有少于3000名重装步兵，其中一些时间还远远超过这一数目。得知受降的条件后，居于国内的雅典人对将军们表现的宽容非常不满，因为只要他们再多坚持一段时间，就会迫使波提戴亚无条件投降，那么雅典人就可以通过将俘虏卖为奴隶获得一定的补偿。雅典派出一支1000名殖民者组成的队伍占领了波提戴亚及其周边地区。[26]

自底比斯进攻普拉提亚、战争正式爆发以来，整整两年已经过去。然而，伯罗奔尼撒人并未取得他们指望的任何成果。他们未能解波提戴亚之围；虽然反复入侵阿提卡，而且得到雅典瘟疫这突如其来的灾难的帮助，但他们并未给雅典造成任何足以致命的破坏。与此同时，伯罗奔尼撒同盟遭受的损失也微不足道，因为雅典舰船对其沿海地区的破坏，与他们入侵阿提卡获得的战利品大体持平。第三年春，伯罗奔尼撒人没有再次重复一年一次入侵阿提卡的军事行动。其原因一方面在于担心正肆虐于此的瘟疫会对其产生影响；另一方面，更重要的是，底比斯人极其渴望报复普拉提亚。[27]

阿奇达穆斯率领同盟大军向这座命运多舛的城市进军。他刚进入普拉提亚，正准备蹂躏其国土时，普拉提亚的传令官就跑出城来，紧紧地握着他的手，对他做了如下的一段发言："阿奇达穆斯及拉凯戴蒙的好儿男啊,你们入侵普拉提亚的国土是错误的,这样行事无论对于你们还是你们父辈的美名都难相匹配。因为在拉凯戴蒙人克莱翁布罗图斯之子保萨尼亚斯当着整个希腊同盟之面将希腊从波斯人的统治下解放出来之后,宣布恢复普拉提亚人的城市及版图,并给予其完全的自治;任何人不得出于不义之企图入侵或奴役他们。现在,我们向那些见证誓言的诸神,向你们的祖先,向我们本土诸神发出呼吁,恳请你们不要违背誓言,不要在普拉提亚的国土上为恶作乱,让我们在保萨尼亚斯承诺的自治下自由生活吧!"

阿奇达穆斯回答说:"普拉提亚人,如果你们言行一致,那么你们那样讲也是合情合理的。正如保萨尼亚斯允诺的那样,保持你们的独立,帮助我们去解放那些曾经与你们共患难和你们共同宣誓而现在却被雅典奴役的希腊人吧。所发生的这些令人生畏的战备工作,都是为了解放他们以及其他那些和他们一样的希腊人。如果无法按此行事,你们至少应保持沉默,规规矩矩地听从我们的安排。珍惜你们的国土,严守中立,把双方视为朋友,而不要因战争之故加入任何一方。这样,我们就满意了。"

阿奇达穆斯的答复揭示了这位史学家在此前从未直接提及的一种状况,即拉凯戴蒙人向普拉提亚人发出了一份正式通告,要求他们放弃与雅典的同盟关系,保持中立。虽然我们并不知道具体时间,[28]但这表明希腊人附着于这座城市的特别感情。不过,普拉提亚人没有同意阿奇达穆斯的提议。在返回城内听取公民大会的指示后，传令官立即带回了普拉提亚人的答复，如果没有征得雅典人的同意，他们不可能按此行事，因为他们的妻子儿女如今正被收容在雅典。此外，如果他们答应保持中立，将交战双方都视为朋友，底比斯人完全可能再一次突袭他们的城市。为了回应其顾虑，阿奇达穆斯再次向他们做了以下发言："那么，把你们的城市和房屋移交给我们拉凯戴蒙人吧。标明你们的疆土，详细说明你们果树的数目及其他一切可以计数的财产。在战争期间，你们可以随意去哪里。一旦战事结束，我们一定如数归还从你们手中接收而来的东西；其间，我们一定稳妥地替你们保管这些东西，继续耕耘田地，给付你们希望得到的足额津贴。"

如今给出的提议是非常公平诱人，倘若能够获得雅典人的同意，大多数普拉提亚人最初想必会接受的。他们从阿奇达穆斯那里获得了一份停战协议，留下足够的时间使其能派出使者前往雅典。在与雅典公民大会交换意见后，使者们回到普拉提亚，带回了雅典人如下的答复："普拉提亚人啊，雅典人说，自最初双方的同盟关系建立以来，他们从未使你们受到过任何侵害，也从未背叛你们，而总是尽其所能对你们施以援手。现在他们以你们祖先对他们所发誓言的名义郑重要求你们，不要以任何方式背离同盟。"

使者带回的消息唤醒了深藏在普拉提亚人胸中长久以来的全部力量。他们决定不惜一切代价维持与雅典的联盟关系。事实上，如果没有获得雅典人的同意，他们也不可能有其他选择（因为其妻儿家小所处的状况)。虽然对于雅典人的拒绝会毫不怀疑,但或许我们也应注意到,就雅典人所处的状况而言,他们给予普拉提亚人结盟的条件相当宽厚。因为,与雅典强大的实力相较,普拉提亚的力量无足轻重,雅典也不可能保护普拉提亚免遭敌人强大的陆军侵略。事实上,在陆上与敌人直接对抗无异于以卵击石,所以在接下来整个持续时间漫长的围城过程中,雅典人甚至都没有尝试为其解围。

修昔底德以突出而戏剧性的笔法描述了整个开始阶段的辩论过程,他力图阐明,拉凯戴蒙人最初对见证其祖先赫赫战功的地方心怀敬意,并不愿意攻打这一块地方。值得注意的是,拉凯戴蒙人情感直接所依的完全不是普拉提亚人,而只是普拉提亚这一块地方。

阿奇达穆斯立即开始了围城行动。400名普拉提亚公民和80名雅典人坚定地守卫着这座城市。除110名女奴为其烧水做饭外,城里再无他人。在破坏耕地时砍伐的水果树足以环绕整个城市形成一道坚固的围栏,城里的居民被死死地困在了里面。鉴于附近奇泰隆山的森林里有充足的木材,阿奇达穆斯开始派人靠着一段城墙建起了一座(以木材加固的)土山,以便通过一道斜坡登上城墙。为建这座土山,伯罗奔尼撒的军队花了整整七天和多个晚上。随着城外土山的增高,普拉提亚人在他们的城墙上面搭建起另外一座木墙,以便提升与敌人土山相接部分城墙的高度,并用从附近房屋取下的泥砖从内部加固。眼看围攻者仍在继续堆积,土山的高度与增高后的城墙快要齐平，普拉提亚人决定在其城墙的下端凿开一个小洞，使敌人土山下部的泥土流入城墙里。而且，普拉提亚人从城内挖了一条地道伸入土山之下，偷偷地破坏土山的地基。然而，很明显这种方法最终也无法奏效。于是，普拉提亚人决定在城内从高台两侧开始重新修建一道新月形城墙。

阿奇达穆斯运来更多攻城锤，其中一架极大地动摇并危及普拉提亚人在土山对面另外加高的城墙。守城者从城墙上放下很多绳索，试图套住锤头，通过绳索上的拉力分解主要的撞击力。他们使用的另一个方法是从城墙下突然丢下笨重的木梁大力砸向攻城锤，以图砸断锤头。虽然这种防御方法看似笨拙，但效果明显。攻城者发现，双方的攻防战已历经三个月，他们仍徒劳无功，没有取得什么效果，被迫放弃强攻，转而实施围困和饥饿战术。[29]

不过，在采取这两种短时间难以奏效的方式之前，他们曾决定使用另外一种战术——火攻。从他们所建的土山最高处，他们扔下大量干柴火，随后又扔下一些沥青和其他易燃物，扔下火把放火烧城。立即火焰冲天。要不是风向有利，否则什么也没法拯救这座城池。尽管遭受相当大的破坏，普拉提亚城仍有险可守。

伯罗奔尼撒同盟别无选择，只能建起一道城墙将普拉提亚团团围困起来，以图通过饥饿战术使其不攻自破。建筑城墙的任务按一定比例分配给各个同盟城邦，大约9月中旬，整个工程完成。他们分别建起了两道城墙；两道城墙相距16英尺，其上全部加盖，使两道城墙看起来像一道非常厚实的城墙。此外，他们还在城墙外面挖了两条壕沟；其中一条朝向普拉提亚，另一条向外，以便阻碍任何外来增援的军队。两道城墙间加盖的空间作为永久的兵营供看守卫兵驻扎。驻守在里面的士兵一半是比奥提亚人，一半是伯罗奔尼撒人。

就在阿奇达穆斯开始围攻普拉提亚时，雅典人派出一支由2000名重装步兵和200名骑兵组成的军队，在此前为波提戴亚受降的将军色诺芬的率领下远征卡尔奇狄凯半岛。他首先入侵普提埃亚人的城镇斯帕托鲁斯（Spartolus），指望着城内的奸细能够把这座城市出卖。但一支来自奥林图斯的由重装步兵和轻盾兵混编的队伍的到来打破了他的幻想。轻盾兵是介于重装步兵与轻装步兵之间的特殊兵种，可能最初出现在卡尔奇狄凯的希腊人城邦；其装备糅合了希腊和色雷斯的因素。自出现后，这个兵种得到了大大的改进，并获得许多最有能力的希腊将领的青睐。发生在斯帕托鲁斯城外的这次战斗中，雅典重装步兵虽然打败了对手，但其骑兵及轻装兵被卡尔奇狄凯人彻底击败。因新近获得来自奥林图斯轻盾兵的支援力量进一步增强，卡尔奇狄凯人甚至冒险对雅典重装步兵发起了进攻。雅典人认为撤回到两支看守辎重的后备队后面比较安全。撤退过程中，卡尔奇狄凯骑兵和轻装兵对雅典人进行骚扰。当雅典人转向他们时，这些骑兵和轻装兵马上撤退。当雅典人再一次撤退时，他们从两翼发起进攻，掷出的标枪非常有杀伤力，使正在撤退的重装步兵无法保持阵形，只能逃往波提戴亚城内寻求庇护。鉴于在这次战斗中死亡430名重

第十九章 从战争第二年年初到第三年年末

装步兵,几乎占整支队伍的四分之一,3名将军全部战死,远征军只得不光彩地返回了雅典。

在希腊半岛西部地区,雅典人及其同盟者获得了更大的成功。因在此前一年被安菲洛奇亚的阿尔戈斯战败,安布拉奇亚人拟订计划,决定对阿卡纳尼亚人和雅典人发起一场新的侵略。在母邦科林斯的热情支持和积极呼应下,他们说服了拉凯戴蒙人从海陆两路同时对阿卡纳尼亚发起进攻,使阿卡纳尼亚人在任何一处都无法聚集起兵力。

他们的行动计划考虑周详,注意到了战斗过程中可能发生的任何事情。安布拉奇亚人的陆军与其邻近且同为科林斯殖民城邦的琉卡斯和阿纳克托利翁陆军在安布拉奇亚城周边集合;来自琉卡斯的海军也驶往阿卡纳尼亚海岸边。此外,不但由拉凯戴蒙海军大将克奈穆斯率领的1000名伯罗奔尼撒重装步兵躲过了机警的弗尔米奥设法渡过海湾赶到战场,而且许多来自边远和北部部落的埃皮鲁斯及马其顿辅兵也加入安布拉奇亚人的队伍中。甚至名义上与雅典结盟的马其顿国王佩狄卡斯也派出1000名属民参战,虽然这些人来得太晚,没有派上用场。

为与此配合,来自科林斯的伯罗奔尼撒舰队本应加入已聚集在琉卡斯的海军一同对阿卡纳尼亚海岸作战;同时,陆军也应推进到敌人的国土。但克奈穆斯发现陆军已经结集在安布拉奇亚随时待命,觉得没有必要继续等待来自科林斯的舰队的支持,决定径直向阿卡纳尼亚进军。大军冲向阿卡纳尼亚境内的主要城镇斯特拉图斯（Stratus）。夺取这座城镇就很有可能使该邦其他地方投降。尤其是当阿卡纳尼亚人因驻扎在琉卡斯的舰队而分了心，同时被涌向其边界的数量众多的入侵者吓倒，他们根本不敢离开各自的城市为其提供支援，结果斯特拉图斯的防守完全就留给城里的公民。弗尔米奥虽然获悉这一则紧急消息，也绝对不敢抽身给予其支援，因为明知数量众多的舰船正从科林斯向此地驶航，他根本不能听任瑙帕克图斯无人防守。在此背景下，克奈穆斯及其军队志得意满，希望不经任何困难就一举征服斯特拉图斯。大军兵分三路进发，埃皮鲁斯人居中，琉卡斯人和阿纳克托利翁人居右，伯罗奔尼撒人和安布拉奇亚人居左。三路大军不费一兵一卒，没有遇到什么抵抗就靠近了这座城镇，相互之间甚至都能远远相望。事实上，两支希腊人组成的队伍行军时秩序井然，并派出了侦察兵一路打探。但是，埃皮鲁斯人的行军进程乱成一团，且没有任何警戒。当快靠近斯特拉图斯时，他们并未立即扎营并与希腊人协同发起进攻，而是继续向前，准备从右翼单独攻城。斯特拉图斯人观察到了这一切，决定利用埃皮鲁斯人的鲁莽大做文章。他们首先在地形适宜的地方安排了一支伏兵，接着趁埃皮鲁斯人逐渐靠近而没有意识到城门就近在眼前时，他们突然从城内涌出，对其发起了猛烈的进攻。埋伏在后的士兵也突然跃起，同时攻打埃皮鲁斯人。处于前锋的考尼亚人完全被打蒙了，在溃败时许多人被杀。其他埃皮鲁斯人未经什么抵抗就纷纷逃窜。在士气低落的情况下，克奈穆斯没有选择坚持战斗，而是解散了军队,任由其返回各自的城邦。

与此同时,从科林斯驶出的伯罗奔尼撒舰队在前进的过程中同样也发现遇到了许多出乎意料的难以克服的困难。来自科林斯、西库翁及其他城邦的47艘三列桨战船装载着士兵,率领着一些补给战船,费尽周章沿阿凯亚北岸行驶。这支舰队的统领没有想到自己的优势是如此巨大,根本无意惊动弗尔米奥及其在瑙帕克图斯所率的20艘战船。因此,这些战船更多的是被当作了运兵的船只而非参战的战船,没有注意挑选技术高超的桨手随船前往。

除科西拉海战外(也只是部分地),伯罗奔尼撒人还从未真正见识过雅典海军的战斗力。此时,雅典海军的战斗力已经达到极致。伯罗奔尼撒人不但只拥有古老而未经提升的海战模式及操船弄桨的方法,而且不知道许多观念事实上已经被雅典人的实践废止了。与之相反,不但雅典的水手普遍对他们自身的优势坚信不疑,而且他们最有能力的统领弗尔米奥总是给他们灌输这样的信念:任何伯罗奔尼撒舰队,无论数量有多大,都不可能战胜雅典人。[30]因此,科林斯舰长们惊讶地发现,弗尔米奥率领着很小一支雅典舰船,不是待在瑙帕克图斯力求自保,而是与他们平行而进,观察着他们的一举一动,直到驶出科林斯湾进入外海。舰队首先沿伯罗奔尼撒半岛北部海岸行至阿凯亚的帕特拉(Patrae),接着改变航程,向西北方行驶,越过埃托利亚海岸,向阿卡纳尼亚方向前行。然而,航行过程中,他们突然发现,弗尔米奥从卡尔奇斯及欧埃努斯河口迅速向其逼近,即将对他们发起进攻。伯罗奔尼撒人因此惊慌不已,他们不愿在宽阔的外海进行一次海战,决定改变计划,返回伯罗奔尼撒半岛沿海岸航行,在海峡最狭窄处利翁(Rhium)附近一个地方过夜。他们这样做只不过是为了欺骗弗尔米奥,诱使他返回大陆所在的海岸过夜。他们真实的想法是,乘夜离开驻泊地,在弗尔米奥逼近之前,从海峡附近相当狭窄的地方渡而过之。但是,弗尔米奥密切关注着伯罗奔尼撒人的行动,整个晚上都在海中行动。黎明的第一缕曙光来临时,当伯罗奔尼撒人正从海峡附近最狭窄的地方半渡之时,雅典人发起了进攻。眼见弗尔米奥的舰队正在靠近,科林斯的海军统领将三列桨战舰排成一个圆形战阵,使舰头朝外,如同轮子的车辐一样。圆形战阵尽可能大,使雅典人没有机会实施"突破列线战术"(diekplus)。[31]

在此状况下,弗尔米奥在破晓时分发现了他们,并对他们发起了进攻。弗尔米奥命令以单列纵向阵形逼近拉凯戴蒙人,船上的水手都非常出色,弗尔米奥的战船冲在最前面。他严令,所有战船在收到他发出的信号之前都不得擅自攻击敌舰。雅典人的战舰快速驶近伯罗奔尼撒战船的圆形战阵,尽可能抵近其船首,佯装即将撞向船首。一方面,伯罗奔尼撒人对雅典战舰的战法一无所知,从而产生了恫吓效果;另一方面,在受到干扰的情况下让每一艘战船在圆形战阵的内外完全保持固定的位置非常困难,对此弗尔米奥心知肚明。他一直等待良机发起真正的进攻。不久,

第十九章 从战争第二年年初到第三年年末

恰如弗尔米奥所愿,老天向他伸出了援手。每日拂晓定时从科林湾吹出的强劲陆风以其惯常的威力吹拂到伯罗奔尼撒战船上面,很快每艘战船的固定序列失去了某种程度的稳定,导致战船越发难以保持相互之间的正常联系,相互之间开始发生碰撞。此外,另一股强风突袭,结果水手们因不具备全天候条件操桨的技术,导致橹桨无法抽出水面,领航员失去了对战船的控制。[32] 如今,生死攸关的时刻已经来临,弗尔米奥发出了进攻的信号。他的战船率先撞向敌舰,使敌人的旗舰瞬间丧失了战斗力。其他的雅典战船也对敌人发起了进攻,并取得了巨大的胜利。伯罗奔尼撒人被吓得惊慌失措,未经任何抵抗就自乱了战阵,溜之大吉。其中一些逃往帕特拉,另一些逃到阿凯亚的狄麦(Dyme),雅典人则乘胜追击。这次战斗中,雅典几乎未损一兵一卒,所有人员安全返回瑙帕克图斯,共俘获了敌人12艘战船。伯罗奔尼撒人的战船沿着海岸,从帕特拉驶往埃利斯境内的主要港口库莱奈。不久,克奈穆斯率领着从琉卡斯败逃的舰队加入了这一支败军中。

有必要对这两次战役稍做评论。第一次战役表明,与希腊人,甚至是发展水平最差的人相较,埃皮鲁斯人还相当低劣;他们不听命令、不守纪律、不够沉着、没有合作意识。如果说,在陆战中,我们发现了希腊人对埃皮鲁斯享有与生俱来的优势,那么在海战中,我们同样深深地惊讶于雅典较其对手的巨大优势。虽然这种优势不是基于希腊人对埃皮鲁斯人那样的天性使然,而是源自雅典人此前付出的艰辛、训练和创新,这与其对手疏忽怠慢、墨守成规形成鲜明对比。在弗尔米奥的第一次海战中充分体现了雅典人历经多年获得的高超航海技术与众不同的价值。随着战局的进行，我们发现，逐渐地这种优势不那么明显，因为伯罗奔尼撒人也在操习并提高航海技术。恰如彼得大帝时，俄罗斯人学习查理十二世统治下瑞典的战争技术一样。

这次令人难忘的海战的结局似乎使拉凯戴蒙人感到不可思议。确实，他们曾听说过雅典人高超的航海技术，但从未真切地感受过到底有多高，因而无法理解这种技术意味着什么。因此，他们将这次失败归罪于伯罗奔尼撒人令人不耻的胆怯，继而向驻扎在库莱奈的克奈穆斯发出严令，要求其担任统帅，装备一支数量更多、设备更完善的舰队，一雪前耻。斯巴达人派出布拉西达斯、提摩克拉泰斯（Timokrates）和吕科弗隆（Lykophron）三人作为顾问，协助克奈穆斯，为其提出建议，并努力召集各个盟邦的舰船。通过这种方式，一支由 77 艘战船组成的巨大舰队迅速集结在巴勒莫（Panormus），这是一个阿凯亚港口，地近利翁海岬，而且就在内港中。

伯罗奔尼撒人大动干戈的准备行动没有逃脱弗尔米奥机警的目光。在向雅典人汇报获胜消息的同时，他强烈要求增派援军，以便能够对付不断增强的敌人。雅典人又立即增派了 20 艘战船加入他的队伍中。然而，来自克里特城邦哥尔廷（Gortyn）的"代办"（proxenus）尼奇亚斯说服了雅典人，要求他首先将这些战船开往克里特，征服敌对城邦库多尼亚。雅典人竟然听信此人掉

第十九章 从战争第二年年初到第三年年末

转径直前往增援弗尔米奥的舰队的船头,这次欠缺考虑的决议表明,在失去伯里克利的指导后,雅典的决策已开始受到影响。此时,伯里克利已病入膏肓,不久就去世了。伯里克利曾不厌其烦地提醒他的同胞,不要被新冒险和贸然开疆拓土的贪欲诱惑。如今,这种趋向已经开始展现出灾难性的影响了。

因为丧失了这个宝贵的时间差,弗尔米奥发现他不得不以原来的 20 艘战船与敌人的 77 艘战船相对抗,而且敌人还有一支强大的陆军为其后盾,在古代的海战中,陆军援助所起的作用不可谓不大。科林斯海峡北岸海岬名为安提利翁岬(Antirhium)或称莫利克利克·利翁(Molykric Rhium);与之相对的海岬名为利翁,位于阿凯亚境内。弗尔米奥的舰队驻扎在安提利翁海岬附近。南北两个海岬构成科林斯海峡的入口,之间的距离大约宽一英里。来自瑙帕克图斯的美塞尼亚人军队为他提供陆上的帮助。但他要求舰船驶到海峡之外,希望在开阔的洋面上作战,这样才有利于雅典舰船战术的实施。而其敌手因同样的原因则尽力待在阿凯亚海岬之内。如果回顾萨拉米斯海战就会发现,人们认为狭窄的空间有利于保护较小的舰船,以小敌大。但是,自雅典海军引入"突破列线战术"后,情况已经发生了根本的变化。如今,与其敌手担心的不同,弗尔米奥也不再刻意追求开阔的作战空间。

在接下的六七天里,两支舰队都一直诱使对方按己方意愿行事。弗尔米奥力图吸引伯罗奔尼撒人驶出海峡,而伯罗奔尼撒人则尽其所能引诱他进入海峡。对弗尔米奥而言,只要耽搁一天就是收获，因为这为援军的到达带来新的可能。正因为如此，伯罗奔尼撒的统帅急切地希望加快行动，最终一个周详的计划达成了目的。然而，尽管在舰船的数量上占据绝对优势，但是伯罗奔尼撒水手中散布着气馁和不愿再战的情绪。克奈穆斯和布拉西达斯不得不着力对水手们进行思想动员。弗尔米奥鼓励他的手下，说他们接受了长期的训练，应当坚信他们在海上拥有巨大优势；这种优势不是凭众多的人数就能够弥补的；对于自身的不足，敌人也心知肚明。他号召他的手下，表现出他们一以贯之的严密纪律和对作战命令的快速领悟，在实战中，特别展现出自身按要求行动时的鸦雀无声。在战斗过程中，雅典战船上水手们的鸦雀无声不但是其作战时的一个显著特征，也是体现这些充当水手的雅典公民克己自制和良好军事习惯的最有利的证据。

克奈穆斯和布拉西达斯决定率领舰队向海峡推进，做出进攻雅典海军的主要驻扎地瑙帕克图斯的态势。他们判断，在得知消息后，弗尔米奥势必返回防御。他们希望将他限制于此，并迫使他在靠近陆地的地方作战，这样，雅典人的战术就无法发挥作用。因此，伯罗奔尼撒人一大早就开始了行动，按四艘战船为一列向山岸的内港驶去。航行在最前面的是舰队的右翼，由20艘航速最快的战船守卫在旁，因为人们早已知道，这次行动计划的成功取决于舰船的速度。正如伯罗奔尼撒人提前预见的那样，弗尔米奥一见到他们采取了行动，就命令雅典水手上船，非常不情愿地划到海峡里面。他命令雅典战船在前面列成战斗队形，他本人的战船可能是旗舰,让舰队沿着海岸驶向瑙帕克图斯。美塞尼亚人也赶往海边,向雅典的舰队靠近。

双方的舰队都向同一个方向同一个地方开进,雅典人附岸而行,伯罗奔尼撒人离岸稍远。[33] 如今,伯罗奔尼撒人已经如愿让弗尔米奥驶入了海峡之内,并使他紧靠着陆地,从而没有了实施战术的空间。突然间,进攻信号发出,整个伯罗奔尼撒舰队朝向左侧,从纵向阵形转变成了横向阵形,不再继续沿着海岸前行,而是迅速划行,使船头朝向海岸,直接与雅典舰队展开了战斗。伯罗奔尼撒人的右翼占据着朝向瑙帕克图斯的一侧,其主要任务是切断雅典人所有的逃窜可能,他们将战斗力最强的战船用于这个最重要的目的。就指挥者而言,整个行动计划完全成功:雅典人既不可能进行有效抵抗,也无法逃跑。但是,雅典人在行动迅速上所处的优势是如此明显,甚至伯罗奔尼撒最好的战船也相形见绌。雅典人的 20 艘战船中,行驶在最前面的 11 艘战船趁敌军右翼还没来得及靠近海岸,就找到了空间冲了过去,拼力航行到了瑙帕克图斯。余下的 9 艘战船被围困起来,赶到海岸上,遭受了严重的破坏。其中一部分水手被杀,另一部分跳海逃走。但不少人被勇敢的美塞尼亚重装步兵救了起来。这些重装步兵虽然身着重甲,但毅然冲入水中,登上战船;甚至在船上的绳索已经系紧,拖拽过程已经开始后,他们仍在甲板上与敌人战斗,并赶走了敌人。[34]

伯罗奔尼撒人的胜利似乎已经确定无疑了。当其左翼与中军也驶向海岸时,右翼的 20 艘战船为了追击未被切断的 11 艘逃亡战船而与舰队的其他部分分开了。雅典人的 10 艘战船逃入瑙帕克图斯的港口，采取防守态势。余下的 1 艘因为速度较慢，被拉凯戴蒙的海军大将赶上。这位海军大将乘坐在一艘琉卡斯人的三列桨战船上，将其他舰船远远地抛在后面，希望能够超过这艘雅典战船。这艘雅典战船原本正快速地绕着一艘商船逃窜，突然船长命令迎击琉卡斯人，用船首猛烈地撞向敌舰，正中船中央。这次撞击如此猛烈，立即使敌舰丧失了行动能力。眼见此情此景，随后赶来的追击船只上的人吓得目瞪口呆，充满着恐惧，停下手中的橹桨，停下了战船不敢继续向前；另外一些水手忘记了他们的船只靠近海岸，船身的一半冲上了陆地。停靠在港口里的 10 艘雅典战船上的水手顿时兴奋异常，弗尔米奥的一句话足以使他们积极行动起来，对局促不安的敌人发起了猛烈的攻击。首先，雅典人击毁了右翼的 20 艘追击他们的战船，接着乘胜对左翼和中军靠右翼的敌舰展开了进攻。在短暂抵抗一番后，敌人的整支舰队被彻底击败，横渡海洋，逃到他们原来在巴勒莫的驻地。[35] 雅典人不但凭 11 艘战船打败、吓退并赶走了敌人的整支舰队，俘获了 6 艘靠得最近的伯罗奔尼撒三列桨战船，而且救出了战斗之中被赶到海滩并被俘虏的战船。此外，伯罗奔尼撒船员因被杀或被俘而遭受了一定的损失。

虽然双方的人数差异巨大，而且雅典人在战斗之初遭受了灾难性的打击，但弗尔米奥最终仍获得了一场完完全全的胜利，敌人遭到了彻底的失败。此外，伯罗奔尼撒人还特别担心预料

第十九章 从战争第二年年初到第三年年末

之中来自雅典的援军。鉴于此,伯罗奔尼撒人趁着夜色撤退,从海峡逃往科林斯;其他盟邦成员,除琉卡斯人外,都返回自己的城邦。[36]

在经历那次致命的滞留,几乎使弗尔米奥及整支舰队陷入毁灭后,援军终于到来了。海军力量的强化进一步巩固了雅典人对科林斯湾入口及阿卡纳尼亚海岸的控制权,如今伯罗奔尼撒人在该地区完全没有海上力量的存在。为了建立雅典对阿卡纳尼亚更广泛的影响力,弗尔米奥在秋季发动了一次远征,在阿斯塔库斯(Astakus)登陆,率领400名雅典重装步兵和400名美塞尼亚人深入阿卡纳尼亚的内陆地区。

在放弃与雅典海军争夺利翁、返回科林斯后,麦加拉人说服了克奈穆斯和布拉西达斯,要求他们在解散舰队之前,尝试对皮莱乌斯发起一次大胆的突袭。众所周知,雅典人在海上享有绝对优势,并在阿提卡海岸驻有大军防范劫掠者,但是他们从来不会想到,敌人竟然会进攻他们的主要港口。因此,皮莱乌斯不但在港口的入口处没有安装任何铁链保护,而且没有装备任何现存而固定的船只巡逻。在伯罗奔尼撒舰队撤退到科林斯后,水手们立即下船,行军穿过地峡,到达麦加拉。每一位水手都带上他们自己的坐垫、橹桨及将橹桨固定在桨孔防止其滑落的皮圈。

在麦加拉的港口尼塞亚停泊着40艘三列桨船。它们虽然又旧又破,但足以进行一次简短的航行。才一到达,水手们就将这些舰船拖下水去，登上了战船。雅典及其海军令人生畏的地方是，当他们将计划付诸实施时，伯罗奔尼撒人的勇气就会受挫，虽然并没有任何阻碍他们会真正抵达皮莱乌斯。这些水手伪称因为遇到了逆风，他们要求从雅典的萨拉米斯岛对岸的布多鲁姆（Budorum）驻地经过。到达那里后，他们对经常用于封锁麦加拉港的三艘战船发起突然袭击，并夺取了这几艘战船。接着他们在萨拉米斯岛登陆，侵占了岛屿的大部分地方，蹂躏居民的土地，并杀人放火，抢夺财物。岛上传来的烽火使皮莱乌斯和雅典的民众知道了这一次突如其来的侵犯，引起了人们极度的惊讶和警惕，因为住在雅典的公民没有明白烽火意味着什么，他们猜想皮莱乌斯可能已经陷入敌人之手。天明时分，城里的所有人都涌入皮莱乌斯,将随时准备待命的战船拖入海中。伯罗奔尼撒人意识到了他们面临的危险，匆匆地放弃了萨拉米斯岛、抢夺来的战利品及夺取来的三艘战船。这次突袭行动带给雅典人的教训是有益的。从此，人们在皮莱乌斯港的入口处拉上了一条铁链，并从此时开始直到战争结束一直派固定的船只巡逻。然而，40年过后，我们发现雅典再一次对皮莱乌斯疏于了防守，受到拉凯戴蒙海军统领泰琉提亚斯（Teleutias）更加大胆而灵活的袭击。[37]

是年夏，安布拉奇亚人招来大批来自埃皮鲁斯部落的人在伯罗奔尼撒人的配合下入侵阿卡纳尼亚。为此，秋季来临时，雅典从前面提及的力量强大的色雷斯奥德吕西亚番王西塔尔凯斯那

第十九章 从战争第二年年初到第三年年末

里获得了援助,以此进攻色雷斯地区的卡尔奇狄凯人。

居于多瑙河与爱琴海之间的各个部族虽各自有特定的名称,但他们都统称色雷斯人,其中奥德吕西亚人是此时最好战、最强大的一个部族。西塔尔凯斯之父奥德吕西亚国王泰莱斯(Teres)凭着强大的力量征服了居住在色雷斯地区,尤其居于平原而非山区的许多部族并将其纳为臣属者。他的统治范围最大时包括了从伊奥尼亚海到黑海的广大区域,从爱琴海奈斯图斯河口的阿布戴拉到多瑙河在黑海的入海口。尽管应当对其持保留态度,因为许多介于其间的部族,尤其是居于山区的部族并不承认他的领导,但其统治范围之广也可见一斑。西塔尔凯斯也入侵并征服了位于阿克西乌斯河(Axius)与斯特吕蒙河之间所谓西色雷斯的一些派奥尼亚部族。就奥德吕西亚的国王而言,统治权意味着贡赋、礼物及需要时的军事支持。至少就贡赋和礼物而言,可以肯定臣属者为他提供了丰富的供应,因为他的侄儿也是他的继承者塞乌泰斯(Seuthes,在其统治之下,国王所获的贡赋增加到了最大值)每年获得的金银贡赋达400塔兰特,另加数额相当的各种礼物,除此还有许多其他手工制品及装饰品。这些手工制品来自沿海地区的希腊人殖民城邦。上述殖民地缴纳的贡赋占据了国王收入的主要份额,虽然我们不知道具体的比率有多高。[38]甚至地处色雷斯之外的希腊城邦出于商业目的,譬如从色雷斯部族及其头人那里购买产品、限制劫掠、获得奴隶等,向他们赠送礼物。[39]

色雷斯各部族的正常状态是政治上各自为战，不能形成政治联合。或许，在希罗多德为撰写其作品进行调查研究时，奥德吕西亚国王的统治还没有达到修昔底德所描述的伯罗奔尼撒战争第三年时的范围。此时，色雷斯各部族已经结为一体，虽然这种统一只是部分的、暂时的，但无论此前还是此后，再也没有出现过如此程度的统一了。

马其顿国王佩狄卡斯曾因拒绝履行将其姊妹嫁与西塔尔凯斯为妻的诺言而触怒了色雷斯国王。在佩狄卡斯与其弟兄腓力发生内斗的尴尬时刻，西塔尔凯斯和宁弗多鲁斯进行了干预，并让佩狄卡斯与雅典达成了和平。为此，才出现了这个婚约。其实，被其力量更强大的兄长逐出后，腓力以其自身的名义（很有可能独立于佩狄卡斯）统治着阿克西乌斯河上游地区，并托庇于西塔尔凯斯的羽翼之下。此时，腓力明显已经去世，但其子阿明塔斯从奥德吕西亚国王那里得到了恢复其统治的承诺。

但是，西塔尔凯斯从色雷斯各部族征召来的军队拖拖拉拉，好不容易才集合起来。他的军力共计（或人们认为共计）达15万人。其中三分之一是骑兵，主要召集自格泰人（Getae）和奥德吕西亚人本土。[40] 即便那些居住在最边远地区的人，也能感受到大军带来的恐怖。[41]

佩狄卡斯治下的马其顿人放弃了打算与如此强大的一支敌军一决高下的一切愿望，要么溜之大吉，要么躲在地形有利的高墙环绕的小城堡里以图自保。

对奥德吕西亚国王的对手而言，幸运的是，他的大军直到初冬来临时（11月或12月）才开始进军。可以相信，当与其合作联合攻打卡尔西狄凯人时，雅典人原本希望能在一年中更合适的季节进军。雅典人可能一直在等待国王大军行动的消息，但等了很长一段时间却仍杳无音讯，以致丧失了信心，认为国王根本不会出现，猜想继续向那里派兵没什么意义。于是他们只是派出了几名使者，带着一些礼物向色雷斯国王表达了问候，而没有派兵与其协同作战。西塔尔凯斯对于雅典人的退出感到颇为失望，加之严寒的天气、贫瘠的土地及士兵的伤亡，决定立即与佩狄卡斯进行谈判。佩狄卡斯买通了奥德吕西亚国王的侄儿塞乌泰斯，承诺只要色雷斯大军赶快撤走，他愿意将自己的姊妹斯特拉托尼凯（Stratonike）嫁给西塔尔凯斯，并奉上一大笔金钱。在马其顿国土上破坏30天后（其中8天在卡尔奇狄凯人的土地上劫掠蹂躏），色雷斯大军按约撤出。

附录

就战争开始最初几年伯里克利采取的作战计划，格罗特赞同修昔底德的观点，认为从军事的角度，无疑是高瞻远瞩的最佳选择。以下理由或许足以修正这种看法。

伯里克利的策略包括三个方面：（1）放弃阿提卡，将雅典视为一个岛屿；（2）不惜一切代价控制海洋；（3）对伯罗奔尼撒半岛沿海低洼之地进行有限的报复。该策略只能以两条理由为基础：其一，有可能让敌人筋疲力尽；其二，处于防守一方的力量无穷无尽。然而，首先，将雅典视为一座岛屿忽视了雅典是一个陆上帝国、其公民拥有地产的基本事实。其结果是，战斗的主力（主要是第三等级的双牛级公民）因丧失了田园，不得不由城邦来养活；与此同时，那些大地产者逐渐地不能承担城邦的捐税；雅典城拥挤的人口、目睹敌人在城市周边土地上大肆行动都会对民众的士气产生非常负面的影响。其次，将盟邦成员对帝国的忠诚视为坚不可破也是不可靠的。不久之前，萨摩斯、波提戴亚及色雷斯诸邦的反叛足以证明其错误。不久之后爆发的莱斯沃斯反叛加剧了这种看法的严重性。最后，我们知道，早在公元前428年，雅典的财政就出现了严重的困难。城邦的储备金已经用完，被迫向公民强征200塔兰特的战争特别税。盟邦对于派往各处征税的军队怨声载道。公元前425年，盟邦缴纳的贡金翻了一番。

另一方面，敌人的财政不可能朝不保夕。最初他们没有任何金钱储备，每年一度入侵阿提卡根本不可能让他们损失惨重。最令人感到奇怪的是试图封锁伯罗奔尼撒半岛沿海低洼之地所做的努力。因此，伯里克利战略的每一个基本要素都会受到人们的质疑。认为瘟疫是雅典失败真正原因的看法只是强调了这样一个事实，即伯里克利完全没有意识到让城里挤满人将面临极度的危险。这次战争的历史进程表明，雅典应当立即采取两种行动方式：（1）有效地打击伯罗奔尼撒人，譬如对其在西北地区殖民地采取的行动；（2）采取后来克莱翁和阿克比亚戴斯的政策，支持麦加拉等地的民主派，从而撒播分裂的种子。对一个一定程度依靠武力威胁一定程度以相互间的利益为基础的同盟来说，不从根本上触动而只采用小打小闹的报复政策将是短视而危险的。——编者

1. 霍尔姆（Holm, *Gk. Hist.*, ii., p. 346, n. 3）援引李维（Livy, iv. 21）的记载，证明在公元前 436—前 432 年传染病在罗马蔓延。同时，他根据霍扎菲尔（Holzapfel, *Römische Chronologie*）的研究强调，迦太基是盛行于雅典和罗马的疾病的共同源头。此外，在希腊与埃及的贸易中，雅典人占据了压倒性的份额（see note 18 on p. 419），运粮船上的老鼠可能是造成瘟疫的直接原因。——编者

2. Thukyd., ii. 52; Diodor., xii. 45; Plutarch, Perikles, c. 34. 需要注意的是，虽然雅典的人员和动产全都挤在城墙之内，但人们并未将牛羊赶入，而是运送到优卑亚及邻近的岛屿上（Thukyd., ii. 14）。因此，雅典人得以逃脱传染病更严重的打击。在经受类似传染病的情况下，我们发现，罗马把大量的牲口集中在城里，与人杂处，结果造成了另外更严重的灾难（see Livy, iii. 66; Dionys. Hal., *Ant. Rom.*, x. 53; compare Niebuhr, *Römisch. Gesch.*, vol. ii., p. 90）。

3. 请与狄奥多鲁斯（Diodor., xiv. 70）的记载比较，那里谈到，公元前 395 年迦太基军队围困叙拉古时受到瘟疫的袭击，遭遇了类似的窘境。李维（Livy, xxv. 26）也提到，叙拉古在被马尔凯鲁斯（Marcellus）和罗马人围城时传染病肆虐。

4. Thukyd., ii. 52. 从修昔底德的记述看来，这种行为在雅典被视为大不敬。但从普鲁塔克的记述看，在同一个火葬堆焚烧几具尸体似乎在

他生活的时代非常普遍（Plutarch, *Symposiac.*, iii. 4, p. 651）。

5　最著名的包括：卢克莱修（Lucretius）在第六卷中描写的灾难，这是对修昔底德的转译和扩充；薄伽丘在《十日谈》（Boccaccio, *Decameron*）的开篇描述了 1348 年佛罗伦萨遭受黑死病时的情境；笛福在《伦敦黑死病史》（Defoe, *History of the Plague in London*）中的描写。

6　"迦太基人在遭遇瘟疫打击时，诉之于最血腥的迷信，因为他们以人为牺牲，把孩童（他们年幼得甚至敌人都落泪）带到祭坛上，以这些无辜者的鲜血请求神灵的庇佑，而其他国家崇拜这些神灵，正是为了保佑孩童的。"（"Carthaginiienses, cum inter cetera mala etiam peste laborantent, cruentâ samcrorum religione, et scelere pro remedio, usi sunt: quipped hominess ut victimas immolabant; pacem deorum sanguine eorum exposcentes, pro quorum vita Dii rogari maximê solent"）(Justin, xviii. 6).

关于米兰的黑死病及户外涂油者的事实，可参阅曼佐尼（Manzoni）那一部引人入胜的小说 *Promessi Sposi* 及他写的史学著作 *Storia della Colonna Infame.*

7　Thukyd., iii. 87. 狄奥多鲁斯（xii. 58）认为，因病去世的自由人与奴隶共计超过一万人，这一数据定然远远低于现实的情况。

8　Thukyd., ii. 65; Plato, *Gorgias*, p. 515, c. 71; Plutarch, *Perikles*, c. 35; Diodor., xii., c. 38-45.

普鲁塔克和狄奥多鲁斯都记载说，伯里克利不但被处以罚款，而且被罢黜了将军之职。【虽然格罗特对此提出了质疑，但这种看法并非完全没有依据。（1）公元前 4 世纪公民大会可以在任何一个主席团任职期间对任何一名官员施以免职（ἀποχειροτονία）的处罚（*Ath. Pol.*, 43），或许此时这一规定就已经在施行。正式的罢免程序之前有一个特别的审查（εὔθυνα）程序，其后自然才是（对 κλοπή）审理程序。（2）我们知道将军之职的选举一般在春季进行（Beloch, *Attische Politik*, pp. 265-274; Gilbert, *Const. Antiquities*, p. 216）；因此，并没如同格罗特认为的那样，伯里克利只是被中止了行使将军之权后就立即被解除了职务。他再次当选的时间或许是公元前429 年春，也有可能是在某次特别选举大会上。——编者】

9 Plutarch, *Perikles*, c. 36.

10 修昔底德使用了短语 πάντα τὰ πράγματα ἐπέτρεψαν αὐτῷ（ii. 65），这似乎表明，他具有某种特别的权力，比如控制着整个军委员会。公元前 431 年，伯里克利手中也掌控着一种类似的权力（*cf.* p. 483）。与此类似，我们发现，公元前 440/439 年，他成了 στρατηγὸς δέκατος αὐτός（Thukyd., i. 116），或许也表明他担任主席之职（cf. Plut. *Per.*, 13: Μένιππος ὑποστρατηγῶν τῷ Περικλεῖ. 其时间可能是公元前 440 年）。在 Xen., *Hellen.*, i. 5, 20 中，我们发现，阿克比亚戴斯被宣称授予了 πάντων ἡγεμὼν αὐτοκράτωρ。公元前 4 世纪，στρατηγὸς ἐπὶ τὰ ὅπλα，或称"军事部长"，享有最高权力。比如公元前 322—前 318 年的弗奇翁（Phokion）。

雅典政体显然允许在特殊情况下让一位将军掌控一切事务。但从现有史料中，并不能推断首席将军管理着许多行政委员会。铭文所见的 ὁ δεῖνα καὶ ξυνάρχοντες 可能只表示临时的优先权，用以指代与 C. I. A., iv. (1), p. 30 中雅典娜司库类似的日常官员。Hicks and Hill, 53. *Cf.* Beloch, *Attische Politik*, pp. 274-288; Greenidge, *Handbook of Const. Hist.*, Appendix.——编者

11 *Cf.* note 55, on p. 411.——编者

12 Plutarch, *Perikles*, c. 38.

13 Plutarch, *Perikles*, c. 4, 8, 13, 16; Eupolis, *Demos*, Fragm., vi., p. 459, ed.

Meincke. 西塞罗（Cicero, *De Orator*., iii. 34; *Brutus*, 9-11）和昆体良（Quintilian, ii. 16, 19; x. 1, 82）只能视为二手材料。

14 | Plato, *Gorgias*, c. 71, p. 516; *Phaedrus*, c. 54, p. 270: Περικλέα τὸν οὕτω μεγαλοπρεπῶς σοφὸν ἄνδρα. Plato, *Meno*, p. 94 B.

15 | Plutarch, *Perikles*, c. 10–39.

16 | *Ibid*., c. 5.

17 | Plutarch, *Perikles*, c. 11.
比较第 9 节。普鲁塔克声称，伯里克利因没有其他手段与家资富足、慷慨大方的对手奇蒙相抗衡，决定向公民发放公共津贴以为权宜之计，其目的是赢得声望。根据亚里士多德的说法，建议他这样做的是伯里克利的朋友德摩尼戴斯（Demonides）。

18 | Thukyd., ii. 65.

19 | 我们不能对普鲁塔克所记述的伯里克利的生平事迹信以为真，因为其中包含着一些明显的子虚乌有之事。在他的记述中我们发现，伯里克利的生平可分为三个时期：(1)伯里克利生性傲慢、不善交际；(2)不辞辛劳地讨好民众；(3)再次回归傲慢的性情。在伯里克利长达40年的领导权中，这三种态度并不能相互吻合（c. 16., appendix）。
鉴于《雅典政制》未对伯里克利的生平有新的记述，而只是采用了柏拉图及公元前4世纪的历史学家（泰奥彭普斯、埃弗鲁斯等）通常的看法，而普鲁塔克主要依据的正是公元前4世纪的记述，而没有参考公元前5世纪的喜剧作家和逸闻收集者（比如伊翁和斯泰西姆布鲁图斯）的观点，所以我们仍主要采信修昔底德的记载。——编者

20 | 《雅典政制》明确地解决了与此相关的两个问题——何时开始为出席公民大会者发放津贴及2奥波尔津贴的发起人。(1)在c. xii. ad fin. 中，第一项措施应归于阿吉利乌斯（Agyrrhius），他的政治活动集中于公元前4世纪。从 Ar., *Ach*., 20 *ff* 描述的空凳子可以推断，公

元前 425 年可能还不会为参加公民大会者发放津贴。(2) 克莱奥丰（Kleophon）引入 διωβελία 的时间是战争结束之时（c. xxviii. 3）。其他与这种制度相关的所有证据都指向这一时期。因此，Xen., Hellen., i. 7, 2 应当补全为 Ἀρχέδημος ὁ τῆς διωβελίας προεστηκώς（公元前 406/405 年）。C. I. G., II. 147, 148 中提到每个主席团任期支付的 διωβελία 高达 9 塔兰特，并记载埃吉纳分担了费用（前 410/409）。据此推断，2 奥波尔津贴制或许是一项临时的济贫举措，是为了因应战争即将结束时民众广泛存在的经济困难而采取的。将 διωβελία 等同于 θεωρικόν 的依据是 2 奥波尔就是观剧的门票。此外，一些方法学者认为 θεωρικόν 为 1 德拉克马。——编者

21 Boeckh, *Public Economy of Athens*, b. iii., ch. xv., p. 399, Eng. trans.

22 希罗多德（Herod., i. 170）提到，在克罗伊苏斯征服小亚细亚 12 个伊奥尼亚城邦之前，泰利斯就曾建议他们团结起来，在泰奥斯建立一个唯一的政府，并将现存的各个城邦降为村社、选区或自治城市："其他的城邦应该被视为不过一个乡镇"（τὰς δὲ ἄλλας πόλιας οἰκεομένας μηδὲν ἧσσον νομίζεσθαι κατάπερ εἰ δῆμοι εἶεν）。值得注意的是，希罗多德本人也对这种看法给予了无条件的赞美。

23 参见本章结尾处关于伯里克利战略的附录。——编者

24 Thukyd., ii. 67–69; Herodot., vii, 137. 关于伯罗奔尼撒战争期间拉凯戴蒙人的海盗活动，参见 Thukyd., v. 115; 也请与 Xenophon, *Hellen.*, v. 1. 29 比较.

25 彼时，阿利斯泰乌斯是雅典尤为憎恨之人。这从希罗多德（Hdt. Viii. 94）反复讲述阿利斯泰乌斯之父阿戴曼图斯坏话中可见一斑。在萨拉米斯战役中，作为科林斯海军统领的阿戴曼图斯因临阵脱逃而为人所知。——编者

26 Diodor., xii. 46.

27 | 伯罗奔尼撒人进攻普拉提亚还有其他原因。该城阻断了从地峡到比奥提亚的大道。另外一条可以使用的道路必须从埃戈斯泰那（Aegosthena）附近沿科林斯湾前往。天气糟糕时，这条道路几乎不可通行（Xen., *Hellen.*, v. 4, 18）。*Cf.* Grundy, *Journal of Hellen. Studies*, xviii. (1898), p. 225.——编者

28 | 此前的协议后来在普拉提亚俘虏被屠杀时再次被提及（iii. 68）（διότι τόν τε ἄλλον χρόνον ἠξίουν δῆθεν.）

29 | 修昔底德对于此次并不具有决定战争走向的攻城战进行详细描述，其目的或许是展示这种强攻城池的方式在当时希腊的战争中是一种创举。格伦迪（Grundy, *Journ. Of Hellen. Stud.*, xviii., 1898, p. 222）将此创新归于阿奇达穆斯，认为他已在奥伊诺伊小试身手（*cf.* note 29 on p. 481）。普拉提亚人成功的防御无疑应归功于来自雅典的设计师，他们具备的攻防经验才相对更丰富（cf. Herodot., ix. 70; Thuk., i. 102; v. 75）。不过，攻防战术真正巨大的发展还不是在这个时候。在希腊文献可考的历史中，只有亚历山大大帝围攻推罗（前332）和围城者德麦特利乌斯围攻罗德斯（前305—前304）时才真正展现了非凡的攻城技术。

但没有必要将这次攻城战的描述视为修昔底德想象的结果（Müller Strübing in the *Jahrh. für klass. Philologie*, 131, pp. 289-348）。——编者

关于此次攻防战的详细图解，可参见约翰·沃利：《古典世界的战争》，孟驰译，南昌：江西人民出版社2017年版，第48—49页。——译者

30 | Thukyd., ii. 88. 这一段落承载着令人信服的说辞，使人坚信雅典人的海军实力卓尔不群，而且还揭示了雅典统领与水手之间开诚布公、亲密的关系。这种关系非常强烈地影响着水手们的情感走向。比较叙拉

古人赫尔摩克拉泰斯（Hermokrates）关于这种关系的论述，Xenoph., *Hellen.*, i. 1, 30。

31 | Thukyd., ii. 86, μὴ διδόντες διέκπλουν. 对一艘快速行驶的雅典三列桨战船，其最大目标是用船头插入敌舰某一处薄弱的地方，比如船尾、两胁或插橹桨处，而不是船头，因为此处不但构造坚固，而且攻守兼备。因此，雅典人总是从敌人舰船战阵的间隙中划入，抵达其船尾，然后快速转过来，在敌舰改变方向之前抓住机会，撞向其船尾或某一薄弱之处。这种策略被称为"突破列线战术"。战术成功与否当然取决于雅典战船快捷的速度和精准的行驶。在这一点上，雅典人不但在舰船的建造而且在桨手和舵手的技术上都远远超越了他们的对手。

【令人奇怪的是，diekplus 策略与 18 世纪被人认为最有效的海战战术"突破列线战术"相似。这种战术由以下步骤组成：驶到敌舰纵列战阵之后，趁风向之优势从敌舰战阵的间隙转入，接着利用风势集中攻击敌舰队的一个地方。罗德尼（Rodney）在多米尼加采用了 double διέκπλους（Mahan, *Influence of Sea Power upon History*, p. 485 *ff.*）。在特拉法加海战中，圣·文森特和科林伍德再一次使用了这种战术。希罗多德提到在拉戴海战（vi. 15）和阿尔泰米西翁海战（viii. 9）中使用了这种战术。但很有可能这种战术是后来雅典人的发明。——编者】

32 | 三列桨战舰总计有 170 名桨手，分别分配到三层橹桨上。在最上面一层桨位被称为特拉尼泰（thranitae），需 62 名桨手，即 31 排；中间一层被称为宙吉泰（Zugitae）；最下面一层被称为塔拉米泰（Thalamitae）；下面两层各 54 人，即 27 排。此外，每一艘三列桨战船还有一定数量的辅助人员（κῶπαι περινέῳ），大约需 30 人。他们充任士兵，护卫着战船；如果桨手被杀或橹桨被折断，他们就替

补上去。自然，最上层的橹桨（或特拉尼泰）最长，塔拉米泰最短，宙吉泰介于其间。每支桨由一名桨手划行。由于特拉尼泰的橹桨最长，那里的桨手最辛苦，当然获得的报酬也最高。

上面关于三列桨战船的叙述主要依据几年前在雅典发现的详细记录雅典战船的铭文，同时也参照了博克（M. Boeckh, *Seewesen der Athener*, ch. ix., pp. 94, 104, 115）对相关铭文的颇具启发性的注疏，因此相关描述似乎已经相当明确。不过，关于古代三列桨战船的装备还存在许多不明晰和有争议的地方。

【有学者提出这样一种新的假说，认为 θρανῖται 被置于船尾，ζυγῖται 在舰船的中部，而 θαλαμῖται 在船头（W. W. Tarn, *Journ. of Hellen. Stud.*, xxv., 1905, pp. 137–157, 204–224）。但这种假说不能解释为何 θρανῖται 的桨手被认为是一种特别辛苦的工作。另外，如果担任最上面一层的桨手，他们操划的橹桨最长，摇动桨叶也最困难。或许在波利比乌斯的时代和塔恩先生征引的作品中，各层橹桨的名称发生了变化。——编者】

除了桨手领班（Keleustes）的号声外，没有其他任何方式使170名桨手划桨保持一致。鉴于橹桨的长度不同，桨手人数众多，领班的工作定然不会轻松。显然，如果桨手没有经过严格训练，他们几乎不可能做到一致。有无训练的差异相当巨大（compare Xenophon, Oeconomic., viii. 8）。

换言之，每艘舰船共有大约200人员，其中170名桨手、30名担任防卫的重装步兵、1名站在船首的领班及几名官员。请与 Herodot., viii. 17; vii. 184 比较，他认为除200名船员外还有30名重装步兵。13世纪威尼斯的战船也配备了数量大致相当的人员。

在一份特别的附录中，格罗特描述并讨论了双方舰船的前进情况，这恰恰是当时双方所处的形势。在 Thuk., ii. 90 中我们读到 ἐπὶ τὴν

	ἑαυτῶν γῆν，不过无法满意地阅读这段文字。用 παρά 替代 ἐπὶ 似乎更好（就在上下文中还有另外两个 ἐπὶ）：如果这样，那么表明，伯罗奔尼撒人从巴勒莫沿东北方向海岸驶向德莱帕努姆（Drepanum）海岬。Cf. Jowett, *Thucydides*, vol. ii, p. 138. ——编者
34	请与拉凯戴蒙重装步兵在派罗斯类似的勇敢行为（Thukyd., iv. 14）比较。
35	Thukyd., ii. 92. 有明显的证据表明，雅典人不但打败并赶走了右翼追击他们的 20 艘伯罗奔尼撒战船，而且赶跑了左翼和中军的敌舰。否则他们不能重新获得战斗之初丧失的那些雅典战船。
36	祭献给多多那宙斯神庙的一面青铜板上的铭文反映了雅典人的这次胜利：Αθήναιοι ἀπὸ Πελοποννησίων ναυμαχία νικήσαντες ἀνέθεσαν（Röhl, *Inscr. Gr. Ant.*, 5; Hicks and Hill, 57）——编者
37	Xenophon, *Hellen.*, vi. 1, 19.
38	公元前 440—前 435 年，在雅典贡金列表中一些色雷斯城邦消失了，另外一些城邦的贡金数额大幅度降低。这一事实表明，雅典允许一些附属城邦投靠西塔尔凯斯，至少允许这些城邦向其缴纳贡金。（Cf. E. Meyer, *Gesch, d. Alt.*, vol. iv., ch. ii）。——编者
39	Xenophon, *Anabas.*, vii. 3, 16; 4, 2.
40	在简述西塔尔凯斯的这次行军时，修昔底德对这一内陆地区相当了解。其原因很有可能在于，他在色雷斯有地产，对沿海地区就很熟悉（Thukyd., ii. 100; Herodot., v. 16）。
41	从希罗多德（iv. 80）提到西塔尔凯斯但对公元前 429 年的这次著名战役只字未提的事实可以推断，此时，这位历史学家或已经离开了地处欧洲的希腊城邦，或者已经身故。——编者

第二十章
从战争第四年年初到科西拉的骚乱

战争进行到第四年,在阿奇达穆斯的率领下,伯罗奔尼撒人再一次入侵并蹂躏阿提卡。类似的入侵战争在前面一年中断了一次。与以前一样,他们没有遇到任何有效的抵抗。伯罗奔尼撒人在5月初进入阿提卡境内,其破坏活动一直持续到他们携带的补给耗尽为止。对于这种破坏,雅典人很有可能已经习以为常了。但是,就在入侵者仍破坏其国土时,很快,雅典人收到了一则让他们相当为难而可怕的密报:米提莱奈及莱斯沃斯的大部分地区反叛了!

事实上,这次反叛并不是在雅典人毫不注意的情况下发生的。反叛的想法在他们受到雅典人怀疑之前很久就已经存在。米

第二十章　从战争第四年年初到科西拉的骚乱

提莱奈的寡头派在战争爆发之前就曾有谋划，并秘密派人前往斯巴达寻求援助，虽然最后无功而返。在双方的战争经历一段时间后，他们重新开始谋划反叛雅典。他们的行动得到了莱斯沃斯人同属爱奥利斯方言和血缘的比奥提亚人的积极推进。米提莱奈人的领导者原本决定在前一年的秋天或冬天举事，但考虑到在公开宣布之前还有大量的准备工作，他们认为还是谨慎一些更好。此外，他们还想尽办法，让莱斯沃斯岛上的安提萨（Antissa）、埃莱苏斯（Eresus）、皮拉（Pyrrha）这另外三座城镇放弃各自的政府，与米提莱奈合并，从而使这三座城镇的人与他们共进退。第二大城镇麦廷姆纳（Methymna）位于岛屿的北部，该城的居民坚决地反对他们的做法，继续忠诚于雅典。

虽然米提莱奈政府的寡头特征具有保密性，但如此重大的举措不可能不引起人们的注意。米提莱奈的一些公民出于各种目的将此告知了雅典人。泰奈多斯人因自古以来对邻岛米提莱奈人的嫉恨，也向雅典人大肆游说。

公元前428年二三月，反叛的消息似乎已经坐实。但此时的雅典人却意志消沉。这一方面源于城邦遭受了两年的瘟疫，另一方面再也没有了伯里克利的谆谆教诲来限制人们的肆意妄为。因此，雅典人最初还不相信他们最担心的事情就近在眼前。与开俄斯一样，莱斯沃斯是与雅典具有平等权力的同盟者，仍享有提洛同盟最初建立时所有盟员的一切权力。米提莱奈无须向雅典缴纳贡金，城邦保留着城墙，拥有一支强大的舰队，并在对岸的亚洲大陆上占据着大片田产。米提莱奈政府奉行寡头制，不受雅典任何限制地管理城邦的一切内部事务。事实上，这座城邦几乎完全保持着独立地位，拥有极其雄厚的实力，以致雅典人甚至害怕在他们处于困境的情况下不得不处理与其相关的事务。因此，雅典人极不情愿相信他们听闻的可怕消息。雅典人派出使者带去一则友好信息，劝说米提莱奈人悬崖勒马，停止反叛行动。直到使者无功返回，他们才发现必须采取更加强硬的措施。10艘在雅典海军中服役的米提莱奈三列桨战船被扣留下来，船上的水手被置于监控之下。就在事端才刚开始时，克雷皮戴斯（Kleippides）正与另外两位同僚一道率领着一支由40艘三列桨战船组成的舰队巡行在伯罗奔尼撒半岛海域。雅典人命令他改变方向，向米提莱奈进军。人们指望着他能在阿波罗·马罗埃伊斯节举办时抵达。因为节庆虽在邻近的岛屿举行，但米提莱奈的所有人都习惯于前往神庙。如果确实如此，城里将没有什么人，雅典人的舰队就可能轻而易举地突袭并将其占领。一旦意愿落空，雅典人指令克雷皮戴斯向米提莱奈人发出最后通牒，要求他们上交所有的战船，夷平城墙；如果胆敢拒绝，将立即对其发起进攻。

　　但是，雅典人对此的公开辩论使他们的计划难以成功。米提莱奈人早在城里安置间谍。决议才刚刚落实，其中的一个间谍就立即动身，将计划全盘告诉了米提莱奈人。因此，当克雷皮戴斯不久之后抵达时，他发现节庆已被取消，米提莱奈人已全副武装，静候他的进攻了。他提出的要求被断然拒绝，米提莱奈的战

第二十章 从战争第四年年初到科西拉的骚乱

船甚至驶出港口向他发起进攻。不过雅典人不经什么困难就把敌人赶了回去。眼见如此,米提莱奈的领导人发现他们的迎战准备还未完全就绪,为了赢得更多时间,决定与克雷皮戴斯进行谈判。他们说服了这位将军,双方达成一致,在派往雅典的使节返回之前,暂缓敌对行动。上述事情大约发生在5月中旬,不久拉凯戴蒙人入侵阿提卡。

克雷皮戴斯不够审慎,被说服接受米提莱奈人的提议。其实他也担心,仅凭现在的军力,不足以迎战实力如此强大的一个城邦及整座岛屿。雅典人的舰船停泊在米提莱奈以北的港口之外,直到使者从雅典返回。同时,在克雷皮戴斯不知情的情况下,米提莱奈人明知派往雅典的使者会无功而返,就利用停战之机,秘密派使前往斯巴达,恳请他们立即给予支援。

在米提莱奈使者前往雅典期间,来自嫩诺斯、因布罗斯、莱斯沃斯岛上的麦廷姆纳及其他盟邦的援军抵达雅典海军驻地。因此,当使者返回时,鉴于他们并未获得一个满意的答复,双方以更加强大的力量重新投入战争中。在所有陆军的配合下,米提莱奈人在战斗中占据了一定的上风;但他们觉得还不敢继续待在战场上,就撤回城墙之内。米提莱奈人反叛的消息一经传播,就给雅典帝国的稳定带来了巨大的负面影响。不久,克雷皮戴斯发现他指挥的军队已经足够强大,足以在两个不同的地方扎营。但在军营以外的其他地方,他的命令不起什么作用,也无法从陆地上包围这座城市,尤其当莱斯沃斯岛上其他与米提莱奈人协同作战的其他城邦，譬如安提萨、皮拉、埃莱苏斯等派出了援军后，雅典人更是无可奈何。在双方僵持不下的情况下，岛上居民继续坚持战斗，直到雅典人派帕凯斯（Paches）带领1000名重装步兵乘坐三列桨战船赶来，取代了克雷皮戴斯的指挥权为止（时间大约是公元前428年8月）。如今，雅典人的军力已经不但能够阻止米提莱奈人越出城池一步，建起一道城墙将这座城市团团围住，并在合适的地方建起堡垒以强化对城市的围困。

与此同时，在经历一番艰苦的航行后，米提莱奈的使者在奥林匹亚庆典举行之前不久抵达斯巴达，时间大概是6月中旬。斯巴达人要求他们前往奥林匹亚参加庆典，因为所有伯罗奔尼撒同盟的成员自然都会出席。在此，他们可以在庆典结束时向所有在场的人员提出要求。

修昔底德以很长的篇幅记述了这篇意义非凡的演说。这篇演说由刚从雅典的桎梏下反叛而来的人在由雅典的敌人组成的观众面前讲述出来，激发了在场者最强烈的兴趣，也激起人们对雅典的愤恨和对米提莱奈人的同情；所有人都对发言者的斥责之声甘之如饴，没有人提出反驳意见，在场者对雅典极尽中伤诽谤之能事。可以想见，经过这次冒险尝试，米提莱奈人收获了正义之声，同时也可能收集到他们共同敌人的劣迹和压迫其他城邦的罪证。然而，对此，演说者必须深表歉意和愧悔之情。演说过程中，发言者不但没有提出有力证据，说明雅典曾对米提莱奈人进行强取豪夺或粗暴对待，而是承认，雅典人对他们相当尊敬。他们还

第二十章　从战争第四年年初到科西拉的骚乱

承认,在相当长的和平时间里,雅典对待同盟者敬爱有加;对于同盟者提出的任何任务,雅典也有更丰富的设施尽其所能帮助他们完成。在战争爆发之前,同盟者的不满都可以找到强有力的保护者。按发言者自己的话说,虽然在过去受到雅典的优厚对待,如今米提莱奈人通过战争,获得了更加安全的保障,以便将来获得同样的优厚待遇。然而,他将反叛的正当理由正是建立在必须为了让将来获得安全保障上,而不是虚与委蛇地提出其他义正词严的抱怨。他强调说,米提莱奈人在将来的安全上对雅典缺乏信心,因为它已按部就班地相继将除莱斯沃斯和开俄斯之外的所有同盟者都置于受奴役的地位,而原来这些城邦都享有平等的权力。米提莱奈人有充分的理由相信,雅典会利用任何有利时机,将剩余的两个城邦降为同样的被奴役者;尤其是这二者享有特权,地位特殊,这会有损于雅典的帝国荣誉,而夸大两邦的优势地位。

反叛主要基于以下两个理由:其一,米提莱奈人不能确保雅典不会将他们降为和其他同盟者一样的臣属者;其二,他们没有选择成为帮凶,支持雅典的扩张野心,后者的目的是维持一个必然与希腊人政治本能相违背的帝国。

这两个原因都有说服力,都触及到了雅典帝国的痛处。无疑帝国与希腊人头脑中最基本的一个理念相抵触,即每一个独立的城邦都有权不受外部的控制管理自身的政治事务。从理论上讲,伯罗奔尼撒同盟理论上承认盟员的自治权;一旦遇到重要事件,同盟者在斯巴达举行代表大会,每个成员拥有平等的投票权。但是，正如伯里克利在雅典强调的那样，在现实中，所谓的自治权不过就是配合斯巴达的节奏。为了保证阿卡狄亚同盟者的忠诚，斯巴达长期扣押着来自盟邦的人质，[1]随时征用盟邦的军队，不必告知他们将要到哪里去打仗。但是，雅典公开宣称它就是一个专制者，无论从理论还是实践上都会全然不顾同盟者的自治权。它不但不会培养与同盟者在任何形式上真正的共同利益，它甚至不会采用任何有利于平息不满的善意谎言来欺蒙他们。在此情况下，米提莱奈人自然确信，他们迟早有一天会沦为与其他同盟者一样的臣属城邦。然而，即便有一位雅典人获准发言，他也很有可能会对此质疑做出绝非不体面的答复，而可能会强调，如果雅典真有这样的计划，则它会利用14年的休战期来实现这一点，这位发言人或许还将证明，同盟者被雅典降格及雅典由主席变为专制者，并不是如米提莱奈演说者断言的那样，是雅典人精心设计并一以贯之的。

然而，对伯罗奔尼撒的听众而言，这位米提莱奈人的发言完全让他们感到满意。就这样，莱斯沃斯人成为伯罗奔尼撒同盟的一员，同盟决定再一次对阿提卡发起进攻。首先行动起来的是拉凯戴蒙人。他们将来自各个盟邦的军队召集起来，其军队最先抵达地峡。在此，他们开始准备各种大车，把三列桨战船从地峡一侧的莱卡翁（Lechaeum）拖拽到萨罗尼克湾，以便对雅典发起进攻并与弗尔米奥一决高下。但是，其他盟邦并没有响应斯巴达人的征召，仍留在本邦收割庄稼。拉凯戴蒙人对于盟邦的懒散和不听命令的行为非常失望。更让他们狼狈的是，在地峡海岸突然出现了100艘雅典三列桨战船。

雅典人发现，人们普遍认为他们正处于沮丧无助的境况中。对此，雅典人决定立即付出更巨大的努力加以反驳，因此他们装备了100艘战船，要求除梭伦人口普查时最富有的两个等级（500麦斗等级和骑士等级）外，无论公民还是外侨，所有人都必须亲自服役。利用这支数量庞大的舰队，雅典人在地峡一带向拉凯戴蒙人展现他们的肌肉，并在伯罗奔尼撒半岛沿岸各地登陆，劫掠这些地方。与此同时，雅典人此前派往阿卡纳尼亚的由弗尔米奥之子阿苏皮乌斯（Asopius）率领的30艘三列桨战船也出于同样的目的在拉哥尼亚各处登陆。当消息传到驻扎在地峡的拉凯戴蒙人那里时，数量更庞大的那一支雅典舰队已经航行到了他们的眼前。眼见突如其来的庞大舰队，拉凯戴蒙人开始觉察到，他们是如此受到误导，认为雅典实力已经耗尽；如果没有同盟者的配合，他们从水陆两路联合进军阿提卡是多么无能为力。面对这种情况，他们不得不返回故土，并决定派阿尔奇达斯（Alkidas）率领40艘三列桨战船解米提莱奈之围，同时强令各同盟者派员装备这些战舰。

就在这时，阿苏皮乌斯的30艘战船已经抵达阿卡纳尼亚，除12艘战船外，其他都返航回到雅典。作为弗尔米奥的儿子，他被提名为统帅，可能是因为弗尔米奥已经去世，或者自前一年的胜利后已年迈不能继续指挥战斗。阿卡纳尼亚人更愿意让弗尔米奥的儿子（至少他的某个亲戚）来指挥这支舰队，这也反映了弗尔米奥本人深受他们的爱戴。

米提莱奈人在奥林匹亚乐观地宣称雅典已因瘟疫筋疲力尽，但雅典人最近的表现让他的乐观瞬间荡然无存。是年夏天，雅典投入海战的力量主要是由等级更高的公民装备，其数量超过了以往各个年份。虽然就数量而言，只比战争爆发第一年夏天派出的250艘战船略少；但是，宣称雅典在财政上已经入不敷出的说法并非空穴来风毫无依据。因为在战争爆发之初卫城国库全部的6000塔兰特，除庄严承诺的到最后一刻才用于城邦防卫的1000塔兰特外，如今其他已经消耗殆尽。[2]这并不令人奇怪。我们知道，在围困波提戴亚的近两年半里，每一位参战的重装步兵每天可以获得2德拉克马，其中1德拉克马供他本人，另外1德拉克马给他的仆从。整个战役中，3000名重装步兵参加了围困行动。一度士兵数目甚至达4600名。此外，舰船上所有水手将每人每天获得1德拉克马。因此，为了围困米提莱奈，雅典不得不首次向公民征收直接税，总金额达200塔兰特。同时，派出12艘舰船到盟邦征缴贡金。

就在雅典人围困米提莱奈时，其亲密的盟友普拉提亚也被伯罗奔尼撒人和比奥提亚人严密地封锁超过一年之久，如今还看不到任何解困的可能。最终，鉴于城内的供给开始断绝，将军欧庞皮戴斯（Eupompides）劝说驻守城内的公民采取更大胆但更孤注一掷的行动，不顾敌人的看守，尽力突破封锁他们的围墙。确

第二十章 从战争第四年年初到科西拉的骚乱

实,这次行动可谓殊死一搏。在行动的过程中,一半的人不敢冒险,这无异于坐而等死,另一半人(大约212人)坚持行动,并最终逃脱。

普拉提亚人准备好了与双层封锁围墙一样高的梯子随时待命。在12月一个漆黑严寒的冬夜,天上飘着零散的雪花,狂风劲吹。普拉提亚人趁着夜色,轻装出发,行军前往城门。他们小心翼翼地向前推进,任凭冷风吹到脸上,相互之间保持着一定距离,以防武装撞击发出了声音。接着,他们翻过城内的壕沟,偷偷地抵达城墙脚下,没有被敌人发现。当大多数普拉提亚人都已经爬到城墙顶部时,突然其中一位战士碰落了一块瓦片。瓦片掉落的声音泄露了他们的行动。很快,伯罗奔尼撒人发出警报,喧闹声骤起,被惊醒的守军从双层城墙下面爬到顶端,但是他们仍不知道敌人到底在哪儿。利用这个有利的机会,城内的普拉提亚人向城市的另一个方向发起了佯攻,进一步加剧了伯罗奔尼撒人的混乱。在这样漆黑的夜晚和混乱的情况下,封锁该城的士兵不知道向哪里发起进攻。因此,所有人都只得待在他们驻守的地方。与此同时,一支为应急而组成的300人预备队被派出到壕沟外面巡逻,阻止任何企图从城内逃出的普拉提亚人。与此同时,点燃烽火,提醒驻扎在底比斯的盟军。但是,城内的普拉提亚人已经预见到了敌人的这一招。他们也点燃火警信号,扰乱了敌人试图传达的特定意思。[3]

与此同时,正在设法逃跑的普拉提亚人为了不让两道城墙之间的空隙阻碍他们的逃命，推倒自家城墙上的城垛，填平空隙，并搭起更多梯子。通过这种方式，所有人都相继跨过了城外的壕沟。直到所有人几乎都跨过了壕沟，伯罗奔尼撒人的300名预备队才手持火把向他们追来。殿后的普拉提亚人克服各种困难，摆脱了敌人，终于通过了壕沟。此后，整支队伍撒开腿向前逃窜，上了通向底比斯的大道，而追击者举着火把向相反的方向，朝着通向雅典的大道追去。朝底比斯方向跑了大约四分之三英里后，逃亡者不再向前，转而向东。很快他们就进入了分隔比奥提亚和雅典的群山之中。此刻他们终于安全了。从此地出发，他们进入了安全的乐土，庇护于雅典之下。

就在此时，帕凯斯和其他的雅典人继续团团围困米提莱奈。眼前食物即将断绝，被困者已经开始考虑向雅典人投降。但拉凯戴蒙人的使者萨拉埃图斯（Salaethus）的到来提升了他们的气势。在莱斯沃斯岛西边的皮拉城登陆后，这位使者偷偷地溜进了米提莱奈城内（时间大约是公元前427年2月）。他鼓励米提莱奈人要坚持住，并向他们保证，阿尔奇达斯所率的一支伯罗奔尼撒舰队正在起航援助他们；同时伯罗奔尼撒陆军会马上按惯例入侵阿提卡。为了让雅典人绷紧所有神经，疲于奔命，拉凯戴蒙大军的确侵入了阿提卡。此次，他们比任何一次都更加极尽所能大肆蹂躏，到处搜缴并破坏乡间的财物；而且为了等待莱斯沃斯的消息，他们停驻在阿提卡的时间也更久。然而，没有任何消息传来，直到他们的补给耗尽，大军被迫解散。

第二十章　从战争第四年年初到科西拉的骚乱

萨拉埃图斯和米提莱奈人一直在坚持，此时他们的食物已经完全耗尽，但伯罗奔尼撒人既未派兵前往解救，也未运送补给加以鼓励。最终，甚至萨拉埃图斯也不得不承认，援军不会再来了。因此，作为最后的希望，他决定放手一搏，疯狂地向雅典人及封锁的城墙发起进攻。为此，他将所有甲胄分发给所有公民。

但他并未充分考虑到采取如此重要步骤可能带来的结果。生活在寡头政体下的米提莱奈民众对于当前拼死一搏的战斗没有什么兴趣，因为所有行动之前统治者并没有征求他们的意见。鉴于与雅典结盟没有造成任何实际的伤害，他们也没有理由憎恨雅典人。我们发现，甚至在臣属的城邦，大多数公民对于叛离雅典也缺乏热情，有时他们甚至会对此强烈抵制。虽然并未遭受任何实际的不公，但为了获得不受控制的独立并获得永久的安全，米提莱奈的寡头党人还是反叛了。不过，这样的想法自然很难获得普通民众的认可。他们在城邦政治中没有一席之地，城邦的任何决策都会避开他们。政治热情只是寡头党人才感兴趣的事情。在一般情况下，希腊的寡头政体或许很少征求民众的意见。但如果确实希望让这种政体保持活力，让民众真正投入政治也是必要的，因为只有民众的参与才可能赋予政体活力。一旦发现因充当重装步兵使他们力量加强并受到尊重，米提莱奈的民众就不愿服从萨拉埃图斯的命令，不再冒着生命危险冲锋向前做殊死一搏了。他们坚信，正是占统治地位的寡头党人隐匿食物为己所用才让他们忍饥挨饿。在寡头政体下，所有公共事务都对民众秘而不宣，这样的流言蜚语太正常不过了。因此，他们拿起武器的第一件事情就是要求寡头党人交出藏匿起来的粮食，并将其在所有人中平均分配。他们威胁说，除非立即满足这个要求，否则他们将与雅典人谈判并献上城池。眼见无法平息民众的愤怒，米提莱奈的统治者宁愿让他们占据谈判的先机，以便投降时获得有利条件。寡头党人与帕凯斯达成如下的协议：雅典军队进驻并占领米提莱奈；米提莱奈人及其城邦的命运听凭雅典公民大会决定；米提莱奈人派出使者前往雅典为他们的行动辩解；在使者返回之前，帕凯斯保证，不得随意杀害任何人，也不得将任何人戴上枷锁或卖为奴隶。协议没有提及萨拉埃图斯，此刻他正想方设法躲藏在城里。

在确保占领米提莱奈后，帕凯斯派出一些战船前往岛屿的其他各方海域，并轻松夺取了安提萨。就在准备征服皮拉及埃莱苏斯这余下的另外两座城池之时，他收到命令，迫使他不得不将视线转向其他地方。

令所有人感到惊讶的是，阿尔奇达斯所率的伯罗奔尼撒舰队出现在伊奥尼亚海岸。如果阿尔奇达斯是一个行动果敢的人，这支舰队应当在米提莱奈投降之前或更早出现在那里。但是，正当伯罗奔尼撒人准备推进到雅典人控制的水域并与雅典舰队作战时，他们遇到了其他城邦的陆军挑战拉凯戴蒙重装步兵时同样的为难情绪，顿时感到胆寒和怯弱。阿尔奇达斯没有受到雅典的任何阻碍。他强令莱斯沃斯和伊奥尼亚的流亡者登船作战，同时得

第二十章 从战争第四年年初到科西拉的骚乱

到逃亡到亚洲大陆城市埃奈亚（Anaea）的萨摩斯追随寡头派的老练水手的助阵。尽管如此，他并未直接驶往莱斯沃斯，而是首先逗留在伯罗奔尼撒周边海域，接着才驶向提洛岛，在此截获了一艘私人商船并扣押了船上的水手。当他们最终到达了伊卡洛斯（Ikarus）岛和米科努斯（Mykonus）岛时，听到了被围城市已经投降的不幸消息。最初，因不敢肯定消息是否属实，他命舰队驶向小亚细亚沿岸埃吕特拉境内的恩巴同（Embaton）。在此，他发现消息属实。鉴于投降约定才过了七天，舰队的一位来自埃利斯的船长泰乌提亚普鲁斯（Teutiaplus）极力主张采取大胆的行动，要求舰队向前，利用城内人心不稳，趁着夜色突袭米提莱奈。事实上，城里确实没有做好任何的迎战准备，很有可能雅典人会被突然袭击打败，那样米提莱奈将重新武装起来，城市也可能重入他们的控制中。

无疑，这一个提议绝对是极其大胆，但是完全不对阿尔奇达斯的胃口。一批流亡者又唆使他在伊奥尼亚或爱奥利斯的任何一个港口扎营并筑城，以便为那些打算反叛雅典帝国的属邦壮胆并提供援助。尽管阿尔奇达斯确信，一旦他发出号召，雅典帝国的许多属邦都会叛离，而且萨尔狄斯的总督皮苏泰斯也会为他提供经济上的帮助，但这个提议同样被否决。由于害怕受到帕凯斯及雅典舰队的追击，他决定立即返航伯罗奔尼撒。因此，从恩巴同出发，伯罗奔尼撒的舰队沿小亚细亚海岸向南，一直航行到以弗所。为了摆脱俘虏带来的不便，阿尔奇达斯在泰奥斯附近的米翁奈苏斯（Myonnesus）稍做停顿，处决了大部分的俘虏。接着，他从以弗所出发，跨海经克里特返航回到了伯罗奔尼撒半岛。

在从帕特摩斯（Patmos）返回米提莱奈的途中，在一批流亡者的恳求下，帕凯斯将舰队停在了诺提翁（Notium）。诺提翁是科罗丰的港口，二者的距离比雅典到皮莱乌斯稍近。

彼时，诺提翁已经脱离了科罗丰的控制，被那些反对波斯人统治的科罗丰人控制。但直到此时，这座城镇仍属于科罗丰治下，并未成为一个独立城邦。不久，雅典人派出一位建城者，按照自身的法律和习俗举行了殖民仪式，并邀请各地的科罗丰流亡者前往。不过，似乎并没有从雅典来的新殖民前来定居。但是这个步骤是任何一个希腊城邦的公民权所必备的。如果没有举行仪式，该邦派出的神圣代表（Thoêry）不许出席公共祭祀，城邦的普通公民也不许参加奥林匹克赛会及其他大型赛会。

在清除小亚细亚海域的敌人后，帕凯斯返回莱斯沃斯，征服了皮拉城和埃莱苏斯城，很快成为米提莱奈及整个岛屿的完全控制者。于是，他将大部分军队送回国内，并将总计超过1000名的俘虏随船运到雅典。[4] 拉凯戴蒙人萨拉埃图斯最近被人从藏身之地揪了出来，与俘虏一道送回雅典。

如今，这些俘虏的命运将由雅典人来决定了。对此，雅典人怀着强烈的憎恨和复仇心态讨论这个问题。对于萨拉埃图斯，人们一致决定立即将其处以死刑。尽管他承诺，如果能放他一条生路，他保证将停止围困普拉提亚。不过雅典对他的提议置若罔

第二十章　从战争第四年年初到科西拉的骚乱

闻。对于如何处置被俘的米提莱奈战俘及该城的居民，雅典人各执一词，最终决定提交公民大会进行正式的讨论。

正是在这次辩论中，修昔底德第一次对克莱翁进行专门报道。不过普鲁塔克在伯里克利的传记中提到，此人在这之前几年伯里克利还在世时就已崭露头角。在过去40年里，雅典和皮莱乌斯商业得到了巨大发展，人口也大幅度增加。在此背景下，一批从事各种商业和手工业的新派政治家似乎也成长起来，开始挑战阿提卡古老土地贵族的影响力。这与发生在中世纪城市里的变化非常近似。在中世纪的城市里，各行会的商人逐渐与原本占据统治地位的贵族家族展开了竞争，最终取而代之。在雅典，来自各古老家族的成员自埃菲亚尔特和伯里克利改革后已不再享有任何政治特权。城邦的政体已经彻底民主化。但是，他们仍构成梭伦以财富为基础划分等级的最高两个等级，即500麦斗级及骑士级。通过经商而致富的新人虽然无疑也进入这两个等级中，但他们可能只占少数，而且被所处等级的思想同化，没有引入什么新的精神。如今，虽然在法律上没有任何特权，但来自这一等级的任何一个雅典人只要站出来，力图寻求政治影响力，他毫无疑问仍能被雅典人的社会心态所欢迎和接受。这保存在人们自发的情感之中，并不会因政治准则的变化而被抹杀。[5]除此之外，这也使他能够轻易得到公共的认可，尤其在政治生涯之初占据有利的地位。他会进一步发现，因家族的联系、参加的各种协会和政治俱乐部，他更容易获得支持。这些联系和组织无论在雅典的政治还是司法上都发挥着巨大的影响；他也理所当然地成了这些联系和组织中的一员。一个出身较低等级的人就不能在公共事务上获得这些便利，他们也不能拥有现存的关系，从而保证其获得政治生涯的第一次成功，或者帮助他走出最初的挫折。一个普通公民会发现，其他人已经占据了优势，可以轻易打败新的竞争对手。而从步入政治生涯的第一步到最后一步，他只能在毫无援助的情况下凭一己之力开山劈路，通过自身的素质、勤勉、对各项事务的熟悉及演说能力赢得人们的认可；同样地，他们还必须在严格的审查之前毫不畏缩；一旦取得一些影响，他们在面临出身高贵的政治家和有组织的政治俱乐部不可避免的责难和敌视时，能够勇敢向前。

在伯罗奔尼撒战争开始到最初的几年里，在政治和司法的自由发展过程中，涌现出几个这样的人物。甚至在伯里克利在世时，也或多或少地出现了那么几个类似的政治家。但是，由于那样一个伟大人物的个人优秀品质给雅典政治打下了一种特别的烙印（此人既具有贵族的禀赋，又具有强烈而真实的民主情怀，他还具备广博的知识，几乎没有人能够将所有品质融为一体），这些政治人物并未产生什么影响。雅典的政治世界被划分为伯里克利的支持者和反对者两个阵营，两个阵营中，都既有出身高贵者，也不乏普通民众。大约在他去世两年后，我们开始见到了一批新型的政治家，譬如绳索商欧克拉泰斯（Eukrates）、皮革商克莱翁、羊贩子吕西克莱斯（Lysikles）、灯具作坊主叙佩波鲁斯（Hyperbolus）等。[6]不过，作为公民大会上的演说者，前面

第二十章 从战争第四年年初到科西拉的骚乱

两位肯定在伯里克利在世时就已小有名气。

克莱翁最初获得人们的关注,是因为他乃指控伯里克利的一位演说者,可以相信,在政治生涯早期,他获得了许多反伯里克利的贵族人士的支持。在描述此人时,修昔底德不但将其概括为一个脾气非常火暴的人,而且还指责他在中伤他人时不顾事实,在指控他人时用语尖刻,喜欢破口大骂。在喜剧《骑士》中,阿里斯托芬用夸张的笔法,使用喜剧风格从细节上对他进行了讽刺和挖苦,再现了他的这些特征,并添加进其他一些新的与众不同的特征。在他的喜剧作品中,克莱翁被描写为雅典骑士的模样,身穿皮衣,发出制鞋作坊才有的浓浓硝皮味。此人出身卑微,总是用恶毒的指控、大声的责备和厚颜无耻的姿态来吓唬他的对手。此外,他在从政过程中贪污成性。[7]他总是威胁要指控他人,可一旦收到好处费,就立即撤销了指控。他还是一个侵吞国库的强盗,贪图功劳和名利,用最卑劣而无底线的谄媚之词来迎合出席公民大会的民众。从修昔底德描述此人的一般属性(且不说阿里斯托芬,毕竟他自己都没有承认在撰写历史)或许我们可以接受如下合情合理的看法:克莱翁是一个强势而热衷于激烈抨击时政的政客,也时常背信弃义,但在公民大会上,他总是充满自信且胆大无畏。诸如克莱翁和叙佩波鲁斯那样的中产者坚持在公民大会上发言,并努力在其中起主导作用,以对抗比他们更自傲的出身世族大家的贵族。自然,这些人会比其他寻常的政治家更加大胆。很有可能的是,他们的无畏有时太过出格,但即便他们循规蹈矩，也经常令人感到不快；同样稍显自以为是的行事，人们会因阿克比亚戴斯高贵的出身和地位加以容忍，但对他们，那就是让人难以忍受的寡廉鲜耻。遗憾的是，没有具体事例让我们能够评估克莱翁的厉言抨击到底有多厉害。我们不能确定，他造谣中伤的能力是否比70年后的德摩斯提尼或埃斯奇奈斯（Aeschines）更加强大。这两位著名的演说家都善于泼对手的脏水，公然污蔑他们的对手是世上最厚颜无耻的人，宣称对手背信弃义、贪污受贿、行事粗鲁大嗓门、令人生厌且大言不惭。虽然不可否认，克莱翁的言辞完全缺乏古典韵味，但想必他的辱骂之词不会超过前述二人。我们也无法判断，克莱翁告发政治老手伯里克利的斥责之词[8]在激烈程度上会比查塔姆勋爵（Lord Chatham）在开启政治生涯时谩骂年近古稀的罗伯特·沃波尔爵士时令人印象深刻的辱骂之词强多少。

据修昔底德记载，当米提莱奈问题提交讨论时，克莱翁是"迄今为止在民众眼中最有说服力的演说者"。事实上，见证克莱翁超凡的辩才和迎合民意处理公共事务能力的不是其他人，而正是修昔底德和阿里斯托芬这两位对他怀有敌意的作家。公民大会和陪审法庭是克莱翁的舞台和锚地。因为，聚集在公民大会上的雅典民众与作为个体存在的雅典民众并不总是同一批人，他们在判断事物的是非曲直上也不尽相同。坐在皮尼克斯山上的德摩斯与待在自己家里的德摩斯是两个不同的人。[9]伯里克利因为拥有各种高尚的品质既能引领着民众集体，又能对民众个体产生潜移默

第二十章 从战争第四年年初到科西拉的骚乱

化的影响。但是,克莱翁只能在很大程度上统治着前者,而无法因崇高的声誉获得后者的尊敬。

当米提莱奈及其居民的命运提交雅典公民大会时,克莱翁带头发言。没有什么比这个主题更能够与他的火暴脾气和恶言谩骂的能力相得益彰了。总体而言,米提莱奈的事例不过就是一次不可饶恕的反叛,与其他类似的反叛没有什么不同。不过,在另外一层面上,它确实比其他反叛更有分量。叛乱者是第一个邀请伯罗奔尼撒舰队跨越爱琴海的城邦,他们也是第一个向雅典及其同盟者公开宣布雅典帝国已开始处于风雨飘摇的境况的人。克莱翁提议采取战争法则所容忍的最严厉、最全面的方式处理这个死里逃生的城市:杀死所有能够参战的适龄男性,将所有妇女和儿童卖为奴隶。虽然狄奥多图斯(Diodotus)和其他一些人提出强烈的反对意见,但他的提议被公民大会批准,要求立即实施。雅典人派出一艘三列桨战船,命令帕凯斯执行这个决议。

大体而言,诸如这样的判决不过就是极其严格地执行广为人们所接受的战争法则。不管是重新被征服的反叛者,还是战争中的俘虏(除非有特别的规定),他们的命运都完全掌握在征服者的手中,无论是将他们杀害、卖为奴隶还是允许他人为其赎身,都是无可指责的。马上我们就会看到,拉凯戴蒙人在处置普拉提亚战俘的过程中没有一丝折扣地执行了这种法则。

但是,当大会结束,雅典的公民们不再因同伴的同情而伤心难过,也不再受皮尼克斯山上的演说家蛊惑时,重回相对平静的个人生活时，人们的情感不久就发生了变化。我们必须认识到，对于米提莱奈人的愤怒之情事实上只需通过审判这一过程就部分地得到了释放，而不必非要执行判决。恰如一个出离愤怒的人只需通过诅咒就将其不满释放了一样，在这之后他并不会去实现诅咒的内容。许多决议获得了通过，而并未得到实施。这是人类社会非同小可的一项原则，尤其在奉行民主政体的雅典更是如此。雅典人，或者推而广之，大多数希腊人（按今人的观念，这虽然人道，但能运用于任何希腊人）认识到他们通过了一则残酷而骇人听闻的法令。当时正出使雅典的米提莱奈使者（很有可能他们获准在公民大会上发言并为自身城邦辩护）、那些担任米提莱奈代办或与米提莱奈关系友善的雅典人和前一次公民大会的少数派很快就意识到这个问题。他们竭尽全力唤醒雅典人的悔过之情。当天傍晚，雅典人的悔悟之情越来越强烈，越来越多的人受到波及。雅典的将军委员会同意了使者的请求，决定在次日另外召开一次公民大会重新考虑这一事项。他们这样做违背了法律的规定，使他们有可能面临着控告。但是，民众情感的变化是如此明显，使他们消除了顾虑。

虽然修昔底德记载的只是一段简短的概述，没有保留下人们围绕第一次公民大会通过了什么决议第二次大会又通过了什么决议的发言，但是，他以较长的篇幅为我们呈现了克莱翁和狄奥多图斯的发言，这二人也是第一次公民大会的两位主要发言者。

克莱翁站出来为他前一天的提案进行辩护，他抨击民众不明智的心慈手软和顾虑重重。一旦这样，雅典将无法压服臣属盟邦；按照残酷无情的现实，人们只屈服于赤裸裸的恐惧。他评述说，更改前一天才做出的决定不但是百害而无一利的彻底愚蠢行为，而且中了野心勃勃的发言者的圈套。这些发言者牺牲帝国至高无上的利益，让帝国在经济收益上受损，而且让帝国的信誉荡然无存。他们的目的只是在与政治对手的竞争中取得胜利，以自己想当然的错觉来取代事实和现实。克莱翁说，他不赞成民众对于类似的错觉进行错误的鼓励。那些来参加公民大会的所谓超越法律之外的公共智慧不是运用他们在公共事务上的良好判断力，而只是凭乐于听从发言者的教唆来做决定。[10]他提倡"正义"，不能太少，但也不能过多。同时警告公民，从本质上说，雅典帝国必须要在不安分守己的臣属盟邦心中不断维持一种恐惧感。如果雅典人被同情心所引导或只听信诱人的演说，那么等待他们的是看着人间帝国烟消云散。如果臣属者反叛成功，他们绝不会给予雅典人任何同情。

克莱翁的长篇大论在许多方面值得注意。如果我们惊讶地发现，这样一个全凭言辞获得政治地位的人是如何将他的影响和权威建立在公民大会的发言上，那么我们必须明白，克莱翁确实具有充分阐释当下人们最强烈关注事情的优势，他能够用平实、直白、实在而富有爱国热情的话语把这件事情复杂的来龙去脉讲得清清楚楚。而他的对手们往往逆大众的感情行事，用婉转曲折的说法，通过一定策略使原本简单的事情显得旁支纵横。因此，他们只代表着头脑聪明的诡辩家，其才能不过用在了把糟糕不堪的理由说得煞有介事。给人的感觉是，这些人如果确实没有被人收买，至少也缺乏原则性，没有任何诚挚的道德信念。无论在当下还是伯罗奔尼撒战争时期，在处理关乎公共事务或者私人道德的过程中，这都是一种解决问题的模式。鉴于此，我们很有可能会注意到克莱翁使用这种模式来支持如果理所当然被视为野蛮的这项提议。这种模式就是首先抓住公众感受强烈而可以容忍的广为传播的看法；接着对于这种看法的主旨，用平实而明白无误的话阐述出来；最后对随之而来可能产生的优劣做非宗教的非道德的判断，最多也就是隐晦的狡辩。我们很容易就会注意到，克莱翁用来支持他的论点的理由，如今会被公正地视为残暴。

事实上，从今人的角度看，普遍的看法不会支持克莱翁的提案，而会支持他对手的看法。考虑到该被定罪的人的过去的过失，残酷无情地处决大约 6000 人会使现代人感到反感，判罚过重。在克莱翁的发言结束后，狄奥多图斯开始陈述他的理由。他的发言中不但没有包括任何宽大处理的乞求，反而是极力否认他们会为此乞求。和克莱翁一样，这位发言者不但不赞成让民众受同情心的影响，而且反对妥协和中庸之道。更进一步，他要求民众无须考虑正义或与此类似的刑事审判。其提案完全依据于在将来的战争和安全事务中雅典必须要审慎行事。

首先，他力图证明有必要重新考虑刚通过的决议，坚持认为在草率或被激情左右的情况下决定如此重要的事情无异于儿

第二十章　从战争第四年年初到科西拉的骚乱

戏。他抗议说，克莱翁曾试图通过腐败或自负的指责，败坏其让对手的名声并让其保持沉默，这种含沙射影的做法完全缺乏根据。接着，他以公共智慧和审慎为基础，开始讨论这个问题。狄奥多图斯继续证明说，此前一天颁布的严厉判决是不能自圆其说的。如果其他臣属盟邦看到或仿佛看到成功的希望，这样的审判无法阻止它们将来的反叛。事与愿违的是，一旦它们开始了叛乱，类似的严厉可能反而会迫使他们进行殊死搏斗，使他们长埋于城市的废墟之中。雅典人应当未雨绸缪，采取一切措施防止同盟者反叛。认为在重新征服反叛者后采取最严厉的措施可以制止，这只能是一个彻彻底底的错误。为了强化论证，发言者对惩罚的一般性理论、通过预防措施所获得的额外效果及对应受处罚者采取最严厉惩罚带来的危害等进行了一些值得注意的介绍。这些看法直到18世纪或许仍然发挥着意义深远的影响。[11]他进一步强调，将米提莱奈普通民众与该邦的寡头党人混为一谈是不当之举。反叛行动完全是寡头党人实施的，普通民众既未参与其中，也在获得武器后就自发献上了城市。在所有的同盟城邦里，对雅典一心一意的正是普通民众，正是主要依靠他们，雅典才能与三心二意的寡头派对抗。但是，如果人们看到在这次毁灭行动中，所有米提莱奈人被不加区别地混在一起接受惩罚，那么他们对雅典的支持将可能难以为继。

在其他几位发言人提出支持或反对的意见后，公民大会举行投票。狄奥多图斯的提案被采纳。但仅以极其微弱的优势获得通过，以至于最初宣布决议时还犹豫不决。

带着第一次投票结果的三列桨战船在前一天已经出发，它已经向前往米提莱奈的方向行驶了24小时。在新的决议出台后，另一艘战船立即起航；然而，只有通过超凡的努力才能够使第二艘战船在判决执行之前抵达这座已被定罪的城市。米提莱奈使者在船里装备了充分的补给，并向水手们承诺，如果能按时到达，将给他们一大笔奖励。人们展现出了雅典船运历史上未曾比拟的巨大努力。幸运的是，一路上顺风顺水。但是，要不是第一艘船的水手碰巧不愿传达如此严厉的命令，故意拖拖拉拉地慢慢行驶，而第二艘船上的水手急于送达缓刑的新决议，拯救米提莱奈人的目标也很难实现。幸运的是，他们终究按时赶到。此刻，第一艘战船已经抵达，事实上，帕凯斯已开始着手准备执行命令了。如果这个命令得以执行，损失最大、罪有应得的人就是命令的提出者克莱翁。因为，如果说在雅典人的激烈情绪只反映在通过审判结果的那一刻，那么，当他们得知命令已被无可挽回地执行，造成的破坏比他们想象的更剧烈，而那么令人痛苦的细节会一直出现在他们的脑海中。在此情况下，在他们看来，克莱翁将作为提出如此令他们蒙羞议案的建议人对一切负责。出乎意料的是，他非常幸运地逃脱了这样的危险。但他提出，要求将帕凯斯送回雅典的积极参与反叛活动的米提莱奈人处死的方案不久被采纳并得到了执行。无疑，此前通过的决议被取消的议案适度而中庸。公民大会在没有什么反对意见的情况下就采纳了这项议案，也没有雅典人事后感到后悔。尽管如此，被处决的人还是超过了1000人。[12]

除执行上述审判结果外，雅典人还将米提莱奈的城墙夷为平地，并夺取了它所有的战船。同时，雅典人还更进一步，除对其忠诚的麦廷姆纳外，永久将整座岛上的土地分配给雅典公民。所有土地被分为3000份，其中300份留为诸神的祭田，其余部分通过在公民中抽签的方式分配给雅典的军事殖民者。莱斯沃斯的农民作为佃农耕种他们原来的土地，每份土地每年向雅典的军事殖民者缴纳2明那（约合7镑16先令）租金。关于这块新殖民地我们知道的比历史学家用以解释的几句话更丰富。可能的情况是，至少当时2700名雅典公民会拖家带口地前往莱斯沃斯居住，充当军事殖民者。他们不会因此而舍弃其雅典公民权，也不会免除针对雅典公民征收的赋税或个人服兵役的义务。但是，可以肯定的是，这些人后来并未长期继续居住在莱斯沃斯，甚至有理由相信岛上的军事殖民地后来被废除了。在该岛对岸的亚洲大陆上有一块土地，之前属于米提莱奈。自此后从该邦独立出去，被变成雅典的纳贡城邦之一。[13]

就在同一年夏天稍晚，米提莱奈向雅典人投降不久，普拉提亚也向拉凯戴蒙人投降了。虽然驻守城内的一半人逃走让余下者的粮食维持得更长一些，但因总量已近枯竭，剩下的防御者身体日渐虚弱，快要被饿死。在得知普拉提亚人处于防守乏力的情况下，围城的拉凯戴蒙司令官本可以发起突袭行动，轻易占领这座城市。但斯巴达发出明确的命令，严禁他采取类似的行动。因为斯巴达政府估算，总有一天将与雅典订立和约，条件可能是双方各自放弃通过战争获得的地盘。因此，斯巴达人希望不通过武力，而让普拉提亚人自愿向他们投降。那样，他们就有借口不归还普拉提亚。虽然在现代外交关系中，通过武力强占和自愿投降并无太大差别，但在后来我们发现拉凯戴蒙确实从中获得了一定的利益。[14] 按照这个命令，拉凯戴蒙司令官派出一名传令官，要求普拉提亚人自愿投降，让拉凯戴蒙人作为他们命运的裁决者；同时规定，"为恶者必将受到惩罚，而没有一个人会受到不公正的惩罚"。对被困者而言，他们已处于绝望的饥饿状态，任何条件都无什么差别，因此他们就献上了城市。几天后，从斯巴达来了5个人，普拉提亚人的命运就由他们来决断。

在5位斯巴达审判者的旁边坐着普拉提亚最大的敌人底比斯人。包括200名普拉提亚人和25名雅典人在内的俘虏被带上前来，接受审判并等待着判决。除了一个问题外，审判者没有对任何人提出其他问题："在当前的战争中，你是否曾为拉凯戴蒙人或他们的同盟者提供过服务？"面对这样一个出乎意料且荒谬的问题，普拉提亚人都不知所措。答案只有一个。但在他们做出任何明确的回答之前，他们请求允许他们就他们的事业做出详尽说明。尽管底比斯人提出了抗议，但普拉提亚人的请求获得了准许。

不能想象的是，出现了另一种更令人啼笑皆非的情况。拉凯戴蒙人明确地告知，质询将排除伯罗奔尼撒战争之前的任何事实。但是，发言者不管对问题的限制，不放过任何一个能打动审判者同情心的问题。在嘲笑这次审判及判决之后，普拉提亚人要求全希腊人给予他们同情，恭维拉凯戴蒙人在领导艺术上的崇高声誉。他们谈到，普拉提亚与雅典订立的同盟协议，正是获得拉凯戴蒙人的推荐。在当时，在普拉提亚人的正式请求下，拉凯戴蒙人本应该保护这座城市免受底比斯的压迫。接着，普拉提亚人转而参加了波斯战争。在战斗中，普拉提亚人向整个希腊展现出激昂的爱国热情，与底比斯的投敌卖国形成鲜明对照。[15] 对波斯人的胜利是在他们的国土上获得的，保萨尼亚斯承诺，这一片国土拥有神圣的地位，获得了地方诸神的庇佑。自波斯战争后，普拉提亚在受停战协定的保护下仍受到底比斯人卑鄙无耻的攻击。他们也不失时机地提醒审判者，普拉提亚人为斯巴达人履行了一项个人义务，那就是当斯巴达人因黑劳士在伊托麦叛乱中焦头烂额时，普拉提亚人与雅典人一道为他们提供了援助。

底比斯的发言者反驳说，普拉提亚人咎由自取，一切灾难皆因他们自己的错误而导致。底比斯人的敌意与普拉提亚人所获功绩因后者与雅典的结盟被抵消。普拉提亚人坚定地与波斯斗争，只不过是因为雅典这样做了。但他们同样与雅典人一道压迫和奴役埃吉纳人及其他那些同样坚定与薛西斯战斗的希腊人，这些城邦同样得到保萨尼亚斯保护的承诺。接着，底比斯人为其突袭普拉提亚进行辩解，说他们这样做是因为受到该邦最受人尊敬的公民之邀请，这些人急于让普拉提亚摆脱与外部的城邦结盟，回归比奥提亚的大家庭。底比斯人本放弃了任何不利于城内居民的行动,但出于自卫,才不得不使用了武力。底比斯人进一步谴责普拉提亚的背信弃义,将被扣押在城内的底比斯俘虏尽数处死。他们辩称,在波斯战争期间他们之所以与薛西斯结盟,是因为彼时底比斯受控于一个善于伪装的寡头派之下;这些人为了实现本派的险恶目的,不惜以武力胁迫所有民众。同时指责普拉提亚人一直在违背比奥提亚人的习俗和兄弟情谊。底比斯进一步强调对拉凯戴蒙人的感谢,科罗奈亚之战时不但将比奥提亚纳入拉凯戴蒙同盟,而且在随之而来的战斗中装备了如此强大的一支盟军帮助他们。

底比斯人出于内心的激愤,在发言中挑起对普拉提亚的仇恨,他们的发言颇为奏效;更准确地说他们的发言已言过其实。不过也因此坚定了拉凯戴蒙人审判之前就已经做出的决定。在围困之前,阿奇达穆斯两次提议普拉提亚人保持中立,并保证他们的中立地位,在他以诸神的神圣名义提出的抗议被拒绝之后,拉凯戴蒙人认为已经没有义务尊重该地神圣不可侵犯的地位,城里的所有居民已经自愿放弃了不可侵犯的权利,注定了自我毁灭的命运。修昔底德对阿奇达穆斯抗议的重要性特别进行了详细的描述。5位审判者只对双方各自的发言进行了简单的回应,然后再一次把所有普拉提亚人叫到面前,对每一个人重复询问了此前的问题。鉴于每一个人的回答都是否定的,[16] 所有普拉提亚人及25名雅典俘虏都被带走并处以死刑。被俘的妇女被卖为奴隶,并将普拉提亚城及其管辖的疆土交由底比斯人管理。底比斯人最初以为数不多的几名普拉提亚寡头派流亡者及一批麦加拉流亡者为班

第二十章　从战争第四年年初到科西拉的骚乱

底建立了统治，但几个月后，他们放弃了这种做法，除掉普拉提亚之名，召集来自希腊各地的人建立了一个独立城邦。普拉提亚的土地作为底比斯的公产，被出租给底比斯农民。

仅就这次事件采用的原则而不考虑受害者的人数，相较于雅典对米提莱奈人第一次未采取的判决，斯巴达的所作所为更为严厉。因为，无论是斯巴达还是底比斯根本没有假装公平地将普拉提亚视为一个反叛的城邦，而米提莱奈的反叛确实对雅典造成了特别严重的破坏。此外，斯巴达承诺只要普拉提亚人投降，将给予他们公正的审判；而帕凯斯除了答应将米提莱奈人的命运交由雅典公民决定外，并没有做出其他任何承诺。这个弱小的城邦因其强烈的希腊爱国热情、对雅典令人钦佩而不懈的忠诚及遭受的不公苦难为世人瞩目。如今，该邦只剩下寄居于雅典的公民个体了。我们发现，在今后的历史进程中，它历经了恢复重建、再次被毁、最终再一次重建的曲折历程。这座弱小希腊城邦的命运总是随周边大邦强国的政治斗争而起伏不定。虽然在希腊交战双方，并不总会屠杀战俘，但如同雅典人处决萨拉埃图斯一样，杀害25名雅典战俘也并不是完全不可接受，仍在可容忍的范围之内。

前面提到，在伯罗奔尼撒战争爆发之初科林斯与科西拉的海战中，科林斯人抓住了250名科西拉战俘，这些人都是该岛地位显赫之人。科林斯人并没有被盲目的仇恨冲动所控制，杀害这些战俘，而是体现出长久的打算。他们优厚地对待这些人，并想尽一切办法赢得其好感，希望一有机会就利用这些战俘在该岛上发起一场革命，进而使科西拉疏远雅典，与科林斯结盟。在是年冬或次年春，当米提莱奈和普拉提亚都陷入围困之时，这样的机会终于出现了。大约此时，阿尔奇达斯正动身前往伊奥尼亚，希望不但解米提莱奈之围，而且鼓动周边的雅典盟邦反叛，结果雅典人的所有视线都集中于此。科林斯人不失时机地将科西拉战俘送回国内。

因长久受到拘禁而新返回者很有可能在最初动用他们所有的影响，以最积极的态度游说他人，以图让城邦与雅典彻底决裂。有人向雅典送去消息，告知了正在发生的一切。因此，雅典派出一艘战船送去一个使团，努力挫败这次阴谋。与此同时，科林斯战船也送来一个使团以给反对派壮壮声威。科林斯使团的出现表明岛上人们的政治态度发生了变化。为此，科西拉人举行了一次正式的公民大会，在听取双方使团的发言后，决定按最初规定的有限互保协定继续维持与雅典的同盟关系；但也可如同埃皮丹努斯冲突爆发前一样，继续维持与伯罗奔尼撒同盟的友谊。此时，科西拉的政治状况发生了更大的变化。

鉴于雅典与伯罗奔尼撒同盟势同水火的战争，如此一个声明无疑自相矛盾。寡头派下一步的打算就是在国内外举行一场更彻底的革命。为此，他们对在平民中最有个人影响的公民、雅典在科西拉的代理人佩提亚斯（Peithias）提出了政治控诉。关于该岛的司法及审判制度，我们不得而知。不过，佩提亚斯被无罪开释。他决定对此进行报复，相继起诉寡头派最富有的5位指控人，指责他们犯下了渎神罪。

眼见这5人将被处以毁灭性的罚款，同时担心佩提亚斯彻底挫败与科林斯结盟的大计，寡头派决定通过暴力和谋杀来解决问题。当正举行议事会全体会议时，他们搜罗的一帮手持利刃的歹徒冲进会场，当场杀死了佩提亚斯及其他60人，其中一部分是议事会成员，一部分是围观群众。因为这次谋杀及其造成的恐怖，科西拉人再一次举行了公民大会，决定既不站在雅典一边也不站在伯罗奔尼撒同盟一边，保持完全的中立。公民大会被迫通过了这个决议，因为寡头派的支持者仍手持武器，导致出席者人数不多。与此同时，科西拉人派出使者前往雅典，按有利于他们的方式告知了雅典人最近发生的事件，并阻止逃亡的佩提亚斯支持者前往雅典寻求军事干预。如果那样，将导致岛上再一次发生革命。因担心留在岛上家属的安危，其中一些逃亡者同意选择了息事宁人；但在雅典的支持下，大多数逃亡者对于已经发生的事情和接下来即将发生的事情持乐观态度。寡头派的使团成员及那些被说服同意其看法的逃亡者被雅典人视为反叛者抓了起来，关押在埃吉纳。雅典人立即装备了60艘三列桨战船，在欧吕麦东（Eurymedon）率领下驶往科西拉。这次行动迫在眉睫，因为阿尔奇达斯所率的拉凯戴蒙舰队在从伊奥尼亚返回后停驻在库莱奈。雅典人认为这支舰队即将驶往科西拉。

但是，在科西拉的寡头派领导人对于派往雅典的使团没有信心，决定迅速采取阴谋措施，以便确保取得胜利。这时一艘科林斯战船抵达岛上，送来了几名来自斯巴达的代表，或许也带来了阿尔奇达斯的舰队即将到达的消息。战船才刚到达，寡头派就组织起力量，对平民展开了进攻。科西拉的民主派最初被打击并被驱散到各地。但当天晚上，他们聚集到了一起，在卫城附近的山上筑防，并控制了该邦拥有的两座港口中的一座。然而，另外一座港口、正对埃皮鲁斯大陆的主要武器库及附近的市场在寡头派的控制之下。第二天城市仍处于这种分离的情况下。民主派的间谍到全国各地招募奴隶，承诺释放他们作为奖励；而寡头派也从大陆招雇了一支800人埃皮鲁斯组成的军队。次日，在奴隶的支援下，民主派重新发起了战斗，双方的战斗比以往任何时候都更激烈。无论在所处位置还是人数上，民主派都占据上风。下午，他们甚至对下城及周边的武器库发起了进攻。平民最终获得了胜利。眼见如此，科林斯的三列桨战船及大多数埃皮鲁斯雇佣军认为还是逃离岛上更为安全。第二天凌晨，随着雅典水师提督尼科斯特拉图斯（Nikostratus）率领12艘战船及500名美塞尼亚重装步兵从瑙帕克图斯赶来，民主派取得了进一步的胜利。

尼科斯特拉图斯尽力平息平民泛滥的狂热情绪，他劝说民众在胜利面前要适可而止。在他的劝说下，除被视为罪魁祸首的10个最顽固寡头被处以死刑外，城邦颁布大赦令，斗争的双方达成了和平。同时，科西拉和雅典结成攻守同盟。正当这位雅典水师提督即将离开时，科西拉的领导人出于更加安全的考虑，恳求他从那支数量只有12艘战船的舰队中给他们留下5艘船，而

第二十章 从战争第四年年初到科西拉的骚乱

用科西拉人自己的 5 艘战船取而代之。尽管这个提议颇为冒险，但尼科斯特拉图斯仍答应了他们的请求。在准备随尼科斯特拉图斯同行的 5 艘战船时，科西拉人将其主要政敌纳入水手的登记名册中。对寡头派人士而言，这无异于被遣送到雅典，等同于被判死刑。被击败的寡头派的大约 400 名主要人物托庇于赫拉神庙的圣所。民主派领袖担心让他们栖身于不可亵渎之地将可能引起城邦进一步的动荡。通过商谈，同意将他们送到紧邻赫拉圣所的对岸小岛，使其处于监控之下，定期为他们运送可以支撑四天的食物。

就在四天即将结束时，阿尔奇达斯所率的伯罗奔尼撒舰队抵达对岸大陆的叙布塔（Sybota）。此次抵达的战船共计 53 艘，因为除从伊奥尼亚返回的 40 艘战船外，来自琉卡斯和安布拉奇亚的 13 艘战船也增援前来。此外，拉凯戴蒙人派出布拉西达斯作为顾问随行前往。虽然斯巴达人急迫地想要在雅典援军到达前解决科西拉，但由于返航过程中遭遇了灾难性风暴，阿尔奇达斯的战船需要维修，结果不幸地耽搁了下来。当黎明时分眼见伯罗奔尼撒战船从叙布塔航行而来时，科西拉人的迷茫之情难以言表。民主派和新近被释放的奴隶因此前发生可怕战斗和入侵者带来的恐惧而骚动不安，整座城市陷入焦躁之中。确实，他们手中掌握着许多战船，城邦发出命令要求装备 60 艘三列桨船。尼科斯特拉图斯是唯一一个头脑清晰而有效指挥抵抗的人。他要求科西拉领导人统一行动，等到所有战船都装备完成后，再组成一支舰队从港口出发。虽然他带领着雅典的分队按要求行动,但科西拉人不听从他的建议,将其舰船一艘接一艘地派遣出去,而且对船上的水手也不加筛选。其中两艘战船叛逃敌人,其他战船各自为战,有的战船甚至单枪匹马加入战团,完全不讲任何秩序或协同作战。

很快,伯罗奔尼撒人就发现尽管他们只能派出20艘战船对科西拉人作战,但对于这样的对手他们完全不用害怕。余下的33艘集中力量与雅典的12艘战船一较高下。尼科斯特拉图斯发现海上有足够的空间,因此他对于敌人在数量上的优势毫不担心。他留意避免与敌人的中军纠缠在一起,现周旋于敌人的两翼。他只需设法通过雅典战船的船头击沉敌人的一艘战舰,伯罗奔尼撒人将不再利用其优势对他发起进攻,转而结成圆形的防守战阵。在科林斯湾的利翁海战中,弗尔米奥就是采用这种战术获胜的。如同弗尔米奥一样,尼科斯特拉图斯要求水手们沿圆形战阵划行,以图通过佯攻迷惑敌人,等待着其中一些战船失去位置或相互发生冲撞,为他提供发起进攻的机会。要不是其他的20艘伯罗奔尼撒战船眼见他采用了前一次的战术,回忆起令其沮丧的海战经历,放弃了被他们鄙视的乱糟糟的科西拉战船,匆匆加入了同伴的队伍,雅典人或许将取得胜利。如今,由53艘战船组成的整支舰队重新采取攻势,对尼科斯特拉图斯发起了进攻。雅典人被迫撤退,但倒退而行,使船头仍对着敌人。通过这种方式,他成功地从这座城市抽身而走,也为大多数科西拉战船留下了返回港口的机会。这就是雅典战船超凡的战术和谋略,伯罗奔尼撒人永

第二十章　从战争第四年年初到科西拉的骚乱

远也无法赶上，也永远不可能迫使雅典人被动交战。傍晚时分，伯罗奔尼撒人返回叙布塔，和科西拉人一样，他们也没有获得胜利，而只是夺得13艘战船作为战利品。

科西拉人预料，伯罗奔尼撒舰队将在次日对其城市和港口直接发起进攻（几乎不可能失败）。不难相信（后面的记述谈到），正是布拉西达斯建议阿尔奇达斯采取这一决定性的步骤。由于科西拉的领导人比以往任何时候都更加恐惧，他们首先把小岛上的囚犯迁到赫拉神庙里，然后尽力与寡头派达成全面妥协，其目的是能够组织起相对有效而协调一致的抵抗。他们装备了30艘战船，甚至一些科西拉的寡头党人也被说服充任水手。

但是，阿尔奇达斯的松懈使科西拉的防御达到了好效果。他并未直接朝城市驶去，而是在岛上离城有一些距离的琉奇麦海角登陆。在海角周边地区花了几小时劫掠一番后，他返回了叙布塔的基地。战机稍纵即逝，一去不返。因为就在当天晚上，琉卡斯传来烽火，告知他欧吕麦东所率的由60艘战船组成的雅典舰队已经靠近。如今，他唯一的想法是带领伯罗奔尼撒舰队逃走，事实上，正是收到烽火传来的消息才拯救了他们。趁着夜色，伯罗奔尼撒人沿着海岸一直逃到将琉卡斯与大陆分开的地峡。利用人工或机械装置，他们将战船拖拽过地峡，这样就不会为其所阻，或者被航行在琉卡斯海角周边的雅典舰船注意到。阿尔奇达斯匆匆逃回伯罗奔尼撒，任由科西拉的寡头派听天由命。

欧吕麦东的到来出人意料地又一次开启了政治的变化。科西拉的民主派从担惊受怕、彷徨无助的境况突然而出人意表地转而成为得意扬扬、不容反驳的主宰。在希腊人的内心深处，在希腊人一群最缺乏教养的人中，如此巨大的变化必然会点燃他们几乎不受限制的复仇渴望，以此作为他们经历的恐惧、遭遇的苦难的唯一补偿。这其中也包括许多刚刚有违主人的意愿获得释放的奴隶，当然他们是岛上所有奴隶中最凶猛最不满的一群人。

得知伯罗奔尼撒舰队已经逃走，欧吕麦东正在前来，科西拉的领导人将此前驻扎在城外的500名美塞尼亚人的重装步兵撤回城内。接着，他们命令最近才装备的30艘战船驶往岛上的另一座港口叙拉伊克港（Hyllaic）。但是，当舰船刚一抵岸、水手才解散，一场大屠杀就开始了。此前一天被说服前往战船上充任水手的寡头派人士全被处决。接着，大约400名从对面岛上送回的乞援者尽管还躲在赫拉神庙的圣所内，仍遭到了同样的命运。民主派曾向他们提议，要求他们退出圣所，接受审判。其中50人接受了这个建议，但他们都被判有罪，全部被处以死刑。很有可能的是，处决这批人就在那些躲在圣所的不幸者完全可以见到的地方。眼见厄运难逃，他们宁愿饿死或用敌人的刀剑刎颈身亡。

欧吕麦东与其舰队在科西拉待了7天。在这些天里，取得胜利的科西拉人对此前参与寡头派叛乱的所有人进行了残暴而血腥的迫害。500名寡头派人士想法逃往了大陆。然而，那些没有逃走或不能逃走的人一旦被发现，马上就被杀害。遭受迫害的不只是寡头派人士，个人之间的仇杀之门也被打开。人们给各自的

第二十章　从战争第四年年初到科西拉的骚乱

私敌或债权人安上参与寡头派革命的莫须有罪名将其杀死。令人可叹的是，在欧吕麦东待在岛上的这一个星期里，法律被搁置、道德完全沦丧。这一段时间足够人们发泄革命引起的狂暴情绪。但是欧吕麦东并未采取什么措施来缓解胜利者的狂暴情绪，也没有努力保护失败者。或许我们可以做出这样的猜想，如果尼科斯特拉图斯仍担任统帅，从他暴动最初之期他采取的缓和双方情绪的措施看，他或许会对科西拉人的大屠杀提前进行限制。遗憾的是，在前一次海战后，修昔底德再也没有告诉我们关于尼科斯特拉图斯的情况了。

我们原本指望，在释放凶残的狂暴情绪后，在欧吕麦东离开之后，能够听到民主派会采取措施来恢复残局、医治创伤。但是，修昔底德让我们的好奇之心再一次失望了。从他的记述我们只看到，恰如萨摩斯和米提莱奈的流亡者可以或多或少主宰佩莱亚（Peraea）或属于这两座岛屿在大陆上的属地一样，逃往大陆的寡头派流亡者的力量还比较强大，足以占领那里本属科西拉的堡垒和大部分的土地。他们甚至遣使前往科林斯和斯巴达，希望获得援助，通过武力实现复辟。但他们的要求没有得到支持，被迫自力更生，通过自身的资源来实现这个愿望。最初一段时间里，寡头派通过一系列的掠夺行动，骚扰科西拉人，给岛上的居民造成一定程度的食物短缺和苦恼。最终，他们纠集了一伙埃皮鲁斯雇佣军，渡海登陆岛屿，并在离城不远的一座名为伊斯托奈的山上建了一个高墙围绕的据点。入侵者破釜沉舟，烧毁他们的船只，断绝了撤退的任何希望。在接下来的将近两天里，他们有体系地进行破坏和抢劫，给岛上居民带来了巨大的痛苦。这是入侵者发现进攻之城的城墙坚不可摧时，经常采用的一种损耗城里居民的一种古老方法。[17] 以后的章节将记述这批占领伊斯托奈山的人的最终命运。我们会发现，他们的命运与科西拉未完待续的血腥悲剧紧紧相扣。

如此一出悲剧不可能只发生在一个拥有希腊之名而未给其他城市留下深刻印象的城邦。修昔底德借此为伯罗奔尼撒战争期间的希腊政治勾勒一幅大致的图景。每一个城邦都陷入内斗的暴力之中，外来者的参与，雅典和斯巴达围绕它们的竞争，加剧了城邦的内乱。在此过程中，雅典支持各地的民主派，而斯巴达支持寡头派。[18] 科西拉暴动是第一宗两大不同政治派别集全力展开对抗，全面恶化的结果。在斗争过程中，我们发现了人性的丑恶及堕落毫不掩饰地结合在了一起。修昔底德描绘的受这些因素影响的道德和政治的素描作为分析家和哲学的素材将永远不会被人忘怀。他分析和描述的堕落诸原因具有普遍意义，可以不加修改地运用到其他政治社会（在很多方面，尤其是1789和1799年的法国），无论这些社会在时间还是空间上与公元前5世纪的希腊距离多么遥远。内部的党派斗争造成的极端仇视因外来侵略或外来干预而进一步加剧。政治对手之间相互深感恐惧，每一方都认为另一方会先发制人地给予己方致命一击，在制止暴行和保护弱者上，宪法条文不再权威。在民众中占据优势的一方最早拿起刀

第二十章 从战争第四年年初到科西拉的骚乱

剑,他们会用最恶毒的语言攻击对手,将建言在行动中对他人采取审慎和公正的态度视为背叛和懦弱。人们特别关注党派的利益,会将不计后果甚至偏向于采用欺骗和暴行视为最有效的方式;人们丧失了对法律权威的尊重,也不相信任何私人之间的协议;他们甚至会为了增强党派的影响出卖亲情和友情;个人野心和争讼的激情不自然地占据优势,在人们的头脑中超越了所有现实的公共对象。究其原因,这位历史学家在此陈述的所有令人沮丧的社会现象都深深地根植于人们的头脑之中,除非宪政道德的基础比那时更明确而牢固地制定出来,否则极有可能会以各种改头换面的形式不时反复发生。用修昔底德自己的话语来说,"只要人性和现在一样"。他以不亚于勾勒雅典瘟疫的笔法精确地描述病态政治环境下人们的症状。在循着史学家令人印象深刻的描述时,我们必须记住他生活时代行为准则的一般状况,尤其是战争法则对残酷行为的容忍度。与之相较,在过去两个世纪里,现代欧洲才逐渐发展出对更广泛的人道主义和生命尊重的原则。我们还需记住,如果描写的是迦太基人与犹太人之间而非当时希腊人之间因政治冲突造成的灾难,单单是处死他人的刑罚,他必然会添加更多关于恐怖、肉刑、十字之刑和其他变了花样的杀戮方式。

修昔底德的描述与其说完全只属于某一国家,不如说是他在不同国家所观察到的现实的归纳和总结。我相信科西拉的流血事件虽然不是广布希腊世界类似一系列恐惧事件中最早的,但它绝对是最糟糕的。不过简单浏览他的开篇之词或许最初会暗示如此。在他的历史作品中讲述的事实足以表明，导致这座不幸岛屿灾难的原因同样也传播到其他许多城邦，造成了类似的危害，但是作为第一次屠杀事件，就强度而言，科西拉发生的事件最糟糕，影响最严重。

在科西拉革命中可以看到，从最初阶段开始，它就是自私自利的寡头派的杰作。他们玩弄该岛势如水火的最古老世仇，以图颠覆现存的民主政体，将城邦的权力攫为己有。为了达到这些目的，他们时刻准备采取任何仇杀和暴力手段。而他们所进攻的民主派只是采取保守的自卫措施。寡头派的动议者眼见采取直接的方式夺权徒劳无功，就开始采用欺诈手段，后来他们发现别人以其人之道还治其人之身，给他们自己造成了更大影响。接下来，寡头派手持利刃闯入议事会，杀害佩提亚斯及追随他的其他领导人，进而对所有民主派的支持者施以刀剑威胁。就这样，科西拉的民主派被迫进行防御。在如此疯狂的环境下，在一帮大老粗和释奴支持下，他们获得胜利是可以预期的。斗争过程中的仇杀到达了极端，人们对于任何保证都根本不加遵守。但是我们不要忘记，他们身处自卫之地，他们所有的努力都是使防卫获得成功所必不可少的。

自此之后的几年里，我们将遇到两起发生在雅典的类似政治运动，大体上和总体结果上与此次科西拉革命类似，也同样是寡头派的阴谋家针对一个现存的传统的民主政体；同样地，阴谋者最初取得了胜利，但后来被镇压，民主制重新恢复。我们发现，

第二十章　从战争第四年年初到科西拉的骚乱

将类似环境下的雅典和科西拉进行比较颇有教益，尤其是民主派在被击败和在取得胜利的时刻。

但科西拉的情况与雅典在许多方面不同，这展现了另外一个在希腊历史上颇具重要性的事实。二者的情况都表明，与公民大众相比较，希腊各邦由富人和大人物建立起来的政府是多么虚伪和无耻，他们假装品德高尚、智慧超群、在运用政府的权力上体面而富有效益。虽然希腊的寡头政体一时蔚然成风，尤其是在描述他们时使用的语言令人折服，他们被称为"最好的人，是荣誉和美德的化身，举止优雅，卓尔不凡"等，而对没有进入其圈子的给予相反的名称和绰号，以此表明后者在品德上的低劣。但希腊历史的事实并没有证明存在这样的差别。[19] 无疑，一般而言，民众总是缺点多多，有时脾气暴躁，甚至希腊所有奉行民主政体最佳榜样的雅典民主也经常受到腐化和被人误导。但是，富人和大人物毕竟只是民众的一部分。作为一个阶级（除个别的正直者之外），他们绝非最优秀的部分。如果说他们因其地位缺少了小人物和穷人与生俱来的一些缺点，但同样的地位让他们浸透了无法估量的自重，过分的个人野心和嗜好。这些都是他们独有的，还有一点都不少的反社会倾向，并且会以更大规模发作。作为一个阶级，他们也无法超然于那个时代的偏见和迷信；他们往往相互仇恨，品德低劣而寡廉鲜耻；这也是造成希腊共和国不幸的最主要根源。事实上，民主政治犯下的许多最异乎寻常的恶行，正是因为民主派让自己沦为了一帮贵族倾覆另一帮贵族的工具。

作为一个群体，如我们在亚里士多德引用的著名的寡头派誓言中看到的，他们是一个极其自利的党派，有时会达到极其强烈的反人民的冷酷程度[20]。随着历史的推进，我们将会发现更多的事例，但最引人注目的还是这次科西拉革命。

1　Thukyd., v. 54, 61.

2　在 C. I. A., i. 273（Hicks and Hill, 62）中记载的公元前 433—前 427 年从雅典娜圣库支出的总额为 4000 塔兰特；从其他诸神的圣库中支出的金额为 750 塔兰特。通过对 C. I. A., iv. (1) 65, 1, 6, 7（Hicks and Hill, 58）的复原可以推断，此刻，城邦也曾向村社的圣库借款。——编者

3　从修昔底德的陈述可见，围城者肯定经常通过烽火向底比斯传达信息，每一种特定的火焰组合形式都代表着某种特别的意思。

【关于信号灯传递信息的著名事例发生在 Herodot., vii. 182（阿尔泰米西翁战役）和 Aeschylus, Agamemnon, 11, 281–316. 还可参照公元前 423 年在托罗奈（Torone）战役中的运用。广泛使用亮光传递信号的障碍在于缺乏合适的代码。虽然波利比乌斯（Polybius, x. 45–47）记录了一套他自己运用的代码。——编者】

4　关于俘虏的人数，参照 p. 504 note 12。——编者

5　Thukyd., v. 43: "虽然从年龄上看，在其他希腊城邦中，阿克比亚戴斯……那时还会被视为年轻人，但因为祖先的地位，他受到了尊敬。"（Ἀλκιβιάδης ἀνὴρ ἡλικίᾳ μὲν ὢν ἔτι τότε νέος, ὡς ἐν ἄλλῃ πόλει, ἀξιώματι δὲ προγόνων τιμώμενος.）请与 Xenophon, *Memorabil*., i. 2, 25; Iii. 6. 1 比较。

6　Aristophan., *Equit*., 130 *et seq*., and Scholia; Eupolis, *Demes*, Fragm, xv., p. 466, ed, Meineke.

7　参见 p. 644 note 13。——编者

第二十章　从战争第四年年初到科西拉的骚乱

8 | Plutarch, Perikles, c. 33:"克莱翁也利用人民的愤怒攻击他,以为他成为人民领袖铺路。"（Ἐπεφύετο δὲ καὶ Κλέων, ἤδη διὰ τῆς πρὸς ἐκεῖνον ὀργῆς τῶν πολιτῶν πορευόμενος εἰς τὴν δημαγωγίαν.）

用喜剧作家 Hermippus 的话说,伯里克利是 δηχθεὶς αἴθωνι Κλέωνι。

9 | Aristophan., *Equit.*, 750.

10 | 比较阿奇达穆斯在斯巴达举行的同盟大会上的发言。在那里,他自认斯巴达人"受到的教育太基础,不可能鄙视法律,纪律太严厉,不可能不服从。"（ἀμαθέστερον τῶν νόμων τῆς ὑπεροψίας παιδευόμενοι）（Thukyd., i. 84）。从实质上,这与克莱翁对雅典人所做的评论非常类似。

11 | 可将狄奥多图斯的演说与色诺芬《长征记》中关于惩罚的观点进行比较。色诺芬是这样描写小居鲁士的政府的:"没有人能说居鲁士容许犯罪分子和恶人取笑他。相反,他以极端无情的方式惩罚他们（ἀφειδέστατα πάντων ἐτιμωρεῖτο）。人们时常可以在行经的路上见到被砍掉手、脚或挖掉眼睛的歹人。所以在居鲁士的境内,希腊人或波斯人如没有犯过错,都能够随身携带对他们有用的东西随处来往,安然无惧。"（Anabasis, i. 9, 13）在色诺芬的头脑中,无情的惩罚既能达到制止犯罪的效果,又能体现出施以惩罚的统治者的性格个性特征。

12 | Müller-Strübing（*Thuk. Forschungen*, p. 149 ff）对总人数提出异议,他认为这一数目是一位希望制造雅典耸人听闻消息的篡改者的杰作。可以肯定,我们很难相信在总计 6000 人中会有 1000 人作为"罪魁祸首"（αἰτιώτατοι, Thuk., iii. 50）参加了反叛。Schütz [*Zeitschr. f. d. Gymn. zu Wien*, xxxv. (1881), p. 455] 认为应当将 A(1000)读作 A(30)。但前述的 ὀλίγῳ πλείους 表明总数更大,譬如 N（50）。——编者

13 | Thukyd., iii. 50; iv. 52. 关于莱斯沃斯的军事殖民者,参见 Boeckh, *Public Econ. of Athens*, B. iii. c. 18. 正如博克谈到的那样,最初这些军事

殖民者是作为驻军前往；一旦需要履行在本土的军事义务，他们可能全部或一部分返回。不过，这种安排仍有许多令人不解之处。值得注意的是，此时，雅典人积聚的财富已经耗尽，他们开始从个人财产中支付直接税。在此情况下，雅典城邦能够竟然每年拨出 5400 明那（90 塔兰特）的款项，除非为了占领莱斯沃斯，城邦必须拨款保障驻扎在岛上的军事殖民者的生活。后来，当没有必要在该岛驻军时，我们怀疑城邦是否将拨付军事殖民者的款项全部或部分转变为公共费用。

安提丰的演说词（Antipho, De Caede Herod., c. 13）没有谈到雅典的军事殖民者作为岛上的定居者，也没有暗示他们如修昔底德记述的那样，作为缺席地主征收每年的租金。发表这篇演说的人的父亲是一位米提莱奈公民，不但一直拥有他在莱斯沃斯岛上的土地，而且获免履行米提莱奈和雅典的公益捐助（χορηγίας）。如果我们坚持修昔底德谈及的安排方式，那么除向某一位雅典军事殖民者缴纳 2 明那的租金外，这位米提莱奈的土地所有者将不必向雅典缴纳任何费用。

【C. I. A., iv. (1) p. 22, No. 96 (Hicks and Hill, 61) 对雅典地方与莱斯沃斯佃农之间的案件做出规定。从中可以得出结论，一名雅典的驻军只在岛上驻扎一段时间。在公元前 425 年的贡金列表（C. I. A., i. 37; Hicks and Hill, 64）中，土地所有以 Ἀκταῖαι πόλεις 的形式出现。——编者】

14 Thukyd., v. 17.

15 关于这个问题，在伊索克拉底的演说词中着重得到了体现。Isokrates, xiv, 62, p. 308, Λόγος Πλαταϊκός. 在阅读整篇演说词的过程中，最有意思的是展现了这次被征服后的 50 年里普拉提亚人反复遭受的苦难。

16 狄奥多鲁斯（xii. 56）对围困普拉提亚及这座城市的命运进行了非常简略的叙述，但对修昔底德记述的简短问题进行了扩充。

17 令人感兴趣的是，在希腊大部分地区，每逢收获时节食物就会出现短缺，因为希腊人不允许存储物品。因此，（1）人们很少采取长期围困的战略，以便给一座城池带来压力，围城之术长期下去没有什么进步；（2）为了抵抗入侵者，人们需要开阔的战场，以便希腊军队可以使用重型装备。突袭战术对地形如此崎岖的希腊似乎并不适用。

Cf. Grundy, *Journ. Of Hellen. Stud.*, p. 218 *ff*. ——编者

18 说整个伯罗奔尼撒战争期间雅典资助民主进程、斯巴达支持寡头政体是不准确的。在战争早期，埃皮丹努斯、米提莱奈、开俄斯，甚至包括萨摩斯都奉行寡头政体；而西西里的多利安人城市、埃利斯、麦加拉，或许还包括西库翁奉行民主政体。直到公元前418年（Thuk., v. 81）斯巴达一方才有宣传寡头政体的迹象。在当前所描写的这一时间段中，修昔底德小心翼翼地对自公元前427年以来的政治发展进行评论（see also pp. 45-46）。

在科西拉革命之前党派意识那么强烈的说法也不尽准确。对大多数经历革命洗礼的希腊城邦来说，往往也伴随着更凶残的内斗，譬如米利都（Ath., xii. 524）和埃吉纳（Herodot., vi. 90）。但就修昔底德所生活的时代而言，我们确实发现战争对希腊社会生活产生了灾难性的影响，破坏了正在成长的人道主义和再一次使具有致命破坏力的 στάσις 得以充分表现出来。——编者

19 参见 Welcker 编辑的 Theognis, page xxi. § 9 *et seq*. 有价值的初步讨论。

20 Aristot., *Politic.*, v. 7, 18:"我将敌视人民，尽自己所能地打击他们。"（Καὶ τῷ δήμῳ κακόνους ἔσομαι, καὶ βουλεύσω ὅ, τι ἂν ἔχω κακόν.）

【Cf. 保留在色诺芬作品的所谓的老寡头在《雅典政制》中表达了这种彻底的嘲讽精神：μισεῖσθαι ἀνάγκη τὸν ἄρχοντα ὑπὸ τοῦ ἀρχομένου（i. 14）.——编者】

第二十一章
从战争第五年科西拉的麻烦到第六年年末

大约在科西拉的麻烦事发生同时,雅典将军尼奇亚斯对位于麦加拉港口之外、由麦加拉人占据并驻扎军队的多石岛屿米诺亚发起了一次武装行动。雅典人将其据为己有并筑垒设防,因为从该岛出发可非常便利地有效封锁麦加拉的港口,而此前只能从萨拉米斯海岸发起行动。[1]

虽然尼凯拉图斯(Nikeratus)之子尼奇亚斯在公众生活中曾显赫一时,据说他也曾不止一次地成为伯里克利的同僚将军,但这次行动是修昔底德第一次向我们介绍此人。总体而言,自此时直到去世,他似乎比其他任何一个雅典人享有更大的、更持久的个人声名。无论就财富还是出身而言,他都位列雅典第一等级;

第二十一章　从战争第五年科西拉的麻烦到第六年年末

就政治品性而言，亚里士多德将他与麦莱西亚斯之子修昔底德和泰拉麦奈斯（Theramenes）一道，置于雅典历史上最伟大的人物之列地位甚至超过伯里克利。[2]

自亚里士多德以来关于此人的批评之声渐多，摆在我们面前的事实完全当不起如此高的评价，这值得引起我们足够的重视。不过，这也反映了尼奇亚斯在雅典政治中占据的位置。他是继奇蒙和修昔底德之后、承泰拉麦奈斯之前、所谓保守派党人的主要人物。尼奇亚斯所代表的派别力图使自身与主权在民的思想相调和，希望以普遍理性而非普遍目的的形式而存在。如此品性的一个政治人物往往被称为贵族派党人。他们并不惧怕被他人视为贵族派，而是全心全意为民主政治尽其义务。这样的一个政治家一直到去世都会是城邦中最受人尊敬、最有影响力的人物。这清楚地揭示了雅典人真实的习性。无论在智识、教育还是演说术上，尼奇亚斯都只是一个平庸之才。同样地，他以军功起家。作为一名战士，他不但在战场上身先士卒，而且在通常情况下也是一名有能力的将军。在国内履行所有政治义务过程中，他勤勉刻苦，尤其是在将军任上；因此频繁被选举成为或连任城邦的十将军之一。他的前任伯里克利拥有的许多优秀的品质——在雅典人的头脑中对此仍记忆犹新——中，尼奇亚斯拥有其中两项，这成为他影响力最主要的基础。不过更准确地说，他的影响力来自他整个性格的集合而非其中任何一个方面。首先，他完全不受金钱的腐蚀。这一优秀品质在希腊所有城邦的公众人物中是如此稀缺，以至于一旦有人成功地抵制了这样的诱惑，他就会声名鹊起，获得人们比超凡智识能够给予的更大信任。[3] 优秀品质之二在于，他采纳了伯里克利关于雅典对外关系的看法，认为必须维持一种保守或稳定的政策，避免在遥远的地方获得新利益，不从事凶吉难料的冒险，也不挑衅激怒他邦从而树立新的敌人。在对外事务上，虽然具有相似性，但双方也存在实质上的差异。伯里克利虽然是一位保守的政治家，会采取措施限制帝国的盲目扩大，但他坚决反对让帝国的利益受到损害。尼奇亚斯采取龟缩的怯懦政策，不愿为任何目标而努力奋斗。他不但尽力维持和平，他甚至不惜付出相当大的牺牲来赢得和平。

除在这个主要方面与伯里克利具有共同性之外，尼奇亚斯还极其善于以较低的势态和谦恭的态度与人民很好地站在一起。大人物很少愿意大费周章如此行事。伯里克利虽与阿斯帕西亚倾心相爱，然而在民众的眼中她光彩夺目的品质因外邦身份或不够贞洁而使他受到鄙视；与之相较，尼奇亚斯居家男人的形象却与雅典人要求端庄正派的作风严格吻合。伯里克利的身边围绕着一大批哲学家，而尼奇亚斯身边却到处是占卜师。[4] 对雅典人而言，虽然极其高雅的生活和极其信奉宗教的生活都完全可以接受，但尼奇亚斯因为明智地使用了手中的巨额财富赢得了民众之心。一旦公益捐助（指在雅典和其他希腊城邦由富人轮流承担的花费颇巨的公共义务）落到头上，他都能够慷慨而高品位地将其完成，从而为他赢得民众一致的赞誉。他的这些善举远超前人，长久被人们记住并大加褒扬。他在对待贫困公民时平等而和蔼，他赠予城邦的礼物非常丰富，这为他赢得朋友，也堵住攻击者的嘴巴。被喜剧作家嘲讽的各种地痞流氓都会利用公益捐助的敏感性捞取好处。虽然尼奇亚斯有时因此被骗出了钱，但作为一个公众人物，他肯定从公益捐助中获得了巨大的声名。

在从事如此一种职业的过程中，这笔花费是不可避免的。这笔花费加上个人的诚实守信不可能使他权倾一时。他还具有另外一种品质，这种品质不会让尼奇亚斯蒙羞，在这一点上他与伯里克利也迥然不同。尼奇亚斯是一个审慎而勤勉的挣钱人，是劳利翁矿区一名投机商。他将拥有的1000名奴隶租赁给他人，按人头收取固定的租金。[5] 从保存至今的喜剧作品看，这被视为一种相当高雅得体的挣钱方式。因为，当他们以各种方式嘲笑皮革商克莱翁、灯具作坊主叙佩波鲁斯及欧利皮德斯贩卖蔬菜的母亲时，我们没有听到从他们那里传来任何对奴隶租赁主尼奇亚斯的不满之词。

重装步兵对克莱翁不屑一顾，对于勇敢、鲁莽、军人气概的拉马库斯（Lamachus）因贫困而轻慢有加，[6] 但对于尼奇亚斯却非常尊敬，因为他不但家资富足、出身显赫，而且为人诚信、胆识过人、指挥审慎。在灾难性的西西里远征之前，他从未指挥过任何一场非常严重而困难的远征。但是，他所参加的战役都以胜利而告终，因此，他享有福将之名，也被视为一位谨慎的指挥官。或许因其自愿，他曾担任过拉凯戴蒙及其他城邦驻雅典的"代办"。

在崛起并受人充分关注时,尼西亚斯已经成年。在政治生涯的前半部分他主要与克莱翁斗争,后半部分主要与阿克比亚戴斯相抗衡。尼奇亚斯是一位政策执行者,也很有可能经常行使政府的各种职能;而克莱翁是一名监察官,他的权责是在公共事务中监督并指责公职人员。虽然这种说法未必与雅典的民主政制相吻合,但相较于其他术语,却能够更好地展现二者的差别。我们也必须舍弃与之相伴的在英国政治生活中(议会多数长期支持一个党派)人们理解的内容。克莱翁经常在公民大会上提出议案,而他的反对者尼奇亚斯及其他在身份和地位上与之相若的人物,尽管身居将军、代办及其他由公民大会投票选举的公职,但仍是不情不愿也加以执行。

如果说尼奇亚斯可以被视为行部长之职,那么克莱翁的重要性还没有达到如此高度。在下一章中,我们将看到克莱翁是如何部分通过自身超凡的洞察力,更重要的是通过骗人的伎俩和尼奇亚斯及其他反对者在斯法克泰利亚事件中的误判而获得提升的。不过,当下他的职责是发现他人的错误,审核并谴责他人;他的行动舞台是议事会、公民大会和陪审法庭;他的天赋主要体现在演说上,在这方面他必须毫无疑问地超越同时代的人。伯里克利融为一体的两种天赋,即超凡的演说能力和果断的行动能力如今被分隔开来,[7]而且在水平上有大幅度的下降。其中一种天赋由尼奇亚斯拥有,另一种由克莱翁所专长。作为一个在野的政客，克莱翁脾气暴躁，对所有在位的官员，他都是一位极难应付的对手。利用在公民大会的影响力，他无疑成为许多重要举措的始作俑者，发挥着超出所谓在野人士的功能。但是，虽然是公民大会最富有成效的演说者，但他并未因此成为民主政治中最有影响力的人。

为了理解此时雅典的政治状况，有必要将尼奇亚斯与克莱翁二人稍做比较。可以说，虽然或许克莱翁是一个更成功的演说家，但尼奇亚斯才是更有影响力和控制力的领袖。

战争进行到第五年的秋天，瘟疫在经过一段时间的停顿后，重新在雅典肆虐。这次瘟疫持续的时间长达一年之久。这年秋天及次年夏天都笼罩在多变的天灾和地动氛围之下。在雅典、优卑亚、比奥提亚都经历了许多地震，发生在奥科麦努斯的地震破坏性尤其巨大。突如其来的海啸和史无前例的巨浪袭击了优卑亚和罗克利斯沿岸地区。频发的地震给雅典带来了有利的影响，避免了拉凯戴蒙人再一次入侵阿提卡。本来，为此目的，斯巴达国王阿吉斯已经抵达地峡，但反复爆发的地震被视为凶兆，计划也因此而被放弃。

但是，这些地震并没有构成充分的理由，阻止拉凯戴蒙人在温泉关峡谷附近建立一个新殖民地赫拉克莱亚。此时，我们听到了战争过程中还没有提及的一支希腊人。温泉关西北的海岸被特拉奇斯人占据。特拉奇斯人居住的地方北部紧邻奥伊塔山（Mount Oeta），而多利安人（准确地讲，这是一支很小的部族，但他们一般被视为多利安人最初的发源地）居住之地的南部也靠近同一道山脉。这两支部族都受到居于二者之间山区掠夺成性的居民（很有可能是埃托利亚人）的骚扰。最初，特拉奇斯人寻求雅典的庇护。但觉得雅典对待他们的态度不足以确保其安全，于是他们加入多利安人的阵营，以便能够从斯巴达那里获得援助。事实上，因为雅典只在海上占据优势而在陆上处于劣势，不太可能给予他们有效的援助。

拉凯戴蒙人急于利用这个机会，决定在这个险要之地建立一个强大的殖民地。周边地区盛产造船用的木材，[8]他们希望在此获得一个海港以利于进攻附近的优卑亚岛；陆军也由此更便利地进攻雅典在色雷斯的属邦。三年前，正是因为无法由此经过迫使他们任由波提戴亚听天由命。由斯巴达人和来自拉凯戴蒙的庇里阿西人组成的数量不菲的殖民者被调集到三位斯巴达建城者部下展开行动。除伊奥尼亚人、阿凯亚人和其他一些没有特别指出的部族外，斯巴达人还进一步发出倡议，邀请所有城邦的希腊人前往殖民。许多殖民者，据说不少于 10 000 人，涌入该地，他们坚信在斯巴达这个强有力城邦的保护下，殖民地一定会繁荣稳定。这座呈圆形的新城就这样建立起来了。这座被命名为赫拉克莱亚[9]的城邦距特拉奇斯不远，离马利亚湾最近的地方仅有 2.5 英里，到温泉关峡谷约 5 英里。[10]为了有效控制温泉关，斯巴达人在峡谷近旁修建了一座供船舶停靠的船坞和港口。

在这样一个位置重要的地方建立一座由拉凯戴蒙人保护的

第二十一章 从战争第五年科西拉的麻烦到第六年年末

人口繁多的城邦让雅典人感受到了压力和担心，并使希腊各地有了许多期许。但是，拉凯戴蒙的建城者行事粗暴，在管理城邦上缺乏技巧。同时，对色萨利人而言，特拉奇斯人本是他们的纳贡者，因此这座新的殖民地被视为对其国土的侵占，他们急于阻止殖民地力量的增长。因此，自建立的那一刻起，色萨利人就满怀敌意地袭击赫拉克莱亚。奥伊塔人也是进攻殖民者的急先锋。鉴于外部的压力和内部的管理不善，赫拉克莱亚尽管最初人数众多，前景一片光明，但如今也只不过能够勉强生存下去。[11]

是年夏天，由尼奇亚斯率领的由60艘三列桨战船组成的雅典主力舰队发起了对米洛斯岛的远征。由于米洛斯和泰拉（Thera）两座岛屿的居民都是远古来自拉凯戴蒙的殖民者，所以从最初开始直到彼时，他们都拒绝成为雅典的同盟者或成为雅典帝国的属邦。[12] 因此，这两座岛屿站了出来，成为爱琴海所有岛屿的例外。雅典人认为，他们有权诉诸武力控制和征服这些岛屿，有权指挥所有的岛民。很有可能，雅典人可能确实催促过米洛斯人，强调他们因雅典的保护而不受爱琴海上海盗的侵扰，但他们却没有为此缴纳贡金。然而，考虑到米洛斯人坚定的拒绝和强烈的亲拉科尼亚偏向，虽然他们既未参战也未侵犯雅典，仅从计算得失的角度看，试图通过武力将其征服也几乎找不到任何正当理由，进行一场在今天看来我们或许会成为海上帝国原则的征服，只能是权力纯粹的放纵。尼奇亚斯率领舰队造访了这座岛屿，在召集岛民无果的情况下，蹂躏了岛上的田地。不过舰队最终撤出并没有围城。接着,他率舰队离开,航往位于阿提卡东北边界与比奥提亚接壤的奥罗普斯。船上装载的重装步兵在夜晚登陆,向比奥提亚的腹地进军,到达塔纳格拉附近。根据信号的提示,这支军队在此与另一支从雅典出发的陆军会合。这支联军蹂躏了塔纳格拉,在与防守的驻军战斗中并没有取得什么优势。在返航过程中,尼奇亚斯再一次集合大军,向北沿罗克利海岸航行,并一如既往地对周边地区掠夺蹂躏。最后大军返回雅典,没有实现任何目标。

大约在他开始行动时,雅典另外30艘三列桨战船在德摩斯提尼和普罗克莱斯(Prokles)的率领下被派沿伯罗奔尼撒半岛周边航行,前往阿卡纳尼亚海岸。15艘科西拉战船和一些来自克法莱尼亚、扎坤图斯的也一同前往。在阿卡纳尼亚军队的协力下,雅典人从地峡内外两个方向蹂躏了琉卡斯全境。但因该城的城池过于牢固,雅典人只得在外修建了一道围墙,对其长期围困,令城里的居民不得出入。阿卡纳尼亚人对该城邦尤其敌视,催促德摩斯提尼立即采取上述措施,因为这样的机会可能不会再次出现,而胜利几乎就在眼前。

但是,在这件事关重大的决策中,这位有进取心的指挥官犯下了严重的错误,鲁莽行事,触怒了阿卡纳尼亚人。他决定进攻所有区域中最不具有可行性的地方——埃托利亚的腹心地带。瑙帕克图斯的美塞尼亚人长年遭受着周边埃托利亚部族的掠夺,向他建言,激励他展开一次规模宏大的行动,鼓动说这比征服琉卡斯更配得上他指挥的这支大军。埃托利亚的各部族生性粗鲁、

第二十一章 从战争第五年科西拉的麻烦到第六年年末

掠夺成性、枪不离手，此外他们使用标枪的技术无与伦比。这些部族遍布从帕尔纳苏斯山和奥伊塔山到拉凯劳斯（Achelous）河东岸地区。美塞尼亚人提出的计划是，德摩斯提尼应当对埃托利亚部族的中央发起进攻。如果将其征服，安布拉奇亚湾到帕尔纳苏斯山之间所有大陆上的部族都将被迫成为雅典的同盟者。就这样，德摩斯提尼获得了指挥一支庞大陆军的权力。他寻思着将来从帕尔纳苏斯山的西侧出发，经过奥佐利亚的罗克利斯人的土地，最后到达凯菲苏斯河谷上游地区属于多利斯的库提翁（Kytinium）。其中，奥佐利亚的罗克利斯人居住在科林斯湾北部沿岸；虽然他们与埃托利亚人在生活习性和作战方式上大体相当，但却对雅典友好而与埃托利亚人为敌。如果这样，他就可以轻易地沿河谷进入弗奇斯人的地盘。虽然条件有利的话，弗奇斯人有可能加入雅典人的队伍，但可能受到强迫他们才会如此。按他的计划，军队从弗奇斯出发，将从北边相邻之地侵入雅典的世仇比奥提亚。如果雅典人同时从阿提卡发起进攻，比奥提亚很有可能被完全征服。如果能够完成这个周详的计划，任何一位雅典将军将理所当然地在城邦内获得崇高的名望。但是，德摩斯提尼既不了解他面临的野蛮人是万夫莫敌，也不知道以埃托利亚命名的这片土地根本没有道路可行。

德摩斯提尼率领美塞尼亚人、克法莱尼亚人和扎坤图斯人驶往离瑙帕克图斯东边不远处位于奥佐利亚的罗克利斯境内的奥伊奈翁（Oeneon）。大军在此登陆。此次行动还包括300名三列桨战船上的埃皮巴泰兵(Epibatae,也即海战步兵,此类兵种在当时还不常见[13])、一些从雅典士兵名录中挑选出的年纪相同的年轻的重装步兵。一大早,他就命令军队进军来到埃托利亚。第一天,他夺取了一些未筑城和设防的村庄,里面的居民主动将其放弃,逃往大山里面。德摩斯提尼本打算停下来等待奥佐利亚的罗克利斯人协同作战,因为他们答应同时入侵埃托利亚。罗克利斯人的加入是雅典人胜利不可或缺的重要保证,因为他们既熟悉埃托利亚人的战术,也对其武器了如指掌。但是,美塞尼亚人再一次劝说他不要有任何耽搁,立即向腹心地带进军,以便在大军聚集之前对每个村落各个击破并将其攻克。德摩斯提尼因未遭受敌人的抵抗而受到了鼓舞,继续向埃吉提翁(Aegitium)开进。他发现这个村镇也已空无一人,因此没有经历抵抗就占领了该镇。

然而,在此,他的好运就走到了尽头。埃吉提翁周边的山区不但被从该镇逃出的居民占据,还藏匿着埃托利亚的全部军队。埃托利亚人提前知晓了德摩斯提尼入侵的消息。他们不但早已提醒所有部族敌人即将到达,还派出使者前往斯巴达和科林斯寻求援助。在战斗过程中,埃托利亚人充分展现出有能力在没有外援支持的情况下防卫其疆土的决心。突然间,德摩斯提尼发现在埃吉提翁受到了攻击;转瞬间,这些行动敏捷的山民手持标枪,从邻近的山上涌出,从各个方向对他们发起了进攻。由于不善近战,当雅典人向前对他们发起进攻时,埃托利亚人被迫撤退。但是,当雅典人因崎岖的地形不能继续前进、开始返回大本营时,

第二十一章　从战争第五年科西拉的麻烦到第六年年末

他们又重新发起了进攻。虽然随德摩斯提尼一起前往的为数不多的弓箭手曾一度让这些没有穿甲戴胄的攻击者陷入困境，但是，很快指挥弓箭手的军官被杀，同时箭矢也几乎耗尽，最糟糕的是唯一一个了解当地可以充当向导的人也被杀死。最终，德摩斯提尼的大军被彻底击溃，被迫逃窜。然而，这里没有平坦的道路，没有向导为他们带路；更糟糕的是，不但他们对这一地区不熟悉，而且这里群山阻隔，怪石嶙峋，森林遮天蔽日。[14]在逃窜过程中，许多人被追击的埃托利亚人杀死，因为当地人不但行动敏捷，而且熟知地形。其中一些逃亡者甚至因埃托利亚人的纵火在森林里悲惨地丢掉了性命。最后，逃窜的士兵在海岸边的奥埃伊奈重新会合。这次战斗中，德摩斯提尼的同僚指挥官普罗克莱斯丧命，另外还有120名装备精良的位列雅典海战步兵名录的战士牺牲。劫后余生的军队马上从瑙帕克图斯被运送回雅典。但是，德摩斯提尼留了下来，他非常害怕在这样一个时刻返回会让他的同胞感到不快。

德摩斯提尼不成功的入侵树立了新的敌人，很快雅典人就感受到了这批新树立的敌人的力量。被派往斯巴达和科林斯的埃托利亚使者发现，他们轻易地获得了承诺，伯罗奔尼撒人答应提供一支数量可观的军队与他们一道远征瑙帕克图斯。大约在9月，在优吕罗库斯（Eurylochus）率领下，包括新建殖民地赫拉克莱亚派出的500名士兵在内的3000名伯罗奔尼撒重装步兵在德尔菲集合。通往瑙帕克图斯的道路必须经过奥佐利亚的罗克利斯人的地盘。伯罗奔尼撒人计划，要么获得罗克利斯人的支持，要么将其征服。他们不费一枪一弹就占领了罗克利斯人最大的城镇安菲萨（Amphissa），因为安菲萨人正与帕尔纳苏斯山另一侧的邻邦长期不和，担心新的军事行动将会成为弗奇斯人针对他们的手段。一经提议，他们就加入了斯巴达同盟，并派送人质表明对同盟的忠诚。此外，他们还说服其他许多罗克利斯人的小村镇与其共同行动，其中就包括控制着这条大道上最易守难攻关隘的迈奥奈斯人（Myoneis）。到达瑙帕克图斯境内后，埃托利亚人的大军加入优吕罗库斯的队伍中。经两支大军的联合努力，夺取如今臣属于雅典帝国的科林斯殖民地摩吕克雷翁（Molykreion）。

瑙帕克图斯城虽被高大的城池所环绕，整座城市防守严密，但如今也处于极其严重的威胁之下；如果雅典将军德摩斯提尼不采取行动对其施以援助，城池肯定会被攻克。听到优吕罗库斯的大军即将到达的消息后，他以个人名义前往阿卡纳尼亚，说服他们派出一支军队帮助瑙帕克图斯的防御。德摩斯提尼率领1000名阿卡纳尼亚重装步兵，义无反顾地冲入瑙帕克图斯城内。眼见如此，优吕罗库斯知道不可能攻克这座城市，因此放弃了所有针对瑙帕克图斯的计划，转而向西攻入阿卡纳尼亚边界。

埃托利亚人加入他的队伍，他们的共同目标是攻打瑙帕克图斯。眼见如此，他们不再追随优吕罗库斯，各自返回了家乡。但是，安布拉奇亚人劝说他不要放弃，答应帮助他攻打安菲罗奇亚的阿尔戈斯及阿卡纳尼亚，并向他保证将从安布拉奇亚到科林湾整个大陆上的城邦置于拉凯戴蒙霸权之下前景一片光明。3000

第二十一章 从战争第五年科西拉的麻烦到第六年年末

名安布拉奇亚重装步兵侵入安菲罗奇亚的阿尔戈斯,并夺取了距阿尔戈斯约三英里、紧邻阿布拉奇亚湾的驻防严密的奥尔派(Olpae)山。在此之前,这座山丘是全体安布拉奇亚人举行公共审判大会的场所。

安布拉奇亚人提前与优吕罗库斯进行了沟通,因此这次行动成为双方采取行动的信号。阿卡纳尼亚人举全部族之力保护阿尔戈斯。他们占领了安菲罗奇亚境内一处名为克莱纳(Krenae)的要塞,以便防止优吕罗库斯与奥尔派的阿布拉奇亚人联合行动。同时,他们派人向瑙帕克图斯送去紧急消息,邀请德摩斯提尼担任他们的指挥官。德摩斯提尼毫不迟疑地抓住这次千载难逢的良机,率领20艘三列桨战舰连同200名美塞尼亚重装步兵和60名弓箭手迅速驶入安布拉奇亚湾。

他发现,由3000名安布拉奇亚重装步兵和优吕罗库斯率领的伯罗奔尼撒人组成的整支联军已经驻扎在离此约三英里远的奥尔派。一听到安布拉奇亚人已经抵达奥尔派,优吕罗库斯立即就毫不犹豫地拔除在埃托利亚境内普罗施翁(Proschium)的营帐,他知道穿越敌对的阿卡纳尼亚人地盘的最佳机会就是行动要迅捷。然而,因为阿卡纳尼亚人所有力量都前往阿尔戈斯,伯罗奔尼撒人通过这片土地时没有遇到任何抵抗。大军渡过阿凯劳斯河,向斯特拉图斯以西行军;他们放弃了阿卡纳尼亚和从阿卡纳尼亚到阿尔戈斯的直道,向东进入了山区。从山上出发,大军趁着夜色进入阿尔戈斯境内,在没人发现的情况下,穿过阿尔戈斯和驻扎在克莱纳要塞的阿卡纳尼亚人的地盘，安全地与守卫在奥尔派的3000名安布拉奇亚人会合。

尽管驻扎在奥尔派的令人可怕的敌人联军在数量上超过了雅典人，但德摩斯提尼仍率领他的军队从阿尔戈斯和克莱纳向他们发起了进攻。这里的地形崎岖多山，在两支大军中间横隔着一道陡峭的山涧。任何一方都不愿意首先渡过这道山涧，因此战事就这样拖了5天，双方都未采取积极行动。第6天，双方或许厌倦了等待，都决定展开决战。此地的地形适合于埋伏兵。德摩斯提尼在一片树木遮蔽的谷地埋伏下400名重装步兵和轻装兵，以便在战斗正酣其右翼受挫时突然从伯罗奔尼撒人的左翼跃出。德摩斯提尼与美塞尼亚人和一些雅典人居于战阵的右翼，与之对抗的是优吕罗库斯所率的敌军左翼。阿卡纳尼亚人和安菲罗奇亚投枪兵位于战阵左翼，与之对抗的是安布拉奇亚重装步兵。不过，安布拉奇亚人、伯罗奔尼撒人与优吕罗库斯的阵形混杂在一起，只有曼提奈亚人独立组成一个方阵位于中央偏左。战斗开始了！优吕罗库斯利用优势兵力对德摩斯提尼所在方阵形成包围之势，这时埋伏在山谷中的军队突然冲了出来，攻击伯罗奔尼撒方阵的后翼。优吕罗库斯的手下一片恐慌，他们无法组织起与伯罗奔尼撒人威名相符的任何抵抗。于是，方阵立刻乱成一团，士兵们纷纷逃窜。在此过程中，优吕罗库斯被人轻易掀倒身亡。德摩斯提尼率领身边能攻善战的军队对伯罗奔尼撒人发起了猛烈的进攻，这些人的恐慌也冲乱了中军，因此所有人也都纷纷逃窜，往奥尔

第二十一章 从战争第五年科西拉的麻烦到第六年年末

派方向撤退。但在优吕罗库斯大军的右翼,安布拉奇亚人彻底击败了与之抗衡的阿卡纳尼亚人,甚至将对手追到了阿尔戈斯。不过,德摩斯提尼在对其他军队的战斗中取得的胜利是如此彻底,以至于安布拉奇亚人费了好大劲才排除万难,打回到了奥尔派。这座要塞还未被征服,里面的损失也不太严重。德摩斯提尼的大军损失了300人,其对手的损失要大得多,但具体数字并不清楚。

三位斯巴达指挥官中,两人被杀,另外一位麦奈戴乌斯(Menedaeus)发现无论海上还是陆上都被包围,雅典人已派出一支分队沿海岸巡逻。事实上,他或许应当杀出一条血路,前往安布拉奇亚,尤其因为他或许有可能遇到一支由安布拉奇亚城派出的援军。但是,这位指挥官已经备感绝望,不愿意尝试思考援军是否可能的问题。于是,他要求按照传统,订立停战协定,以便掩埋死者,并公开与德摩斯提尼谈判,希望能够不受干扰地撤出战场。他的要求遭到了蛮横的拒绝。但是,德摩斯提尼秘密地向斯巴达的指挥官、其身边的人员、曼提奈亚人及其他伯罗奔尼撒人暗示,如果他们分别偷偷地撤出,而不去管其他盟友,雅典人将不会进行任何干涉。通过这种方式,他不但计划孤立阿尔戈斯和阿卡纳尼亚最主要的敌人安布拉奇亚人,让优吕罗库斯手下来自各方的雇佣兵不战而退,而且在埃皮鲁斯的希腊人眼中让斯巴达人和伯罗奔尼撒受到侮辱,从而获得更加长久的优势。伯罗奔尼撒人接受了这个可耻的条约,并将其付诸实施。在这次事件中,为了自身及身边个别人的安全,指挥者抛弃了手下的广大普通战士。这样的事例在希腊历史上独一无二。毫无疑问，如果指挥者是雅典人，人们定然是征引它作为虚假的民主政体毫无信义的证据。但是，这是一起斯巴达指挥官及诸多伯罗奔尼撒领导者的行为，我们只能不揣冒昧地评论说，这进一步表明了伯罗奔尼撒人内部的自私自利及其对伯罗奔尼撒之外希腊人应尽义务的漠然。可叹的是，在薛西斯侵略期间，我们发现这种卑劣的品性也是如此大行其道。

与这次战斗给安布拉奇亚造成的不公平的损失一样，另一次更严重的灾难即将发生到它的身上。在奥尔派驻军的急迫呼吁下，城邦派出一支人数可观的援军。他们一准备好就随即动身，大约在奥尔派战斗爆发时进入安菲罗奇亚境内。在战斗结束的第二天，安菲罗奇亚人告诉了德摩斯提尼援军即将抵达的消息；他们同时建议，突袭这支援军的最佳方式是在敌人必须经过的崎岖多山的道路上，最佳地点是即将到达奥尔派的一个狭窄关隘，两边高山耸立，名为伊多麦奈。德摩斯提尼提前得知，按照安布拉奇亚人的行军路线，他们将在两座山峰下面低洼处过夜休息，并准备在次日早晨通过这道关隘。就在那天晚上，按照德摩斯提尼的指令，安菲罗奇亚人的一支分遣队占领了两座山峰较高之处。而德摩斯提尼本人将军队一分为二，在傍晚用过晚餐后从奥尔派的营地出发。经过整晚的行军，在拂晓到来之前不久，他们抵达安布拉奇亚人的宿营地。德摩斯提尼本人与其所率的美塞尼亚人冲锋在前。安布拉奇亚人对于这次突然袭击完全始料未及，完全

第二十一章 从战争第五年科西拉的麻烦到第六年年末

不知道最近发生的战斗,还躺在营帐里鼾声如雷。甚至岗哨也被他们听到的多利安人口音给迷惑到了;回应口令的正是德摩斯提尼为此专门目的而设置的美塞尼亚人。在黎明即将来临时的朦胧状态下,哨兵们看不太清楚对面的情况,误认为是从其他营帐回来的安布拉奇亚公民。许多人就在这里被当场消灭,剩下的人从各个方向逃到邻近的山区里,他们不辨方向,不知道路。只余下很小一部分人活着返回了安布拉奇亚。

德摩斯提尼令人钦佩地在伊多麦奈大获全胜,这次战斗中雅典人几乎没有什么损失。

修昔底德认为,这次灾难是整个战争中在尼奇亚斯和约订立之前所有希腊城邦遭到的最惨痛的一次失败。[15]事实上,战死者的数目太大,虽然修昔底德知道丧命者的具体数目,但他因担心人们不相信,也拒绝将其记录下来。对于他的顾虑,作为这位史学家的读者,我们深感遗憾。很可能的是,安布拉奇亚几乎全部成年的可以参战的男性公民都被消灭。德摩斯提尼强烈要求阿卡纳尼亚人立即从那里进军。如果愿望达成,修昔底德肯定地告诉我们,他们将不费一兵一卒就令这座城市举手投降。但是,他们拒绝采取行动,(按这位史学家的说法)担心驻扎在安布拉奇亚的雅典人将会比安布拉奇亚人更令他们烦心。不必怀疑,这样的理由至关重要,但这并非唯一甚至最重要的理由。因为,如果确实如此,他们也同样出于担心而会置德摩斯提尼强烈的恳请于不顾,不与雅典合作共同围困琉卡斯,并因拒绝采取行动与他发生分歧。与琉卡斯相较,安布拉奇亚距离他们不会更近,在当前精疲力竭的状况下,人们对雅典威胁的担心会更少一些。但很有可能的是,德摩斯提尼此前的拒绝给他们造成的伤害还没有抚平,或者他们不体面地找到了一次以类似方式报复他的机会。

安布拉奇亚完全陷入无助的状态可通过这样一个事实得到更加充分的证明。战斗结束不久,科林斯被迫通过陆上派出一支由 300 名重装步兵组成的队伍加强该邦的防御。

在以阿卡纳尼亚人和安菲罗奇亚人为一方、安布拉奇亚人和伯罗奔尼撒人为另外一方订立和约,确保双方安全而不受干扰地外出后不久,雅典的三列桨战船返回他们在瑙帕克图斯的基地。安布拉奇亚人实现了更加长久的和平。[16] 阿卡纳尼亚人及安菲罗奇亚人与他们订立了和平条约并结成为期 100 年的同盟。其条件是安布拉奇亚归还所有安菲罗奇亚的土地及由其控制的人质;同时要求不得为与阿卡纳尼亚人为敌的阿纳克托利翁人提供任何形式的援助。不过,各方仍可各自维持与其他方的同盟关系。安布拉奇亚仍属伯罗奔尼撒同盟,阿卡纳尼亚仍属雅典同盟。

就在同一年秋,一则神谕劝说雅典人在提洛岛举行更为彻底的祓除。人们举行祓除仪式很有可能是为了安抚阿波罗,因为他们被告知,可怕瘟疫的造访缘于这位大神的愤怒。大约就在这一段时间,瘟疫在消失一年后再一次肆虐雅典。大多数的人将瘟疫的短暂消失归功于他们对提洛岛虔诚的看护。岛上所有的坟墓都被打开,接着所有尸骨都被挖了出来,重新埋葬在不远处的莱

第二十一章　从战争第五年科西拉的麻烦到第六年年末

内亚岛。城邦发出严令，从今之后，在这座圣岛上既不许死也不许生。在吕底亚和波斯征服伊奥尼亚并中止其繁荣之前，全体伊奥尼亚人都会定期聚集岛上，通过音乐竞技纪念阿波罗神。如今，雅典人重新恢复了提洛岛上这个古老的节庆。在提洛岛上，尼奇亚斯的宗教热情和慷慨大方得到了令人瞩目的展现。[17]

1. 如今米诺亚已经不再是一座岛屿，而成为大陆靠近海岸的一座小山。——编者
2. Plutarch, *Nikias*, c. 2, 3;【*th. Pol.*, c. 28.——编者】
3. 以同样的方式，弗奇翁（Phokion）被 45 次选为将军，比公元前 4 世纪雅典政治中其他任何一个人物都维持着更长时间的影响力。——编者
4. Thukyd., vii. 50; Plutarch, *Nikias*, c. 4, 5, 23.
5. Xenophon, *Memorab.*, ii. 5, 2;【Xenophon】, *De Vectigalibus*, iv. 14.
6. Thukyd., v. 7; Plutarch, *Alkibiades*, c. 21:"拉马库斯的确是一个好士兵和作战勇猛的人，但因为他的贫穷，他缺乏权威和声誉。"（Ὁ γὰρ Λάμαχος ἦν μὲν πολεμικὸς καὶ ἀνδρώδης, ἀξίωμα δ' οὐ προσῆν οὐδ' ὄγκος αὐτῷ διὰ πενίαν.），请与 Plutarch, *Nikias*, c. 15 比较.
7. 在现代宪政的理论和实践中，我们经常发现行政权和执行权的分离。但据我们所知，早期希腊的立法者还没有明确地构想过这个问题。行政权与监督权相背而行的恶果在雅典没有长期表现出负面效果。在行动过程中，将军致力于发挥其影响，尽力提出反对意见（尤其是反对尼奇亚斯指挥西西里远征），但他们与民众的感情之间丧失了联系。
在公元前 411 年革命中提出的最早方案中可以发现试图将这些机构关

联起来（cf. appendix to ch. 34）。公元前 4 世纪的哲学家提出了大量更激进的设想。

【虽然格罗特没有发现"在野党"的监督功能，但我们必须记住，在希腊城邦中，战争频仍，战争的威胁无时无刻不在，强有力的执行力必不可少。不断增长的行政乏力最终的结果是希腊化君主政体取代了 πόλις。——编者】

8　关于丰富的木材及赫拉克莱亚的位置，可以参阅 Livy, xxxvi. 22。

9　Diodor., xii. 59.

10　关于赫拉克莱亚的位置，参见 Grundy, *Great Persian War*, p. 262 *ff*。——编者

11　Thukyd., iii. 92, 93; Diodor., xi. 49; xii. 59.

12　在公元前 425 年的纳贡名录（C. I. A., i. 37; Hicks and Hill, 64）中我们发现，对米洛斯和泰拉的贡金都有估值。因此，公元前 425 年，雅典仍指望着征服这两座岛屿。泰拉的贡金估值还算合理，仅有 5 塔兰特；而米洛斯虽是一座更贫困的岛屿，但需承担 15 塔兰特。显然，米洛斯已经处于乌云的笼罩之下了。——编者

13　埃皮巴泰兵，也即在战船上服役的士兵，通常选自最贫穷的日佣级公民，每次出征时由城邦为他们配备全套的甲胄装备。他们不是通常的重装步兵。在罗马军队中，相较于海战步兵，在军团里服役被认为是地位更高，更受人尊敬的事（Tacit., *Histor.* i., 87）。

14　德摩斯提尼在埃托利亚的失败表明，希腊的重装步兵在离开平坦之地或遭遇不按战争惯例行事的军队时是多么致命。伊多麦奈（Idomene）战役也充分展现出它的缺陷（Thuk., iii. 112）。此外，德摩斯提尼在斯法克泰利亚（Thuk., iv. 33, 34）及伊菲克拉泰斯在莱卡翁（Xen., *Hell.*, iv. 5. 13–17）的胜利进一步证明，没有其他兵种支援的重装步兵在一支训练有素的轻装步兵面前不堪一击。在承认有必要装备一

支由重武器装备的军队（*cf.* n. 17 on p. 549）的同时，我们想知道，在一个适宜游击战的地方，分散的小支队伍为何很少使用战略战术。——编者

15 | 我们注意到在修昔底德作品的第一、二、三卷和第四卷的前面部分使用了 κατὰ τὸν πόλεμον τόνδε 的表达，这似乎表明是指伯罗奔尼撒战争的最初10年，即尼奇亚斯和约订立之前。

比较 ἐν τῷ πολέμῳ τῷδε（iii. 98），这也是指尼奇亚斯和约之前的战争。

16 | 安布拉奇亚衰弱造成的主要影响是，随后它从同盟海军中撤走了大约20艘三列桨战船（Thuk., i. 46）。除此之外，雅典在这一区域取得的胜利是，对科林斯人造成了严重的打击。因为科林斯人本指望着在西北部的战役中获得许多利益。——编者

17 | Thukyd., iii. 104; Plutarch, *Nikias,* c. 3, 4; Diodor., xii. 58.

第二十二章
战争第七年：占领斯法克泰利亚

在描述发生在派罗斯（Pylus）和斯法克泰利亚（Sphakteria）的战役时，格罗特仍遵循传统的说法，按修昔底德的描述，将纳瓦利诺湾（Bay of Navarino）及其周边地区作为所有战斗发生的场所。事实上，格罗特注意到修昔底德笔下的 λιμήν 与现代的纳瓦利诺湾的不同。现代的纳瓦利诺湾的入口（南部的入口事实上大约宽1300码）比修昔底德确认的要宽得多。但是，他解释说，在过去的2300年里，海湾的地理状况发生了很大的改变。他的解释被证明站不住脚。地理学家表明，这里的地形变化非常微小。传统的记述还忽视了这样一个事实，那就是纳瓦利诺湾在躲避风浪方面作用相当有限，特别是在西南风面前几乎不起什

第二十二章 战争第七年：占领斯法克泰利亚

么作用。经过不懈的研究，阿诺德（Arnold）博士证明，所谓的λιμήν是指奥斯明·阿加（Osmyn Aga）潟湖，这是一个优良的避风港。此外，他认为斯法克泰利亚是位于潟湖西岸的帕拉奥卡斯托罗（Palaeokastro）角，通过北部的一道低矮的沙洲与大陆相连。他还认为，在古代，这道沙洲并不存在，从而使得该海岬成为一座岛屿。派罗斯就是位于潟湖西北的哈吉奥·尼科罗（Hagio Nikolo）山。就这样，阿诺德博士解决了困扰我们的关于战争地点的诸多困难。

与上述观点不同，格罗特竭力主张，根据修昔底德的记载，不可能允许战场周边出现两座岛屿。此外，（1）进一步的研究已经表明，数千年来，帕拉奥卡斯托罗一直是一座半岛；（2）帕拉奥卡斯托罗具备修昔底德笔下派罗斯的所有特征；（3）斯法克泰利亚的古代要塞已经明白无误地表明就在斯法吉亚（Sphagia）岛上。

以下的看法可能是最可能的解决方式，既可修正格罗特记述中的一些不足，也可与修昔底德的记载保持一致：

其一，为了避风浪，雅典舰队躲进潟湖，并对帕拉奥卡斯托罗半岛的一部分地方筑城设防。（雅典舰船抛锚停泊并修筑城防的具体位置还有争议）

其二，伯罗奔尼撒舰队及陆军分别在外海和潟湖一方对帕拉奥卡斯托罗发起进攻。（同样地，发起进攻的确切地点也有争议）

其三，为了防止雅典援军找到登陆地，伯罗奔尼撒人占据了斯法吉亚岛和潟湖的两个入口：斯法吉亚与帕拉奥卡斯托罗之间通往外海的水道（ὁ ἔσπλους πρὸς τὸ πέλαγος, iv. 8）和斯法吉亚与延伸于潟湖和纳瓦利诺湾之间的嘴状沙洲之间的湖内水道。现在这两处航道分别宽 130 码和 200 码（自古代以来，湖内水道可能变得更宽了）。伯罗奔尼撒人可能不会封锁帕拉奥卡斯托罗以北被称为沃伊狄奥奇利亚（Voidio Kilia）的海湾，因为驻守在帕拉奥卡斯托罗地峡上的陆军足以阻止雅典军队从此登陆。

其四，次日，雅典援军同时发起了两次进攻。一方面力图清除帕拉奥卡斯托罗与斯法吉亚之间海峡中阻止船舶航行的障碍物，另一方面对残余的伯罗奔尼撒舰队发起进攻。此前，伯罗奔尼撒舰队在纳瓦利诺湾被从远处快速赶来的雅典舰船通过南部未设防的入口后袭击。

其五，只要伯罗奔尼撒人加强了湖内的防线，通过外海海峡的船只将被迫撤退，因为它们担心从后面受到袭击，被切断斯法吉亚与大陆之间的所有联系。

其六，雅典舰船通过巡航纳瓦利诺湾封锁斯法克泰利亚岛，不过在这个海湾里他们定然强烈地感受到了气候带来的压力。

其七，夺取斯法克泰利亚的过程与修昔底德的描述完全吻合。这种假说的前提是，除了如今正在发生变化的地方外（嘴状沙洲正在因纳瓦利诺湾不时出现的强浪而非常缓慢地沉入水下）。这一地区的其他地理状况没有发生变化。

以上的看法总体上并不会与修昔底德的文本发生冲突。不

第二十二章 战争第七年：占领斯法克泰利亚

过这种观点涉及这样一个推断，那就是修昔底德使用了 ὁ λιμήν 指代两块不同的水域：其一指潟湖（直到雅典援军到达时为止）；其二指纳瓦利诺湾（自海战开始）。这一错误也解释了修昔底德关于 ἔσπλοι 一词的理解上含混不清。造成这一错误的原因可能在于，他使用了两种不同的材料来描述这一段史实。为其提供材料的第一类人参加了早期在帕拉奥卡斯托罗之外的战斗，因此当他们谈到 ὁ λιμήν 时就是指的潟湖。第二类人参加了后来的围攻斯法吉亚的战斗，对他们而言，ὁ λιμήν 自然就是指纳瓦利诺湾。鉴于修昔底德对这一区域缺乏个人的直观了解，将两块水域混为一谈就不难理解了。

上述观点主要依据格兰狄在《希腊研究杂志》第16卷（1896年）第1—55页的论述，他绘制的测量图和相关注解颇具价值。也可参照在该杂志的同一卷次第56—76页及第17卷（1898年）第147—159页中巴罗斯（Burrows）的研究，特别是拍摄的相关插图。——编者

如今，除伯罗奔尼撒战争的第3年和第6年外，拉凯戴蒙大军每年入侵阿提卡已经成为惯常的军事行动。虽然在战争爆发之时，拉凯戴蒙人并没有这样的计划，但如今只是出于偶然的原因，他们才会放弃入侵行动。是年春，斯巴达国王阿吉斯率领伯罗奔尼撒军队进入阿提卡国境，重复惯常的劫掠和蹂躏活动。

然而，从情况看，科西拉似乎即将成为此年军事行动的主要场所。因为寡头派的流亡者返回这座岛屿，在伊斯托奈（Istone）

山构筑防御工事，与城内的科西拉人多次战斗，导致城内居民陷入危难甚至饥荒之中。伯罗奔尼撒人派出60艘战船前往支持入侵者。当城内的科西拉人遭受如此巨大压力的消息传到雅典后，公民大会命令，在优吕麦东和索福克勒斯率领的由40艘三列桨战船组成的本打算开往西西里的舰队停止继续航行，转赴科西拉，为城内的居民提供他们所需的任何援助。但在航行过程中，发生了一件任何人都没有预见或想象到的事情，使整个战争的性质和前景发生了新变化。这也充分展现了战前伯里克利和阿奇达穆斯就已注意到的，人们无法估计到底什么事情能够改变战争的大势。

在安布拉奇亚湾取得如此辉煌的胜利后，德摩斯提尼在国民心目中的地位是如此之高，以至于公民大会授予他这样的特权，只要他在任何认为合适的时候提出率领舰队在伯罗奔尼撒半岛海岸行动的请求，人民将允许他出海作战。对这位积极行动的将领来说，公民大会授予的特权激励着他。在居于瑙帕克图斯的美塞尼亚人的鼓动下，他决定在原属美塞尼亚人的国土上精心选择一处海军基地，并派出一支由美塞尼亚人组成的分遣队驻守于此。从这处基地出发，他们就能够长期骚扰拉凯戴蒙人，并煽动黑劳士起来反抗。在这一块原本属于他们祖先的土地上，美塞尼亚人积极从事海上劫掠，无疑对海岸各处相当熟悉。他们很有可能建议他前往占据西南海岸的派罗斯。

派罗斯指当今纳瓦利诺湾北部的一个海岬，正对着斯法吉亚岛或称斯法克泰利亚岛。因此，当舰队绕行于拉科尼亚时，德

第二十二章 战争第七年：占领斯法克泰利亚

摩斯提尼要求它停泊于此，以便于他有足够的时间筑城防卫，借助防御工事，他此后就能够占据并驻扎在这个半岛上。派罗斯是一个无人居住的海岬，离斯巴达大约有 45 英里，离拉科尼亚其他地方也一样远；海岬之上崎岖不平，到处是悬崖峭壁，无论敌人从海上还是陆上发起进攻，这里都易守难攻。尽管如此，考虑到雅典强大的海上力量，这个半岛拥有的另一个优势是控制着一个开阔而安全的海盆，那就是如今被称为纳瓦利诺的海湾。面对大海，一座被称为斯法克泰利亚或斯法吉亚的小岛保护着这个海盆；岛上荒无人烟，树木郁郁葱葱；整座岛屿长约 1.75 英里[1]，南北两端各有一道狭窄海峡可供船只出入。北部的海峡正对着德摩斯提尼驻扎的半岛，其宽度仅能供两艘三列桨战船并排而行；南部海峡的宽度大约是北部海峡的四倍。被岛屿保护着的内部水域宽阔而易守难攻。德摩斯提尼打算修建的堡垒就位于两道海峡中靠北（也是更狭窄的那道海峡）那一侧的伯罗奔尼撒半岛沿岸。这里地势特别优越，在半岛中间有一汪流淌着淡水的清泉。

但是，优吕麦东和索福克勒斯否决了所有延期航行的建议。他们也有充分的理由，因为他们获得消息（虽然似乎为不实言辞），伯罗奔尼撒的舰队已经抵达科西拉。或许，他们还记着 3 年之前因延期而造成的不幸，派往支援弗尔米奥的舰队因克里特沿海断断续续的军事行动而被耽搁了下来。因此，舰队在经过派罗斯时并没有停下来。但是，可怕的暴风雨迫使他们掉转头来，到德摩斯提尼已修筑成形的这个港口避风雨，这也是附近唯一的一座港口。碰巧的是，狂风暴雨使舰队不得不在接下来几天都待在这里。士兵们百无聊赖，自发地跑去帮助修筑城防。在从雅典出发时，他们根本没有想过会这样作业，既无开凿石头的工具，也无盛装和挑动灰浆的灰浆桶。因此，他们不得不捡他们能发现的任何形状的石头，并将它们按能够放置的样子堆垒在一起。当需要灰浆时，他们只能弯着腰背负着，双手叠加在一起放在后背，防止灰浆滑落。虽然缺少工具，但是一方面凭着战士们无限的热情，另一方面凭着易守难攻的有利地形（除几处外，其他地方几乎都不需要修建防御工事），所有工程在六天后粗制滥造地大体完工。舰队留给德摩斯提尼五艘舰船，优吕麦东率领着主力驶往科西拉。

试图在拉凯戴蒙国土上安插一个敌对要塞的消息很快传到了斯巴达。然而，鉴于天性散漫，加之正在举办的节日，斯巴达人并没有立即采取行动派兵前往事发地；同时他们信心满满，无论何时只要发起进攻，肯定能够将敌人驱逐。然而，相较于国内，这则消息给入侵阿提卡的拉凯戴蒙大军造成了更大的冲击，此时他们正遭受供给不足之苦。因此，阿吉斯率军返回了斯巴达。雅典人在派罗斯修筑工事产生了让入侵者比往常缩短15天的效果。在保护科西拉人上，也产生了类似的效果。因为在收到消息后，最近才抵达或正前往路上的伯罗奔尼撒舰队立即返航，准备对派罗斯发起进攻。为了避免雅典舰队的挑衅，伯罗奔尼撒人在琉卡斯将船舶拖拽过地峡。大约在由斯巴达人和周边的庇里阿西人组成的拉凯戴蒙陆军到达时，伯罗奔尼撒海军也抵达了派罗斯。

第二十二章 战争第七年：占领斯法克泰利亚

就在伯罗奔尼撒舰队驶入并占据港口之前的最后一刻，德摩斯提尼从他手中的五艘舰船中派出两艘前往告知优吕麦东。他将剩余的三艘拖到岸上拉入堡垒之中，并在前面加设栅栏加以保护。他首先将有限军力的大部，一些是没有武器的水手，许多是武装不齐备的人，聚集在工事易受攻击的地方，抵抗敌人陆军发起的进攻。然后他亲自率领着精挑细选的重装步兵和几名弓箭手越出工事来到海岸边。正是这一侧城墙最不牢固，因为雅典人对自己的海军优势充满自信，不太担心敌人从海上发起进攻。因此，德摩斯提尼预见到最巨大的压力应当来自靠大海一侧。雅典人的安全取决于阻止敌人由此登陆。除此之外，怪石嶙峋的危险海滩使船舶不可能靠近；唯一可以勉强靠岸的狭窄区域也加设有防御工事。

拉凯戴蒙人用43艘三列桨战船和一支强大的陆军同时发起进攻，本来很有希望立即攻克这座匆匆赶建的军事要塞。但是，他们料想第一次进攻很有可能会遭到失败，而且优吕麦东所率的舰队随时可能返回。于是，他们决定占领斯法克泰利亚岛，因为该岛是雅典舰队驰援岸上驻军暂时停靠的首选之地。伯罗奔尼撒大陆的周边海岸都没有港口或对雅典人采取敌视态度，因此附近没有其他地方可以停泊。拉凯戴蒙指挥官指望着，将战船捆在一起，泊放在大陆与岛屿之间，将船首朝外，就能够堵住进入港口的两道海峡。他们呆板地认为，无论如何，只要占据这座岛屿和两道海峡，就能够将雅典舰队拒之于外，并将德摩斯提尼牢牢地困在派罗斯的山崖上；很快等到供给枯竭，他就只能坐以待毙了。带着这样的想法，他们从每个斯巴达军队中抽签挑选出几名重装步兵，如同平常一样，在黑劳士的陪伴下，渡海派往斯法克泰利亚。

关于从陆上发起的进攻，我们知之甚少。尽人皆知，拉凯戴蒙人不善于进攻堡垒式的地形，在这次战役中，他们似乎也没有给人留下什么印象。正如德摩斯提尼料想的那样，最主要的压力和强有力的进攻来自靠海的一侧。三列桨战船向前划行，努力占据有利位置，以便船首的重装步兵能够登陆。但是，一则因海岸的嶙峋怪石，一则因雅典人的有效防御，拉凯戴蒙人遇到了极大的困难，一队队士兵在历经尝试后都无功而返。甚至斯巴达人勇敢典范的布拉西达斯也没有为他们建立寸功。无论在行动上还是言辞上，布拉西达斯都走在最前面。他激励着自己的领航员将船尽可能靠近岸边；而他本人甚至爬上登陆梯，打算第一个跳到岸上。但就在这里，他暴露在雅典防御者所有武器的攻击之下，身受多处创伤，被打了回去，顿时昏厥过去，跌倒在船首之上。他指挥的战船被迫与其他人一样撤退，既未能够登陆，也未取得什么成效。相较于往常，对双方而言，攻守发生了逆转。原本擅长海战的雅典人如今在陆上作战，而以全希腊陆战著称的拉凯戴蒙人如今在船上发起海战，为在本邦的海岸上登陆而进行徒劳的战斗。

战斗进行到第三天，拉凯戴蒙人没有重复前几天的进攻，而派出一些船只前往美塞尼亚湾的阿西奈（Asine）砍伐木材，

第二十二章 战争第七年：占领斯法克泰利亚

建造攻城器械。准备用此击破德摩斯提尼在港口一侧所建的城墙。因为此处位置更高，没有器械不可能对其进行有效进攻；而此处更便于登陆作战。此前的进攻都从面海的一侧发起，虽然城墙较为低矮，但登陆面临着不可克服的困难。

但在这些船舶返回之前，形势发生了巨大的变化。优吕麦东率领的雅典舰队从扎坤图斯返回，另有4艘开俄斯战船和一些来自瑙帕克图斯的警戒船前来增援，从而使雅典一方的船只数量达到50艘。雅典的海军将领发现不但敌人的舰队占据着港口，而且斯法克泰利亚整座岛屿被占据；随着来自伯罗奔尼撒半岛各地同盟者的到来，与岛屿相对的海岸都布满了拉凯戴蒙的重装步兵。在此情况下，找到一处登陆之地已不可能。除距离不太遥远的无人居住的小岛普罗泰之外，他甚至都没有发现一处可以用于夜晚停泊的地方。次日清晨，他从这座小岛驶往派罗斯，准备发起一场海战，希望诱使拉凯戴蒙人驶出外海与之交战。不过，他也决定，如果上述打算落空，他将强行驶入纳瓦利诺湾，进攻停泊在港口的舰船，因为斯法克泰利亚与大陆之间的海域够宽阔，足以展开海战。拉凯戴蒙的海军将领似乎被雅典舰队的快速返航吓到了，既没有打算驶出海湾与之一战，也没有将战船紧紧固定在一起堵住两道进入港口的海峡的计划付诸实施。由于两道海峡畅通无阻，他们决定在海湾内进行防御。但即使如此，拉凯戴蒙人的防御措施也是漏洞百出。当雅典战船从两个入口驶入对其发起进攻时，几艘拉凯戴蒙战舰还停泊在码头，桨手也没有全员就位。虽然拉凯戴蒙人的战船人多数已经就位并进入了战斗状态，并在一定时间内进行了抵抗，但最终纷纷被击败，被赶回到海岸边，其中许多战船遭受了重创。五艘战船被捕获并被拖走，其中一艘甚至都没有一个战斗人员逃脱。雅典人乘胜追击，对逃回岸边的战船穷追猛打，并对战斗时船员还未就位导致没有入海或没法战斗的船只肆意攻击。其中一些受到重创的战船船员跳入海中逃回到陆上，船只被抛弃。雅典人正准备拖走这些船只时，岸上全副武装的拉凯戴蒙重装步兵跨入水中，紧紧抓住战船，尽力防止其被人拖走，并徒劳地与进攻者展开了殊死搏斗。最终，拉凯戴蒙人达到了目的，挽救了所在岸上的船只。除最初几艘被捕获的战船外，其他都保存了下来。

但是，这次战斗最大的胜利既不是捕获的五艘战船，也不是解了派罗斯之围，而是在于围困了斯法克泰利亚岛的重装步兵。如今，这座岛屿上的人与大陆的人员和补给联系被切断。雅典人耀武扬威地绕岛航行，完全将岛上的拉凯戴蒙人视为牢中之囚。对岸大陆上的拉凯戴蒙人备受煎熬，但却无计可施，只得派人前往斯巴达问询意见。情况如此紧急！监察官们也亲自前往到了事发地。拉凯戴蒙人仍可以装备 60 艘三列桨战船，在数量上超过雅典人，而且他们在陆上还拥有一支强大的军队，可以集举国之力与之对抗。与之相较，除狭小的海岬派罗斯外，雅典在海岸上无立锥之地。鉴于此，或许我们可以想象，经过艰苦的努力，将这支被围困的部队解救而出，渡过狭窄的海峡，回到大陆之上，

第二十二章 战争第七年：占领斯法克泰利亚

拉凯戴蒙人成功地将此计划付诸实施也大有希望。如果指挥者是德摩斯提尼或布拉西达斯，非常有可能进行这样的尝试。但是，拉凯戴蒙人往往坚忍不屈而缺乏冒险精神。此外，如同斯巴达人自身在陆上的优势无人能撼动一样，雅典人在海上的优势让这些人望而生畏。于是，监察官们一抵达派罗斯，看到他们所处状况后就陷入了沮丧，决定派出一名传令官，告诉雅典的将军，提议休战，以留下足够的时间，让使者前往雅典，商谈和平。

对此，优吕麦东和德摩斯提尼做出了肯定的回答。双方按如下条款订立了休战协议。拉凯戴蒙人同意不但放弃如今在港湾内的所有三列桨战船，而且放弃所有停泊在港口里的战船，其数量总计60艘。此外，在使者前往雅典并返回期间，停止一切从海上或陆上针对派罗斯的进攻。为此，雅典派出一艘战船运送使者。就雅典人而言，休战期间，停止一切敌对行动。双方还达成一致，雅典人仍可严格而不间断地监视岛上的一切行动，但不可登陆。为了维持岛上军队的生存，拉凯戴蒙人获准每天派人送去一定数量的食物，但运粮行动须在雅典人的监督下开展，任何秘密的额外运送活动都被严格禁止。此外，休战协议明确规定，如果一方违背其中任何一则条款，无论巨细，整个协议将被视为无效。最后，当使者从雅典返回后，雅典人应当归还所有战船，并让战船保持他们接受时一样的状况。

这些条款足以让拉凯戴蒙人蒙羞并令他们感到担忧。协议订立后，他们随即交出了多达60艘的所有战船，这表明此时拉凯戴蒙人完全相信有可能获得和平。他们清楚地意识到，自身就是战争的最初发起者。在雅典遭受瘟疫的压力后，雅典人渴望和平，并提出和平倡议，结果被他们无情拒绝。他们断定，同样的想法仍盛行于雅典。如今他们提出的和平倡议将受到热烈欢迎，因此毫不费力就能够解救这些被围困在斯法克泰利亚的拉凯戴蒙人。

拉凯戴蒙的使团乘坐一艘雅典战船前往雅典。按照惯例，他们来到公民大会之前陈述自身肩负的使命。就本质而言，他们的要求非常简单，那就是"放回我们在岛上的所有人员，作为对此好意的交换，承诺和平，并与斯巴达结盟"。他们以巧妙的措辞、安抚的口吻呼吁雅典接受他们的建议，一则力图表达他们的慷慨，但更多的是谨慎地试探雅典的想法。陈述过程中，他们明确地表达了如今雅典处于非常有利的地位，而自身处于仰人鼻息的不利位置。雅典应当利用它当前有幸获得的好运，但不要期待幸运会长久相伴，更不要滥用一时的运气提出过度的要求。如今，雅典应当同意斯巴达人的提议，与其缔结和平，并努力让和平持续得更加长久。但如果建立在敌手的实力受到严重削弱的基础之上，那么和平将不能长久，因为这将有损于斯巴达的荣誉，使其不再具有感恩之心。如果雅典拒绝和平，或者进一步发起战争，那么虽然斯法克泰利亚岛上的士兵将会走向死亡，但会在双方本已存在争端的基础上添加新的不可弥合的纠纷，从而威胁到斯巴达作为伯罗奔尼撒同盟领袖的地位。一旦两大实力超强的城邦——雅

第二十二章 战争第七年：占领斯法克泰利亚

典和斯巴达——建立了真诚的友善关系，希腊其余城邦将变得孱弱不堪，无法拒绝这两大强邦提出的任何要求。[2]

在这次事件中，拉凯戴蒙人完全为他们自己着想，只考虑自身的需求，而将他们与同盟者切割开来，渴求为自身获得特别的和平。这与前一年奥尔派战役后，斯巴达将军麦奈戴乌斯毫无顾虑地抛弃安布拉奇亚盟友如出一辙。

然而，针对斯巴达人的倡议，雅典人决策的过程一点也不清楚。很有可能的是，运送拉凯戴蒙使团的三列桨战船才第一次带来了这次出乎预料之外的瞬间逆转事件的消息。雅典人到现在才知道，斯法克泰利亚岛上的斯巴达人身处囚笼（当时人们是这样认为的），拉凯戴蒙的战船已全部处于他们控制之下，从而使这次战争呈现出全新的特征。最初，人们还很难估量这种新形势可能产生的全部影响，甚至伯里克利自己或许都拿不准这主意到底应该给人民什么样的建议。但是，雅典民众多数人立即想到的就是，考虑到岛上的囚犯，如今雅典人可以提出他们的条件。

恰如三年前审判米提莱奈人所做的一样，克莱翁的发言[3]代表并强调了当时普遍的民意。如同当今社会占主流地位的报刊一样，克莱翁总是使自己成为一个引领公共舆论的人，因为他热情洋溢的发言阐发了民众已经感知的情绪，而且他还能分析因此产生的影响和带来的后果。克莱翁提醒雅典人不要忘记可耻的"30年和约"，那是他们在伯罗奔尼撒战争爆发14年前遭遇不幸时被迫签订的。因此，他坚持认为，如今就该雅典重获过去损失的时候了。他提议说,应当要求斯巴达把尼塞亚、佩加、特罗伊曾和阿凯亚都归还他们,以此换取如今被困在斯法克泰利亚岛上的士兵。在此之后,可以考虑缔结一份和约,时间长短根据雅典人认为适宜与否来决定。

在被告知雅典人的决定后,使团没有对此发表任何评论,但邀请雅典人指定特派员,与他们自由并深入讨论和解的恰当条款。然而,克莱翁因此对他们大加指责。(他说)他从最初时候开始,他本认为使团成员前来带着欺诈的目的,但如今事情已一目了然。他们的目的并非如此,应当将少数人与普通民众区分开来。如果使团成员确实有任何合理建议,他要求他们当着众人之面公开提出。但是,使团成员却不能这样做。很有可能,他们只是获得授权做出一定的让步。但是,立即就将他们的让步公之于众将使谈判不再可能,此外这也会使他们在盟邦面前颜面扫地。此外,成员们在与公民大会打交道的事务上完全缺乏实际经验,因为在拉凯戴蒙的政体中,此类讨论事实上根本不存在。他们只得保持沉默,这使发言人感到颇为尴尬,也让他们自身因民众的怒火而害怕。就这样,他们结束了使命,被三列桨战船运回派罗斯。

此后,我们还将发现其他类似的情况。同样地,拉凯戴蒙使者没法应对雅典政治生活中的公开辩论。结果因此导致了不幸的后果。在这次事件中,使团要求与特派员商谈条约细节的提议不但合乎情理,而且提供了唯一可能(虽然无疑并非必然)的最终和解。克莱翁对使团成员诚信的怀疑更是对他们当众的极度侮

第二十二章 战争第七年：占领斯法克泰利亚

辱，这种做法在当今政治生活中虽然并非没有听说，但在古代社会更加常见。或许，克莱翁认为，如果公民大会任命了特派员，那定然会是尼奇亚斯、拉凯斯及其他一些与他们身份相当、政见一致的政治人物。而这些人渴望和平，希望与斯巴达结盟，而会罔顾雅典的利益。当我们描述四年之后尼奇亚斯的行为时就会发现，这种怀疑并非毫无根据。

遗憾的是，在描写此次如果重要可能开启和平的公民大会过程时，修昔底德却一如往常地一笔带过。虽然他没有正面叙述尼奇亚斯及其支持者的发言，但是从其他材料可知，他们强烈地反对克莱翁的提议。[4]

学者们经常将这个场合中拉凯戴蒙使者被打发走作为民主政体荒唐愚蠢的具体样本。然而，他们的观点不但高估了双方成功达成和解的可能性，而且在更大的程度上夸大了雅典应承担的责任。这绝非民主政体所特有的现象。其他与民主政体相对的政府无论在品性还是形式上都有过之而无不及。无论是拿破仑那样能干的专制君主还是英格兰那样强大的贵族政体，[5]都曾有将胜利引向迷途的事例。雅典希望从这次出乎意料的事件中获得完全可以理解。城邦应当利用这次机会重新获利在此前不幸事件中被迫放弃的优势，这种感情也并非不近人情。

但是我们认为，克莱翁通过诱导人们刻板地重新获取20年前已经丧失的全部利益，使雅典人的看法发生了一种不明智的转向。除非将他四个方面的要求当作是一种夸耀，只有通过接下来进一步协商的修正,似乎才存在一定的可能性,但即便如此他的意见也缺乏深谋远虑的智慧。一方面,他的要求需要斯巴达放弃许多并不由它掌控的权益,必须通过武力强制盟邦做出让步。另一方面,此时雅典所处的状况与签订"30年和约"时已经不同,而且重获阿凯亚和特罗伊曾似乎对它也无任何实质上的价值。对麦加拉而言,尼塞亚和佩克就相当于整个国土,因为该邦不可能同时置两座港口于敌人的控制之下。事实上,这两座港口城市价值非凡,除了拥有一座自由出入科林斯湾的港口外,还可以保护雅典不受来自伯罗奔尼撒半岛的入侵。如果公民大会任命有能力的特派员与拉凯戴蒙使者私下讨论,在当下斯巴达人急迫的请求下,加之意图抛弃其盟邦日渐明显,作为斯法克泰利亚的交换,斯巴达很有可能会强化并履行这些重要的内容。虽然这些要求不切实际,但是雅典人仍然能够进行一些布置,从而进一步拉开斯巴达与其盟邦之间的距离,破坏相互之间的信任。对雅典人而言,这是一个实现上述目标的重大时刻。在当前斯巴达所处的情况下,雅典有充分的理由尝试谈判解决问题。克莱翁硬生生地断绝了谈判的希望,这是一个明显的错误。

在离开城邦20天过后,斯巴达的使者无功返回派罗斯,休战协议也立即中止。拉凯戴蒙人要求他们归还交给雅典的三列桨战船。但是,优吕麦东不再遵守规定,拒绝了他们的要求。他声称,在休战期间,拉凯戴蒙人曾瞒天过海企图突袭派罗斯海岬;此外,他们还在两个方面违背了协议。休战协议明确规定,在当时的环

第二十二章 战争第七年：占领斯法克泰利亚

境下，任何一方哪怕违背其中一点细枝末节的规定，就应当中止所有针对对方的义务。无论事实到底如何，尽管拉凯戴蒙人对他的背信弃义行动大声抗议，但优吕麦东仍然拒不归还没收的战船。双方重新开始敌对，战争一触即发。拉凯戴蒙军队从陆上再一次对派罗斯的要塞发起了进攻，而雅典舰队强化了对斯法克泰利亚的封锁。新近又有20艘战船从雅典驶来，使舰队船舶总数达70艘。白天，一直有两艘舰船成天沿着该岛相向绕行；夜晚，除岛屿靠海一侧的暴风雨天气外，所有舰船都保持警戒。

然而，雅典人很快发现，围困反而让他们自己困难重重。雅典人深深感受到了缺水带来的压力。事实上，他们只有派罗斯堡垒内的一处泉水，这远远不能供应整支庞大舰队的淡水需求。然而，无论是舰船还是船员，都需要连续不断地待在海面上，他们只能轮流登陆派罗斯海岬甚至斯法克泰利亚岸边稍做休息以便恢复精力，这是因为古代的三列桨战船上面不能食宿。[6]

尽管雅典人相当警觉，但在斯巴达政府巨额奖励的诱惑下，秘密偷运的食物仍不断送到岛上。游泳高手将亚麻籽、罂粟籽与蜂蜜调和在一起，装满皮囊，用绳子将皮囊捆在身后，想方设法游过海峡。主要由黑劳士操作的商船从拉科尼亚各处的海岸出发，选择暴风雨之夜，排除万难，趁着雅典巡回船没有警戒的时候，将他们的船只及食物运送到岛屿靠海一侧的岸边。只要能将货物送上岸，他们根本不管登陆时船舶是否会受损。因为他们不但可以得到丰厚的补偿，而且成功地将补给送到岛上的每一个黑劳士还将获释。就这样，一周又一周过去了，岛上的士兵还没有任何投降的迹象。而雅典人不但感受到了所处环境带来的困难，而且开始为他们自身的补给担心，因为所有一切都必须通过海上沿伯罗奔尼撒半岛运送到这个遥远的光秃秃的海岸边。他们甚至开始怀疑是否一定有可能持续对敌人的围困，因为夏季即将结束，接踵而至的将是如此糟糕的天气。在这种疲惫而缺乏信心的状态下，行事果决的德摩斯提尼开始组织人手，力图通过武力突袭该岛。他不但派人前往周边扎坤图斯、瑙帕克图斯等盟邦寻求武力的支持，而且向雅典转达了一条紧急要求，希望派出援军帮助他实现这个目标。

信使的到来让雅典人觉得颜面尽失。但是，其中最感到不安的是克莱翁，他发现如今民众对于无礼拒绝拉凯戴蒙人的求和要求感到遗憾，并对他作为拒绝倡议的发起者感到不满。最初，克莱翁声称是信使没有如实陈述事情发展的真实状态。对此，信使们回答说，如果对真实性有所怀疑，可以派出特派员加以证明。随即，克莱翁被任命为特派员执行这个任务。

但是，克莱翁并不满足于只是作为前往派罗斯的特派员。他对战事情况的怀疑没有任何可靠的根据，只不过就是有点疑心而已。此外，他看到公民大会的态度趋向于遵照德摩斯提尼的要求行事，打算派出一支援军。因此，他立即改变了自己的口吻："如果你们真正相信（他告诉的）事实，那么就不要浪费时间派出特派员了，而应该马上起航去擒获岛上的那些人。如果我们的

第二十二章 战争第七年：占领斯法克泰利亚

将军们是男人，率领一支战斗力强的军队出发擒获岛上的士兵将是轻而易举的事情。如果我是将军，至少我会那样做。"他的发言立即激起了一部分公民的不满嘘声。尼奇亚斯打断了人们的嘘声，非常乐意地将他的政敌困入自掘的陷阱中："如果你认为事情那么简单，为何你不马上起航？"他站了起来，要求克莱翁不要迟疑，马上就动身前往派罗斯。

在结束其发言的最初，克莱翁认为这只不过是一种辩论的策略并不能当真。但是，当看到尼奇亚斯确实打算如此行事时，他努力撇清关系，看着尼奇亚斯说："率兵起航是你的职责。你是将军而不是我。"尼奇亚斯只是重复了刚才的劝说之词，正式宣布不会率军征服斯法克泰利亚，并让雅典人回忆克莱翁刚才说的话，要求他履行诺言。克莱翁越是想逃避职责，民众越是大声并一致要求尼奇亚斯将指挥权让给他，并要求他务必承担起这个责任。最终，眼看无法后退，克莱翁不情愿地接受了这个任务，走向前以坚定的语气宣布他的打算。他说："我一点也不害怕拉凯戴蒙人。我甚至都不会带任何一个正常登录在册的雅典重装步兵，而只带现今正在此处来自嫩诺斯和因布罗斯的士兵（在嫩诺斯和因布罗斯有地产的雅典军事殖民者，他们长期居住在殖民地）、来自色雷斯埃罗斯（Aeros）的一些轻装兵和400名弓箭兵即可。这支军队加上已在派罗斯的士兵，我保证在20天内要么擒获被困在斯法克泰利亚的拉凯戴蒙人，要么将他们杀死在岛上。"据修昔底德的观察，雅典人对克莱翁夸夸其谈多少有些嘲笑。

不但审慎之人高兴地看到，如下两个优势中的其中一个是可以确定的。其中之一是雅典人会将克莱翁排除在外，就这件事情而言，这是最有可能也是人们最乐于见到的；另外一种可能是即便雅典人在此问题上犯下错误，那么岛上拉凯戴蒙人也会被杀或被擒。[7] 投票的结果是，克莱翁立即率军出发，并马上向派罗斯送去消息，他马上率领他们请求的援军前往。在他的要求下，德摩斯提尼被任命为他的同僚指挥官。

有意思的是，这种奇怪的场景揭示了雅典公民大会参与者的内在情感。这种场景反映出与平常与之相连的非常不同的景象。大多数的历史研究者认为，这不过是雅典民众轻浮和愚蠢的又一例证，他们会因一句令人捧腹的玩笑话而把一个既无经验又无意愿的人推选为一次重大事件的带头人，其目的是以他荒谬可笑的错误作为消遣。事实上，对于克莱翁所谓夸夸其谈的大嘴巴，虽然或多或少会引发在场民众的嘲笑，但除嘲笑者自身外，没有人会真正觉得他的发言完全是荒谬的。因为，他宣布的内容并不能完全称为荒诞不经。后来的过程表明，他的所有承诺都不折不扣地得以实现，而且是在没有获得任何其他好运和其他支援的情况下实现的。

如果打算对克莱翁及其政敌的行为进行公正的比较，我们必须区分对待以下两个方面问题。首先，他已经挫败了拉凯戴蒙使者的和平使命；其次，前面描述的最近进攻受阻和面临着的进退维谷情况。就第一件事而言，似乎他的建议误导了政策的走向，

第二十二章 战争第七年：占领斯法克泰利亚

而且行为显得无礼；而其政敌建议指派特派员与使者讨论，以此获得公平的机会，赢得体面的和平条款。似乎其政策的建议更令民众感兴趣。但是，当和平使命被中止时（无论明智与否），情况就发生了完全的变化，斯法克泰利亚的命运只能通过战争来决定。此时，发起强有力的战争势在必行，雅典人必须运用所有力量夺取那座岛屿。为此目的，我们将发现克莱翁的行为既不应当受到责备，也不应当受到嘲笑。可叹的是，他的政敌（尼奇亚斯就是其中之一）不惜代价地迎合民众的爱好，时时只是试图将已经存在的不利战局和矛盾转化为毁坏他形象的党争手段。

非常明显，答应德摩斯提尼提出的增援请求是正确之举，克莱翁料想到民众将支持他在这方面的提案。但与此同时，他有充分的理由斥责尼奇亚斯和其他将军的无理要求。其职责本应是首倡这样的建议，但他们却畏缩不前，保持沉默，让如此重要的事情议而不决，仿佛这是克莱翁的事而非他们的职责一样。他曾嘲笑说："如果我是将军，那就是我将要去做的事。"这句话不过是激烈辩论时一句随口之词，演说者想必经常使用类似的话，听众根本不会将其视为发言者必然要去实现的承诺。对克莱翁来说，拒绝他根本从未试图承担的职务并坦承他对指挥作战一窍不通并不可耻。导致他虽极不情愿但仍被迫担任这个职务的原因主要受到两个方面的影响。这两个方面的看法使公民大会截然分开，它们在性质上相对，但碰巧的是这件事上产生了同样的结果。他的政敌大声怂恿他率军前往，料想在他的指挥下大好局面将被断送，这样就可让他声名狼藉；他的支持者认为这是他的策略，他们并不认为会失败，而不愿意将此当作是他的谦让，他们强烈支持他作为领导人，从而以真诚的鼓励来回击政敌的轻蔑嘘声。

值得注意的是，尼奇亚斯及其同僚将军们在这件大是大非的重大事情面前畏惧不前，在一定程度上，他们确实可能害怕担当责任。他们料想，斯法克泰利亚岛上的斯巴达人会如同在温泉关一样进行拼死抵抗。如果确实那样，虽然他们或许可以优势力量取得胜利，但势必造成重大的流血牺牲，带来相当大的危险。这样的胜利完全无法抵偿与斯巴达产生冲突的危害。如果克莱翁在此时机采取了更正确的措施，他应当采取"敢鄙视我"（bene ausus vana contemnere）的态度。很有可能的是，如果他不是那么积极支持德摩斯提尼增援的请求，尼奇亚斯及其支持者将会搁置战事，在雅典的颜面扫地优势丧失的情况下，重开和平谈判。就此而言，克莱翁是此整个战争过程中雅典所获得最重要胜利的主导者。

在率领援军与德摩斯提尼的军队会合后，克莱翁发现攻击的每一次准备都是由那一位将军进行的，他还发现派罗斯的战士们渴望开展侵略性的行动，从而将他们从单调乏味的围困中解救出来。因最近发生了一场意外大火烧毁了树林，斯法克泰利亚如今更有利于进攻。这次大火尤其让德摩斯提尼感到高兴，因为埃托利亚森林密布的群山中遭受失败的痛苦经历教会了他，对进攻者来说，与一支无法见到且对何处为最佳防守之地的敌军作战是

第二十二章 战争第七年：占领斯法克泰利亚

多么困难。鉴于岛上已经没有了树林，他能够纵览敌军的阵地、数清敌军人数并根据手头掌握的资料设计进攻方案。岛上共有420名拉凯戴蒙重装步兵，其中120名是斯巴达人，属于城邦的大家世族。指挥官埃皮塔达斯（Epitadas）及主力占据着岛屿的中央地带，靠近岛上唯一的一处泉水。30名重装步兵驻守在岛最南端（距派罗斯最远的一端）离海岸不远的地方。紧邻派罗斯的一端地形特别崎岖陡峭，甚至还有一圈堆垒得乱糟糟的石头，其来源不明，如今被用作临时防御工事。斯巴达人将其作为储备之所。

战士们仅休整一天后，两位将军就趁着夜色，将所有重装步兵装到几艘三列桨战船上，故作姿态似乎不过是进行惯常的夜间绕岛航行，以此让岛上的士兵不会产生怀疑。就这样，在黎明到来之前不久，雅典全部重装步兵共计800人登上了船舶，分成两个分队。每个分队各自守在岛屿的一侧。由30名拉凯戴蒙人组成的前哨阵地完全没有准备，他们还在梦中就遭到了突袭被杀身亡。天亮时，余下的所有72艘战船上的全部人员都登陆成功。总体而言，攻击这座岛屿的人数不会少于10 000人，他们都全副武装。其中有800名重装步兵、800名轻装步兵和800名弓箭兵。其他人等分别装备有标枪、投石器和石头。德摩斯提尼命重装步兵结成密集阵形，将轻装步兵按大约200人一队分成几个不同的分队，占领了周边所有山丘，并对拉凯戴蒙人的侧翼和后翼进行袭扰。

拉凯戴蒙的指挥官埃皮塔达斯周围只有大约360名重装步

兵来抵抗如此庞大的敌人。在战斗过程中，修昔底德根本没有谈及与他们一起的黑劳士。当埃皮塔达斯看清敌军的人数和部署后，他将手下的人结成战斗阵形，向前推进，与他见到的就在面前的敌军主力展开拼杀。但大军才刚刚行动，他就发现后翼和侧翼受到了众多轻装步兵的进攻，尤其是右边没有防御的一侧。虽然雅典人在数量上占据绝对优势，但他们发现自己在与拉凯戴蒙的重装步兵进行真枪实弹的战斗时，最初不免有些胆战心惊。不过，他们仍然投入了战斗，投掷标枪和石头，结果使重装步兵的行军受到干扰，被迫停了下来。埃皮塔达斯命令军中最有战斗力的分队出列，击退了进攻者。但是，追击的拉凯戴蒙人身负重甲，手提巨盾，根本无法赶上那些轻装轻甲的雅典人。这些雅典人从各个方向纷纷撤退。由于有地形不平之利，加之追击者的后翼受到袭扰，雅典人撤退到安全之地，重新结成了战斗阵形，同时注意保护好友军的后翼。

在被拉凯戴蒙人追击无果后，轻装步兵比最初时的胆量更大了一些。他们手持弓箭、标枪和石头向敌人靠得更近，进攻范围也更广。这种战法在吕库古倡导的操练法则中根本没有出现过。[8]拉凯戴蒙人的武器只有希腊重装步兵寻常配备的长矛和短剑，既无任何投掷武器，甚至也无法捡起敌人的标枪将其扔回去，因为这些标枪通常已经折断。此外，在出发之前，弓箭手所持的弓弩无疑是雅典人精挑细选的，其射程远、力量强，箭矢有时可以穿透铠甲或头盔给重装步兵造成伤害。无论如何，在盾牌无法

第二十二章 战争第七年：占领斯法克泰利亚

保护的一侧，厚厚的紧身上衣成为保护这些重装步兵唯一的防御，完全不足以保护他们的安全。最后，拉凯戴蒙人的指挥官发出命令，收紧队列，撤退到后翼的最后一道堡垒中。

遭受重创的残余军队安全撤到最后一道要塞中。在此，他们受到了相对有效的保护，因为这里的地形是如此崎岖多石，雅典人从侧翼和后翼发起进攻都不现实。虽然这里也不能独自坚持很久，因为岛上唯一的泉水位于中央地带，但他们被迫将此放弃。德摩斯提尼和克莱翁召集了800名此前没有参加战斗的生力军。尽管如此，拉凯戴蒙人手持武器，驻守大本营里，充分展现出他们为世人熟知的方阵作战优势，尤其是他们占据有利地势，而敌人不得不从下面向上冲锋。虽然雅典人在数量上超过一倍，而且精力充沛，但仍被拉凯戴蒙人多次成功地击败。战斗持续了很长一段时间，甚至进攻者也受到了酷热和干渴。这时，美塞尼亚人的指挥官走向克莱翁和德摩斯提尼，承诺如果信任他，并派给他一支由轻装兵和弓箭兵组成的分队，他能够找到一条前往拉凯戴蒙人后方的羊肠小道。就这样，他率领小分队从后翼悄悄撤出，从了无道路的峭壁上攀爬过去，从海边几乎无路可寻的边缘经过，最后从拉凯戴蒙人没有设防的通道进入，因为他们认为敌人根本不会从那一个方向发起进攻。这位指挥官及其所率分队突然出现在比拉凯戴蒙人更高的山峰之旁，拉凯戴蒙人处在了进退失据的位置。他们发现，如同在温泉关一样，他们遭到了两面夹攻，没有逃走的希望。受到美塞尼亚人胜利的鼓舞，他们前面的敌人以更大的热情奋力向前。最后，拉凯戴蒙人的勇气逐渐耗尽，阵形也逐渐散乱。

再过一会儿，拉凯戴蒙人将被彻底降服，并尽数被杀。这时克莱翁和德摩斯提尼急于将他们擒为雅典的俘虏，要求他们的手下停止进攻，通过传令官向他们宣布，要求他们放下武器投降，听候雅典人的发落。他们大多数人都已经无力再战，立即接受了这个提议，放下盾牌，双手举过头顶。最后，所有人都放下武器投降。原有的420人如今仅幸存292人。在这些人中，不少于120人是斯巴达人，其中一些人属于城邦地位显赫的家族。从最初围困该岛到敌人投降，一共经历了72天。

在现代社会，在与斯法克泰利亚那些勇敢的幸存者类似的情况下，最好军队投了降，他们既不会遭到责备，又不会让人感到奇怪。但是，在希腊，当人们得知拉凯戴蒙人已经同意作为战俘时，造成的轰动是如此巨大而广泛。因为其声名带来的恐怖感及温泉关战役留下的深刻印象使人们坚信，拉凯戴蒙人能够忍受任何极度的饥饿，即便敌人占据绝对优势他们也宁为玉碎，断然不会放下武器，作为俘虏苟且偷生。然而，斯法克泰利亚事件动摇了人们古以有之的观念，让所有希腊人对斯巴达的军事力量产生了怀疑，尤其在同盟者的心目中大打折扣。可以肯定，斯巴达人投降带来的损失远比在战斗中的伤亡更大。

虽然这是一件值得大书特书的重大事件，但希腊人对斯法克泰利亚被攻占的一般看法并没有修昔底德本人所宣称的那样惊

第二十二章 战争第七年：占领斯法克泰利亚

讶。在战争结束的第二天，克莱翁与德摩斯提尼率领一部分军队押解着所有俘虏启程返回雅典。在克莱翁离开雅典 20 天不到，他们就回到了雅典。这位史学家评论说："克莱翁如此疯狂的承诺竟然实现了。"

如果仔细分析克莱翁在公民大会上的承诺，我们将会发现，与修昔底德的描述不同，这并非此人夸下了疯狂的海口，结果侥幸获胜，而是一次理性的甚至对未来有深思熟虑考量的行动。令他还在进一步考虑的唯一问题是将岛上的驻军尽数杀死还是将他们掳为俘虏。[9]

虽然并非完全不相信一位修昔底德传记作家的断言，[10] 但我还是要重复说，克莱翁是把正在当将军的修昔底德加以流放的始作俑者，因此受到了他比应持公正立场的史学家更为刻薄的批驳。但是，虽然这种情绪并非完全没有可能会对我刚才批判的无责判断产生一些影响，不过我认为这并非修昔底德所特有的，而是那时雅典以尼奇亚斯及其他那些被称为寡头派的人士（不过这种说法并不恰当）对他的普遍看法。这有助于我们衡量在这次值得注意的事件中盛行于该党派人士中的偏见和狭隘，这与克莱翁的远见、果断及明智的行动形成了鲜明的对照。虽然针对斯法克泰利亚的军事行动完全应该记在德摩斯提尼的名下，使其成为整场战争中展现其超凡将才的样本，其占据的地位不下于对灵活多变使用军队和对战败者性命宽恕的描述；但是如果克莱翁没有胆量在雅典公民大会中站出来，公然挑战修昔底德作品中描写的那些悲观的预测，那么德摩斯提尼将绝不可能获得援助，也不可能具备登陆岛屿的条件。因此，这次胜战的荣耀应属于二人共有。（并非阿里斯托芬在喜剧《骑士》中描绘的那样）绝不是克莱翁盗取了德摩斯提尼的荣誉，而正是他将这个桂冠戴在了这位将军的头上，而且他也同时应当享有荣誉。

克莱翁和德摩斯提尼在承诺的20天内回到了雅典，一同带回的还有将近300名拉凯戴蒙战俘。这件事情肯定是迄今为止在整场战争中雅典人取得的最大胜利和最令公民高兴的事件。如此众多的拉凯戴蒙战俘，尤其是120名斯巴达人，是一起几乎令所有希腊民众炫目的资源，其价值远超战俘本身，不可估量。

雅典人的第一个想法是将战俘作为保证国土不再受侵犯的保证，决定将他们严密地看守起来，直到和平为止。但是，如果在和平到来之前的任何时候，拉凯戴蒙大军胆敢进入阿提卡，就会将战俘抓出来，当着入侵者的面将其处死。同时，雅典人也满怀精神地进行战争，他们希望不但保持自身的实力不会受到削弱，而且甚至能够恢复"30年和约"之前丧失的许多利益。战俘的出现使他们的打算得到了进一步的确认。派罗斯的防御得到了改善，邻近的岛屿斯法克泰利亚无疑成为其附属控制的一块区域。从瑙帕克图斯来的美塞尼亚人非常兴奋，发现他们再一次成了其先祖控制的边远之地的主人。因此，他们开始迅速蹂躏并劫掠拉科尼亚。因受近来发现的一系列事件的冲击，黑劳士表现出弃其主人的倾向。在经历此前未曾感受也未曾听说过的灾难后，拉凯

第二十二章 战争第七年：占领斯法克泰利亚

戴蒙人警惕起来，唯恐黑劳士的反抗波及全国。虽然努力不愿表现出明显的窘迫，但是他们仍多次派出使团商谈和平事宜，不过他们所有的努力都以失败告终。[11]没有材料告诉我们他们做出的让步是什么，但可以预料，都没有达到雅典人认为应获得的利益。

对于此后发生的事件，现代人当然知道。我们发现，雅典人本可以在占领斯法克泰利亚6~8个月之后与拉凯戴蒙人订立一份最有利的协议，但此后这样的机会再也没有了。雅典人有理由悔恨让这样的好机会从手中溜走。[12]事实上，如果伯里克利还在世，他很可能会对将来进行更加审慎的评估，或许在民众面前他有足够的权威，能够在胜利的狂欢浪潮到达顶峰而没有消退之前对其进行控制。

如果努力整理克莱翁和德摩斯提尼从斯法克泰利亚胜利回师那年秋天的情况就不难发现，战争仍在继续。如今，雅典人已经真正控制着战俘，这比他们只是围困着斯法克泰利亚和拉凯戴蒙使者第一次前往寻求和平时所处的位置更佳。如今，无论选择何时，雅典肯定能够占据与斯巴达订立和平的主导权，条款的内容至少是可以容忍的。而且，可以肯定的是，阿提卡不会再经历入侵的苦难。另外，人们对拉凯戴蒙人强大的理解如今大打折扣，雅典获得胜利的前景也一片光明。或许这也是当时的局势最重要的特征。在许多雅典人的心目中，情况就是如此，甚至一部分希腊人也持类似看法。良运相伴的看法通常极大地影响希腊人对胜

585

负的评估，他们认为将来获得的胜利是过去胜利的必然结果。那么，为何不乘着当前的好运，努力重获过去和"30年和约"中丧失的最重要据点呢？尤其是麦加拉和比奥提亚，这两个地方不可能与斯巴达人谈判获得，因为它们都根本不属于它所有。很有可能，此刻雅典人都普遍怀着好战之情。如今，德摩斯提尼信心满满，急于发动战争。必须通过战争，他才可能有希望获得个人荣耀。这位将军当时的想法无疑是这样的。阿里斯托芬的喜剧《阿卡奈人》上演于斯法克泰利亚事件大约六个月之前，那时还没有人可能会想到有此类事件的发生。而喜剧《骑士》上演于事件发生大约六个月之后。[13] 这两部喜剧有着显著的区别。前者反映了战争带来的最严重的伤痛，尽一切可能向人们强调缔结和平的重要性；但在那时，雅典甚至没有机会获得与斯巴达人体面的和解。后者除只在一两个地方谈到战争带来的苦难外，都一直在强调和重复《阿卡奈人》中倡导的和平，尽管此时和平就在雅典人伸手可及的范围之内。

就在因斯法克泰利亚事件被羞辱后不久，尼奇亚斯最早采取的行动是与另外两位同僚发动针对科林斯的远征。随他一同前往的共计80艘战船、2000名重装步兵、200名骑士及其坐骑及另外一些来自米利都、安德罗斯和卡吕斯图斯的重装步兵。[14] 傍晚时分大军从皮莱乌斯出发，在黎明即将来临时就到达索利盖亚（Solygeia）村山脚下的海岸。此地离科林斯大约有7英里，距地峡有2~3英里。科林斯大军已经集结在地峡以图打退雅典军队。

第二十二章 战争第七年：占领斯法克泰利亚

不久之前有人从阿尔戈斯传来消息，告知了大军即将抵达科林斯，因为阿尔戈斯或许在一定程度上与这次远征计划有所联系。几乎就在大军从名为凯尔索奈苏斯的地方登陆时，战斗就在雅典大军的右翼拉开了序幕。雅典的重装步兵与卡吕斯图斯同盟者一道击退了科林斯人的进攻。然而，科林斯人在撤退到一个山坡后，得到了一支生力军的援助，重新发起进攻，并将雅典人追回到岸边和船上。就在这里，雅典人重新聚集力量，再一次占据了一定程度的优势。在雅典大军的左翼战斗不那么激烈。但就在这一侧，在经过一定的僵持后，雅典人在骑兵的援助下，获得了决定性的胜利；被追击的科林斯人四散而逃，纪律散乱，终于在附近一座小山上扎住了阵脚。在整个战斗中，雅典人获得了胜利，仅损失了47人；而科林斯人不但折损了212人，而且将军吕科弗隆也丧了命。鉴于不但科林斯城和肯奇莱亚港的援军即将抵达，而且邻近的伯罗奔尼撒军队已如约到达，尼奇亚斯认为还是小心为妙，就撤退到船上，驻扎在邻近的一些岛屿上。

尼奇亚斯重新上船，率军沿埃皮道鲁斯海岸航行，一路上劫掠杀伐，造成了一些破坏，最终在埃皮道鲁斯与特洛伊曾之间的麦塔纳（Methana）半岛安营扎寨。在这座半岛上，他建起了一座永久的要塞，在陆地最狭窄处与埃皮道鲁斯相连的地峡上横跨修筑了一道城墙。接着就返航回到雅典。但在麦塔纳半岛上的这座要塞长期成为劫掠周边埃皮道鲁斯、特罗伊曾和哈利埃伊斯等城邦的大本营。

在尼奇亚斯从事远征之时，优吕麦东和索福克勒斯率领夺取斯法克泰利亚那支舰队的主力前往科西拉岛。优吕麦东及其所率雅典人与城里的科西拉人一道，对伊斯托奈山上的要塞发起了疯狂的进攻。要塞旋即被攻破，寡头派最初撤退到一座高峻而易守难攻的山上，随后被迫向雅典人投降。他们完全置雇佣军于不顾，要求只能向雅典投降，并接受雅典人民的处罚。优吕麦东同意了这些条件，将被解除武装的战俘关押在附近的小岛普泰奇亚（Ptychia），并明确规定，如果有哪怕一人试图逃走，所有人将被处决。

不幸的是，城邦传来命令，要求优吕麦东由该岛径直前往西西里。优吕麦东不愿派出一支军队将战俘送到雅典，因为运送战俘的荣誉将会被他人收获，不再属于他而属于那一位接受任务的军官。此外，城内的科西拉人同样不愿将这些人遣送到雅典。

可能在优吕麦东的私相授受下，城内民主派的首领派出间谍渡海前往普泰奇亚，以朋友之名向战俘们散布消息。这些间谍告诉战俘们，尽管签订了协定，但雅典的将领仍会将他们交给科西拉民众，等待他们的将是被处死。为此，这些人诱使其中一些战俘坐一艘专门为此而准备的小船逃走。在逃跑过程中，小船上的人被抓获。因此，投降协定的条款确实遭到了违背。根据协定，优吕麦东将战俘交给了他们在岛上的政敌。科西拉民众将全部战俘囚禁在一座大宅里，派出重装步兵严加看守。他们以20人为一组，两两铐在一起，拖出这座大宅，被迫从两旁站着全副武装

第二十二章 战争第七年：占领斯法克泰利亚

的重装步兵的道路上通过。落在后面的战俘被人从后面用鞭子抽打。当他们通过时，站在两旁的私敌就把他们揪出来，对他们拳打脚踢，甚至刀砍枪刺，直到他们最后痛苦地死去。三组寡头派人士就这样屈辱而死。在此之前，里面的战俘认为这不过是囚禁他们的地方将会发生变化，还不知道到底发生了什么。当他们发现事实的真相后，所有人都既拒不离开这座房屋也不允许其他人进入。他们的政敌并不试图用武力撞开房屋的大门，而是在屋顶揭开一道口子，向屋子里的战俘射箭和扔瓦片。最开始时，他们还想方设法保护好自己，但最后他们绝望地放弃了一切努力，亲手帮助为恶者将他们自己杀死。黎明时分，科西拉人进入这座建筑，将尸体堆在大车上运到城外。我们不知道死亡的确切人数，但似乎不会少于300人。

在前一年的战役中，安布拉奇亚被彻底击溃，这使阿纳克托利翁无法抵抗来自阿卡纳尼亚人和驻瑙帕克图斯雅典人的进攻。是年夏天，该邦受到围困并随即被占领，科林斯地主被逐，其城市和国土被来自阿卡纳尼亚的殖民者重新殖民。

整个雅典海上帝国仍然非常稳定。但是年秋，开俄斯人因新近为其城市修建了一道城墙受到雅典人的猜疑，仿佛这是为了找机会发动反叛而做的准备一样。开俄斯人抗议说他们对城市的如此规划完全是清白的，但如果不强制摧毁这道如同眼中钉的城墙，雅典人是不可能满意的。次年春，在对面的大陆上，一伙积极的米提莱奈逃亡者夺占了罗泰翁和安坦德鲁斯（Rhoeteium and

Antandrus)。这让雅典对开俄斯更加警惕,更急于将其降为属邦。

是年秋,在向属邦索贡的过程中,雅典的巡贡队抓获了一名颇为重要且罕见的俘虏。此人是一名波斯使节,名为阿塔菲奈斯(Artaphernes)。在受波斯大王派遣前往斯巴达的路上,他在斯特吕蒙河上的埃翁被抓获,然后送往雅典。他随身携带的书信用亚述文字写成,篇幅颇长;雅典人将之翻译出来并公之于众。书信的基本内容是,大王告诉拉凯戴蒙人,他不明白他们的真实想法是什么,因为在派往的使者中,没有两个人所说的内容一致。因此他要求,如果希望让大王明白他们的意思,就应当重新遣使带着清楚明白的要求随阿塔菲奈斯一同前往波斯。书信的内容大体就是如此,证明了拉凯戴蒙政府对外政策的指向。斯巴达在对外事务的管理上毛病百出,这在阿塔菲奈斯书信中得到了充分的展现。其原因部分在于拉凯戴蒙人性格中习惯缺乏信义,部分在于监察官每年都在变化,从而使掌握最高权力者经常想法否决前任所做的努力。最重要的原因在于,城邦缺乏让公民参与公共事务进行讨论的机制。在此后的历史进程中,我们将不止一次地发现,监察官不仅改变前任的政策,而且甚至篡改由他们订立并宣誓的条约。[15] 这是斯巴达人处理公共事务中习以为常的秘密,如此行事,监察官既不用担心受人指责,也不担心受人非议。在接下来的章节中,我们将谈到布拉西达斯将从斯巴达出发进行远征。在远征前,他也不相信拉凯戴蒙官员做出的保证,除非通过最庄严的誓言对他们加以约束。[16]

第二十二章 战争第七年：占领斯法克泰利亚

雅典人派三列桨战船将阿塔菲奈斯送回以弗所，希望利用这次机会能够接近大王。他们派出使者与其一道，打算陪伴他一起前往苏萨。但才到亚洲，就传来消息，国王阿塔薛西斯最近已经去世。在此情况下，他们觉得继续遣使不合时宜，于是雅典放弃了这个计划。[17]

自薛西斯被从希腊驱逐以来的54年里，除相互更替的国王姓名外，我们几乎没有听到关于波斯大王的其他任何消息。公元前465年，在内侍官——东方宫廷中一种常见职官——的策划下，薛西斯被阿塔巴努斯和米特拉达梯（Mithradates）刺杀。他留下两个儿子——或众多子女中最有名的两个儿子——大流士和阿塔薛西斯。阿塔巴努斯告诉阿塔薛西斯，大流士就是刺杀薛西斯的凶手。在他的劝说下，阿塔薛西斯决定为父亲报仇，协助阿塔巴努斯杀害了亲兄弟大流士。接着，阿塔巴努斯想尽办法试图谋杀阿塔薛西斯，以便篡夺王位。然而，阿塔薛西斯提前被告知了阴谋，亲手杀死或指使他人杀死了阿塔巴努斯。他统治了波斯40年（其王号名为阿塔薛西斯·朗吉曼努斯），直到我们现在讲述的这个时候。[18]

文献中已经提到，在雅典的积极支持下，利比亚国王伊纳鲁斯在埃及发动起义，以图摆脱阿塔薛西斯的统治。在最初几年取得一定胜利后，波斯将领麦加毕佐斯（Megabyzus）的努力下，这次起义被镇压，埃及重新被征服。在这次起义过程中，雅典人损失惨重。

在阿塔薛西斯·朗吉曼努斯去世后，波斯国王继承中再一次出现了家族成员自相残杀的事件。其子薛西斯继承王位，但只统治几个星期或几个月后就被人谋杀。他的另一个儿子索格狄亚努斯（Sogdianus）承袭大统，但同样地，统治很短一段时间后就被杀死。[19] 最后，他的另外一个儿子奥库斯（Ochus，其王名为大流士·诺图斯）或者更有能力或者更加幸运，统治了19或20年。王后帕利萨提斯（Parysatis）为他育有两子：阿塔薛西斯·姆奈蒙（Artaxerxes Mnemon）和小居鲁士。这两个人对希腊历史都产生了一定的影响。

附录

公元前425年发生的一个重大事件是提高雅典帝国所有成员的贡金。我们从以下几方面的材料最初知道了贡金数量的变化：其一，Ar. *Vesp*., 660。其中谈到，公元前422年，每年的总收入几乎是2000塔兰特。其二，Andok., *De Pace*, 9（Aeschines, *Fals. Leg*., p. 337 对于相关记载只做了少许修改）谈到，尼奇亚斯和约后，每年从同盟中收入1200塔兰特。其三，Plutarch, *Aristid*., c. 24 叙述说，在伯里克利去世后，人民领袖们逐渐将贡金提升到1300塔兰特。其四，[Andok.], *In Alkib*., 11 指控阿克比亚戴斯任职 τακτής 时将贡金翻了倍。

不过，修昔底德对此完全默而不语。这让格罗特全然否

第二十二章 战争第七年：占领斯法克泰利亚

定贡金确有提升的事实（see note 2 on p. 149, vol iv., in the 1862 edition）。

下列事实从一定程度上印证了格罗特的质疑：上述记载一方面相互矛盾，另一方面在细节上包含着明显的错误。不过它们的共同特征是都记录了关于我们考察的这一段时间贡金在提高的事实。

这一问题随着公元前 425/424 年贡金列表（C. I. A., i. 37; iv.（1）, pp. 13, 54, 66, 140; Hicks and Hill, 64）的发现而得到了解决。在此给出的税率比贡金列表的高得多。譬如，岛屿区厘定的黄金是 150 塔兰特而非 80 塔兰特；赫勒斯滂区的为 295 塔兰特而非 98 塔兰特。此外，是年 κεφάλαιον 再一次为人所知，其数据（根据对左侧总数据的补佚）达 960 或 1460 塔兰特（Wilhelm, *Jahresheft des Oestr. Institus*, i., Appendix p. 43）。从以上两则证据看，上述所有作家征引的数据大体得到了证实。

草拟这则法令的人显然不是阿克比亚戴斯（公元前 425 年他还太年轻不可能 τακτής），而是某位图狄普斯（Thudippus），他被视为克莱翁的代理人。无论如何，图狄普斯最有可能是议案的提出者。

需要注意的是，在战争时期，即便上述提高后的贡金也不能被称为太高（*cf.* Appendix to c. 17, 2）。——编者

1　事实上，这座岛屿长 4800 码。或许，修昔底德（iv. 8）给出的长 15

斯塔狄亚是指随后战斗中被斯巴达人控制部分的长度。——编者

2　Thukyd., iv. 20.【不应当仅将使者们所讲的内容当作谄媚之词。战争最初几年，斯巴达的政策证明，它不过是沿袭此前数十年所发生事件的一贯方针，事实上，拉凯戴蒙人非常乐意与雅典共享霸权。

虽然在公元前5世纪，斯巴达与雅典之间爆发了几次战争，但是，斯巴达通常都是勉为其难地参加。其中两次（前457和前445）它故意放弃了已经取得的优势（cf. notes to pp. 374, 375, 364, 364）。在与阿尔戈斯的争夺中，斯巴达也经常表现出类似的大方。

我们看到这种冲动的情绪最初发端于公元前459年的萨罗尼克湾周边的各港口，公元前447年出现在中希腊。在目前的这场战争中，这种情绪再一次从麦加拉、埃吉纳和科林斯勃然而兴。在斯巴达国内，有人数相当不少的和平派人士，在这次事件及其他几次事件中，我们将会发现他们的主张。此外，在实际的行动过程中，斯巴达人似乎更像是伯罗奔尼撒同盟法令的执行者而不是雅典的私敌。他们的行动往往是半心半意而且不具连续性。初期，战争的实际发动者似乎是科林斯。

就整个战争过程而言，我们只发现三个时段斯巴达展现出了它的能量，分别是公元前424—前422年、前414—前412年及前407—前404年。这些时间中，城邦的政策或多或少被一个天才式的野心勃勃的人所主导（布拉西达斯、阿克比亚戴斯和吕桑德）。

如果我们发现，修昔底德将整场战争归因于斯巴达对雅典采取对抗的态度（i. 23），这必然应当反映出作者受到了战争末期吕桑德不竭精力的感召。在公元前447—前445年雅典遭受损失后，将猜忌作为战争的动因似乎不太合适。

假定公元前425年斯巴达人确实急迫地希望重新恢复与雅典的同盟关系，或许我们应当问一问，作为伯罗奔尼撒同盟的领导者，斯巴达

第二十二章 战争第七年：占领斯法克泰利亚

是否有权随意行事。公元前421年，类似的尝试以彻底的失败而告终，但这可能主要因为受到后来事件的影响。其一，阿尔戈斯重拾野心；其二，麦加拉和底比斯对雅典的敌视加剧；其三，在卡尔奇狄凯半岛对雅典敌视者的独立地位；其四，雅典政客优柔寡断的政策。然而，公元前425年，斯巴达或许很有可能迫使其同盟者同意与希腊其他大邦重建古老的同盟关系。——编者】

Aristophanes, *Pax.*, 1048: "我们为什么不能携起手来，共享希腊的主权！"（Ἐξὸν σπεισαμένοις κοινῇ τῆς Ἑλλάδος ἄρχειν.）

3　Thukyd., iv. 21: "他们采取这条线路，主要是因为克莱埃奈图斯之子克莱翁的劝诱，他是一个人民领袖，当时对民众有非常大的影响。"（μάλιστα δὲ αὐτοὺς ἐνῆγε Κλέων ὁ Κλεαινέτου, ἀνὴρ δημαγωγὸς κατ' ἐκεῖνον τὸν χρόνον ὢν καὶ τῷ δήμῳ πιθανώτατος. καὶ ἔπεισεν ἀποκρίνασθαι, etc.）

这一句话与将克莱翁首次带到读者面前的用语如出一辙。修昔底德似乎忘记他曾在描述米提莱奈投降时已经介绍过克莱翁，而且两次使用的语句非常类似。iii. 36.

4　Plutarch, *Nikias*, c. 7; Philochorus, *Fragm.*, 105, ed. Didot.

5　Burke's *Speech to the Electors of Bristol previous to the Election* (Works, vol. iii., p. 365); and his *Letter to the Sheriffs of Bristol*, p. 174 of the same volume.

6　关于没有合适的登陆地连续对海岸城市围困所面临的困难，参见 Caesar, *Bell. Civ.*, iii. 15, 18。在此我们读到，庞培的海军大将毕布罗斯事实上因供应缺乏而丧了命。——编者

7　Thukyd., iv. 28.

8　Thukyd., iv. 34. 比较关于拉凯戴蒙人在莱卡翁被伊菲克拉泰斯及其轻装兵摧毁的叙述（Xenophon, *Hellen.*, iv. 5, 11）。

9 | 霍尔姆（Holm Gk. Hist., ii., p. 393, n. 11）倾向于认为，克莱翁与德摩斯提尼曾就斯法克泰利亚的行动计划有所争执。但这样的计划似乎在现实政治中过于牵强。——编者

10 | *Vit. Thuckydidis*, p. xv., ed. Bekker.

11 | Thukyd., iv. 41; compare Aristophanes, *Equit.*, 648, with Schol.

12 | Philochorus, quoted by Ar., Pax, 665（F. H. G., I., No. 105）说，是克莱翁和主战派想尽办法使后来派来的使团（成员数量被固定为三人，Ar. *Pax,* 667）都会被雅典人拒绝。修昔底德（iv. 41）提到的"更高要求"无疑指麦加拉和中希腊。

无疑，伯里克利将会更愿意接受和平。因为斯巴达开战的原因是雅典的地位对伯罗奔尼撒而言太高了。这也是导致战争爆发的主要理由。在新的盟约下，雅典无疑会成为占主导地位的合伙，而这正是雅典人的野心可以要求达到的最高地位。——编者

13 | 《阿卡奈人》上演于雅典的莱奈亚（Lenaea）节，即公元前 425 年 1 月；而《骑士》在次年（前 424）的同一个节日上演。

14 | 很难令人相信，提洛同盟最初的条款包括仅仅为了雅典的利益要求成员为同盟提供军队。然而，在以下的征伐中，我们经常会看到同盟的军队：譬如公元前 447 年的科罗内亚（Thuk., i. 113）、索利盖亚、库泰拉（iv. 53）。在西西里远征中许多城邦也出现在出征名录中（vii. 57）。在公元前 446 年反叛被镇压后卡尔奇斯民众所订条约的誓言［C. I. A., IV.（1），p. 10; Hicks and Hill, 40, §1, ll. 29-32］中我们注意到，其中一款规定从军事上"协助"雅典。

但我们仍不知道，雅典是否要求所有纳贡者普遍必须履行这种义务或认为需要与每一个城邦分别做出各自安排。不过，我们知道除卡尔奇斯在大多数出征中都会出现外，米利都可能也与雅典订有特定的条约［C. I. A., iv., (1) 22a］。我们也不能肯定，同盟者并非不爱每天

第二十二章 战争第七年：占领斯法克泰利亚

14 1德拉克马的津贴，在西西里远征中，阿尔戈斯人和曼提奈亚人就因为雅典提供的高额报酬而主动加入。——编者

15 对不履行义务进行讨论不仅限于民主政体。罗马元老院在几次重大场合背信弃义，这已是尽人皆知的事情。譬如在遭受卡夫丁峡谷惨败后（Livy, ix. 8, 9）、在处理努曼提亚人时（Appian, iii. 79, 83. 这些人本已与 Q. 庞佩伊乌斯和曼西努斯达成了约定）。——编者

16 Thukyd., iv. 86.

17 Thukyd., iv. 50; Diodor., xii. 64. 似乎雅典此前未曾派遣使节以图与大王结盟。虽然这种想法定然对他们并不陌生。在这一事件之前一年上演的阿里斯托芬喜剧《阿卡奈人》中，我们可以看到普塞达尔塔巴斯（Pseudartabas）讲述的诙谐场面。

18 Diodor., xi. 65; Aristotel., *Polit.*, v. 8, 3; Justin, iii. 1; Ktesias, *Persica*, c. 29, 30. 显然，关于薛西斯被害的阴谋当前还有其他与之冲突的说法，但我们无法确定相关细节的真伪。

19 Diodor., xii, 64–71; Ktesias, *Persica*, c. 44–46.

第二十三章
战争的第八年

战争第八年发生的事情比此前任何一年都更重要、更具决定性。回顾过去几年的战争我们发现,尽管大小战役无数,给双方都造成了苦难和损失,然而战争一直是断断续续,都不能视为对战局具有决定性的作用。但是,随着雅典人夺取斯法克泰利亚、擒获岛上的驻军及拉凯戴蒙人交出全部舰船,这一事件在所有希腊人的心中留下了深刻的印象,仿佛大战即将结束。斯法克泰利亚事件也激励着雅典人展开一系列比以前任何时候都规模更大、更有野心的行动。他们不但进攻斯巴达本土,还试图重新征服麦加拉和比奥提亚这些在"30年和约"中及之前丧失的地盘。另一方面,雅典人不但威胁到色雷斯地区从雅典反叛而出的卡尔奇

第二十三章 战争的第八年

狄凯盟友，而且给马其顿国王佩狄卡斯也带来了不小压力。布拉西达斯对上述两个地区中间地带的远征给了雅典帝国沉重一击。是年为战争的转折之年。如果雅典的行动取得了成功，它就能几乎重获"30年和约"之前的巨大影响。但是，斯巴达，更准确地说斯巴达将领布拉西达斯获得了胜利，足以抵消雅典从夺取斯法克泰利亚中占据的所有优势。

是年春雅典人采取的第一次行动，是攻打拉科尼亚南部沿岸的岛屿库泰拉。该岛的居民为拉凯戴蒙的庇里阿西人，由一位总督管理，每年派出一定的重装步兵驻扎于此。因为离马莱亚海岬很近且紧邻古提翁海湾（该海湾是环境恶劣的拉科尼亚海岸唯一可以登陆的地方），所以这里也是来自埃及和利比亚的商人经常登陆之地。这座岛屿一旦落入敌人之手，将给斯巴达带来巨大的威胁，据说一些政治人物巴不得它沉没到海底之下。[1]尼奇亚斯、尼科斯特拉图斯和奥托克莱斯（Autokles）一道，率领着60艘战船、2000名雅典重装步兵、一些骑兵及一队主要由米利都人组成的同盟军攻打这座岛屿。[2]

事实上，岛上有一个党派的人早已真诚地邀请尼奇亚斯前往，阴谋以此为岛上的居民获得有利条件。根据库泰拉人与尼奇亚斯达成的秘密协定，少许人被作为战俘送往雅典；剩余的人将不受任何干扰。该岛成为纳贡者，每年缴纳4塔兰特贡金。雅典在库泰拉驻扎军队，保护岛上居民的安全。尼奇亚斯花了七天由此沿海岸进发，从赫罗斯（Helos）、阿西奈（Asine）、阿弗罗狄西亚（Aphrodisia）、科提尔塔（Kotyrta）和其他城镇附近驶航而过。

在从库泰拉回到雅典的过程中，尼奇亚斯首先蹂躏了位于拉科尼亚东海乱世丛生的埃皮道鲁斯利麦拉（Limera）附近的一小块耕地，接着进攻位于拉科尼亚与阿尔戈斯边界地带提莱亚（Thyrea）的埃吉纳人村庄。在战争第一年埃吉纳人被雅典驱逐出他们的岛屿后，斯巴达将这个村镇和区域划给他们居住。这些新来的居民发现这座村镇离海太远，[3]与他们临海而居的习惯相悖，就在紧靠海岸之处建立一个据点。拉凯戴蒙人派出一支军队驻扎在附近，协助他们保卫这个据点。当雅典人登陆时，埃吉纳人和拉凯戴蒙人立即放弃了这座新修的据点。埃吉纳人驻守着提莱亚卫城，但拉凯戴蒙人认为不可能守得住，拒绝与他们一道防守。尽管埃吉纳人苦苦请求，他们仍撤退到附近的群山之中。在登陆后不久，雅典人就开始向提莱亚进军，以雷霆之势夺取了这座村镇，放火焚烧并摧毁了村镇的一切。所有埃吉纳人要么被杀，要么沦为战俘。由此，大军返回雅典，雅典人投票将所有战俘处以极刑。出于安全的考量，遣送回国的库泰拉人分别被运到各个附属城邦。可是，埃吉纳人遭遇到了更加悲惨的命运，所有人都被杀死，成为雅典与埃吉纳长久为仇的牺牲品。雅典人的残酷行为不过是对那一个时代战争法则严格执行的结果。[4]

雅典占领派罗斯并驻军在斯法克泰利亚取得大捷旋即又占据了库泰拉，目不暇接的事件让斯巴达人产生了前所未有的惊慌

第二十三章 战争的第八年

和沮丧。他们不但预料到敌人将对其所有薄弱之处发起不断的进攻，而且感受到内部很有可能会发生变乱，因为黑劳士对他们长期不满。或许，他们也不是不知道，在一定程度上是因内部的背叛而丢失了库泰拉。斯法克泰利亚被占在黑劳士心目中激起了一种特别的情绪。为了让被困该岛的重装步兵获得补给，拉凯戴蒙人曾向他们发出号召，并承诺将他们释放。如果说这些重装步兵的最终投降在整个希腊让人们对拉凯戴蒙强大的畏惧之情有所减弱，在被压迫的黑劳士心中，这种情绪产生了更大的效应。以在派罗斯的美塞尼亚人为核心，有可能扩散并重建一个美塞尼亚。这样活生生的事例就在他们的面前。而在库泰拉驻扎的雅典军队为他们开启了一条与斯巴达之敌进行沟通的新渠道，诱惑着所有大胆的黑劳士站出来作为解放者拯救他们被奴役的族人。虽然拉凯戴蒙人一向谨慎，但如今他们也感受到仿佛命运的大潮已根本逆转，不再眷顾于他们。于是他们只能在沮丧而不受信任的情况下展开行动，仅能采取完全的防御策略。不过，他们仍然跳出常规，分别组建了一支400的人骑兵和一支弓箭兵队伍。

斯巴达人为预防黑劳士而采取的他们认为必要的预防措施，最充分地表现了当时他们的恐惧心情，也体现了历史上难以与之企及的最高级的欺诈和残暴。监察官希望从普通黑劳士中挑出那些最有胆识最有勇气的人来，于是宣布，任何一名认为自己在战争中做出杰出贡献并且有资格获得自由的黑劳士可以出列声明。

相当一部分人听从了监察官的号召,其中许多人在前一年夏天为了替被困斯法克泰利亚的士兵运送补给曾经遭遇了时刻可能发生的艰难险阻。经官方核查,其中2000人完全有资格获得释放。接着在公共典礼上,他们被授予了自由,头戴花环,前往神庙,并举行了庄严的宗教仪式。然而,当局采取了他们希望采取的措施,将每一个新近获释的黑劳士全部被除掉了。没有人知道这是如何做到的。在希腊历史上,再也没有一个可以与之相提并论的背信弃义之举了。我们甚至可以说,在任何地方的历史中都可谓举世无双。这比野蛮人执行的针对战俘和反抗者的严酷习惯法更加邪恶,直接受害的人更多。在执行这次血腥屠杀的过程中,除了他们自己亲自动手外,这些监察官想必使用了许多工具和手段。然而,对此次大屠杀的细节,我们无法获得任何确定无疑的了解。这充分证明,这5名监察官组成的议事会具有神秘的效率,他们的行动果决甚至超过了威尼斯10人议事会。如今公众关于这件事的调查和讨论也完全阙如。

正当拉凯戴蒙人处于局促不安之际,马其顿国王佩狄卡斯和色雷斯卡尔奇狄凯人的使者来到了斯巴达,恳求协助他们抵抗雅典的进攻。因为他们认为雅典很有可能会乘得胜之势,重新对他们采取进攻措施。此外,在邻近臣属于雅典的城邦中,有一些派别暗自响应他们的号召,只要有援军前往,并保证他们在随即发生的危险中不致受到伤害,就有人可能站出来公开叛离雅典。同时,佩狄卡斯和卡尔奇狄凯人答应为拉凯戴蒙人提供薪酬和补

第二十三章 战争的第八年

给，并为可能派往支援他们的军队前进开便利之门。对这次军事行动的胜利更为重要的是，他们特别要求任命布拉西达斯为指挥官。如今，这位将领已经从在派罗斯遭受的重创中恢复过来，他敢于冒险的勇敢精神及审时度势的冷静使他的声名更加响亮，没有任何斯巴达人可以与他一较高下。除勇敢之外，布拉西达斯的其他优秀品质还没有充分表现出来，因为他还不曾指挥过任何大战。但是，他一直耐心地等待着机会的到来，使者们的到来证明他的等待是有价值的。此时，情况非常糟糕，到处充满着困难和危险，很有可能，除了他之外，任何一个斯巴达人都没有获胜的希望。另一件事令色雷斯的雅典人感到难堪，但却为斯巴达带来了出乎意料的巨大影响。斯巴达找到一个机会派出了另外一支由"危险"的黑劳士组成的军队。其中700人被武装为重装步兵，听布拉西达斯的号令行事。但是，拉凯戴蒙人没有给他分配任何正规军。布拉西达斯带着斯巴达的盛名，率领着700名黑劳士组成的重装步兵及用卡尔奇狄凯人资助的钱财招募的其他一些重装步兵，准备开始这次远征。这次远征充满冒险，但意义非凡。

要是雅典人对他的计划略有所知，他们本可以轻易阻止他，令其无法到达色雷斯。但是直到布拉西达斯已经与佩狄卡斯会合，雅典人才知道了他的计划。他们没有想到在斯巴达人陷入沮丧的时刻，竟然会发起如此猛烈的进攻。更令他们没有想到的是，这一次军事行动比以往任何一次人们所知的由它发动的远征更加大胆。雅典人得意洋洋地认为，征服色雷斯已经是指日可待了。因为他们的事业是如此兴盛，前景一片光明；而且在麦加拉和比奥提亚支持雅典的派别也开始恢复；是年的两位主要将军希波克拉泰斯（Hippokrates）和德摩斯提尼都是精力充沛之人，深谋远虑，战功赫赫。

摆在雅典人面前的第一个机会出现在麦加拉。该邦居民遭受着比希腊其他城邦公民更大的苦楚。雅典每年将两次蹂躏与其交界的麦加拉地区，给当地带来了毁灭性的灾难，夺取了城市周边土地上的一切物资；同时，严密封锁尼塞亚港。在如此艰苦的条件下，麦加拉人甚至难以找到最基本的生活所需。[5] 在过去的年月里，因城内发生了暴动，他们的情况变得更加令人难以忍受。最终一批强有力的公民遭到驱逐，这些人旋即逃往并占领了麦加拉在科林斯湾最主要的港口佩加。在遭受雅典毁灭性的破坏后，来自佩加港的物资很有可能是他们主要的食物供给。因此，当佩加港的流亡者不但剥夺了他们的补给来源，还对他们大加骚扰时，麦加拉人再也不可能支持下去了。逃亡者主要是寡头派，因此如今的麦加拉当局越来越民主化。但是，如今城内缺粮少食已经达到了如此困难的程度，以至于不少公民已经开始想方设法与佩加的逃亡者达成妥协，以便重新将佩加纳入城邦的管辖之下。对麦加拉的领导者而言，非常明显，公民们不可能长久承受来自两大敌对势力的压力。但他们的看法是，在佩加的流亡者是政治上的死敌，比雅典人更可恶，因为流亡者的回归意味着对民众的死刑审判。为了防止反革命的发生，他们与希波克拉泰

第二十三章 战争的第八年

斯和德摩斯提尼秘密互通声息，准备将麦加拉和尼塞亚出卖给雅典。虽然距城大约一英里的麦加拉港口尼塞亚是一座孤悬海外的要塞，但如今驻扎着一支由清一色伯罗奔尼撒人组成的军队；为了紧紧地将麦加拉控制在伯罗奔尼撒同盟之中，这座要塞通过一道长城与大陆联系在一起。

双方协调好了突袭的计划。值得注意的是，鉴于雅典所有事务的极度公开化而许多人未必会守口如瓶，突袭计划直到执行之时才向民众公开。一天夜里，一支由4000名重装步兵和600名骑兵组成的大军沿着埃琉西斯到麦加拉的大道向前推进。但是，希波克拉泰斯和德摩斯提尼乘船从皮莱乌斯出发前往紧邻尼塞亚港处于雅典控制之下的岛屿米诺亚。希波克拉泰斯将600名重装步兵隐蔽在米诺亚对岸离长城一座门楼不远的地方。德摩斯提尼埋伏在与同一座门楼更近的阿瑞斯圣所。

就在约定发动突袭的那天夜里，长城的门楼刚一打开，德摩斯提尼及其战友就从埋伏之地跃起，力图闯入里面。这支果决而积极的军队成功地控制了门楼，将其打开，等到希波克拉泰斯所率的600名重装步兵进入其中，占领长城里面的区域。在雅典人爬上城墙的两侧时，每个人都几乎未加思索队列和顺序，纷纷驱逐或杀死上面的伯罗奔尼撒卫兵。而这些卫兵由于受到袭击，认为全体麦加拉人也与敌人相互响应，一起进攻他们，他们很快就失去了勇气，逃到尼塞亚城里。天亮后，雅典人发现他们已经成为整个长城的控制者，就站在麦加拉城的大门之下；同时通过陆路经埃琉西斯开拔而来的大军在约定的时刻也安然抵达。

与此同时，城内的麦加拉人陷入巨大的骚乱和错愕之中。但是，准备这个计划的同谋者已经预知计划，提议打开城门，举全城之兵与雅典决战。事实上，一旦城门打开，他们将加入雅典人的队伍，帮助其进入城内。为此他们全身涂抹油以便让雅典人能够清楚地与其他人区别开来。在即将付诸实施之际，阴谋者中的一个人泄露了秘密，计划才最终被挫败。这些人的对手没有透露他们刚刚才知道的重大秘密，而是大声反对打开城门外出与雅典人决定。他们认为，雅典人太过强大，即便麦加拉最强大时，在战场上也不是其对手。阴谋者没有料到反对之声如此强烈，于是他们被迫放弃了计划，听任城门仍然紧紧关闭着。

很快，将军们从城门迟迟未开雅典意识到，城内的同谋者遇到了困难，立即决定采取措施确保攻克身后的尼塞亚，因为占领尼塞亚不仅获得一座重要的港口，还可能获得控制麦加拉的有利手段。于是，他们拿出雅典人一贯行事迅捷的作风开始行动起来。雅典派来许多泥瓦匠并送来许多工具，军队也分布各处，围绕尼塞亚，在关键地带建起若干道城墙。首先，在长城与雅典军队之间横跨修建了一道，以此切断与麦加拉的联系；其次，在长城的两道城墙之外一直到入海又修筑了两道，以便用防御工事和壕沟将尼塞亚完全包围起来。经一天半的努力，城墙大体完工。尼塞亚的伯罗奔尼撒人发现等待他们的将别无他物，只有了无希望的被围困。伯罗奔尼撒人看到快速解困根本无望，只得接受雅典将军们提出的不公的投降协定。

要不是得到布拉西达斯有力的干预和与之相邻的城邦的积极帮助,在当时所处的混乱情况下,麦加拉肯定会落入雅典人之手。当听说麦加拉被袭、长城被攻占时,布拉西达斯正为了准备远征色雷斯而忙于在附近城邦科林斯和西库翁招募士兵。一则因麦加拉突发的事情使这些伯罗奔尼撒城邦开始警醒,一则因他个人的影响力,除他自带的有限战士外,布拉西达斯一共征召了2700名科林斯人、600名西库翁人及400名菲利乌斯人充当重装步兵。这位将军率领着这支联军前往位于麦加拉城与佩加半道、穿过盖拉内亚山大道旁的特利波狄斯库斯。他已先派人向比奥提亚人发出紧急命令,要求他们率领援军在那里与他会合。由于麦加拉的安全令人担忧,他决定毫不耽搁地连夜行军。布拉西达斯率领着300名精挑细选的士兵,出乎意料地出现在麦加拉城的城门下。他要求麦加拉人立即为其提供援助,以便恢复对尼塞亚的控制。城内的人分为两派。其中一派乐于赞同他的建议;但另一派清楚地知道,如果那样,佩加的流亡者将会返回。后面的一派准备进行激烈的抵抗。如果那样,距离该城仅有一里之远的雅典军队将会为他们提供援助。在此情况下,两派达成了妥协,并一致同意拒绝让布拉西达斯入城。他们料想,布拉西达斯和雅典人将大打一场,并估摸着让麦加拉支持幸运获胜的一方。

布拉西达斯无功而返,回到特利波狄斯库斯。当日上午,2000名比奥提亚重装步兵和600名骑兵就与联军会合,这是因为比奥提亚人一听到消息就开始动身，他们甚至在收到消息之前就已启程，消息到达时他们已到达普拉提亚。布拉西达斯帐下军队如今增加到重装步兵6000名和骑兵600名。率领着这支大军，他径直抵达麦加拉附近。在遭遇一场未分胜负的小规模骑兵战后，布拉西达斯的主力部队推进到位于麦加拉与大海之间的小平原，并在雅典重装步兵旁边占据了一小块地方。此时，雅典的重装步兵排列成战斗阵形努力进攻尼塞亚和长城。雅典的两位将军认识到，他们已经从实质上获得了尼塞亚，切断了麦加拉与海洋的联系。与他们相抗衡的军队不但在重装步兵的数量上占据上风，而且由来自不同城邦的士兵构成，这样任何一个城邦都不会在战斗中受到重创。但他们的军队都是雅典人，由雅典最精锐的重装步兵组成。如果被打败，将会给城邦带来灾难性的后果。他们认为，即便为了夺取整个麦加拉也不值得冒这个险。双方的统帅各怀鬼胎，在一段时间里都各自据守阵地，等待着对方发起进攻。最后，眼见对手没有进攻性的举动，雅典人首先撤退到了尼塞亚。就这样，布拉西达斯成了战场的主宰，率军胜利进入麦加拉城，如今城门已经毫无保留地为他打开。

在达到主要目的后，布拉西达斯的大军迅速解散，而他也重新开始准备在色雷斯的军事行动。雅典人也返回母邦，留下足够的军队据守着尼塞亚和长城。麦加拉内部发生了一场彻底而暴力的革命运动。对雅典友好的领导者认为待在城里不再安全，因此逃离麦加拉前往雅典寻求庇护。[6]与其相对的派别公开与佩加

第二十三章 战争的第八年

的流亡者联系，允许他们重返城内，并做出最庄严神圣的保证，遵守过去颁布的完全大赦法令，共同致力于创造城邦的幸福。新返回者只在他们获得政权之前遵守着诺言。他们抓捕了许多令他们讨厌的政敌，其中一些人被怀疑是最近通知卖国的同谋犯。被抓捕的人在公民大会之前接受了所谓的公审。大会上每一位投票者在军事恐怖下被迫当众唱票。超过100人就这样被判处死刑并立即执行。之后，麦加拉的政体成了最严格的寡头制，最强横的少数几个人完全控制了政权。但是，他们很有可能小心翼翼地全力维持着这几个人的利益，因为修昔底德评论说，很少见到革命由人数如此之少的团体完成，然而其政体维持的时间却是如此之长。在这次事件几个月后，麦加拉人重新从雅典人手中夺回了长城，并将所有城墙夷为平地。不过雅典人仍然保留着尼塞亚。

突袭麦加拉的计划无论在规划还是执行上都严密周到，只是因为一个类似计划中经常无法避免的偶然事件及布拉西达斯出人意料的快速行动而最终失败。[7]此外，这个计划使雅典人成功地夺取了尼塞亚，这是"30年和约"中被迫放弃的一个战略要点，被认为对他们有重要的价值。因此，总体而言，计划仍是成功的，这让将军们勇气大增，积极转向对其他地方的征服。因此，就在军队从麦加拉返回不久，希波克拉泰斯和德摩斯提尼协商了一个更宏伟的计划，准备在该地区诸城镇一些不满现状人士（他们希望推翻寡头政府，实现政治的民主化）的配合下，入侵比奥提亚。城邦派遣德摩斯提尼率领40艘战船沿伯罗奔尼撒半岛航行到瑙帕克图斯，要求他将阿卡纳尼亚人的武装聚集起来，并占领属于比奥提亚城邦泰斯皮埃的海港城镇西法伊（Siphae）。[8] 在这座城镇里他们已经安插了情报人员。按提前做出的决定，希波克拉泰斯率领雅典主力，从比奥提亚的东南角靠近塔纳格拉的地方进入，并在优卑亚海峡岸边阿波罗神庙所在地戴利翁构建防御工事。也就在同一天，来自比奥提亚和弗奇斯翁的一些持不同政见者与他们遥相响应，占领弗奇斯翁边界的喀罗尼亚（Chaeroneia）。这样，比奥提亚就同时在三个方向遭到进攻，全国的军力将处于混乱，无法相互配合。雅典人希望，在其他一些城市也会发生内乱，以便能够建立民主政府，立即与雅典人结成同盟。

在此背景下，大约在8月，德摩斯提尼从雅典驶航到瑙帕克图斯，在此与来自阿卡纳尼亚的同盟者会合。如今这支大军比以往任何时候都更加强大更加团结，因为桀骜不驯的奥伊尼亚戴终于被迫加入阿卡纳尼亚人的队伍。在10月上旬约定的那一天，他率领这支联军起航抵达西法伊，满心指望着该城镇的人将会倒向他。但这次军事行动比进攻麦加拉更加令人难以满意。首先，希波克拉泰斯和德摩斯提尼对于约定的时间理解不尽相同。其次，整个计划已被人发现遭到泄露。泄密者先告诉了拉凯戴蒙人，通过他们比奥提亚长官也已知晓。人们立即在西法伊和喀罗尼亚严密设防。当到达西法伊时，德摩斯提尼发现不但城里没有人接应他们，而且一支令人生畏的比奥提亚军队击退了他们的进攻。此外，希波克拉泰斯还没有开拔进军，结果处于防守的比奥提亚人根本不用从西法伊分心。在此情况下,德摩斯提尼被迫撤退,未伤敌人一兵一卒,而自己却寸功未立,只好满足于对西库翁进行袭击。雅典人指望的比奥提亚境内所有内乱被扼杀于萌芽之中。

直到比奥提亚大军击退敌人从海上发起的进攻并从西法伊撤回后,希波克拉泰斯才开始从雅典出发,从塔纳格拉附近入侵比奥提亚。他似乎得到了比奥提亚流亡者虚假的承诺,否则在得知另一部分已经失败的情况下,不可能仍然坚持独自实施由他完成的那一部分计划。雅典举全国之力从隶属于比奥提亚城镇塔纳格拉东部边缘的戴利翁近旁侵入。这支远征大军包含着城邦所有阶层的人员,不只有公民,还有外侨、异邦人,甚至还有临时到雅典的过客。当然这种说法可能理解为还留下足够多的人驻守雅典城。但即便如此,除真正战斗力的 7000 名重装步兵及几百名骑兵外,随行的似乎还包括不少于 25 000 名轻装兵及装备不完整或完全没有装备的随行人员。[9] 这次参战的重装步兵数量相当巨大,但参战者不是如寻常的远征那样,由将军从官军总名册中精挑细选出来,而是普遍地不加区分地通过公告形式征召。[10] 此时,除小队的弓箭兵外,雅典的轻装兵根本没有接受过任何训练。城邦不会花费精力组织投枪兵和投石兵。重装步兵、骑兵和海军组成城邦所有的有效战斗力量。虽然同时使用重装步兵和轻装兵并非希腊城邦的正常战斗形式,但随着战斗经验的积累,在现实中两兵种配合作战成为必需之举。据赶走薛西斯几年后上演的埃斯库罗斯《波斯人》显示,雅典人对长枪和盾牌情有独钟,对弓箭颇为鄙视。受雅典占领派罗斯和库泰拉的警醒，在这几年里，拉凯戴蒙人一改以前的习惯，开始组建弓箭兵。在斯法克泰利亚与拉凯戴蒙重装步兵交战过程中，德摩斯提尼使用轻装兵，取得了非常有效的成果，这给了拉凯戴蒙人启发，让他们认识到此类兵种的价值。

位于比奥提亚境内的戴利翁是一座阿波罗神庙，位置险要，孤悬于离塔纳格拉大约五英里之外，而离奥罗普斯边界超过一英里。在从雅典启程一天后，希波克拉泰斯抵达戴利翁。次日，他命人开始修筑工事，两天半后完工。在离开雅典五天后的中午，正当工事正要完成之际，大军放弃了戴利翁，开始往回行军，撤出了比奥提亚。在往回行军大约 1.25 英里后，大军停了下来，驻扎在雅典境内的奥罗普斯。大军就在此处等待着希波克拉泰斯的到来。此时，他仍在戴利翁安排军队的宿营，并对即将发生的战斗中的防守做出最后的指令。人数众多的轻装兵和没有装备的人员脱离了重装步兵，仍在返回雅典的路上。重装步兵所处的位置大致在奥罗普斯平原的最西侧，靠近平原与戴利翁之间的低地。[11]

然而，在这五天里，来自比奥提亚各地的军队有时间聚集在塔纳格拉。到达的军队不但包括来自附近底比斯及其附属城镇，而且来自哈利亚尔图斯（Haliartus）、科罗奈亚、奥科麦努斯、科派（Kopae）和泰斯皮埃。塔纳格拉的军队在此与大军会合。此时，比奥提亚联邦政府由 11 名长官及 4 个议事会执掌权力；

长官中有 2 名选自底比斯，剩余的在其他隶属于联邦的直接成员中按某种我们不知道的比例分配；联邦的政体我们知之甚少。

虽然如今所有长官都聚集到了塔纳格拉，组成某种形式的战争委员会，但最高指挥权被授予来自底比斯的长官。作为两人中年龄更大的一位，帕贡达斯（Pagondas）可能享有最高权力；不过也可能两人轮流指挥，每人指挥一天。眼看雅典人明显已全军后撤，退出了边界，除帕贡达斯外，其他所有长官都不愿在比奥提亚之外进行一场大战，倾向于不设置任何阻碍，让雅典人返回。这些人不愿作战的看法并不令人吃惊，因为一方面他们认为失败的可能性相当大，另一方面其中一些长官担心胜利会让底比斯的力量增加，易于对他们采取打压措施。但是，帕贡达斯说服了来自不同城镇的所有战士，甚至那些与其领袖看法不一致的战士也支持马上投入战斗。他批判其他长官表现出与其身份不符的懦弱而非审慎。因为，在所有的敌人中，雅典人最贪婪无度而掠夺成性；比奥提亚人不幸与之为邦；只有通过最迅捷的行动和先发制人的战略，才可能使自己免受雅典人的进攻。如果他们希望保卫城邦的自治和财产，不至于像邻近的优卑亚人和希腊其他许多地方的人那样长期遭受奴役，他们唯一的机会就是努力向前，打败入侵者，继承其父辈和先祖在科罗奈亚获得的荣耀。牺牲征兆有利于进军。遭受雅典人亵渎，被修筑成为工事的阿波罗神庙为比奥提亚人的防御提供了可靠帮助。

在他的劝说被人们接受后，帕贡达斯命令军队快速行军，以便接近雅典人。他急于与敌作战，以免雅典人撤退得更远，此外，这时已快傍晚，白天即将结束。

当比奥提亚人快接近雅典人，只与其相隔一座小丘，让双方无法看到对方时，帕贡达斯将军队集合成战斗队形。来自底比斯及其附属城镇的重装步兵占据右翼，排成超过25人的厚阵。来自哈利亚尔图斯、科罗奈亚、科派的重装步兵在底比斯人近旁，居于中军。来自泰斯皮埃、塔纳格拉及奥科麦努斯的重装步兵居于左翼。在比奥提亚，奥科麦努斯是仅次于底比斯的第二大强邦，因此承担着镇守另外一个侧翼的重任。每一组方阵的重装步兵采用所在城邦的排兵布阵，方阵的厚度也各不相同，没有统一的规定。这清楚地表明，希腊各个城邦风俗习惯各异，甚至同属一个联盟的城邦，也往往大相径庭。修昔底德没有明确指出一侧非常确切而重要的事实，我们只是从一位次要的作家——狄奥多鲁斯——那里才得知一二。底比斯重装步兵方阵的前排是由300名精挑细选的勇士组成，他们力量超凡、纪律严明，往往成双成对作战，每一名勇士的旁边由与他有着特殊关系的亲密战友保护着。[12]在后来的历史上，这支队伍受到特殊训练，被布置在方阵的前排，并以圣队之名独立成军。后来的历史记录下它在底比斯短暂的军事优势中做出的巨大贡献。在这支庞大的比奥提亚大军的两翼，共计大约7000名重装步兵，分散在四周的还有1000名骑兵、500名轻盾兵和10 000名轻装或没有装备的士兵。史学家的话大致可以证明，比奥提亚的轻装兵比跟随雅典人的大群闲杂

第二十三章 战争的第八年

人等更有战斗力。

在接到比奥提亚人已从塔纳格拉出发的消息时,希波克拉泰斯仍在戴利翁。他首先命令手下的军队结成战斗队形,接着亲自到前线指挥,但他将300名骑兵留在了戴利翁,其目的一则在于驻防,一则在于战斗过程中在比奥提亚人的后方采取行动。雅典的重装步兵方阵全部厚度皆为8人,骑兵及仍留在那里的轻装兵被布置在两翼。

左右两翼的尽头是山涧,这使两支大军无法在这两处对垒。但在其他各列,双方积极投入战斗中,展开了激烈的正面对抗。双方都保持着密集完整的阵形。比奥提亚大军的左翼由来自泰斯皮埃、塔纳格拉和奥科麦努斯的重装步兵组成,雅典人在这一侧获得了胜利。泰斯皮埃人坚持得最久,甚至在他们的战友都撤退后还继续再战。他们被雅典人包围,遭到了最惨痛的人员伤亡。雅典人乘着胜利之势,对敌人发起了包围。但这一过程中,队形开始散乱,因没有认出对面的军队,他们甚至与己方公民发生了战斗,结果造成了一些人员伤亡。

比奥提亚大军的左翼遭遇惨败,被赶到大军右翼寻求庇护。不过,底比斯人所在的右翼占据了绝对的上风。虽然雅典人的决心和纪律都不落下风,但当战斗进行到针锋相对、只能靠盾牌和长矛才能推进时,仅凭其厚度,底比斯方阵就可以击败敌军。此外,底比斯人似乎虽然在演说和智力上稍逊一筹,但在体育训练上他们优于雅典人,[13]因此身体更强健。被选出站在前排的战士体力尤佳。但除此优势外，当两支军队投入战斗，盾牌相交时，非常明显，更强大的前压力将会决定着战斗的胜利。这些动因足以解释底比斯方阵的纵深为何特别厚实。在半个世纪后的琉克特拉战役，埃帕米农达斯（Epaminondas）进一步加厚了纵深，达到惊人的50排。

右翼的底比斯军队把雅典大军的左翼压制了回去。最初雅典人在后退的过程中步幅还比较小，相互间的空隙也很窄，努力保持着阵形不发生散乱。要不是帕贡达斯从后面派出两队骑兵，雅典人在右翼获得的胜利将使战局势均力敌。这两支躲在小丘后不为人所见的骑兵突然出现，解救了比奥提亚的左翼，并进攻这一侧的雅典军队。而雅典人在对敌人狂追猛赶的过程中打乱了阵形，比奥提亚这支新加入的援军产生了惊人的影响。就这样，甚至在本已取得胜利的大军右翼，雅典人也丧失了勇气，纷纷逃窜。其在最初就本处下风的左翼，也发现底比斯人追击的压力越来越大。最终，雅典人的整支军队都被攻破，被迫逃走。希波克拉泰斯留驻在戴利翁、准备在战斗过程中进攻比奥提亚后翼的300名骑兵根本没有积极向前推进，反而被留在那里监视他们的后备队给击退。

比奥提亚人开始积极追击逃敌，对其造成了毁灭性的打击。他们有一支颇具效率的骑兵，战斗过程中才抵达的一些罗克利人骑兵实力更强大。在追击逃走的重装步兵过程中，他们的轻盾兵及轻装兵也发挥了积极的作用。对败逃者而言，幸运的是，战斗开始于傍晚时分,没有给追击者留下太多时间。黑夜这一重要的自然环境使雅典大军避免了遭到全歼。[14]然而,雅典将军希波克拉泰斯、将近1000名重装步兵及相当多的轻装兵和仆从被杀;而比奥提亚折损的士兵主要在被击败的左翼,死亡人数还不到500人。那些逃到戴利翁和奥罗普斯的士兵通过海路被运回了雅典。

帕贡达斯决定围攻新近修筑的戴利翁要塞。但是,攻克这座要塞或许会费时耗力,因为雅典人总能通过海上为驻扎在里面的军队提供援助。所以,在展开围攻之前,帕贡达斯试图通过另一种方式达到同样的目标。他派出一名传令官前往雅典,抗议雅典人夺取并筑防于戴利翁神庙,违背了他们承诺的宗教惯例。因此,比奥提亚人以阿波罗及其他神灵之名庄严地要求雅典人从神庙撤出,带走所有属于他们的东西。最后,传令官向雅典人表明,除非他们按上述要求行事,否则不允许他们埋葬战死者。

雅典的传令官前往告知比奥提亚的指挥官,回复说愿意遵守提出的要求。根据希腊人广为接受的准则,对土地的占有总是伴随着对上面神庙的占有,并有义务尽可能地履行所有针对居于神庙中神灵的宗教仪式。根据相关准则,比奥提亚人在占领这些土地后,就驱逐了原来的居民,占用了这座神庙。按照同样的准则,雅典人也保留着许多被他们征服的比奥提亚土地。如果他们愿意,还可以征服更多。宗教习俗迫使雅典人必须使用圣水。这种习俗并非源自雅典人的野心,而是在比奥提亚侵犯阿提卡之前,根据这种习俗，他们相信诸神会宽恕他们，因为诸神的祭坛可以作为无意冒犯者的庇护所，只有那些肆无忌惮的作恶者才会产生不愉快的感觉。

比奥提亚的将军们用简短而坚定的话语回复这位传令官说："如果你们能够走出比奥提亚，可以带走一切属于你们的东西。如果在你们自己的国土，无须征求我们的意见就能采取你们做出的任何决定。"

这次争执奇怪地展现了希腊人的行事方式和情感，双方似乎都有他们特别的借口和托词。根据希腊人普遍遵守的法则，如果失败者提出请求，胜利者有义务临时停战，不带任何附加条件地让对手埋葬战死者。对于这个双方争议的主要问题，比奥提亚人违反了希腊邦际间的神圣法则，将撤离戴利翁神庙作为同意雅典人掩埋死者的先决条件。最终，在占领戴利翁后，比奥提亚人无条件地答应了要求。

公正地评判这次奇怪的争执，关于雅典人占据戴利翁的举动，我们认为，在希腊的战事中，敌人特别选定一座庙宇作为构筑工事之所和宿营地是非常少见的行为，这种行为完全不可接受。就此而言，比奥提亚人有充分的理由对雅典人夺取戴利翁提出抗议。我同样认为，任何一个对希腊邦际法规毫无偏颇的解释者都会同意，比奥提亚人应重获此地的控制权，并以此作为雅典人有权埋葬战死者的前提。

所有谈判就此破裂。2000名科林斯重装步兵及一些麦加拉人和尼塞亚的伯罗奔尼撒驻军听到消息后也赶来支援。因此,比奥提亚的将军们准备围攻戴利翁。虽然比奥提亚人派员前往马利亚湾向奥伊塔人和埃托利亚人寻求投枪兵和投石兵的支援,但他们最初发起的进攻仍被里面的驻军及从海上起来的一支雅典军队利用匆匆修筑的简陋工事所击退。最终,他们制作了一台喷火器,从而控制了这个地方。神庙墙壁的木质部分很快着了火,无法再为防守者提供保护。雅典人无法继续抵抗,只得极尽所能四散逃窜。200多人沦为战俘,一部分人被杀,但大部分人安全登上了战船。在这次战斗结束17天后,比奥提亚重新夺取了戴利翁。

这就是这次令人难忘的远征及戴利翁之战。这次远征不但给城邦带来了惨痛的人员伤亡,而且极大地挫败了雅典人在此前获得的自信心和希望。哲学家苏格拉底也是这次针锋相对的激烈战争的参战人员之一。[15]无论在战斗过程中还是撤退时,他的勇敢都得到了朋友们的称赞,无疑这是有充分原因的。在波提狄亚战役中,他曾出任重装步兵;他也曾在安菲波利斯作战。在这些战斗中,他吃苦耐劳、不畏艰辛、不惧寒暑;这些优秀品质与他的勇气相得益彰。在重装步兵方阵从戴利翁撤退的过程中,他和他的朋友拉凯斯(Laches)没有扔下武器仓皇逃走,而是保持着队列、手持武器、面容坚定。在戴利翁战役中,阿克比亚戴斯充任骑兵,在撤退时站在苏格拉底身边。在阿克比亚戴斯在戴利翁以身犯险的同时,阿里斯托芬也在《云》中对其极尽嘲笑之能事,说他是一个爱做白日梦的空想者,品质低下,体格孱弱。[16]

虽然雅典人在戴利翁遭受的失败是如此惨痛,但他们在大约同时或是年夏末秋初遭受的灾难同样悲惨。此前谈到,当时的状况使拉凯戴蒙的一支军队在布拉西达斯的率领下开始了准备工作,打算对驻色雷斯的雅典军队发起进攻。作为对这次远征的响应,反叛的卡尔奇狄凯雅典属邦及马其顿人佩狄卡斯也会协同作战。在挫败雅典针对麦加拉的进攻计划后,布拉西达斯完成了征兵任务,招募到了1700名重装步兵,一部分为黑劳士,一部分为伯罗奔尼撒的多利安人。是年夏末,他率领大军行军到马利亚湾特拉奇斯境内的赫拉克莱亚。

如果想前往马其顿和色雷斯,他必须经过色萨利,这并非一件简单的事情;因为在希腊战事已持续日久,每一个城邦都不会听任武装的外邦人通过。此外,大多数色萨利人与雅典真心交好,布拉西达斯没有足够的力量强行经过。如果大军停下来等待正式的批准,他不但不能肯定能否获准,而且耽搁太久并将远征消息公之于众定然会让雅典人保持警惕。不过,虽然色萨利民众倾向于雅典,但是其当权者都是寡头派人士,支持拉凯戴蒙。色萨利各个独立城邦通过塔古斯(tagus)的个人权威组成联合政府,但塔古斯的力量通常非常弱小。[17]更重要的是,马其顿人佩狄卡斯和卡尔奇狄凯人在每一个城邦都有强有力的客卿和支持者,他们积极行动,努力说服民众让拉凯戴蒙人通过。

在这些人的支持和运作下,同时借助其迅捷的行动,布拉西达斯完成了看似不可能的通过色萨利的任务。这一过程中,他既没有获得当地政府的同意,也有违当地居民的意愿。在民众还没来得及提出反对意见之前,拉凯戴蒙人就迅速通过了这里。在穿越色萨利人的属地阿凯亚人的城邦弗提奥提斯(Phthiotis)后,布拉西达斯在当地向导的带领下,从麦利泰亚(Melitaea)穿过色萨利的本土。虽然尽可能地秘密行军且行动快捷,但拉凯戴蒙人由此通过的消息还是泄露了出去。附近一批志愿者聚集在埃尼佩乌斯(Enipeus)河谷阻止大军的前行。他唯一的选择是用甜言蜜语说服这些人让他们通行。向导解释说,布拉西达斯是作为他的客人突然到来的,色萨利人有义务让他通过,而不需要等待正式的通行许可。拉凯戴蒙人完全没有冒犯色萨利人的想法。如果聚集于此的人坚持不让他们通过,拉凯戴蒙人将取消这次行动。布拉西达斯的发言同样表达了类似的安抚性的意思。"他抗议说,他对色萨利及其人民怀着崇高的敬意和友善之情。其军队针对的对象不是他们,而是雅典人。他从未感受到色萨利人与拉凯戴蒙人之间有任何不友善的关系,没有必要不让对方进入其国土范围之内。在前面这支军队的明令禁止下,他既不可能继续向前,也不打算强行通过,而只能听凭色萨利人的好意行事,看看是否应当禁止他通过。"他们的好言相劝成功地软化了对手的态度,使他们解散了队伍。清晨时分,大军离开麦利泰亚;当天夜里抵达法萨鲁斯(Pharsalus),在阿皮达努斯(Apidanus)河畔宿营。次日,大军继续前往并到达法奇翁(Phakium)。第二天,进入佩尔哈比亚(Perrhaebia);该邦与色萨利毗邻,是色萨利的附属城邦，位于奥林普斯山下。[18] 至此，他已经安全，于是几位色萨利向导也离开了他。佩尔哈比亚人带领着他经过了马其顿境内奥林普斯山与狄翁之间的关隘。

雅典人很快被告知布拉西达斯偷偷过境色萨利的消息，这次行动如此巧妙如此迅捷，几乎没有其他希腊人，更别谈其他拉凯戴蒙人有可能做到。雅典人意识到敌人占领色雷斯就近在眼前，决定向该地传达，要求人们更加警惕。同时，正式对佩狄卡斯宣战。不过遗憾的是，城邦没有派出任何有战斗力的军队前往。

佩狄卡斯立即邀请布拉西达斯与其一道进攻马其顿的林凯斯泰人（Lynkestae）的王公阿尔希巴埃乌斯（Arrhibaeus）。斯巴达人无法拒绝其请求，因为佩狄卡斯只为大军提供了一半军费和给养，然而鉴于布拉西达斯急于对雅典的同盟者发动进攻，他只得勉强答应了下来。来自色雷斯的卡尔奇狄凯人派出的使者更让他无法拒绝。虽然卡尔奇狄凯人是最憎恨雅典的敌人，但是他们尽管付出了巨大的努力却仍无法将佩狄卡斯从来自内陆地区的敌人手中解救出来，以便让阿尔希巴埃乌斯受到更大的压力，从而与拉凯戴蒙人达成和解，进而给予他们支持。因此，虽然布拉西达斯与佩狄卡斯已经兵合一路并开始与马其顿人一道向林凯斯泰人区域进军，但是他不但反对采取积极的军事行动，甚至还支持阿尔希巴埃乌斯提出的积极建议。这位王公提议将他与佩狄卡斯之间的所有分歧提交这位斯巴达将军仲裁。布拉西达斯将这些建议告诉了佩狄卡斯，并邀请他前来让双方达成一个公正的和解。

但是，佩狄卡斯愤然拒绝。布拉西达斯坚持既定的与阿尔希巴埃乌斯结盟的政策，并对和解提议感到非常满意，于是他撤退了军队，不再继续行军进入林凯斯泰人境内。眼见自己的力量太弱小不能独自采取行动，为了将来打算，佩狄卡斯决定削减开支，只为布拉西达斯的军队提供三分之一而非二分之一的费用。

然而，布拉西达斯没有受这件麻烦事的影响，而是迅速开始率军进入卡尔奇狄凯。他首先对位于阿托斯半岛地峡的阿坎图斯下手。他入侵该邦的时间就在葡萄收获季之前，大约9月中旬；此时葡萄已经成熟，但还没有收获，当然在优势兵力的敌人手中，全部庄稼自然就被毁掉了。阿坎图斯城内有一伙人早与卡尔奇狄凯人互通声息，急于让他入城，然后公开叛离雅典。但是，大多数公民反对采取这个步骤。反对雅典的派别苦口婆心地劝说他们城外的葡萄将遭到可怕的损失，最终他们说服了公民让布拉西达斯独自一人进入城内，在公民大会之前解释前往的目的。然后阿坎图斯人再根据他的发言做出决定。修昔底德说，"作为一个拉凯戴蒙人，他绝不是一个不健谈之人"。无疑，这段演说词的主旨是真实的。这是希腊历史上最引人入胜的演说词。一方面它公开阐明了拉凯戴蒙的方针政策，另一方面，在决定如此至关重要的问题上，它产生了实际而重大的影响。虽然多数民众不愿让他入城，但最终被他说服。在此，我只对该演说词的主要几点略做陈述，而不逐字逐句进行复述。

"阿坎图斯人，我和战士们受遣前来是为了实现战争开始时我们公之于众的目标——拿起武器将希腊从雅典人的暴政下解放出来。请不要批评我们过了这么久才姗姗来迟,也不要指责我们在战争之初犯下的错误,认为只要在阿提卡采取行动,就可以迅速打败雅典人,从而使你们不至于被置于威胁之下。如今,我们第一时间来到贵邦,如果你们愿意伸出援手,我们足以打败他们。被挡在城外让我大吃一惊。我们这些拉凯戴蒙人不远千里,经过艰苦危险的行军来到这里,本以为我们是作为你们期盼已久的朋友到来。事实上,如果你们拒绝了我们,那将是荒谬无比之事,悖于你们及其他希腊人对自由渴求的意愿。作为审慎和有力的榜样,一直以来你们高高屹立于希腊诸邦。如果拒绝我们,将使其他希腊人踟蹰不敢向前。他们将会怀疑,我要么缺乏保护他们不受雅典干预的能力,要么没有透露真实的目的。就如今我的实力而言,这支军队曾在尼塞亚让雅典人胆寒,虽然他们在数量上占据优势;他们甚至不敢派出一支势均力敌的军队在海上与我交战。就我的目的而言,不是杀戮而是解放。拉凯戴蒙人当局以最庄严的誓言向我保证,任何一个与我共进退的城邦将保留自治权。因此,无论从我的目的还是我的实力,都给予了你们最诚挚的保证。你们万不可认为我到此是为了挑起党派之争,也不是为了服务于你们当中任何一个特定的人物的看法,更不是为了迎合少数人或多数人的利益而改变现在的政体。那比外来征服更糟糕。如此行事将使我们拉凯戴蒙人招致他人的憎恨而不是感激。或许你们会说,虽然你们祝愿我一切顺利,但是你们更愿不受打扰,两不相帮，置身于这场危险的斗争之外。如果这是你们的想法，那么首先让贵邦的诸神和英雄作为见证吧，我这次前往可是满怀好意，但你们却将我的劝说置若罔闻；我即将蹂躏你们的国土，打到让你们同意为止。基于以下两点，我认为我有充分的理由如此行事。首先，拉凯戴蒙人不能容忍你们每年通过向雅典纳贡金为我们带来实实在在的伤害；其次，你们不能阻碍希腊人获得自由的权利。仅仅出于维持共同利益的原因，我们拉凯戴蒙人就有正当的理由解放任何一个城邦，即便这有违它自身的意愿。但是，我们只愿取缔其他人的帝国，而不愿为我们获得一个帝国。如果允许你们阻碍正在进行的解放所有城邦的行动，那就是我们的失职。认真考虑我所说的话吧。承担起开始解放希腊的荣誉吧，这也有助于让你们的财产免受破坏。让阿坎图斯的公民拥有这个永远值得尊敬的美名吧！"

对阿坎图斯人而言，没有什么能比布拉西达斯的话更令他们心悦诚服和明智；然而，他们并未发现此人发言的欺骗和伪善（此后他又在其他地方重复了同样的内容），事实上，正是用城墙之外的同一支队伍，他在尼塞亚与雅典军队正面交锋。在他离去后，公民大会对这个问题展开了充分的讨论，发言者的看法大相径庭，各方都自由地阐发了自身的看法。公民对此进行秘密投票，同意布拉西达斯的提议、叛离雅典的人占据了多数。在重新获得他及拉凯戴蒙政府确保每一个与他协同作战的城邦完全自治的保证后，阿坎图斯人准许他的军队进入城里。不久，周边城邦斯塔盖伊鲁斯（Stageirus，和阿坎图斯一样，也是安德罗斯的殖民地）也步其后尘。[19]

在历史上，几乎没有什么能比阿坎图斯事件更能展现希腊人在政治及道德上的巨大优势。在此过程中，人们习惯于用公正、自由和和平的方式加以讨论，尊重多数人的意见，对每一个公民提出的不同意见进行深思熟虑的评估。所有这些在健康政治行为所依据的法则和条件似乎正是阿坎图斯人一以贯之的品质。

但是，从刚才的描述不可避免地推导出另外一个问题。修昔底德的叙述证明，作为雅典的属邦，阿坎图斯人毫无怨言，要不是担心庄稼被毁，如果让他们自行选择，他们将仍然奉雅典为霸主。只是在受到严重损失的威胁和这位斯巴达代表富有诱惑的保证的联合作用下，他们才决定叛离了雅典。即便如此，对城邦的决定仍长期存在不同看法，还有不少人不赞同这样做。如果雅典帝国确实如现代学者通常描述的那样，对属邦横征暴敛，招致了世人的憎恨，那么在此关键时刻，阿坎图斯事件也不可能呈现出这样的特征。

正如阿坎图斯一样，尽管受到卡尔奇狄凯人强烈的要求，地处色雷斯的大多数其他雅典属邦及大多数公民并没有自发呈现出叛离雅典的倾向。我们将看到，将布拉西达斯带入的人只是心怀不轨的少数公民，他们不会事先征求大多数人的意见，而只会让大多数人在事后没有其他选择。无论批准还是拒绝，他们都会将一支外邦军队引狼入室，威胁到他们的利益，而只能在与雅典毫无仇怨的情况下对外邦人做出让步。让阿坎图斯事件凸显出其重要性的是，大多数人没有受到欺骗和强迫，而可以在充分讨论之后自由进行评判。我们清楚地看到，他们做出评判的理由不是对雅典的憎恨。虽然这种憎恨之感确实存在，但绝不强烈，并没有发挥决定作用。如果在卡尔奇狄凯半岛的雅典属邦中确实存在强烈的憎恨情绪，彼时，雅典就不可能不在此驻军，防止所有城邦中大多数公民自发地为解放者布拉西达斯打开城门。

此前曾详细叙述了雅典的特权同盟者米提莱奈的反叛，如今关于米提莱奈的评论在纳贡属邦阿坎图斯的叛离中得到了确认。两次反叛都证明，雅典帝国既没有导致盟邦公民普遍的憎恨，也很少给盟邦公民带来痛苦。毋庸讳言，雅典总是以自身的喜好和兴趣来管理帝国，它对盟邦的掌控总是审慎而精明；除了同样奉行民主政体的城邦外，它很少顾及盟邦的感受，因为只有同为民主政体才能产生共鸣。不能否认，对独立城邦自治权的任何限制都会伤害到希腊人与生俱来的政治情感。此外，雅典几乎不会对帝国真实的想法稍加掩饰，坦然告诉世人帝国就是建立在超高实力之上的既成事实。但是，承受现实中的困难和压力是另一回事。

获得阿坎图斯和斯塔盖伊鲁斯让布拉西达斯没费多少时间就扩大了征服的地盘，进入阿吉鲁斯（Argilus）。以此为基地，他接下来占领的主要城市将是安菲波利斯。

阿吉鲁斯位于斯塔盖伊鲁斯和斯特吕蒙河之间，其国土一直延伸到这条河的西岸。河流东岸是安菲波利斯城及其管辖的国土。在城池以北形成了一片湖泊名为克尔奇尼提斯（Kerkinitis），河流从埃翁城之北汇入大海。安菲波利斯与阿吉鲁斯通过河上一座重要的桥梁相通。与阿坎图斯和斯塔盖伊鲁斯一样，阿吉鲁斯也是安德罗斯人建立的殖民地。此前两个城邦的支持让布拉西达斯有机会在阿吉鲁斯安插间谍。事实上，自从邻邦安菲波利斯建立以来，阿吉鲁斯就长期存在着对雅典不满的人士。安菲波利斯的居民中雅典公民只占少数，其余居民的来源复杂，其中一些是阿吉鲁斯人，也包括着相当一部分卡尔奇狄凯人。雅典将军欧克莱斯（Eukles）是该邦的总督，不过他的手下似乎没有雇佣兵。他的同僚、历史学家修昔底德指挥着一支数量有限的舰队驻扎在海岸。

在这些来源复杂的居民中，有人正在策划一起阴谋，企图将城市出卖给布拉西达斯。阿吉鲁斯人和卡尔奇狄凯人劝诱居住在安菲波利斯的同胞，而鉴于与马其顿之间有频繁的贸易，佩狄卡斯对该城的居民也有相当大的影响。他的影响使支持者的人数进一步增加。

布拉西达斯率军从卡尔奇狄凯半岛的阿尔奈（Arne）出发，当天下午大军抵达沟通波尔贝（Bolbe）湖与大海的运河。在此稍做休整后，大军连夜行军前往安菲波利斯，此时正值11月底12月初的隆冬时节，是夜天气寒冷，天上飘着雪花。子夜时分，他抵达阿吉鲁斯，该城的领导人立即开城迎接他的到来，并宣布

第二十三章 战争的第八年

叛离雅典。在阿吉鲁斯人的援助和引导下,大军没有耽搁,当即行军,在天亮之前来到了架在斯特吕蒙河上的大桥边。因安菲波利斯城位于离河边还有一定距离的小丘上,[20] 所以只有一支力量弱小的哨兵守在桥上。在阿吉鲁斯反叛者的带领下,布拉西达斯毫不费力地突袭并打败了哨兵。在控制这座沟通河流两岸的重要通道后,大军跨过大桥进入安菲波利斯境内。布拉西达斯的到来给人们带来了极度的失望和恐惧。城里的总督和公民完全没有准备。城市周边的土地到处是居民的房屋和财产,仿佛周围根本就没有敌人一样。没有人组成城市的防卫;如果布拉西达斯毫不耽搁行军到城门之下,马上对城市发起进攻,许多人认为他完全可能一举将其攻克。然而,这样的急攻猛打对他来说过于冒险,一旦被击退他可能会遭到灭顶之灾。

但是,他等待城门打开的美事并没有实现。虽然伯罗奔尼撒人完全取得成功,并给民众带来了恐慌,但是城里的阴谋者发现他们的做法仍然不能得到多数人的支持。正如在阿坎图斯一样,在安菲波利斯,真正憎恨雅典并愿意反叛的人仅占少数。在此关键时刻,大多数公民决定与欧克莱斯及少数的雅典人站在一起,抵抗敌人的进攻,并派人给驻扎于塔索斯的管辖色雷斯的将军修昔底德(历史学家)送去加急快信,要求他立即前往支援。布拉西达斯要求城内的居民投降,并承诺给予他们最优惠的条件,保证无论是安菲波利斯人还是雅典人,都可以选择继续留下,不受干扰地居住在此,并享有平等的政治权利。对于选择离开的人,五天内他们可以带走所有属于他们的一切财物。

当获悉如此优越的条件时，城市居民立即改变了态度；无论是雅典人还是安菲波利斯人虽然存在一些分歧，但都愿意接受这个提议。因为，对居于城外的公民，他们的财产及亲属全都掌握在布拉西达斯手中。没有人指望着援军很快就会到达，即使援军到达，城市保住了，城内的居民也仍然被杀或沦为俘虏；随即而来的将是残酷无情的战斗，在城内同谋者的协助下，布拉西达斯很有可能会最终获胜。就安菲波利斯城内的雅典公民而言，他们知道自己处于极其险恶的境地，也乐于接受他的提议，因为这将使他们摆脱险境，以相对较小的损失逃脱性命。对非雅典的公民而言，他们也同样从危险中摆脱出来，答应在保有他们权利和财产不受侵犯的条件下接受投降。欧克莱斯无法阻止人们的行动，就是这一天，准许敌人进入了安菲波利斯城。

要是公民知道修昔底德及其所率军队就近在咫尺，他们定然不会采纳投降的决定。清晨从安菲波利斯派出的使者发现修昔底德已经在塔索斯准备好了七艘战船。得到消息后，他即刻出发，在当天傍晚就到达了离安菲波利斯三英里不到的位于斯特吕蒙河口的埃翁城。他原本打算尽快驰援安菲波利斯，结果发现在几小时前，城里的居民已经投降。事实上，他的到来刚好保住了埃翁，因为城里的一些居民已经开始与布拉西达斯协商入城事宜。拉凯戴蒙人准备在次日凌晨拂晓时分进入埃翁。修昔底德安排好城市的防御，成功地打退了布拉西达斯从陆上和河上小艇发起的进攻。

同时，接受并安顿好从安菲波利斯撤出的雅典公民。[21]

安菲波利斯可能是雅典在海外最重要的殖民地，而斯特吕蒙河上的大桥让雅典东部的同盟者也受到了陆上的威胁。城市被夺占和桥梁被迫开放在整个希腊世界掀起了巨大的波澜。雅典感受到了比以前任何时候都未曾经历过的更大恐慌。[22] 在戴利翁遭受的惨败及布拉西达斯出人意料的征服让雅典人在16个月之前夺占斯法克泰利亚获得的广为远播的巨大声望再一次遭到了削弱。斯巴达在声望上的损失如今通过一次对毫无理由的恐惧的反击而得到了补偿，而人们认为类似反击是其敌人才可能发动的。虽然安菲波利斯的丧失危害严重，但导致雅典人紧张的并不只是失去了这座城镇，而是如何维持整个帝国。他们不知道，在布拉西达斯的援助下，在新近被占的斯特吕蒙大桥便利通行的背景下，下一个叛离的将是哪一个城邦。[23] 随着这位将领在某种程度上为祖国增光添彩，人们相信，斯巴达第一次摆脱了无精打采的样子，具备了行动快捷、敢于冒险的精神特质，而这种特质曾一度被认为专属于雅典。

对雅典人来说，坏运气还不只是这些。更大的威胁是布拉西达斯本人所具有的个人品质及影响力。让这位将领取得成功的不只是勇于冒险的精神、行动的迅捷及激发战士们热情的演说力，还包括他的诚实守信、为人中庸平和、置身于党派纷争之外、严格遵守斯巴达宣称为希腊解放者的誓言不对任何城邦的政体横加干预。在安菲波利斯，许多雅典属邦的反对派向他发出了求助的恳求。每个城邦的反雅典党派都急不可待地试图叛离，而每个城邦的其他人士都因恐惧而不敢稍动。

在那些持乐观看法的人中，许多人从过去遭受的痛苦经历认识到，雅典的实力仍然强大，没有受到什么削弱。在这个重要的秋天，与其说雅典人一直无所作为，还不如说他们犯下了错误。人们本来料想，在听到布拉西达斯、卡尔奇狄凯人和佩狄卡斯与他们的同盟城邦联合的可怕消息后，雅典人就会向色雷斯派出一支能征善战的部队。如果在那时就派军，或许所有随之而来的灾难就可避免。因此，雅典人可以在任何时候采取行动，如果伯里克利在世，他们甚至现在就行动起来。但是，当消息传来时，雅典正进行对比奥提亚的远征，不久在戴利翁遭到了毁灭性的失败。在将军希波克拉泰斯和1000名重装步兵被杀的失望情绪下，对雅典重装步兵来说，针对色雷斯采取新一次的远征很难让人接受。正如几年之前围困波提戴亚时一样，在色雷斯寒冷的冬季服役更让他们找到了拒绝的理由。我们必须牢记在心，在希腊历史上，只有公民兵而没有职业兵；公民的情绪，无论是自信还是沮丧，对于任何战争和政治行动都会产生不可言说的影响。甚至在布拉西达斯不但在阿坎图斯和斯塔盖伊鲁斯，而且在安菲波利斯取得迅速胜利后，他们也只是向最容易受到威胁的地方派出一些数量不足的士兵加以防卫。我们并不想贬低布拉西达斯的功绩，但我们必须看到，他超凡的胜利在很大程度上得益于此时盛行于雅典公民中的无比低落的情绪。

第二十三章 战争的第八年

在注意到雅典没有及时派兵阻击布拉西达斯的不足时，我们必须同时承认，城邦遭受的最严重最不可弥补的损失，即丢掉安菲波利斯，是指挥者而非城邦本身的失误。这座重要城市的防守被委托给欧克莱斯和历史学家修昔底德。他们本有各种各样的方式足以确保城市免于被占的危险，然而他们没有保持应有的警惕，也没有提前采取预防措施。在这次事件后，修昔底德立即遭到了流放。根据他的讲述，在接下来的 20 年里，他一直被流放在外。据相当可信的史料，雅典人将他放逐，正是因为克莱翁提出了议案。[24]

在布拉西达斯突袭安菲波利斯时，修昔底德正在塔索斯。学者们一般认为他身处此是因为公务而必须如此，似乎驻守塔索斯就是他的特殊使命。然而，根据他本人的陈述，作为欧克莱斯的同僚指挥官，他们负责整个色雷斯地区，尤其是安菲波利斯。他们俩人连带负责防守安菲波利斯，并积极维护雅典帝国在该地区的利益。不管战事的规模有多大或战事涉及的区域有多广，任命两名或多名指挥官、连带并协同负责是雅典的一贯做法。雅典几乎不会只任命一名官员来全权负责，从而让其他官员成为他的下属或只对总指挥负责。[25]

不可能找出其他任何貌似可信的原因为他们的过失开罪。首先，与其他地方相较，他们镇守的地方易守难攻。他们只须派出足够的兵力监视并防守着斯特吕蒙河上的大桥即可，或者只须让雅典军队驻扎在埃翁就能确保安菲波利斯的安保。其次，布拉西达斯率领的兵力也绝非强大。当雅典人努力防守不那么重要的城镇埃翁时，他的军队甚至都无法将其攻克，更别说安菲波利斯了。最后，同时没有其他城邦发动反叛干扰雅典人的注意力，也没有来路不明的敌军让他们精心设计的防守规划顾此失彼。

对雅典而言，让修昔底德出现在塔索斯也并非无足轻重，一则因他在此有相当丰富的家族联系，经营有矿山，并对安菲波利斯周边大陆各部族有重大影响。这是他之所以获得任命的主要原因。就这两位将军而言，欧克莱斯的举动比修昔底德更容易解释。因为，欧克莱斯在安菲波利斯没有雇佣军，而只有由雅典人和公民组成的重装步兵。无疑，这些人会觉得，在整个冬天都去斯特吕蒙河上镇守桥梁令人生厌。欧克莱斯猜想，强制派出一支人数不少的军队长期镇守于此或许会招致雅典人的抱怨。此外，每天晚上都一直不断地派出没有报酬的公民兵前往，然而却没有发生任何危险，这种严格的制度很难维持下去。下面这个借口虽然不太充分，但对修昔底德而言，可能是我们能想到的最佳理由：如果拥有一支雇佣军，他就可能同时在埃翁和塔索斯驻军。[26] 或许我们可以相信，修昔底德及其舰队未能参战而在塔索斯，这是布拉西达斯及阿吉鲁斯人阴谋设计的一个必要条件。

在我看来，不但对这两位将军的指控完全公正且理由充分，完全足以让皮革商克莱翁有理有据，而且宣判他们有罪也是理所当然。对于放逐的判罚是否太过严厉，我不愿对此做出评判。每一个年代，人们都有自身的情感标准，判断哪一种判决才算合情

第二十三章 战争的第八年

合理。我们的祖辈认为正确合理的判决可能在今天被视为太过严酷而不能忍受。但是,一旦考虑到安菲波利斯的巨大价值及因它的丧失而导致的一系列损失,我想没有一个雅典人或希腊人会认为放逐的判罚算得上太严厉。

作为一位历史学家,修昔底德在后代受到人们持久的崇敬;笔者将他视为首屈一指的史学家和对民主政治最热情的倡导者。看到对这样一位伟人进行如此有理有据的责难,无疑是一件痛苦的事情。但是,在批判作为指挥官的修昔底德的行为时,为公正起见,我们必须忘记作为历史学家的修昔底德。在审判获准通过时,他还不是一位历史学家。或许,他根本没有料想到后来的成就(正如拿破仑时代的历史学家克莱塔一样),正是流放使他脱离了繁芜的事务,也断绝了他作为一个公民的希望。

我们并不知道他是否从埃翁返回祖国,面对在丢掉安菲波利斯后雅典人的悲伤、愤怒和惊慌。在出席或缺席接受审判后,他一直在外流亡了20年,[27]直到伯罗奔尼撒战争结束才返回雅典。据说,在漫长的流亡生活中,他在色雷斯的土地上度过了大部分时间。不过,他也曾访问过希腊大部分地方,其中包括雅典的对手和中立城邦。无论我们对他的不幸遭遇感到多么难过,但总体而言,人类也有并将有最充分的理由为他的流放而感到欣慰。正是因为由此强制带来的闲暇,我们才拥有他创作的完整、更准确地说是大体完整的历史著作。作为一位流亡者,他有机会亲身向中立者或敌人求证请教,从而使他的作品具备了公正、全面、泛希腊的特征，这些特征遍及他整部不朽的著作中。

大约公元前424年年初，布拉西达斯将军队安扎于安菲波利斯，并利用这支不断壮大的军队对雅典发起了更加猛烈的进攻。他的第一项举措是重组安菲波利斯。他的这项任务得到了马其顿人佩狄卡斯的支持和帮助，正是此人的谋划对夺占该城做出了贡献。这座城市的一部分被分离出去，其居民也部分被重组，从而切断了城市与港口埃翁及斯特吕蒙河口的联系，因为这两个地方仍掌握在雅典人手中。布拉西达斯想法在城市以北的湖泊里修造了一些战船，以便夺取河流下游地区。但是，他采取的最重要步骤是修建城墙，使城墙与大桥连在一起。就这样，他长期掌控着通过斯特吕蒙河的通道，关闭了敌人进入的道路，同时与阿吉鲁斯和斯特吕蒙河西岸保持着畅通的联系。他还在河流东岸占据了一些地方。塔索斯在大陆上的殖民地加勒普苏斯（Galepsus）和奥伊叙美（Oesyme）也宣布投靠于他。

他派人前往拉凯戴蒙，汇报他占据的有利位置及他未来的雄伟规划；同时，在答复还没有返回之前，就开始与他能集合起来的同盟者一道自主行动起来。首先，大军进攻阿克泰半岛，该半岛是一块舌形陆地，从阿坎图斯向海外延伸直到名为阿托斯山的巨大海岬；这座半岛长近30英里，大多数地方的宽度在4~5英里。这座长形半岛地形崎岖、丛林密布，只有狭窄的地方可供居住、耕种或放牧。此时，半岛上分布着许多血缘和语言各不相同的小邦。其中一些小邦习惯讲两种语言。在布拉西达斯到来之

第二十三章 战争的第八年

前，提苏斯（Thyssus）、克莱奥奈（Kleone）、奥罗菲克苏斯（Olophyxus）及其他一些城邦已经归顺；但塞奈（Sane）和狄翁（Dion）仍保持着独立，即便拉凯戴蒙人蹂躏其国土也不能迫使他们屈服。

接着，他进军西托尼亚半岛，进攻位于半岛最南端的托罗奈。该邦在帕莱奈半岛尽头卡纳斯特拉翁海岬的对面。

托罗奈的居民来自卡尔奇狄凯，但并未参与邻近卡尔奇狄凯人叛离雅典的行动。大约从最近发生诸多危险时开始，雅典派遣了一支人数很少的军队驻扎于此。驻军及城里的居民一边加强防御，一边修筑各处因疏忽而濒临垮塌的城墙。雅典军队驻扎在一个类似于卫城的延伸在外的名为莱库图斯（Lekythus）的海岬上，这个海岬通过一道狭窄的地峡与城市所在的小丘连在一起。托罗奈城内一小撮人与布拉西达斯互通声息，准备让他成为城市的主宰。对此城内任何人都一无所知，甚至没有人怀疑他们。按照约定，布拉西达斯连夜行军；在黎明之前大军抵达离城门大约半英里之处，100名轻盾兵推进得更近。看到城内发出的信号后，大军立即向城门发起了进攻。其中一个小分队从城墙朝向大海的那一面的一个小洞偷偷溜了进去，无声无息地向城内最高山顶的瞭望塔进军，突袭并杀死里面的守卫，并打开附近的一座边门。接着，他们将城外的轻盾兵放了进来，点燃烽火，告知了布拉西达斯。大军以最快速度朝城市进发。

托罗奈人被敌人的突然袭击完全打蒙，几乎未做任何抵抗就投了降。对于逃亡的人，布拉西达斯发表声明，要求他们返回家乡，并承诺他们人身、财产和政治权利的安全。

与此同时，他召集了一次所有托罗奈人参加的公民大会，声明将以与其他地方采取的同样措施对他们进行安抚并给予他们平等。"他前来的目的不是要有损于城邦及任何一个公民。那些让他进入城内的人不应当被视为坏人或卖国贼，因为他们这样做是为了城邦的利益和解放，而不是让人民受到奴役，或为他们个人谋取私利。此外，他认为逃往莱库图斯人也不是恶贯满盈之徒，他们这样做只是出于对雅典的热爱。他希望这些人能够自愿返回。他坚信，这些人对拉凯戴蒙人了解越多，就会越尊敬他们。"

两天休战协议才一终止，布拉西达斯就对莱库图斯的雅典驻军发起了进攻。第二天早上，他运来一架比奥提亚人在戴利翁使用的可以达到同样目的的机器，向防御工事里喷射火焰。雅典人在他们所处的建筑物之前搭起一座木台，许多人爬到上面，手持盛水的木桶和大块石头以图砸坏机器或浇灭火焰。最后，木台上的重量越来越大，超出它的承受力，伴随着巨大的声音轰然而倒。上面所有的人和东西都乱糟糟地滚了下来。许多人开始逃跑，留下的人无法长久坚持抵抗。布拉西达斯看到防守者人数减少，阵形混乱，决定撤出火焰放射器，重新对这里发起进攻，并迅速取得了完全的胜利。

在冬天剩余的时间里，布拉西达斯安顿好已经占领的地方，并开始拟订春天进一步征服的计划。

第二十三章 战争的第八年

1. Thukyd., iv. 54; Herodot., vii. 235. 从希罗多德描写库泰拉被敌人占据后可能给斯巴达造成的危害，我们获得了另一条证据，表明他的作品写于尼奇亚斯在伯罗奔尼撒战争第 8 年真正占领这座岛屿之前。如果他能够未卜先知，了解后来发生的事情，他自然会对此稍有暗示。

2. Thukyd., iv. 54: δισχιλίοις Μιλησίων ὁπλίταις. 我们不可能相信有多达 2000 名米利都重装步兵出征。但是我们无法说明错误在哪里。

3. Thukyd., iv. 56. 修昔底德记载说，提莱亚离海有 10 斯塔狄亚，约合 1.25 英里。李基少校（Colonel Leake, *Travels in the Morea*, vol. ii., ch. xxii., p. 492）发现足够多的遗迹证明该地的存在，但他肯定地说："此地离海的距离至少有三倍远。"

4. Thukyd., iv. 58; Diodor., xii. 65.

5. 尽管阿里斯托芬（*Acharn.*, 760）采用的是讽刺画形式描绘麦加拉人的苦难，但很有可能完全是真实的写照。

6. 后来我们发现，他们中的一些人在雅典军中服役，在西西里远征中充当轻装兵（Thukyd., vi. 43）。

7. 虽然总体上雅典夺取麦加拉的计划颇为完备，但我们或许会注意到在实施过程中也存在着几点瑕疵。雅典人完全有必要聚集一支更强大的军力，以便一方面打败麦加拉人，另一方面控制从比奥提亚通往麦加拉的奇泰隆山的道路及从翻越盖拉内亚前往地峡的关隘。事实上，控制这些地方是征服麦加拉的主要价值所在。如果那样，伯罗奔尼撒半岛与比奥提亚之间的联系将被切断，布拉西达斯的远征也将受阻。如果未能迅速控制这些关隘，我们也很难理解为何雅典人不与布拉西达斯临时拼凑起来的军队作战。尽管雅典人在数量上处于劣势，但胜利所获的利益将远远超过战斗中人员的牺牲。重装步兵不愿参战是一个重要的事实，因为这表明雅典陆军意识到了自身的劣势。然而，如果真正意识到在陆上的劣势，雅典人就不应当指望恢复并长期控

	制此前它势力最强大时陷落的所有疆域。——编者
8	在戴利翁战役中，虽然泰斯皮埃人作战勇猛，但从其他材料看，他们对于底比斯仍心怀不满（Thuk., iv. 133）。与此类似，公元前4世纪，他们坚定地反对底比斯提出的加强中央集权的政策（Xen., Hellen., v. 10, 38, etc.）。——编者
9	Thukyd., iv. 93, 94. 修昔底德认为，比奥提亚的 ψιλοί 超过了 10 000 人，而雅典的 ψιλοὶ 达到 πολλαπλάσιοι τῶν ἐναντίων。我们不可能认为这一数量会少于 25 000 人，ψιλῶν καὶ σκευοφόρων (iv. 101)。重装步兵及骑兵由侍从为他们搬运行李和食物。参见 Thukyd., iii. 17; vii. 75。
10	在寻常的征召时，被将军选中参加任何一次特定战役的重装步兵的名单按照各自的部落写在公告栏中。公告栏按部落分别粘贴在每个部落命名英雄的雕像旁边的显眼位置。Aristophanes, *Equites*, 1369; *Pax*., 1184, with Scholiast.
11	"奥罗普斯平原与更靠近内陆的塔纳格拉平原被多石的峡谷分隔开来，阿苏普斯河从峡谷中流过。"（Leake, *Athens and the Demi of Attica*, vol. ii, § iv., p. 112）
12	Diodor., xii. 70.【与此类似，在具有决定性的琉克特拉（Leuktra）战役中，底比斯人的方阵厚度达 50 人（Xen., Hellen., vi. 4, 12）。密集方阵和圣队的勇猛是他们获得这次巨大胜利的原因。在底比斯人的军事生涯中，圣队因其勇敢而名垂青史，在喀罗尼亚战役中他们战至最后一人（Plut., *Pelopidas*, 18）。——编者】
13	色诺芬（Xenophon, *Memorab*., iii. 5, 2, 15; iii. 12, 5; compare [Xenoph] *De Athen. Republ*., i. 13）认为，虽然雅典人与比奥提亚人在天生的身体能力上不相上下，但他们缺乏身体训练（σωμασκία）。
14	狄奥多鲁斯（Diodorus, xii. 70）对此时的环境进行了分析。

15 | 在戴利翁战役爆发的那一年，苏格拉底已经45岁。他出现在战场上可能是因为他与众不同的强健体魄。不过也有可能暗示着在遭受瘟疫肆虐惨痛的人员损失后，如果不征召年纪较大者，就不可能聚集起一支7000人的军队。——编者

16 | See Plato（*Symposion*, c. 36, p. 221; *Laches*, p. 181; *Charmides*, p. 153; A*polog. Sckratis*, p. 28）, Strabo, ix., p. 403.

17 | Thuk., iv. 78 提到色萨利的联盟（κοινόν）与亲拉科尼亚的统治者（δυναστείαι）相抗衡。如果直到公元前4世纪都一直没有足够强大的持独立倾向的寡头政府当权，限制了民主派联合的努力，并防止在 ταγός 的领导下有效实现塔古斯（κοινόν），那么完全有可能出现一个类似公元前3世纪或前2世纪维护希腊自由的色萨利联盟。如果在一个强有力的中央政府的率领下，色萨利或许会成为一座阻碍马其顿入侵的更有效的堡垒。——编者

18 | 关于色萨利的地理我们掌握的情况不多，不足以使我们确认每个地方的确切位置。被修昔底德称为阿皮达努斯的河流是由阿波达努斯河和埃尼佩乌斯河汇合而成。参见季培特（Kiepert）所绘的古色萨利地图。Colonel Leake, *Travels in Northern Greece,* ch. xiii., vol. iv., p.470.

19 | 安德罗斯与雅典长期不和（Herodot., viii. 111; Xen., *Hellen*., i. 4, 22），殖民地的反叛可能受其影响。除这两个安德罗斯殖民地的特殊情况外，北部地区的属邦冷酷地抛弃雅典可能还有如下几个原因。首先，它们觉得与伊奥尼亚人和岛民没有密切的血缘关系；其次，在该地区加入同盟时，将雅典奉为抵抗波斯领袖的情况已在一定程度上消退；再次，雅典残酷地处罚塔索斯和波提狄亚导致了人们的憎恶；最后，这些城邦不可能找到一个实力强大的大陆城邦作为其靠山，而只能将马其顿国王作为真正的盟友。就此而言，在这种情况下，它们的反叛已经很慢了。——编者

20 | Thukyd., iv. 104:"那里离城有点距离,不像现在用城墙和城市连接了起来。"(Ἀπέχει δὲ τὸ πόλισμα πλέον τῆς διαβάσεως, καὶ οὐ καθεῖτο τείχη ὥσπερ νῦν, φυλακὴ δέ τις βραχεῖα καθειστήκει)

笔者认为 τῆς διαβάσεως 是由 ἀπέχει 而非 πλέον 统治。"城市离路口有一段距离":因为修昔底德经常将 ἐκ πλείονος(iv. 103; viii. 88)与 ἐκ πολλοῦ(i. 68; iv. 67; v. 69)等而视之;also περὶ πλείονος. 在下一章谈到安菲波利斯战役时,将会见到更多关于其所在位置的描述。

21 | Thukyd., iv. 105, 106; Diodor., xii. 68.

22 | 安菲波利斯及其附近大桥具有极端的重要性,是沟通斯特吕蒙河东西两部分的通道。不但马其顿国王腓力(这在其后的历史中会显现出来)认识到了这一点,在征服马其顿后,罗马人也明白了这个道理。罗马人将马其顿分为四个区。"首要的是安菲波利斯的战略地位,它卡住了从东方前往马其顿的所有通道"("pars prima habet opportunitatem Amphipoleos; quae objecta claudit omnes ab oriente sole in Macedoniam aditus.")(Livy, xlv. 30)

23 | 如果布拉西达斯能够未卜先知,学习马其顿人腓力的做法,将大军向东推进到赫勒斯滂,他就可能阻断雅典从黑海地区输入的粮食,从而给敌人带来巨大的压力。——编者

24 | Thukyd., v. 26. 参见由阿诺德(Arnold)编辑的马塞林努斯所作的修昔底德传记,在所有版本中缀于第 19 页。

25 | 在早先时候,分权指挥在雅典并不普遍。一般地,将军队交给某一位能力超凡的将领(譬如阿利斯泰戴斯、奇蒙、米隆尼戴斯)指挥。我们知道,在战场上,伯里克利比他的同僚更有权威(see n. 10 on p. 502)。这种任命方式可能是在伯里克利去世后才逐渐变得普遍的。无疑,这种制度是由克莱翁或他的追随者设置的,其目的是确保公

第二十三章 战争的第八年

民对高级官员享有更高的控制权。让军事领导人完全服从城邦中央政府的指挥也体现在人民领袖开始指控将军的新做法上（Thuk., iv. 65）。毋庸置疑，就军事而言，分散指挥权具有灾难性的后果。西西里远征中各位指挥官的拖拉不决在很大程度上就是因为这个原因；阿吉努塞（Arginusae）战役后因姑息导致的致命错误及羊河战役的惨败都与这种制度有关。就彼时的情况而言，这种制度导致了某次误解的产生，从而使雅典军队各部分的行动软弱无力。——编者

26 在埃翁派雅典舰队驻守，并确保斯特吕蒙河的通行，对雅典人具有不可估量的作用（即便在安菲波利斯的控制权易手后），就可以保证敌人无法侵入雅典帝国的东部地区。关于此，可参见 Thukyd., iv. 108.

27 Thukyd., v. 26.

第二十四章
一年的休战、战争重启、安菲波利斯之战、尼奇亚斯和约

如今雅典人充分认识到了在斯法克泰利亚擒获战俘的价值。有这些战俘在手,克莱翁及其支持者曾声称,雅典可以在它任何时候获得和平,这确实不假。既然有如此确定的把柄可供依靠,雅典采取了大胆的策略,本指望在过去的一年里获得更大的利益。虽然这种想法并非完全不切实际,但却以失败而告终。此外,出乎所有人意料,新的情况发生了,布拉西达斯在色雷斯闯出了一片天地,将雅典帝国冲得七零八落。尽管如此,斯巴达人急切地希望接回被俘的同胞,因为这些人在国内多有权势的亲朋。他们认为,布拉西达斯取得的胜利为实现上述目标迈进了重要一步,并将胜利作为说服雅典缔结和平的一种方式。布拉西达斯从安菲

第二十四章　一年的休战、战争重启、安菲波利斯之战、尼奇亚斯和约

波利斯派代表回国，请求斯巴达人增派援军，并告知将会取得更大的胜利。但是，代表们获得的是一个令人气馁的答复。布拉西达斯取得的胜利招致了城邦一些大人物令人可鄙的嫉妒。他们认为自身黯然失色，认为布拉西达斯辉煌的成就是违背斯巴达惯例的古怪行为。于是，无论从个人角度还是政治原因上，他们都想尽办法向雅典求和。带着这样的动机，加之一贯的谨慎，斯巴达人利用当前的有利时机和布拉西达斯征服产生的效应，作为谈判和要回战俘的基础。过去几年雅典的历史真可作为防止斯巴达人冒险行事的一个警示。

自从斯法克泰利亚被夺占后，拉凯戴蒙人一直试图直接或间接地与雅典谈判和平，并想方设法让战俘重获自由。他们的和平意愿是国王普雷斯托亚纳克斯主使的。这位国王所处的特别境况使他有强烈的愿望让战争就此终结。在战争爆发之前的14年，他因被指控在入侵阿提卡时收受雅典人的贿赂而被斯巴达放逐。在八年多的时间里，他以流亡者的身份居住在阿卡狄亚吕考斯的宙斯神庙附近。但他从未丧失过重新恢复权力的希望。他及其弟兄阿利斯托克莱斯（Aristokles）不断向德尔菲的皮提亚女祭司上供，以便通过她达到目标。每当斯巴达向德尔菲派遣神圣代表团时，她就会用同样命令的语气重复这样的话："他们必须将宙斯之子英雄（赫拉克勒斯）的苗裔从异邦迎回；倘若不如此行事，他们必将遭受银犁耕地的厄运。"神反复的命令及在国内支持普雷斯托亚纳克斯朋友的影响下,最终完全改变了斯巴达人的看法。

在伯罗奔尼撒战争进行到第四年或第五年时，这位流放在外的国王获准召回。

然而，正如克莱奥麦奈斯和戴马拉图斯一样，不久人们就发现了他们此前的阴谋，至少他们受到了广泛的怀疑。尽管没有被再次流放，但普雷斯托亚纳克斯仍遭遇到了巨大的信任危机。城邦发生的每一次灾难都被归咎于因国王不敬神的背叛行为而惹得神灵的不快。由于身背如此污名，国王非常急迫地希望用安全无虞的和平来取代战争带来的危险。因此，就他个人而言，国王乐见向雅典打开每一道谈判之门，并通过迎回战俘重新树立他的声誉。

在戴利翁战役之后，尼奇亚斯、拉凯斯及亲拉科尼亚派的人士在雅典受到了越来越多的支持。在色雷斯，出乎意料的损失越来越严重——布拉西达斯持续的胜利增加了他成功的资本——有可能使雅典人的灰心丧气变成真正的惊慌。整个冬天的大部分时间里，似乎谈判都一直在进行。在如此丢人的压力面前，通过谈判结束这一切的持续希望有助于解释雅典人不平常的冷漠。但是，雅典人的勇气消散得非常严重，以至于到冬末，他们逐渐认识把休战作为阻止布拉西达斯胜利前进的唯一方式。

雅典和斯巴达的和平派都不遗余力地为首先订立一份可靠的和平条约而进行谈判。但订立那样一份和约的条件还不成熟，不能满足双方的要求。布拉西达斯每取得一次胜利，订立和约就越来越困难。最终，雅典人感觉到最重要、最急迫的是限制他的

第二十四章 一年的休战、战争重启、安菲波利斯之战、尼奇亚斯和约

前进步伐,决定派人前往斯巴达,提议签订一份为期一年的休战条约,并希望斯巴达人派遣全权使节到雅典讨论最终条款。我们推断(虽然未经证实)是雅典人提出了为期一年的休战和约及提前准备好的两个条款。因为休战提议与斯巴达的利益背道而驰,这将使雅典人有充足的时间做好准备以防在色雷斯遭到进一步的损失。但是,斯巴达的主要目标不是从和约条款中获得最大利益,而是确保一定程度的和平以便救出战俘。

公元前423年3月,双方订立了一份为期一年的休战协议,并起誓按协议行事,协议的一方为雅典,另一方为斯巴达、科林斯、西库翁、埃皮道鲁斯和麦加拉。斯巴达人并没有按雅典人要求的那样派出全权代表,而是更进了一步。如同雅典的使者一样,他们起草了一份经城邦及同盟者批准的休战协议,要求雅典只需采纳批准即可。协议的主旨是"占领地保有原则"(*uti possidetis*),条款的具体内容如下:

1. 尊重德尔菲的神庙,每个希腊人都有权公正地、不受威胁地使用之,遵循德尔菲的风俗习惯。这则规定主要是为雅典而准备的。战争期间,因为比奥提亚人和弗奇斯人的敌视,雅典人不可能前往;如今他们获准作为朝圣者前往。此时,自由前往德尔菲朝圣的规定最受雅典人欢迎,因为他们似乎认为不受阿波罗青睐。

2. 所有缔约方都必须按本邦法律的规定,调查并惩罚那些侵犯德尔菲阿波罗神圣产的人。此款也是为雅典而准备的,其目

的似乎是赢得阿波罗的青睐,并安抚德尔菲人。拉凯戴蒙人仅从字面上接受了这一条款。

3. 仍保留雅典在派罗斯、库泰拉、尼塞亚、米诺亚及特罗伊曾附近麦塔纳的驻军。库泰拉不得与大陆上拉凯戴蒙同盟的任何地方保持联络。驻派罗斯的士兵只能在布法拉斯(Buphras)和托麦乌斯(Tomeus)之间活动。居住在尼塞亚和米诺亚的人不得与连接英雄尼苏斯神庙和波塞东神庙道路之外的人保持联系。与此类似,在特罗伊曾附近麦塔纳半岛上的雅典人必须遵守与特罗伊曾居民就边界问题签订的特别协议。

4. 出于商业目的,拉凯戴蒙人及其同盟者可以在他们的海岸从事海上航行,但战船及载重量超过500塔兰特的任何摇橹商船不得在海上航行。

5. 为商讨和约的条款或协调相互之间的纠纷,传令官、使者及其数量有限的仆人可以通过陆上或海上在伯罗奔尼撒半岛和雅典之间自由旅行。

6. 任何一方都不得接收另一方的叛逃者,不管他们是自由人还是奴隶。该条款对双方都同样重要。雅典不得不提防属邦的反叛,斯巴达担心黑劳士的逃亡。

7. 双方应根据他们的既定法律和习惯通过友好方式解决纠纷。

这就是由斯巴达准备的协议内容,似乎与雅典使者送达的协议一样,斯巴达人派人送到雅典要求批准。

第二十四章 一年的休战、战争重启、安菲波利斯之战、尼奇亚斯和约

经拉凯斯在公民大会上提议，雅典人批准停战协议，并进一步出台法令，要求进一步就最终条约进行商讨。大会命令在下一次公民大会上就谈判的规划和原则提出方案。但是，就在斯巴达和雅典的使者将送达协议准备最终采纳时，发生在色雷斯的一系列事件威胁并完全取缔了和约的实施。就在协议已经获得批准二天但还没有传达到色雷斯之时，斯奇奥奈叛离雅典，投靠了布拉西达斯。

斯奇奥奈位于帕莱奈半岛（卡尔奇狄凯向外伸出的三个狭长舌形半岛最西边的一个）之上，与埃莱特利亚的殖民门戴相连。斯奇奥奈人虽然内部仍有不同意见，但在布拉西达斯的协助下，仍宣布脱离雅典的控制。就城市所处的位置而言，斯奇奥奈的反叛对雅典形成的挑战比以前的事件更严重。因为波提戴亚正占据着将帕莱奈半岛与大陆连在一起的地峡，七年之前，这座城镇被夺占后，就由殖民的殖民者居住。此外，地峡非常狭窄，波提狄亚的城墙就从一侧海洋到另外一侧将地峡完全切断。因此，帕莱奈半岛其实类似于一座岛屿。与布拉西达斯之前夺占的城镇不同，来自大陆的援军无法为半岛上的人提供援助。就此而言，斯奇奥奈是在没有任何外来军队援助的情况下与雅典举国之力相抗衡，从而使帝国中不但陆地上的城镇而且海岛上的城邦都出现了问题。

对布拉西达斯本人而言，斯奇奥奈人的反叛也是一次令人惊讶的大胆举动。一进入该城，他就举行了一次民众大会，向人

们发表了他在阿坎图斯和托罗奈类似的演说。他否认偏袒任何党派,也承诺不干预该邦的任何国内政治事务,而只是劝告民众团结努力以对抗他们共同的敌人。

这次演说增强了人们的团结,强化了人们的信心,使他们兴奋地期待着一切为之奋斗的事业美梦成真。同时,演说还以更加明确的形式表现出布拉西达斯在其他地方激发出的同样的对他的个人依恋和崇拜之情。斯奇奥奈人不但投票将他视为希腊的解放者,当众授予他一顶金冠,而且当金冠戴在他头上时,每一个人都从内心深处爆发出最强烈的崇敬和热爱之情。这位历史学家说,"每个人都挤在他的身边,用带子缠绕在他的头上,仿佛他就是一位获得锦标的运动员"。这件值得注意的事情表明了我此前的观察所言非虚。布拉西达斯取得的成就、独立自主的推进、坦率明确的政治态度、清正廉洁的个人品格使他从本质上更像一个雅典人而非斯巴达人,具备了雅典人的优秀品质。布拉西达斯激起的个人崇拜在希腊的政治生活中几乎是绝无仅有的。

这位拉凯戴蒙人的指挥官清楚知道,他们所处的具有海岛特性的地理位置将使他们很快受到雅典强有力的侵犯。因此,他把相当一部分军队转移到帕莱奈半岛上。其目的不但是防守斯奇奥奈,还打算突袭门戴和波提戴亚,这两座城市都有一小撮同谋分子准备打开城门。

正是在这种情况下,城邦的特派员找到了他,向他正式宣布已经缔结为期一年停战协议的消息,并立即将所有条款付诸实

第二十四章　一年的休战、战争重启、安菲波利斯之战、尼奇亚斯和约

施。消息的发布根本地改变了诸事的进程。在色雷斯新近夺占的斯巴达同盟者对于协议感到非常满意，当即接受了协议的条款。但却让布拉西达斯懊恼不已，因为他的计划被迫戛然而止。不过，他不能当众拒绝执行协议，只得将大军从帕莱奈半岛转移到托罗奈。

然而，斯奇奥奈立即成了一个障碍。无疑布拉西达斯乐于见到这种情况的发生。虽然雅典的特派员批准了协议在色雷斯其他城邦的适用性，但拒绝将斯奇奥奈包括其中，并立即向雅典传去这个消息。布拉西达斯拒绝放弃斯奇奥奈，因为这座城市在最近的庆典中尤其为他钟爱有加。他甚至获得了拉凯戴蒙特派员的支持，声称这座城市在协议签订之前就已经叛离了雅典。

当消息传到雅典后，激起了人们强烈的愤怒之情。当拉凯戴蒙人根据布拉西达斯和阿泰纳乌斯（Athenaeus）告诉他们的说法，派出一个使团向雅典人宣布他们将保护斯奇奥奈（至少通过仲裁或和平谈判调解双方的冲突）时，双方再也没有了回旋余地。雅典人决定立即派出一支远征军重新征服斯奇奥奈。克莱翁甚至提议，一旦重新征服了这座城市，所有成年男性将被处死。同时，他们也不愿完全放弃停战协议。结果就出现了这样的局面：色雷斯的战争仍在继续，但在其他地方战事却暂停了下来。

很快，又有消息传来，斯奇奥奈毗连的城邦门戴也叛离了。那些偷偷谋划将布拉西达斯的军队引进城的门戴人最初看到停战特派员到来时感到茫然不知所措。但是，他们看到尽管协议已经

传达，拉凯戴蒙人仍然占据着斯奇奥奈。由此可以断定，如果他们反叛，虽然他不能像最初计划的那样与他们共同举事，突袭这座城镇，但布拉西达斯仍会为他们提供保护。这些人担心，因为他们只是在城邦中占据少数，违背了众人的意愿；一旦他们取消计划，当雅典人前往夺取斯奇奥奈，他们的行动被人发现，也会因已经实施的那一部分计划而受到惩罚。因此，他们认为，从总体上看，继续按计划行事的危险系数相对较小。于是，他们宣布叛离雅典，并强迫那些不愿意的公民听从他们的安排。该邦此前的政体大概奉行民主制，但通过此次叛离，他们也实现了寡头革命。布拉西达斯随即接受了他们的归附，并着手对他们加以保护。他声称有权如此，因为门戴人在协议宣布之前就已经公开反叛了。此刻，停战协议已经清楚明了，对此他也完全承认；但他自称说有正当的理由，因为雅典已经违背协议中的条款。布拉西达斯立马进行防卫门戴和斯奇奥奈的准备，如今雅典人进攻的可能性比之前更大。他将这两座城镇的妇女和儿童转移到卡尔奇狄凯的奥林图斯，调遣500名伯罗奔尼撒重装步兵和300名卡尔奇狄凯轻盾兵前往。新到达军队的指挥官波吕达米达斯（Polydamidas）和他的军队分别占据着两座城市的卫城。

　　布拉西达斯将大部分军队撤出，与佩狄卡斯一道远征内陆的阿尔希巴埃乌斯和林凯斯泰人。我们只能猜测，到底是什么原因，导致他在与阿尔希巴埃乌斯签订同盟条约后如今成为劲敌。可能的原因是，与佩狄卡斯更加重要的关系导致他不得不违背自

第二十四章 一年的休战、战争重启、安菲波利斯之战、尼奇亚斯和约

己的意愿采取这样的步骤；或者他认为波吕达米达斯的力量足够强大，足以防卫门戴和斯奇奥奈。在过去6~8个月里，雅典人不可理喻的畏缩不前强化了人们这样的想法。事实上，考虑到帕莱奈半岛的利益和雅典在海上的优势，即便他还在那里，也几乎不可能救得了这两座城市。他的缺席注定这两座城市毁灭的命运。

当布拉西达斯在遥远的内陆地区作战时，雅典军队在尼奇亚斯和尼科斯特拉图斯的率领下抵达了波提戴亚。一共有50艘战船，其中10艘来自开俄斯；1000名重装步兵和600名来自雅典的弓箭兵；1000名来自色雷斯的雇佣兵；另包括一些来自麦托奈及周边其他城镇的轻盾兵。大军从波提戴亚出发，登陆对门戴发起了进攻。该城的伯罗奔尼撒指挥官波吕达米达斯率领700名（其中300名是斯奇奥奈人）重装步兵驻守在离城不远的一个牢固而易守难攻的险要之地。正是险要的地形让进攻者吃了败仗。尼奇亚斯受伤，尼科斯特拉图斯的队伍陷入巨大的混乱中，九死一生，终于逃脱被全歼的命运。然而，当夜门戴人放弃了这个地方，撤退到城里。雅典人蹂躏了附近的田地。

在城墙之内，人们对于局势的判断意见非常不同。斯奇奥奈人对当前的情况感到悲观，于是趁夜返回自己的城邦。门戴人的反叛本来就有违公民的意愿，是寡头派的阴谋，也只为寡头派的利益服务。尼科斯特拉图斯率领一半军队驻守在门戴通往波提戴亚的城门前。在那座城门附近，是伯罗奔尼撒人和该邦公民主要的驻军之地。正当波吕达米达斯打算由此突围，将军队混编成

战斗阵形时,一位门戴公民告诉他说:"我不愿突围,不想参加这次战斗。"波吕达米达斯将那人抓了起来,要对他进行处罚,这时全副武装的门戴公民站在了自己的同胞一边,突然冲向了伯罗奔尼撒人。伯罗奔尼撒人对于突然的进攻毫无防备,在最初遭受一些损失后,被迫迅速撤退到卫城。更何况他们看到一些门戴人为外面的围攻者打开了城门,怀疑门戴人预先就出卖了他们。然而,双方并不曾有任何协同行动。不过,围城的雅典将军看到城门突然打开,马上就明白是怎么一回事了。但是,他们已经无法阻止手下的士兵冲入城内,到处抢劫。他们付出了不少努力才救得了公民们的性命。[1]

就这样,雅典人攻占了门戴。将军们希望公民能够重新组织起原来的政府,让其挑出并处罚最近叛乱的始作俑者。在门戴,雅典人环绕卫城修筑了一道城墙,城墙两端直通大海;留下一支军队监视卫城的敌人。在此之后,他们撤离门戴,开始围攻斯奇奥奈。雅典人发现,斯奇奥奈公民和伯罗奔尼撒军队都驻扎在一座离城墙不远的山上。由于不控制这座山丘就无法围攻这座城市,雅典人决定立即对山上的敌人发起突然的进攻。在城墙完工之前,被围困在门戴卫城的士兵趁着夜晚通过突然袭击冲破将他们包围起来的城墙,逃到了斯奇奥奈。不过,这并没有阻碍到尼奇亚斯的行动。不久,斯奇奥奈被完全包围起来,尼奇亚斯留下一支队伍镇守着围城的城墙。

这就是布拉西达斯从马其顿内陆地区返回时战事的进展状

第二十四章　一年的休战、战争重启、安菲波利斯之战、尼奇亚斯和约

况。鉴于既无法重新夺取门戴，也无法解斯奇奥奈之围，他被迫集中精力保护托罗奈城。然而，尼奇亚斯并没有进攻托罗奈，而在不久之后率领军队返回雅典。斯奇奥奈仍处于围困之中。

布拉西达斯进军马其顿无论从哪个方面看都是不幸之举。由他和佩狄卡斯组成的联军中共有3000名来自伯罗奔尼撒、阿坎图斯和卡尔奇狄凯的希腊重装步兵、1000名来自马其顿和卡尔奇狄凯的骑兵和数量不菲的非希腊辅兵。大军一翻过进入林凯斯泰人管辖地区的关隘，阿尔希巴埃乌斯就与他们交上了锋，战斗随即爆发。这位王公遭到了彻底惨败。大军在此停留了数日，等待着一支佩狄卡斯招揽的伊吕利亚雇佣军到来。最后，佩狄卡斯不再耐烦，决定不等他们就向前推进。与之相反，布拉西达斯得知了他不在时门戴遭遇的命运，一心想要返回。双方的分歧越来越大，结果兵分两路，在相距一定距离的地方各自扎营。这时，双方都收到了出乎意料的情报，使得佩狄卡斯也与布拉西达斯一样，急于返回。伊吕利亚人违背了约定，加入阿尔希巴埃乌斯的队伍，如今正全速行军，准备进攻入侵者。据说，这支数量不知多少的野蛮人组成的军队战斗力很强，因其凶残和勇猛而闻名于世。佩狄卡斯的马其顿军队突然听到这个消息，陷入一片恐慌之中，是夜军队解散，毫无秩序地仓皇逃走。佩狄卡斯也随着大军逃命，甚至都没有派人告诉布拉西达斯撤军的消息，更没有与他协调撤军事宜。次日凌晨，布拉西达斯发现阿尔希巴埃乌斯和伊吕利亚人正向他围拢，而马其顿人已经在返乡的路上逃

了很远。

无论是普通人还是士兵，希腊人与马其顿人一经比较，高下立判；没有什么能比这一生死攸关的时刻更能展现二者的差异。虽然布拉西达斯的士兵感到吃惊且被马其顿人丢弃，但他们既没有丧失勇气，也没有乱成一团；军队的指挥官不但保持清醒的头脑，而且仍然拥有最高权威；重装步兵听他的号令组成方形或长方形战阵，让轻装兵和仆役居于阵中心，大军有序撤退。青壮士兵站在战阵的外侧或挺进到战斗最激烈的地方，他们行动迅速，击退了进犯的敌人。而布拉西达斯亲率300名精挑细选的战士，为大军断后。

在敌军靠近之前，（按照希腊将领的惯例）他向大军发表了一段简短的演说。在许多方面，这段演说都值得注意。虽然在场的一些是阿坎图斯人，一些是卡尔奇狄凯人，还有一些是黑劳士，但他都赋予了他们"伯罗奔尼撒人"的令名。"你们不需要同盟者的出现来激发你们的勇气，也不必畏惧一支数量庞大的敌军。因为你们不是来自奉行多数人管理少数人政体的城邦，而是来自少数人统治众多臣民的国家。你们的权力不是通过其他方式而是来自战斗中获得的优势。""伊吕利亚人杂乱无序，对于自己丢掉战阵中的位置，他们不觉得羞愧。在他们看来，逃跑和进攻同样受人尊敬，这完全不能检查出一个人是否真正勇敢。在战斗中，每个人都各自为战，这不过是让每个人都为自己的逃跑找到一个冠冕堂皇的借口。""不管什么时候，敌人一出现，我们

第二十四章 一年的休战、战争重启、安菲波利斯之战、尼奇亚斯和约

就将他们打败；一旦有机会，就保持着良好的阵形和秩序，重新撤退。这样，你们就会很快到达安全之地了。你们相信，当敌人发起最初的冲锋时，这样的一支军队定能以从未有过的智慧和勇气挫败他们；如果敌人逃走，这支军队在追击时也能体现出迅捷和胆识，一切将安全无虞。"2

在当今社会一支纪律严明和听从号令的军队比一支虽然个人勇猛无比且数量众多的军队更占优势，是一个再熟悉不过的真理。我们需要努力运用想象力，回到公元前5世纪，那时，这个道理只被希腊城邦所认可。而所有与希腊人相邻的部族，譬如伊吕利亚人、色雷斯人、亚洲人、埃皮鲁斯人，甚至马其顿人都否认或不懂这个道理。关于埃皮鲁斯人在军事习俗上与希腊人的差异，在讲述战争第二年联合进攻阿卡纳尼亚城镇斯特拉图斯时已经得到了明确的体现。然而，相较于色雷斯人或来自伊吕利亚的野蛮人，埃皮鲁斯人与马其顿人在这方面更接近于希腊人。如今，即将与布拉西达斯交战的伊吕利亚人更相形见绌。这位拉凯戴蒙人的指挥官向战士们强调的不但包括两种战斗形式的差异，而且他阐释了导致这种差异的伦理原则。这些原则范围广，其基础在于希腊人无论和平还是战争时的社会生活。在每个人的内心深处都必须具备某种情操，必须完成某些义务；同时，他旁边的人也必须对他履行相应的义务。布拉西达斯将这种情操称为排列在战阵中的战士们不可更改的军事信条，这种情操与和平时期公民在同一个城邦的交往过程中既定的规则同样重要。虽然相关规定或

许简单，但在薛西斯、色雷斯人西塔尔凯斯或高卢人布莱努斯（Brennus）的军队中却不可能找到。波斯士兵听从大王的命令争先赴死，之所以这样是因为害怕被大王管理他们的鞭子狂揍。伊吕利亚人和高卢人鄙视鞭子，他们只受好战、复仇、嗜血、贪财等欲望的激励。一旦那个欲望得到了满足或被恐惧压倒，他们将立即逃之夭夭。只有希腊战士才觉得通过互惠关系与他的战友牢固地捆在了一起。[3] 他们既不顺从于国王的意愿，也不做自身欲望的奴隶，而只是根据共同的规定履行自身应尽的义务。这种军事义务观根植于布拉西达斯手下战士们的内心深处，在令人难以忘怀的万人大撤退中得到了进一步的体现。

在布拉西达斯的演说中还有一点值得特别注意。他告诉战士们说："勇气是你们与生俱来的特性。因为你们来自少数人统治多数人的城邦，单单因为祖先们超凡的英勇和征服你们就应当具备这一素质。"首先值得注意的是，听布拉西达斯发言的伯罗奔尼撒军队中大部分战士是黑劳士，他们是被征服者而非征服者。他轻易地用军事团体的自豪取代了种族上的差异，从而恭维了这些人，让他们觉得自己仿佛出身于一个奴役其祖辈的种族。其次，在此我们看到，一位奉行寡头政治的、不会堕落的、令人尊敬的多利安人将官对于拉凯戴蒙人力量正当源泉的最有力证明，以及对先祖令人尊敬的历史的美好回忆。相应地，当后来雅典使者在米洛斯提出类似主张时，我们不可能接受这样的解释，认为这只不过是由蛊惑家和诡辩者发明的理论。他们个别人会认为，在希

第二十四章 一年的休战、战争重启、安菲波利斯之战、尼奇亚斯和约

腊政治和军事中,将所有存有异议的事情的责任都推卸掉的做法是寻常之事。

演讲完毕,布拉西达斯发布了撤退命令。大军刚一行进,伊吕利亚人就满怀自信、大声叫嚷地向他奔袭过来,如同追击逃兵队伍一样,坚信将会彻底击溃他的军队。但是,不管他们靠得有多近,青壮士兵都会发起进攻,将追兵打败,并给其造成严重的伤亡。布拉西达斯亲率300名断后的战士随时出现在最需要援助的地方。当林凯斯泰人和伊吕利亚人发起进攻时,大军就停顿下来,击退追兵,然后重新开始向后撤退。或许此前还没有与希腊军队交战的经历,野蛮人发现他们完全被人玩弄于股掌之间,有力无处发,在进行几次尝试后,他们发现进入了平原,就停止了追击。不过,他们迅速向前,一则希望击败之前逃走的佩狄卡斯率领的马其顿人,一则希望占领进入林凯斯泰境内的两座高山对峙的狭窄关隘,这里也是布拉西达斯撤退的必经之路。当拉凯戴蒙人靠近这道狭窄的关隘时,布拉西达斯看到野蛮人已经将其控制。于是,命令他挑选的300名精兵以最快速度立即对两座山峰最易受到攻击的地方发起进攻。此时占据这些地方的敌人还不多,还没有结成战斗阵形。拉凯戴蒙人出人意料的积极行动使野蛮人仓皇逃窜,将有利地形让给了希腊人,并使自身处于希腊人的进攻之下。就这样,这支正在撤退的军队占据了其中一座山峰,从而使大军能够努力从中间通过,并将林凯斯泰人和伊吕利亚人赶走。鉴于敌人不敢继续发起进攻,经当天的行军,大军就抵达

佩狄卡斯统治下的第一座村镇阿尔尼萨（Arnissa）。由于对佩狄卡斯治下的马其顿人感到非常愤怒，拉凯戴蒙人夺取并侵占了马其顿人在夜晚乱成一团的逃窜时落下的所有行李辎重。他们甚至还不受干扰地杀死了几头脱离了辎重队的牛。

佩狄卡斯对于布拉西达斯所率大军的行为感到非常愤恨。自此时起，他就中止了与伯罗奔尼撒人的联盟，公开与尼奇亚斯谈判，并加入修筑围困斯奇奥奈的围墙。这位王公是如此毫无信义，以至于尼奇亚斯要求他通过某一件事情展现他的诚意，以此作为结盟的一个条件。不久，佩狄卡斯就证明了他的重要性。

自上年3月签订停战协议以来，雅典与伯罗奔尼撒之间呈现出一种奇怪的混合关系。协议的主要目标是留出时间初步讨论订立一份最终的和平，这个目标被彻底挫败。雅典公民大会法令（该法令被包括在经投票表决的协议中）曾要求派人并接收使者商讨和平，这则法令似乎也从未付诸实施。

拉凯戴蒙人从陆上为布拉西达斯派遣了一支人数可观的增援部队。然而，才一抵达色萨利的边界，这支援军的指挥官伊斯卡戈拉斯（Ischagoras）就发现继续前进不现实，被迫将部队遣返回国。此前，正是佩狄卡斯在该地区强大的影响力才使布拉西达斯能够通过色萨利；如今他命令其在色萨利的朋友不许新来者进入。

然而，伊斯卡戈拉斯仅率几名亲随而没有带领部队排除万难见到了布拉西达斯，并按拉凯戴蒙人的指令调查和报告相关事务的状况。这几名精挑细选的亲随都是身经百战的老兵，伊斯卡

第二十四章　一年的休战、战争重启、安菲波利斯之战、尼奇亚斯和约

戈拉斯打算任命他们担任布拉西达斯所征服的城邦的总督。这是第一次违背斯巴达人古老的习惯,即除超过服军役年龄的老者之外,任何人都不得担任这样的官职。自此之后,这种习俗反复遭到违反。事实上,布拉西达斯就明显背离了古规。这些官员的任务是坚持只有斯巴达人才能担任该官职的原则,因为布拉西达斯的军队中没有斯巴达人。新来者中一个名为克莱亚利达斯(Klearidas)的人被任命为安菲波利斯总督。这次前往视察的特派员很有可能是为了限制布拉西达斯的活动。此外,佩狄卡斯新近宣布与之为敌及没有新派援军加入他的军队使布拉西达斯的力量被大大削弱。我们看到,在公元前 422 年 1 月或 2 月这一段时间里(自从马其顿返回以来超过了六个月),他只进行了一次军事行动。为了突袭该城,在波提戴亚的一些党派里安插了间谍后,布拉西达斯图谋在夜里将军队推进到城墙之下,他甚至还悄无声息地将云梯运到了那里。就在哨兵摇响铃子、经过城墙、留下很短一段城墙没有设防时(显然,按照惯例,晚上巡哨结束的士兵会将城墙上的铃铛传递给下一班哨兵),布拉西达斯的战士抓住这一时机,想方设法往上爬。但他们还没有来得及爬到城墙顶端哨兵就回来了,发出警报,进攻者被迫撤退。

阿卡狄亚的两个重要城邦曼提奈亚和泰盖亚爆发了一场战争,双方都得到了阿卡狄亚同盟者的支持,一部分是自愿,另一部分是被迫。双方在拉奥狄孔(Laodikion)进行了一场大战,胜负难辨。

在此前一年3月斯巴达与雅典之间订立的停战中，比奥提亚人并不是当事方。但他们似乎也跟随斯巴达的榜样，事实上放弃了敌对政策。可以推断，他们同意斯巴达的要求是为了让雅典的朝圣者和神圣使团经过比奥提亚前往德尔菲神庙。在这一段间隔中，唯一一次真正的事故是底比斯粗暴地利用优势干预其他弱小的比奥提亚小邦。底比斯人以泰斯皮埃亲阿提卡为借口，摧毁了该邦的城墙，责令其不得设防。这样的怀疑有多少依据，我们无法判断。但此时泰斯皮埃人根本不危险，他们才在戴利翁战役中损失了军队的中坚力量（处于被击溃的那一个侧翼），完全处于无助的地位。正是因为在帮助底比斯对抗雅典的过程中造成的重大折损，如今才推动并使底比斯能够对盟邦采取上述的严厉判决。

但是，到公元前422年3月，一年休战协议规定的终了时间即将来临。如前所述，这份协议只不过部分得到了遵守。任何一方都有绝佳的借口完全将其破坏，不过任何一方都没有利用这个借口。由此可以明白地看到，彼时，双方占主导地位的党派和民众的看法都倾向于按他们认为的方式保持和平。除了布拉西达斯及那些叛离了雅典、与他绑在一起的城邦还在色雷斯激战正酣外，其他战事都没有发生。在这样一种情况下，双方似乎都觉得有必要再次交换誓言，维持休战协议。当然，仍然要将色雷斯的事务排除在外。

协议规定的最后一天面对的情况事实上没有什么差别。任

第二十四章 一年的休战、战争重启、安菲波利斯之战、尼奇亚斯和约

何一方都可能采取敌视行动,但事实上任何一方都没有采取行动。雅典人希望把敌对行动推后几个月。因为皮提亚庆典即将于7月底或8月初在德尔菲举行。但自战争爆发开始直到一年休战协议订立期间,雅典一直被排除在这座圣地之外;如今,虔敬之心让他们特别希望前往参观拜访、参加朝圣活动或参加与之相关的庆典活动。因此,虽然休战协议事实上已经中止,但直到皮拉亚赛会结束,都没有发生真正意义上的战事。

然而,虽然雅典人的行动仍然没有改变,但他们的言辞已完全不同。修昔底德陈述说:"此时,对和平造成最大危害的人一个是布拉西达斯,另一个是克莱翁。布拉西达斯因大获全胜而名闻天下;克莱翁则认为,如果订立了和平条约,人们就会发现他在政治活动中弄虚作假,在指责他人时就越来越不易被人信任。"对于布拉西达斯,历史学家的评论无可辩驳。事实上,鉴于他在战争中展现出的那些众多的优秀品质,及其对色雷斯城市承担的义务,使他有了他个人的、完全不同于拉凯戴蒙城邦的憧憬和恐惧,如果战争及其继续不是他的主要目标,那再好不过。事实上,他在色雷斯所处的地位成为缔结任何牢固而稳定的和平条约不可克服的障碍,这与克莱翁的倾向无关。

但是,修昔底德关于克莱翁支持战争的描述还有巨大的讨论空间。首先,或许可以提出这样的问题,克莱翁是否真正对战争感兴趣,他本人或其党派在城邦中的影响力是否通过战争得到了加强。对于军事行动,他本身既无天赋也不擅长。这是

他人的优势，会让他黯然无光。说他有能力把狡诈的阴谋诡计付诸成功，这必须是以他在政治上占据支配地位为依据。无论在战争还是和平时期，都不缺乏对他人的控告（假定他不关心真假）。如果战争没有取得成功，将军们就有可能受到他的指控；指控的对象也有可能是取得胜利的将军，因为他们肯定会使他相形见绌，很有可能会看不起他。在普鲁塔克告诉我们关于弗奇翁的生平中，这位将军被描述为一个简单而直率的军人。其中，我们读到，雅典一位经常指控他人的演说家在听到弗奇翁劝阻雅典人（此人在性格上与克莱翁类似）不要发动一场新的战斗时感到很是吃惊。弗奇翁说："是的，我认为劝阻他们是正确之举。虽然我非常清楚，如果发动战争，我对你们拥有指挥权；如果保持和平，你们对我拥有指挥权。"[4] 相较于修昔底德所谈克莱翁的兴趣，这当然是评价战争对重要演说家和军事领袖影响力的更合理的方式。此外，当考察叙拉古政治史时，我们就会发现演说家阿泰纳戈拉斯（Athenagoras）相当平和，而贵族赫尔摩克拉泰斯更加好战。阿泰纳戈拉斯担心，战争将会导致精力充沛的军事领袖危及民主政体。克莱翁本人并不总是好战。在政治生涯之初，他是伯里克利的对手。而在伯罗奔尼撒战争开始时，伯里克利尽力避免不必要的战争，保持着必要的审慎。[5]

退一步说，即便我们承认克莱翁有通过发动战争为党派获取利益的考量，在此次特定的危机中，仍需考虑在色雷斯采用积

第二十四章　一年的休战、战争重启、安菲波利斯之战、尼奇亚斯和约

极的战争政策对于雅典是否真正稳健而审慎。以伯里克利作为此类政策最佳的参照，我们发现，在战争开始之初他着重反复强调了两个重要问题：其一，坚持积极的防御政策，维持海上帝国的完整和强大，"将臣属盟邦牢牢地抓在手里"，耐心等待时机，即便看到阿提卡受到劫掠。其二，战争期间，不再进行新的征服，也不再试图扩大帝国的范围。伯里克利认真贯彻这一既定的行动计划。假如他还活着，一定会不遗余力地干预并及时防止布拉西达斯的征服。如果干预不可能实现或因偶然原因遭到了挫败，他一定会全力重新获得那些属邦。维持帝国的完整和不受削弱，维护帝国所依据的雅典军队的影响力，这是他的主要原则。不能否认，在干预色雷斯的问题上，克莱翁比他的政敌尼奇亚斯更加紧追伯里克利制定的政策。在布拉西达斯最初入侵色雷斯时，雅典犯下了错误，没有迅速干预。犯下这个致命的错误更多应归咎于尼奇亚斯而不是克莱翁。尼奇亚斯及其支持者渴望不惜一切代价换取和平；他们知道，拉凯戴蒙人也是如此。而此刻雅典民众的情绪陷入低谷，因此他们鼓动雅典人听任布拉西达斯在色雷斯肆意驰骋而不受限制，希望通过与斯巴达谈判遏制他的前进步伐。雅典的和平派根据一年休战协议的承诺和目标限制着布拉西达斯的进一步征服。他们还希望获得进一步的承诺，完善停战协议，进而使其成为一份永久的和平条约，通过条约甚至重新获得安菲波利斯。

这就是尼奇亚斯及其支持者——克莱翁的政策、和平的爱

好者的政策。在公元前423年3月一年休战协议订立时，他们信守的希望似乎就要出现。但是，后来发生的一系列事件无情地打击了他们，事实甚至表明，随着布拉西达斯开展的势如破竹、如入无人之境的行动，根本没有理由相信这样的希望可能会实现。这是因为，虽然拉凯戴蒙人真切地希望按照"占领地保有原则"缔结休战协议，并希望将这一原则扩大到色雷斯及其他地方，但是他们既不能按照布拉西达斯的要求增派援军，也不能限制他占领更多新的地盘。结果，在雅典最需要休战协议的地方，它根本没有从中获得任何利益。只是通过向斯奇奥奈和门戴派遣军队，雅典才勉强控制了帕莱奈半岛。

在协议终结后，当雅典人讨论未来的政策时，他们可以从这次经历中获得什么教训呢？雅典所有党派的最大目标是重新获得在色雷斯丧失的地盘，特别是安菲波利斯。尼奇亚斯仍然坚持通过谈判获得和平，希望以被囚禁在雅典的战俘为筹码，让拉凯戴蒙人愿意归还这些地方。对此，克莱翁根据最近发生的事情，做出了完整的回答（无疑此前他也说过类似的话）："如果拉凯戴蒙人同意归还安菲波利斯，我们必须找到某种方式作为补偿，并归还战俘。但即便他们的愿望确实非常诚挚，他们也不能控制布拉西达斯及那些在色雷斯与他志趣相投的派别。结果是，即便你们将战俘交给了他们，他们答应的所谓同等条件也超出了能力所及。看看休战期间发生的事情吧！布拉西达斯在色雷斯的行动与拉凯戴蒙人做出的承诺和答应履行的义务相去甚远，他甚至根

第二十四章 一年的休战、战争重启、安菲波利斯之战、尼奇亚斯和约

本不接受要求他原地待命的命令,拒绝了不得继续征服的要求。他更不可能遵守拉凯戴蒙人要求他放弃已占地盘的命令。他绝不可能听从他们放弃安菲波利斯的命令,因为该城是他最大的战利品,也是他将来所有行动的中心要点。鉴于此,如果想要重获安菲波利斯,你们只能积极地付诸武力,正如发生在斯奇奥奈和门戴的事情一样。你们应当趁着拉凯戴蒙战俘还掌握在手中时,立即为此目的而聚集所有力量,而不能受到蒙骗,将战俘送还,那样,你们将丧失所有能够控制拉凯戴蒙的手段。"

克莱翁的所有预感全部被后来发生的事情所证实。从接下来的历史可以看到,尽管条约规定放弃安菲波利斯,但拉凯戴蒙人或者是不能或者是不愿履行条约的规定,即便在布拉西达斯去世之后也是如此。他活着时,拉凯戴蒙人更不愿意了;因为他具有强大的个人影响力和坚定的意志,人们期待着他将来征服更多地方。不久之前发生的事情也明白无误地证明了他预感的正确。这些事例经克莱翁的嘴讲出,仿佛不过是他向公众阅读眼前的教训一样。

克莱翁在一年休战协议终止时提出了战争政策。这个政策不但与伯里克利的天才计划吻合,而且建立在对过去和将来即将发生事情更加合理的评估之上;相较于尼奇亚斯的和平政策,这更胜一筹。然而,修昔底德只告诉我们"为了实施其见不得人的阴谋,并为其可能提出的指控找事,克莱翁反对和平"。在没有对以上事实进行批驳,而简单根据史学家的叙述得出推断,甚至

都没有指明是否存在的情况下,我们能对这样的回答得出什么评价呢?我们只能遗憾地认为,这些话只不过是修昔底德的片面之词,对克莱翁太过严厉而且不公,忽视了事实的真相和对读者的教益。在他对斯法克泰利亚事件不可理喻的判断中,也能看到类似的口吻。

在提议远征时,如果克莱翁当初就要求他亲自担任指挥官,这就会为人们反对他提供一个新的理由,而且这个理由还很有说服力。因为克莱翁所做的每一件事情都被认为一定程度上展现了他邪恶而愚蠢的特征。修昔底德告诉我们,这是自取得派罗斯胜利后体现他荒谬傲慢的一个例子,他力图说服民众他才是唯一能打败布拉西达斯的将军。但是,假如在派罗斯取得的胜利确实让他在军事上满怀狂妄和自负,那么我们就很难理解,在斯法克泰利亚之战后的那一年,即战争第 8 年,他为何没有想方设法为自己谋得一定的指挥权。在这一年里,战事相当激烈,而他斯法克泰利亚胜利带来的影响和因之而来的自负定然还鲜活而热烈。由于在这次战役之后的这一段时间里他没有获取任何指挥权,我们既有充分的理由怀疑,他是否确实认为自己拥有军事才能,并因此而不可一世,也怀疑他是否在斯法克泰利亚战后仍保持在战斗过程中展现出的同样性格特征。事实上,他不愿意亲自参加军事行动,而更愿意让其他人担任战事的指挥权。在提出远征安菲波利斯时,克莱翁定然不会一开始就要求由他亲自担任指挥官。我猜想,正如斯法克泰利亚战役一样,很有可能他最初是希望诱使

第二十四章 一年的休战、战争重启、安菲波利斯之战、尼奇亚斯和约

尼奇亚斯或其他将军承担起指挥之职。

然而,不难发现,在这样的环境下,虽然克莱翁提出远征的建议会赢得大多数公民的支持,但也可能会招致相当大一部分公民的反对,他们甚至希望不要通过这个提案。此外,克莱翁在指挥军队上既无天赋也无经验。在他的指挥下与那一个时代最有才能的将领战斗,任何人都不可能没有信心轻松出征。综合以上各种理由,无论从政治还是军事角度考量,听到被他点名的重装步兵一万个不愿意出征完全不会令人感到惊讶。[6] 一位蹩脚的将军带着一批不愿作战、在政治上讨厌他的士兵,在与布拉西达斯围绕安菲波利斯角力过程中,他们获胜的机会微乎其微。但是,假如尼奇亚斯或其他将军愿意承担起他们应尽的职责,让一位经验丰富的将领指挥这支举全国之力筹集的大军,战争的胜负得失可能会发生很大的不同,肯定不会以颜面扫地而告终。

8月初,克莱翁率领着1200名由雅典人、嫩诺斯人和因布罗斯人组成的重装步兵从皮莱乌斯出发。一起前往的还有300名装备精良的骑兵、由同盟者组成的辅兵(数量不详)及30艘战船。这支军队的人数不足,还不足以夺占安菲波利斯。因为布拉西达斯帐下士兵的人数与之相当,此外他们还占有地利之便。到达埃翁后,克莱翁的计划是,在开始发动之前,获得马其顿人和色雷斯人的援助。他首先在航行到斯奇奥奈附近时停了下来,尽可能从围困该城的重装步兵中抽调人手。接着,大军从帕莱奈半岛渡过海湾前往西托尼亚半岛,抵达托罗奈附近一处名为科罗丰人的

港口。在此，当得知布拉西达斯本人并没有在托罗奈，驻扎该城的伯罗奔尼撒军队人数也不多后，他率军登陆，对这座城市发起了进攻。

碰巧的是，为了扩大托罗奈的防御范围，布拉西达斯已经命人拆毁了一部分老城墙，正在修筑一道新的更高大的将郊区包围在内的城墙。这道新城墙似乎还没有完工，没有很好起到防御作用。伯罗奔尼撒的指挥官帕西泰利达斯（Pasitelidas）虽然尽其可能抵抗雅典人的进攻，但是当他开始感受到压力时，他发现10艘雅典舰船正驶入几乎没有保护的港口。于是，他只得放弃了郊区的防守，匆匆赶往港口以图击退新来的入侵者。但是他来得太晚，很快敌人从这座城市的两面涌入。指挥官帕西泰利达斯、伯罗奔尼撒驻军及托罗奈的男性公民被掳为战俘，送往雅典；与寻常情况下那个时代人们的命运一样，托罗奈的妇女和儿童被卖为奴隶。

在取得这次并非不重要的胜利后，克莱翁率军沿阿托斯海岬驶往斯特吕蒙河口的埃翁城，这里距安菲波利斯仅有三英里。为了执行事先制订的计划，他遣使前往马其顿，在进攻安菲波利斯时，要求佩狄卡斯作为雅典的同盟者，全力为他提供有效的援助。同时派人告诉色雷斯奥多曼泰斯（Odomantes）王公波莱（Polle），要求他率领尽其所能征召到的雇佣兵前来参战。离安菲波利斯最近的色雷斯部落埃多尼亚人决定与布拉西达斯并肩作战。在等待援军时，克莱翁首先亲率大军进攻位于斯特吕蒙湾的

第二十四章 一年的休战、战争重启、安菲波利斯之战、尼奇亚斯和约

城镇斯塔盖伊鲁斯，但无功而退；接着攻打塔索斯岛对岸大陆上的城镇加勒普苏斯，并成功地攻下了该城。然而，因为援军并没马上到达，而他的军队还太弱小不足以攻打安菲波利斯，克莱翁被迫蛰伏在埃翁。布拉西达斯也没有主动出安菲波利斯城迎敌，而是一直监视着克莱翁大军的举动。他亲自驻扎在河流西岸的克尔戴利翁山（Kerdylion），一边监视着雅典军队，一边通过大桥与安菲波利斯保持着联系。在接下来的几天里，双方都没有展开积极行动。但是，由于无所事事，雅典的重装步兵开始心浮气躁起来，很快将他们从雅典带来的不满之情发泄到将军身上。雅典的士兵一旦产生了不满之情，他们就不会压抑在心，而显现出来。克莱翁很快意识到这样的现实，不得不违背他的愿望，痛苦地做出决定，采取一定的行动。但是，他也只是围绕着这座城池[7]勘探一下地形，做做样子而已。

为了理解随后发生的一系列重要事件，有必要根据我们所掌握的不完备证据尽其所能谈谈安菲波利斯的地形地貌。那座城市建在斯特吕蒙河左岸河湾处的一座显而易见的山丘之上。在此，河流首先折向西南，流经不长一段距离后折向南，然后转向东南方。安菲波利斯唯一人工修建的防御工事是一道城墙。这道城墙始于城市东北端，河流在此变窄，形成一道沟渠；在通过克尔奇尼提斯湖（Kerkinitis）后，城墙沿着与潘高斯山相连的山丘的东侧向北；最后到达城南与河流再一次相连。因此，这道城墙如同沿着河流走向打开的一张蓄势待发的弯弓。城市的北、西、南三

面都只有斯特吕蒙河保护。在离城墙与城南河流相交处不远的地方有一座桥梁。这座桥对于整个地区的交通至关重要,将安菲波利斯与阿吉鲁斯的国土连在一起。在河流的西岸也即右岸沿河曲形成了一个向外突出的半岛,克尔戴利翁山占据了整个半岛。当布拉西达斯最初占领这里时,桥梁和城市的城墙还根本没有连在一起。但在接下来的18个月里,他修筑了一道矮墙将两者连在了一起。通过这道矮墙,在克莱翁远征时,这座桥梁已被包含在城市的防御工事中。因此,在克尔戴利翁山上监视时,布拉西达斯可在任何时候通过矮墙不受干扰地进入城里。

在克莱翁这次行进过程中,他来到了山岭的最高处(这道山岭从安菲波利斯向东一直到潘高斯山)以便俯瞰城市及勘察周边北部及东北部的地形。他从埃翁出发行走的道路就在该城的城墙东边,距离把桥梁与城墙连在一起的矮墙不远。但是他根本没有料想到这次行军会受到攻击,因为他看到布拉西达斯率领着大部分的军队驻扎在克尔戴利翁山上。此外,安菲波利斯的各道城门紧闭,城墙上看不到一个人,完全见不到大军行动的任何征兆。在他看来,由于敌人没有进攻的打算,他没有采取任何防范措施,大军漫不经心地排成乱糟糟的队形。到达山岭最高处时,他慢悠悠地看了看前面的湖泊和朝色雷斯一侧的城池。整座城市的寂静让他大吃一惊,仿佛完全没有设防一样。他甚至幻想着,假如带上了攻城器械,他立即就可以进攻而占领这座城市。由于坚信敌人并没有准备进攻,他从容地进行着勘察工作。而他手下的士兵

第二十四章　一年的休战、战争重启、安菲波利斯之战、尼奇亚斯和约

尽管穿戴整齐，但越来越放松和漫不经心，其中一些人甚至推进到城墙和城门之下。

然而，形势很快发生了根本性的变化。布拉西达斯深知，雅典的重装步兵不能忍受长时间无所事事的单调生活，估计着假装成畏缩迟疑的样子就能诱使克莱翁掉进轻率行动的陷阱。驻扎在克尔戴利翁山使他能够全程监视从埃翁出发的雅典军队。当看到雅典人沿着安菲波利斯城墙外的道路推进时，他立即率军渡过河流进入城内。不过，他并未打算冲出城外与敌人交战。因为，虽然他的军队在人数上与雅典相当，但在装备和武器上完全处于劣势。如今，雅典军队装备精良；而他手下的人认为，如果双方在开阔的战场面对面决战，拉凯戴蒙人很难与之匹敌。因此，他完全只能趁雅典人因拉凯戴蒙人表现出的极度虚弱而满怀轻蔑时，选准时机，发起突然袭击。

如同平时一样，布拉西达斯把所有战士叫到周边，对他们进行鼓励。他首先夸耀伯罗奔尼撒人曾对伊奥尼亚人多次取得过习以为常的胜利，号召人们展现出多利安人的自豪感；接着向他们解释说，他的计划取决于用相对较少的人数，趁雅典人没有准备时采取大胆而突然的行动。[8]

不过，拉凯戴蒙人的这些准备工作并没有能够完全保密。当布拉西达斯及其军队从克尔戴利翁下山、过桥及入城时都被城外雅典的侦察兵清楚发现。此外，对城外的人来说，居于城内的布拉西达斯及主要将佐前往雅典娜神庙，围在他的身边举行奉献

牺牲的仪式，这些行动都是显而易见的，他们不可能没有看到。当他站在山岭勘察时，有人向他汇报了这个消息；与此同时，那些推进到城门附近的士兵也报告说听到大队人马的脚步声，似乎敌人要准备发起突然袭击。他亲自来到城门附近，对于局势感到满意。不要忘记，城墙上既无守军，也无投枪的危险。为了避免在援军到来之前与敌发生真正的决战，他命令大军立即撤退。他本认为，在城内敌人完全组织好发起进攻之前，撤退任务就能完成。他猜想，在战斗真正开始之前，敌人的大军将会冲出城来，排成战斗阵形；但他根本没有料想到，敌人的突袭说到就到，而且只有为数不多的百十号人。克莱翁命令，大军向左转，左翼排列成纵队，朝埃翁方向撤退。克莱翁率领右翼仍在山岭之上，等大军左翼及中军已经沿着朝向埃翁的大路行军后，命令右翼也向左转，跟上前面的军队。

就这样，雅典全军都全力撤退，沿着几乎与安菲波利斯城墙并列的方向行进，而将大军右翼（也即没有盾牌保护的一侧）暴露在敌军的面前。布拉西达斯率领着整装待发的突击队从城墙最东南方的城门看去，发现敌人队形散乱。于是他轻蔑地说："从颤抖的长矛和东倒西歪的人头看，这些人根本没有办法抵抗我们的进攻。按那样方式撤军的人绝对难以招架住进攻之敌。"

看到这里，拉凯戴蒙人突然打开了离矮墙最近的城门和与矮墙毗邻的那道城门。布拉西达斯率领着150名精兵冲出城门，对正在撤退的雅典人发起了进攻。他们迅速冲到与雅典人正在行

第二十四章 一年的休战、战争重启、安菲波利斯之战、尼奇亚斯和约

进前往埃翁的那条道路旁边的直道上,从右翼对雅典人的中军发起了进攻。[9] 雅典人的左翼已经朝埃翁方向走得太远,超出了他的进攻范围。雅典的中军完全没有准备,但意识到自身的阵形散乱,面对敌人的勇敢进攻,他们一下陷入了恐慌,完全没有进行任何抵抗,就立即逃走。雅典大军的左翼虽然完全没有受到攻击,也陷入了恐慌。他们没有停下来为中军提供援助,而是乱糟糟地逃之夭夭。虽然突袭者也杂乱无章,但布拉西达斯仍向前对雅典右翼发起进攻。但这次行动中,他受了致命之伤,在敌人没有注意到的情况下,被抬出了战场。就在雅典人开始撤退时,克莱亚利达斯从色雷斯门冲出,从山岭的另一侧对雅典军队的右翼展开进攻。但居于右翼的士兵可能看到了此前布拉西达斯所率分队对其他雅典军队的进攻,虽然也对突然到来的危险感到震惊,但由于在遭到进攻之前已有所警觉,他们停了下来,在山上就地组成了战斗阵形。虽然克莱翁开了小差,但是克莱亚利达斯在此受到了相当顽强的抵抗。克莱翁受到的惊吓比军队里的其他任何人都大,根本没有想到会遭受如此一场意料之外的惨败,丧失了心智,转身就跑。逃跑过程中,他被一个来自米尔奇努斯的色雷斯轻盾兵赶上,就地杀死。不过,居于右翼的雅典士兵打退了克莱亚利达斯从前面发起的两三次进攻,牢牢地保持着阵形,直到城里冲出的卡尔奇狄凯骑兵和米尔奇努斯轻盾兵,从侧翼和后翼投掷出大量的武器,最终才将他们的阵形冲乱。就这样,雅典所有军队都纷纷逃走。左翼的士兵急匆匆逃到了埃翁,右翼的士兵四散而

逃，逃到后面群山围绕的潘高斯地区躲了起来。在逃跑过程中，因轻盾兵和骑兵的追击，雅典人伤亡惨重。当大军最终在埃翁再次结合时，被派出军队的一半遭到了折损，不但指挥者克莱翁，而且600名雅典重装步兵都战败身亡。

这次突袭安排得非常完美，取得了完全的胜利，获胜方只死了七个人。但这七个人中，就包括了勇敢的布拉西达斯。他被抬进安菲波利斯后，刚听到大军获得彻底胜利的消息，就与世长辞。经城邦的特别法令，他有幸获得了不同寻常的葬礼待遇。根据城邦的惯常习俗，即便是最显赫的人物去世，也不过是埋葬在城墙之外的郊区。他还被正式宣布成为安菲波利斯的建城者（Oekist），获得了英雄的待遇，每年举办赛会和祭祀以兹纪念。该城真正的、原被城邦认可的创立者是雅典人哈格农。如今，与其相关的一切纪念被剥夺和取缔。人们对他的回忆都被禁止，所有被视为与此人相关的建筑物都被摧毁。安菲波利斯总督克莱亚利达斯监督着城里许多与这些重要变更相关的工作。在获得惯常的休战协议、安葬战死者后，雅典余下的残兵败将没敢再发动进一步的军事行动，就返回了母邦。

在历史上，几乎没有任何战争是由如此两位泾渭分明、对照鲜明的将领来指挥的，其中一位技艺高超、勇气超凡，而另一位却是傲慢无礼、手忙脚乱。单就能力和勇气而言，布拉西达斯绝对占据上风，令人钦佩万分。但是，无论此处还是其他地方，我们都不能毫无保留地采纳修昔底德对于克莱翁的批判。他告诉

第二十四章　一年的休战、战争重启、安菲波利斯之战、尼奇亚斯和约

我们说，正如在派罗斯的军事行动那样，克莱翁一贯都是轻率行事、盲目自信。他相信，从埃翁到安菲波利斯之前山上的进军过程中，没有人胆敢对他稍做抵抗。在此前一章中，我已经谈到克莱翁预感到有可能夺占斯法克泰利亚的理由。他并非只单凭不计后果的冒失和傲慢，而是有着清醒而明智的判断，严格地依据形势分析，而不是靠任何来自幸运女神的不可预料的援助。修昔底德在此针对安菲波利斯事件的评述与他在前一章中所做判断一样，同样不合理。因为正如他暗示的，克莱翁并非没有意识到在斯法克泰利亚会遇到抵抗。他估计到了抵抗，不过知道他掌握的军力足以将敌人打败。甚至在安菲波利斯，虽然他犯下了错误，甚至是严重的错误，但错不在轻率和傲慢。至少当时的形势应当承担责任。他本人的想法是等援军到来后再发起攻击性的行动。他只是因为士兵们愤怒的抱怨，才有违自身的意愿，被迫放弃了原本打算的在援军到来之前的蛰伏行动。士兵们责备他肆意狂妄但畏缩不前，修昔底德给他贴上的标签也正是如此。

在克莱翁被迫做一些事情后，向山岭之巅行军，并在此勘察地形，这本身并非错误的判断。假如他能让军队保持着有序的阵形，时刻准备着应对突如其来的意外事件，这次行动本可以相当安全地完成。但是，当布拉西达斯出现在面前时，他却被敌人孱弱和不愿交战的假象所害，被拉凯戴蒙人打败。在所有军事战略中，故意示弱的战术可能是针对经验不足的将领获胜使用得最频繁的招数。这种菜鸟将领总被诱导忽视了警惕而不顾防守。之

所以如此并不是因为他们比普通人天生更加鲁莽或冒失，而是因为，除非他们更加聪明或接受过特别训练或练习，否则当面临突如其来的偷袭时，尤其当这次偷袭由一位能力出众的敌人精心设计，而他们恰恰缺乏这种能力时，没有什么能够使人保持平和的心态，应对诸多真实而严重的困难。事实上，就在一年半之前，修昔底德本人及其同僚欧克莱斯也曾犯下类似的错误。当布拉西达斯突袭斯特吕蒙大桥和安菲波利斯时，他们既没有布置日常的预防措施，也没有想到必须在埃翁派驻舰队。

因为军事上不够老练，克莱翁落入了布拉西达斯为他设计的陷阱；也正是同样的原因，当出乎意料地发现城内的人正在准备发起进攻时，他采取了错误的应对措施。他犯下的致命错误是命令队伍立即撤退，妄想在敌人发起进攻之前率军逃走。在开始靠敌城墙如此近的撤退行动之前，一位更有能力的将领定然会注意整理所有人员，列成战斗阵形，并按惯例发表演说，对战士们进行提醒，激励他们的勇气和斗志。但直到那样一个时刻，他也没有想到召集战士们准备参加战斗。在遭受突袭时，雅典人没有战前惯常的准备，而是匆匆逃走，无论是敌人还是他们自己都发现了阵形的散乱。在此情况下，希腊重装步兵的勇气是不可能高涨的。在撤退行动中，将大军的右翼或不受盾牌保护的一侧转向敌人是不可避免的。不能像一些历史学家那样，因此对克莱翁提出指责，这是不合理的。也不能像阿诺德博士认为的那样，指责他跟随左翼的带领，让右翼行动太快。最大的错误是，在撤退之

第二十四章　一年的休战、战争重启、安菲波利斯之战、尼奇亚斯和约

前,他没有让雅典人列好阵形、准备战斗。

但是,军事知识的缺乏和没有做好预防措施并不是克莱翁在此次战斗中犯下的最大错误。在战斗时刻,缺乏勇气更令人感到叹惜,死后人们对他也没有任何同情。虽然他是一位遭受惨败的将领,但在两个方面最大限度地完成和展现他的职责,这一定程度上挽回了他的错误带来的后果。无论因知识不足和判断不当应当受到什么样的责难,他至少捍卫着他本应获得的个人荣誉。[10]

对于克莱翁本人可耻逃跑的严厉批评几乎可以毫无保留地用于他率领的雅典重装步兵身上。他们的举动完全与城邦的美名不相匹配。尤其是左翼的重装步兵,在还没有等到发起进攻,就乱成一团,飞奔而逃。在修昔底德的作品中我们读到,这些被钉在耻辱柱上的是雅典装备最精良、战斗力最强的重装步兵;他们不情愿地跟着克莱翁出征;在他还没有犯任何错误之前,他们就对他发出轻蔑的抱怨声。当读到这里时,我们就情不自禁地将远征安菲波利斯与此前进攻斯法克泰利亚的诡计进行比较,借此找出除指挥官军事才能不足之外导致失败的其他原因。重装步兵从雅典就满怀着克莱翁的政敌中盛行的对他的负面看法。这次远征是由他提议并实施的,这与其政敌的意愿相违背。虽然他们不能加以阻止,但是从远征开始他们的反对就削弱了自身的力量,使得派出的军队局限在狭小的范围内。这也是导致远征失败的主要原因之一。

如果伯里克利还活着，安菲波利斯或许仍会陷落，因为导致该城被占源自主持防御的将官的失误。但是，即便陷落，如同反叛的萨摩斯一样，雅典会尽其所能，付出同样的精力，派出全部的军队，任命最有能力的将领，这座城市很有可能会受到攻击并被重新夺占。在优秀将领的率领下，如此这样的一支军队重新征服这个地方并非完全不现实，尤其是那时，这座城市的三面除斯特吕蒙河之外根本没有任何防守，雅典舰船完全可以通过河流对其发起进攻。[11] 即便援军到来，克莱翁率领的军队几乎也不足以实现重占安菲波利斯的目的。但是，伯里克利有能力集中城邦的全部力量，而不会受党派倾轧之害。

雅典没有能够夺占安菲波利斯而是经历了一次惨痛的失败，究其原因，一方面是因为政治阴谋，另一方面是因为克莱翁的无能。但是，布拉西达斯之死也让拉凯戴蒙人的一场大胜变成了失败。因为，无论作为一名战士还是一位有协调能力的政治家，斯巴达人中都没有人能够与这位声名显赫的将领相提并论，在给色雷斯的前雅典同盟者带来信心、激发情感方面，没有人能够取而代之。没有了他，雅典的恐惧和斯巴达对未来的希望都消散无踪。雅典将军弗尔米奥和德摩斯提尼除了在所居职位和城邦赢得声名外，还在阿卡纳尼亚人中为他们赢得了一定的影响。但是，布拉西达斯的生涯赢得并显示出个人的巨大影响和声名，他所获得的确实是实至名归，希腊任何一个军事统帅的成就都难以望其项背。柏拉图可能将他选为了与英雄阿喀琉斯最合适的历史对

第二十四章 一年的休战、战争重启、安菲波利斯之战、尼奇亚斯和约

应人物。[12]布拉西达斯取得的成就都属于他自己,很少获得他所在城邦的鼓励,有时甚至是打击压制。作为一个斯巴达人,他所受到的教育严格而知识面狭窄,这对于独到思想和原始冲动的发展是致命的,完全不可能形成党派或政治讨论。每当回想到其教育制度时,我们都会惊讶于他适应新环境、交结新朋友的能力,他总是能够灵活地将他征服的各个城邦中在政治上的反对派聚集在一起。尽管布拉西达斯在黄金年龄去世,但他无可非议地成为希腊首屈一指的第一人。虽然我们无法预测,假如还活着,他会取得多大的成就,但是,可以肯定的是,战争未来的走向将会发生巨大的变化,甚至有可能有利于雅典,因为它就有足够的理由据守本土,而不会铤而走险,发动灾难性的西西里远征。

对于克莱翁的对外政策,相关材料陈述的事实使读者能够形成一个与其政敌不同的总体看法。前面给出的理由让我们相信,修昔底德在批评这个与其为敌的政治对手时,已经忘记了他一贯秉承的不偏不倚的立场。事实上,克莱翁是在整个战争期间引导城邦获得最大优势的主要而不可匮缺的因素。关于他诉诸战争的判断,必须分三个不同时段。其一,在斯法克泰利亚最初被重装步兵围困之后;其二,在夺占这座岛屿后;其三,在一年休战协议中止后。在最早的一个阶段,他的判断是错误的,因为通过对待拉凯戴蒙使团的方式,他拒绝了所有的讨论可能性。第二阶段,虽然没有取得成功,但他有充分而正当的理由提出战争的建议。此外,彼时所有雅典人都表现出好战的一面,克莱翁并未被特别

视为好战政策的倡导者。第二个阶段，在协议中止后，克莱翁的政治忠告是正确而明智的，与伯里克利的政策完全吻合，在这个方面，他的远见卓识远远超过了其政敌。在下面的章节中，我们将会看到，在他去世后，这些政敌是如何掌控国事，尼奇亚斯是如何放弃雅典的利益以强化和平所需的条件，以及尼奇亚斯和阿克比亚戴斯一道是如何在叙拉古的海岸边让城邦的国力折戟沉沙的。在这些比较的基础上再对所谓的"人民领袖"克莱翁做出判断时，我们就会发现，修昔底德在评论其他政治人物的错误或恶行时总是持保留或同情的态度，而只对指控他的人（克莱翁）持严厉的态度。

对于克莱翁的对内政策及作为一个雅典宪政体制下的政治家，我们掌握的可靠证据非常匮乏。事实上，确实有用有色颜料为他绘制的夸张而刺目的形象，其虚构的成分给人留下的印象非常深刻，至今仍令人难以忘怀，这就是阿里斯托芬《骑士》中的形象。通过喜剧作家的描绘，克莱翁的形象传到了后代。如同这位因其提议而被流放的历史学家对于克莱翁的描述一样，这位喜剧作家亲承对他怨恨有加，因此将他牢牢地钉在了十字架上。当该剧作在莱奈亚节上演时（公元前424年1月，大约夺占斯法克泰利亚六个月后），在雅典观众、克莱翁本人及大多数在场的真正骑士中产生的效果定然是巨大的，超出了今天我们轻易所能想象的范围。

虽然人们不会根据类似的证据责难任何时代、任何国家的

第二十四章 一年的休战、战争重启、安菲波利斯之战、尼奇亚斯和约

其他公众人物,但是大多数研究者急于发现克莱翁的过失,满足于将阿里斯托芬对他的指控作为证据。没有人会根据广为流传的针对罗伯特·沃波尔爵士、福克斯先生(Mr. Fox)、米拉波(Mirabeau)的众多讽刺文章来评判上述政治家。没有人会采取《潘奇》(*Punch*)中一个英国政治人物的措施,或采取《闹剧》(*Charivari*)中一个法国人的措施。阿里斯托芬在《骑士》中无与伦比的喜剧天才只是我们质疑剧中人与真实的克莱翁具有类似性的一个原因。我们还可以检测阿里斯托芬描述苏格拉底的公正性和准确性。在《骑士》上演一年后,《云》也在莱奈亚节中上演。作为一出喜剧,《云》的地位仅次于《骑士》。在剧中,苏格拉底的形象简直就是想象的结果。其中不但极尽嘲讽之能事,而且完全描述了另外一个人。类似的这样一个对比就在我们面前,更别说在这些作家笔下对伯里克利形象的普通歪曲,因此我们没有理由将克莱翁与喜剧作家笔下的形象等同,除非有其他有力的佐证。[13]

但是,把阿里斯托芬各种不同的控诉放在一起时,就会发现,这些说法并不能相互调和。因为,一个雅典人的性格总是喜欢猛烈地攻击其他人,并想方设法激怒其政敌,但是他发现将公款挪为己用非常危险。如果换位思考,即使他的政敌确实有罪,他也更愿意对此默而视之,而不愿成为一个中伤无辜的诽谤者。因此,我们必须讨论修昔底德为何会提出控诉。史学家并没有指控克莱翁讨好民众或者侵犯了他人的经济利益(从史学家告诉我们的克

莱翁针对米提莱奈发表的演说可见,这不是他的性格特征),而是用刻薄的语气,谴责此人的粗暴脾气和对他强烈的政治反感,有时还会嘲笑他用不实的事实中伤政敌。在奉行自由辩论的国度,这些都是构成所谓反对派喉舌的基本素质。正因为如此,老加图在罗马被称为"死后甚至让佩尔塞福涅(Persephone)都害怕让其进入哈德斯地府的骗子",甚至他的支持者也在一定程度上承认这一点,恰如修昔底德对克莱翁一样,对他不友好的人更是如此。对加图而言,这种性格特征与高度的公共责任感并非不相吻合。普鲁塔克讲述了一则与克莱翁有关的逸事。在最初从政时,他曾将所有朋友叫到一起,断绝与他们的亲密关系,声称友谊会让他分心,无法履行他对城邦至高无上的义务。

此外,作为频繁而无节制地控告他人的起诉人,在其政敌阿里斯托芬的一个段落中,克莱翁的声望或许可以得到一定程度的说明。这个段落更可信,更能够代表事实本身,因为它出现于克莱翁去世15年后和叙佩波鲁斯去世5年后,节选于公元前405年上演的喜剧《蛙》,这时,剧作家没有多大必要对两人大肆歪曲了。在《蛙》中,克桑提亚斯(Xanthias)触怒并粗暴对待小吃店的两位女老板。对此,两位妇女别无选择,只得分别叫来他们的保护人。其中一个叫来克莱翁,另一个叫来叙佩波鲁斯。其目的不过是把冒犯者带到陪审法庭前接受审判。[14](如果喜剧中提供的材料可以接受)这一段落表明,克莱翁和叙佩波鲁斯是因保护弱者才涉及诉讼;这两位妇女遭受了不公,二人为她们在

第二十四章 一年的休战、战争重启、安菲波利斯之战、尼奇亚斯和约

陪审法庭前讨回公道。为了表达自己的不满,一个受到伤害的富人可以花钱向安提丰或其他演说家咨询建议或寻求帮助。但是,一个穷人自然乐于接受克莱翁或叙佩波鲁斯免费的建议,有时甚至获得他们帮衬性的陈述。通过这种方式,让更多人对他们充满了好感,这与罗马显贵庇护穷人大同小异。[15]

无疑,除为他人提供帮助外,克莱翁还经常以自己的名义起诉官员的贪腐行为,无论这些行为是真实的还是不实的。为了保护城邦,必须有人履行这样的职责,否则,在任期结束后官员应当承担的责任就不过有名无实。充分的证据表明,从个人品性上看,此类承担公诉的官员在大众心目中品格绝对不会高尚。不过,大多数人会尽力逃避承担这种职务。公众憎恶此类公诉人,而他们即便大获全胜也所获无几。如果失败,他们甚至无法获得在场陪审员五分之一的支持票,经常面临被处以1000德拉克马的罚款。更严重的是,他被大多数人嫉恨,这些人包括他的朋友、支持者及被诉者所在政治团体的所有成员。在雅典那样的共同体里,这将极大地威胁到他将来的安全和生活的舒适。在雅典,一个审慎的政治人物应当尽量少地公诉他人,即便起诉,也应针对特别的竞争对手;在起诉他人时,他要小心地维护好自己的名声,而不能获得经常或爱好控诉他人的恶名。在现存的演说词中,演说家们时常会这样做以维护其英名。

这样的恶名恰恰是修昔底德强加在克莱翁身上的。恰如罗马人监察官加图一样,克莱翁可能天生辛辣尖刻,在恶言谩骂上

能力超凡；但由于出身低微，他在社会地位上不及雅典的骑士或贵族，对他们充满仇视。他们起诉他人时公正和诽谤占了多大比例，无论从克莱翁还是加图，我们都无法判断；这可能有赖于对每一个问题本身做出合理的判断。

据说，二人的争吵是因为公元前426年3月阿里斯托芬创作的第二部喜剧《巴比伦人》在城市狄奥尼修斯节上演，克莱翁为此在五百人议事会上起诉诗人。那时，许多异邦人前往雅典送缴每年一度的贡金，这其中特别包括了许多来自属邦的观光者和使者。与阿里斯托芬其他许多作品一样，喜剧《巴比伦人》（如今已经遗失）到处都是尖刻的嘲笑，不但讽刺个体公民，还对城邦的官员和政体大肆揶揄。[16] 克莱翁在五百人议事会上对此加以指责，认为他在异邦人和同盟者面前泄露并危及公共安全。必须考虑到，彼时雅典正在进行一场尴尬的战斗，同盟城邦的忠诚受到很多质疑，最大的盟邦莱斯沃斯前一年才被重新征服。在那样的情况下，克莱翁或许有充分的理由认为，阿里斯托芬式的政治喜剧即使在公民面前无伤大雅，但易于在异邦人面前使城邦丢脸。诗人抱怨说，[17] 克莱翁把他召到议事会前，用可怕的话语威胁和中伤他。但是，很有可能诗人并未因此遭到任何处罚；事实上，议事会也无权判定他有罪或对他进行惩罚，最多只能对他处以小额罚款；他们最多只能将他交到陪审法庭接受审判，但非常明显在此并没有如此。然而，诗人似乎也觉察到对他提出警告是公正的，因为我们发现在尼奇亚斯和约订立之前，四部剧作中有三部

第二十四章 一年的休战、战争重启、安菲波利斯之战、尼奇亚斯和约

(《阿卡奈人》《骑士》《马蜂》) 都是在莱奈亚节 (时间是1月) 上演。[18] 此时没有异邦人或同盟者前往观看。

安菲波利斯战役一下除去了两位反对和平的最显赫的政治人物——克莱翁和布拉西达斯。雅典人比其他任何时候都更加灰心丧气,也更加反对这场旷日持久的战争。因为,战死在安菲波利斯的重装步兵人数众多,无疑使整个城市充满了亲人的哀号;士兵们的逃跑让雅典遭到了前所未有的耻辱,玷污了雅典的军魂。在尼奇亚斯和拉凯斯领导下的和平派立即听不到克莱翁的反对声了,也不再能感受到布拉西达斯从城邦之外带来的压力。他们可以重启与斯巴达的谈判,满怀希望能够获得成功。国王普雷斯托亚纳克斯及斯巴达是年的监察官也站在他们一边,同样倾向于中止战争。来自同盟各邦的代表受邀前往斯巴达,与雅典的使团进行商讨。在安菲波利斯之战后的整个冬天和秋天,类似的商讨都一直在进行,双方都没有采取任何真正意义上的敌对活动。最初,双方提出的试探性条件相去甚远,但经过几轮谈判,最终双方以归还战争中夺占的地盘为基础,达成了一致。最初,雅典坚持要求恢复普拉提亚,但底比斯回答说,普拉提亚既不是通过武力也不是通过策反获得,而是城里的居民自愿交出的,因而是属于他们自己的。这种差别值得注意,因为在我们看来,接受被围困城市的有条件投降与通过武力强攻占领一座城市在结果上没有什么不同。不过,在这一份条约中,就采纳了这种不同。除前述针对普拉提亚的要求外,雅典能够保留从麦加拉人手中夺占的尼塞亚

和从科林斯人手中占据的阿纳克托利翁及索利翁。为了确保雅典人接受条款，斯巴达人威胁在次年春天入侵阿提卡，并在其国土上修筑一座永久的工事；他们甚至派人前往多个盟邦发布公告，对行动所需的各个细节进行了安排。因为阿提卡已经三年没有遭受入侵，雅典人或许对于重新开启的入侵和永久的占领并非无动于衷。

公元前421年3月底，初春来临之时，双方订立了一份为期50年的重要条约。如下是其中的主要条款：

第一，所有人都享有完全的自由拜会一切希腊公共圣所的权利，奉献牺牲、问询神谕或观看庆典。（当我们回顾，自战争开始以来，雅典及其同盟者不能出席奥林匹亚及皮提亚赛会时，该条款的价值就体现了出来。）

第二，德尔菲人享有完全的自治权和对神庙及其疆土的掌控权。（该条款是为了排除弗奇斯同盟声称自古以来就掌握神庙的可能性。在30年和约之前，雅典人曾一度支持这种要求，但如今他们对此事没有什么兴趣，因为弗奇斯人隶属于敌人的阵营。）

第三，雅典、斯巴达及二者各自的同盟者务必在50年内保持和平，禁止对和约进行任何形式蓄意或欺骗性的破坏，无论陆上还是海上。

第四，任何一方不得为了达到破坏的目的入侵他方领土，也不得通过任何诡计或欺诈的方式达此目的。如若出现争端，必

第二十四章 一年的休战、战争重启、安菲波利斯之战、尼奇亚斯和约

须通过公平的方式加以处理，并通过誓言对其后达成的一致意见加以确保。

第五，拉凯戴蒙人及其同盟者务必将安菲波利斯归还给雅典。此外，他们还必须放弃阿吉鲁斯、斯塔盖伊鲁斯、阿坎图斯、斯科鲁斯、奥林图斯和斯帕托鲁斯。这些城邦保持自治，但仍需按阿利斯泰戴斯厘定的数额向雅典缴纳贡金。自此之后，这些城邦既不是雅典的同盟者，也不得加入斯巴达同盟。不过，雅典可以通过友好的劝导使它们加入同盟，如果可能，雅典有权这样做。拉凯戴蒙人及其同盟者务必将帕纳克同（Panaktum）归还给雅典。

第六，雅典人务必将科利法西翁（Koryphasium）、库泰拉、麦托奈、普泰莱翁（Pteleum）、阿塔兰塔归还给斯巴达，并释放所有被拘押的斯巴达及其同盟者的战俘。同时，释放所有被围困在斯奇奥奈的斯巴达人及其同盟者。

第七，拉凯戴蒙人及其同盟者务必将所有被拘押的战俘归还给雅典人及其同盟者。

第八，对于斯奇奥奈、托罗奈、塞米鲁斯（Sermylus）及其他由雅典控制的城镇，雅典人可以采取任何措施。

第九，缔约各方按各邦最神圣的仪式交换誓言，并添补上这句话："我将诚挚地严格遵守这份和约，不得有任何欺诈。"双方每年交换誓言。除雅典和斯巴达之外，双方还须将和约的条款镌刻在奥林匹亚、德尔菲及地峡的石柱上。

第十，在当前和约中如若遗漏了任何内容，雅典人和拉凯戴蒙人可以通过相互理解并经双方同意做出更改，但修改内容不得有违双方的誓言。

双方按此交换了誓言。17名雅典人和17名斯巴达人代表各自城邦完成了交换誓言仪式。在参加宣誓的拉凯戴蒙人中包括了两位国王（阿吉斯和普雷斯托亚纳克斯）、监察官普雷斯托拉斯（Pleistolas，或许还包括其他监察官，具体情况不得而知）、布拉西达斯之父泰利斯（Tellis）。代表雅典宣誓的包括尼奇亚斯、拉凯斯、哈格农、拉马库斯及德摩斯提尼。

1 | Thukyd., iv. 130; Diodor., xii. 72.
2 | Thukyd., iv. 126.
有必要将之与罗马执政官曼利乌斯（Manlius）描述高卢人的演说词进行比较。"高大的身材，长长的红毛，巨型的盾牌，极长的刀剑，还有他们投入战斗时的歌唱、尖叫，以及根据祖传风俗敲打武器发出的噪音，所有这些都是有意用来恐吓敌人的。"（"Procera corpora, promissa et rutilata coma, vasta scuta, pralongi gladii: ad hoc cantus ineuntium pralium, et ululatus et tripudia, et quatientium scuta in patrium quendam moremhorrendus armorum crepitus: *omnia de industria composita ad terrorem.*"）(Livy, xxxviii., 17)
3 | 参见希波克拉泰斯和亚里士多德就欧洲人、亚洲人、希腊人与非希腊人对于勇气不同认识的发人深省的论述（Hippokrates, *De Aëre, Locis, et Aquis*, c. 24, ed. Littré, § 116 et seq., ed. Petersen; Arsitotel., *Politc.*, vii. 6, 1–5)，以及薛西斯和戴马拉图斯之间的对话（Herodot., vii. 103,

	104)。
4	Plutarch, Phokion, c. 16. 比较麦奈克莱雷戴斯（Menekleides）与埃帕米农达斯之间的对话（Cornel. Nepos, *Epamin.*, c. 5）。
5	Plutarch, Perikles, c. 33–35.【与这种看法不同，可以以为：其一，新的分权体制很有可能使将军只对政权享有控制力（*cf.*, n. 25 on p. 615）。其二，通过与一位有军事才能但缺乏必要演说能力的将领或一位不常待在雅典不能履行其权利的将领的合作，克莱翁找到一个施展其才能的合适舞台。譬如，通过与德摩斯提尼的合作（夺占斯法克泰利亚）使克莱翁获得了巨大的名声。其三，在所有阶层中，克莱翁自然主要依靠水手群体（ναυτικὸς ὄχλος）。战争并不会让他们丧失什么，因为他们并不拥有地产。此外，海上贸易可以不受干扰地正常进行，动用海军加以保护也更有可能。最急于结束战争的是中产阶级。这一阶层的发言人是尼奇亚斯、泰拉麦奈斯和阿里斯托芬，他们都是克莱翁的政敌。——编者】
6	Thukyd., v. 7:"另一方的无能与胆怯"（καὶ οἴκοθεν ὡς ἄκοντες αὐτῷ ξυνῆλθον.）
7	这一段插曲表明，希腊公民兵的"情报系统"还有缺陷。希罗多德（vi. 12）在记述伊奥尼亚人参加拉戴战役时也记录下类似的批评。我们怀疑，παρρησία主要只限于伊奥尼亚人，伯罗奔尼撒人和比奥提亚人以英勇而著称。但是，我们也不应忘记，雅典的重装步兵大体来自双牛级阶层，主要由克莱翁的政治对手构成，对他远不及对一个出身更高等级、经验丰富的将领尊敬。——编者
8	Thukyd., v. 9. 在古代军事行动中，τὸ ἀνειμένον τῆς γνώμης 具有重要意义。即便是战斗力最强的希腊重装步兵都特别需要为迎战而紧张起来。因此，在战斗进行之前，将领必须要发言对其鼓动。比较色诺芬在赞颂埃帕米农达斯时谈到，在曼提奈亚战役之前，他的策略是

使敌人认为他不会发起进攻，因此让士兵心中不再为战斗做好准备（Xenoph., *Hellen.*, vii. 5, 22）。

9 | Thukyd., v. 10. 布拉西达斯及其手下同时从两座不同城门冲出。其中一道城门是向南的首选。另一道是与矮墙相连的城门（αἱ ἐπὶ τὸ σταύρωμα πύλαι）。从这道城门冲出的士兵可以对矮墙附近的敌人发动进攻。

另一道是布拉西达斯及其军队从克尔戴利翁山进入安菲波利斯的城门。在他命令发起冲锋时，这道门可能也开着。此时必须开的城门是矮墙上的城门和进入城墙的那道门。

10 | 比较拉凯戴蒙将领阿纳克西比乌斯（Anaxibius）在遭到雅典人伊菲克拉泰斯偷袭时，战败而勇敢赴死（Xenophon, *Hellen.*, iv. 8, 38）。

11 | 事实上，八年后，雅典人正是通过舰船从斯特吕蒙河上对安菲波利斯发起了进攻，虽然仍然没有获得胜利。Thukyd., vii. 9.

12 | Plato, *Symposion*, c. 36, p. 221.

13 | Aristophan., *Equit.*, 55, 391, 740, etc. 在喜剧的一个片段中，剧作家指责克莱翁前往阿尔戈斯，假装忙于各种活动，以便与那一个城邦结盟，但是，事实上，他只是假借这次活动，以便与拉凯戴蒙人秘密谈判（464）。但在另外两个片段中，他因阻碍与拉凯戴蒙人缔结和平而受到指责（790，1390）。

【此类的前后矛盾不难解释。阿里斯托芬触发人们笑点的最佳手段是把大人物们谴责最严厉的行为归于他们的身上。因此，作为最喜欢呼吸新鲜空气，最坚定地倡导生活经验的人，苏格拉底变成了一个面色苍白的学生。作为令腐败官员害怕之人和主战派的发言人，如果将克莱翁描绘成收取米提莱奈贿赂的贪官（*Ach.*, 1. 6, *Eq.*, 834），逃避兵役的逃兵，阴谋与斯巴达媾和的人和主和派（*Eq.*, 443, 464, 869），这大概也只不过他为了引发笑声采用的另一个事例。Cf. Whibley,

	Political Parties, Introd., pp. 6, 7.——编者 】
14	Aristophan, *Ran*., 566–576.
15	我们再一次发现，老加图在罗马政坛中也一直是那样行事，为此类人提供帮助，并支持那些有充分理由的伸冤叫屈（Plutarch, Cato, c. 3），"他大清早地步行到广场，为所有那些需要帮助的人提起诉讼。"（πρῶϊ μὲν εἰς ἀγορὰν βαδίζει καὶ παρίσταται τοῖς δεομένοις - τοὺς μὲν θαυμαστὰς καὶ φίλους ἐκτᾶτο διὰ τῶν ξυνηγοριῶν），etc.【cf. 前三头之一的克拉苏从来不会拒绝在法庭上为任何一人做辩护，其目的明显是为了发挥更大影响力（Plut., Crassus, c. 3）。——编者 】
16	See Acharn., 377 及其注疏者，另包括一位匿名作家为阿里斯托芬所撰的传记。
17	Aristoph., *Acharn*., 355–475.
18	参见缀于这三部喜剧的辩论及 *Acharn*., 475; *Equit*., 881.

第二十五章
从尼奇亚斯和约到第九十届奥林匹亚节

上一章以雅典和斯巴达同盟签订于公元前421年3月的为期50年的所谓尼奇亚斯和约结束。

虽然斯巴达自身热切地期待着和平条约的签订，虽然同盟的大多数成员都批准了这份和约，但是仍有少数成员不但拒绝签订条约，而且不遗余力地反对其中的条款。科林斯人因为未能收回索利翁和阿纳克托利翁而心怀不满；麦加拉人因为尼塞亚仍被人占据而心有不甘；比奥提亚人因为帕纳克同回归了雅典而牢骚满腹；埃利斯人也因其他未可知的原因颇有微词。此外，他们认为第十款侵犯了盟员的共同利益，该条款规定，经雅典和斯巴达双方同意，就可以通过任何形式对条约进行他们认为合适的修订，

第二十五章 从尼奇亚斯和约到第九十届奥林匹亚节

而无须咨询同盟者的意见。因此，虽然双方已就和平条约交换了誓言，但是斯巴达同盟中最强大的成员仍拒不服从。

尽管如此，鉴于完全符合斯巴达人的利益，而且获多数盟员的赞成票通过，他们还是决定贯彻和约，即便冒着同盟瓦解的风险。除了急迫地希望迎回被雅典拘押的战俘，斯巴达人还担心与阿尔戈斯订立的30年停战协议就快要到期。事实上，他们曾向驻阿尔戈斯的斯巴达"代办"利卡斯（Lichas）申请要求续订协议，但是遭到了阿尔戈斯人的拒绝。阿尔戈斯人提出了几乎不可接受的苛刻条件，要求将位于边界地区的库努利亚割让给他们。如果战争持续，斯巴达人担心这个新的强大的城邦将有可能投身于雅典的势力范围。

因此，和平条约的誓言一经交换，斯巴达就开始执行其中的规定。通过抽签来决定是斯巴达还是雅典首先让出和约中规定的地盘。雅典人抽中了上签，在当时的情况下，他们获得的优势是如此巨大，以至于泰奥弗拉斯图斯确信，尼奇亚斯是通过贿赂才中签的。没有理由相信所谓的贿赂，正如我们马上将看到的那样，尼奇亚斯平白无故地放弃了幸运之签给予的大多数好处。[1]

斯巴达人按照规定立即开始释放所拘押在手的雅典战俘，并派伊斯卡戈拉斯及另外两人前往安菲波利斯和色雷斯诸城。使团成员受命宣布和平，并执行与色雷斯城镇有关的规定，特别命令斯巴达驻安菲波利斯的指挥官克莱亚利达斯将该城归还给雅典人。但在到达色雷斯后，伊斯卡戈拉斯遭到了一致的反对。安菲波利斯城内外卡尔奇狄凯人的抗议之声非常激烈,甚至克莱亚利达斯也拒绝听从政府的命令,假意声称,他的力量不足以不顾卡尔奇狄凯人的反对强行交出这个地方。就这样,情况完全陷入了僵局,使者们只得返回斯巴达。克莱亚利达斯认为还是随使者返回更为妥当,一则解释他这样做的原因,一则希望对相关条款进行某些修订。但是,他发现这根本不可能。政府又将他送回了安菲波利斯,并强行命令,如果可能,立即将该城归还给雅典;如果他的力量不足,那么就外出调遣每一个驻扎在色雷斯的伯罗奔尼撒士兵前往。伯罗奔尼撒的军队返回各自城邦,但雅典人仍无法进入安菲波利斯,和约中所有与色雷斯城镇相关的规定仍无法落实。事情还没有完。在返回城邦接受指令后,这些来自少数不愿接受和约城邦的使者又前往斯巴达,更加强烈地反对和约的不公,结果斯巴达试图让他们遵守和约的一切努力都化为泡影。

斯巴达人陷入非常尴尬的境地。鉴于无法执行和约中与他们相关的内容,他们也无法要求雅典执行和约的规定,从而受到了来自内外两方面的威胁,对内同盟者丧失了对他们的信任,对外没有从条约中捞到任何好处。在此进退两难的困境下,他们决定不惜冒犯同盟者的利益,独自强化与雅典的关系。如果阿尔戈斯得不到雅典的支持,斯巴达人将毫无顾虑。如今,正是与雅典结盟的绝佳时机。因为双方占主导地位的都是和平派,而且尼奇亚斯和拉凯斯还以亲拉科尼亚而著称。自交换誓言后,雅典的使者一直待在斯巴达,等待着履行和约规定的条款。因此,这两个

第二十五章 从尼奇亚斯和约到第九十届奥林匹亚节

城邦又签订了一份为期 50 年的条约,该条约不但是一份和平条约,而且双方还结成防守同盟。各方做出承诺,一旦敌人入侵对方的领土,己方将协助抵抗入侵之敌,将入侵者视为共同的敌人,如果没有取得另一方的同意,不得与敌人缔结和平。这是同盟条约的唯一条款。额外非常重要的附加条款是确保拉凯戴蒙的安全。雅典人将竭尽所能、全力以赴地援助斯巴达人镇压一切可能发生在拉科尼亚境内的黑劳士起义。在当时该条款对斯巴达人具有特别的价值,因为即便不能将其撤走,雅典人也有义务约束驻扎在派罗斯的美塞尼亚人,使其不得挑起黑劳士发动起义。

内容如此简单的一份同盟条约花了多少时间来讨论。在来自安菲波利斯的使者返回后不久,双方就迅速地签订了该条约,这与前一份和约签订的时间相距不超过一两个月。双方派出同一批人交换了誓言,同样宣布每年将重申誓言,并同样规定在不违背誓言的基础上,经双方的同意,可以扩充或缩减条款的内容。

这份新盟约最重要的结果在条款中没有明确规定,但可以肯定,在签订时斯巴达的监察官和尼奇亚斯都心知肚明。随后所有被扣押在雅典的斯巴达战俘都回到了他们的城邦。

如今在雅典占主导地位的是和平安宁氛围及其领导人(马上就会谈到,此时阿克比亚戴斯正与尼奇亚斯为赢得斯巴达的青睐而竞争)强烈的亲拉科尼亚情结。没有什么能够比这份盟约规定雅典协助镇压黑劳士的条款及其后遣返斯巴达战俘体现得更加明显。就这样,雅典无可挽回地扔掉了手中最好的一张牌,并承诺要扔掉第二好的牌；除了斯巴达人誓言中答应成为它的盟友外，它根本没有获得哪怕最小的对等回报。自夺占斯法克泰利亚后，在过去的三年半里，拘押着这些战俘使雅典在与其主要敌人的对抗中占据着决定性的优势。然而，这种优势因接踵而至的失利在很大程度上被抵消了。这种状态在冬季讨论的和平条约、春季交换的誓言（双方都做出了一系列的让步、互惠和平衡）中得到了充分体现。如今，斯巴达人还没有执行他们许诺的任何一项让步。不仅如此，在尝试让步的过程中，他们既缺少力量也缺乏意愿。事实已经非常清楚，除非情况已经非常急迫，否则他们是不会将诺言转变为现实的。然而，即便在形势已经如此明显的情况下，尼奇亚斯仍然劝说民众签订第二份条约，从而使第一份条约成为空谈，但让斯巴达人无偿获得第一份条款承诺的几乎所有利益，却没有为此付出应有的牺牲。不能将与斯巴达结盟视为一种报偿。因为，此时（与阿尔戈斯的关系还没明确）这样一份盟约对斯巴达和雅典同样有价值。无疑，如果雅典能够小心谨慎地处理好与斯巴达的关系，它或许可以通过交换战俘重新获得安菲波利斯。即便克莱亚利达斯没有虚与委蛇而所言非虚，确实没有能力转交该城，也可以在斯巴达的配合下雅典派出一支军队占领这个地方。事实上，如今诱使雅典人同意的恰恰是四年前拉凯戴蒙人最初向他们提出的方案。那时，拉凯戴蒙的重装步兵才被围困在斯法克泰利亚，但该岛还没有被夺占。四年前，拉凯戴蒙人拿不出交换所需的对等条件，只是通过使者做出承诺，"解除对

第二十五章　从尼奇亚斯和约到第九十届奥林匹亚节

岛上士兵的围困，作为交换，我们及同盟者接受和平"。在那时，雅典人有一定的理由同意这个方案。但即便那时，克莱翁提出反对意见也有充分的理由，他辩解说，雅典讨价还价的本钱更充足。但是，到了现在，就根本没有理由接受了，而是出现了一系列与之相对的理由。事实上，结盟妨碍了和平条约的履行。正如修昔底德亲承的那样，它没有成就和平，而只是延缓了直接对抗的爆发。[2]

修昔底德不止一次地谈到，这也是尼奇亚斯本人的看法，在签订这一份以他的名字命名的和约时，相较于雅典，斯巴达人丢了脸面，处于劣势。[3]他推断的依据主要是战俘在雅典人的手中。对于其他问题，譬如在戴利翁和安菲波利斯遭到的惨败，在色雷斯巨大的损失，完全能够通过夺占尼塞亚、派罗斯、库泰拉和麦托奈来弥补。然而，那些尼奇亚斯及那些在雅典发号施令的人具有亲拉科尼亚的倾向。他们的目光如此短浅，以至于放弃了自身的优势，使雅典遭到了蒙骗，放弃了所有用以提出和平的最坚实的基础；然而无偿地让斯巴达获得了它最希望得到的所有利益。可以确信，与尼奇亚斯和阿克比亚戴斯不同，克莱翁绝对不可能当众提出诸如与斯巴达结盟并交出战俘这样具有毁灭性的、不明智的建议。既然那一位行事粗鲁、喜好诉讼的皮革商已经去世，接替他的是一位能力大为逊色的灯盏匠[4]叙佩波鲁斯，就再也不会有人能够有效揭露此类无用的保证了。

不久，雅典人最终发现，在交出战俘后，他们完全被剥夺了优势地位。似乎在当前这一批监察官当政的情况下，斯巴达还有故意或采取主动措施背信违约。然而，色雷斯诸城镇根本不听它的劝说，顽固采取敌视雅典的政策。比奥提亚人、科林斯人、麦加拉人及埃利斯人也是如此。虽然比奥提亚人拒绝与斯巴达一道成为缔结和约的一员，但是却与雅典单独签订了一份协议，双方休战10日。

在此情况下，虽然从表面上看，雅典人与伯罗奔尼撒人确立了和平关系和自由的互惠交流，但是雅典人的不满及其在斯巴达的使者的抗议很快就成为亟待解决的问题。虽然拉凯戴蒙人本身及其同盟者宣誓遵守和约，但是最强大的那些城邦及对雅典的敌意最根深蒂固的城邦仍然拒绝服从。无论是帕纳克同还是被比奥提亚人抓获的俘虏都没有回归雅典，色雷斯诸城邦也拒绝接受和平。作为对雅典使者抗议的回应，拉凯戴蒙人只是做出保证，说他们已经交出了所有在他们手上的雅典战俘，并已经从色雷斯撤走了军队。他们还狡辩说，其军队只能居间调停，因为他们既没有控制安菲波利斯，也不能够限制色雷斯诸邦的公民有违其意志行事。对于比奥提亚人和科林斯人，为了迫使他们接受和平，拉凯戴蒙人甚至坦承准备与雅典人一道动用武力收拾。他们甚至要求约定一个时间，在此之后这些拒不服从的城邦将被宣布为雅典和斯巴达共同的敌人。即便如此，提出方案时，他们所使用的语言也含混不清；他们根本不同意使用任何书面文件或强制性方式加以约束。不过，拉凯戴蒙人非常自信，一则认为他们所做的保证足够充分，一则是尼奇亚斯居中说项，居然不揣冒昧地要求

第二十五章 从尼奇亚斯和约到第九十届奥林匹亚节

雅典归还派罗斯。他们要求,至少应从那个地方撤走美塞尼亚驻军及逃亡而来的黑劳士,以便在和约中进一步讨论归属问题。最终,他们说服了雅典人从派罗斯和克法莱尼亚撤走美塞尼亚人及黑劳士,以雅典军队取而代之。

无疑,雅典人有充分的理由对斯巴达提出抱怨。但是,他们更应当埋怨的人应当是尼奇亚斯及那些亲拉科尼亚的领导人。这些人最初从斯巴达那里获得了按约执行的保证,然后放弃了自身所有的优势,使斯巴达几乎无偿取回了它最担心的唯一把柄。那些绞尽脑汁地诋毁"蛊惑家"克莱翁的希腊历史评论家应当公正地将他的政治决策与其竞争对手进行一番比较,看一看在处理雅典的对外关系中,这两者到底谁才更有远见卓识。

伯罗奔尼撒同盟被那些拒绝和平的城邦搅成一团糟。随着时间的流逝,斯巴达的优势变得更加巨大,在半岛上出现了新的组合。如前所述,阿尔戈斯与斯巴达之间的休战协议刚刚中止。自此,利用它过去掌握伯罗奔尼撒半岛领导权的余威,在其未见衰落的财富、实力和人员的支持下,阿尔戈斯获得了自由。由于没有直接参与最近发生的消耗巨大的战争,该邦甚至通过为双方提供偶尔一些援助发了财。[5]而且,城邦的军力通过最近采用的一个非常重要的步骤得到了进一步的提升。最近,由城邦的公共开支,派出1000名精挑细选的年轻而有钱有地位的公民组成一队重装步兵接受连续不断的军事训练,并让这支队伍独立成军,以有别于他们公民。[6]对阿尔戈斯那样一个奉行民主制的城邦,

655　这种制度会给邦内的安全带来危险，是孕育不和的温床，对此下文将会谈及。但阿尔戈斯的民主派领导人当前似乎只考虑城邦的对外关系。既然与斯巴达的休战协议已经中止，斯巴达同盟的分崩离析状态膨胀了它的野心，为它重新夺取伯罗奔尼撒半岛的领导权开启了新的机会。

伯罗奔尼撒同盟中拒不服从的成员心怀不满。如今他们将注意力转向了阿尔戈斯，以图奉它为新盟主。在和约条款中，似乎只有斯巴达和雅典才受到关照，其他盟员的利益，尤其是色雷斯同盟者，完全被抛诸脑后。此外，和平条约的内容规定，只要雅典和斯巴达相互同意，就可以按这两大城邦的意愿添加或删除任何条款，根本不咨询同盟者。该条款提醒了大多数的同盟者，仿佛斯巴达正联合雅典谋划出卖整个同盟。随着斯巴达与雅典单独订立同盟条约，警报再一次响起，而且声音更大，因为这两个条约间隔的时间太短，而且斯巴达也迎回了战俘。

科林斯人最先公开地表达了伯罗奔尼撒各邦普遍的不满。刚从结束在斯巴达召开的会议返回，科林斯人就径直前往阿尔戈斯汇报发生的事件，并要求它加以干预。他们向那一个城邦的领导人建言说，因为拉凯戴蒙人已经与他们共同的敌人沆瀣一气，如今阿尔戈斯人有义务站出来拯救伯罗奔尼撒；为此目的，它邀请每一个享有自治权的希腊城邦应当求同存异，组成一个互助的防守同盟。他们保证说，因为憎恨斯巴达，许多城邦将乐于接受这个邀请；任命一个由为数不多的几个人组成的一个委员会，全

第二十五章 从尼奇亚斯和约到第九十届奥林匹亚节

权审核所有申请入盟的城邦；那样，如果申请者遭到拒绝，至少也不会由奉行民主的阿尔戈斯公民大会来处理。阿尔戈斯的领导人和民众毫不迟疑地接受了这个建议，想象着他们长期珍视的领导梦想就要实现了。因此，任命了12名委员会成员，由他们全权批准除雅典和斯巴达之外所有有资格加入的新成员。没有公民大会的正式认可，不得和这两个城邦订立任何条约。

与此同时，科林斯人虽然让阿尔戈斯最初提出动议，但认为在公开将所有成员加入新同盟之前，应当在科林斯召集一次伯罗奔尼撒不满者参加的大会。最先按如上规定向阿尔戈斯提出申请的是曼提奈亚人。在此，请允许我简单回顾伯罗奔尼撒半岛上二流和内陆城邦之间的关系。曼提奈亚和泰盖亚是阿卡狄亚两个相邻且实力最强大的城邦，不过两个城邦一直以来争斗不休。就在一年半之前，才爆发了一场惨烈但胜负难分的战斗。泰盖亚与拉科尼亚北部接界，奉行寡头制，坚定地依附于斯巴达。正是因为如此，加之政权具有民主特征，曼提奈亚与斯巴达关系貌合神离。最近，曼提奈亚征服了邻近阿卡狄亚的山区，将这些地方纳为它的属邦和战友；在最近与泰盖亚的战斗中，这些属邦也与它共同战斗。甚至在与雅典持续不断的战争过程中，曼提奈亚人的征服活动也在进行。在与雅典人交战的这段时间里，伯罗奔尼撒半岛上的次等城邦和不愿与帝国共进退的附属城邦都被置于同盟的保护之下，为了对抗共同的敌人，必须义务参军打仗。因此，曼提奈亚既担心拉凯戴蒙人对它的征服横加干预，也担心解放那些臣服者，因为这些人住在与拉科尼亚交界之处。这些山民可能早就请求过斯巴达人的干预，只不过自斯法克泰利亚的灾难后，斯巴达处于窘境，没有召集同盟成员与雅典战斗。但是，如今斯巴达腾出手来，有充分的理由和完全的动机采取干预措施。斯巴达一贯的政策是，维持每一个小邦的自治权，防止任何一个城邦被吞并，或在一个大邦的领导下组成更大的力量。斯巴达保证在同盟会议中，给予每一个弱小城邦实质上的投票权。自此之后，作为半岛各邦共同的领导者，它的影响增强。[7]

在这种又惊又怕的情况下，曼提奈亚人急于加入同盟，寻求阿尔戈斯的保护；而阿尔戈斯与他们一样，都共同实行民主政体。斯巴达叛离（至少人们认为是这样的）引起了整个伯罗奔尼撒半岛上对斯巴达不满的城邦的轰动和效仿，许多城邦也紧跟其后，加入了这个同盟。

上述城邦的反叛尤其强化了在科林斯举行的会议的重要性。拉凯戴蒙人觉得有必要派出一支特别使团阻止正在策划的针对他们的阴谋。使团成员批判科林斯人领导并参与组织一个以阿尔戈斯为首的新同盟。在现场来自比奥提亚、麦加拉、色雷斯的卡尔奇狄凯等地代表支持下，科林斯人坚决地对此进行驳斥。但是，他们认为不能当众表明拒绝和平的真实原因，即和约没有让他们重获索利翁和阿纳克托利翁。其原因在于：首先，他们的同盟者对这个问题没有兴趣；其次，他们找不到任何合理的借口反对大多数成员的投票结果。科林斯人辩驳说："虽然大多数成员都投

第二十五章 从尼奇亚斯和约到第九十届奥林匹亚节

了赞成票,但导致我们不能同意签订与雅典的和平条约的是基于宗教上的考虑。因为,此前当他们叛离雅典时,我们曾单独(而不是与整个伯罗奔尼撒同盟一道)与色雷斯的卡尔奇狄凯人交换了誓言。假如接受了这份弃卡尔奇狄凯人于不顾的和平条约,我们就势必违背了与他们单独交换的誓言。至于与阿尔戈斯的同盟,在征询在场朋友们的意见后,我们有权采取任何在我们看来合适的决定。"带着这个不能令人满意的答复,拉凯戴蒙使团被强制遣送了回去。出席会议的阿尔戈斯使节催促科林斯人实现他们在阿尔戈斯提出的加入新同盟愿望,不过这些使节仍没有得到一个确定的答复,而被告知下一次会议举行时再来。

虽然是科林斯人最初发出组建阿尔戈斯同盟的新倡议,并怂恿阿尔戈斯向世人公开宣布,但如今他们却对于执行这个计划迟疑不决。他们发现,赞同不履行和约的所有友邦都断然拒绝公开叛离斯巴达,也不愿加入阿尔戈斯同盟。其中就包括了比奥提亚人和麦加拉人。虽然拉凯戴蒙人没有像对待科林斯一样亲自向这两个城邦发出请求,但他们还是受到了斯巴达人的影响,做出了有利于他们的判断,因而自发地与阿尔戈斯拉开了距离;憎恶阿尔戈斯的民主制,同情斯巴达的寡头制,在其中也发挥着重要的作用。这两个城邦因共同的利益而连在了一起,这不但因为它们都与阿提卡接壤,与雅典世代为仇,而且都有一批民主派的流亡者,这些人可能会在阿尔戈斯获得支持。因这两个重要盟邦的反对,科林斯人感到大为失望;直到受到最近发生的这件事情的推动,他们才迟迟派人访问阿尔戈斯。埃利斯人提出了申请,强烈要求加入这个新同盟;他们首先派使者与科林斯签订了同盟条约,接着准备让埃利斯成为阿尔戈斯同盟的一个成员。这一事件让科林斯人坚定了此前的计划,于是与色雷斯的卡尔奇狄凯人一道,迅速前往阿尔戈斯,加入了这个新同盟。

与曼提奈亚一样,埃利斯人叛离斯巴达也是因为私心,源自与附属城邦莱普莱翁(Lepreum)的关系。在伯罗奔尼撒战争爆发之前,莱普莱翁是埃利斯的附属城邦,埃利斯人为其提供援助,使其不会被牵涉到与阿卡狄亚人之间的危险战争。为了获得援助,莱普莱翁人被迫割让一半的土地;他们仍有权在这里居住置业,但按规定,每年向奥林匹亚的宙斯神庙缴纳1塔兰特贡金,换言之,交给神庙的管理者埃利斯人。当伯罗奔尼撒战争开始后,按照同盟的永久协定,[8]莱普莱翁人自此时起免除继续向埃利斯缴纳贡赋的义务。然而,因一场战争,他们的权利被剥夺。埃利斯要求必须重新开始纳贡,不过,莱普莱翁人拒绝了这一无理要求。当埃利斯准备诉诸武力时,莱普莱翁人投身于斯巴达的保护下。斯巴达判定,同盟协定支持莱普莱翁人的诉求,埃利斯人最初也同意遵守按协定行事。但是,如今斯巴达似乎更愿意按照它自身的准则行事,支持弱小城邦的自决权,而不愿意履行同盟协定的规定。因此,埃利斯人指责斯巴达行事偏颇,对盟邦不公,不愿接受它居间调停,派出一支军队占领了莱普莱翁。但是,斯巴达人坚持要求按他们的判决行事,宣布莱普莱翁享有自治权,

第二十五章 从尼奇亚斯和约到第九十届奥林匹亚节

并派出一支拉凯戴蒙重装步兵抵抗埃利斯人的进攻。

如今,这个包括阿尔戈斯、科林斯、埃利斯和曼提奈亚在外的新同盟力量大增,信心满满。于是,阿尔戈斯人和科林斯人派出一个联合使团前往泰盖亚,力图使其加入同盟。作为伯罗奔尼撒半岛上仅次于斯巴达和阿尔戈斯的最强大的城邦,泰盖亚人果断地拒绝了入盟的提议。科林斯人完全没有想到会被拒绝,对于这个结果感到非常沮丧,因为他们被各邦普通对斯巴达的不满情绪所误导,相信可以将几乎整个同盟转到阿尔戈斯一边。如今,他们对于阿尔戈斯领导权的进一步扩大开始感到失望,甚至觉得,因还未与雅典缔结和平,可能会使他们处于不安全的境地。而且,与阿尔戈斯结盟让他们失去了斯巴达及其同盟的支持,其中包括了比奥提亚和麦加拉。在此窘困的情况下,他们决定前往比奥提亚,再一次邀请它加入阿尔戈斯同盟。虽然这个请求曾被拒绝,而且现在也不太可能获得响应,但他们希望同时提出的另一个要求能够获得批准。科林斯人要求比奥提亚人与他们一道前往雅典,从雅典人那里获得一份为期10日的停战协议;此前比奥提亚人已经签署了一份这样的协定。比奥提亚人同意了这个要求,与科林斯人一道前往雅典作为其后盾。雅典人拒绝了科林斯人的请求,告知说如果科林斯仍是斯巴达的同盟者,那么他们就已经被包括在全面的和平条约之中。得到这样的答复后,科林斯人恳请比奥提亚人放弃与雅典的休战协议,认为二者有义务在所有未来签订的条约中共进退。但是这个要求遭到了断然的拒绝。

拉凯戴蒙人对于曼提奈亚和埃利斯的藐视和叛离并非毫不在意。在曼提奈亚的阿卡狄亚属民帕尔哈西人（Parrhasii）中一支部族的请求下，在国王普雷斯托亚纳克斯的率领下，拉凯戴蒙人入侵其国土，并迫使曼提奈亚人拆除了此前建在那里的一座要塞。虽然得到一支阿尔戈斯军队的援助，曼提奈亚人仍无法守住他们的城市。除解放曼提奈亚境内的阿卡狄亚属民外，拉凯戴蒙人还在莱普莱翁境内安置了一些黑劳士和新公民（Neodamodes），以便在边界地区监视并防御埃利斯。[9] 其中还包括受布拉西达斯征召的士兵，如今他们随克莱亚利达斯一起从色雷斯返回。这些黑劳士都获得了释放，可以居住在他们选择的任何地方。然而，由于在那一位卓尔不凡指挥官的带领下，他们更加勇猛，无疑会让拉科尼亚的奴隶主们觉得很危险。于是，拉凯戴蒙人的处理方式是将他们安置到境外。

虽然在斯法克泰利亚投降的士兵并未体现出任何的懦弱和畏战，他们的形象也未受折损，但在斯巴达永不变更的习俗和民众的口诛笔伐下，这些人仍或多或少受到了歧视。一些原本担任了官职的人被监察官宣布不再有资格担任这些职务，将他们的全部财产委托给城邦管理，并将他们视为未成年人那样，禁止他们任何买卖。[10] 监察官可能是担心，他们会用自己的财产去收买支持者，并在黑劳士中组织起义。没有确切的材料能够让我们弄明白当时的局势。但是，这些小肚鸡肠的规定与监察官应对任何可能的公共安全应有的方式不相称。

第二十五章 从尼奇亚斯和约到第九十届奥林匹亚节

除斯奇奥奈城经长时间不间断的围困最终投降外，这一年春季我们没有听到雅典人的任何行动。城里所有军役适龄的男性公民都被处死，妇女和儿童被卖为奴隶。早在两年半前，克莱翁就提出了这个残酷的处罚决议，但在他去世将近一年后，这个决议才被他的继承者及所有雅典人实施。如今，读者们完全习惯了希腊的战争法则，不会再惊讶于对待反叛者和被再次征服的臣民的残酷处罚。斯奇奥奈及其国土被用于安置普拉提亚难民。原来住在提洛岛上的居民因被视为不洁而无法履行神圣义务，也在此前一年搬离了那座圣岛，如今他们回到了原本属于自己的岛屿。因为，在安菲波利斯吃败仗后，雅典人坚信搬离行动触犯了诸神。在这样的情况下，在获得德尔菲神谕的确认后，雅典人搬回了提洛岛的流亡者，以此作为悔过。此外，雅典人还丧失了阿托斯半岛的提苏斯（Thyssus）、西托尼亚湾的麦库贝纳（Mekyberna）。最后这座城市被色雷斯的卡尔奇狄凯人夺占。

迄今为止，斯巴达的当权者——国王普雷斯托亚纳克斯和当年所有监察官——非常希望维持与雅典的同盟关系，只要他们既不做出任何牺牲，也不真实对拒绝服从者使用武力，只需要通过说服以取悦雅典人。此外，因要回了战俘，使他们在国内颇孚众望。而这些巨大的有利条件使他们更加坚定地贯彻他们的措施。但是，夏末时分（在公元前421年9月底或10月初）城邦任命了次年的新监察官。在现存情况下，他们进行了一项重要的改革。在五名监察官中，有两名［分别是克莱奥布鲁斯（Kleobulus）

和克塞纳莱斯（Xenares）]明显对与雅典保持和平怀有敌意，剩余的三名对此保持中立。或许我们注意到，公共政策不稳定，常常忽起忽落，这通常被认为是民主政体的特定弊端，受到人们的指责。但是这种起伏不定的政策在奉行君主制的斯巴达也同样发生。在希腊世界，这种政体无论从原则还是细节上都不那么盛行。[11]

为了解决这些悬而未决的不同意见，新当选的监察官在斯巴达召集了一次特别大会。除斯巴达公民外，来自雅典、比奥提亚和科林斯的使者也出席大会。但是，经过长时间的辩论，仍没有达成一致意见。就在大会即将结束之际，在来自比奥提亚和科林斯的使者的合作下，克莱奥布鲁斯和克塞纳莱斯及他们的许多支持者采用一系列欺诈花招解除了与雅典的同盟关系，并提议单独签订一份阿尔戈斯与斯巴达的盟约。斯巴达人对此非常渴望，并将此作为优先考虑的内容（两位监察官对此进行了确认），虽然这让他们担上了背叛与雅典保持新联系的恶名。比奥提亚人最初受到加入阿尔戈斯同盟的蛊惑，接着促成了阿尔戈斯与斯巴达的同盟。但是，比奥提亚人必须把帕纳克同让给斯巴达，以便诱使雅典人用派罗斯换回此地。因为，只要雅典人还控制着派罗斯，斯巴达就不可能轻易与雅典交战。

这就是克莱奥布鲁斯和克塞纳莱斯与科林斯及比奥提亚使者拟订的计划。比奥提亚人返回了城邦，准备着实施相关计划。有利的时机马上就来了。在返回城邦的路上，使者们受到了两位阿尔戈斯城邦长老的诱骗,声称阿尔戈斯人非常盼望与比奥提亚结盟。受到这种好消息的鼓舞,比奥提亚使者要求阿尔戈斯人遣派使者前往底比斯作为结盟的见证人。返回城邦后,他们向比奥提亚长官汇报了与斯巴达监察官拟订的计划及阿尔戈斯人的愿望。长官们对于整个计划也表示衷心欢迎,热情地接待了阿尔戈斯使者,并承诺,一获得必备的批准,他们就将派出使者请求与阿尔戈斯的结盟事宜。

他们所需要的批准得从"比奥提亚人的四个议事会"中获得。然而,对于这个机构,我们一无所知。[12] 他们概括性地向这四个议事会提出一份议案,要求以比奥提亚联邦之名授予他们与任何希腊城邦以互利原则自由缔结条约并交换结盟誓言的权力。正如他们讲述的那样,他们的特定目的是与科林斯人、麦加拉人及色雷斯的卡尔奇狄凯人结成同盟;无论和平时期还是战争时期,只需他们同意,便可互助互保。通过这种精心设计的手段,他们诱骗各个议事会同意批准任何未经其深思熟虑的措施。这表明,寡头派的行政官员可以想方设法逃避针对他们精心设计的控制。但令他们感到惊讶的是,比奥提亚执政官发现从一开始就遭受了失败。因为,议事会不愿意哪怕听到与科林斯结盟的消息,其成员非常担心因与这个叛离的城邦保持任何特定的联系而触怒了斯巴达。比奥提亚执政官认为,泄露与克莱奥布鲁斯和克塞纳莱斯进行沟通的消息和向议事会和盘托出由这几名斯巴达权贵拟订的计划都不安全。因此,由于遭到了议事会的正式否决,他们没有采取进一步的行动。

但是,虽然斯巴达反雅典的监察官提出通过比奥提亚人牵线搭桥与阿尔戈斯结盟的计划受挫,但是他们仍然坚持讨要帕纳克同。这个地方是位于阿提卡与比奥提亚之间的一座山区要塞,在菲莱(Phyle)靠比奥提亚一侧,[13]居于经菲莱从雅典到底比斯的直道上或在道路的附近。这座要塞原本属于雅典,在和平条约签订的六个月前,有人将其出卖给了比奥提亚。雅典与斯巴达订立的一份特别条款规定,应当将其归还雅典。如今,拉凯戴蒙人紧急派出使者前往比奥提亚,要求比奥提亚人交出帕纳克同及所有战俘。他们希望通过这一讨好雅典的举措,以促使雅典放弃派罗斯。比奥提亚人拒不接受这个要求,除非斯巴达同雅典结盟一样,也与他们结成特别的同盟关系。如今,斯巴达人与雅典人已经签署了同盟条约(根据条款的规定或根据双方达成的共识)规定未经对方同意不得与他邦结成新同盟。不过,他们急于获得对帕纳克同的控制权;与雅典分道扬镳是迟早的事,远不能成为限制因素,而且这正是克莱奥布鲁斯和克塞纳莱斯希望看到的。在此状况下,拉凯戴蒙人同意与比奥提亚人缔结特别的同盟关系,并交换了誓言。但是,比奥提亚人并没有如其承诺的那样,将帕纳克同交出去,而是立即将这座要塞夷为了平地。

经过整个冬天的谈判,在开春之时或3月中旬,双方最后以结成同盟和帕纳克同被毁而告终。当拉凯戴蒙的监察官按比奥提亚的意愿完成结盟事宜时,来自另一个地区的一件出乎意料的

第二十五章　从尼奇亚斯和约到第九十届奥林匹亚节

事情让他们感到又惊又喜。阿尔戈斯派出一个使团，要求重续即将中止的和平条约。阿尔戈斯人发现，在扩大新建的同盟过程中没有取得任何进展；最近比奥提亚人拒绝结盟之事让他们感到失望，令他们对实现伯罗奔尼撒领导权的野心丧失了信心。但是，当得知拉凯戴蒙人已经与比奥提亚单独签订了一份同盟条约，而且帕纳克同已经被毁后，他们的失望立即转化为对未来实在的担心。自然地，他们推断除非与雅典协调一致，否则不可能签订这份新的同盟协定。鉴于此，他们将整个过程解读为斯巴达已经说服了比奥提亚接受与雅典之间的和平协定；同时他们将摧毁帕纳克同视为避免领土冲突的一种妥协。当这两个同样奉行寡头制和不公开信息的政府缔结条约时，人们很难发现任何直接或间接的证据表明它们的真实意图。听到上述的劝解，阿尔戈斯人猛然发现，他们不但不能与比奥提亚、斯巴达和泰盖亚结成同盟，而且也没有与雅典结盟的希望。他们认为一旦与斯巴达开战，雅典是一个可以肯定的求助对象。于是，他们毫不迟疑地派出两个阿尔戈斯人表达了与斯巴达人重续即将中止的休战协定的愿望，并力图获得能够得到的最好条件。

对拉凯戴蒙监察官而言，这个提议正是他们一直秘密争取的，因而完全可以接受。双方展开了谈判。阿尔戈斯使者首先提出应该将提莱亚的争端提交仲裁。但是，他们的要求遭到了断然的否决，拉凯戴蒙人拒不将这个问题提交讨论，而只答应续签现在中止的和平条约。最后，阿尔戈斯使者只能让步，让提莱亚问

663 题以某种方式搁置,无论以这种还是那种方式,终于说服了拉凯戴蒙人同意了如下的条款。既然雅典与斯巴达签订了为期50年的和平条约;如果在这一段时间的任何时候,除瘟疫或战争时期外,双方同意挑出数量相同的战士进行决斗,以此决定提莱亚的归属,时间以完全自由的方式决定;决斗的地点在提莱亚境内,胜者不得在双方争议区域之外追杀败者。大约在此120年前,双方曾各派出300名战士进行过类似决斗;然而,经过一番激战,孰胜孰负仍有争议,土地的归属权仍未确定。[14] 阿尔戈斯人的提议不过是恢复古老的决斗决胜的传统。然而,在这100多年的间隔中,希腊人的思想发生了改变。如今人们觉得这样做简直是荒谬无比,甚至在全希腊最传统的拉凯戴蒙人的眼中也是如此。然而,实际上做出这样一个模棱两可的让步,他们完全没有承担任何风险,因此他们答应了这样一个条件,双方签订了条约。阿尔戈斯使者手拿着条约返回到阿尔戈斯。不过,条约必须经阿尔戈斯公民大会正式通过并批准后才能生效。如果得到了正式认可,使者们受邀于许阿坚托斯(Hyakinthia)节时返回斯巴达,在此完成交换誓言的神圣仪式。

在目标和利益如此奇怪的交织中,如今斯巴达的监察官看似已经现实了他们所有的目标:赢得了阿尔戈斯的友谊,背弃了雅典,(通过占有帕纳克同)获得了让雅典转让派罗斯的撒手锏。然而,这一切都不是建立在坚实的基础之上。因为,当他们的代表——安德罗麦戴斯(Andromedes)及其他两人——到达比奥

第二十五章 从尼奇亚斯和约到第九十届奥林匹亚节

提亚,以便前往雅典与之就帕纳克同进行谈判时,他们才发现比奥提亚人并没有履行承诺交出帕纳克同,而是将其彻底摧毁。这给了他们沉重一击,从而失去了在雅典获得成功的先机。然而,安德罗麦戴斯还是带着被比奥提亚擒获的战俘前往雅典。他将这些人交给了雅典,同时宣布帕纳克同被摧毁的事实。他宣称,战俘和帕纳克同都回归了雅典,在那座要塞再也见不到一个敌人;同时作为交换,要求雅典转让派罗斯。

不过,很快他发现让雅典人听从安排的最后期限已经到达。大概就在这个时候,雅典人第一次得知斯巴达与比奥提亚之间单独订立了同盟条约。这是因为,一方面寡头政府习惯性地对其行动严守秘密,另一方面拉凯戴蒙人有特定动机,要到帕纳克同与派罗斯的交换谈判完成后才能将这份同盟条约公之于众。盟约的签订及帕纳克同被毁的消息让雅典人愤怒无比。和平条约签订已经过了一年,双方频繁达成了许多备忘录和协议(用现实的术语),然而有利于雅典的条款还没有任何一条被付诸实施(除战俘的回归外,不过数量似乎不大)。但是,在每一个事关重要的问题上,雅典却都向斯巴达做出了关键性的让步。安德罗麦戴斯的这次任务使人们长久积聚起来的愤怒之情更加尖锐,他的要求遭到了断然的拒绝,使团成员被以最严厉的方式驱离出境。

即使尼奇亚斯、拉凯斯和其他因误判导致雅典陷入难堪的领导人可能不太支持普通民众声讨斯巴达人的背信弃义,仿佛它只是转移了人们对他们所犯错误的关注。但是,他们中的一个人——克莱伊尼亚斯（Kleinias）之子阿克比亚戴斯——利用这次机会使他成了公民大会中强烈反对拉科尼亚的领导人，并赋予了这次运动一个实实在在的目标。

这是我们第一次听到这位非凡人物在公共生活中发挥重要作用。此时，他31岁或32岁。在希腊，这个年龄还被视为太小不能行使重要的指挥之职。但是，此人出身于显赫、富裕、古老的埃阿奇德（Aeakid）家族，世系可以追溯到英雄欧利萨凯斯（Eurysakes）和阿贾克斯；该家族对雅典民主政治产生了重要影响。因此他迅速步入政坛并轻易身居高位。从其母亲戴诺马克（Deinomache）的世系看，他属于阿尔克麦翁家族；因此他及其弟弟克莱伊尼亚斯与伯里克利有亲缘关系，而当其父去世后，伯里克利就成为年仅5岁的孤儿阿克比亚戴斯的监护人。这兄弟俩的父亲克莱伊尼亚斯曾率领他自己的一艘三列桨战船在阿尔泰米西翁海战中大战波斯人；后来这位英雄在科罗奈亚被杀身亡。在童年时代，阿克比亚戴斯就完全不受管束；令伯里克利难堪的是，雅典到处都有他作乱为恶的斑斑劣迹。[15] 此外，甚至在年龄太小还没有充分展现诱惑力之前，由于经常参加日常的身体训练，他俊美的少年容貌就招致了经常出入公共健身馆的雅典显赫人物的热情爱慕。

在这样的生活条件下，我们不难料想这个年轻人肯定会过着放荡而无度追求各种享乐的生活。极度自私和完全漠视针对每一个社会的准则成为阿克比亚戴斯特定的性格特征。虽然我们惊

第二十五章 从尼奇亚斯和约到第九十届奥林匹亚节

讶地读到他在个人生活中犯下的稀奇古怪的违法乱纪之事，但没有一个受害人胆敢将他告上陪审法庭。虽然雅典公民享有完善的法律、司法和政治上的平等权，但是人与人之间仍然有巨大的自民主制度确立之前流传下来的不平等。虽然民主政体竭力限制着因不平等造成的现实中的不幸，但我们绝不可以将其抹杀或败坏其名声。那些受其伤害或因其得利的人将这种不平等视为当前无意识的情绪和批评的调节因素。在修昔底德[16]记载的阿克比亚戴斯在公民大会的发言中，我们发现财富和高位的傲慢不但是一个众人认可的事实，而且只为少数人的利益服务。尽管民主制对不平等产生了限制作用，不过此人的生平及雅典社会的其他许多事实表明，即便有人不赞同，但至少在现实中人们对人与人之间的不平等的容忍度是很大的。

在此类无原则的过度行为中，阿克比亚戴斯在勇敢和胆识上特别突出。公元前432年围困波提狄亚的战役中，他是弗尔米奥帐下的一名重装步兵。虽然他那时还不到20岁，但已是战斗中冲在最前面的士兵，受到了重伤，处于巨大的危险之中；全靠同在方阵中的苏格拉底努力奋战才救了他一命。八年之后，阿克比亚戴斯作为骑兵参加了戴利翁战役，他保护着苏格拉底打败了追兵，从而报答了这位哲人的救命之恩。作为一个富裕的年轻人，他也曾承担了合唱捐和三列桨战船捐等花费不菲的公益捐助。（恰如我们料想的那样）他不但足额完成了任务，而且搞得很有排场。事实上，对于所有的富人，用于此类捐助的花费虽然具有一定程度的强制性，而且对那些没有太大野心的人来说完全得不偿失；但是大多数富人为了塑造其广有名望、影响巨大的形象，为了自我炫耀，往往会超出规定的最低额度。

对阿克比亚戴斯那样渴望获得权力和显赫地位的年轻人来说，具备一定的演说技巧和演说能力必不可少。为了获得这种能力，他经常出入各位哲学教师和修辞教师组织的社交场合，其中包括普罗狄库斯、普罗塔哥拉斯（Protagoras）及其他人；当然他参加得最多的是由苏格拉底组织的活动。他与苏格拉底的密切关系在许多地方都有体现，尤其因柏拉图和色诺芬的记载而为人所知，虽然其中的介绍还远远不够。或许我们完全可以相信色诺芬的记载。他说阿克比亚戴斯（与我们后面将要进一步谈及的寡头人物克利提亚斯一样）深深地吸引着苏格拉底，这是因为他拥有无可匹敌的辩证的说话技巧，掌握着通过贴切而平凡的事例来证明一个观点；对于无知，他总能进行辛辣的讽刺；对于敌手的耻辱，他描述得更加赤裸裸。[17] 但是，我们认为，这两人跟着苏格拉底并不是为了听从或遵守他关于义务的训诫，也不是为了从他那里获得关于新的生活的规划。他们前来一方面是为了满足对知识的渴求，另一方面作为一个未来在公共场合的发言者，是为了获得关于如何进行辩论的真知灼见。在普罗狄库斯、普罗塔哥拉斯等智者组织的社交场合中，与伦理、政治、理性相关的话题有会时成为讨论或演讲的主题；在苏格拉底的谈话中，这些内容更是如此。在雅典人看来，苏格拉底与其他人一样，都是智者。

对阿克比亚戴斯和克利提亚斯那样的雅典富家子弟，这些社交活动非常有用。[18]

由于阿克比亚戴斯对各个方面都富有激情且雄心万丈，他喜欢与在雅典能够找到的所有出名的演说家交谈，当然苏格拉底是其中最重要、与他交谈最多的人。这位哲学家对他偏爱有加，不失任何可能的时机向他反复灌输有益的知识，并尽其可能纠正这位在公共生活中前途远大的傲慢而被惯坏了的年轻人。然而，不幸的是，他的教诲根本没有产生明显的效果，反而在最后令这位学生生厌了。阿克比亚戴斯的整个一生表明，无论在公共生活还是私人事务中，他的责任感是多么淡漠，他所追求的一切都不过是极度的虚荣心和膨胀感。在苏格拉底后半生受政敌攻击的理由中，其中最重要的一条是他是阿克比亚戴斯和克利提亚斯的老师。如果不公平地从这两个学生的所作所为来判断老师的德行，我们定然会将苏格拉底列为雅典智者中最邪恶之人。

在他跌宕起伏的政治生涯中，从头至尾，阿克比亚戴斯都展现出计划大胆、富于谋略且行动果决的特点；在这方面，同时代的任何一个希腊人都无出其右。相较于其他人，他的与众不同之处表现为性格上特别具有的易变性；只要环境需要，他都能轻而易举地适应新的习惯，满足他人的新要求，并与不同的人融洽交往。阿克比亚戴斯与地米斯托克利不但在个人能力和创造力上不相上下，而且二人都没有社会原则，行事轻率鲁莽。从本质上看，阿克比亚戴斯是一个奉行行动主义的人。对他而言，辩论是求属于行动的次要才能。虽然他拥有足够丰富的演说技能达到目的，但他的演说总是能切中时弊，按照雅典人对演说的高标准，却总显然略有瑕疵。他政治生涯提供了一个令人难忘的精彩范例；他在行动和指挥上的无与伦比的优秀品质因为在公共和私人方面完全缺乏道德而被毁掉，最终成为罪恶的帮凶。他从来不愿给予他人信心或敬重他人，在像雅典那样的社会生活中，尽管他的才能会赢得人们的倾慕，但也迟早会招致他人的憎恨和怀疑，从而必须让他身败名裂。人们对他的看法总是大相径庭。与他生活在同一个时代的一位诗人这样写道："雅典人需要他、讨厌他，但仍然希望对他委以重任。"与他相关的另一段精炼的格言这样说道："你们不能在城邦中养一头狮子的幼崽；但是，如果你们选择了要养它，就必须听任它胡作非为。"[19]

在尼奇亚斯和约之前，他开始成为一个党派的领袖。家族世袭的政治传统及其与伯里克利的关系都属于民主派一边。他的祖父阿克比亚戴斯曾积极地反对庇西特拉图家族，其后公开宣布放弃与拉凯戴蒙官方建立的友好关系，因为这与家族的政治基础完全不相吻合。但是，自开始从政以来，阿克比亚戴斯就与家族传统背道而驰，处处表现出支持寡头政体和亲拉科尼亚的倾向。无疑，相较于民主政体，这种倾向更与他的本性相符合。因此，最初，他与尼奇亚斯和奇蒙之子泰萨鲁斯（Thessalus）大体同属于一个阵营，但后来泰萨鲁斯成了他的死敌。在一定程度上，人们将他与上述二人相提并论；他也跨出恢复其家族与斯巴达的古老友好关系的标志性一步,而这种关系在其祖父时已经中断。[20]

为了促进目标的实现,在斯巴达战俘被扣押在雅典期间,他对他们特别关心并加以优厚对待。他呼吁维持与斯巴达的和平,力主与其结盟,并要求归还战俘。事实上,他不但主张采取上述措施,而且积极为此提供服务,渴望成为斯巴达的代理人,力图将上述措施付诸实践。出于对斯巴达的一片私心,尤其是借助归还斯巴达战俘们的帮助,阿克比亚戴斯期待着获得斯巴达"代办"的头衔。通过这些活动,阿克比亚戴斯对尼奇亚斯做出让步,成了亲拉科尼亚派的党羽。但是,返回之后,战俘们既没有能力,也不愿意提出他希望的事情。而且,斯巴达政府拒绝了他的示好。自然,他们更中意尼奇亚斯和拉凯斯;斯巴达人更愿将大事委托给上述两位审慎的政治人物而不会信任这位新的示好者。斯巴达人轻蔑的拒绝使他感到深深的刺痛,于是他迅速完全改变了政治立场,转而以前所未有的精力和能力投身于反拉科尼亚的政治活动中。

自最近克莱翁去世以来,对一位支持反拉科尼亚的新政治人物,这正是一个有利的时机;因为拉凯戴蒙人的行动正顺风顺水。阿克比亚戴斯有充分的理由改变他对斯巴达的态度。他谴责说,拉凯戴蒙人欺骗了雅典人,违背了神圣的誓言,伤害了雅典人的慷慨和自信。怀着这种情感,他自然将注意力转向阿尔戈斯;他在该邦有一些颇富影响力的朋友和家族自古以来的客谊关系。

在废止与斯巴达的和平条约后，阿尔戈斯地位尴尬，有可能与雅典取得联系。阿克比亚戴斯强烈呼吁与阿尔戈斯交好的政策，坚称斯巴达正在欺骗雅典人，以图紧紧捆住雅典人的手，以便对阿尔戈斯进行各个击破。

然而，使阿克比亚戴斯的亲阿尔戈斯计划进一步发展的不是对于阿尔戈斯的好感，而是对于斯巴达不断增加的愤怒。当拉凯戴蒙的使者安德罗麦戴斯从比奥提亚抵达雅典时，公民大会呈现出的不可抗拒的不满使阿克比亚戴斯明白是做出实质性决定的时候了。他一边通过演说强化人们对斯巴达的不满，一边派人私下与阿尔戈斯人暗通声息，告诫他们立即与曼提奈亚人和埃利斯人一道，遣使前往雅典，要求加入雅典同盟；并向他们做出承诺，他将提供一切可能的援助，确保结盟事宜的成功。收到这个消息时，阿尔戈斯公民正在斯巴达商谈重新缔结和平事宜。一听到与雅典结盟这一出乎意料的消息，阿尔戈斯人就如阿克比亚戴建议的那样，派出使者前往雅典。无论如何，雅典是他们原来的友邦，奉行与他们同样的民主政体，拥有一个海上帝国，最关键的是不会影响他们在伯罗奔尼撒半岛上的主导地位。这支使团由阿尔戈斯人、埃利斯人和曼提奈亚人联合组成。这三个城邦因再一次签订了盟约而关系更加密切，不过科林斯拒绝了结盟。

斯巴达人因使者安德罗麦戴斯遭到粗暴的驱逐而感到吃惊，或许尼奇亚斯及他们其他的雅典朋友早已告知了他们关于即将到来的雅典与阿尔戈斯结盟的危险。因此，他们一刻也没有停息地

第二十五章　从尼奇亚斯和约到第九十届奥林匹亚节

派出了三个在雅典极其受欢迎的人，授予他们全权处理所有与纷争相关的事情。在尼奇亚斯的介绍和建议下，这三位使者在与公民大会见面之前，首先来到雅典的议事会。在声明具有解决纠纷的全权后，他们给人们留下了很好的印象。这些人留下的印象是如此之好，以至于有人警告阿克比亚戴斯，如果听任他们在公民大会上进行同样的发言，再做出一些细小的让步，亲拉科尼亚一派有可能会主导民意接受与其妥协。那样，与阿尔戈斯结盟的全盘计划将会落空。

为了避免计划的落空，他进行了精心的安排。拉凯戴蒙人的一位使节恩狄乌斯（Endius）是他私下交好的朋友，自古代以来，两个家族一直都维持着非常友好的关系。或许，这使他有可能在使者出席公民大会之前的那一天举行秘密交谈，而使尼奇亚斯对此一无所知。由于担心使者们的提议会获得成功，他以亲斯巴达的口吻与他们交谈。但是，他暗示说，与议事会上的安宁和谐完全不同，公民大会上人们会满怀愤怒、吵闹不堪；因此，如果声称他们能够全权处理一切事务，人们的愤怒将会被激发起来，让他们感到害怕，威胁他们做出巨大的让步。因此，他强烈建议他们，声称他们不具有处理事务的一切权力，而只是前往向雅典人进行解释、讨论和汇报。那样，人们才不会觉得是受到了威胁，他们的解释才会有人倾听，双方才能够心平气和地讨论所有争端；与此同时，他将极力为他们说好话。按普鲁塔克的说法，阿克比亚戴斯向使者们庄严发誓，保证如果他们按他的建议行事，他会让他们达成所愿。使者们深深地被这些建议的远见卓识所折服。[21]因此,他们同意按他的建议行事,既没有征询尼奇亚斯,甚至也没有相信他的警告。而这恰恰是阿克比亚戴斯希望的。或许他曾要求他们做出承诺。

第二天召开了公民大会,使者们被引介给众人。在会上,阿克比亚戴斯以非常温和的语气问他们,前来的基础是什么。使者们立即回答说,他们并没有被赋予完全的权力处理所有事情,而只是前来向雅典人做出解释并进行讨论。完全出乎意料的是,他们的回答引发了会场的一片愤怒之声,人们发现拉凯戴蒙人完全没有信义、口是心非,这两天所说的竟然根本不同。更重要的是,阿克比亚戴斯本人也假装和所有人一样地吃惊,对使者的骂声甚至最大。更糟糕的是,[22]趁着人们对他谩骂的喝彩,他提议应当叫来阿尔戈斯的使者,马上与阿尔戈斯结盟。要不是发生了一件特别的事情——地震——加以阻止,人们可能确实就这样做了。第二天,出于宗教的顾虑(在当时,这被视为最重要的事情),公民只得在另一个地方举行大会。

地震给了尼奇亚斯几小时,让他可以从这次出乎意料的失败中恢复过来。在次日举行的公民大会上,他仍然辩论说,与斯巴达的友谊更胜于与阿尔戈斯的;并坚持认为,在弄清楚斯巴达的真实意图(如今非常矛盾且令人费解)之前,应当谨慎地将与阿尔戈斯之间所有的接触推迟。不过,他同时承认,必须从斯巴达那里清楚获得关于其真实意图的合理解释。因此,他要求民众

第二十五章 从尼奇亚斯和约到第九十届奥林匹亚节

派他和其他几名同僚去弄明白。有人提前告诉了拉凯戴蒙人阿尔戈斯使者带着草案前往雅典的消息；而且他们知道，如果雅典人误解了现存的与斯巴达之间的盟约，他们或许已经与阿尔戈斯人缔结了同盟。如果拉凯戴蒙人意图表达诚意，他们必须：首先，归还帕纳克同，不是处于毁坏状态，而是坚固如初；其次，归还安菲波利斯；最后，如果比奥提亚人不愿与雅典达成和平，他们就必须放弃与其订立的特殊同盟关系。

雅典公民大会默许了尼奇亚斯的建议，让他前往从事他要求的任务。这充分证明，在前一天遭到彻底失败后，他仍是多么强烈地与拉凯戴蒙人站在一起，他是多么渴望与斯巴达保持友好关系。这是雅典人给予尼奇亚斯及其政策的最后一次机会。这是一次极好的机会，因为雅典人对斯巴达的要求都是正当的。但是，这也迫使他采取措施，把所有与斯巴达有关的事情都彻底解决决议，从而断绝所有逃避的可能。前往斯巴达的使命以完全的失败而告终。他发现持反雅典思想的监察官占了主导地位，因此他提出的要求没有一条得到响应。甚至当他正式宣布，除非斯巴达放弃与比奥提亚之间的特殊同盟关系，或者迫使比奥提亚人答应与雅典保持和平，否则雅典人将立即与阿尔戈斯缔结同盟条约。然而，这个威胁没有产生任何效果。他获得的唯一成果是双方正式按原来的约定交换誓言。这一成果还是他动用私人关系获得的，不过也只是空头支票，稍稍掩盖了无功而返的耻辱。雅典公民怀着对拉凯戴蒙强烈的不满听了他的汇报，对他本人也颇有微词。

阿克比亚戴斯获准引介来自阿尔戈斯、曼提奈亚和埃利斯的使者（他们已在城里）。双方立即签订了一份协定。

这份协定的内容无疑是可信的，因为修昔底德是从两块公共石柱上抄录而来的。协定分为两部分，一部分与和平有关，另一部分涉及结盟。[23]

"雅典人、阿尔戈斯人、曼提奈亚人及埃利斯人签订一份在陆上和海上都适用的和平条约，各方不得欺诈或行有损于和约之事，条约签订各方及加入各个帝国的同盟者都必须遵守。"（值得注意的是，各缔约方在条款中都宣称是帝国，而其同盟者是属邦。在雅典与拉凯戴蒙的条约中没有出现类似表达）。[24]

"任何一方都不得使用武力对另一方造成伤害。"

"雅典人、阿尔戈斯人、曼提奈亚人及埃利斯人互为同盟，为期100年。如若任何敌人入侵阿提卡，在雅典的邀请下，其他三个缔约城邦应力尽所能给予军事援助。如若入侵城邦的军队在破坏阿提卡后撤退，其他三方将宣布入侵者为它们的敌人并派兵打击。在此情况下，如若没有得到其他三方的同意，任何一方不得停止战争。"

"当阿尔戈斯、曼提奈亚及埃利斯遭到进攻时，雅典必须履行对等的义务。"

"除非各方联合做出的决议，否则四个城邦的任何一方不得允许军队从其境内或受其指挥的同盟者境内经过。"

"当需要按条约派遣辅兵时，派遣军队的城邦自进入求助

第二十五章 从尼奇亚斯和约到第九十届奥林匹亚节

城邦境内的那一天开始,需自备 30 天的补给。倘若需要服役更长的时间,求助城邦需为这些辅兵提供补给,无论重装步兵、轻装兵还是弓箭兵,按每人每天 3 埃吉纳奥波尔[25] 计,骑兵每人每天 1 德拉克马或 6 埃吉纳奥波尔。但是,如果举行联合军事行动,两个城邦共享指挥权。"

"经四个城邦一致同意,在不违反誓言的前提下,可对它们愿意的条款进行任何修订。"

新条约的签订使希腊城邦之间的组合和关系比以往任何时候都更加复杂。[26] 原来的斯巴达同盟和雅典帝国仍然存在。双方已经签订了和平条约,并获得同盟大多数成员的批准,但还有少数几个成员没有接受。斯巴达与雅典之间不但签订了和平条约,而且还订立了特别的同盟条约。与此同时,斯巴达与同盟中的比奥提亚、科林斯等成员又结成了特别的盟友关系;但这后两个城邦又与阿尔戈斯、曼提奈亚和埃利斯成为同一个攻守同盟的成员。而后三者又达成更加紧密的同盟关系,最初只是这三个城邦(没有科林斯),不久之前又拉雅典入盟。在这种错综复杂的情况下,雅典与斯巴达仍相互是盟友,任何一方都没有正式进行挑衅和冲突。不过,阿尔戈斯与斯巴达之间没有发生任何关系。雅典与比奥提亚之间也只不过有 10 天为限的临时休战。最后,阿尔戈斯尽管多次发出邀请,但科林斯仍没有加入雅典与其最近订立的同盟。因此,雅典与科林斯之间也不存在任何关系。不过,科林斯人开始渐渐地重新恢复与斯巴达之前的关系。

前面谈及的阿尔戈斯与雅典之间的同盟条约签订在公元前420年第90届奥林匹克节庆之前。节庆在7月初举行，而盟约订立在3月。这次节庆比以往任何一届都更加令人难忘。这是和平缔结以来举行的一次奥林匹克庆典。庆典最重要的规则是保证所有人身自由的希腊人都可进入这座泛希腊的大庙，自由奉献牺牲，咨询神谕并观看比赛。在过去11年中举行过两届奥林匹克庆典，雅典及其为数众多的同盟者都未能派出神圣代表团（Theories）参加盛典，并不得以观众名义观看奥林匹克赛会。

如今，阿克比亚戴斯自信满满地作为冠军和雅典领导人站在希腊人的面前。他已经挫败了政敌尼奇亚斯，并通过与阿尔戈斯结盟，使雅典的政策发生了新的转向；如今他即将开始在伯罗奔尼撒半岛内进行一系列针对拉凯戴蒙人的行动。以这些成就为基础，他断定在奥林匹亚平原的第一次露面肯定会吸引所有旁观者。作为其中的一员，雅典使团以最辉煌灿烂的面貌出现，在公共祭献和游行中，敬献了最丰富的金质水壶和香炉等。当赛车开始时，阿克比亚戴斯以自己的身家财产，不但组建并派出了一辆装备奢华的四轮马车参赛（在当时最富有的希腊人看来，也是相当显赫的个人荣耀），而且派出其他七辆四轮马车组成的赛车参赛。这些赛车的质量如此之好，以至于获得一个头奖、一个次奖。阿克比亚戴斯两次加冕用圣树制作的橄榄枝桂冠，并两次获得传令官的高声欢呼。

五年之后，在我们后面即将描述的一次重要辩论中，当着

第二十五章 从尼奇亚斯和约到第九十届奥林匹亚节

雅典公民大会阿克比亚戴斯宣称,他在奥林匹克庆典上获得的无与伦比的成就对希腊人产生了深刻的印象,极大地有利于雅典的形象,驱散了人们对其在战争中遭到损失的疑虑,并毋庸置疑地确立了雅典财富充盈、国力强大的地位。在很大程度上,他的看法无疑是正确的,虽然这也足以导致人们对他过于自负和消费无度的指责(这恰恰是他的目的)。他不得不为此努力摆脱对他侵吞公帑和滥用公共开支的指控。

虽然第九十届奥林匹克庆典因雅典及其有联系的城邦的重新参加而卓而有,但是更新奇的是拉凯戴蒙人被排除在外。将其驱逐是埃利斯人政治新取向的结果,最近阿尔戈斯、雅典和曼提奈亚的结盟使他们意识到力量得到了增加。前面提到,自与雅典订立和约以来,拉凯戴蒙人在莱普莱翁事件中充当了仲裁者,宣布该邦享有自治权,并派出一支军队驻防。很有可能,埃利斯人最近再一次对该地区发起了进攻,因为拉凯戴蒙人在奥林匹克庆典之前再次派遣了一支由1000名重装步兵组成的队伍。正是因为这次派军,导致斯巴达遭到了驱逐。埃利斯人坚称,在宣布神圣休战后,拉凯戴蒙人向莱普莱翁派出这1000人。因此,他们按"奥林匹亚法"对斯巴达施以罚款。每人2明那,共计2000明那;这笔罚款一部分上缴给宙斯·奥林匹斯,另一部分上缴给埃利斯人。在宣布神圣休战到庆典正式举行期间,拉凯戴蒙人派人抗议这笔罚款。他们否认这笔罚款的正当性,因为当重装步兵抵达莱普莱翁时,传令官还没有到斯巴达宣布神圣休战。埃利斯人宣布，如果拉凯戴蒙人不愿马上缴纳罚款，他们可以到奥林匹亚祭坛之前，当着在场的所有希腊人的面，公开发誓将在未来某个时候缴付。但是，拉凯戴蒙人根本不接受这个要么付款要么保证的建议。因此，作为奥林匹克法的执行者，埃利斯人禁止他们前往奥林匹克的宙斯神庙。

这是有史以来拉凯戴蒙人第一次也是最后一次在自己的城邦之内进行奥林匹克献祭。庆典没受干扰地圆满举行。[27]埃利斯人就这样公开侮辱了希腊最强大的城邦，他们的胆大妄为令人感到非常吃惊。几乎可以肯定，他们的所作所为是受阿克比亚戴斯的授意，并受到了同盟者答应派兵支援的鼓励。

斯巴达的影响和地位的下降在不久后其殖民地特拉奇尼亚的赫拉克莱亚的命运中得到了进一步的证明。这个殖民地是战争第6年建立在温泉关附近，但一直不够兴旺。最初，一直受周边部落的骚扰，总督也用粗暴的手段管理这个城邦。自建立以来，该城被周边部落尤其是色萨利人视为对他们领土的侵犯。在前述奥林匹克庆典之后的那一个冬天，赫拉克莱亚人遭到惨败，拉凯戴蒙派来的总督克塞纳莱斯被杀。如果没有外来援助，该城将不可能继续存活下去。斯巴达因遭受伯罗奔尼撒半岛上的敌人和观望者的羞辱而不能施以援手。发现斯巴达人没有那个能力，比奥提亚人因此担心赫拉克莱亚人可能会要求雅典干预。他们认为，谨慎的做法是用一支比奥提亚军队占领赫拉克莱亚，以管理不善为借口驱散了拉凯戴蒙派来的总督赫格西皮达斯（Hegesippidas）。

第二十五章 从尼奇亚斯和约到第九十届奥林匹亚节

虽然拉凯戴蒙人也找机会提出抗议,但根本无法阻止比奥提亚人的侵占。

1 | Plutach, *Nikias*, c. 10.
2 | 在谈判期间雅典犯下的最大错误是最先批准了尼奇亚斯和约。因为这次大错,自然就会引发后来接踵而至的许多并发症。

首先,雅典人错误地没有征服卡尔奇狄凯。在遭受安菲波利斯失败后,这一失策的负面影响比交战时期更大,并会对其他纳贡城邦造成相当严重的道义上的影响。此外,雅典人应当立即看到,斯巴达不可能完成它承诺的条件,因此,它有可能被迫改变政策。公元前425年,斯巴达在与雅典结盟中获得的好处或许已经超过了伯罗奔尼撒同盟的解体。因为,那时好几个同盟者使斯巴达背负上了沉重的负担;斯巴达还必须考虑来自阿尔戈斯的危险(cf. also note 2, p. 573),因此,不可能采取高压政策。

在此情况下,斯巴达必须尽其所能接受和平条约的条款,结果加速了在公元前420年针对雅典做出的反应。自那时起,雅典抽出时间在伯罗奔尼撒半岛组建了一个新的反斯巴达同盟。

在一个不牢靠的基础上签订和平条约后,雅典人不得不面临一种两难之势。他们要么必须发动一场新的伯罗奔尼撒战争,要么放弃手中所有的好牌,以便至少能够延缓战争重新爆发。

公元前346年,在极度困难的条件下,雅典人也面临着类似的过度信任他人的问题。那时,马其顿人腓力答应与雅典缔结和约并结成同盟,无疑他的愿望是非常真诚的。但是他承诺不再支持底比斯,转而支持弗奇斯,这显然是完全不现实的。然而,无论是雅典的使节还是公民大会都忽视了这个事实,甚至德摩斯提尼都没有提出一言半语的警告。当最终发现这个情况，知道和约对他们毫无益处时，雅典人随即勃然大怒（Demosth., *De Pace*）。因为，一旦承担了如此不可能实现的和平条款，他们注定会成为失败者。——编者

3　Thukyd., v. 28. "因为此时拉凯戴蒙臭名昭著，因为失败被鄙视。"（κατὰ γάρ τὸν χρόνον τοῦτον ἥ τε Λακεδαίμων μάλιστα δὴ κακῶς ἤκουε καὶ ὑπερώφθη διὰ τάς ξυμάορας.）–"【尼奇亚斯】认为，延迟敌对行动对他们自己【雅典人】是体面的，对【拉凯戴蒙人】则是丢脸的。" [（Νικίας）λέγων ἐν μὲν τῷ σφετέρῳ καλῷ（Athenian）ἐν δὲ τῷ ἐκείνων ἀπρεπεῖ（Lacedamonians）τὸν πόλεμον ἀναβάλλεσθαι,] etc.(v. 46)．–"协议是因为他们不幸而被迫订立的。" [Οἷς πρῶτον μὲν（to the Lacedamonians）διὰ ξυμφορῶν ἡ ξύμβασις]（vi，10,2）etc.

4　Aristophan., *Pax*, 665–887.

5　Thukyd., v. 28. Aristophan., Pax, 467. 关于阿尔戈斯人：διχόθεν μισθοφοροῦντες ἄλφιτα. 他描述说，阿尔戈斯人因这个原因急于延长雅典和斯巴达之间的战争。

6　Thukyd., v. 67. 狄奥多鲁斯（xii. 75）描述说，阿尔戈斯的这支千人军自组成后一直持续到他那一个时代才被代替。我认为此处他的说法是可能的。就此而言，我认为修昔底德所用的 ἐκ πολλοῦ 不是指曼提奈亚战役之前的两年。对希腊的军事训练而言，连续两年的操练是一个相当长的时间。不能想象，阿尔戈斯的民主政体在整个漫长的和平时期（那时才刚终结）能够承受这笔花费并能够承担维持这支特选队伍的危险。

7　Thukyd., i. 125.

8　Thukyd., v. 31: "协议规定，所有盟友，无论他们在参与对雅典的战争中拥有哪些地方，都应该保有他们停战时拥有的地区。"（τὴν ξυνθήκην προφέροντες ἐν ᾗ εἴρητο, ἃ ἔχοντες ἐς τὸν Ἀττικὸν

第二十五章 从尼奇亚斯和约到第九十届奥林匹亚节

πόλεμον καθίσταντό τινες, ταῦτα ἔχοντας καὶ ἐξελθεῖν, ὡς οὐκ ἴσον ἔχοντες ἀφίστανται）, etc.

关于这份在伯罗奔尼撒同盟成员中实施的条约,只在一个段落中见到。对于一个由城邦组成的帝国式的同盟,即拥有属邦的同盟,这种条约特别重要。

9 | Thukyd., v. 33, 34. Neodamodes 指被释的黑劳士或被释黑劳士之子。

10 | Thukyd., v. 34. 关于对从战场上逃跑士兵的处理,参见 Xenophon, *Rep. Laced.*, c. 9; Plutarch, *Agesilaus*, c. 30; Herodot., vii. 231。

11 | 在承认斯巴达对外政策经常迟疑不决的同时（*cf.* p. 558 with n. 15, *ib.*）,我们也不可先入为主地将这种特征归咎于斯巴达"寡头政体"的极端封闭性。假如说管理城邦之责掌握在长老会议（gerusia）手中,那么我们或许可以将斯巴达称为"希腊最不受欢迎的政府"。但是,监察官才事实上掌握着所有权力,而他们是直接从人民中获得提名的。无疑,虽然传统上监察官委员会经常抗衡甚至控制着民众的意愿,但在大政方针上,无论什么时候只要他们愿意,斯巴达的普通民众就能够将他们的意志付诸实施。——编者

12 | "四个议事会"与公元前 411 年雅典温和改革派设计的机构没有相似性（*Ath. Pol.*, c. 30）。雅典人的四个议事会轮流当政,而比奥提亚人的机构同时办公（Thuk., v. 38）。或许每一个议事会是一个地区的议事机构,恰如色萨利地方上的 τετράδες 一样,代表着比奥提亚每一个地理上的政区（Strabo, ix., p. 430）。采用这种划分方式可以防止地方上的联系,这显然是底比斯人所做的安排。这与公元前 167 年罗马为了削弱马其顿将其分成四部分一样。——编者

13 | See W. M. Leake, *Travel in Northern Greece*, vol. ii., ch. xvii., p. 370.

14 | Herodot., i. 82.

15 | Plato, *Protagoras*, c. 10, p. 320; Plutarch, *Alkibiad.*, c. 2, 3, 4; Isokrates,

De Bigis, Orat., xvi., p. 353, §§ 33, 34; Cornel. Nepos, *Alkibiad.*, c. 1.

16 | Plutarch, *Alkibiad.*, c. 4; Cornel. Nepos, *Alkibiad.*, c. 2; Plato, *Protagoras*, c. 1. 鉴于对苏格拉底的争议，我不知道在柏拉图《会饮篇》中关于阿克比亚戴斯令人难忘的记叙在多大程度上可以视为事实或历史。但在其中，阿克比亚戴斯与其他人的总体关系得到了大量材料的充分证明。比较 Xenophon, *Memorab.*, i. 2, 29, 30; iv. 1-2。

17 | 参见 Xenophon, *Memorab.*, i. 2, 12-24, 39-47。

18 | 参见柏拉图《普罗塔哥拉斯》中叙述说，年轻而富裕的希波克拉泰斯向普罗塔哥拉斯讨教时的神情及普罗塔哥拉斯建议他学习的内容（Plato, *Protagoras*, c. 2, p. 310 D; c. 8, p. 316 C; c. 9, p. 318, etc. compare also Plato, *Meno*, p. 91, and *Gorgias*, c. 4, p. 449 E. 在高尔吉亚看来，说话的教育和思考的教育有联系。λέγειν καὶ φρονεῖν）。

19 | Aristophan., *Frogs*, 1445-1453; Plutarch, *Alkibiades*, c. 16; Plutarch, *Nikias*, c. 9.

20 | Thukyd., v. 43; vi. 90; Isocrates, *De Bigis*, Or. xvi., p. 352, §§ 27-30. 普鲁塔克（*Alkibiad.*, c. 14）错误地将阿克比亚戴斯视为斯巴达在雅典的事实上"代办"。

21 | Plutarch, *Alkibiades*, c. 14："在说完这些话后，他向他们发了誓，从而诱骗他们完全脱离尼奇亚斯的影响。他们真诚地相信，崇拜他的聪明和睿智，认为他并非常人。"（Ταῦτα δ' εἰπὼν ὅρκους ἔδωκεν αὐτοῖς, καὶ μετέστησεν, ἀπὸ τοῦ Νικίου παντάπασι πιστεύοντας αὐτῷ καὶ θαυμάζοντας ἅμα τὴν δεινότητα καὶ σύνεσιν, ὡς οὐ τοῦ τυχόντος ἀνδρὸς οὖσαν). Again, Plutarch, *Nikias*, c. 10.

22 | Thukyd., v. 45. 请与 Plutarch, *Alkib.*, c. 14; and Plutarch, *Nikias*, c. 10 比较。

23 | 在雅典卫城发现了一段铭文。经修复辑佚发现，正是与阿尔戈斯所订协定的真实抄本［C. I. A., iv. (1), 46b.; Hicks and Hill, 69］。对这份

铭文与修昔底德记录的比较表明，史学家仅在个别用语上有轻微变化（分析证明，这是因为镌刻者采用后来的用语），而协定的主旨不受影响。Cf. Reinach, *Traîté d'Épigraphie Grecque*, pp. 330-335. Ar., *Equit*., 446, 447 暗示公元前 424 年克莱翁曾考虑与阿尔戈斯结盟，这不过是延续了伯里克利及其前任们的民主传统。——编者

24 和约条款中的 ὅσης Ἀθηναῖοι ἄρχουσιν（Thuk., v. 18）可视为斯巴达对雅典帝国的认可。——编者

25 3 埃吉纳奥波尔约合 1.6 克，大致等于 4.3 阿提卡奥波尔（1.1 克）。雅典重装步兵每天的薪酬为 1 德拉克马，即 6 奥波尔。——编者

26 除了都对斯巴达厌恶之外，与阿尔戈斯结盟的成员都奉行民主政体，与科林斯、麦加拉、底比斯形成鲜明对照。这些城邦都有深厚的民主制传统。曼提奈亚在公元前 480 年之前就已经确立民主制，虽然在普拉提亚战役后发生了反动，并一直持续到公元前 468 年（Herodot., ix. 35, 77）。公元前 471 年城邦统一（συνοικισμός）后，埃利斯也变成了民主制的城邦（Diod., xi. 54）。阿尔戈斯古老的贵族政体被克莱奥麦奈斯打败后也土崩瓦解（Herodot., vi. 76-84），即便不是更早，至少在公元前 461 年与雅典结盟后也确立了民主政体。

在 Thuk., v. 47 中提到官员和公民大会证明城邦在一定程度上奉行的民主制（其中有 βουλή 和 ἑξακόσιοι），但仍保留了传统的机构，比如 ὀγδοήκοντα 和 ἀρτῦναι。——编者

27 然而，20 年后，拉凯戴蒙人仍记得埃利斯人对他们的侮辱，并动用大量的兵力成功地报复了埃利斯人。（Xenoph., *Hellen*., iii. 2. 21; Diodor., xiv. 17）

第二十六章
从第九十届奥林匹亚节到曼提奈亚战役

就在前一章描述的奥林匹克节上发生的诸多重大事件后不久,阿尔戈斯人及其同盟者重新派出一支使团,再一次邀请科林斯加入同盟。但斯巴达的使者也在那里,经过长时间的讨论,科林斯人没有接受这个新的入盟邀请。

尽管初次受挫,但在次年春,雅典和阿尔戈斯组成的新同盟取得了丰硕的成果。在阿克比亚戴斯的鼓舞下,雅典即将再一次尝试在伯罗奔尼撒半岛内赢得一定的影响和支持者。战争之初,在伯里克利的影响下,雅典奉行简单保守的以海洋为中心的防守政策。在斯法克泰利亚事件后,经克莱翁的建议,雅典利用巨大的优势力图恢复根据"30年和约"被迫放弃的麦加拉和比奥提亚。

第二十六章 从第九十届奥林匹亚节到曼提奈亚战役

为此，雅典在战争第 8 年发动了一系列战斗，但以失败而告终。就在这一段时间，布拉西达斯冲开了雅典海上帝国的大门，并抢走了原来臣属于它的重要依附城邦。雅典最重大的目标是夺取丢失的依附城邦，尤其是安菲波利斯。尼奇亚斯及其支持者力图通过和平重获丧失的地盘，而克莱翁及其支持者坚持认为，除非采取军事行动，否则不可能实现这个目标。然而，克莱翁率领的远征安菲波利斯的军事行动失败，尼奇亚斯签订的和平条约也没有得到有效实施。雅典已经交出了所有战俘但仍没有重获安菲波利斯。如果希望重夺这些地方，雅典别无选择，只能重复在克莱翁率领下失败的战争。战争可能是它采取的下一步行动（正如我们在四年后即将看到的那样），其原因在于：首先，在经受最近发生在安菲波利斯的耻辱失败后，如今雅典人肯定感到头痛而且沮丧；其次，阿克比亚戴斯通过个人的影响力迅速地将雅典人的热情引向了另外一个不同的方向。由于对斯巴达充满仇恨，阿克比亚戴斯将伯罗奔尼撒内部视为它最易受攻击的地方，尤其是那些与其脱离关系的城邦。此外，他对个人荣耀的渴望更能在希腊社会中得到满足，而非在遥远而野蛮的地区发动远征。正是基于这些考量，他开始在伯罗奔尼撒半岛内加强针对拉凯戴蒙的行动，希望以阿尔戈斯为首组建一个反拉凯戴蒙同盟，以便对其进行足够的遏制，并使其无力入侵地峡之外的地区。然而，表面上，所有这一切都不会破坏雅典与拉凯戴蒙之间签订的和约和同盟，这些条款都白纸黑字地写在两个城邦的柱子上。

阿克比亚戴斯率领着一些雅典重装步兵和弓箭兵，在伯罗奔尼撒半岛上同盟者的支持下，前往阿尔戈斯。通过这种方式，他实现了一位雅典将军率军进入半岛腹地的伟业。首先，他将注意力转向半岛西北方的阿凯亚城镇，说服帕特拉的居民与雅典结盟，并着手修筑长墙，将该城与大海连在一起，以便能使城里的居民有效接受雅典从海上提供的保护。另外，他在科林斯湾最狭窄处的利翁海岬修建了一座要塞并组建了一个海军基地。鉴于雅典已经拥有对岸的瑙帕克图斯，该基地使雅典成为海湾贸易的主宰。但是，这个举动对科林斯人和西库翁人是一个巨大的威胁，因此这两个城邦派出足够的军队阻止这个基地的完工，并很有可能也对帕特拉城墙的修筑工程大加干扰。

接下来，他率军返回，与阿尔戈斯一道发动了针对埃皮道鲁斯的战争。获得对那座城市的控制权将大大地便利雅典与阿尔戈斯的联系，因为该城不但在雅典控制下的埃吉纳岛正对面，而且还通过陆路与阿尔戈斯相通。当雅典人向阿尔戈斯派兵时，不必费心劳神绕行斯凯莱翁海岬。此外，埃皮道鲁斯的北部与科林斯接界，夺占这座城市将能够进一步确保科林斯保持中立。因此，雅典决定进攻埃皮道鲁斯，并很轻易地找到了一个借口。由于阿尔戈斯是主持管理阿波罗·皮泰乌斯神庙（位于阿尔戈斯城内）的城邦，对埃皮道鲁斯及其他周边城邦享有某种程度的宗教霸权。这种地位似乎是早期政治和宗教强大霸权的残余。埃皮道鲁斯对这座神庙拥有某种形式的仪式义务，但它并没有按时完成，至少

第二十六章 从第九十届奥林匹亚节到曼提奈亚战役

阿尔戈斯人是那样宣称的。利用这个借口,阿尔戈斯人声称有责任聚集一支军队进攻埃皮道鲁斯,使其完成应尽的义务。

然而,因听到消息说,国王阿吉斯举拉凯戴蒙及同盟者所有的军队已行进到拉科尼亚西北边界、朝向吕卡翁山和阿卡狄亚帕哈西的城镇琉克特拉,这支入侵的军队被迫暂停了一段时间。拉凯戴蒙人的这次进军意欲何为,大概只有阿吉斯本人知道,他甚至都没有向手下的士兵、将领和同盟解释其目的。[1] 但是,在通过边界之前,他连续祭献的几次牺牲都不吉利,因此被迫放弃当前的行动,大军返回各自的城邦。[2] 卡尔奈伊乌斯月(Karneius)是多利安各城邦休战和举行宗教节日的时间。如今时日将至,他命令同盟者秣马厉兵,准备在这个月结束后马上就开拔出征。

一听到阿吉斯解散了军队的消息,阿尔戈斯人就开始准备实施其入侵埃皮道鲁斯的行动。大军出发的时间是卡尔奈伊乌斯月之前的 26 日,因此在开始下一个月的神圣休战之前,他们只剩下三天时间。阿尔戈斯、斯巴达和埃皮道鲁斯都属于多利安城邦,都必须遵守宗教习俗。但是,阿尔戈斯人利用这个本应待在城邦的特别时间差实施其计划,在日历上大做文章,声称对计算时间的方式上进行一些调整。这种做法是可以理解的,因为希腊人需要经常对混乱的阴历纪年进行修正。在卡尔奈伊乌斯月之前的那个月的 26 日,阿尔戈斯人开始进军。不过,他们不让时间流逝,仍把接下来的那一天记为 26 日,声称卡尔奈伊乌斯月还没有开始。阿尔戈斯人的行动也有利于其同盟者雅典、埃利斯和曼提奈亚。因为上述城邦的公民不属于多利安人,没有义务遵守卡尔奈伊乌斯月休战的义务。因此,同盟大军从阿尔戈斯侵入埃皮道鲁斯,用了两到三周时间蹂躏其国土。眼见在战场不能单凭一己之力与敌周旋,埃皮道鲁斯人向同盟者发出了救援的请求。然而,在接下来整整一个月里,该邦所有同盟者都受到斯巴达的召唤,不能离开斯巴达。尽管如此,一些同盟者,譬如科林斯,来到了埃皮道鲁斯的边界地区,但是它们觉得自身的力量还不够强大不敢独自进入其国境。³

与此同时,雅典人在曼提奈亚召集了另外一次代表大会,讨论和平事宜。虽然阿克比亚戴斯更具影响力,但这次活动可能是尼奇亚斯完成的。我们并不知道有哪些城邦派出代表参加,但是尽管境内的战争正进行得如火如荼,但通过从科林斯派来的代表团,埃皮道鲁斯人从会议一开始就指责和平会议名不符实。埃皮道鲁斯人的责难是如此强烈,以至于雅典代表深受触动,离开会议,说服阿尔戈斯人从其境内撤出军队,接着返回继续谈判。然而,双方的分歧仍难以弥合,会议最后无果而终。阿尔戈斯人重新返回继续在埃皮道鲁斯进行破坏,而拉凯戴蒙人立即终止卡尔奈伊乌斯月的休战,再一次出征,屯军于边界的城镇卡尔亚(Karyae)。不过因为在边界举行的祭祀中获得了不利的征兆,大军再一次受阻并最终返回。现在轮到雅典人出征了。在阿克比亚戴斯的率领下,1000名雅典重装步兵受派加入阿尔戈斯人的队伍。但是,在雅典人到达前,拉凯戴蒙军队已经解散,因此继续增援没有必要。在蹂躏埃皮道鲁斯三分之一国土后，阿尔戈斯人才最终撤军。

埃皮道鲁斯人在大约9月底得到了增援，在阿盖西皮达斯（Agesippidas）率领下，300名拉凯戴蒙重装步兵在雅典人不知情的情况下经海路抵达。阿尔戈斯人就此对雅典大声抱怨。他们完全有理由责备雅典人，作为同盟者，竟然犯下如此疏忽，而没有在邻近的埃吉纳岛上对海面活动严格监视，听任敌人进入埃皮道鲁斯的港口。他们也有另一方面的理由提出一些不满。在雅典、阿尔戈斯、埃利斯、曼提奈亚之间订立的同盟条约中规定，未经各方一致同意，任何一方都不得听任其他军队通过自身的疆土。如今，海洋被视为雅典疆土的一部分，因此，雅典人违背了这一条款，让拉凯戴蒙人从海路派送军队抵达埃皮道鲁斯。作为补偿，阿尔戈斯人要求雅典召驻扎在克法莱尼亚的美塞尼亚人和黑劳士返回派罗斯，并听任这些人劫掠拉科尼亚。在阿克比亚戴斯的劝说下，雅典人同意了这一要求，在镌刻与斯巴达结盟的石柱底部记录说，拉凯戴蒙人没有遵守誓言。

阿尔戈斯人延长入侵埃皮道鲁斯的时间直到整个冬天，并试图利用自身的力量猛攻该城，但没有取得成功。虽然双方采取的行动都不剧烈而只是一系列断断续续的进攻，其中一些战斗埃皮道鲁斯人甚至占据了一定上风，但是这个城邦仍面临着严重的困难，强烈要求斯巴达给予同情和支持。一方面在埃皮道鲁斯的强烈要求下，另一方面因在整个伯罗奔尼撒半岛经受其他城邦不断增加的背叛和冷漠的耻辱，这也让其吃惊，拉凯戴蒙人决定在次年夏天积极发动其军事力量，赢回失去的地盘。

（公元前418年）6月，拉凯戴蒙人举城邦之力，新公民既有自由人，也有黑劳士，在国王阿吉斯的率领下进攻阿尔戈斯。泰盖亚人及其他阿卡狄亚的同盟者也随其出征；而其他地峡周边的同盟者，包括比奥提亚、麦加拉、科林斯、西库翁、菲利乌斯等，受命聚集在菲利乌斯。担任预备队的同盟者数量相当可观。来自比奥提亚和科林斯的重装步兵分别有5000名和2000名，此外比奥提亚人还带来了5000名轻装兵、500名骑兵及500名随待骑兵的步兵。我们不知道斯巴达军队的人数，可能修昔底德也不知道。因为谈到在接下来发生的曼提奈亚战役的人数时，他只是说拉凯戴蒙人令人费解地取消了一切公共活动。拉凯戴蒙同盟者大规模地结集显然逃不过阿尔戈斯人的眼睛。他们首先进军到曼提奈亚。在此与该邦的军队及3000名前来增援的埃利斯重装步兵合兵一处，在阿卡狄亚的麦提德利翁（Methydrium）准备迎击拉凯戴蒙人的到来。双方的军队分别占据着相对的两座山峰。阿尔戈斯人决定次日对阿吉斯发起进攻，以此阻止拉凯戴蒙人与驻扎在菲利乌斯的同盟者会师。但是，他躲掉了这次单独面对敌人的遭遇战，趁着夜色抵达菲利乌斯，安全与同盟者会师。[4]

次日，一听到拉凯戴蒙人撤离的消息，阿尔戈斯人也离开了驻地，率领同盟者首先返回阿尔戈斯，然后按从科林斯、菲利乌斯到阿尔戈斯的寻常道路前往奈麦亚。他们猜想，入侵者也即将抵达此地。但是，阿吉斯并没有如此行动。他们大军分为三个部分，他亲率拉凯戴蒙人及阿卡狄亚人踏上距离最近但最崎岖难行的道路，翻过一座座山脊，径直抵达阿尔戈斯附近的平原。科林斯人、佩莱尼人（Pellenian）及菲利乌斯人受命走另一条山路，在另一个地方抵达前面谈到的同一片平原。比奥提亚人、科林斯人及西库翁人则走经奈麦亚的那条更加平坦、人们更加喜欢走的道路。虽然人们使用这条道路更频繁更方便，但是必须沿提莱图斯（Tretus）山涧走相当长的一段距离，而山涧两旁群山耸立。阿吉斯率领着他的分队，经过这条崎岖的山路，抵达了阿尔戈斯平原，藏身于阿尔戈斯人在奈麦亚宿营地的后面。他猜想，当看到他的军队破坏城市附近的土地时，阿尔戈斯人肯定会放弃在奈麦亚附近的有利地形，前来平原与他交战。如果那样，比奥提亚的分遣队就会发现前往奈麦亚和提莱图斯的道路一马平川，没有抵抗地进入阿尔戈斯平原；在平原上，他们数量不菲的骑兵将会对进攻阿吉斯的阿尔戈斯人带来巨大的破坏。三路进军的计划就这样实施了。阿吉斯的分队和科林斯人的分队分别趁着夜晚翻山越岭抵达阿尔戈斯平原；而在听说敌人就在城市附近时，阿尔戈斯人撤离了在奈麦亚的阵地，前往平原与阿吉斯交战。

　　在双方的军队列好战阵后，主将发出了战斗命令。但事实上，阿尔戈斯人已陷入了绝望的境地。因为前面有阿吉斯及其分遣队；科林斯分遣队离他们很近，足以从侧翼发起进攻；而正通过未设防的特莱图斯山涧的比奥提亚人将从后翼发动攻势。此外，在平原上，比奥提亚骑兵可以充分发挥其战斗力，因为无论阿尔戈斯、埃利斯还是曼提奈亚都没有骑兵。本来，雅典应派出骑兵与之抗衡，但出于某种原因，雅典骑兵并没有抵达。虽然如此，尽管势态紧急，阿尔戈斯人及其同盟者仍充满着信心，急不可待地投入战斗，只想到了位于他们前面不远的、处于包围之中的阿吉斯的分队。但是，阿尔戈斯的将领比士兵们更清楚地明白他们所处的真正危险。就在双方军队即将交战之前，拉凯戴蒙在阿尔戈斯的"代办"阿克弗隆（Alkiphron）陪伴着五位将军之一的特拉叙鲁斯（Thrasyllus）未经大军的同意与阿吉斯单独进行了一次私下的会谈。他们劝告阿吉斯不要发动一场战斗；向他保证，针对所有拉凯戴蒙人抱怨的事情，阿尔戈斯人准备给予他一个满意的、公平的答复；并承诺为将来的友好相处签订一份公正的和平条约。阿吉斯立即同意了这个建议，并达成为期四个月的休战协定以便于他们履行承诺的内容。在这个重大的问题上，阿吉斯既没有询问士兵们的意见，也没有征求同盟者的同意，而只是对他身边的几名斯巴达将官秘密地交谈了几句。接着，他发出撤军命令，大军不再排成战斗队列，而是沿比奥提亚人刚才进入的奈麦亚大道离开阿尔戈斯国境。虽然拉凯戴蒙士兵们纪律严明，习惯于服从斯巴达国王的命令，但他们也感到撤军的命令太出乎意料，对此也颇难接受。战士们完全知道他们所处位置非常有利，入侵的军队占据着压倒性的优势，因此三支分遣队的士兵都大声斥责阿吉斯，觉得如此不明不白地撤军是一个耻辱。

第二十六章 从第九十届奥林匹亚节到曼提奈亚战役

返回城邦后,阿吉斯遭到了斯巴达当局和他手下士兵们的责备,认为他浪费了如此一次征服阿尔戈斯的绝佳机会。当然,他所受到的责备是罪有应得。但是,令人吃惊的是,在返回后,阿尔戈斯人及其同盟者对特拉叙鲁斯更加怒不可遏,指控他将一场确定无疑的胜利拱手相让。事实上,按照广为接受的惯例,人们有充分的理由对他进行责难,因为他未经人民的知晓就签订了休战协议。依据阿尔戈斯人的习惯,大军返回时,在入城之前,应当当众召集军事法庭,就军队中所犯的过失和错误进行裁决。此刻,人们对于特拉叙鲁斯简直是无比愤怒,甚至还没来得及对他进行审判,就开始向他扔石头。他被迫跑到祭坛寻求安全庇护。士兵们对他进行审判,宣布罚没其财产以充公。

就在不久之后,本该早一点出现的雅典军队在拉凯斯和尼科斯特拉图斯的率领下终于到达,这支军队总计有 1000 名重装步兵和 300 名骑兵。[5] 阿克比亚戴斯只是作为一名骑兵前往并担任了使节之职。虽然对特拉叙鲁斯非常不满,但阿尔戈斯人觉得有义务遵守已经签订的休战协议。直到曼提奈亚和埃利斯同盟坚持认为不应当什么都一概拒绝,阿克比亚戴斯才获准在公民大会上发言。因此,阿尔戈斯人召集了一次同盟大会,所有同盟者一并参加。阿克比亚戴斯宣称,最近与拉凯戴蒙人签订的休战协议完全无效,因为它没有征得所有同盟者的同意,明显有违同盟条约的规定。因此,他号召所有同盟者集结已经抵达的援军,重新发起军事行动。他的发言深深地打动了与会者,曼提奈亚人和埃利斯人立即同意与他一道进攻阿凯亚城镇奥科麦努斯。阿尔戈斯人虽然最初不太愿意，但也很快答应与他们一同前往。奥科麦努斯是一个很值得夺占的地方，这不但因为其疆域与曼提奈亚的北部接壤，而且是拉凯戴蒙人为了保证阿卡狄亚各村镇的忠诚安置其人质的地方。然而，该城的城池破旧，里面的居民在经过短暂的抵抗后就举手投降。他们答应成为曼提奈亚的同盟者，提供人质以保证对同盟的忠诚，并交出了斯巴达关押在此的阿卡狄亚人质。

受初战成功的鼓舞，同盟者开始讨论接下来采取的行动。埃利斯人强烈要求征伐莱普莱翁，而曼提奈亚人急于攻打其世敌、邻邦泰盖亚。阿尔戈斯人和雅典人支持曼提奈亚人的建议，认为攻打泰盖亚更加重要。但是，提议遭拒使埃利斯人感到不满，于是他们撤出所有军队，返回了城邦。尽管埃利斯人开了小差，但是在曼提奈亚的剩余同盟军还是组织发动对泰盖亚的进攻。在这个城邦内，有一支强大的倾向同盟者的派别，他们制订了方案，正准备着宣布让城邦叛离斯巴达。亲拉科尼亚的泰盖亚人派人送去紧急消息，希望获得斯巴达最迅速的援助，这样才能保住城邦。拉凯戴蒙人在听到奥科麦努斯投降的消息后非常生气，将所有的不满都发泄到阿吉斯身上。他们威胁说要拆除他的房子并罚款10万德拉克马（近17阿提卡塔兰特）。他诚挚地恳求再给他一次戴罪立功的机会，以英勇行为来挽回他招致的骂名。人们撤除了对他的处罚，但是对国王的权力做出明确限制。这是对斯巴达政体的一项创新。此前，国王的特权之一就是独立率领军队并

第二十六章 从第九十届奥林匹亚节到曼提奈亚战役

对其享有完全的权威；但如今，任命了一个十人委员会，没有他们的同意，国王无权运用其军事指挥权。[6]

对阿吉斯来说，非常幸运的是，传来紧急消息说泰盖亚即将造反。这则消息立即惊醒了斯巴达人。为了解救泰盖亚，阿吉斯率领举国之兵立即出发。这是我们所知的拉凯戴蒙士兵最迅速的一次行动。[7] 其余的军队也向泰盖亚进军，在此他们很快与阿卡狄亚同盟者会师。此外，拉凯戴蒙人还向科林斯、比奥提亚、弗奇斯和罗克利发出消息，要求这些城邦的军队尽快出现在曼提奈亚境内。然而，即便增援的城邦尽一切努力，其军队也必须在一段时间之后才能到达，因为这些军队似乎都必须经过阿尔戈斯才能进入曼提奈亚境内。[8] 除非他们组成联军，否则不可能安全通过。因此，为了挽回声誉，阿吉斯急于率领着拉凯戴蒙人和阿卡狄亚同盟者即刻进入曼提奈亚境内。阿尔戈斯人及其同盟者不久也从曼提奈亚出发，在拉凯戴蒙人近旁驻扎下来。不过他们驻扎之地非常崎岖，难以通行，为阿吉斯提供了战机。困难的地形并没有难到阿吉斯。他排好战阵，带领着大军发起了进攻。要不是一个斯巴达人大声对他说现在的行动只是"用一次不幸治疗另一次不幸"，此时，他的鲁莽可能就会给大军造成巨大的牺牲，恰如在阿尔戈斯附近与特拉叙鲁斯的轻率让步一样。或者是此人适时的有力告诫说服了阿吉斯,或许是更近距离的对地形的观察，国王突然停下了军队，命令撤退。

拉凯戴蒙人进军的意图是把阿尔戈斯人从其占据的复杂地

形中吸引出来。曼提奈亚和泰盖亚都位于地势较高群山环绕的平原上，平原上流淌着几条天然的河流。在二者的边界流淌着一条河流，两个城邦共同维持着河水的正常流动，双方因此互惠互利。如今，阿吉斯指挥军队修挖沟渠，以使河水流向曼提奈亚一侧。他估摸着，这样会给曼提奈亚城造成严重的破坏，那么曼提奈亚人及其同盟者肯定会从山上下来加以阻止。事实上，完全没有必要采取任何策略诱使曼提奈亚人上当。因为，他们看到拉凯戴蒙人最初推进到山脚，突然停止了进攻，然后撤退，最后竟然不知所终了。对此，他们大为不解。曼提奈亚人的惊讶很快就转变为对敌人的鄙视和对自己的盲目自信，他们急不可待地去追击逃窜的敌人。于是，他们放弃了山上的阵地，进军前往平原，以便靠近拉凯戴蒙人，并于次日结成良好的战阵，随时准备一听到命令就发起进攻。

与此同时，阿吉斯发现对河水的导流颇为失望，并没有对城市造成非常大的破坏，也没有如其所愿引起城内居民的恐慌。因此，他停止了在河上的行动，再次进军，以便重新夺回有利地形。但是，在行军过程中，突然遭遇到阿尔戈斯及其同盟者的军队，拉凯戴蒙人完全没有做好应战的准备。曼提奈亚人不但地处平原之上，而且结成了完备的战斗阵形。曼提奈亚人因在本土作战，占据着受人尊敬的右翼；在他们的旁边是臣属于该邦的阿卡狄亚同盟者；接着是阿尔戈斯精选的"千人军"，由出身高贵并由城邦出资训练的公民组成；与其相邻的是阿尔戈斯重装步兵及

第二十六章 从第九十届奥林匹亚节到曼提奈亚战役

来自臣属盟邦克莱奥奈和奥尔奈亚的士兵；居于左翼的是雅典人，其中既有重装步兵，也有骑兵。

除拉凯戴蒙人外，其他任何一个城邦的希腊人突然见到一支可怕的敌军，必然会引起一阵惊慌之感，很难从这种惊慌之中恢复过来。在当时的情况下，甚至拉凯戴蒙人也短暂地感到了前所未有的震惊和恐慌。但是，想到严酷的训练和在希腊特立独行的对将官的服从，他们瞬时恢复了过来。在其他希腊军队中，命令首先由将军告诉传令官，然而通过传令官来大声传达。事实上，每一个连队有一名连队长（taxiarch），但是连队长不会单独从将军那里获得命令，似乎也不负责要求士兵按他的要求展开行动。与之相反，在拉凯戴蒙军队中，有一个固定的军事层级，每个层级分别有各自的负责人。当国王发出命令后，相关要求会传达给军事执政官［第一名军事执政官指挥一支莫拉（Mora），这是最大的军队编制］；然后由军事执政官传达给中队长（Lochagi），即每个中队（Lochi）的负责人；各中队长再将命令传达到每个50人队长（pentekonter）；最后，50人队长传达给最小军队编制小队的队长（enomotarch）。因此，虽然遭到了突袭，但是他们显得行动更加迅速，经各级将官的传达，更加听从阿吉斯发出的号令。他们规范而迅速地列成了战斗序列。

根据古老的传统，居于拉凯戴蒙方阵最左端的是斯奇利塔人（Skiritae），他们是位于拉科尼亚边疆地区的山民，与阿卡狄亚的帕尔哈西人相邻。这些人是伯罗奔尼撒半岛上最勇敢、行动最积极的人,在大军行进过程中,他们通常出任先锋。不过斯巴达人也因此受到指责,说他们不计后果将这些人推到危险之地,从事常人难以忍受的痛苦。[9]在斯奇利塔人旁边的是600名最近跟随布拉西达斯在色雷斯作战的被释黑劳士,以及从莱普莱翁召回的新公民。在紧邻他们居于阵中的是由拉凯戴蒙人组成的七个中队及近旁的阿卡狄亚附属同盟者赫拉埃人及马奈利安人。最后,居于右翼的是泰盖亚人;作为享有盛名的地方,一小队拉凯戴蒙人占据着最右端。在每一个侧翼,都有一些拉凯戴蒙骑兵护卫着。

无论在哪个地方,每当描述事实时,修昔底德都会坦率地表露出他的看法,正是这种坦率,增强了他所给史料的价值。修昔底德坦率地承认,他不能随意杜撰双方军队的人数。非常明显,他的沉默并不是因为他没有进行调查,而是因为所获得的任何数据似乎都不可信。拉凯戴蒙政治运作极其保密,无法获得其军队的确切人数;其他城邦鼓吹的数量只能起着误导作用。瑟尔沃尔博士及其他一些研究者从其话语中推断,修昔底德本人很有可能就在战场,虽然我们不能断定他以什么身份参加,因为他只是一个背井离乡的流亡者。首先,修昔底德说拉凯戴蒙军队的人数*似乎*比其敌人的数量更多。他接着说,斯奇利塔人独自镇守在右翼,共有600人;从右到左站在前排的其他拉凯戴蒙士兵共有448人。关于战阵的纵向深度,每一个小队的情况更不相同。但多数小队都排成8行。以448乘以8,加上600

名斯奇利塔人，因此参战的重装步兵总人数为4184，此外在每一个侧翼还有一些骑兵。[10]修昔底德并没有谈及任何与轻装兵相关的史实。对于以上估计的人数，我并不能完全相信。但是，鉴于拉凯戴蒙人举全国之兵力参加这次紧急的战斗，只遣送全部军力的六分之一，即年纪最大和最小者回国，所以总人数比我们预料的要少。

似乎阿尔戈斯这一方的将军们没有尝试趁拉凯戴蒙的战斗阵形还未完备时发起进攻。按照希腊人的惯例，他们必须发表演说激励军队的勇气和信心。当所有一切都结束时，拉凯戴蒙人或许已经列好了战斗阵形。

拉凯戴蒙的独特之处在于，阿吉斯或其他任何将官都不会进行鼓励性的发言。修昔底德说："他们知道提前进行长时间的战争训练比不假思索的华丽演说更能保护好自己。"最后，双方发出了进攻的命令。在场的笛手们（在斯巴达，他们是一个世袭的社会阶层）开始吹奏起长笛；军队按笛声的节奏调整步伐，缓步稳定地向前推进，既没有停顿，也没有出现阵形散乱。与这种从容的步伐形成鲜明对照的是敌军的行动。他们没有笛子或其他乐器伴奏，步伐狂乱甚至喧闹着冲向前去。

交战时，所有希腊军队的一个自然倾向不是完全径直向前，而是稍微向右倾斜。在双方军队最右端的士兵自然向右微倾，为避免其没有盾牌保护的一侧不暴露在敌人的进攻之下。因为同样的原因，同一排中每一个人也不得不靠近其右侧同伴的盾牌。虽然拉凯戴蒙人的前排人数更多，比敌人的方阵延伸更广，但他们右侧也只能向右倾斜更大，这样才会觉得安全。因此，他们很大程度上迂回包围了与其相对的敌军左翼的雅典人。另一侧是拉凯戴蒙大军由斯奇利塔人和布拉西达斯的老兵组成的左翼，与之相对的是曼提奈亚人；他们也在一定程度上迂回包围了拉凯戴蒙的左翼。镇守中军的国王阿吉斯清楚地看到敌军正在合拢，己军左翼乃至后翼肯定会被包围。他认为甚至在这一个关键时刻也有必要改变部署。

应对迫在眉睫的危险的简单方式是从最右端调来一个可能空置的分队补强最左端，以抗击正在推进的曼提奈亚人。但是，斯奇利塔人自古以来的特权是独自在最左侧作战，因而拒不接受这个命令。鉴于此，阿吉斯发出信号，要求布拉西达斯手下的老兵和斯奇利塔人向左转，以便迎战曼提奈亚人的先头部队。为了填补上方阵中出现的空位，他命令两位军事执政官率领各自在最右侧的中队从后翼绕行，占据右侧布拉西达斯的老兵留下的空当，以便再一次使方阵保持完整。但是，这两位军事执政官觉得自己居于战阵中最安全最有利的位置，宁愿待在原来的地方。阿吉斯眼见这两个中队没有移动，被迫再一次发出命令，取消了斯奇利塔人向左侧行军的命令，要求他们居于中间，返回原来所处的位置。但是，时间还是太晚了，他们根本没法执行第二个命令，这时敌军已经合拢。斯奇利塔人和布拉西达斯的老兵一片混乱，与中军隔开，受到了猛烈的攻击。眼见如此，曼提奈亚人打败他们

第二十六章　从第九十届奥林匹亚节到曼提奈亚战役

并将其往回赶。与此同时，阿尔戈斯的千人队精兵揳入布拉西达斯老兵与拉凯戴蒙中军之间的空位，猛攻其右翼，从而将他们彻底击溃。布拉西达斯的老兵在逃窜的过程中受到追击，一直被赶到拉凯戴蒙大军后翼停放辎重车辆的地方。就这样，拉凯戴蒙大军的左翼被彻底打乱。

但是，取得胜利的曼提奈亚人及其同盟者只考虑到了眼前的利益，浪费了一个绝佳机会为其他地方的友军提供他们紧急需要的援助。在拉凯戴蒙的中军和右翼，情况却完全不同。与阿吉斯相对的是雅典人、阿尔戈斯人及来自其属邦克莱奥奈和奥尔奈亚的士兵。在这些城邦军队的对峙中，经过短暂的激战，阿吉斯取得了大胜。拉凯戴蒙人的样子和名声如此让人畏惧，对面的军队甚至还没有跨过两军之间长矛的距离就开始逃跑。逃跑时他们是如此恐慌，导致相互之间都发生了踩踏。雅典人和阿尔戈斯人的先头部队就这样被打败，而其侧翼也受到泰盖亚人和阿吉斯所部右侧拉凯戴蒙人的进攻。要不是得到近旁骑兵的支援，雅典军队完全有可能被分割或全歼。此外，阿吉斯在彻底击败并将其赶走后，并没有急着去追击雅典人，而是返回拯救己军遭受败绩的左翼。因此，虽然雅典人的侧翼和前军都被暴露在敌人的进攻下，但他们还是能够安全地撤出战场。曼提奈亚人和阿尔戈斯的"千人队"根本没有做好迎战阿吉斯及其获胜之师进攻的准备，只得努力撤出战场。然而，他们在撤退过程中遭到了重大的损失。假如不是拉凯戴蒙人明令禁止穷追残寇，那么阿吉斯本可以完全不让曼提奈亚人和阿尔戈斯人安全撤出。[11]

经此一战，有 700 名阿尔戈斯人、克莱奥奈人和奥尔奈亚人丧命；雅典人折损 200 人，其中包括两位将军拉凯斯和尼科斯特拉图斯；曼提奈亚也损失了 200 人。战死的拉凯戴蒙人数虽然从来都不可能确切明了，因为其公共事务习惯性秘密运作，但据估计有 300 人。

这就是公元前 418 年 6 月爆发的重要的曼提奈亚战役。对那一个时代的希腊军队来说，相较于五年前的戴利翁战役，双方参加的人数虽有所不及，但仍可谓相当巨大。此次战役特殊的价值在于，它洗刷了斯巴达身上早已背负的污名。斯法克泰利亚的灾难归因于拉凯戴蒙人的怯懦胆小；在其他的一些战斗中，他们因愚蠢和迟缓而受尽指责。但是，曼提奈亚战役的胜利令一切类似的诋毁和指责都闭上了嘴，并使斯巴达重获它原来在希腊人眼中军事卓越的应有地位。这次战斗取得的成果完全是因为拉凯戴蒙人的勇气，战术和战略通常被他们视为附属物，几乎没有发挥什么作用。但就这次战役而言，仍是非常需要战术和战略的。这次战役的结果是极大地重新恢复了拉凯戴蒙人的美名，再一次提升了他们自古以来作为伯罗奔尼撒盟主的高贵地位。

从另一个方面看待这次战役我们会发现，阿尔戈斯一方的战役很大程度上是因为埃利斯人在战斗马上就要打响时自私自利地随意撤走了 3000 名战士，究其原因，不过是其他的同盟者没有向莱普莱翁进军，而主张攻打战略地位更加重要的城镇泰盖亚。

第二十六章　从第九十届奥林匹亚节到曼提奈亚战役

在遭受失败不久，3000名埃利斯人和1000名雅典士兵返回援助曼提奈亚。此外，卡尔奈伊乌斯月开始了。这是一个拉凯戴蒙人严格遵守休战协议的神圣月份，他们甚至派出信使，遣送了那些在上一次战争中召集而来的伯罗奔尼撒半岛之外的同盟者，余下的同盟者也待在各自的城邦里。因此，那时已经腾出了战场，让一残败之敌可以尽情展开行动。趁着阿尔戈斯的主力在最近发生的战斗中离开城邦，埃皮道鲁斯人虽然偷袭阿尔戈斯的国土并取得一定的胜利，但如今其国土遭到了埃利斯、曼提奈亚和雅典组成的联军的蹂躏，入侵者胆大妄为，甚至开始绕着埃皮道鲁斯城修筑了一道城墙，欲将其团团围住。整个工程分配给每个城邦分别完成。雅典人超强的行动力在此得到了充分的展现。当分配给他们的那一部分工程迅速完成时，其同盟者埃利斯人和曼提奈亚人不耐烦地分别放弃了分配给他们的任务。围城计划也因此而被放弃。联军留下一支部队驻守在赫拉圣所（Heraeum）海岬新建的要塞，同盟者随后撤出埃皮道鲁斯国境。

迄今为止拉凯戴蒙人似乎没有从最近的胜利中获得什么利益，但是很快成果就在敌军核心地带阿尔戈斯那里展现出来。自这次战役以来，该邦的政治倾向发生了实质上的变化。在阿尔戈斯一直有一个亲拉科尼亚、反对民主制的反对派。曼提奈亚战役的失败极大地强化了这一个派别的力量而使其对手的实力遭到削弱。民主派领导人发现，面对着凯旋之敌，他们难以自保，估计会被推翻。这些领导人因对外政策的彻底失败而丧失了在大众中的影响力；而阿尔戈斯普通的拥护民主制的士兵从曼提奈亚战场上带回的只有耻辱和对拉凯戴蒙军队的恐惧。不过，那支经过精挑细选的阿尔戈斯"千人队"却以另外一种面貌返回国内。他们在与敌军左翼的战斗中取得了胜利；在撤退过程中尽管遭到拉凯戴蒙中军的袭扰，但仍没有太大的阻碍。因此，他们获得了人们的赞颂，[12]对于被击败的同胞公民，他们无疑投以轻蔑的眼光。曼提奈亚战役的失败使阿尔戈斯只能将影响局限于城邦自身的范围之内。在此危难时刻，他们成了民主政治坚定的反对者。在斯巴达的鼓励和支持下，阿尔戈斯的寡头派与拉凯戴蒙人一道发起革命，颠覆了民主制，并使城邦与斯巴达结成同盟。

作为实施这个计划采取的第一个步骤，拉凯戴蒙人在大约9月底举全国之军力推进到泰盖亚，威胁要入侵阿尔戈斯并在其国内制造恐怖气氛。他们从泰盖亚派出一名使者带去了两种选择：其一，和平；其二，如果拒绝，则意味着危险的到来。寡头派最初的方案是，在对政体进行变革之前，与拉凯戴蒙结盟，并解除与雅典之间的联系。但是，寡头党人面临着巨大的阻力，因为阿克比亚戴斯仍在阿尔戈斯，正在尽其所能挫败这个计划。拉凯戴蒙军队出现在泰盖亚及民众普遍心灰意冷，最终使寡头党人的阴谋得逞。城邦接受了拉凯戴蒙人提出的条款。在经斯巴达的公民大会同意后，条款的具体内容被送往阿尔戈斯，一字不改地获得了批准。条约的具体内容如下："阿尔戈斯人务必送还来自奥科麦努斯的男童人质和马奈利的人质；必须将现在曼提奈亚的人交

第二十六章 从第九十届奥林匹亚节到曼提奈亚战役

还拉凯戴蒙人,他们原本作为人质,为安全之故监禁在奥科麦努斯的,但被阿尔戈斯人和曼提奈亚带走了;必须撤离埃皮道鲁斯,拆毁最近在该城周围修筑的堡垒。除非雅典人撤离埃皮道鲁斯,否则将被宣布为拉凯戴蒙、阿尔戈斯及两者的同盟者的敌人。拉凯戴蒙人归还所有被扣押的人质,无论这些人质被扣押在何处。关于埃皮道鲁斯人受到指责没有按时缴纳的牺牲,阿尔戈斯人同意尊重他们的誓言;如果他们做出了承诺,就务必要履行。伯罗奔尼撒半岛各个城市,无论大小,都应当保持自治,自由维护自身原来的政体。如果任何一个半岛之外的城邦发起有害于伯罗奔尼撒人的行动,拉凯戴蒙和阿尔戈斯将以最平等的原则、本着为伯罗奔尼撒共同的利益,联合商议如何与之战斗。阿尔戈斯人务必告知其同盟者条约的内容;如果同盟者觉得适宜,也被允许加入其中。但如果同盟者希望获得不同的待遇,阿尔戈斯人务必将其驳回。"

这就是拉凯戴蒙人为阿尔戈斯准备的条约,并被人们完全接受。条约被描绘为具有互惠性质,但却名不符实。条约只为斯巴达加上了一条并不重要的义务,但从实质上达到了分解阿尔戈斯与三个城邦同盟关系的目的。

对阿尔戈斯的寡头派来说,这份条约只不过是拉开了一系列举措的序幕。条约才一签订,令人生畏的斯巴达军队就从泰盖亚撤走,取而代之的是拉凯戴蒙人与阿尔戈斯人在自由和平的氛围下的相互沟通。大约同时,阿克比亚戴斯可能也离开了阿尔戈斯。拉凯戴蒙人对阿尔戈斯的再次访问和受到的友好接待比以往任何时候都更加强化了寡头派的利益。不久，这一派别的力量就足够强大，能够说服阿尔戈斯公民大会正式放弃与雅典、埃利斯和曼提奈亚结成的同盟，并与斯巴达订立了一份特别的同盟条约。内容如下：

"拉凯戴蒙人与阿尔戈斯人以平等的条款，保持和平并结成同盟，为期50年；各方对于他方的任何不满都应该依据各自的现存法规友好协商解决。其他伯罗奔尼撒城邦在保持其领土、法律及制度的前提下，也可按照同样的条款加入这个同盟。所有伯罗奔尼撒半岛之外的斯巴达同盟者将按与拉凯戴蒙人同样的条件加入。阿尔戈斯的同盟者也将按与其同样的条件，保持领土不受干扰的情况下加入。不论什么原因，如果需要采取共同的军事行动，拉凯戴蒙人将与阿尔戈斯人共同协商，以他们尽其所能最平等的方式决定同盟者的利益。倘若同盟中任何一个城邦，无论在伯罗奔尼撒半岛内还是在半岛外，因边界或其他事务与他邦产生纠纷，双方务必以友好方式进行协商。[13]如果一个同盟城邦与另一个同盟城邦发生了纠纷，将由双方都满意的第三方进行处理。每个城邦都必须按照它们的祖宗之法公平地对待各自的公民。"

我们注意到，在这一份同盟条约中，避开了领导权问题。拉凯戴蒙和阿尔戈斯都被置于平等的位置，联合领导其他同盟者。而这两个城邦可以单独做出决定，无须咨询其他同盟者的意见，虽然条约也要求他们考虑同盟者的利益。拉凯戴蒙的政策是让尽

第二十六章　从第九十届奥林匹亚节到曼提奈亚战役

可能多的城邦加入这个条约，确保伯罗奔尼撒半岛上所有小邦的自治，并瓦解埃利斯、曼提奈亚及其他拥有附属者的大邦组建的帝国。曼提奈亚人眼见被阿尔戈斯丢弃，被迫向斯巴达投降，将其再一次纳入拉凯戴蒙人的同盟者，并按拉凯戴蒙与阿尔戈斯所订条约的规定，放弃对阿卡狄亚属邦的控制权，释放被扣押的人质。[14] 不过，拉凯戴蒙似乎没有进一步采取措施对埃利斯加以干预。

与拉凯戴蒙签订同盟条约（公元前 418 年 11 月或 12 月）令阿尔戈斯民主派领袖更加沮丧。如今，寡头派及"千人队"清楚地看到，应当用武力推翻民主制。由拉凯戴蒙和阿尔戈斯联合组成的使团受派前往色雷斯和马其顿。拉凯戴蒙人恢复了与从雅典叛离出来的色雷斯卡尔奇狄凯人原来的同盟关系，双方甚至还签订了新条约。马其顿人佩狄卡斯受到怂恿，放弃了与雅典的盟约，加入了这个新的同盟。阿尔戈斯在那一块区域拥有相当大的影响力，因为马其顿王公对于他们古老的阿尔戈斯血统非常珍视，以此认为他们同属希腊人的大家庭。基于此，佩狄卡斯答应了要求并签订了新条约。但是，由于一贯口是心非，他坚持要求，订约一事不要向雅典公开。这个联合使团充满敌意地前往雅典，要求雅典人撤出伯罗奔尼撒半岛，拆毁最近在埃皮道鲁斯附近修筑的要塞。这座要塞的驻军是由阿尔戈斯、曼提奈亚、埃利斯和雅典联合派出的。但如今雅典人仅占其中的少数，雅典出于谨慎派德摩斯提尼带领城里的驻军撤出。

阿尔戈斯的寡头派与斯巴达协同行动，各派 1000 名重装步兵组成联军，进攻西库翁，以图让原本奉行寡头制的西库翁变成彻底的寡头政府。可能的情况是，在西库翁，一些奉行民主制的反对派逐渐获得了一定的影响。然而，据我们所知，该邦似乎一直奉行寡头制，被动地服从于斯巴达。因此，针对西库翁的联合行动很有可能不过是一个借口，以便将1000名拉凯戴蒙人送到阿尔戈斯。在完成西库翁的任务后不久，联军就立即返回。在这支军队的支援下，寡头派领导人和阿尔戈斯的"千人队"用武力颠覆了该城邦的民主政体，杀害民主派领袖，并完全控制了政权。

这次革命（大约完成于公元前417年2月）是曼提奈亚战役胜利的结果，也预示着斯巴达实施的一系列政策取得了圆满成功。阿尔戈斯寡头革命使斯巴达的影响力在伯罗奔尼撒半岛上到达了一个更高的、毫无争议的、前所未有的程度。或许因为两年前阿克比亚戴斯在该地区的活动，阿卡狄亚诸城邦还没有达到斯巴达希望的寡头化。因此，拉凯戴蒙人决定对各个城邦的政府进行改组，以满足他们的愿望。阿尔戈斯的新统治者对斯巴达言听计从，原因不但在于都奉行寡头政体，而且在于只有获得它的支援才能镇压国内针对他们的起义。因此，在整个半岛上，拉凯戴蒙人完全没有与之对抗或亲雅典的敌人，甚至没有中立者。

但是，斯巴达在阿尔戈斯的优势地位注定不能持久。在希腊，许多城邦长期维持着稳定的寡头政体，但是，它们遵守传统惯例，通常政权掌握在擅长统治的人的手中。不过，在摧毁民主制的基础上，通过武力建立的寡头政体很少能够长久。虽然恐吓和威胁

第二十六章 从第九十届奥林匹亚节到曼提奈亚战役

可以暂时镇压民众的不满和愤怒，但是这种不满情绪通常会得以恢复，从而威胁到统治者的安全，让其终日惶恐不安，施行暴政。残暴还不是他们唯一的过错。一旦脱离民主制的限制，他们便得到了充分的释放，无法控制自身的贪婪和欲望。阿尔戈斯人更像是科西拉人而非雅典人，他们在各个方面都相当粗暴而残忍。可以相当肯定地说，此类滥用权力的举动会更加迅速而公开。尤其是那支经过特别挑选的"千人队"。这些人都正处于精力旺盛的年纪，对于自身的武力及财富都感到相当自负。在他们看来，在他们帮助下新近建立的寡头政府不过是释放自我的一张个人通行证。

正如预料的那样，阿尔戈斯的平民很快就恢复了他们丧失的勇气，决心努力推翻寡头派的压迫。他们等待着机会的到来。此时，斯巴达人正在热烈庆祝吉姆诺派戴埃节。阿尔戈斯平民抓住这个关键时机发动了起义。经过一番激烈的战斗，阿尔戈斯的平民最终推翻了寡头政体，获得了胜利。危险才刚开始时，寡头派就向斯巴达发出了紧急求援的消息。但是，拉凯戴蒙人最初以正处于节日期间为借口断然拒绝他们的要求。直到一个接一个的信使到来，向他们各自私下的朋友求助时，斯巴达人才不情愿地撇开了节日，向阿尔戈斯进军。抵达泰盖亚时，就得到寡头派已被推翻，阿尔戈斯已处于获胜的平民之手的消息。尽管如此，逃出的各种流亡者仍向其许诺会取得成功，一再请求拉凯戴蒙人继续推进。但是，他们的要求遭到了拒绝。大军返回斯巴达，人们重新开始举办被中断的节日。

在持续大约四个月（从公元前417年2月到6月）[15]后，阿尔戈斯的寡头政体被推翻，"千人队"被解散或取消。这次运动激起了几个对斯巴达占据过高优势感到不满的伯罗奔尼撒城邦的巨大关注。然而，阿尔戈斯的平民虽然在城邦内获得了胜利，但仍极度不相信他们能够维持住民主政体。于是，他们派出使者前往斯巴达为他们的行动辩护，并恳请能够受到优待。他们的所作所为表明，这次起义没有受到雅典的挑拨，完全是自发的。但是，被驱逐的寡头派使者与他们当面对质。经过很长一段时间的讨论，拉凯戴蒙人宣布平民犯下不义之罪，并宣布派军镇压平民政府。但是，拉凯戴蒙人习惯性的拖沓让立即而独自的行动付诸流水。斯巴达打算召集同盟者，但是对此谁也没有什么热情，至少在这一时刻。此时，收获季节即将来临。因此，三个月后各邦的军队才聚集在了一起。

阿尔戈斯的平民利用了这个重要的时间间隔。他们被明确告知，只能把斯巴达视为敌人。鉴于此，阿尔戈斯立即恢复了与雅典的同盟关系。平民们将雅典视为主要的庇护之处，于是开始修建城墙把城市与海港连起来。一旦斯巴达的优势兵力将他们困在城墙之内，平民们指望着这条道路总会开放，能够将来自雅典的补给和援军送到城里。所有阿尔戈斯人，无论男女，无论自由人还是奴隶，都以最大的热情投入修建工作中。阿克比亚戴斯从雅典送来了援助，[16]尤其送来了有技术的泥瓦匠和木匠，这恰恰

第二十六章　从第九十届奥林匹亚节到曼提奈亚战役

是他们急需的。修建计划很有可能是阿克比亚戴斯提出的,因为在两年前,他也极力主张帕特拉居民这样做。但是,修建一道长4.5英里、将阿尔戈斯与海洋连在一起[17]、足以用于防御的城墙需要花费相当长的时间。此外,城内有寡头派余孽,城外有寡头派的流亡者(他们被击败但未被消灭)。这些人一直催促着拉凯戴蒙人制止这项工程;甚至保证只要他们靠近城池施以援手,城内必将爆发一场反对民主派的革命。早在40年前,当雅典人正在修建通达皮莱乌斯的城墙时,城内的寡头派也策划了一场类似的阴谋。[18] 大约9月底,国王阿吉斯率领由拉凯戴蒙人和同盟者组成的联军进攻阿尔戈斯,将所有人都赶到城里,摧毁了相当一部分已经修建成形的城墙。但是,城内的寡头党人没有能够拿起武器进行支援。结果阿吉斯只对其国土进行一番蹂躏并夺占叙西埃(Hysiae)后就被迫撤退。在这座小城里,国王将所有落入其手的自由人都处死。当他离开后,阿尔戈斯人报复性地劫掠了邻近城邦菲利乌斯的国土,因为流亡者主要居住在这座城邦。

紧邻如此一群流亡者让阿尔戈斯的民主政体在整个冬天都一直感到担忧和警惕。令他们稍感欣慰的是,初春时分,雅典派遣阿克比亚戴斯率领一支陆军和20艘战船前往,一定程度上解除了他们的尴尬之情。作为民主政府的领袖,他的朋友和宾客此时正主导着城邦。为了配合他们的行动,阿克比亚戴斯挑选了300名颇有影响的寡头派人士,并将他们作为人质,送往并拘押在雅典各个岛屿上,以此让这一派别平静了下来(前416)。大约9月底，拉凯戴蒙人下令再次对阿尔戈斯展开军事行动。但是，才行进到边界地区，他们发现牺牲（总是在离开其国土之前祭献）的征兆不祥，随即返回并解散了军队。尽管最近送出了一些成员作为人质，但阿尔戈斯的寡头派仍然密切注意着拉凯戴蒙大军的动向，并策划了一场暴动（至少受到这样的怀疑）。他们的动静是如此之大，以至于一些人被城邦抓起来关进了监狱，另一些人逃往他乡。不过，稍后，就在同一年冬天，拉凯戴蒙人从在边境地区祭献的牺牲中获得了吉兆，随即与同盟者（除科林斯拒绝参加外）一道进入阿尔戈斯境内，并将阿尔戈斯的寡头派流亡者安置在奥尔奈。但是，在拉凯戴蒙大军撤离后，阿尔戈斯的民主派在一支雅典援军的支持下，迅速将这些流亡者驱离了这座城镇。[19]

维护阿尔戈斯重新建立的民主政府，反对来自该邦内外的敌人，是雅典的一项重要政策，为在伯罗奔尼撒半岛上组建一个反拉科尼亚派别提供了基础，这个基础在将来或许还会进一步扩大。但在目前，与阿尔戈斯的同盟关系还只是消耗而非助推雅典的力量；这与曼提奈亚战役之前呈现出的辉煌前程不可同日而语，彼时阿尔戈斯本有希望在地峡之内取代斯巴达的领导地位。值得注意的是，尽管雅典与斯巴达不但在感情上完全疏远，而且相互之间持续不断发生敌视行动，但是任何一方都没有正式宣布放弃经过宣誓的同盟关系。虽然每半年都会让各方离真相更近，但双方都在极力避免公布事情的真相。是年夏（前416），雅典

第二十六章 从第九十届奥林匹亚节到曼提奈亚战役

和美塞尼亚驻派罗斯的军队比以往任何时候都更加积极地袭扰拉科尼亚,带回了更丰厚的战利品。对于敌人的劫掠,拉凯戴蒙人虽仍未正式宣布终结同盟关系,但发出公告表明,无论是谁,只要能够掳获雅典商船,他们愿意授予其"捕拿特许证"(letters of marque),即官方掠私证。科林斯也因为私下的纷争对雅典采取敌视行动。即便如此,斯巴达及其同盟者仍与雅典保持着形式上的和平关系;而雅典也拒绝了阿尔戈斯多次要求登陆拉科尼亚展开破坏行动的教唆。[20] 至今,私人之间的交往也没有停滞下来。

鉴于再一次成了阿尔戈斯的盟友,雅典人很可能发现并更全面地了解到此前阿尔戈斯当局与马其顿人佩狄卡斯之间的阴谋。不过,甚至在更早的时候,雅典人就已经知晓了这些阴谋。公元前417年春或夏,佩狄卡斯曾与雅典结盟,在尼奇亚斯的率领下,联合进攻色雷斯的卡尔奇狄凯和安菲波利斯;但是,如今这位王公不再与雅典人合作,退出了雅典同盟,从而使整个远征计划遭到了挫败。于是,雅典人对马其顿的所有港口实行海上封锁,并宣布佩狄卡斯为敌人。

自克莱翁遭遇惨败以来已经过了五年,其间雅典没有重新发起收回安菲波利斯的行动。以上行动似乎还是头一次。雅典人针对这座重要城市的历次行动充分地证明,不但尼奇亚斯、阿克比亚戴斯那样的领导人缺乏智慧,而且公民团体的倾向性也是错误的。正是这种错误的倾向逐渐导致帝国最终走向了毁灭。在阿提卡之外他们所占有的地盘中,没有哪个地方的价值比安菲波利斯更大。此地是巨大的商业中心和矿区，位于大河和大湖之畔，雅典的海军容易加以控制。此外，他们有正当的理由宣称对该邦的主导权，因为这座城市最初就是由他们殖民，是由他们最伟大的政治家伯里克利指导建立的。它的丧失只不过是因将军们不可饶恕的疏忽才导致的。在其丧失后，我们本期待着雅典人会把主要的精力集中于夺回这座城市；我们更希望看到，一旦恢复了对城市的控制权，雅典人能够确保对其的控制，并在将来仍然拥有对它的所有权。克莱翁是唯一一位对此有清楚认识的领导人，他当即向同胞们宣布，除非使用武力，否则永远不可能要回这座城市。接下来的领导人，无论是尼奇亚斯、拉凯斯还是阿克比亚戴斯，都赞成与拉凯戴蒙人保持和平并缔结同盟，希望通过明确的承诺或某种方式重新控制安菲波利斯。但是，经过一系列外交努力后，结果变得相当明显，正如克莱翁坚称的那样，和平不可能夺回安菲波利斯，只有武力才能够将其收回。尼奇亚斯的致命缺陷如今已昭然若揭，那就是性格上的惰性和能力上缺乏决断性。当发现他被拉凯戴蒙人的外交手腕算计，并犯下致命错误，劝说同胞做出重大让步，结果没有等来相等的回报时，可以预见，他一定为自己的错误悔恨万分，想尽一切办法以图通过和平重新恢复帝国的这些土地。然而，事与愿违，他并没有要回这些地盘。在整个过程中，他的行动没有取得任何效果。阿克比亚戴斯也开始展露出他在政治上的缺陷，其缺陷比尼奇亚斯的更危险。此人性格浮夸、摇摆不定、毫无原则，时有危险的创新之举。直到公元前417年遭到曼提奈亚战役的失败后,阿克比亚戴斯才终止了他在伯罗奔尼撒半岛上的政治投机;直到这一年,尼奇亚斯才谋划对安菲波利斯的远征;而这次远征也只是在得到佩狄卡斯这位毫无信义的君王的援助后才开始谋划的。[21]从这些活动中,我们可以公正地衡量在被称为尼奇亚斯和平的时段雅典的对外政策。这为下一章即将发展形成的令人悲叹的大灾难埋下伏笔。在这次大灾难中,城邦因尼奇亚斯和阿克比亚戴斯两人缺陷的综合作用几乎走向了毁灭。而不幸的事,雅典并未从两人的优点中收获什么好处。

在公元前420—前416年这三年中的其中一年(具体哪一年我们也不清楚),因尼奇亚斯和阿克比亚戴斯的竞争,雅典举行了陶片放逐的投票。[22]这两人的政治分歧已经激化到了如此的程度,以至于提出了举行陶片放逐投票的议案。这个议案获得了公民大会的通过。灯具作坊主叙佩波鲁斯是一个在公民大会上有一定影响力的演说家。由于对尼奇亚斯和阿克比亚戴斯都很反感,他积极支持陶片放逐的议案。阿里斯托芬说叙佩波鲁斯是继克莱翁之后公民大会会场的主宰。[23]如果确实如此,他所谓人民领袖的地位大约开始于公元前422年克莱翁去世之后。早在这之前,他就是喜剧作家主要的笑柄之一,被认为是与克莱翁类似之人,卑鄙、欺诈、冒失而好争讼,但从剧作家的话来看,他的影响似乎稍逊一筹。令人颇为怀疑的是,叙佩波鲁斯是否曾经获得过与克莱翁同样大的影响力,因为我们注意到,在尼奇亚斯和约的签订过程及之后发生的历次重要论争中,修昔底德都没有提到他的名字。修昔底德只提到过他一次,那就是在因遭受陶片放逐,公元前411年他居住在萨摩斯。他这样写道:"一个名叫叙佩波鲁斯的品德不良之人曾遭到陶片放逐,被放逐的原因并不是担心他的威望和权势过度膨胀会危及城邦,而是因为他的邪恶和有辱于城邦的名声。"[24] 然而,我们没有与他相关的特别事实验证修昔底德关于其品性的评价。

雅典采纳了举行陶片放逐投票的决议,解决尼奇亚斯与阿克比亚戴斯之间的政治倾轧。自上次为了解决伯里克利与麦莱西亚斯之子修昔底德类似的纷争举行陶片放逐投票(后者于公元前443年被放逐)以来,时间过去了24年。民主制已经足够稳固,从根本上降低了将陶片放逐作为保护这种制度免受个人篡权者破坏的作用。此外,人数众多的陪审员有完全的信心和能力处置此类影响最重大的罪刑,因此无论从人们的心理还是现实上都降低了此类预防性干预措施的必要性。在心理和现实都发生改变的情况下,虽然并不清楚之前的具体情况如何,但是如今发起陶片放逐的投票最终只能是对古代这种预防僭政方法的滥用或拙劣模仿,对此我们根本不会感到吃惊。投票势在必行,但就在会议举行之前,双方的支持者都改变了主意,决定让两个对手协作起来解决他们的政治纷争。但是,城邦已经正式宣布了要举行陶片放逐的投票,如今什么也无法阻止其发生。在形式上,找出任何一个公民暂时放逐是最可行的替代方法。因此,这两个分属不同俱乐部（Hetaeries）的敌对派别联合起来，将票投给其他的人。他们确定了一个所有人都不喜欢的人——叙佩波鲁斯。[25] 通过协议一致，获得了足够多的票，通过了将他暂时流放的审判。但是，这样一个结果是决定举行投票时谁都没有料想到的，普鲁塔克甚至描述说，民众将此当作一个笑话鼓掌讥讽。如今，每一个人，甚至叙佩波鲁斯的对手，都认识到这不过是对陶片放逐法一次显而易见的滥用，甚至超出了雅典政治道德的范畴。这次宣判也宣告陶片放逐法的终止，从此过后，我们再也没有听到过人们使用这种司法审判。然而，假如阿克比亚戴斯能够作为胜利者从叙拉古返回，除了使用陶片放逐法外，雅典人很有可能再也没有其他方法从此人的暴政中解救出来。[26]

公元前416年年初，雅典围攻并征服了多利安人的岛屿米洛斯。该岛隶属于基克拉狄斯群岛，是除泰拉岛外，该群岛中唯一被纳入雅典帝国的岛屿。米洛斯和泰拉都是拉凯戴蒙古老的殖民地，与其有着深厚的血缘世系。两座岛屿此前都没有加入提洛同盟，也与雅典没有任何联系。但与此同时，它们都没有参加近年来针对雅典的战争，在战争进行到第6年雅典登陆并进攻之前，也与雅典没有任何冲突和不满。如今，雅典企图再一次施加影响，派相当大一支军队进攻该岛。这支军队由克莱奥麦戴斯（Kleomedes）和提西亚斯（Tisias）率领，包括：海军共计38艘战船，30艘来自雅典，6艘来自开俄斯，2艘来自莱斯沃斯；重装步兵中1200人来自雅典，1500人来自同盟者；另有300名弓箭兵和20名骑兵。[27]在率军登陆并占领有利位置后,这两位将官向城内派出使者,命令他们投降,并成为雅典的臣属城邦。

在希腊,即便在不是公开承认为民主制的城邦,人们通常(即使不是全部)在公民大会上讨论战和问题。但在当前这种情况下,米洛斯的领导人背离这种惯例,而只允许使者与城邦的高级官员私下交谈。对于这次交谈,修昔底德自称进行了详细而明确的记述。鉴于史学家的记述一贯精练,他对这次交谈的记述令人惊讶地冗长。他记录下雅典使者与米洛斯人之间问答相间的13段内容明晰的谈话,每一段单独拿出来都太长,其中一些问答甚至相当简洁,全部问题以戏剧的形式呈现出来,给人留下了深刻的印象。事实上,有充分的理由断定,与他记录的其他演说词相较,我们在此读到的很大一部分是修昔底德的再加工,只有很小一部分才是真实的谈话内容。因为,这不是一篇公共演说,他没有机会请不同的人对相关内容进行回忆。这只是一次私下的交谈,只有三四个雅典使者参加,米洛斯人也不过10个或十几个。另外,所有超过参军年龄的米洛斯战俘及所有参加了这次会谈的米洛斯领导人都在城市被夺占后马上被杀,修昔底德只能通过雅典使者询问他们可能听到或记忆的内容。我并不会怀疑,他确实从他们那里或经过他们的转述得知这次会谈的一般特征,但是我们不可能相信,他确实从他们那里获得了连续不断辩论的整个过程。基于以上原因及不言自明的原因,我们必须相信,修昔底德确实有戏剧天赋且有极强的编排能力。

第二十六章　从第九十届奥林匹亚节到曼提奈亚战役

雅典人从当前双方所处的环境出发，首先将讨论的话题限定在共同利益上面。尽管米洛斯人倾向于扩大范围，引入关于公正的讨论，并呼吁做出不偏不倚的评论，但是，雅典人不准备多费口舌证明雅典帝国是在驱除波斯人的过程中出现的，是为受害者张目的，因而是正义性的，并以此作为这次军事行动的借口；也不准备倾听米洛斯人的请求，说他们尽管是斯巴达的殖民地，但从未与其站在一方或对雅典做了不义之事；而只是向他们强调在现存的条件能够获得什么。因为双方都知道，人类关于正义的推论是以对等的实力为前提的，强者可行其实力允许的一切事情，而弱者只能服从于强者。[28] 对此米洛斯人回答说，（略去所有关于正义的呼吁而只谈实在的内容）他们认为，对雅典人来说更为有利的是，不破坏人类共同的道德义务，仍准许平等和正义成为那些处于困难之中的人的一个庇护之所，即便他们对那些不能完全和严格地说明其权力的人也是如此。最重要的是，这符合雅典自身的利益，因为如果米洛斯被毁灭，将会造成双输的局面；对米洛斯而言是一种处罚，对雅典而言是一个教训。"尽管帝国被颠覆，我们也不担心那件事（重新聚集起雅典人）。我们的帝国不是一个斯巴达似的残酷对待被征服者的同盟。此外，我们目前所争辩的不是与斯巴达开战，而是争辩附属者是否可以通过进攻打败他们的统治者。这是一个需要我们做出评判的危险。需要提醒你们，我们到此是为了让帝国更具优势；如今我们讲这么多，同时也是为了你们的安全；希望将来你们在不带来麻烦的情况下加入我们帝国,保全了你们,对我们彼此都有好处。"(米洛斯人问道)"难道就不能让我们保持中立,成为你们的朋友而非敌人,但既不与你们结盟,也不加入斯巴达一方?"(雅典人回答说)"不行!你们的友谊对我们的伤害更甚于与我们为敌。因为在附属者的眼中,对你们友好证明了我们的软弱,而对你们强硬才展示了我们的力量。"(米洛斯人反驳说)"但是,把我们这些与你们毫无联系的城邦与那些一直是你们殖民地的城邦等而视之,在他们看来,这难道真是平等吗?事实上,许多城邦甚至都曾反叛并遭到再一次的征服。"(雅典人回答说)"他们确实如此。因为他们认为,每个城邦都有公平的权利要求独立的地位,但是,如果想要获得独立,他们只能通过自身的力量让我们不敢对其发起进攻。"(米洛斯人质疑道)"但是,在其他方面,假如你们奉行温和的政策,也定然能够对你们加以保护。因为如果进攻我们,你们将立即引起所有中立者的警惕,将他们变成了敌人。"(雅典人回答说)"我们完全不用担心大陆上的城邦,因为他们超出了我们的进攻范围,也不可能参与对我们的进攻。我们所担心的只是岛上的城邦。正是这些岛民固执己见的错误判断及其开阔的眼界,才有可能将我们和他们都拽入危险的深渊。"(米洛斯人说)"我们非常清楚,与你们这样有神灵庇佑的超级大国相抗衡是多么可怕,但是我们相信,就幸运而言,我们也将获得诸神的公平对待,因为我们站在正义一方与不义之师进行斗争。鉴于实力处于劣势,我们坚信这种缺陷将会由同盟者斯巴达

第二十六章　从第九十届奥林匹亚节到曼提奈亚战役

人来弥补；同宗同源的亲族关系将会迫使他们给予我们援助。"（雅典人回答说）"关于神灵的庇佑，我们和其他人一样也会获得垂青。关于诸神我们所相信的与人们对神的信仰或习惯并行不悖。自然法则要求人们，必须用武力让弱小者服从他们的统治。这就是我们如今运用的法则，非常清楚，如果你们及其他人拥有我们这样的实力，也会这样做的。至于你们指望从拉凯戴蒙人那里获得援助之事，让我们恭贺你们的简单纯真吧，不过同时也让我们嘲笑你们的愚蠢可笑吧。因为涉及他们自身及其民族习俗时，拉凯戴蒙人事实上是最值得称道之人。看一看他们是怎样对待其他人的吧。坦率地说，我们保证并从历史上的许多事例得出这样的结论：在所有人中，他们总是把爱做之事视为光荣之事，把符合自身利益之事视为正义之事。"

在经过其他各种类似风格的交谈后，雅典的使者强烈要求米洛斯人更加慎重地重新考虑投降之事，接着他们就离开了会场。过了一会儿，米洛斯的议事会将他们叫了回来，说了下面的话："雅典人，我们的意见与最初的一样。我们不愿放弃这个休养生息已达700年之久城邦的独立。我们寄望于迄今为止一直受到诸神眷顾的好运以图自保；也寄望于其他人的援助，尤其是拉凯戴蒙人的援助。我们请求被视为你们的朋友而不被任何一方视为敌人，请求签订一份双方都能接受的条约，然后撤离这座岛屿。"（雅典使者回答说）"好吧！唯有你们才会认为未来的事情比发生在眼前的事实更加清楚，似乎也只有你们才会一厢情愿地眺望着未知的远方,仿佛那就是当下的现实一样。你们把一切的宝都押在拉凯戴蒙人、命运和良好的希望身上。但是,你们所有一切都将尽数毁灭。"

围攻开始。雅典人为每个同盟者分了一份任务,筑起了一道环绕城市的城墙,从陆上和海上都将其团团围困起来。其他军队撤了回去。就这样,米洛斯被围困了好几个月。其间,被困者进行了两次成功的突击,暂时一定程度上缓解压力,并迫使雅典人派来另外一支军队。最终,城内的供应耗尽。一些米洛斯人开始叛变,城邦被迫无条件投降。雅典人决定将达到当兵年龄的所有男人处死,将妇女和儿童卖为奴隶。修昔底德没有说明提出这个野蛮议案的人是谁,但普鲁塔克和其他人[29]告诉我们,阿克比亚戴斯是积极支持者。随后,雅典派出500名殖民者组成一个新城邦。显然他们不是作为军事殖民者前往,不是居于海外的雅典公民,而是成了新的米洛斯人。[30]

自雅典人开始进入米洛斯到事件结束的整个过程构成了希腊历史呈现在我们面前最粗暴、最不可宽恕的灰暗片段,体现出雅典人的残酷和不公。在评判如此大规模的残暴行为时,我们不应当忘记,征服施加给战俘的战争法则就是如此。如果一个雅典士兵在瑙帕克图斯、尼塞亚或其他地方被科林斯人俘获,他可能也得遭受同样的命运,除非将其留作战俘的交换。但是,对米洛斯人的处置超出了战争法则最严苛的规定。因为他们完全没有与雅典交战,也没有对其采取任何敌对行动。此外,夺占这座岛屿

第二十六章　从第九十届奥林匹亚节到曼提奈亚战役

对雅典没有实质性的价值，完全不足以偿付这次军事行动的花费。虽然无论从哪个角度看其收获都非常有限，但是整个行动给希腊人的思想造成了震撼，使他们对雅典产生了严重的仇恨。这场战役将这座保持中立、无伤大雅的岛屿之上的居民一扫而光，但这并未增加整个帝国的力量，而只是让它受人憎恨，被保存下来，成为后世雅典诸多罪行中最大的一笔。

通过新的征服来满足帝国的虚荣，这种做法简单易行，但价值很小，但这无疑正是雅典人的主要目的。或许，这又能让斯巴达更加生气，因为这两个城邦一直存在着完全的敌对情绪，希望通过米洛斯事件来羞辱斯巴达。在下一章中，我们将见到，夺占新土地的激情取代了恢复帝国丧失地盘的理性诉求，这引发了更加致命的危险。

人们注意到，这两个问题在修昔底德描述的对话中得到了充分体现。如前所述，除了一些要点外，这一段对话不能展现双方所说的真实内容。正如哈利卡纳苏斯人狄奥尼修斯[31]很早之前评论的那样，从雅典使者嘴中说出的是海盗和强盗的话；他怀疑，修昔底德想通过这个例子来达到败坏这个将他流放的城邦名声的目的。无论如何评价他的质疑，我们至少可以肯定，修昔底德归罪于雅典的这些描述甚至与雅典人性格上的缺陷也不协调。雅典的发言人更可能使用模棱两可言辞的指控，他们或许通过言辞软化事情的严重性，为那些恶行添加上一个友善的名头，并使用被称为诡辩术的技巧达到这个目的。[32]当下，使者在米洛斯的发言有时被征引，借以表现雅典那一批在社会阶层和职业上被称为智者之人的道德沦丧。这种说法有冒失之嫌，不但是对现代意义上智术的一种蔑视，而且提供了一种逃避罪责的托词。

无论从事实上还是实践上，无论在希腊还是当今世界，不可否认，强大的国家确实倾向于以牺牲弱小国家的利益来达到扩大自身实力的目的，整个从古到今的历史进程都是如此。我们发现，布拉西达斯提醒他的士兵们不要忘记，正是先祖的快刀利剑才使他们统治着比现在多得多的人口，并将此作为荣耀和自豪之事。关于仅用强大的武力就获得的权力，很多事例都可以引用；这些事例与雅典征服米洛斯异曲同工。不同之处在于，雅典使者所采用的证明自身有理的方式，准确地说抛开了所有辩护，而着眼于希腊文明的真实状况。

如果我们模仿弗吕尼库斯（Phrynichus）遗失的悲剧《米利都的陷落》，那么在富有戏剧风格的修昔底德《米洛斯的陷落》（Μήλου Ἅλωσις）片段中，他被迫如此。我认为，对修昔底德所做历史的全面审视将有助于我们解释这一段具有强烈悲剧效果的段落。攻占米洛斯爆发于雅典发动规模巨大的西西里远征之前三四个月，而远征的时间就在次年夏天。这次远征对雅典产生了空前的影响，导致了古代历史上破坏性最大的灾难。雅典再也无法从这次沉重的打击中恢复过来。事实上，虽然步履蹒跚，但是雅典仍以令人惊讶的力量抵消其影响。但是，雅典人的好运正在走向尽头，最终被吕桑德彻底征服。就在穿过这道下降的平面之前，修昔底德停顿下来，以最夸张的形式，通过在米洛斯使者们对话的戏剧性段落，展现雅典人的肆无忌惮、傲慢和残忍。不应忘记，在描述薛西斯即将进军希腊并以耻辱性的失败告终的时候，希罗多德也向其读者展现了类似的场景。他精心设计了国王与周边侍臣的各种对话、其他逸闻趣事以及在多利斯库斯规模空前的大阅兵，以此呈现波斯大王的傲慢和人所不能及的自傲。希腊人对于这样的道德对比和并列，尤其是超乎寻常的好运突然遭到毁灭性的逆转，特别感兴趣。就在这样一个时候，雅典犯下了如此不公、如此残忍的错误。在其历史作品中，修昔底德唯一一次利用对话形式，以戏剧性的对立面形式，体现出一个傲慢而自信的征服者的想法。[33]

1　Thukyd., v. 54. 这次事件表明，斯巴达在征用同盟者军队时根本不会考虑他们的感情，这与雅典有着明显的区别。虽然也有一些同盟者的力量非常强大，不能以此方式加以对待。

2　在这次事件中，阿吉斯或许不愿承担责任进一步前进，因此为撤军找了一个合适的理由。值得注意的是，国王频繁利用献祭中似是而非的结果及类似的宗教原因来影响斯巴达军队的行动——cf. 在普拉提亚最后会战之前保萨尼亚斯战略性的延误（Herodot., ix. 61）和温泉关莱奥尼达斯的战略放弃（Herodot., vii. 206）。但是，此类借口在与阿尔戈斯的战斗中使用得更加频繁。虽然阿吉斯曾出于突发的紧急情况而推迟了一次宗教活动（Thuk., v. 82），但是，我们发现斯巴达的指挥者一再因为宗教原因浪费有利的战略机会（Herodot., vi. 76, 80-82; Thuk., v. 55, 75, 116）。当看到公元前418年阿吉斯签订的超

乎寻常的宽松条款时，我们或许真会认为斯巴达对"古老的赫拉克勒斯苗裔"有迷信般的尊敬。——编者

3 笔者的解释或许应当受到质疑，因为窜改日历的说法显得过于荒谬和孩子气，在现实中很难具有可行性。然而，据说，为了让围城者德麦特利乌斯（Demetrius Poliorketes）在非常短的时间内能够举办德麦泰尔的大小秘仪，（前290年）雅典公民大会曾两次在穆尼奇翁月（Munychion）通过投票，第一次将其变更为安泰斯泰利翁月（Anthesterion），第二次将其变更为波伊德罗米翁月（Boedromion）。因为德麦特利乌斯即将在穆尼奇翁月退出雅典，他通过这种方法几乎没有间隔地接连举办了两次秘仪（Plutarch, *Demetrius*, c. 26）。请与下述事件比较，在归于亚历山大在格拉尼库斯的演说中，他命令把第二个阿尔泰米西乌斯月变更为戴西乌斯月（Plutarch, *Alex.*, c. 16）。此外，如果看看不久前（前389, Xenophon, *Hellen*., iv. 7, 2, 5; v. 1, 29）阿尔戈斯人自身的所作所为，我们就会发现他们为了获得神圣休战的好处，再一次在日历上玩了类似的一个花招。当拉凯戴蒙人入侵时，阿尔戈斯人派出传令官头戴花环、手持标志，警告他们不要进入，因为此时还在神圣休战期。但事实并非如此："如果他不承认阿尔戈斯人宣称的神圣休战，他是否就不够虔诚，因为他强调，休战不是根据指定的时间到来的，而是在拉凯戴蒙人要入侵阿尔戈斯人的土地时，他们才规定了圣月。"（οὐχ ὅποτε καθήκοι ὁ χρόνος, ἀλλ᾽ ὅποτε ἐμβάλειν μέλλοιεν Λακεδαιμόνιοι, τότε ὑπέφερον τοὺς μῆνας – Οἱ δὲ Ἀργεῖοι, ἐπεὶ ἔγνωσαν οὐ δυνησόμενοι κωλύειν, ἔπεμψαν, ὥσπερ εἰώθεσαν, ἐστεφανωμένους δύο κήρυκας, ὑποφέροντας σπονδάς.）这种策略曾不止一次获得了成功。当传令官确认正是休战期时，拉凯戴蒙人还真不敢违背他的传唤贸然采取行动，尽管事实并非如此。最后，斯巴达国王阿盖西波利斯（Agesipolis）确实前往奥林匹亚和德尔菲，

问询神谕，看到阿尔戈斯人不按规定随意虚报（ὑποφέρειν）日期时，他是否必须要在任何时候都接受休战协议，无论这个协议是对是错。两个地方的神谕都告诉他没有义务遵守虚假协议，因此，他遣送回传令官，拒绝听从其传唤，仍然侵入阿尔戈斯境内。

在罗马，政治派别利用日历达到党争目的的事例已是众所周知。

4　在这次黑夜行军中，阿吉斯使用了从斯巴达向北的三条线路中最西边的一条，经贝尔米那（Belmina）、麦提德利翁、卡菲亚（Kaphyae）、奥科麦努斯到菲琉斯和西库翁。这也是公元前479年保萨尼亚斯进击马尔多尼乌斯的行军线路（Herodot., ix. 11, 12）。占据这条道路对斯巴达至关重要，因为到达地峡的东线被阿尔戈斯占据，中线被泰盖亚和曼提奈亚占据，并不总能对大军开放。泰盖亚和曼提奈亚因与斯巴达人存在冲突，也曾试图确保控制西线。公元前469—前468年那次记载不太清楚的战争似乎就是为了掌控这条线路上的一个据点狄派亚（Dipaea）。公元前420年，斯巴达发动了一次特别的远征，以图摧毁曼提奈亚境内离狄派亚不远的要塞库普塞拉（Kypsela）。（前370）在这条线路上的一个重要地方建立麦加罗波利斯（Megalopolis）导致了与斯巴达持续不断的战争。公元前3世纪，要塞贝尔米那成为这两个城邦竞争的主要据点，使斯巴达与阿凯亚同盟发生了几次大冲突。——编者

5　令人惊讶的是，雅典竟然只派出规模如此小的一支军队来帮助其伯罗奔尼撒同盟者。恰如50年后埃帕米农达斯在伯罗奔尼撒半岛上指挥的战斗一样，雅典如果举全国之力将可能使那一天在曼提奈亚决定希腊的命运。这样的疏忽无疑是受雅典的政治斗争的影响。公元前418年，阿克比亚戴斯没有被再次选为将军，而率军抵达曼提奈亚的是和平派的拉凯斯。阿克比亚戴斯本可在与斯巴达的斗争中扭转整个局势。——编者

6 从下文中可以推断，国王可以拥有相当可观的财富，在斯巴达私有财产并不是完全没有的。

Xen., Resp. Lac., 15, 2 否认斯巴达国王享有动用军队的权力，而只是把他们描述为军队的统帅。从 Herodot., v. 74, vi. 56 中可见，与其他将领（Herodot., v. 62）不同，国王享有全权。公元前 413 年，可以肯定，阿吉斯拥有独立的决策权（Thuk., viii. 5）。在后来，保萨尼亚斯和阿格西劳斯（Xen., Hellen., ii. 2, 7; iv. 7, 1; v. 1, 34）明显对自己召集军队的行为承担责任。——编者

7 Thukyd., v. 64. 不过，普拉提亚战前斯巴达人的进军（对此 Herodot., ix. 10 有描述）似乎也相当迅速及时。

8 沟通斯巴达与地峡之间的西线和中线如今被敌对的曼提奈亚和奥科麦努斯控制。——编者

9 Xenophon, Cyrop., iv. 2, 1; See Diodor., xv. C. 32; Xenophon, Rep. Laced., xiii. 6.

10 关于拉凯戴蒙军队的构成我们知之甚少。在拉凯戴蒙人训练中特别之处在于，只需教授一小队人（比如一个小队，其人数经常是 25、32 或 36 人），并在小队长的指挥下完成队形的变化。一旦这个问题得到确认，那么，很有可能人们会根据每个不同的情况来决定如何将这些小队组合在一起。【Busolt in Hermes, xl.（1905），pp. 387–419 中对不同时期所有能够发现的与斯巴达军阶相关的资料进行了整理，并对其制度进行了研究。——编者】

11 Thukyd., v. 73; Diodor., xii. 79.

12 亚里士多德（Aristotle, Politic., v. 4, 9）注意到曼提奈亚战役中阿尔戈斯寡头派军队获得的荣誉，并清楚地认识到，虽然阿尔戈斯人总体被打败，但这种荣誉仍是随后革命的一个主要原因：Οἱ γνώριμοι εὐδοκιμήσαντες ἐν Μαντινείᾳ, etc.

色诺芬提到一则获胜者看不起失败同胞公民的事例。在伯罗奔尼撒战争后半段，阿克比亚戴斯的胜利之师轻视特拉叙鲁斯的军队。见 Xenophon, *Hellen*., i. 2, 15-17.

13 Thukyd., v. 79. 我认为，该条款的目的是规定，拉凯戴蒙和阿尔戈斯的联合武装不得对没有包括在同盟范围内的其他城邦的内部冲突进行干涉。那时，比奥提亚与雅典、麦加拉与雅典都长期存有冲突。在这些冲突中，阿尔戈斯不得做出保证，为了维持比奥提亚和麦加拉所谓的权力而进行干预。

14 Thukyd., v. 81; Diodor., xii. 81.

15 狄奥多鲁斯（Diodor., xii. 80）说持续了八个月。如果这种说法正确，那一定是从斯巴达与阿尔戈斯结盟就开始，而不是从寡头政府最初建立计算。修昔底德的记述表明，自建立起寡头政体持续时间不超过四个月。

16 Thukyd., v. 82; Plutarch, *Alkibiad*., c. 15.

17 Pausanias, ii. 36, 3.

18 Thukyd., i. 107.

19 Thukyd., vi. 7.

20 Thukyd., vi. 105. 安多克戴斯（*Orat. de Pac.*, c. 1, 6, 3, 31, pp. 93-105）申明，战争是在阿尔戈斯人的劝说下，雅典对斯巴达发起进攻而重新开始的。这种说法只在一定程度上是正确的。与阿尔戈斯结盟只是重启战争的一个原因，也只能是众多原因中的一个，其他一些原因发挥的作用更大。修昔底德说，阿尔戈斯曾反复诱使雅典放弃与斯巴达的同盟，但都没有取得成功。

21 关于尼奇亚斯和约签订后，雅典与北部属邦的关系我们几乎没有什么资料。大约在和约订立时，铭文记载下雅典人与波提埃伊人交换的誓言 [C. I. A., iv. (1), p. 142; Hicks and Hill, 68. 在 Thuk., v. 39 中，提到雅典又丢失了一座城镇（前421）〕。

公元前417—前415年，尼奇亚斯似乎将他的色雷斯政策作为对抗阿克比亚戴斯伯罗奔尼撒计划的一个强硬举措。公元前417年，他曾两次认真尝试恢复安菲波利斯。在Thuk., v. 83中谈到，第一次行动是尼奇亚斯率领的，失败的主要原因是佩狄卡斯的背叛；作为报复，雅典再次对其宣战。第二次行动可从记录一位驻色雷斯的将军征收款项的铭文中推断〔C. I. A., iv.（1）, pp. 32, 70; Hicks and Hill, 70〕。公元前416年，针对佩狄卡斯，雅典发起了几次小规模的骚扰性行动，而佩狄卡斯没有得到卡尔奇狄凯人的支援（Thuk., vi. 7）。公元前414年，在佩狄卡斯和一支色雷斯军队的帮助下，雅典再次对安菲波利斯展开行动，但很快被大水所阻，最终没有取得什么效果（Thuk., vii. 9）。——编者

22　瑟尔沃尔博士（Dr. Thirwall, *History of Greece*, vol. iii., ch. xxiv., p. 360）将这次投票归于公元前416年的仲冬或前415年的初春时分，也即西西里远征之前。

他的依据来自安多克戴斯的演说词（【Andokides】, *Against Alkibiades*），瑟尔沃尔接受演说词的真实性（参见他关于这个话题所做的附录II, vol. iii., p. 494, *seq.*）。

然而，读这份演说词的次数越多，越觉得作者自称那一个时代两三代人之后的伪作。【根据Theopompus, fr. 103(quoted by Schol. Ar., *Vesp.*, 1001) 可以更加准确地确定它的日期。泰奥彭普斯说叙佩波鲁斯被流放了六年。因此，此人遭受陶片放逐的日期是公元前417年年初，此时，阿克比亚戴斯正从前一年的不得人心中恢复过来（cf. Beloch, *Att. Pol.*, p. 339 *ff.*）——编者】

23　Aritstophan., *Pax.*, 680.

24　Thukyd., viii. 73. 按安德罗提翁（Androtion, *Fragm.*, 48, ed. Didot）的

说法：ώστρακισμένον διὰ φαυλότητα. 比较下列作品中关于叙佩波鲁斯的记载：Plutarch, *Nikias*, c. 11; Plutarch, *Alkibiades*, c. 13; Aelian, *V. H.*, xii. 43; Theopompus, *Fragm.*, 102, 103, ed. Didot.

25 | Plutarch, *Alkibiad.*, c. 13; Plutarch, *Nikias*, c. 11.

26 | 很难理解这种说法。阿克比亚戴斯只能通过民众的选举或通过武力才可能成为独裁者。在前一种情况下，号召运用陶片放逐法完全没有用处。在后一种情况下，采用如此程序完全是一个累赘，对如此胆大妄为的冒险者完全没有作用。除了在公民大会或500人议事会前对他提起"公诉"（εἰσαγγελία）外，其他方法都不起任何作用。——编者

27 | 雅典人曾在公元前426年进攻过米洛斯，这表明除了受到激怒和满足征服欲望外，还有其他原因。其中一个重要原因是确保在爱琴海上获得一个良港，使其免受盛行的东北风和西南风的影响，并使其不受敌对舰船的袭扰，譬如公元前427年阿尔奇达斯的破坏和公元前417年受命于斯巴达的海盗袭击。作为一个纳贡城邦，米洛斯的地位远低于泰拉。但是泰拉没有良港，所处的战略位置也更小。——编者

28 | 关于雅典使者的这个看法，提醒大家注意1807年英国对哥本哈根的进攻和炮击，以及英国使者对丹麦摄政王就这个问题发表的看法。在 M. Thier, *Histoire du Consular et de l'Empire* 中我们读到了下面一段文字：

"王子继续，用丹麦合乎规定的行为来与此背信弃义的意向作对比，丹麦并未采取预防措施来对抗英国人，英国人却采取了所有的预防措施来对抗法国人，他们无所不用其极来搞突然袭击——杰克逊先生以蛮横无理的不拘礼节来回应他合理的愤慨，他说战争就是战争嘛，必须要屈服于不可避免的事，当我们是更弱的一方时，还要向更强的一方妥协。"

(Thiers, *Histoire du Consulat et del'Empire*, tome viii., livre xxviii., p. 190.)

29 | Plutarch, *Alkibiades*, c. 16.

30 | Thukyd., v. 106: "但后来他们从雅典派了 500 人，对那个地方进行殖民。"（τὸ δὲ χωρίον αὐτοὶ ᾤκησαν, ἀποίκους ὕστερον πεντακοσίος πέμψαντες.）羊河之战后，吕桑德让一些米洛斯人重回岛上（Xenoph., *Hellen.*, ii. 2, 9）。因此，肯定有一些人出逃或幸免于难。另外，城市被夺占时被卖为奴隶的年轻人或妇女肯定也被赎回或获得了释放。译按：这句话出自 Thucydides, v, 116，而非 106。

31 | Dionys. Hal., *Judic. De Thucydid.*, c. 37–42, pp. 906–920 Reisk.

32 | Plutarch, Alkibiad., 16: "雅典人对其他一切都仁慈而宽容，他们总是赋予他违法乱纪的行为最温和的名头，称之为年轻人精神和野心的产物。"（τοὺς Ἀθηναίους ἀεὶ τὰ πραότατα τῶν ὀνομάτων τοῖς ἁμαρτήμασι τιθεμένους, παιδιὰς καὶ φιλανθρωπίας）. Plutarch, *Solon*, c. 15 也为了达到同样的目的。

33 | 正如亚里士多德在诗学（Aristotle, *Poetics*, 1451 b 12）谈到的那样，修昔底德在此可能也感受到他的历史不够"冷静"。因此，他没有想法记录使团成员真正所说的话，而是勾勒了一种因过于得意而濒临疯狂（ἄτη）的傲慢之人（ὑβριστικὸς ἀνηρ）的形象。——编者

第二十七章
格罗王朝垮台后的西西里事务

阿提卡与西方的关系开始于公元前6世纪,那时,雅典人从科林斯手中赢得了向此地出口陶器的贸易权。在埃特鲁斯里亚和意大利南部发现的诸多陶器表明,自此时起,雅典定然对这些地区产生了相当浓厚的贸易兴趣。

一则与地米斯托克利相关的著名事例表明了双方的这种联系。在萨拉米斯召开的将领会议上,他威胁将带领他的同胞前往塔兰同湾,在原西利斯的辖地建立新家园,对于这块地方雅典宣称拥有特别的权利(Herodot., viii. 62)。据称政治家与叙拉古人希埃罗阴谋勾结(Stesimbr. ap. Plut., Them., c. 24),他两个女儿的名字分别为叙巴利斯和意大利娅(Plu., Them., c.

32），此外，他与科西拉和埃皮鲁斯也保持着特殊关系（Thuk., i. 136）。所有这一切都证明，他谋划着向西扩张，并借助这种政策赢得同胞们的支持。

奇蒙积极倡导进攻波斯，并将雅典人的行动从这一个区域调转过来。直到公元前454年，不再有任何干预这一地区的进一步的证据。是年，据说一位雅典将军在与西凯尔人战斗时在尼亚波利斯创立了火炬接力赛（Timaeus, fr. 99）。虽然雅典与西凯尔人交战令人难以置信，但我们可将这一事件与狄奥多鲁斯（Diod., xi. 86）提到的塞格斯塔（Segesta）与利吕拜翁（Lilybaeum）之间的战争联系到一起。不过这种联系也存在明显的错误，因为公元前4世纪之前利吕拜翁根本不存在。或许可以这样认为，塞格斯塔很有可能受到塞林努斯很大的压力，因为后者曾在此时因胜利献上感恩的祭品（Inscr. Gr. Sic. et Ital., i., p. 45, No. 268, Hicks and Hill, 34）。雅典有可能被牵扯到同样的争端中，从而导致了后来大规模的远征。

另外两件雅典在西部地区产生影响的标志性事件是建立图利伊（前444）和殖民尼亚波利斯（大约公元前5世纪初，Strabo, 5, p. 246）。恰如在图利伊和赫拉克莱亚一样，该邦引入雅典的币制，这或许可解释为雅典的影响，但也有可能只是表明阿提卡雕刻家米隆的一个学生在此地个人获得的成功（Evans, Horsemen of Tarentum）。

雅典冒进的政策似乎自然应归于伯里克利，因从政初期他

第二十七章　格罗王朝垮台后的西西里事务

与科林斯人有着尖锐的冲突（cf. note 17, p. 418）。虽然后来他不再关注对西部地区的武力干预，但仍试探性地向外扩张（cf. note 17, p. 418）。与科西拉人的结盟给予了雅典向西扩张的新动力，公元前433年，雅典与伊奥尼亚城邦莱吉翁和莱翁提尼终结了盟约［C. I. A., iv.（1），p. 13; Hicks and Hill, 51 and 52］。

虽然这些古老的条约（παλαιαὶ συμμαχίαι）或许没有明确涉及任何干涉西西里的目标，但是为此提供了一个很好的借口，在伯里克利去世不久，雅典民主派的领导人就很快利用了这个借口（Thuk., iii. 86）。

接下来将讲述在西西里采取的几次小规模行动及其原因。然而，公元前425年，叙佩波鲁斯荒谬地提出，要求派出100艘战船远征迦太基（Ar., Equit., 1302），他的这个鲁莽计划显然找不到任何托词。

值得注意的是，向西扩张的政策只完全属于民主派，奇蒙和尼奇亚斯从来都不赞同。

以下讲述的内容参阅了修昔底德前面几章的内容，分别是Thuk., i. 36; ii. 7; iii. 86, 88, 90, 99, 101, 115, 116; iv. 1, 2, 24, 25, 48, 58-65; v. 4, 5。——编者

在前面的几章中，笔者已经交代了在雅典令人难忘的西西里远征之前伯罗奔尼撒战争的历史概况，正是这次远征改变了整个战争的结局。在此时及此后一段时间，伯罗奔尼撒半岛上的希

腊人逐渐与西西里岛上的希腊人建立了密切的交往。但在此之前，双方的联系只不过是偶然的，缺乏互动影响。因此，笔者认为，读者应当将这一时间的前后完全区别对待，可以完全忽视战争最初10年雅典人在西西里的行动。笔者将尝试填补上这一段空白，尽可能尝试叙述公元前461—前416年发生的涉及西西里的事件，分析雅典人是如何一步步卷入征服叙拉古的野心勃勃的行动，直到最后将大半军力押注于这次致命的冒险远征。

自叙拉古格罗王朝崩溃及随后整个岛上其他所有僭主被驱逐或退位后，所有希腊城邦重新组成了自由而自决的民主政府。在经历一段时间剧烈的动荡后，各方达成了和解，被逐王朝的追随者一部分迁居到美塞尼亚的疆土，另一部分在叙拉古附近岛屿东南端重建了城邦卡马利纳。

然而，虽然和平得到了恢复，但是这些最初由僭主带来的居民构成的巨大变化使整个西西里产生了不稳定的环境。这些居民属于殊异的部族，有着不同的宗教信仰，讲不同的方言；他们都是在僭主时期不得已地混杂在了一起。这与伯罗奔尼撒半岛和阿提卡的人们长期习惯的制度非常不同，在其诸多弱点中，外敌因素首当其冲。[1]令人叹服的是，可能造成动荡的那些如此现实而强大的因素很快得到了民主政府的有效控制。接下来的半个世纪无疑是这座岛屿历史上最繁荣、最安定的时期。

各希腊城邦中，叙拉古是首屈一指的大邦，阿格利根同紧随其后。以上谈及的因素在叙拉古表现得最强烈，干扰到了民主

第二十七章　格罗王朝垮台后的西西里事务

政府的最初建立。我们不了解该邦民主政体的详情，但其稳定曾受到过不止一个渴望夺取格罗和希埃罗权柄的野心家的威胁。这些野心家中最突出的是廷达利翁（Tyndarion）。此人利用巨额财富，慷慨施与广大的贫困者，从而获得了大批支持者。其政治阴谋最终败露，廷达利翁受到了审判，并被判处死刑。然而，他的支持者曾不止一次地发起暴动企图拯救他，但都无果而终。在几次有号召力的公民恢复僭政失败的经历后，民众认为有必要通过一则类似于雅典陶片放逐的法律，对影响力大的公民处以暂时的流放以儆效尤。[2]根据该法，几位强势的公民很快遭到了流放。结果这种制度被城邦的各政治派别滥用，以至于据说地位显赫者不敢掺和到公共事务中。因此，在实施过程中，导致了与被限制的政体同样新的激烈的政治斗争，叙拉古人在引入该法后不久，就被迫将其取消。在狄奥多鲁斯所给的粗略梗概之外，我们有幸得知与这次政治实验相关的某些细节，尤其是在叙拉古为何没有采用陶片放逐的预防性安全举措。或许叙拉古人并没有认真领会克里斯提尼在雅典实施的限制措施和规章制度。虽然这种制度是应对紧急情况的有效方式，但是无论在什么情况下，它都极有可能被人滥用。因此，对于这个冲突激烈、动荡无序的特殊时代，我们没有理由会对此感到奇怪。令人不解的应当是，这项制度在雅典却很少被滥用。

自此以后，民主政府的财富得到了增加，在对外事务中也展现出强劲有力的行动。叙拉古海军大将法伊鲁斯受派率一支强大的舰队肃清提莱尼亚海周边沿海城镇的海盗，在劫掠厄尔巴岛（Elba）后就返回了城邦。人们怀疑他是受敌人的贿买后才撤军的，因受到指控，他遭到了审判并被放逐。城邦又派阿佩莱斯（Apelles）率领 60 艘战船前往同一地区。这位新的海军大将不但劫掠了提莱尼亚海沿岸许多地方，还蹂躏了科西嘉岛（彼时，该岛归提莱尼亚人所有），并完全征服了厄尔巴岛。在返回时，他带回大批战俘和丰富的战利品。[3]

与此同时，西西里希腊各城邦此前的大起义不但激发起内陆地区西凯尔人新的热情，而且也鼓舞着志向远大、能力不凡的西凯尔人君王杜凯提乌斯（Duketius）扩张的野心。很有可能，许多希腊的流亡者效命于他的帐下。或许经这些希腊人的提议，或许他本人被希腊精神的感召，这位君王计划着将西凯尔各弱小的共同体组成城邦似的集体。在获得征服希腊城镇摩甘提纳（Morgantina）的令名后，他说服西凯尔各邦组成一个类似于联盟的组织。接着，为了地处联盟的中心地带，他将其驻地由原本位于山坡上名为麦纳（Menae）的小城搬到附近山下交通便利的平原上，邻近名为帕利奇（Paliki）的一个圣所。[4] 鉴于人们对圣所内诸神的崇拜，这座平原对西凯尔人有着广泛的吸引力。杜凯提乌斯修建了一座名为帕利奇的规模颇大城池坚固的新城，并将周围的土地分配给许多西凯尔人。

杜凯提乌斯采取进攻性的措施为他获得了声名，并打算逐渐收复希腊人从土著手中侵占的土地。西凯尔城镇恩奈西亚

第二十七章 格罗王朝垮台后的西西里事务

(Ennesia) 此前被埃特纳 (Aetna) 放逐的希埃罗支持者夺占。[5] 杜凯提乌斯用计诱惑该城的高官,想方设法将其夺回。接着,他冒险入侵阿格利根同的国土,围攻其境内一座名为摩提翁 (Motyum) 的要塞。这位君王力量的强大给我们留下了深刻的印象;当前往解围时,阿格利根同人认为必须向叙拉古求救。杜凯提乌斯率领的联军获得了一场胜利。但是,在接下来的几年里,这位西凯尔君王的好运不再。希腊两大城邦的联军解了摩提翁之围,在战场将西凯尔彻底击败,并解散了他的所有军队。当发现自己被战友们抛弃,甚至遭人出卖,他令人绝望地做出决定,乞求叙拉古人的宽恕。他夜晚骑马到叙拉古的城门外,作为一个乞援者坐在市场的祭坛上。此人出乎意料的到来招致大批叙拉古公民的围观,引发了他们最强烈的感情。当官员召集公民大会讨论此人的命运时,宽恕之声占据了上风。杜凯提乌斯走下了祭坛,被送往科林斯;叙拉古承诺他在那里能够安度余生,并为他提供了富足舒适的生活保障。[6]

如果说,在某些情况下,公民大会能够如同寻常一样顺从民众激烈的情感行事,采取极端措施;在另外一些情况下,人们用审慎的态度考虑将来的安全,恰如这次的行动一样,从而使仁爱之心占据上风。结果,叙拉古因为释放了杜凯提乌斯而收获了恶果。在科林斯居住两三年后,这位君王就违背了诺言。他以接到神灵的命令为借口,聚集起一批殖民者,起航前往西西里,并在属于西凯尔人的北部海岸建立了一座城市卡莱阿克泰。

强敌的回归还不是叙拉古遭受到的唯一的苦难。释放杜凯提乌斯的决定没有征得与叙拉古共同作战的阿格利根同人的同意；后来，眼见敌人再次出现在岛上且来势汹汹，阿格利根同人非常生气，决定对叙拉古宣战。双方确实因此发生了战争，而且其他希腊城邦也纷纷参战。战争持续了一段时间，采取了各种敌对行动。最终阿格利根同在希麦拉河畔吃了一场大败仗后，被迫乞求并缔结了和平。[7] 两个城邦的争端使杜凯提乌斯轻松地建立了卡莱阿克泰城，并在重建对西凯尔的影响上获得了一些进展。然而，在行动过程中，他遇到突袭，战败身亡。很有可能他没有留下继承者完成未竟的计划，结果叙拉古人勇敢地抵抗住了西凯尔人的进攻，征服了岛上的许多西凯尔人城镇。[8]

随着大量属邦和纳贡城邦的加入，加之最近对阿格利根同的胜利，叙拉古已上升为最强大的城邦，开始谋划将其影响力扩展到整座岛屿。为此，城邦的骑兵人数增加了一倍，并修造了100艘新的三列桨战船。[9] 然而，历史学家没有告诉我们叙拉古是否采取措施或采取了哪些措施来实现其计划。尽管如此，在伯罗奔尼撒战争开始之时，西西里的状况仍然如此：叙拉古是首屈一指的强邦，即便没有采取具体行动，至少也心怀野心勃勃的梦想；阿格利根同是对它嫉恨有加的竞争对手，实力仅次于叙拉古；其他希腊城邦仍保持着独立，但它们对这两个强邦缺乏信任且心怀恐惧。

对于这一时期的具体情况，虽然我们了解不多，但仍有充分的证据表明,这是西西里处于繁荣的一个时期。相较于叙拉古,阿格利根同的财富、贸易及公共建筑似乎有过之而无不及。它与迦太基及非洲海岸的贸易规模巨大且利润丰厚,因为此时利比亚还没有大量种植葡萄或橄榄,迦太基人完全从西西里南部地区获得所需的葡萄酒和橄榄油,[10]阿格利根同更是如此。该城的神庙,其中尤以奥林匹克·宙斯神庙最重要,规模巨大、宏伟壮丽,超过了西西里岛上任何类似的建筑。这座城邦的人口,包括自由人和奴隶,数量颇巨。城邦的富人资助战车,参加奥林匹克赛会,获得了显赫的声名;与之相匹配的是丰富的艺术品、雕塑品和绘画,[11]无不体现着奢华和繁荣。所有一切能够展现在我们的眼前,那是因为公元前406年迦太基人带来的可怕灾难使阿格利根同与世隔绝。正是两个时间节点之间的间隔,阿格利根同取得如此的成就。无疑,阿格利根同不是独此一家,整座岛上的所有希腊城邦或多或少也有类似的繁荣。

西西里的繁荣不只是表现在物质方面。彼时,一些意大利和西西里城邦的文化运动也进行得如火如荼。波塞东尼亚湾的小城埃莱亚涌现出希腊两位最伟大的思辨哲学家——巴门尼德(Parmendes)和芝诺。阿格利根同人恩培多克勒在哲学上取得的成就也不遑多让,而且他的观点在政治上和实用上也颇有功效。西西里岛上的各个民主政府鼓励修辞学研究,因此不但阿格利根同人恩培多克勒和波鲁斯(Polus),而且叙拉古人提西亚斯(Tisias)和科拉克斯(Korax)及莱翁提尼人高尔吉亚都获得了巨大的声名。[12]正如雅典一样,需要在公民大会或法庭上演说,为叙拉古的修辞学教师提西亚斯和科拉克斯的活动提供了动力。

公元前431年雅典与伯罗奔尼撒同盟之间的大战爆发之前,西西里诸城邦正处于物质繁荣、政治民主、文化活跃的状态之下。意大利和西西里的希腊人与这次大战没有直接联系,他们也不用对雅典的野心感到任何恐惧。虽然公元前443年建立了殖民地图利伊,但雅典甚至也没有在那座城市的政治上占据优势的打算。尽管如此,西西里的希腊人虽自成一体,但他们或多或少对于战争的其中一方抱有同情,其中一些人甚至与希腊两大政治势力保持着同盟关系。与斯巴达结盟的全部或主要是西西里岛上的多利安人城邦,譬如叙拉古、卡马利纳、盖拉、阿格利根同、塞林努斯,希麦拉和美塞尼亚可能也属于这个阵营;此外意大利半岛上的罗克利和塔伦同也与它们互通声息。与雅典的同盟者可能包括意大利半岛上由卡尔奇狄凯人或伊奥尼亚人建立的莱吉翁。纳克索斯、卡塔纳、莱翁提尼等西西里岛上的伊奥尼亚城邦此时是否通过任何特殊条约与雅典结成同盟关系,这个问题令人怀疑。

在科林斯与科西拉发生令人难忘的争端时,雅典插足其中(前433—前432),这使西西里各方在伯罗奔尼撒争端中通过两种方式进一步产生了合作。其一,在科林斯煽动强烈反雅典的战斗精神,而西西里的多利安人在贸易上和精神上给予他们支持;其二,在意大利和西西里为雅典海军提供一个展开行动的基地,然而,如果未能在科西拉建立一个立足点,这是不现实的。雅典的

第二十七章 格罗王朝垮台后的西西里事务

对策完全是防御性的,而其敌人的策略则是进攻性的。那时,斯巴达和科林斯料想会获得西西里多利安人在战船、钱财、物资等方面大量的援助。而作为雅典的同盟者,科西拉的价值是提供了一个阻碍上述支援前往的工具,而不是作为一个将来征服西西里的跳板。

公元前431年春,斯巴达人组织了第一次入侵阿提卡的军事行动。他们满怀信心地期望着经过一两次战役就会打败雅典。同时,他们计划在同盟中组建一支由500艘战船构成的舰队。其中相当一部分船只由意大利和西西里的多利安人承担。此外,斯巴达要求这些同盟者缴纳一笔贡金,并指令它们在舰队准备妥当后再对雅典宣战。到底是什么原因阻碍了计划的实施,不得而知。我们也只是在15年后(雅典西西里远征之前)叙拉古人赫尔摩克拉泰斯责备其同胞此前的冷漠时才知道此事。[13] 不过,不难发现,因为西西里的希腊人对于这次战争并无直接的兴趣,他们也不惯于对斯巴达的要求言听计从,所以他们自然的反应是表达同情之感,并承诺在需要时提供援助,而没有劳心费神地仅仅为伯罗奔尼撒人的侵略和扩张满足斯巴达的要求。出于与科林斯的特殊关系,叙拉古的领导人或许努力按要求行事,但是在阿格利根同、盖拉或塞林努斯,都找不到类似有效的动机。

西西里的多利安人没有派军队前往伯罗奔尼撒半岛,在此他们会一无所获,因此他们更愿意攻打岛上的伊奥尼亚人,以图将纳克索斯、卡塔纳及莱翁提尼等城邦征服或侵占。而这些小邦无疑支持雅典与斯巴达进行斗争，然而，它们力量太弱小，既无法为其提供援助，也无法威胁到周边的多利安人城邦；没有雅典的援助，它们甚至都无法自保。多利安人城邦卡马利纳担心强大的邻邦叙拉古，转而支持伊奥尼亚人；同时支持他们的还有意大利半岛上的莱吉翁。但半岛上的罗克利是莱吉翁的仇敌，因而站在叙拉古一边与他们为敌。在伯罗奔尼撒战争进行到第5年的夏天，莱吉翁人发现在海上受到封锁，只能待在城墙之内，于是派人前往雅典；作为其同盟者和同为伊奥尼亚人，请求雅典提供援助。他们声称，如果叙拉古成功将其征服，他们及西西里岛上的其他伊奥尼亚人将满足伯罗奔尼撒人长期以来的意愿，为其提供积极的援助。据说，风格独特的莱翁提尼著名演说家高尔吉亚充当了使团团长；当他初次出现在雅典公民大会时，立即引起了一场骚动，产生了强烈的效果。

如今，雅典人确实也有兴趣保护西西里岛上这些伊奥尼亚人免受岛上的多利安人征服，从而阻塞西西里的粮食运送到伯罗奔尼撒半岛。他们派拉凯斯和喀罗亚戴斯（Charoeades）率领20艘战船，命令他们在完成上述目标时，探明是否有可能不只是防御，而是将其征服。舰队停泊在莱吉翁后，拉凯斯采取一些措施一定程度上解除了这些伊奥尼亚城邦受到的海上封锁；他甚至对与叙拉古结盟的利帕利（Lipari）群岛发起了进攻，最终没有取得成功。[14] 在接下来的整整一年里，拉凯斯对莱吉翁的邻邦及美塞尼亚发起进攻；但其同僚喀罗亚戴斯被杀身亡。在攻打美塞尼

第二十七章　格罗王朝垮台后的西西里事务

亚境内的卡莱时，他足够幸运地获得了一场决定性的胜利，迫使美塞尼亚向他投降，交出人质，并加入了雅典同盟且与伊奥尼亚城邦结盟。[15] 他还与西西里岛西北端的非希腊人城邦埃盖斯塔签订了同盟条约，并侵入罗克利境内。在此之后，在再一次的登陆战中，他打败了一支罗克利军队。但在打击西西里境内的军事行动中，他没有获得任何成功。是年冬，他最后攻打希麦拉和利帕利群岛，但没有取得任何效果。次年春，在返回莱吉翁后，他发现皮托多鲁斯（Pythodorus）已经从雅典前来，将他取而代之。

这位将军是作为一次规模更大的远征先锋前往的，春天城邦将派欧吕麦东和索福克勒斯率领大军到达西西里。西西里的伊奥尼亚城邦发现拉凯斯的军队无法在海上对敌人占据上风，再一次派使者前往雅典，要求提供进一步的支援。碰巧，此刻雅典舰队没有其他任务，而他们希望让舰队一直处于实战状态。因此决定另外向西西里派去40艘战船，满怀希望能够迅速结束那里的战争。

第二年初春，欧吕麦东和索福克勒斯率领着这支舰队从雅典驶往西西里。城邦命令他们在航行过程中解救科西拉，并让德摩斯提尼在伯罗奔尼撒海岸采取一些行动。但这支舰队首先在斯法克泰利亚，然后在科西拉解围，耽搁了太长的时间。直到大约9月才抵达西西里。

虽然一路的延误总体给雅典带来了明显的好处，但对整个夏天在西西里获得成功的希望造成了致命的打击。因为皮托多鲁斯此前只在拉凯斯指挥的舰队中在莱吉翁展开过行动,如今他不但突袭罗克利失败,而且因美塞尼亚的叛离造成了不可弥补的损失。美塞尼亚在几个月前曾向拉凯斯投降。该城与莱吉翁一道,让雅典人控制了海峡。雅典舰队即将到来的消息让叙拉古人寝食难安,急于夺占这个对西西里岛发起行动的重要基础。由叙拉古和罗克利各提供一半船只组成一支20艘战船的舰队,在美塞尼亚城内一些人的协同行动下,夺取了这座城市。如今,美塞尼亚成了一座充满敌意的港口,停泊着与雅典为敌的舰队。叙拉古人又派来30艘战船,立即展开海上行动,希望在欧吕麦东抵达之前打败雅典人并攻占莱吉翁。但是,虽然雅典只有16艘战船外加8艘来自莱吉翁的船只,但他们仍获得了一场决定性的胜利。

为了防止卡马利纳亲叙拉古派反叛的威胁,雅典舰队突然撤离了莱吉翁。这让美塞尼亚人的军队放开了手脚,入侵周边卡尔奇斯人城市纳克索斯。正当他们准备猛攻这座城镇时,一支数量可观的土著西凯尔人从附近山上冲下来驰援纳克索斯人。对此,纳克索斯人误以为西凯尔是来自希腊城邦莱翁提尼的同胞;趁着敌人还没有做好准备,土著西凯尔人突然打开城门,发起强有力的进攻。美塞尼亚人被彻底击败,死伤不下于1000人。在撤退时,因西凯尔人的追击,损失的人员更多。因这座城邦最近的战败而力量大损,罗克利人不得不派出一支军队镇守于此。莱翁提尼人、纳克索斯人及从卡马利纳返回的雅典人一道从海陆两路对美塞尼

第二十七章 格罗王朝垮台后的西西里事务

亚发起了进攻。然而,美塞尼亚人和罗克利人看准时机冲出城外,驱散了莱翁提尼的陆军;不过,雅典人从船上登陆,趁着进攻者队形散乱之机,对其发起了进攻,并将敌人赶回城内。尽管如此,攻打美塞尼亚的计划已经不再现实,于是雅典人渡过海峡回到了莱吉翁。

这就是伯罗奔尼撒战争进行到第17年,雅典人在西西里展开的行动,经过半年的战斗,结果并没有取得决定性胜利。在秋季,尽管欧吕麦东所率的全部战船加入了皮托多鲁斯的军队,但雅典人似乎也没有取得多大进展。战争第18年春,雅典不但控制着斯巴达的战俘,而且还夺占了派罗斯和库泰拉,因此煽动黑劳士起义并非不可能。如今,雅典是志得意满,而它士气不振的对手只得全力防守。因感受到与三年前他们才发动战争时完全不同力量对比的威胁,如今西西里岛上的多利安人急于让他们居住的岛屿实现和平。此前一直与伊奥尼亚和卡尔奇斯人城邦一起行动的多利安人城邦卡马利纳首先单独与其邻邦盖拉实现了和解,并邀请岛上所有城邦派出使者到盖拉商谈缔结和平事宜。

公元前424年春举行了这次大会。会上,西西里岛上最强大的城邦叙拉古带头要求所有城邦依据和约的规定,实现共同的利益。作为城邦这项政策的主要顾问,叙拉古人赫尔摩克拉泰斯在会上支持并具体落实相关的规定。修昔底德记载的此人在会议上的发言着重强调,必须不惜一切代价让西西里避免一切外来的干预,并由全体西西里人自主处理一切发生在不同城邦之间的分歧。赫尔摩克拉泰斯向与会者反复强调雅典的讲攻性战略。作为全希腊最强大的城邦，雅典的目标是针对所有西西里人的，不论是伊奥尼亚人城邦还是多利安人城邦，都直接受到了它的威胁。如果他们内斗不休，势必会相互削弱，必然会邀请雅典人充当仲裁者。其结果是，所有城邦都会被征服，所有人都会沦为奴隶。因此，如果有可能，西西里人应当维持和平，互不相扰；如果确实不能，也必须至少将战争局限于西西里岛内，不要为任何外来的入侵者提供可乘之机。不同城邦的人应当本着相互克制的精神向对方提出不满，并纠正对对方的伤害。作为岛上首屈一指和最有能力发起战争的城邦，叙拉古准备身体力行，做出表率。让所有人都能够感受到，相互之间都是邻居，都是同一座岛上的居民，都有共同的名字西西里人；让所有人都团结起来，驱除妄图干预岛上事务的外来者，无论他们是公开的入侵者还是奸诈危险的中介者。

不管是在伊奥尼亚人城邦还是在多利安人城邦，他的发言都激起了人们的普遍赞许。因此，所有交战城邦都接受了和平，各方按当前的情况保留着他们夺占的地盘。[16]伊奥尼亚城邦要求，雅典应当被纳入和平条约中。接着他们知会了欧吕麦东及其同僚相关的条款，邀请他们以雅典的名义签署和约，然后从西西里撤军。将军们别无选择，只得接受了提议。接着，欧吕麦东率领舰队返回雅典。

然而，刚抵达雅典，这位将军及其同僚就受到了民众的冷遇。欧吕麦东被课以罚款，其同僚索福克勒斯和皮托多鲁斯因接受贿赂放弃西西里而被处以流放之刑。的确，那时舰队的力量非常强

第二十七章　格罗王朝垮台后的西西里事务

大，足以征服这座岛屿，至少雅典人这样认为。这次判决严厉而不当。因为欧吕麦东似乎无权阻止伊奥尼亚人城邦签订和约；如果没有它们的帮助，他定然无法取得任何实质性的成果。但此刻的雅典人（此外，后面将会看到，西西里城市的价值让他们产生了致命的误判）奢望正隆，期待着在每一个地方都能够获得新的胜利；对于挫折他们无法容忍，对于给予指挥者的资源及对其制定目标之间是否均衡大而化之。

　　西西里伊奥尼亚人城邦很快就感受到将雅典人遣送回去的做法有欠考虑。在盖拉和约签订不久，莱翁提尼与叙拉古之间的争端——这也是三年前请求雅典前往的同样原因——重新爆发。莱翁提尼的民主派政府决定通过登记更多新公民入籍的方法增强城邦的力量。城邦计划重新划分土地，以便为新入籍公民提供一块土地。但是，由于新举措势必让城邦的贵族舍弃一部分土地，他们决定先发制人，将城邦出卖给叙拉古，招来叙拉古的军队，驱逐了民主派。当这些流亡者尽可能寄居于其他城邦时，莱翁提尼的富裕者放弃并肢解了自己的城邦。他们举家迁往叙拉古，并登记成为叙拉古公民。对他们而言，这样做是百利而无一害的有利可图之事，因为除自身的土地外，他们还成了流亡在外的民主派人士土地的主人。然而，其中一些人对在叙拉古的居所不满意，又返回到已被遗弃的城市，在一些街区居住下来。后来，相当一部分流亡在外的平民也纷纷返回，他们曾一度想尽办法坚持修筑城墙，并挫败了叙拉古人对此进行的干涉。

在莱翁提尼民主派的计划下，在盖拉和约签订的次年，开始了新的公民登记，其目的很可能是在叙拉古再次发起进攻时，让城邦处于更加有效的防御地位，以此弥补雅典援军撤走的空缺。同时，莱翁提尼的民主派再次派出使者前往雅典，请求重新给予他们援助。

但是，此时的雅典正捉襟见肘，无法满足他们的要求。城邦先遭戴利翁之败，随后又受色雷斯之失，接着被迫订立了一年休战协定。即便在休战期间，它也不得不在色雷斯付出巨大的精力，限制布拉西达斯的节节推进。休战结束后，雅典派法伊亚克斯（Phaeax）及两位同僚率领两艘战船前往西西里（前422）。城邦要求这位将领想法在岛上组织起反叙拉古的力量，并重新恢复莱翁提尼民主派的统治。在卡马利纳和阿格利根同，他陈述叙拉古野心可能带来危害的演说获得了人们的认可。但是，当阿格利根同人前往盖拉，以图说服该邦及其他两个城邦时，他们遭到了断然的拒绝，法伊亚克斯的全部计划受挫。

在法伊亚克斯巡访该岛几个月后，雅典签订了尼奇亚斯和约。和约的订立使雅典人将全部精力都集中于伯罗奔尼撒半岛。阿克比亚戴斯野心勃勃地实施其在伯罗奔尼撒半岛内的三年计划，并联合阿尔戈斯对抗斯巴达。直到公元前417年，当上述计划最终破产，雅典才腾出手来，将注意力转向其他地方。就在这一年，尼奇亚斯联合佩狄卡斯谋划了一场针对安菲波利斯的远征，因佩狄卡斯的开小差该计划无果而终。公元前416年，米洛斯被

第二十七章 格罗王朝垮台后的西西里事务

围并最终被攻占。

与此同时,叙拉古人已清除并侵占了莱翁提尼的所有国土,该邦如今只存在于流亡者的言谈和梦想之中了。不过,一批流亡者似乎仍待在雅典,恳求雅典人施以援手。公元前417年,他们的呼吁获得了一些人的关注;碰巧发生的另外一件事情增加了他们成功的机会。西西里岛西部两个相邻城邦塞林努斯(希腊人城邦)和埃盖斯塔(非希腊人城邦)爆发了一场争端。塞林努斯人对自身的力量缺乏信心,决定向其盟友叙拉古人求救。结果从海陆两路给埃盖斯塔人带来了巨大的困难。[17]10年之前,当雅典人进行第一次西西里远征时,埃盖斯塔人曾与拉凯斯结盟。如今,在向阿格利根同和迦太基求救无果的情况下,埃盖斯塔人派人前往雅典,要求与它结盟,并恳求它干预这次争端,为其提供保护。此次,迦太基竟然不利用这个借口干预西西里,这似乎有点令人感到异常。特别是考虑到10年之后,它断然派兵,给塞林努斯造成了毁灭性的打击。然而此刻,甚至迦太基也感受到了对雅典及其海军的畏惧[18],从而保护了西西里的希腊人不受周边最危险敌人的入侵。

埃盖斯塔的使者于公元前416年春抵达雅典。此时,除持续时间不长而毫无悬念的米洛斯战事外,雅典人并无什么特别紧要的计划。使者们主要从政策的角度向雅典人发出呼吁。他们强调,叙拉古人已经消灭了雅典的一个盟友(莱翁提尼),如今他们又给另一个盟友(埃盖斯塔)带来了极大的压力,接下来他们必将征服岛上所有雅典的盟友;一旦这样,西西里岛上只剩下多利安人的势力,他们会利用血缘和亲缘关系与伯罗奔尼撒人结盟,从而为打败雅典提供有效的援助。因此,雅典人必须预见到即将到来的危险,支持余下的盟友抵抗叙拉古的肆意入侵。如果雅典派出一支强大的海军拯救埃盖斯塔,那里的人也会提供充足的资金保证战争的进行。[19]

使者们的陈述、因对叙拉古扩张成为伯罗奔尼撒强援的担心及莱翁提尼人的恳求,重新点燃了雅典在西西里扩张其影响的欲望。自开始起,雅典民众就对此持肯定态度,重新开始的讨论将他们的情绪提升到一个更高的程度。人们在公民大会上反复听到使者们的演说,支持他们的公民也一再提出倡议。支持者的带头者是阿克比亚戴斯。受追求荣耀的诱惑、在冒险和投机的吸引下,他盼望着指挥这次计划之中的远征,以便为自身赢得更多利益。但是,非常明显,在重新开始的讨论中,民众最初的倾向并不明确;一部分人还处于摇摆之中,相当一部分人支持尼奇亚斯,对远征持审慎的反对意见。即便到最后,公民大会做出决议也不是积极支持,而是一种折中,或许尼奇亚斯本人对此不再反对而已。雅典派出特使前往埃盖斯塔,一则查明该邦的财富是否足以确保支出战争的花费,一则进行实地调查,并汇报事情进行的总体状况。

或许,被派往的特使并非不支持这次远征,其中一些人甚至也不能排除收受了埃盖斯塔人贿赂的可能,至少根据雅典人一

第二十七章 格罗王朝垮台后的西西里事务

般的公共道德，这种推测也并非没有可能。但是，即便是最老实或最有怀疑精神的人，当他们到达埃盖斯塔后，也没有做好准备应付这些人策划巧妙并付诸实施的一个计谋。特使们被带往埃吕克斯山上那座奢华的阿芙洛蒂忒神庙；展现在他们面前的器皿和赠品数量丰富，而且大多数都镀上了银，令他们炫目。虽然这些东西都被误认为是真金实银，但实际上并不值什么钱。此外，埃盖斯塔公民用盛情和娱乐招待了特使及随同前往的三列桨船上的水手。

就这样，他们形成了一种错觉，认为在埃盖斯塔，有那么一大批富人。而雅典水手们的心早被美女们的柔情所蒙蔽，目瞪口呆地看着这些令人惊叹的金银器皿，完全被诡计给欺骗。为了更完美地展现这种幻象，埃盖斯塔人立即拿 60 塔兰特还未打制的银碇作为战争的费用。手拿这笔巨款，雅典的特使和埃盖斯塔使者返回雅典，他们抵达的时间是公元前 415 年春[20]，也即夺占米洛斯之后大约三个月。

雅典人立即召开公民大会听取特使的汇报。而这些受到蒙骗的使者向民众描绘了一幅美妙的画卷，说在埃盖斯塔他们亲眼见到并亲自触摸到的，无论是个人还是国家都财富丰盈；同时他们还拿出 60 塔兰特（这是 60 艘三列桨战船一个月的费用）作为首批款项，以此证明背后还有巨大财富。因此，当埃盖斯塔使者再一次发出请求并再一次描绘时，雅典公民大会不再拖延，立即就做出了最后的决定。他们决定随后派出 60 艘战船前往西西里，任命尼奇亚斯、阿克比亚戴斯及拉马库斯三人为全权将军,首先解救埃盖斯塔,在完成第一个任务后接着重建城邦莱翁提尼,最后用他们认为恰当的方式在西西里岛上进一步实现雅典的目标。决议通过后,雅典人将在五天后再次集会,处理远征的细节。

毋庸置疑,听取使者从埃盖斯塔返回后最初所做汇报的公民大会绝对是阿克比亚戴斯及那些呼吁发动远征者的一次胜利。这次会议也是对持反对态度的尼奇亚斯的羞辱和难堪。尼奇亚斯决定好好利用四天之后的下一次公民大会,以便让人们重新讨论远征的事宜。严格地说,雅典人倾向于就这个问题听取他的意见。事实上,他的问题只能通过违法的形式才能提出。因为大会已经决定了具体措施的根本原则,剩下的只有对具体细节的安排,这也是接下来这次大会召开的目的。但是,人们以极大的耐心听取了他的发言。修昔底德对这段对个人和时代都颇有价值的演说进行了详尽的描述。在此,笔者概述其大意,不局限于完全一致的表达。

"雅典人,虽然我们今天聚在一起是为了处理已经宣布的西西里远征的细节,但我认为仍应当进一步商讨,我们从事这次远征是否恰当。我认为我们不应当在异邦人的提议下就那样匆匆陷入一场危险的战争。事实上,就我个人而言,你们已决定我被任命担任一项荣耀的职务,与所有雅典人一样,我不会关心自身的危险。但是,在过去,不计较个人尊严制止了我向你们讲出我真实的想法,如今也不会对我构成障碍,无论这在多大程度上会

第二十七章 格罗王朝垮台后的西西里事务

与你们习以为常的判断产生冲突。过去，我告诉你们，当你们渴望前往西西里时，后面留下许多敌人，而这还将会给你们招致新的敌人为他们提供帮助。或许你们想当然地判断，与斯巴达订立的休战协定足以给予充分的保护。事实上，只要你们的力量仍然没有受损，名义上，协定或许会有一定作用。但是，一旦你们遭到严重的挫折，敌人就会急迫地利用这个机会对你们发起进攻。不要忘记，几个最强大的敌人甚至都没有接受休战协定。如果按你们的提议分兵进击，他们很有可能立即与西西里人一道对你们发动突袭。而西西里人自然非常乐意从战争开始就获得和他们联合作战的盟友。不要忘记，在色雷斯，你们的卡尔奇狄凯属邦还在反叛，还没有被征服。大陆上其他属邦也不能完全信任。在还没有考虑如何解救自身危难之前，你们就准备解埃盖斯塔的疾苦。如今，如果你们对色雷斯发动远征，你们会保有任何的征服地；但是西西里是如此遥远，岛上居民是如此强大，你们绝不可能永久维持对该岛的统治。从事一次征服不可能长久而失败意味着毁灭的远征，这难道不是非常荒谬可笑吗？埃盖斯塔人提醒你们注意叙拉古的不断强大。但对我而言，即便西西里岛上的希腊人都成为叙拉古的属民，他们带给你们的危险也不会比现在更大。当前面临的问题是他们或许会为伯罗奔尼撒人提供支援，以获得拉凯戴蒙人的好感，但是作为帝国的叙拉古，它不愿意为了打败你们而将自身的帝国置于危险之下。如今你们充满信心，那是因为你们更好地走出最初对战争的恐惧。但是，不要相信斯巴达人。

在所有人中,他们是对优势地位最敏感的人。他们一直在等待着对你们施以诡计以便补救其不光彩的失败。如今,我们才刚刚从疾病和战争的压力中得到了一定的恢复,应当保存新近获得的力量,实现我们自身的目标,而不是将其浪费在来自西西里岛绝望的流亡者不可靠的承诺之上。"

当他刚刚坐下,他的话语还在听众们耳朵中回响时,阿克比亚戴斯站了起来对他进行了反驳。尼奇亚斯刚才所讲的话对远征提出了质疑,威胁到他最可能获得声名和收益的计划。阿克比亚戴斯怒气冲冲地提出了警告,他的不耐烦使他直接省略了演说的引入语。

"雅典人!我比其他任何人都更有资格担任指挥官之职,并完全有能力胜任这一职务。他责备我的那些事情不但是我祖先获得荣耀之源泉,而且对我们的邦国也极为有利。因为,在奥林匹亚见证我无与伦比的献礼后,希腊人都会高看雅典的实力,甚至认为比它真正的实力更强大;而在此之前,人们总是认为我们的力量因战争而被削弱。我登记并派出七组战车参赛,获得头奖、次奖和第四名,并以与一个奥林匹克的胜利者身份相匹配的方式完成了所有附加的庆典。这些成就可谓前无古人。而且,在雅典我履行了合唱队捐助和其他公益捐助。这自然招致了竞争对手的嫉妒。但在陌生人的眼中,这都是实力的见证。当一个人以他自己的钱为城邦及他本人赢得荣誉时,这些所谓的荒唐事绝非毫无用处。这是我渴望获得的荣耀。在追求这些荣耀时,我的个人行为招致了他人的责难。然而,看看我为公众提供的服务,看看这些服务是否比得上其他公民的贡献。我将伯罗奔尼撒半岛上最强大的城邦召集在一起,却没有花费你们多少金钱,也没有危及你们的利益;我让伯罗奔尼撒人在曼提奈亚把他们所有的一切都置于险境之中,听凭当天命运的安排;虽然他们获得了胜利,但遭到的危害是如此巨大,以至于他们至今仍不敢完全相信自身的战斗力。

"正是我的年轻和所谓弥天大错使我有恰当的理由对付伯罗奔尼撒军队,并使我能够诚挚地给予他们信心,获得他们的合作。因此,不要为我的年轻而担心。只要我精力旺盛,只要尼奇亚斯保持着幸运之美名,就支持我们,让我们按自己的方式行事吧。"

在自我证明后,阿克比亚戴斯反对对公民大会已经做出的决议进行任何更改。他说,西西里的城邦并不如尼奇亚斯描述的那么强大。确实,他们人口众多,但数量起伏不定,处于混乱之中,且经常在迁徙流动,不会固定于某个地方。岛上没有一个人认为自己是某一个地方的永久居民,也不会为防守其居住的地方殊死战斗,更不会有为此目的而设立的军队或组织。土著的西凯尔人因为憎恨叙拉古,愿意为雅典的进攻提供援助。就伯罗奔尼撒人而言,其实力强大,在过去和现在一样,他们破坏雅典的愿望都同样强烈。无论雅典人是否起航远征西西里,他们都可以从陆地入侵阿提卡;然而他们无法在海上构成威胁,因为雅典仍有足够的海军对他们加以控制。那么,雅典逃避对西西里同盟者履行义务的有效依据是什么呢？可以肯定，西西里的同盟者不能为阿提卡提供任何帮助作为回报。雅典只希望它们在岛上对西西里的敌人进行限制，从而使敌人无法对它发起进攻。最初，雅典正是随时准备对邀请它前往的任何地方进行必要的干预才获得这个帝国的。如今，雅典人不能对帝国统治的范围进行限制，必须不但要保全现有的属邦，而且还要设下罗网招揽新的臣属者。他呼吁雅典人坚持他们已经做出的决定，通过发动这一次规模庞大的远征给伯罗奔尼撒人带来恐惧。很有可能，雅典会征服整个西西里，至少也能降服叙拉古。即便遭受失败，雅典也总能通过其毋庸置疑的海上优势恢复过来。尼奇亚斯倡导的平稳而保守的政策与雅典的特性和地位不吻合；如果继续坚持这个政策，将会对它带来毁灭性的破坏。如果那样，城邦的军力将会受到削弱，公民们的精力将浪费在内部的摩擦和冲突上，而不是立志于随时开始的征途。正是这种锐意进攻的精神浸润于雅典的法律和习惯之中。即便这种精神不那么完美，但是没有他人的破坏，雅典人就不能主动将其放弃。

这就是阿克比亚戴斯回应尼奇亚斯的主要内容。现在辩论已经完全重新开始，因此几位发言者分别为各自支持的派别向公民大会陈述看法。受到威吓的埃盖斯塔人和莱翁提尼人再次进行恳求，呼吁一解城邦的困境。在听取这些呼吁和充分的辩论后，公民们的看法发生了很大的变化；派遣舰队前往的决心比以往任何时候都更加强烈。尼奇亚斯眼看进一步提出直接反对意见不起

第二十七章 格罗王朝垮台后的西西里事务

什么作用，决定改变策略。他耍了一个花招，夸大远征中的困难和危险，坚持要求一支规模非常庞大的军队才能征服西西里人，以此让同胞们对远征计划产生畏难情绪。他也不是没有希望让公民在如此困难的情况下丧失勇气，以便完全放弃整个计划。无论如何，如果他们仍坚持进军，作为指挥者，他也能够更完整更有信心地执行计划。

在接受公民大会宣布的远征任务后，他仍提醒说，他们即将进攻的城邦，尤其是叙拉古和塞林努斯，都实力强大、人口众多且不受约束；这些城邦在重装步兵、骑兵、轻装兵、舰船各个方面都已整装待发，随时准备好了战斗；城邦有充沛的马匹供骑兵使用，储备有充足的粮草以利持久作战。在西西里岛上，除纳克索斯和卡塔奈之外，雅典有希望获得援手的至多有同宗的莱翁提尼人。因此，在他人的国土上作战，仅用舰队不足以与敌人周旋。事实上，一支规模特别庞大的舰队是必需的，因为不但需要舰船参与海战，还需要它们来保持海上的联系，并确保补给的输入。除此之外，还需要一支由重装步兵、弓箭兵和投掷兵组成的强大陆军；运来数量巨大的补给品；最关键的是需要一笔数量惊人的金钱。因为他们发现，埃盖斯塔人承诺的经费只不过是虚空的幻象。这支军队不但在人数和实力上能够与敌人的正规重装步兵和强大的骑兵相匹敌，而且自登陆的那一天起，就得自力更生，不能奢望他人的援助。如果上述的要求无法满足，一旦情况发生逆转，雅典人将会发现到处都是敌人而没有一个朋友。

尼奇亚斯在公民大会上的第二次发言引发了长久而激烈的讨论，产生的效果也比第一次更加巨大。但是，这个效果完全出乎他本人的意料和准备。公民们根本没有被他刻意夸大的远征中面临的那些困难吓倒，而是更加固执己见，坚持已经做出的决定。无论他提出什么要求，他们都准备毫无保留地给予他支持。在公民大会上，很少能见到雅典人拥有如此高的热情并在看法上保持如此的一致性。事实上，尼奇亚斯的第二次发言使公民大会上两派意见不一致的人最终调和并合流，因为出人意料而更加受人欢迎。他的支持者附和民众的意见，并将其视为中和民众狂热的一种最佳方式；他的反对者非常兴奋，巴不得出现这样的效果，比他们希望的更好，甚至达到了他们都不敢想象的效果。

与他的目的相反，尼奇亚斯不但让这次远征具有了其设计者都未曾想到的重要性，而且灌输到每一个雅典人的心灵深处，激起了人们此前从未有过的热情。在场的每一个人，无论老幼，无论贫富，不分阶级和职业，都急切地想写下他们的名字以便能参加这次远征。其中一些人是受利益的驱使，一些人是为了满足对遥远之地的猎奇心，还有一些是为了追求荣誉，认为成为这样一支不可战胜大军的一员无上光荣而且十分安全。当热情才稍微消退一点时，一位公民作为大众热情的代表上台发言，要求尼奇亚斯不能推诿，立即告诉人们他到底需要一支什么样的军队。尼奇亚斯对于事态的发展深感失望，然而他也别无选择，只得对此做出回应。他说他还要进一步与其同僚将军商量，不过就粗略看

第二十七章 格罗王朝垮台后的西西里事务

来，他认为包括雅典人及其同盟者，战船不能少于 100 艘，重装步兵不得少于 5000 人。此外，还需要一定数量的其他军种及附属物资，尤其需要克里特的弓箭兵及投掷兵。尽管他的要求是如此巨大，但民众毫不迟疑地就加以批准，提供的人数甚至比他要求的还要多。公民大会授予将军们完全的权力，可以确定远征军的人数及其他任何与之有关的事情，只要他们觉得有利雅典即可。

按照这个重要决定，雅典马上就开始了征兵和准备工作。雅典向海上力量强大的同盟者发去派遣战船的消息，邀请阿尔戈斯和曼提奈亚提供重装步兵，并从其他地方招雇了弓箭兵和投掷兵。在接下来的三个月里，将军们一直忙于此事，而整个城邦陷入紧张而喧闹的状态中。

鉴于西西里远征对雅典产生的严重后果，有必要对雅典公民大会的决策程序进行一些反思。人们习惯于将雅典遭受的所有不幸归罪于决策匆忙、民众的激情和民主政体的愚昧无知，而不会归因于我们刚才谈到的那些事实。公元前 416 年春或夏，埃盖斯塔和莱翁提尼就向雅典提出了援助的请求。公民大会曾反复对此请求进行过细致的讨论。最初，人们在很大程度上对此持反对意见，但是反复的辩论也逐渐激起了人们的同情和野心。然而，鉴于没有丰富而准确的信息，人们没法采取决定性的步骤，所以城邦为此派出一个特别委员会前往埃盖斯塔。这些人带回了具有决定性意义的报告，证明埃盖斯塔人承诺的一切都所言非虚。

对于埃盖斯塔使团所提要求可能产生的结果，支持和反对远征的两派展开了激烈的辩论。当委员会成员返回时,带来的证据完全有利于支持远征的那一派。于是,这一派的力量得到加强,认为在此前那么多次讨论后,他们有权立即获得一个决议案。然而,在决议案最终获得批准之前,还必须克服衷心反对的尼奇亚斯。这次辩论历时长、争议频繁,不时有人提出反对意见,但总是被人解释清楚;逐渐地人们越来越确信远征的必要性。正是这次辩论使所有人都衷心拥护这次远征,并使他们固执己见地一直给予支持。在下一章中,我们将展现人们的执着。无疑远征是一个错误决定,但错误肯定不是因为匆忙决策而导致的,也不是缺乏充分的讨论,更不是缺乏实地调查。在希腊历史上,还没有哪一项举措人们提前进行过如此仔细的权衡,还没有哪一项举措在做出决定之前进行过如此慎重的考虑,并获得如此一致的支持。

尼奇亚斯曾对雅典人进行劝诫忠告,并对来自埃盖斯塔的报告产生了怀疑,对于他的智慧,我们应当给予充分的赞许。由此,我们不得不注意到阿克比亚戴斯身上相异的性格特征。他的发言不但过于妄自尊大、傲慢无礼,充分表现了他的个性,而且在处理城邦的对外政策时显得轻率、冒进而具有煽动性。事实上,他强调对叙拉古发动远征的辩词在倾向上的危害性不亚于远征本身,因为阿克比亚戴斯对于远征的失败并不负有直接责任。如果运作得当,远征本可以实现其特定的目标。但即便实现了这个目标,尼奇亚斯的评论也完全合理;他强调,雅典瞄准的是一个无边无际的帝国,而这样一个帝国是城邦完全不可能维持的。前面

第二十七章 格罗王朝垮台后的西西里事务

谈到，伯里克利曾建议同胞们尽心竭力维持好帝国的现状；只要在伯罗奔尼撒半岛上还有强大的敌人时，就绝不要攫取新的地盘；如今看来，他的建议可谓政治上的至理名言。与之相反，阿克比亚戴斯向人们反复灌输的是狂热的思想，要求人们永不停息地发起进攻；他所设计的原则是具有破坏性的，要求雅典一直不停地从事新的征服；否则它必将丧失现有的帝国，雅典本身也将会因内乱而被撕裂成碎片。即便有必要动用海陆军，鉴于安菲波利斯和色雷斯的反叛城邦仍未被征服，雅典首先也应将军力用到这个地区（正如尼奇亚斯正确地注意到的），而不是浪费于在遥远之地的冒险和追求暗藏祸心的新盟友。阿克比亚戴斯将雅典帝国初创时的进取精神与他极力主张但指代不明的臆想相提并论，这完全是错误的。雅典帝国的出现是雅典人的进取心加之爱琴海周边所有希腊城邦面临严重威胁时协调作用的必然产物。雅典为抵御波斯人的入侵承担了根本的责任，并使那一片海域比此前任何时候都好。帝国开始时是一个志愿的同盟，后来成员才一定程度上受到了限制。所有属邦都离海不远，处于雅典海军可以到达的范围之内。入侵西西里的冒险与这些方面完全不同。毫不令人奇怪，阿克比亚戴斯声称，在那座遥远的岛屿上增加属邦，并动用大批雅典海军监督它们，这会给现存的雅典帝国带来新的稳定。非常奇怪地读到他轻视伯罗奔尼撒半岛和西西里岛敌人时使用的话语；其实，西西里之战，无论在重要性还是困难性上，都是一场不亚于伯罗奔尼撒战争的新的军事行动。[21]至于他声称在伯罗奔尼撒半岛展开的行动和在曼提奈亚战役中取得的荣耀，最后其实都以彻底的失败而告终，反之却使斯巴达的威望恢复到斯法克泰利亚事件之前的最大值。事实上，在修昔底德记载的所有演说词中，没有一篇能比阿克比亚戴斯的发言更具有误导性和欺骗性。

作为一个行动者，阿克比亚戴斯总是精力充沛且馊主意多。作为一个政治人物和指引者，他对城邦尤其有害，因为他总能一语中的，抓住人们的弱点；并且膨胀人们的乐观情绪，让他们采取冒失的举动，忽视了所有本应深思熟虑的问题。如今，雅典人盲目地相信，作为海上霸主，他们理应主宰所有岛屿并从那里获得贡金；他们不但依照这种信念行事，而且在前一年进攻米洛斯时还公开承认。由于西西里是一座岛屿，似乎它也自然落入臣属者的范围。因为在那时地理知识不准确的情况下，我们不应当怀疑，对于西西里岛比爱琴海中最大的岛屿大多少，雅典人是不清楚的。如果说雅典民众在考虑征服西西里的问题时轻率而无知，那么阿克比亚戴斯的看法就更加夸张；尽管正如他后来谈到，他考虑到了西西里岛之外，准备下一步征服迦太基及其帝国，但对此我并不相信。那只不过体现了他永不能满足的野心罢了。他同样渴望通过这次成功获得巨大的个人利益，从而弥补他恣意挥霍造成的亏空。[22]

1 | Thukyd., vi. 17.
2 | Diodor., xi. 86, 87. 叙拉古的这种制度被称为"橄榄叶放逐法"

第二十七章 格罗王朝垮台后的西西里事务

	（petalism），因为在投票时，人们不是把意欲流放者的名字写在贝壳或陶片上，而是写在橄榄叶上。
3	Diodor., xi. 87, 88.
4	Diodor., xi. 78, 88, 90.
5	Diodor., xi. 76.
6	Diodor., xi. 91, 92.
7	Diodor., xii. 8.
8	希腊文化对这些内陆城镇的影响表现在钱币上，彼时这些城镇开始制作本邦的钱币。Head, *Hist. Num.*, p. 102.——编者
9	Diodor., xii. 30.
10	Diodor., xiii. 81.
11	Diodor., xiii. 82, 83, 90.
12	见 by Cicero, *Brut.*, c. 12 引用的亚里士多德的话； Plato, *Phaedr.*, p. 267, c. 113, 114.
13	Thukyd., vi. 34; 请与 iii. 86 比较。
14	Thukyd., iii. 88; Diodor., xii. 54.
15	夺占美塞尼亚对雅典具有特别的价值，因为连同占领莱吉翁，这完全可以确保商船将雅典的物资运送到提莱尼亚海。——编者
16	Thukyd., iv. 65. 据波利比乌斯（Polybius, *Fragm.*, xii., 22, 23. 这一段由 Mai 摘自 the Cod., Vatic.）我们知道，提迈乌斯（Timaeus）在其著作第 21 卷中以相当长的篇幅描述了在盖拉举行的这次大会，并为赫摩克拉泰斯编写了一篇洋洋洒洒的演说词。波利比乌斯批评说，这篇演说词空洞乏力，没有说服力。
17	Thukyd., vi. 6; Diodor., xii. 82. 狄奥多鲁斯说，埃盖斯塔人不但向阿格利根同求助，也向叙拉古求援。他的说法不太可能。
18	Thukyd., vi. 34.

19	Thukyd., vi. 6; Diodor., xii. 83.
20	从阿里斯托芬遗失的喜剧《三根阳具》（Τριφάλης）的描述或许可以推断，时间或许是这年冬天或次年春天。剧中提到伊比利亚人，说是由阿利斯塔库斯（Aristarchus）带来的。这些伊比利亚人似乎是伊比利亚雇佣兵。此时，阿克比亚戴斯和其他那些倡导远征的主要人物谈到将这些人作为辅兵，以此作为征服西西里的一种手段（Thukyd., vi. 90）。关于这部喜剧的几段残篇，参见 Meineke, *Fragm., Comic. Gr.*, vol. ii., pp. 1162−1167。
21	关于征服西西里和保有这次新征服地区的差别，伯里克利或其他老一辈的雅典人可能会指出，他们的同胞在将波斯人逐出埃及后，结果后来也被波斯人再一次完全赶了出去。正如波斯绝不能容忍希腊人在埃及建立一个稳定的强邦一样，如果雅典人快要征服西西里时，迦太基人必然也会尽全力将他们赶走。从长远看，雅典将不可能控制住如此遥远的一块地方，而迦太基人就近在咫尺。——编者
22	Thukyd., vi. 15. 请与 vi. 90 比较; Plutarch, *Alkib.*, c. 19; *Nikias*, c. 12. 普鲁塔克经常谈到，似乎不只是阿克比亚戴斯（连同几个支持者），雅典人普遍期望征服西西里和迦太基。在遭受流放逃往斯巴达时，阿克比亚戴斯在一次发言中确实谈到这次远征的基本目标（Thukyd., vi. 90）。但是，正如我们熟读修昔底德第 6 卷第 20 章后可以看出，显然他在此归于雅典人的计划不过是他心中酝酿的想法。

第二十八章
从雅典人决定进攻叙拉古至他们到达西西里的第一个冬天

在雅典人入侵西西里的最终决议出台后的两三个月里,整个城邦都一片兴高采烈的样子,沉浸在准备工作的喧嚣中。无论是预言家、神谕传播者还是其他被大众认可的宗教建言者都一致宣布神意有利于雅典,预示着雅典终将获胜。每个人都急不可待地在征兵名录中写下他们的大名。因此,尼奇亚斯、阿克比亚戴斯和拉马库斯三位将军只得从急于参军的自愿报名者中挑选强健的重装步兵,而不是强行拉壮丁或因此招致人们的憎恶。每一个人都让自己配备上最好的武器和最得体的装备,以便能够经受长途的行程和应对各种陆战和海战的紧急情况。担任舰长(富裕公民轮流承担指挥战船的职责)的竞争也比往常更加强烈。每一个人都将担任舰长视为一个值得大书特书的荣耀，竞相向他人展示自己那条船上装备的完备和整装待发。事实上，城邦只为三列桨战船提供必要的用具、橹桨及船员的基本津贴；即便在一般情况下，舰长除购买设备及召集船员外，通常也会承担其他各种花费。每一位舰长都会通过提供额外的奖励，尽力为自己的战船招来最好的水手，尤其会为三层中居于最高位置的桨手（Thranitae）提供更多津贴。除雅典自身能够提供的最好桨手外，帝国还在属邦中挑选海员。舰长也必须为他们提供同样的津贴。

自尼奇亚斯和约签订以来已过去了五年，城邦没有发起值得一提的大战，因此从事这些准备活动游刃有余。此时，因新的财富积聚，[1]城邦国库丰盈，三列桨战船的数量增加；军队人数因年轻人的加入也大幅度增长，使人们不但忘记了战争造成人员伤亡的困苦，而且忘却了瘟疫给人口带来的压力。如今，舰船聚在了一起。虽然其数量仅次于战争爆发两年之前伯里克利率领的舰队，但相较于那一次，其实力甚至更胜一筹；自然无论在物质上还是精神上，此次在各个方面都比其他历次出征时强大许多。这就是人们对于获胜的信心所在。许多雅典人在为战斗进行准备时也在准备着做生意。因此，公家的战船上装着私人的物品，增加了将军们手中掌握的财物数量。换言之，整支舰队装载着空前的财富。

经过两三个月的积极准备，就在远征即将出发时，发生了一件事情，为包裹着城邦的兴高采烈的气氛泼了一盆冷水。这就

第二十八章　从雅典人决定进攻叙拉古至他们到达西西里的第一个冬天

是赫尔麦斯神像被毁案,在整个希腊历史上,这也是最离奇的事件之一。

赫尔麦斯是一块大约与人身高相若的大理石,上刻神使赫尔麦斯的半身像。上半部分是头、脸、颈及半身像,下半部分是一个四边形的柱子。在雅典城邦内,到处是赫尔麦斯神像,总是放置在最显眼的位置。希腊人的宗教习俗认为,神就待在或居住在其神像所在地。[2] 赫尔麦斯的陪伴、同情和监护与雅典人一生之中大多数的政治、社会、商业和竞技等方面联系在一起。

大约公元前415年5月末,在同一晚上,所有赫尔麦斯神像被不知名之手尽数毁坏。[3]

当然,任何人都不可能完全支持不属于他的宗教情怀。事实上,带着这样的情绪,当自己的信仰与他人不同时,每一个人都会注意到他人因此产生的强烈情感。这种情绪常常令人感到惊讶,一些琐事和荒谬之事就能导致严重的危难或引发激烈的骚动。对希腊史的研究者来说,认识苦难是不可回避的。如果在我们的头脑中时刻意识到雅典人的宗教和政治组织,[4] 在一定程度上就能够理解,在这次发生于半夜、突如其来且规模空前的渎神事件的次日凌晨,人们融恐惧和愤怒为一体的复杂情绪有多么强烈。因为在古代,人们都相当虔敬,同时对于赋予他们情感的可见的神像有着准确而神奇的认知。在所有因波斯人入侵阿提卡造成的破坏和毁灭的事物中,人们记忆最深刻、感受最强烈的是诸神的塑像和神庙被敌人故意放火焚毁。[5] 如果人们突然发现,在一夜之间一个西班牙或意大利城市的所有圣母像都被人毁容，不难想象那里的人会多么狂热。虽然程度还不够，但不妨将此与彼时雅典感受到的氛围进行比较。在雅典，宗教团体和个人与所有公共事务和日常事务的联系更加紧密；在雅典，赫尔麦斯及其影响力更大，人们更将神灵与其塑像等而同之。正是在诸神的保护下，雅典人所有政治制度及公共生活才有所依托；诸神也总会对在政治及其他方面严重触犯规定的人施以惩罚。[6]诸神处罚的原则推而广之并加以概括化，现仍在司法宣誓中能够感受到。因此，他们从赫尔麦斯神像被毁推断，城邦即将遭受巨大的灾难，与每一个人联系在一起的政治制度面临着马上被颠覆的危险。[7]

这就是在西西里远征开始起航之前几天发生的神秘事件；这一事件扰乱了雅典人急切而喧嚣的准备活动。就这次远征而论，人们将其视为一个非常令人沮丧的征兆，对此耿耿于怀。如果这确实只是一起针对某一受人崇敬的宗教目标的偶然事件，无疑人们会进行如此解读。但是，破坏赫尔麦斯神像比最严重的意外事故更会让人们感受到凶兆的来临。这被视为一起有组织的故意而为的行动，参与这次阴谋者不但人数相当可观，而且以一种肆无忌惮、前所未闻的方式犯下渎神之罪。

在我们看来，阴谋者很有可能抱着两个目标：破坏阿克比亚戴斯的名声、挫败或延误远征；或许其中一些人的目标是第一个，另一些人的目标是第二个。下面就会看到他们是如何实现第一个目的的。关于第二个，虽然表面上难以察觉，但泰乌克鲁斯

第二十八章 从雅典人决定进攻叙拉古至他们到达西西里的第一个冬天

（Teukrus）及其他有牵连的外侨，人们相信他们受到了科林斯和麦加拉的影响，[8] 极力阻止这次被认为将使雅典获得巨大胜利的远征。事实上，这两个目标紧密地联系在一起。因为人们相信，发动这次远征完全有可能使雅典征服西西里岛；而远征的胜利将使阿克比亚戴斯在将来获得更大的权力和更多的财富。如果远征受阻，这些机会都将消散；在赫尔麦斯神像被毁之后强烈的宗教恐怖下，雅典人也不是没有可能彻底放弃远征计划。表现得特别明显的是尼奇亚斯。此人的宗教意识特别敏锐，而且从来不愿全身心投入这次远征。因此，他急忙与他的预言师进行商议，希望利用新近发生的事件重新提出反对远征的提案，至少他希望能让城邦宣布推迟进军，直到被亵渎的诸神受到安抚为止。

但是，他的想法没能够实现，因为远征之事准备得有条不紊，即使尼奇亚斯也无力取消。城邦派人前往各个盟邦，要求派遣军队前往科西拉集合。而同盟者阿尔戈斯和曼提奈亚抵达皮莱乌斯随时准备扬帆起航。就这样，阴谋者急于继续进行我前面提到的计划，人为炮制夸张的宗教恐怖，以便破坏阿克比亚戴斯的名声。

在雅典，几乎没有人所树之敌的人数，无论在公共事务还是私人事务上，会超过阿克比亚戴斯。随着西西里远征指挥官的任命，他的重要性已经大大提高，而他所受的威胁也大大增强，以至于他的敌人们注意到很难有机会图谋破坏其名声了。因此，赫尔麦斯神像的破坏者故意谋划了这次事故，与此同时，他的另外一批敌人开始准备着从中渔利了。

在这次规模空前的因亵渎神像而引起的令人可悲的恐慌中，雅典公民、斯巴达的监察官及希腊每一个寡头制城邦的统治者都认为，查找并处罚始作俑者是他们最重要且义不容辞的义务。只要渎神者仍未被查出，还没有受到惩罚，还在到处游荡，只要神庙还因他们的出现而受到玷污，整个城邦都仍会被视为导致诸神不悦的原因，将在公共事务中遭到极度的厄运。[9]在此不快的时刻，每一个公民都义愤填膺，觉得只有找出渎神者并对他们施以处罚或将其驱逐，国家的安全和个人的平和心境才能够得以保障。因此，城邦宣布，对任何能够提供线索的人进行巨额悬赏，甚至承诺对参与阴谋但主动供出同谋者的人免于处罚。事情还没有就此结束。一旦经历了这次痛苦的宗教和政治恐怖，雅典人马上就成了乐于谈论和倾听最近发生的其他不虔敬之事的八卦者。因此，雅典通过了另外一次公民大会投票，承诺广泛征集并奖励来自各方的目击证人。无论是公民、外侨还是奴隶，只要他们看到或听到此前的渎神行为都可以告密。但同时规定，如果告密者提供不实证据，他们将面临杀头之罪。[10]

与此同时，500人议事会被授予了采取行动的全权，狄奥格奈图斯（Diognetus）、佩桑戴尔（Peisander）、卡利克莱斯（Charikles）及其他一些人被任命为委员会成员，接受质询并提请起诉。公民大会也几乎每天都会召开，听取相关报告。[11]但是，大会收到的第一批信息却与最近发生的影响恶劣的赫尔麦斯神像被毁一案无

第二十八章 从雅典人决定进攻叙拉古至他们到达西西里的第一个冬天

关,而涉及之前发生的类似事件。一群纵酒狂欢者在许多地方举行滑稽可笑的仪式,[12]泄露埃琉西斯秘仪并对其大肆嘲讽。正是因为模仿秘仪,阿克比亚戴斯受到了第一次控告。

如今雅典大军的准备工作已经全部完成,拉马库斯的三列桨战船已经停泊在靠外海的港口。就在此时举行的为将军们壮行的最后一次公民大会上,皮托尼库斯(Pythonikus)站了起来控告阿克比亚戴斯。阿克比亚戴斯断然否认对他的指控,主席团(主持公民大会的议事会成员,根据抽签决定一年之中10个部落的成员担任主席团的先后顺序)宣布,所有不知情的公民马上退出公民大会,并派人抓来皮托尼库斯指名道姓的那位奴隶[名为安德罗马库斯(Andromachus)]。经介绍后,安德罗马库斯在公民大会上证明,他曾与其主人前往波吕提翁(Polytion)的家中,在此阿克比亚戴斯、尼奇亚戴斯(Nikiades)、麦莱图斯(Meletus)拙劣地模仿表演了秘仪的庆典。在场的还有其他许多人,尤其还包括除他本人之外的其他三名奴隶。我们假定,他定然描述了他所见到的秘仪表演,以证明他所言非虚。他所说的话与皮托尼库斯的指控得以相互印证。[13]

皮托尼库斯、蛊惑家安德罗克莱斯(Androkles)及其他一些发言人为这次无礼的举动提供了更多证据。在发言中,人们总是用最恶毒的语言,使他的罪行越来越多,甚至将其他许多类似的罪行也强加到他的身上,到最后甚至指责他了解最近发生的赫尔麦斯神像被毁始末。他们说:"他所做的一切都是为了达到颠覆民主制的目的。犯渎神之罪是为了让民主政体丧失神的保护。这一目的在他长期以来目无法纪、傲慢专横及反民主的言行中展现得淋漓尽致。"但是，尽管因最近发生的渎神事件使人们焦虑不安，但这几位发言者的如意算盘最终落空。阿克比亚戴斯对此断然否认，此外他还担任着军队指挥官的特殊职务，而最近发生的恶行显然是想破坏他极力倡导的西西里计划。鉴于此，他获得了人们普遍的信任。登记入伍者给予他强烈的支持；来自阿尔戈斯和曼提奈亚的同盟者得知正是在他的鼓动下才能够参加远征；而普通公民已习惯将他视为潜在的西西里征服者，不愿阻止这次远征计划。因上述原因，他的对手发现很少有人支持对其指控，被迫推迟到将来某一个更恰当的时候。[14]

但是，阿克比亚戴斯不但非常清楚此类悬在他头上的指控可能产生的危险，也知道此时他因担任要职所获得的优势。他要求公民大会立即对相关指控进行调查，宣称他渴望接受审判，如果被发现有罪他甚至愿意接受死刑。他坚称，对城邦而言，最大的不幸是在指控尚未了结时就派他指挥如此重要的一次远征。他的对手只得耍诡计，推出新的发言人，言辞也不那么充满敌意。这些人担心他要立即进行审判，因而不赞成将审判推迟到出发之后再举行，提议延期到他返回后的某个时候再进行。[15]

舰队出发的景象确实非常壮观。人们对这一时刻的到来早已翘首以待，甚至让他们忘记了最近发生的渎神事件。整支舰队

第二十八章　从雅典人决定进攻叙拉古至他们到达西西里的第一个冬天

并非都聚集在雅典，因为人们让大多数同盟者的军队在科西拉会合更方便。尽管如此，单单是雅典的军队就令人震惊。一共有100艘三列桨战船在此起航，其中60艘早已整装待发，适于海上快速推进；剩下的40艘用于运送士兵。由雅典公民组成的重装步兵共计1500人，都是从兵员名录中精挑细选而来；700名第四等级公民太贫困，不能纳入兵员名录中，但城邦为他们每个人提供全套甲胄，让他们在舰船上充当重装步兵。[16] 除这些军队外，还必须加上500名阿尔戈斯重装步兵和250名曼提奈亚士兵；雅典为他们支付津贴，并派船只运送他们。出征的骑兵人数太少，全部仅用一艘运马船就装完。

不过，舰船的状况、装备及整支军队展现出来的奢华和实力比其数量更令人印象深刻。在指定的那一天凌晨，当所有舰船都在皮莱乌斯港准备启航时，大军从城里推进到此，随即登上舰船。与他们相伴的是几乎所有居民，其中既有外侨、异邦人也包括公民。因此这个军队就如同65年前举邦迁往萨拉米斯一样。

即将启航的那一刻显得特别庄严。所有战士都登上了战船，战船领班桨手马上就要开始发出摇桨命令。这时所有人都保持肃静。在喇叭声的引导下，每艘战船上的船员及岸上的观众都跟随着传令官的声音祈祷诸神庇佑他们获得胜利，随即所有人都唱响战歌。每一层桨座都准备了酒碗，将官和士兵们为金银制成的高脚杯举行奠酒仪式。最后，信号发出，所有战船列成一字雁阵离开了皮莱乌斯，舰船绵延直达埃吉纳，展现了这支未经实战的雅典军队的活力。

舰队径直开往科西拉，海上同盟城邦的舰船装载着物资和补给已聚在那里。就这样，集结完毕的同盟者军队逐个通过接受检阅。整支军队包括134艘三列桨战船和2艘来自罗德岛的50桨船；5100名重装步兵、包括80名克里特人在内的480名弓箭兵、700名来自罗德岛的投掷兵，另加120名由麦加拉流亡者组成的轻装兵。运输船上装着各种补给物资、防卫装备，另外还有面包工、泥瓦工、木匠等，数量不少于500人。此外，还有一支数量可观的私人商船，自图跟随在后捞取经济利益。

在沿意大利海岸向南推进到莱吉翁的过程中，他们备受沿途各希腊城邦的冷遇。其中最热情的也不过是允许他们自由停泊并补充淡水。塔伦同和埃皮泽菲利亚的罗克利甚至拒绝了他们的上述两个请求。在紧邻西西里海峡的莱吉翁，虽然城门仍然紧闭，但他们得到了更友好的待遇。该邦为他们提供了一个市场向他们销售物资，并允许他们在离城墙不远处安营扎寨。在此，他们将战船拖到岸上，休息待命，直到埃盖斯塔的三艘巡逻船返回。同时，将军们与莱吉翁的官员和民众谈判，利用同为卡尔奇斯人的关系，力图说服莱吉翁人帮助被逐出的莱翁提尼人重建一支军队。但除了保证保持中立外，莱吉翁并未做出任何承诺，只答应在无伤其他意大利希腊人利益的政策下与其合作。或许，与其他居住在意大利的希腊人一样，莱吉翁人也震惊于这支新抵达的庞大的军队并对此感到恐惧，希望由自己决定未来的行动。对于雅典及

第二十八章 从雅典人决定进攻叙拉古至他们到达西西里的第一个冬天

其恢复莱翁提尼的提议将信将疑。

直到雅典人聚集到科西拉（约公元前415年7月），叙拉古人才完全相信敌人即将到来，并确信他们在多大程度上试图完成征服西西里的计划。在雅典人于前一年3月决定援助埃盖斯塔和莱翁提尼及其后的一系列准备工作时，事实上叙拉古人就应当明白雅典人的入侵是昭然若揭之事。但是主流的看法并不愿意相信这样的消息。有人嘲笑情报机关的捕风捉影，另一些人至少认为雅典人这一次的入侵不会比10年之前更严重。没有人想到雅典人会急切而固执己见地全身心投入了征服西西里的计划中，也没有人相信关于即将出发的令人可怕的军队的消息。不过，叙拉古的将军们认为，有责任增强城邦的军事存在。

由于掌握的信息更全面，赫尔摩克拉泰斯判断这些准备工作还远远不够，于是在大约雅典人从皮莱乌斯出发之时召集了一次公民大会，以图打消民众的怀疑。他以自己的人格担保说，最近流传的消息不只是真的，而且还没有把真相说得完全。雅典人确实已经踏上了征服之路；这支军队的规模可谓空前，计划可谓周详，征服的对象是整个西西里。他强烈要求，城邦应当立即进入紧急状态，全力迎战这支非常令人生畏的入侵大军；对于未战先怯的惊慌，他严厉抨击以最坚定的态度认为最终必将获得胜利。正在推进的敌人大军将会恐吓到西西里的各个城邦，迫使它们全心全意与叙拉古合作进行防御。事实上，几乎没有任何一次大型的劳师远征取得过成功，这从波斯远征希腊的失败就可见一斑。

也正是通过这次战争，雅典从中获得了最大的利益。尽管如此，不可或缺的准备工作必须要立即有效地开展起来。除城邦内部的准备工作外，还需向外部派出使团。叙拉古人向西西里及意大利的希腊人和西凯尔人派出使者；也派人前往迦太基，因为迦太基人曾一度对于雅典肆无忌惮的扩张计划颇有疑虑，而且迦太基人的巨额财富对他们特别有用；为了恳请对西西里施以援手和再次入侵阿提卡，他们也派人前往拉凯戴蒙和科林斯。如果得到恰当的组织协调，赫尔摩克拉泰斯对于他们的防御力量如此自信，他甚至建议叙拉古人及其西西里同盟者立即出海，派出所有海上力量，带上两个月的补给，驶往对其友好的港口塔伦同，主动迎战雅典舰队，阻止其从科西拉渡过伊奥尼亚湾。叙拉古人或许真有可能妨碍乃至制止敌人的推进一直到冬季来临。三位将军中最有能力的尼奇亚斯本来违背自己的意愿来执行这次远征计划，如果确实那样，他就可能利用这个借口率军返回。

虽然赫尔摩克拉泰斯的上述意见获得公民大会上其他一些人的支持，但大多数的发言者对他的警告没有信心。我们注意到，早在九年之前赫尔摩克拉泰斯就已作为叙拉古的使者和主要顾问参加了盖拉会议。无论彼时还是此时，他都要求紧闭大门防止雅典干预西西里事务；无论彼时还是此时，他都属于寡头派的一员，对现存的民主政体充满敌意。虽然在赫尔摩克拉泰斯的言辞中没有表现出对民主制或现任官员的蔑视，但似乎随后发言的支持者肯定会极力夸大被他嘲笑的叙拉古式"习惯性沉默"及经民主选举的官员导致的卑劣的疏忽和无序的组织。在愤怒地斥责赫尔摩克拉泰斯及其支持的发言者中,一位名为阿泰纳戈拉斯的公民最为有名。此人是叙拉古最有影响力的民主派政治家和演说家。

"你们刚才听到的无异于虚构的故事,但发言人以此为据对你们提出了警告。你们不够聪明无法从他们的发言中预测未来,但你们可以从有才能者,譬如雅典人,很可能会如何行事做出判断。可以肯定,雅典人绝不会听任伯罗奔尼撒人还在其后威胁着他们时前往我们这里发起一场同样艰难的新的战争。事实上,我认为他们还在暗自庆幸,我们及强大的同盟城邦没有跨海对他们发起进攻。如果他们如传言的那样确实来到,他们就会发现,西西里是一个比伯罗奔尼撒更令人生畏的敌手,单凭我们的城邦就可力敌两倍他们派遣而来的军队。雅典人对此心知肚明,因此会管好他们自己的事。这些人杜撰出海面上出现了如此强大的敌人,其目的是吓唬你们,任命他们担当要职。这样的阴谋只能让我们的城邦保持很短一段时间的安宁。他们责难说国内无序的状态非常糟糕,更甚于外敌发起的战争,有时他们甚至会把城邦出卖给那些僭主和篡位者。让我问问,你们这些年轻的贵族一直觊觎的是什么?你们年纪轻轻就想掌握的是什么?但是,法律不许你们更进一步,因为你们还没那个能力。难道你们不希望与大多数人遵守同样的法律?但你们怎么能够假装认为同一个城邦的公民不应当获得同样的权利?有人会告诉我,民主制既不明智也不公正,只有富有者才是担任指挥权的最佳人选。但是,我想肯定地说,首先，人民才是共同体，寡头派只是其中一部分人；其次，富裕者是为共同体聚集财富的最佳人选，他们富有聪明才智，是最好的顾问，但只有广大的民众才最有资格听取并决定他们提出的建议。在民主政体下，所有这些职能一律都能找到它们合适的位置。但在寡头政体下，虽然面临危难时所有民众都必须全部参与，但是寡头派总是贪求无度，占尽一切公共利益，掌握并垄断着所有资源。"

在听取阿泰纳戈拉斯热烈的发言后，主持公民大会的一位将军插话，用下面几句话结束了这次公民大会。他说："我们这些将军不赞成让你们在大会轮番恶语相加，相信在场的听众不会因此而产生偏见。关于刚才听到的报告，我们应特别当心，因为在抵抗入侵者的战斗中，我们一力独撑。即使敌人不会入侵，强化我们的军队，添加马匹、改善武器和其他战斗装备也没有坏处。作为城邦的将军，我们将全力留意事态的发展并对你们进行指导，并会派使团到周边城邦获取信息和实现其他目标。事实上，我们已经在忙于这方面的事务，如果有进一步的消息，我们将告知你们。"

阿泰纳戈拉斯的话让我们多少对叙拉古民主政治的现实运作有了一些了解。阿泰纳戈拉斯之于叙拉古类似于克莱翁之于雅典，他们都是城邦中民主派的演说家。但他绝非最具影响力的人，也未指引着公共事务的主要发展方向。城邦的行政和管理职能主要归于阿泰纳戈拉斯的反对者赫尔摩克拉泰斯及其支持者。赫尔

第二十八章 从雅典人决定进攻叙拉古至他们到达西西里的第一个冬天

摩克拉泰斯早在九年前就已在盖拉会议上发挥着主导作用；在接下来的时间段里，他几乎一直占据着同样的地位。而阿泰纳戈拉斯的政治头衔更类似于一名反对派领袖。在危机重重的现实环境中，他的职责自然就会暂停下来，因此我们再也没有听说过他。在雅典与在叙拉古一样，真正手握权柄、掌管着城邦的军队和国库的人主要来自富裕之家，通常赞同贵族政体，私下认为民主制是一件令人难受的必需品，总是受其友人或族人的鼓动，密谋与之对抗。无疑，在公民大会上，他们的行动总是受到审查，他们本人总是受到刁难。因此，阿泰纳戈拉斯和克莱翁之流的蛊惑家的影响力上升。关于这些所谓蛊惑家性格中负面的东西经常出现在希腊历史的阅读者面前。无论这些人得到了多少污名化的绰号，通过这种形式展现了现实中自由政体的显著特征——无论是立宪君主制还是民主制。在那些担任高官、发挥个人影响力的真正的政治人物旁边，总有许多监察者和批评者；这些人在诚信、公正、智慧或演说能力上有高有低；其中最著名的监察者虽然担任的官职低于那些官员或将领，但他们占据着相当重要的地位。

我们注意到，阿泰纳戈拉斯完全不愿将城邦推进战场的深渊，他的反对态度甚至超出了理性的范围之外，宣称战争是寡头派为己谋利的策略。这或许表明，所谓的蛊惑家是多么不愿将城邦拖入不必要的战争中。正如我们自然而然会想到的，寡头派通常是战争的促进者。在大多数城邦，富裕而有影响力的人认为通过战争追求荣耀比通过其他职业更与他们的身份相一致。[17] 阿泰纳戈拉斯指责贵族青年力图改善军队的组织为自身利益服务；比较两三年前阿尔戈斯类似的情况就会发现，他的指责也并非完全没有根据。

在开始这场辩论之前，显然，叙拉古的将军们已经大体按赫尔摩克拉泰斯而非阿泰纳戈拉斯的意见行事。从科西拉前往莱吉翁的时候，雅典军队就意识到了危险，并被叙拉古的巡逻船警告。其后，叙拉古人全力展开准备活动，在各西凯尔属邦中分派驻军并派出使者；城内的军队被召集起来，按照战争布置安营扎寨。

雅典人在莱吉翁停止了进军，这提供了更多闲暇时光从事其他事务。停顿时间越来越长的原因不止一个。首先，尼奇亚斯及其同僚希望与莱吉翁人谈判，同时将他们的船只拖上岸来加以清洗。其次，他们等着三艘埃盖斯塔巡回船的返回。最后，他们还没有就在西西里的行动形成一个计划。

从埃盖斯塔返回的船只带来了令人沮丧的消息。埃盖斯塔城内现存并没有那么充沛的财富，它能够拿出的总计不到30塔兰特。而充沛的财富正是雅典人决定西西里远征的主要依据。雅典人原本指望着从埃盖斯塔获得金钱，尤其是阿克比亚戴斯和拉马库斯对此由衷希望，而尼奇亚斯则总是深表怀疑。鉴于对该邦资源的失望，将军们开始讨论下一步的行动计划。

尼奇亚斯希望将行动的范围严格限制在雅典公民大会通过决议的指令之内。他提议立即进攻塞林努斯，接着，正式要求埃

第二十八章 从雅典人决定进攻叙拉古至他们到达西西里的第一个冬天

盖斯塔人提供军队所需费用，或至少提供维持他们请求的那60艘三列桨战船的费用。鉴于这个要求不可能实现，他只得延长逗留在埃盖斯塔的时间，以便从塞林努斯人那里获得一些可以糊弄埃盖斯塔可以接受的条款，然后返回雅典，并向沿途所有海岸城邦展示雅典的海军实力。虽然他时刻准备抓住任何可能出现的机会为莱翁提尼挣得好处或建立新的同盟，但是他强烈反对长期停留在这个岛上从事冒险投机活动。[18]

阿克比亚戴斯反对这个计划，他抗议说这只能让人觉得他们率领的这支大军目光短浅、胆小怯弱，只会为这支军队带来耻辱。他提议，开始与其他所有西西里的希腊城邦展开谈判，尤其应说服美塞尼亚与他们合作进攻叙拉古和塞林努斯，因为那里既可作为港口便于舰队停泊，又可作为进一步军事行动的基地。同样地，他建议与内陆的西凯尔人建立联系，使其不再臣服于叙拉古，并能为雅典人提供补给。一旦查明可以指望的援助有多大后，就可以直接对叙拉古和塞林努斯发起进攻。除非叙拉古愿意重新建立莱翁提尼，塞林努斯愿意与埃盖斯塔达成和解。

最后发表看法的是拉马库斯。他建议立即向叙拉古发起进攻，在该邦的城池下打响战斗。他催促说，如今叙拉古人的防御工事已经进行了一半，他们的许多公民、许多财物还在城市周边的田地里，可抓捕这些人和抢夺这些财物充作军队之资。[19] 而且，可以占据从海上和陆上离叙拉古不远的弃城和麦加拉港，作为舰队的一个海军基地。如今，大军的压迫力、威慑力及真正的战斗力正处于极致。如果雅典人利用第一印象形成的优势立即对最主要的敌人进行打击，叙拉古人将会丧失抵抗的勇气和能力。至于其他西西里城邦，鉴于雅典人在叙拉古的成功行动，立即就会决定它们归附于谁了。

但是，拉马库斯的建议没有得到其他两人的支持，被迫对阿克比亚戴斯和尼奇亚斯的计划做出选择。最终他决定支持阿克比亚戴斯，这在三种提议中相对中庸。无疑，虽然没有得到执行，但基于常识判断，相较于其他两者，拉马库斯的计划最好也最明智。虽然第一眼看来，这个计划非常大胆，但从本质上看，却最安全、最易施行且速度最快。因为毫无疑问，围攻并夺占叙拉古是提升雅典在西西里岛上声望必须展开的一项军事行动。启动越快，完成就越容易。按照阿克比亚戴斯的计划，困难会在许多方面越来越严重而绝不会减少。任何坐失良机都会从实质和声望上有损于一支富于侵略性的军队的战斗力，而鼓舞和增强防御一方的士气和力量。不久我们就会发现痛苦的例证。遗憾的是，拉马库斯虽然是三人中最能征善战的士兵，但他出身贫困，没有政治地位，在重装步兵中没有什么影响力。倘若他不但拥有奋勇向前的军事能力，而且还和他的同僚一样出身于富贵之家，这支声威赫赫的军队取得的成就和命运将会完全逆转；雅典将会作为征服者而非战俘进入叙拉古。

计划被采纳后，阿克比亚戴斯登上他自己的三列桨战船从莱吉翁跨海前往美塞尼亚。虽然获准以个人名义进城并允许在公

第二十八章 从雅典人决定进攻叙拉古至他们到达西西里的第一个冬天

民大会上发言,但他未能说服他们订立任何同盟关系,也未能让大军到城外销售补给物的市场之外的地方驻扎。因此,他返回莱吉翁,并马上和他的另一位同僚一道率领 60 艘战船前往纳克索斯。纳克索斯人诚挚地欢迎大军的到来。此后,大军就控制着从叙拉古以南直到卡塔纳的海岸。鉴于卡塔纳领导人和将军此刻极倾向于叙拉古,雅典人在请求被拒后,被迫继续向南航行。次日,舰队列成单列纵行,从叙拉古城外驶过。行驶在最前面的 10 艘战船甚至受遣进入该城以南的大港,以便勘察城市的这一侧,以及港口的船坞和防御设施。他们另一个目的是从船上通过传令官之口传话:"居于叙拉古的莱翁提尼人不用害怕,你们的朋友和恩主雅典人邀请你们加入队伍并肩作战。"在这一番没什么意义的表演后,大军撤回到卡塔纳。

如同在美塞尼亚一样,在卡塔纳,阿克比亚戴斯以个人名义获准进入城内,并允许在公民大会上陈述其观点。一件偶发之事使他达成了目的。城外的一些雅典士兵发现后门的防守不严,于是将其撞开,出现在市场上。就这样,该城处在了雅典人的控制之下。城内的领导人与叙拉古亲善,侥幸逃到安全之处。公民大会做出决定,接受阿克比亚戴斯提出的结盟倡议。如今雅典大军的全部人员都从莱吉翁前往卡塔纳,并将该城作为指挥部。另有消息传来,卡马利纳的一个派别告知他们说,如果雅典大军出现,该城也可能加入同盟。因此,大军又赶往那里。但是,卡马利纳人拒绝其进入,并宣称,他们将遵守现存的条约;除非受到邀请，否则任何时候只许一艘船进入，仅仅一艘不能再多。因此，雅典人被迫返回卡塔纳。经过叙拉古时，雅典人在城市附近登陆，劫掠了周边的一些土地。叙拉古骑兵和轻装兵很快出现。趁入侵者还没有撤退到船上时，双方发生了一场小规模的战斗，造成了些许损失。

才返回卡塔纳，等待着他们的就是一则坏消息。雅典人发现充任城邦仪礼的三列桨战船萨拉米尼亚号刚从雅典抵达，带来了公民大会的一则正式决议，要求阿克比亚戴斯返回城邦，接受各种针对他的反宗教及叛国等罪证的审判。

这次传唤的起因是赫尔麦斯神像被毁，其目的是调查这一事件的为恶者。自大军离开以来，对于如此众多公民征战在外的同情使人们暂时放松了对渎神案的警惕。但是警惕之心很快重新恢复，如果找不出哪些人是渎神案的元凶，人们不可能停息下来。城邦宣布，除前面提到的奴隶安德罗马库斯外，如果任何其他告密者提供线索，将会得到1000~10 000德拉克马的不菲奖励。一位名为泰乌克鲁斯（Teukrus）的外侨告诉雅典议事会他自己就是一个最近与秘仪相关、参与渎神案的派别成员；此外还承认参与了毁坏赫尔麦斯神像。他声称，如果城邦保证免于起诉，他将返回，告知全部的信息。议事会马上通过了投票，邀请他回来。他揭发说，11名与此相关的人员与他一道模仿表演了埃琉西斯秘仪。包括他本人在内的另外18人是破坏赫尔麦斯神像的作恶者。阿尔克麦翁家族、一位名为阿加利斯泰特

第二十八章 从雅典人决定进攻叙拉古至他们到达西西里的第一个冬天

（Agariste）的妇女——这些名字暗示着此人在城邦中的显赫地位和高贵的出身——进一步证明说，阿克比亚戴斯、阿克西奥库斯（Axiochus）及阿戴曼图斯（Adeimantus）以类似的方式在卡尔米戴斯（Charmides）家里进行过秘仪模仿表演。[20]

在不同指证中提到的这些人，似乎大部分立即就逃离了城邦，但所有留下的人都被收入监狱，等待将来接受审判。

因此许多公民，其中大多数属于城邦的第一等级，要么拘禁在监，要么流亡在外。但是，警报不但没有消除反而不断增加。民众只是听到一个又一个人被人揭露；所有被揭露之人都证明经常从事反宗教的行动，侮辱和破坏保护故土或宪政的地方神；所有事件都暗示着许多有钱有势的公民积极谋划此类行动，人们将此解读为叛国行为。然而，所有人都不能对赫尔麦斯神像被毁给出一个完整或满意的说法，没有人承认是真正的幕后控制者，也没有人能够交代出他们下一步的目的。敌人就在这些人中间，但公民们不知道到哪里去捉住他。

民众的心烦意乱因佩桑戴尔和卡利克莱斯搅和而进一步加剧。这两人是调查委员会的成员，性格火暴，没有政治原则，[21]彼时自称极度忠诚于民主政体，虽然我们发现，后来这两个人都成为最寡廉鲜耻的颠覆者。这两个人大声宣称，揭露出来的事实表明，从事破坏赫尔麦斯神像的阴谋者人数很多，其终极目标是迅速推翻民主制。他们坚称，加大调查力度，直到完全揭示整件事情。

正是在这种急于发现真相的情况下，出现了一位新告密者狄奥克雷戴斯（Diokleides）。他声称知道与赫尔麦斯神像被毁相关的一些实质性证据，并肯定地说始作俑者人数达300名。

按照狄奥克雷戴斯的报告，这就是事情的全部。[22] 在300名亲眼见到的人中，他标出了42人。他最初确定的是曼提泰乌斯（Mantitheus）和阿菲皮西翁（Aphepsion），这两人正是坐在下面的两位议事会成员。接下来的40人中包括了安多奇戴斯及他的许多亲戚。但是，由于狄奥克雷戴斯叫不出名字的还有更多人（或许总数300人是正确的），调查委员会成员佩桑戴尔提议，应当立即抓捕曼提泰乌斯和阿菲皮西翁并对他们施以拷打之刑，以此迫使他们供出同伙。本来在斯卡曼德利乌斯任执政官时，雅典人曾通过议案，规定拷打任何自由身份的雅典人都是违法行为，这个法令首次被取消。虽然这个提案不仅违法而且残酷，但议事会最初仍给予了支持。但是曼提泰乌斯和阿菲皮西翁跑到议事厅的祭坛乞援，努力辩称他们应当拥有公民应有的权利，应允许获得保释，在陪审法庭接受审判。最后他们获得了这个权利。[23] 一得到保证，他们就违背圣约，骑上快马，逃到敌人那里。他们的突然出逃及一支比奥提亚军队集结在阿提卡边界的消息激发了民众更大恐惧和愤怒。议事会立即秘密采取行动，将所有剩下的40位被揭发的人都抓捕起来关进监狱。同时，在将军委员会的安排下，所有公民都全身披挂准备迎战。除主席团成员（来自同一部落主持当月议事会的50人）必须在公共建筑托鲁斯（Tholus）

第二十八章 从雅典人决定进攻叙拉古至他们到达西西里的第一个冬天

过夜外,其他议事会成员都整夜待在卫城。雅典的每一个人都感受到了一场内乱即将爆发(或许还伴随着外敌入侵)时的那种可怕气氛。这场内乱恰好被狄奥克莱斯拦了下来。因此,他被称赞为城邦的救世主,人们列队欢迎他到普吕塔内翁就餐。[24]

虽然城邦的总体形势比较糟糕,但更糟糕的是被关押起来的那些嫌疑犯。最后,被关押者中一位名为卡尔米戴斯的人向他的堂兄兼朋友安多奇戴斯商量解决办法。他恳请安多奇戴斯主动讲出他所知道的一切,以便保留家族中那么多无辜者的性命,并将城邦从不能承受的极度恐慌中拯救出来。卡尔米戴斯的劝说下及其他在场犯人的恳求,说服了安多奇戴斯,并让他成了告密者。第二天,他就向议事会交代了一切。他说:"欧菲莱图斯(Euphiletus)是赫尔麦斯神像被毁案的主使者。在一次我也出席的酒会上,他提出了这个建议。但是,我以最强烈的方式提出了反对,并拒绝参与其阴谋。不久,我从一匹幼马上掉下来,摔断了锁骨,并摔伤了头颅。我伤得很严重,只得躺在床上。欧菲莱图斯趁我不在之机,向其他成员伪称我已经同意了计划,并声称我答应毁掉祖屋附近、由埃吉伊斯(Aegeis)部落敬献的赫尔麦斯像。因此,在我无法动弹之时,他们实施了这个计划,但并未告知我相关情况。他们原本认为,我将会毁坏这尊赫尔麦斯像。但正如你们看到的,这是整个雅典城中唯一逃脱被破坏命运的一尊神像了。"

在向议事会(基本上)交代整件事情后,安多奇戴斯让他的男女奴隶接受拷打之刑，以便进一步确认他讲述的事实。似乎确实对这些奴隶用了刑（按照雅典针对奴隶的这个残酷的习俗），议事会因此对安多奇戴斯交代的事实也感到满意。他提到了22个参与赫尔麦斯神像被毁案的人。在泰乌克鲁斯（Teukrus）的供词中已经明确提到了包括欧菲莱图斯和麦莱图斯在内的18个人；剩下的4人分别是帕纳提乌斯、吕西斯特拉图斯（Lysistratus）、狄亚克利图斯（Diakritus）和卡莱戴穆斯（Charedemus）。这4人一听到有人提到他们的名字马上就逃走了，城邦没能将他们抓获。议事会听了安多奇戴斯的口供后，立即又再一次问询狄奥克雷戴斯。他承认做了伪证，请求宽恕。狄奥克雷戴斯被送到陪审法庭接受审判，然后被处以死刑。[25]

上面所讲的事情是安多奇戴斯在事情发生15~20年后在演说词《论秘仪》中陈述的内容，说在此危难时分告诉议事会事情的缘由。但这很有可能不是他真正讲述的话，肯定也不是他的政敌转述的他讲的内容。他既没有讲出整个事实的真相，也未平息那时肆虐于雅典人心中的焦虑和恐慌。他的陈述与修昔底德记载的简短介绍不相一致。修昔底德告诉我们，安多奇戴斯与其他参与神像毁坏案的人一起，进行了自我揭发。[26]因此，可以确信，安多奇戴斯真正讲述的与现在演说集中记载的有很大不同。但事情的真相是什么，我们辨认不出来。即便我们获得的材料更多，也不可能辨明事情的前因后果。因为即便生活在同一个时代，无论是修昔底德还是其他批判家都无法判决真相到底如何。对他们

第二十八章 从雅典人决定进攻叙拉古至他们到达西西里的第一个冬天

而言,虽然认为安多奇戴斯是主要组织者之一,但赫尔麦斯神像被毁案永远只能是一个无解之秘。[27]

无论真假,安多奇戴斯的供词立刻对雅典大众产生了重要而不可争辩的影响。安多奇戴斯是一个出身于城邦家世显赫、家资丰盈的年轻人,属于神圣的凯利凯斯家族(Kerykes),据说其世系可以追溯到英雄奥德修斯。此人在之前曾担任重要的海军指挥官。在他之前的告密者都不过是外侨或奴隶。此外,他还亲承犯有罪过。因此,民众对他的陈述深信不疑。他们高兴地起底了这宗秘案,因此民众从极端恐惧逐渐变得相对平和。除安多奇戴斯交代的人外,所有因受到怀疑而被扣押的囚犯都随后获得释放。那些因恐惧而逃跑的人获准返回。而那些被安多奇戴斯点名有罪的人都被审讯、宣判并处以死刑。虽然明智之人对于审判时提供的证据还不满意,但普通民众完全相信元凶巨恶都已伏法。安多奇戴斯本人获得了宽恕,显然他当时也对民众充满了感激。但是,在雅典一个神像破坏者兼告密者永远只会受人憎恨。安多奇戴斯要么受一则取消公民权法令的间接影响而被流放,要么因发现树敌太多并因这一事件中的所作所为招来骂名而不得不离开了这座城市。他被流放了许多年,似乎一直都没有消除人们对他在这起不法事件中出卖朋友的憎恨。[28]

但是,因赫尔麦斯神像案的终结而产生的愉快心情很快又受到了干扰。还有许多起亵渎埃琉西斯秘仪的案件仍需处理,而这些案件还既未调查,又未经过其他方式赎罪。城邦内关于处理亵渎秘仪案的呼声更大，因为阿克比亚戴斯的对手决心要将矛头对准他并将其搞臭。在阿提卡所有宗教仪式中，最重要且普遍受人崇敬的是埃琉西斯秘仪。即便通过口头向未入会者泄露埃琉西斯神庙里面眼睛所见、耳朵所听的东西，都被视为最严重的犯罪，更别说在酒会上出于娱乐模仿秘仪了。

如果回顾埃琉西斯秘仪是多么受非雅典出生的希腊和异邦人崇敬，我们就不会对雅典人心中激起的无名愤怒而感到吃惊；特别是在人们的宗教感情受到如此严重伤害时，竟然有人胆敢泄露甚至亵渎秘仪。[29] 大约就在此时，[30] 有人对米洛斯哲学家狄亚戈拉斯（Diagoras）提出指控，说他宣传反宗教的信条。虽然他在审判之前就离开了雅典，但仍缺席被判有罪。这就是给予他一生的"报酬"。

很有可能最主要是与秘仪相关的特权神圣家族号召城邦要对这两位受到冒犯的女神进行赎罪，并惩处不法者。[31] 阿克比亚戴斯的对手，无论是私人的还是政治上的，发现这是一个重新启动对他进行指控的好时机，虽然在出发前往西西里之前，他巧妙地逃脱了审判。指控他模仿圣礼的事实不但本身就很有可能，而且别人提供的证据和他的一些密友的供词都证明他确实有罪。此外，阿克比亚戴斯的所作所为习惯性地表现出傲慢无礼，与民主制倡导平等的原则相抵触，因而显然特别醒目。他的行事做派使其敌手不但将反宗教的行为强加其身，而且强调他有颠覆政体的目的。此刻，这种联想更容易被民众认可，因为他不只是有泄露

第二十八章 从雅典人决定进攻叙拉古至他们到达西西里的第一个冬天

和模仿秘仪的行为,而且人们还将之与最近的赫尔麦斯神像被毁案联系起来,解读为他已展现出卖国的和反宗教的念头,是他同一起卖国计划不可或缺的一部分。一支拉凯戴蒙军队出现在地峡使人们重新对这个话题提高了警惕,宣称这是与即将出动的比奥提亚人协同行动。虽然敌人的目的不容易理解,但是从多个方面表现出雅典处于敌对阴谋的笼罩之下。雅典人对此深信不疑,他们拿起了武器,并手持武器紧张地监视了一个夜晚。此外,就在此时,阿尔戈斯与阿克比亚戴斯有联系的那一个派别受到颠覆其民主制的怀疑。该事件使这个推断进一步被坐实。于是,雅典人向阿尔戈斯的民主政权交出了几个月前从那座城市抓来的寡头派人质,以便让阿尔戈斯人在认为恰当时随时可以将人质处死。

上述事件从根本上帮助了阿克比亚戴斯的对手,使他们能够想尽办法将其召回并定罪。这些人的地位和性格各不相同,其中包括奇蒙之子泰萨鲁斯,此人出身高贵,其家族世代推崇寡头政治;还包括安德罗克莱斯,此人是一位著名的"蛊惑家"和平民演说家。泰萨鲁斯在议事会上对他提出了正式的指控。

与此同时,有人对如今在西西里与阿克比亚戴斯一同战斗的其他公民也提出了类似的指控;他们提出动议,要求将他和其他人押解回国接受审判。不过,议事会要求在传唤这些人时应当特别当心,避免采取粗鲁或恐吓的方式;规定船长不得对他本人进行抓捕,而只邀请他乘坐自己的三列桨战船随同萨拉米尼亚号返回,避免冒犯到那些在西西里作战的阿尔戈斯人和曼提奈亚人,或对大军带来危害。[32]

可以肯定,阿克比亚戴斯收到了他在雅典的朋友随同一艘船带来的密信,告诉了他民众的想法,以便让他尽快做出决定。他假意答应听从安排,坐上他自己的三列桨战船,与那些指控他的人一道,随着萨拉米尼亚号战船驶返雅典。但是,当抵达意大利海岸的图利伊时,他和他的同伴们放弃了那艘战船,消失在了异国他乡。阿克比亚戴斯及其余那些受到指控的人被缺席判处死刑,其财产被剥夺。

很有可能,阿克比亚戴斯的消失和流放是他在雅典的政敌可以接受的。无论如何,他们确信已经除掉了他;即便他有可能回来,已判死刑的事实也被认为是板上钉钉的事了。关于雅典人对阿克比亚戴斯的处罚,我们必须强调,民众犯下了非公正不作为的错误。至少有充分的理由相信他犯下了泄露和亵渎秘仪的罪行,在每一个希腊人看来,这确实是一宗罪行。我们相信,一直延续到不久之前,在一个奉行天主教的国家,这样的行为同样会得到法律制裁;如果不是埃琉西斯秘仪,而有人嘲讽弥撒献祭仪式,虽然这种仪式不涉及泄密的问题。我们可以判断,按照过去60年的刑事法规,此类的冒犯行为会受到什么样的处罚。即便是上一个世纪,从对1766年阿布维尔的德·拉·巴雷骑士的判决和处罚可见,此类冒犯行为受到的惩罚可能比被灌毒胡萝卜水更严厉,而雅典对阿克比亚戴斯严苛的处罚也不可如此。一直到现在,基督教法呈现出统一化的倾向,[33]没有地方责难雅典人在

第二十八章 从雅典人决定进攻叙拉古至他们到达西西里的第一个冬天

处理有违宗教情感的案件时采取非常残酷的方式。与之相反，正如我们在各种场合即将看到的那样，雅典人以相对温和和宽容而著称。

这是雅典政治史上最黑暗的章节，表明了民众强烈的宗教情怀，对阿克比亚戴斯不公平；但就其敌手及一般的赫尔麦斯神像破坏者而言，这展现了政治战争中难以与之匹敌的深不可测的邪恶阴谋。导致阿克比亚戴斯受到驱逐的不是民众而是这些人；他自身此前个性的负面影响也起着推波助澜的作用。至于赫尔麦斯神像被毁一案，雅典人处决了一小批或许清白的无辜者，但民众当时确实相信他们是有罪的。至于阿克比亚戴斯，除召他回来接受审判外，他们并没有形成集体的决议。因此，不管那些提出方案和准备采取背信弃义方式的人多么有罪，投票者并没有什么过失。[34]

为了能理解后来被流放的阿克比亚戴斯是多么仇视他的同胞们，有必要解释他有多么充足的理由对他们提出不满。在被告知雅典人已缺席判处他死刑的消息后，据说阿克比亚戴斯大叫："我一定要向他们证明我还活着！"他完全实现了诺言。[35]

召回阿克比亚戴斯并在随后将他放逐在几个方面给雅典带来了不幸。这一事件使敌人的阵营中多了一位愤怒的流亡者，而此人恰恰知道母邦的所有弱点，并将斯巴达人从惰性中唤醒过来。此外，还触怒了驻扎在西西里的一部分战士——可能主要是阿尔戈斯人和曼提奈亚人——松懈了战士们的战斗热情。更糟糕的是，听任整支军队接受尼奇亚斯乏善可陈的指挥。因为，虽然拉马库斯在名义上与尼奇亚斯享有平等的指挥权，而且如今获得了一半军队而非三分之一军队的指挥权，但除了在战场上，他根本没有任何影响力，而只能执行其同僚已经做出的决定。

正如尼奇亚斯最初建议的那样，如今军队沿卡塔纳、塞林努斯驶向埃盖斯塔。在经过海峡，沿岛屿北部海岸航行过程中，他首先经过希麦拉海岸，但大军的入城要求遭到了拒绝。接着夺占了一座名为叙卡拉（Hykkara）的西坎人的沿海城镇，并抓获了许多战俘。在将该城交给埃盖斯塔人之后，尼奇亚斯亲自到该邦核查具体情况，但能够获得的军费不超过特派委员会第二次拜会时承诺的30塔兰特。最终，他将叙卡拉捕获的战俘交给西坎人，得到120塔兰特赎金，并派雅典陆军穿越该岛的中部，从友好的西凯人境内抵达卡塔纳。这一过程中，他对敌对的西凯尔城镇叙布拉发起进攻，但被打败。当回到卡塔纳后，海军与他重新会合。

如今似乎已经进入10月中旬，自雅典军队抵达莱吉翁已经过去了三个月。在此期间，除赢得纳克索斯和卡塔纳两个盟友并夺占不具重要地位的叙卡拉外，雅典人几乎一无所获。但是，作为卡尔奇狄凯人城邦，纳克索斯和卡塔纳，尼奇亚斯提前就将它们与莱吉翁计算在内；然而他发现莱吉翁不愿入盟。更糟糕的是，这位将军的性格令人担忧，他不但没有取得什么值得一提的成绩，而且根本没有进行过任何认认真真的努力。在获得了来自塞林努斯和其他城邦的援助后，叙拉古民众呼吁将军率领他们进攻雅典

第二十八章 从雅典人决定进攻叙拉古至他们到达西西里的第一个冬天

在卡塔纳的基地,因为雅典人根本不敢靠近叙拉古。叙拉古骑兵甚至冲到雅典的大营对他们大肆侮辱,质问他们是否只想定居在岛上做和平的居民而不想恢复莱翁提尼了。为了维护其名声,尼奇亚斯被迫还击。他定下计谋,靠近叙拉古,以便能摆脱叙拉古骑兵的打击。一些在他手下服役的流亡者告知他关于城市附近的地形状况。[36]

他派了一位忠诚于雅典的卡塔纳公民前往叙拉古作为送信人,假装提议让卡塔纳与叙拉古结成友好关系。许多雅典士兵习惯于在夜晚离开其大营不带武器待在城墙之外(所以消息遭到泄露)。对叙拉古人而言,黎明时分很容易趁雅典人没有准备、分散在四周时发起一场猛烈的突袭。这时,卡塔纳的亲叙拉古派别答应给予援助,关上城门,对城内的雅典展开攻击,并放火烧船。

因此,叙拉古所有军队都来到城外,在距卡塔纳大约8英里之处扎营。但尼奇亚斯选择在同一天命令他的军队及在此的西凯尔人同盟者登上战船,乘夜沿海岸向南,绕过奥尔提吉亚岛,进入叙拉古的大港。[37]天明时分雅典人抵达了那里。尼奇亚斯未经抵抗在大港深处的阿纳普斯(Anapus)河口登陆。他首先命人摧毁了周边的桥梁,占据了一个受到各种阻碍保护的地方。这样,他就能够选择他认为合适的时间发起进攻,并不受叙拉古骑兵的打击。为了保护海岸的战船,他砍倒周边的大树,修建了一道栅栏。鉴于城墙之内的敌人并未试图进行干扰,他有充足的时间构筑此类的防御工事。叙拉古骑兵在到达卡塔纳城外时才发现了他的诡计。然而，叙拉古人信心十足。在经历如此长距离的行军后，他们发起了进攻。但是，由于尼奇亚斯没有放弃其阵地，叙拉古人只得撤回，在赫罗利奈大道的另一边扎下了过夜的营地。

次日清晨，尼奇亚斯率军离开阵地，分成两个支队，组成战斗阵形，纵深八人。前面的分队准备发起进攻，后面的分队（中间围成一个空的方形放置行李）为预备队，列队在营地附近，随时准备对需要支援的地方提供援助。雅典人没有骑兵。叙拉古重装步兵的数量似乎要多得多，是城邦战时动员起来的，没有进行遴选。他们及其塞林努斯同盟者排成较厚的阵形，纵深为16人。右翼部署着骑兵，这也是城邦最精锐的部队，总人数不到1200人，另包括来自盖拉的200名，来自卡马利纳的20名骑兵。此外还有50名弓箭兵和一队投掷兵。西西里人的重装步兵没有经过什么训练，他们的队列不够严整，此时因紧邻着自己的城市也受到了干扰。一些人跑到城里去看看家人，另一些人急匆匆地跑出来加入队伍中；结果发现战斗已经开始，就在他们能够插进去的地方排列成队。

军号已经吹响。尼奇亚斯命令第一个分队在叙拉古人期待的时间之前马上迅速发起进攻。双方展开了勇敢的战斗，在一段时间里，甚至展开了近身肉搏，结果不明。随后，突然天降大雨，闪电雷鸣，吓着了叙拉古人。但训练有素的雅典重装步兵知道这不过是这个季节的一种自然现象。最终，叙拉古军队被打散。最初从阿尔戈斯人所在的右翼，接着从雅典人所处的中央，敌人开

第二十八章　从雅典人决定进攻叙拉古至他们到达西西里的第一个冬天

始逃跑。在追击过程中，获胜者特别注意安全，没有孤军深入，更没有打乱阵形，因为叙拉古骑兵还未参战，制止着所有的冒进者。就这样，叙拉古骑兵保护着陆军安全撤退到赫罗利奈大道之后。叙拉古及其同盟者损失了250人，雅典人死伤50人。

次日，尼奇亚斯命令大军重新登船，驶回此前在卡塔纳的基地。他认为，没有骑兵和更充足的军费，根本不可能维持在离叙拉古那么近的阵地或立即发起围城行动。鉴于冬季即将来临，他决定就在卡塔纳过冬。虽然叙拉古的冬天比较温和，而靠近大港在夏天有遭受疟疾的危险，不过季节变化或许也算一个勉强可以接受的理由。在间隙期间，他派人到雅典要求增派骑兵并增加军费；同时向西西里的同盟者提出了类似的增援要求。他估摸着，最近的胜利应当会增加入盟者的数目；此外，他将各种武器装备聚在一起，准备在来年春天开始围攻叙拉古。在派出一艘战船返回雅典提出上述请求时，他率领大军前往美塞尼亚。该邦内有一个倾向雅典的派别答应为他打开城门。在阿克比亚戴斯离开之前，双方就已经开始互通消息。不过，这也是这位逃离的将军针对母邦的第一个报复行动。他将行动计划泄露给了美塞尼亚的亲叙拉古派。因此，在尼奇亚斯抵达之前，亲叙拉古派看准机会，拿起武器，处死了反对派的主要人物，掌管了这座城市，并武力抵抗雅典人的入侵。在那里耽搁13天没有取得任何成果后，雅典人被迫返回纳克索斯。在此，他们建起了一座栅栏围起的营帐和基地，开始过冬。

尼奇亚斯最近的计谋、进入叙拉古港口的行动及其后战斗都得到了精心的谋划和有效的执行。上述行动展现了军队的勇气和纪律，同时也振奋了战士们的士气，将此前军队因未取得成果产生的失望情绪一扫而光。但是，就其他结果而言，这次胜利还没有取得实在的效果。我们甚至可以说，这不过是一场没有产生负面效果的失败，因此既没有削弱叙拉古的力量，更没有羞辱到叙拉古人，而给了他们一次有益的教训；当尼奇亚斯在营地过冬时，他们就开始吸取这些教训了。尼奇亚斯已经预见到了在西西里需要克服的所有困难和危险，并将这些困难和危险告知了雅典人。因此，公民大会允许他如其所愿召集一支军队，并供给他所有围城所需的物资和装备。然而，到达西西里后，他似乎只是一门心思地避免让军队参加任何一次重大的战役，而是想方设法找一个借口将军队带回雅典。在初次的辩论中，尼奇亚斯就坚持认为叙拉古骑兵令人可怕。然而，就是因为骑兵的存在，使他找到了一个借口，将行动推迟了四个月，直到雅典的援军到来。根据尼奇亚斯敏锐的洞察力得出的预测，所有固有的危险因他的耽搁而进一步加剧。他将雅典大军给人留下的赫赫威名一点点耗尽，使叙拉古人有充足的时间扩建其防御设施，并让伯罗奔尼撒人有时间入侵阿提卡并援助西西里。

6月，雅典人看着一支强大无比的远征军出发；11月，他们收到消息，说这位将军只取得了一次不具决定性的胜利，他甚至都没有尝试展开一场大战；他们甚至被告知，如果不再增派骑

第二十八章　从雅典人决定进攻叙拉古至他们到达西西里的第一个冬天

兵、提供更多军费，他根本都不会发起进攻。听到这些消息，雅典人无疑相当失望。然而，他们只能答复，拨给足额的款项，并提供他要求的一切，而没有在大会上表达任何对他的不满或失望。另外一点也值得注意。因为阿克比亚戴斯的去职提供了一个诱人且价值不菲的机会，让城邦可派出一位新的将军担任他的同僚。如果在雅典没有人对尼奇亚斯表达不满，我们也没有被告知有这样的不满，甚至在西西里的士兵中也没有听到反对意见。我们或许还记得，远征安菲波利斯时，在埃翁，尽管因条件所限有充分的理由，而且翘首以待的援军事实上已经派出，几日的耽搁也让克莱翁感受到了自己军中重装步兵的强烈不满。这样的对比是有启发意义的，随着事态的发展，将会更有启发意义。

与此同时，叙拉古人因最近失败的教训而获益匪浅。在接下来举行的公民大会上，赫尔摩克拉泰斯对于叙拉古人不讲策略、没有纪律的行为进行了批评。他迫使人们减少冗杂的15名将军——叙拉古人一直习惯于任命那么多人指挥战斗——只保留3名将军，并同时授予他们比此前更大的权力，并庄严承诺让他们不受限制地履行指挥军队之权。最后，他责成这3位将军在即将到来的冬天，以最大的努力训练并武装所有居民。就这样，赫尔摩克拉泰斯、赫拉克雷戴斯及西卡努斯（Sikanus）被任命为指挥官。城邦派使前往斯巴达和科林斯恳请给西西里提供支援，并要求伯罗奔尼撒人重新开始直接进攻阿提卡。

新任命的将军采取的最重要举措是扩大叙拉古的城防范围。

他们修建了一道新城墙，将一块新的地盘划归城市，使内城和外城都处于城墙的保护之下。城墙向西抵达外海和大港，囊括了埃皮波拉（Epipola）山丘之前整个坡地，并继续向西将阿波罗·泰麦尼泰斯的圣域也纳入其中。他们这样做是为了提前做好预防措施。尼奇亚斯在春天可能重新展开军事行动，并在战场上打败他们，将其困在城墙之内。如果那样，跨海修建一道包围城市的围墙时，他就没有许多额外的地盘展开行动了。此外，叙拉古人修葺了北部海岸被遗弃的城市麦加拉并在此驻军；在最近与尼奇亚斯战斗时曾驻军的宙斯·奥林匹乌斯神庙修筑永久的防御工事；并在海中安插暗桩防止船舶的便利停靠。但是，叙拉古人此时还是忽略了采取另一项预防措施，那就是占领埃皮波拉山顶欧吕亚鲁斯（Euryalus）并在此设防，这对他们是轻而易举之事。倘若他们现在就这样做，那么雅典人或许根本不可能推进其围城计划。

卡马利纳奉行着一种模棱两可的政策，双方都希望争取获得它的支持。是年冬，雅典使节欧菲穆斯及其他人受派前往那里，提议恢复与该邦10年前缔结的同盟关系。叙拉古人赫尔摩克拉泰斯也前往该邦策反。按照希腊人的习惯，双方都获准在公民大会上发言。

赫尔摩克拉泰斯首先对雅典的态度和过往历史大加谴责。他强调，只要西西里各邦联合起来，真诚相待，他们不用害怕雅典的武力。即便只与叙拉古作战，在最近的战斗中，雅典人也被迫匆匆撤军，这表明他们对于自身的实力是多么缺乏信心。他所

第二十八章 从雅典人决定进攻叙拉古至他们到达西西里的第一个冬天

担心的是雅典伪善的承诺和旁敲侧击的暗示，其目的是瓦解岛上各邦的团结，使所有联合对敌的计划陷入瘫痪。每一个人都知道，雅典发动这次远征的目的是征服整个西西里岛，莱翁提尼和埃盖斯塔只不过是可资利用的方便借口；事实上，既然会奴役优卑亚的卡尔奇斯人，它就不可能对西西里的卡尔奇斯人有真正的同情。西西里人不应当很快向它表明他们不是伊奥尼亚人，不能让一个主人换成另一个主人，而应当以伯罗奔尼撒为核心，保持多利安人的自治。不能让卡马利纳人觉得雅典人在西西里进攻的只有他们一个城邦；他们与叙拉古相邻，如果被征服，叙拉古将会成为第一个受害者。叙拉古的多利安人遭到了世仇伊奥尼亚人的进攻，如今不应当被同为多利安的兄弟之邦卡马利纳出卖。

作为应答，欧菲穆斯为雅典及其帝国的行动进行辩解。虽然在一个多利安人的公民大会上发言，但他并不担心从赫尔摩克拉泰斯停止的地方——伊奥尼亚人是多利安人与生俱来的敌人——开始。在此论调下，作为一个伊奥尼亚人城邦，雅典到处寻求盟友以图增强自身力量，对抗伯罗奔尼撒半岛上强大的多利安人邻邦。在率领伊奥尼亚人及其他刚反叛的希腊人驱逐波斯大王后，雅典发现利用自身的影响力和超强的海军动摇了斯巴达的非法领导地位。雅典帝国是它确保自身安全反对斯巴达的威胁及利用强大的海上实力将希腊从波斯手中拯救出来的自然产物。对其同盟者而言，雅典有充分的理由将它们降为臣属者，因为它们曾沦为波斯大王的帮凶和附属者企图征服雅典。出于确保自身安全的审慎考虑，雅典成就了现在的帝国；如今出于同样的考虑，雅典人来到了西西里。欧菲穆斯力图表明，卡马利纳的利益与雅典完全一致。雅典前往西西里的主要目的是防止岛上敌人为其伯罗奔尼撒半岛上的对手提供援助。为了实现这一目标，在西西里与强大的城邦结盟对雅典来说不可或缺。削弱或征服在西西里岛上的同盟者是愚蠢的不智之举。如果雅典这样做了，同盟者将无法达成让叙拉古人困在岛上的目的。因此，尽管仍将优卑亚岛上的卡尔奇斯人视为臣属者，但雅典人却希望让流亡在外的莱翁提尼人重新建立一个强大而自由的城邦。距离近者，雅典只得将它们降为臣属者，解除其武装并收缴贡金；然而，在西西里，雅典需要的是独立而强大的同盟者。换言之，雅典采取了两种对策。但赫尔摩克拉泰斯从一个原则出发，犯下了前后矛盾的错误。依照原则，雅典根据不同情况对不同的盟邦采取不同的处理方式。因此，雅典尊重开俄斯和麦廷姆纳的自治，与伯罗奔尼撒半岛周边的岛民保持着平等的关系。这也正是它希望在西西里与各邦建立的关系。

叙拉古正准备在岛上获得帝国式的统治权，从在莱翁提尼的所作所为可以看到，它已经开始采取行动。一旦时机成熟，它将会针对卡马利纳及其他城邦行动。正是基于这样的看法，卡马利纳人之前邀请雅典前往西西里。如今，拒绝雅典人的帮助既不明智也不礼貌，因为没有卡马利纳人的帮助，雅典人将不能完成这个任务。如果现在拒绝了雅典人，他们将来一定会后悔，将长期暴露

第二十八章　从雅典人决定进攻叙拉古至他们到达西西里的第一个冬天

在一个侵略成性的邻邦的威胁之下，而雅典援助再也不会到来。

在这两起发言中，我们看到，赫尔摩克拉泰斯从实质上重新拿出了 10 年之前在盖拉会议所持的论调，即在西西里内部解决各自争端，不许雅典插手其中；因为一旦雅典在西西里获得了立足点，它将永不停息，直到将所有城邦逐个征服为止。对于一个叙拉古的政治人物，这种看法再自然不过。但对一个西西里岛上次要城邦的居民而言，这种看法既不自然，也不具有说服力，尤其是与之相邻的卡马利纳。欧菲穆斯的发言颇有说服力，清楚地表明，卡马利纳人对叙拉古的担心远甚于雅典。对于这个问题，他的论证即便令人确信也至少很有说服力，但似乎也让他成为他人的靶子。如果雅典不希望在西西里获得附属城邦，那么它插手该岛事务的动机是什么？对此，欧菲穆斯争辩说，如果雅典不进行干预，叙拉古人及其同盟者将为雅典在伯罗奔尼撒半岛上的敌人提供援助。非常明显，在当时的实际情况下，雅典不可能真有这样的担忧，它插手西西里的真正动机是侵略和征服，而不是自我防御。但是，事实表明，实现如此意愿的可能性是多么渺小，整个入侵计划是多么糟糕的馊主意。雅典使者只能用尼奇亚斯在反对远征时在公民大会面前所使用的同样话语："如果我们希望占据西西里并将其沦为臣属者，从雅典到西西里的路途是如此遥远，镇守那些实力强大疆土辽阔的城邦是如此困难，因此我们不可能完成这个任务。我们只能让你们成为我们自由而强大的同盟者。"

卡马利纳人认为还是进行一个含糊其词、对双方都友好的回答最安全，但他们也同时拒绝双方提供援助。

对于一个实力较弱且位置[如]卡马利纳那样比较尴尬的城邦而言，这或许是危险最小的对[策]。公元前415年12月，没有人可以放胆预测来年尼奇亚斯与[叙拉]古人之间的战斗结果如何；卡马利纳人也不敢全心全意押宝于其中一方。事实上，公元前415年7月之前，当雅典人刚到达时，已经呈现出了不同的发展态势。倘若遵循了拉马库斯提出的激进策略，雅典人极有可能获得了成功。即便还没有完全征服叙拉古，卡马利纳那样的骑墙者已经依附于他们。拉马库斯曾说，获得同盟者最好的方式是，趁着刚刚抵达时气势汹汹且令人生畏的效果尤在时，用迅捷而果断的行动立即打败主要的对手。卡马利纳的行为凸显出该建议的价值。

在整个冬天其他时间里，尼奇亚斯毫无建树。他只派使者前往内陆安抚那里的西凯尔人，其实大多数享有自治权的西凯尔人与他站在一边。对于一些不听招呼的部落，尼奇亚斯派出分队以图强制将其压服。与此同时，叙拉古人也采取类似的方式与之抗衡。随着春天的来临，尼奇亚斯从纳克索斯移师到卡塔纳。

他派出一艘三列桨战船到迦太基，希望获得该邦的合作；并派出另外一艘前往意大利南部海岸的提莱尼亚沿海诸邦。其中一些城邦与叙拉古世代为仇，曾答应为雅典提供援助，如今它们履行了承诺。但从迦太基，他们一无所获。对于西凯尔人诸邦、埃盖斯塔及其他同盟者，尼奇亚斯发出命令，要求提供砖块、铁条、夹子及其他所有适于修筑围墙的物件。春天一开始，围城行

第二十八章　从雅典人决定进攻叙拉古至他们到达西西里的第一个冬天

动便将展开。

当上述准备工作在西西里如火如荼开展时,斯巴达发生了一场针对履行承诺是否有利的辩论。在尼奇亚斯撤入冬季营地后不久,叙拉古人派出使团前往伯罗奔尼撒恳求施以援手。在此,我们再次看到因尼奇亚斯的无所作为造成的可悲后果。倘若一到达就开始围攻叙拉古,我们甚至有理由怀疑此类的使团是否还会派往伯罗奔尼撒。至少他们不可能按时到达并产生决定性的效果。在航行过程中,叙拉古使团尽力对意大利的希腊人施加影响;然后抵达科林斯。在此,他们受到了最热烈的欢迎,并获得承诺将很快得到援助。科林斯人派出使者跟随叙拉古人到达斯巴达,声援其向拉凯戴蒙人求救的请求。

在斯巴达的会议上,他们发现了另外一个没有想到会出现于此的支持者,那就是阿克比亚戴斯。那一位流亡者搭乘一艘商船从图利伊渡海前往伯罗奔尼撒半岛埃利斯的港口城镇库莱奈。如今,作为特邀嘉宾出现在斯巴达,并获得拉凯戴蒙人的安全特许令。对于拉凯戴蒙人,他最初极其担心,因为在曼提奈亚战役之前,他给伯罗奔尼撒人的联合制造了如此众多的麻烦。如今,他对其母邦充满着敌意,急于利用手中的权力让城邦付出代价。在过去,他就是使城邦陷入危难的主要作恶者,主要原因在于满足个人私心,怂恿城邦从事此次时运不佳的冒险;如今,他将竭尽所能使城邦坠入不可挽回的被毁灭的深渊。他激动人心的演说及毫无尺度的夸大其词,加之科林斯人及叙拉古人雄辩的口才,点燃了斯巴达监察官的热情,使他们一改慢悠悠的行事作风,迅速做出决策并开始行动。修昔底德对他在斯巴达大会上的发言进行了记述。鉴于史学家当时也是流亡者,他或许亲耳听到了这次发言。在此,笔者将摘录其主旨,不会逐字加以翻译。

"拉凯戴蒙人,首先,在希望能得到你们公正听我就公共事务发表看法之前,我必须谈谈你们对我本人的偏见。你们知道,在我的祖辈与你们发生争执并与你们断绝关系后,正是我重新开始了与斯巴达的政治联系。此外,在各个方面,我更努力为你们争取利益,特别是在你们的战俘被拘押在雅典之时。当我对你们表现出如此热情时,你们却利用与雅典建立和平的时机,将我的政敌作为你们的代理人。正是你们的这些行动,使我不得不与阿尔戈斯人和曼提奈亚人联合。你们不应当因为你们自身招致的不幸而对我心生怨怼。或许,你们中的一些人没有缘由地讨厌我充当一个民主政治的急先锋。我的家族一贯反对庇西特拉图家族的僭政。如同所有反对个人统治或少数人统治的反对派一样,我们被称为民主派。自那时起,我们一直担任着人民的领袖。此外,由于雅典现存的政体是民主制,所以我别无选择,只能遵循现状,不过我仍然尽我所能,在统治范围之内,在政治活动中采取温和适度的措施。无论过去还是现在,导致民众走向歧途的不是我们家族的成员而是其他人;也正是这些人将我流放在外。凡是有点常识的人都知道民主政体的根本属性。如果任何人都能够对那种被公认的荒唐制度说上几句坏话,那么就个人而言,我比其他任

第二十八章 从雅典人决定进攻叙拉古至他们到达西西里的第一个冬天

何人都更有理由抨击民主政体。但我认为,当与你们处于敌对状态下时,改变那种制度是不安全的。

"就我自己个人的问题就说这么多。现在我要谈谈与这次会议相关的问题,告诉一些你们更想知道的事情。从雅典启航,我们的目的首先是要征服西西里的希腊人,接着是意大利的希腊人,最后是击败迦太基帝国并占领迦太基城。如果上述所有目标或大部分目标获得成功,接下来我们将攻打伯罗奔尼撒半岛。我们将集所有西西里和意大利希腊人的力量与你们一战;许多伊比利亚人或其他好战的蛮族雇佣兵也将加入我们的队伍;我们将利用意大利丰富的木材新造许多战船;他们提供的大量金钱和物资是我们坚强的后盾。如此,我们将用战船将伯罗奔尼撒半岛团团包围起来,同时用陆军对你们发起进攻;我们还计划突袭占领一些城镇,并将另外一些城镇扩建为永久设防的堡垒。就这样,我们将轻易占领整座半岛,成为希腊无可争辩的主宰。就这样,你们从一个最熟知计划的人口中听到了远征的全盘计划。可以肯定,留在那里的将军将会尽其所能完成整个计划。只有你们的干预才能阻止他们。如果叙拉古落入雅典人之手,整个西西里及整个意大利将遭受同样的命运。我刚才描述的危险将很快降临到你们头上。

"为了西西里的安全,更为了伯罗奔尼撒的安全,现在我强烈要求你们马上派出一支舰队,以重装步兵为桨手前往西西里。我认为,比派遣一支大军更重要的是派出一位斯巴达将领负责最高指挥权。此外，你们也必须在本土向雅典宣战，并发起猛烈的进攻。只有那样，叙拉古人才可能受到鼓舞坚持下来；雅典才不可能派出另外的增援部队前往那里。此外，你们必须在阿提卡的戴凯雷亚修筑工事并永久驻军。[38] 那是雅典人最担心的事件。

"你们不能因为我与敌人一道如此强烈地攻击母邦而看不起我，也不能因为我是一个不讲后果的流亡者而心存疑虑。雅典最凶恶的敌人不是你们这样公开与之为敌的城邦，而是那些将对城邦最友好的朋友驱赶到敌对一方的人。当我是一个公民时我深爱着我的祖国。虽然饱受冤屈，我仍然对它忠贞不渝。事实上，我认为我进攻的不是我的祖国，而是努力赢回一个如今离我而去的祖国。真正的爱国者不是那些被不义地逐出祖国而保持缄默之人，而是那些不惜一切代价热情地重新获得祖国认可的人。"

这个发言带来了巨大的影响，不但泄露了战争的目的，使在场的听众目瞪口呆，而且也展现了发言者无耻的品格。在发言中，他认为以温和行事对抗民主政体的肆意妄为是他的功劳。但即便对放肆无忌者而言，这也是荒谬的借口；听到这样的说辞，雅典任何一个派别都会感到震惊。阿克比亚戴斯从来没有见过在雅典有人如此放肆。针对那些对他的指控，他有理由起诉其政敌——如果他们确实是赫尔麦斯神像被毁案的始作俑者或同谋者——耍了花招，甚至指控其显而易见的政治败德。但是，最有可能的是，那些人为城邦提出的建议远不及他的建议那么有伤害性。

阿克比亚戴斯的发言触及了雅典的政治及他本人过往的行

第二十八章 从雅典人决定进攻叙拉古至他们到达西西里的第一个冬天

为。如果他的这一部分发言不被视为历史证据,那么接下来他声称的关于雅典在西西里远征中真实意图的描述也不足为信。他坚称他本人及其关系密切的朋友确实设计了如此规模巨大的一个计划,这大概也不太可能。雅典民众、雅典军队及尼奇亚斯才完全不可能设想过这个计划。如果阿克比亚戴斯本人在雅典时确实曾想过他在斯巴达发言时提到的那个计划,无疑他就会支持拉马库斯的建议,甚至他本人就会提出这个计划。事实上,我们发现,在决定从雅典启航之前他发表的演说中,他一直抱着通过征服西西里使雅典成为全希腊主宰的希望。但这只是作为一种选择,被视为不可能奢望的一种可能性。阿克比亚戴斯不可能许下诺言,达到他后来在斯巴达发言时吹嘘的结果。倘若他许下这样的诺言,尼奇亚斯就会指控他所说的不过是年轻人所做的荒唐事,每个人都很有可能相信尼奇亚斯的指控。虽然他在斯巴达发言的一部分内容经一些可信的希腊历史残篇保留下来,但这似乎不过是一个不可思议的冒险故事,其目的是提醒他的听众。[39]

他的发言非常贴切,产生了巨大效果,达到了他的目的。拉凯戴蒙人本已部分地被科林斯和叙拉古的陈述所打动,如今自然愿意派出使者到叙拉古,鼓励他们顶住雅典人的进攻。但是,尼奇亚斯和约及随之而来的同盟条约仍然维持着雅典与斯巴达的关系。因为这样的原因,加之距离西西里太过遥远,及对雅典海上力量颇为忌惮,监察官还是没有下定决心是否向那里派出援军。就在意愿与行动之间犹豫不决时,那位来自雅典的精力充沛且心怀怨怼的流亡者找到了他们。他描绘的危险迫在眉睫的激烈画面使监察官们认识到了现状，加之这个最可靠的消息来源，他们立即不再犹豫。同时，他指出了干预过程中最有效的每一个步骤。就这样，阿克比亚戴斯倒向斯巴达使希腊两大对抗阵营的力量对比发生了逆转。正如卢坎所言，"因库里奥的背叛而发生了改变"（Momentumque fuit mutatus Curio rerum）。[40]

拉凯戴蒙人随即决定派出一支辅军到叙拉古。但是，由于在春天到来之前派军不太可能，他们任命古利普斯（Gylippus）为指挥官，命令他不要耽搁马上进，并尽快与科林斯人商量行动事宜。[41] 我们不知道，古利普斯是否获得一些在技术和行动上的积极建议，在下面的章节我们将看到他的应敌之术是如此完美无瑕，他采取的行动是如此精准。或许选择古利普斯是因为他对意大利和西西里的希腊人特别熟悉。他的父亲克莱安德利达斯（Kleandridas）在伯罗奔尼撒战争爆发之前14年因收受雅典的贿赂曾被驱逐，后入籍成为图利伊的公民。古利普斯希望科林斯人马上为他派两艘三列桨战船前往美塞尼亚湾的阿西奈（Asine），并准备尽可能多的装备好停泊在船坞里的其他船只。

1 | Thukyd., vi. 26. 不能相信 Aeschines, *De Fals. Legat.*, c. 54, p. 302（摘抄自 Andokides, *De Pace*, § 8）的记载。据这两位演说家的说法，在尼奇亚斯和约期间，卫城积聚起来的财富达7000塔兰特；此外，城邦每年会新造400或300艘三列桨战船。关于公元前400年之前演说

第二十八章 从雅典人决定进攻叙拉古至他们到达西西里的第一个冬天

家在作品中记载的事情有许多不准确之处,除了与其他证据能够相互印证外,一般不能作为确信无疑的史料。

【此前认为,"卡利亚斯法令"(psephism of Kallias)颁布于公元前421—前415年,现在几乎可以肯定颁布于公元前435年。该法令与上述问题有关(see p.445, n.)。C. I. A., i. 273(Hicks and Hill, 62)记录了战争最初几年城邦偿还给神庙圣库的款项。公元前433—前427年总计数额达4750塔兰特;前426—前423年,计750塔兰特。迈耶(E. Meyer, *Forschungen*, ii., p. 88 *ff.*)估计公元前421/420年(铭文颁布的那一年)剩余的款项为1700塔兰特。在接下来的5年里,剩余数额定然颇大,因为在其中最繁忙的那一年(前418),城邦只从雅典娜的圣库中支取了58塔兰特[C. I. A., iv.(1), pp. 32, 70; Hicks and Hill, 70]。然而,安多奇戴斯估算总额为7000塔兰特,这似乎太高。——编者】

2 Cicero, *Legg.*, ii. 11:"希腊人与罗马人做了一件较好的事情,因为我们的愿望始终是可以提升对神灵的虔诚,这样他们会自愿在城中与我们居住在一起。"("Melius Graci atque nostri; qui, ut augerent pietatem in Deos, easdemillas urbes, quas nos, *incolere* voluerunt")。在【Lysias】*Cont. Andokid.*, §§ 15-46中可以看到神灵确实居住在城里某个地方的观念是多么深入希腊人的心;请与Herodotus, v. 67比较,在本书第9章(完整版)记述了一则令人瞩目的故事;Xen., *Hellen.*, vi. 4-7; Livy, xxxviii. 43。在Boeckh's *Corp. Insc.*(part ii., No. 190, p. 320)的一段铭文中记录了主席团成员的名字,在所有名字之前出现了雅典娜·波利亚斯之名。

3 安多奇戴斯(Andokides, De Myst., §63)明确陈述说,只有一座神像逃脱了被毁的命运:"这就是为什么你们都能看见我家附近的赫尔麦斯神像,那尊由埃盖伊斯部落捐建的赫尔麦斯神像,还立在那里，那是雅典唯一未遭损坏的神像。"καὶ διὰ ταῦτα ὁ Ἑρμῆς ὃν ὁρᾶτε πάντες, ὁ παρὰ τὴν πατρῷαν οἰκίαν τὴν ἡμετέραν, οὐ περιεκόπη, μόνος τῶν Ἑρμῶν τῶν Ἀθήνησι.

科尔奈利乌斯·奈波斯（Cornelius Nepos, Alkibiad., c. 3）和普鲁塔克（Plutarch, Alkib., c. 13）的相关记载都源于安多奇戴斯。在《尼奇亚斯传》（c. 18）中，普鲁塔克使用了修昔底德的说法——οἱ πλεῖστοι。这个短语虽未获得普鲁塔克的确认，但与安多奇戴斯的看法也并非不相吻合。在安多奇戴斯的演说中，事实的真伪尽管混在一起，但我认为他在这个问题上还是值得依赖的。

4 | Pausanias, i. 17, 1; i. 24, 3; Harpokration, v. Ἑρμαῖ. 在雅典，人们尤其会注意到 ἀγυιατίδες θεραπεῖαι（Eurip., Ion., 187）：人们通过仪式表达对那些保护公共街区的神灵的关注，该功能由 Apollo Aguieus 和赫尔麦斯执行。

5 | Herodot., viii. 144; Aeschylus, Pers., 810; Aeschyl., Agam., 339; Isokrates, Panergyr., § 182.
西西里历史学家提迈乌斯（Timaeus，创作时间约为前320—前290）描述说，雅典人后来的失败是因赫尔麦斯神像的亵渎受到了神的惩罚；亵渎者主要是叙拉古人赫尔蒙之子赫尔摩克拉泰斯，此人是神灵赫尔麦斯的后裔（Timae Fragm., 103, 104 ed. Didot;【Longinus】, De Sublim., iv. 3）。

6 | Thukyd., viii. 97; Plato, Legg., ix., pp. 871 b, 881 d, ἡ τοῦ νόμου ἀρά. Demosthen., Fals. Legat., p. 363, c. 24, p. 404, c. 60; Plutarch, Solon, c. 24.

7 | 瑟尔沃尔博士注意到赫尔麦斯神像被毁后雅典人的感受："事实上，在胆大妄为的不虔敬与阴谋对付国家之间，几乎没有什么关系，所以我们很难理解它怎么能像雅典人所想的那样被联系起来。对阿克比亚戴斯那个时代的人来说，这个理由或许不像看起来那么少，

从他们的宗教观点看，他们更倾向于认为二者不可分离。"见 Hist. Gr., ch. xxv., vol. iii., p. 394。

这段评论或许可以用更强烈的语调表达，因为如入门难以理解他把两者联系起来一样困难的，是雅典公民难以理解两种观念的分离。

8　Plutarch, *Alkib*., c. 18; Pseudo-Plutarch, *Vit. X. Orator*., p. 843. 普鲁塔克明确指出他征引自与事件爆发几乎同时的作家克拉提普斯（Kratippus）。无论伪普鲁塔克的记载多么不可信，但他断言，确实是科林斯人买通了来自莱翁提尼和埃盖斯塔的代理人破坏赫尔麦斯神像。莱翁提尼人和埃盖斯塔人恰恰是最希望启动西西里远征的派别。事实上，不可能完全由外邦人来做这事，因为这需要对雅典城所有的建筑、主干道和小道都非常熟悉。

雅典人菲罗科鲁斯（写作时间约为前310—前280）将赫尔麦斯神像被毁归罪于科林斯人。如果阿里斯托芬的注疏者可信。然而这名注疏者往往并不那么仔细。因为他说修昔底德将破坏之事归罪于阿克比亚戴斯及其朋友，但事实并非如此（Philochor., *Fragm*., 110, ed. Didot; Schol. Aristoph., *Lysistr*., 1094）。

【伊索克拉底（Isokr., *De Bigis*, §§ 3, 4）将毁坏神像归于雅典的寡头派。确实，在雅典城邦内，其他任何派别都缺乏阻止这个计划的动机，他们也不足以组织如此规模的一次阴谋。但上一段落中谈到的动机，即希望损害阿克比亚戴斯的名声——还有争论。

我们可以做出这样的评论：其一，调查委员会由民主派人士领导并组成，他们主要打算从贵族中找到替罪羊（Andok., *De Myst*., §§ 27, 36）；其二，对流放阿克比亚戴斯的指责明确地指向民主派（Thuk., vi. 28-29, 89; viii. 47, 65）；其三，民主派的领袖自然有动机对促使叙佩波鲁斯遭到流放的人士进行报复（Plut., *Nik*., 11; *Alkib*., 13）；其四，此时寡头派没有与阿克比亚戴斯产生严重的争端。

至于科林斯人，他们中数量不菲的人居住在雅典从事商贸，对城内的道路相当熟悉。这样一帮外侨人士完全可以完成这样一次破坏活动。——编者】

9　参见同时安提丰针对凶杀案撰写的诉状中的著名段落（Antiphon, Orat., ii., *Tetralog.*, 1, 1, 10）："这个被污染的家乡踏足神圣空间，亵渎了它们的神圣性，或因为与他们同坐一桌，把他的罪恶传递给了清白之人，这完全违背了你们的利益。这是这一点引发了饥荒和国家的灾难，因此你们必须把为死者复仇作为你们自己的责任；你们必须因为他个人犯下的罪恶，对被告进行报复；你们必须注意，只有他才该受到制裁，从而洗清城邦遭到的罪恶污染。"

Ἀσύμφορόν θ' ὑμῖν ἐστι τόνδε μιαρὸν καὶ ἄναγνον ὄντα εἰς τὰ τεμένη τῶν θεῶν εἰσιόντα μιαίνειν τὴν ἁγνείαν αὐτῶν ἐπί τε τὰς αὐτὰς τραπέζας ἰόντα συγκαταπιμπλάναι τοὺς ἀναιτίους. ἐκ γὰρ τούτων αἵ τε ἀφορίαι γίγνονται δυστυχεῖς θ' αἱ πράξεις καθίστανται. Οἰκείαν οὖν χρὴ τὴν τιμωρίαν ἡγησαμένους, αὐτῷ τούτῳ τὰ τούτου ἀσεβήματα ἀναθέντας, ἰδίαν μὲν τὴν συμφορὰν καθαρὰν δὲ τὴν πόλιν καταστῆσαι.

比较 Antiphon, *De Caede Herodis*, § 83, and Sophokles, *Oedip. Tyrann.*, 26, 96, 170 关于降临城邦灾难的描述。只要犯杀人罪的人仍污染这一片国土，灾难都将一直持续，直到杀人犯被杀或被逐为止。也见 Xenophon, *Hiero*, iv. 4, and Plato, *Legg.*, x., pp. 885-910.

10　Andokides, *De Mysteriis*, § 20.

11　Andokides, *De Mysteriis*, §§ 14, 15, 26; Plutarch, *Alkibiad.*, c. 18.

12　有人力图主张破坏赫尔麦斯神像在雅典造成强烈反响和极端行动是拜民主制所赐。距今不到100年发生的一起类似事件或许能给他们提一个醒。

1766年在法国阿布维尔（Abbeville），两位出身名门的年轻人（来自骑士家族埃塔隆（d'Etallonde）和德拉巴里（de la Barre）因被控损坏了建在该市桥上的一个木制十字架而受到审判；此外，因受控唱下流的歌曲使他们更被千夫所指。虽然证明这两条罪行的证据非常可疑，但是两人都被判处连根割掉舌头，并在教堂大门前将他们的右手剁掉；在这之后，两人被用铁链栓在市场的一根柱子上，用文火炽烤。后来，被诉人向巴黎国会提起上诉，但审判结果仍维持不变。1766 年 7 月，卡瓦利·德拉巴里被施以上述酷刑（埃塔隆在此前就已逃走）。作为减刑，他获准不受文火炽烤而直接被处以枭首之刑。不过，在他本人受刑之时，还受到了各种正常或非正常的拷打，迫使他交代出共犯（Voltaire, *Relation de la Mort du Chvalier de la Barre*, Oeuvres, vol. xlii., pp. 361–379, ed. Beuchot: also Voltaire, *Le cri du Sang Innocent,* vol. xii., p. 133）。

13　Andokid., *De Myster*., §11–13.

14　Thukyd., vil 29. 伊索克拉底（Isokrates, Orat., xvi., *De Bigis,* §§ 7, 8）以一种非常不准确的方式描述了离开前往西西里之前的这一系列活动。

15　安多奇戴斯记载说，皮托尼库斯在公民大会上对阿克比亚戴斯的第一次指控是在舰队出发之前。他的记述从根本上是正确的，在本书中，笔者主要依据他的记载。这也与修昔底德非常简略的记述相一致。

16　重装步兵中包括 700 名第四等级和 1500 名其他公民，这个比率已经相当高了。一般而言，第四等级公民根本不会被征召担任重装步兵。或许可以推断，双牛级公民（主要由小地产者组成）不太愿意前往海外服役；更可能的是，经过战争、瘟疫（Thuk., iii. 87）的损耗或财产的丧失，其人数大大减少。——编者

17　在另一方面，我们应当记住战税主要落到富有者肩上。倘若能够确保粮食的供应，战争不会给平民带来任何损失。事实上，在军队中

18 | Thukyd., vi. 47; Plutarch, *Nikias*, c. 14.
19 | 比较 Thukyd., iv. 104 描述的布拉西达斯突袭安菲波利斯。
20 | Andokides, *De Mysteriis*, §§ 14, 15, 35.
21 | Andokides, *De Mysteriis*, § 36.
22 | Andokides, *De Mysteriis*, §§ 37–42.
23 | 不要忘记，雅典人允许对被告用刑，以此作为讲出真话并查证供词的好方法，因为他们经常对奴隶用刑以获得口供，有时也对外侨用刑。雅典遵循既定的法规，禁止对公民用刑。这定然在很大程度上使他们在曼提泰乌斯和阿菲皮西翁一案中拒绝这种特别而效果明显的方式的诱惑。除非这是一次例外事故。

对证人或嫌疑者用刑的做法流传自罗马法，一直到上世纪，欧洲所有刑法体系都认可并频繁使用这一原则。在回顾了赫尔麦斯神像被毁案中雅典人遭受的痛苦之后，我希望读者将其与 *I Promessi Sposi* 一书的作者、杰出的法学家 Alexander Manzoni 所写的 *Storia della Colonna Infame* 进行比较并详细阅读。该书揭露了 1630 年米兰发生的司法暴行。当时那里可怕的瘟疫正在肆虐。经法官和元老院的检查，原因在于 Untori，即那种将某种药膏涂在门上和墙上就会导致瘟疫的人。为了获得关于 Untori 的证据，许多人受到怀疑和牵连。从曼佐尼的叙述中，读者将会发现，在一个基督徒统治的城市里，大众的兴奋和恐慌将会在多大程度上毒害和破坏司法公正。这座城市没有受到民主政体的"玷污"，有职业律师，也有专业的法官指导整个司法程序的秘密进行。而雅典这一座异教城市施行极端民主制，司法程序及司法决议都是许多人参与，通过口头方式向大众公开的。

24 | Andokides, *De Mysteriis*, §§ 41–46.
25 | 笔者在此讲述内容的主旨源自 Andokid., *De Myst.*, §§ 48–66。

26	Thukyd., vi. 60. 关于这次事件，参见伪吕西亚斯充满敌意的演说词【Lysias】*Contra Andokedem*, Or. vi., §§ 36, 37, 51; also Andokides himself, *De Mysteriis*, § 71; *De Reditu*, § 7. 如果伪普鲁塔克的记载（Pseudo-Plutarch, *Vit. X. Orator.*, p. 834）可信，那么安多奇戴斯在之前已经犯下过醉酒无态和破坏神像的罪过。
27	修昔底德甚至拒绝提及安多奇戴斯之名，而对整个黑幕保持着不同寻常的缄默，仿佛害怕触怒了雅典的大家世族一样。多年后，留给我们关于雅典家族世仇的材料只在吕西亚斯和安多奇戴斯的两篇演说中稍有显现。如果狄杜穆斯的记载可信，那么修昔底德在结束流亡生涯返回雅典后遭受了横死（Didymus, *Biogr. Thucyd.*, p. xvii., ed. Arnold）。尽管他对于这些世仇闪烁其词，但仍未能保护他因其历史著作而遭到其私敌报复的厄运。
28	关于安多奇戴斯处境的证据，参见三篇演说词：Andokides, *De Mysteriis*; Andokides, *De Reditu Suo* and【Lysias】, *Contra Andokidem*.
29	【Lysias】*Cont. Andokid.*, §§ 50, 51; Cornel. Nepos, *Alcib.*, c. 4. 品达（Pindar, *Fragm.* 96）和索福克勒斯［Sophokles, *Fragm.* 58, Brunck – (*Edip. Kolon.*, 1058)］关于埃琉西斯秘仪使用的表达非常引人注目。Also Cicero, *Legg.*, ii. 14. 贺拉斯不愿与任何犯下泄露秘仪之人在同一座屋檐下或同乘一艘船（Horace, *Od.*, iii. 2, 26），更别说对他们进行嘲笑了。 读者可以从 Lobeck, *Aglaophamus* 这本著作最初几篇论文中发现关于埃琉西斯秘仪的最丰富信息。【see also Foucart, *Les Associations Religieuses chez les Grecs*, esp., pt. ii., ch. ix., pp. 55-66.——编者】
30	Diodor., xiii., 6.
31	后面会看到，也正是这些神圣家族最强烈地反对将流放在外的阿克比亚戴斯召回（Thukyd., viii. 53）。

32 | 普鲁塔克（Plutarch, *Alkib.*, c. 22-23）说，如果他选择拒绝执行返回的命令，阿克比亚戴斯会很容易在卡塔纳的军中发动一场兵变。但这非常不可能。考虑到他在不久之后的所作所为就会有充分的理由相信，如果这种说法现实可行，他肯定会采取这一步。

33 | 笔者从一本法文版的刑事法学权威著作（Jousse, *Traité de la Justice Criminelle*, Paris, 1771, part iv., tit. 46, n. 5, 8, 10, 11, vol. iv., pp. 97-99）中转录了下面一段话："根据《旧约》，亵渎圣物的刑罚是处以火刑和石块击毙。——罗马法规定，根据具体情况，罪犯被打上烙印，处以火刑，抛之于野生动物等严惩。——在法国，亵渎圣物的刑罚是不确定的，它依照罪行的轻重和罪行所处的环境，受地点、时间和被告人的身份影响。——'最高程度的亵渎圣物，即攻击上帝、圣玛丽亚和圣徒'，对于那些把圣体饼踩在脚下的人，把它扔到地上或者滥用的行为，对于那些将其用于邪恶亵渎的用途之人，将处以火刑、公开认罪和剁手刑。这些刑罚也同样用于那些亵渎洗礼盒的罪犯；'那些嘲讽、污蔑和在放荡中曲解奥义之人：他们必须受到极刑惩处，因为这些罪行直接攻击了上帝。'"

与前述的原则相同，茹斯先生接着举了几则个人因渎神被判处死刑的例子。

34 | 因所谓的天主教阴谋案，一些作家和瑟尔沃尔博士提到了1678—1679年发生在英格兰的多起诉讼。这可与赫尔麦斯神像被毁之后发生在雅典的事情进行对比。但是，就笔者所见，两起事件有诸多不同，不过雅典的处理似乎更胜一筹。

拒不服从的天主教徒发起的阴谋似乎缺乏实在根据。所有证据不过就是由奥兹（Oates）、贝德罗（Bedloe）和其他几个品行极坏的告密者伪造和杜撰的谎言。

在雅典，毫无疑问确有一场阴谋。神像破坏者就是真正的策划者，而

第二十八章　从雅典人决定进攻叙拉古至他们到达西西里的第一个冬天

且人数不少。没有人会否认,除破坏神像外,他们还有其他目标。但与此同时,没有人知道他们的其他目标是什么,或策划者到底是哪些人。

倘若在破坏神像之前,一个类似奥兹那样的人向雅典人透露一则由他编造的涉及阿克比亚戴斯和其他人的阴谋,那么他可能会发现没有人会相信他。直到恐怖袭击事件之后,也正是因为恐怖事件,雅典人才开始相信告密者。不要忘记,雅典人还从未仅凭告密者提供的证据处死任何人。他们更愿意将嫌疑者关入监牢,直到安多奇戴斯交代并揭露事实为止。如今,安多奇戴斯被视为目击证人,获得了人们的信任,不可能将其证词的可信度降到比泰乌克鲁斯或狄奥克雷戴斯的更低,更别说奥兹和贝德罗的证词了。

至于判阿克比亚戴斯和其他人因亵渎并泄露埃琉西斯秘仪的罪过,这次判决还没有提升到天主教徒阴谋的程度。埃琉西斯秘仪一案中确实有人犯了罪,至少人们有充分的理由相信那些人确实犯了罪。天主教徒阴谋案中,受到处罚的人根本没有采取行动,而只是依据赤裸裸的谎言和毫无价值的证人的口供来判案,这无异于暴行。

事实上,在赫尔麦斯神像被毁后,雅典人的思想非常类似于天主教徒阴谋广为流传期间的英国人。在笔者看来,雅典人感受到的痛苦更大,更觉得担惊受怕,更觉得心烦意乱。但是,整个事态更严重也更真实,不过带来的不公却比英格兰的小了很多。

35　Plutarch, *Alkib*., c. 22.

36　Thukyd., vi. 63; Diodor., xiii. 6.

37　Thukyd., vi. 65, 66; Diodor., xiii. 6; Plutarch, *Nikias*, c. 13.
想了解尼奇亚斯所处的状况及修昔底德的相关描述,读者可以参阅 J. B. Bury, *History of Greece* 中讲述的叙拉古的计划及周边被其控制的城邦。——编者

38	在战争开始之前，科林斯人已经谋划在阿提卡境内构筑堡垒，修建一个永久驻军的要塞（Thukyd., i. 122）。
39	Plutarch, *Alkid*., c. 17.
40	Lucan, *Pharsal*., iv. 819.
41	Thukyd., vi. 93; Plutarch, *Alkib*., c. 23; Diodor., xiii. 7.

第二十九章
从尼奇亚斯开始包围叙拉古到德摩斯提尼率领的第二支雅典远征军到达

初春时分,在雅典援军还没有抵达之前,驻扎在卡塔纳的雅典军队就开始驶向麦加拉。在对那里的叙拉古驻军发起进攻无果后,他们返回船上,在泰利亚斯河口以图再次发起进攻。经过一次成效甚微的遭遇战后,雅典军队回到了卡塔纳。接着,雅典人向内陆进军,促成了与西凯尔人城镇肯托利帕(Kentoripa)的结盟。如今,骑兵从雅典抵达,他们准备进攻叙拉古。雅典为尼奇亚斯增派了250名全副武装的骑兵(马匹取自西西里[1])、30名弓马手和300塔兰特的军费。没有多久,他就在埃盖斯塔和卡塔纳为骑兵们找到了马匹;而且这两个城邦还为他提供了一些骑兵。如今他手下一共聚集起650名骑兵。

此时，叙拉古由内城和外城两部分组成。内城涵盖了奥尔提吉亚岛，这也是阿奇亚斯（Archias）最初建立定居点的地方，现代的叙拉古城也包括了这座岛屿。外城后来被称为阿克拉狄纳，占据着奥尔提吉亚岛以北海拔较高的半岛，但当时似乎与内城并不相连，或者都包含在同一道城墙之内。外城的北边和东边是海洋，岸边怪石嶙峋，很难登陆，类似于受到了一道海墙的保护。因此，这两侧不会受到攻击。外城靠陆一侧的城墙始于如今被称为桑塔·波纳吉亚（Santa Bonagia）或帕纳吉亚（Panagia）的裂谷以东的海边，沿西向南一直到阿克拉狄纳高地的尽头，接着向东，沿如今被称为卡普辛斯和诺万泰利斯（Capucins and Novanteris）的采石场。在采石场这里，一些地方地形非常陡峭，不需要什么防御工事。修筑城墙的阿克拉狄纳高地就是外城。虽然高地与内城或奥尔提吉亚之间的低地此时似乎还未被纳入任何一方的城墙之内，但已被部分地用于宗教游行、赛会及举行其他公共仪式，部分地用作埋葬死者。按希腊人不变的习俗，葬礼总在城墙之外举行。频繁出土的地下墓穴表明这个古代墓地持续的时间非常长久。

埃皮波拉是一个三角形的斜坡，阿克拉狄纳是三角形的底。向北及向南突然断裂成两道石灰岩的悬崖（组成三角形的两边），崖高15~20英尺且相当险峻，只有几处开口当地人可以勉强攀登。从埃皮波拉最西端，即三角形的顶点开始，逐渐平缓地向城市倾斜下降。站在这外面的山坡上，整个城市一览无余。[2]

第二十九章　从尼奇亚斯开始包围叙拉古到德摩斯提尼率领的第二支雅典远征军到达

按照彼时战事的原则，尼奇亚斯只能修筑一道城墙包围叙拉古，以此切断来自陆上的补给，同时封锁海上。但是，由于他几个月来一直没有采取积极行动，叙拉古人已经极大地增加了进攻者的困难。在这几个月里，他们已经修筑了一道新城墙，将内城和外城都包含其中；城墙从大港一直延伸到另外一侧海边的桑塔·波纳吉亚，保护着朝向埃皮波拉陡坡的整个前沿阵地。在这道城墙完工后，尼奇亚斯不能从大港一侧开始发起围城，因为他将会受阻于埃皮波拉以南的险峻悬崖。因此，他必须从埃皮波拉地势更高的那一部分开始筑墙，导致整个围墙经过的地方更长，在山坡上修筑更难，最后在离奥尔提吉亚更远的地方才能与大港相连。

因此，叙拉古易受攻击的方向只剩下埃皮波拉一侧。鉴于必须从地势更高的山坡发起进攻，导致这座山峰比以前更加重要。无疑，流亡者早为尼奇阿斯提供了关于当地丰富的信息。他似乎也比叙拉古的将军更早发现这座山峰的重要性。而叙拉古的将军们因为忙于在其他他们认为更容易受到攻击的地方强化防御设施，没有注意到这里，直到春季战役即将打响为止。就在这一关键时刻，他们精选出600名重装步兵派往埃皮波拉驻防。这些人不但要占领山峰的要塞，并且要阻止所有人靠近；因此他们的人数似乎不足。

但是，当他们离开营地向山峰推进时，有消息传来，说雅典人已经占据了这个战略要地。尼奇亚斯和拉马库斯命令军队在卡塔纳登上战船，于次日夜晚驶向离一个名为莱翁的地方不远的登陆地。该地离埃皮波拉只有6~7弗隆（furlong），大概位于麦加拉到塔普苏斯半岛之间。其重装步兵迅速推进，并可能从东北方向登上了埃皮波拉。他们首先抵达前述三角形顶点附近的山峰欧吕亚鲁斯（Euryalus）。从这里出发，他们居高临下地掌控着下面的埃皮波拉山坡，威胁着东边的叙拉古城。随即，雅典人对叙拉古发起了进攻。听到这个消息，叙拉古人立即中断了阅兵。当他们匆匆赶往以图夺回时，因行军速度太快，整个阵形散乱。雅典人利用地形的优势，对他们发起了进攻，并大获全胜。叙拉古人被赶回到城里，折损了一些人马。雅典人仍然控制着制高点欧吕亚鲁斯及埃皮波拉地势较高的那一部分。

雅典人占据的优势非常重要。事实上这也是他们能够成功围城的必要前提。

次日凌晨，尼奇亚斯和拉马库斯率军从叙拉古城邦附近的埃皮波拉山坡冲了下来，以图与敌交战，但敌人并未应战。接着，两位将军撤回了雅典大军。此后，他们采取的第一个行动是在被称为拉布达隆（Labdalum）的高地上修筑一座堡垒。该地位于与埃皮波拉以北相邻的悬崖西侧，堡垒就建在悬崖边上，从北可俯瞰麦加拉。修筑该堡垒的目的是保管财物及其他需要保存的物件，以便大军在行进过程中没有负担。随着埃盖斯塔骑兵的到达，如今雅典骑兵队伍齐备。尼奇亚斯率军从拉布达隆来到埃皮波拉地势相对较低、位于南北悬崖中间的一个地方。在此，他以最快的

第二十九章　从尼奇亚斯开始包围叙拉古到德摩斯提尼率领的第二支雅典远征军到达

速度围绕堡垒修筑了一道城墙，名曰"围场"（Circle）；以此作为修筑围城城墙的中心。他们即将向北修筑一道直达特罗吉鲁斯（Trogilus）的城墙，向南修筑一道通向大港的城墙。叙拉古人惊讶于雅典人修筑工事的进展速度[3]，被迫派出军队，准备发起战争中断其进展。但是，当雅典人暂停工事，结成战斗阵形后，叙拉古的将军们在他们优势明显、士气昂扬的战斗阵形面前自叹不如；与之相较，他们的阵形凌乱不堪。因此，他们命令士兵们撤回城内，未敢交战，而只留下一队马军骚扰围城者工事的进展，并使他们不得不集体行动。然而，新近组成的雅典骑兵第一次投入了实实在在的战斗。在一队重装步兵的帮助下，他们对叙拉古骑兵发起了进攻，消灭了几名敌人并将其驱离。然后建了一座胜利纪念碑。这是我们读到的雅典骑兵唯一一次参加战斗的事例，虽然尼奇亚斯总是将没有骑兵作为长时间无所作为的最佳理由。[4]

叙拉古人的破坏行动就这样受到了限制。尼奇亚斯继续其围攻行动。他首先完成了"围场"的修建，然后开始修筑向北从"围场"到特罗吉鲁斯的城墙。赫尔摩克拉泰斯强烈地感知到了叙拉古重装步兵在战场上处于绝对劣势，因此不再鼓动人们发起新的行动，而提议修建一道与之相对的"截墙"（cross-wall），横越雅典围墙必须通过的地带，从而阻止其向前推进。

因此，他们就从阿波罗·泰麦尼泰斯圣林附近的后门开始修建。此处位于比雅典人所修的"围场"地势较低的埃皮波拉斜坡上。从这里出发，他们打下木桩、修筑"截墙"，逐渐向山坡上面延伸，以便能截断敌人打算从"围场"向南修筑的城墙。这道"截墙"似乎一直修到埃皮波拉高地南端险峻的悬崖边。这样就可以防止雅典人向南发展，并从侧面发起进攻；同时"截墙"的前面修有一道木质栅栏，并建有木制塔楼，以防止投掷武器的攻击。

在整个过程中，尼奇亚斯认为防止敌人的行动并不恰当。目前，他坐镇在"围场"，全力修筑向北延伸的城墙。因此他不愿用一半的兵力横穿埃皮波拉山坡向敌人发起进攻，而让己军的后翼暴露在城内无数叙拉古的攻击之下，加之他所处的"围场"防守不够到位。此外，如此稍做耽搁，他就能找准时机用优势兵力袭击这道新修的"截墙"。正当他刚完成一项更重要的任务，摧毁为城市供水（至少一部分）的高架引水桥时，这样的机会出现了。随着"截墙"的完工并有效限制了围攻者，加之尼奇亚斯的懈怠，叙拉古人似乎满怀信心。留下的岗哨开始放松了警惕，其中一些甚至跑到城内睡觉。雅典的将军们没有放过叙拉古人的这些疏忽，悄悄地准备着在中午发起进攻。300名精挑细选的重装步兵受命突然冲出，穿过坡地径直向栅栏和"截墙"发起攻击。同时，雅典的主力分成两队，在尼奇亚斯和拉马库斯的率领下，一队奔向城墙，不许城内援军走出城门；另一队奔向栅栏和"截墙"开始的位于泰麦尼泰斯的后门。300名勇士的迅速行动很快就大获全胜。他们夺占了守卫松懈的栅栏和"截墙"，将"截墙"

第二十九章 从尼奇亚斯开始包围叙拉古到德摩斯提尼率领的第二支雅典远征军到达

推倒，拔出了栅栏里的木桩，并将那些材料搬走作为他们修筑围城的原料。

鉴于最近叙拉古为了防止侧翼受到攻击，已经将"截墙"修到了南部悬崖的边缘，有人提醒尼奇亚斯必须成为这段悬崖的主宰，以便将来使叙拉古人无法利用其做文章。因此，尼奇亚斯听任围墙没有完成，也不管从"围场"开始向南延伸的城墙还没有修筑，他在战士们的保护下离开"围场"，立即率军占据了南部"截墙"打算抵达的那一部分悬崖。他命人立即在这个地方修筑一座防御堡垒，以图凭此实现两个目标。其一，防止叙拉古人修筑第二道"截墙"，利用悬崖加强侧翼的防守；其二，获得一个地方，以便使较高的埃皮波拉坡地与连接坡地与大港之间低处的沼泽地之间有一条安全便利的联系通道。鉴于他的军队将不得不在高处的坡地和低处的沼泽地同时行动，他不可能允许两边因一道险峻的悬崖而各自为战，互相得不到支援。虽然"围场"孤悬其间，但此时它足够坚固且驻扎着相当数量的士兵，完全可以抵抗敌人的进攻。

通过上述新的安排，叙拉古人无法在埃皮波拉的同一侧再次修筑一道"截墙"，因为雅典人已经成为南侧山坡悬崖的主宰。因此，他们将行动地点转到南部悬崖与大港之间的低洼沼泽地带。此时因雅典的舰队仍在塔普苏斯，他们还可以在那里自由行动。在他们看来，直到阿纳普斯河都可以作为侧翼防守的屏障。于是他们决定在沼泽地区修筑一道篱笆，并挖一道壕沟，以便截断雅典接下来肯定会继续完成的向南延伸的城墙。他们如此急迫地修筑这道新的贯穿沼泽的篱笆墙,当悬崖上雅典新建的堡垒完成时,叙拉古人的这道阻碍墙也完工了。

拉马库斯以超凡的能力和勇敢无畏的精神克服着面前的困难。某一天清晨,天刚蒙蒙亮,他就出乎叙拉古人意料地从埃皮波拉南侧悬崖边的堡垒进入下面的低地,准备在见到黎明的第一道曙光时突袭篱笆。同时,将军们发出命令,要求雅典舰队从塔普苏斯驶入大港,以图转移敌人的注意力,并对这道新建篱笆墙的后部发起进攻。一大队叙拉古军队从城内涌出,以便重新夺回篱笆墙。双方在埃皮波拉悬崖、大港及阿纳普斯河之间全面开战。雅典人严明的纪律取得了成功。叙拉古人被击败并从两端都被赶回。就这样,叙拉古人右翼逃回城里,其左翼(包括其精锐部队——骑兵的大部)沿着阿纳普斯河岸逃到了桥上。雅典人被胜利冲昏了头脑,希望切断他们逃跑的线路,并挑出300名重装步兵跑步向前,以图首先到达桥上。在匆忙的行动中,雅典人阵形开始散乱。叙拉古骑兵折转回来,将他们赶入雅典大军的右翼。逃窜者给大军带来了恐慌和混乱。战斗的命运开始逆转,不再有利于雅典人。此时,拉马库斯居于左翼,匆匆率领他所能召集起来的阿尔戈斯骑兵弓箭兵前去支援。战斗燃起的激情使他鲁莽向前。当他跨越壕沟时,身边只有几名随行者,其他人都没有跟上来。在此,他受到了攻击,被人一击致命。但是,当他的士兵们跟进后,叙拉古人被赶了回去。就这样,这位勇敢将军的迅速行动让雅典

第二十九章　从尼奇亚斯开始包围叙拉古到德摩斯提尼率领的第二支雅典远征军到达

人重新恢复了在右翼的胜利。然而，这场大胜代价昂贵，让他付出了整个生命。

就在这时，雅典大军右翼的暂时逃窜及拉马库斯从左翼撤退给予右翼的支援，使本逃往城内的叙拉古右翼大军重新恢复了勇气。他们从城内涌出重新加入了战团。而叙拉古的将军们试图兵分两路，从西北方城门派出一支分遣队进攻位于埃皮波拉中部山坡上的雅典"围场"。由于"围场"完全孤悬一处，与战场还有一段距离，他们希望趁里面的驻军没有准备而发起进攻，因此发起了突然袭击。叙拉古人的行动大胆而时间拿捏得当，眼看就要取得胜利了。在堡垒外面，他们几乎没有遇到什么抵抗。"围场"只是因为尼奇亚斯生病待在里面，突施巧技才获救。他命令仆人将"围场"墙外的大量木材尽数放火焚烧。熊熊的火焰使所有进攻者都不敢向前，同时作为信号告知了在下面激战正酣的雅典人。他们立即派遣援军解救他们的将军。而与此同时，刚从塔普苏斯抵达的雅典舰队出现在了大港。舰队的到来从新的一侧威胁着叙拉古人，使他们将精力集中到保卫城市上。

自此，雅典的陆军和海军开始忙于修筑城墙的南端。这道城墙始于埃皮波拉南侧山崖雅典人筑防之地的下面，贯穿低处的沼泽地，直达大港。两端的距离大约 8 斯塔狄亚，大约一英里。这是一道双层城墙，每隔一段合适的距离就建有城门，甚至可能建有城楼。两层城墙之间空间颇宽，无疑在一些部分盖有屋顶。因为后来，这道城墙在附近悬崖旁边堡垒的帮助下作为整支雅典大军的栖身和防守之所。因自知不是对手,无法外出应战,所以叙拉古人不能对修建过程进行干扰,也不能在埃皮波拉半坡修筑一道新的"截墙"。

就这样,他们眼睁睁地看着围困的城墙一直延伸到了大港而没法阻止这一过程。如今,叙拉古人开始第一次真切地感受到了因围城而受到的限制和供给的匮乏。在此之前,他们与阿纳普斯流域、更远处乡村及大港四周的联系都畅通无阻;如今,雅典舰队的到达及雅典陆军地位的变化使他们与这两个方向的联系都被切断,[5]因此除了冒死从敌船封锁中突围的人送来的东西外,他们几乎不能再获得新的补给。除城北靠埃皮波拉山坡的那一部分外,没有一个地方能够与外界相通。无疑,被困者,尤其是他们数量不菲的骑兵,利用这道口子从外界运来物资。但是,相较于大港周边的平原和赫罗利奈大道,这不但花费时间更长,而且绕了更远的路。此外,他们还必须经过地势高峻而狭窄的欧吕亚鲁斯关隘;一旦尼奇亚斯认为什么时候合适,就会占领并在这道关隘设防;那样被困者将不能再由此通过。对尼奇亚斯自己及其军队不幸的是,他竟然忽视采取如此简单而至关重要的预防措施,即便在他知道古利普斯即将到达的情况下也是如此。

尼奇亚斯和拉马库斯实际操作的顺序可以得到如下的合理解释。在埃皮波拉山坡中央修筑好设防坚固的堡垒后,他们就可以对敌人从任何一侧修建的"截墙"发起进攻。他们之所以最初开始修筑向北延伸的城墙,然而很快就放弃,将注意力转向朝南

第二十九章　从尼奇亚斯开始包围叙拉古到德摩斯提尼率领的第二支雅典远征军到达

的城墙，那是因为叙拉古人首先修筑的两道"截墙"都在这一侧。在攻打叙拉古人穿越沼泽到达阿纳普斯河的第二道"截墙"时，他们着眼于水陆两路的合作，不失时机地将主力舰队从塔普苏斯移师大港。在清除低地上的叙拉古人后，为了与舰队保持安全畅通的联系，他们认为应当修建跨越沼泽、从埃皮波拉到大港的双层城墙，以便为将来的行动打好基础。此外，这道城墙还可封锁叙拉古最便捷的出逃路线，并切断其物资的供应渠道。这就是为何从雅典人在埃皮波拉营地到特罗吉鲁斯海边的北线城墙一直没有完成的可能原因。古利普斯发现城墙竟然没有完成，至少是其中的大部分竟然畅通无阻。

就这样，叙拉古人开始对他们所处情况感到绝望，而雅典人的前景比任何时候都更好。消息迅速在周边城邦传播开来，说雅典人已经胜利在望。于是，许多此前还摇摆不定的西凯尔人部落纷纷跑来与之结盟。提莱尼亚海岸的城邦也派来三艘武装齐备的五十桨战船。此外，意大利的希腊人提供了丰富的物资。自拉马库斯去世后，尼奇亚斯成了唯一指挥官。如今他甚至有幸收到叙拉古的有条件投降提议，并开始与之讨论有关事宜。叙拉古城内必然也有政客公开大肆地向公民游说投降之事。赫尔摩克拉泰斯及其同僚因战败最近被解除了将军之职。虽然叙拉古人（可能通过非官方）曾几次真诚地向尼奇亚斯提出投降的主张，但双方并未就具体条款达成一致。倘若叙拉古是寡头政府，当前的困境必然会激发大量的不满者，那样，尼奇亚斯就可以好好利用。但是,尽管面临如此危急的处境,民主制的政府使城邦内部仍然维持着团结。

为了理解当前关键时刻尼奇亚斯的行动,我们必须要特别注意这些提议。从最初起,他就与叙拉古的一个派别互通消息。这一派别虽然人数不多,力量也不强,但如今无疑更加活跃,影响力也比以往任何时候更强。从这些人那里,他不断得到保证,城邦就快要投降,不可能再坚持下去。这些消息似乎也并非完全不切实际。来自内外的主张在他头脑中留下了如此一个印象,使他陷入了致命的懈怠之中,认为继续围困安全无虞。拉马库斯战死的恶果如今开始显现。自离开卡塔纳到这位勇敢的将军牺牲的那一次战役(时间从公元前414年3月到6月,共计约三个月),雅典人一直以巨大的活力坚持不懈地展开围攻行动。尤其是修建工程的迅速令叙拉古人目瞪口呆。但是,当尼奇亚斯成为唯一的指挥官时,激烈的猛攻消失了,取而代之的是懈怠和冷漠。

尽管雅典大军的情况如此,倘若尼奇亚斯认为必须努力进攻,无疑也能激起战士们的勇气,并加速行动的开展。迄今为止,我们总是见到他对将来不可预见的困难估计过高,总是想为可能发生的最糟糕情况做好打算。但是,在很大程度上,被认为是谨慎的性格事实上不过反映了他的迟疑和惰性;加之内部的不满和抱怨,使他的缺陷更加凸显无疑。

此时,古利普斯已经为远征聚集起了一支队伍。但是,虽然雅典的那一位流亡者答应给予援助,但拉凯戴蒙人却并未履行

第二十九章　从尼奇亚斯开始包围叙拉古到德摩斯提尼率领的第二支雅典远征军到达

其承诺。甚至全心全意支持叙拉古的科林斯人也行动非常缓慢。时间已经进入6月，古利普斯还在琉卡斯，他的军队还没有做好起航的准备。加入一支队伍登船前往西西里与数量众多、装备优良的雅典舰队作战，这样的任务对任何人都没有吸引力。此外，从西西里开来的每一艘船舶都会带回尼奇亚斯和拉马库斯取得节节胜利的消息。这让这支科林斯援军的前景更加暗淡。

最后，在6月时传来了消息，说叙拉古人再遭失败，但拉马库斯被杀，而围攻者不断加紧攻城的步伐。听到这个消息，古利普斯和科林斯人陷入了绝望，认为不可能再提供任何有效的援助对抗雅典人在西西里咄咄逼人的攻势。但是，鉴于还有希望保留意大利的希腊人城邦，古利普斯认为应当率领他征召来的区区四艘舰船立即前往；这四艘船中，有两艘来自拉凯戴蒙，两艘来自科林斯。他首先驶抵塔伦同。由此出发，他拜访其父克莱安德利达斯——一个斯巴达流亡者，后入籍成为公民——的城邦图利伊。他试图利用这种关系获得图利伊人的支持，但遭到了拒绝。之后,他继续向南，前往意大利东南角附近的泰利纳安湾(Terinaean Gulf)对岸。在此，一阵狂风将他吹离到海上；船只一直向北，最终他幸运地在塔伦同找到了歇脚的避难地。但是，几艘舰船遭受了严重的损害，他被迫待在那里，把船拖到岸上进行整修。

如此的折腾给他进一步的行动带来了威胁。因为图利伊人已经将他到访的消息及其舰船的数量告诉了尼奇亚斯。面对如此乐观的态势，尼奇亚斯忽视了所听消息的严重性。他只把古利普斯当作微不足道的掠私者,甚至都没有从众多战船中派出几艘对这批新来者进行监视和阻击。因此,在塔伦同整修好战船后,古利普斯沿海岸向南推进,没有受到埃皮泽菲利亚的罗克利人的阻击。在此,他非常欣慰地得知,叙拉古还没有被完全包围;仍可以派出一支军队前往,通过欧吕亚鲁斯和埃皮波拉坡地进入城内,从而解救这个被围困的城市。于是,他通过美塞尼亚海峡,发现根本没有任何人在此驻防。经过莱吉翁和美塞尼亚的沿岸,他安全抵达希麦拉。即使在莱吉翁,他也没有发现雅典海军。事实上,在听说古利普斯抵达罗克利后,尼奇亚斯确实派出了四艘雅典战船,但他们到达莱吉翁太迟了。

为了充分理解尼奇亚斯的误判,并让他不对不可预见的结果完全负责,我们必须回到六个月前被流放的阿克比亚戴斯在斯巴达所说的话。"派一支军队到西西里,但同时派一个斯巴达人掌握最高指挥权,这比一支军队更有价值。"正是回应他的提议,斯巴达人任命了古利普斯。这一招的明智之处即将得到充分的展现。即便古利普斯只是坐一艘渔船抵达西西里,他的出现、斯巴达的大名及其干预即将产生的效果就足以让被困者重获生机。然而,尼奇亚斯虽然通过偶然的渠道及时注意到了他的到来,四艘舰船组成的小队本可以阻止他的到来,但却将他当作一个不重要的海盗忽视了。

古利普斯宣布,他是伯罗奔尼撒所派援军的先锋部队;他也因此获得了当地人的热情欢迎。希麦拉人答应派出一支重装步

第二十九章　从尼奇亚斯开始包围叙拉古到德摩斯提尼率领的第二支雅典远征军到达

兵支援他，并为他舰船上的水手提供了装备。他派往塞林努斯、盖拉及一些内陆西凯尔人部落的使者也获得了同样的积极保证。因此，在不长的时间内，他聚集起一支数量可观的军队。西凯尔人对雅典的兴趣因其最积极的支持者西凯尔王公阿科尼戴斯（Archonides）最近去世而受到削弱。这种情况不但让古利普斯可以获得更多人的支援，而且有利于他在岛上行进。于是，他率军从希麦拉推进到叙拉古，走在最前面的是随船装载而来的700名重装步兵，后面有从希麦拉征召的1000名重装步兵及轻装兵，另包括100名骑兵，一些来自塞林努斯和盖拉的骑兵和轻装兵也随行前往，最后是1000名西凯尔人。大军推进过程中，还有一些人加入其中。率领着这支军队，他抵达叙拉古之上的欧吕亚鲁斯和埃皮波拉山地。

然而，要不是科林斯海军将领贡古鲁斯（Gongylus）比他稍早到达了叙拉古，他事实上就会来得太晚了。在琉卡斯，科林斯的12艘三列桨战船比古利普斯出发得更晚，如今正在赶往叙拉古的路上。不过，贡古鲁斯在琉卡斯因某一件事耽搁下来，因此他比其他人离开得更晚。然而，他抵达叙拉古的时间更早，或许是抄了直路，径直渡海到达的。这位将领因雅典人在围攻行动中的普遍忽视大意，躲过了巡逻船，安全进入叙拉古的港口。

贡古鲁斯此刻的到达是一件雪中送炭的大事，事实上，无异于拯救了这座城市。在所有令叙拉古人绝望的事情中，最糟糕的莫过于他们面临的环境，根本没有听到有任何人前来援救他们。

沮丧之情日复一日地上升，与尼奇亚斯交换意见的行为越来越频繁，最后时机成熟，人们即将举行公民大会准备批准最后的投降条件。[6] 就在这一生死攸关的时刻，贡古鲁斯到来了。时间显然比古利普斯抵达希麦拉稍早。叙拉古人当即将所有投降的念头抛诸脑后，决定坚持到最后一刻。

不久，叙拉古人收到了古利普斯抵达希麦拉并召集一支军队前往救援的消息。不久，古利普斯通过雅典人春天从卡塔纳前来开始围攻时的路线，即经欧吕亚鲁斯关隘进入埃皮波拉，来到了叙拉古。当他从埃皮波拉山上下来时，所有叙拉古军队都出城列队欢呼他们的到达，并伴随他进入城内。

在围攻叙拉古的整个战役中，最令人难以置信的事情是，自古利普斯从希麦拉登陆到他进入叙拉古城的整个行军过程中，竟然没有遭到尼奇亚斯哪怕是微不足道的抵抗。当古利普斯在意大利海岸航行时，尼奇亚斯认为他只不过是一个拥有四艘船只的海盗；而他当从希麦拉进军时，被认为不过是一支散兵游勇的头目，对他大加轻视。如果尼奇亚斯受到突袭（事情确实是这样的），这完全是咎由自取，我们几乎可称之为自作自受。因为，古利普斯即将到达的消息肯定早已有人告知了他。从他派往莱吉翁的四艘战船可知，他定然明白古利普斯会从那里渡过海峡，取道希麦拉。因此，他肯定非常清楚，古利普斯的目的是从内陆召集一支军队解救叙拉古；而古利普斯向西凯尔人部落派遣使者定然让他认识到敌人在希麦拉蓄势待发。此外，我们知道，古利普斯抵达

第二十九章　从尼奇亚斯开始包围叙拉古到德摩斯提尼率领的第二支雅典远征军到达

时没有什么军力,因此他不得不在希麦拉招兵买马,而且还从塞林努斯和盖拉征召士兵;此外,他不得不率军横穿整座岛屿,其中一些还是敌方的势力范围。从在希麦拉登陆到抵达埃皮波拉,整个过程不可能在一夜之间或三周内完成。而且,通过在叙拉古内的眼线,尼奇亚斯必然知道,在古利普斯登陆西西里的消息还未送达前,随着贡古鲁斯的到达,叙拉古的民意发生了翻天覆地的变化。最后,敌人的进军不得不横穿整座西西里岛。在进军过程中,或许他们受到袭扰甚至可能被打败。[7] 他们只得经过雅典人身后位于欧吕亚鲁斯高地的那条唯一的道路。这条山路关隘不多,易于防守。尼奇亚斯最初也是由此到达的,他也只是通过精心设计的突袭才占领这个地方的。

就在斯巴达军队悄悄进入叙拉古之时,雅典人修筑的从埃皮波拉南侧悬崖到大港的长8斯塔狄亚的双层城墙也快要完工。但古利普斯没有去干扰工程的进展。他瞄准了更高的目标。他知道第一印象对于提振士气和信心的重要性(不幸的是尼奇亚斯对此从未感知到也没有活着见到)。他的到来已经为叙拉古人注入了信心。古利普斯才与叙拉古人会合,就将联军排成战斗阵形,向雅典人的方阵推进。他第一步是想表明,命运的天平已经改变。于是他派出一名传令官要求双方休战五日,告诉雅典人应当收拾好行李,从岛上撤走。尼奇亚斯不屑于对这个侮辱性的提议做出任何回复,而是通过行动表明,他及古利普斯对于运气发生转变的看法是怎样的。因为,当第一次意识到叙拉古重装步兵阵形散乱时，这位来自斯巴达的指挥官认为应当撤退到离城墙更远的开阔地带战斗，以便让骑兵有更好的战场。而尼奇亚斯不愿跟着他，仍待在离城墙比较近的地方。这无异于未战先怯，承认雅典人在战场上不及敌人，事实上已经放弃了夺占叙拉古的打算。

撤军后，第二天早晨，古利普斯再一次率军出城，列阵于雅典人面前，仿佛马上就要发起进攻。但是，当雅典人的注意力都集中于此时，他却派出一支小分队突袭不在雅典人控制范围内的拉布达隆。这座堡垒旋即被攻克，里面的驻军遭到屠杀。古利普斯趁热打铁，立即开始修筑一道新的"截墙"，从外城的城门沿西北方向斜向伸入埃皮波拉山上，以便截断雅典人打算在"围场"以北修建的城墙，从而使封锁叙拉古不再可能。为了达到修筑"截墙"的目的，他利用雅典人放置在周边的准备修筑城墙的石头，同时威胁要进攻如今已经完工的低地城墙（从埃皮波拉南侧悬崖到大港），使雅典人时刻处于警惕之中。他试图对其中一段看似比其他地方薄弱的城墙发起夜袭，但发现里面有雅典哨兵警戒，于是被迫撤回。

然而，这些进攻似乎主要是为了起干扰作用，是为了防止雅典人破坏"截墙"的修筑。除非尼奇亚斯放弃所有围攻叙拉古的希望，否则他只能采取积极的有侵略性的措施，对"截墙"和战场上的叙拉古人同时发起进攻。事实上，他采取了一种全新的策略，决定在普兰米利翁（Plemmyrium）构筑工事，使其成为舰队和物资的一个安全总基地。普兰米利翁是一个多石的海岬，

第二十九章　从尼奇亚斯开始包围叙拉古到德摩斯提尼率领的第二支雅典远征军到达

位于大港狭窄入口的南端，与奥尔提吉亚岛相对。之前，舰队紧靠陆军周边，停泊在一个筑有工事的地方，位于埃皮波拉南侧悬崖与大港之间双层城墙的尽头。在这样一个靠海湾深处的地方，雅典战船难以完成其应负的职责。其职责就是监视叙拉古的两座港口（在连接奥尔提吉亚岛与大陆的地峡两边各有一座），以便防止里面的船只逃走，或拦截外面的船只进入；同时确保军队所需物资可以不受干扰地从海上获得供应。对于这两个目标，普兰米利翁的驻泊地更加方便。尼奇亚斯看到，从今之后，他的行动主要集中于海上。虽然没有公开承认，但事实上他意识到陆军的优势已经转移到了敌人一方，完成围攻任务已经不再可能。

雅典人在普兰米利翁岬海岸建了三座要塞，使其成为战船和运输船的基地。虽然其地理位置对于所有海上活动都非常有利，但又存在严重的不足。这里没有任何泉水，因此所有用水及所需木材都需要水手从颇远的地方运来，容易遭到驻扎在宙斯·奥林匹乌斯神庙的大量叙拉古骑兵袭击。日复一日，都会因此而遭受损失。此外，废旧的设施不断增加，使每艘船上船员们的效率降低，很快带来了致命的影响。随着雅典人获胜的希望减小，在海军中服役的奴隶和许多外邦人纷纷开了小差。虽然此时战船还几乎没有真正用于战斗，但已经在海上连续航行或监视敌人好几个月，没有机会拖到岸边进行整修。因此，在即将成为雅典人战斗的主要希望时，人们不幸地发现海军的战斗力发生了退化。

古利普斯每天都率领叙拉古人出城列成战斗阵形，但雅典人都不愿交战。最后，他抓住了一个他认为有利的机会发动了进攻。但是，战场被各种城墙包围，一边是雅典人修筑的城墙，一边是叙拉古的外墙泰麦尼提克（Temenitic）城墙，另一边是叙拉古人正在修筑的"截墙"。结果使叙拉古的骑兵和投掷兵没有空间展开行动。因此，叙拉古的重装步兵只得独自战斗，没有得到这些辅助兵种的帮助；结果他们遭到了失败，被赶回城里，折损了一些人马，战死者中包括科林斯人贡古鲁斯。[8]第二天，古利普斯虚心地接受了人们对他战败的责备。但没过多久，他再次率军寻求战斗。不过，他注意在远离城墙和堡垒的开阔的空间作战。

这次，尼奇亚斯率军进入开阔地带和他会上一会。或许他是受到了最近这次行动取得成果的鼓舞，但他还受制于进一步的不得已原因。叙拉古人正在修筑的"截墙"即将截断雅典人用以围困敌人的双层城墙。因此，除非他正式宣布放弃围攻的希望，否则他必须毫不迟疑地发起进攻。双方的军队在距离城墙之外的开阔地带埃皮波拉坡地上摆开战阵。古利普斯将骑兵和投掷兵安排在他右翼地势最高、最开阔的地带。当双方的重装步兵展开战斗时，居于右翼的这些辅助军种对雅典人的左翼发起了猛烈的攻击，几乎冲破了战阵。雅典大军遭到了一场彻底的失败，只得跑到双层城墙里躲了起来。就在次日夜晚，叙拉古人的"截墙"向前推进，穿过了雅典人的城墙，抵达北侧的悬崖。如今，除非敌人不但在战场上重获优势，而且用强大的军力猛攻并夺占这道新修的"截墙"，否则叙拉古人就安全了。

第二十九章　从尼奇亚斯开始包围叙拉古到德摩斯提尼率领的第二支雅典远征军到达

由科林斯人、安布拉奇亚人和琉卡斯人组成的 12 艘战船，虽受到尼奇亚斯的尽力拦阻，但仍安全抵达。这让叙拉古的防御进一步加强。此前，他曾派出 12 艘战船前往意大利南部海岸，但这些赶来支援的战船幸运地逃脱了它们的围堵。

作为预防之举，古利普斯在埃皮波拉高地上建起一座多面堡垒，以便控制从欧吕亚鲁斯山峰前往叙拉古的道路。赫尔摩克拉泰斯想到这一步时已经太晚，而尼奇亚斯根本没有想到这样的问题。他在高地的合适位置修建了一座要塞，并在后面距离适中之地安扎三座营寨羽翼其后。他在这座推在埃皮波拉高地最前的要塞处修建了一道城墙，以便能够到达最近新建的"截墙"并与之连在一起。如今，这道"截墙"已经截断了雅典人的城墙，并继续向前延伸，纵贯了整个埃皮波拉高地，断绝了雅典人从现存城墙通达山顶和北侧悬崖的任何可能性。如今，叙拉古人拥有了一道继续不断、不受干扰的防御城墙；这道长度可观的单层城墙一端在埃皮波拉高地新建的要塞，另一端连着城市。虽然只有单层，但整道城墙沿线都一直驻扎着前面提到的三座设防营寨加以保护。

古利普斯并不满足于让叙拉古人摆脱危险，他还利用他们已恢复信心的有利时机向他们灌输报复的计划。叙拉古人在港口装备战船，并让其水手开始训练，希望仅凭他们的力量就足以与雅典人匹敌。而古利普斯离开城市，拜访岛上各个城邦，以图获得更多海陆军的支援。因为，正如所料，尼奇亚斯有可能要求雅典再次支援，叙拉古及科林斯纷纷派出使者前往伯罗奔尼撒，要求必须增派更多军队；如果抽不出三列桨战船，用商船运送也行。

鉴于如今所有成功攻占叙拉古的可能性都已丧失，理性的判断应当是，待在港口里不但没有用而且还危险，因此尽快撤离为最佳。或许，在类似情况下，德摩斯提尼就会如此行事。但这样的预见性和果断性与尼奇亚斯的性格不符。由于未经雅典的命令不敢撤离，他决定派人回国如实告知他生死攸关的处境，要求城邦要么增派援军，要么命令大军返回。

事实上，如今已是（前414）9月底，因此在仲冬之前，他不指望获得答复，更不指望援军会在来年暮春之前到达。不过，他仍决定面对这个危险，相信高度警惕的预防措施能帮助他渡过中间的这一段时间。但是，对他来说，由于最重要的是让国内的同胞完全清楚意识到大军所处的极度危险境地，他决定写一封书面信件。因此，他派人向国内送去了一封信，大约在11月底到达了雅典。城邦的秘书在公民大会上正式宣读了这封信。

"雅典人，通过其他信息，我已告知你们大军此前的行动。但是，当前的危机需要你们比以前更加深思熟虑。大军在叙拉古经历许多次战役，修筑了如今仍由我们占据的城墙。后来，拉凯戴蒙人古利普斯率领着一支由伯罗奔尼撒人和西西里人组成的军队突然出现。在第一回合的交锋中，我们将其击败。但在次回合的交锋中，因敌人的骑兵和投掷兵，我们难以招架，被迫撤退到城墙之内。人数众多的敌人迫使我们暂时只能龟缩在城墙之内，

第二十九章　从尼奇亚斯开始包围叙拉古到德摩斯提尼率领的第二支雅典远征军到达

不敢积极行动。事实上，即便举所有兵力，我们也不能在战场上与敌交战，因为一部分重装步兵必须保护好我们栖身的城墙。同时，敌人已经在我们的城墙之外修筑完成了一道单层拦截的"截墙"；所以，除非我有足够的力量进攻并摧毁敌人的"截墙"，否则我们将无法继续完成未完成的部分。局势已经发生了逆转。我们虽自称在围困他人，但事实上被他人围困，至少在陆地上是如此，因为敌人的骑兵让我们几乎没有行动自由。此外，敌人已派使者前往伯罗奔尼撒以图获得援军，而且古利普斯亲自前往西西里各个城邦。他们的决心是，不但在陆地上攻我们的城墙，而且还将在海上对我们发起进攻。

"他们非常清楚，我们的战船因长期泡在海水里已经腐烂，水手们也筋疲力尽。我们也无法将战船拖到岸上修整，因为敌人的舰船在数量上与我们等量齐观甚至优于我们，总在那个时候对我们发起攻击。我们看到，敌人的海军一直在操练，伺机进攻。此外，相较于我们，他们因无须监视，总能够把战船放在岸上晾晒。倘若时刻处于警戒中，无法获得一点放松，我们将不再有把握获得物资供应。即便现在，这些物资也是我们经历艰辛从紧靠敌人的城墙周边抢夺的。

"我们的水手也出于各种原因一直在消耗中。许多身份为公民的水手在去遥远地方砍伐木材、寻找水源或劫掠物资时被叙拉古骑兵杀死；眼见我军已不占优势，身份为奴隶的水手开了小差；而身份为异邦人的水手直接逃到周边的一些城邦。和我一样，你们也心知肚明,没有哪个水手能够长期服役且保持良好的状态;那些让船只行动起来,并让橹桨划行得整齐一致的一流水手只占总人数的一小部分。

"在所有的糟心事中,最令人尴尬的是,身为城邦的将军,我既不能驾驭你们的禀性,防止灾难的发生,也不能从其他地方招募到士兵加以补充,而且敌人却轻易从许多地方征召新兵。我们只能以从你们那里带来的原班人马,既承受着巨大损失,又要完成当前的任务。这是因为我们当前唯一的同盟者纳克索斯和卡塔纳都是无足轻重的城邦。如果敌人再进一步,将意大利的城邦争取过去,那么我们就只能坐以待毙了,因为如今我们的物资供应都来自那些城邦。

"我认为毫无隐瞒地告诉你们实情才是安全之策,因为我了解你们的真实性情。你们只喜欢听最有利的保证而不愿意听其他消息,但是一旦事情的结果不妙,你们就会迁怒于人。知足吧!这支军队已不是当初你们派给我们的那一支了,无论将军还是士兵都没有给城邦丢脸。如今,所有西西里人都联合起来进攻我们,而且伯罗奔尼撒的援军预计也将抵达。你们在做出决定之前必须要充分认识到,在此的军队甚至都没有力量应对当前的困难。因此,你们必须要么派人告诉我们撤军回国,要么再次向我们派来援军,既包括陆军也包括海军,人数不少于现在这里的军队,并且带上足够的金钱。你们还得派人来接替我,因为我身患肾病。我想我有资格要求你们照顾我。因为当身体尚可时,我在历次军

第二十九章　从尼奇亚斯开始包围叙拉古到德摩斯提尼率领的第二支雅典远征军到达

事行动的指挥之职上恪尽职守。无论你们打算如何，一开春就马上行动起来，不要有丝毫的耽搁。因为敌人正在西西里召集新的援军，他们很快就会到来。即将从伯罗奔尼撒前来的援军就如原来那样，要么躲避起来不让你们发现，要么会对你们先发制人采取进攻。"

雅典人决定按尼奇亚斯提出的第二种选择行事，不愿将当前的军队召回国内，而是再一次派出一支强大的海陆援军，以图实现规定的目标。但是，他们拒绝了他的私人请求，坚持继续让他担任指挥。不过，公民大会投票任命已在叙拉古前线的将领米南德（Menander）和欧提戴穆斯（Euthydemus）联合担任指挥官，以便协助他完成艰苦的工作。大约在冬至时分，雅典人迅速派欧吕麦东指挥着10艘三列桨战船、带着120塔兰特金钱前往西西里；同时保证主力援军即将到达解救这支处于苦难的军队。他们决定装备一支全新而令人可畏的军队，在德摩斯提尼和欧吕麦东的指挥下，于来年初春时分前往驰援。

尼奇亚斯的信揭示了他本人及雅典人民几个严重的问题。就他本人而言，书信清楚表明，他之前在西西里的行动完全应当受到谴责。我们发现，他感叹说军队的消耗巨大，并将此视为难以避免的事实，即便最好的海军都只能在短期内保持良好的状态。然而，到达西西里围攻叙拉古之前，他却将八个月的时光浪费到一些微不足道的小事上。还有什么更严重的指责可与之比拟？他宣称，古利普斯及其军队到达叙拉古使雅典军队由胜利走向毁灭的边缘。他的质询自然表明，他本应当采取各种预防措施阻止这位斯巴达将领的到来。正如他自己指出，他的海军有人开小差，整支队伍士气低落，其主要原因在于命运发生了逆转，这也是雅典军队的脾气开始出现了不可掌控的情况。不应忘记，最初大军长时间无所作为时，因是将军的指令，战士们按住耐心勉强同意。但是，在接下来的围城行动中，一直到拉马库斯去世，他们非常勇敢地完成了任务。如果不承认这些事实，对这支身处不幸的军队也是不公平的。

如果我们不是单独看待这次派军之事，而是将其与此前发生的一系列事件联系起来，可能对雅典人产生的自然结果就是爆发出对尼奇亚斯强烈的愤怒和不满。如果公正地对他的行为进行梳理和详细查看，就会发现他完全是罪有应得。当我们进一步思考希腊各位历史学家对雅典人民性格特征的总体描述时就会发现，雅典人民被描述为总是变幻无常、忘恩负义、急躁易怒。他们总是在那些曾受其尊重的人面前放弃立场；总是忘记将军们此前所有功劳，而对那些无辜将军在战争中不可避免的厄运紧抓不放；总是受蛊惑家的挑唆而冲动行事。自然，我们料想着，尼奇亚斯真正应承担的过失或许被无限地夸大，可能引发出人民的一阵狂怒。然而，人民竟然没有一句的指责或表现出一点不满。投票的结果非但没有指责，反而表明了人民对他继续的信任。人们对他继续担任指挥官的寄望很高，对他的性格非常尊重，结果导致他们没有抓住这个他亲自提供的好机会解除其职务。

第二十九章 从尼奇亚斯开始包围叙拉古到德摩斯提尼率领的第二支雅典远征军到达

我就当前形势发表这些看法并不是要恭维雅典人。恰恰相反,雅典人对尼奇亚斯不当的信任——此前就不止一次,但这次的危害尤为巨大——泄露了他们对于眼前发生的事实缺乏判断能力,而且对于具有决定意义的诸多事实视而不见。上述事实表明,这是雅典政治史上最糟糕的一个时期。但是,从中我们也获得了一个明白的教训,那就是雅典人的缺陷与历史学家普遍归罪于他们的性格特征非常不同。我们发现,雅典人并不总是急躁易怒,而是一旦给予了某人信任就会执着下去,一旦着手某一项计划就会坚持不懈。雅典人也不总是对于别人的付出忘恩负义,一名将领只要承担了他应尽的职责,人们总会给予他荣誉,反之亦然。他们也并不总是愤怒地吹毛求疵,而是在将领造成的失望和耻辱面前非常宽容,甚至对于应受的责罚也视而不见。在公民大会上,一般人的描绘是,到处是挑拨是非的演说家,一个将军无论原来的功劳是多么彪炳,只要吃了败仗,都会因他们而被定有罪;然而我们看到,即便是重大而有理有据的指控,也不会给公民对声誉斐然人物的印象产生什么影响。如果克莱翁犯下了哪怕一点点尼奇亚斯在军事行动中各种丢脸的错误,他肯定会无可挽回地信誉扫地。

如今发生在我们面前的事颇富启发性,足以反驳通过归于蛊惑家的人带来的言过其实的不幸。要是克莱翁或其他任何一个实力相当的蛊惑家还在,他一定会感到幸灾乐祸,嘲笑雅典公民大会竟然做出错误的决定继续派兵前往西西里,并继续让尼奇亚斯指挥这支军队。如果真是那样，这位爱挑事的言辞犀利的蛊惑家尤其要求人们揭露尼奇亚斯过去处置不当之事，进而证明他已经造成了多大的不幸，如果继续让他指挥将会造成更多的不幸。

使这次做出的决定特别难堪的是，雅典人完全无视清楚而近在眼前的证据。在当前的情况下坚持围攻叙拉古是一次令人可叹的错误判断。坚持任命尼奇亚斯担任指挥官无异于精神错乱。第一次远征虽然鲁莽而计划不周，但仍充满着希望。如果确实执行下去，他们不过是低估了不可能长久占有此岛的困难。此外，那时人们没有弄明白与莱翁提尼、埃盖斯塔有关的狭隘目标和围攻叙拉古的大目标之间的关系，从而导致雅典人心中没有形成任何清楚而一致的行动计划。如今，他们完全明白西西里的形势。埃盖斯塔的虚假承诺已经被揭露；雅典在岛上与其他城邦建立同盟的希望化为泡影；在一位斯巴达将领的指挥下，在伯罗奔尼撒的援助下，叙拉古不但难以被攻克，而且已经打算发起反攻；最后，可以确定，伯罗奔尼撒人将重新发起针对阿提卡的敌对行动。在形势如此不利，必须加强在本土的防御时，雅典人仍然坚持围攻叙拉古，这只能说明雅典人的可悲和鲁莽。仍然坚持使用尼奇亚斯，就必然会将鲁莽转变为毁灭，即便以德摩斯提尼这样一位精力充沛的同僚将军在一旁辅助也不足以避免毁灭的命运。

同时，虽然还没有真正宣布与斯巴达开战，但战争已经不可避免。早在这前一年，拉凯戴蒙人就兴致勃勃地听取阿克比亚戴斯要求他们在阿提卡的戴凯雷亚建立一个要塞的建议。但是，

第二十九章　从尼奇亚斯开始包围叙拉古到德摩斯提尼率领的第二支雅典远征军到达

他们并没有将这个决定付诸实施，因为与雅典的和平仍名义上维持着。拉凯戴蒙人对于公开撕破脸皮一事迟疑不决，一部分原因在于他们知道，伯罗奔尼撒战争开始时违反和约的就在他们一方，他们将斯法克泰利亚遭受的巨大不幸归咎于这个错误。尽管同盟者阿尔戈斯多次提出要求，但雅典一方也小心翼翼地避免直接侵犯到拉凯戴蒙人的国土。当拉凯戴蒙人入侵并劫掠阿尔戈斯的土地时，雅典人派出30艘战船帮助其防守。这支海军在拉科尼亚海岸登陆，展开了破坏活动。这一直接的敌对行动，加之派罗斯驻军的劫掠活动及雅典拒绝修订和平的提议，所有这一切满足了拉凯戴蒙人的愿望，声称如今和平已无可否认地首先被他们的敌人给破坏了，因此他们可以安全地重新发起战争。

科林斯人和叙拉古人在斯巴达大声呼吁；阿克比亚戴斯也重提他占领戴凯雷亚的建议。伯罗奔尼撒人的重新入侵即将发生。正是面临着这样巨大危险的情况下，雅典人决定再一次派遣一支军队前往叙拉古，全力围攻这座城市。如果说拉凯戴蒙人之前还有什么犹豫，那么，得知雅典人做出这个轻率鲁莽的决定后，他们的顾虑就烟消云散。因为根据决议，雅典人不但必须继续在叙拉古作战，而且使本土更易受到攻击，这必然会占用一部分兵力。因此，就在雅典人的决议通过投票后，斯巴达人也采纳一个同样具有决定意义的决议，直接对雅典采取敌对行动。决议要求，立即组建一支伯罗奔尼撒联军，在来年初春派往叙拉古；同时入侵阿提卡并在戴凯雷亚要塞修筑工事。为此目的发出命令很快传到整个伯罗奔尼撒同盟各邦，特别要求同盟者提供在戴凯雷亚修筑工事所需的工具、材料及工匠。

1 | 西西里盛产马匹。产自西西里的马匹甚至出现在了阿提卡和中希腊。参见 Sophokles, *Oed. Kolon.*, 312: "我发现一个妇人骑着一匹埃特纳的小马驹。"（γυναῖχ' ὁρῶ

Στείχουσαν ἡμῖν, ἆσσον, Αἰτναίας ἐπὶ πώλου βεβῶσαν.)

2 | 关于此处的地貌及攻城设施，参见 J. B. Bury's *Hisotry of Greece* 中的地图。他的地图以 Freeman's *History of Sicily* 为基础。关于总体轮廓，参见 Baedeker's *Southern Italy*（9ᵗʰ ed., 1893）中的意大利草图及平面图。还可参见 Lupus 描述叙拉古时绘制的地图。——编者

3 | 似乎雅典人在修筑工事的努力和技术上超过了所有希腊人。相关事例譬如 Thukyd., v. 75-82; Xenoph., *Hellen.*, iv. 4. 18。

4 | 在整个围城行动中，骑兵的价值非常明显，但我们不知道为何在这一时段整个战斗中都很少听到关于骑兵的事情。

在历史初期希腊人普遍逐渐不再使用骑兵，这一则是因希腊本土缺乏合适的骑兵作战场所，一则是因年轻的贵族经常组成骑兵队伍不听从城邦的指挥（*cf.* 由于公元前 2 世纪罗马公民中的骑士行为不端，结果导致骑兵作为一种战斗兵种就此消失）。另一个原因在于，通过在重装步兵中服役，可以一定程度上培养民主意识，进而使重装步兵成了优势兵种（E. Meyer, *Gesch, des, Alt.*, vol. ii., ch. iii., § 1）。此外，精选的波斯骑兵在普拉提亚及其他地方遭到失败可能也是另一个原因。

然而，一支训练有素的骑兵队伍有时仍能发挥其价值。譬如公元前 511 年希庇亚斯帐下的色萨利骑兵（Hdt., v. 63）、公元前 429 年在斯帕托鲁斯的卡尔奇狄凯骑兵（Thuk., ii. 79），以及公元前 362 年在曼

第二十九章 从尼奇亚斯开始包围叙拉古到德摩斯提尼率领的第二支雅典远征军到达

提奈亚出战的雅典骑兵（Xen., *Hell*., vii., 5, 15-17）。但是，直到亚历山大大帝才充分证明了一支重装骑兵在激战中的决定性作用。——编者

5　然而，狄奥多鲁斯（Diodor., xiii. 7）错误地记述说，雅典占据着宙斯·奥林匹乌斯神庙及其周边位于阿纳普斯河右岸的村庄。在整个战争中，这些地方一直处于叙拉古人的控制之下（Thukyd., vii, 4, 37）。

6　Thukyd., vi. 103; vii. 2. Plutarch, *Nikias*, c. 19.

7　比较次年发生的一件事（Thukyd., vii. 32）。那时雅典人的力量虽已大不如现在，但仍有足够大的影响力。他号召西凯尔部落阻止一支从内陆前来的军队帮助叙拉古。在行军过程中，这支军队被打败，并几乎被全歼。

8　Thukyd., vii. 5; Plutarch, *Nikias*, c. 19.

第三十章
从雅典与斯巴达正面冲突再起到雅典大军在西西里覆灭

如今,叙拉古战争不再是脱离主战场的一次战役,而被纳入整个希腊重新点燃的一场大战之中。欧吕麦东不畏寒冬率领10艘战船前往叙拉古,而德摩斯提尼竭尽全力召集第二支军队于初春时节启航。此外,雅典人另派出20艘战船绕行伯罗奔尼撒半岛,停驻于瑙帕克图斯,以防援军从科林斯湾驶出。作为应对,科林斯人重新准备了25艘战船,护送运输重装步兵的船只。在科林斯、西库翁、比奥提亚及拉凯戴蒙,正进行着征召重装步兵前往叙拉古的工作。同时,占领戴凯雷亚的所有准备工作都已经就绪。除此之外,古利普斯以同样积极的态度忙于鼓动整个西西里在来年的斗争中发挥更具决定性的作用。

第三十章　从雅典与斯巴达正面冲突再起到雅典大军在西西里覆灭

在刚刚入春之时，在拉科尼亚的塔纳鲁斯角，600名拉凯戴蒙重装步兵（主要是黑劳士和新公民）、300名比奥提亚重装步兵及泰斯皮埃人海盖桑德鲁斯（Hegesandrus）等上了战船。同盟命令他们渡海向南到库莱奈，由此沿非洲海岸前往西西里。与此同时，迫于强邻的压力，由科林斯人、西库翁人及阿卡狄亚雇佣者组成的700名重装步兵从伯罗奔尼撒西北角科林斯湾入口附近出发前往西西里。科林斯的战船一直看着他们安全通过了雅典人驻扎在瑙帕克图斯的哨所。

这些行动至关重要。但最重要的是在阿奇达穆斯之子阿吉斯的率领下，一支庞大的伯罗奔尼撒联军同时再次入侵阿提卡。雅典人上一次感受到破坏者的魔掌已是12年前，就在围攻斯法克泰利亚之前。首先遭到蹂躏的是雅典周边的平原；此后，入侵者开始在戴凯雷亚修筑防御工事，以图达到长期占据的特殊目的。这项工作分摊给在场的所有同盟者，在当年夏天就完工。驻扎在里面的军队由各邦轮流派出，但由阿吉斯亲自指挥。戴凯雷亚位于帕尔奈斯山脉的一支余脉的高地上，北距雅典大约14英里，地处雅典平原的北端附近，由此可将雅典平原及埃琉西斯平原尽收眼底。从雅典的城墙甚至可以看到要塞所在的山丘。该地位置关键，既是前往雅典的枢纽，又是通向比奥提亚的关键。由雅典到奥罗普斯的道路必经戴凯雷亚下面的峡谷，这条道路也是与优卑亚保持联系的主要通道。

我们惊讶地读到，当整个伯罗奔尼撒同盟以双重兵力重新给雅典造成压力时,雅典不但同时派卡利克莱斯率领一支 30 艘战舰组成的舰队骚扰伯罗奔尼撒海岸,而且还决定派德摩斯提尼率领大军进攻叙拉古。德摩斯提尼所率的军队包括 60 艘雅典战船和 5 艘来自开俄斯的三列桨战船,1200 名选自公民兵员名册最优秀的雅典重装步兵,以及数量可观的来自同盟者及其他地方的重装步兵。雅典人原本还从色雷斯招雇了 1500 名轻装兵,但因他们未按时抵达,德摩斯提尼没等他们就起航离开。卡利克莱斯在阿尔戈斯装载一批同盟者后,两支军队在埃吉纳会合,对拉科尼亚沿岸进行了劫掠,并在库泰拉岛修筑了一座牢固的要塞,鼓动黑劳士逃走。在此,卡利克莱斯和阿尔戈斯人返回伯罗奔尼撒,而德摩斯提尼率军沿伯罗奔尼撒半岛前往科西拉。一路上,大军经过扎坤图斯和克法莱尼亚,又收编了一些重装步兵;接着,为了获得一些阿卡纳尼亚的投掷兵和投枪兵,他们又前往阿纳克托利翁。在此,德摩斯提尼与欧吕麦东所率的 10 艘战船会合。欧吕麦东的舰队在冬天带着急需的钱款前往了叙拉古,如今返回担任德摩斯提尼的同僚指挥官。虽然欧吕麦东从叙拉古带回的各种消息都令人丧气,但是两位海军将领仍不得不从舰队中抽出 10 艘战船增援瑙帕克图斯的科农(Konon)。因为他掌握的军力不够强大,不足以与从对岸监视他的科林斯舰队相对抗。为了减少损失,欧吕麦东前往科西拉,希望从那里补充 15 艘战船和一队重装步兵。德摩斯提尼也将阿卡纳尼亚的投掷兵召集了起来。

古利普斯于初春时分回到了叙拉古,从内陆地区带来了新

第三十章　从雅典与斯巴达正面冲突再起到雅典大军在西西里覆灭

生力量,此时阿吉斯正入侵阿提卡,德摩斯提尼离开皮莱乌斯。在与赫尔摩克拉泰斯的配合下,他首要关注的是激励叙拉古在舰船上与雅典人战斗的勇气。由于雅典人海战能力出众的事实众所周知,所以这项工作有一定难度,两位领导人费尽了所有口舌,并动用了一切权威。

叙拉古有两座港口,分别位于奥尔提吉亚岛的两侧。小港在奥尔提吉亚的北侧,位于岛屿与靠近外城的低地(墓地)之间。另一座港口在大港之内,位于奥尔提吉亚地峡的另一侧。似乎两座港口都在水下安插木桩和石堆防止敌人从外发起的进攻。两者相较,小港更加安全,叙拉古的主要船坞都在小港之内。而叙拉古拥有80艘战船的舰队分布在两座港口。雅典全部舰船都停驻在奥尔提吉亚南端对面的普兰米利翁要塞内。

古利普斯以巨大的才能制订了计划,让雅典完全措手不及。在尽可能训练和安置好海军后,他率领陆军乘夜偷偷地翻过埃皮波拉并连夜行军绕行到阿纳普斯河右岸普兰米利翁要塞附近。凌晨,天才刚刚亮,叙拉古舰队驶出港口。虽然雅典人毫无准备且乱作一团,但他们还是匆匆装备了60艘战船,并用其中25艘抵抗来自大港的35艘战船,用另外35艘在大港的入口与来自小港的45艘敌舰相抗衡。在大港的战斗中,叙拉古人最初获得了胜利。在入口的战斗中,叙拉古人从外面冲了进来,与港内的战友会合。但是,因不太习惯海战,他们很快陷入混乱。于是雅典人从最初的震惊中恢复过来,重新对敌人发起进攻,并击败了他们,击沉或破坏了 11 艘战船。[1]

但是，这场胜利因普兰米利翁不可挽回的损失而大打折扣。当雅典的海军基地最初受袭击时，船员们纷纷上船，准备应战从两个港口来的敌人。此时，普兰米利翁的陆军跑到水边观看并为其同胞鼓劲，使得防御城墙保护不够。这正是古利普斯期望的。在黎明时分，他攻打这些要塞，突袭守军，在经过不太费劲攻击后将这几座要塞全部占领。最初被夺占的是最大最重要的要塞，接着另外两座小的也被攻占。

这次协调良好的突袭行动俘获者甚众，而且给雅典人带来了致命一击。不但许多雅典人在突袭行动中战死或沦为俘虏，而且在要塞里贮存着大量物资和一笔金钱，一部分属于军费，另一部分是舰长或商人的财产。他们存放于此是因这里最安全。不少于 40 艘三列桨船的风帆也储存于此，另外还有 3 艘被拖到岸上的战舰。古利普斯摧毁了其中一座要塞，派兵将另外两座小心地驻守起来。

虽然雅典人在此役中损失惨重，但因普兰米利翁被占附带产生的破坏或危险更加严重。如今，叙拉古人掌控着大港出口的两端，任何一艘军需船除非有护航或经过一场战斗才可能进入。同样危险的是，如今雅典战船被迫停泊在陆军驻守的城墙附近，蜷缩在大港最深处的城墙与阿纳普斯河之间的一个狭小空间里。叙拉古人成了其他所有地方的主宰，与城市内外所有驻防地完全相通，从海上和陆上将雅典人团团包围起来。

第三十章 从雅典与斯巴达正面冲突再起到雅典大军在西西里覆灭

与之相反,最近战斗取胜的结果让叙拉古人在各个方面都得到了支持。他们派出一支由12艘战船组成的小分队到意大利海岸,以图拦截为雅典人运输钱财的商船。这些商船根本不害怕海上敌人肆虐,仍没有战船护航前往。结果大部分被叙拉古人摧毁,遭到破坏的还有雅典人从考罗尼亚(Kaulonia)附近收购而来的一批造船的木材。叙拉古人的这支舰队幸运地逃脱了尼奇亚斯派往等候在麦加拉附近的20艘战船的阻截。

叙拉古这支舰队的一艘战船送使者从意大利到伯罗奔尼撒,通报夺占普兰米利翁的好消息,并要求尽快加速对阿提卡采取行动,以便使雅典人无法派出新的援军前往西西里。同时,叙拉古也派出其他使者造访西西里内陆的许多城市。他们要求这些城市给予叙拉古进一步的支援,不要迟疑,因为在敌人派出的援军到达之前,就很有希望将港口之内的雅典人彻底消灭。

当上述使者外出时,大港内虽然没有发生一次重大的战斗,但冲突仍断断续续。在所有使者前往西西里各邦的大约三周或一个月的时间里,大港的情况没有发生实质性的变化。

派往各地的使者几乎都受到了欢迎。如今,叙拉古获得胜利的前景一片光明,而尼奇亚斯及所率的队伍则陷入绝望之中。骑墙者觉得是时候表明态度了。因此,除阿格利根同仍保持中立外(自然还应除去纳克索斯和卡塔纳),所有西西里的希腊人决定给予胜利者援助。卡马利纳派来了500名重装步兵、400名投掷兵和300名弓箭兵;盖拉派来了5艘战船,400名投掷兵和

200名骑兵。除此之外，还从其他城邦征召到了一些军队。在使者们的率领下，这支援军穿过西西里岛的内陆，向叙拉古挺进。但是，这个计划被尼奇亚斯挫败。根据他的建议，雅典人的同盟者西凯尔部落肯托利佩（Kentoripe）和哈利库埃（Halikyae）被说服，对这支正在进军的队伍发起进攻。他们设计了一次巧妙的伏击，发起突然袭击，驱散了这支队伍，并杀死了800人。除科林斯人外，所有使者都被杀死；也正是这位科林斯使者，率领着剩下的军队（大约1500人）抵达了叙拉古。

这次突袭，时间大约在德摩斯提尼率领军队到达科西拉之时，使叙拉古人受到了侮辱，古利普斯认为有必要将原先所订援军一到就立即发起进攻的计划稍做推迟。结果证明，这几日的推迟无异于拯救了雅典人。

就在德摩斯提尼抵达莱吉翁（此地离叙拉古只有两三天的航程）时，叙拉古人决定不再推迟，立即发起进攻。如今，叙拉古和科林斯的舰长们已经完全认识到了雅典人在海上战略的优势及优势产生的原因。雅典的三列桨战船相对较轻，适宜在水上快速行动，且变向更容易；这种舰船的船首狭窄，在最前面装置有一个突出的锋利的船喙；船喙中空而且细小，在前进过程中不会带来强大的阻力。设计船喙的目的不是与敌船的船喙直接碰撞。在向敌舰冲过去时，避免发生直接撞击，而是从其旁边驶过；接下来，通过精确高超的划行技术，迅速驶过敌船，并改变行驶方向，在敌船还未转变方向之前驶回，或迅速绕着敌船划行，或驶到敌船的船尾；最终找到机会，用船喙撞击敌船中部、储物处、船尾或船外桨叶等某一个不牢固的地方。通过这种策略，雅典人的海军没有对手。但是，如果没有足够的空间，这种战术将不可能发挥。而如今雅典人停泊之处就是他们所能想到的最糟糕状况。舰船被限制在一个空间狭小的小港最深处，靠近敌人的基地，所有的海岸除雅典人修建的城墙外，都处于敌人的控制之下。因缺乏空间，舰船不能掉头；因太靠近海岸，他们也无法倒划。在这样一个狭小的范围内，唯一的战斗方式只能是与敌船首对船首地正面冲撞；而这种方式不但无法发挥其高超的战术，而且也与战船的构建不相吻合。与之相较，叙拉古人在科林斯舵工阿利斯托（Aristo）的建议下，改变了战船的构造，以应对特殊的紧急情况。他们不再使用细小向前、从水平面上很高的地方撞击敌船的船喙，而是缩短船喙，使其特别厚重坚固，降低其所处位置。这样，船喙就不是刺入敌船，而是用强大的力量在水平面上一点的地方撞破对面敌船与之发生撞击的部分。这种类似于耳机盖或喷嘴的东西被称为撞击器（epotids）。它们被装置在船喙的左侧和右侧，向前突出，特别坚实；从船体中伸出的梁木在其下支撑。[2] 叙拉古人依赖的就是空间的狭小，这样就可以排除雅典舰船阵形的变化，而将战斗简化为直接的冲撞。在这种战术下，弱小战船的船首将被撞坏，无法驾驭。

雅典人正在准备保护其城墙免受一次可能的陆上攻击，这时他们看到叙拉古的 80 艘战船驶出准备好了投入战斗。对此，虽然他们最初也被敌舰突如其来的出现搞得手忙脚乱，但很快还是让水手们从篱笆环绕的基地中出来，登上战船，装备了75艘战船。一天过去了，但战斗断断续续，任何一方都没有取得决定性的胜利。

雅典人完全可以待在基地里避免一场海战（至少必须跨海护送新的补给运入港口），因为德摩斯提尼即将到来，出于谨慎也需要有所保留。据说，尼奇亚斯本不赞同立即交战，但他新任的两位同僚将军欧提戴穆斯和米南德在投票过程中占据了上风，这两人都急于证明，没有德摩斯提尼，他们也仍然可以获胜。同时他们还力图维护雅典海军的威名，这要求他们，一旦战机出现，断然没有退避之理。[3]

虽然叙拉古人在次日没有行动，但尼奇亚斯仍要求每一位舰长修好所指挥战船受到的破坏，他甚至命令把商船停泊在篱笆外面的开阔海域，以进一步确保海军基地的安全。每艘舰船的船首都装上"海豚"。具体而言，就是一块高高吊起的大梁，在两端钉上诸多铁钉；人们可放下大梁，撞击任何进入的船只。第二天一早，叙拉古人又如此前一样，从水陆两路出军。雅典战船前往迎敌。几小时过去了，双方只发生了几次小规模的冲突，最后叙拉古的舰船驶返回城。双方仍没有发生全面或近距离的战斗。雅典人认为敌人的撤退证明他们害怕了，不愿战斗，想当然认为当日的战事就此结束，就撤回到基地，分散开来，安详地享受起他们的晚餐。

第三十章　从雅典与斯巴达正面冲突再起到雅典大军在西西里覆灭

但是，还没有到达岸上多久，他就惊异地发现，叙拉古舰队又驶了回来，列成战斗阵形，重新开始战斗。这个战术是舰队中最能干的舵工科林斯人阿利斯托提出来的。看到这一切，雅典的水手们吓得惊慌失措，被迫再一次乱糟糟地登上了船，他们大多数人还没有用餐。双方又开始了非决定性的小规模交锋。这样的情况持续了好几次。最后，雅典人对长拖不决的战斗丧失了耐心，决定开始全面而近身地与敌交战。因此，指挥官发出了战斗命令。战士们摇橹向前加入了战斗。叙拉古人对此欣然接受。接受攻击而非发起进攻，这可以让叙拉古人更好地利用他们船首坚固的优势撞击敌船，而雅典人无法使用绕行、掉头、逐次推进等战术。叙拉古人舵工采取他们的计划，利用己方战船厚重和坚实的优势，主动对雅典战船进行挤压、撞击和破坏，使雅典许多战船的前部受损。此外，当双方陷入近身激战时，大量的叙拉古投掷兵站在甲板上，对雅典人造成了极大的杀伤。同时，他们的小船迅速驶入雅典的三列桨战船下面破坏其桨叶，并通过桨孔对里面的水手投掷武器。在勇敢地坚持一段时间后，雅典人发现他们已经处于完全的劣势，被迫撤退，返回到基地里。尼奇亚斯安置在篱笆外开阔海域的商船在阻止叙拉古人追击的过程中起了大作用。然而，叙拉古人仍取得了全面而彻底的胜利。雅典人的7艘战船被击沉或无法动弹，其他许多遭到了重创，无以计数的水手被杀或沦为战俘。

叙拉古的将军们已经开始准备采取措施，重新开始从水陆两个方向发起进攻。很有可能，一两个星期后那支曾经成功围困叙拉古但如今士气不整的军队就要灰飞烟灭了。事实上，鉴于叙拉古人掌控着大港的入口，如果他们继续占据着海上优势，不消多长时间，只要物资供应断绝，雅典人定然会因饥饿而投降。然而，他们所有的计划都停了下来。随着德摩斯提尼和欧吕麦东率领着第二支援军进入大港，雅典人反攻的希望重新出现了。这支援军似乎就是在这次海战发生的当天或次日到达的。

在科西拉得到他需要的援军后，德摩斯提尼横渡伊奥尼亚海到达亚皮吉亚海岸的一座小岛科埃拉戴斯（Choerades）。在当地王公阿尔塔斯的友好帮助下，他将150名麦萨皮亚（Messapian）投掷手装运上船，并与这位王公重续古老的联盟关系。接着他驶往与雅典已经结盟的麦塔彭同（Metapontum），在此获得2艘战船和300名投掷手。带领着这支队伍，他来到了图利伊。在此，他受到了诚挚的欢迎，因为此时亲雅典的派别在一次激烈的党争中占据了上风，将反对者流放，从而在城邦中获得了绝对优势。图利伊人为德摩斯提尼提供了700名重装步兵及300名投掷手。他率领着这支队伍从陆上经图利伊地界来到与克罗同接壤的希利亚斯河畔。在此，他遇到了克罗同使者，禁止大军经过他们的国土。听到这个消息，他率军沿河到达海边，登上战船，沿着意大利海岸向南；除敌对的罗克利外，他拜访了沿途的各个城邦。

将雅典人、同盟者、雇佣军全部加在一起，他一共率领着73艘战船、5000名重装步兵及包括弓箭手、投掷手、投枪手在

第三十章 从雅典与斯巴达正面冲突再起到雅典大军在西西里覆灭

内的人数众多的轻装步兵,另外还包括战争所必需的其他装备。看到如此强大、不亚于尼奇亚斯第一次到来时所率的一支军队,叙拉古人尽管最近才获得胜利,但一度也丧失了信心。除非亲自见到,否则没有人相信,在伯罗奔尼撒人对雅典全面重启战端、戴凯雷亚正被筑防时,雅典人竟然能够如此不计后果地派这样一支强大的军队。虽然叙拉古人知道德摩斯提尼已经在前来的路上,但他们可能没有预计到他的队伍人数有如此之多。

与之相对,在欢迎新战友到达时,遭受败仗并被围困的雅典人心气再一次重新恢复过来。他们随即再一次成了陆上和海上的主人,并通过冲出城墙到阿纳普斯河周边劫掠来展示自身的优势。叙拉古人不敢与之全面交战,只得从奥林匹埃翁派出一些骑兵监视着他们的行动。

但是,德摩斯提尼并没有着力于这种欺骗性力量展示。当成为战场上的主宰后,他开始比较自身与敌人之间孰优孰劣。他发现,尼奇亚斯的队伍不但因长久不间断的战斗而筋疲力尽,而且还因夏末驻扎在沼泽低地上严重的疟疾而非常虚弱。

最重要的是,他深刻地认识到因尼奇亚斯的错误,导致他们无可挽回地浪费了宝贵的时间,因此产生了可悲的恶果。基于这些考虑,德摩斯提尼决定一刻也不耽搁,马上采取行动。趁着大军到来形成的冲击,他打算向敌人发起一次规模巨大且具决定性的打击。如果能够获得成功,征服叙拉古将再次成为可能。如果失败,他决定放弃整个行动,率军返回雅典。

借助雅典人修筑的城墙，他控制着埃皮波拉最南侧的部分。但是，在他所处位置之前及以北，整个埃皮波拉高地的从东到西，都被叙拉古人修筑的"截墙"所盘踞。这道"截墙"始于最低处的叙拉古城墙，首先沿西北方向向上延伸，接着向西，最后与高地悬崖附近的要塞相连，而这座要塞镇守着从欧吕亚鲁斯通往叙拉古的必经之路。这道"截墙"完全限制了他的行动。如果不能对此加以控制，他就无法采取任何一个步骤。他能采取的只有两种可能方法：其一，从前面对其发起猛烈的攻击；其二，从率军爬到欧吕亚鲁斯关隘，从最西端发起进攻。他开始尝试第一种方法。但防守"截墙"的人数众多，战斗热情高，结果他所有的攻城器械都被烧毁或被破坏，每一次努力都被彻底击退。只剩下第二种方法了，那就是绕过"截墙"，沿羊肠小路登上其后的欧吕亚鲁斯山，然后对"截墙"终点处的要塞发起进攻。

但是，要达到这样的目的，必然按如此行进：首先，沿阿纳普斯河谷向上，山上叙拉古人的要塞可以看到这里；其次，通过狭窄和蜿蜒的小路爬上欧吕亚鲁斯关隘。这条道路非常困难，甚至德摩斯提尼在白天硬着头皮努力向上，最后也绝望而放弃。因此，他不得不决定发起一次夜袭，对此，他做好了充分的准备。他亲自与米南德和欧吕麦东（留下尼奇亚斯负责指挥着城墙里的士兵），[4]率领着重装步兵、轻装兵、泥瓦匠及木匠，带上修筑堡垒所必需的一切材料，命令每人带足五日给养出发。

迄今为止，幸运之神站在他一边。不但所有最初的准备和

第三十章 从雅典与斯巴达正面冲突再起到雅典大军在西西里覆灭

安排,甚至在行军途中都没受到敌人的怀疑。在一个月明星稀的夜晚,他离开了城墙,沿着阿纳普斯河左岸低地,与河并行向前行进了很长一段距离,然后途经右边的小路,到达欧吕亚鲁斯(也即埃皮波拉的最高峰)。在此,他踏上了一年半前雅典人从卡塔纳前往时行走的道路;10个月之前,古利普斯也曾从内陆率军经过。由此,他开始进入叙拉古城后的埃皮波拉高地。当抵达叙拉古人在最高处修筑的要塞时,他并没有被发现。于是,他发起了突然袭击,打败敌人微弱的抵抗后,夺取了这座要塞。一支队伍匆匆前来救援,但雅典的先锋队伍对他们发起猛烈的进攻,将其赶了回去;他们乱作一团,逃回到身后的驻防营地中。古利普斯及向上推进的叙拉古军队最初也被这支撤退的队伍压了回来。

到现在为止,德摩斯提尼的行动非常成功,甚至超出了人们所有的期望。他不但控制了叙拉古营地之外的要塞,而且占领了与要塞相连的那一部分"截墙"。一些雅典人甚至开始拆毁护墙,破坏了一部分"截墙"。这些行动极其重要,因为这为德摩斯提尼打开了进入"截墙"以南的通道,使雅典人可以直接到达埃皮波拉南端的他们自己修建的城墙。无论如何,他破坏"截墙"的计划已经开始实施。即便他只是能够守住现在的地方,甚至都不用向前推进,形势将发生改变;如果能够摧毁他现在控制之下的"截墙"最高处的那两三百码,形势将大为改观。但是,他及其手下都因胜利而冲昏了头脑,根本没有考虑停下来巩固成果,而是急于向前,以图取得完胜,阻止乱成一团的叙拉古人重新列成坚固的战阵。然而,不幸的是,在急于追击逃敌的过程中,他们自身整齐的阵形被冲乱(这种情况经常发生在希腊重装步兵作战的过程中)。此时比奥提亚的重装步兵排成整齐的队形和良好的队列,正好出现在他们面前。结果,他们未能做好与敌人作战的准备。比奥提亚人向前冲去,经过不长时间的抵抗,将雅典人彻底击败。就这样,吃了败仗的先头部队在返逃的过程中与向前推进的主力迎头相撞。而主力部队还处于获胜的兴头上,催促着他们身后的部队跟上来。

就这样,整个队伍陷入了喧闹和混乱之中。叙拉古人和比奥提亚人大声高呼,乘胜追击,与最前面的雅典人纠缠在一起;双方混在一起,只能通过相互询问口号才能区分开来。雅典阵中的多利安人(来自阿尔戈斯、科西拉和其他地方)说出的口号与叙拉古人没有什么差别,因此这些发出的口号让雅典人感到害怕,认为敌人已经混入了己军的后队和阵中。结果,因为混乱和恐慌,雅典人纷纷转身就逃。他们反身从登上山顶时的那条山路撤走,但是这些心怀恐惧的逃兵发现这条路太窄,许多人从队伍中逃了出来,以图跳下山崖或攀岩而走。他们中的大多数人就这样丢了性命。即便那些安全撤回山下平原的许多士兵(尤其是那些隶属于德摩斯提尼的新来的士兵)也迷了路,结果第二天被叙拉古的骑兵杀死。由于巨大的人员损失和消沉的意志,雅典人最终只得躲在他们修筑的城墙里。

如今,叙拉古人再一次燃起了猛攻雅典的城墙并消灭雅典

第三十章　从雅典与斯巴达正面冲突再起到雅典大军在西西里覆灭

军队的希望。然而，要想实现这个目标，必须有更多援军。为此，古利普斯带着这个任务亲往西西里各个城邦。[5]

德摩斯提尼已经尽其所能对敌人发起了决定性的攻击。然而战局不利于他，因此他坚持要求放弃全盘军事计划，立即撤回雅典。时节也有利于航行（大约8月初），而且最近带来的战船足以使他们在当前掌控着海洋。他接着强调，继续待在这里与叙拉古作战只是浪费时间和金钱，因为他们根本没有将其征服的希望；而且因敌人在戴凯雷亚的驻军，雅典国内尤其需要他们的帮助。

虽然这个提议获得到了欧吕麦东的附议和支持，但尼奇亚斯对此断然拒绝。他辩称不应当公开他们当前的困难和将来的暗淡前途。在如此多人的面前正式决定撤出战场将不可避免地让敌人知道，因此整个计划不可能悄无声息地进行。更重要的是，他根本不赞同这个决定。因为没有获得国内的权威说法，他不可能同意撤出军队。不能否认，雅典民众绝不允许采取如此窝囊的行动。当提交城邦的公民大会讨论时，判断将军们正确与否的不是在叙拉古对现实有清楚认识的这些战士，而是那些听信爱挑事的演说家欺骗性演说的无知公民。即便是那些参战的士兵，当身处公民大会安全的环境下，他们也会改变看法，转而谴责将军们收受了敌人的贿赂才撤军的。事实上，很快他们的敌人也会发生极其严重的危机。不要忘记，如果他们的情况很糟糕，那么叙拉古人的境况甚至会更糟糕。在超过1年的时间里，战争的消耗给叙拉古造成了毁灭性的打击，为了养活外邦来的同盟者，并为了维持城外的要塞，他们已经花费了2000塔兰特，此外还有巨额的债务需要偿还。虽然叙拉古人已无法继续战争，但是他们仍不能拖欠应支付给的薪酬。如果那样，同盟者就会立即离开，让他们处于无助的境地。在承受战争的消耗上（这是德摩斯提尼要求撤军的一个理由），雅典的情况要好一些；与之相较，哪怕再大一点的压力都会完全毁掉叙拉古人。因此，尼奇亚斯建议仍待在这里，继续围攻；如今雅典人的舰队无可争议的优势使他更有信心。

德摩斯提尼和欧吕麦东都认为仍留在大港的计划充满着危险；他们坚持，至少应当一刻不耽搁地马上放弃现在的位置。对于尼奇亚斯提到的未经城邦正式同意放弃叙拉古战争的顾虑，即使他们赞同其看法，但仍坚持马上将宿营地从大港转移到塔普苏斯或卡塔纳。在上述任何一个地方，他们都可以对叙拉古展开行动，有利于获得范围更广的给养，对士兵们的健康更有利，最关键的是海域开阔，这对雅典海军的战术是必不可少的。

但是，甚至对于将宿营地转移到塔普苏斯或卡塔纳的修正提案，尼奇亚斯也不赞同。他坚持继续待在现在的地方。米南德和欧提戴穆斯（在军队第二次从雅典出发时这两人被公民大会任命为同僚将军）受其影响，对尼奇亚斯投了赞成票。凭此，尼奇亚斯的意见获得了多数人的支持。在这样一个生死攸关的重要时刻，仅仅是因为处于少数导致了德摩斯提尼和欧吕麦东被迫做出

第三十章 从雅典与斯巴达正面冲突再起到雅典大军在西西里覆灭

了让步。

就这样,雅典大军没有撤出大港,仍然待在那里;在接下来的三周到一个月时间里,他们显然也没有采取什么积极的行动,直到古利普斯带着新的援军返回叙拉古。

尼奇亚斯的固执令人费解。许多作家相信,尼奇亚斯了解的情况比他表现出来的要多得多。甚至修昔底德也认为,他被叙拉古的一个派别给误导了。他一直与该派别暗通消息(似乎未让其同僚知晓),并通过特别的消息被告知,要求他不要撤走,并向他保证叙拉古人不可能再坚持下去。

在尼奇亚斯的整个军政生涯中,没有哪一件事情会比这次的愚蠢昏庸更让人摸不到头脑。因为在当前的生死关头,待在他身边与其共同走向毁灭的都是勇敢而富有声名的人物。我们无法想象,面对叙拉古人如潮水般的胜利,当古利普斯前往寻求更多援军时,他竟然还会相信叙拉古人将会走向崩溃,无法继续战斗。

但是,我们注意到,在当前的情况下,另外一个动机或许与他的迟疑有很大关系。尼奇亚斯非常清楚人民对他的态度。不过,首先,我们认为,虽然德摩斯提尼和欧吕麦东在决策上与他负有同样的责任,但他们不那么担心民众的不公。如果受到了不公,他们也清楚地意识到,人民有义务不予追究,因为这里的情况是不可避免的。其次,任何人都比尼奇亚斯更有理由对民众的判决提出抱怨。作为一个完美无瑕的勇毅之人,尼奇亚斯在身患不治之症的情况下竟然遭受了撤军之辱。他当然不愿在雅典既无魅力也不受尊敬地留下一条性命。因此，基于其他许多原因，他没有发出撤军的命令，而寄希望于幸运之神不可预见的垂青。

在埃皮波拉夜战大约一个月后，[6]古利普斯回到了叙拉古，随行的还有一支由西西里人组成的数量可观的军队及伯罗奔尼撒重装步兵。这些人在初春时分最初从塔埃纳鲁斯海角出发，经库莱奈，沿非洲海岸，渡海到达塞林努斯。力量的增强让叙拉古人决定马上从陆上和海上都重新采取进攻态势。德摩斯提尼再次提出立即撤离的建议。随着古利普斯的到来，使尼奇亚斯认为叙拉古人陷入困境的幻象也随即消散无踪。他不敢再坚持之前断然反对的撤军的想法。然而，他仍然坚持认为，在当前情况下，不应当举行任何正式或公开的投票，而应当尽可能私下地逐个营帐传达命令，以此作为准备撤离的信号。他也派人向卡塔纳送去消息，说大军即将离开，不要再继续运送物资。

这个计划进展顺利。船舶已经做好了准备，次日凌晨就会发出撤离信号，几小时后，大军就会全部撤出港口，只会带来不大的损失。[7]这时，诸神亲自（用营帐里雅典士兵的话和感情来描述）进行干预，禁止他们的离开。就是他们准备离开前的那一个晚上（公元前413年8月27日）本应是一轮圆月，但却发生了日食。雅典人一直迷信种种征兆。在当前意志消沉的情况下，这样的一次征兆更增加了他们的恐惧感。许多人将其释读为要到日食结束一段时间后诸神才允许他们离开之意，需要举行救赎仪式来祈禳。他们告知了尼奇亚斯及其同僚推迟离开的愿望。不过他们的干预

第三十章 从雅典与斯巴达正面冲突再起到雅典大军在西西里覆灭

完全是多余的，因为尼奇亚斯本人比其他任何人都更深受其影响。他问询了预言师。预言师宣称大军要经过三九二十七天再一次月圆时才能撤走。[8] 尼奇亚斯宣布，除非是预言师得出明确的预示，否则他不许任何人再对这个问题进行讨论或提出看法。

人们毫不迟疑地遵照着预言师的决定行事。甚至德摩斯提尼也被迫让步。然而，按照菲罗科鲁斯的说法（他本人是一个职业预言师，擅长解释各种事件的宗教意义），毫无疑问，依据预言的权威原理，这是一个错误的决定。对于计划逃走或准备要做秘而不宣的人来说，月食正好遮住了光线，形成了黑暗，因此这是一个积极的暗示，督促雅典人应当更决断地迅速撤离这个港口。[9]

做出如此一个决定相当于表明雅典人明确承认了他们的无助，激励着叙拉古人采取进一步的行动，趁他们在港口时就将其消灭，绝不允许他们在西西里占据其他地方了。因此，古利普斯派出了所有的陆军和海军。让陆军包围雅典修筑的城墙，而由76艘战船组成的舰队受命驶向雅典人的海军基地。雅典舰队的86艘战船驶出迎敌，双方发生了一场近距离的殊死搏斗。叙拉古人最初攻击雅典人的中路，接着进攻欧吕麦东所在的右翼。他企图绕行进攻敌人的左翼，但忘记了港口狭小的限制，每一次转向都意味着对雅典水手的致命打击。因为离岸太近，船舶被钉在了海岸上。就在这里，这位将军被杀，他所在的侧翼被消灭。逐渐地，雅典人的整支舰队都被打败，被赶到岸边。

几乎没有一艘吃了败仗的战船能够进入基地里。大多数被迫就岸停靠。古利普斯率领着陆军推进到水边，阻止水手的撤退。然而，由于他推进得太快，导致队形发生了散乱。当他靠近时，保护在雅典基地侧翼的提莱尼亚人冲了出来，将他从岸边赶走。[10] 更多的叙拉古人前来支援，但雅典人因急于保护他们的战船，也派出大量士兵与之对抗。经过一场大战，雅典人获得了胜利。但是，除了陆地上的这次胜利外，雅典人的整支舰队都被摧毁。事实上，他们的失败更加彻底，18艘战船被击沉，所有水手被杀。当雅典人将他们被损坏的战船拖上岸时，叙拉古人发起了最后一攻，以图通过火船将雅典人彻底摧毁，而此时，风向正好有利于他们。但是，雅典人想出了办法不让火船靠近，并扑灭了大火。[11]

叙拉古人完全意识到了这次胜利的重要性，他们已经将困在港内的敌人视为战俘了。他们决定关闭大港的入口，并派人从普兰米利翁到奥尔提吉亚之间严加守卫，不许敌船自由驶出。如今，他们正努力不但将自己的城邦从被围困中拯救出来，而且还准备将那支围困他们的军队打败并加以消灭。他们将要消灭雅典全部的军队，使全希腊一半城邦摆脱对它的依附，获得解放。当回顾叙拉古之围所获的泛希腊意义，清点在欧吕亚鲁斯和普兰米利翁作战的人数众多、来自各邦的希腊战士时，他们的自豪感得到了膨胀。除了雅典与伯罗奔尼撒同盟之间的大战外，此前还从来没有如此众多、来自各方的勇士在同样的旗帜下进行战斗。在此可以发现大陆上的希腊人，也可找到岛上的希腊人；有伊奥尼

第三十章　从雅典与斯巴达正面冲突再起到雅典大军在西西里覆灭

亚人、多利安人还有埃奥利斯人；有的城邦独立，有的城邦臣属于他邦；有志愿者也有雇佣兵；来自最东的有米利都人和开俄斯人，最西的有塞林努斯人；不但只有希腊人，还有蛮族的西凯尔人、埃盖斯塔人、提莱尼亚人和伊亚皮吉亚人。如果说拉凯戴蒙人、科林斯人及比奥提亚人站在叙拉古一边战斗，那么阿尔戈斯人、曼提奈亚人及其他许多岛邦站在与之为敌的一方。

叙拉古人的第一项行动是花三天时间关闭了跨度将近一英里的大港入口，他们使用了包括三列桨战船、商船、小艇等各种船只，将它们倾斜排列，并将其链在一起。[12] 同时，以双倍的热情准备好海军所需的一切，迎接在所难免的殊死决战。

尼奇亚斯及其同僚将军召集所有的主要将领商讨接下来该怎么办。鉴于所剩物资无几，而且要求卡塔纳人不再准备物资，他们必须马上采取措施进行殊死一搏。争论的唯一焦点是，是应当烧毁战船撤退到陆地，还是在海上再搏一次冲出港口。鉴于最近海战留下的消极印象，营帐内大多数人倾向于采用前面一种方案。[13] 但是，将军们决定先试一试后一种方案，集一切力量以便争取可能的结果。他们撤离了在埃皮波拉高地及低地上离悬崖最近的那一部分城墙，以便让所有战士都能参加海战；接着准备好每一艘停泊在基地的船只，即其中一些已不太完全适宜海上行动；要求每一个健康的人员都到船上服役，无论其年龄、官阶及所属城邦。战船上装载上双倍的战士，包括重装步兵、弓箭兵及主要来自阿卡纳尼亚的投掷兵。重装步兵站在船头，手持多爪锚，在敌船撞击的时候将其扣下,以防其返回再次形成撞击,进而用其厚重的叙拉古撞击器给雅典舰船造成破坏性的伤害;同时,重装步兵尽可能快地登上敌船。

尼奇亚斯使用了不同寻常的劝勉之词,尽其所能恢复战士们的勇气。他说:"不要忘记,虽然你们一点也不次于叙拉古人,但是,如今却必须要为你们自身的安全和祖国而战。因为,只有在即将到来的战斗中获得胜利,你们才有希望再一次见到祖国。作为将军,我们采取了有效措施应对两大不利,那就是港口内空间狭窄和敌船的厚实。令人难过的是,我们必须舍弃雅典人所有的海战技巧和战术,准备在敌人强加给我们的环境下作战,那就是在船舷上陆战。在这次的殊死搏斗中,你们只能奋勇向前,因为如果逃走,将没有友好的海岸会接纳你们。对于站在甲板上的重装步兵,一旦你们与敌人的战船接触,就紧紧地将其抓住,直到你们赶走了敌人的重装步兵,控制这艘战船甲板为止。对于水手和桡手,你们必须鼓足勇气。毕竟你们比站在甲板上的同胞得到了更好的保护;相较于最近吃的败仗,会有更多的战船帮助你们。对于那些不是雅典公民的战士,我请求你们回顾一下在雅典海军中服役给你们带来的难以估量的特权和荣耀。[14]对雅典公民来讲,我再一次强调,雅典再也不会派来新的战船或提供新的重装步兵来代替我们。除非我们获得胜利,否则周边的敌人就会发现我们的城邦不堪一击,正如我们将成为叙拉古的战俘一样,我们的同胞将会沦为斯巴达人的奴隶。不要忘记,在此的每一个人

第三十章　从雅典与斯巴达正面冲突再起到雅典大军在西西里覆灭

都是为所有雅典人而登上战船,是为所有的重装步兵、所有的海军、整个城邦及它的显赫声名而战。"

他的发言刚一结束,就发出命令让战士们登上战船,水手们也各就各位。但是,当战船完全满员时,在指挥登船后,舰长们即将进入指挥舰船动身时,尼奇亚斯病痛难当。虽然此刻的痛苦比垂死之人最后的挣扎更难受,但他仍不在此时表露出来。他重新对每一个舰长进行嘱咐——这些人在雅典都富裕而地位很高,注意不使用演说术惯常的技巧,而是抓住每一个能够打动他们内心深处的话题,唤醒他们与生俱来的爱国热情,重新点燃将领们已经消磨的勇气,使他们勇于面对这次生死相搏的战斗。最后,他忍住苦痛停了下来,仍想说点什么。接着,他开始排好防守城墙和海岸的陆军,以便能为在船上战斗的将士们提供可能的帮助。[15]

停驻在叙拉古基地内舰船上人们普遍的精神状态完全不同。他们已被告知雅典人即将在海战中使用多爪锚,于是,他们将牛皮绑缚在弓上,制成所谓的"铁手",以便使敌人的多爪锚抓不到任何东西。鉴于雅典人在基地里的准备行动都一览无余,古利普斯在派出舰船之前进行了通常的战前动员。他表扬叙拉古人取得的巨大成就,打败了长久以来被认为不可战胜的雅典海军;同时提醒说,这次突围是敌人孤注一掷的最后一战,他们本身缺乏信心,必须抛弃自身的战术,以便勉强与叙拉古人的战术相抗衡。他号召人们不要忘记侵略者入侵叙拉古时的破坏之心,对垂死之敌施以最后的致命一击，饱尝复仇的快感。

与上次战斗一样，叙拉古的舰队共有76艘三列桨战船。他们最先将战船驶离海岸。其中一部分驻守在大港的入口，守卫着那里的阻碍物。其余战船分布在港口各处，以便敌人靠近时从各个方向对雅典人发起进攻。此外，港口内到处是叙拉古人的小艇。[16]在战斗过程中，这些小船不是用于作战，而是用于拯救或捕杀从被击沉战船上掉下来的人。从雅典的基地中，驶出了110艘战船；在德摩斯提尼、米南德、欧提德姆斯的率领下，舰队径直冲向大港的入口。在这一个周长不过五英里的狭小海盆内，密密麻麻地挤着194艘战船，每艘战船上都装载着不少于200人，他们即将参与战斗。在他们周围很近的地方，无以计数的民众翘首以盼，看着和听着参战者的一言一行。在西西里晴朗的天空下，没有一丝雾霾或其他遮挡视线的阻碍物，或许这是历史上最生动直观的战斗场景，完全实现了罗马皇帝们曾用角斗士在意大利湖泊中表现的、用以取悦人民的瑙马奇埃（Naumachiae）梦想。

雅典战船直奔供大港入口障碍物中专门为商船出入留下的那一道狭窄开口。他们最初的猛攻冲破了防卫在那里的叙拉古分队。正当他们尝试破坏捆绑船只的绳索时，敌舰从各个方向涌来，迫使它们停了下来。很快，战斗就全面打响，人们在港口的各个地方战成一团。最初，舵手的技术和策略非常重要；当战船靠近，站在甲板上的弓箭手、投掷手和投枪兵向对方扔去各种武器，遮天蔽日；接着就听到双方战船撞击发出的金属巨响，回荡在岸边。

第三十章 从雅典与斯巴达正面冲突再起到雅典大军在西西里覆灭

战船一经交手就很难分开。随即双方的重装步兵就短兵相接,奋勇向前,力图冲到敌舰上,并控制住敌舰的甲板。

在很长时间内,战局胜负难测,整个大港之内是一幅势均力敌的态势,有时叙拉古占据上风,有时雅典人获得优势。随着战局的起落,岸边观战的民众一会儿大声加油,一会儿放声大哭。经过很长一段时间的战斗,最后的时刻终于到来,胜利的天平开始倒向叙拉古人一边。眼看敌人逐渐不支,叙拉古人再一次鼓足干劲,将雅典人赶到了岸上。雅典人所有的战船都被推到岸边,如同破损的舰船残骸散落在基地里面或周边,还有几艘还未来得及返回基地就被俘获。其中一些陆军冲到岸边,拯救那些正被敌人追击的战船或水手;另外一些登上城墙以防敌人从陆上发起进攻;更多人看到眼前的一切,顿时手脚瘫软,被难以挽回的毁灭命运所吓倒。

这就是这场决定性战斗的结局。现代作家用修昔底德丰富而燃情的语言力图描述战斗的景象,但总是徒劳无功。参与战斗的希腊人与在一旁观战的人一样,都不是远离城邦、专门长期接受能力职业训练冷酷无情的战士。他们都不过是城邦的公民,有着和普通人一样的感情、天性、同情心、喜乐、家庭生活及政治生活。此外,在古代非战斗人员对于战斗的结果也非常关心,这即便不会关系到他们的生死,也关系到他们的苦乐。当我们读到,史学家描述雅典一方在这次可怕的决战时使用了为数不多但感情强烈的词语;不应忘记,他们不但是生死系于一线的战士,也是充满感情的公民,是敏感而感情外露的希腊人。事实上,他们是所有希腊人中最敏感、最外露的雅典人。在古代,压制所有强烈的感情并不被认为是个人高贵品质必不可少的一部分。

然而,在这位伟大的历史学家针对在叙拉古最后一战所有动情的描述中,他并没有解释战局最终发生逆转的原因。单就战船数量而言,雅典人多于其对手,110艘对76艘三列桨战船,而且他们战斗的英勇性并不亚于叙拉古人,最关键的是,海战是他们的优势。鉴于此,我们或许会指望,即便不能取胜,也至少能势均力敌,双方的损失应当不相上下。但是,我们或许应当注意到以下几个方面的原因。其一,这110艘战船包括了一些几乎没用的船只。其二,水手中包括了一部分不习水战的人员,特别是阿卡纳尼亚的投枪兵。当他们手持标枪时,完全不灵便。其三,虽然水战为雅典人所擅长,但是他们的优势正在削减,而敌人的能力越来越接近于他们,甚至在开阔海域也是如此。但是,无论在什么时候,大港的狭窄水域都会使其优势荡然无存,在与船体厚重坚固的敌船对抗中,其轻便的战船甚至会处于劣势。其四,整个大港的周边,几乎所有地方都是叙拉古人的战士或友军,使雅典人处于不战自败的劣势中。旁边的陆军或友军不但会为战斗者加油鼓劲,而且叙拉古任何一艘战船如果被雅典人追击,它可以逃回岸边寻求保护,然后返回轻松迎战。而雅典战船遭到如此厄运,则无逃脱之地。其五,和前面的战斗一样,叙拉古人无以计数的小船无疑在战斗中发挥了巨大作用。[17]其六,在雅典人和叙拉古人的性格中，作为行动的动力，因必要而产生的压力不及因信心产生的希望更有效。在其他民族（比如犹太人）的性格中，这些动机产生的力量似乎正好相反。

在这次可怕的冲突中，大约有60艘雅典战船获救，稍高出出战舰船的一半。叙拉古人也损失惨重，出战的76艘战船中只剩下了50艘。损失对雅典人造成的压力是如此巨大，以至于没有人，甚至极其虔诚的尼奇亚斯也没有想到要求休战，打捞死者的尸体并将其埋葬。

然而，将军们并没有如此绝望。如果那样，将有损于他们的声名。就在遭受可怕失败的当天下午，德摩斯提尼向尼奇亚斯提议，在次日黎明时分他们应当装备好所有剩余的战船，再一次尝试冲出港口，即便现在他们的战船在数量上也超过了叙拉古。尼奇亚斯赞同他的建议，并决定运用他们的影响力将这一决议付诸执行。但是，水手们的信心被彻底摧毁，无论怎样都不能再一次激励他们登上战船。于是，雅典人只得准备在当天晚上，趁着黑夜开始行军。此时，通向西方的道路还没有被封锁。如果他们向内陆撤退，至少其中一部分还可以获救。[18]但是，再一次的延误断绝了他们生存的最后希望。

叙拉古人赫尔摩克拉泰斯完全预料到雅典人会在当天晚上拔营，急于防止他们撤退，因为如果他们在西西里其他任何地方安营扎寨，都会给叙拉古带来巨大的威胁。他强烈要求古利普斯立即出兵，封锁败军可能逃窜的主要道路、关隘和浅滩。虽然明知他的建议很有远见，但将军们认为这完全不可能实施。因为整个城市到处都蔓延着人们无羁的欢乐，人们会对一个要求行军作战的命令视而不见，如同强令灰心丧气的雅典人登上战船一样。眼看在次日凌晨之前什么也做不了，赫尔摩克拉泰斯想了一个办法，以便拖住雅典人，让他们不会连夜行军。在黑夜来临时，他派遣了几个值得依赖的朋友骑在马背上前往雅典人修建的城墙。这些人故意离雅典人很近，然后大声说话，使其他人能够听到；告诉哨兵，声称他们是尼奇亚斯在叙拉古安插的密探派来的送信人，告诉他不要在夜晚拔营，因为叙拉古人已经前往占领了撤退的道路；并建议他在次日凌晨经过充分的准备后再静悄悄地行军。

这个诡计非常成功。雅典人相信了消息的可靠性并接受了所谓的建议。倘若是德摩斯提尼独自指挥，我们或许会怀疑他是否会如此轻松受骗。即便这些人宣称的消息准确无误，再明白不过，次日白天行军的困难不会减少，反而会增加十倍不止。然而，在此前我们就不止一次见到，尼奇亚斯就曾被叙拉古亲雅典者不可靠的建议给蒙骗。在待了一晚后，将军们决定次日再待上一天，以便让大军尽可能带上包裹，并派出信使告诉内陆的西凯尔人，要求他们派兵迎接雅典大军，为他们带来给养。就这样，次日，古利普斯和赫尔摩克拉泰斯有充裕的时间占据了所有易于阻止雅典人行军的地方。同时，将在最近这次战斗中靠在岸边的所有雅典战船作为战利品拖上了岸；如今，这些战船如同无用的废旧木材，毫无防卫地搁在那里，也无人对其再稍加关注。

在海战失败之后的第三天，尼奇亚斯及德摩斯提尼率领着军队尝试着撤离。这座营地因盛行的沼泽热长期以来都被视为疾病和死亡之所；自最近的战斗以来，受伤的人数及死亡未埋的尸体数量日增，使那里显得更加可怜。如今，四万名身处苦痛的军人开始放弃这里。[19] 他们许多人根本没有什么给养可带。但是，对于那些有东西可带的人，他们都是各自带各自的物品，甚至骑兵和重装步兵也是如此。因为他们第一次面临着因奴隶的逃走无人可用或没有哪一个奴隶可以依赖的境地。

但是，直到大军真正开始行进时，他们才深切地感受到并体会到了难受和不忍。这时，他们不但必须抛弃未经埋葬的尸体，而且还必须舍弃生病和受伤的同伴任其自生自灭。

将军们想尽一切办法让队伍保持着一定的秩序并具备一定的勇气。尤其是尼奇亚斯，尽管已经身处生命的终点，但仍表现出此前似乎不曾拥有的精力和英雄气概。虽然他自己因无法治愈的疾病遭受着最严重的病痛，但大军之中到处都可以见到他；他引领着大军向前，鼓励着落在后面的战士，并以超出寻常的威风凛凛的语气对战士们发言道：

"雅典人，即便我们身处如此险境，也要紧抱希望。因为有人曾在比我们更糟糕的情况下也获得了拯救。就我自己而言，虽然我在体力上比你们任何人都差，曾在个人生活和公共事务中获得无数的荣誉（你们看到，我被疾病折磨的状况），并多次获得命运之神的垂青，但是，我也同样与你们中最卑微的战士一道面对着同样的危险。然而，我所有的行事都总是对诸神虔敬，对个人公正而无可责备。作为对此的酬谢，我希望未来仍会乐观而自信。事实上，我们的不幸或许从此刻起就会减少，因为敌人一直受到好运的眷顾，如果最开始时我们受到神灵的嫉妒，如今我们已经受到了足够的惩罚。我们有理由希望，从此之后，那一位受到冒犯的神灵将会温柔地对待我们，因为如今我们理应成为他同情而非嫉妒的对象。[20] 看一看吧，在你们的队列中，重装步兵的人数是如此之多，他们的战斗力仍然无与伦比。就让他们保护着你们战胜无助和绝望吧。不要忘记，不管在哪里，只要驻扎下来，你们本身就立即会组成一个城邦。如果你们选择驻扎于此，西西里岛上没有一个城邦能够抵御你们的进攻或将你们驱逐。鉴于给养非常缺乏，我们必须不分昼夜地快速行军。只要抵达任何一个对我们仍然友好而对叙拉古憎恨的西凯尔村镇，你们就安全了。战士们，再一次重拾勇气，像一个勇敢的人那样去战斗，这是如今你们所必须做的。如果踟蹰不前，你们就再也没有了避难之所。然而，如果清除了一路上的敌人，你们将不但能再一次看到父母之邦，而且将活下来重新恢复城邦的强大力量，尽管它现在衰落了。塑造一个城邦的是人而不是没有人的城墙或舰船。"

大军分成两个分队，重装步兵按中空长方形阵形推进，包裹和没有武装的人员处于中间。前锋部队由尼奇亚斯率领，后队由德摩斯提尼统辖。由于最初的行军指令是进入岛屿内陆西凯尔

第三十章 从雅典与斯巴达正面冲突再起到雅典大军在西西里覆灭

人的辖区,因此最初沿阿纳普斯河左岸推进,直到抵达河流的一处浅滩,但此处有一支叙拉古军队驻守。然而,经过不强的抵抗后,他们突破了敌人阵线。当日大军完成了大约五英里的行军。当晚大军在一处高地扎营,次日拂晓继续行军,在大约推进 2.5 英里后,在平原上一处废弃的村庄停了下来。由于如今雅典人的行军路线已经明确,叙拉古人利用其停止行军之利赶到了前面,武力占据了必经之路阿克拉安悬崖(the Akraean cliff)。在此,道路逐渐沿着山坡向上,两边都是陡峭的绝壁,中间组成一道山涧。叙拉古人建了一道城墙,将整条道路截断,城墙的两端与绝壁连在一起。事实上,抵达这道关隘已经超出了雅典人的能力;而面对敌人骑兵和轻装兵势不可当的进攻,雅典人根本不可能跨过这道城墙。经过一段短暂的行军,他们被迫撤退到前一天晚上驻扎的营地。

时间每过一秒都会增加他们所处位置的压力。因为他们的食物已经完全耗尽,而每一个落在主力后面的士兵都肯定会遭到骑兵的致命打击。因此,次日早晨,他们发起了殊死一搏以图翻越这片多山的区域进入内陆。天刚蒙蒙亮,大军进到阿克拉安悬崖的山脚下。但是,他们发现道路已被路障拦腰截断,后面排列着叙拉古纵深很厚的重装步兵,两边的悬崖旁挤满了轻装兵。雅典人发起最猛烈的进攻以图攻下这里,但他们所有的努力都徒劳无功。

雅典人因了无成果的努力而筋疲力尽,决定往后撤退一段距离以图再战。这时,古利普斯派出一支分队封锁雅典大军后面狭窄的道路,以图将其包围。然而,雅典人制止了敌人的行动,撤退到了他们前一晚经过的开阔平原上。第二天,他们再一次无望地向阿克拉安悬崖推进。但这一次他们甚至都没有能够推进到关隘和路障之处。敌人的骑兵和投掷手从前面和后面对他们进行袭扰;虽然表现出英雄气概和超强的忍耐力,但他们仍不能向前推进哪怕一英里。随着疲乏、饥饿和大量伤员导致的减员,他们被迫在同一个平原上再次度过了一晚。

叙拉古人一撤回营地过夜,尼奇亚斯和德摩斯提尼就开始商议下一步的行军方向。他们清楚地看到,最初设计的路线,即翻越阿克拉安悬崖进入西凯尔人在内陆的辖区,并从那里前往卡塔纳,已经不具可操作性。因此,他们决定连夜撤走,留下许多燃烧的火堆迷惑敌人。他们完全改变了行军方向,转向南部连接卡马利纳和盖拉的海岸。向导告诉他们,如果雅典人能够渡过位于西西里岛东南注入叙拉古以南海洋的卡库帕利斯河(Kakyparis river)——继续向前,该河被称为埃利琉斯河(Erineus)——他们就能沿该河的右岸进入内陆地区。因此,大军于深夜出发,前队在尼奇亚斯率领下全速前进,向前推进了很长一段距离。拂晓时分,前队抵达该岛距叙拉古南部不远的东南海岸,踏上了赫罗利奈(Helorine)大道;沿着这条大道,大军抵达卡库帕利斯河畔。然而,即便在此,他们仍发现一队叙拉古人提前到达,筑起了一座堡垒,封锁了这一片海滩。如果不击败他们,尼奇亚斯也不能

第三十章 从雅典与斯巴达正面冲突再起到雅典大军在西西里覆灭

通过。他率军径直向前来到埃利琉斯河,并于当日通过该河,在河岸另一侧的一处高地安营扎寨。

除了位于卡库帕利斯河畔的堡垒外,整天中,大军的行进没有受到敌人的任何阻滞。尼奇亚斯认为,更明智的做法是,尽可能将大军带到一个既安全又能获得补给的更远地方,而没有考虑德摩斯提尼所率的后队。那一支队伍人数更多,出发更晚,而且秩序更糟糕。莫名其妙的恐慌和黑暗使他们脱离了大部队,迷失了道路。德摩斯提尼想尽一切办法使这支队伍保持了队形,但远远地落在了尼奇亚斯的后面。正午时分,这支队伍在还未到达卡库帕利斯河时遭到了叙拉古人的袭击。此时,前队已经离他们有6英里之远。

凌晨时分,当叙拉古人发现敌人已经乘夜逃走时,他们最初的想法是控诉古利普斯的叛变行为,竟然听任敌人逃跑。然而,如此忘恩负义的猜度很快烟消云散。他们派出骑兵快速追击,终于赶上了敌人的后队。骑兵立即开始发起进攻,阻止其继续向前。德摩斯提尼的推进此前就已相当迟缓,而且大军队形散乱。如今他被迫掉转头来,与穷追不舍的敌人作战。很快,叙拉古人就赶到了他的前面,完全阻止了他所率军队的前进。难以计数的轻装兵和骑兵从各个方向对他发起了不间断的进攻。战斗过程中,叙拉古人完全使用投掷武器,避免与其近战。正当这支身处不幸的队伍尽其所能进行自我防御,如果可能向前推进时,他们发现被围在了一片城墙围绕的橄榄地里,而道路正好从这片地中通过。

大军挤在这道围墙里，出口在远端。面对如此一支敌人，根本不可能冲到出口。而他们完全成了瓮中之鳖，任凭敌人从各个方向的墙上扔来投枪。虽然无法接近敌人，但他们仍接连不断地经受了敌人大半天的打击，最终不幸者余下的精力完全耗尽。眼见如此，古利普斯派出一名传令官宣布，大军中所有的岛民可以从队列中站出来，并保证给予他们自由。一些城邦的居民趁此提议投降，虽然他们人数不多，但仍有损其声誉。不久，双方开启了更大范围的谈判。最终德摩斯提尼的整支军队都放下了武器，有条件投降。古利普斯和叙拉古人答应，所有人都可留下性命，不能通过暴力、难以承受的枷锁或饥饿处死任何人。在解除所有敌人的武装后，人们将6000名战俘送到了叙拉古。德摩斯提尼既不愿意投降，也不愿意为他争取任何条件，决定在确定大军的投降条件后，立即用他的宝剑自杀身亡。但是他自杀的企图被阻止，被作为一名解除了武装的战俘运到了叙拉古。[21]

次日，古利普斯及得胜的叙拉古人在埃利琉斯河畔追上了尼奇亚斯，告知他德摩斯提尼投降的消息，并要求他也立即投降。他要求派出一名骑兵证实消息的可靠性。在这名骑兵返回后，他向古利普斯提出了一个建议。他要求叙拉古应允许所有战士能够返回自己的城邦，雅典向叙拉古赔偿所有的战争花费，在缴清全部的赔款之前，雅典提供人质；赔款的标准是一位雅典公民缴纳1塔兰特赎金。他提出的条件遭到了拒绝，但尼奇亚斯也不愿按德摩斯提尼同样的条件投降。因此，叙拉古人重新发起了进攻；

第三十章 从雅典与斯巴达正面冲突再起到雅典大军在西西里覆灭

雅典人尽管又饥又乏，但仍尽其所能一直坚持到了夜晚。尼奇亚斯企图再一次乘夜逃走。但这一次，叙拉古人时刻在监视他们的行动。一旦听到营帐里发出响动，叙拉古人就发出战斗时的呼喊声，以此表明时刻在监视着他们，并以此让雅典人再一次放下了准备撤离时抄起的武器。然而，一支由300名雅典人组成的分队仍坚持离开了大部队，突破了叙拉古人的封锁。他们安全逃了出去，然而，因为没有向导，他们还是没能完全逃离。

在整个痛苦的撤离过程中，尼奇亚斯展现出来的个人决断堪称典范。如今已是大军撤离的第6天，尼奇亚斯仍试图在凌晨再一次撤走，以便渡过阿西纳鲁斯河。这条河在埃利琉斯河之南注入同一片海域，但该河的水量更大，两边的河岸更陡峭。这是雅典最后一次的绝望挣扎。虽然他们到达了河边，但最后逃走的希望微乎其微。不过，尽管一路上重新遭到了叙拉古骑兵连续不断的进攻，但雅典人仍然完成了行军。叙拉古骑兵比雅典人先抵达河岸，占据浅滩，在浅滩附近高高的河岸上列成了战斗队形。在此，逃亡者的决心最终土崩瓦解。当他们抵达河边时，他们的力气、勇气和对未来的希望统统消散。由于难以忍受的干渴，并受骑兵进攻所迫，他们挤成一团，纷纷跳入浅滩之中，相互推搡着，相互踩踏着，急切地想喝上一口水。就在此时，叙拉古从河岸上投下了遮天蔽日的标枪，伯罗奔尼撒的重装步兵甚至跑到河里，与他们展开了近身搏斗。被杀身亡者不在少数。

如今，这支军队已经丧失了意志，孤立无助，尼奇亚斯不能再试图做出进一步的抵抗。因此,他向古利普斯投降,希望接受这位将领和拉凯戴蒙人的裁处。[22] 古利普斯发出命令,不许再做更多的杀戮,而应将剩余者视为战俘保全其性命。

如同德摩斯提尼所率的那支军队一样,修昔底德也未明确说明战俘的数量。来自尼奇亚斯所率军队的战俘大部分被私人抓获,以图偷偷地为个人谋取私利。来自城邦的数据相对较小,似乎不超过1000人。[23] 西西里各邦很快到处都是被卖为奴的雅典战俘,而售卖战俘的钱溜进了私人的腰包。

在六天之前开始撤军时,雅典人的营帐中聚集的人数可能不少于4万。撤退过程中,人数逐渐减少,有人受了伤,有人死亡了,还有人掉了队。余下的人中,包括随德摩斯提尼的6000人和随尼奇亚斯一道被俘的3000或4000人。对于行军过程中的掉队者,我们非常高兴地得知,他们许多人想方设法逃脱了叙拉古骑兵的追捕,来到了卡塔纳。后来,那些从主人家逃出来的奴隶在此找到了栖身之所。这些逃亡的雅典人辅助当地人打败了叙拉古人对卡塔纳发起的进攻。[24]

正是通过这种方式,也主要通过这种方式,雅典逐渐将一些命运多舛的两次被征召前往西西里的公民迎回了自身的怀抱。对于那些被作为战俘送往叙拉古的雅典人,他们几乎没有人能够返回故土。这些人与其他囚犯一道,被送到叙拉古的采石场里严密监管起来。这些采石场深不见底,空间狭小,四边全是险峻的峭壁,上面仅有天空覆盖。战俘被扔进里面,没有采取任何保护

第三十章 从雅典与斯巴达正面冲突再起到雅典大军在西西里覆灭

措施，也无任何方便之所。为了让他们存活下去，每人每天只能得到1品脱的小麦面包（只有一名奴隶一半的口粮）和半品脱的水，因此他们无法忍受饥饿和口渴带来的痛苦。由于不少人在到来时就生了病或受了伤，因此许多人很快就死去。在这样的条件和待遇下，他们待了70天。在此之后，人们的新奇感消失了。而这个地方定然成了叙拉古人憎恨和难以忍受的讨厌之所。因此，除雅典人和少数的意大利或西西里的希腊人外，所有还活着的战俘都被转移。那些被转移的人被卖为了奴隶。[25] 我们不清楚余下的战俘到底怎样。或许正如我们知道的其他被个人奴隶主卖出的奴隶一样，他们中的一些人因举止高雅行为高贵而获得了释放。欧利皮德斯的戏剧在整个西西里都享有盛誉，那些记得相当一部分诗句的雅典战俘获得了其主人的青睐。甚至一些掉队的士兵在逃亡过程中也因同样的原因获得了庇护和好感，从而保全了自身。我们被告知，在他们返回雅典后，欧利皮德斯曾在活着的时候获得这些不幸者的多次感谢。[26]

关于如何处置尼奇亚斯和德摩斯提尼，联军不但询问了叙拉古人意见，而且还听取了在场的同盟者的看法。但是人们的看法大相径庭。只是对他们进行监禁而不将其处死，这显然是赫尔摩克拉泰斯倡导的意见。[27] 但古利普斯当时因其给予的无价帮助，在叙拉古深孚众望，受到人们的感恩戴德。他请求人们允许他将两人作为战俘押解回斯巴达，以此作为对他的奖赏。

然而，尽管他具有巨大的影响力，古利普斯的建议仍未获采纳。首先，科林斯人强烈地反对他的看法，他们的意见获得了其他同盟者的支持。他们担心尼奇亚斯手中的巨大财富总会让他逃脱拘禁，将来会给同盟带来进一步的伤害，因此坚持要将他处死。其次，那些在围城期间与尼奇亚斯偷偷地互通声息的叙拉古人更加急于将他灭口。他们担心，如果遭受其政敌的酷刑，尼奇亚斯或许会泄露他们的名字及整个阴谋。在各种力量的博弈下，公民大会不顾古利普斯的不满，颁布了一则法令，决定将尼奇亚斯和德摩斯提尼处死。赫尔摩克拉泰斯强烈反对这个决议，但没有什么效果。眼见这个决议肯定会实施，在公民大会的讨论结束之前，他私下派人给这两位将军送去了消息，并通过一个哨兵之手，让他们获得了自杀的武器。这两位将军的尸体被当众暴尸于城门之前以警示叙拉古公民。[28] 尼奇亚斯最终被捕获及他的军队投降的那一天后来成为每年纪念的一个节日，该节日被称为阿西纳利亚节，时间为多利安人的卡尔奈伊乌斯月的 26 日。[29]

雅典人对尼奇亚斯的崇敬和赞赏之情一直非常深厚而牢不可破。在他去世后，崇敬和赞赏变成了耻辱。在为战死者所立的葬礼纪念柱上，他的名字被人忽略，而其同僚德摩斯提尼被镌刻其上。关于这种差别对待，保萨尼亚斯解释说，人们认为，作为一名军人，尼奇亚斯主动投降，因此为他招致了耻辱；而德摩斯提尼却蔑视敌人的诱降。[30]

修昔底德关于其同胞公民对此评判的看法值得特别注意。除了这位将军被处死的事实外，他对德摩斯提尼未做任何评判。

第三十章 从雅典与斯巴达正面冲突再起到雅典大军在西西里覆灭

对于尼奇亚斯,他发表了几句表达同情和赞扬的评论。"这就是尼奇亚斯被处死的原因。虽然,在与我同时代的所有希腊人中,他确实最不应当遭受如此悲惨的厄运,因为他完全遵照对诸神应尽的成规来规范自己的行为。"[31]

如果我们仅从个人的角度来评判尼奇亚斯,并将他个人的行为与其个人的遭遇放在一起进行比较,修昔底德的看法无疑是自然而可以理解的。但是,作为一次重要远征的将军,他的行为不但关系着成千上万名勇士的性命,而且关系着城邦最重大的利益关切。我们不能按照那样的标准来评判他。在这个问题上,他个人的美德仅占次要地位。与之相较,他更应当展现出在公共事务上的责任感,这才是他必须应当承担或放下的最重要事情。

按照这种更恰当的标准来判断,我们应该如何评价尼奇亚斯呢?在此,笔者不准备重复前面章节谈到的关于他在每一件事情上的所作所为,在这些事情发生时,他已经表明了态度。不得不承认,尼奇亚斯的出发点是良好的,他个人的表现也非常英勇,甚至在西西里的最后几日里他表现出不屈的英雄气概。但是,不容争辩的是:首先,整个军事行动以失败而告终;其次,整支军队遭到了全歼。非常明显,这都可以追溯到他对形势的可悲错误判断。与他在现实中的行动相比较,他的短见和无能不但在历史学家的记述中表现得淋漓尽致,甚至体现在他写给雅典人的书信中,以及他本人在远征之前及大限将至时发表的演说中。

修昔底德用了两卷不朽的内容记载这次远征,然而这位伟大的历史学家采用了与索福克勒斯《俄狄浦斯王》类似的戏剧笔法，着重强调了远征开始时的辉煌荣光和远征结束时的可悲凄惨。叙述这两位将军令人悲伤的结局时，他没有对德摩斯提尼进行只言片语的评价（尽管这位将军的军事才能卓著，其毁灭完全不是他的过错造成的），而是将鲜花装点在尼奇亚斯的墓碑旁，而正是此人才是灾难的始作俑者："多么遗憾啊！如此一位受人尊敬虔敬之人！"

修昔底德的评论在此更富教育意义，因为他完全代表了普通雅典民众对尼奇亚斯一生的看法。他们不忍批评一个如此受人尊敬、如此虔敬的公民。我们发现，修昔底德在叙述如此众多关于尼奇亚斯的短见和管理不善的事例后，仍然将关注重点集中于尼奇亚斯个人的德行和端庄得体，似乎这才是他性格的主要构成部分。由此我们能够体会，雅典民众最初对这位不幸领袖的评价是多么高；甚至在事实已经明白无误地证明他的无能后仍然一如既往地坚持对他的高度评价。

在评述民众产生误判的原因时，历史学家们倾向于主要，即使不是全部，夸大蛊惑家及其产生的影响。人类通常被置于可统治对象的角度来加以考量，他们被视为欢迎统治者、武装统治者和美化统治者的工具。其他使他们难于操纵的事列于诸恶之首。我们不能否认，这是一个真实而值得深思的原因。聪明而爱挑事端的演说家经常会无限拔高事情的实在价值。虽然演说家在防止政体变得更加糟糕方面确实有用，不可或缺，但是他们有时会欺

第三十章　从雅典与斯巴达正面冲突再起到雅典大军在西西里覆灭

骗民众采取非政治或不公正的措施。即便我们承认，对于本章谈及的误判原因，演说家在现实中发挥的作用比历史将会做出的评判可能更大。不过，这只不过是他们做下的许多更糟糕的事情中的一件。在雅典的历史上，没有一个人只通过蛊惑之能获得的尊敬比反蛊惑家的尼奇亚斯更大，产生影响的持续时间比他更长，而给其同胞公民造成的伤害比他更巨大。没有哪一种演说术在民众头脑引起的幻觉能如可敬的尼奇亚斯那般根深蒂固。[32] 正是蛊惑家的指责性言辞，才天然地形成了对那些举止得体、虔敬宗教、在财富和出身上占据优势的无能之辈的限制和矫正。他们发挥着政治反对者的作用，是唯一可能及时暴露并遏制政治运行中出现错误和瑕疵的手段。每个人都公开抨击说，在雅典，蛊惑家的言辞是如此猖獗，以致把城邦引向了毁灭。但是从尼奇亚斯这一个长存于世的例证看，他们发挥的限制作用仍然非常不足。

1　Thukyd., vii. 23; Diodor., xiii. 9; Plutarch, *Nikias*, c. 20.

2　比较 Thukyd., vii. 34-36; Diodor., xiii. 10; Eurip., *Iph. Taur.*, 1335.
狄奥多鲁斯特别指出，科林斯人降低了船首以便从离水面更近的地方撞击敌船。
【关于希腊战船上弓形物的细节，*cf.* Torr, *Ancient Ships*, pp. 62 *ff*.
在接下来海战中被科林斯人的 ἐπωτίδες 撞破的 παρεξειρεσίαι（Thuk, vii. 34）通常被认为是船体的末端（Torr, loc. cit.）。另一种理论认为是承受外力的支架［W. W. Tarn, in *Journ. Hellen. Stud.*, xxv. (1905), pp. 204-224］。——编者】

3	Plutarch, Nikias, c. 20. 狄奥多鲁斯（Diodorus, xiii. 10）说这场战斗有违雅典战士们的意愿。他没有提到指挥官中间存在不同意见。
4	Thukyd., vii. 43. 狄奥多鲁斯（Diodor., xiii. 11）说德摩斯提尼带上了10 000名重装步兵和10 000名轻装兵。但他的说法完全不可信。
5	Thukyd., vii. 46. 普鲁塔克（Plut. Nikias, c. 21）说被杀的人数达2000，狄奥多鲁斯给出的数据是2500（Diodor., xiii. 11）。修昔底德没有说明数目。 这两位作家可能都共同抄自某一位权威作家，但不是修昔底德，或许是菲利斯图斯【经提迈乌斯的抄录】。
6	其间的时间间隔或许可从埃皮波拉战斗时的满月到随后的日食进行推断（see Dodwell, *Ann. Thucyd.*, vii. 50）。
7	Diodor., xiii. 12: "士兵们开始收拾装备。"（Οἱ στρατιῶται τὰ σκεύη ἐνετίθεντο），等等见 Plutarch, *Nikias*, c. 23。
8	据西西里的一位观察者说，公元前413年8月27日晚上9：27到10：34发生了日全食（Wurm, *De Ponderib. Graecor.*, § xciv, p.184）。修昔底德说，尼奇亚斯采纳了预言师们的劝告，逗留了27天（Thukyd., vii. 50）。狄奥多鲁斯说只停留了3天。普鲁塔克暗示，尼奇亚斯没有完全听从预言师告知的3天的劝告，而是决定逗留了阴历的一整个月（Plutarch, *Nikias*, c. 23）。 笔者遵照修昔底德的说法。没有理由相信，尼奇亚斯会延长预言师告知的时间。 但是，作为如此受人尊敬的作家，波利比乌斯（Polyb., ix. 19）关于这件难忘事件的错误记载令人感到非常惊讶。
9	比较伯罗皮达斯最后一次远征色萨利之前底比斯发生的日食及对其产生影响的描述（Plutarch, *Pelopidas*, c. 31）。
10	迈耶（E. Meyer, *Gesch. d. Alt.*, vol. iv., § 658）推断，这次拯救行动不

是提莱尼亚人而是狄奥多鲁斯（Diod., xiii. 44）提到的由同盟者推荐招雇的坎帕尼亚人。但是，在这个问题上，修昔底德不可能一错再错，尤其因为他在 vi. 103 提到了一支提莱尼亚的海军分队。此外，提莱尼亚人帮助雅典并不令人奇怪，因为随着叙拉古人积极镇压提莱尼亚海盗，雅典人与该地区展开了活跃的商业交往（Diod., xi. 87, 88）。——编者

11 | Thukyd., vii. 52, 53; Diodor., xiii. 13.
12 | Thukyd., vii. 59; Diodor., xiii. 14.
13 | Thukyd., *Nikias*, c. 24.
14 | 根据注疏者的说明，阿诺德博士认为这些话是特别针对雅典海军中的外侨。但笔者认为这并不正确。这些指的应当是所有在军中服役的没有雅典公民权的自由人。无疑其中一部分是外侨，但另一部分是岛上或臣属盟邦的公民。伯罗奔尼撒战争开始时科林斯人和伯里克利提到的 ξένοι ναυβάται 就是指雅典的 ὠνητὴ δύναμις μᾶλλον ἢ οἰκεία。无疑，在战事频频的雅典海军中，有许多外邦水手，他们因服役而得到了关照和实利。虽然他们不是雅典公民，但经常会胜似雅典公民。
15 | 参见修昔底德 vii. 69 的引人注目的描述。在描写这一片段时，即便狄奥多鲁斯（Diodor., xiii. 15）平淡乏味的风格也变得生动了。
16 | Diodorus, xiii. 14. 值得注意的是，普鲁塔克和狄奥多鲁斯很可能都从提迈乌斯那里读到过菲利斯图斯关于叙拉古大港之战的描述。如果能看到就会发现，他的描述比修昔底德更有价值，因为此时他正在叙拉古，或许他还参与了战斗。
17 | 自公元前 6 世纪起，希腊人建造战船时似乎都倾向于统一规格，因为在波斯战争中，所有重要的战役使用的都是三列桨战船。叙拉古人最初开始分别建造重船和轻船。在希腊化和罗马时代，这种有差别化的舰船盛行开来。我们看到，埃及和迦太基派出了五列桨战船，

	伊利里亚人和海盗使用船体更轻便的船只。——编者
18	Diodor., xiii. 18.
19	修昔底德的估计（vii. 75）似乎有些夸张。很难理解如此规模的一支大军如何能经历如此长时间的战争和疾病后活下来。此外，在第82节中，与德摩斯提尼一道投降的人数共计6000。鉴于这是大军的一半（c. 80），我们不得不推算，在最初撤退的4天内，大军人数从4万降到了1成或1.2万（*cf.* E. Meyer, *Gesch. d. Alt*. vol. iv., § 678）。——编者
20	在希罗多德的作品中，频繁出现这样的一个主题，那就是诸神会嫉妒任何一个能力超强、受命运眷顾的个人或实力强大、繁荣无比的国家。回忆起大军从皮莱乌斯出发时的趾趾气势和光明前景，尼奇亚斯相信这必然招致了某一位神灵的嫉妒，从而使大军在西西里遭受了厄运。 比较希罗多德记载的阿马西斯和波吕克拉泰斯的故事（iii. 39），以及普鲁塔克借保鲁斯·埃米利乌斯（Paulus Aemilius）之口做出的发人深省的评论（*Vit. Paul. Aemil.*, c. 36）。
21	上述说法依据的是同时代的叙拉古人菲利斯图斯的权威说法。见 Pausanias, i. 29; *Philisti Fragm.*, 46. ed. Didot.
22	Thukyd., vii. 85, 86; Philistus, *Fragm.*, 46, ed. Didot; Pausanias, i. 29, 9.
23	修昔底德对此也只有一个大致的数据，而且他声称对此的具体情况并不清楚。他说被送往叙拉古并由城邦监管的战俘总人数不到7000人（vii. 87）。由于来自德摩斯提尼部的战俘人数有6000（vii. 82），因此来自尼奇亚斯部所获的人数只剩下1000。
24	[Lysias], *Pro Polystrato*, Orat.., xx., §§ 26-28, c. 6, p. 686 R.
25	Thukyd., vii. 87. 狄奥多鲁斯（xiii. 20-32）记载了两篇准备在叙拉古公民大会上发表的很长的演说词，讨论如何处置战俘。一位年老的名

第三十章 从雅典与斯巴达正面冲突再起到雅典大军在西西里覆灭

为尼科劳斯（Nikolaus）的公民在战争中失去了两个儿子，因此他要求人道地处置这些战俘。而古利普斯在演说中要求对他们严加处置，并施以报复。

狄奥多鲁斯是从何处借鉴而来，我们并不清楚。但就我看来，他在这件事情上的全部记载都不可信。

从以下的记载就可判断他的准确性。他声称每一名战俘每日获得的大麦口粮为 2 科埃尼克斯（choenikes）而非 2 科提罗埃（kotyloe）。1 科埃尼克斯等于 4 科提罗埃（Diodor., xiii. 19）。

26　Plutarch, Nikias, c. 29; Diodor., xiii. 33. 在 Diodor., xiii. 111 中，读者们会看到，迦太基人在占领西西里后，是如何对待那些希腊战俘的。

27　Plutarch, Nikias, c. 28; Diodor., xiii. 19.

28　Thukyd., vii. 86; Plutarch, *Nikias*, c. 28. 普鲁塔克征引了提迈乌斯关于赫尔摩克拉泰斯干预的叙述。他的叙述在主旨上与菲利斯图斯和修昔底德的看法没有根本的冲突。

29　Plutarch, *Nikias*, c. 28. 笔者认为，尼奇亚斯投降至少发生在日食（8月27日）之后的第 24 或 25 日后，也即 9 月 21 日。

30　Pausan., i. 29, 9; Philist., *Fragm.*, 46, ed. Didot.

菲利斯图斯，保萨尼亚斯宣称依据他的叙述，是这场发生在西西里战事的最佳见证人，虽然关于雅典人对战事的看法，他未必是最好的见证者。

可以肯定，尼奇亚斯是向古利普斯投降的，并认为他有相当大的机会保存性命。修昔底德的看法是如此。普鲁塔克的看法也是如此，并谴责说这是一件丢脸的事（参见他在最后对尼奇亚斯和克拉苏的比较）。德摩斯提尼不可能有同样的想法。虽然修昔底德没有注意到，但根据菲利斯图斯的权威看法，他确实试图自杀。因此，在我看来，这一事实是确定的。

31 | Thukyd., vii. 86.
一个人的好运或厄运取决于诸神对待他时有利或不利的方式。希腊人认为，命运的好坏更直接地受制于个人是否虔诚或是否按宗教成规行事，而非个人的德行（见 Isokrates, *De Permutatione*, Orat. xv., § 301; Lysias, *Cont. Nikomach.*, c. 5, p. 854），虽然这两种看法在一定程度上是并行的。尼奇亚斯极端虔敬与其生命最后时刻遭受厄运的鲜明对照很有可能对希腊人普遍的观念形成了巨大的冲击，也自然让历史学家特别注意到了这种对照。

32 | 相较于贪婪成性、毫无原则的克拉苏，塔西佗（Tacitus, *Hist.*, 1.49）关于伽尔巴性格特征的许多描述可与尼奇亚斯相提并论。塔西佗形容伽尔巴："他家世古老显赫，富有资财，他本人资质中等，不会犯错但缺乏美德。他并非不在意名声，但不乐意自吹。他不贪图他人钱财，但自奉节俭，公务小气。如果他发现朋友和被释奴隶诚实，他谦恭和蔼，甚至可以忽略他们的错误。但他高贵的出身和时代激发的恐惧掩盖了真相，以至于人们把真正的懒散当成了智慧。"("Vetus in familia nobilitas, magna opes: ipsi medium ingenium, magis extra vitia, quam cum virtutibus. Sed claritas natalium, et metus temporum, obtentui fuit, ut *quod segnitia fuit sapientia* vocaretur. *Major privato visus, dum privatus fuit, et omnium consensu capax imperii, nisi imperasset.*")

第三十一章
从雅典大军在西西里覆灭到雅典四百人的寡头派阴谋

如前所述,就在德摩斯提尼率领声势高涨的大军离开皮莱乌斯前往西西里时,伯罗奔尼撒同盟针对雅典本土发起的敌对行动已经开始。不但斯巴达国王阿吉斯率兵蹂躏了阿提卡,而且他们还采取了一个更加重要的步骤,那就是在戴凯雷亚修筑工事,以便永久驻军。如今工事的修筑已经完成。这座城堡开建于3月中旬,或许最迟到6月就已能够为驻军提供庇护的掩体。

自伯罗奔尼撒战争爆发以来,敌人就开始频繁地劫掠阿提卡,经被流放的阿克比亚戴斯建议,如今驻扎在境内的敌人更强化了连续不断的破坏活动。[1]最初对阿提卡的侵略都是短暂性的,持续时间最多不过超过五六周,在每年剩余的时间里,敌人会离开雅典进行休整。但是,自此之后,雅典人长期遭受着驻扎在离城不到15英里的一支敌军的威胁。是年夏天,他们经受着尤其痛苦而且全新的考验,因为阿吉斯以非凡的精力展示着他行动的坚定。拉凯戴蒙人的活动范围大为扩展,阿提卡没有一个地方会觉得安全,或能够生产粮食。不但所有的牛羊被杀,而且奴隶,尤其是那些最值钱或有技术的奴隶大规模地逃往戴凯雷亚,通过这种方式很快就丧失了2万多名奴隶。地产的所有者和城里的雇主损失非常惨重,从优卑亚输入商品的成本和难度增加,进一步加剧了人们遭受损失的程度。此前,来自那座岛上的物资和牲口都从奥罗普斯经陆上进入雅典;但是由于戴凯雷亚的驻军,这条道路完全被阻;如今,必须通过海路绕过苏尼翁海岬才能送达。这种运输方式绕行的路程更远且更耗运费,而且还易于受到敌人劫私者的攻击。在如此贫困的情况下,城邦极大地提高了对公民和外侨在军事义务上的要求。敌人驻军于戴凯雷亚,迫使他们日夜巡防在连接雅典和皮莱乌斯的每一段长城上,加强警戒。白天,重装步兵尚可轮流值守;但一到晚上,几乎所有人都必须要么值守在城垛上,要么巡防在城里的各种军事基地里。事实上,雅典与其说是一座城市,不如说已沦为一个军事要塞。

除公民们付出的个人努力外,这些紧急事件给城邦的财政资源带来了巨大的压力。为了组建和装配前往西西里的两支大军,城邦支出的巨额钱款已经耗尽了自尼奇亚斯和约以来聚集在国库的所有积蓄。因此,来自戴凯雷亚的历次进攻不但带来了巨大的

第三十一章　从雅典大军在西西里覆灭到雅典四百人的寡头派阴谋

额外开支，而且同时也削减了支付方式，使雅典的财政陷入绝对的尴尬中。为了增加收入，雅典变更了对同盟城邦缴纳贡金的估价原则。同盟者不再每年缴纳固定金额的贡金，而是要求对经海上输入或输出的所有货物支付5%的过境税。不幸的是，这种新的估价原则运行如何，我们不得而知。为了征收过境税，并采取措施防止逃税，雅典需在每一个同盟城邦派出一名征税官员。很难理解，雅典如何能够在短期内强化如此一个全新的、涉及范围更广的、对缴税人来说更繁芜的征税体系；我们很快会看到，这发生在它对这些缴税城邦及其海上力量的控制变弱时。[2]

城邦举步维艰的财政状况也迫使雅典解散了一批色雷斯雇佣兵，但这些色雷斯人在与驻戴凯雷亚敌人的对抗中颇有助益。这批为数1300名的色雷斯轻盾兵是德摩斯提尼以每人每日1德拉克马招雇而来，原本与他一同前往叙拉古，但因未能按时抵达雅典而没有参战。到达后，雅典人将他们置于狄伊特莱菲斯（Diitrephes）指挥之下，命令他们通过欧利普斯海峡返回色雷斯，一旦出现有利时机，即可蹂躏比奥提亚。狄伊特莱菲斯从卡尔奇斯进入优卑亚，并由此乘夜渡过海峡抵达对岸的比奥提亚沿岸，向内陆行进一段距离后来到附近的比奥提亚城镇米克莱苏斯（Mykalessus）。他偷偷潜行来到城下，并于凌晨出其不意地攻下了该城。不但城里所有房屋（甚至神庙）都遭到了抢劫，而且色雷斯人还进一步展现出他们与生俱来的嗜血成性的本性。他们杀死了一路上碰到的所有生物：男人、妇女、儿童、马匹、牲口等，而且冲进一个学校，将刚刚聚在一起准备上课的许多男童全部杀害。

从米克莱苏斯逃出来的人从底比斯搬来救兵，不幸的是，他们未能拯救城里的居民，而只是为他们报了仇。当底比斯军队追到海边时，雅典舰船认为离岸太近不安全，结果不少于250名色雷斯人还没有登上舰船就被杀死。雅典将军狄伊特莱菲斯遭受重伤，不久死去。余下的士兵乘船返回了雅典。

与此同时，雅典人重要的基地瑙帕克图斯及科林斯湾的入口再一次成为海军角力的舞台。17年前，弗尔米奥率18艘雅典战船就有信心与科林斯人的25艘战船一较高下。但是，是年的雅典海军大将科农却得出了不同的判断。他本率领着18艘战船，但仍强烈要求德摩斯提尼和欧吕麦东再为他增派10艘，因为对岸的25艘科林斯舰船将对他发起进攻。

不久，狄菲鲁斯取代了科农，从雅典又带来了几艘战船，从而使总数达33艘。科林斯舰队在获得增援后，战船的数量几乎与雅典相当，并占据着瑙帕克图斯对岸的阿凯亚。他们按新月战阵排列在入口处的一个海湾，两侧各有一个犄角形的突出海岬。两旁的海岬上驻扎着友军，对舰队的两个侧翼形成了保护。在此状况下，雅典人不能从敌舰的战阵中冲过，也不能绕过敌舰的正面，从后面对敌发起进攻。因此，当狄菲鲁斯的舰队从瑙帕克图斯驶过来时，雅典人也只能在一段时间内靠近科林斯舰队的阵前，双方都不敢贸然发起进攻。因为，面对面的碰撞对于雅典战船是

第三十一章　从雅典大军在西西里覆灭到雅典四百人的寡头派阴谋

致命的；这种战船的优点是敏捷，但船喙轻而薄。在相当长时间的观望后，科林斯人终于开始对雅典人的侧翼发起了进攻。战斗持续了一段时间，最终双方都没有获得决定性的优势。

就现有材料看，这次战斗似乎发生在德摩斯提尼抵达叙拉古之前不久，时间大约是5月底。毋庸置疑，雅典人非常急于从德摩斯提尼那里获得胜利的消息。但6月底或7月初，他们首先获得德摩斯提尼试图进攻埃皮波拉惨败的消息，然后得知占领叙拉古的所有希望都成泡影的噩耗。此时，他们由失望转为绝望。在获得这些消息后，我们怀疑随后是否还有类似的其他消息传回雅典。

按照普鲁塔克的说法，消息最初是由一个陌生人带来雅典的。此人在到达皮莱乌斯后，来到了一家理发店，开始谈起这个每个人都最关心的话题。一听到这个令人可怕的消息，这位吓得目瞪口呆的理发匠立即跑到雅典，告诉了执政官及在市场上的公民。城邦立即召开了一次特别公民大会，这位理发匠被带来大会上；人们要求他交出权威消息的发布者，但他不能，因为这位陌生人已经不见了。随后，理发匠被当作一个扰乱公共秩序、散播不实流言的造谣者；他甚至被公民大会施以酷刑。[3]虽然不能断定这则故事在多大程度上是真实的，但是我们或许可以相信，那些持中立看法的商人从科林斯或麦加拉将消息传到了皮莱乌斯。这是七八月份将尼奇亚斯和德摩斯提尼在西西里遭受厄运的消息传入的最早渠道。后来，军队中个别士兵在败仗中逃得了性命，想方设法回到了家乡。因此,坏消息完全得到了证实。

当雅典人最终确信他们遭受了彻底惨败后,整个城市陷入了最悲切的痛苦中。除了每家每户深深的哀痛外,城邦里弥漫着对于公共安全的完全绝望之情。不但雅典帝国显然已经丧失,而且雅典自身也似乎处于完全没有防卫的状态。城邦的国库已经空空如也,船坞里几乎没有了三列桨战船,作为帝国中坚的重装步兵和水手在西西里消耗殆尽而没有留下可与之匹敌的后继者,在海战中战无不胜的美名也无可挽回地被败光。然而,它的敌手因获得来自西西里新的同盟者而实力大增。在接下来几个月的艰难时间里(公元前413年10、11月),雅典人料想到了不管在陆上还是海上,由伯罗奔尼撒人及西西里人组成的联军都会对他们发起不亚于此前的猛烈进攻。帝国内部同盟者的反叛会进一步推波助澜。雅典人知道,敌人的这次进攻他们是难以击退的了。

在前途如此暗淡的情况下,人们只能将不满之情发泄到怂恿他们发起最近这次远征的主要演说者,以及那些信誓旦旦保证诸神将会给他们带来好运的预言家和神谕释读者。[4] 然而,在经过最初的愤怒后,他们开始逐渐地审视他们真正面临的状况,决定尽可能地聚集起所有的舰船和金钱,好好提防同盟者,尤其是优卑亚岛上的同盟者,保护好他们自身直到最后一刻。城邦组成了一个由10名长者组成的预算委员会(Probuli),负责支付的预算,提出所有操作性的节支方法,并提议在将来需要的情况下采取类似的措施。[5] 预算委员会的提案大多数被公民大会全票通

第三十一章 从雅典大军在西西里覆灭到雅典四百人的寡头派阴谋

过并迅速采纳,这种一致性和迅捷性在公民大会上是少见的。在其他节支手段上,雅典人削减了国内花费巨大的合唱和礼仪性庆典,并召回了最近在拉科尼亚海岸驻扎的军队。同时,他们广收木材,开始建造新战船,并在苏尼翁海岬修筑工事,以保护由此经过的无数从优卑亚到皮莱乌斯的运输船。

当雅典正努力迎头克服这次灾难带来的负面影响时,希腊所有其他城邦都针对它制订了满怀侵略性的计划。自薛西斯入侵希腊以来,还没有发生过如此强大的一支军队遭到如此彻底的毁灭性打击的事件。这件事情不但激起了希腊世界地处偏远的城邦的躁动,也引起波斯总督和苏萨王庭的关注。无论是敌人、臣属者还是中立者,所有人都相信,雅典的末日已经注定,最迟不过来年春天,就会看到雅典缴械投降。在次年春天来临之前,拉凯戴蒙人不打算采取行动,而派人前往各个同盟城邦,要求它们从陆上和海上发起进攻。斯巴达要求同盟为来年春天准备 100 艘战船。其中 50 艘由拉凯戴蒙人和比奥提亚人分别承担,科林斯人承担 15 艘,弗奇斯人和罗克利人 15 艘,阿卡狄亚人、佩莱奈人和西库翁人 10 艘,麦加拉人、特罗伊曾人、埃皮道鲁斯人和赫尔米奥奈人 10 艘。人们预计所有这些战船可能会在 12 月到 3 月之间修造好并下水航行。自战争开始时起,伯罗奔尼撒人都一直心怀同样巨大的渴望,强大的西西里军队将会加入他们的队伍;此前他们失望了,但如今这个希望再一次占据了他们内心,他们相信梦想即将实现。

是年秋天，阿吉斯率领驻戴克雷亚的军队周游各小邦，向它们征收意欲组成舰队所需的贡金。

在阿吉斯的军队经过比奥提亚时，优卑亚的居民向他发来邀请，希望他帮助他们从雅典的统治下叛离出来。他欣然接受了这个请求，派阿卡麦奈斯（Alkamenes）率领由300名新公民组成的重装步兵从斯巴达出发，跨过海峡前往岛上，担任该岛的总督。如今，驻戴凯雷亚的斯巴达国王长期掌握着一支军队，并享有完全的自由用兵权，其影响力甚至超过了国内的政府。因此，那些稍有不满的雅典同盟者都更愿意到他那里表达自己的看法。不久，来自莱斯沃斯的使者也带着同样的目的拜访了他。他们的要求得到了比奥提亚人的强有力支持（二者同为爱奥利斯人）。比奥提亚人承诺提供10艘战船给予其支援，而阿吉斯只需提供另外10艘即可。基于此，他们说服了阿吉斯暂缓对优卑亚的承诺。在完全没有咨询斯巴达政府意见的情况下，阿卡麦奈斯受命担任了莱斯沃斯而非优卑亚的总督。

在这两座岛屿与阿吉斯商谈的同时，雅典诸同盟者中首屈一指最强大的开俄斯也因同样的目的遣使同往斯巴达。开俄斯政府认为，如今雅典已处于崩溃的边缘，该邦及对岸大陆的城邦埃吕特拉只有采取措施实现独立才会安全。

其他城邦肯定会跟随着上述城邦的榜样竞相叛离。除了这三个大邦外，雅典还即将受到其他一些出乎意料敌人的攻击，他们是波斯小亚细亚沿海地区的两位总督提萨菲奈斯（Tissaphernes）

第三十一章 从雅典大军在西西里覆灭到雅典四百人的寡头派阴谋

和法尔纳巴祖斯(Pharnabazus)。雅典人在西西里遭到的灾难一传到苏萨的王庭,波斯大王就要求两位总督向小亚细亚沿岸的希腊人征收贡赋。因为,虽然自雅典帝国建立后,波斯事实上都未曾征收到贡赋,但这些贡赋一直登录在列表中。所以两位总督就这样成了债务人。征缴到这些贡赋唯一的方式是将这些城镇从雅典中分离出来,并瓦解这个帝国。为了实现这个目标,提萨菲奈斯遣使随开俄斯人和埃吕特拉人一道前往斯巴达。他邀请拉凯戴蒙人与波斯大王结成同盟,联合在小亚细亚对雅典帝国展开行动,并承诺提供斯巴达所派军队的津贴和补给,舰船上每位水手每日薪酬为1德拉克马。他还希望通过援助拉凯戴蒙消灭叛离的前任总督皮苏泰斯之子阿摩尔戈斯(Amorges)。因为他征召了一支希腊雇佣军,积聚起相当充足的财富,并与雅典结成同盟,盘踞着坚固的海港城市亚苏斯(Iasus)。波斯大王已经发出强制命令,必须将阿摩尔戈斯押往苏萨或处死。

与此同时,虽然没经商量,但与他们一同到达斯巴达的还有在法尔纳巴祖斯麾下效力的两位希腊流亡者,从总督那里带来了类似的提议。法尔纳巴祖斯的辖区包括弗吕吉亚(Phrygia)及从普罗彭提斯到埃拉亚提克湾东北角爱奥利斯人居住的北部沿海地区。这位总督急于获得一支拉凯戴蒙舰队的支援,以便让赫勒斯滂地区的希腊人脱离雅典,征缴到苏萨王庭要求的贡赋。为此,法尔纳巴祖斯渴望挤掉提萨菲奈斯,独自成为斯巴达与波斯大王结盟的中介。

碰巧的是，阿克比亚戴斯的世交恩狄乌斯此时正担任监察官；而其私敌国王阿吉斯——他与其妻子关系暧昧——正好没在国内，而在戴凯莱亚指挥军队。阿克比亚戴斯深知开俄斯强大的实力和重要的地位，极力劝告斯巴达政府首先将注意力集中到这座岛上。[6] 一位名为弗吕尼斯（Phrynis）的庇里阿西人被派往调查使者们宣称的金钱是否真的到位了。他带来了令人满意的报告，说开俄斯拥有一支不少于 60 艘战船的舰队。因此，拉凯戴蒙人与开俄斯和埃吕特拉组成同盟，并派出一支 40 艘战船组成的舰队给予其支援。最近在拉凯戴蒙的港口修造的 10 艘三列桨战船受命立即驶往开俄斯。虽然此时大概已是仲冬时节，但阿克比亚戴斯及开俄斯使者仍坚持必须展开迅速的行动，他们担心雅典人会探知到这个计划。然而，就在那时发生的一场地震干预到了这次行动。斯巴达人将其解释为触怒了神意，因此不再派出指定的指挥官和舰船。卡尔奇戴乌斯（Chalkideus）代替了麦兰奇利达斯（Melanchridas），被任命为指挥官；同时命令装备 5 艘舰船做好准备，以便在初春时分与科林斯人派出的规模更大的舰队一同前往。

刚进入春天，斯巴达就派出三位特派员前往科林斯，将如今停泊在科林斯港口莱卡翁的 39 艘三列桨战船通过地峡的拽道从科林斯湾拖运到萨罗尼克湾。最初的提议是一次性将所有战船都派往开俄斯，甚至还要求将阿吉斯正在装备用于支援莱斯沃斯的战船也一同派往。此时，在科林斯召开了一次来自全同盟的代

第三十一章 从雅典大军在西西里覆灭到雅典四百人的寡头派阴谋

表参加的大会。在阿吉斯的提议下，大会决定先派卡尔奇戴乌斯率领一支舰队前往开俄斯，接着派阿卡麦奈斯率领一支前往莱斯沃斯，最后派克莱亚库斯（Klearchus）率领另外一支前往赫勒斯滂。大会决定将舰队兵分几路，只将39艘舰船中的21艘拖运过来，以便吸引雅典的注意力，分散其抵抗的力量。

然而，21艘战船才拖运到肯奇莱亚，就又发生了一件事耽误了舰队的起航。被科林斯人尤其看重的每两年举行一次的地峡赛会即将来临。虽然阿吉斯通过祭献证明远征有利，从而打消了他们的顾虑，但科林斯人仍要等到赛会结束后才愿意开始军事行动。正是在延误期间，雅典人首先对开俄斯人产生了怀疑，并派出是年的一位将军阿利斯托克拉泰斯（Aristokrates）前往。开俄斯政府断然否认所有反叛的指控，应这位将军的要求提供了他们忠诚于雅典的证据，并派出七艘战船随他援助雅典。意识到开俄斯人普遍反对叛离雅典，在没有获得伯罗夸尼撒明确的支持下，领导者没有了足够的信心继续其秘密计划。

地峡赛会结束不久，在阿卡麦奈斯的率领下，舰队确实从肯奇莱亚驶往开俄斯。但是，当它们从该岛岸边驶过时，受到了一支数量相当的雅典舰队的监视，并试图将其诱往外海与其作战。不过，阿卡麦奈斯急于避免与之战斗，认为最好还是返回。眼看如此，雅典人也回到了皮莱乌斯。不久之后，一支由37艘战船组成的规模更大的舰队再一次出现，追击阿卡麦奈斯（他所率舰队开始向南部海岸航行），在位于科林斯与埃皮道鲁斯边界的一座无人居住的港口佩劳姆（Peiraum）附近发起了进攻。在此，雅典人获得了一场胜利，捕获了一艘敌舰，并将剩余的大多数舰船击毁或击坏。阿卡麦奈斯被杀，舰船搁浅。次日，赶来了很多伯罗奔尼撒陆军终于保住了这些船只。

才开始展开伊奥尼亚计划就遭到了败绩。除此挫折外，监察官认为，规模只有五艘战船的如此小的一支舰队不可能展开行动，于是他们随即取消了派卡尔奇戴乌斯前往的计划。这个决定只受到了雅典流亡者阿克比亚戴斯的强烈反对，要求斯巴达允许卡尔奇戴乌斯和他立即起航。他强调，虽然规模很小，但这支舰队还是在佩劳姆失败的消息被公之于众之前抵达了开俄斯，人们完全认为这可能是主力舰队派出的先遣队。同时，通过他与该邦领导者私下的关系，阿克比亚戴斯承诺会说服开俄斯和其他伊奥尼亚城邦参与反叛。

借助这些言辞，阿克比亚戴斯获得了斯巴达监察官们的同意，与卡尔奇戴乌斯所率的五艘战船一道前往开俄斯。

事实上，尽管是规模如此小的一支舰队，穿越爱琴海前往伊奥尼亚也没有什么危险。因为在当前糟糕的经济状况下，雅典在那里没有派驻舰队。虽然一听到卡尔戴乌斯和阿克比亚戴斯起航的消息，斯特隆比奇戴斯（Strombichides）就受派率领参与封锁的佩劳姆八艘战船追击他们，但他被落在后面太远，没能追上他们就返回了。为了保持航行的秘密性，斯巴达人将沿途碰到的大小船只全部扣押，一直到小亚细亚埃吕特拉以南的山区的科吕

第三十一章　从雅典大军在西西里覆灭到雅典四百人的寡头派阴谋

库斯（Korykus）后才将其释放。在此，来自开俄斯支持反叛的领导人拜访了他们，强烈要求在消息公开之前立即前往开俄斯。因此，这五艘战船抵达开俄斯城（位于岛屿东部沿岸），该城与对岸大陆的埃吕特拉遥相呼应。除了邀请其前来的寡头派外，斯巴达人的到来令每一个人感到惊讶和恐惧。在寡头派的谋划下，议事会成员才刚刚聚在一起，阿克比亚戴斯就获准进来，并受邀向大会讲述发生的情况。他说这支舰队只是一支正航行在大海上即将到来的拉凯戴蒙大军的先头部队。听到他的话，趁着成员还没从惊讶和恐慌中醒悟过来，寡头派掌管的议事会就决定了叛离雅典。随即，埃吕特拉也紧跟其后；在三艘开俄斯战船的压力下，克拉佐麦奈（Klazomenae）也加入了反叛者的队伍。开俄斯人和埃吕特拉人积极投身于为城市修筑城防的工作中，为即将到来的战争做好准备。

回顾开俄斯反叛的记述，我们发现经常会重复关于莱斯沃斯、阿坎图斯、门戴、安菲波利斯等雅典其他同盟者此前叛离者的评论。与历史学家们通常暗示的相反，我们注意到，雅典帝国虽然主要靠武力至上的信念来支撑，但是这个帝国绝不令人可憎，叛离帝国的提议也不受同盟者大多数民众的支持。此刻，帝国在伊奥尼亚没有驻军；开俄斯的寡头政府虽然希望反叛，但也不敢不顾民众的不满，公开宣布其意图。提萨菲奈斯的使者曾随开俄斯人前往斯巴达，因此，开俄斯政府显然认识到，雅典的不幸只会造成重新恢复其前任异族统治的侵略和自负的后果，而过去的

50年里，雅典一直在保护他们免受异族人统治之苦。很令人怀疑，一个审慎的政府是否会完全将这一变化视为有百利而无一害。但是，开俄斯人不愿在不幸时与雅典共进退，他们似乎认为此时的好原则是及时与占优势的斯巴达人结成同盟。正如笔者此前谈到，同盟者对雅典的看法负面多于正面。虽然，在普通民众的心目中雅典的形象颇佳，因为它没有给同盟者造成什么实质性的困难和压迫；但与之相反，在一定程度上，在领导者的心目中，雅典曾有损于他们的尊严，冒犯了希腊政治理念中与生俱来的对政治自决的热爱之情。

很快，开俄斯迅速地公开宣布叛离的消息。消息的宣布使雅典每一个人都充满着沮丧。雅典人既无舰队也无武力甚至没有重新征服该岛的愿望。但是他们完全认识到了战争第一年伯里克利留出1000塔兰特的重要性，他规定当遇到敌舰驶向皮莱乌斯的紧急情况时，才能提取这笔经费。城邦曾立法规定，任何人如果提议将这笔经费用于其他目的，将受到死刑的处罚。在过去20年里，虽然城邦曾遭受过严重的财政压力，但仍然没有动用这笔钱。如今，虽然伯里克利预见的紧急情况还没有出现，但是事情正在走向那样一个极端，拯救帝国的唯一机会就是挪用这笔钱。因此，公民大会一致通过废除提议动用这笔经费的刑事处罚。此后，大会做出决议，将这笔钱用于当下的紧急情况。

这笔新发现的经费让他们能够装配所有停泊在港的战船并为水手支付津贴，并抽调出一批封锁佩劳姆的战船。正是这样，

第三十一章　从雅典大军在西西里覆灭到雅典四百人的寡头派阴谋

城邦才能立即派出斯特隆比奇戴斯率领 8 艘战船前往伊奥尼亚；一段时间后，特拉叙克莱斯（Thrasykles）又率 12 艘跟随其后。这时，由 7 艘战船组成的开俄斯舰队上的水手被清除；水手中一些是被释奴，而自由人则被监管起来。除了重新装配数量相当的舰船保持围困舰队的数量外，雅典人还以最大的努力准备了另外 30 艘三列桨战船。当斯特隆比奇戴斯抵达萨摩斯时，发现开俄斯、埃吕特拉和克拉佐麦奈已经反叛，随即驶往泰奥斯，希望保住这个地方。但是，他才到那里没多久，卡尔奇戴乌斯率领着 23 艘战船从开俄斯来到这里，这些船的全部或者大部分是开俄斯的。而且埃吕特拉和克拉佐麦奈的军队从陆上也向这里靠近。斯特隆比奇戴斯被迫匆匆返回萨摩斯。眼见雅典人的软弱和敌人的强大，泰奥斯人允许外面的军队进入城内。在他们的帮助下，泰奥斯人拆除了此前由雅典人修建的保护该城免受来自陆上敌人进攻的城墙。提萨菲奈斯的一些军队也出力帮助拆除城墙。就这样，该城完全对总督开放，而总督本人也在城墙拆除不久后来到了这里。

在从雅典叛离出来后，开俄斯政府出于自身安全的考虑，决定煽动雅典的其他附属城邦都参与反叛。阿克比亚戴斯利用这种氛围试图在米利都起事。因此，他与卡尔奇戴乌斯率领着 25 艘战船离开了开俄斯；其中 20 艘来自开俄斯，5 艘是他们从拉科尼亚带来的。航行过程中他们尽可能秘密行事，幸运的是，他们躲过了驻扎在萨摩斯的雅典舰船的注意。在米利都，阿克比亚戴斯与其领导人早有联系；正如开俄斯一样，该邦也已经列入了他反叛计划之中。一到达那里，阿克比亚戴斯就说服了公民立即与雅典脱离关系。斯特隆比奇戴斯和特拉叙克莱斯一听到他的行动就开始追击，当靠近米利都时，他们发现该邦的港口已经关闭，被迫在邻近岛屿拉戴扎营。

正是在米利都，就在该邦反叛不久，提萨菲奈斯代表波斯大王与代表斯巴达及其同盟者的卡尔奇戴乌斯签订了第一次条约。或许，在雅典舰队在如此近距离的邻近岛上监视着他们的情况下，斯巴达人觉得必须借助提萨菲奈斯的支援才能保住这座城市。否则，很难解释为何他们会签署如此有辱希腊尊严对他们如此不利的一份条约。

"拉凯戴蒙人及其同盟者与波斯大王及提萨菲奈斯按如下条件缔结同盟条约。大王拥有他本人及其前任所拥有过的一切疆域及城市。大王、拉凯戴蒙人及其同盟者将联合阻止雅典从此前向它纳贡的所有城邦中获取金钱或其他好处；他们将联合对雅典人作战，除非一致同意，不得单独与其媾和。任何城邦如果背叛大王，拉凯戴蒙人及其同盟者应视其为敌；同样地，任何城邦背叛拉凯戴蒙人，大王也应视其为敌。"

作为实施条约的第一步，米利都被交给了提萨菲奈斯。他立即建起了一座卫城，并驻军于其内。事实上，如果完全执行，条约将使波斯大王不但控制全部小亚细亚的希腊人及爱琴海上的岛民，而且还将成为色萨利、比奥提亚及所有曾一度被薛西斯占

第三十一章 从雅典大军在西西里覆灭到雅典四百人的寡头派阴谋

领的全部土地的主人。我们将会发现,因做出的让步太大,后来拉凯戴蒙的当权者也拒绝批准这宗条约。但是,它成了小亚细亚希腊人和岛民重新沦为被奴役者的一则可悲证据。雅典帝国刚瓦解,他们原来的主人就又回来了。在过去 50 年里,只有雅典才能限制住波斯人。而雅典最初是作为他们的代表者和执行代理,后来成了提洛同盟的继承者和主人。

从此时起到战争结束,雅典人的海军基地一直驻扎在萨摩斯。如今,萨摩斯发生了一场反叛的暴动,接着该岛是否忠诚于同盟受到了质疑;而这两个方面正是维持雅典与伊奥尼亚斗争必不可少的条件。[7]

在整场战争中,自公元前 440 年被雅典人重新征服后,我们都未曾听到与萨摩斯相关的叙述。但如今,我们发现它处于盖奥摩利(Geomori,土地所有者)的寡头统治下。毋庸置疑,这些盖奥摩利以开俄斯的寡头派为榜样,反叛了雅典。但与开俄斯一样,萨摩斯民众不愿看到政体的变化。民众受最近警报的提醒,率先挫败了寡头派的阴谋,爆发了起义,并获得了碰巧驻扎在港口的雅典战船的帮助。没有经历什么激烈战斗,寡头派就被彻底击败;200 名寡头被杀,400 人被流放。这场革命确保了萨摩斯对雅典的忠诚。雅典人立即承认了新生的民主政权,并授予该邦特权,使其成为一个平等而自治的同盟者。

在另一个地方,雅典用于围困的舰队在佩劳姆遭到伯罗奔尼撒人的突袭并被击败。于是伯罗奔尼撒战船能够抵达肯奇莱亚,并重新装配以派往伊奥尼亚。派往叙拉古的16艘伯罗奔尼撒战船尽管在瑙帕克图斯被希波克莱斯(Hippokles)率领的雅典分队阻滞，但总算是回到了莱卡翁。拉凯戴蒙海军将领阿斯提奥库斯(Astyochus)受派前往肯奇莱亚指挥舰队，随即前往伊奥尼亚担任海军大将。但他拖了一阵才前往开俄斯，到达时只有4艘战船，随后另外6艘抵达。

但是，在他到达那座岛屿之前，开俄斯人因多次背叛雅典，非常在意他们的安全，于是决定按他们与阿吉斯和科林斯人拉凯戴蒙人商定的计划行事。他们靠自身的舰船发起一次远征，以图说服莱斯沃斯人反叛；如果成功，他们希望将来在雅典赫勒斯滂的附属城邦中发起同样的行动。由伯罗奔尼撒人和小亚细亚希腊人联合组成的一支陆军向北，朝库麦推进，以配合上述两个目标的实现。此时，莱斯沃斯岛上共有五个不同的城邦，它们分别是北部的麦廷姆纳，东南的米提莱奈，安提萨(Antissa)、埃莱苏斯和皮拉在西部。我们并不清楚这些城邦奉行民主制还是寡头制，但是16年前在镇压米提莱奈反叛后建立的雅典军事殖民地肯定早已消失。开俄斯舰队首先抵达麦廷姆纳，说服了该邦叛离雅典，并留下4艘舰船防卫。其余的9艘舰船驶抵米提莱奈，成功地使这座重要的城市背叛了雅典。

然而，他们的这些行动并没有逃脱驻萨摩斯雅典舰队的监视。鉴于不能恢复对泰奥斯的控制权，狄奥麦东(Diomedon)被迫奉行中立，对雅典和其敌人的舰船都一并放行。但是，随着

第三十一章　从雅典大军在西西里覆灭到雅典四百人的寡头派阴谋

萨摩斯民主革命的成功和莱翁（Leon）所率另外 10 艘雅典舰船的到来，他的力量得到了加强。因此，如今这两位指挥官能够率领 25 艘战船前往解莱斯沃斯之急。在反叛暴动发生不久，舰队就抵达了米提莱奈（岛上最大的城市）；趁人们还没预料到时，径直驶入港口，没费什么工夫就夺取了 9 艘开俄斯战船；在经历海岸的一场成功战斗后，重新夺占了这座城市。拉凯戴蒙海军大将阿斯提奥库斯从肯奇莱亚率领 4 艘战船抵达开俄斯才不过三天。眼见雅典舰队从开俄斯与大陆之间的海峡通过前往莱斯沃斯，他立即在抵达该岛的次日傍晚，为他们提供力所能及的援助。阿斯提奥库斯说服了埃莱苏斯叛离雅典，并武装了该邦的公民，派他们与其所率的重装步兵一道，在埃泰奥尼库斯（Eteonikus）的指挥下前往麦廷姆纳，希望能保住那座城市。但是，尽管他付出了最大的努力，雅典人还是收复了麦廷姆纳、埃莱苏斯及整个莱斯沃斯岛。而他本人则被迫率军回到开俄斯。那支在大陆上北向行进，原来在赫勒斯滂展开进一步行动的陆军被送回开俄斯，战士们也回到了各自的城邦。

恢复对莱斯沃斯的控制非常重要，使雅典在防守中所处状况更好，并暂时遏制了敌人在赫勒斯滂针对它的军事行动。停泊在莱斯沃斯的舰队首先用于恢复对克拉佐麦奈的统治。他们获得了这次军事行动的胜利，加之雅典人成功封锁了米利都、战败了卡尔奇戴乌斯，并杀死了这位海军将领。受这些胜利的激励，莱翁和狄奥麦东认为，他们已经具备了条件，可以对开俄斯采取攻势。雅典人用埃皮巴泰兵（Epibatae）精良地装配了25艘战船。在一般情况下，埃皮巴泰兵是第四等级公民组成的由城邦出资武装的士兵；但在当前的紧急情况下，是从城邦征兵名录中抽调的精选重装步兵。他们占据着开俄斯东北不远的一座小岛奥伊努塞，登陆开俄斯，不但对周边地区大肆蹂躏，而且让开俄斯军队遭受了一次惨败。在法纳埃（Phanae）和琉科尼翁（Leukonium）又吃了两次败仗后，开俄斯不敢再到城墙之外。

现在，雅典人让开俄斯尝到了他们在阿提卡遭受的痛苦。开俄斯的国土肥沃高产，[8]商品化程度高，它的财富在整个希腊可谓首屈一指。事实上，在雅典帝国的统治下，该岛繁荣昌盛，没受干扰。修昔底德对于统治者不够审慎、不可理喻的举动感到惊讶。他说："除斯巴达外，据我所知，开俄斯是唯一一个头脑清醒、判断得当、长久繁荣的城邦。随着城邦实力的增加，它更加注意自身的安全。"他继续强调，虽然开俄斯当局如今发现叛离雅典是错误之举，但无论如何，采取这个步骤也算是一个情有可原的错误。因为在遭受叙拉古的灾难后，全希腊普遍的看法是雅典的影响就此结束，似乎与同盟者联合行动才足以自保。修昔底德这一引人注目的评论无疑也包含着他对母邦委婉的批评，指责城邦滥用强大的国力寻求不受限制的扩张。考虑到西西里远征，受到这样的批评也算罪有应得。但是，这同样可视为雅典帝国治下各同盟者所处状况的一则有价值的证据。

正在开俄斯采取的行动预示着雅典事务中出现了一个出人

第三十一章　从雅典大军在西西里覆灭到雅典四百人的寡头派阴谋

意料的变革，那就是岛上的一个派别宣称愿意与雅典重新结成同盟。开俄斯的当局者被迫向率领4艘舰船驻扎在埃吕特拉的阿斯提奥库斯请求施以援手。当开俄斯人焦头烂额之时，雅典人对伊奥尼亚的兴趣随新近抵达萨摩斯的48艘战舰而进一步增强。这支新来的军队立即从萨摩斯驶往米利都，并与此前在拉戴岛上觊觎已久的雅典人一道在此登陆。米利都人集合了800名重装步兵，与由卡尔奇戴乌斯5艘战船送来的拉凯戴蒙人一道出城交战。一同参战的还有一支主要由提萨菲奈斯帐下骑兵组成的军队。阿克比亚戴斯也出现在了战场。雅典的同盟者阿尔戈斯人非常瞧不起站在对面来自米利都的伊奥尼亚人，匆匆向前发起进攻，结果忽视了队形。他们的放肆受到了惩罚，吃了一场彻底的败仗，损失了300人。但是，雅典人所处的一侧在与对面的伯罗奔尼撒和其他军队的交锋中大获全胜。伯罗奔尼撒人甚至追击阿尔戈斯的米利都人都被迫逃回城墙之内躲了起来。这次战斗令人颇为惊讶，因为在战阵的双方，伊奥尼亚重装步兵都打败了多利安人。

曾一度，在取得对米利都城墙之外区域的控制权后，雅典军队希望修建一道横跨连接半岛与大陆之间地峡的城墙，对这座城市展开围攻。但是他们的希望迅速落空。在战斗当天下午，他们得知由55艘伯罗奔尼撒和西西里战船组成的主力即将到来。在55艘战船中，在赫尔摩克拉泰斯的强烈要求下，西西里派来了22艘（叙拉古20艘，塞林努斯2艘）。阿克比亚戴斯强烈要求海军大将立即对米利都人施以援手，以防计划用于围城的城墙完工；他声称，如果这座城市被攻占，伯罗奔尼撒人在伊奥尼亚的所有希望将会落空。因此，他准备次日就驶往那里。但是当天夜晚，雅典人认为还是放弃在米利都周边的阵地返回萨摩斯为妙。返回后，阿尔戈斯重装步兵对最近的失败很是不满，要求将他们送回自己的城邦。

次日上午，伯罗奔尼撒舰队从亚苏斯湾驶往米利都。在发现已经解除敌人的围困后，大军只在那里待了一天，以便将卡尔奇戴乌斯原来带来、被驻拉戴雅典舰队封锁的 25 艘战船补充进去。鉴于离阿摩尔戈斯的老巢亚苏斯不远，提萨菲奈斯劝说他们从海上对其发起进攻，总督派出他的陆军与之配合。在亚苏斯，没有人意识到伯罗奔尼撒人舰队的到来，而认为正在靠近的战船是他们的友军雅典人。因此，伯罗奔尼撒人长驱直入，通过突袭占领了这里。这座城市连同所有战俘都交给了提萨菲奈斯。每名战俘的赎金是 1 个大流克，约合 20 阿提卡德拉克马。阿摩尔戈斯本人被总督押送到了苏萨。

最近双方舰队援军的到达及攻占亚苏斯都发生在大约秋分或 9 月下旬。此时，趁着伯罗奔尼撒舰队聚集在米利都，提萨菲奈斯向他们支付了水手们的工资，恰如他派往斯巴达的使者承诺的那样，按每人每日 1 阿提卡德拉克马发放。但是，与此同时，他申明，除非获得来自苏萨的明确命令，否则将来不会继续按如此高的薪金额支付。不然，他将会减半支付。在与阿斯提奥库斯会合之前，海军的临时指挥官泰拉麦奈斯（Theramenes）对于水

第三十一章 从雅典大军在西西里覆灭到雅典四百人的寡头派阴谋

手们所获的薪酬漠不关心（表明了许多斯巴达军官低下的素质和卑劣的嫉妒心）。但是，叙拉古人赫尔摩克拉泰斯大声抗议削减工资的做法。终于，提萨菲奈斯答应在半个德拉克马的基础上稍微增加，不过他仍不愿继续按规定的支付。在另一边，雅典人又获得了35艘战船的增援。驻扎在开俄斯的舰队被召到萨摩斯。指挥官们将所有海军力量聚在一起，希望根据接下来的行动重新分配这些战船。

在此前一年的秋天，也即遭遇在叙拉古的灾难之后，雅典海军的舰船数量非常稀少且装备不全；如今，我们惊讶地读到，驻扎在萨摩斯的三列桨战船数量就已不少于104艘，其状况良好，随时可服役，此外还有一些战船特别被用于运送军队。事实上，将各分队加在一起，雅典派出的战船总量达到了128艘。在希腊所有城邦中，也只有雅典可能完成这一壮举。也只有雅典，才可能在20年前因伯里克利的远见卓识保留下了储备金，从而获得资金上的援助。

雅典人决定动用30艘战船在开俄斯登陆，修筑一个工事防卫的要塞，并派斯特隆比奇戴斯负责指挥。另外74艘战船掌握着制海权，向南靠近米利都，试图将伯罗奔尼撒舰队逐出港口，但没有成功。事实上，就在一段时间之前，阿斯提奥库斯前往那里，担任新的指挥之职。他率领20艘战船（10艘来自伯罗奔尼撒，10艘来自开俄斯），对雅典在埃吕特拉境内的要塞展开进攻，但无功而返。然后，驶往克拉佐麦奈，该邦居民最近从大陆上重新转移到附近的岛上。在此,他(与波斯驻这一地区的将军塔摩斯)再一次命令克拉佐麦奈人与雅典断绝关系,并占领了他们在大陆上达弗努斯(Daphnus)的居住点。他的要求遭到了拒绝,于是对克拉佐麦奈发起了进攻,虽然该城没有防御工事,但他仍被击退,同时被一场暴雨赶走。如今,阿斯提奥库斯急于进攻莱斯沃斯,因为他听任了使者会叛离雅典的承诺。但是舰队里的科林斯人和其他人非常反对这次行动,他被迫放弃计划,返回到开俄斯。在抵达之前,他的舰队再一次被暴风雨驱散。现已进入11月,暴风雨相当频繁。

此时,佩达利图斯(Pedaritus)受派率领陆军(由亚苏斯战俘组成的雇佣军)从米利都前往埃吕特拉,并经此渡海前往开俄斯。为了他本人和开俄斯人,阿斯提奥库斯提议远征莱斯沃斯。但是科林斯人再一次不愿前往。在此前的远征中就已经明显感受到了莱斯沃斯民众的亲雅典之情。佩达利图斯甚至蛮横地拒绝了他用开俄斯战船完成这个目标的要求。这是一次拉凯戴蒙将官直接不服从海军大将的举动。阿斯提奥库斯对此感到非常愤恨,马上就离开了开俄斯前往米利都,带走了所有伯罗奔尼撒战船,并告诉开俄斯人,如果他们遇到困难,再也不要指望从他那里获得援助。阿斯提奥库斯没有驶往米利都,而是回到了埃吕特拉。

碰巧,他的返航拯救了埃吕特拉。就在当天晚上,在斯特隆比奇戴斯的率领下,由30艘战船及一些运兵船组成的雅典舰队停靠在该邦以南的一个海岬,他们互不知道对方的位置。如果

第三十一章 从雅典大军在西西里覆灭到雅典四百人的寡头派阴谋

次日阿斯提奥库斯前往米利都,将会陷入敌人优势兵力的包围之中。

雅典人占据着离开俄斯城不远的一个名为德尔菲尼翁(Delphinium)的坚固海港。此处一个强大的亲雅典派别已经宣布了效忠。虽然该派的领导人被佩达利图斯抓获并处死,但是余下的支持者仍然众多,当局奉行比以往任何时候都更加严厉的极端寡头制。虽然多次向米利都送去消息,请求援助,声称这个斯巴达在伊奥尼亚同盟者中最重要的城邦处于极度的危险中;但是阿斯提奥库斯仍党同伐异,拒不提供援助。气愤难当的佩达利图斯派人前往斯巴达,控告他是叛国者。此时,德尔菲尼翁要塞即将完工,开俄斯开始受到戴凯雷亚之于雅典的痛苦;最糟糕的是,雅典人还在海上对它进行封锁。这座富裕岛屿上的奴隶主要是购买而得的异邦人,但除了斯巴达之外,比其他任何一个希腊城邦更多。受到入侵者明显优势的鼓舞,他们纷纷成群结队地逃走。除奴隶的逃走外,开俄斯更大的损失来自逃亡奴隶为敌人提供的价值难以估量的消息和提供的帮助。[9]

才抵达米利都,阿斯提奥库斯就发现,伯罗奔尼撒舰队获得了多利欧斯所率的12艘战舰的增援。这些舰船主要来自图利伊,该邦因雅典人在叙拉古遭受的灾难而发动了一场政治革命。阿斯提奥库斯从米利都传来命令,要求新来的战船一半驻防于克尼杜斯,另一半巡航到特利奥皮安(Triopian)角附近拦截从埃及前来的商船。但是,雅典人也知道多利欧斯的到来,从萨摩斯派出一支强大的舰队，将特利奥皮安角附近的六艘战船尽数捕获。他们还试图更进一步，收复克尼杜斯；由于该城靠海一侧没有城墙，他们几乎就要成功。次日，战事重开。雅典人没有取得更大的优势，被迫返回了萨摩斯。虽然伯罗奔尼撒人在米利都的舰队此刻正士气高涨，但阿斯提奥库斯既没有拦截他们，也没有力图掌握制海权，因为他觉得还不够强大，不足以与停泊在萨摩斯的74艘雅典战船抗衡。

虽然迄今为止，伯罗奔尼撒人没有理由抱怨总督没有按规定支付薪酬，但停泊在米利都强大的舰队给指挥官们带来了新的自信。他们对于卡尔奇戴乌斯和阿克比亚戴斯初抵米利都时船少兵寡的情况下签订的条约感到不耻。因此，在抵达米利都不久，阿斯提奥库斯坚持要求与提萨菲奈斯缔结一份新条约；总督答应了他的要求。条约内容如下：

"拉凯戴蒙人及其同盟者与波斯大王大流士、他的儿子们及提萨菲奈斯按如下条件签署条约并结成同盟。拉凯戴蒙人及其同盟者不得进攻或有损于属于大流士、他的父亲及其祖先的任何国土或城市，也不得对上述城市征税。大流士及其臣民不得进攻或有损于拉凯戴蒙人及其同盟者。倘若拉凯戴蒙人或其同盟者有事需与大王商谈，或大王有事需与拉凯戴蒙人或其同盟者商谈，双方应当面对面尽可能表达各种看法。双方将联合对雅典及其同盟者作战。未经双方的同意，任何一方不得停止战争。大王将为他派遣的军队或在其国土内作战的军队支付薪酬并提供给养。倘

第三十一章 从雅典大军在西西里覆灭到雅典四百人的寡头派阴谋

若缔约的任何一方进攻大王的国土,其他各方应尽其最大力量加以阻止并保卫大王的利益。倘若任何人在大王的国土内或其臣属者的国土内进攻拉凯戴蒙人或其同盟者,[10]大王将加以阻止并为其提供最大限度的保护和援助。"

从亲希腊的爱国主义视角看,阿斯提奥库斯与泰拉麦奈斯签订的第二则条约比卡尔奇戴乌斯所签的第一则要好一些。该则条约没有正式宣布所有曾属于波斯大王及其祖先的希腊城邦都应被视为臣民,也没有要求拉凯戴蒙人帮助大王限制希腊人的追求自由。然而,它仍含蓄地承认波斯大王的统治范围与其祖先占据的地盘最大时那样没有限制;同样,大王可以不受限制地干预希腊的事务;要求拉凯戴蒙人无条件地放弃小亚细亚沿岸的希腊城邦。

大约公元前412年年末,在安提斯泰奈斯(Antisthenes)的指挥下,由27艘战船组成的一支伯罗奔尼撒舰队从马莱亚(Malea)角出发,首先渡海前往米洛斯。在此,他们驱散了10艘雅典战船并将其中3艘捕获。接着,因担心逃走的雅典人会将舰队前往萨摩斯的消息透露出去,他们在克里特绕了一大圈,最终来到小亚细亚东南角的考努斯(Kaunus)。一年之前,总督法尔纳巴祖斯派使来到这里,命卡利盖图斯(Kalligeitus)和提摩戈拉斯(Timagoras)组建了一支舰队。安提斯泰奈斯最初受命前往米利都;接着,在克莱亚库斯的率领下,带领这些战船前往赫勒斯滂,配合法尔纳巴祖斯在这一地区与雅典的属邦交战。一改拉凯戴蒙人的惯常做法，以利卡斯为首的11名斯巴达人作为顾问，受阿斯提奥库斯的节制，随同安提斯泰奈斯前往。这些人不但受命协调并限制阿斯提奥库斯，而且受权在认为必要时解除这位海军大将的权力，并以安提斯泰奈斯取而代之。因为从开俄斯回来的佩达利图斯带来的抱怨之词引起了怀疑。

阿斯提奥库斯在米利都一得知安提斯泰奈斯抵达考努斯的消息，就立即出发确保与新来的27艘战船会合。在向南航行的过程中，他夺占了因上次地震几乎被毁、城防受破坏的科斯城，接着经过克尼杜斯。在此，城内的居民要求他立即出战，突袭卡尔米努斯（Charminus）所率的由26艘战船组成的雅典舰队。获悉来自米洛斯的消息后，雅典人从萨摩斯派出这支舰队，以便攻打并驱走安提斯泰奈斯所率的舰队。卡尔米努斯的舰队在罗德斯和吕奇亚周边海域巡航，监视最近抵达考努斯的伯罗奔尼撒舰队。在此过程中，他被数量远超于己的阿斯提奥库斯舰队发现，被迫加足马力逃走，结果损失了6艘战船。驻扎在萨摩斯的雅典人一直在监视着驻米利都的伯罗奔尼撒舰队主力的行动，但直到得知卡尔米努斯被击败的消息，他们似乎才注意到这支舰队已经离开。

虽然如今伯罗奔尼撒舰队的94艘舰船聚集在克尼杜斯，数量远超雅典人，但它并不准备发起一次全面的进攻。利卡斯及其委员会成员最初将时间用于与提萨菲奈斯的谈判。对于这位总督，他们发现舰队人员普通对他强烈不满。这位总督最近都没有正常为水手们提供薪酬。同时，他虽然满口答应他将调来腓尼基舰队

第三十一章　从雅典大军在西西里覆灭到雅典四百人的寡头派阴谋

帮助他们彻底打败雅典人，但事实上，他的目标是在看似公平的情况下，尽可能拉长交战时间，从而削弱双方的力量。利卡斯对于由卡尔奇戴乌斯和泰拉麦奈斯签订的两份条约都非常不满，认为无论是哪一份条约对希腊人来说都是耻辱。两份条约都承认（第一份明确表明，第二份暗含其义），不但爱琴海中所有岛屿，而且色萨利和比奥提亚都是波斯的臣属；如果批准这样的条款，斯巴达将会把希腊人置于波斯权杖的管理下，而不是给予希腊人普遍的自由，而这恰恰是斯巴达人声称为之奋斗的目标。利卡斯宣布，他将拒绝接受所有按此条款支付的波斯资助，并提议谈判签订另一则新的条约，厘定新的更有利的条款。提萨菲奈斯非常生气地拒绝了他的提议。双方不欢而散，没有解决任何问题。

　　总督的拒绝没有难倒这些伯罗奔尼撒的顾问。鉴于在小亚细亚拥有一支从未如此强大的舰队，他们估摸着没有波斯人的援助也能获得资金支付水手的薪酬。最近来自许多罗德斯的强权人物的邀请增加了他们的自信。罗德斯岛居住的多利安人数量众多而且擅长航海。此时，与荷马船表所显示的一样，岛上有三个互不相统的城邦，它们分别是林杜斯、亚吕苏斯和卡麦鲁斯（Kameirus）。由这三个城邦的人联合组成的名为罗德斯的城邦只是在如今我们所谈到的这个时间两三年后才建立的。鉴于罗德斯岛上的三个城市都没有什么防御工事，经过劝说和威吓都与伯罗奔尼撒人结成了同盟。雅典的指挥官此时正忙于筹划政策阴谋，疏于对斯巴达舰队的监视。当雅典舰队从萨摩斯岛赶来时已经太晚，未能拯救罗德斯，不久就返回了萨摩斯。

伯罗奔尼撒人从罗德斯人那里征缴了32塔兰特贡赋，并以该岛取代米利都成为舰队的主要基地。但是，他们却待在岛上没有采取任何行动；事实上，在接下来的80天里，他们都把战船拖到了岸上，也即大约从公元前411年3月中旬到3月底。当由94艘战船组成的数量超过雅典驻萨摩斯的舰队无所事事时，其同盟开俄斯人却遭受着极大的压力。此外，派往协助法尔纳巴祖斯在赫勒斯滂重返雅典属邦的援军也仍然没有任何行动。或许，我们应将伯罗奔尼撒人军事行动的极端不积极归咎于提萨菲奈斯的狡猾政策，如今他正在雅典与斯巴达之间两面三刀。他仍与罗德斯岛上的伯罗奔尼撒人保持着联系，信誓旦旦说腓尼基舰队正在前往支援的路上来拖住他们，并通过贿赂将军和舰长来确保阴谋的实现。甚至海军大将阿斯提奥库斯都得到了一份贪污赃款。除叙拉古人赫尔摩克拉泰斯外，没有人是清白的。

此前，我曾多次注意到，大量的证据表明，所有城邦的领导人物单独行动时，个人的贪贿相当盛行，其中甚至不乏最直白的形式，即直接贿赂。那些讨论寡头政体和民主政体优劣的人也不曾忘记希腊世界的这种普遍现象。奉行寡头制的希腊人假装在公共和私人生活中更具美德；无论古今所有作家都会不断重复承载这些美德者的雅号。但是历史证明事实并非如此。这些人仍不过是随时准备出卖同胞的政客，甚至是出卖所率战士利益的将军；其目的不过是为自身获得金钱。倘若要确保城邦不会受此恶行的

第三十一章 从雅典大军在西西里覆灭到雅典四百人的寡头派阴谋

干扰，只能赋予民众完全的权利起诉那些为恶者，让他们在代表民众自身利益的法官面前接受审判。这就是希腊民主制，尤其是雅典民主制中的审计制度。虽然这种制度并非总是明智，而且也不一定有效，但面对如此紧急及盛行的贪贿行为，它肯定是合理的。然而，在雅典事务向所有人公开的情况下，这种恶行被人忽视或逃避了。针对它采取的预防措施被视为民主制坏脾气和不公正的证据而受到责难。那些最初提议强化这些预防措施的人被贴上蛊惑家或告密者（sycophant）的标签被人蔑视。倘若这些因受贿而浪费两个月时间没有采取任何行动的伯罗奔尼撒将军或舰长是雅典人，他们就有可能受到审判和处罚。虽然，即便在雅典，因受强大政治俱乐部和其他阴谋诡计的影响，被指控者逃脱惩罚的可能性也比理所应当的要大得多。虽然预防措施应当与恶行同时存在，但是当审视雅典民主政体提供的法律预防措施时，事实上，我们将会发现这些措施无论在设计上还是运作上都不完美。尽管如此，可以肯定，这些措施既非多余，也非过于严厉。

1 | Thukyd., i. 122-142; vi. 90.
2 | 除修昔底德的记述（Thuk., vii. 28）外，在 Ar., Ran., 363 中也涉及这一税种。在两份铭文中也提到类似的税种（C. I. A., ii, 11b, 14b; Hicks and Hill, 76）。其中我们发现，公元前389年，塔索斯和克拉佐麦奈同意支付由 ἐπὶ Θρασυβούλου 征收的 εἰκοστή。
与格罗特认为这种过境税特别繁芜的看法相对，或许可以强调：其一，该税种通过渐进的方式征收，从而使城邦不必再征收令人可憎

的 ἀργυρολόγοι νῆες；其二，无疑，前往同盟城邦港口的雅典商人也得承担，因此，有助于消除雅典与纳贡城邦之间的差别。与同盟者建立更紧密联盟关系的看法似乎在此时得到了恢复。至少，在 Ar., *lysistr.*, 582 *ff*（前 411）中我们发现了朝此方向进行全盘改革的倾向。*Cf.* also Lysias, Or. 34, § 3: Εὐβοιεῦσιν ἐπιγαμίαν ἐποιούμεθα 可能就是指的这一时期。

很有可能，这一变革花了一段时间才在各地施行开来。虽然该新税种由 Πορισταί（Beloch, *Rhein. Mus.*, 1884, p. 249）管理，但是 Ἑλληνοταμίαι 仍存在了几年［C. I. A., iv.（1），p. 34］。如果色诺芬的记载（*Hellen.*, i. 3, 9）可信，公元前 408 年，卡尔凯东同意重新支付 φόρος，虽然相关条款并不那么完全轻易能够理解。另一方面，在几乎同时代与塞林布利亚订立的条约中，没有提到 φόρος［C. I. A., iv.（1）61 a; Hicks and Hill, 77］。*Cf.* Throughout Beloch, *loc. Cit.*——编者

3 Plutarch, Nikias, c. 30. 在讲述这则故事时，他也没有多少把握：他们说，雅典人最初并不相信……"（Ἀθηναίους δὲ φασί, etc.）

4 Thukyd., viii. 1.

修昔底德似乎认为，在投票赞成发动远征后，雅典人就禁止再对那些站出来建议采取这次军事行动的演说者进行指责。笔者完全不同意修昔底德的观点。事实上，提出任何重要议案的发言者总会对该议案的公正性、有效性及可行性负有道义上的责任。根据事情的不同情况，如果议案产生的结果完全与他预测的相反，提案者完全可能会因此而招致贬黜。我们知道，雅典的法律经常不但会让动议者承担道义之责，甚至还要求他承担法律责任。虽然在其他城邦该规定的适用性还不太清楚，但是笔者坚信在雅典是适用的。【Hyperides, *Pro Euxen.*:"起诉那些未向人民提出最好建议的演说家的法律。" εἰσαγγελτικὸς νόμος περὶ τοῦ λέγειν μὴ τὰ ἄριστα τῷ δήμῳ.——编者】

第三十一章 从雅典大军在西西里覆灭到雅典四百人的寡头派阴谋

【另一方面，如果雅典公民大会确如它所宣称的那样，有能力决定重要的政治问题，从逻辑上看，它就不应当逃避承担全部责任的义务。非常清楚，代表个人的发言者无论在某一个问题上多有资格提出建议，他都不可能如同公民大会那样，在听取各个方面围绕这个问题的争论后再做出总体判断。恰当地说，发言者可视为倡议者，其目的是从他所处的特殊角度尽可能敏锐地陈述事情的利弊；作为裁定者，公民大会在分析所有证据后承担决定之责。无疑，在彼时，ὑπεύθυνος παραίνεσις 与 ἀνεύθυνος ἀκρόασις 的制度（Thuk., iii. 43）仍方便可行。譬如，在出使阿塔菲奈斯失败后（Herodot., v. 73; cf. [Xenophon], Resp. Ath., ii., §17）。但是，给予发言者最大的好处让他们鼓吹雅典人的言论自由（παρρησία）更公正更有利。如果公民大会确实有能力衡量各种说法的轻重，它就应当鼓励各个方面的人自由表达他们的意见。或许我们会羡慕针对高级官吏的审查（εὔθυνα）制度。将这种制度运用于针对决策困难问题的辩论上面就会产生一系列不能确定的好处。——编者】

德摩斯提尼（*De. Corona*, c. 73）强调说，他欣然接受作为一个政治发言者和建言者应当承担的责任。

5　修昔底德使用的 εἰς εὐτέλειαν σωφρονίσαι 说法值得特别注意。Σωφροσύνη 是反民主派用以描述一种参与者范围更狭窄的政体的一种恭维之词。Cf. viii. 53: εἰ μὴ πολιτεύσομεν σωφρονέστερον καὶ ἐς ὀλίγους μᾶλλον τὰς ἀρχὰς ποιήσομεν; 在 vi.89 中，民主政体被赋予 ἀκολασία 之名；在 viii.. 64 中：σωφροσύνην λαβοῦσαι（寡头政体）。因此，不难看出，"预算委员会"的建立标志着公元前 413 年限制普遍投票权的政治反动的开始。关于该机构的进一步活动，参见第 32 章的附录。——编者

6　如果阿克比亚戴斯确实想完全毁灭雅典，他本可以要求派兵远征赫勒

斯滂。中断了粮食的供应几乎肯定就会让雅典马上屈服,而丧失开俄斯则不会让雅典立即投降。同样地,阿克比亚戴斯提议的另外两件事,即派出古利普斯和占据戴凯莱亚表明,他并不希望完全打败雅典,而只是想给予它一记重击,以此证明他有能力给城邦带来破坏。Cf. Holm, *Gk. Hist.*, ii., p. 509.——编者

7 Thuk., iv. 75 提到在对岸大陆上有一支萨摩斯流亡者建立的政府,这次事件指的是公元前 424 年之前的一场民主革命。viii. 21 中使用词语 ἐπανάστασις 的意思可能是"倒下后再爬起来"(*cf.* Diod., xviii. 31)或"反革命"。在此,我们可以认为,寡头派此时再次获得了控制权(或许与以弗所的叛离有关,但材料中没有明确提到该邦的叛离)。——编者

8 Aristotel., *Politic.*, iv. 4, 1; Athenaeus, vi., p. 265.

9 Thukyd., viii. 38-40. 关于开俄斯奴隶的状况,参见 Athenaeus, vi., p. 265 中摘自泰奥彭普斯和宁弗多鲁斯的记载。

10 值得注意的是,这里区分了"大王的国土"和"大王所辖帝国"的国土。笔者认为,前者指亚洲大陆及上面的居民;在苏萨王庭看来这是大王神圣而特别的永久产业(Herodot., i. 4)。后者指那些总督认为便于占有的,或叙斯塔斯皮之子大流士或薛西斯实力鼎盛时曾一度占领的地盘。

第三十二章
战争第二十一年：雅典的四百寡头政体

没有理由怀疑，要不是因一小撮公民的背叛导致的危险，雅典的外部事务或许已经不断在改善了。公民的背叛行为最初始于阿克比亚戴斯的放逐。

在几个月的时间里，斯巴达人大大丧失了对他的信心。出乎他意料的是，小亚细亚雅典属邦的反叛行动进展得既不轻松也不迅速。与他一同行动的斯巴达指挥官卡尔奇戴乌斯吃了败仗并在米利都附近被杀。他主要的庇护人监察官恩狄乌斯只任职一年；9月底，也即雅典人在米利都附近获得第二次胜利，准备围攻该城时，另一批监察官上任。此外，阿克比亚戴斯的私敌阿吉斯仍在困扰着他。

在遭受米利都败仗后，阿吉斯指控阿克比亚戴斯背叛了斯巴达。对此，新任的监察官立即向将军阿斯提奥库斯发出命令，要求将此人处死。此时，阿克比亚戴斯真切地体验到了斯巴达和雅典处理程序上的不同。在雅典他的仇敌众多而恶毒。在政治斗争中，它不可言说的优势在于，虽然他们可以向他叫嚣，骂他不敬诸神，但是他们所能采取的最极端手段只是，将他召回，接受陪审法庭的审判。在斯巴达，即便没有什么犯罪的明显证据，政敌也可发布命令将他处死。

然而，阿克比亚戴斯及时获悉消息，逃往提萨菲奈斯那里。很有可能，提前告知他的正是阿斯提奥库斯本人，尽管这位将军明知如此巨大的一件事情将会极大疏远与开俄斯人和米利都人的关系。阿克比亚戴斯天生适应性强，使他立即精通了波斯人的处世之道，并在新的位置上游刃有余。很快他想方设法取得了总督的信任。如今，他既不亲斯巴达也不支持雅典，而向波斯靠拢，努力施行反希腊的措施。这种口是心非的伎俩正是提萨菲奈斯的天性，也正是一个干预希腊事务的灵活交涉者所必不可少的。阿克比亚戴斯强调，为交战任何一方提供有效援助使其打败另一方绝不符合波斯大王的利益。提萨菲奈斯既不应当调遣腓尼基舰队帮助拉凯戴蒙人，也不应为新来的希腊军队提供他们向波斯人要求的充沛薪酬。他应当采取现在的援助方式拉长战争的时间，使双方都成为耗费并拖垮另一方的工具，从而使他坐享双方毁灭之利。具体而言，首先借拉凯戴蒙人之手瓦解雅典帝国；然后，赶

第三十二章 战争第二十一年：雅典的四百寡头政体

走拉凯戴蒙人，如果经过一场延宕日久的战斗，打败他们也没有什么困难。

就这样，作为一个波斯人的顾问，阿克比亚戴斯给出了一语中的建议，与苏萨王庭的政策一拍即合。不过，他为别人提出建议总是想实现自身的利益、野心或憎恨。由于被拉凯戴蒙人毫不客气地抛弃，他被迫想方设法重新返回自身的城邦。为了实现这一目标，他不但必须尽力使雅典免于完全毁灭，而且还必须向雅典人表明，如果他能够回归，就会让提萨菲奈斯把援助从拉凯戴蒙转移到雅典。因此，他进一步向这位总督建议，千万不要让陆军和海军都集中于拉凯戴蒙人或雅典人任何一方之手，这才符合他的利益。不过，相较于拉凯戴蒙，处理与雅典帝国相关的事务更加容易。他强调说，除了让海上属邦臣服于它，雅典没有其他更高的目标；作为交换，雅典愿意将所有小亚细亚的希腊人置于波斯大王的控制下。而斯巴达没有帝国梦想，而只是顽固地希望解放每一个希腊城邦，根本不可能让小亚细亚的希腊人被剥夺同样的权利。

阿克比亚戴斯希望通过这样的建议让总督偏向于雅典，不过他的这些说法建立在错误的推论之上，不会产生什么效果。因为，一方面，即便利卡斯也从来没有拒绝将小亚细亚的希腊人交给波斯统治；另一方面，雅典帝国只要仍存在，就肯定会比斯巴达对波斯更有威胁。事实上，斯巴达对于解放所有希腊城邦没什么兴趣。虽然提萨菲奈斯感受到了阿克比亚戴斯危言耸听言辞的强大力量，但他根本不可能对此采取积极的应对。除了提供继续战争的必要援助外，他根本不可能为伯罗奔尼撒人提供更多帮助，因为他不愿见到其迅速获得决定性的胜利。这位雅典流亡者的真正用途是协助总督将上述想法付诸实现。同时让阿克比亚戴斯产生一种貌似可能的假象和理由，认为他会取代拉凯戴蒙人获得有效的人员和资金。

在夺占亚苏斯并镇压阿摩尔戈斯的叛乱后，提萨菲奈斯向驻扎在米利都的拉凯戴蒙人支付的第一笔款项是每人每天 1 德拉克马的津贴。但是他也明确告知，以后将会削减一半。阿克比亚戴斯为经费的削弱提供了一个理由。他说，雅典人所给的也不过半德拉克马。其原因不是他们给不起那笔钱，而是因为在长期的海上活动中他们发现，高工资不但会导致水手们生活没有节制而过于放任，从而破坏军纪；而且也会使将军轻易批准水手的告假，他们相信当需要人手时，高工资会吸引水手们回来的。或许，由于从来没有指望这样的借口（当雅典非常贫困甚至都无法支付每人每日半德拉克马津贴时也采用了同样的借口）会说服任何人，他说服提萨菲奈斯通过贿赂将军和舰长来强化其效果。对于派人请求金钱援助的其他希腊人城邦，尤其是开俄斯，阿克比亚戴斯说得更加开诚布公。他说，过去，这些城邦被迫向雅典缴纳贡金，如今既然已经摆脱了纳贡之累，在城邦自身的防卫上，它们就不要指望逃脱本应承担的同样或更大的负担了。不过，为将来计，同时他宣布，提萨菲奈斯目前是用自己的钱来打仗。如果将来从

第三十二章 战争第二十一年：雅典的四百寡头政体

苏萨送来的资金到位了，将重新发放全额工资。对于这个承诺，他补充说，腓尼基舰队正在装配中，很快就会前来支援他们，从而使他们处于绝对优势，让敌人的抵抗毫无希望。

与此同时，阿克比亚戴斯开始与雅典驻萨摩斯的将领互通信息。雅典大军已经知悉他叛逃拉凯戴蒙并假装在提萨菲奈斯手下做事的事实。他的计划是借助对总督的影响，通过展现他有能力赢得波斯的援助并与之结盟，重新回归雅典并重获权力。然而，众所周知，他敌视民主制。除非将之与一场寡头复辟联系起来，否则他不可能实现回归的愿望。因此，他派人私下向驻萨摩斯的将领送去了消息。无疑这些将领中有几个人与之私交颇厚，希望被这位军中的"最优秀者"（这种称呼是寡头派人士熟知并经常用于相互吹捧）给铭记。于是，他们散布消息说，他希望再一次成为雅典公民的一员，随之而来的是与提萨菲奈斯结盟。但他前来的唯一条件是组建一个寡头政府。

虽然驻萨摩斯的人没有想过要发动一场革命，但是这个想法提出来后，军队里的舰长和富人急切地将其付诸实践。在雅典国库耗尽并丧失属邦的贡金后，军事行动的花费落到了普通土地所有者，尤其是富有的土地所有者头上。他们从政变中看到了摆脱负担的希望，也看到了胜利的可能。驻军派出一个代表团，从萨摩斯渡海前往大陆，与阿克比亚戴斯私下商谈。他再一次做出保证，只要他们推翻雅典的民主制，他不但会赢得提萨菲奈斯的支持，而且会让波斯大王积极与雅典配合。因为波斯大王不可能信任民主制。

代表团刚返回并带来这些新的保证后,驻萨摩斯的寡头派马上就聚在一起,准备采取措施颠覆民主政体。他们甚至胆敢向广大的战士们公开宣布其计划。战士们除了厌恶之外没有其他的反应。虽然他们不满意,但是在被告知只有废除民主制波斯才会为他们送来经费时,他们只能保持沉默。然而,这些寡头暴动的密谋者知道,他们所能指望的最好也不过是勉强的默许,他们必须亲自动手才能完成这场革命。最后他们做出决议,派出一个以佩桑戴尔(Peisander)为首的代表团前往雅典,[1] 让公民大会知道事情的进展,并督促城邦的寡头派俱乐部积极协作,以图武力推翻民主制。以此为基础,希望将来在雅典所有余下的属邦都建立寡头派政府。他们想象着,这样,一旦雅典摆脱了民主制,被置于"最优秀最具美德的公民"统治之下,就能说服这些属邦对它忠诚,甚至一些已经叛离的城邦或许也会重新效忠于它。

迄今为止,雅典人需接受的这次交易一方面要求推翻民主制,迎接阿克比亚戴斯的回归,另一方面从波斯免费获得金钱资助。但是,实现如此一场交易的保障是什么呢?除了阿克比亚戴斯的一句话外,根本没有任何保障。使波斯大王按照阿克比亚戴斯的好恶决定外交政策的合理动机会是什么呢?激励波斯大王如此积极以寡头制取代雅典民主制的原因又是什么?驻萨摩斯的寡头派密谋者不但从来没有提出过这个问题,而且也是他们想尽办法要制止人们提出的问题。阿克比亚戴斯的建议与他们的政治利

第三十二章 战争第二十一年：雅典的四百寡头政体

益和政治野心完全吻合。他们的目标就是推翻民主制，由他们亲自控制政府。他们声称只有这样做才可能获得波斯援金。如果能够实现这个目标，将成为价值难以估量的一块垫脚石，不管最后的结果是否只是一种幻象。实现这一目标的可能性是，让他们自己相信会实现，并以更大的热情使其他人也相信。于是他们开始相互劝说。

据我们所知，有且仅有一个人敢于公开对此提出质疑。他叫弗吕尼库斯（Phrynichus），是舰队的一名将军，为人聪明且富有远见，但私下与阿克比亚戴斯为敌。在取得米利都大捷后，他曾提出许多颇有价值的忠告。他说，阿克比亚戴斯并不在意寡头制还是民主制，即使建立了寡头制后他这个人也不可靠。他唯一的目的是利用这次寡头派的密谋，促成他的回归。如果密谋成功，必然会给城邦造成政治混乱，这是当前能够发生的最大不幸。至于波斯大王，指望他放下身段，援助老对头雅典人，这是不可理喻的，对此他完全没有信心。而他现在以拉凯戴蒙人为盟友，在其辖区内拥有强大的海军和城市，而它们都从未让他感受过羞辱和怠慢。此外，如今拜寡头政府所赐，有人提议将雅典及其属邦拱手相让，这些属邦所获的恩惠不过是冷漠。它们的目标是获得自治，视情况选择寡头制还是民主制。在奉行寡头制的雅典统治下，这些属邦公民除了受到不经法庭审判的粗暴对待外，他们什么也指望不上。但是，在民主政体下，他们可以获得庇护和上诉的权利，而施暴者将会受到人民和陪审法庭的限制和惩罚。[2]

但他的抗议之声几乎没有得到任何支持。寡头派密谋者的愿望是如此急迫，以至于他们决定立即派遣佩桑戴尔和其他人前往雅典，促成寡头派的革命，并迎回阿克比亚戴斯。

弗吕尼库斯非常清楚，如果革命成功，对他而言，结果将是什么，那就是其政敌阿克比亚戴斯的报复。因为确信阿克比亚戴斯会收拾他，弗吕尼库斯决定首先采取措施提前消灭这位流亡者。他秘密与拉凯戴蒙驻米利都的海军大将阿斯提奥库斯取得了联系，偷偷地告诉了他阿克比亚戴斯在萨摩斯策划的有损伯罗奔尼撒人利益的计谋，拙劣地辩称说他牺牲祖国的利益是为了保护自身不受私敌的伤害。但是，弗吕尼库斯并不清楚这位斯巴达指挥官的性格，也不知道他与提萨菲奈斯和阿克比亚戴斯的关系。其实，阿克比亚戴斯如今正在马格奈西亚，处于总督的保护之下，拉凯戴蒙人对他无可奈何。但是，阿斯提奥库斯是一个被提萨菲奈斯金钱所收买的背信弃义、不能尽忠职守之人。他前往马格奈西亚把弗吕尼库斯的书信交给了这位被泄密之人。阿克比亚戴斯立即派人给驻萨摩斯的将军和将领送去密信，告知他们弗吕尼库斯采取的步骤，要求他们将他处死。

如今，弗吕尼库斯命悬一线，或许只有根植于雅典人心目中的司法程序才能保住他的性命。在如此极度危险的情况下，他通过一种更加狡猾的方式来拯救自己。他给阿斯提奥库斯另外送去了一封信，声称他愿意向拉凯戴蒙人透露雅典人在萨摩斯的军营及军队情况，邀请阿斯提奥库斯进攻这个还未设防的地方，并

第三十二章 战争第二十一年：雅典的四百寡头政体

详细地解释了进攻应当最好采用何种方式。由于预见到阿斯提奥库斯将会如此前一样泄露这封信的内容，弗吕尼库斯告诉了军队敌人即将发起进攻的企图，仿佛这是他通过私下渠道获得的一样。不久，雅典军队收到了一封阿克比亚戴斯写来的信，告诉他们弗吕尼库斯已经叛变，伯罗奔尼撒人即将发起进攻。但是，这封信是在弗吕尼库斯发出命令要求采取预防措施之后才送达的，人们将其解释为阿克比亚戴斯指控其政敌的离间之计，反而达到了洗刷弗吕尼库斯污名的作用，使他摆脱了两项指控。

但是，虽然弗吕尼库斯成功地解救了自己，通过其策略完全消除了阿克比亚戴斯的影响。在阿克比亚戴斯的推动下，寡头运动不但开始了，而且从萨摩斯转移到了雅典。到达雅典后，佩桑戴尔及其同伴在公民大会前汇报寡头派在萨摩斯推行的计划，呼吁人民答应阿克比亚戴斯的回归，并放弃民主宪政。他们保证，作为回报，波斯大王将成为其同盟者，打败伯罗奔尼撒人指日可待。[3] 许多发言者站起来为民主制进行辩护。阿克比亚戴斯的政敌义愤填膺地抨击让其回归的错误想法。对于这些政敌，佩桑戴尔只做了一个简单的回答："当拉凯戴蒙人拥有一支与我们势均力敌的海上力量和数量更多的同盟者时，你们用以拯救城邦的希望是什么？此外，大王和提萨菲奈斯还向他们提供金钱，而我们的国库已不名一文了。除非我们能够说服大王站到我们一边，否则你们还有什么用以拯救城邦的希望？除非我们将权力交到少数人手里，否则根本没有可能实现这个目标。阿克比亚戴斯是唯

——一个仍在世的熟悉此类事务的人,因此必须要召回他。"

公民大会投票批准了他的提议。他及其他10位使者被授予了全权,与阿克比亚戴斯和提萨菲奈斯进行谈判,然后立即被派往伊奥尼亚。同时,公民大会还授权佩桑戴尔解除弗吕尼库斯的指挥权。

就在离开前往小亚细亚之前,他采取了一个更重要的步骤。他非常清楚,仅凭公民的自发行动,最近的投票结果绝不会变成现实。因此,作为第一步,必须要推动和鼓励寡头派展现他们的力量,以此体现他本人的权威,同时证明民主制的软弱无力。但是,号召这些力量积极行动起来的第二步仍未实施。在雅典有各种各样的政治俱乐部或组织,参与者都是富裕公民,通过誓言结合在一起。佩桑戴尔拜访了所有这些政治组织,一则为了取悦于他们,但主要是为了确保其成员在行动中相互支持。这些行动的目标包括实现政治雄伟的抱负,在司法审判中相互包庇,在官员卸任时的指控和辩护,在公民大会上贯彻某些提议等。加入这些俱乐部的大多数人都是"最优秀的公民,具有美德而值得尊敬的,高雅之士,著名人物,节制、诚信而中庸之士"等等。自然,那些富裕和反对民主的政客以上述恭维之词相互敬称,古今皆同。在具体的政治生活中,他们有不同的偏向和不同的好恶;相互之间的对抗多于合作。但是,当所有人聚集在一起时,就会形成一支可怕的反民主势力。虽然在完成较小的政治任务时相互推诿,力量分散,各自更看重个人的成功,但是在处于特别的危机时刻,

第三十二章 战争第二十一年：雅典的四百寡头政体

他们能够组织起来，共同发力，颠覆民主政体。这就是如今由佩桑戴尔发动的这次重要运动。他分别拜会了每一个俱乐部，使它们相互之间保持了联系，并说服它们针对共同的敌人——民主政体——联合采取咄咄逼人的行动。[4]

在为此目的采取其他必要的措施后，佩桑戴尔及其同伴离开雅典，开始与提萨菲奈斯开展谈判。在他不在雅典期间，人们不断增加的热情继续由他倡导的俱乐部之间的合作。这种合作甚至落入一些比他更有组织性和效率性的人手中。修辞教师安提丰涉足尤深，获得了俱乐部的信任，拟订了与民主政体斗争的计划。在私人生活中，他是一个可敬的人，不受金钱的腐蚀；在其他方面，他能力卓绝、长于计谋、精于判断、口才一流、行动果绝。他所从事的职业在民主政体中普遍不受欢迎，因此使他无法作为公民大会或陪审法庭的发言人名列政治家之列。作为一名修辞学教师，他总是代表一方与别人针锋相对，如同当今一位剑术教练与一位绅士进行一场决斗一样，被视为占据着不当之利。由于被禁止在雅典的公共生活中一展自己的才华，安提丰只能作为一个通过撰写劝导词和诉讼词而协助其他著名人物的行家里手而日臻完美。[5]由于在政治和司法辩论中，他类似于私人法律顾问一样，总是站在后面默默地为他人提供援助，所以他深受富裕公民的青睐，并获得很高的报酬。这恰恰是当时的环境所需要的才能。安提丰憎恨民主政体过去使他一直待在幕后，如今欣然倾其所有才能于颠覆民主政体的斗争中。

他的主要助手是另一位能力出众、生性狡诈的雅典公民泰拉麦奈斯。这是我们首次提到他。其父哈格农是预算委员会成员之一。弗吕尼库斯在被解除指挥权后也积极推动雅典的这次行动。他将安提丰和泰拉麦奈斯拉入一个不亚于他们的组织,这个组织的勇气和胆识有过之而无不及。

当佩桑戴尔和其他使者抵达伊奥尼亚时(公元前411年1月底或2月初),伯罗奔尼撒人的舰队已经前往罗德斯。此时,雅典驻开俄斯的军队正在围攻该城的斗争中取得进展,并在附近的德尔菲尼翁修筑了要塞。拉凯戴蒙人驻该岛的总督佩达利图斯已经派人送去紧急消息,要求驻扎在罗德斯的伯罗奔尼撒人提供援助,但是援军还没有到达。于是,他决定尝试动用所有的外邦军队和开俄斯人,对雅典人发起进攻以期能够突围。虽然最初取得了一些进展,但战斗以彻底的失败而告终,他本人也被杀身亡。

就在开俄斯很有可能被雅典恢复统治时,佩桑戴尔来到了伊奥尼亚,并与阿克比亚戴斯和提萨菲奈斯进行谈判。他宣布,雅典推翻民主制的工作已经开始,很快就会完成。如今,他要求兑现此前的承诺,即与波斯结盟并与雅典一起对抗伯罗奔尼撒人。但阿克比亚戴斯非常清楚他的承诺完全不可能实现。

在与提萨菲奈斯共同接见使者的过程中,他提出了自己的要求,他知道雅典人绝对不会对此做出如此程度的让步。其目的是将关系破裂之责推到雅典人一方,而不是他身上。首先,他要求将伊奥尼亚的全部割让给波斯大王;其次,让出周边所有岛屿。

第三十二章 战争第二十一年：雅典的四百寡头政体

他还提出了其他一些条件。尽管这些要求如此苛刻，包括让出了莱斯沃斯、萨摩斯和开俄斯，使波斯国王管辖的范围达到了公元前496年伊奥尼亚起义之前的状况，但是佩桑戴尔及其同僚还是答应了所有条件。阿克比亚戴斯眼看他的欺骗伎俩就要暴露无遗、完全破产。最后，他又想到了一个新的要求。这个要求深深地触及了雅典人的尊严和雅典的安全。他要求，波斯大王可以随便建造多少舰船，并有权在新增版图内他认为合适的任何海岸航行。[6]这不但废除了大约40年前雅典与波斯签署的引以为荣的条约（所谓的卡利亚斯和约），而且终结了雅典的海上帝国，使爱琴海各岛屿及沿岸各地的安全受到了威胁。倘若一支强大的波斯舰队登陆这些岛屿，这无异于向西进一步征服的前奏和手段。这一条件将会重新唤起波斯大王自薛西斯开始以来的侵略野心。佩桑戴尔及其同僚愤然中止了谈判，返回萨摩斯。他们怀疑阿克比亚戴斯在由他倡导的寡头派运动中欺骗了众人，确信此人完全不适宜在寡头政体中占据要职。他们宣布因无法实现他们提出的愿望，谈判出乎意料地以失败告终。当这个消息在萨摩斯传开后，在军队中造成了一种幻象，似乎阿克比亚戴斯死心塌地推崇民主制。

就在谈判破裂后，总督采取了一项举措彻底毁掉了雅典人获得波斯援助的希望。虽然坚持不为任何一方提供占决定性优势的援助，但是他开始担心把事态搞得太糟，从而触怒了伯罗奔尼撒人。事实上，提萨菲奈斯与他们并未签订可以执行的条约，因为利卡斯拒绝了此前的两则条约；而且总督也没有为他们提供薪酬和给养。然而，他被告知伯罗奔尼撒人已经没有了给养。他们有可能会撤军或劫掠其辖区的沿海地带，甚至有可能被迫匆匆与雅典人全面交战。在此情况下，他觉得必须要为他们提供薪酬，并签订第三份条约。于是，他邀请伯罗奔尼撒的领导人前往米利都，签订了一份条约，内容如下：

"在大流士统治的第13年，也即阿莱克西皮达斯（Alexippidas）任拉凯戴蒙监察官的那一年，拉凯戴蒙人及其同盟者与提萨菲奈斯、希埃拉麦奈斯（Hieramenes）及法尔纳凯斯（Pharnakes）诸子就大王与拉凯戴蒙人及其同盟者之间的事务按此要求签订一份条约。亚洲范围内大王的辖区归大王统治。在其辖区内，大王有权按他的意愿决定任何事务。拉凯戴蒙人及其同盟者不得因不正当的原因进入大王的辖区内，大王也不得因同样的原因进入拉凯戴蒙人及其同盟者的统治区域。倘若拉凯戴蒙人及其同盟者的任何一方侵入大王的辖区行不端之事，大王将予以阻止。在大王的舰队抵达之前，提萨菲奈斯应按此前规定的额度为舰队提供薪酬和给养。在此之后，拉凯戴蒙人有权选择如其所愿装配自身的舰队。如果他们愿意，提萨菲奈斯仍将为其提供给养。战争结束时，拉凯戴蒙人务必偿还他们从总督那里获得的给养。在大王的舰队抵达后，两支舰队将联合作战，具体方式可视提萨菲奈斯和拉凯戴蒙人及其同盟者认为恰当的而定。倘若要中止与雅典人之间的战争，应征得双方的一致同意。"

与此前的两份条约相比较，我们首先发现，在第三份条约中，

第三十二章 战争第二十一年：雅典的四百寡头政体

除确定亚洲大陆及所有定居于这些地方的希腊人无可争辩地归属大王之外，没有对其他区域做出任何规定。根据外交策略，虽然其他地方没有做出规定，但其中的条款暗含着，这并非大王有权要求的所有版图。其次，第三份条约将法纳尔巴祖斯所辖的达斯库利翁（Daskylium）总督区也包括其中；而此前的条约只考虑了提萨菲奈斯的辖区。最后，我们第一次发现，波斯人正式宣布他们的一支舰队将会赶来支援伯罗奔尼撒人。

此时，伯罗奔尼撒舰队受领移入罗德斯。在离开那座岛之前，埃莱特利亚和奥罗普斯的使者来到这里。奥罗普斯虽然曾有一支雅典军队保护，但最近遭到了比奥提亚人的突袭并被夺占。奥罗普斯的丧失大大地便利了优卑亚的叛离。这两个城邦的使者前来寻求伯罗奔尼撒舰队的援助，并在下一步在优卑亚岛上策划类似的行动。然而，伯罗奔尼撒的指挥官觉得他们当下的义务是解救开俄斯的受害者，因为该岛是他们最先实施其计划的地方。但是，当发现雅典舰队行动迟缓时，他们再一次将力量集中到米利都。而雅典舰队也再一次聚集到萨摩斯。大约在公元前411年年底，两支舰队就这样更换了它们此前占据长达四个月之久的基地。

在遭遇阿克比亚戴斯的背叛和眼见提萨菲奈斯与伯罗奔尼撒人的关系明显好转后，佩桑戴尔及驻萨摩斯的寡头派密谋者不得不重新考虑他们的行动计划。在对波斯金钱的指望落空之前，他们已经完成了第一步。雅典人已经熟知颠覆民主制的想法，并一定程度上将此作为获胜的代价。在战争时期，他们还将付出他们已经同意做出的让步而没有任何代价。[7]此外，策划这次阴谋的领导人觉得他们已经做出了让步，因此不能继续以安全为代价进行妥协。阴谋者们决定仍然要不惜一切代价颠覆政体，并继续从事对外战争。鉴于大多数人都是富有者，他们不惜自掏腰包支付所需钱款；他们所从事的不是为了城邦，而是为了他们自身的权力和利益。

他们不失时机地开始将其付诸实施。他们一边派佩桑戴尔和五位使者返回雅典，完成已进行的准备工作，另外五人到属邦推进政治的寡头化，一边组织所有的支持者武装起来，开始采取措施镇压萨摩斯民主派的反抗。佩桑戴尔的支持者发现萨摩斯当局是一个妨碍其计划的不可避免的障碍，于是想方设法将其中一些领导者拉拢了过来。10个月前为了推翻原来的寡头制揭竿而起的300名萨摩斯人如今被征募到雅典寡头派的队伍之中。按照暗杀这种真正的寡头派做法来巩固同盟。一个达此目的的合适目标就近在眼前。多年前被尼奇亚斯和阿克比亚戴斯联手流放的雅典人叙佩波鲁斯如今居住在萨摩斯。一些支持寡头派的雅典人在将军卡尔米努斯的率领下，在一批萨摩斯密谋者的配合下，将此人抓起并处以死刑，与他一起被处决的似乎还有其他一些人。

但是，这些暗杀行动提醒了他们的敌手。萨摩斯的那些领导人仍忠于民主政体。他们放眼海外，寻求支援对抗寡头即将发起的进攻，因此向最近从雅典前来代替弗吕尼库斯和斯奇罗尼戴斯的两位将军莱翁、狄奥麦东，舰长特拉叙鲁斯，当时充当重装

第三十二章 战争第二十一年：雅典的四百寡头政体

步兵的特拉叙布鲁斯（Thrasybulus, son of Lykus）及其他许多在雅典军中著名的民主派和爱国者求救。他们不但是为了自身的安全和本邦的民主制而发出求救之声，而且还代表着雅典的国家利益。因为，如果萨摩斯的政治实现了寡头化，该邦对雅典民主政体的同情及对同盟的忠诚都将作古。

支持萨摩斯受到攻击的民主政体，并保存自身在这座充当雅典帝国中流砥柱的岛屿上的存在，这完全足以唤醒雅典的领导人物。通过与战士和水手们私下的讨论，在号召他们干预避免萨摩斯民主政体被颠覆的过程中，雅典的领导人物看到，民众普遍而明确地站在他们一边。他们大多数人属于帕拉利（Parali），也即圣船帕拉鲁斯号上的水手。不久，密谋者发起了武力推翻民主当局的战斗。虽然看准了时机，但这次战斗仍让他们全军覆灭。其中30名成员被杀，三名罪大恶极的领导人后来被判流放之刑。获胜的一方没有进一步报复，甚至对300名密谋者也非常宽容，颁布了大赦令，尽其所能重建民主宪政及和谐的民主政体运作环境。

一位在这次战斗中奋勇向前的名为卡莱亚斯（Chareas）的雅典舰长受派乘坐帕拉鲁斯号前往雅典，向人民汇报最近发生的事情。但是，当支持民主政体的水手抵达母邦时，发现他们没有得到本应指望的欢迎，反而得知雅典的民主政体被推翻。城邦的最高权力不再掌握在500人议事会和公民大会手中，而落入一批由400人组成的寡头派手里。听闻帕拉鲁斯号进入皮莱乌斯的消息后，400人政权发出的第一个命令是将水手们转移到一艘普通三列桨战舰上，并将他们派往优卑亚附近海域巡航。指挥官卡莱亚斯想方设法逃脱并返回萨摩斯，告诉人们这一则令人不快的消息。

自佩桑戴尔离开雅典后，400寡头定然就开始采取步骤，逐渐地他们获得了新的权力。位居该长老委员会的所有成员都被称为普罗布利——该名称在西西里惨败后就出现——泰拉麦奈斯之父哈格农是委员会的首脑。[8]该委员会的成员还包括其他许多著名的公民，其中一些曾被认为是民主政体最坚定的支持者。持寡头思想或中立思想的富裕公民怀着积极的热情参与其中。因此，形成了一批人数众多、家资丰厚的支持者。他们允许议事会和公民大会如同往常一样举行会议，展开辩论，但是在什么时候发言和讲什么话等方面，支持者都会获得指令。至于支持者的姓名和数量，我们就不得而知了。他们讨论的重大话题是当前的民主政体花费巨大，造成了城邦的财政紧张，而来自同盟者的贡金不再可能指望得上了。因此，城邦不得不征收重税支付议事会成员、陪审员、公民大会参加者等人的津贴。如今，城邦只能为那些在战场上出生入死的士兵支付薪酬，其他任何人都不得用公费支付。他们坚称，除那些精挑细选的最有能力、最有资财为城邦做出贡献的5000人外，必须剥夺其他所有人的公民权。[9]

尽管得到这些间接的支持，但由于将公民人数削减为5000人，并禁止对所有公职发放津贴，这样强烈的变化足以招来大量的反对者。对于那些公开反对的人,其中最著名的人物相继被暗杀。第一个因此被杀的人是安德罗克莱斯,此人是一位著名的公共演说家,他受到报复不但是因为当时的环境,而且在阿克比亚戴斯被流放之前,他还是最积极的指控者。来自希腊各邦的一帮年轻人被组织起来,从事暗杀行动。被暗杀者都因同样特殊的背景而被选中。整个暗杀行动做得非常干净,以至于根本没人知道谁是指使者,他们使用了何种武器。这些暗杀命令从一个类似于威米克法庭(Vehmic tribunal)的未知指挥部发出。在持续一段时间后,暗杀造成的恐怖气氛笼罩着整个城邦。眼见其组织如此完备,打击的目标如此精准,人们纷纷相信,阴谋者的数量比现实看到的还要多得多。鉴于其中一些人曾被视为坚定的民主派,最终沮丧之情和不信任感弥漫着整个城邦。在如此恐怖的情况下,所有反对者都不敢在议事会和公民大会上抒发己见,那些代表着策划寡头运动的发言人再也听不到不同的反对声音。

这就是佩桑戴尔及五位使者从萨摩斯返回时雅典所处的状况。或许,此前他们已经从萨摩斯传回了与阿克比亚戴斯谈崩的消息。阿克比亚戴斯的两个私敌安提丰和弗吕尼库斯可能都能接受这个消息,因为安提丰的计划根本不涉及波斯援助。佩桑戴尔没有直接从萨摩斯来到雅典,而在航行过程中在许多同盟属邦都有所停留。而其他五位使者被派往塔索斯和其他地方,他们都有同样的目标,那就是颠覆那些仍奉行民主政体的城邦,并建立寡头政体。佩桑戴尔在泰诺斯、安德罗斯、卡吕斯图斯、埃吉纳及其他地方召集了300名重装步兵，他将其带往雅典，充当新生寡头政体的护卫者。他的到来标志着革命的成功：首先中止了监护政体的机构，其次更加直接地使用了武力。

在一次公民大会上，通过了一则法令，任命10名享有全权的委员，准备按其所愿进行政治改革，并在规定的时间内完成改革计划。[10] 按正常的运作方式，这则法令在提交公民大会之前必须获得500人议事会的认可。无疑，当时的情况也是如此，因此这项提案没有受到反对就获得了通过。在规定的时间到来时，再一次举行了公民大会。不过，佩桑戴尔及其支持者并不在往常城墙之内的会议召开地（皮尼克斯山）举行，而是将其挪到城北离城墙10斯塔狄亚之外的科罗努斯（Kolonus）。科罗努斯有一座波塞东神庙，人们就在圣域之内集会。不管在哪里召开，如此这般的一次公民大会参与人数不可能会多，因为当自由辩论被取缔后，人们完全没有了参会的愿望。[11] 尽管如此，寡头派的密谋者还是将会址搬到了城墙之外，选择了一个狭窄的地方，其目的是进一步降低众多涌入会场的可能。这样，他们还可以保护会议免遭戴凯雷亚拉凯戴蒙人干扰为借口，将支持他们的军队安插在周边，从而摆脱了城内武装军队的控制。

新任命10人委员会提出的方案相当简短。他们只提议取消著名的非法提案起诉。换言之，他们提议每一个雅典公民都完全有权提出他愿意的什么违反宪政的方案。没有人对他们的提案提出反对意见，该提案随即被采纳。人们认为这项提案比其他提案

第三十二章 战争第二十一年：雅典的四百寡头政体

都更加正式并完全出自特别委员会的成员之口，因为他们即将推动的其他每一项积极的变革都是在这种合法化的环境下完成的。就这样，他们获得了提出动议的绝对自由，不管这些方案有多么违背宪法的规定，并中止了所有现存的程序，譬如由议事会提出最初动议。这次革命接下来通过的重大提案内容如下：[12]

其一，立即取缔所有现存的一切民主政体的官员，将来也需禁止。其二，从现在起，不得为任何公共职务发放薪金。其三，组成新的政府。任命一个5人委员会，由他们遴选100人组成一个更大的委员会（这100人加上这5位参与遴选的委员）。该委员会的每一个人再自行挑选3人。其四，由上述人员组成一个400人委员会。由他们担任议事会成员，承担政府之职。他们享有无限的权力，根据他们的判断自由行事。最后，在他们认为合适的任何时候召集5000人公民大会。所有议案都没有任何反对之声，一致通过。

创造并运用这种颇富想象力的5000人会议在安提丰的作品中不算精巧之事。虽然我们并不知道这5000人到底是些什么人，但是刚通过的决议宣称，这些公民既不是通过选举也不是通过抽签或其他有利于展现其学识的确定方式产生，而只谈到这400人可以在他们认为恰当的任何时候召集而来的5000人。由此可以推断，可能存在一个名单，至少这400人对名单中的人熟知。如今，这400人成了城邦完全而排他性的统治者。虽然这只不过是一个名称，但5000人之名就实现了安提丰及其阴谋集团的两个目标。

1409

首先，它使栽赃陷害相当多颇孚众望的全权公民（尤其是那些驻扎在萨摩斯的士兵）成为可能，而这些人本打算轮流行使管理城邦之权。其次，通过这种夸张的方式给人留下的印象，它大大地强化了这400人在雅典拥有的恐吓民众的手段。因为公民普遍信以为真的相信，参与这次阴谋的人有5000个实实在在的支持者。当人们不清楚他们的支持者到底是哪些人，并不明确辨别每一个人的身份时，就会加剧统治的恐怖氛围并增加人们相互间的不信任感。因为每一个人都会怀疑他的邻居可能属于这5000人之列，不敢交流他们的不满，也不敢提议联合起来与之对抗。

以这种方式一致通过佩桑戴尔的所有提案后，在科罗努斯召开的公民大会就此解散，新的400人统治就以上述的方式建立了。法令只规定，他们在议事会大厅办公。他们选了大多数公民每天回家的时间入驻。当大多数的重装步兵按惯例在这一时刻离开驻地时，最得400人信任的那些重装步兵（安德罗斯人、泰诺斯人及其他人）受命在离此稍远的地方做好准备。一旦出现任何抵抗的征兆，他们将立即干预并采取先发制人的行动。在采取这个预防措施后，这400人结成一团进入议事会，每个人的袍子下都藏着一把匕首，来自希腊各邦的特别保镖跟在后面。议事会成员根本没有准备抵制刚才经合法程序通过的法令，而且还有一支全副武装的队伍前来确保其实施。他们顺从地离开了议事会大厅。每个人在经过大门时都获得了偿付给他们的津贴。

自克里斯提尼革命以来历经近100年的没有中断的雅典民

第三十二章 战争第二十一年：雅典的四百寡头政体

主政体就这样烟消云散了，至少情况看似如此。一切看起来都那么令人难以置信。一队400人组成的阴谋者就这样剥夺了公民们的自由。公民的人数是如此众多，他们具有聪明才智，其权利获得了宪政的保护；大多数的公民不但热爱民主制，而且手里还拥有保护它的武器；甚至他们的敌人、居于附近戴凯雷亚的阿吉斯也几乎不能想象革命已经完成的事实。

正如史学家们通常撰述的希腊史一样，我们奉命相信，施行民主政体的城邦所遭受的不幸、腐败和堕落都是由诸如克莱翁、叙佩波鲁斯、安德罗克莱斯为代表的蛊惑家带来的。这些人被描写为灾难的制造者和谩骂者，他们在没有正当理由的情况下指控他人，将无辜者变成了叛国者。

400人阴谋的整个过程展示给我们的是另外的一个侧面。事实表明，一直存在着各种强大的反民主的力量，一旦时机出现，他们随时准备着聚集在一起从事叛国行径。这一过程也展现了那些反民主力量领导人物的性格和品行。事实证明，这些领导人物罕见有能力者，他们要求的仅仅是让公共演说家噤声或消除其影响；为此，他们推翻政府，将民众的安全置于不顾。我们不需要更好的证据来告诉我们，作为一个阶层，公共演说家在雅典政治体系的真正作用及其内在必要性。他们中的个体人物通过各种方式完成自身的责任。虽然他们对官员中的失职者表现得咄咄逼人，但在公共事务和宪政事务上他们保持着戒心。如果说安提丰认为的准备就绪的反民主力量在此前更早的时候在与民主制的对抗中没有产生什么作为，那是因为彼时公共演说家在大声疾呼，公民大会还听取他们的话并支持着他们。如果说安提丰的阴谋获得了成功，那是因为他知道打击的目标是什么，所以能打败寡头派真正的敌人和民众利益的真正捍卫者。

在400人统治正式确立后，他们根据抽签分成了几个主席团，接着通过祈福和奉献牺牲宣告统治的确立。他们处死了一些政敌，人数不太多；他们还囚禁并流放了其他一些人，对管理事务进行大变革，施行的一切在原来的制度下完全闻所未闻。[13]似乎他们中曾有人提议要求允许所有遭到放逐者回归。但大多数人否绝了这个提案，因为阿克比亚戴斯可能被囊括在内；他们认为通过这样一则法律将他作为一个特例排除在外也不合适。

接着，他们派遣一名信使前往戴凯雷亚，知会阿吉斯，说他们希望与之保持和平。然而，阿吉斯不相信雅典人民会这样就听任被剥夺了自由，推断雅典人肯定会发生内斗，至少会发现长城的一些部分没有人驻守。因此，他一边拒绝了和平提议，一边派人要求伯罗奔尼撒派出援军，并率领一支数量不少的军队及他的驻军朝雅典长城推进。但是，他发现有人小心谨慎地防守着城墙，城墙内没有发生骚乱。城内的驻军甚至发起了一次出击，对他取得了一定的优势。于是，他迅速撤军，将新到的援军遣送回去。这时，400人政权向他重提和平之事。鉴于受到了比上一次更好的待遇，他们鼓起勇气向斯巴达派去了使团。

在克服第一批困难后，他们立即派出10名使者前往萨摩斯。

第三十二章 战争第二十一年：雅典的四百寡头政体

对于在此因战士们和水手们众所周知的反对任何形式的寡头政体而即将遇到的危险，他们心知肚明。此外，随着卡莱亚斯和帕拉鲁斯号的抵达，他们听说了由雅典和萨摩斯的寡头派联合发起的进攻及被彻底击败的事情。这10位使者受命到萨摩斯汇报说，最近建立的寡头政府完全没有伤害城邦之意，与之相反，它的建立是为大众谋福利。虽然如今成立的议事会只有400人，但是发起这场革命的支持者和有资格充当公民的人数达到了5000人。他们强调说，事实上这比民主政体下聚集在皮尼克斯山的任何一次公民大会（哪怕是最重要的辩论）人数都更多，[14] 因为许多公民会因服军役或在外游历而不可避免地缺席。

但是，公民们先入为主，相信了卡莱亚斯的说法。虽然400人集团曾试图扣留住他，但他还是逃走，并匆匆赶往萨摩斯告诉了战士们雅典发生的变化。战士们没有听信安提丰和弗吕尼库斯规定关于政体变化断章取义的描述，而是首先从卡莱亚斯口中得知了一切。返回后，这位将军立即告诉了他们实情，甚至有部分添油加醋的成分。他义愤填膺地讲述说，城里每一个敢于说一句不利于400人统治的话的雅典人都会遭受鞭刑，甚至敌视寡头者的妻子儿女都会遭受凌辱；他们正计划抓捕并囚禁驻萨摩斯民主派的亲属；如果战士们拒绝遵守来自雅典的命令，亲属们将会被处死。卡莱亚斯添加的这些细节使战士们胸中的愤怒再也难以控制，并通过公开威胁在萨摩斯的那些支持400人统治的著名人士表现了出来。在场的那些更愿意深思熟虑的公民费了好大的困难才拉住了他们的拳头。在大敌当前之时,他们对这些人行事如此混乱和疯狂提出了批评。

战士们的行动表明了他们对民主最诚挚的热爱,特拉叙布鲁斯和特拉叙鲁斯给人留下的印象最为深刻。雅典军队聚在一起,召开了一次所有战士都参与的大会。他们宣誓,誓死保卫民主政体,相互之间互助友爱、保持和谐关系,全力继续与伯罗奔尼撒人之间的战争,与雅典的400人统治为敌,无论在什么情况下都不与之妥协,如若违背誓言,愿接受最严厉的惩罚。全军以极大的热情以誓明志,甚至那些此前参加了寡头派运动的人也被出席了宣誓仪式。使整个场景更为壮观的是,全部适龄参军的萨摩斯男性也与他们的友军一起宣誓。

依照决议,军队的战士们采取了一项在雅典历史上史无前例的步骤。鉴于在当前寡头派统治下无法继续从雅典获得行动命令,他们组成了另外一个共同体,作为共同体的公民举行了一次公民大会,选举出新的将军和舰长。对于那些已经担任指挥之职者,其中一些人因不值得依赖被罢黜,另一些通过选举继续担任原来的职务,其中就包括了特拉叙布鲁斯和特拉叙鲁斯。特拉叙布鲁斯大声说:"虽然城邦已经背叛了我们,但是不要伤心泄气,因为他们只是微不足道的一支力量,而我们才是城邦的脊梁和自立者。在此,我们拥有城邦全部的海军;借此我们能够确保获得属邦的贡金,恰如才从雅典出发时一样。我们还拥有肝胆相照的同盟者萨摩斯,它是帝国中力量仅次于雅典的大邦,无论过去还

第三十二章 战争第二十一年：雅典的四百寡头政体

是现在，它都为我们提供了与敌抗衡的军事基地。与雅典城相较，我们能够更好地获得补给，因为正是通过我们在萨摩斯的存在，他们才能够使皮莱乌斯的港口畅通。倘若他们拒绝恢复民主政体，我们更有能力从海上将他们赶下台。他们并未为我们提供金钱，反而让我们为他们提供给养。作为城邦法律的捍卫者，我们也比他们占据着更有利的位置。因为他们刚刚才犯下弥天大罪，颠覆了我们共同城邦的政体；而我们却在渴尽所能维护政体，尽最大的努力迫使他们步入同样的轨道。如果我们能确保阿克比亚戴斯的安全回归，他将欣然促成与波斯的同盟为我们的羽翼。即便在最糟糕的情况下，强大的海军也总能使我们找到许多庇身之所，建立城市拓展疆域满足我们的愿望。"

与此同时，在发现通过寡头派回归不现实后，阿克比亚戴斯自然与之为敌，对寡头派的反感超过了民主派曾放逐他的仇恨。正如弗吕尼库斯正确地谈到，[15] 事实上这位流放者在利用这两派上没有什么差别，都是将一方或另一方作为实现其野心的有用工具。因此，得知萨摩斯事件发生逆转后，他公开与特拉叙布鲁斯和其他民主派领袖取得了联系，[16] 向他们重提与波斯结成同盟的承诺，但与此前对佩桑戴尔和寡头派一样，他的前提条件是回归雅典。特拉叙布鲁斯及其同僚或者完全信任他，或者至少认为他的回归有可能获得波斯人的援助，而没有了援助战争的前景一片暗淡。

然而，经过了好几次大会的讨论，特拉叙布鲁斯才说服了战士们答应确保阿克比亚戴斯回归。作为雅典的公民，战士们或许不愿意撤销民选陪审员针对此人不敬神和叛国指控通过的庄严判罚。不过他们还是被说服投票通过了决议。在此之后，特拉叙布鲁斯驶向小亚细亚海岸，将阿克比亚戴斯接到岛上，并将其介绍给战士们。这位善于曲意逢迎的流亡者虽然在斯巴达时和在与寡头派密谋者的通信中恶毒地诋毁民主政体，但是他熟知如何调整自己，赢得他面前由民主派人士组成的公民大会。他以哀叹针对他的流放处罚，将责任不是推给同胞们对他不公正的处罚，而是推给他遭受的不幸命运。[17] 接着，他进入了当前事态发展前景的论题，满怀信心地做出保证能够实现与波斯结盟的愿望，并以招摇夸张的方式吹嘘他对提萨菲奈斯具有支配性的影响力。他说，总督向他承诺，只要对他们产生了信任，就绝不会让雅典人担心金钱之事，如果经费不足，他甚至愿意掏出最后一枚大流克或将他的银座椅打制成钱币送给他们。除让阿克比亚戴斯回归作为他的担保人外，说服总督信任他们不需要其他条件。他不但会为雅典人提供军费，而且还将召来驻扎在阿斯彭杜斯（Aspendus）的腓尼基舰队为他们提供帮助，不会让其听伯罗奔尼撒人的支配。

虽然阿克比亚戴斯运用了新的谎话和新的政治热情来包装他自己，但他的发言还是获得了成功。战士们对他充满着信心，并满怀热情地选举他与特拉叙布鲁斯和其他人一道担任将军。事实上，他们的心中满怀着获得波斯援助与其伊奥尼亚敌人相抗衡的美好前景，但雅典仍处于400人统治下的危险提醒着他们，这成了人们的主要关切。许多人甚至大声叫嚷着驶向皮莱乌斯拯救城邦。但是，阿克比亚戴斯非常明白他承诺的波斯金钱和舰队援助只不过是欺骗之词（但军队对此并不清楚），于是极力劝阻采取这样一次行动，因为这会使伊奥尼亚的属邦完全处于伯罗奔尼撒人的进攻下而没有防备。散会后，他乘船到对岸的大陆，假装与提萨菲奈斯协调，来完成他最近的行动。

在从实质上（虽非严格意义上）废除流放的惩罚后，阿克比亚戴斯开始了新的职业生涯。此时，他急于表现与提萨菲奈斯的亲密关系和深得总督的信任，以便借此在驻萨摩斯雅典人的心目中留下更深的印象。同时，通过告知总督他最近当选雅典将军的消息，他在波斯人心目中的重要性或许会有所提升。最后，通过往返于提萨菲奈斯和雅典军营之间展示双方的友好关系，从而在伯罗奔尼撒人的心中播下不信任和警惕的种子。经过这三方面的部署（对此他驾轻就熟），他或多或少取得了一些成功，尤其是在离间伯罗奔尼撒人方面。因为，虽然从来没有真正的机会说服提萨菲奈斯帮助雅典人，但他成功地疏远了总督与敌人的关系，也使伯罗奔尼撒人对他越来越不信任了。

阿克比亚戴斯没有在提萨菲奈斯耽搁太久，但他必须以此让雅典人相信他承诺的波斯援助还有希望。接着他返回了萨摩斯。他一抵达，就发现由400人政府从雅典派来了10名使节。这些使者受将军们之邀到由战士们组成的大会上说明其来意。由于要求处死破坏民主制的颠覆分子的吵闹场面太大，他们很难让下面的与会者听到他们的发言。最后终于安静了下来，他们陈述说，最近的革命取缔了民主制下有薪酬的公职，其目的是拯救城邦，尤其是为了缓解国库的压力，以便留下更多的钱支付战士们的津贴。他们的变革根本没有试图有损于城邦的利益，更没有将其出卖给敌人。如果400人政府有这样的打算，在阿吉斯率军从戴凯雷亚推进到城墙之下，他们或许就已经实现了这个目标。如今，拥有政治公民权的并不只有400人，而有5000人，他们将会轮流担任如今由这400人占据的公职。

听完他们的话，所有与会者对400人政府的反感之情以更激昂的形式表现出来，立即驶往皮莱乌斯的建议以更加热诚的方式再一次重新被提出。此前阿克比亚戴斯就曾反对这个提议，如今他站了出来，再一次将其驳回。他的影响力巨大，超过了军队里的其他将军，在性格和声望上仅次于他的是特拉叙布鲁斯。[18]虽然如此，他还是需要避免其影响力受损。于是，他代表全体战士对使者进行了公开答复。他说："我们不反对5000人掌管城邦的权力。但是，400人政府必须着手开展其事务，并恢复500人议事会原来的权力。我们非常感谢你们为增加在座各位战士的津贴而在经济上采取的举措。最重要的是要以不懈的精力投入战斗中，在敌人面前不要畏缩。因为，如果城邦安稳如山，就有希望以友好的方式协调我们相互之间的分歧；但是如果任何一方毁灭，无论是我们还是你们，就没有什么可供另外一方重修于好了。"

第三十二章 战争第二十一年：雅典的四百寡头政体

修昔底德坚称这是阿克比亚戴斯为城邦做出的主要贡献，制止了可能将所有伊奥尼亚和赫勒斯滂属邦置于对伯罗奔尼撒人了无防御的危险计划。无疑，他的建议带来了好的结果。然而，如果认真思考他提出建议时的情况，我们将有可能质疑，审慎的推算结果是否不赞同他的建议而倾向于战士们的想法。阻止400人与斯巴达人缔结和平并使拉凯戴蒙军队未能进入雅典维持寡头派优势的是什么？事实上，阿克比亚戴斯不可能想到，400人会遵照他给使者传达的命令，并自愿放弃手中的权力。但是，倘若他们仍掌控着雅典，谁能估计到他们会怎样处理与外邦敌人的关系，会对在外征战将士们的亲属干出什么事？无论是考虑到战士们因亲属所处状况而产生的自然而然的担忧，还是考虑到将雅典出卖给敌人给城邦带来不可弥补灾难的可能性（比丧失伊奥尼亚带来的灾难更加巨大），我们都倾向于得出这样的结论，那就是战士们的冲动是自然而然的，而阿克比亚戴斯的建议不过是一次好运相伴的冒险。抛开一切的巧合，如果我们指望阿克比亚戴斯所描述的可能发生的事情，而将士们遵照其权威而行事——腓尼基舰队就近在眼前，将对伊奥尼亚的拉凯戴蒙舰队发起进攻——我们将会更支持在雅典本土采取防御行动。与其他人相较，阿克比亚戴斯唯一的优势就是知道自己在说谎。[19]

就在这次大会上，阿尔戈斯使者受到了引介。他的任务是确认为驻萨摩斯的雅典民主派提供援助。

与此同时，使者从萨摩斯回到了雅典，向400人政府带来了说服军队以彻底失败而告终的难以接受的消息。似乎，在此前不久，一些在赫勒斯滂服役的舰长也返回了雅典，并企图让他们的舰船拉到寡头派密谋者一边，但是手下坚定奉行民主的水手挫败了他们的阴谋。[20] 就在佩桑戴尔没有争取到阿克比亚戴斯，离开萨摩斯前往雅典完成寡头派谋反后，他及其他一些人前往许多属邦，煽动当地政府发动类似的革命，希望这些城邦忠诚于雅典新生的寡头政权。但正如弗吕尼库斯预测的那样，在所有地方，这个愿望都落空。那些新建立的寡头政权比此前的民主政权更急于实现自治。塔索斯的情况尤甚。寄居在伯罗奔尼撒半岛的一批流亡者召了回来，修筑新的工事，建成新的战船，积极准备发起暴动。

当卡莱亚斯抵达雅典后，安提丰的助手知道了萨摩斯宣布遵奉民主政体的消息。自此时起，不和谐、不相信、相互警惕的现象就开始散布开来，甚至在寡头派内部也是如此。他们确信，除非邀请伯罗奔尼撒军队进驻雅典，否则寡头制将难以为继。作为对400人政权发布指令的首脑人物，安提丰和弗吕尼库斯遣使前往斯巴达要求缔结和平（这些使者未能到达斯巴达，而被帕拉利抓获，送往阿尔戈斯拘禁起来）。他们还开始在掌控皮莱乌斯港狭窄入口北侧向南伸延的防波堤埃提奥奈伊亚（Eëtioneia）上修筑了一座特别的堡垒。但与其计划事与愿违，甚至在400人内部也开始出现了一小撮反对者影响着民众的思想。其中最著名者是泰拉麦奈斯和阿利斯托克拉泰斯。

刚获得成功的密谋者开始了相互之间的嫉妒和争斗，每一

第三十二章 战争第二十一年：雅典的四百寡头政体

个人都参与到为谋求自身野心无限扩张的计划中，每一个人都指望着立即在新生的寡头政权中登上最高位置。修昔底德注意到，相较于寡头政体，民主政体中竞争的失败者很少感觉受到了不公；因为即便在一大群身份各异、互不相识的人中得票少，失败者也没有什么抵触，往往会勉强承受。但是，他们会因被几个熟知的同伴和对手撇在一旁而怒气冲冲。此外，当推翻民主政体，由一批野心勃勃的人建立了寡头政体后，每一个密谋者都不切实际地指望着立即成为团体中的首脑；如果被降到与其他人为列，他们就会感到不满。

这就是400人集团中弥漫于少数有野心但遭受失意者的情绪。少数派的领导人泰拉麦奈斯开始从这项危险的事情中脱身。利用400人集团所虚构的5000人幻象，他坚持必须让更多人加入，形成真正而非假想的5000名全权公民，扩大党派的基础。

当使者从萨摩斯返回时，他的想法更臻于完善。军队接受了他的想法，并以军队的名义做出了答复。阿克比亚戴斯命令400人集团立即解散，同时赞成5000人政体，并恢复原来的议事会。立即对5000名全权公民进行登记将会满足军队一半的愿望。他们还希望以此为代价实现双方的妥协和和解。阿克比亚戴斯本人也曾谈到这是可行的。[21]因此，越来越多的人相信，寡头派的统治不可能持久。另一方面，泰拉麦奈斯和其他一些人以5000人之名站了出来，成为与400人集团相抗衡的民众代表。

与民众的意愿相左，安提丰和弗吕尼库斯尽其所能毫不让步地努力维持着他们的权力。他们深知,将如此多的人纳入政权中无异于恢复民主政体,[22] 如果不是从形式上也至少从实质上剥夺了他们的权力。如今,他们已经陷入太深无法安全撤回。同时,驻萨摩斯军队的敌视态度,以及城邦内来自派别内外日渐增长的不满刺激着他们加速了与斯巴达媾和的进程,以便确保一支斯巴达军队进驻雅典。

853 　　在使者从萨摩斯返回后不久,两位最声名显赫的领导人安提丰和弗吕尼库斯怀着这样的想法,与其他10位同僚匆匆前往斯巴达,准备不惜一切代价换来和平和斯巴达人援助的承诺。与此同时,以加倍的热情投入埃提奥奈伊亚堡垒的修筑工程。他们假装是要防卫驻萨摩斯的军队入侵皮莱乌斯,但其真实目的是让拉凯戴蒙舰队和军队进驻其中。同时,修筑了另外一座城堡,防止任何对皮莱乌斯展开的进攻。城堡的城门和边门特别宽大,并配备了驻扎在里面的敌人所需的一切物资。他们发出命令,所有粮食,无论是储存在仓库里的还是随后运往皮莱乌斯的,都必须存放在里面,并从里面取出卖给居民消费。由于雅典所需的粮食几乎全是从优卑亚和其他地方运来的,自戴凯雷亚被永久占领起,400人集团通过这种安排,他们成了公民所需一切物资的掌控者和出入港口的把关者。

　　作为400人集团的一名将军,虽然泰拉麦奈斯本人谴责修筑这座城堡的恶毒用意,但集团的大多数人仍支持这个决定,因此修筑工程迅速展开。一旦形成了决议,雅典人就习惯于遵从当

第三十二章 战争第二十一年：雅典的四百寡头政体

权者的命令；他们对5000人计划普遍担心而且不信任，加之他们不知道这些措施有助于增加400人集团的力量，因此民众，甚至是全副武装的重装步兵，尽管对当权者的计划感到怀疑，但他们还是继续担当起了修筑的工程。当安提丰和弗吕尼库斯从斯巴达返回时，工程虽还未完工，但已进展迅速，足以进行防御了。他们准备着将所有一切，不但包括海军而且包括整个城邦，都交出去，让拉凯戴蒙人掌控着皮莱乌斯，以此换取他们自身的安全。令我们惊讶的是，他们甚至都没有说服拉凯戴蒙人与之签订任何协议。倘若如今是阿克比亚戴斯在主导一切，倘若是任何一个强有力的领导人推动着400人集团的卖国行为，或许在驻萨摩斯的军队还没来得及救援之前，他们已经被国内强大的对手制服了。

当雅典被寡头派出卖而陷入分崩离析之苦时，为何拉凯戴蒙人在伯罗奔尼撒和戴凯雷亚都没有采取行动？对此，我们没有确切的记载。或许监察官太过于谨慎，单凭其巨大的让步，不敢相信安提丰和弗吕尼库斯。他们所能给出的所有承诺是，应优卑亚有反叛计划派别的邀请，一支由42艘战船组成的舰队（一部分来自塔伦同和罗克利）即将驶往该岛。如今舰队已经离港径直前往，已经到达埃吉纳和皮莱乌斯附近。

早在绕过马莱亚海岬之前，泰拉麦奈斯就获悉这支舰队的消息，并抨击说其目的是与试图盘踞埃提奥奈伊亚的400人集团协调行动。此时，雅典日复一日地变得越来越混乱，到处充斥着不满的人群。在离开议事会大厅时,弗吕尼库斯在光天化日、人潮拥挤的市场上被2位同盟者杀死,其中一人还是才充任重装步兵的年轻人(peripolus)。施以致命一击的那人逃走了,但他的同伴被抓获,在400人集团的受命下遭受了酷刑。[23] 然而,此人是一位来自阿尔戈斯的陌生人,他不能也不愿透露该阴谋指使者的姓名。除了民众普遍不满准备集会外,从他那里什么也没有获得。由于没有获得明确的证据,400人集团不敢对反对派最有名的领导人泰拉麦奈斯下手。眼看刺杀弗吕尼库斯的案件无果而终,泰拉麦奈斯及其同伙比以前更大胆地开展他们的反抗行动。阿盖桑德利达斯(Agesandridas)所率的拉凯戴蒙舰队如今停泊在埃皮道鲁斯,正准备进攻离皮莱乌斯不远的埃吉纳,完全偏离了前往优卑亚的航线。敌舰的靠近使人们感受到了此前因在埃提奥奈伊亚修筑城堡而引发的双倍危险。

终于,阿利斯托克拉泰斯(泰拉麦奈斯最衷心的支持者)任队长的那一个部落的重装步兵发生了兵变,将负责指挥的将军阿莱克西克莱斯(Alexikles)及其亲随抓了起来,并将这位将军关到了附近的一间屋子里。兵变的消息很快传到400人的耳中,当时他们正在议事会大厅举行会议,泰拉麦奈斯也在场。他们将愤怒和恐吓发泄到他的身上,声称他是这次叛乱的教唆者。为了证明自己的无辜,他只得自愿前往,解救被关押的将军。他立即动身匆匆前往皮莱乌斯。另外一位将军,寡头派中最凶残的阿利斯塔库斯(Aristarchus)对他不信任,于是率领着一些年轻的骑

第三十二章 战争第二十一年：雅典的四百寡头政体

士（他们是城邦最富有的人，赞同400人集团的行动）跟在他的后面。

当前的这次危机使每一个人真实的政治态度显露了出来。人们认识到寡头派的人数被夸大，他们的力量比其对手想象的小很多。400人集团发现他们处于一种非常尴尬的境地，不知道如何维护其在雅典哪怕表面上的权威，也不知道如何派出一支力量可观的队伍前往保护他们在埃提奥奈伊亚的城堡。到达皮莱乌斯后，泰拉麦奈斯开始以一种假装不满的口吻对兵变的重装步兵谈话，而阿利斯塔库斯威胁他们说不久将有一支（他想象的）大军从城里开到。但是，这些恐吓之词遭到了兵变者坚定的回击。他们甚至向泰拉麦奈斯本人发出呼吁，要求他分析一下修筑这座堡垒是有利于雅典还是应当将其拆毁。他提前就完全表明了自己的立场，回答说，如果他们认为将其拆毁合适，他也会表示衷心的赞同。重装步兵和其他那些没有武装的民众一刻也没有耽搁，乱糟糟地爬上城墙，开始迅速地拆毁城堡；同时一起大声说："不管是谁，只要愿意以5000人取代400人集团，就在我们的工作中出一把力吧。"拆毁工作似乎持续了一天，直到次日才结束。在此之后，战士们毫发无伤地释放了阿莱克西克莱斯。

两件事值得特别注意，其中的细节表明了雅典人的性格特征。虽然阿莱克西克莱斯是一个狂暴的寡头党人，不受人待见，但是这些兵变者没有对他的人身造成任何伤害，而只是将他抓了起来。此外，直到获得城邦所任命将军泰拉麦奈斯的正式批准，他们才敢于开始拆毁城堡。两件事明白无误地表明，民主政体在所有雅典公民的内心深处种下遵守法规的良好习惯，他们小心翼翼地遵守着这个习惯，不跨雷池一步，哪怕一点点也不行。

当天发生的事件对400人集团的统治带来了致命的一击。但是，他们仍在中午如往常一样聚集在议事大厅，任命其中一名成员起草5000名全权公民的名单。[24]不过此时一切都太晚了。在完成夷平这座新建城堡的工作后，驻皮莱乌斯的重装步兵采取了最重要的一个步骤，全副武装进入附近的狄奥尼索斯剧场，可能在将军泰拉麦奈斯的召集下，依照先前民主政体的形式，举行了一次正式的大会。在此，他们决定暂停大会，转移到城里卫城附近的阿纳凯伊翁（Anakeion，卡斯托尔和波鲁克斯，或称狄奥斯库里的神庙）举行。无论是行军还是安顿时他们都手持着武器。400人集团的地位发生了巨大的变化。此前一天，他们还对皮莱乌斯自发的兵变者采取咄咄逼人的态度，如今他们放弃了抵抗，因为手持武器的士兵在城里议事会大厅近旁召开了正式的公民大会。感觉到自身的力量太弱，不足以武力对抗，他们派出代表前往阿纳凯伊翁进行商谈并做出让步。他们努力想公布5000人的名单，以图召集他们，并轮流从5000人中间按规定的原则选人定期替换400人集团。但他们要求留出时间实现轮换。城里的重装步兵也参加了在阿纳凯伊翁举行的公民大会，并参与了辩论。最后，在决定近期在狄奥尼索斯剧场再举行另一次会议，商谈如何重新和谐后，这次公民大会解散。

第三十二章 战争第二十一年：雅典的四百寡头政体

正当在狄奥尼索斯剧场举行的公民大会即将举行的那一天，从皮莱乌斯和雅典传来了消息，说拉凯戴蒙人阿盖桑德利达斯所率的42艘战船最近离开了麦加拉港，沿萨拉米斯海岸朝皮莱乌斯驶来。这一事件证实了泰拉麦奈斯此前关于最近被毁城堡是出于卖国企图而建的警告。在参加大会之前，所有公民都一起涌到皮莱乌斯。其中一些人登上了停靠在港口的战船，另一些人将一些保存在船库的战船推入海中。阿盖桑德利达斯沿海岸驶了过来，在皮莱乌斯入口时发现，既没有来自城内人答应的配合行动，也没有吸引他发动进攻的机会。因此，他掉转船头，向南朝苏尼翁方向驶去。到达海岬的另一端后，他沿阿提卡海岸向北行驶，不久在奥罗普斯安营扎寨。

当看着拉凯戴蒙人没有发起任何进攻就通过了皮莱乌斯，雅典人知道虽然这一次解除了危险，但敌人的目标必然是优卑亚。对雅典人而言，该岛的重要性不亚于皮莱乌斯，因为他们主要的物资都取自这座岛屿。因此，他们立即将所有能装配起来的战船及停泊在港口的战船驶入海中。但是，由于行动匆忙，城邦内部不同派别的不信任和纠纷，加之驻萨摩斯强大的海军没有加入，聚集在一起的水手技术粗糙，没有经过任何挑选，军队没有什么战斗力。海军大将提摩卡莱斯（Thymochares）率领着他们绕过苏尼翁海岬，驶往优卑亚的埃莱特利亚。在此，他发现还有其他几艘战船。这样他的舰船数量达到了36艘。[25]

舰队才刚刚抵达港口还没来得及登陆，战士们的精力还没有时间恢复，他就发现被迫与阿盖桑德利达斯所率的刚从奥罗普斯渡海而来的42艘战船交战。埃莱特利亚的反雅典派也对他们发起了突袭。眼看敌人即将靠近，提摩卡莱斯立即命令战士们登船。但令他失望的是，许多人离得太远没能及时赶回。结果他被迫率领人员装配严重不足的战船出港与伯罗奔尼撒人交战。就在埃莱特利亚港外，经过很短时间的交战，雅典人遭到了彻底的失败。有的舰船逃到了卡尔奇斯，另外一些逃到了离埃莱特利亚不远的一座设防的雅典营地。36艘战船中有不少于22艘落入阿盖桑德利达斯之手。逃脱的那些水手，许多人在逃往城内躲避时死于埃莱特利亚人之手。听到这场战斗的消息，不但埃莱特利亚，而且所有优卑亚城邦（除岛屿北部的由雅典军事殖民者建立的奥莱乌斯）都宣布叛离雅典。其实优卑亚人早在一年之前就有此打算，如今在阿盖桑德利达斯和比奥提亚人的协助下，他们采取措施加强自我防卫。

在当前城邦陷入危险的境况下，雅典遭到了一场如此巨大的灾难，进一步加剧了紧张局面。城邦最后的一支舰队被毁，离它最近、最宝贵的岛屿叛离了它。这座岛屿在最近这一段时间比阿提卡更大地满足了其需求，但如今却即将成为一个充满敌意而好斗的邻居。

这则消息给雅典带来的恐慌无疑是巨大的，甚至超过了在西西里遭遇的灭顶之灾或开俄斯的反叛。如今城邦再也没有如前提及的1000塔兰特用于紧急情况的第二笔储备金。此外，面对

第三十二章 战争第二十一年：雅典的四百寡头政体

外来的各种危险，雅典还被自身内部两大难以承受的灾难给压垮。一方面，驻扎在萨摩斯的舰队与他们形同陌路；另一方面，城墙之内的兄弟阋墙仍未平息，400人集团还暂时掌握着政权，那些最有能力但最鲜廉寡耻的头目还担任着城邦的高官。雅典人只能眼看着阿盖桑德利达斯率刚获得大胜的舰队（包括最近捕获的战船超过了60艘）驶航于皮莱乌斯海域，禁止任何商品输入其内，加之驻扎在戴凯雷亚的阿吉斯大军，一场大饥荒即将来临，威胁着他们的生存。想到如此，雅典人陷入了深深的绝望中，但也无可奈何。对阿盖桑德利达斯而言，战事再简单不过了，因为敌人既无舰船也无水手，无法将其击退。而且，在此关键时候他的到来将很有可能让400人集团重新恢复其优势地位，尤其是在金钱的资助下和在雅典城内驻扎一支拉凯戴蒙军队的情况下。倘若在这个节骨眼上，拉凯戴蒙人积极采取合理的行动而不是龟缩于优卑亚岛上（征服该岛轻而易举且顺理成章），那将什么也无法救得了雅典。

对雅典人而言，幸运的是阿盖桑德利达斯没有出现在皮莱乌斯的海域。结果，他们想方设法装配起来用于最后一搏的20艘战船却没有敌人需要击退。当敌人的舰队还没有出现时，他们采取的第一个行动是召开了一次公民大会。大会在民主政体时通常召开公民大会的皮尼克斯进行。这次大会上，民众强烈批评了400人集团。甚至那些最初提议任命他们的人（譬如被命名为预算委员会的长老们）虽然受到了寡头派领导人佩桑戴尔自相矛盾的严厉嘲笑,但如今也与其他人一道指责他们。最后通过了决议。首先,罢免四百人委员会;其次,将整个政权交到5000人手里;再次,每一个能为自己或为他人装备一套甲胄的公民都是5000人集团中享有全权的一员;最后,不得为担任公职的公民发放薪酬,违者受到诸神的诅咒并被剥夺公民权。这就是在皮尼克斯举行的第一次公民大会决定的主要内容。大会决定恢复执政官、五百人议事会等机构。之后,又举行了多次公民大会,建立了法律审订委员会[26]、陪审法庭及其他民主政体运行所必需的机构。大会还通过其他议案。其中一则特别值得注意的议案由克利提亚斯提出、泰拉麦奈斯附议[27],要求召回阿克比亚戴斯及其被流放的一些朋友。同时,向他和驻萨摩斯的军队送去消息,告诉他们最近发生在雅典的事情。

修昔底德赞扬了雅典民众的中庸和谐的精神和爱国情怀。在终结寡头政体和400人统治的过程中,他们恢复了古老的民主政体。似乎他们只进行了两个方面的调整。其一,对投票权进行一定的限制;其二,不再对担任公职者发放薪酬。随后,按照古老的民主政体的司法程序,五百人议事会和陪审法庭对安提丰提出了指控并进行了审判。但是,我们必须假定,议事会、陪审法庭、法律审订委员会、公民大会、指控针对城邦犯罪者或法律受到指责而为其辩护的公诉人此时肯定都没有薪酬。

然而,前面提及的两方面调整措施没有发挥什么现实影响。在此时节组建的排他性的5000名公民集团既没有真正实现,也

第三十二章 战争第二十一年：雅典的四百寡头政体

没有维持太久。即便此时，这个集团仍是名义上而非真正有什么限制性的。一个简单的事实是，每一个能提供一副甲胄的人都可纳入5000人之列，但能提供甲胄的不但有这些人，还包括其他人。这表明，制定者既没有注意坚持这一原则，也没有规定明确的数目。如果我们可以相信一篇归于吕西亚斯的演说词[28]，400人集团（在埃提奥奈伊亚的城堡被毁，权力正从他们手中旁落时）就任命了一个委员会，试图首次起草一份真正的5000人名单。作为委员会的一员，波吕斯特拉图斯在随后建立的民主政体面前宣称，他拟订了一份包括了9000人而非5000人的名单，并认为这是他的功劳。

虽然是一个审慎的过渡性步骤，但是人们还是不可能忍受所谓5000人的排他性选举权，也不愿尽力永远保存这种做法。在一个长期习惯于普遍公民权的城邦，当需要号召所有公民全力以赴抗击敌人、保护城邦时，情况更是如此。

我们不能确定，在推翻400人统治到三十寡头的七年间，雅典人在多大程度上重建了公职薪酬制度，并对它进行了哪些限制。虽然这些问题还悬而未定，但可以肯定，在废黜400人统治之后的一年里，与此前民主政体时完全一样，所谓的5000人享有投票权不受限制地扩展到所有雅典人。在这次事件大约11个月后，格劳奇普斯（Glaukippus）开始担任执政官起时（公元前410年6月或7月）通过了一则值得纪念的法令，[29] 表明不但实行全民民主，而且最近恢复的民主制度激发起了人们所有的热情。

此时，德摩凡图斯提议实施一项法令，规定所有雅典人宣誓遵守民主政体的章程。[30]

所有雅典人宣誓以最大的努力保护和维持的政体必然是所有雅典人都享有政治权利的政体，而不是5000人独享而排除其他人的制度。[31]

仅仅是400人集团的垮台就足以让大多数残暴的领导人离开雅典。佩桑戴尔、阿莱克西克莱斯及其他人偷偷地逃往戴凯雷亚。[32] 阿利斯塔库斯利用职权，率领着一些承担城邦治安事务的最粗暴斯基泰弓箭手前往位于比奥提亚边界的奥伊诺伊。当时，该城镇被一支由科林斯人和比奥提亚人组成的联军所围困。为了配合围困者，他来到驻军那里，告诉他们雅典与斯巴达刚签订了和平条约，条款之一是将奥伊诺伊交给比奥提亚人。因完全被封锁，根本不知道政治状况进行如何，驻军毫无反抗地遵从了命令。于是，比奥提亚人占领了这座非常重要的边境城镇，成为雅典城附近继戴凯雷亚后的另一颗新的芒刺。

就这样，雅典民主政体再次得以恢复，雅典城与驻萨摩斯军队的纷争在400人的阴谋取得成功大约四个月后得以弥合。虽然获得胜利的民主政权完全有充分的理由处罚涉事的首恶分子，但这一事件的情况颇为特殊。颠覆寡头政体的行动一定程度上得益于400人集团内部的少数派，其中包括了泰拉麦奈斯、阿利斯托克拉泰斯及其他，被称为普罗布利的长老委员会也发挥了一定的作用。倘若不将这些人赦免，就不可能调查400人阴谋的早期罪行并对之进行审判。泰拉麦奈斯谴责了400人集团中多数人最近的行动——他及其支持者加以反对，因此逃脱了罪责。他站出来指责400人集团最后一次派往斯巴达的使团，谴责他们受命不惜一切代价获得和平并与之结盟，并反对在埃提奥奈伊亚修筑堡垒接受敌人的驻军。泰拉麦奈斯揭发他原来的朋友这一事实使他长久以来背负上卖友求荣的恶名，在此后的日子里被人当作他以残暴不公的借口。[33]

此前前往的12名使者，除弗吕尼库斯、安提丰、阿凯托莱穆斯（Archeptolemus）、奥诺马克莱斯（Onomakles）外，似乎都逃到了戴凯雷亚或其他地方。弗吕尼库斯在几天前被杀。关于对他的记忆，重新恢复的五百人议事会投票通过法令，剥夺其财产，将其住处夷为平地，并将公民权授予那两位声称暗杀了他的外邦人，同时奖给他们一定的金钱酬金。[34]另外三人（泰拉麦奈斯是其中一员）被将军委员会提告到议事会，因为他们是为损害雅典利益中出使斯巴达的。该议案是由五百人议事会成员安德隆（Andron）提出。[35]只要获得任何10位他们挑选的议事会成员的支持，将军们如果抓住这3位受指控之人，要拘禁他们以备审判。司法执政官派人正式传告这3人，让他们做好准备，将来某一天在陪审法庭之前接受叛国罪的审判，并在规定的那天对他们进行审判。在将军委员会的协助下，那10位被挑选出的议事会成员作为辅助人员，与其他任何愿意参加的公民一道，成为控拆人。依据城邦针对叛国者的法律规定，这3人需分别审判，如果被定罪，要根据城邦对叛国罪的刑法处置。[36]

虽然遭到指控的3人都在雅典，但在执行审判之前，奥诺马克莱斯就逃走了，所有只有安提丰和阿凯托莱穆斯受到了拘禁并接受了审判。这两人肯定也有大量的机会逃出城市，从材料看，安提丰也曾认为很有必要像佩桑戴尔和阿莱克西克莱斯那样逃走。但是，他自愿选择了留下来。此人曾发布命令通过秘密的暗杀行动剪除许多民主派演说家，在民主政体恢复后，他受到了一次特别的指控，人们对此非常重视，并对他进行了公正的审判。从其产生的强大而持续的影响看，虽然没有让他获得无罪开释，但人们带着极大的耐心和高山仰止的崇拜之情倾听了他为自身辩护而发表的演说。修昔底德描述说，这是他曾经听到过的针对重罪指控的最精彩的辩护词。[37] 陪审法庭认定他和阿凯托莱穆斯有罪，并受到了叛国罪的处罚。

虽然我们不知道400人寡头集团有多少人接受了审判并被判刑，但有理由相信除安提丰和阿凯托莱斯（或许还包括阿利斯塔库斯，他将奥伊诺伊出卖给了比奥提亚人）外其他人都没有被处死。据说阿利斯塔库斯曾接受了正式的审判和判罚。[38] 不过，在逃亡后，因什么原因，他落入了雅典人之手，我们并没有明确的材料。似乎400人集团的每一个都被传召接受问责审查（按照对雅典离任官员的一般做法）。那些不愿接受审查的人都被判以罚款、流放或将其名录入叛国者的处罚。但是，我们得知大部分接受审计的人似乎都被无罪释放，一部分人是通过贿赂

第三十二章 战争第二十一年：雅典的四百寡头政体

审计官（logistae）才达成目的的。当然也有一部分人，连同那些最积极支持400人集团的重装步兵，被罚款或部分地丧失了政治权利。[39]

虽然在梳理雅典民众关于恢复民主政体的具体步骤上还有一些模糊，但从修昔底德的记载可见，他们所持的审慎和中庸态度堪称典范。他对民众此时采取措施所使用的褒扬之词值得特别注意。首先，这些颂扬之词来自一位对民主政体不好、对安提丰极其崇敬的流亡者；其次，这是民众道德的一块试金石。自克里斯提尼以来，民主政体已经建立了100年；自埃菲亚尔特和伯里克利以来，也有50载。因此，自治自决的政权和政治平等已经成为每一个人习以为常的看法。在这一次事件中，这样一个事实得到了凸显：雅典不但是一个施行民主政体的城邦，还是一个奉行帝国主义的民主城邦，在海外有大量的属邦。鉴于在遭遇如此重大危险后虎口脱身及摆脱寡头政体后雅典面临的满目疮痍，或许我们会料想着一场充满仇恨的政治反动，恰如在类似情况下发生在科西拉的血腥屠杀一样。我们发现，这恰好是修昔底德精选而出颂扬民众的善行和中庸的绝佳时机。从中，我们深切地感受到了此前浸润于民主政体的民众所具有的优良习性，而正好能够用于矫正此刻的偏激和冲动。他们已经熟知民众的凝聚力，已经知道即便对于最凶恶的敌人，也应当坚守法律和正义不可侵犯的神圣地位。无论什么时候，频繁和自由的政治讨论教会了他们，不但应当用言辞之争代替刀剑之争，而且应当以当下及将来的责任权衡他们所处的状况，不应当为盲目报过去之仇而逞一时之快。

此外，我们必须看到，与雅典一样，在萨摩斯打败寡头派后，也同样没有反革命的报复行动，尽管这些寡头党人曾暗杀叙佩波鲁斯和其他人。在萨摩斯的整个民主运动中，大众的一致看法超越了个人的意见，同时也鲜见针对敌手的凶残行动。那就是民主在希腊人胸怀中激荡的理性。

毋庸置疑，这是一次大众热情激发而出的特别行动，虽与民主政权的细节相符，但仍有缺陷。在这次寻常的行动中，无论是个人还是整个民族的行动似乎都没有值得大书特书之处，似乎没有任何一个人超越了常人的水平，展现出出类拔萃的奉献精神和英雄主义。不过，此类伟人占据绝对主导地位只不过是飞鸿一惊、转瞬即逝之事，其思想基础虽然在其他时候并未完全消失，但也被认为是变更或提升人类行为的各种力量之一。希腊民主政体的一个功绩是，它确实提升了人们共同的平等之情和爱国情怀。对于那些认为其他不同政体对于激发官员和公民情感卓尔不凡的人来说，同时发生在雅典和萨摩斯的事情会提供关于希腊寡头政体和民主政体对照的有益素材。

附录

除修昔底德的有限记载外，《雅典政制》的发现为 400 人

第三十二章 战争第二十一年：雅典的四百寡头政体

集团的研究提供了重要的新证据。鉴于这一新发现在若干方面与这位历史学家（修昔底德）的记载有冲突，编者力图通过考辨《雅典政制》关于相关话题段落的真伪，支持这位史学家所提出的观点。

对《雅典政制》提出质疑的诸多看法中，我们或许可以提两三个最主要的观点。

（1）c. 29 的材料恰好指公元前 410 年发生的事，此时创立了经过修订后的民主政体。但是在 c. 29 中记录的相关内容"应当调查由克里斯提尼指定的祖宗之法。"（ἀναζήτησις τῶν πατρίων νόμων οὓς Κλεισθένης ἔθηκε）不能与 cc. 30 和 31 截然分开。相关的描述具有明显的寡头特征，而正是 c. 29 的措施导致了这些寡头特征的出现。

（2）c. 29 的内容涉及公元前 404 年三十寡头早期采取的措施。但是它其中两方面内容（a）μετὰ τῶν προυπαρχόντων προβούλων 和（b）ἕως ἂν ὁ πόλεμος ᾖ 确定在一个更早的时间。

（3）该部分内容是由 400 人集团的一员（譬如泰拉麦奈斯）或伊索克拉底学派的一位作家（Wilamowitz, *Arist. u. Athen*, i. 165; Beloch, *Gr. Gesch.*, ii. 2, p. 71）伪造的。

《雅典政制》难免会有伪作的事实或许就已足够（参见第一章关于早期希腊的附录）。因为关于历史发展早期的所有知识事实上已经消失，所以公元前 5 世纪寡廉鲜耻的政客或公元前 4 世纪智慧超群的智术家可以轻易编造早期的政治制度。但是，很难以同样的方法运用于书写后来民主政体时期的材料。事实上，由"法律审订委员会"完全修改后的章程就使同时的伪作不可能逃脱被人发现的命运。《雅典政制》的材料定然主要来自某一位阿提卡史家（Attihidographer）。为了参阅法令，此人可以轻易获得相关的档案，因此很难作伪而不被人发现，而且很难让那些能够随时查实或揭发的人相信他编造的内容。

如果《雅典政制》征引自公元前411年官方真实的文献，那该书不但为我们提供了关于修昔底德叙述的有益补充，而且在一程度上让我们更有信心修正史学家的看法。

这位历史学家记述所依据的主要材料定然来自在血缘或婚姻上与贵族家族有联系的逃亡者的口头叙述，几乎没有证据表明，他使用了任何与革命相关的书面文献。因此，他的叙述（1）不能完全逃脱偏见的可能；（2）所有内容并非那么齐备和得到充分证实。他所知材料最少的是与革命相关的政体方面的内容，而相关内容恰恰是《雅典政制》所载的最有价值的部分。

A.《雅典政制》（c. 29）和修昔底德（viii. 53, 54）都一致认为，当一场革命很有可能发生时，雅典人产生了强烈的反感，其原因在于将会与波斯人达成协议。虽然我们怀疑《雅典政制》关于大多数民众明显支持此类能获得波斯援助的变革，但值得注意的是，当时确实存在这种倾向，而且佩桑戴尔的阴谋和阿克比亚戴斯（Thuk., viii. 47-49）绝非第一次向这个方向发起努力。这恰恰也是修昔底德本人暗示过的。他谈到（viii. 1），听到发生在西西里的灾难时，民众对蛊惑者发起这次远征的演说家（ῥήτορες）

极其愤怒；同时记载说早在公元前413年就任命了"预算委员会"（Probuli）以便（1）规划经济，同时也（2）指导政治改革（see n. 3 on p. 812）。虽然随后修昔底德让这个委员会消失在了视线之外，但从 Arist., *Rhet.*, iii. 18, 2 中我们见到，该委员会造成发起一场反对现行政体的行动。委员会就包括了泰拉麦奈斯的父亲哈格农，此人以前是伯里克利的政敌（Plut., *Per.*, 32）。这表明，该委员会包含着一定程度的反民主因素。在《雅典政制》第29章中，皮托多鲁斯（Pythodorus）所提的第一项法令（Thuk., viii. 67 只是模糊提到这项法令，似乎他从来没有参阅过关于这个话题的任何官方材料）表明，"预算委员会"构成了革命期间设置的公共安全委员会的核心。

B. 更重要的是克莱伊托丰（Kleitophon）提出的修正案，授予该委员会调查克里斯提尼的祖宗之法（πάτριοι νόμοι）的权利。就此，我们听到了以泰拉麦奈为首的中间派的呼声，在下面的章节中我们会再次将此与同一位领导人联系起来（*Ath. Pol.*, cc. 31, 34）。

显然，当时的革命并不完全是由少数阴谋者策动的一场人为运动。它主要代表着广大民众的真正意愿。而"预算委员会"和泰拉麦奈斯为此拟订了系统的计划。

C. 在接下来的步骤中，我们发现该委员会颁布了一则报告，主要针对两方面的内容。（1）建议取消对自由立法的所有限制（cf. Thuk., vii. 67）；（2）建议进行行政改革，在战争期间取消除执政官和议事会成员之外所有官员的薪酬；同时修订宪法，将选举权限制在那些从金钱和人力上能服兵役的人，公民最小数额为 5000 人。

修昔底德只是从阴谋者在海外发布的非正式渠道（出于某种秘而不宣的目的）获得了这些措施的信息。《雅典政制》表明，这些举措都提交公民大会讨论并通过。不过也没有必要认为这种版本不可调和。可以相信，安提丰的党派（ἑταιρεῖαι）努力确保这些改革措施的实施。但此时革命行动仍总体上公开，是在宪政架构内开展的。

D. 接下来必须任命一个选举委员会。在《雅典政制》第 29 章及第 30 章初记载的最后一则法令规定，（1）任命 100 名长老遴选新的公民（简称 5000 人）；（2）5000 人将选举 100 名立法者拟订新的宪法。

显然，《雅典政制》的作者只是大而化之地讲述此事，因为随后发生的事情表明，这个公民团体并没有形成。[40] 不过或许可以推断，此时大概形成了一份法定人数名单，使其足以任命 100 名立法者。

E. 接下来考察新的选举委员会的工作。《雅典政制》第 30 章谈到，按以下主要内容拟订宪政：

1. 主要的权力归于议事会（βουλή）。

2. 议事会在执政官的监督下从所有年纪超过 30 岁且达到财产限额的公民中抽签产生。

3. 议事会每四天举行一次会议，讨论所有公共事务，尤其是财政事务。

4. 所有成员都没有薪酬，一旦弃权将被罚款。

5. 每年四分之一的公民担任公职。

6. 所有重要官职都从现在的议事会成员名单中选任。

这种结合了此前由公共安全委员会所颁布法令的政体完全体现了泰拉麦奈斯为代表的中间派的理想。在许多方面，这种政体可被视为对现存民主政体的一种改进，至少是应对战争时期各种危机的一种临时可行之举。关于传统政体的缺陷，我们可以注意到（1）开支巨大；（2）平民在人数上的优势，加之缺乏议会制度和不能代表特定阶层的利益带来的负面影响；（3）将最大的权力赋予了一个笨拙的公民大会，但这个权力机构聚在一起的机会太少，而且没有对投票者的参会进行任何规定；（4）公民大会与执行机构缺乏交流，结果导致执行机构软弱无力（*cf.* p. 556, n）。

新政体被认为是对上述所有弱点的一次补救。此外，虽然在实施过程中曾一度限定在一部分人范围内，但总体而言它没有对选举权进行过度的限制。虽然事实上与任何先祖政体（πάτριος πολιτεία）都不相同，但它确实是应对现存状况的非常明智的折中方式。

F. 到目前为止，我们可以发现泰拉麦奈斯在革命事件中都取得了优势地位。但在新的政体付诸实施之前，中间派发现他们的优势被极端派取代。极端派并没有完全废除前述的各项改革措施,而是将其推迟到危机得以解决之后。为了满足当前的需要,他们实施了新的计划(*Ath. Pol.*, c. 31)。在新的计划中,(1)议事会虽然对年龄超过 30 岁的所有公民开放,但事实上仅限于梭伦提出的 400 人,并从每个部落初步确立的候选人中选举(很有可能通过抽签)产生(*cf.*[Lysias], *Pro Polystr.*, §2)。[41]

(2)在 10 名全权将军的指导下,重要的官员由这个议事会选举产生。议事会、将军与重要官员一道享有不受限制的绝对权力。

(3)低级官员任期只有一届。

通过这种安排,事实上所有权力都落入 400 人集团手中。这种改革与雅典民众的自由意志完全不符,因此毫不奇怪地发现,Thuk., viii. 67 中谈到,通过这些措施的公民大会相当不正常。事实上,此时我们终于发现,佩桑戴尔、安提丰、阿利斯塔库斯和弗吕尼库斯所在党派及其支持者决定要按他们的想法行事,通过武力和欺骗使他们成为主宰。在科罗努斯举行的公民大会批准计划后,他们就能够如 Thuk., viii. 86, 92 及 *Ath. Pol.*, c. 32(主要以修昔底德的记述为基础)描述的那样处理与"5000 人"相关的事宜。而 5000 人之名可以恐吓雅典的不满者,也可迎合驻萨摩斯的军队。

G. 但是,不可能长期违背大多数人的意愿行事,除非得到一支外国军队的帮助。于是极端派的行动逻辑自然是尽可能地出

第三十二章 战争第二十一年：雅典的四百寡头政体

卖祖国。倘若斯巴达加以干预，反对者可能会被消灭。但事情的自然发展轨迹是民主派和中间派最终会鼓足信心团结起来与极端派展开斗争。这种联合，泰拉麦奈斯就是他们最有能力的发言人，足以打破寡头派的优势。于是，5000人公民的登记被取消（Thuk., viii. 93;［Lysias］, *Pro Polystr*., § 10）；海军在埃莱特利亚遭受的重创只是加速了其本已开始的崩溃。就这样，寡头派的统治只持续了四个月。

在三十僭主面前，在为自己发表的一份自辩书中（Xen., *Hellen*., ii. 3, 45, 46）泰拉麦奈斯描述了不满和反抗。这种不满与反抗和对公元前404年不妥协者的反抗具有同样的特征。Thuk., viii. 89中他谈到了寡头派的嫉妒和自私的野心再一次体现在克利提亚斯身上（Xen., *Hellen*., ii. 3, 30）。无疑，泰拉麦奈斯对政体的思考仅被所有更激进的支持者视为一种小修小补。而安提丰在他的自辩词（正如Wilamowitz, *Arist., u. Athen*, i., p. 106暗示的那样，修昔底德可能从中获得了相当丰富的信息）中必然会想尽办法展现指控者最糟糕的一面。

H. 400人集团垮台后建立的政体与公共安全委员会此前引介的（Thuk., viii. 97; *Ath. Pol*., c. 33）非常相似。事实上，这种政体代表着两大获得胜利的反对派别——中间派和民主派——之间的妥协。

因此，从《雅典政制》中我们能够推断，除修昔底德强调的阴谋特征外，公元前411年的革命还对政体产生了影响，同时也附带地体现了中间派的特征和理想。此前，该派别一直团结在谨小慎微而墨守成规的尼奇亚斯周围，如今，他们发现了泰拉麦奈斯这一位有魄力的倡导者。作为中间派的领导人，这位政治人物所发挥的真正作用在《雅典政制》的记述中也有所体现。这一本新发现的小册子有助于修正大多数权威论者对他提出的那些严厉指控。——编者

1. 虽然佩桑戴尔最初曾以民主派人士的面貌示人，但他的目的是打击城邦内部的对手。因此，一般认为，佩桑戴尔事实上一直是一个寡头派。Isokr., *De Bigis*, §§ 3, 4 在一定程度上印证了这种看法，在此他描述说寡头派利用民主政治作为斗争的工具。但首先，伊索克拉底在演说中的看法总体上不可信；其次，与雅典贵族家族有联系的修昔底德从未暗示过这一事实；再次，喜剧作家非常严厉地指责佩桑戴尔，他们肯定将他当作了政敌；最后，整个事实显得太做作反而不可信。或许佩桑戴尔只是一个冒险者，他每一次都行走在政治的风口浪尖。因此公元前413年人们对他有这样的反应也很正常（see n. 5, p. 812）。——编者

2. 关于希腊寡头制和民主制的比较，没有什么材料比这一段提供的证据更重要。这则关于民主制优点的证据是由一位寡头派的密谋者指出的，而且得到了一位对民主制不友好的历史学家的认可。

3. 在七年之后三十僭主当政时期，雅典人泰拉麦奈斯的演说中证实，在被告知拉凯戴蒙人不太相信民主政府后，雅典人民投票接受了四百人寡头的统治（Xenoph., *Hellen.*, ii. 3, 45）。

这种说法可能不正确。不过这是演说家在讲述发生不久之前的事时也会胡编滥造的一个例证。在泰拉麦奈斯讲述此事时，关于雅典奉行何种拉凯戴蒙人能够容忍的政体的问题对雅典人最为重要。泰拉麦

第三十二章 战争第二十一年：雅典的四百寡头政体

奈斯将那时的看法转移到了过去发生的事情上面。

4 | 在迦太基似乎也有类似的政治俱乐部或政治组织。它们发挥的影响更大，经常为贫困者举办宴会以示其慷慨。Aristotel., Polit., ii. 8, 2; Livy, xxxiii. 46; xxxiv. 61.

这两种类似的政治组织长期存在于罗马的显贵中，对政治和司法产生了重大的影响。请与 Cicero, *Pro Cluentio*, c. 54, § 148: 'coitiones homorum adiptscendorum causa facta – factiones – sodalitates' 比较。

也请与 Dio Cass., xxxvii. 57, 关于罗马三头时期的 ἑταιρικά 比较。

见 Th. Mommsen, *De Collegiis et Sodaliciis Romanorum*, Kiel, 1843, ch. Iii., §§ 5, 6, 7。

中世纪欧洲城市，每一个加入行会的成员通常需要发誓，行会被称为 *Conjurationes Amiciti*，它与这些 ξυνωμοσίαι 在许多方面都具有相似性。虽然中世纪城市的司法审判不及雅典那么大众化，行会在这方面的参与范围更窄，但在政治的重要性上可与之等量齐观（见 Wilda, *Das Gilden Wesen des Mittelalters*, Abschn., ii., p. 167, etc）。

5 | 在柏拉图的 *Euthydemus*（c31, p. 305c）中克利托（Krito）描述了一个人，他曾批评过苏格拉底与欧绪德谟和狄奥尼索多鲁斯之间的谈话，此人恰如修昔底德笔下的安提丰一样："我敢发誓，他根本不是什么演说家，我认为他也从不曾出庭，他的名气仅仅在于他了解那些事情，他们是这么说的，而且他是一个聪明人，写出了聪明的演说。"

（ἥκιστα νὴ τὸν Δία ῥήτωρ. οὐδὲ οἶμαι πώποτε αὐτὸν ἐπὶ δικαστήριον ἀναβεβηκέναι. ἀλλ' ἐπαίειν αὐτόν φασι περὶ τοῦ πράγματος, νὴ τὸν Δία, καί δεινὸν εἶναι καὶ δεινοὺς λόγους ξυντιθέναι.）

6 | Thukyd., viii. 56: "波斯大王应有权建造船只，并且随心所欲地在雅典沿海的任何地区，以任何数量的船只航行。"（ναῦς ἠξίου ἐὰν βασιλέα ποιεῖσθαι, καὶ παραπλεῖν τὴν ἑαυτοῦ γῆν, ὅπῃ ἂν καὶ ὅσαις ἂν βούληται.）

1445

据笔者判断，毫无疑问，ἑαυτοῦ 非常准确地表达了作者的看法。

【ἑαυτοῦ γῆν 也得到了 MSS 很好的印证。波斯大王的舰船不是仅限于"法塞利斯和卡亚奈亚巨石以东"的海域而是有权在小亚细亚沿岸任何地方行驶，这样的要求就足以破坏和谈。要求波斯人有权派出数量无限的战船在阿提卡沿岸巡行将会是一个厚颜无耻的冒失行为。——编者】

7　参见 Aristotel., *Politic.*, v. 3, 8。他征引这次革命作为例证，表明其以欺骗而开始，后来通过武力来完成的事情。

8　Thukyd., viii. 1. 关于所有普罗布利成员对革命行动的支持，参见 Aristotle, *Rhetoric.*, iii. 18, 2。

9　修昔底德（viii. 65）只知道阴谋者提出的某些助其获得控制权力的非正式方案（λόγος ἐκ τοῦ φανεροῦ προείργαστο αὐτοῖς）。如今，从《雅典政制》（*Ath. Pol.*, c. 29）中可以得知，这些方案是由一个公共委员会按正常的程序提出的，并获得公民大会的批准（参见本章附录）。——编者

10　Thukyd., viii. 67.【关于上述措施提出的顺序及修宪委员会的情况，参见附录。——编者】

11　比较吕西亚斯关于参与任命三十僭主那次公民大会的人数很少的记述（Lysias, Orat. xii., Cont. Eratosth., §76, p. 127）。

12　修昔底德没有将这一批议案归于某一个特定的个人，而用一种相对模糊的方式说："在那之后，一个建议不加掩饰地被抛了出来。"（ἐνταῦθα δὴ λαμπρῶς ἐλέγετο μήτε ἄρχειν, κ. τ. λ.）（viii. 67）。这个说法表明，他对这次革命在宪政上的改革具体细节并不熟悉。《雅典政制》（*Ath. Pol.* chs. 29, 30）对于他的不足进行了补充。参见本章附录。——编者

13　Thukyd., viii. 70. 笔者推断这必然是以下词语要表达的意思：τὰ δὲ

第三十二章 战争第二十一年:雅典的四百寡头政体

ἀλλα ἔνεμον κατὰ κράτος τὴν πὸλιν。

【针对进一步的改革,修昔底德只是说:"可是在那之后,他们大大偏离了民主的管理方式。"(ὕστερον δὲ πολὺ, μεταλλ ἄξαντες τῆς τοῦ δήμου διοικήσεως。)但是,在他看来,所有这些针对由来已久的民主制施行的变革必然值得提及,他的简短描述表明,除400人统治结束后关于极端采取措施的模糊报道外,他对这个问题没有太多确切的信息(*Ath. Pol.*, c. 31)。根据《雅典政制》(*Ath. Pol.*, c.33),他们的统治持续了四个月。——编者】

14 笔者肯定不会相信,没有任何一次公民大会的出席人数会达到5000人(οὐδεπὠποτε)的说法。然而,通常情况下,参会者的最大人数只有5000,这也并非没有可能。在注释中,阿诺德博士在一定程度上反对这种看法,他评述说:"法律规定,出席者的人数不但需要超过6000人,而且公民大会的某些法令至少需要6000票才能获得批准。"不过,就笔者而言,在诸如陶片放逐等需要投票人数较多的情况下,或在投票之前没有进行过讨论的情况下,投票的过程可能会持续几小时,这与当今的公开投票类似。因此,虽然超过6000名公民必然会完全投票,但是并不一定要求所有人都同时出席这次大会。

15 Thukyd., viii. 48.

16 修昔底德未明确提及他们的交流,但通过"阿克比亚戴斯……会高兴地为他们获得……"(Ἀλκιβιάδην – ἄσμενον παρέξειν)(viii. 76)等描述有所暗示。

17 Thukyd., viii. 81. 没有什么能比伊索克拉底(Isokrates, *De Bigis*, §§ 18–23)关于这一时段与阿克比亚戴斯行动的描述更加错误和歪曲了事实本身。

18 Plutarch, *Alkibiades*, c. 26.

19 与此观点相对,学者们可能会提出:其一,正如修昔底德注意到,雅典舰队离开小亚细亚水域将意味着一定程度上余下的属邦会受到损失（viii. 86）。此外，如果（伯罗奔尼撒与波斯的）联合舰队驶往赫勒斯滂，与公元前404年一样，才恢复的民主政权可能会因饥饿而投降，并将可能受到流亡者更糟糕的统治。其二，进攻雅典取得成功的可能性很成问题。400人政权牢固地占据着皮莱乌斯，而其他沿海地区被阿吉斯占领。倘若无法找到一处登陆地，舰队可能因没有作战的基地而被迫离开。其三，倘若舰队在战斗中迅速推进，无疑，寡头派将以公元前424年的麦加拉民主派为榜样，从而为阿吉斯打开方便之门。在任何情况下，此类的投降活动都可能发生，但是，只要有一支民主派舰队的存在，仅仅它的存在就定然会对解决问题的条款进行修正。此外，阿克比亚戴斯政策的成功或许不能只归功于运气。他肯定意识到了温和派在雅典的影响力，正是他们最初推动了革命，并成为真正的中坚力量。因此，他能够意识到形势正在朝有利于他的方向发展，因为极端派不计后果的暴力活动只是达到了削弱自身基础的作用。这种静候时机的政策或许是以"给寡头派足够长的绳子，他们将会自己吊死自己"的推断为基础的。——编者

20 | Lysias, *Cont. Eratosthen.*, § 43. c. 9, p. 411, Reisk.

21 | Thukyd., viii. 86–89. 安多奇戴斯宣称（事发多年后在雅典公民面前发表的一次演说中：Andokides, *De Reditu suo*, §§ 10–15），是年春他为驻萨摩斯的军队提供了制造橹桨的木材。这是他通过与马其顿国王阿凯劳斯的特别关系而获得的，而这些木材是当时军队所急需的。他进一步宣称，事后，当400人集团仍完全当权时，他曾造访雅典。因曾为当时与雅典为敌的军队提供如此有价值的帮助，寡头派的头目佩桑戴尔威胁要他的性命。虽然靠紧紧抓住祭坛保住了性命，但他不得不承受监禁和其他许多非人待遇。

对于安多奇戴斯在民主制得以恢复后的这些讨好的说法，笔者不知道

有多少可信。

22 Thukyd., viii. 92: "让这么多人成为政府中的伙伴，就是彻头彻尾的民主政治了。"（τὸ μὲν καταστῆσαι μετόχους τοσούτους, ἄντικρυς ἂν δῆμον ἡγούμενοι），etc.

亚里士多德（Aristotle, *Polit.*, v. 5, 4）称呼弗吕尼库斯是400人集团中的蛊惑家，也即他是最强烈地为他们的利益而服务，并为他们的好处而抗争的人。

23 Thukyd., viii. 91. 普鲁塔克的说法在许多方面不同（*Alkibiades*, c. 25）。【同时参见 note 34 on p.861。——编者】

24 [Lysias], Orat., xx., Pro Polystrato, c. 4. p. 675 Reisk.

这项任务分派给了新近成为400人集团一员的波吕斯特拉图斯（Polystratus），或许相较于其他人，他在民众中的口碑稍好。在恢复民主政体后，为他撰写的辩护词中，他自称从事这项工作完全违背他的意愿，他厘定了一份9000人而非5000人的大名单。

25 狄奥多鲁斯（Diodor., xiii. 34）提到提摩卡莱斯所率舰船上水手行动不谐调。关于这一有趣的时段，这也是我们从他有限的记载中唯一获得的信息。

26 在文献中所能见到的关于该委员会存在的最初证据就在这里（Thuk., viii. 97），有理由怀疑直到这时才设立了这个机构。有人将克里斯提尼所订法律与此次革命中的极端分子用于为其服务的"先祖政体"（πάτριος πολιτεία）混为一谈。倘若档案保存完好，可能就不会发生这样的混乱。毋庸置疑，作为预防将来会出现类似滥用法律的一个措施，他们设置了法律审订委员会（*cf.* note 28, p. 398）。

从 Andok., *De Myst.*, §§ 83 *ff.*, 征引的法令中，我们获得了与法律审订委员会（νομοθέται）相关的一些详细信息。在平息公元前403年的三十寡头后，公民大会通过一项决议，要求收集所有梭伦和德拉古法典残存的内容，希望废除那些过时的条款，并让那些仍有价值的部分用当时的思想进行解释。因此，大会再一次任命法律审订委员会成员。与第一次类似，其目的是让法律与时代更契合。

在 C. I. A., iv.（1）, p. 18 和 Hicks and Hill, 78 中记载了设立起草委员会，负责抄写有争议法令的副本。

因为吕西亚斯（c. Nicom.）频繁使用 νομοθέτης 的古义"立法者"，因此我们推断在他生活的时代，该词还没有成为一个具有特定意义的专业术语。——编者

27 | Plutarch, *Alkibiades*, c. 33. 科尔奈利乌斯·奈波斯（Cornelius Nepos, *Alkibiad*., c. 5, and Diodorus, xiii. 38-42）提到，泰拉麦奈斯是召回被流放的阿克比亚戴斯法令的主要提案人。但是，普鲁塔克引了由克利提亚斯创作的哀歌诗句明确说提案是由他倡导的，这些诗句无疑是绝佳的证据。无疑，许多著名人物也支持这个提案，没有人提出反对意见。

28 | [Lysias], Orat. xx., *Pro Polystrato*, c. 4, p. 674 Reisk.

29 | 关于该法令的时间，参见 Beockh, *Staatshaushaltung der Athener*, vol. ii., p. 168。

30 | Andokides, *De Mysteriis*, §§ 95-99.

31 | 关于民主政体完全得以恢复的更多证据包括：其一，德摩凡图斯法令中的一个段落提到 500 人议事会由抽签产生（Ankok., *De Myst.*, § 96）；其二，Xen., *Hellen*., i. 7 表明，阿吉努塞（前406）战役后将军所面对的公民大会包括了所有第四等级公民；其三，Ar. *Ran*., 1466 "两奥波尔拥有世界上最大的权力。"（ὡς μέγα δύνασθον τὼ δὔ ὀβολώ, 译按：原文似有误，应是 141 行）with school. (πρὸς τὸν δικαστικὸν μίσθον) 证明公元前 405 年陪审员领取了薪酬。

如果所有措施都是一步到位地展开，恰当的时间可能是公元前 407 年

第三十二章 战争第二十一年：雅典的四百寡头政体

克莱奥丰（Kleophon）的影响达到极致时。——编者

32 Thukyd., viii. 98. 大多数流亡者在 6 年后的羊河战役后返回了雅典，此时雅典民众再一次臣属于三十寡头的僭政统治下。其中几个人成为三十僭主统治下的议事会成员（Lysias, *Cont. Agroat.*, § 80, c. 18, p. 495）。

33 Lysias, *Cont. Eraststhen.*, c. 11, p. 427 §§ 66-68. "因为期望获得忠诚于人民的名声，他控告了安提丰和阿凯普托莱穆斯——那是他最好的朋友——并使他们被处死。凭借他如此的背信弃义，以及他据此赢得的信任，他奴役了你们；同时，通过毁灭朋友，他在你们那里得到了信任。" Βουλόμενος δὲ（Theramenes）τῷ ὑμετέρῳ πλήθει πιστὸς δοκεῖν εἶναι, Ἀντιφῶντα καὶ Ἀρχεπτόλεμον, φιλτάτους ὄντας αὐτῷ, κατηγορῶν ἀπέκτεινεν. εἰς τοσοῦτον δὲ κακίας ἦλθεν, ὥστε ἅμα μὲν διὰ τὴν πρὸς ἐκείνους πίστιν ὑμᾶς κατεδουλώσατο, διὰ δὲ τὴν πρὸς ὑμᾶς τοὺς φίλους ἀπώλεσεν.

34 吕西亚斯和吕库古对弗吕尼库斯之死的记载与修昔底德不一致。这两位演说家都记载了这两位杀死弗吕尼库斯的外邦人姓名，他们分别是卡吕冬（Kalydon）人特拉叙布鲁斯和麦加拉人阿波罗多鲁斯。雅典人随后认可了他们的说法，并正式授予他们公民权和奖励。（Lysias, *Cont., Agorat.*, c. 18, p. 492; Lykurg., *Cont., Loekrat.*, c. 29, p. 217）吕库古说弗吕尼库斯是在一个晚上"在靠柳树林很近的喷泉处"被杀的。这与修昔底德的说法完全不同。史学家声称，这次暗杀行动是白天在市场发生的。受吕西亚斯指控的阿戈拉图斯（Agoratus）曾伪称是暗杀者之一，声称应该得到那笔奖励。

【嘉奖令被记载于铭文 C. I. A., i. 59; Hicks and Hill, 74 中。铭文证实了吕西亚斯的说法。很有可能，修昔底德的消息来源有误。——编者】

35 这位安德隆是阿提卡编年史家安德罗提翁之父。其作品被《雅典政制》频繁征引。很有可能，正是从该作品中，《雅典政制》获取了关于温和

派行动的有利材料，而安德罗提翁之父被视为温和派的一员。——编者

36　[Plutarch], *Vit. X. Oratt.*, p. 834: compare Xenophon, *Hellenic.*, i. 7, 22.

37　Thukyd., viii. 68;【Aristotle】, *Ethic., Eudem.*, iii. 5.【安提丰的这篇演说或许是修昔底德针对这场革命以资借鉴的最主要文献（参见附录）。——编者】

38　Xenoph., *Hellenic.*, i. 7, 28. 这一段落的本意就是如此。不过，也有可能指的是在指定的那一天，阿利斯塔库斯没有出庭。在戴凯雷亚驻军与雅典人的一次交锋中，阿利斯塔库斯沦为了战俘。雅典的流亡者在戴凯雷亚组成一支队伍，经常与城里的公民交战。参见 Lysias, *De Bonis Niciae Fratris*, Or. xviii., ch. 4, p. 604; *Pro Polystrato*, Orat. xx., c. 7, p. 688; Andokides, *De Mysteriis*, c. 17, p. 50。

39　Andokides, *De Mysteriis*, §§ 75–78.

虽然[Lysias], *Pro Polystrato* 这篇演说词在几个要点上还有模糊，但据我们的理解，波吕斯特拉图斯是 400 人集团中的一名成员，他没有出席针对他的审计，因此缺席被判有罪。辩护词解释说，他没能出席，是因为在埃莱特利亚的战斗中受伤，而审判就发生在 400 人统治垮台后（§ 14, 24）。他因此被课以巨额罚款，并被剥夺了公民权（§§ 15, 33, 38）。这篇演说词发表在库诺塞马（Kynossema）战役之后的一段时间，也即当年秋天（§ 31），但距 400 人统治被推翻之后颇久，笔者相信肯定也发生在三十寡头之前很久。

40　或许第一款中的这 100 名遴选者与《雅典政制》称为 5000 人指定人的 100 名立法者相当。鉴于此，可以推断这些人同属一个立法委员会。为了展示与修昔底德不同，在此《雅典政制》或许走得太远。

41　修昔底德（viii. 67）讲述了 400 人另外一种不同的选举办法。这种方法可能指的是第一年的选举方式，此时更加规范的方式还没有形成。否则，他的记述与《雅典政制》第 31 节相当吻合。

第三十三章
从四百人被废黜、民主政治复兴至小居鲁士到达小亚细亚

　　前面谈到，伯罗奔尼撒人的 94 艘战船无所事事地在罗德斯驻留不少于 80 天后，为了拯救开俄斯，终于在 3 月底返回米利都，因为斯特隆比奇戴斯所率的一支雅典军队已对该邦展开了一段时间的围困。然而，雅典驻萨摩斯的主力舰队阻止阿斯提奥库斯达此救援目标，因为他认为引发一场全面战争并不可取。这位海军大将一则因为受贿，一则对提萨菲奈斯心存幻想。而这位波斯总督只是想通过拖延日久的战争使双方精疲力竭以便坐收渔人之利；同时他伪称腓尼基舰队正在赶来支援斯巴达人。阿斯提奥库斯的舰队中包括了前来与赫勒斯滂总督法尔纳巴祖斯合作的舰船，如今这些战船也不能前往其目的地。为了克服这个困难，斯

巴达人戴库利达斯受派率领一支队伍从陆上前往赫勒斯滂与法尔纳巴祖斯会合。双方协同对阿比杜斯及周边其他雅典属邦展开了军事行动。作为米利都的殖民地，阿比杜斯叛离雅典，投靠戴库利达斯和法尔纳巴祖斯，从而树立了榜样。两天后，周边城邦兰普萨库斯也紧随其步伐，叛离了雅典。

此时，在赫勒斯滂似乎没有任何雅典军队存在。在帝国这一新的区域出现危险的消息传入开俄斯后，雅典围困军队的指挥官斯特隆比奇戴斯对此颇为警惕。随着12艘战船的抵达（当阿斯提奥库斯率军驻扎在罗德斯时，从米利都获得的），开俄斯的战船数量增加到36艘，而与之对抗的雅典战船只有32艘。开俄斯人向外突围，与雅典人展开了顽强的海战，并取得了一定的优势。尽管如此，斯特隆比奇戴斯觉得必须立刻抽出24艘战船和一支重装步兵解赫勒斯滂之急。因此，开俄斯人完全掌握了制海权；虽然在岛上仍有雅典军队和一座防御坚固的堡垒，但他们获得了新的给养。阿斯提奥库斯也能够召回莱翁率12艘战船前往米利都，增加了主力舰队的力量。

此时，萨摩斯在城里和在军营里的寡头派都在制订其阴谋计划。得知统治者内部不和的消息后，阿斯提奥库斯认为这是一个好机会，于是率领整个舰队驶向萨摩斯港，并发起了战斗。但是，雅典人并没有离开港口。于是，他只得返回米利都，在此继续蛰伏不动，期待着腓尼基舰队的到来。但是，军中的不满者，尤其是叙拉古人，立即变得难以控制。为了安抚他们的不满，阿斯提

第三十三章　从四百人被废黜、民主政治复兴至小居鲁士到达小亚细亚

奥库斯被迫举行了一次全体战士参加的大会,决定立即与敌作战。因此,他率领舰队的全部112艘战船从米利都出发,绕过萨摩斯对岸的米卡莱海岬;同时命令米利都重装步兵从陆上赶往这个地方。此时,雅典舰队因斯特隆比奇戴斯的离开仅剩下82艘战船,也停泊在米卡莱附近。但是,听到伯罗奔尼撒人决定立即开战的消息后,他们撤回到萨摩斯,不愿以寡敌众。

大概在阿斯提奥库斯最后一次蛰伏期间,萨摩斯的寡头派发动了叛乱并最终失败。斯特隆比奇戴斯受派立即赶回,舰队重新会合,以便与驻扎在米利都的敌军主力抗衡。这位将领已经收回了兰普萨库斯,但没有收回阿比杜斯。在塞斯托斯建一座设防的中军大帐后,他与驻萨摩斯的舰队会合,从而使战船数量增加到108艘。得知斯特隆比奇戴斯的到来让雅典人重新恢复了信心和团结后,伯罗奔尼撒的指挥官们不敢坚持他们战斗的决定,于是返回米利都。雅典人驶往该城港口的入口处,乐于与毫无斗志的敌人一战。

这时,法尔纳巴祖斯发来了盛情的邀请,请求舰队在赫勒斯滂与之合作,并答应提供丰厚的薪酬和给养。克莱亚库斯(Klearchus)受斯巴达所派,带领最后一支舰队前来,其目的就是援助法尔纳巴祖斯。因此宣称他获准前往执行其命令。而阿斯提奥库斯也放弃了全部舰船联合行动的想法,认为如今最好是将舰队分开,因为他不知道如何养活这么庞大的一支队伍。就这样,克莱亚库斯受派率领40艘战船从米利都前往赫勒斯滂。由麦加

拉人建立的多利安城邦拜占庭向他秘密发来邀请，如今也准备叛离雅典。雅典驻萨摩斯的将军一直警惕着克莱亚库斯的动向，这则不幸的消息终于说服了他们必须驻防赫勒斯滂。于是，他们派出一支队伍，企图重压拜占庭，但没有成功。后来，伯罗奔尼撒人又从米利都派16艘战船前往赫勒斯滂和阿比杜斯；这样他们不但能够监视着海峡、博斯普鲁斯和拜占庭，而且还不时劫掠色雷斯的凯尔索奈斯。

就在这时，驻米利都舰队内部的不满引发了针对阿斯提奥库斯和提萨菲奈斯的公开兵变。不受腐蚀的叙拉古人赫尔摩克拉泰斯和图利伊指挥官多利欧斯积极支持水手们的倡议。这些水手大多数是自由人（比伯罗奔尼撒舰船上的水手所占比例更大），他们结成一队前往阿斯提奥库斯那里，大声抱怨，要求发放他们被拖欠的薪酬。但是，这位伯罗奔尼撒将军傲慢地接待了他们，甚至向他们发出了威胁，操起一根军棍要杖笞指挥官多利欧斯。水手们非常愤怒，冲了过去用投枪攻击阿斯提奥库斯。不过，他跑到附近的一个祭坛躲了起来，从而没有造成真正的伤害。

不满情绪不仅限于舰队的水手们。米利都人对提萨菲奈斯建在他们城内的要塞感到不满且保持着警惕。他们看准一个时机，对其进行突然袭击，赶走了里面的驻军。虽然军队总体上都对总督非常不满，同情士兵们的行动，但斯巴达的特派员利卡斯对此进行了严厉的斥责。他警告米利都人及在大王辖区内的其他希腊人，在战争取得圆满结果之前，必须接受提萨菲奈斯的管束，甚

第三十三章　从四百人被废黜、民主政治复兴至小居鲁士到达小亚细亚

至要竭尽所能，迎合总督。虽然利卡斯只在履行其与波斯所订条约时采取这些强制措施，但可以肯定，按斯巴达人做出的承诺，米利都人无法获得自治。如今自治的可能比以前更加渺茫。他们认为，在保护希腊人免受波斯人侵害方面，奉行帝国主义的雅典比斯巴达做得更好。

当敏达鲁斯（Mindarus）从斯巴达前来取代阿斯提奥库斯的海军大将之职时，军队的从属关系就此终结。赫尔摩克拉泰斯及一些米利都代表利用这次机会前往斯巴达，对提萨菲奈斯的行为提出了抱怨。而提萨菲奈斯派了一位使节（一位从小精通希腊语和卡利亚语的卡利亚人）为其所作所为进行辩护。同时，他觉得有必要采取新的欺骗手段，以增加使者在斯巴达谈判的筹码。他宣称，腓尼基舰队即将抵达潘菲利亚的阿斯彭杜斯，他将亲自前往迎接舰队的到来，以便让其与伯罗奔尼撒人并肩作战。他邀请利卡斯陪伴前往；命塔摩斯留在米利都，作为他不在时的代表；并命令他为舰队提供薪酬和给养。

敏达鲁斯被他貌似可信的保证给欺骗，派一位名为菲利普斯的将官率领两艘舰船前往阿斯彭杜斯，而总督则从陆路前往。

很长一段时间过后，敏达鲁斯才醒悟过来。因为菲利普斯发现腓尼基舰队确实停泊在阿斯彭杜斯，他最初也满怀希望地认为舰队会前往。腓尼基舰队一共有147艘战船，如果积极参战，完全可以在海战中一锤定音。但提萨菲奈斯假意说战船的数量不足，配不上大王的威严。他还说，大王命令装配一支由300艘战

船组成的舰队参战。[1]

不久，雅典人阿克比亚戴斯率领着 13 艘战船也来到这里，向总督提出了最好的条件。他还利用正在靠近的腓尼基舰队来欺骗驻扎在萨摩斯的同胞，承诺他将前往阿斯彭杜斯与提萨菲奈斯相会；如果可能，争取将这支舰队引为雅典的援军；至少不为斯巴达所用。

最后，眼见腓尼基舰队的援助落空，敏达鲁斯决定中断与背信弃义的提萨菲奈斯之间的所有交易。提萨菲奈斯的代表塔摩斯更不受他的待见。虽然他表面是被留下支付舰队的薪酬和给养，但这些钱财的发放却比以往任何时候都更加不固定。于是，敏达鲁斯率领他的舰队前往赫勒斯滂与法尔纳巴祖斯合作，因为这位总督仍然遵守其承诺并不断向他们发出邀请。伯罗奔尼撒舰队[2]（在扣除多利欧斯所率前往罗德斯镇压动乱的 13 艘战船后，还剩下 73 艘三列桨战船）提前进行了仔细的准备；如今突然接到命令，要求马上行动。因此，驻扎在萨摩斯的雅典人没有提前收到任何消息。敏达鲁斯安全到达了开俄斯，但从这里开始，他被特拉叙鲁斯紧追不舍。这位雅典将领率领 55 艘战船本打算在拉凯戴蒙舰队与赫勒斯滂之间向北行驶。由于坚信敏达鲁斯会在开俄斯停留一段时间，特拉叙鲁斯在莱斯沃斯的高地和开俄斯对岸的大陆上安插了一些侦察兵，以便能立即收到敌舰行动的任何消息。此外，他还利用雅典军队征服了最近反叛的莱斯沃斯城镇埃莱苏斯。

第三十三章 从四百人被废黜、民主政治复兴至小居鲁士到达小亚细亚

特拉叙鲁斯料想的伯罗奔尼撒舰队航行的路线是从开俄斯向北行驶，经该岛东北部与亚洲大陆隔开的米马斯山（Mimas）之间的海峡；此后，将可能从莱斯沃斯岛西侧的埃莱苏斯驶过，因为这是通向赫勒斯滂的最近航路。不过舰队也可能采用较长的航路，从东部莱斯沃斯与大陆之间的水域通过。雅典的侦察兵被安插在此是为了监视伯罗奔尼撒舰队是否会从海峡或靠莱斯沃斯岛一侧经过。但是，敏达鲁斯从开俄斯北边经过，取道向东，莱斯沃斯在其左侧一段距离之外，朝大陆方向驶去，最后抵达弗凯亚境内的港口卡尔泰利伊（Karterii）。在此，他停了下来，让水手们吃早餐。接着渡过库麦湾来到一座名为阿吉努塞（Arginusae）的小岛（位于与米提莱奈相对靠亚洲大陆附近的一侧），在此他又停止了航行吃晚餐。在夜晚大部分时间里，他继续航行；次日凌晨在哈尔马图斯（Harmatus，在麦廷姆纳正对靠北的大陆上）就早餐。稍做短暂停留后，舰队匆匆向前，绕过莱克同（Lektum）海岬，沿特罗亚德，经泰奈多斯，在午夜之前航行到赫勒斯滂的入口。在此，他的舰船分散于西盖翁、罗泰翁和其他周边地区。[3]

经过全速航行，伯罗奔尼撒舰队摆脱了特拉叙鲁斯的追踪，当雅典人得知舰队驶离开俄斯时，他们已经抵达了赫勒斯滂的入口。但是，当舰队进一步沿特罗亚德推进时，通过山上的烽火，这一重大的消息也传播开来。

驻扎在赫勒斯滂两岸的军队可以非常清楚地看到这些信号，其中在欧洲一侧的塞斯托斯有18艘雅典战船，在亚洲一侧的阿

比杜斯有16艘伯罗奔尼撒战船。对这支雅典舰队而言，在赫勒斯滂狭窄的通道里被强大的敌人擒获意味着毁灭。因此，他们于午夜逃离了塞斯托斯，沿阿比杜斯的对岸，紧邻凯尔索奈斯海岸的航线，朝半岛最南的埃劳斯行驶，以便有机会逃到开阔的海域，与特拉叙鲁斯会合。但是，如果敏达鲁斯在离开开俄斯前就向海峡的伯罗奔尼撒警戒船传达了严令，雅典人甚至都不可能通过阿比杜斯的基地。但是他并没有告知即将启程的消息，他们也没有特别留意舰队的到来，倘若受到特拉叙鲁斯的进攻，不能为他提供需要的援助。

在黎明时分到达凯尔索奈斯半岛最南端时，雅典人被敏达鲁斯的舰队发现。伯罗奔尼撒人立即追赶，但如今雅典人已在开阔的海域，其中大多数想办法逃到因布罗斯。而敏达鲁斯得到了来自阿比杜斯舰队的支援，这支联合舰队（共有86艘战船）试图猛攻埃劳斯。在强攻无果的情况下，舰队撤回阿比杜斯。这时，特拉叙鲁斯来到了埃劳斯，率领76艘战船，开始准备与敌展开一场大战。

五天后，他的舰队朝北沿赫勒斯滂欧洲一侧（也即凯尔索奈斯海岸）向塞斯托斯行驶。敏达鲁斯率领86艘战船（总数比特拉叙鲁斯多10艘）参战，舰船沿亚洲海岸从阿比杜斯一直延伸到达尔达努斯（Dardanus）。赫尔摩克拉泰斯所率的叙拉古人位于右翼，与特拉叙鲁斯相对；敏达鲁斯所率的伯罗奔尼撒人位于左翼，与特拉叙布鲁斯相对。据说敏达鲁斯战船上的海军陆战

第三十三章 从四百人被废黜、民主政治复兴至小居鲁士到达小亚细亚

队(epibatae)更强于雅典人,但雅典人在航行技术和海战战术上更胜一筹。然而,海战的进程告诉我们,自伯罗奔尼撒战争之初弗尔米奥获得的辉煌成绩后,雅典人的战术素养下降了多少;同样地,海员们错误地选择了赫勒斯滂狭窄的海域作为战场。敏达鲁斯采用进攻态势,向欧洲一侧海岸推进,试图从两个侧翼向敌人发起进攻,以便将其赶到岸边。位于两翼的特拉叙鲁斯和特拉叙布鲁斯迅速行动起来,尽力延长战线,以便挫败敏达鲁斯从侧翼包抄的企图。但在此过程中,雅典人的阵形变得稀疏,削弱了中军的力量,因突出的库诺塞马(Kynossema)海角,甚至都看不到己军的左翼。因得不到支持,雅典人的中军受到了猛烈的攻击,大体被敏达鲁斯的中军给控制。但是,部分的胜利却让伯罗奔尼撒人的中军陷入了混乱。特拉叙布鲁斯和特拉叙鲁斯在与左右两翼敌人最初的战斗中势均力敌,不久就获得了胜利。在击退这两翼的敌舰后,他们轻易地赶走了中间陷入混乱的敌人。因此,伯罗奔尼撒整支舰队都纷纷溃逃。赫勒斯滂狭窄的海域既不利于长期的追击,也不可能擒获许多战俘。不过,来自开俄斯、科林斯分别有8艘和5艘,来自安布拉奇亚和比奥提亚各有2艘,来自斯巴达、叙拉古、佩莱奈、琉卡斯各有1艘战船落入雅典人之手;而雅典人也损失了15艘战船。[4]

假如在西西里远征之前,雅典人根本瞧不上这样一场不具决定性的胜利。但自遭遇那一次灭顶之灾及随后的许多不幸事件,尤其是提摩卡莱斯被反叛的优卑亚人击败后,雅典人士气如此低

落，当公元前411年8月底传送库诺塞马战役消息的三列桨战船抵达时，受到了人们最热烈的欢迎。他们觉得，仿佛时运的最低潮触底反弹，开始朝有利于他们的方向发展。他们重拾获得最终胜利的希望。不久发生的另外一件好事使他们的信心更足。敏达鲁斯被迫抽调如今在优卑亚活动的50艘战船增援赫勒斯滂。[5] 撤走城邦周边令人生厌的敌军，这本身就很大程度上解除了雅典的压力。这支舰队随后遭遇的不幸使他们的压力进一步减轻。当拉凯戴蒙人绕行阿托斯山前往亚洲时，遭遇了一场可怕的风暴；舰船几乎全部被毁，人员遭遇了严重的伤亡；只剩下很少人加入敏达鲁斯的队伍中。[6]

如今，卡尔奇斯及其他城邦的居民没有了外来势力帮他们抵抗雅典，他们不得不联合比奥提亚人，跨欧利普斯海峡最狭窄之处，在卡尔奇斯与比奥提亚相望的地方企图修筑一道堤坝，从而使优卑亚丧失了海岛的特征。但他们的努力并没有成功。雅典人泰拉麦奈斯率领30艘战船阻止了这项工程的继续。[7]

除了鼓舞雅典人的士气外，库诺塞马战役没有带来非常重要的后果。甚至就在这次战役不久，库吉库斯就叛离雅典。四天后，雅典舰队在塞斯托斯稍做修整，就匆匆赶往这座城邦，将其重新夺占。该城没有修建城墙，因此他们没费什么工夫就将其征服，并对其征收贡金。此外，在前往该城的航行过程中，他们获得了另外一场胜利，在普罗彭提斯南部沿海，擒获了此前稍早前往支援拜占庭反叛的八艘伯罗奔尼撒战船。但是，雅

第三十三章　从四百人被废黜、民主政治复兴至小居鲁士到达小亚细亚

典舰队才离开塞斯托斯，敏达鲁斯就从在阿比杜斯的基地驶往埃劳斯，将雅典储放在那里的所有从库诺塞马战役中缴获的战船全部解救。

提萨菲奈斯和法尔纳巴祖斯性格上的差异、将伯罗奔尼撒舰队援助权转交由前一位总督还是后一位总督如今开始成为决定战争走向的一个非常重要的因素。法尔纳巴祖斯是一个勇气而热心之人，准备在人员和金钱上给予伯罗奔尼撒人全力以赴的援助。从此时起，波斯的援助成为希腊人之间的战争必须面对的一个现实。因为我们将会发现，当伯罗奔尼撒人获得波斯国库良好的薪酬时，雅典人因没有任何类似的资源，被迫在没有正当权力的情况下到处征缴贡金。为了征缴贡金，甚至可能中断了他们最有可能获得胜利的军事行动。

由于获得了法尔纳巴祖斯发放的优厚薪酬和全心全意的合作，伯罗奔尼撒人对于此前提萨菲奈斯的欺诈行动更加感到愤怒。在此情绪的影响下，他们准备援助安坦德鲁斯的居民驱逐其帐下的将领阿尔萨凯斯（Arsakes）及其所率波斯军队。

在米利都和克尼杜斯，提萨菲奈斯已经历过类似的羞辱。利卡斯不再相信他的欺骗谎言，我们也没有听到他派往斯巴达提出不满的使者高利泰斯（Gaulites）带回什么消息。随着敏达鲁斯公开与他决裂并离开米利都，对腓尼基舰队的幻想也不再具有什么利用价值。因此，他解散了腓尼基舰队，让他们返回各自的城邦，伪称获得消息，腓尼基各城市有受到阿拉比亚和埃及突然

袭击的危险。[8]这位总督也离开阿斯彭杜斯重回伊奥尼亚,并打算前往赫勒斯滂,以便恢复与心怀不满的伯罗奔尼撒人的私下交往。[9]

腓尼基舰队一消失,阿克比亚戴斯就率领着13艘战船从法塞利斯返回萨摩斯。此时,多利欧斯受敏达鲁斯之派(在他离开米利都之前),率领着13艘战船停泊于罗德斯,其目的是扼杀岛上日渐增加的亲雅典派势力。或许,这支舰队的出现威胁着雅典人在科斯和哈利卡纳苏斯的利益。因此,我们看到,阿克比亚戴斯又增派了9艘战舰与其原来的13艘一道从萨摩斯出发前往这两个城邦。他先在科斯城修筑了工事,然后派了一支雅典军队驻扎于此。在哈利卡纳苏斯,他征募到了一大笔贡金;至于他是通过何种欺骗方式还是仅仅是因为缺钱,我们不得而知。9月中旬,他返回了萨摩斯。

在赫勒斯滂,两支舰队展开了第二次交锋。在这次战斗中,伯罗奔尼撒人在阿盖桑德利达斯的率领下占据了优势,但没有取得什么成效。大约在10月,多利欧斯率领14艘战船从罗德斯出发前来与敏达鲁斯会合。雅典派出20艘战船进攻这支舰队。但多利欧斯逃走了,在达尔达努斯附近的一个海湾,将战船拖上岸躲了起来。敏达鲁斯立即匆匆赶往阿比杜斯,将84艘战船全部装配待命;法尔纳巴祖斯率领陆军在岸上与之呼应。在救得多利欧斯的舰队后,他下一个关注重心是抵抗由特拉叙布鲁斯和特拉叙鲁斯率领的追踪其后的整支雅典舰队。一场势均力敌的海战在

第三十三章　从四百人被废黜、民主政治复兴至小居鲁士到达小亚细亚

两支舰队之间一触即发。战斗持续了几乎一整天，最终结果不明。傍晚时分，又开来了20艘战船。双方发现，这是阿克比亚戴斯率领的从萨摩斯驶来的舰队。可能是听到多利欧斯与伯罗奔尼撒主力舰队会合的消息，他率领援军赶来，打破了双方的平衡。[10] 伯罗奔尼撒舰队被赶回阿比杜斯，然后逃到岸上。雅典人穷追不舍，跟到了阿比杜斯，并试图将所有战船尽数拖走。不过，波斯陆军保护了他们，据称法尔纳巴祖斯亲自冲在了战斗第一线。就这样，伯罗奔尼撒的主力舰队得以保全。不过，雅典人仍获得一场大胜后凯旋，拖走了30艘战船作为战利品，重夺在前两次战斗中丧失的城市。

敏达鲁斯让这支遭遇败绩的舰队待在阿比杜斯过冬，并派人向伯罗奔尼撒及其他同盟者寻求增援。同时，在陆上他与法尔纳巴祖斯联合攻打大陆上雅典的各种同盟者。雅典的海军将领们并没有让舰队聚在一起，以图获得更多胜利，而是被迫分散大部分舰船到各处征收钱款，在塞斯托斯只保留了40艘战船。特拉叙鲁斯亲自回到雅典，汇报胜利的消息，并请求增援。他的请求说服了民众。泰拉麦奈斯受派率30艘战船首先前往阻止优卑亚与比奥提亚之间堤桥的修筑，在没有获得成功后，接着沿岛征收军费。在敌人统辖区域内，他劫掠到了数目不菲的战利品；同时也从雅典各属邦企图谋反或被认为有可能谋反的不同派别勒索到一些金钱。在帕罗斯，佩桑戴尔在400人阴谋时安插的寡头政体仍然存在。泰拉麦奈斯将寡头派驱逐，对掌权者罚款，并建立了

民主政体。由此出发,他前往马其顿,为正在攻打皮德纳的国王阿凯劳斯(Archelaus)提供援助,并很有可能因此获得暂时的酬金。围攻行动持续了整个冬季。该城还没有被夺占前,泰拉麦奈斯受到召唤,前往色雷斯与雅典主力舰队会合。[11] 在所有这些行动中,我们查探到的证据表明,由于极度缺乏军费,雅典人被迫采取敲诈勒索、干预同盟者的内政等办法;然而,战争最初几年,他们从来没有犯下如此恶行。

大概这个时期,我们再一次发现文献中提到了科西拉人重新开始了内斗。这座岛屿上曾暂时被几乎毁灭的寡头派又重新得势。看到雅典遭遇的不幸,他们受到鼓舞,制订计划,准备将该岛拱手让与拉凯戴蒙人。得知这个阴谋后,民主派领导人派人前往瑙帕克图斯向雅典将军科农求助。他率领一支由600名美塞尼亚人组成的队伍前往,在民主派的协助下,在市场上将寡头派的密谋者抓获,并将其中几人处死,超过1000人被放逐。这些被逐者首先撤退到对岸的大陆,不久之后又返回岛上,在其中一派的默许下进入市场。城墙之内发生了一场血腥的搏斗。最后,双方达成妥协,接受被流放者的回归。[12]

与此同时,提萨菲奈斯抵达了赫勒斯滂,时间大约是公元前411年11月。他急于一定程度上重获伯罗奔尼撒人的信任。机会很快出现在他的面前。彼时,作为驻塞斯托斯雅典舰队的指挥官,阿克比亚戴斯以胜利者的姿态前往拜会他。但是,这位总督将他抓了起来,作为战俘送往萨尔狄斯拘押起来,声明他得到

第三十三章　从四百人被废黜、民主政治复兴至小居鲁士到达小亚细亚

大王的明确指示继续与雅典人的战争。阿克比亚戴斯作为波斯顾问发挥影响的所有幻想全部破灭。

到仲冬时分，敏达鲁斯停泊在阿比杜斯的舰船数量远远超过停泊在塞斯托斯的雅典舰船；雅典人不能继续保住他们在赫勒斯滂的地位，他们驶过凯尔索奈斯半岛的南端，停泊在半岛地峡西侧的卡狄亚。泰拉麦奈斯命令分散在各处的雅典舰船聚集起来，他自己从马其顿前往卡狄亚，特拉叙布鲁斯从塔索斯赶来。这样，雅典舰队在数量上超过了敏达鲁斯。消息传来，敏达鲁斯将舰队从赫勒斯滂转移到库吉库斯，与法尔纳巴祖斯和波斯陆军联合围攻这座城市。

事实上，他已经对这个地方发起了猛烈的进攻，就在这时，雅典将军决定在那里采用突袭手段将其歼灭。于是，舰队乘夜从赫勒斯滂航行到普罗孔奈苏斯；雅典人的行动逃过了监守在阿比杜斯巡逻船的注意。[13]

雅典人停泊在普罗孔奈苏斯，将岛上每一艘船只都夺走，其目的是让他们的行动严保秘密。阿克比亚戴斯提醒水手们，他们必须准备好马上打一场海战、一场陆战和一场攻城战。为了转移敌人的注意力，一队重装步兵在库吉库斯辖区的大陆部分登陆；然后，舰队分为三个支队，分别由阿克比亚戴斯、泰拉麦奈斯和特拉叙布鲁斯指挥。阿克比亚戴斯所率支队独自向库吉库斯驶近，挑战敏达鲁斯的舰队，并设法通过诈败，诱使伯罗奔尼撒人追出港口一段距离。在雾气弥漫、细雨蒙蒙天气的保护下，雅典的另

外两个支队突然出现,切断敌人的撤退之路,迫使其舰船驶向附近的大陆。经过一场艰苦的战斗,无论在战船上还是海岸边,伯奔罗尼撒在海上的舰队和法尔纳巴祖斯的陆军都被彻底击败。敏达鲁斯被杀,除叙拉古的舰船被他们自己的水手烧毁外,整支舰队,每一艘三列桨战船都被擒获。库吉库斯向雅典人投降,在缴纳一大笔贡金后免于其他任何的伤害。伯罗奔尼撒人被抓获或被摧毁的战船数量,各方记载各不相同。最少的说法有60艘,最多有80艘。[14]

由阿克比亚戴斯及他的两位同僚精心策划并大胆实施的重大行动(大约在公元前410年4月)极大地改变了交战双方的地位。如今,伯罗奔尼撒人在亚洲已没有值得一提的舰队,虽然在米利都可能还保留着微不足道的几艘战船。而雅典舰队比以往任何时候都更加强大、更加令人生畏。这支吃败仗队伍的沮丧之情充分表现在希波克拉泰斯(前任海军大将敏达鲁斯的书记官)写给斯巴达监察官的简短书信中。信中说道:"所有荣耀和优势丧失。敏达鲁斯被杀,战士们在挨饿。我们不知怎么办。"[15] 对于将来他们是如此灰心丧气,以至于以恩狄乌斯为首的一个拉凯戴蒙使团前往雅典提议和平。不过也可能是恩狄乌斯(此人是阿克比亚戴斯的朋友和客人,此前曾前往雅典为使)获准再一次前来打探雅典人的看法。如果没有取得成效,斯巴达人或已轻易地否认这种非正式的方式。值得注意的是,色诺芬完全没有提到这个使团。[16] 这件事情保存在狄奥多鲁斯的作品中,他很有可能依照

第三十三章 从四百人被废黜、民主政治复兴至小居鲁士到达小亚细亚

了泰奥彭普斯的权威著述,因此并非完全没有可能。色诺芬的沉默虽然不足以保证我们对事情的真相质疑,但会让笔者怀疑监察官是否亲自准许提出并批准这样的提案。必须记住,此时斯巴达与波斯签订了特别条约,不得单独与雅典缔结和平,更别提它对同盟者共同承担的义务。

按狄奥多鲁斯的记载,恩狄乌斯获准在雅典公民大会上发言,建议雅典人与斯巴达按如下条款缔结和平:各方保持现状;撤回在对方势力范围内的驻军;以一个拉凯戴蒙人对一个雅典人的方式交换战俘。

如果狄奥多鲁斯的说法可信,雅典所有最有智慧的公民都建议接受这份和平倡议。只有那些蛊惑家、捣乱分子及那些习惯于点燃战争之火以图谋取个人利益的人才反对和平。尤其是蛊惑家克莱奥丰。如今他在城邦中很有影响力,希望利用眼前新的获胜良机扩大自身的影响。鉴于此,公民大会最终否决了恩狄乌斯的和平倡议。[17]

作为事后诸葛,对于那些在羊河之战和雅典被占后撰述历史的人来说,重复那些谴责愚蠢的民众被品德败坏的蛊惑家误导的言辞是再简单不过的事情。但是,抛开众所周知的战争最终结局,如果审视这份倡议的主旨及倡议提出的时间,在断言克莱奥丰愚蠢地建议拒绝和平之时,我们将会怀疑再三。

他的建议是否明智,这是一个很难回答的问题。我们不会怀疑,阿克比亚戴斯及其同僚定然会承诺随后会取得更大的胜利,

或许会声称重新恢复失去的海上帝国的大部分疆域。在这种氛围下，雅典民众及其将军在很大程度上会根据现实判断将军们的承诺有理。那么恩狄乌斯的和平倡议又会如何？事实上，他的和平倡议根本没有做出让步。不过是双方维持现状，撤出驻军，交换战俘。接受这份倡议，雅典只在一个方面获利。雅典从派罗斯撤军，而斯巴达从戴凯雷亚撤出。这一交换对雅典颇为有利。对此，我们必须加上因停止战争带来的安慰，这无疑是真实而重要的。

如今的问题是，英明如伯里克利那样的一个政治家，是否会在库吉库斯大捷和此前两次小胜之后，劝说其同胞接受如此的让步。笔者倾向于认为答案是否定的。可能对他而言，这只不过是敌人麻痹雅典的一个外交伎俩；此时伯罗奔尼撒人缺乏保护，需要获得一定时间建造一支新的舰队。[18] 斯巴达不可能保证波斯或它本身的同盟者会按倡议行事。事实上，过往的经历表明，它不能有效地履行对雅典的承诺。因此，接受倡议并不能使雅典解除战争的全部负担；一旦觉得胜利就在眼前，只能消磨雅典人的斗志，束缚军队的手脚。对军队及阿克比亚戴斯、泰拉麦奈斯和特拉叙布鲁斯等将军而言，非常肯定地说，在如此一个时刻接受这些条款会被视为一种耻辱。

因此，如果抛开语焉不详的指控就会发现，正是"蛊惑家"克莱奥丰站了出来，阻止了雅典签订和平条约。如果审视他劝说同胞拒绝的关于和平条约的具体条款，我们将会发现他的提议如果不是压倒性的也至少有丰富充分的理由。虽然倡议本身不可取，

第三十三章　从四百人被废黜、民主政治复兴至小居鲁士到达小亚细亚

但他是否利用其中某些条款，努力以更行之有效的、更有持续性的条款为前提缔结和平，这很值得怀疑。虽然雅典人过去曾有过类似的尝试，但很有可能并没有取得什么成效。但是，像伯里克利那样的政治家将会努力进行尝试，他判断雅典正在进行的战争已处于不利，从长远来看，终会导致城邦的覆灭。但是，像克莱奥丰那样的议案提出者，即便提出一个可能正确的方案，但也没有高瞻远瞩地预见未来的发展。[19]

与此同时，法尔纳巴祖斯不但为这支吃了败仗、意志消沉的水手提供给养和生活费用，还鼓励在其夺占的范围内建造新的舰船。他一边武装这些水手，给他们提供两个月的薪酬，命他们驻守总督辖区的海岸，一边承诺利用伊达山上丰富的森林，为他们提供无尽的造船所需木材，并协助将领们在安坦德鲁斯建造新战船。

做好这些安排后，他前往卡尔凯东，为该城受到雅典人围攻的民众伸出援手。在取得胜利后，他来到佩林图斯和塞林布利亚。这两个城邦在此前叛离了雅典。被最近一系列战事所吓倒，佩林图斯重新回归雅典同盟。但塞林布利亚对此加以拒绝，通过交纳一笔赎金才没有受到进攻。阿克比亚戴斯率领大军来到与拜占庭相对、位于博斯普鲁斯海峡最南亚洲一侧的卡尔凯东。对雅典而言，控制博斯普鲁斯和赫勒斯滂这两道海峡是生死攸关的头等大事。首先，能够确保运粮船从黑海抵达雅典供城邦居民的消费；其次，雅典能够运用其武力对所有通过海峡的商船征收什一

税,这与丹麦人在松德(Sound)海峡征收的过境税异曲同工。在前一年的春季,雅典还是两道海峡无可争辩的主宰者。但随着赫勒斯滂的阿比杜斯(大约公元前411年4月)、博斯普鲁斯的拜占庭和卡尔凯东(大约公元前411年6月)的反叛,雅典的优势地位被剥夺了。在过去几个月里,城邦所需物资只是雅典舰队在该地区占据优势、能够为商船提供护航时才能送达。

虽然卡尔凯东在法尔纳巴祖斯的援助下仍然继续与雅典为敌,但如今阿克比亚戴斯夺占了该邦位于与拜占庭相对、位于博斯普鲁斯海峡东岸、防守坚固的港口克吕索波利斯(Chrysopolis)。在此,他进一步修建工事,在此永久驻扎着一支军队,并将其建成一座对驶出黑海的所有船只课税的固定税港。[20] 在拜占庭反叛之前,雅典人似乎习惯在那里征收这一税种,这是城邦经常性的收入之一。在阿克比亚戴斯的提议下,如今重新建立了征税站。鉴于征税的对象是运送商品销往雅典供人消费的船只,当然最终以物价上涨的形式由雅典公民和外侨支付。泰拉麦奈斯所率的30艘战船被留在克吕索波利斯,其目的是强化课税,并为友好的商船护航。这从另外一个层面对敌人进行了打击。

剩余的舰船一部分前往赫勒斯滂,另一部分驶往色雷斯。在此,拉凯戴蒙海军力量受到削弱的消息已经动摇了那些城邦的忠诚。在塔索斯,公民们赶走了拉凯戴蒙总督埃泰奥尼库斯及其驻军,允许特拉叙布鲁斯率领一支雅典军队入驻。埃泰奥尼库斯被逐后,指控拉凯戴蒙海军大将帕西皮达斯(Pasippidas)与收受提萨菲奈斯贿赂将其赶走的派别同流合污。因此，拉凯戴蒙人放逐了帕西皮达斯，派克拉泰西皮达斯（Kratesippidas）取而代之。这位新上任的海军大将在开俄斯发现了一支帕西皮达斯从同盟者征募的小型舰队，借此一定程度上弥补了最近的损失。

因为最近的海战胜利，雅典人的心气也越来越充满希望，变得更加积极。雅典人虽然不能阻止阿吉斯及驻扎在戴凯雷亚的军队劫掠阿提卡，反而让他们在某一天跑到了城墙之下，但特拉叙鲁斯的胜利及由此引发的精神使其撤退。为了使输入粮食的船舶安全入港，雅典人不久在托利库斯修筑了城防。阿吉斯发现，只要有许多粮食能够运抵皮莱乌斯，切断雅典粮食供应的努力将是徒劳之举。于是，在麦加拉人的帮助下，他组建了一支15艘战船组成的小舰队，派克莱亚库斯率领前往拜占庭和卡尔凯东。斯巴达人的舰队虽然受防守在赫勒斯滂的9艘雅典战船袭击，3艘被毁，但大部分还是安全到达了拜占庭。[21]

次年春，特拉叙鲁斯受派从雅典率领一支庞大的新舰队到伊奥尼亚一带行动。他指挥着50艘战船，1000名常规重装步兵，100名骑兵和5000名水手。军队在萨摩斯休整三天后，他成功地攻占了科罗丰及其港口诺提翁。接着，大军围攻以弗所，但该城被提萨菲奈斯召集的一支强大军队及最近前来的25艘叙拉古战船和2艘塞林努斯战船镇守。在以弗所附近，特拉叙鲁斯被敌人打败，损失惨重，300多人被杀，他也被迫驶离诺提翁，向北前往赫勒斯滂。

经过另一场遭遇战后,特拉叙鲁斯在塞斯托斯与阿克比亚戴斯会师。大约刚刚入秋,这支联军转移到海峡亚洲一侧的兰普萨库斯。在此,他们修筑城防,使其成为大军秋冬季节的大本营,通过劫掠周边法尔纳巴祖斯的辖区补充给养。然而,即便动用所有军队,他们还是未能征服阿比杜斯。伯罗奔尼撒人和法尔纳巴祖斯仍控制着在赫勒斯滂的基地。

同时,雅典大军也分散行动,其中一支强大的分队随特拉叙鲁斯前往。因此,周边的敌军受到鼓舞,积极展开了行动。斯巴达人派遣军队,海陆两路跟进,远征派罗斯。在此,仍有一座雅典人的堡垒和自公元前425年德摩斯提尼最初修筑城墙后逃往那里的叛逃黑劳士。雅典人派安尼图斯率领30艘战船解围。然而,因绕行马莱亚海角时受暴风雨和逆风所阻,大军甚至都未能到达那里就返回了。[22] 不久之后,派罗斯被迫投降,守军有条件地撤离。[23] 安尼图斯因没有完成托付的任务而受到了审判。据说,只是通过贿赂陪审员他才逃脱了被定罪的下场,他也成为第一个靠腐败手段操纵判决的雅典人。[24]

大约也在这一时间,麦加拉人通过突袭收回了自公元前424年被一支雅典军队占领的港口尼塞亚。雅典人试图重夺该港,但遭到了失败。[25]

公元前409年夏,特拉叙鲁斯似乎没有取得预料之中那么大的成果;甚至由特拉叙鲁斯和阿克比亚戴斯在同一年秋组成的联军也收获甚小。不过,公元前408年的军事行动更加重要。由

第三十三章 从四百人被废黜、民主政治复兴至小居鲁士到达小亚细亚

阿克比亚戴斯和其他指挥官率领的大军聚集起来围攻卡尔凯东和拜占庭。阿克比亚戴斯采用一座从跨越博斯普鲁斯到普罗彭提斯的木墙将卡尔凯东围了起来。就在木墙完工时,法尔纳巴祖斯率领一支军队前往解围。但雅典人挫败了他所有的努力,迫使他从雅典人阵旁逃走。[26]

鉴于围困这座城市已确信无疑,阿克比亚戴斯率领着一部分军队离开前往其他地方征募钱财,后来与其他军队一起围攻拜占庭。就在他离开的过程中,泰拉麦奈斯和特拉叙布鲁斯与法尔纳巴祖斯就卡尔凯东的有条件投降达成了一致。双方约定,该邦重新成为雅典的一个纳贡属邦,并以叛离之前的比率缴纳贡金;叛离这一段时间拖欠的贡金应当补上。此外,法尔纳巴祖斯还亲自护送一些雅典使者前往苏萨,使他们能够向大王提出和解的倡议。雅典人保证,在使者返回之前,不得对法尔纳巴祖斯的总督辖区采取任何敌对行动。

利用这段时间,阿克比亚戴斯夺占了塞林布利亚。[27] 在此他获得了一笔金钱,召集了一大队色雷斯人。率领着这支队伍,他从陆上前往拜占庭。在卡尔凯东投降不久,拜占庭就被雅典联军围困。雅典人修筑了一道环城围墙,并使用投掷武器和攻城器械发起了多次进攻。围攻一段时间后,城内的物资开始短缺。作为一个在平时都非常严格而严酷的将领,克莱亚库斯为了士兵们能够活命,变得更加令人难以忍受。当城里的居民奄奄一息地饿死在他身边时,他甚至将存粮锁了起来。眼看唯一的希望是获得外

部的援助，他从城里突击而出，请求法尔纳巴祖斯伸出援手。但是，鉴于最近卡尔凯东人获得的不错条件，加之严重的饥荒，一些拜占庭人乘夜打开了城门，请阿克比亚戴斯和雅典人入城。拜占庭人也获得了不错的条件，取消了作为雅典附属城邦的地位，不过仍得与卡尔凯东一样偿清所欠的贡金。[28]

古代的围城进展缓慢。因此，征服卡尔凯东和拜占庭几乎花了一整年的时间。拜占庭投降的时间大约是初冬时分。雅典除了所处状况有所改善外，刚与法尔纳巴祖斯达成的和解也颇具价值，且在将来更有希望。明显的是，这位总督已经厌倦了为伯罗奔尼撒人的利益而承受所有的战争之苦。因此，他积极协助雅典人与大王达成一致。在卡尔凯东之围结束后，由五名雅典人和两名阿尔戈斯人组成的使团受命前往库吉库斯与法尔纳巴祖斯会合。一些拉凯戴蒙使者，甚至被母邦放逐的叙拉古人赫尔摩克拉泰斯，也利用这个机会，在法尔纳巴祖斯的保护下一同前往苏萨。因冬节极端的严寒，在弗吕吉亚的戈尔狄翁（Gordium），他们的前进步伐受阻。开春时分，在向内陆推进的过程中，他们遇到了年轻的王子、国王大流士之子居鲁士。他正亲自前往，准备统治小亚细亚非常重要的一个部分。

1 | Thukyd., viii. 87. 提萨菲奈斯伪称大王将派出数量更多的舰船，狄奥多鲁斯说共计 300 艘。但修昔底德并未明确指出确切数目（Diodor., xii. 38, 42, 46）。

第三十三章　从四百人被废黜、民主政治复兴至小居鲁士到达小亚细亚

在随后一次机会，我们也听到腓尼基舰队打算增加到 300 艘（Xenoph., *Hellen.*, iii. 4, 1）。似乎这是与波斯大王身份相配的固定舰船数目。【在波斯战争中，这一数目的倍数也经常出现，譬如在拉戴（Hdt., vi. 9）、在马拉松（vi. 95）、薛西斯率领的舰队（vii. 89）。——编者】

2　Diodor., xiii. 38.

3　仅阅读修昔底德的记载似乎还不够。Thukyd., viii. 101："伯罗奔尼撒的船只从开俄斯全速启航。"（αἱ τῶν Πελοποννησίων νῆες ἀπαίρουσιν ἐκ τῆς Xίου πελάγιαι.）格罗特解释说，敏达鲁斯从开俄斯的港口出发向南航行，接着向右绕过该岛，然后驶向弗凯亚和库麦。但是，这条线路总计约合 100 英里，不可能在早餐之前就走完。

许多编辑者怀疑这段中有漏词，并将其补全为 Xίου οὐ πελάγιαι，以此表明，敏达鲁斯不是直接驶往赫勒斯滂，而是沿着大陆的海岸航行（经弗凯亚、库麦、哈尔马图等）。这种解读也使句法上存在的问题不那么严重了。

当天一早出发，敏达鲁斯在日出之前迫近大陆，同时沿着海岸航行可以让他在一段时间内逃脱雅典侦察兵的视线。——编者

4　Thukyd., viii. 105, 106; Diodor., xiii. 39, 40.

狄奥多鲁斯关于这场战役的记述本质上也与修昔底德有抵牾。调和二者的差异只能徒劳无功。除了关于雅典人航行技术占优而伯罗奔尼撒的海军陆战队更胜一筹外，笔者几乎不能从狄奥多鲁斯那里借鉴到什么。他说，在战斗过程中，又有 25 艘战船加入雅典一方，最终决定了战局的走向。显然，这是他从几个月之后的一次冲突中借鉴而来的。

5　Thuky., viii. 107; Diodor., xiii. 41.

6　Diodor., xiii. 41. 很有可能，这支舰队主要是比奥提亚人的。从海难中逃得性命的 12 个人在科罗奈亚的雅典娜神庙镌刻铭文以资纪念。这

	份铭文被埃弗鲁斯保存下来。
7	Diodor., xiii. 47. 参见 Colonel Leake's *Travel in Northern Greece* 关于欧利普斯海峡及周边地区的叙述,平面图见 vol. ii., ch. xiv., pp. 259-265。
8	Diodor., xiii. 46. 狄奥多鲁斯的说法似乎可信。不过,他奇怪地混淆了此年波斯发生的一些事情,遗漏掉了提萨菲奈斯之名,将提萨菲奈斯的行动归到法尔纳巴祖斯名下。
9	Thukyd., viii. 109. 自此,我们不得不告别历史学家修昔底德的记载,因为他的著作不仅没有记录到某一个特定的时限,甚至在一句没讲完的话中间戛然而止(至少我们拥有的版本如此)。 无法想象这个难以弥补的损失有多大。我们只能如那些号召研究他作品的人那样,从一位希腊历史学家的角度认真而仔细地研读他的作品。从修昔底德过渡到色诺芬的《希腊史》确实是一件令人惋惜的无奈之举。不过,如果将希腊历史视为一个整体,即便色诺芬留下的作品是如此拙劣,我们也完全有理由感到欣喜。正如在序言中谈到的那样,修昔底德撰述历史的目的和观念是崇高而富有哲理的,尤其是我们考虑到,在他之前没有任何现存的例子可供他参考。其著作的八卷(虽然最后一卷处于未完成状态)无论意境还是叙述中都与如此宏大的目标相得益彰。
10	狄奥多鲁斯(Diodor., xiii. 46)和普鲁塔克(Plut., Alkib., c. 27)说他前往赫勒斯滂完全事出偶然(κατὰ τύχην)。这种说法肯定是不可能的。
11	Diodor., xiii. 47, 49.
12	Diodor., xiii. 48.
13	Diodor., xiii. 49. 狄奥多鲁斯特别注意到了这一事实,可以肯定这是可信的。如果没有夜航,突袭敏达鲁斯不可能完成。
14	Xenoph., *Hellen*., i. 1, 14-20; Diodor., xiii. 50, 51. 狄奥多鲁斯与色

诺芬关于这几年发生事情的不同记载收录在 Sievers, *Commentat. in Xenoph. Hellen.*, not. 62, pp. 65, 66 *et seq*。

15　Xenoph., *Hellen.*, i. 1, 23 的原文是：ἔρρει τὰ καλά. Μίνδαρος ἀπεσσούα. πεινῶντι τὦνδρες. ἀπορέομες τί χρή δρᾶν.

16　在《希腊史》中，色诺芬对于以下重要事情都没有记载：（1）恢复全民民主制；（2）斯巴达人从雅典人手中夺占派罗斯；（3）丧失尼塞亚；（4）阿盖桑德利斯的舰队遭到毁灭；（5）吕桑德在以弗所召开会议；（6）埃帕米农达斯和佩罗皮达斯参加琉克特拉之战；（7）建立美塞尼亚和麦加罗波利斯。再多遗漏一件事情也根本不会引起我们的疑问了。——编者

17　Diodor., xiii. 53.

18　菲罗科鲁斯（*ap.* Schol. *ad* Eurip., *Orest.*, 371）曾谈到，雅典人拒绝了这个没有诚意的倡议（Philochori *Fragment.*, 117, 118, ed. Didot.）：（Λακεδαιμονίων πρεσβευσαμένων περὶ εἰρήνης ἀπιστήσαντες οἱ Ἀθηναῖοι οὐ προσήκοντο.）也请与 Schol. ad. Eurip., Orest., 722 比较。

19　克莱奥丰定然知道：（1）不管雅典维持制海权的时间有多长，财政的枯竭必然会使重新征服反叛同盟者的努力落空；（2）波斯人随时可能会给予伯罗奔尼撒人有效的军援，波斯人的援助将会轻易地抵消他们在库吉库斯遭受的损失。虽然不能求全责备地要求他获得更好的条件，但我们或许指望着他真诚地尽力去确保和平。在得到公元前 425 或前 424 年克莱翁失败教训后，不再需要伯里克利式的智慧来终结战争。正如格罗特暗示的那样，克莱奥丰"不能高瞻远瞩地预见未来的发展"不过是一个微不足道的小缺点。——编者

20　参见 Demosthen., *De Corona*, c. 71; Xenoph., *Hellen.*, i. 1, 22："在该城（克吕索波利斯）建立了税卡，并对进出本都的船只征收什一税。"（καὶ δεκατευτήριον κατεσκεύασαν ἐν αὐτῇ （Χρυσοπόλει）, καὶ τὴν δεκάτην ἐξελέγοντο τῶν ἐκ τοῦ Πόντου πλοίων.）Compare iv. 8, 27; and v. 1, 28; also Diodor., xiii. 64.

τὴν δεκάτην 一词表明，人们知道这一税则，并有先例可循。

波利比乌斯（Polyb., iv. 44）相信阿克比亚戴斯是第一个提出这种为雅典谋利的方法的人。但证据表明，很早之前就已征收这一税则，甚至比雅典帝国的建立还早，那时波斯人在海峡地区居于统治地位（Herodot., vi. 5）。

【在公元前435年的卡利亚斯法令中提到了一种 δεκάτην（C. I. A., i. 324; Hicks and Hill, 49），这可能就是指在博斯普鲁斯征收的粮食税。在大约公元前428年与麦托奈订立的条约（C. I. A., i. 40; Hicks and Hill, 60）中暗示，除一些获得优待的船只（无疑，包括帝国首府雅典本身）之外，雅典会对运往同盟城邦的粮食课税。阿克比亚戴斯在克吕索波利斯建立临时基地，其目的是恢复粮食税，直到夺占拜占庭为止。——编者】

关于雅典夺占拜占庭的重要性，参见 Lysias, Orat. xxviii., *Cont. Ergokl.*, § 6。

21　Xenoph., *Hellen.*, i. 1, 35, 36. 色诺芬记载说，克莱亚库斯的战船在赫勒斯滂受雅典人攻击后，首先逃到了塞斯托斯，然后抵达了拜占庭。不过，塞斯托斯是雅典人的基地。想必是色诺芬的疏忽，将伯罗奔尼撒人的基地阿比杜斯误认为是塞斯托斯。

22　公元前410年大约9月底留的一份铭文（C. I. A., 188, 1. 10）记载了一种 Ἕρμωνι, ἄρχοντι εἰς Πῦλον 的费用。从铭文可以推断，雅典人仍不丢掉派罗斯（cf. E. Meyer, *Gesch. d. Alt.*, vol. iv., § 715）。——编者

23　Diodor., xiii. 64. 色诺芬（*Hellen.*, i. 2, 18）根本没有记载夺占派罗斯的军事行动，而只是说从马莱亚一批逃亡的黑劳士撤走了。而且所用的名称是科利法西翁（Koryphasion）而非派罗斯。这些疏忽证明，

色诺芬完全是根据拉凯戴蒙人提供的消息来写作的。

24　Diodor., xii. 64; Plutarch, *Coriolan*., c. 14.【Ath., Pol., c. xxvii.——编者】

25　Diodor., xiii. 65.

26　Xenoph., *Hellen*., i. 3, 5-7; Diodor., xiii. 66.

27　对投降者特宽厚的条款记录在 C. I. A., iv.（1）61 a 及 Hicks and Hill, 77 中。从这些条款可以推断，阿克比亚戴斯急于尽早解除对该城的围困。在主要的条款中，我们注意到：（1）该邦的政体不受侵犯；（2）可观的债务被免除；（3）不对政治犯进行司法审判。——编者

28　Xenoph., *Hellen*., i. 3, 15-22; Diodor., xiii. 67; Plutarch, *Alkib*., c. 31.

第三十四章
从居鲁士到达（小亚细亚）至阿吉努塞之战

居鲁士，人们常称其为小居鲁士，出现在小亚细亚是意义最为重大的事件，开启了伯罗奔尼撒战争的最后阶段。

他是波斯国王大流士·诺图斯两个儿子中的幼子，如今受其父之派，担任吕底亚、大弗吕吉亚、卡帕多奇亚的总督。此时，他的统辖权属于提萨菲奈斯和法尔纳巴祖斯的辖区，还没有包括沿海地区的希腊城邦仍。[1]然而，他对希腊人之间的战争怀有深厚的兴趣，具有强烈的反雅典情结，并从其父那里获得完全的权力将他的想法付诸行动。他非常清楚，在过去的60年里，雅典是打败高傲的波斯诸王的劲敌，并使居于岛上的希腊人不受波斯舰船的骚扰，甚至让居于海岸边的大陆希腊人事实上也获得

第三十四章 从居鲁士到达（小亚细亚）至阿吉努塞之战

了自由。

自法尔纳巴祖斯及雅典使团遇到居鲁士那一刻起，他们继续向苏萨前行的过程就不再可能。法尔纳巴祖斯不但拒绝让雅典使团前行，而且被迫听从这位年轻王子的命令。居鲁士强令，雅典人要么向他投降，要么被扣留在内陆地区一段时间，以便任何消息也不能传到雅典。法尔纳巴祖斯没有答应第一个要求，因为他承诺保证他们的安全。但是他听从了第二个安排，将他们扣留在卡帕多奇亚三年，直到雅典被彻底击败即将投降时，他才获得居鲁士的许可，将他们送回海边。[2]

居鲁士的到来是决定战争结果的诸多因素中的一个重要变量。虽然这件事本身很重要，但更重要的是拉凯戴蒙海军大将吕桑德的性格。才到达萨尔狄斯，这位年轻的王子就第一次与他取得了联系。

公元前408年12月或公元前407年1月，[3] 吕桑德前往取代克拉泰西皮达斯。他是在漫长的战争中让雅典遭受所有主要伤痛的三个斯巴达著名人物中的最后一位（继布拉西达斯和古利普斯）。他出身贫寒，甚至有人说他属于摩塔凯斯（Mothakes）阶层，只有通过富有者的资助才能够缴纳公餐费，让他有机会经常操练。[4] 他不但是一位优秀的将领，完全胜任军事指挥官之职，而且在出谋划策、组建政治团体及保持行动的严明纪律上也拥有出众的天赋。虽然他对金钱和享乐的诱惑不屑一顾，[5] 安于出生时的贫困状况，但为了祖国或自身的利益，他也会不惜一切代价地实现其野心勃勃的目标。对于谎言和伪证,他疾恶如仇;这在同时代归于他名下的各种谚语中有所体现。譬如,小孩用掷骰子骗钱,大人用赌咒发誓骗人。[6] 在其政治生涯的最初到结束,指导他前行的雄心壮志是用他的努力提升城邦的内外实力。在性格的这个主要方面,他与阿克比亚戴斯可相提并论。在采用残酷无情的粗暴手段上,他有过之而无不及。他为人可能颇为严酷;在这方面,阿克比亚戴斯难以望其项背。但在阿克比亚戴斯最为人所知的个人享乐、生活奢侈及炫耀自夸等方面,我们很少听到与吕桑德沾边。他最基本的禀性是斯巴达式的,安贫乐道,口才好,思维发散,喜好权力和影响力;[7] 而非雅典式的性格特征,在各方面都富有激情,野心勃勃地成为众人之首。

888　　吕桑德在小亚细亚城邦扩大并系统化了由克拉泰西皮达斯在开俄斯[8]开始的政府重组活动。事实上,其目的并不是为了个人的报酬,这是他一直鄙视的,而是为了实现雄心壮志。他从伯罗奔尼撒出发,率领一支队伍增援罗德斯,然而航行到米利都,最后在离居鲁士即将抵达的离萨尔狄斯最近的以弗所停了下来。在他到来后,舰队的战船数量增加到了70艘。居鲁士刚抵达萨尔狄斯(公元前407年4月或5月),吕桑德就带领几名拉凯戴蒙使者到宫廷拜访这位年轻的王子,在各个方面都受到了热烈的欢迎。他们首先控诉提萨菲奈斯的口是心非行动,请求居鲁士采取新的政策,严格履行条约的规定,给予最有力的支援,以便打败他们共同的敌人。居鲁士回答说,这正是他从其父王那里得到

第三十四章 从居鲁士到达（小亚细亚）至阿吉努塞之战

的明确指示，他打算以所有力量完成这些任务。他强调说，他带来了500塔兰特，立即将这些钱投入战事中。如果这些钱还不够，他将拿出父王给他的私人财产；如果还需要更多，他将把自己的金银座椅打制成钱币。[9]

对于这些慷慨的承诺，吕桑德及使团报以最衷心的感谢。鉴于对居鲁士性格和倾向持乐观的看法，他们鼓起勇气，要求他恢复为水手发放每人每天1德拉克马的薪酬，这是首次邀请拉凯戴蒙人渡过爱琴海时，提萨菲奈斯借使者之口在斯巴达承诺的薪酬标准。为了确保薪酬的增加，他们向居鲁士保证，该举措会让大部分雅典水手出逃，那么战事就会结束更早，军费的支出反而会更少。但对此他加以拒绝，声称薪酬标准是由大王对开支所做的命令及条约的内容规定的，他不能背离这些原则。[10] 对于这样的答复，吕桑德只得勉强同意了。随后，使团成员受到了款待。宴会上，居鲁士举杯向吕桑德致以健康的问候，希望这位拉凯戴蒙将领说一说，居鲁士做什么才能最大限度地令其高兴。吕桑德回答说："为每一位水手另外加1个奥波尔吧。"居鲁士立即答应了他的要求；因为通过这种提问的方式，使他自己受到了束缚。不过，吕桑德的答复给他留下了深刻的印象，令他既感到惊讶，又感到钦佩。因为他本来认为，吕桑德会为他自己要求一些好处或礼物，这不但是基于他对大多数波斯人在类似情况下的判断，而且也是基于对阿斯提奥库斯及驻米利都其他伯罗奔尼撒将官的观察。或许之前他听说过这些将官因奉承提萨菲奈斯而得到好处的传言。

这里描述的事件不但让伯罗奔尼撒舰队的水手每人每天可以获得4奥波尔（而不是3奥波尔），也让吕桑德本人获得了居鲁士一定程度的尊敬和信任。吕桑德深知如何利用这些好处。此前涉及伯里克利和尼奇亚斯时笔者曾谈到，在希腊的政治领导人中间，很少具有清廉的美名；一旦具有了不受侵蚀的清廉之名，哪怕是在他发挥影响力的那一段时间内，这也将会成为一位雄心壮志者所有财富中最珍贵的一笔。如果说公正无私的形象在雅典人的眼中是如此无价，那么在居鲁士的心目中产生的影响就更巨大。自此时起，他不但在钱财事务上完全信任吕桑德，而且在战争事务上也会听取他的意见。

从萨尔狄斯返回以弗所后，吕桑德不但能够全额支付拖欠舰队的工资，而且还以每人每天4奥波尔增加后的标准向水手们提前预支了一个月的薪水，并承诺将来的标准还会提高。军中顿时弥漫着满足和信心。但自上次库吉库斯惨败以后，人们匆匆候选了一些战船，大多都有偷工减料，结果导致状况不佳。因此，吕桑德利用当前充裕的资金，修缮了战船，使其状况有所好转，并招募了一批精挑细选的水手。他采取的另外一个步骤将来会引发重要的结果。他从小亚细亚的每个城邦分别召集了几名最活跃最主要的人物前往以弗所，将他们组织成一些纪律严明的俱乐部或党派，并要求他们与其保持通信。他怂恿这些俱乐部成员积极投身于与雅典的战斗中，以确保战争一结束，这些人就会成为维持斯巴达在各自城邦政权中影响的中坚力量。[11]通过这种方式，他获得了任何一个后继者不可能掌握的无所不包的信息，从而使他连续不断的指挥权成为获得成功的必要因素。在完全打败雅典后建立的十人团政权（Dekarchies）中，他在派系中所做的努力取得了成效。

就在吕桑德与居鲁士恢复双方的有效合作时（前407夏），阿克比亚戴斯完成了第一次重返母邦的微妙之举。按照与法尔纳巴祖斯达成的和解，雅典舰队不得进攻他的总督辖区，而且被迫从其他地方寻找补给。从拜占庭、塞林布利亚及色雷斯征收而来的贡金使他们度过了冬天。春天来临时（前407），阿克比亚戴斯将舰队再次带回萨摩斯，并由此远征卡利亚沿岸，征收到贡金100塔兰特。特拉叙布鲁斯率领30艘战船进攻色雷斯，征服了塔索斯、阿布戴拉及该地区所有此前叛离雅典的城邦。如今，塔索斯因饥荒和过去的暴动遭遇到特别的困难。与此同时，特拉叙鲁斯率领另一支分队返回雅典，作为先驱，为阿克比亚戴斯的回归打好前哨。[12]

在特拉叙鲁斯到达之前，民众已经表现出对阿克比亚戴斯的善意，选举他与特拉叙布鲁斯和科农一道为新任的将军。阿克比亚戴斯率领20艘战船，带着最近征收的贡金，开始了返回雅典的航行。他首先在帕罗斯稍做停留，接着骚扰了拉科尼亚沿岸，最后试探了拉凯戴蒙的港口盖泰伊翁（Gytheion），他早打听到有30艘战船正在修造。在此过程中，他先得知被再次选为将军的消息,然后获得了朋友们的盛情邀请,最后获悉撤销了对被流放家族成员的指控。所有一切让他决定驶往雅典。公元前407年5月底,阿克比亚戴斯抵达皮莱乌斯港。

古代的许多作家对阿克比亚戴斯这次返回雅典的盛况进行描述;其中,大约两代人之后萨摩斯作家杜利斯(Duris)的描述最为夸大其词。[13] 所有这些细节都被色诺芬更加简单而可信的描述给推翻。阿克比亚戴斯的回归并非盛况空前,空气中甚至弥漫着几许的不信任和忧虑。一大群人从城里或港口涌出,看着他的到来。

然而,他也不需要军队的保护。因为他的政敌不但不试图对他动武,而且当他在议事会和公民大会前为自己辩护时也没有提出反对意见。在这两次会议上,他都驳斥了对他不敬神的指控,表明自己的清白,并严厉谴责政敌的不义和民众的不仁。他的友人都以类似的调子热情为他开脱。在议事会和公民大会上,支持他的力量明显占据着上风,结果没有人胆敢发表与之相反的言辞。[14] 大会取消了此前通过的判他有罪的审判结果;优摩尔皮戴家族受命废除此前加在他头上的诅咒;审判记录被销毁,刻写咒语的铅板被扔到海里;他被剥夺的财产获得了恢复;最后大会一致宣布授予他全权,为他准备100艘战船,从兵源名录中挑选1500名重装步兵和150名骑兵听候他的指挥。在政敌的沉默和友人的欢呼声中,没有任何反对票,大会通过了上述决议。人们毫无保留地指望着,将来的成功都取决于他;并坚信阿克比亚戴斯才是唯

第三十四章 从居鲁士到达（小亚细亚）至阿吉努塞之战

——一个有能力恢复帝国和雅典伟大的人。

当谈到阿克比亚戴斯进入皮莱乌斯的担忧及其友人组织的保镖时，我们欣喜地发现，这次压倒性的、毫无争议的胜利大大超过了两方的预料。从公元前415年8月到公元前407年5月，阿克比亚戴斯已被流放八年。从众多方面看，不在雅典对他的名声有百利而无一害，因为他个人的傲慢行为远离了人们的视线，而他的不虔敬行为也部分被人遗忘。甚至大多数人倾向于接受他断然否认针对他的指控事实，认为他的政敌采用不光彩的手段否决了他在被指控后立即接受审判的要求，其目的是趁他不在期间对他大肆诽谤中伤。

但是，如果过去不受欢迎的诸多事情相对而言已经淡出了人们的视线，那么其他一些事情会留下一些更深刻更不可磨灭的特征。他对城邦怀着报复的敌视之心不但明白无误地被他公开讲出，而且他也通过积极行动展现了出来。派古利普斯到叙拉古，在戴凯雷亚修筑城堡，煽动开俄斯和米利都反叛，最初策划400人统治的阴谋，所有一切都是阿克比亚戴斯的杰作。即便这些事情，在此刻的热情下人们都能为他找到托词。人们确信，尽管遭受各种冤屈和不公，但他从来都没有放弃对祖国的热爱；他被迫必须流亡在外，为其厌弃的人服务，每天都冒着生命危险。类似托词确实不能加到每一个身上，但他完全是一个特例。虽然他最初给城邦带来了巨大的伤害，但他后来为城邦做出了有益的贡献，并有可能做出更大的贡献。事实是，他后来的贡献绝对不足以弥补此前的伤害。功劳也不能完全归于他一个人,因为泰拉麦奈斯和特拉叙布鲁斯在阿比杜斯和库吉库斯之战中对胜利的贡献与阿克比亚戴斯不相上下。[15] 此外,他此前承诺随他而来的资金,即波斯与雅典结盟并支付水手的薪酬,证明是彻头彻尾的谎言。雅典军队自他加入后胜利连连。因此我们看到,不但一般的报道,甚至连修昔底德那样具有良好判断力的史学家,都把胜利归功于他超凡的精力和领导力。

没有触及这些特别之处,就不可能完全理解公元前407年这位回归的流亡者在雅典民众面前的特殊位置。虽然有充分的理由重新任命阿克比亚戴斯担任指挥之职,但只有在禁止人们指责他过去犯下罪恶,暂时接受他随后的善举会在将来给城邦带来更多好处的情况下才具有合法性。我们不能由此推断,民众已经忘记了阿克比亚戴斯过去的行为。在如今充满希望的乐观情绪下,民众决定只要他愿意,就有权从各个方面更好地一展胸中的抱负。但是,将来的任何一次失误或错误,都随时可能点燃一系列暂时沉寂的怒火。

由阿克比亚戴斯亲自推荐的阿戴曼图斯(Adeimantus)和阿利斯托克拉泰斯被公民大会任命为他的同僚将军,率领重装步兵与他一同前往沿岸作战。[16] 不到三个月的时间,他的军队就已整装待发。但他故意将出发的时间推迟到波伊德罗米翁月(Boedromion,大约9月初)埃琉西斯秘仪举行过后。在该节上,由拥挤的人群组成的神圣游行队伍沿着圣道从雅典一路行进到埃

第三十四章 从居鲁士到达（小亚细亚）至阿吉努塞之战

琉西斯。即便阿吉斯在戴凯雷亚修筑堡垒后，在接下来的七年里，游行不可能按正常的方式进行，但队伍仍通过海上运往埃琉西斯，省略了仪式的许多细节。这一次，阿克比亚戴斯以最盛大的方式恢复了陆上的神圣游行，聚集起所有军队加以保护，以防遭到来自戴凯雷亚的进攻。过去他因渎神而被定罪，所有这些事情涉及他个人的声望，尤其具有政治意蕴，有助于他与优摩尔皮戴家族及两女神的和解。[17]

秘仪庆典结束不久，他就率领军队前往战场。在阿克比亚戴斯布置保护埃琉西斯游行队伍时，驻扎在戴凯雷亚的阿吉斯虽然没有冲出发起进攻，但他因受到了挑衅而感到遭受了耻辱。不久，利用雅典大军离开的有利时机，阿吉斯从伯罗奔尼撒和比奥提亚召来援军，试图在一个漆黑的夜晚突袭雅典城墙。倘若他对城内的密谋者有所指望，阴谋肯定是败露了。城内及时发出了警报，阿吉斯发现年纪最小和最大的重装步兵都在城墙上各就其位。据说，参加突袭的士兵多达28 000人，其中一半是重装步兵，另有1200名骑兵，其中有900名来自比奥提亚。第二天，人们发现突袭者将城墙团团围住，而城墙上面雅典剩余的军队也严防死守。在接下来发生的一场骑兵遭遇战中，雅典人占据了优势，甚至打败了不可一世的比奥提亚人。次日晚，阿吉斯在阿卡戴姆斯之园扎营。在接下来的一天，他纠集所有的军队以图与雅典人决战；雅典人决定列成战阵准备参战，但城墙上投下的遮天蔽日的标枪和箭矢给予了他们很好的保护，阿吉斯不敢发起进攻。[18]

值得怀疑的是，雅典人是否跨出了城门，因为多年来，他们习惯于认为在陆战中不及伯罗奔尼撒人。就这样，阿吉斯撤出了战场，对于双方确实交了战感到满意，因为这消除了埃琉西斯秘仪信徒游行给他带来的轻慢和藐视。

阿克比亚戴斯最初的行动针对如今被一位拉凯戴蒙军事总督及驻军统治的安德罗斯。大军登上这座岛屿后，很快就打败了由当地人和拉凯戴蒙人组成的军队，迫使他们困守城内。在攻城几日无果后，他前往萨摩斯，让科农率领 20 艘战船驻守一座城防坚固的营地，继续围攻该城。[19] 在萨摩斯，他首先查明了驻以弗所伯罗奔尼撒舰队的情况，其中包括吕桑德对居鲁士的影响；更丰厚的薪酬标准；提前发放薪酬，如今伯罗奔尼撒的水手已经拿到了手里。阿克比亚戴斯力图说服提萨菲奈斯调和他与居鲁士的关系，并告诉总督波斯真正的利益是让战争陷入僵持，拖延不决，让一方制约另一方，从而削弱双方的力量。但是他的努力没有取得成效。

通过修补和扩充，吕桑德在以弗所拥有一支由 90 艘战船组成的舰队，但其数量仍与雅典相形见绌。阿克比亚戴斯试图激怒吕桑德驶出与之展开一场大战，但没有成功。立即进行决战非常符合雅典人的利益，虽然他们的数量占优，但舰队经费奇缺，不得不到处征收贡金来维持；但吕桑德决定除非形势有利才与之战斗；居鲁士并不担心拖延不决的战斗所需的支出，他甚至命令吕桑德小心行事，并希望派腓尼基舰队给予其援助。从他口中说出来，这样的援助似乎并非欺骗之词。[20]特拉叙布鲁斯从在赫勒斯滂的驻地赶来,开始修筑弗凯亚的工事,其目的可能是建立一个能够劫掠内陆的据点[21]。阿克比亚戴斯率领一支队伍渡海前往与之会合,将舰队的主力留在了萨摩斯,由他最欣赏的领航员安提奥库斯指挥,明确要求在他回来之前绝对不能与敌交战。

在他前往弗凯亚和库麦期间,[22]安提奥库斯没有遵守不得与敌交战的明令,驶往伯罗奔尼撒舰队驻扎的以弗所港的入口。他率领乘坐的战船和其他几艘船只进入港口,靠近伯罗奔尼撒战船的船首,挑衅他们与之一战。吕桑德派出几艘战船追击,正如安提奥库斯希望的那样,一场战斗随即发生。但是,雅典战船没有列成战阵,只能每艘战船各自为战。而伯罗奔尼撒舰队排列整齐,控制得当。结果优势完全在伯罗奔尼撒人一方。雅典人被迫逃匿,被追击到诺提翁,损失15艘战船,几艘战船上的船员全部殒命,安提奥库斯被杀。[23]

阿克比亚戴斯匆匆赶回萨摩斯,聚集起所有的雅典战船,驶到以弗所港的入口,列成战斗阵形。但一切都太晚了。令雅典气愤难当的是,拉凯戴蒙人不久又夺占了泰奥斯和德尔菲尼翁。德尔菲尼翁是三年前雅典人在开俄斯岛上修筑的一座要塞。[24]

早在诺提翁之战前,军中对阿克比亚戴斯的抱怨和不满之词已经逐渐抬头。他率领出征的这支军队无论在战船的数量上还是重装步兵的人数上都不次于此前所率前往西西里的那支队伍;而且阿克比亚戴斯及其朋友夸下海口,保证很快会取得成果。但时间已经过去三个多月，他们还寸功未立。与之相反，来自波斯令人失望的消息和诺提翁的战役让他们大感失望。不能否认，阿克比亚戴斯曾严令安提奥库斯不得参战。但是这只能让人们的不满情绪更加激化。如果安提奥库斯不服从命令，那么是谁选择此人担任了他的副手？又是谁任命一个战船上拿工资的领航员指挥一群自掏腰包为水手们发放工资的舰长？这些做法完全有违雅典的前例。负责任命安提奥库斯的正是阿克比亚戴斯；而此人是他的一名亲信，但完全缺乏担任指挥官的任何素质。[25] 这一事件使人们注意到了阿克比亚戴斯的另一个性格特征，那就是过于任性而放荡不羁。

对阿克比亚戴斯的普遍不满最初出现在驻萨摩斯的军营里，然后从那里传到了雅典。[26] 甚至有人要求对他提出指控，说他密谋将舰队出卖给法尔纳巴祖斯和拉凯戴蒙人，并指责他在凯尔索奈斯修筑了三座要塞，一旦计划得以成功实施，他就会逃到那里。

如此广泛的指责，加之诺提翁的失败及所有承诺的胜利未兑现带来的失望，完全改变了雅典人对阿克比亚戴斯的态度。他从来不是一个懂得退一步海阔天空的人，而是一个睚眦必报的极端信徒，犯通敌叛国这样的重罪对他来说也并非不可能。夏天时他抵达雅典时受到压制不让公共讨论的问题，如今再一次在其政敌中随意传开。如今，他必须要接受审判，结果人们发现他并不在城里。此前大众暂时给予他的信任也因此而荡然无存。

一般认为（普鲁塔克和科尔奈利乌斯·奈波斯展现给我们

的画面就是如此），雅典民众在7月时给予阿克比亚戴斯过度而不受限制的信任，要求他行常人所不能之事；但后来，到12月时，因为自身不可能实现的愿望未能实现,他们孩子气地突然转了性，从信任变为愤怒和不满意。对雅典民众做这样的描述是不公正的。无疑，民众对如此庞大的一支军队抱有更大的期待。但是，倘若阿克比亚戴斯按照一位忠心耿耿、精明能干而勇于进取的指挥官的要求行事，但因他自身无法克服的阻碍而失败了，我们无法判定民众将会如何行事。从根本上看，发生的事情确有不同。除了没有取得显赫的胜利外，他还忽略了自身的基本职责，让雅典军队在一位由他任命的才德皆无的副手带领下遭到了失败。[27] 可能的情况是，他确实被城邦给予的出乎意料的盛大欢迎仪式给迷糊了心智。在这次到访后，他整个人都变了；准确地说，此前部分受到抑制的天生的狂傲性格如脱缰的野马一发而不可收拾。库吉库斯战役时，阿克比亚戴斯不但必须尽心勠力地重获曾受其伤害的民众的好感，而且不能肯定是否会取得成功。此时，他完全不敢犯错离开舰队，把指挥权留给安提奥库斯那样的一个助手。因此，与其说公元前407年雅典人对阿克比亚戴斯的看法发生了完全的改变，还不如说这是他的性格和行事方式的改变造成的结果。

我们或许会注意到，虽然在叙拉古战前及古利普斯到来之前尼奇亚斯犯下的种种错误比阿克比亚戴斯本次政治生涯的转变带来的危害要大得多，但在这个方面二者可相提并论，那就是之前人们对他们都抱有巨大的希望，但最终带来的却都是失望。这些错误和失望给阿克比亚戴斯带来的是解职和颜面扫地，但却未让雅典人解除尼奇亚斯的职务，虽然他本人曾希望如此。二者的比较表明在雅典一个人的哪些方面会长久受人尊敬，因而颇富教育意义。一个人只要虔敬、出发点好且身居高位，很长时间内人们就会对他尊敬有加；但一个能力超强、精力充沛且同样身居高位的人，只要道德品质和过去的生活致使许多人恐惧和嫉恨，他的优势地位就会持续很短，人们对他的尊敬也会荡然无存。

得知诺提翁战役的失败和对阿克比亚戴斯不满聚集已久的消息，雅典人立即投票，解除了他的指挥权，并任命新的十将军委员会取代他及其同僚。他没有被召回接受审判，我们也不知道是否有人曾提出这样的议案。[28] 一听到被解职的消息，他立即从军队逃到他在凯尔索奈斯修建的城堡里。

新任命的10位将军分别是科农、狄奥麦东、莱翁、伯里克利、埃拉西尼戴斯（Erasinides）、阿利斯托克拉泰斯、阿凯斯特拉图斯、普罗托马库斯（Protomachus）、特拉叙鲁斯、阿利斯托盖奈斯（Aristogenes）。这些将军中，科农受命从安德罗斯出发，率领那里的20艘战舰，接管阿克比亚戴斯指挥的舰队。[29]

科农采取的第一项举措是将舰船的数量从100艘缩减到70艘，并为所有保留下的战船装备更有能力的水手。率领这支舰队，他与其同僚游走于敌人控制的海岸，展开劫掠和强征贡金。[30]

大约在科农取代阿克比亚戴斯之间（公元前407年12月或

第三十四章 从居鲁士到达（小亚细亚）至阿吉努塞之战

公元前406年1月），吕桑德担任指挥官的任期届满，卡利克拉提达斯从斯巴达前往取代他的职务。迎接他的到来的是军队中占主导地位的拉凯戴蒙人、亚洲城邦的领导人及居鲁士毫不掩盖的不满。如今，我们感受到了吕桑德此前在他们中间所建关系的重大影响，其目的就是间接让他一直掌控着指挥权。在对斯巴达每年更换海军大将的不当之举大声指责的同时，居鲁士及其他人与吕桑德一道为这位新来的继任者制造了很多困难。

卡利克拉提达斯在两个方面具有与众不同的特征，那就是行事坦荡，具有强烈的泛希腊爱国之心；在希腊的著名人物中，这两个特征都是比较少见的。吕桑德交给他一个空空如也的钱包，伪称余钱都被用于偿还居鲁士了，因为这些钱是居鲁士私下交托给他个人的。[31]

很快，卡利克拉提达斯发现，舰队中有影响的拉凯戴蒙人都被其前任给拉拢，对他的到来窃窃私语，并背地里对他采取的措施推诿。不过，他率真而真诚的规劝起了效果。每一个都承诺，待在这里指挥战事是他的权力。窃窃私语和耍小阴谋的行为就此终结。

另一件令他难堪的事来自吕桑德设定的向居鲁士归还不断支付给军队的所有资金的计谋。卡利克拉提达斯受派时城邦并未提供军费，因此完全依靠来自萨尔狄斯取之不竭的供应。如今他发现被迫亲自前往，恳求居鲁士恢复为其慷慨赠予。但是，居鲁士拒绝接见他，最初只有两天，后来持续的时间更长；最后卡利克拉提达斯的耐心全被耗光,因此他满怀怨恨地离开了萨尔狄斯,一直没有得到接见。他发誓说,如果能够挺过这一年,他一定会想尽一切办法,促成雅典与斯巴达的和解。[32]

与此同时,他将所有的精力用于以其他方式筹集钱款上,并命战船航行于海上;他非常明白,摆脱居鲁士蔑视的方法是向他证明没有他的帮助拉凯戴蒙人也行。舰队首先从以弗所驶航到米利都。在此他派出一支小队前往斯巴达,向城邦汇报出乎意料的财政短缺,要求迅速给予金钱的援助。同时,召集米利都人举行公民大会,向他们通报了派人前往斯巴达的目的,请求在资金到位之前给予暂时的帮助。他承诺说,当来自斯巴达的资金到位,战争胜利时刻到来时,将给予他们丰厚的回报。他总结说:"在诸神的庇佑下,让我们向蛮族证明,无须崇拜他们,也能处罚我们的敌人。"

卡利克拉提达斯的精神给所有在场的人都留下了深深的印象,甚至使那些暗地里为吕桑德效命的米利都领导人感到吃惊。他们成为第一批答应为战争提供军费的人,并自掏腰包当即拿出一大笔钱。其他同盟城邦可能也很快效仿。吕桑德的一些朋友试图为捐款附加一些条件,希望以此破坏政敌的计划,并以此与新来的海军大将达成妥协。但是,他断然拒绝了所有类似的肮脏交易。[33] 很快,他在米利都又得到了 50 艘吕桑德留下的新战船,从而使舰船数量总计达 140 艘。开俄斯人为他所率舰队的每一名水手发放了每人 5 德拉克马的津贴(按正常的标准是 10 天的薪酬），他率领整支舰队向北驶向莱斯沃斯。在这支自开战以来组建的数量最多的舰队中，只有10艘战船来自拉凯戴蒙；[34]而相当一部分，尤其是装配最好的舰船来自比奥提亚和优卑亚。[35]他向莱斯沃斯北部海岸的麦廷姆纳发起了进攻。该邦不但对雅典极度忠诚，而且驻扎着一支雅典军队。虽然最初被击退，但他重新组织起进攻，最后武力夺占了该城。城内的财物全被战士们抢走，奴隶被集合起来卖给他人，让他们获利颇丰。同盟者决定，按通常的战争法则，所有麦廷姆纳和雅典战俘也将被卖为奴隶。但卡利克拉提达斯断然拒绝了这样的做法，次日将他们全部释放，并宣布，只要他担任指挥之职，如果他能够加以阻止，任何一个自由的希腊人都不得被降为奴。[36]

据我所知，这样的言行在希腊历史上是前所未有的。战俘都幸免于难，获得自由。就此而言，类似的情况虽然很少见，但或许也会出现。这件事情的特别之处在于，这一慷慨之举是以泛希腊的兄弟情谊和不受外邦人干涉的泛希腊的独立之名而进行的。在此前和这一次他都提出了这一广泛的原则，在如今这种特别的环境下，他将其付诸实施。这一举动受到了同盟者正式的抵制。对于同盟者，他找不到手段给他们支付薪酬，也缺乏有效的方式加以控制，因此对他而言冒犯他们会更加危险。

虽然在数量上处于劣势，但科农仍尽其所能驶往麦廷姆纳，以图解该邦之围。发现被敌攻占后，他撤退到莱斯沃斯东北海面上一座名为赫卡托奈索伊（Hekatonnesoi）的小岛。在此他被卡利克拉提达斯追击。伯罗奔尼撒人当晚离开麦廷姆纳,发现他在拂晓时分起锚试图逃走,于是立即动用整支舰队切断他向南逃往萨摩斯的航路。在将舰船数量从100艘缩减到70艘后,科农留下了最好的桨手,因此在速度上超过了卡利克拉提达斯,率先进入米提莱奈的港口。然而,敌舰仍在后面紧追不舍;他还没来得及关闭入口并布置好防御,敌舰就赶到,几乎与他一道驶入港口。受制于在入口处作战,科农遭到了彻底的失败。虽然水手们逃到陆上,但30艘战船被夺;他不得不把余下的40艘战船拖到城墙下的海岸边藏起来。[37]

米提莱奈城最初建在莱斯沃斯之外的一个小岛上,后来向外扩充到莱斯沃斯上面。二者之间这道狭窄的海峡(上面是否修建了桥梁,我们不得而知)将城市分成两个部分,因而有两座港口。其中一座向北通向赫勒斯滂,另一座向南朝向大陆的卡奈(Kane)海岬。[38] 这两座港口都没有保护设施。而两个出口都受到卡利克拉提达斯的严密监视。同时,他派人命令麦廷姆纳的全部军队及开俄斯的重装步兵渡海前来,以便从陆上和海上封锁米提莱奈。他获胜的消息才传开,居鲁士就立即向他送来了舰队所需的金钱(一同送来的还有单独送给他的礼物,不过他没有接收)。[39]

在米提莱奈,人们没有为围困做任何的准备工作,城内的人数量众多,科农预料到所有的资源很快就会耗尽。除非派人告知当前的处境,否则他也不能指望从雅典获得援助。他命令将两艘最好的三列桨战船拖下水,装配舰队里最好的风帆,并配备最好

第三十四章 从居鲁士到达（小亚细亚）至阿吉努塞之战

的桨手，让船员在天明之前登上战船。连续四天，他都一直在进行类似的尝试，但一直都没有找到好机会让战船起航。终于，在第5天约中午时分，看到许多伯罗奔尼撒船员在岸边吃早饭时，他发出了起航的信号，两艘战船以最快的速度开了出去，一艘从朝南的港口驶出，进入莱斯沃斯与开俄斯之间的海域；另一艘从朝北的港口驶出，向赫勒斯滂方向驶去。伯罗奔尼撒舰队立即发出警报，许多战船发动起来，追赶这两艘出逃的三列桨战船。傍晚时分，朝南行驶的那一艘被抓获。朝赫勒斯滂方向行驶的那一艘逃脱了追踪，绕过莱斯沃斯岛北部海岸，安全将消息带到了雅典。在航行过程中，似乎也把消息告知了雅典驻萨摩斯的将领狄奥麦东。

狄奥麦东立即匆忙率领他指挥的一支数量不超过12艘船的小舰队前往驰援科农。鉴于两座港口都有重兵把守，他尝试从该岛南部沿岸连接内海的靠近该城的欧利普斯海峡进入米提莱奈。但就在这里，他遭到了卡利克拉提达斯的突袭，除2艘战船外，其他舰船全部被擒。而他本人费了好大的劲才逃脱。

听到米提莱奈被围的消息，雅典人大惊失措。城邦动用了全部的力量解救被围者，这次出动的力量比整个战争中其他任何一次都更大。从史料中看到，雅典人令人叹服地在30天之内装配了一支数量不少于110艘的舰队送到皮莱乌斯。各个年龄段、身段状况各异的每一个人都毫无差别地上船做力所能及之事。不但自由人，而且奴隶都加入水手的队伍；城邦承诺将释放这些奴隶作为奖赏。许多骑士或更高等级的公民也登船充任海军陆战队成员。舰队径直开往萨摩斯。城邦无疑也向同盟者发出命令，要求装配所有战船连同散布各处的所有雅典舰船以为援军。通过这种方式，又聚集了 40 艘战船（其中包括萨摩斯人的 10 艘），从而使整支舰队的舰船数量达 150 艘。[40] 舰队从萨摩斯出发，前往莱斯沃斯东南角海中靠近大陆的一座小岛阿吉努塞。

当这支新的舰队还在萨摩斯时，卡利克拉提达斯就获悉了消息。于是他将大部分舰船从米提莱奈撤出，只留下 50 艘战船，在埃泰奥尼库斯的率领下继续围城。这样，即将迎战雅典舰队的舰船数量处于了劣势，120 对 150。他计划乘夜渡过中间的海峡，在清晨趁雅典人还没有准备时对其发起进攻。但是，狂风暴雨迫使他取消了所有行动，将计划推迟到了白天。次日凌晨，双方准备开始自战争爆发以来规模最大的一场海战。

雅典舰队的部署是这样的：大部分力量分布在两个侧翼，各有 60 艘战船，分别分成 4 个数量相当的分队，每个分队由一位将军指挥。每一个分队有 15 艘战船，其中 2 艘冲在前面，2 艘在最后给予支持。中间的舰船由萨摩斯和其他同盟者组成，其实力稍弱，单列纵向航行。其中一个分队驻守在阿吉努塞群岛的一座小岛之前，另外两个分队在该岛的左右两侧。我们惊讶地发现，整支拉凯戴蒙舰队的战阵成单列而行，这大概是因其舰船速度更快，训练优于雅典人。而雅典人的左右两个分队战线更厚，明显是为了阻止敌人实施环绕突破的战术。雅典战阵中央的后翼紧邻陆地，相较于其他分队，这可以更好地保护它免受敌人"突

第三十四章 从居鲁士到达（小亚细亚）至阿吉努塞之战

破战阵，绕行船尾，伺机进攻"战术的打击。而其他分队航行在开阔的海面上。因此，战阵中央只列成一行。但是，让我们感触更深的是，如果转回到战争开始时，我们会发现，环绕突破战术是雅典海军的专门战术；即使在围攻叙拉古时，他们还使用该战术。拉凯戴蒙人最初完全不会这种战术，在此后很长时间内，他们的技术也远不及雅典人。如今，双方的比较优势发生了逆转。海战技术的优势已经转移到伯罗奔尼撒人及其同盟者一方。采取各种防范措施避免或降低这种战术的优势成为雅典人的必须之举。

卡利克拉提达斯亲率 10 艘拉凯戴蒙战船居于舰队的右翼，居于左翼的是比奥提亚人和优卑亚人。战斗持续时间漫长而势均力敌。最初双方还按开始的战阵厮杀，后来当战阵散乱后分散各处的战船捉对拼杀。最终，卡利克拉提达斯殒命。当时，他乘坐的战船正在追击一艘敌舰，突然因为撞击船舶震动，他立足未稳，摔到船外，落水身亡。[41]虽然他的身故让人感到丧气，但那 10 艘战船展现出与这位海军大将相匹配的勇气，奋勇战斗，其中 9 艘被毁或被打残。最终，雅典人取得了全面胜利。伯罗奔尼撒舰队撤离了战场，开俄斯人和弗凯亚人也随即逃走，损失了 60 多艘战船。包括 9 艘拉凯戴蒙战船在内，共计损失了 77 艘，损失数量超过了整支舰队的一半。雅典人遭受的损失也相当严重，达到 25 艘。战争结束后，他们返回阿吉努塞。[42]阿吉努塞战役的胜利充分地证明，虽然经过如此多年筋疲力尽的战争，雅典民主仍然能够激发起极大的力量。但是，倘若此刻激发的力量不那么有效果，没有取得那么大的成功，情况可能会好一些。伯罗奔尼撒舰队的失败及其指挥官之死对整个希腊世界都意味着不幸；这种不幸以一种特殊的方式体现到了雅典身上。倘若卡利克拉提达斯获得了胜利并活了下来，他肯定会成为结束伯罗奔尼撒战争的那一个人。因为，米提莱奈肯定不久就会投降，科农及所有被围困的雅典战船定然会成为他的战俘。在此情况下，加之吃了败仗，雅典很有可能会接受任何可以承受的和平条款。此时，雅典的力量还没有完全丧失，在卡利克拉提达斯这样一个人的指导下，接受和平条款是它所能获得的最佳命运。对整个希腊世界而言，这样的结局也将具有难以言表的好处。在战争结束时定然会经历一次力量的重组。重组过程中，此刻占主导地位的领导人物必将会在处理内部事务时贯彻泛希腊的兄弟情谊，以希腊的独立对抗外邦人的干涉。下一章节当我们讲述在吕桑德的主持下真正结束伯罗奔尼撒战争时，这些言辞的针对性将能得到更好的理解。在整个希腊面临着崩溃与重组的时刻，经获胜一方的领导人一再强调的爱国情怀必然会激起希腊人心目中所有在其他任何情况下都不可能产生的积极向上的情感。相较于斯巴达自身，卡利克拉提达斯的战败和死亡对雅典及整个希腊带来的损失更加令人可叹。

战败的消息经海军大将的信号船迅速传到了驻守在米提莱奈的埃泰奥尼库斯那里。一听到这个消息，他便要求信号船上的船员再一次出港；这一次带回的是花环和胜利的呼声，船员们欢

第三十四章　从居鲁士到达（小亚细亚）至阿吉努塞之战

呼着卡利克拉提达斯获得了胜利，摧毁或擒获了所有雅典战船。因此，科农及被围者对现实发生的情况毫不怀疑。埃泰奥尼库斯本人在让这个消息获得信任后，奉献了表达谢意的牺牲，但命令所有战船一刻不停地马上撤离。就这样，包括战船和商船在内的所有船只驶出港口，没有受到科农的半点干扰；借助有利风势，安全抵达开俄斯。同时，埃泰奥尼库斯也将陆军从麦廷姆纳撤出。科农出人意料地突然发现自由了，于是乘着微风率领舰队出海，在从阿吉努塞到米提莱奈的路上与雅典主力舰队会合。不久，舰队来到米提莱奈，并由此进攻开俄斯。这次战斗并不成功，于是又返回雅典人在萨摩斯的常驻基地。[43]

阿吉努塞胜利的消息为雅典带来了欢乐和喜悦之情。按照承诺，所有在军队中参加了战斗的奴隶都被释放，其身份提升，具有了驻在雅典的普拉提亚人的权利，即具有了一种准公民身份。[44]但兴奋之情因同时发生的另外一件众所周知的事情而大打折扣。

不但漂浮在水面上被杀战士的尸身没有被打捞出来安葬，而且没有派人搜寻船舶残骸，保住那些仍然活着的水手性命。单凭第一个方面就足以在雅典激起人们对神明受到伤害的悲悯之情。第二个方面将这种情绪点燃为最激烈的痛苦和愤怒。

在描述这一事件时，狄奥多鲁斯和其他许多作者都只注意到了第一个方面，[45]最多只简单地提到了第二个方面。然而，正是因为没有拯救落水者，每一位不偏不倚的批评者在评估这一事件时都感到极度悲伤；也正是因为如此，对雅典人的心灵造成了最巨大的影响。25 艘[46]雅典战船倾斜在海中或无法航行，船上的橹桨被毁，没有了桅杆，也没有其他任何方式可以行驶，逐渐地这些舰船都沉没了。每艘战船最初有 200 名人员。战场中到处都是船体残骸；船上的人非常无助，不能够逃脱。因为古代的三列桨战船上没有装载小艇，也没有用以逃身的设施。如果不采取措施拯救他们，活着的那些人员，无论是否受伤，都会随着船舶的沉没慢慢淹死。

从将军那里传来汇报胜利的消息的第一封信件也同时说明了为获得这次胜利遭受的损失。从色诺芬的记载看，信件声称 25 艘雅典战船及其上面几乎所有的船员都丧了命。信中同时提到，获胜的幸存者没有采取任何举措拯救那些正在沉没船只上受伤的和溺水的同胞。由于一场突如其来的狂风暴雨（这就是他们找到的原因），所有类似的救援都不现实了。

在对待希腊历史时，人们习惯于认为，所有雅典人都是孩子或疯子，他们的感情不值得审视或解释。我不得不稍微详细地阐释当时的情况，以便说明阿吉努塞战役的消息在雅典激起的复杂情绪是太自然不过且合情合理。色诺芬的叙述非常简短、混乱而且有偏颇。他所展现的民众情绪仿佛没有来由而做作，似乎是泰拉麦奈斯、卡利克塞努斯（Kallixenus）及其他一些人通过欺诈手段激起了民众狂暴脾气一样。不过，人们的激动确实是自发、不可避免且理由充分的。指望雅典人沉浸于胜利的喜悦且对指挥

第三十四章 从居鲁士到达（小亚细亚）至阿吉努塞之战

战斗的将军感恩戴德，从而完全忽视奄奄一息战士的被置于不顾的事实，在笔者看来，这完全是荒谬可笑的；如果确实如此，除那些被不恰当地贴上标签的邪恶外，这只能增添雅典民众的又一笔罪恶。

在写给公民大会的信中，将军们将无法施救的原因归咎于狂风暴雨使他们无法航行。我们需要考虑的是，首先，他们的说辞是否真实；其次，在风雨变得如此不可忍受之前，他们是否有时间履行其职责或至少尝试去履行其职责。这两个问题都需要重新审视。当将军们正因胜利向诸神表达谢意时，他们遭受了罢黜，[47]并受命返回城邦。除科农外，所有被围困在米提莱奈的将军都与这件事情没有什么牵连。公民大会任命了两位新同僚将军菲罗克莱斯（Philokles）和阿戴曼图斯率船加入他的队伍。[48]将军们可能在萨摩斯收到了召回的消息，随即返回，大约在9月底抵达雅典，而阿吉努塞战役发生在公元前406年8月。然而，普罗托马库斯和阿利斯托盖奈斯这两位将军受人提醒说民众对此不满，不相信能够应付，于是主动选择了自我流放。其他六位将军，包括伯里克利、吕西亚斯、狄奥麦东、埃拉西尼戴斯、阿利斯托克拉泰斯及特拉叙鲁斯（原来十将军之一的阿凯斯特拉图斯在米提莱奈身故）[49]回到了雅典。征兆不祥。

当时有一位颇孚众望的演说家阿凯戴穆斯（Archedemus），此人担任着我们不太清楚的某一官职或高级军职。[50]将军们才抵达雅典，此人就对埃拉西尼戴斯处以罚款，金额不大，处于官员的职权范围内，不需陪审法庭的批准。此外，他还在陪审法庭指控这位将军，一方面诉其指挥不当，另一方面诉其在前往赫勒斯滂的航行过程中挪用了一笔公款。埃拉西尼戴斯被判有罪，受到了监禁的处罚。

对埃拉西尼戴斯的审判发生在将军们被传唤到议事会正式对最近战役及随后未能拯救溺水者的情况做出说明之前。几乎可以肯定，阿凯戴穆斯希望将失职的罪责转嫁到埃拉西尼戴斯身上而不涉及其他将军。从后面发生的事情来看，这种区别处理并非完全没有根据。然而，虽然拟订了这样的计划，但并没有取得成功。当将军们前往议事会说明情况时，虽然我们不知道具体的辩论过程，但该机构做出的决议对他们所有人都非常不利。议事会通过一个决议，要求把其他五位将军与埃拉西尼戴斯一道全部收监，并将案件交给公民大会处理。

因此，举行了公民大会，将军们被带到大会上。泰拉麦奈斯是对他们声讨最激烈的人，强烈谴责他们犯下了听任船舶残骸上的水手溺亡的罪恶。他当众宣读了将军们为汇报胜利的消息写回的公开信。信中没有提到指定任何人去负责施救之职，也没有提到让任何人承担没有施救的罪责。

对将军们而言，没有什么敌人会比泰拉麦奈斯更加可怕。在400人革命期间，我们就有机会看到他的身影，他是一个眼光长远而心有城府的政客。自此后，他担任最高的军事指挥权，与阿克比亚戴斯一道成为库吉库斯大捷及其他胜利的参与者。在阿吉努塞战役中，他作为舰长也参加了战斗。因此，当他驳斥将军们以风浪巨大作为没法施救的借口时，他的长篇发言自然就很有权威了。作为参加了阿吉努塞战役的另一位舰长，特拉叙布鲁斯同意泰拉麦奈斯的看法，同样对将军们提出了指控，[51] 虽然他的指控不及前者那么重要。

当诸如泰拉麦奈斯和特拉叙布鲁斯那样的人物站出来指控他们时，由公民大会审理这一场涉及将军案件的结果完全发生了逆转。无疑，这两人提出的指证此前就有人在议事会或其他地方谈到过，但是如今由具有影响力的人物当众提出，事实的真相就完全得以确认。因此，我们能够间接地做出推断（色诺芬的记述极力隐瞒对将军们不利的证据，因此不能直接推导出事实本身），虽然将军们断言当时有暴风雨，但在场的其他人否认了他们的说法。他们的说法成了孤证，从而使事实真相存疑。此外，在接下来将军们在公民大会上对泰拉麦奈斯和特拉叙布鲁斯的指控做出的答复中，我们注意到了一个新的要点。对此，色诺芬只是间接谈到，而且保持了他对整个事件叙述混乱的一贯特点。不过，这是一个非常重要的新要点。将军们回答说，如果有人想要指责他们没有打捞溺水者，那一定会是泰拉麦奈斯和特拉叙布鲁斯。因为将军们明确要求完成这项工作的正是这两个人、其他一些舰长及他们率领的 48 艘战船。[52] 然而，他们没有对泰拉麦奈斯和特拉叙布鲁斯提出指控，因为他们深知暴风雨使完成这个任务完全没有可能性，无论对谁，这都是正当的理由。作为将军中的一员，狄奥麦东原本希望在战斗结束后,动用舰队的所有船只来拯救溺水者,直到战斗结束他都没有考虑其他。与之相反,埃拉西尼戴斯希望所有战船都应当立即渡海前往米提莱奈。特拉叙布鲁斯说他们有足够的船只同时完成两件事情。因此,他们达成共识,每位将军应当从他们指挥的分队中抽调出 3 艘战船,从而组成由泰拉麦奈斯和特拉叙布鲁斯率领的 48 艘拯救分队。为了证明他们所言非虚,将军们提供了真正参加了战斗的领航员和其他人作为证人。

需要指出两个重要的新问题。首先,泰拉麦奈斯和特拉叙布鲁斯指责将军应对这些被忽视的溺水者之死负责;其次,将军们坚称,他们已经委派了泰拉麦奈斯和特拉叙布鲁斯完成这个任务。如果后者确实不假,那么将军们怎么可能在最初送回城邦的正式汇报中对此事闭口不谈?作为将军们的支持者,欧吕普托莱穆斯(这里所谈的是随后的过程,但无疑在这次公民大会上也会涉及同样的话题)在将将军们的忽视归咎于误用了他们的好脾气时,却不愿将泰拉麦奈斯和特拉叙布鲁斯推到脾气糟糕的民众之前。他说,大多数将军打算在他们的正式汇报中提一提这件事情,但被伯里克利和狄奥麦东劝阻。在他看来,这是一次令人不快的劝阻,泰拉麦奈斯和特拉叙布鲁斯回报给他们的竟然是忘恩负义地将其抛在一边,对所有人提出指控。

欧吕普托莱穆斯发言中关于将军们送回正式汇报用语的意图值得注意。这让我们可以更进一步思考将军与泰拉麦奈斯和特拉叙布鲁斯之间真正传达的是什么内容。狄奥麦东声称,将军们一则受暴风雨所阻,一则因水手们的疲惫和不愿意而没有行动;他们怀疑泰拉麦奈斯和特拉叙布鲁斯先于他们返回雅典,其目的就是在民众面前控告他们。因为这样的原因,他们向城内的民众送去消息,说将军们已经特别命令这两位舰长负责打捞任务。当上述内容在公民大会上被宣读出来时,雅典人对泰拉麦奈斯极其愤怒;然而,为了有效而彻底地为自己辩护,此人将责任推卸到将军们身上。因此,他违背自身的意愿,为了自我保护,被迫煽动他在雅典的许多友人和支持者,对将军们提出了指控。就这样,将军们本打算搞垮泰拉麦奈斯,结果最终让他们自己受到了审判。[53]

这就是狄奥麦东讲述的内容。从中可以看到,将军们从未给泰拉麦奈斯和特拉叙布鲁斯下特别命令,而是事后才宣称让他们担负打捞任务,目的是让泰拉麦奈斯对他们的指控没有说服力。在一定程度上,这与两年后泰拉麦奈斯在三十寡头面前为自己辩护时声称的一致。那就是他并非第一个指控将军们的人,[54] 而第一个指控他的正是诸位将军。将军们声称,他们曾命令他承担这一职责,并强调没有足够的理由让他免于这次打捞行动。明确宣布让打捞行动有可能展开的就是这些人;不过从最初起,他一直强调,狂风暴雨不允许水面上的任何航行,更别说拯救这些溺水的人了。[55]

综合色诺芬和狄奥多鲁斯的叙述,结合不久之后三十寡头时期对泰拉麦奈斯的指控及其辩护,笔者认为,将军们确实向泰拉麦奈斯、特拉叙布鲁斯和其他舰长发出了打捞落水者的命令。但是,首先,在战役结束和发布命令之间,一段生死攸关的重要时间过去了。其次,提议从每位将军所率分队各抽调3艘战船组成打捞任务的48艘战船可能根本没有组建起来。或者,即便组建起来,但鉴于风浪过于危险或时间太迟,他们也没有什么热情,稍有行动就敷衍了事。值得注意的一个事实是,八位将军中,没有一位亲自参与了打捞行动。在这样一次行动中,哪怕五分钟也尤为珍贵,但他们却不紧不慢地行事,觉得每一位将军只要从他们指挥的分队中派出三艘战船即可,不再派出更多的支援。从色诺芬的叙述可知,在战斗快要结束时,双方的战船都散乱在四周。因此,很难迅速执行这样一次集体行动的命令。直到八个分队及萨摩斯和其他同盟者的所有战船集合在一起时,组建打捞任务的分队才完成。此时,泰拉麦奈斯觉得没有义务再去完成这个任务了。正如我们看到大多数将军一样,他也无疑不喜欢这项任务。船员们在获得一场胜利才登上陆地后,他们考虑更多的也是休息以恢复精力,并相互祝贺。[56]所有人都乐于找到一定的借口待在停泊处而不愿再次出海与不利的天气抗争。

但是,不久就出现了一个微妙的问题,"在送给雅典民众的正式汇报中,我们将怎样解释忘记这件神圣的义务呢?"在此,正如欧吕普托莱穆斯明确谈到的那样,将军们自身就存在不同的看法。与其他的同僚将军意见相左,伯里克利和狄奥麦东认为,

第三十四章　从居鲁士到达（小亚细亚）至阿吉努塞之战

在正式汇报中，一句话也不要谈到派给泰拉麦奈斯和其他人的任务，而将全部责任推给糟糕的天气。虽然正式汇报的主旨就是如此，但这并不能阻止将军们写信回去，告知在雅典的友人他们认为的事实本身的情况。在这些非正式的通信中，或从他们及其他返回家乡的士兵口中——在决定雅典民众的基调中，这些交流的有效性未必比正式汇报更低——他们没有隐瞒自己的判断，认为没有履行拯救任务的责任理应归咎于泰拉麦奈斯。[57] 把责任甩给像泰拉麦奈斯那样的一个人，他们煞费苦心地继续宣称狂风暴雨的说法，而只能说如果他愿意，没有任何事情能够阻止他去完成打捞任务。正是因为如此，他指控将军们在雅典公民大会前将他作为一个有罪之人，提前对他展开了指责。也正是因为如此，为了反驳也是为了自我辩护，他强烈地谴责将军们才是真正应当受指责的人。[58]

但是，双方相互指责和反诉还不是该案最重要的特征。真正应认真调查的是暴风雨的强度和发生的时间。这场暴风雨难道真的是在战役结束时就立即发生了，难道真的非常危险，以至于在舰队在返回阿吉努塞之前或之后根本无法完成打捞溺水者的任务？对应当承担施救责任的驻扎在阿吉努塞的雅典将军、将官及士兵来说，虽然责任大小各不相同，但不幸的是，有充分可推导的理由表明，这一次的暴风雨不那么强烈，根本无法对有责任感的任何希腊水手形成障碍。此前谈到，埃泰奥尼库斯及伯罗奔尼撒舰队从米提莱奈逃往开俄斯；而米提莱奈与亚洲大陆的卡奈海岬之间被一道宽 120 斯塔狄亚（约合 14 英里）的水道隔开，阿吉努塞群岛就处于这条水道之上。[59] 包括三列桨战船和商船在内的整支舰队驶出米提莱奈的港口，径直前往开俄斯。伯罗奔尼撒人安全到达了那里，商船装载着他们战船的风帆，色诺芬甚至用了"和风吹拂"加以描述。[60] 所有推断都谈到舰队已经返回阿吉努塞的泊船地；同时也只讨论返回后完成施救任务有多大的可行性；但是都没有触及一个同样重要的问题，那就是为何在舰队返回之前不去打捞这些溺水之人。

为了让读者更好地理解当将军们站在公民大会上时，公民大会及雅典民众的激动情绪，我认为回顾这些事情是正确的。呈现在公民大会面前的一个可悲事实是，几百名勇敢的水手紧抓着船体残骸，忍受着溺水之苦，而旁边的公民竟然没有付出哪怕一点的努力对他们施救。在解释这一个事实上，将军们不但找不到无可辩驳而令人满意的理由，而且甚至都编造不出关于这一事实简单明了而不会前后矛盾的说辞。相较于送回的正式汇报，不同将军本身就有不同的说法，在大会之前的陈述也互有冲突；而他们的看法与泰拉麦奈斯也有矛盾。在这样的情况下，公民大会不可能把将军们无罪释放而草草了事。将军们的辩护词赢得了人们的好感，似乎很有可能就会获得多数人的支持。在场的许多人愿意做将军们的保释人，使他们不会遭受监禁之苦。但是辩论持续的时间相当长（由此可见，定然很多人都就此发了言），马上就要天黑了。因为没法辨识举行的人数，所以当天没有投票表决。

因此大会决定所有事情将推迟到下一次公民大会表决。但与此同时，议事会将碰头商讨审理和判决铁将军们的恰当方式，并为此提出一个方案。

碰巧的是，就在第一次公民大会结束后不久，就是每年于10月初举行的为期三天的宗教节日阿帕图利亚节。在阿帕图利亚节上，会举行家族庆典，登记结婚，公布并确定收养情况，年满18岁的新公民的名字将首次登记到氏族和部落的名录中。在阿吉努塞战役中随25艘雅典战船丧命的那些水手（至少其中那些身份为自由人的公民）曾是其中某些家族联盟的成员，而此次却不再出席庆典。[61] 尽管阿帕图利亚节是一个寻常而充满欢乐气氛的节日，但许多氏族成员全身裹着黑袍，头剃服丧的标志，决定在即将举行的公民大会上以这种装束出现，并尽一切努力让将军们受到惩罚以安抚他们逝去的亲属。[62]

在他的叙述中，色诺芬说阿帕图利亚节上情绪的爆发是人为的结果，身穿丧服的人都是一些雇用而来的骗子，是泰拉麦奈斯用欺骗手段怂恿而来的，[63] 其目的是想破坏将军们的名声。他们的行动激起了人们普遍而自发的强烈同情之心。此刻，这种情感是如此强烈地凸显出来，以至于寻找情感背后政治煽动者的阴谋诡计不只是多余的而且具有误导性。

此外，还有什么能比断言许多人受雇伪装成逝去公民的父兄更加不可能呢？因为活着的族人对这些人都再熟悉不过了。而且更不可能的是，这一大帮所谓受雇佣的人不但白天要身着黑衣，晚上将其脱掉,而且要将头剃成服丧的样子。在头发长出来之前,这将会成为他们充当骗子不可抹灭的证据。像泰拉麦奈斯那样狡猾的人是否可能会做如此的傻事?此时,真正的族人还活着能够证明冒名顶替的事实;而且那帮冒充的人都光着头证明他们的罪行。泰拉麦奈斯还敢将贿赂的钱款发放给这么多人?如果如此行事,难道他不会在事后因此受到指责或控告?尤其在审判将军之后人们情感发生异常反应的情况下和在三十僭主统治时受到最恶毒的政敌克利提亚斯的指控时。不但从来没有材料提到泰拉麦奈斯在事后受到了控告,而且似乎他的政治影响力和地位,如果没有得到加强,也至少得到了保持。[64]

阿帕图利亚节之后,当议事会召开商谈上一次公民大会交代的任务,决定以什么方式审判将军时,卡利克塞努斯(Kallixenus)提出了下面的议案,并获得大多数人的采纳。内容如下:"雅典人!在听取前次公民大会上控辩双方的发言后,马上就按部落就审判将军的事宜投票表决。每个部落有两个投票瓮,每个部落的传令官将宣布投票结果。所有认为将军们在未能拯救战斗中溺水战士事情上有罪的公民,请将石块投入最前面的大瓮;认为无罪的投入最后面一个大瓮。倘若将军被判有罪(根据投票结果),他们将被送交给11人委员会,由其处以死刑。他们的财产将被剥夺,其中10%留给雅典娜女神。"所有8名将军的命运就由一次投票来决定。

在阿帕图利亚节上爆发而出的强烈复仇情绪从逝者亲属蔓

第三十四章 从居鲁士到达（小亚细亚）至阿吉努塞之战

延到其他许多公民身上，或许正是这个原因使卡利克塞努斯有胆量提出这个令人可叹的议案，同时使议事会迅速采纳了该议案。公民大会刚召开，卡利克塞努斯就亲自阅读并提出了这个议案；很大一部分公民怀着庆幸的心情听完了他的发言。卡利克塞努斯的议案背离了雅典民主政体既成的准则和司法实践，剥夺了被控将军们接受公平审判的机会，宣称公民们在上一次大会上已经听过控辩双方的陈述，因而只是根据比彻底的谎言稍好一些的所谓事实来判定。无论古今，没有哪个民族的司法审判程序能比雅典人的更加神圣而不可或缺。在雅典，司法审判程序包括充分听取被诉方的发言，使他有机会在足够而定量的时间内在陪审员面前为自身进行辩护。而陪审员作为一个整体，提前进行神圣的宣誓，每一次不同的庭审前都通过抽签产生。如今，将军们被剥夺了所有这些保障性的程序，在未经听证和辩护的情况下，将他们的生命、荣誉、前程提交给未经宣誓的公民法庭一次投票来决定。事情还不只如此。仅仅一次投票就一起决定了八位将军是有罪还是无罪。在阿提卡司法程序中有一个原则，即所谓的坎诺努斯法令（the psephism of Kannonus，我们不知道由提议者命名的这一法令最初是于什么时候采用的，该法令是为了处理某一特定的案件而提出的，后来成为规范性惯例，受到人们的崇敬）。该法令严格禁止进行任何类似的集体审讯和判决，在所有案件中，必须对受控方的每一个人员单独进行司法投票。[65] 坎诺努斯法令与所有其他与雅典刑事审判相关的原则在此被肆无忌惮地践踏于脚下。

决议刚刚在公民大会上读完，作为将军们的密友，欧吕普托莱穆斯便对此进行谴责，声称既不合法也与政体相悖，要求因提出这样一个议案，应按非法提案起诉（Graphe Paranomon）之罪对卡利克塞努斯提出控诉。其他几位公民支持按雅典既有的惯例提出指控。认为除非对提案者进行审判，否则将阻止这一措施的进一步发展。

但是，卡利克塞努斯的许多支持者急不可待地用于议事会已经通过的讨论结果来维护这一有违宪政的错误。他们大声叫嚷说："不能容忍一小撮公民通过这种方式阻止公民大会做他们愿意做的事情。"其中一些人甚至威胁说，如果不让公民大会按刚才宣读的动议那样去行事，那些打算对卡利克塞努斯提出指控的人应当受到与将军们同样的判处。聚集人群的情绪被其他各种发言者的言辞激发到了最高点。尤其是其中一位发言者站出来说："雅典人！我本人就是战斗中的一名落水者，好容易通过一个空饭桶才逃得了性命。但我的战友们就在我身旁抱着船舶残片死去。他们请求我，如果能够逃得性命，一定要告诉雅典人，是将军们将那些为祖国英勇战斗的战士们推向了死亡的境地。"[66] 毫无疑问，其他类似的陈述一起进一步激起了民众的暴力倾向；最终欧吕普托莱穆斯被迫撤回了针对卡利克塞努斯的指控。

不过，一种新的抵制方式出现了，继续阻止公民大会讨论这一提案。作为主持公民大会的法定官员，主席团的一些成员拒绝提交这个问题，他们认为该议案是非法而且违背宪政的，可能使他们个人面临着处罚。在公民大会上许多人的鼓励声中,卡利克塞努斯威胁将对他们提出与将军们同样的指控。在受到公民大会如此的威胁下,除一人外,主席团所有成员都做出了让步,同意提交这个议案。唯一没屈服于恐吓的倔强主席团成员是一位我们对其姓名特别感兴趣的公民;在此人诸多其他令人敬仰的名号中,还作为一个坚定不渝坚持法律和义务的人而著名。他就是哲学家苏格拉底。终其一生 70 年,他只在这次的审判案中履行过公职。因为人们无法说服苏格拉底收回他的反对意见,所以最后余下的主席团成员没经他的同意就在大会上提出了这个议案。[67]必须注意的是,他的反对并不是表明他在将军们是否有罪上的看法,而只是针对决定他们命运的违法议案。

就这样,受法律保护的缓冲作用被无情地破坏,主席团正常地向公民大会提出了这个议案。嘈杂的抗议声就此停了下来,那些提出抗议的人重新恢复其雅典公民的活动,耐心地听取与其意见相左的发言和意见。没有什么比他们在行为上的改变更值得注意了。那些支持为溺亡者申冤的人原本决定尽可能使用武力消除那些不许讨论的反对意见。但一旦讨论开始,他们就留意着不要让决议带有任何武力干预的样子。作为将军们的朋友,欧吕普托莱穆斯获准不但对卡利克塞努斯议案的不足之处提出修正意见,而且就此发表了长篇演说。色诺芬将这篇演说记录了下来。[68]

这一事件很好地证明了雅典人习以为常的公开讨论蕴含的

力量，几分钟之前还处于狂怒下的那些人，如今耐心地听取欧吕普托莱穆斯的与他们的看法完全相左的发言。或许，其他人也发了言，但色诺芬没有提到。值得注意的是，他没有指明泰拉麦奈斯也参加了最后这次辩论。

欧吕普托莱穆斯对该法令提出的实质性修正意见是应当按坎诺努斯法令的规定，发布每一位将军的候审日期，给予他们每一个人足够的时间为自身辩护，对他们每一个人单独进行审判。他的提议及卡利克塞努斯在议事会上提出的议案被一同提交公民大会投票决定。主席团宣布，欧吕普托莱穆斯的修正案获得通过。但一位名为麦奈克莱斯的公民控告说他们的决定错误而无效，声称主席团在向公民大会提交决议的过程中使用了花招，或者错误地通报了投票的结果。必须记住，在这次案件中，主席团有鲜明的立场。各位成员觉得，将像卡利克塞努斯议案那样的非法论题提出不啻于为恶，而采纳这样的议案将会给城邦造成巨大的伤害。因此，他们不会顾忌地努力将其挫败，哪怕采取一些不公平的策略也在所不惜。但是，麦奈克莱斯提出的异议迫使他们再度讨论这一议案，被迫宣布以多数票通过了卡利克塞努斯的议案。

不久，主席团就将卡利克塞努斯议案付诸实施，在每个部落摆放了两个大瓮，逐个收取公民的投票。认为将军们有罪的投票结果占据了上风。虽然没有史料谈及，但我们高兴地发现，每一位将军所得的票数有多有寡，但八位将军都被认定有罪。当时还待在雅典的六位将军——伯里克利（那位伟大的政治家与阿斯帕西亚所生的孩子）、狄奥麦东、埃拉西尼戴斯、特拉叙鲁斯、吕西亚斯及阿利斯托克拉泰斯——都被移交给11人委员会，按通常的方式饮鸩而死。

在未按惯常的司法程序对被诉者审理的情况下，这些不幸之人就被定了罪。关于他们的定罪，笔者只需强调一点。这是一件粗暴、不公而违法的行为，深深地败坏了通过议案者及所有雅典人的声誉。不管将军们是否有罪，雅典人都理应承担这样的罪责。因为在处罚犯罪的过程中，司法防范的重要性不亚于宣判他们无罪。更糟糕的是，这些受到如此不公审判的人刚刚从一场辉煌的胜利中返回。这一事件不能成为指责雅典民主政体的理由，也不能指责在这种政体下公民们形成的习惯和情感。政体和习惯都严令禁止此类事情的发生。倘若雅典人不是受到瞬间兴奋情绪的影响，从而背离了民主制的运行原则，而是严格按照习以为常的神圣的政治道德行事，他们也不可能让自身背负这样的耻辱。

如果我们想要证明这一点，不久的将来发生的事情将会提供充分的证据。时间才过不久，每一个雅典人都深深地为他们的行为感到羞愧。公民大会通过了一则法令，[69] 规定在此次案件中所有误导民众的人应当接受司法审判。卡利克塞努斯和其他另外四人理应是属于这一范围，并且应由其他公民担保他们会出现在法庭之上。不过，不久来自城邦外部的灾难和来自内部的混乱使雅典承受着巨大的压力，无法抽身关注这些问题。在开庭之前，卡利克塞努斯和他的同谋者想法逃离了城邦，直到三十僭主的统治和民主制重新恢复后，他们才返回雅典。色诺芬记载说："这几个人都受到人们的厌恶，饥饿而死。"这从一个侧面充分地证明六位将军被判有罪之事在多大程度上动摇着雅典长期以来形成的民主观念。

到底是苦于什么样的原因导致了瞬时错误的发生？这与雅典人习以为常的性格特征大相径庭。即便是在受到最强烈的政治挑衅的情况下，即便在400人及三十僭主统治结束后，处置最令人生厌的卖国贼时（恰如欧吕普托莱穆斯评论阿利斯塔库斯的事例一样），雅典人也从未犯下类似的错误，从未剥夺被指控一方惯常的司法保护权。虽然雅典公民的心中对他们满怀政治仇恨，但是仇恨从来没有阻碍采用民主的程序。但在这一次审判中，他们如同演员一样置身事外，放弃了公民和对城邦的义务，全身心地屈从于个人的同情和对他人的厌恶。在雅典的公民大会和宗教节日中，还从未出现过动用丧服和葬礼方式的现象。这些怪相标志着城邦内人们的理性发生了暂时的偏离。他们所能想到的只是溺水而亡的亲属和将其舍弃导致不幸发生的将军。作为幸存者，他们的责任是为他们报仇，并让将军们将他们抛弃而赎罪。在这种自我辩解的冲动情绪主导下，最简单有效的方式似乎最好，他们根本不会顾及可能担负的政治错误有多大。在这一案件中，似乎只有采取一种程序才可能拯救六位将军中五人的性命，如果不是全部六位。那就是将司法审判延后，同时按照坎诺努斯法令

第三十四章 从居鲁士到达（小亚细亚）至阿吉努塞之战

的规定，在连续几天内，对他们逐个进行审判。考虑到大多数雅典人都同时沉浸于那样一种情绪之中时，我们就能找到解释公民大会和议事会上误导性投票产生的原因；正是这两个机构将六位将军送交非法表决，并让他们随后受了刑。在描述那些为子女谋差事和谋提升的父母在公共游说中普遍采用的方法时，塔列朗（Talleyrand）用讽刺的口吻评论说："来自这些家庭的父亲们无所不能（Ces pères de famille sont capables de tout）。"同样的评论以一种更糟糕的形式可以运用于描述雅典这一令人悲伤事件从其他关系中总结而出的道德情怀。

最后，不要忘记，将军们自身也在很大程度上应对该事件负责。我坚信，无论是英国海军、法国海军还是美国海军，都不可能发生阿吉努塞战役胜利后同样的事情。倘若这些将军在取得胜利后不是驶返到陆上，而是第一时间全力对这些受损的舰船施救，他们或许会有充沛的时间完成这一任务，在暴风雨来临之前把所有还活着的人救到船上。即便从他们自己说的话来看，这也是自然而然的推论。这也是任何一位无论是英国、法国还是美国的海军指挥官都认为必须完成的任务。泰拉奈麦斯应该在多大程度上受到指责？将军们在多大程度上将责任甩到他的身上？对于这些问题我们无法做出判断。不过，作为双方都谈到的一个理由，与这场暴风雨有关的材料有太多问题，无法从中判断出孰是孰非。但是，因此而造成的失职产生了极为恶劣的结果，很可能付出了超过1000人的性命。雅典民众的总体印象是在涉及落水人员的事情上存在重大的过失,也正是因这一过失导致了受损战船上水手的死亡。在笔者看来,这种印象是自然而不可避免的。

尽管在狂暴情绪推动下,雅典人采取了错误的办法,尽管民众的同情心自然会导致将军被判有罪,不偏不倚的历史考察将会得出这样的结论,那就是民众的情绪有理有据,将军们理应受到指责和处罚。这次审判结果为后来的雅典将军们提供了一个惨重的告诫,同时有效地保证了在一场海战胜利后必须尽力拯救那些掉入水中或仍在残船上的战士。我们可以提到一个明确的事例加以证明。30年后(前376),雅典海军大将卡布利亚斯(Chabrias)在纳克索斯附近打败了拉凯戴蒙舰队,重创敌人。倘若全力追击,他本可以大获全胜,摧毁敌人所有或大多数的舰船。但是,回想到阿吉努塞战役后发生的事情,他放弃了追击,将所有精力集中在打捞舰队溺水者上面,从而拯救了那些仍活着的人,并将死者安葬。[70]

1	相较于《希腊史》(Xenoph., *Hellen.*, i. 4, 3),色诺芬的《长征记》(Xenoph., *Anabasis*, i. 1, 6-8; i. 9, 7-9)更加权威,讲得更准确。
2	Xenoph., *Hellen.*, i. 4, 3-8. 在笔者看来,关于描写使团被扣3年返回时的用语有疏漏:"他们从那里坐船离开,加入了雅典军队。"(ὅθεν πρὸς τὸ ἄλλο στρατόπεδον ἀπέπλευσαν)。使团返回的时间定然是公元前404年春。此时,雅典没有营地。城邦投降发生在公元前404年4月。色诺芬这样大而化之地描述,仿佛使团返回时的情况与离开时一样。
3	在笔者看来,吕桑德开始担任海军大将或指挥海军的时间是那一年的冬季。事实上,在居鲁士抵达萨尔狄斯之前他已经担任指挥官一段

第三十四章 从居鲁士到达（小亚细亚）至阿吉努塞之战

时间了（Xenoph., *Hellen*., i. 5, 1）。

4. Aelian, *V. H.*, xii. 43; Athenaeus, vi., p. 271. 判断吕桑德属于摩塔凯斯阶层主要依靠阿泰纳乌斯摘自弗拉尔库斯（Phylarchus）的记载。笔者认为，其中没有值得怀疑的地方。埃利安在谈论古利普斯和卡利克拉提达斯（Kallikratidas）时也得出了类似的结论。笔者不知他征引自哪种史料。

5. Theopompus, *Fragm.*, 21, ed. Didot; Plutarch, *Lysand.*, c. 30.

6. Plutarch, *Lysander*, c. 8.

7. 吕桑德或许是柏拉图《理想国》中"荣誉政治统治者"（τιμοκρατικὸς ἀνηρ）的原型（Plato, *Republic*, bk. viii., 548, 549）。——编者

8. Diodor., xiii. 65; Xenoph., *Hellen*., iii. 2, 11.

9. Xenoph., *Hellen*., i. 5, 3-4; Diodor., xiii. 70; Plutarch, *Lysander*, c. 4. 这似乎是波斯达官贵人使用或归于他们的一个积极的隐喻。此前不久，从提萨菲奈斯的口中已经听见过类似的说法。

10. Xenoph., *Hellen*., i. 5, 5.

    这并不完全准确。在修昔底德记载的三份条约中（Thukyd., viii. 18, 37, 58）都没有明确规定薪酬标准。有可能最初双方达成了口头上的谅解和承诺。

11. Diodor., xiii. 70; Plutarch, *Lysand.*, c. 5.

12. Xenoph., *Hellen*., i. 4, 8-10; Diodor., xiii. 72. 关于阿克比亚戴斯活动的先后顺序，虽然不如我们希望的那么明晰，但毫无疑问更应参照狄奥多鲁斯的记载。

    【在 p. 882 中谈到，特拉叙布鲁斯在之前曾攻入塔索斯，因此从公元前 410 年起，该岛再次反叛。按色诺芬的记载可能相对简明，将该岛的征服延后到公元前 408 年。——编者】

13. Diodor., xiii. 68; Plutarch, *Alkib.*, c. 31; Athenae., xii., p. 535.

14 | Xenoph., *Hellen.*, i. 4, 20; Plutarch, *Alkib.*, c. 33; Diodor., xiii. 69.

15 | 在科尔奈利乌斯·奈波斯的记述中，不止一次地涉及这个问题，他的评价是公正的（C. Nepos, *Vit. Alcibiad.*, c. 6）："虽然泰拉麦奈斯和塔拉叙布鲁斯分有指挥权。"（quanquam Theramenes et Thrasybulus eisdem rebus prafuerant）。在特拉叙布鲁斯的传记中（c. 1）谈到："伯罗奔尼撒战争中，在没有阿克比亚戴斯帮助的情况下，他（塔拉叙布鲁斯）多次赢得胜利，而后者总是得到他的帮助。"（Primum Peloponnesiaco bello multa hic (Thrasybulus) sine Alcibiade Gessit; ille nullam rem sine hoc.）

16 | Xenoph., *Hellen.*, i. 4, 21. 狄奥多鲁斯（Diodor., xiii. 69）和科尔奈利乌斯·奈波斯（C. Nepos, *Vit. Alcib.*, c. 7）都说特拉叙布鲁斯和阿德曼图斯是他的同僚将军，而且这则史料也谈到，同僚将军都是经他推荐而选举产生的。

17 | Xenoph., *Hellen.*, i. 4, 20; Plutarch, *Alkib.*, c. 34. 狄奥多鲁斯和科尔奈利乌斯·奈波斯都没有提到保护埃琉西斯游行队伍的壮举。

18 | Diodor., xiii. 72, 73.

19 | Xenoph., *Hellen.*, i. 4, 22; i. 5, 18; Plutarch, *Alkib.*, c. 35; Diodor., xiii. 69. 狄奥多鲁斯说留在安德罗斯的是特拉叙布鲁斯。但事实大概并非如此。

20 | Plutarch, *Lysand.*, c. 9. 笔者大胆猜测居鲁士鼓舞吕桑德的这些话可能时间更早。

21 | ἀποτειχίζειν Φώκαιαν（Xen. *Hellen.*, i. 5, 11）的表达显然指的是一场围攻战。自公元前412/411年起，弗凯亚落入了敌人之手（Thuk., viii. 31）。如今，阿克比亚戴斯希望恢复对其的统治。——编者

22 | 色诺芬没有提及阿克比亚戴斯在库麦的行动。Diod., xiii. 73 提到阿克比亚戴斯如何以莫须有之名劫掠该邦，但被库麦人打败，重获其财产，于是拒绝再一次发起战争。这位史学家说，随后库麦使者在雅典提

出抗议,其原因在很大程度上是由阿克比亚戴斯的不耻行为引发的。这则史料没有什么价值。早在公元前412或前411年,库麦就已叛离雅典(Thuk., viii. 31),此刻不再是雅典的一个属邦。此外,如果雅典舰队的指挥官试图加以阻止,遣使前往雅典也不可能。而且,阿克比亚戴斯的行为太过于愚蠢。仅凭这一点,整个故事都值得怀疑。格罗特对此信以为真,主要原因在于,狄奥多鲁斯依据的史家(埃弗鲁斯)出生于库麦。但是,这一事实恰恰说明了史料的不可信,是史家为了展现库麦的伟大光辉(*ad majorem Cymes gloriam*)而捏造的。无疑,如同在弗凯亚一样,阿克比亚戴斯曾围攻了库麦。鉴于狄奥多鲁斯提到公元前407年的一次反叛(Diodor., xiii. 99),或许他已在此时夺占了这座城市。*Cf.* Busolt, *Gr. Gesch.*, vol. iii., p. 1575, n. I.——编者

23 | Xenoph., *Hellen.*, i. 5, 12-15; Diodor., xiii. 71; Plutarch, *Alkib.*, c. 35; Plutarch, *Lysand.*, c. 5.

24 | Xenoph., *Hellen.*, i. 5, 15; Diodor., xiii. 76.
依据魏斯克(Weiske)的注释,笔者承袭狄奥多鲁斯的记载,以泰奥斯代替埃翁。沿袭后者是要将夺占这两座城镇的行动归于吕桑德在任期间,而非卡利克拉提达斯(Kallikratidas)任海军大将之职时。

25 | Plutarch, *Alkib.*, c. 36. 在这一篇传记的第10节中,他讲述了一则安提奥库斯最初赢得阿克比亚戴斯欢心的逸事。那时,阿克比亚戴斯还很年轻。安提奥库斯将从他怀中逃走的一只鹌鹑抓了回来。

26 | Xenoph. *Hellen.*, i. 5, 16-17; Plutarch, *Alkib.*, c. 36.

27 | Xenoph., Hellen., i. 5, 16.
我们需要对修昔底德(vi. 15)描述阿克比亚戴斯时使用的几句话稍做评论:"虽然在公开场合,他的战争事务管理极其优秀,但私下里每个人都对他的做法不满,所以在把城邦事务委托给他人不久,他们(雅典人)就使城邦陷入灾难。"(καὶ δημοσίᾳ κράτιστα διαθέντα

τὰ τοῦπολέμου, ἰδίᾳ ἕκαστοι τοῖς ἐπιτηδεύμασιν αὐτοῦ ἀχθεσθέντες, καὶ ἄλλοις ἐπιτρέψαντες (the Athenians), οὐ διὰ μακροῦ ἔσφηλαν τὴν πόλιν.）此外"全力而有效地从事战争"的评价对阿克比亚戴斯实至名归。从他被流放到最后一次来到雅典（公元前415年9月到公元前407年9月）的全部时期，这样的评价都适用。其间的最初四年，他非常有效地打击了雅典；后面的四年，他非常有效地为其效命。

但这样的评价当然不适用于他最后指挥的在诺提翁发生的战斗。在他被流放之前，该评价也不完全相符（至少也是夸大了事实本身）。

28 | 色诺芬（Xenoph., Hellen., i. 5, 16, 17）只是说（公元前407或前406年）"他们对阿克比亚戴斯感到愤怒……另外选举了10名将军代替他"（χαλεπῶς εἶχον τῷ Ἀλκιβιάδῃ καὶ ἄλλους δέκα εἵλοντο στρατηγούς）。狄奥多鲁斯和普鲁塔克沿袭其看法。或许，与其同僚泰拉麦奈斯（Lys., C. Agorat., §10）一样，只是在民意测评中失利了。

不过，很有可能他不得不受到一次"失职审察"（ἀποχειροτονία），随即而来的通常是公审。吉尔伯特（Gilbet, Beiträge, p. 346 ff.）征引了 Himerius, 36, 16 和 Photius, Bibl., 377 的一则注解，证明克莱奥丰指控了阿克比亚戴斯。很有可能放逐阿克比亚戴斯的好友克利提亚斯也发生在这一段时间内。因此，公元前407年在克莱奥丰的煽动下，似乎发生了多起指控。我们可将这些审判与完全恢复民主政体联系起来，而克莱奥丰在其中发挥了主导作用。cf. n. 31, p. 859.——编者

29 | Xenoph., Hellen., i. 5, 18; Diodor., xiii. 74.

30 | Xenoph., Hellen., i. 5, 20; compare i. 6, 16; Diodor., xiii. 77.

31 | 虽然事实上并不是真欠了居鲁士的债，但偿还这笔钱款确实完全是一个削弱继任者权力的策略。从战争结束时吕桑德的举动中或许就能发现这个问题。那时，他将向居鲁士借来的所有剩余金钱都运到了斯巴达，而不是将其返还居鲁士（Xenoph., Hellen., ii. 3, 8）。战争

第三十四章 从居鲁士到达（小亚细亚）至阿吉努塞之战

结束时拖欠居鲁士的债务比卡利克拉提达斯到来战争仍在继续时要更多。因为战争是由双方联合进行的，波斯人与斯巴达人曾宣誓共同发起战争。

32 | Xenoph., *Hellen.*, i. 6, 7; Plutarch, *Lysand*., c. 6.

33 | Plutarch, *Apophthegm., Laconic.*, p. 222 C; Xenoph., *Hellen*., i. 6, 12.

34 | Xenoph., *Hellen*., i. 6, 34.

35 | Diodor., xiii. 99.

36 | 然而，色诺芬记载道，尽管曾有这样的承诺，但卡利克拉提达斯还是将被俘的雅典人卖为了奴隶（*Hellen.*, i. 4, 15）。最初他也并非不愿意接受波斯人的钱款。因此，格罗特对这位海军大将盛赞似乎有一些言过其实。卡利克拉提达斯的泛希腊情怀无疑值得崇敬，无论在实践上还是看法上都超越了同时代的其他人。但这并不取决于他坚定的信念，而是在一定程度上是因其任性的个性而激发出来的幸运之举。——编者

37 | Xenoph., *Hellen*., i. 6, 17; Diodor., xiii. 78, 79.

与其他许多情况一样，狄奥多鲁斯与色诺芬的记叙非常不同，我们不可能将这两种不同的记叙调和在一起。不过狄奥多鲁斯的叙述发生的可能性更小。

笔者依据的是色诺芬的叙述，他认为科农根本没有时间准备港口的防御部署。

38 | Thukyd., iii. 6."对两个港口均进行封锁。"（τοὺς ἐφόρμους ἐπ' ἀμφοτέροις τοῖς λιμέσιν ἐποιοῦντο）(Strabo, xiii., p. 617)。色诺芬只谈到了港口，似乎只有一座一样。或许，用非常不准确的话来说，也可将其描述为一座港口有两个入口。不过，在笔者看来，色诺芬对于其位置没有明确的概念。

斯特拉波说朝北的港口有一道防波堤保护，而朝南的港口受到了链在

一起的战船的保护。公元前406年，还没有上述的保护设施。很有可能，在公元前427年米提莱奈反叛后，雅典人拆毁了港口的这些保护设施。

39　Plutarch, *Apophth., laconic.*, p. 222 F.

40　使雅典和萨摩斯联合舰队总数达150艘的另外30艘无疑是科农在是年早些时候留在萨摩斯的舰船。除萨摩斯外，同盟者已无战舰。此时，他们的作用是装配雅典的三列桨战船。——编者

41　Xenoph., *Hellen.*, i. 6, 33.
狄奥多鲁斯关于这次战斗细节及卡利克拉提达斯功绩的描述冗长而不可信。

42　Xenoph., *Hellen.*, i. 6, 34; Diodor., xiii. 99, 100.

43　Xenoph., *Hellen.*, i. 6, 38; Diodor., xiii. 100.

44　这种说法依据 Ar. Ran., 692, 693："奴隶只参加了一次海战，你们便使他们成了自由人，还有普拉提亚人（καὶ γὰρ αἰσχρόν ἐστι τοὺς μὲν ναυμαχήσαντας μίαν καὶ Πλαταιᾶς εὐθὺς εἶναι κἀντὶ δούλων δεσπότας. Πλαταιεῖς）。似乎指代所有具有公民身份的被逐出的普拉提亚人，他们没有资格担任某些与宗教相关的官员。他们被安置在斯奇奥奈（Thuk., v. 32），因此不能履行其作为雅典公民的政治权利。——编者

45　See Diodor., xiii. 100, 101, 102.

46　Xenoph., Hellen., i. 6, 344.
在施奈德（Schneider）的注疏和米特福德（Mitford）先生的历史著作中，都表达了对欧吕普托莱穆斯（Euryptolemus）发言中提到的12艘战舰和色诺芬给出的25艘之间巨大差异的不可理解。

不过，首先，我们认为，色诺芬不能保证他对这件事情的判断来自欧吕普托莱穆斯。作为在公民大会上发言支持他人观点的人，欧吕普托莱穆斯有可能随意阐发事实。

其次，色诺芬谈到战斗中被毁或受损战船的全部数量，而欧吕普托莱

穆斯谈到的是所有漂浮在水面上的船舶残骸总数。在随后将军们命令泰拉麦奈斯率领一支舰队前往营救时，还能够从这些船体中发现并拯救到生还者。

47 | 除非色诺芬错误地谈到是一次正式的革职而不是取代，雅典的将军就会如罗马人一样，在前一年的任期结束后就自动退位，否则我们定然会假定选民仍然会推选公元前 408 或前 407 年和公元前 407 或前 406 年同样的候选人。——编者

48 | Xenoph., *Hellen.*, i. 7, 1; Diodor., xiii. 101.

49 | Lysias, *Orat.*, xxi.(Ἀπολογία Δωροδοκίας), § vii.

50 | 对色诺芬 ὁ τῆς Δεκελείας ἐπιμελούμενος 部分（Xenoph., Hellen., i. 7, 2）最佳的修订是 ὁ τοῦ δήμου προεστηκὼς καὶ τῆς διωβελίας ἐπιμελούμενος。这将涉及克莱奥丰引入的济贫法（见第 105 页数字 20）。我们不知道类似官员是通过选举还是抽签产生。——编者

51 | 特拉叙布鲁斯与泰拉麦奈斯一起指控将军，这在色诺芬记载的将军们的答复中得到了体现（i. 7, 6）："我们不会仅仅因为他们控告我们，就虚假地宣称他们当受责备"（Καὶ οὐχ, ὅτι γε κατηγοροῦσιν ἡμῶν, ἔφασαν, ψευσόμεθα φάσκοντες αὐτοὺς αἰτίους εἶναι, ἀλλὰ τὸ μέγεθος τοῦ χειμῶνος εἶναι τὸ κωλῦσαν τὴν ἀναίρεσιν）。

κατηγοροῦσιν 使用了复数形式，这表明特拉叙布鲁斯及泰拉麦奈斯一同提起了指控，当然后者最著名。

52 | 很难相信，将军们没有在公民大会上提及泰拉麦奈斯和特拉叙布鲁斯的任务，除非这只是事后编造的借口。虽然将军是否派人无疑迷雾重重，但之前议事会的审查定然会挑出如此重要的证据。

这排除了泰拉麦奈斯无缘无故在公民大会上指责将军的可能。因为所有与案件有关的证据必然事先就已经知晓。

当只有最高权威为他们分配这样困难的任务才可能使精疲力竭的军队

振作起来时,如果将军确实向这两位下属将官分派了任务,至少这样的举动也是不明智的。如果施救行动完全值得尝试,就应当全心全意地努力完成。泰拉麦奈斯和特拉叙布鲁斯不应当因他们没能完成任务而受到责备,他们完全有权利就如此不公的任务向雅典人提出抗议。*Cf.*, Beloch, *Attische Politik*, p. 87.——编者

53 | Diodor., xiii. 100, 101.

54 | 他的说法得到了政敌的确认(见第 910 页注释 58)。——编者

55 | Xenoph., *Hellen.*, ii. 3, 35. 如果在雅典人讨论关于将军们的案件中,泰拉麦奈斯确实说他有权利说他此前说的话("狂风暴雨使任何人都不可能出海"),那些他对将军的指控必然是他们本可以早一些开始打捞落水者,在他们从战场返回之前,在暴风雨之前,在他们对他发出命令之前。

56 | 在修昔底德的作品(vii. 73)中我们读到,在大港获得最后一次海战的胜利后,叙拉古人完全不可能发起任何军事行动,因此此刻他们所有的精力都投入欢喜、祝贺和兴奋之中。

【仅从军事的角度看,无疑更为明智的是对埃泰奥尼库斯发起进攻,因为此时军队仍因胜利而激动不已,而且也没有因第一次海战的结束而倦怠。夺占埃泰奥尼库斯的舰队完全可以弥补雅典沉没战船带来的损失。但将军们不可能随后给公民大会提出这样的作战策略。事实上,第一个提出动用所有可以利用的力量乘胜追击的将军埃拉西尼戴斯是第一个受审之人。与公元前 376 年(*cf.* pp. 917-918)一样,公元前 406 年,将领们不得不放弃胜利的果实,因为民众不愿看到巨大的人员伤亡。但是,有必要强调,正如格兰特和莫尔特凯(Moltke)已经证明的那样,几乎没有任何一个希腊将领抓住了这样一个真理,那就是,从长远看来,对敌人的穷追猛打往往能拯救己方更多的生命。——编者】

57 | 在议事会面前,更不可能隐瞒这个事实。*Cf.* n. 52 on p. 907.——编者

第三十四章　从居鲁士到达（小亚细亚）至阿吉努塞之战

58 | Xenoph., *Hellen.*, ii. 3, 32. 在此，笔者描述泰拉麦奈斯的行为不但与狄奥多鲁斯吻合，而且与三十僭主统治时泰拉麦奈斯最仇视的敌人克利提亚斯的叙述也一致，此时他正准备将泰拉麦奈斯处死："这个人虽然受将军之命打捞莱斯沃斯外海的海战中被击伤的船只上的雅典人，却没有做到，然而他正是那个指控将军们，导致他们死亡的人，目的只是他可以救得自己的性命"（Οὗτος δὲ τοι ἐστὶν, ὃς ταχθεὶς ἀνελέσθαι ὑπὸ τῶν στρατηγῶν τοὺς καταδύντας Ἀθηναίων ἐν τῇ περὶ Λέσβον ναυμαχίᾳ, αὐτὸς οὐκ ἀνελόμενος ὅμως τῶν στρατηγῶν κατηγορῶν ἀπέκτεινεν αὐτούς, ἵνα αὐτοὺς περισωθείη）. (Xen., *ut sup.*)

59 | Strabo, xiii, p. 617.

60 | 需要记住的是，如果刮希腊海域夏季通常盛行的北风或东北风，埃泰奥尼库斯的航程处于莱斯沃斯的下风向，自然会顺风顺水。但是，爱琴海岛屿上的众多山峰对频繁吹拂的狂风有一定的阻碍作用，会改变季风的方向，因此狂风可能会以双倍的风力强烈吹向没有掩蔽的海峡。在这条水道上，会发现阿吉努塞类似的礁石；即使现在，汹涌的交错浪使载重 1000 吨以上的近海货船航行也很困难。在这样的情况下，对未经训练且精疲力竭的水手来说，打捞工作或许真的不可能。另外，埃泰奥尼库斯的水手只需要稳定划行就可以使船舶径直向前。——编者

61 | 丧命者中许多人位列骑士阶层，是雅典最显赫家族的成员。——编者

62 | 在一篇演说词中，吕西亚斯以类似的词语描绘了雅典人对将军们的看法："你们感到你们必须让他们为死者的勇敢赎罪"（ἡγούμενοι χρῆναι τῇ τῶν τεθνεώτων ἀρετῇ παρ' ἐκείνων δίκην λαβεῖν. Lysias, *Cont. Eratosth.*, § 37.）。

63 | Xenoph., *Hellen.*, i. 7, 8.
对此，我总体上采纳狄奥多鲁斯的叙述，因为他对整个过程的叙述更公正更自然。他认为这是一起逝者族人自发的哀悼活动，表达了他

们的愤怒之情。

瑟尔沃利博士及西弗斯（Sievers, *Commentat. de Xenophontis Hellen.*, pp. 25-30）认为，泰拉麦奈斯与寡头派一唱一和，利用这一事件破坏对他们怀有恶意的将军们的名声，其中几名将军与阿克比亚戴斯还有联系。笔者坦承，没有发现任何能够支持这种看法的证据，但无论如何，此处谈到的原因只是次要的，并非此刻最重要而占主导地位的因素。
【随后产生的将军委员会具有强烈的民主特征，这表明此时寡头派完全没有什么实力。——编者】

64　吕西亚斯（Lysias, *C. Agorat.*, §10）说，泰拉麦奈斯在公元前406/405年被选为将军，但没有通过资格审查（δοκιμασία）。不过，被取消资格可能只是一种官方的说法。——编者

65　关于该法令，我们所知的全部内容源自 Xen., *Hellen.*, i. 7, 20, 34 的一个段落。没有证据表明（1）该法令特别古老而受人尊敬；（2）明确禁止使用集体审判。对于第一个问题，我们注意到，坎诺努斯法令的内容与涉及"背叛"（προδοσία）和"盗窃"（ἱεροσυλία）的法律相左（§22），因此被称为一条法令（ψήφισμα），而不是一部"法律"（νόμος）。ἐάν τις τὸν δῆμον（而非 τὴν πόλιν）ἀδικῇ 的措辞表明出现在民主政体完全建立之后。或许，该法令是在400人革命之后通过的，以此作为应对寡头派不满者的一个补充预防措施［cf. 罗马"大逆法"（*lex majestatis*）。引入该法以补充过时的刑事法（*lex perduellionis*）］，而此时还没有通过 νομοθέται。

对于第二个问题禁止对集体进行审判的推断似乎只是从这样一个事实上推导而出，即在法庭审判中规定，每一起案件只能对该案件自身的是非曲直来判定。因此，δίχα ἕκαστον κρίνειν 就等于"通过陪审团审判"。在§19中欧吕普托莱穆斯承认，如有需要，将军们或许可以作为一个整体接受审判。他力图争辩的是，在所有事实都还没有完全甄别

清楚的情况下，应当将案件提交陪审法庭进一步查明，而不应当简单地由公民大会投票表决。——编者

66 | Xenoph., *Hellen*., i. 7, 11.
雅典人听到并完全相信了这些证词。笔者不知道为何一个希腊历史学家对此会持怀疑态度。没有理由断言此人的说法完全不可信。非常清楚，定然发生过与之类似的事件。如果稍微动用一下想象力，思考一下发生在雅典的这一场痛苦而令人关注的危机，我们就会看到，具有同样效果的许多说法也必然在流传。无疑，许多是编造的，但许多也是完全真实的。

67 | Xenoph., *Hellen*., i. 7, 14, 15; Plato, *Apol., Socr*., c. 20; Xenoph., *Memor*., i. 1, 18; iv. 4, 2.
【苏格拉底的反对意见轻易就被推翻事实上是并非不可能，但是如此违背正常程序的行为不应当轻易地被视而不见。色诺芬（*Hellen*., i. 7, 15-16）想让我们推出的结论是苏格拉底提出了他的看法，此前欧吕普托莱穆斯也进行了陈述，没有必要在二者之间进行投票。在欧吕普托莱穆斯的发言之后，提交公民大会的动议就成了一个 διαχειροτονία，也即两种程序之争的问题。苏格拉底或许认为，在欧吕普托莱穆斯的发言后，这个动议就能安全提交，他或其主席团同僚之一可能尝试以某种办法挫败麦奈克莱斯（Menekles）提出的反对意见；否则麦奈克莱斯的动议会将审判拖到下一个主席团，到那时，苏格拉底又成了普通的议事会成员。——编者】

68 | Xenoph., *Hellen*., i. 7, 16.

69 | Xenoph., *Hellen*., i. 7, 39. 在雅典，这种公民大会通过的法令以公诉（Probole）之名而提出。这一次，公民大会放弃了与大陪审团（Grand Jury）类似的司法前定（ante-judicial）职能。

70 | Diodor., xv. 35.

第三十五章
从阿吉努塞之战到三十僭主被逐后民主政治再度复兴

阿吉努塞的胜利使雅典舰队获得了对亚洲海域的决定性控制权。甚至有传言说，拉凯戴蒙人的士气受到了沉重打击，被迫向雅典提出了和平倡议。但这种说法很值得怀疑，笔者认为很有可能根本没有类似一个提议。[1] 虽然取得了重大胜利，但并没有给雅典带来什么积极的成效。在进攻开俄斯无果的情况下，这支胜利之师前往萨摩斯，在此大概待到了第二年；除了筹集必要的军费外，没有采取其他任何行动。

就在此时，埃泰奥尼库斯将剩余的被击败的伯罗奔尼撒战船聚集到开俄斯。由于没有了居鲁士提供的金钱，他觉得非常吃紧，被迫拖欠水手们的薪酬。在接下来的夏天和秋天，这些人通

第三十五章 从阿吉努塞之战到三十僭主被逐后民主政治再度复兴

过在开俄斯人的田地里打短工来养活自身。但是，当冬天来临时，这一收入来源也没有了，战士们发现他们甚至没有购买服装和鞋帽的钱了。

鉴于饥饿难当的大军快要陷入失去控制的状况，埃泰奥尼库斯不得不向开俄斯人要钱。

不久，开俄斯人及其他斯巴达的同盟者在以弗所开会，在居鲁士的协调下，商量并最终决定派人告知监察官，要求再次委派吕桑德担任海军大将。[2] 斯巴达不习惯于委派同一个人在任期结束后再次担任海军大将。然而，监察官从实质上遵照了要求行事，派阿拉库斯（Arakus）为帅，吕桑德虽以书记员之职随其前往，但被授予了真正的指挥权。

公元前 405 年年初吕桑德抵达以弗所之后，他立即倾其全力恢复拉凯戴蒙的实力及他本人的影响。因在上一年担任指挥官之时他曾极力培养了一批忠诚者，因此各个同盟城邦的支持者都乐见并欢迎他的回归。因在前任卡利克拉提达斯面前蒙羞并受到限制，如今他们重新积极行动起来，热诚支持吕桑德重新装配并扩大舰队。居鲁士对他的偏爱更甚于此前。才抵达以弗所，吕桑德就迅速前往萨尔狄斯拜访他，请求重新恢复金钱资助。就这样，吕桑德返回以弗所时已能够使舰队恢复到有能力作战的状况。他立即偿付了所有拖欠水手们的薪酬，并组建新的舰队。埃泰奥尼库斯率领驻开俄斯及散布于其他地方的舰船前往以弗所，并命令立即在安坦德鲁斯修建新的战船。

在所有亚洲城邦中，吕桑德再次到来产生效果最巨大的是米利都。他在此有一群颇具影响的友人。在卡利克拉提达斯最初到达时，这些人曾尽其所能为他设置诸多阻碍，但后来安静了下来，甚至被迫表达对那位将军的忠诚，支持他的决定。这些人急于摆脱此前的羞辱，在吕桑德的知晓和合作下，发起一场政变，夺取了该邦的政权。他们决定（如果普鲁塔克和狄奥多鲁斯的说法可信）取缔现存的民主政体，建立一个寡头政体取而代之。但是，很难相信米利都存在着民主政府，因为早在五年前，它就在斯巴达和波斯的合力支持下获得了独立。这场运动一定是两个寡头派别之间的冲突。吕桑德的支持者比其对手更加自私，更反对民主制；相较而言，他们可能以反对民主之名将这些人哄下了台。吕桑德亲自参与了计划的实施，甚至假意答应确保现存政府的安全，但他根本没有打算去履行这样的承诺。在狄奥尼西亚节时，阴谋者通过武力，将40名主要的对手在家抓捕，并在市场上抓捕了300人。而当权者私下得到了吕桑德的承诺，他假意谴责叛乱分子，但悄悄地继续对他们煽动。被抓捕的340名领导人全被处死，更多的公民，不少于1000人逃得了性命，流亡在外。[3]

随着吕桑德重回亚洲，似乎在其他城邦也发生了动荡，虽然这些动荡不那么血腥而背信弃义，但与米利都的暴动具有类似性质，使这些城邦越来越多地落入他的支持者手中。就在他在同盟者中间获得更大优势时，吕桑德受到居鲁士的召唤，前往萨尔

第三十五章 从阿吉努塞之战到三十僭主被逐后民主政治再度复兴

狄斯觐见。这位年轻的王子不久前获得消息，要前往米底看望他身患疾病的父亲大流士。就在离开前，他给予了吕桑德完全的信任，委托他管理其总督辖区及全部的收入。除了对这位希腊人超凡精力和能力的钦佩及对吕桑德个人公正无私的崇敬外，居鲁士很有可能还担心，如果将类似的权力托付给任何一位波斯贵族，都可能为自己树立一个竞争对手。

在获得对波斯钱款前所未有的控制权后，在所有同盟者经历一系列有利于他的派系斗争后，吕桑德成为自战争开始以来权力超过所有拉凯戴蒙人的指挥官。在有充足金钱支付薪酬后，他能够使舰队保持团结，按其意愿指挥其行动，不必为了筹集军费将舰队分成许多流散于各地的分队。或许正是因为相应的需求，我们才能解释雅典驻萨摩斯的舰队一直没有采取行动。因为在阿吉努塞胜利后的整个第二年，我们都没有听到雅典人发起任何值得一提的行动，虽然舰队的指挥官是能力超凡且精力充沛的科农、菲罗克莱斯、阿戴曼图斯。公元前405年春，又增加了提戴乌斯（Tydeus）、米南德和凯菲索多图斯（Kephisodotus）。泰拉麦奈斯似乎也获得提名并被选为将军，但当提交确认审查（Dokimasy）时被刷了下来。[4]舰队共有180艘战船，比吕桑德指挥的数量更多，但是在他驻以弗所的基地附近的战斗中，雅典人没有获得什么成效。雅典舰队发现他不愿展开全面战斗，于是决定四散开来，劫掠开俄斯及亚洲海岸的其他许多地方。而吕桑德率领着整支舰队，首先从以弗所向南来到了罗德斯。他甚至有胆量跨过爱琴海驶往埃吉纳和阿提卡沿岸,并在海岸边与从戴凯雷亚前来的阿吉斯进行了一次商谈。[5]得知他已经重新跨过爱琴海,并很快率领所有战船出现在没有防守的重要通道赫勒斯滂后,雅典人准备跟在他的后面。吕桑德径直前往仍是海峡地区伯罗奔尼撒基地的阿比杜斯,接着立即从海陆两路进攻周边城市兰普萨库斯,并迅速将其夺占。

收到拉凯戴蒙人正在赫勒斯滂围攻兰普萨库斯的消息时,雅典舰队似乎正在劫掠开俄斯。或因缺乏军费,或其他未知原因,整个夏天里,科农及其同僚都落在了吕桑德的后面。如今,他们远离完全不友好的亚洲海岸,跟踪着他驶航到赫勒斯滂。为数多达180艘战船的强大舰队刚到凯尔索奈斯半岛最南端的埃劳斯,就听到吕桑德已经攻占兰普萨库斯的消息。听到消息后,他们立即动身,沿海峡向北来到塞斯托斯。在此稍做停泊,补充一些物资后,舰队继续向北,到达一个名为羊河(Aegospotami)的地方。

羊河这个地方没有什么值得特别推荐之处,它位于兰普萨库斯的正对面,两地被一道宽度约1.75英里的海峡分开。此处有开阔的沙滩,没有港口,没有良好的泊船地,也没有居民和其他物资。因此,这支大军所需的任何东西都不得不从塞斯托斯运来。这两个地方陆上距离约为1.75英里,海上因必须绕过一个海岬,距离更远。这样一个基地对缺乏军需部的古代海军而言相当危险。因为水手们不得不到一个离他们舰船一定距离的地方就餐,很难重新聚拢起来。然而,这个基地是由雅典的将军们挑选

第三十五章　从阿吉努塞之战到三十僭主被逐后民主政治再度复兴

出来的，他们满怀希望驻扎于此就会迫使吕桑德与他们交战。但是，这位拉凯戴蒙海军大将并不打算在他们认为合适的时候接受敌人的挑战。第二天早上，驶过海峡时雅典人发现，他所有的战船都整装待命，排列成严密的作战阵形，同时在海岸部署了陆军时刻准备给予其支援。不过拉凯戴蒙人获得严令静候战机，不要向前驶出。在如此状况下，雅典人不敢发起进攻，最终被迫返回羊河。

连续四天重复着同样的场景，日复一日地雅典人对于敌人明显的懦弱越来越鄙视。住在凯尔索奈斯半岛私人城堡的阿克比亚戴斯看到正在发生的一切，骑马赶到基地，告诫将军们当心战船放置在开阔的海滩上没有任何保护的情况，并强烈要求他们转移到塞斯托斯，从那里他们可以随时与敌战斗。但是他苦口婆心的劝说没有任何作用。雅典的将军们对他的建议置若罔闻，甚至用侮辱奚落的话语将他赶走，声称如今担任指挥的不是他而是在场的诸位。[6]雅典舰队继续处于无保护的状况之下，日复一日地，水手们对敌人也越来越不关心，一回到岸边就四散分开。就这样，拖了五天。最后，当雅典人返回后，吕桑德命令巡逻艇出航察其情况；要求一看到雅典战船下锚，水手们上岸吃饭时，就吊起一块明亮的盾牌作为信号。吕桑德一看这个令人高兴的信号，就命令全部战船尽可能快地从兰普萨库斯划行到羊河。当所有战船都还停泊在岸边时就被捕获，其中一些完全空无一人，另一些只有一个最多两个第三层的桨手还在船上。全部180艘战船中，只有12艘还勉强处于战斗状态。[7]眼见吕桑德的舰队靠近,科农以最大的努力催促水手装配了战船,一定程度上做好了迎战准备,但仍无能为力;他所能做的只能是率领12艘战船落荒而逃。所有剩余的战船都毫无防备,没有进行任何抵抗,被吕桑德在岸边全部捕获。他登陆上岸,使大部分水手成了战俘,虽然也有一些人逃到周边的城堡躲了起来。就这样,拉凯戴蒙人获得了一场无与伦比的空前胜利,他们不但没有损失一艘战船,甚至都没有折损一个人员。[8]

被吕桑德擒获的战俘人数一定非常巨大,因为180艘战船上的船员的人数就不少于36 000人[9];但是我们只听到有3000或4000名雅典人,当然这一人数并不代表所有在舰队里土生土长的雅典人。可以肯定,将军菲罗克莱斯和阿戴曼图斯被擒,事实上,可能除科农逃走外,其他所有将军也被擒获。被击败的军队一部分在塞斯托斯避难,然而在经过微弱的抵抗后就投了降。吕桑德准许他们有条件投降,前提是必须立即返回雅典而非其他地方。因为他急于尽可能增加城内的人数,非常清楚这将会更快让雅典因饥饿而投降。科农也清醒地认识到,在整支舰队都被摧毁的情况下,回到雅典意味着成为万劫难逃之城的一名待死囚犯。此外,所有将军都必将共同面临城邦公民的愤怒之情。因此,他决定托庇于塞浦路斯岛上萨拉米斯国王埃瓦戈拉斯(Evagoras)的宫廷,并派帕拉鲁斯号圣船告诉了雅典人这个致命的消息。但在驶往那里之前,他渡过海峡到达兰普萨库斯境内的阿巴尼斯

第三十五章 从阿吉努塞之战到三十僭主被逐后民主政治再度复兴

（Abanis）角。此处放置着吕桑德战船的大帆（当三列桨战船准备作战时一般会取出来），似乎没有人保护。他搬走了这些风帆，降低了敌船在追击时的速度，然后以最快速度奔往塞浦路斯。[10]

这些被擒获的战船被拖到海里，战俘被运到对岸的兰普萨库斯。获胜的同盟一方召开了一次全体大会，决定以何种方式处置战俘。在这次会议上，人们用最恶毒的语言指责雅典人，声讨他们在处置最近抓获战俘时的方式。雅典将军菲罗克莱斯曾捕获一艘科林斯战船和一艘安德罗斯战船，并以将船员从悬崖上推下的方式将其处死。有人发言确认说，雅典人曾决定砍掉所有被俘者的右手。不久，所有在羊河被俘虏的3000或4000名雅典人都遭屠杀。[11]

没有哪一次战役能比羊河之战产生的后果更严重，对于失败一方的全体将军，没有哪一次战役更令他们感到耻辱。事实上，此次战役是否给吕桑德带来了非常大的荣耀还值得怀疑。因此，后来不论在雅典还是希腊其他地方，人们都普遍认为雅典舰队是因他们自身的某些指挥官的出卖才走向毁灭的。科农和菲罗克莱斯受到的怀疑最小。人们认为，阿戴曼图斯是主要的卖国贼，提戴乌斯也涉足其中。[12] 科农甚至为此目的首先起诉了阿戴曼图斯，[13] 有可能是通过从塞浦路斯向城邦写信，也有可能是在几年后作为克尼杜斯战役的胜利者返回雅典后通过某种正式的声明而提出的。虽然不可能找到充分的证据证明他指控内容的真实性，但战斗发生时的情况倾向于认为这是可能的，而且在所有将军中科农是唯一一个准备好迎战的指挥者。事实上我们还会发现，公元前405年整个夏天，数量如此之多的雅典舰队都完全处于休眠状态，没有采取任何行动，这也能间接支持类似的解释。作为居鲁士所有财富的掌管者，吕桑德采取的更有效的方法是，动用其中一部分经费，收买六位雅典将军中的一位或更多，从而使科农的所有努力和能力归于无效。

羊河之战的惨败发生在大约公元前405年9月。雅典人从未经历过如此一个悲痛而苦恼的时刻。悲恸欲绝的哭泣声和哀号声最初始于皮莱乌斯，接着经驻扎在长城上的卫兵传到了城里。色诺芬记载道："那天晚上没有一个人入眠，他们不但因过去的灾难而感到悲伤，而且为将来的命运感到恐惧。他们担心会受到埃吉纳人、米利都人、斯奇奥奈人和其他人同样的报应。"在经过当晚的痛苦后，次日他们召开了公民大会，决定做好一切可能的准备等待敌人的围城，对城墙加强了全面的防卫，将三座港口中的两座封堵起来。

吕桑德并不急着从赫勒斯滂赶往雅典。他知道，如今不可能再有运粮船从黑海前往，来自其他地方的物资也几乎不能运抵雅典；城邦对抗围攻的力量必然非常有限；城内聚集的人越多，抵抗的力量就越小。因此，他允许有条件投降的雅典军队返回，但只能回到雅典，不得到其他地方。他采取的第一项措施是控制卡尔凯东和拜占庭。接着移师莱斯沃斯及其他一些已处于其控制范围的城邦。从每个城邦的当地公民中挑选出10名最积极的支持者组成 10 人寡头政府（Dekarch 或 Dekadarchy），与拉凯戴蒙派出的军事总督一起统治这个城邦。埃泰奥尼库斯受派前往过去曾依附于雅典的色雷斯诸邦，组成类似的政权机构。然而，发生在塔索斯的政权更迭过于血腥而使这一进程出现了污点。许多次类似的流血事件都发生在吕桑德的眼前，许多公民因讨厌他新设的十寡头而被大规模放逐。在斯巴达人夺取雅典人权力的过程中，到处都发生着此类流血事件。[14] 但是，除萨摩斯外，其他城邦的公民或亲雅典的派别都没有继续采取任何公开的敌对行动，也没有通过武力阻止吕桑德进入或策动革命。萨摩斯人仍在坚持。那些人民对于寡头政权极度担心。因此在公元前 412 年的起义中，他们将寡头党人尽数驱逐，没有引发进一步的斗争。

雅典帝国就此终结，完全只剩下雅典一邦。同样痛苦的是，城邦此前派往驻扎在埃吉纳、米洛斯、其他各个岛屿及凯尔索奈斯半岛的军事殖民者都被剥夺了财产，遣返回来。[15] 塔索斯、拜占庭及其他属邦的亲雅典分子[16]也被迫离开家园，一贫如洗，在雅典寻求庇护。虽然当前的灾难给他们带来了压力，但将来更糟糕的状况还在等着他们。雅典人只好尽其所能进行一场荣誉之战。

他们采取的首要措施之一是恢复城邦的和谐，团结一切力量保护城邦，并去除所有让公民个体感到不快的不利条件。所有欠城邦钱款的债务人都被宽恕并免除了一切债务。这包括所有正接受审查委员会审查或按惯例在任期结束后即将接受陪审法庭审查的官员；所有被判完全丧失公民权或权利部分受到限制的人；

那些曾为400人集团成员或追随者，后受到审判，并被判处上述任何一种刑罚的公民。但以下人员不属大赦的范围：那些未经审判就逃离雅典人的400人集团成员，那些被战神山议事会或其他掌管审判杀人刑狱机构判处流放或死刑的公民，那些企图颠覆国家自由的人。不但用以宣布所有处罚的登记册受命被毁，而且禁止任何个人保存或再提过往的不幸，否则将遭受严厉的处罚。[17]

按照公民大会颁布的全面大赦令，全体公民以最神圣的诺言宣誓在城邦中保持相互融洽。[18]但是，哪怕是在城邦内采取最谨慎的措施也无助于解决雅典的首要困难，那就是养活城内众多的居民，每天被赶回来的士兵和公民进一步加剧了这个困难。自戴凯雷亚驻军以来，阿提卡已经长时间绝收；从优卑亚也一无所获；自遭遇羊河之战的失败后，从黑海、色雷斯和各附属岛邦也不能输入物资。虽然或许仍有一些粮食可能会从塞浦路斯运来，城邦余下的小舰队也尽其所能让皮莱乌斯获得一些补给，[19]但是完全不可能为围城积累足够的物资。

大约公元前405年11月，吕桑德终于抵达了萨罗尼克湾。所有拉凯戴蒙及伯罗奔尼撒大军（除阿尔戈斯外）在国王阿吉斯的率领下挺进阿提卡与他会师，并扎营于雅典城门之外。吕桑德首先率领由150艘战船组成的庞大舰队前往埃吉纳，将皮莱乌斯团团围住。在此，他最先采取的一个措施是尽可能召集所有被雅典驱逐的埃吉纳人和米洛斯人，恢复他们对其古老岛屿的所有权。

第三十五章 从阿吉努塞之战到三十僭主被逐后民主政治再度复兴

虽然如今所有希望都已破灭，雅典人的自尊和绝望仍然让他们坚持下来。直到确实有人死于饥饿，他们才提议要求和平。他们向阿吉斯提议，成为斯巴达的同盟者，但仍保留全部的城墙及防御良好的皮莱乌斯港。阿吉斯要求使者前往斯巴达询问监察官的意见，同时向他们送去了一份雅典人的议案。但是，监察官甚至都不屈尊接见使者，派人到拉科尼亚边界的塞拉西亚（Sellasia），要求他们在准备好更有可能被采纳的条款后再来；同时警告他们没有将摧毁这道长达10斯塔狄亚长城的条款包括在内的任何提议都不可能受到采纳。尽管城里遭受着各种苦难，议事会和公民大会都不会考虑如此耻辱性的条款。一位名为阿凯斯特拉图斯的议事会成员建议接受这一条款，但他立即被收监。在克莱奥丰的提议下，大会通过决议，严禁将来再提出类似的议案。[20]

在这样的情况下，泰拉麦奈斯提出作为使者拜访吕桑德和斯巴达，声称他能够打探到监察官对雅典的真正意图，看他们是否真打算杀光所有雅典人或将他们卖为奴隶。他假意声称对他们拥有个人的影响力，非常有可能缓和厄运，至于原因何在目前还不能泄露。因此，虽然战神山议事会和其他一些人强烈反对，但他还是受命前往。不过他没有获得明确的缔约权，而只拥有询问和报告权。令人惊讶的是，我们得知，他花了三个多月的时间陪伴在吕桑德身边。他宣称，是这位拉凯戴蒙海军大将把他长期扣留起来；第四个月时，才告知他只有监察官才有权缔结和平。泰拉麦奈斯的目标似乎是，通过长时间的逗留耗尽雅典人的耐心，使他们陷入难以忍受的痛苦中，从而被迫接受施与该城邦的任何和平条款。他成功地完成了这个计划。考虑到他离开时民众是如何嗷嗷待哺，很难理解，在三个月里，他们是如何能够挺过长期而不断恶化的饥荒。[21]

关于雅典帝国最后时刻有何独特之处，我们没什么了解。因如此悲惨的状况，滋生了民众普遍的尖刻和不断加剧的反感。在此状况下，那些最坚定地要求长期抵抗的领导人物受到政敌的指控成了牺牲品。民众领袖克莱奥丰因被诉逃避军事义务而被判处死刑。曾因倾向性和议程不合理受他指责的议事会成员，组成了对他进行审判的法庭中的一部分陪审员。这种做法无论在形式上还是精神上都与雅典的司法相违背。[22] 虽然这种做法受到后世演说家的诟病，认为将祖国出卖给了敌人，但对于结果本身似乎没有产生什么大的影响。城邦最后投降的结果完全是由饥荒导致的。

在泰拉麦奈斯长时间居于国外返回时，城邦遭受的压力是如此巨大，被迫再一次派他前往，要求他以任何条件换来和平。他到达塞拉西亚，告诉监察官他获得关于和平的无限权力后，泰拉麦奈斯获准前往斯巴达。伯罗奔尼撒同盟所有成员在斯巴达召开会议，厘定和平条约的具体条款。其中的主要城邦，尤其是科林斯和底比斯，提出不与雅典这个如今处于他们掌控下的可恶敌人缔结任何条约，也不要采取任何措施，而应当抹除雅典之名，将所有雅典人都卖为奴隶。其他许多城邦也附和这两个城邦的意见，严惩雅典的看法眼看就要占据了上风。这时，拉凯戴蒙人亲自提出反对意见，明确地宣布，绝不会同意消除或奴役这样一个在全希腊共同遭受波斯人巨大威胁下做出主要贡献的城邦。[23] 吕桑德进一步指出，将雅典接纳成为一个附属城邦，是增强斯巴达力量的一种手段。因此，双方按以下条件缔结了和约：拆毁雅典的长城及皮莱乌斯的城墙；雅典人必须从所有海外属地中撤离，只保留本身的国土；务必上缴所有战船；召回所有流亡者；成为斯巴达的同盟者，无论陆上还是海上，听从拉凯戴蒙人的领导，共敌友。[24]

带着这份文档，泰拉麦奈斯返回雅典。当他在公民大会上宣布他只是送达信息人，但强烈推荐说，向拉凯戴蒙人投降是如今唯一可行之道。不过，少数人仍情绪高涨，强烈反对缔结和平，声称宁愿饿死也无法接受这样的耻辱。然而，大多数人接受了上述条款，并将雅典人接受的消息告知了吕桑德。[25]

大约在四月初，这位携胜利之姿的指挥官驶往皮莱乌斯。22年前（几乎同一个时候），在底比斯突袭普拉提亚后，伯罗奔尼撒战争开始。与他一同前来的还有一帮雅典的流亡者，其中一些人似乎曾在他的军队中服役，为他提出建议。[26] 拉凯戴蒙人的水陆两路大军，分别在吕桑德和阿吉斯的率领下，一直占据着雅典，直到和平条约规定的条款完全实现。停泊在皮莱乌斯的所有战船，除他允许雅典保留的12艘船舶外，其余都被吕桑德拖走。

对于雅典战船的数量，监察官听任他自由裁量。[27] 在船坞里还未建好的船只都被烧毁，保存军械的仓库也一同被毁。[28] 不过拆毁长城和皮莱乌斯的城墙是一项颇费时日的工程。拉凯戴蒙人给了雅典人一定的时间，要求在这段时间内完成拆除。在工程开始时，拉凯戴蒙人及其同盟者都伸出了援手，满怀征服者的自豪感和喜悦之情投入其中。妇女吹着笛子、舞女头戴花环；伯罗奔尼撒同盟的成员怀着兴奋之情欢呼，希腊自由之时由此开始。[29] 然而，由于在指定的时间内没有完成拆毁城墙的工程，意味着雅典人没有遵守和约的要求，从严格意义上讲，应当被剥夺和约给予的宽大处理。[30] 总之，拆毁工程似乎就这样拖延了下去。

在参加了神圣的拆毁城墙的仪式后，吕桑德似乎就将一部分舰船撤离，开始围攻仍在坚持的萨摩斯人，而让余下的舰队监督工程的进行。[31]

在返回雅典的流亡者中包括卡利克莱斯及克利提亚斯。卡利克莱斯因在调查赫尔麦斯神像被毁案中歪曲事实而为人所知；另外一人我们在此才首次获得与之相关的历史细节。克利提亚斯曾因与赫尔麦斯神像被毁案有涉而受到指控；他似乎也长期在政治中发挥着重要作用，并在雅典的文学和哲学领域占有一席之地。此人出身于雅典最古老而显赫的家族，家资富足，是哲学家柏拉图的舅舅，[32] 频繁出入于苏格拉底的聚会，因此在大众的心目中他与这位伟人关系亲密。我们不知道他被流放的原因，也不知道时间，而只知道他在400人革命后不久还没有被放逐。但是当参

第三十五章 从阿吉努塞之战到三十僭主被逐后民主政治再度复兴

加阿吉努塞战役的将军被判决时,他已经处于流亡状态。[33] 流放时,他在色萨利度过(或一部分时间)。在这个目无法度的地区,他积极地参与了寡头派之间的血腥仇杀。据说,他支持色萨利的民主派,武装奴隶(Penestae)与其主人对抗。[34]

当城邦才投降,拆毁工程还在进行时,寡头派就开始组织起来。各个政治俱乐部的成员聚在一起,任命了一个由五个人组成的委员会,并为迎合拉凯戴蒙人的喜好将其命名为监察官,指导该派的日常行动,并决定将哪一些方案提交公民大会。[35] 这五名监察官中就包括了克利提亚斯和埃拉托斯泰奈斯(Eratosthenes)。

但是,因为议事会的顺从和公民大会的意志消沉,加之城邦确实被一支敌军占领,寡头派仍认为他们的权力不够大,如果不抓捕那些最坚定的民主派领导人,将不足以实施他们的变革。[36] 因此,斯特隆比奇戴斯及其他几个民主派领导人和队长因涉及一场破坏和平的阴谋而受到指控,这些爱国人士被关到监狱,随后接受了一个由2000人组成的陪审法庭的审判。

一位名为德拉孔提戴斯的公民提出动议,[37] 要求城邦任命一个30人委员会,为将来的政权拟订法律,并暂时管理公共事务,直到制宪工作完成为止。被提名的30人中,最著名的包括克利提亚斯和泰拉麦奈斯。

看到30人委员会正常组成后,吕桑德离开了雅典,继续完成围攻萨摩斯的任务。此时,萨摩斯人仍在坚持。虽然遭受着海陆两路的围攻,萨摩斯人仍顽强地坚持了好几个月,一直持续到了夏天。直到最后一刻，他们才有条件地投降，每一个自由人都获准安全离开。吕桑德将城邦及财产交还给原来的公民，也即那些被驱逐的寡头派及其支持者，另包括那些在八年前的革命中被剥夺了公民权的人。但是，如同在其他城邦一样，他将萨摩斯的政府交到一个10人委员会（准确地说，由他挑选而出的10名萨摩斯寡头党人）手中，并任命托拉克斯（Thorax）为拉凯戴蒙驻该岛的军事总督，当然也留下了一支由他率领的军队。

就这样，在结束战争，扑灭最后一点抵抗之火后，吕桑德胜利地返回斯巴达。在希腊历史上，还没有任何一个人取得过如此巨大而空前绝后的胜利。他将除12艘按规定留给雅典之外的每一艘战船都拖出皮莱乌斯港，并将在羊河及其他地方擒获战船的船首也装在船上；按各种城邦投票一致要求的那样，他头戴金冠；同时将居鲁士交给他掌管的用于战争的剩余不少于470塔兰特展示给众人。这笔钱款本应更多，但是据说因古利普斯的背叛而减少了。吕桑德本任命此人负责金库的管理，但因贪污，此人在叙拉古获得桂冠的如此美名受到了玷污。[38] 此外，在任何一个希腊人中，他获得的权力之大可谓空前绝后。如今斯巴达帝国已经建立，整个帝国被赋予了明显的吕桑德特征。他几乎控制着所有小亚细亚和色雷斯的沿海城邦，在这些城邦中都派驻有军事总督和由他亲自从支持者中挑选并任命的10人委员会。

雅典的30人委员会与吕桑德在其他城邦中组成的10人委员会相类似，其目的是使雅典成为一个依附于拉凯戴蒙和作为拉凯戴蒙代表的吕桑德的城邦。虽然表面上获任的目的是为雅典拟订宪法和法律,但他们并不急于开始这项任务,而是任命一个新的议事会。议事会的成员都是顺从之人,包括了许多此前参加400人集团而被流放如今刚返回的人,还有一些也是前任的成员,他们愿意为其效力。[39] 同时,30人委员会还任命了新的民事官员和军事将领。任命新的11人委员会管理治安和公共秩序;任命一个10人委员会管理皮莱乌斯;任命皮托多鲁斯(Pythodorus)为名年执政官。为了保障其优势地位,他们开始奉行最严格的改革原则,鼓励告发民主派过去的暴行,并宣布清洗城邦中的为恶者。[40]

为了实施他们根除为恶者的计划,三十僭主首先将罪恶之手伸向了那些在此前民主政体下最令人不愉快的政治家:用色诺芬的话说,就是"那些每一个人都知道以告密为生的人(Sycophancy)及那些公开宣称与寡头派为敌的人"。这些人包括斯特隆比奇戴斯及那些因阿戈拉图斯(Agoratus)的告密而被囚禁的民主派将官,另外还包括那些因坚定支持民主政体而犯了罪的人。这些被抓捕的人在由三十寡头任命的新议事会前接受审判,而不是按公民大会的决定,将斯特隆比奇戴斯及他的同伴交给由2000名公民组成的陪审法庭审理。如今,陪审法庭及其他所有的民主政体机构都被取缔,除新组成的议事会外,不再存在其他司法机构。无论什么时候审判犯罪者,三十僭主都会亲自出现在议事会大厅,坐在此前由主席团成员占据的位置,而且每一位成员都要求公开在他们面前放投票的石子。在所有被三十僭主送到议事会受审的众多人中，除告密者阿戈拉图斯外，没有一个人被无罪释放。虽然阿戈拉图斯也被作为一个同谋者，与斯特隆比奇戴斯及其同伴一同被送去受审，但他因为告发他们而获得了释放。[41]

鉴于所有获刑的人（无论公正与否）都是著名的政治人物，所以其他在政治上不起什么作用的公民，即使是那些不同意判决的人，根本没有考虑他们自身会遭受类似的可怕命运。泰拉麦奈斯、三十僭主中的一部分人及议事会打算就此结束恐怖。他们认为，需要牢固地建立政权，进一步的流血事件只会威胁到政权的稳定，从而使他们的支持者和中间派产生警惕和疏离。

但克利提亚斯和三十僭主的大多数人并不支持这种看法。他们看待问题的角度与泰拉麦奈斯很不相同，在流亡过程中他们集聚起来的仇恨还没有得到释放。虽然有泰拉麦奈斯的反对，三十僭主仍派使者前往斯巴达，请求吕桑德给予他们援助。在吕桑德的促成下，斯巴达派卡利比乌斯（Kallibius）作为军事总督，率领一支军队驻扎在雅典。这支军队的费用无须斯巴达支出，一直要待到他们的政权彻底清除了为恶者，完全巩固为止。[42] 除一支随时待命开展暴力活动的组织有序的年轻随从和杀手外，他们也得到了一支任其随时驱策的拉凯戴蒙陆军。他们展开行动，抓捕并处死了许多富有勇气和爱国之心的公民，因为这些人有可能为公开反对他们的人服务。在雅典，有好几位最优秀的公民就这样相继死去。而特拉叙布鲁斯、安尼图斯和其他许多人担心遭遇

第三十五章 从阿吉努塞之战到三十僭主被逐后民主政治再度复兴

类似的命运，逃出了阿提卡，任由寡头派剥夺并侵吞了他们的财产。寡头派在他们缺席的情况下通过了流亡者法案，阿克比亚戴斯也被纳入其中。[43]

泰拉麦奈斯对这些暴力行动提出了强烈的反对。他说，之前被处决的那些人都罪有应得，他们不但在民主政体下是著名的政治人物，而且极其敌视寡头党人。但其他人没有表现出任何敌意，而只是因为他们在民主政体下拥有一定的影响力；让他们遭遇同样的命运就不公平了。成为牺牲品的不但包括那些不太受人讨厌的民主派政治人物，还包括了那些勇气过人、财富充盈和稍有地位的人。甚至寡头党人内部最优秀、节操最高尚的人也遭受了同样的命运。在这些受害者中，最著名的包括：一个名为安提丰的富人，在过去的战争中，他是爱国主义的典范，将自己的钱财捐助于公共事务；萨拉米斯人莱翁；尼凯拉图斯（Nikeratus，尼奇亚斯之子），他不但从其父那里继承了大笔家产，而且与其叔父欧克拉泰斯（Eukrates）、其同样以尼奇亚斯为名的弟兄都是著名的反民主派人士。[44]

莱翁被捕的情况特别值得注意。将此人和其他一些人处死，三十僭主怀有几个目的。首先，通过这种方式，他们除去了被民众熟知和尊重的公民，消除了对这些人引领不利于他们的公共舆情的担忧。其次，所有这些人都是富裕公民，在抓捕他们时，其财产也被寡头派占夺。在抓捕这些公民时，他们不但使用雇用的爪牙，而且叫上一些颇有地位且受人尊敬的人。通过这种方式，

935 这些参与了的公民被迫与其同流合污,担负上了罪名,从而在大众眼中,他们成了三十僭主所有计划的附和者。[45] 根据将不愿意的公民强行牵扯到他们的歹事的计划,三十僭主派了五位公民到政府大厅,命令他们渡海前往萨拉米斯,将莱翁作为囚犯抓来。五个人中,有四人服从了这个命令。但是,哲学家苏格拉底拒不同意,返回自己的家里。

所有这些事情让泰拉麦奈斯有充分的证据提出强烈的反对意见。他打算不限于在三十僭主内部强化支持自身的力量,而将眼光转到议事会和公民中。他提醒其同僚说,他们每日都在招致民众不断增加的厌恶感;除非与更多公民结成同盟,让这些公民觉得维持统治与自身有直接的利益关系,否则他们的统治不可能持续。他提议说,所有拥有马匹或提供重甲能为城邦提供服务的人都应当被纳入公民的范围,而只剥夺所有最贫困者的公民权。克利提亚斯和三十僭主拒绝了他的提议。无疑,他们坚信,正如七年前400人集团觉得的那样,当泰拉麦奈斯要求他们将所谓的5000人变成所有有生计来源者的名单时,"登记如此众多的人就等同于彻头彻尾的民主制"。但是,他们也不能同时对他合理的建议无动于衷。此外,他们也对他这个人颇有芥蒂,怀疑他很有可能会如同此前反对其400人同僚一样,领导民众与他们对抗。因此,他们决定在一定程度上按他的建议行事,准备了一份3000人名单。这些人大多享有政治特权,而且尽可能选自他们熟知的支持者或来自寡头派家庭。除这帮人外,他们还指望获得城邦最富裕的骑士阶层的支持。我们并不知道，这3000人被赋予了什么特权或职务，而只知道没有议事会的批准，任何人不得对他们判刑。其他雅典人只需三十僭主的许可就可能被处死。[46]

获选成为同盟者的人不但名单固定，而且都来自寡头派，这绝不是泰拉麦奈斯所希望的。他一边批评主政者愚蠢地认为这3000人有吸引力的错误想法，一边告诫他们这还远远不足以巩固统治。因为三十僭主只是一支有限的力量，这支力量远逊于被统治者。三十僭主再一次按他的劝诫行事，但以一种与之完全迥异的方式进行。他们声称，要将名单扩展到雅典所有的重装步兵，对他们进行武装检阅。虽然那3000人都抄起武器来到市场，但其他的重装步兵被分散成小队，驻扎在不同地方。在阅兵结束后，这些分散各地的分队返回家里吃饭，而把武器堆放在他们刚才聚集的各个地方。但是，在拉凯戴蒙雇佣军的协助下，三十僭主发出命令，立即收缴那些抛放在一旁的武器，并在卡利比乌斯的监督下，将其保管在卫城之上。[47]

自此，克利提亚斯及其同伙不用再担心泰拉麦奈斯及其他任何来自国内的反对意见。他们比以前任何时候都更加肆无忌惮地将他们的凶残暴虐展现出来，处死了许多私敌，并为了夺取财富而杀死了许多富人。他们拟订出一份受怀疑者的名单，他们的每一个帮凶都获准将任何由其选定的人插入其中，而被处死的都往往就来自其中。[48]

演说家吕西亚斯及其兄长波莱马库斯（Polemarchus）正是

在执行这个计划的过程中双双受到了拘禁。他们二人都是富裕外侨，经营了一家制盾作坊，并雇用了120名奴隶。泰奥格尼斯（Theognis）、佩伊松（Peison）及其他人趁吕西亚斯在家里与朋友一起吃饭时将其抓获，并将他的朋友赶走。后来他们将吕西亚斯交给佩伊松看押，并派人登记他的财产和奴隶，然后将这些财物侵吞。趁佩伊松不备时，吕西亚斯逃了出来。最初在皮莱乌斯的一位友人家里躲了起来，然后在次日晚上乘船逃到了麦加拉。但是，波莱马库斯就没那么幸运了。他在街上被三十僭主的成员之一埃拉托斯泰奈斯抓住，关进了监狱，随后未经审判，没有经过自由的辩护，就被灌下毒酒身亡。[49]

在最近抓捕外侨的过程中，三十僭主希望泰拉麦奈斯也挑选几个替罪羊，以便将其杀死、劫掠其财富并从中获得私利。但他断然拒绝了这个提议，用最严厉的言辞谴责这一举措的巨大罪恶。他的态度使克利提亚斯及大多数三十僭主成员非常生气，他们也担心将来会遭到同样的报应。而泰拉麦奈斯会因反对他们而获得民众的信任。于是他们决定不惜一切代价将其毁灭。他们尽可能拉拢许多议事会成员，劝说他们泰拉麦奈斯正在阴谋颠覆寡头政体。一天，正当召开议事会大会时，他们雇用的一帮无法无天的歹徒进入大厅，靠近保护成员的栏杆，将匕首藏在外衣之下。泰拉麦奈斯刚一出现，克利提亚斯就站起来，当着议事会谴责他是一名公敌。色诺芬以相当长的篇幅记载下克利提亚斯的发言：

"如果你们中任何人觉得死的人比原本希望的更多，这只不过反映了革命时代任何地方都会发生的事情。在全希腊人口最多的城邦及人们长期以来习惯了自由的雅典，如果要建立寡头政体，情况必将会是如此。你们和我们一样都知道，民主制是我们无法忍受的政体，也与忠诚于我们的保护者拉凯戴蒙人格格不入。正是在他们的保护下，我们才建立了当前的寡头政体；也正是在他们的支持下，我们才能够尽其所能铲除任何一个胆敢阻挡在前的人。如果那样的人混入了我们的队伍，这样的工作最为势在必行。在你们面前，就站着一个这样的人，他就是泰拉麦奈斯，是你们的敌人也是我们的心腹大患。他总是对我们的行动指手画脚；每当我们要除去任何一个蛊惑者时，他总是给我们设置各种阻碍。倘若从一开始就如此行事，他早就成为我们的敌人，我们还不会将他视为一个恶棍。但正是此人，最初拟订计划，让我们与斯巴达结成同盟，从而给民主政体最初的一击；也正是此人，煽动我们将最初一批受到指控的人处以死刑。但如今，当你我都招致民众明显的仇视时，他却掉转身去，指责我们的行动，其目的是确保自身安全，让我们遭受惩罚。因此，他不但必须被视为一个敌人加以对待，而且应被当成你们中的叛徒。虽然靠其父亲哈格农，他在民主政体下享有美名，但最初将民主制颠覆的正是他，也正是他建立了400人统治。一看到寡头制开始出现困难，他又是第一个走在民众最前面反对的人。他也因此获得了'筒靴'的诨名，两只脚都可以穿，但两只脚都不合适。他对人素无信誉，对朋友薄情寡信，除了自身往上爬外，其他一切都不算什么。为了不让他故技重施，如今应该保护我们自己。在你们面前，我们要传讯他，因为他是一个针对你我的反叛者和变节者。"

很有可能，泰拉麦奈斯完全没有料到会受到如此攻击。不过，他还是立即站了起来回答说：

"事实上，我赞同克利提亚斯的看法。不管是谁只要企图破坏你们的统治，强化那些针对你们阴谋行事的人，都应该有充分的理由受到最严厉的处罚。但是，谁才最与这种指控相契合？是他还是我？再看看你们自身的行为，然后自己判断。首先，我们都一致同意应当对那些臭名昭著的可恶蛊惑者施以刑罚。但是，当克利提亚斯及其支持者开始抓捕那些地位高而且受人尊重的人时，我才开始反对他们。一个当众给予你们如此建议的人是叛徒还是真正的朋友？克利提亚斯，正是你及你的支持者，通过一系列的暗杀和抢夺使政权反对者的力量日益强化，并将你们的朋友出卖。因为如此，特拉叙布鲁斯和安尼图斯更拥护你们的政策而对我不屑一顾。你指控我出卖了400人统治，但是直到他们快要将雅典出卖给敌人时我才抛弃了他们。你们将我称为'靴子'，认为首鼠两端。那么我应该怎样称呼你们呢？你们哪一只脚也不适合。在民主政体下，你们是民众最仇视的敌人；在寡头政体下，你们同样不受正统寡头派的待见。克利提亚斯，我是并一直是极端民主派和极端寡头僭主政体的敌人，渴望城邦政治共同体由那些骑在马上和身着重甲作战的人参与。此前我已经提到过一次，如今仍然坚持这样的看法，不与民主派和君主为伍，也不排除高贵的人。不管过去还是现在，如果能够证明犯下了如此过错，我也会坦然接受被用最令人不耻的方式处死。"

泰拉麦奈斯的回答赢得了多数人的高声喝彩，眼见这些人就要决定将他无罪释放。但是，克利提亚斯命令11人委员会带领武装匪徒挤到栏杆旁，而院子里也挤满了雇佣而来的重装步兵。看着他的军队已经掌握了局势，克利提亚斯返回大厅，再次对议事会成员发言：

"我认为，一个好会议主持者的责任是，当他看到周边的朋友受到愚弄时，不应当让他们按自身的判断行事。这就是我现在将要做的事。事实上，你们看到从外面对我们施加压力的这些人明白地告诉我们，他们不能容忍赦免一个明目张胆破坏寡头政体的恶徒。新政体的一个原则是，未经你们的投票，不得对被挑选出来的3000人定罪；但三十僭主可以对没被包括其中的任何人判罪。现在，我及我所有的同僚一致同意，将泰拉麦奈斯从这份名单中剔除，并判处他死刑。"[50]

泰拉麦奈斯立即跃身到大厅内的圣坛。但11人委员会闯入议事会，径直冲到祭坛。在此，萨提鲁斯（Satyrus）大力将他拖了下来。

他被押送到监狱，很快被逼喝下毒杀犯人的药酒。在他吞下毒酒之后，杯子底部还剩下一滴，他将其拽到地上［按名为科塔布斯（Kottabus）的酒宴上的习惯，人们得将杯子扔到地上，以其掉到地上的声音作为一个标志。在此之后，刚喝了酒的那个人把酒杯递给下一个行酒令的人]说:"让温文尔雅的克利提亚斯喝这一滴吧。"[51]

处决泰拉麦奈斯的过程就此终结。刚才所描述的成为古代历史上最引人注目的场景之一。不过,色诺芬用单调而简短的方式讲述了整个过程,并将所有的精彩之处揉入这两段发言中。泰拉麦奈斯被处决过程中遭受的残暴和不公,面对危险时他展现出的勇气和沉着,甚至他在监狱中表现出的幽默,都不逊色于三年之后的苏格拉底之死。自然,读者对泰拉麦奈斯之死赋予了同情,并情不自禁地对他的性格特征大加赞誉。在恢复民主政体之后的那几年里,[52]他被视为与寡头暴政斗争的最初几位殉道者而受到了颂扬和同情。[53]

所有公开提出反对意见的人都安静了下来。三十僭主继续实施最极端暴政。他们宣布,所有未被纳入3000人名单的人都必须离开城市,居住于城墙之外,从而他们不受干扰地主宰着城内的一切。这种政策效法了科林斯僭主佩利安戴和其他希腊暴君的行事原则。[54]这些因这个命令被赶出来的逃难者一部分栖身于皮莱乌斯,另一部分逃往阿提卡的各个村镇。然而,无论逃往哪里,他们还是逃不掉三十僭主的魔掌,许多人仍被处死。因为三十僭主及其支持者可以趁机霸占他们的财物和田产。后世的演说家确信,超过1500人被三十僭主未经审判处决。[55]不应低估这一数据,事实上受害者的总人数无疑更为惊人。事实已经越来越清楚,阿提卡没有一个人是安全的,因此雅典的许多逃难者(其中许多人

第三十五章 从阿吉努塞之战到三十僭主被逐后民主政治再度复兴

非常贫穷)涌入周边其他城邦,譬如麦加拉、底比斯、奥罗普斯、卡尔奇斯和阿尔戈斯等。[56] 然而,没有一个地方是这些饱受苦难者的容身之所。因为,在三十僭主的要求下,拉凯戴蒙当局发出一道敕令,禁止同盟的任何成员收留这些逃难的雅典人。这些同盟城邦都坚决地听从了指令,[57] 虽然或许有个别伯罗奔尼撒小邦执行得不那么坚决。无疑,这道指令是吕桑德颁布的,他的影响仍没有丝毫削弱。

三十僭主不但针对雅典公民的生命、财产和自由发动战争,而且还急不可待地压制城邦学术和教育的发展,以便在情感和实践上与斯巴达协调一致,从而为外来的同盟者提供精神上的支持。他们发布的一项法令明确禁止任何人"教授演说之术"。[58] 事实上,三十僭主的敕令是对比文法教师等初等教师更高等次更高教授的一个全面压制。倘若这样一个敕令和三十僭主的其他指令维持了一代人之久,那么诞生了苏格拉底和欧利庇得斯的城市就会烟消云散,因柏拉图和伊索克拉底而蓬勃向上的雅典就会沦为一个在全希腊学术中最微不足道的一个城邦。希腊的僭主镇压年轻人为智识或体育共同训练为目的的集会并非少见,公共聚餐、组建俱乐部或团体都易于遭到取缔。这是因为上述活动都会威胁到他们的权威,易于提升民众的勇气,并促进公民政治权利意识的觉醒。[59]

自吕桑德夺占雅典以来的八个月里,即从公元前 404 年 4 月到 12 月,他们的统治一直持续,没有受到任何的武力反抗。

他们的邪恶举措达到了极致。在这重要的八个月里,整个希腊世界对待雅典和斯巴达的态度都发生了实质性的变化。在漫长的战争才刚结束时,斯巴达的同盟者和从帝国中叛离而出的城邦对雅典的主导态度是恐惧、憎恨和满怀复仇之心。这些城邦不满的程度远远大于斯巴达人本身。而斯巴达人尽力对此进行遏制,当许多同盟者强烈要求施以最严厉的惩罚措施时,斯巴达人给予了雅典有条件的投降。斯巴达人采取这样的决定,一则源自自古以来的同情之心;一则因对驱逐雅典人行动必然产生的憎恶,不管这一举动此前被认为是多么恰当的处罚方式;另外也与吕桑德的政策有关。他计划让雅典如同其他安置了10人委员会的偏远城邦一样,也成为依附于斯巴达及其本人的属邦。

随着舰队被夺、城墙被毁,雅典惨遭失败,成了无法构成威胁的城邦,萦绕于斯巴达同盟者内部共同巨大的恐惧感茫然消失。而且此前雅典同盟者心中的憎恶感也逐渐消散,那些主要城邦对斯巴达的嫉妒和恐惧之心渐渐萌生,取而代之。这种不满情绪的产生还有另外一个因素。战争结束时,吕桑德不但带回了巨额金钱,而且还有其他各种丰厚的战利品和大量被俘的战船。在所有同盟者的共同努力下,终于取得了战争的胜利;因此胜利的果实理应由所有成员共同分享,而不应当由斯巴达独自侵吞。底比斯人和科林斯人希望正式提出分享成果的要求。倘若其他同盟者避免公开支持这个要求,或许我们可以推断,其原因不是希望提出不同的方案,而是担心触怒了斯巴达。在吕桑德镌刻于德尔

第三十五章　从阿吉努塞之战到三十僭主被逐后民主政治再度复兴

菲的胜利纪功群像中，既包括了他本人的铜像，也有每一支队指挥官的塑像。因此，从正式的层面承认了同盟者在荣誉上的分享权，也暗含着批准了他们在物质上的权利。然而，底比斯人和科林斯人提出的要求不但被驳回，而且作为一种耻辱受到斯巴达人尤其是吕桑德的怨恨。因为此时他的势力几乎是无所不能的。[60]

除这一特别事件触怒了同盟者外，斯巴达在其他方面的行事也表明它打算将胜利的果实尽收囊中。此时的吕桑德权倾一时，以斯巴达之名为自身谋利益。他的地位比普拉提亚战役之后国王保萨尼亚斯高得多，在如何利用这一地位的能力上他无与伦比。有人为他修筑了祭坛，有人为他撰写了赞歌，以弗所人在阿尔特米斯神庙里为他立像，萨摩斯人不但在奥林匹亚为他立像，而且还将传统纪念赫拉的盛大节日更名为吕桑德利亚（Lysandria）。[61]

如此的过度谄媚让最善良的希腊人也不忍直视。在担任指挥官之初，吕桑德平易近人，如今展现出他未经修饰的真实野心，代之以无礼粗暴和目空一切的傲慢。他的雄心促使斯巴达力量的增加，在战争中占据了优势，但仅限于斯巴达，而没有考虑同盟者。在激励各邦反叛雅典时，他承诺带回普遍的自由；但事与愿违，建立了一个取代雅典的斯巴达帝国，同盟者和各岛邦每年缴纳的贡金数量达 1000 塔兰特。[62]

在如此心态下，斯巴达各同盟者不难发现雅典三十僭主及吕桑德在其他城邦安插的 10 人委员会犯下暴行，并对受害者充满了同情。更重要的是，在斯巴达国内，人们也开始对吕桑德采取的措施和他个人产生了不满。如果说斯巴达的主要人物仅仅因布拉西达斯无与伦比的胜利和功绩而心怀嫉妒，那么他们对吕桑德也同样会产生类似的恶感，因为此人过于自负和傲慢，因为他受到的崇拜和接受的奉承比普拉提亚战役之后保萨尼亚斯有过之而无不及。此时，另外一位保萨尼亚斯（普雷斯托亚纳克斯之子）与阿吉斯同为斯巴达之王。他对吕桑德的嫉妒心更强，恰如后来阿吉斯的继承者阿格西劳斯一样。同时，他或许甚至怀疑（随后发生的事情证实了他的怀疑）吕桑德的目标是在一定程度上干预王权的继承。有理由相信，保萨尼亚斯提出动议的目的与其说是出于爱国情怀，不如说是出于嫉妒之心。新兴的寡头派在每一个地方都因贪婪和残酷而臭名昭著。糟糕的状况使他的良心受到了触动，使他为政体的稳定而忧心忡忡。削弱吕桑德在斯巴达影响力的另一个因素是每年一度的监察官变更。变更的时间在九月底或十月初。那些见证他伟大胜利和夺占雅典的监察官在公元前404年任期届满，让位于其他更倾向于保萨尼亚斯二世的继任者。

在前一个章节中，笔者曾说过，倘若在阿吉努塞取得胜利、活下来并结束战争，卡利克拉提达斯将会作为得胜的将军，使他获得巨大的个人影响，并在随后的和平中进行许多重新的安排，那么这对斯巴达是多大的荣耀，对雅典和希腊其他城邦是多大的幸事。很有可能，他会听任每一个城邦根据自身喜好决定政体，无论民主制还是寡头制；只在特别急需的情况下稍加干预。一个占据支配力城邦所产生的影响断然舍弃一切自身的利益，而努力实现一种稳定的泛希腊兄弟般的友爱；如此多希腊城邦处于重组的阵痛，不得不采取新的政治进程以适应已经变化的环境。在此情况下，占据主导地位城邦的影响力是一种不能忽视的有利因素。

尽管在吕桑德的授意下，斯巴达发出严令加以禁止，但来自雅典的逃亡者仍在阿提卡周边各个城邦栖身避难。正是从比奥提亚他们打响了起义的第一枪。特拉叙布鲁斯、安尼图斯和阿奇努斯，在底比斯民主派的支持下及在伊斯麦尼亚斯（Ismenias）和其他富裕公民的金钱资助下，从底比斯向前推进。在阵前打先锋的是一批流亡分子，数量从30、60、70到100多人不等。[63] 这支军队攻占了阿提卡北部群山中的一座边界要塞菲莱（Phyle），扼住了从雅典通往底比斯的大道。很有可能，这座要塞没有驻军，因为三十僭主为了确保拉凯戴蒙人的统治地位，拆毁了阿提卡境内的所有边境要塞。[64] 三十僭主率领一支强大的军队从雅典出发，对义军发起了进攻；这支军队包括300名特权公民、所有的骑士及为他们提供保护的拉凯戴蒙重装步兵。在得知他占据这座要塞后，特拉叙布鲁斯的这支弱小的义军很有可能随新来流亡者的加入有所扩大。因为，当三十僭主及其大军到达时，义军中年轻的战士发起了英勇的袭击，打败了入侵者，并给入侵者带来了不小的折损。

眼见不能通过直接的进攻获胜，三十僭主知道菲莱没有物资储备，计划封锁这座要塞。但是，他们的行动才刚刚开始，就天降暴雪。由于雪量大而雪势猛，他们被迫放弃了围攻，返回雅典，结果使大批物资包裹落入菲莱驻军的手中。[65]这场暴风雪无异于一场瑞雪，因为这使他们有时间获得更多援军，将军队人数增加到700人。虽然天气状况如此，三十僭主并没有派其主力驻守在菲莱周边地区，而是只派了拉凯戴蒙盟军和雅典2个部落的骑兵限制义军的行动。特拉叙布鲁斯用计突袭了这支军队，杀死了120名重装步兵和一些骑兵，并缴获了数量可观的武器和给养。失败的消息迅速传到雅典。骑兵立即前往驰援，但也只能将被杀者的尸身抢了回来。

这次成功的伏击极大地改变了阿提卡各派的力量对比，增加了义军的信心，使三十僭主陷入沮丧中。甚至在三十僭主的支持者内部，也开始出现了不同的声音。那些同情泰拉麦奈斯的少数派开始明显地出现了摇摆。克利提亚斯及其同伙对于是否能维持在城市的统治出现了怀疑。于是，他们决定确保对埃琉西斯和萨拉米斯的控制，将之作为被迫撤离雅典时的安全庇护所和补给来源地。因此，他们带着数量颇为可观的一支雅典骑兵，假意检查该地的军队和驻防者的人数，前往埃琉西斯。在登记并向三十僭主报上自身姓名后，每一位埃琉西斯重装步兵受命从一个出口通过。出来后，每个人都发现他们先后被骑兵控制了起来，并被骑兵的侍从戴上了枷锁。就这样，在将每一位受其怀疑的埃琉西斯公民抓走，并留下一支忠诚的军队驻守后，三十僭主返回了雅典。与此同时，似乎类似的造访和抓捕行动也由一批人在萨拉米斯展开。[66]次日，他们在雅典召集3000名特权重装步兵，要求

第三十五章 从阿吉努塞之战到三十僭主被逐后民主政治再度复兴

他们为这些被俘者定罪,并命令每一个人出示他所投的票。[67]克利提亚斯的命令毫无保留、毫无例外地得到了遵守。所有被俘者(大约有300人[68])都以全票被判有罪,随即被处死。

毫无疑问,这次暴行在一定程度上促使特拉叙布鲁斯采取更大胆而果决的行动。在上一次胜利之后的第五天,义军趁着夜色从菲莱出发,行军前往皮莱乌斯。虽然义军人数有所增加,但仍不超过1000人,完全不足以展开任何大规模的军事行动。因此,他考虑到了生力军的积极支持及人数更多的对三十僭主阳奉阴违的消极支持。确实,很快许多同情者加入了他的队伍,但是因被寡头派解除了武装,他们中很少拥有重甲。其中一些人还有轻盾和标枪,但另一些人完全没有任何武器,只能充任投石兵。

此刻的皮莱乌斯是一座不设防的城市,没有城墙,也没有长久以来一直与雅典相连的长城。该城的范围广大,需要比特拉叙布鲁斯所召集的更大的一支军队来防御。因此,当次日三十僭主率领所有雅典重装步兵、骑兵及拉凯戴蒙驻军对义军发起进攻时,特拉叙布鲁斯只能尝试在通往皮莱乌斯的大道上徒劳抵抗。最后被迫将所有力量集中于穆尼奇亚。此地位于皮莱乌斯城最东边,靠近雅典海军三大军港之一的法莱隆湾。[69]特拉叙布鲁斯占据着穆尼奇亚山上的阿尔泰米斯神庙,只有一条陡峭的山路与之相通。义军的重装步兵有10排纵深,后面是投掷兵。不久,义军发现克利提亚斯及三十僭主率领着数量庞大的军队逐渐靠近,以密集阵形往山上爬,重装步兵的纵深厚达50列。特拉叙布鲁斯耐心地等待，直到敌人进入射程范围之内。当三十僭主的军队离得足够近时，轻装兵从特拉叙布鲁斯的义军后面掷出遮天蔽日般的标枪和石头，取得了相当不错的战果。眼看敌人开始犹豫不前，举盾牌掩护，而没有眼看前方，特拉叙布鲁斯率军冲下山去发起猛攻。在经过短暂的抵抗后，敌人阵形散乱，损失了70人。更重要的是，率领右翼军队的克利提亚斯和希波马库斯（Hippomachus）也被杀死。一同被杀的还有负责管理皮莱乌斯的十寡头之一格劳孔之子卡尔米戴斯。

三十僭主被迫立即命令撤退。虽然有能力，但特拉叙布鲁斯并未加以阻止。[70]三十僭主的优势受到了沉重打击，再也没能完全恢复过来。第二天，他们意志消沉地出现在议事会上。与会者人数很少，3000名特权者乱成一团，部分已经发动了兵变。虽然那些受三十僭主罪行牵连最深的人积极支持现存的政权，但那些涉恶不深的人反对继续进行如此不义的一场战争。虽然骑士阶层仍继续给予坚定的支持，但三十僭主的影响因克利提亚斯之死而受到了极大的削弱，此人才是他们具有支配性和决定性的首脑。随后举行了一场公民大会，会上可称为三十僭主反对者的派别占据了上风。会议决定废黜三十僭主，组成一个新的十寡头委员会，每个部落指派一名成员。但三十僭主的成员获得了以个人身份再次参选的资格。在获选的10人中，2人是泰拉麦奈斯的支持者和克利提亚斯的反对者，其他成员与三十僭主立场相当。卡利克莱斯及那些更残暴的成员眼看丧失了优势，觉得再待在雅典已不安全，于是撤退到他们提前就占据以防不时之需的埃琉西斯。他们的支持者及拉凯戴蒙驻军也很有可能随其一道撤退到那里。[71]

新10人寡头委员会的任命显然是妥协的产物，其中一些人希望借此调和与流亡者之间的冲突，而另一些人则认为维持寡头政体并赶走义军的唯一方法是成立一个新的寡头委员会。他们并未试图与皮莱乌斯的义军商谈达成和解的条款，而只是想法分别贿赂特拉叙布鲁斯和其他领导人，并承诺只要他们出卖这支义军，就答应让他们中间的10人在雅典的寡头政权中占据一席之地。这个要求被断然拒绝，雅典与皮莱乌斯之间的战争重开。[72]

10人委员会无法如同其前任那样滥用权力，甚至都没有完全信任那3000名特权重装步兵，但他们仍不得不采取措施保卫好城市。10人委员会遣使前往斯巴达，请求进一步援助。三十僭主也因同样的原因从埃琉西斯派使前往。这两派都声称，雅典民众已经叛离了斯巴达，要求再次派军将他们重新征服。

鉴于特拉叙布鲁斯在皮莱乌斯的军队无论从数量、武器还是获胜的希望上都越来越强大，而且就近在他们眼前，所以外来援军对他们更是迫在眉睫。许多流亡在外的雅典人涌入皮莱乌斯向义军施以援手，另外一些人捐钱捐武器。演说家吕西亚斯就是其中的著名人物之一。他为皮莱乌斯的义军送去了200副盾牌、2000德拉克马钱款并招雇了300名士兵。[73]特拉叙布鲁斯宣布，所有提供了援助的外侨将获得平等的公民权或与公民同样的纳税权（isotely）。在很短的时间内，他就聚集起一支由重装步兵和

947 轻装兵组成的数量可观的军队，甚至还征召到了70名骑兵。因此，他能够率军走出皮莱乌斯，获得木材和其他物资。

在如今发生在阿提卡的这一场内战中，特拉叙布鲁斯及皮莱乌斯的义军取得了决定性的优势，保持着进攻态势；而驻雅典的10人委员会和驻埃琉西斯的三十僭主余党分别处于守势。然而，不久到来的一支斯巴达援军改变了各派的力量对比。寡头派的使者明确要求派吕桑德作为将军率军援助他们。吕桑德说服了监察官答应了他们的要求。他一边亲自前往埃琉西斯与一支伯罗奔尼撒陆军会合，一边令其弟兄利比斯（Libys）统领一支由40艘战船组成的舰队封锁皮莱乌斯，并从最近由亚洲运来存入斯巴达国库中的大笔钱款中拿出100塔兰特借给雅典的寡头派。[74]

吕桑德的到来使阿提卡寡头派的两部分重新团结在一起，制止了特拉叙布鲁斯发展，因不许所有舰船和物资进入，皮莱乌斯陷入了困境。倘若吕桑德获准自由展开行动，没有什么能阻止寡头派的胜利和义军的投降。但是，此时，整个希腊都对他雄心勃勃的政策很是反感，对于他在各个地方建立的充当其工具的寡头政府深恶痛绝。这种看法对斯巴达领导者的情感不能不产生一定的影响。于是，他们决定不允许他再一次征服阿提卡，更不准他将亲信安插在雅典。

在这种情绪的影响下，国王保萨尼亚斯获得了5位监察官中3人的支持，亲自率一支同盟联军远征阿提卡。很快他就发出了远征的命令。这位国王采取的政策与吕桑德相反，他对民主政体抱有一些同情。据史料看,他对雅典抱有仁爱之心,且反对吕桑德的举措。因此伯罗奔尼撒同盟普遍听从他的命令。但是,比奥提亚和科林斯仍然加以拒绝,坚持认为,雅典没有违背前一次大会的决议。这明显地证明,在过去一年里,整个希腊的看法发生了变化。因为直到条约签订时,这两个城邦在同盟所有成员中最仇视雅典。他们怀疑,即便保萨尼亚斯的远征也带有拉凯戴蒙人自私自利的打算;虽然排挤掉了吕桑德,但仍是为了确保将阿提卡作为斯巴达的另一个属邦。

刚抵达雅典,保萨尼亚斯便先与吕桑德和已经到达阿提卡的军队会合,然后在城门附近扎营。很快人们就向他提出了各种要求。然而,他不但断然拒绝了三十僭主的好意,将他们送给他的礼物尽数遣回,[75]而且毫不客气地拒绝承认在三十僭主垮台后新当选的10人寡头委员会。

最初,他的看法对特拉叙布鲁斯及义军完全不利。他向他们派去一名传令官,要求他们解散队伍,返回各自的城邦。由于这个命令遭到拒绝,他对皮莱乌斯发起了一次试探性的进攻,但没有取得什么效果。第二天,他率领两支分队推进到山脚下,并派雅典三个部落的骑兵侦察义军的驻地,试图找到封锁义军的合适地方。义军的一些轻装兵发起了袭扰,但斯巴达人将其驱逐,并追到特拉叙布鲁斯大军聚集的皮莱乌斯剧场附近。眼看拉凯戴蒙人在此处于不利的地理位置,特拉叙布鲁斯所率的轻装兵倾巢而出,将敌人赶走,并给敌人造成了一些损失,2名斯巴达军事执政官被杀。保萨尼亚斯被迫后撤到半英里外的一座小丘上，聚集起所有军队，组成厚纵深的方阵。受最近轻装兵取得胜利的鼓舞，特拉叙布鲁斯决定冒险将只有8排纵深的重装步兵投入战场与敌战斗。但他被彻底击败，赶回皮莱乌斯，折损了150人。斯巴达国王在取得胜利后返回雅典，建起了一座胜利纪念碑。

这次战斗的结果对特拉叙布鲁斯及其义军是一件幸事，因为这让保萨尼亚斯获得了荣誉，避免了激起政敌的怨恨和报复。这也有利于保萨尼亚斯进一步调节并强化雅典有意愿实现和解的各方力量。反对派深得斯巴达国王和与其相随的监察官瑙克雷达斯（Naukleidas）的欢心。根据《希腊史》全书中具有强烈狭隘和偏见的叙述，事实上，除对吕桑德的嫉妒外，色诺芬没有注意到保萨尼亚斯的情感变化，认为雅典反对10人委员会的活动是在国王阴谋的挑动下产生的。[76] 但非常明显，这种说法是错误的。虽然保萨尼亚斯并未制造不和，但是发现了存在的混乱情况，因而不得不选择支持哪一方。对保萨尼亚斯而言，支持温和派是最简单可靠的方法，同时也是最有可能使斯巴达获得全希腊好感的手段。倘若他使用强力继续支持10人委员会并征服皮莱乌斯，那么他不但会损兵折将，而且肯定会招致同盟城邦更大的厌恶和憎恨。

在如此状况下，毫不奇怪，保萨尼亚斯赞同来自特拉叙布鲁斯的和平请求，并答应战时休战，让他们派使者前往斯巴达。与这些使者一起前往的还有凯菲索丰（Kephisophon）和麦利图斯（Melitus）。这两人在保萨尼亚斯和陪伴在身边的监察官的支持下，受雅典反10人委员会派别的派遣，同样希望获得和平。另一方面，10人委员会发现他们未得保萨尼亚斯的欢心，也派出使者以图胜过其他派别的使者。他们提出的条件是，拉凯戴蒙人可以任意处置雅典人、他们的城墙及他们的城市。他们要求，如果特拉叙布鲁斯真愿意成为斯巴达的朋友，也应当同样无条件献出皮莱乌斯和穆尼奇亚。三方的使者都获准在3位留在斯巴达国内的监察官和拉凯戴蒙公民大会前陈述看法。他们力图根据条件的允许拿出一个最佳的解决方案，从而妥善解决雅典与皮莱乌斯之间的矛盾。公民大会任命一个由15人组成的委员会负责制定具体条款。这15人立即前往雅典配合保萨尼亚斯的工作。委员会决定，在皮莱乌斯的义军获准返回雅典；双方达成和解；除三十僭主、11人委员会成员（他们是死刑的执行者）及统治皮莱乌斯的10人委员会外，任何人不得因过去发生的事情而受到干扰。[77]但是，埃琉西斯被视为独立于雅典的另一个政权，受三十僭主控制，是所有感觉他们的安全会因过去的经历受到牵连者的庇护所。[78]

上述条款一经宣布，并获得各方宣誓和接受后，保萨尼亚斯及所有拉凯戴蒙人就撤离了阿提卡。特拉叙布鲁斯及义军排成严整的队形，从皮莱乌斯向雅典前进。他们采取的第一项行动是进驻拉凯戴蒙人撤出的卫城，向诸神敬献牺牲以表感恩之意。然后从卫城下山，举行了一次全体公民参加的大会，恢复了民主政体。

大会决定，恢复吕桑德夺占城邦之前民主政体的机构，包括执政官、500人议事会、公民大会及陪审法庭。[79] 恢复上述重要机构的行动似乎在公元前403年春就已开始，不过我们不能精确地确定具体是哪一个月。第一任抽签选出的名年执政官是欧克莱戴斯（Eukleides），这也成为雅典人永世不忘的一年。

此时，依据上一次的协定，埃琉西斯是一个独立于雅典的自治城邦，由三十僭主统治。虽然这种分离的状况不可能持久，但导致该邦统治结束的正是三十僭主本身。他们在埃琉西斯聚集了一支雇佣军，雅典大军被迫出击，采取了先发制人的战斗。埃琉西斯的将军出城要求双方协商，但被抓住然后处死。三十僭主及一部分罪大恶极者逃离了阿提卡。在来自雅典友人的劝说下，埃琉西斯的其余居民按平等而公正的原则与特拉叙布鲁斯达成了和解。[80]

随着雅典帝国的终结和雅典城邦独立的结束，三十僭主立即接手，中间没有时间的停顿，人们也没有反思。如今，三十僭主的短暂统治也已过去。有必要总结公元前477—前405年发生的重大事件的政治道德，从而反思雅典帝国的兴衰得失。

提洛同盟是由许多不同的独立城邦按自愿和自发的原则建立的一个政治联合体；所有城邦都有权参加盟员大会，并享有平等的投票权；同盟的大政方针按多数原则决定，并对所有盟员都有约束力；同盟成员选举雅典为其首脑，以便执行大会的决定，

第三十五章　从阿吉努塞之战到三十僭主被逐后民主政治再度复兴

并负责指挥与共同敌人的战争。但自成立之日起，提洛同盟就成为一个使每个盟员受制于其余成员的紧凑型组织。没有任何一个盟员享有自由退出同盟的权力，因为这受到大会强制权力的制约；也不能采取与同盟义务相违背的任何步骤。任何一个比提洛同盟更松散的组织都无法阻止波斯人在爱琴海上重新占据优势。因此，退出或不服从命令的城邦都会被视为犯下了叛离之罪，将会受到同盟首脑雅典的镇压，这也是首脑的责任。雅典最初几次针对纳克索斯和其他城邦的镇压行动就是履行它作为首脑的责任。倘若雅典没有履行这样的责任，同盟将陷入解体，共同的敌人必将重新出现。

避免同盟走向解体的唯一方式是将同盟转变为雅典帝国。虽然这种转变（正如修昔底德明白无误地进行了记述）[81]并不是基于雅典的野心或精心策划的某种计划，但从大多数成员不愿履行同盟大会规定的义务及从成员普遍不愿参战的特征看，他们更希望缴纳贡金以替代服军役；而雅典却愿意为同盟作战，从而获取贡金。通过渐进而无法预见的若干步骤，雅典从首脑成员变成了一个帝国。没有人知道，提洛同盟到底于哪一个准确的时间终结，雅典帝国到底何时开始。

但是，雅典帝国逐渐包括了其他一些不是提洛同盟的成员（前460—前446年之间）。雅典已经征服了它的世仇埃吉纳岛，并在麦加拉、比奥提亚、弗奇斯、罗克利及伯罗奔尼撒半岛的阿凯亚取得了霸权。那时，帝国达到鼎盛。倘若雅典能够维持现状，甚至独自控制着麦加利地区,阻止来自伯罗奔尼撒半岛的所有入侵,那么希腊未来的历史将会发生根本的改变。但是,雅典帝国在陆上的根基不及海上牢固。公元前445年签订的和平条约使雅典成了一个仅限于海上和岛屿之上的帝国(包括优卑亚),除此之外别无其他地盘。麦加拉的丧失使它有可能遭到伯罗奔尼撒人的入侵。

在伯罗奔尼撒战争开始之后的14年,雅典仍保有这些地盘。笔者曾谈到,战争并非因雅典的侵略或雄心勃勃的计划(而这恰恰是人们通常认为的原因)而引发的;与之相反,是因敌方的侵略而导致的。伯罗奔尼撒一方认为不费什么工夫就能将雅典征服;而雅典不但采取保守的防御政策,而且还因敌人入侵必然会造成的破坏而感到有些气馁。只是伯里克利超凡的影响和明智的决断才阻止雅典人做出进一步的让步,也避免了采取鲁莽而不体面的行动。那一位伟人深知雅典帝国所处的状况和局限。在其属邦、敌人及本邦公民的眼中,雅典是一个海上霸国。伯里克利小心谨慎地将这种看法限定在一定范围之内,竭力阻止城邦拓展新的距离遥远而无法永久维持的势力范围,从而浪费一切的人力物力。但是,他也力求强化对现存帝国的控制,不使雅典的影响受到削弱,为实现这一目标永不退缩。

在最初七年的战事方面,我们发现雅典确实遵循着伯里克利的政策。但是第七年,雅典人在斯法克泰利亚取得了出人意料的胜利,抓获了一批拉凯戴蒙战俘。要是那位伟大的政治家还活着,他或许会将这一刻的优势转化为更好的结果,很有可能会想法以斯巴达的战俘换取对麦加拉的控制权（该地因保护着雅典免遭入侵，重要性不言而喻）。但是，那时雅典所有派别的信心都极度膨胀，决定抓住这一时机，通过武力占据更多的地盘。雅典人试图重新征服麦加拉和比奥提亚。在麦加拉，虽然他们占领了尼塞亚，但在其他地方遭遇了失败。在比奥提亚，他们不但遭遇了失败，而且在戴利翁遭受了灾难性的损失。

也在同一年（前424）秋，布拉西达斯闯入雅典帝国在色雷斯的属邦，抢夺了他们最珍视的殖民地安菲波利斯。面对这种情况，雅典人偏离了伯里克利的保守政策。这一次不是因野心而扩张过度，而是反应迟钝、无所作为，根本没有采取任何措施遏制布拉西达斯的向前推进。

然而，尽管这位伟人无法阻止损失的出现，但是他定然会认为，无所作为所造成的错误太大而难以弥补。就此而言，支持伯里克利政策的人是克莱翁而非尼奇亚斯及和平派。

在戴利翁战役之后的四年里，发生了一系列背离伯里克利保守政策的行动；这些行动不是野心勃勃的过度扩张，而是优柔寡断的倦怠和不愿努力重新挽回主要的损失。依据阿里斯托芬的说法，除那些雄心万丈、热衷于战争的狂热分子外，那些看不到民主政体对外政策不足的人完全忽视了尼奇亚斯及和平派严重的错误。

接下来是阿克比亚戴斯占据主导的时间，他在二年之内与埃利斯、阿尔戈斯和曼提奈亚协作，在伯罗奔尼撒半岛发动战争，结果完全重建了拉凯戴蒙人在半岛上的优势。这是一次将雅典军力错误地用于维护和重建雅典帝国的尝试,伯里克利对于这样的陆上计划绝对不会加以赞同。

接下来发生的是西西里远征。到那时,雅典帝国(除色雷斯的殖民地外)仍没有受到削弱,帝国的力量与公元前445年一样强大。这次远征是对伯里克利政策巨大而致命的背离,将雅典带入万劫不复的绝境,再也无法恢复过来。虽然伯里克利会强烈反对这个计划,但他根本不可能预料到随之而来的损失是多么具有毁灭性,也无法预见到毁灭是由尼奇亚斯造成的。在衡量雅典人在多大程度上因误判导致这场灾难性行动而应负的责任过程中,我们一定不要忘记,无论是最初围困的失败还是接下来大军遭受的毁灭性损失,都不是因为事情本身非常困难,而是因为指挥者个人的缺点。

在遭受叙拉古的灾难后,不再有坚持还是背离伯里克利政策的问题了。在《伊利亚特》中,帕特罗克鲁斯(Patroklus)在遭到阿波罗从他背后发出的一记猛击后,完全不知所措,丢盔弃甲。此刻的雅典也是如此。只是因为敌人的松懈才使它有时间部分地恢复实力,通过不断强化的英雄主义热情弥补受损的力量。此后多年的抗争是雅典历史上最引以为豪的事情。而这些年中,最值得大书特书的时刻就是推翻400人的统治。

笔者认为,在这一段简短的回顾中,有必要梳理公元前405年之前的7年里发生的主要事件,以便于理解在政治层面和谨慎

第三十五章　从阿吉努塞之战到三十僭主被逐后民主政治再度复兴

的层面雅典应当多大程度上为其经历的衰败负责。几乎可以肯定地说，导致雅典败落的一个重大原因，也是唯一原因，是西西里远征。当远征开始时，雅典帝国的实力无论是从外表还是实质上都非常强大。其实力足以经受一切不具致命性的错误或不幸，这些错误和不幸是任何政权都不可能长期逃避的。来自叙拉古的灭顶之灾超越了任何希腊人曾经历或预见的可怕灾难。这与1812年拿破仑皇帝经历的俄罗斯战役异曲同工。任何一个希腊的政权都不可能承受如此致命的打击。远征失败之后，雅典仍经历了长期的斗争，这无疑是整个战争过程中最精彩的一部分。

在希腊的政治史中，没有任何一个政权可与雅典帝国的辉煌相提并论，尤其在公元前460—前413年（到叙拉古灾难发生时）或公元前460—前424年（到布拉西达斯征服色雷斯）帝国的全盛时期。如果只关注上述事件之前的雅典帝国，只考察帝国保持完整的时期，我们将会发现一幅无与伦比的美妙图景，帝国的运作顺畅显著。据笔者的判断，雅典帝国对希腊世界的发展助益良多。除雅典外，没有一个希腊城邦有能力组织如此一个政治联盟，并一定程度上主持着如此众多小邦，虽然受到限定但连续和具体的协商，而它们政治上都浸润着希腊人头脑中与生俱来的政治排斥力量。这是一项艰辛的任务，除了雅典之外，其他任何城邦都没有那样的能力。在一定程度我们已经看到，斯巴达没有资格完成这个任务；底比斯也无能为力。

总体而言，就雅典民主制或雅典帝国而言，历史学家们习惯性地注意到坏的一面。但与一般的描述不同，笔者确信，雅典帝国既不严酷也不具有压迫性。在雅典的统治下，沿海地区希腊人的处境远远超过此前，也比此后的情况要好。雅典帝国即便没有激起属邦大多数民众的忠诚，也肯定没有招致厌恶感。如果说在帝国的统治下，雅典要求同盟城邦的服从，它同样也履行了自身的责任并确保了盟邦的安全。这种安全感和责任感远远超过斯巴达所能承诺的，也是斯巴达无法比拟的。

虽然在雅典帝国的运作过程中，并非没有发现过失或恶行，但笔者相信，对其属邦而言，帝国的存在利大于弊，而帝国的终止是一个重大的损失。笔者还相信，就泛希腊的利益而言，雅典帝国颇有助益。只有帝国的存在才可能免受外来的干预，使希腊的命运掌握在本土的、自发的、不受限制的希腊共同体手中。雅典帝国的崩溃标志着波斯军队和金钱贪贿再次出现，从此小亚细亚的希腊人再次受到波斯征税官员的奴役。希腊世界的自然发展倾向是政治上的破碎。随着雅典帝国的崛起，如此众多的城邦被纳入一个政治组织之中；但这只能被视为一件非常特殊的偶然事件。只有雅典民主政体具有的活力、纪律和天才创见才可能将这些城邦聚在一起。不过即便是雅典，要不是此前一系列事件的推动和促成，帝国也不可能出现。一旦建立了帝国，雅典本可以很好地加以维持。倘若雅典保住了帝国，希腊世界仍将组织起来，能够抵制住外来的干预。我们看到，相较于周边所有国家和民族，希腊人的智识是多么出众；倘若再拥有一个世纪或半个世纪的自由，在这样一个最具进取心、最有创造性城邦的促进和领导下，希腊人取得的成就将会多么巨大啊！每当思虑至此，我们就会以双倍的遗憾之情看待雅典帝国的崩溃。

附录

【《雅典政制》的记载除廓清色诺芬在一些事件的细节上的谬误外，还迫使我们从另一个角度重新观察雅典三十僭主政权及其早期历史，并对此前历史学家的相关论述进行评述。

《雅典政制》中涉及这次危机的章节（cc. 34-39）在文献证据上不及公元前411年革命的记述那么丰富。不过，这份新的记述仍然非常重要，经常对其他材料中相关的零星记载是有益的补充，因此相较于此前，我们有可能重构公元前404—前403年不间断的历史发展过程。

A. 第34章第3节记述了与斯巴达强加的和平条约相关的某些有价值的信息：雅典即将实行先祖政体（πάτριος πολιτεία）（在Diod., xiv. 3中，狄奥多鲁斯再一次重复了这种说法）。研究发现，这种类别的政体与泰拉麦奈斯之名联系在一起（见第三十二章的附录），很有可能这一条款是经他的建议而插入的。现在，我们能够理解到底是什么使泰拉麦奈斯在商谈和平的过程中一直忙碌奔走于各方。我们不清楚，吕桑德和监察官关于雅典未来政权的最初想法是什么。不过，鉴于其惯常的做法是在被征服城邦安插一个 10 人委员会，我们或许可以推断，正是在泰拉麦奈斯的影响下，斯巴达人做了有利于雅典的调整，从而建立了一个更加开明的政权。

在同一段落中，我们进一步得知民主派努力保留原来的政体不变，返回的流亡者和俱乐部的支持者计划建立严格的寡头政体，而从 ἑταιρεῖαι 中分裂而出的另外一个派别努力建立前述的 πάτριος πολιτεία。以上的记述大体获得了吕西亚斯的证实（*C. Eratosth.*, §§ 43, 44, 70-76; *C. Agorat.*, § 17 *ff.*）。他提到了监察官制度和一次针对民主派领导人的战争（本书第 772、773 页）。而且，吕西亚斯虽然对泰拉麦奈斯非常敌视，但却将此人从 ἑταιρεῖαι 中完全分离开来，这充分地证实了《雅典政制》记述内容的可信。同样地，狄奥多鲁斯（xiv. 3）将泰拉麦奈斯与寡头派进行对比。寡头派据说被纯粹的民主派加上 πάτριος πολιτεία 之名，恰似公元前 411 年的极端派不愿接受中间派的政策一样（Thuk., viii. 92）。狄奥多鲁斯进一步强调，泰拉麦奈斯是一位民主派的代表，这当然是错误的。

B. 在这样的境况下，无疑吕桑德不得不从萨摩斯返回以便了解这些事情（Lysias, *C. Eratosth.*, § 71; Diod., xiv. 3; *Ath. Pol.*, c. 34）。公民大会被迫选举一个委员会。按吕西亚斯的重要记载（*C. Eratosth.*, § 76）可知，该委员会由民主派中 10 位支持"监察官"（极端寡头派）的人士和 10 名泰拉麦奈斯的支持者组成。显然，30 人委员会代表着雅典三派的妥协，与寻常的 10 人委员会差别显著，不但更具代表性，而且从本质上看并非寡头制。

C. 这个委员会受命改革雅典的政体（Xen., *Hellen.*, ii. 3, 2）。色诺芬（*Hellen.*, ii. 3, 11）评述说，三十僭主从最初就忽视了这个任务。但《雅典政制》第35章表明，在从一个特殊的名单中通过抽签建立了500人议事会后，他们曾努力建立 πάτριος πολιτεία。为了达此目的，他们废止了导致极端民主制和陪审法庭占主导地位的法律，提升了战神山议事会的地位。同样地，色诺芬和《雅典政制》都表明，三十僭主通过镇压自伯里克利时代以来盛行的告密者，最初颇孚民望；不但招致了心怀不满的贵族派的憎恶，而且也不受家资颇丰的有产者和商人的待见。

D. 没有材料提到过这段用意良好的改革持续多久。但所有证据都承认，最终这个委员会逐渐懈怠于他们真正的责任，开始不负责任地施行暴政，从而为他们赢得了"三十僭主"之恶名。与400人集团的历史类似，30人委员会将政权从中间派发展到极端寡头派。

E. 与之对应的是泰拉麦奈斯的活动。他再一次警告其同僚不要在政治上走向极端，坚持认为必须获得民众的支持；同时他再一次成功地让一大批特权公民在城邦管理中占据了一席之地（Xen., *Hellen.*, ii. 3, 18; and *Ath. Pol.*, c. 36）。

F. 不同的是，三十僭主中最极端派的领导人克利提亚斯已经从公元前411年阴谋者的命运中获得了一个教训，如果不是唯一的教训，通过肆无忌惮地杀害泰拉麦奈斯，及时地镇压了反对派。

G. 在经历寡头派最终的失败后，我们发现泰拉麦奈斯的理想几乎就要实现。弗尔米西乌斯（Phormisius）曾提议，将选举权限定在土地所有者的范围之内（Lysias, Or., 34）；提萨麦努斯（Tisamenus）曾提议，应当按照德拉古和梭伦的法律建立 πάτριος πολιτεία（Andok., De Myst., §§ 83, 84）。虽然上述提议都只是部分地恢复民主政体，但确与中间派政策的思想相得益彰。

与第 29~32 章类似，在《雅典政制》第 34~37 章是我们所掌握的关于泰拉麦奈斯活动最可信的材料。根据作者本人的估计（第 28 章）及西塞罗和凯撒的描述（cf. note 53 on page 939, and Plut., Cicero, 39），泰拉麦奈斯是一位真正的政治家，具有远见也富有实干精神，行事中庸。但是他的命运因急剧的党派斗争而注定，这使人想到了修昔底德在 iii. 82, 83 中描写的著名政治冲突。因此，他的"谨慎地迟疑"（μέλλησις προμηθής）被党派狂热者"无所顾虑的冒失行动"（τόλμα ἀλόγιστος）无情地蹂躏，不容于毫不妥协的任何一方。因此，他发现自身受到没有原则之人的辱骂，只能按照个人的思考行事（他的性格特征参见 Ar. Ran., 553 *ff*："随机应变，总是靠在有阳光的一边" μετακυλίνδων ἀεὶ αὐτὸν πρὸς τ ὸν εὖ πράττοντα τοῖχον）。

在那一个时代所有作家的作品中，无论是贵族派（譬如修昔底德和色诺芬）还是民主派（譬如吕西亚斯），都能感受到党派之间激烈的仇恨之情。《雅典政制》和狄奥多鲁斯（他没抄录色诺芬的记载，而是摘录了某一位阿提卡史家，很有可能是安德

第三十五章　从阿吉努塞之战到三十僭主被逐后民主政治再度复兴

罗提翁的许多叙述）给我们讲述的事实相对不那么受到歪曲，他们使用了官方文献提供的证据，而不是基于政敌的建构及其对史料的剪裁。因此，相关记载发生冲突时，我们大体宁可相信《雅典政制》和狄奥多鲁斯。这两位作家也有助于维护泰拉麦奈斯的性格特征，虽然我们此前早已接受的是对其性格的无端指责。关于古代史料的批判，参见 B. Perrin in *American Historical Review*, 1904, pp. 646-669.——编者】

1　这种说法依据的是亚里士多德的记载，注释家对阿里斯托芬《蛙》最后一行的解释也提到这个问题。据笔者所知，这是唯一的记载。因为，当弗奈斯·克林顿先生（Fynes Clinton, *Fast. Hellen.*, ad ann. 406）说埃斯奇奈斯（Aeschines, *De Fals. Legat.*, p. 38, c. 24）提到和平提议时，读过这一段落的没有任何人会想到这次和平。

可以见到：

（1）色诺芬没有提及这次和谈。虽然单独提出这一问题时，看似不那么具有决定性，但也确实具有一定说服力。

（2）狄奥多鲁斯也没有提到。

（3）据称由拉凯戴蒙人提出的条款与他们在库吉库斯战役敏达鲁斯战死后提出的条款完全一样，即：

拆除戴凯雷亚，双方保持现状。不但条款内容一样，而且两次和谈中占主导地位的人也是同一个，那就是克莱奥丰。事实上，阿吉努塞战役之后所提出的不过是库吉库斯战役之后提出的又一个版本。

【不过，对于和平倡议，《雅典政制》第34节非常明确地提到了和平提案，而作者依据的文献来源很可能是一位阿提卡史家征引自官方文献。因此其价值远甚于色诺芬和狄奥多鲁斯的默然。

公元前410年和前406年的条款相同这并不为奇,因为提出的现状非常简单而相同。此外,克莱奥丰在此时比前410年影响力更大,自然成为提议拒绝倡议的人。就斯巴达一方而言,反复提出和平倡议,并一再被雅典民主派打败,这与公元前425/424年的和谈差不多。彼时他们至少提出了三次倡议。——编者】

2　Diodor., xiii. 100.——编者

3　Diodor., xiii. 104; Plutarch , *Lysand*., c. 8.

4　Lysias, Orat., xiii., *Cont. Agorat*., § 13.

5　色诺芬没有提到吕桑德此次越过爱琴海抵达阿提卡和埃吉纳的短暂访问,但在狄奥多鲁斯和普鲁塔克的作品中有所记载(Diodor., xiii. 104; Plutarch, *Lysand*., c. 9)。

6　Xenoph., *Hellen*., ii. 1, 25; Plutarch, *Lysand*., c. 10; Plutarch, *Alkib*., c. 36.

狄奥多鲁斯(Diodor., xiii. 105)和科尔奈利乌斯·奈波斯(C. Nepos, *Alcib*., c. 8)记载说,阿克比亚戴斯希望重新获准指挥舰队,并承诺说,如果愿望达成,他将召集一批色雷斯人从陆上进攻吕桑德,从而迫使他与雅典人一决雌雄或者撤走。普鲁塔克(Plutarch, *Alkib*., c. 37)也暗指阿克比亚戴斯做出过类似的承诺。

然而,阿克比亚戴斯不可能承诺过如此明显不可能做到的事。他怎么可能率领一支色雷斯陆军进攻在赫勒斯滂另一侧的吕桑德?面对着吕桑德的舰队他怎么能够将陆军送过去?

因此,色诺芬的记载(下文将会谈到)更清楚而可信。

7　Xenoph., *Hellen*., ii. 1, 29; Lysias, *Orat*., xxi. (Ἀπολ. Δωροδ.), § 12.

8　Xenoph., *Hellen*., ii. 1, 28; Plutarch, *Lysand*., c. 11; Plutarch, *Alkibiad*., c. 36; Cornel. Nepos, *Lysand*., c. 8.

狄奥多鲁斯(Diodor., xiii. 106)对这次重要军事行动有一个完全不同

	的记述，但无论明晰度还是可信度都远不及色诺芬。
9	或许雅典战船所载人数没有满员时的200人。公元前406年，科农只能满满装配70艘战船。人员不满有助于解释战船的行动极其缓慢。——编者
10	Xenoph., *Hellen.*, ii. 1, 29; Diodor., xiii. 106。然而，狄奥多鲁斯的记述在许多问题上不一致。
11	Xenoph., *Hellen.*, ii. 1, 32; Pausan., ix. 32, 6; Plutarch, *Lysand.*, c. 13.
12	Xenoph., *Hellen.*, ii. 1, 32; ［Lysias］, *Cont. Alkib.*, A., § 38; Pausan., iv. 17, 2; x. 9, 5; Isokrates, *Ad Philipp.*, Or. v. § 70. 伪吕西亚斯 Λόγος Ἐπιτάφιος（§ 58）中谈到了卖国行为，但并未将其视为确凿无疑之事。科尔奈利乌斯·奈波斯（*Lysand.*, c. 1; *Alcib.*, c. 8）只将雅典军队的散乱而非将军们的受贿视为失败的主要原因。狄奥多鲁斯也没有注意到贿赂之事（xiii. 105）。 这两位作家在描述羊河之战时似乎都抄自泰奥彭普斯的作品。而他的描述在许多方面与色诺芬不同（Theopomp., *Fragm.*, 8, ed. Didot）。
13	Demosthenes, *De Fals. Legat.*, p. 101, c. 57.
14	Plutarch, *Lysand.*, c. 13.
15	Xenoph., *Memorab.*, ii. 8, 1; ii. 10, 4; Xenoph., *Sympos.*, iv. 31. compare Demosthen., *Cont. Leptin.*, c. 24, p. 491. 在拉凯戴蒙人统治期间，许多人在凯尔索奈斯获得了土地，取代雅典人，成为新的地产所有者。有可能他们是以低价买入的，但更可能的是他们没有付钱，而是通过侵吞获得的（Xenoph., *Hellen.*, iv. 8, 5）。
16	Xenoph., Hellen., i. 2, 1; Demosthen., *Cont., Leptin.*, c. 14, p. 474. 埃克方图斯（Ekphantus）及其他一些塔索斯流亡者获得了免征外侨税（ἀτέλεια）的嘉奖。
17	在安多奇戴斯的演说词（Andok., *De Mysteriis*, §§ 76-80）中以较长

的篇幅讲述了这部以帕特罗克莱戴斯（Patrokleides）命名的有趣法令。

18　Andokid., *De Myst.*, § 76.

19　参见 Isokrates, *Adv. Callismachum.*, § 71; compare Andokides, *De Reditu Suo*, § 21 and Lysias, *Cont., Diogeiton.*, Or. xxxii., § 22 关于塞浦路斯和凯尔索奈斯仍经常为雅典供应粮食的记载。

20　Xenoph., *Hellen.*, ii. 2, 12-15; Lysias, *Cont. Agorat.*, §§ 10-12.

21　Xenoph., *Hellen.*, ii. 2, 16; Lysias, Orat., xiii., *Cont., Agorat.*, §§ 9-12; Lysias, Orat., xii., *Cont., Eratosth.*, §§ 65-71. 关于围城期间遭到的巨大灾难，参见 Xenoph., *Apolog. Socrat.*, § 18。

【吕西亚斯和色诺芬关于泰拉麦奈斯策略的描述似乎不那么可信。吕西亚斯的指责带有明显不讲道德的党派攻击，将泰拉麦奈斯描绘成一个几乎不可能存在的怪物。

色诺芬用令人瞠目结舌的语气断言，在雅典请求和平之前，城内的物资就已经完全耗尽（*Hellen.*, ii. 2, 11），随后泰拉麦奈斯等待了三个月直到所有物资彻底枯竭。此外，他讲述说，泰拉麦奈斯与吕桑德待在一起，而吕西亚斯（*Cont., Agorat.*, § 11）说这段时间他在斯巴达。后面一种说法更可能，因为雅典人完全不可能花三个月来等待泰拉麦奈斯从吕桑德军营里传来的非正式回复，而会派他人取代他的任务。整个事件的可能解释是，在斯巴达召集同盟会议及针对条约具体内容的辩论会花上一段时间，而且伯罗奔尼撒同盟还会利用这段时间与雅典的使者商谈政体变革（我们不能肯定，这是由泰拉麦奈斯、吕桑德还是监察官提出的）。——编者】

22　Lysias, Orat., xiii., *Cont. Agorat.*, §§ 15, 16, 37; Orat., xxx., *Cont. Nikomach.*, §§ 13-17.

这似乎是关于克莱奥丰之死最可能的说法，虽然色诺芬（尤其是

Hellen., i. 7, 35）的记述与吕西亚斯并不相符。色诺芬认为克莱奥丰在卡利克塞努斯从监禁中逃脱之前已经在一场叛乱中去世（στάσεως τινὸς γενομένης ἐν ἧ Κλεοφῶν ἀπέθανε）。在羊河之战与雅典被占之间城邦遭受苦难的这段时间里，卡利克塞努斯不可能还处于监禁中。在羊河之战前他定然已经逃走。在雅典的司法惯例中，审判之前不会长期将被诉者拘押在监狱里；当被诉者处于保释状态下，对他的审判也不可能长时间拖延下去。

23 | Xenoph., *Hellen.*, ii. 2, 19; vi. 5, 35-46; Plutarch, *Lysand.*, c. 15.
从 Diodro., xv. 63, Polyaen., 1, 45, 5 及色诺芬的一些篇章看，拉凯戴蒙人反对底比斯人根除雅典提议的动机在于表现其慷慨和大度。【确实，这种宽厚的行为与斯巴达国内长期以来对待雅典的态度非常吻合。*Cf.* p. 573, n.——编者】

24 | Xenoph., *Hellen.*, ii. 2, 20; Plutarch, *Lysand.*, c. 14; Diodor., xiii. 107.

25 | Xenoph., *Hellen.*, ii. 2, 23. 吕西亚斯（Lysias, *Orat.*, xii., *Cont. Eratosth.*, § 71）谴责了泰拉麦奈斯提出的这一份可怜而可耻的和约，认为他应当直接拒绝。比较 Lysias, *Orat.*, xiii., *Cont. Agorat.*, §§ 12-20。

26 | Xenoph., *Hellen.*, ii. 2, 18.

27 | Xenoph., *Hellen.*, ii. 2, 20; ii. 3, 8; Plutarch, *Lysand.*, c. 14.

28 | Plutarch, *Lysand.*, c. 15; Lysias, *Cont. Agorat.*, § 50.

29 | Xenoph., *Hellen.*, ii. 2, 23; Plutarch, *Lysand.*, c. 15.

30 | Lysias, *Cont. Eratosth.*, Or. xii., § 75, p. 431 R; Plutarch, *Lysand.*, c. 15; Diodor., xiv. 3.

31 | 吕桑德为卫城的雅典娜女神奉献了一顶金冠。在与女神有关的祭品中保留着一篇铭文。参见 Boeckh, *Corp. Inscr. Attic.*, Nos. 150-152, p. 235。【C. I. A. ii. 652 A, i. 30.——编者】

32 | 在柏拉图的四篇对话录中（《普罗塔戈拉》《卡尔米德》《蒂迈欧》

和《克利提阿》，最后一篇如今仅存一段残篇），克利提亚斯都是作为一个重要人物而出现的，更别提《厄律克西亚斯》。

正如狄奥格奈图斯断言的那样，克利提亚斯参与了赫尔麦斯神像被毁一案，相关情况参见 Andokides, *De Mysteriis*, § 47。他还是安多奇戴斯的表兄。

33 | Xenoph., *Hellen.*, ii. 3, 35.
【最有可能的时间是公元前407年；*cf.* n. 28, p. 897.——编者】

34 | Xenoph., *Hellen.*, ii. 3, 35; *Memorab.*, i. 2, 24.

35 | Lysias, *Cont. Eratosth.*, Or. xii., § 44, p. 124.

36 | Lysias, *Cont. Agorat.*, Or. xii., § 28, (p. 132); § 35, p. 133.
吕西亚斯记述说，指控诸位将军及阿戈拉图斯（Agoratus）的这些行动发生在泰拉麦奈斯带回拉凯戴蒙人强加的最后条款之后，但城邦还未投降之前。
无须质疑吕西亚斯在演说词中对相关事实总体描述的可信度（发表于事情发生之后很久，see § 90），笔者相信，他记错了时间，误将这些事实描述为发生在投降之前，但实际上发生在那之后。从色诺芬的记载可以得知，当泰拉麦奈斯第二次带着真正的和平条约返回雅典时，民众已经饥饿难当，再也不可能等下去。因此他们立即接受了和平条约中提及的任何条款。虽然相关条款相当严厉，但民众仍乐于授受（Xenoph., *Hellen.*, ii. 2, 22）。

37 | Lysias, *Cont. Eratosth.*, Or. xii., § 74; compare Aristotle *ap.* Schol. *ad* Aristophan., *Vesp.*, 157.【同时参见附录。——编者】

38 | Plutarch, *Lysand.*, c. 16; Diodor., xiii. 106.

39 | Xenoph., *Hellen.*, ii. 2, 11; Lysias, *Cont. Agorat.*, Orat., xiii., §§ 23-80.

40 | Lysias, Orat., xii., *Cont. Eratosth.*, 5, p. 121.

41 | Lysias, *Cont. Agorat.*, § 41.

42	《雅典政制》（*Ath. Pol.* c. 37）记述说，斯巴达驻军的到达发生在泰拉麦奈斯去世后。这种说法似乎更可信，因为三十僭主要等到抛开民众的支持而进行统治时，他们才真正需要外国军队的进驻。——编者
43	Xenoph., *Hellen.*, ii. 3, 42; ii. 4, 14; Isokrates, Orat., xvi., *De Bigis*, § 46, p. 355.
44	Xenoph., *Hellen.*, ii. 3, 39–41; Lysias, Orat., xviii., *De Bonis Niciae Fratris*, §§ 5, 8.
45	Plato, *Apol. Socr.*, c. 20, p. 32.
46	Xenoph., *Hellen.*, ii. 3, 51.
47	Xenoph., *Hellen.*, ii. 3, 20, 41. Compare Lysais, Orat., xii., *Cont. Eratosth.*, § 41. 【《雅典政制》（*Ath. Pol.*, c. 37）将这一事件发生的时间定于泰拉麦奈斯被处决后，在拉凯戴蒙驻军抵达之前。编者更赞同这种看法，原因如前所述，见第 934 页注释 42。——编者】
48	Xenoph., *Hellen.*, ii. 3, 21; Isokrates, *Adv. Euthynum*, § 5, p. 401; Isokrates, *Cont. Kallimac*h., § 23, p. 375; Lysias, Or. xxv., Δημ. Καταλ. Ἀπολ., § 21, p. 173.
49	Lysias, Or. xii., *Cont. Eratosthen.*, §§ 8, 21. 几年后，以导致波莱马库斯之死的罪名，吕西亚斯在陪审法庭上控诉埃拉托斯泰奈斯。
50	虽然色诺芬可能是这次辩论的目击者，但他关于克利提亚斯行为的记载大概没有《雅典政制》（*Ath. Pol.* c. 37）可信度高。《雅典政制》谈到，克利提亚斯提出了两项措施：其一，三十僭主对其他 3000 人享有生杀予夺之权；其二，3000 人中要排除那些在公元前 411 年反对设防埃奈伊亚和 400 人发起的其他行动的人。该叙述无疑是一位阿提卡史家从一份相关的官方法令抄本中摘抄而来的。——编者

51 | Xenoph., *Hellen.*, ii. 3, 56.

52 | 参见 Lysias, Or. xii., *Cont. Eratosth.*, § 66。

53 | Diodor., xiv. 5. 狄奥多鲁斯说，当萨提鲁斯将其从祭坛上拖下来时，苏格拉底及他的两位朋友是唯一站出来保护泰拉麦奈斯的人。伪普鲁塔克（[Plutarch]，*Vit. X. Orat.*, p. 836）说伊索克拉底也有如此的义举。无论哪种说法，都缺乏充分的理由让人全信。

比较西塞罗关于泰拉麦奈斯之死的描述（Cicero, *Tuscul. Disp.*, i. 40, 96）。无疑，他对泰拉麦奈斯之死充满崇敬，并将他与地米斯托克利和伯里克利相提并论（*De Orat.*, iii. 16, 59）。亚里士多德（Aristotle, *Ath. Pol.*, c. 28, quoted by Plutarch, *Nikias*, c. 2）也谈到对泰拉麦奈斯的尊敬。虽然对此人的口是心非颇有贬斥和责备，但仍将他与尼奇亚斯和修昔底德（麦莱西亚斯之子）并列。

54 | Xenoph., *Hellen.*, ii. 4, 1; Lysias, Orat. xii., *Cont. Eratosth.*, § 97; Orat. xxxi., *Cont. Philon.*, §§ 8,9; Herakleid. Pontic., c. 5; Diogen. Laert., i. 98.

55 | Aeschines, *Fals. Legat.*, c. 24, p. 266, and *Cont. Ktesph.*, c. 86, p. 455; Isokrates, Or. iv., *Panegyr.*, § 131; Or. vii., *Areopag.*, § 76.

56 | Xenoph., *Hellen.*, ii. 4. 1; Diodor., xiv. 6; Lysias, Or. xxiv., § 28; Or. xxxi., *Cont. Philon.*, § 10.

57 | Lysias, Or. xii., *Cont. Eratosth.*, §§ 98, 99: πανταχόθεν ἐκκηρυττόμενοι; Plutarch, *Lysand.*, c. 99; Diodor., xiv. 6; Demosth., *De Rhod. Libert.*, c. 10.

58 | Xenoph., *Memor.*, i. 2, 31: "他在法律中插入一个条款，规定教授演说术非法。"（Καὶ ἐν τοῖς νόμοις ἔγραψε, λόγων τέχνην μὴ διδάσκειν.）Isokrates, *Cont. Sophist.*, Or. xiii., § 12: "教授演说术"（τὴν παίδευσιν τὴν τῶν λόγων.）。

59 | Aristot., *Polit.*, v. 9, 2.

60 | 查士丁（Justin, vi. 10）提到了要求的提出及被拒绝的过程。普鲁塔

克（Plutarch, *Lysand.*, c. 27）记载说，只有底比斯人提出了这一要求，笔者不赞同他的看法。按《希腊史》中对于史实的混乱安排，色诺芬虽然没有提到事情的前因后果，但在随后发生的一件事情中暗示此前发生过（Xenoph., *Hellen.*, iii. 5, 5）。他也明确提到底比斯人曾确实提出过这样的要求。在随后的一段记述中表明，不但科林斯人，而且其他同盟者也对他们的要求给予了支持（Xenoph., *Hellen.*, iii. 5, 12）。

61 | Pausanias, vi. 3, 6. 在吕桑德的帮助下，萨摩斯寡头派最近恢复了统治。

62 | Diodor., xiv. 10–13.

63 | Xenoph., *Hellen.*, ii. 4, 2; Diodor. xiv. 32; Pausan, 1. 29, 3; Lysias, Or. xiii., *Cont. Agorat.*, § 84; Justin, v. 9; Aeshcines, *Cont. Ktesiphon.*, c. 62, p. 437; Demosth., *Cont. Timokrat.*, c. 34, p. 742. 埃斯奇奈斯认为夺占菲莱的公民超过了100人。

64 | Lysias, Or. xii., *Cont. Eratosth.*, § 41, p. 124.

65 | 色诺芬没有说明特拉叙布鲁斯在菲莱待了多久。但700名逃难者听到他的英勇行为后想方设法来到他的驻地，这将会花费相当长一段时间。

从 Xen., *Hellen.*, ii. 3, 44 或许可以推断，在泰拉麦奈斯被处死前，特拉叙布鲁斯已经来到了菲莱。事实上，雅典最后一个阶段的政治恐怖正是由逃亡者军队的入侵而引发的。当特拉叙布鲁斯在菲莱聚集军队时，三十僭主本有时间解除雅典人的武装，并召来斯巴达军队。但是该邦事务混杂，使三十僭主未能立即果断地进军这座要塞。在菲莱出现了一支军队也能解释为何克利提亚斯对泰拉麦奈斯可能支持民众之事非常担心。公元前411年，民主派在萨摩斯的舰队使中间派颠覆了极端寡头派的统治。关于泰拉麦奈斯的线索，也可参见 Xen. *Hellen.*, ii. 3, 44 中泰拉麦奈斯对此的暗示。——编者

66	吕西亚斯（Orat. xii., *Cont. Eratosth.*, §53; Orat. xiii., *Cont. Agorat.*, §47）和狄奥多鲁斯（Diodor., xiv. 32）都讲述了这两次发生在埃琉西斯和萨拉米斯的类似事件。而色诺芬只提到发生在埃琉西斯的行动。
67	Xenoph., *Hellen.*, ii. 4, 9: "他给他们指了一个地方，要求他们当着所有人的面，在那里投票"（Δείξας δέ τι χωρίον, ἐς τοῦτο ἐκέλευσε φανερὰν φέρειν τὴν ψῆφον）。请与 Lysias, Or. xiii., *Cont. Agorat.*, §40 比较，并见 Thukyd., iv. 74 关于麦加拉寡头派领导人的行动："强令公民大会就这些人公开投票"（καὶ τούτων περὶ ἀναγκάσαντες τὸν δῆμον ψῆφον φανερὰν διενεγκεῖν.）。
68	吕西亚斯（Orat. xii., *Cont. Eratosth.*, §53）记载了被俘者的数量。
69	关于皮莱乌斯的地貌及周边港口的状况，参见 E. Gardner, *Ancient Athens*, pp. 543–544。——编者
70	Xenoph., *Hellen.*, ii. 4, 22; Lysias, Orat. xii., *Cont. Eratosth.*, §55.
71	Lysias, Orat. xii., *Cont. Eratosth.*, §§55, 56.
72	此处描述的事实是比较以下作品后得出的结果，包括 Lysias, Orat. xii., *Cont. Eratosth.*, §§53, 59, 94; Diodor., xiv. 32; Justin, v. 9。
73	Lysias, Or. xxxi., *Cont. Philon.*, §§19–34.
74	Xenoph., *Hellen.*, ii. 4, 28; Diodor., xiv. 33; Lysias, Orat. xii., *Cont. Eratosth.*, §60.
75	Lysias, Orat. xviii., *De Bonis Niciae Frat.*, §§8–12.
76	Xenoph., *Hellen.*, ii. 4, 35.
77	在关于解决具体方案记述的一些方面，《雅典政制》（*Ath. Pol.* c. 38）与色诺芬的记载不同。（1）斯巴达派出的委员会成员为10名；（2）在保萨尼亚斯到达不久，雅典最初的10人委员会被一个更具有代表性的10人委员会取代。后面组成的这个委员会公开与特拉叙布鲁斯谈判，并在民主制取得成功之前通过了审查（εὔθυνα）。《雅

典政制》的说法很有可能依据的是官方文献，因而更加可信。正如亲斯巴达的史家色诺芬表明的那样，一定程度上源自保萨尼亚斯的善意。（3）最初的 10 人委员会没有被纳入赦免者之列。鉴于这些记述，我们相信《雅典政制》在这方面的说法是正确的。——编者

78 | Xenoph., *Hellen.*, ii. 4, 39; Diodor., xiv. 33.
79 | 关于公元前 4 世纪雅典政体运作的具体描述，参见《雅典政制》第 42 章及其后。——编者
80 | Xenoph., *Hellen.*, ii. 4, 43; Justin., v. 11.
81 | Thukyd., i. 97.

索引

（页码为原书页码，即本书边码）

阿拜（Abae）257

阿布戴拉（Abdera）132，167，205，271，487

阿布罗尼库斯（Abronychus）248，331，332

阿比杜斯（Abydos）206，210，301，868，869，872–873，881，883

阿卡麦尼达（Achamenida）126

阿卡麦奈斯（薛西斯兄弟）［Achamenes (brother of Xerxes)］245

阿卡奈（Acharnae）：那里的圆顶墓（beehive tomb at）（注释4）；受到阿奇达穆斯攻击（attacked by Archidamus）482–484

阿克拉狄纳（Achradina）310，323

雅典卫城（Acropolis, Athens）3，40，46，59，65，104，291，303；迈锡尼宫殿的遗迹（traces of Mykenaan palace at）2；对~的围困（siege of）

索引

11；建造了献给庇西特拉图家族统治的祭坛（altar to Peisistratid dynasty erected）72；雅典娜神庙（temple of Athena）74；宙斯神庙（temple of Zeus）74；~被放弃/设防（desertion/garrison of）253–254 及（注释 6）；被薛西斯攻占（captured by Xerxes）258–259；~上的财库（treasury at）416，478，530

阿戴曼图斯（雅典将军）［Adeimantus (Athenian general)］892，905，921，924

科林斯的阿戴曼图斯（Adeimantus of Corinth），在萨拉米斯（at Salamis）261，271，272

阿德麦图斯（Admetus），摩罗西亚人国王（King of Molossians）350

阿德拉米提翁（Adramyttium）120，210

埃亚科斯（叙罗松之子）［Æakes (son of Syloson)］142，160，162

埃亚科斯家族的英雄们（Æakid heroes）105，262

兰普萨库斯的埃安提戴斯（Æantides of Lampsakus）68，70

埃安提斯（Æantis）34（注释 42）

爱琴海（Ægean）10，355，361，381；商业联系（commercial relations）419；~中的海盗（piracy in）558

埃吉纳（Aegina）10，261，265，271，274，282，369–370，371，373，375，381–382，927；对雅典的敌视（feud with Athens）105–106，115–116；屈从于大流士（submission to Darius）167–168，173；被索取人质（hostages taken）174–175，218；对雅典的战争（war against Athens）218–223，225；居民被迁移到提莱亚（inhabitants removed to Thyrea）485；提莱亚的居民被杀（inhabitants of Thyrea killed）592

埃吉提翁（Aegitium），雅典人在~被击败（Athenian defeat at）560

羊河（Aegospotami），~之战（battle at）303，354，405（注释 41），922–925

1599

埃伊奈斯图斯（Aeimnestus）290，366

埃奈西德穆斯（Ænesidêmus）307，311

埃佩伊亚（Æpeia）49

战神山（Æropagus），克里斯提尼（Kleisthenes）85，90–91

战神山议事会（Æropagus, senate）37，62

埃斯奇奈斯（Æschines）33，176–177，536

埃斯库罗斯（Æschylus）188，190，206，213，266，271，408，600

埃特纳（Ætna）320–321，323，326

埃托利亚（ÆAtolia）：德摩斯提尼在～（Demosthenes in）558–564；优吕罗库斯在～战败（defeat of Eurylochus in）562

阿加利斯泰（Agariste）739–740

阿加托克莱斯（Agathokles）318

阿盖桑德利达斯（Agesandridas）854，856–857

阿盖西皮达斯（Agesippidas）679

阿盖图斯（Agetus）173

阿吉斯二世（Agis II），斯巴达国王（king of Sparta）556，567，569；战争（campaigns）676–677及（注释2）；对阿尔戈斯的战争（campaign against Argos）679–681及（注释4）；在曼提奈亚战役中（at battle of Mantinea）683–684，685，686–687；进攻阿提卡（attacks Attica）779–780，808–809；在戴凯雷亚（at Dekeleia）808–809，813，845，857，882，892；穿越比奥提亚的进军（march through Boeotia）813；与开俄斯人的暴动（and Chian revolt）815；尝试进攻雅典（seeks to attack Athens）892–893；与吕桑德会晤（interview with Lysander）922；介绍雅典使者前往斯巴达（refers Athenian envoys to Sparta）927

阿吉斯三世（Agis III），斯巴达国王（king of Sparta）27

市场监督官（Agoranomi）347

阿戈拉图斯（Agoratus），告密者（the informer）933

阿格利根同（Agrigentum）304，311，314，315，318，321–322，326，709，782

阿古拉（Agylla）134

阿坎图斯（Akanthus）166，216；被布拉西达斯夺取（taken by Brasidas）608–611

阿卡纳尼亚（Akarnania）308，376；伯罗奔尼撒战争在~（Peloponnesian war in）513–514，520；德摩斯提尼在~的战役（campaigns of Demosthenes）558，561，564–565；作为雅典的盟友（as allies of Athens）599

阿莱安平原（Aleian plain）175

阿琉亚戴家族（Aleuadae）202，216，230–231，274，339

亚历山大大帝（Alexander the Great）22（注释16），67（注释29）

亚历山大（阿明塔斯之子）[Alexander (son of Amyntas)]，马其顿国王（king of Macedon）148及（注释4），274，275，278，285，330，394

阿莱克西克莱斯（Alexikles）855，860

阿莱克西皮达斯（Alexippidas）838

阿尔凯乌斯（Alkaeus）68

阿卡麦奈斯（Alkamenes）813，815

阿克比亚戴斯（Alkibiades）91，302，403，469（注释16），502，536，651，952；在戴利翁战役中（at battle of Delium）605；家庭背景（family background）664；~的道德（morality of）664–665；~的勇敢（bravery of）665；交谈中的技巧（skill in conversation）665–666；~的经历（career of）666–667；对斯巴达不断变化的态度（changing attitude towards Sparta）667–669；政治野心（political aspirations）667；建议与阿尔戈斯结盟（proposes alliance with Argos）669–670；在第九十届奥林匹亚节上（at 90th Olympiad）672–673；污蔑尼奇亚斯（discredits Nikias）672；在伯罗奔尼

撒各邦的活动（intra-Peloponnesian operations）675–676；在阿尔戈斯（in Argos）689，690；支持屠杀米洛斯人（supports murder of Melians）702；在援助西西里问题的辩论中（in debate on aid to Sicily）717，718–724；与赫尔麦斯像损毁案（and mutilation of Herma）728–729；审判的延迟（deferral of trial）731–732；倡议西西里远征（advocates Sicilian expedition）737–739；被召回雅典受审（summoned to Athens for trial）739–740，744–745；失踪和流放（disappearance and exile）745–747；支持斯巴达（supports Sparta）754–757；鼓励在开俄斯采取行动（encourages action in Chios）814–815，816，818，821；失去信誉（discredited）829；两面派（duplicity of）829–833，838，847–850，853；弗吕尼库斯与寡头派（Phrynichus and the oligarchs）833–835，837–838，839，842，847；反对四百人政府（opposed to Four Hundred）847–848；自流放中归国（return from exile）848–850 及（注释 19），889–892；得到支持被召回雅典（support for recall to Athens）858；在赫勒斯滂的成功（success at Hellespont）876，878；被波斯人俘虏及其逃亡（capture and escape from Persians）877–878；夺取克吕索波利斯（captures Chrysopolis）881–882 及（注释 20）；在塞斯托斯（at Sestos）883；夺取拜占庭（captures Byzantium）884–885；夺取塞林布利亚（captures Selymbria）884 及（注释 27）；失败与被指责（failures and accusations）892–896 及（注释 27）；再度被任命为统帅（reappointed to command）892；被解除统帅职务（dismissed from command）896；给将军们的建议被无视（advice to generals disregarded）923 及（注释 6）

阿克比亚戴斯（阿克比亚戴斯的祖父）[Alkibiades (grandfather of Alkibiades)] 97

阿尔奇达斯（斯巴达海军统帅）[Alkidas (Spartan admiral)] 274，529，532–533，547–548

阿尔克麦翁家族（Alkmaeonids）11 及（注释 59），53，60，70，192，348；

流放(in exile)11(及注释59),53,70;库隆案对~的诅咒(Kylonian curse on)12,60;~的垮台(fall of)61;与德尔菲神庙的修建(and building of Delphic temple)71;被错误地指控叛国(falsely accused of treason)192

阿罗佩(Alope),被雅典人摧毁(sacked by Athenians)485

阿尔佩尼(Alpeni)234,235

阿吕亚泰斯(Alyattes),吕底亚国王(king of Lydia)118–120,121(注释12)

阿马西斯(Amasis),埃及国王(king of Egypt)71,124,125,128,136

安布拉奇亚(Ambrakia):~与科林斯结盟(allied with Corinth)441,442;~与对阿尔戈斯的进攻(and attack on Argos)507;~与对阿卡纳尼亚的进攻(and attack on Akarnania)513–514;~与奥尔派战役(and battle of Olpa)561–565;~的投降(prostration of)587

阿美尼亚斯(雅典船长)[Ameinias (Athenian captain)]266,271

普拉提亚的阿摩法莱图斯(Amompharetus of Plataea)288,293

阿摩尔戈斯(Amorges)814,830

安菲亚劳斯(Amphiaraus),神谕(oracle)127

近邻同盟议事会(Amphiktyonic synod)365

安菲罗奇亚人(Amphilochians)564–565

安菲波利斯(Amphipolis)146–147,215,356,419,675,951;被布拉西达斯占领(captured by Brasidas)611–613;~的重要性(importance of)613(注释22);~战役(battle of)635–643,647;~的长墙(Long Wall of)638;雅典企图夺回~(attempted Athenian recovery of)695–696

阿明塔斯(Amyntas),马其顿国王(king of Macedon)70,148

阿穆尔陶斯(Amyrtaus)377

阿纳克莱翁(Anakreon)63,138

阿纳克托利翁（Anaktorium）442，647

阿纳克萨戈拉斯（Anaxagoras）468

阿纳克桑德利戴斯（Anaxandrides）127

阿纳克萨库斯（Anaxarchus）245

阿纳克西劳斯（莱吉翁独裁者）[Anaxilaus (despot of Rhegium)] 306，308，309，311，314，316，320，321，322，327

阿纳克西曼德（Anaximander）153（注释 8）

安奇摩利乌斯（Anchimolius）72

安多奇戴斯（Andokides）34（注释 42），402（注释 32），740-743 及（注释 27），852（注释 21），34（注释 42），402（注释 32），740-743 及（注释 27），852（注释 21）

安德罗克莱斯（Androkles）731

安德罗克拉泰斯（Androkrates）284

安德罗马库斯（奴隶）[Andromachus (slave)] 731，739

安德罗麦戴斯（Andromedes）663-664，668

安德隆（Andron）861

安德罗斯（Andros）150，269，270，417

安德罗提翁（Androtion）15，23-24

阿奈利斯图斯（Aneristus）508

安坦德鲁斯（Antandrus）149，210

安泰米翁（Anthemion），狄菲鲁斯之子（son of Diphilus）31（注释 37）

安泰摩克利图斯（Anthemokritus）457

安提克莱斯（Antikles）60（注释 7）

安提奥库斯（Antiochus）187，894

安提菲穆斯 Antiphemus 307

安提丰（修昔底德的老师）[Antiphon (teacher of Thukydides)] 409 及（注释 48），541（注释 13）；四百人的阴谋（conspiracy of the Four Hundred）836，842，843，845，851，853；受审（trial）861-2

安提斯泰奈斯（Antisthenes）825，826

安尼图斯（Anytus）405（注释 41），883，934，943

阿帕图利亚节（Apaturia festival）8，911，913

阿菲塔（Apheta）246-248，249

财务官（Apodektae）83

阿波罗多鲁斯（Apollodorus）2（注释 2）

阿普塞普西翁（Apsepsion）361，740，741

阿卡狄亚（Arcadia）630

阿凯狄克（Archedike）68

马其顿的阿凯劳斯（Archelaus of Macedonia）852（注释 21）

阿凯托莱穆斯（Archeptolemus）861，862

阿凯斯特拉图斯（Archestratus）449，897，905，927

阿奇亚斯（Archias）760

阿奇达穆斯战争（Archidamian War）493；底比斯对普拉提亚的企图（Theban attempt on Plataea）474-476；雅典的资源（Athenian resources）477-479；伯罗奔尼撒的资源（Peloponnesian resources）479；对阿提卡的第一次入侵（first invasion of Attica）480-481

阿奇达穆斯（Archidamus）366，463-464，495，543；穿越阿提卡的进军（march through Attica）480-484；围困普拉提亚时（at siege of Plataea）509-513

阿奇努斯（Archinus）64（注释 24），943

执政官（archon）31，75，86；该官职的起源（origins of office）6；瑙西尼库斯（Nausinikus as）39；～与允许出口的农产品（and exportable produce）

42;~的管理(administration of)58;达马西亚斯作为~(Damasias as)73;~的选举(election of)73,91;低级~(inferior)86;该职务的任职资格(eligibility to office of)88;阿利斯泰戴斯任~(Aristeides as)90,220;对~的任命(appointment of)221(注释9);地米斯托克利为~(Themistokles as)222及(注释15);~的变动(change in)347及(注释30),348;~职能(functions of)387,388(注释2)

名年执政官(Archon Eponymus)6

阿科尼戴斯(Archonides)768

阿狄斯(Ardys)118

战神山议事会(Areopagus)6(注释27),9,14,62,74;梭伦的改革(Solonian reforms)31,32–33及(注释39);庇西特拉图(Peisistratus)70;克里斯提尼(Kleisthenes)85,90–91,387;希波入侵后(after Persian invasion)254(注释6),255及(注释10);职责与负责制(responsibility/accountability)388及(注释2);伯里克利(Perikles)391–393,395–396及(注释20),403;三十僭主统治下(under the Thirty)926,928

阿尔甘托尼乌斯(Arganthonius),塔泰苏斯国王(king of Tartessus)130,132,133

阿吉鲁斯(Argilus)611

阿吉努塞(Arginusae),~战役(battle of)872,901–4及(注释46),910及(注释60)

阿尔戈斯(Argos)59(注释7),64(注释24),74,98,368–369,370,477,507,561,586;与斯巴达的战争(war with Sparta)169–173;与在科林斯召集的大会(and congress at Corinth)228–229及(注释29);不受斯巴达停战协定约束(free from truce with Sparta)654–5;希图与~结盟(alliance courted)655–658,660–663;与雅典结盟(alliance with Athens,668–672

及（注释 23）；对埃皮道鲁斯的远征（expedition against Epidaurus）676，677–679；受到斯巴达威胁（threatened by Sparta）689；与斯巴达的和约（treaty with Sparta）689–693 及（注释 13）；与佩狄卡斯的和约（treaty with Perdikkas）691；~ 的寡头制被推翻（oligarchy overthrown at）692–693；重新与雅典结盟（renews alliance with Athens）693–695；主动向雅典提供援助（offers aid to Athens）851

阿尔戈斯（安菲罗奇亚的）［Argos (in Amphilochia)］477，507

阿利亚比格奈斯（Ariabignes），波斯海军统帅（Persian admiral）267

库麦的阿利斯塔戈拉斯（Aristagoras of Kyme）151

米利都的阿利斯塔戈拉斯（Aristagoras of Miletus）364；~ 与伊奥尼亚起义（and Ionian revolt）149，150–156 及（注释 6），157，159；向克莱奥麦奈斯求援（appeals to Kleomenes for help）153；获得雅典援助（receives help from Athens）154–156

阿利斯塔库斯（Aristarchus）854，860，862 及（注释 38）

阿利斯泰戴斯（Aristeides）38，90，92，96，97，295，297，357；~ 的性格（character of）178，179，180–182 及（注释 18）；在马拉松（at Marathon）192；~ 被流放（banishment of）220；与地米斯托克利的竞争（rivalry with Themistokles）220–221，346；受邀回国（invited to return home）254；在普拉提亚（at Plataea）282，284，285；作为使者出使斯巴达（as envoy to Sparta）331，332；对保萨尼亚斯进谏（remonstrates with Pausanias）338；作为雅典代表（as representative of Athens）341，342（注释 22）；提洛同盟贡金评估人（assessor to Delian confederacy）348；~ 的去世（death of）352–353

阿利斯泰乌斯（Aristeus）272，508

阿利斯托（科林斯舵工）［Aristo (Corinthian steersman)］783，785

阿利斯托盖同（Aristogciton），针对希帕库斯的阴谋（conspiracy against Hipparchus）64-67及(注释27)

阿利斯托盖奈斯（Aristogenes）897，905

阿利斯托克拉泰斯（Aristokrates）815，851，854，860，892，897，905，916

阿利斯同（戴马拉图斯之父）[Ariston (father of Demaratus)]53，127，173

阿里斯托芬（Aristophanes）43（注释63)，58，410-411，503，583，585，643-644及(注释13)；与克莱翁的纠纷（quarrel with Kleon）646-647

阿利斯托菲利戴斯（Aristophilides），塔伦同国王（king of Tarentum）143

阿利斯托丰（Aristophon）401

亚里士多德（Aristotle）26，31，38，40（注释55)，43，98，138，199（注释56)，325（注释67)，328，553

阿尔奈（Arne）611

阿塔巴努斯（大流士兄弟）[Artabanus (brother of Darius)]203，256，259，588-589

阿塔巴扎奈斯（Artabazanes）201

阿塔巴祖斯（波斯将领）[Artabazus (Persian general)]275，290，292，337，343，344

阿塔凯（Artake）163

阿塔菲奈斯（大流士兄弟）[Artaphernes (brother of Darius)]100，148，149，155，159，164，165，175，194

阿塔菲奈斯（波斯使节）[Artaphernes (Persian ambassador)]587-588

阿塔薛西斯（长臂）（Artaxerxes Longimanus）376，588-589

阿塔薛西斯二世（记忆力好的）（Artaxerxes Mnemon）125

阿塔克泰斯（Artayktes）302，303

阿塔因泰斯（Artayntes），波斯海军统帅（Persian admiral）293，300

阿泰米西亚（Artemisia），哈利卡纳苏斯女王（Queen of Halikarnassus）209，260，266，267–268，329

阿尔泰米西翁（Artemisium），~战役（battle of）233，234，246–250，299

阿提比乌斯（Artybius），波斯将领（Persian general）156

阿提斯同（Artystone）142

小亚细亚（Asia Minor）5（注释18），166，362，380，533；吕底亚人入侵~（Lydian invasion of）118–124；受到克罗伊苏斯进攻（attacked by Croesus）120–122

阿苏皮乌斯（弗米奥之子）[Asopius (son of Phormio)] 529

阿苏普斯河（Asopus river）281，284，285，290

阿斯帕西亚（Aspasia）467–468

阿斯彭杜斯（Aspendus）871

阿斯提亚盖斯（Astyages）124，125，126

城市监督官（Astynomi）347

阿斯提奥库斯（Astyochus）819，820，822，823，824，825；米利都的（at Miletus）868–869；水手的叛乱（mutiny of seamen）870

阿塔兰塔（Atalanta）485，648

阿泰纳戈拉斯（Athenagoras）631–632，734–736

卡尔奇斯建城者雅典娜（Athene Chalkioekus）345

城邦神雅典娜的神庙（雅典）[Athene Polias temple (Athens)] 11，62

雅典帝国（Athenian empire）：形成（formation）354–360；对多罗佩斯人和佩拉斯吉人的行动（enterprises against Dolopes and Pelasgi）360–361；进攻波斯（attacks against Persians）361–363，370，376，378；~与纳克索斯的投降（and surrender of Naxos）361；与塔索斯人的争端（quarrel with Thasians）363–365；与放弃和斯巴达的同盟（and renunciation of alliance with Sparta）365–368；和阿尔戈斯及麦加拉结盟（and alliance with Argos and Megara）368—369；与对麦加拉的保护（and protection of Megara）369—373；与长墙的建设（and building of the Long Walls）370，373，375，397，426；与塔纳格拉战役（and battle of Tanagra）373—374；侵入比奥提亚（aggressive march into Boeotia）374—375；与埃吉纳的征服（and conquest of Aegina）375；与对色萨利的进军（and march against Thessaly）376；与斯巴达及其盟友的停战协定（truce with Sparta and her allies）377，386；奇蒙与波斯的和约（Kimonian treaty with Persia）378—381；资金被从提洛岛转到雅典（transfer of funds from Delos to Athens）381—382；对～的敌意（antipathy towards）382—383；同盟者的暴动（revolt amongst allies）383—386；"30年和约"期间（during thirty years truce）414—438；～的海上势力（naval power of）414—415，422；～的义务（obligations of）415—416；臣民—盟友中的不满（disaffection amongst subject-allies）431—437；导向波提戴亚之围的事件（events leading to blockade of Potidaea）439—451；～被消灭（annihilation of）926；历史概要（resume of the history）950—954

雅典（Athens）：与埃琉西斯的战争（war with Eleusis）2（注释6）；～纪念性节日（commemorative feast at）4；王权（kingship of）4-6及（注释19），20；～的状况（state of）4；母权制（matriarchal system in）7；宗教（religion）7-8及（注释39），9（注释47）；～的父权制部落制度（patriarchal tribal system in）8-9；～的被毁（destruction of）13；～与萨拉米斯岛（and island of Salamis）17；梭伦的制度（Solonian institutions）21—39；克里斯提尼和伯里克利之间的时期（period between Kleisthenes and Perikles）34，35；梭伦之法（Solonian laws）34—52及注释；～与民主政治（and democracy）35—39，57—58，76，109—112，952；～的神庙（temples in）62—63；～与庇西特拉图家族的统治（and fall of Peisistratid dynasty）72；帝国的建立（foundation of Empire）74；~与克里斯提尼的民主政治（and democracy of Kleisthenes）76-100及（注释）；政治公民权（political franchise）76；向波斯求助（requests help from Persia）100；与比奥提亚结盟（alliance with Boeotia）101-102；与底比斯的战争（war with Thebes）104-105；与埃吉纳的战争（war with Aegina）105-106，115-116，167-168，218-223；斯巴达对它的仇恨（Spartan hatred of）106-108；~的实力（strength of）109；作为有集权倾向的中心（as centre of centralizing tendency）123-124；援助伊奥尼亚起义（help in Ionian revolt）154-156；不为大流士所知（unknown to Darius）158；援助埃莱特利亚（gives aid to Eretria）176；斯巴达的援助姗姗来迟（aid delayed from Sparta）182-183；~与对马拉松战役的庆祝（and celebration of Marathon）193；~的易变（fickleness of）197-200；从陆上强国转向海上强国（conversion from land- to sea-power）221-223；~与在科林斯召开的希腊人集会（and congress at Corinth）228；~与温泉关战役的后果（and aftermath of Thermopyla）252-255及（注释4）；被薛西斯占领（captured by Xerxes）255-259；被从薛西斯的占领下解放（liberated from Xerxes）271；拒绝与薛西斯结盟（refuses alliance with Xerxes）276；坚定态度（steadfastness of）276-277，279；马尔多尼乌斯成为~主人（Mardonius as master of）278-279；~与普拉提亚战役（and battle of Plataea）283-292；~新的力量（new power of）30；重建要塞（rebuilding of fortifications）331-336及（注释3）；~的繁荣（prosperity of）335；~与外侨的归来（and return of resident foreigners）335；与陆上、海上权力的分割（and separation of land/sea power）338-339；作为领袖遭遇反对（as leader in opposition）341-342；~的要塞（fortifications of）346；提洛同盟的领袖（as head of Delian confederacy）346，354-386，392，414-415；~的政治变革

（political change in）346-348；作为同盟的军事统帅（as military chief of confederacy）358；军队在埃及战败（defeat of army in Egypt）376；伯里克利时代的司法变革（judicial changes under Perikles）387-412及注释；~与长墙（and Long Walls）397，426；作为海上势力（as maritime power）414-415，422；支付给~的贡金（tribute paid to）416-417，432-433，452-453；与殖民地的建立（and establishment of colonies）417-422及（注释15）；作为宗主国城市（as imperial city）417；商业活动（commercial activities）419及（注释18）；~地位的增强（strengthening of）423-424；伯里克利时代的建筑工程（building works under Perikles）424-427；~的艺术作品（artistic works in）425-426；建议在~召开会议（proposed congress at）427；行政与司法（government and jurisdiction）453-456；被控破坏"30年和约"（accused of breaking thirty years' truce）459-466；海上霸权（naval supremacy of）465；被憎恨（hatred of）466；~与"30年和约"的破坏（and breaking of thirty year's truce）473-474；派兵援助普拉提亚（send forces to Plataea）476-477；~与伯罗奔尼撒战争的爆发（and start of Peloponnesian war）476-486；陆/海军力量（military/naval force）477-478及（注释36）；~的国库（treasure of）478-479；战争进行的财政储备（makes financial provision for war）485-487；~的瘟疫（plague at）495-498及（注释2），507，556；自~发动的远征（expeditions from）498-499；尝试和平解决（attempts peace settlement）499；~与米提莱奈暴动（and Mitylene revolt）525-534；大多数金钱被消耗（most of treasury consumed）530及（注释2）；决定米提莱奈居民的命运（decides fate of Mitylene inhabitants）534-541；行政管理权（administrative/executive power in）556及（注释7）；有关休战的辩论（armistice debated）572-576及（注释2）；~的战略（strategy of）77-80；~的斯巴达战俘（Spartan prisoners at）583–584；强制性军役（imposition of military service）585（注释 14）；提高贡金（raising of tribute to）589–590；在戴利翁的重装步兵（hoplite forces at Delium），602–603，605 及（注释 10）；~与分割指挥权的制度（and system of divided command）615 及（注释 25）；~与一年的休战（and one-year truce）619–623，629–634；与阿尔戈斯结盟（alliance with Argos）670–672 及（注释 23）；重启和谈（resume of events）675；再与阿尔戈斯结盟（renews alliance with Argos）693–695；与斯巴达结盟（alliance with Sparta）695，696；与西部的关系（relations with the West）705–706；援助西西里（sends aid to Sicily）712–713；有关援助西西里的辩论（debates sending aid to Sicily）718–724；决定进攻叙拉古（resolves to attack Syracuse）725–726；赫尔麦斯神像被毁案（mutilation of the Herma）726–731 及（注释 7，注释 8），739–744，746，747（注释 34），930–931；远征西西里（expedition to Sicily）731–739，747–754；在~的迫害（orture in）741–749（注释 23）；贡金的变化（change in tributes to）809 及（注释 2）；遣散色雷斯雇佣兵（dismissal of Thracian mercenaries）809–810；叙拉古的损失（loss of Syracuse）811；在~的公民大会（assembly at）812 及（注释 4）；进攻计划（schemes for attacking）813–814，819–820；对~的背叛（treason against）829；政制的倾覆（subversion of constitution）835–836，839–847，849–860，863–867；雅典终结民主政治（ending of democracy in）844；被"四百人政权"出卖（betrayed by Four Hundred）853；民主政治在~恢复（restoration of democracy in）860–863；拒绝与斯巴达和平（rejects peace with Sparta）879–881；博斯普鲁斯和赫勒斯滂的主人（as masters of Bosporus and Hellespont）881；对将军们的判决（judgement of the generals）904–918；准备进行最后的抵抗（prepares for honourable resistance）926–930；被围困（besieged）927–929 及（注

释21）；~与长墙的拆除（and demolishing of the Long Walls）927，930；祈求和平（entreats for peace）927；拉凯戴蒙人占领~（Lacedamonian occupation of）930–949；寡头派重组（reorganization of oligarchical party）931–932；"三十僭主"的暴力统治（violent rule of the Thirty）932–946；内战（civil war in）946–947；选举"十人团"（election of the Ten）946；被保萨尼亚斯占领（captured by Pausanias）947–948；和约被接受（peace treaty accepted）949–950；阿提卡居民的逃亡（residents of Attica flock to）481–482

阿托斯山（Athos, Mount）166，175，208；在~修建运河（canal built at）208–210及（注释18），216

阿特兰提斯（Atlantis）49

阿托萨（Atossa）142–143，201

阿塔提努斯（Attaginus）251，294，295

阿提卡（Atthides（注释2），14

阿提卡（Attica）：早期历史（early history）1–12；政治与社会组织（political/social organization）4，11–12；军事（military）10–11；债务人和债权人制度（debtor/creditor system）18–28及（注释）；~的状况（state of）18–20；梭伦之法与政制（Solonian laws/constitution in）19–55；赫尔麦斯神像的树立（statues of Hermes erected in）63；~与伊奥尼亚部落（and Ionic tribes）77；新部落的创建（creation of new tribes）79；对~的再次入侵（reinvasion of）779–780

奥鲁斯·盖利乌斯（Aulus Gellius）35（注释45），63

奥托克莱斯（Autokles）592

巴克特利亚（Baktria）126

巴西琉斯（Basileus）6

普利埃奈的比亚斯（Bias of Priene）16，122，134

波科利斯（Bocchoris）25（注释24）

比奥提亚（Boeotia）2，68，228，270，274，374，375，383，384，543，558，559，818，826，951；雅典的敌人（as enemy of Athens）101–105；~同盟（federation of）101；波斯盟友（as ally of Persia）274，281；~与对麦加拉的防御（and defence of Megara）596；对~的入侵（invasion of）598–605；~与尼奇亚斯和约（and Peace of Nikias）649，658，660–661；与斯巴达结盟（alliance with Sparta）661–662；四议事会制度（Four Councils of）661及（注释12）

波盖斯（Boges），埃翁总督（governor of Eion）356

博斯普鲁斯［Bosphorus (Bosporus)］342，378，881

议事会（第二议事会）［Boule (second council)］75，90，96，99；克里斯提尼改革（Kleisthenean reforms）77，81–82，83–85；议员的选举（elections to）81及（注释12）；~的权力和重要性（power/importance of）89；拒绝解散（refuses dissolution）100；赫尔麦斯神像被毁案之后（after mutilation of the Herma[e]）730；重组（re-constitution of）933；也见五百人议事会，四百人议事会（see also Five Hundred; Four Hundred）

犁耕式书书写（boustrophedon）40

布兰奇戴家族（Branchidae）127，151

布拉西达斯（Brasidas）517，518，520，547，675；严重受伤（severely wounded）570；~的成功（success of）591，614；在卡尔奇狄凯的战役（campaigns in Chalkidike）594，608，611；在麦加拉（at Megara）596–597；远征色雷斯（expedition to Thrace）597，606；穿越色萨利（march through Thessaly）606–608；在阿坎图斯的演说（speech at Akanthus）608–609；占领安菲波利斯（captures Amphipolis）611–613，616–617；进攻托

罗奈（attack on Torone）617–618；控制斯特吕蒙河渡口（as master of the crossing of the Strymon）617；进攻莱库图斯（attack on Lekythus）618；与斯奇奥奈和门戴的暴动（and revolt of Skione and Mende）622–625；进军马其顿（march into Macedonia）625–630；受到伊吕利亚人攻击（attacked by Illyrians）626–627，628；他的长篇演说（haranguing speech by）626–628及（注释2）；反对和平（opposed to peace）631，647；托罗奈的要塞被扩充（enlarged fortification of Torone）635；在安菲波利斯战役（at battle of Amphipolis）636–639；阵亡（death of）639–640，642；～的成就（achievements of）642–643

布吕吉人（Brygi）167

布巴莱斯（Bubares）148

拜占庭（Byzantium）149，163，292，356；对～的围困和占领（siege and capture of）336–337；被诱暴动（induced to revolt）869–870；对～的围困（siege of）884–885

迦太基（Carthage）134，162，306，311，754；～的雇佣军（mercenary armies of）314，315；军队在希麦拉战败（army defeated at Himera）315–316，317

卡布利亚斯（Chabrias）918

卡莱亚斯（Chaereas）840，851

卡莱戴穆斯（Chaeredemus）742

喀罗尼亚（Chaeroneia）44，111，384

卡尔凯东（Chalkedon）149，163，881–882，884–885

卡尔奇戴乌斯（Chalkideus）816，820，821，826

卡尔奇狄凯人（Chalkidians）103，104，656–7

卡尔奇狄凯半岛（Chalkidike）448，594

卡尔奇斯（Chalkis）10，43，155，176，360，874

卡利克莱斯（Charikles）730，740，780，930，946

卡利劳斯（Charilaus）141

卡尔米戴斯（Charmides）740，741

卡尔米努斯（Charminus）826，840

卡罗埃亚戴斯（Charoeades）712

兰普萨库斯的卡隆（Charon of Lampsakus）131（注释28），155（注释10和11）

查罗皮努斯（米利都的阿利斯塔戈拉斯之兄弟）[Charopinus (brother of Aristagoras of Miletus)] 55

凯尔索奈斯（Chersonese）：米尔提亚戴斯在～（Miltiades in）68–69，74，178；修建横穿～的长墙（wall erected across）69及（注释34），417；被波斯和腓尼基舰队攻克（sacked by Persian and Phenician fleet）163；薛西斯在～（Xerxes in）211；波斯人被从～驱逐（Persians expelled from）301–302；伯里克利在～（Perikles in）417；阿克比亚戴斯在～（Alkibiades in）895，897

奇莱奥斯（Chileos）279

开俄斯（Chios）118，120，122，131，133，134，136，150，159，160，162，163，164，298，301，381，382，587；～的暴动（revolt of）814–817，819–827；被围困（besieged）868；水手在～被困（seamen stranded at）920

科埃利鲁斯（Choerilus）214（注释31）

克罗米乌斯（Chromius）320

克吕索波利斯（Chrysopolis）881–882

西塞罗（Cicero）26及（注释29），39

奇麦利人（Cimmerians 118）118及（注释6）

币制（coinage）27–28

科林斯（Corinth）5（注释20），64（注释24），103，107，108，137，138，219，220（注释7），295，369，371，372，382，386，513，783；～的贸易（trade of）43；在～举行泛希腊大会（Pan-Hellenic congress at）225-231，312；～与萨拉米斯战役（and battle of Salamis）271-272；～的和平政策（peaceful policy of）438-439；与科西拉和埃皮丹努斯的争端（disputes with Korkyra and Epidamnus）439-448；与"30年和约"的破裂（and breaking of thirty years truce）459-462；伯罗奔尼撒战争期间的～湾（Peloponnesian War in Gulf of）514-521；对科林斯的讨伐（expeditions against）585-586；与尼奇亚斯和约（and Peace of Nikias）649；在～的大会（congress at）655-658

科尔奈利乌斯·奈波斯（Cornelius Nepos）180，196

科西嘉岛（Corsica）133，707

议事会（Council），见议事会条（see Boule）

五人理事会（Council of Five）593

克罗伊索斯（Croesus）57，69，71；梭伦的故事（story of Solon）50-51及（注释72）；作为居鲁士的俘虏（as prisoner of Cyrus）71，129及（注释24）；对希腊人的攻击（attacks on the Greeks）120-122；继承王位（becomes king）120；统治区域与盟友（dominions and alliances）122-125，135；对居鲁士的战争（war against Cyrus）126-129；毁灭弗凯亚人的要塞（destruction of Phokaean fortifications）132（注释31）；请求与斯巴达人结盟（invites Spartans to beallies）154

库麦（Cumae），见库麦（Kyma）

基克拉狄斯群岛（Cyclades）5，149，150，176，205，259，270

塞浦路斯（Cyprus）156，157，160，336，362，370，377，924，927

居鲁士大帝（Cyrus the Great）61，142，329；～的崛起（rise of）125-126；

~的征服活动（conquests of）126–135；对克罗伊索斯的战争（war against Croesus）126–129

小居鲁士（Cyrus the younger）125，885，888–889，920

达马西亚斯（Damasias），任执政官（as archon）73

卡林杜斯的达马斯提穆斯（Damasithymus of Kalyndus）267–268

达蒙（Damon）97，98，470（注释18）

多瑙河（Danube）146，163，178

达菲奈关（Daphne Pass），~的要塞2（注释6）

大流士·叙斯塔斯皮斯（Darius Hystaspis）68，70，135，140–141，142–144，178，180，194，309，363；远征西徐亚人（Scythian expedition of）144–145；~的征服活动（conquests of）146–149，166，167–169；~与伊奥尼亚起义（and Ionian revolt）157，158–159，163，164；~的去世（death of）201

大流士·诺图斯（Darius Nothus）589，814，818，825，837，838

大流士（薛西斯之子）［Darius (son of Xerxes)］588–589

达提斯（米底人将军）［Datis (Median general)］175–177，182，189，190–191，192，194

道利塞斯（波斯将领）［Daurises (Persian general)］157

戴伊诺麦奈斯（Deinomenes）307，320

戴凯雷亚（Dekeleia）280，777–778，842；~的地位（position of）780；~的要塞（fortifications of）786，789，808；阿吉斯在~（Agis at）808–809，813，845，857，882，892

戴凯雷亚战争（Dekeleian War）：雅典的窘境（difficult position of Athens）808–813；进攻雅典的计划（schemes for attacking Athens）813–814；开俄斯暴动（revolt of Chios）814–817，819–827；斯巴达与波斯的和约（treaty between

Sparta and Persia)818–819;四百人政权革命(revolution of Four Hundred)840–860;在赫勒斯滂的行动(operations in the Hellespont)868–870,876–878,881;库奇库斯战役(battle of Kyzikus)874,878;和谈(peace negotiations)879–881;居鲁士莅临与吕桑德(advent of Cyrus and Lysander)885,886–890;阿克比亚戴斯的战斗(campaigns of Alkibiades)890–897;利克拉提达斯的成功(success of Kallikratidas)897–903;阿吉努塞战役(battle of Arginusae)901–904;对将军们的判决(judgement of the generals)904–918;也请见伯罗奔尼撒战争(see also Peloponnesian War)

提洛同盟(Delian League)301,343,346,357–361,411(注释55),416(注释7),456,524,698,819

戴利翁(Delium),~战役(battle of)599–605

提洛岛(Delos):节日(festival)61,121;达提斯对~的处置(Datis' treatment of)176;~的财库(treasury at)342;在~举行同盟理事会(synod at)359–360,381,433,434;贡金被从~移走(tribute removed from)416;阿尔奇达斯在~(Alkidas at)533;~的宗教热诚(religious zeal at)565;居民被回迁~(population restored to)659

德尔菲(Delphi)68,317,383,561;~的金像(golden statue at)48;神庙(temple)70,71,137,316;神谕(oracle)71–72,105,119,127,134,174,225,226–227,228,345,385,440,465,659;节日(festival)137;薛西斯的进攻被击退(Xerxes' attack repulsed)257及(注释12);~的皮提亚节日(Pythian festival at)630–631

德尔菲尼翁(Delphinium)824,837,894

戴马拉图斯(Demaratus),斯巴达国王(king of Sparta)103,173–174,215,245,251,259

德莫(demes),数量与分布(number/distribution of)79–81及(注释9),

112–113

戴摩凯戴斯（Demokedes）143

戴摩凡图斯（Demophantus）67（注释29），859

德摩斯（Demos）99，305，310–311，327，328，417，422，434，536，547

德摩斯提尼（Demosthenes）16，19（注释88），33，34，90，111，200，400，402，403，411，536，775；~在埃托利亚（in Aetolia）558–564及（注释14）；在奥尔派战役中（at battle of Olpae）562–564；建议在派罗斯沿海建立据点（proposes maritime post on Pylus）568–570，577；接受休战（accepts armistice）572；在斯法克泰利亚得到克莱翁支持（receives support from Kleon at Sphakteria）579–582；带斯巴达战俘返回雅典（returns to Athens with Spartan prisoners）583；在麦加拉（at Megara）595；~与入侵比奥提亚（and invasion of Boeotia）598–605；西西里远征（Sicilian expedition）780–781，783–784，785–792，795，797–804；被处死（put to death）804–806

戴库利达斯（Derkyllidas），斯巴达将领（Spartan general）155，868

狄亚戈拉斯（Diagoras）744

山地派（Diakrii）18，52

狄亚克利图斯（Diakritus）742

狄杜穆斯（Didymus）40（注释55）

狄伊特莱菲斯（Diitrephes）810

狄考斯（Dikaus）259

陪审法庭（dikasteries）25，83，85，86–87，89，180，389–391，399，402–403，404–405及（注释40），407–408，410–412，436–437，741，913；伯里克利时代的~（under Perikles）395–396及（注释23）；同盟城市服从~（subjection of allied cities to）433–435

狄奥·克吕索斯托穆（Dio Chrysostom）25（注释24）

狄奥贝吕（Diobely）505 及（注释 20）

狄奥多鲁斯（Diodorus）25（注释 24），98–99，196，297（注释 48），315，325（注释 68），335，374，879，908；论塔拉叙布鲁斯（on Thrasybulus）323（注释 62）

狄奥多图斯（Diodotus）537，538–539 及（注释 11）

狄奥根尼（Diogenes）17（注释 4）

狄奥格奈图斯（Diognetus）730

狄奥克雷戴斯（Diokleides）740，741

狄奥麦东（Diomedon）820，897，905，907，909，916

酒神节（Dionysian festival）73

老狄奥尼修斯（Dionysius the elder）327

哈利卡纳苏斯的狄奥尼修斯（Dionysius of Halikarnassus）471

弗凯亚的狄奥尼修斯（Dionysius of Phokaea）160，162，164

狄奥佩泰斯（Diopeithes）468

狄菲鲁斯（Diphilus）810

狄皮隆型陶器（Dipylon pottery）3 及（注释 9）

资格审查（Dokimasy）87–88

多隆奇的色雷斯人（Dolonkian Thracians），寻求援助以对抗（seek aid against）

阿布辛提人（Absinthians）68

多罗佩斯人（Dolopes）360–361

多利安人（Dorians）77；入侵阿提卡（invasion of Attica）2，3–4 及（注释 11 和 12）

罗德斯人多利欧斯（Dorieus the Rhodian）824，870，876

多利欧斯（斯巴达王子）[Dorieus (Spartan prince)] 235，307，312

多利斯（Doris）256，372，559

多利斯库斯（Doriskus）205，211，212，214，357

多尔奇斯（斯巴达海军将领）[Dorkis (Spartan admiral)] 337–339，341，356

德拉贝斯库斯（Drabeskus）364

德拉古（Drako）15，22，35，39，43；~法典（code of laws）12–14及（注释62和63），41及（注释56）

德拉孔提戴斯（Drakontides）469，932

杜凯提乌斯（西西里人国王）[Duketius (Sicilian prince)] 326，708–709

埃提奥奈伊亚（Eëtioneia）851，854，860

埃盖斯塔（Egesta）306，311，712，716，722，733，777

埃及（Egypt）：梭伦访问~（visited by Solon）49；给德尔菲提供财政援助（sends financial aid to Delphi）71；与希腊人关系友好（friendly relations with Greeks）124；被波斯征服（subjugation by Persia）202；~的暴动（revolt in）370，589；雅典在~的失败（Athenian failures in）376，377，381，412

埃翁（Eion）205，356–357，360，362–363，640

埃克巴塔纳（Ecbatana）126

公民大会（公众集会）[Ekklesia (public assembly)]；~的运作（workings of）80–82及（注释12），84–85，89，91，99；政制的保护者（protector of the Constitution）114–115；地米斯托克利出席~（Themistokles' attendance of）180；伯里克利时代的变革（Periklean reforms）387，398–399；伯里克利拒绝召集~（Perikles' refusal to call）483–484，485；将军们宣誓蹂躏麦加拉地区（oath of Strategi to ravish Megarid）485；~的津贴（payment for）505及（注释20）；斯巴达使节在~上（Spartan envoy at）668；~的职责（responsibility of）812（注释4）

埃劳斯（Elaus）302

厄尔巴岛（Elba）707

埃琉西斯秘仪（Eleusinian mysteries）259，743–744，892

埃琉西斯（Eleusis）2（注释 6），4，18，104，106，283，385，386，482

埃琉泰利亚（Eleutheria），叙拉古的节日（Syracusan festival）296 及（注释 45），325

埃利斯（Elis）442，484，657–659，670–672

恩巴同（Embaton）533

恩狄乌斯（Endius）669，814，879

恩奈亚霍多伊（九路）[Ennea Hodoi (Nine Ways)]215，364，419，420

埃帕米农达斯（Epaminondas）373

以弗所（Ephesus）121–122 及（注释 16），155，533，920

埃菲塔法庭（Epheta）12（注释 63），22

埃菲亚尔特（Ephialtes）91，372；司法改革（judicial reforms）388，389，402；~的性格（character of）394；~被刺杀（assassination of）396，397；~的杰出（pre-eminince of）412

埃菲亚尔特（瞭望者）[Ephialtes (scout)]241，243

监察官（Ephors）：与保萨尼亚斯背叛案（and treason of Pausanias）344–345；引诱黑劳士要求自由（invite Helots to claim their liberty）593；~与对黑劳士的谋杀（and murder of Helots）593；与尼奇亚斯和约（and peace of Nikias）660 及（注释 11），662；与赫尔麦斯神像被毁案（and mutilation of the Herma）729；请求吕桑德再度出任海军统帅（request Lysanderto be admiral again）920

埃皮巴泰兵（Epibatae）820

埃皮丹努斯（Epidamnus），建立及其与科西拉的争吵（foundation and quarrel with Korkyra）439–440，441

埃皮道鲁斯（Epidaurus）586；受到雅典威胁（threatened by Athens）369；援助埃吉纳（send aid to Aegina）371；被雅典人蹂躏（ravished by Athenians）499；阿尔戈斯对～的讨伐（Argeian expedition against）676，677–679

埃皮麦尼戴斯（Epimenides）11

埃皮波拉(Epipola)：连接大港的要塞(connecting fortification to Great Harbour) 325及（注释68）；对雅典围困叙拉古的重要性(importance in Athenian siege of Syracuse) 760–766, 769, 770, 771, 772–773, 787–788, 791, 793, 811

议事会文书（Epistates of Boule）84

埃皮塔达斯（斯巴达指挥官）［Epitadas (Spartan commander)］580

埃拉西尼戴斯（Erasinides）897，905–906，916

埃拉托斯泰奈斯（Eratosthenes）931，936

埃莱特利亚（Eretria）10，360；庇西特拉图退往～（Peisistratus retires to）60；被波斯人围困和攻占（besieged/taken by Persians）176–177及（注释11）；从雅典获得援助（receives aid from Athens）176；～战役（battle at）856–857

埃吕特拉（伊奥尼亚的）［Erythra (Ionia)］114, 118, 160, 454, 813, 817–818, 824

埃吕特拉（比奥提亚的）［Erythra (Boeotia)］283，284

埃吕克斯（Eryx）306

埃泰奥尼库斯（Eteonikus）820，882，901，903，910，920，926

欧亚奈图斯（Euanetus）231

优卑亚（Euboea）60；贸易（trade）43；不向大流士纳贡（non-tribute to Darius）167；达提斯在～（Datis in）176；对～的保卫（defence of）234–235；在～的卡吕斯图斯战争（war of Karystus in）356；雅典人的战争（Athenian campaigns）485；向阿吉斯求援（entreats aid from Agis）813；～暴动（revolt of）874

优卑亚（西西里的）［Euboea (Sicily)］310

欧克莱斯（安菲波利斯总督）［Eukles (governor of Amphipolis)］611，614，615–616

欧克拉泰斯（尼奇亚斯之兄弟）［Eukrates (brother of Nikias)］934

欧克拉泰斯（绳商）［Eukrates (rope seller)］535

欧麦奈斯（Eumenes）271

降福女神（Eumenides）7–8

贵族（Eupatridae）8–9，12，28，31，36

欧法米达斯（Euphamidas）678

欧菲穆斯（Euphemus）355，751–753

欧菲莱图斯（Euphiletus）742

欧利庇得斯（Euripides）804

欧吕亚鲁斯（Euryalus）761，765，768，769

欧吕亚纳克斯（Euryanax）287

欧吕比亚戴斯（斯巴达将领）［Eurybiades (Spartan general)］235，238，252，261–262

欧吕莱翁（Euryleon）306

欧吕罗库斯（Eurylochus）561–562

欧吕麦东（雅典将领）［Eurymedon (Athenian general)］：留在舰队中（remains with fleet）48；前往科西拉（departs for Korkyra）567，568–569；在派罗斯（at Pylus）571–572；拒绝交还三列桨战船（refuses to return triremes）576；与战俘的逃亡（and escape of prisoners）586–587；西西里远征（Sicilian expedition）712，775，780，787，789，790；与舰队一起从西西里撤退（withdraws fleet from Sicily）714；死亡（death）792

欧吕麦东（地名）[Eurymedon (place)]：奇蒙在~的胜利（Kimon's victories at）362，377

欧吕普托莱穆斯（Euryptolemus）909，915

欧提戴穆斯（Euthydemus）775，790，795

出口（exports），梭伦有关的法律（Solon's law concerning）41–43

五百人（议事会）[Five Hundred (Council)] 81，83，90，387，398，399，730，840，849；也请见议事会（Boule）

五千人政制（Five Thousand）842，843，849，852，855–856，859

Cn·弗拉维乌斯（Flavius, Cn.）12（注释62）

四百人政权（Four Hundred）13，57，75，77，403；~的寡头政治（oligarchy of）840–860；被赦免和释放（pardoned and released）926

弗利西人（Frisii）19（注释7）

葬礼（funerals），梭伦有关的法律（Solon's laws concerning）44及（注释66）

甘布雷翁（Gambreion）45（注释66）

叙拉古的地主（Gamori of Syracuse）305，309–310

加尔加菲亚泉（Gargaphia fountain）284，285

盖拉（Gela）60（注释7），306，309，326，714

盖罗（西西里独裁者）[Gelo (despot of Sicily)] 304，307–318

土地所有者（Geomori）819

盖拉内亚山（Geraneia）373–374，382

格劳奇普斯（Glaukippus）859

格劳库斯（开俄斯艺术家）[Glaukus (Chian artist)] 119

贡古鲁斯（科林斯海军将领）[Gongylus (Corinthian admiral)] 768–769，772

埃莱特利亚人贡古鲁斯（Gongylus the Eretrian）177（注释12）

1627

莱翁提尼的高尔吉亚（Gorgias of Leontini）409

戈尔戈（克莱奥麦奈斯之女）[Gorgo (daughter of Kleomenes)] 153，235

戈尔古斯（Gorgus）156

非法提案起诉（Graphe Paranomon）33，400–402

古盖亚（阿明塔斯之女）[Gygaea (daughter of Amyntas)] 148

古盖斯（Gyges）117

古利普斯（Gylippus）932；在叙拉古被围困时（at siege of Syracuse）757–758，765，767–777；在西西里的活动（activities in Sicily）779，780–783，787–792，795，798，800–803，805

古提翁（Gythium）375

哈德良（Hadrian），皇帝（Emperor）63，74

哈格农（Hagnon）420，469，836，841

哈利埃伊斯（Halieis），~战役（battle at）499

哈利卡纳苏斯（Halikarnassus）135，876

哈利库埃（Halikyae）783

哈吕斯河（Halys, river）120（注释9），122，124，128

哈米尔卡（Hamilkar）314–315

哈尔摩狄乌斯（Harmodius），针对希帕库斯的阴谋（conspiracy against Hipparchus）64–67 及（注释27）

哈尔帕古斯（米底人将领）[Harpagus (Median general)] 118，133，134，135，136，164

哈波克拉提翁（Harpocration）2（注释2）

霸权（hegemony）83，357

海盖桑德鲁斯（Hegesandrus）779

海盖西普莱（Hegesipyle）70

海盖西斯特拉图斯(Hegesistratus)64(注释24),69

赫卡泰伊乌斯(Hekataeus)5(注释17),146,150–151

六一汉(Hektemori)18(注释6)

陪审法庭(Heliaea)25,85–86,89

赫拉尼库斯(Hellanikus)(注释2)

希腊财务官(Hellenotamia)342,416

赫勒斯滂(Hellespont)5(注释18),74,146,150,166,205,211,270,301,330,342,827,881;在~架桥(bridging of)206–208及(注释15);需要防御(need to guard)868–870;雅典人在~的胜利(Athenian victories in)876–878

赫罗鲁斯河战役(Helorus, battle of)309

黑劳士(Helots)43,366,372,376,394,412;在温泉关(at Thermopylae)249及(注释31);在普拉提亚(at Plataea)279,294;与保萨尼亚斯交谈(in talks with Pausanias)344;帮助缓解遭围困的斯法克莱利亚(help to alleviate blockade of Sphakteria)577,593;考虑逃亡(consider desertion)584;对~的谋杀(murder of)593;在布拉西达斯指挥下(under Brasidas)594;在拉科尼亚(in Laconia)651;被迁往克法莱尼亚(moved to Kephallenia)654;在莱普莱翁(at Lepreum)659;在派罗斯(at Pylus)883

赫拉圣所(Heraum)298

赫拉克雷亚(西西里的)[Herakleia (Sicily)]306及(注释5),705

赫拉克雷亚(南意大利的)[Herakleia (south Italy)]421

赫拉克莱亚(特拉奇尼亚的)[Herakleia (Trachinia)]557,561,674

米拉萨的赫拉克雷戴斯(Herakleides of Mylasa)157

叙拉古人赫拉克雷戴斯(Herakleides the Syracusan)751

赫尔麦斯神像（Herma），对~的损毁（mutilation of）726–731及（注释7和8），739–744，746，747（注释34），930–931

赫尔米奥奈（Hermione）499

赫尔摩克拉泰斯（Hermokrates）711，714，798，805；对叙拉古公民大会的建议（advice at Syracusan assembly）733–734，736；受命为统帅（nominated to command）751；反对与雅典结盟（objects to alliance with Athens）752–753；支持反叛的水手（supports mutinous seamen）870

雅典人赫尔摩吕库斯（Hermolykus the Athenian）300

希罗多德（Herodotus）2（注释2），4（注释12），35，36，49，135，180，421；与克罗伊索斯的故事（and story of Croesus）50–51；与菲莱－雅典娜的故事（and story of Phye–Athene）59–60（注释7）；对庇西特拉图的审判（judgement of Peisistratus）62；与希皮亚斯的残暴（and cruelty of Hippias）67；与克里斯提尼革命（and revolution of Kleisthenes）76–77，79，113；与普拉提亚的占领（and capture of Plataea）102（注释37）；论雅典的实力（on strength of Athens）109，111；论雅典与埃吉纳的战争（on war between Athens and Aegina）115–116；有关克罗伊索斯的评论（commentary on Croesus）120，121，122–123，202；论居鲁士和阿斯提亚盖斯的关系（on relations between Cyrus and Astyages）125；论居鲁士与克罗伊索斯的战争（on war between Cyrus and Croesus）126，127；论居鲁士对克罗伊索斯的处置（on treatment of Croesus by Cyrus）129及（注释24）；受到批评（censured）131（注释28）；论在斯巴达见到的第一张地图（on first map seen at Sparta）153；论对雅典年轻人的态度（on treatment of youthful Athenians）163；论起义后的伊奥尼亚（on Ionia after the revolt）165–166；论马拉松战役（on battle of Marathon）185及（注释30），188；与叛国性质的盾牌信号（and traitorous raising of shield）191–192及

（注释41）；论薛西斯对希腊的入侵（on Xerxes' invasion of Greece）202–204；论薛西斯的陆海军力量（on land/naval force of Xerxes）211–213（及注释）；论温泉关战役（and battle of Thermopylae）233–246及注释；与阿尔泰米西翁战役（and battle of Artemisium）246–249及注释；论阿尔泰米西亚（on Artemisia）260，266；论萨拉米斯战役（on battle of Salamis）266，268；论普拉提亚战役（on battle of Plataea）282及（注释13），284–286(注释28)，290(注释32)，293（注释35，36，37)；论盖罗（on Gelo）312；论波斯驻军（on Persian garrisons）356–357

赫西奥德（Hesiod），~的诗歌（poems of）18

希埃罗（Hiero）307，310，317，705；~的权力（power of）318–322；埃特纳的创建者（as founder of Atna）320–321

希麦拉（Himera）306，311，315，316，317，318，322，326，769

希帕库斯（卡尔穆斯之子）[Hipparchus (son of Charmus)] 97，114

希帕库斯（庇西特拉图之子）（Hipparchus (son of Peisistratus)）63–7及（注释24，27），71，74

骑士（Hippeis）30及（注释36）

希皮亚斯（Hippias）57，64，143，149，168，177，178；与针对他兄弟的阴谋（and brother's conspiracy）64–7；庇西特拉图的继承人（as successor to Peisistratus）64；~的残暴（cruelty of）67–8；~的对外政策（foreign policy of）69–70；~的流亡（exile of）72；流亡中（in exile）75，106–7，140；与复辟的可能性（and possible restoration of）107；在马拉松（at Marathon）182，185，189

埃利斯的希皮亚斯（Hippias of Elis）409

希波波塔（Hippobota）385

米利都人希波达穆斯（Hippodamus the Milesian）425

希波克莱斯（Hippokles）819

希波克鲁斯（Hippoklus），兰普萨库斯独裁者（despot of Lampsakus）68

希波克拉泰斯（雅典将军）[Hippokrates (Athenian general)]：在麦加拉（at Megara）595；与对比奥提亚的入侵（and invasion of Boeotia）598–605；阵亡（death of）614

希波克拉泰斯（庇西特拉图之父）[Hippokrates (father of Peisistratus)] 52

盖拉的希波克拉泰斯（Hippokrates of Gela）307，308，309，311，326

希波克拉泰斯（敏达鲁斯的文书）[Hippokrates (secretary of Mindarus)] 879

希波马库斯（Hippomachus）945

希斯提埃亚（Histiaea）246（注释24），385，418

米利都人希斯提埃乌斯（Histiaeus the Milesian）143；被赐予米尔奇努斯（given Myrkinus）46；被大流士拘押（held by Darius）148，149，150，158，159及（注释18）；死亡（death of）164；拒绝摧毁桥梁（refuses to destroy bridge）178；未能定居在恩奈亚霍多伊（failed settlement at Ennea Hodoi）364

泰麦拉的希斯提埃乌斯（Histiaeus of Termera）151

荷马（Homer）3，154

荷马的诗歌（Homeric poems）2（注释6），18，48，74，134

刑法（homicide）：梭伦有关的法律（Solon's laws concerning）33（注释39）；伯里克利和埃菲亚尔特的改革（reforms of Perikles and Ephialtes）391

叙布拉（Hybla）309

叙达尔奈斯（Hydarnes）241，243，244

叙德莱亚（Hydrea）137

叙麦亚斯（大流士的将军）[Hymeas (Darius's general)] 157

叙佩波鲁斯（Hyperbolus），灯具匠（lamp-maker）535，536，645，653；被

陶片放逐法流放（ostracism of）91，97，697–699；被刺杀（assassinated）840，863

叙西埃（在奇塔隆）[Hysiae (in Kitharon)] 104，281，284

叙西埃（在伯罗奔尼撒）[Hysia (in Peloponnese)] 694

亚皮吉亚人（Iapygians）327–328 (注释 76)

亚苏斯（Iasus）830

亚特拉戈拉斯（Iatragoras）151

伊多麦奈（Idomene），~战役（battle of）564

伊克提努斯（Iktinus）426

伊吕利亚人（Illyrians），进攻布拉西达斯（attack on Brasidas）626–627，628

因布罗斯（Imbros）149，417 (注释 12)，418，527，873

埃及的伊纳罗斯（Inaros of Egypt）370

伊奥尼亚（Ionia）61，836；从阿提卡去的移民（as immigrants in Attica）3(注释 10)，4，5 及（注释 18），7–9；反抗波斯人的起义（revolt against Persians）70，146，150–164 及注释；废止四部落（abolition of four tribes）77，79；吕底亚人征服~（Lydian conquest of）117–124；相互敌对（hostilities against）121–123；波斯人征服~（Persian conquest of）124–144，132 及（注释 29，31）；~的政府组织（government organization in）165–166；向波斯人纳贡（tribute paid to Persians）165–166；~与萨拉米斯战役（and battle of Salamis）266，268–269；伊奥尼亚的起义（revolt of）300

伊奥丰（Iophon）64 (注释 24)

伊萨戈拉斯（Isagoras）75，78，99，106

伊斯卡戈拉斯（Ischagoras）629，650

伊索克拉底（Isokrates）14，16，39 (注释 53)，940；《战神山议事会》（Areopagiticus）

391–392

地峡（Isthmus）281，282，283；横贯~的长墙（construction of wall across）277，279

伊斯特鲁斯（Istrus）2（注释2），60（注释7）

伊塔米特莱斯（波斯海军将领）[Ithamithres (Persian admiral)] 300

伊托麦（Ithome），对~的围困（siege of）366–367，376–377，394

卡库帕利斯河（Kakyparis river）801

卡莱阿克泰（Kale Akte）308，709

卡利亚斯（Kallias）；前往苏萨的使节（envoy to Susa）378，379；~和约（peace treaty of）378–379及（注释47）

卡利亚斯（卡利亚戴斯之子）[Kallias (son of Kalliades)] 450

卡利盖图斯（Kalligeitus）826

卡利克拉泰斯（帕泰农的建筑师）[Kallikrates (architect of Parthenon)] 426

卡利克拉提达斯（Kallikratidas）942；取代吕桑德（supersedes Lysander）897–898；进攻麦廷姆纳（attack on Methymna）898–899；在米提莱奈之围中（at siege of Mitylene）899–901；释放雅典战俘（frees Athenian prisoners）899及（注释36）；在阿吉努塞战役中（at battle of Arginusae）901–902；~的阵亡（death of）902–903

阿菲德纳德莫的卡利马库斯（Kallimachus of Aphidna）182，188

卡利罗埃（Kallirrhoe），在~的公共泉水（public fountain at）63，333

卡利克塞努斯（Kallixenus）913，914，916，917

卡马利纳（Kamarina）327，714，751–754，783

冈比西斯（居鲁士之父）[Kambyses (father of Cyrus)] 125，136，138，140，142

坎诺努斯法令（Kannonus statute）913–915及（注释65）

卡帕多奇亚（Kappadokia）128

卡皮斯（Kapys）319

卡狄亚（Kardia）69，211，302

卡利亚（Karia）10，120，157，162，362

卡尔内亚节休战（Karneian truce）677–678 及（注释 5），688

卡吕斯图斯（Karystus）176，251，259，270，356，360

卡斯麦纳（Kasmenae）310

卡塔纳（Katana）320，326，738–739，748–749，754，769，782，803–804

考罗尼亚（Kaulonia）782

考努斯（Kaunus）826

肯奇莱亚（Kenchreae）819，820

肯托利佩（Kentoripe）783

凯法莱尼亚（Kephallenia）375，484，558

凯菲索多图斯（Kephisodotus）921

凯菲索丰（Kephisophon）948

凯狄利翁山（Mount Kerdylium）637，639（注释 9）

奇利奇亚（Kilikia）160，166，175，377，381

奇蒙（Kimon）98，192，388；根据陶片放逐法～被流放（ostracism of）96，97，372，374，395（注释 20）；与伯里克利的敌对（enmity with Perikles）192；支付父亲的罚金（pays father's fine）196；～与对凯尔索奈斯的进攻（and attack on Chersonnese）302；在萨拉米斯（at Salamis）338；对～的描绘（described）348 及（注释 32）；占领埃翁（captures Eion）357，360，361，363；进攻波斯舰队（attacks Phenician fleet）362；支持斯巴达（supports Sparta）367；～签订的条约（treaty of）377，380 及（注释 50），381，382；～的去世（death of）380；反对伯里克利（opposition to Perikles）393，398；~的性格（character of）394；~的影响（influence of）394–395；回归（return of）397及（注释26）；从流放中被召回（return from ostracism）412

奇尼普斯（Kinyps）306

奇泰隆山（Kithaeron）101，286

克拉佐麦奈（Klazomenae）816，817–818，820，823

克莱安戴（盖拉独裁者）［Kleander (despot at Gela)］306–307

克莱安德利达斯（斯巴达将领）［Kleandridas (Spartan general)］385，421，758，767

克莱亚库斯（Klearchus）869，882，884

克莱亚利达斯［Klearidas (governor of Amphipolis)］629，639–640，650，659

克雷皮戴斯（Kleippides）526–527

克里斯提尼（雅典政治家）［Kleisthenes (Athenian statesman)］33(注释41)，34，35，36，37，47，178；~的政制（constitution of）10及（注释50），12，387–388，404；~与德尔菲神谕（and Delphic oracle）71–72；与人民结盟（partnership with the people）75–76；政制改革（constitutional reforms）76–100；被流放和召回（exiled/recalled）100；改革（reforms）112–115；拒绝援助伊奥尼亚起义（refuses to help Ionian revolt）153

西库翁的克里斯提尼（Kleisthenes of Sikyon）4，77及（注释4）

克莱奥布鲁斯（Kleobulus）660，661，662

林杜斯的克莱奥布鲁斯（Kleobulus of Lindus）16

克莱奥布罗图斯（Kleombrotus）277

克莱奥麦奈斯（Kleomenes）75，168；对雅典的战争（war against Athens）72，100，104；议普拉提亚加入雅典一方（advises Plataea to join Athens）101–102及（注释37）；与比奥提亚结盟（in alliance with Boeotia）101–

102；憎恨雅典（resentment against Athens）103，106–107；与对阿尔戈斯的战争（and war with Argos）170–173；在赫拉圣所献祭（offers sacrifice at Heraeum）171–172；迫害戴马拉图斯（pursues Demaratus）174；掠取埃吉纳人质（takes Aginetans hostage）174–175；疯狂与去世（madness and death）217–218 及（注释 2）

克莱翁（Kleon）43 (注释 63)，402，675，952；～的性格（attributes of）534，535–536；诽谤伯里克利（denunciation of Perikles）536；有关米提莱奈命运的建议（proposal on fate of Mitylene）536–538；～的温和（temperament of）555，556；使斯巴达使节失信（discredits Spartan envoys）574–575，577–580；与收复失地（and reacquisition of territory）574，575–576；支持增援斯法克泰利亚的德摩斯提尼（supports reinforcements for Demosthenes at Sphakteria）579–582；带斯巴达俘虏回雅典（return to Athens with Spartan prisoners）583；有关流放修昔底德的命令（orders exile of Thukydides）614；～的好战政策（war-policy of）631–635 及（注释 5）；在安菲波利斯战役中（at battle of Amphipolis）635–639；～的临阵脱逃（desertion of）639，641；～的无能（incompetence of）640–642；～的对外政策（foreign policy of）643；～的对内政策和声望（internal policy and reputation of）643–646；与阿里斯托芬的争吵（quarrel with Aristophanes）646–647；反对尼奇亚斯和约（against peace of Nikias）652

克莱奥丰（Kleophon）：拒绝与斯巴达和平（rejects peace with Sparta）879–881 及（注释 19）；～之死（death of）928，929(注释 22)

克莱彭普斯（Kleopompus）485

军事殖民者（kleruchies）104–105，417 及（注释 12），432，433 及（注释 55），435，541 (注释 13)

克奈穆斯（Knemus）507，513，517，518，520

克尼杜斯（Knidus）135，824，826，875

米提莱奈的科埃斯（Koes of Mitylene）146，151

财务官（Kolakretae）83，402

科罗科特罗奈斯（Kolokotrones）66（注释27）

科罗努斯（Kolonus），在～举行的公共集会（public assembly at）842，843

科罗丰（Kolophon）117，417（注释12），533，883

科农（雅典海军将领）[Konon (Athenian admiral)] 890，921；在瑙帕克图斯（at Naupaktus）780；被狄菲鲁斯取代（superseded by Diphilus）810；在安德罗斯（at Andros）893；取代阿克比亚戴斯（supersedes Alkibiades）897；在米提莱奈之围中（at siege of Mitylene）899–900，902，903；在羊河战役中（at Agospotami）922，923–925

科西拉（Korkyra）308，733；～的动乱（sedition at）93，544–552，877；与科林斯大会（and congress of Corinth）229–230；与科林斯和埃皮丹努斯的纠纷（disputes with Corinth and Epidamnus）439–448；寻求与雅典结盟（seeks alliance with Athens）442–446；给～派出援兵（aid sent to）567–568，569

科罗埃布斯（Koroebus）426

科罗奈亚（Koroneia）105，385，543

科吕库斯（Korykus）816

科斯（Kos）876

克拉泰西皮达斯（Kratesippidas）882，887，888

克拉提努斯（诗人）[Kratinus (poet)] 39，503

克莱纳（Krena）561

克里特（Krete）138，205，229

克利萨湾（Krissaen Gulf）374

克利塔拉（Kritala）205

索引

克利提亚斯（Kritias）403，858；流放中（in exile）931；~的僭主政治（tyranny of）933，935，936；抨击泰拉麦奈斯（denounces Theramenes）937，938；在埃琉西斯（at Eleusis）44；~之死（death of）945，946

克罗同（Kroton）305，319，420，786

克泰西亚斯（Ktesias）125，126，214

库纳克萨战役（Kunaxa, battle of）125，290（注释32）

库亚克萨莱斯（Kyaxares）118

库多尼亚（Kydonia）138

库莱奈（Kyllene）442，517

库吕利人（Kyllyrii）305，310

库隆阴谋（Kylon, conspiracy）10，11–12及（注释57），15及（注释1），36，46

库麦（埃奥利亚的）[Kyme (Aolia)]131，157，208，533，820，872及（注释3），894

库麦（意大利的）[Kymae (Italy)]320及（注释49）

库奈盖鲁斯（Kynegeirus）190

库诺塞马战役（Kynossema, battle at）873–875及（注释4）

库努利亚（Kynuria）59（注释7），649

库尔贝斯（文书）[Kyrbeis (tablets)]40

库莱奈（Kyrene）376

库泰拉（Kythera）245，591–592，621，648，653

库提尼翁（Kytinium）559

库吉库斯（Kyzikus）874，878，891，896

拉布达隆（Labdalum）761，770

拉布兰达（Labranda）157

加勒底的拉布奈图斯（Labynetus of Chaldae）124，125

1639

拉凯戴蒙（Lacedaemon），见斯巴达（Sparta）

拉凯斯（Laches）620，622，647，648，664，682(注释5)，712，713

拉科尼亚（Laconia）2，366，499，777

拉戴（Lade）160，161–162，818，822

拉马库斯（Lamachus）555，648，737–738，747，761，764，766

兰彭（Lampon）420

兰波尼翁（Lamponium）149

兰普萨库斯（Lampsakus）68，69，868，922

拉苏斯（Lasus）63

劳利翁银矿（Laurium, silver mines at）43，223，224(注释20)，555

莱埃纳（Leaena）67

莱卡翁（Lechaum）529，819

雷普叙德利翁（Leipsydrion）70

莱库图斯（Lekythus）617，618

嫩诺斯（Lemnos）361，418

莱翁（雅典将领）[Leon (Athenian general)] 820，897，761

萨拉米斯的莱翁（Leon of Salamis）934–935

莱奥尼达斯（Leonidas）235，236–238，240–244及（注释17），248，249–250，251，293

莱翁提亚戴斯（Leontiades）244，245

莱翁提尼（Leontini）306，307，320，715，716，733，761，777

莱奥提奇戴斯（Leotychides）：在埃吉纳掠取人质（takes hostages in Agina）115，174–175；迫害戴马拉图斯（pursues Demaratus）174；阴谋与受审（conspiracy and trial）217–218；指挥舰队（in command of fleet）274；在米卡莱（at Mykale）298；流放和去世（banishment and death）339及（注

释21）

莱普莱翁（Lepreum）657–658，659

莱普提奈斯（Leptines）402

莱罗斯（Leros）158

莱斯沃斯（Lesbos）134，136，149，160，163，164，381，382，431，525–541，813

琉卡斯（Leukas）442，558，768，873

琉奇麦（Leukimme）446

琉科尼翁（Leukonium）821

德莫公民登记表（Lexiarchic register）80（注释10）

利卡斯（Lichas）649，826–827

联队长（Lochagi）685

皮塔纳的罗库斯（Lochus of Pitana）287及（注释29）

罗克利（Lokri）12（注释62），384，712，786

罗克利斯（Lokris）320，375，382，558

吕底亚（Lydia）：早期历史（early history）117–118及（注释4），119及（注释9）；~帝国（empire of）119–124

纳克索斯的吕格达米斯（Lygdamis of Naxos）60，61，74

吕卡莱图斯（Lykaretus）140

吕奇亚（Lykia）362

吕奇达斯（Lykidas）278

吕科麦戴斯（雅典船长）[Lykomedes (Athenian captain)]266

吕科弗隆（Lykophron），斯巴达国王顾问（Spartan commissioner）517

吕库古（Lykurgus）22，36，38，46，60，179，297(注释48)

吕桑德（Lysander）：性格（character）887；取代克拉泰西皮达斯（supersedes

Kratesippidas)887;给居鲁士留下印象(impresses Cyrus)888–889;重组小亚细亚城镇的政府(reconstitutes governments of Asiatic towns)888,889;支付水手薪水(pays seamen)889,893;在诺提翁战役中(at battle of Notium)893–895;被卡利克拉提达斯取代(superseded by Kallikratidas)897及(注释31);在米利都(at Miletus)920–922;指挥权得到延续(command renewed)920;~的权力(power of)920–921,932;与阿吉斯会晤(interview with Agis)922;羊河战役中取得胜利(victory at Agospotami)922–925;持续取得成功(continued success of)925–926;建立寡头政制(sets up oligarchies)925,932;占领雅典(occupation of Athens)930;在雅典建立三十僭主(establishes the Thirty in Athens)932;胜利返回斯巴达(triumphant return to Sparta)932,941;建立~纪念碑(monuments erected to)941–942;对~的反对(opposition to)942,947,948

吕西亚斯(将军)[Lysias (general)] 905,916

吕西亚斯(演说家)[Lysias (orator)] 14,421,936,946,954,955

羊商吕西克莱斯(Lysikles, sheep-seller) 535

吕西斯特拉图斯(Lysistratus) 742

马其顿(Macedonia):征服希腊(subjugation of Greece)123;麦加巴祖斯在~(Megabazus in)148;大流士在~(Darius in)167;支持马尔多尼乌斯(supports Mardonius)278;阿塔巴祖斯在~(Artabazus in)292;在~的战争(campaign in)625–630;港口被封锁(ports blockaded)695

马基雅维利(Machiavel)197及(注释55),404及(注释38)

麦安戴河(Maeander)120(注释9),160

麦安德利乌斯(Maeandrius)138,139,141–142

马格奈西亚(色萨利的)[Magnesia (in Thessaly)] 233,240

马格奈西亚（麦安戴河上的）［Magnesia (on Maeander)］352，834

马格奈西亚（西皮鲁斯岛上的）［Magnesia (on Sipylus)］117

曼达奈（Mandane）125

曼提内亚（Mantineia）214，630；寻求与阿尔戈斯结盟（seeks alliance with Argos）655–656，657；与雅典结盟（alliance with Athens）670–672；在～的会议（congress at）678；～战役（battle of）679–690

曼提泰乌斯（Mantitheus）740

马拉松（Marathon）2（注释5），4，9，60–61，60（注释7），70，73，86，106，114，144，175，177，182，184–194及注释

马尔多尼乌斯（Mardonius）：讨伐色雷斯和马其顿（expedition to Thrace and Macedonia）166-7；～与入侵希腊（and invasion of Greece）202，203–4，260；在奥林匹亚赛会上（at Olympic Games）256；建议撤退（advises retreat）269，274；在色萨利过冬（winters in Thessaly）270；咨询神谕（consults oracles）275及（注释3）；主动提出条件（offers terms）277，278；到达雅典（arrival at Athens）278；在普拉提亚（at Plataea）280–292，366；～阵亡（death of）293

马东泰斯（Mardontes）300

马西斯提乌斯（Masistius）283，292

马斯卡麦斯（Maskames）357

马扎莱斯（Mazares）131–132

米底（Medes）142，154，240，268

麦加巴泰斯（波斯海军将领）［Megabates (Persian admiral)］150，151–152(注释6)，239，337

麦加巴祖斯（Megabazus）146，148，166，376

麦加克莱斯（执政官）［Megakles (archon)］11，467

麦加克莱斯（阿克比亚戴斯祖父）[Megakles (grandfather of Alkibiades)] 97

麦加克莱斯（庇西特拉图的对手）[Megakles (rival of Peisistratus)] 36, 38, 46, 52, 53, 59–60, 179

麦加拉（Megara）：海军的实力（naval power）10；泰亚盖奈斯统治下（under Theagenes）11；争夺萨拉米斯（contests occupation of Salamis）17；因希腊人撤退遭遇危险（endangered by retreat of Greeks）261；与普拉提亚战役（and battle of Plataea）282, 292, 295；寡头统治下（governed by oligarchy）310；对雅典的价值（value to Athens）369–370 及（注释27），371–373；~的长墙（Long Walls at）372, 595–596, 597；与雅典结盟（in alliance with Athens）382；反雅典的暴动（revolts against Athens）384–386, 951；为科林斯提供船只（provides ships for Corinth）442；贸易禁运和联系终止（prohibition on trade or intercourse）457–458 及（注释3–4），470；对~的入侵（invasion of）485, 594–598 及（注释7）；与尼奇亚斯和约（and Peace of Nikias）649

麦加拉（西西里的）[Megara (Sicily)] 310, 318, 751, 759, 782

麦吉斯提亚斯（Megistias）250

美狄亚斯（Meidias）403

麦库贝纳（Mekyberna）659

麦莱桑戴尔（Melesander）508

麦莱西普斯（Melesippus）480

麦莱图斯（Meletus）731, 742

麦利图斯（Melitus）948

米洛斯（Melos）558, 698–704 及（注释27）

孟菲斯（Memphis）140, 376

米南德（Menander）775, 787, 790, 795, 921

门戴（Mende）622–625

麦奈戴乌斯（Menedaeus）562–563

美塞尼亚（伯罗奔尼撒的）[Messene (in Peloponnese)] 373

麦塞奈（西西里的）[Messene (in Sicily)] 309，311，314，321，712，713

麦塔彭同（Metapontum）786

麦塔纳（Methana）586，648

麦托奈（拉科尼亚的）[Methone (in Laconia)] 375，484

麦托奈（马其顿的）[Methone (in Macedonia)] 624

麦廷姆纳（Methymna）525，753，820，898–899

麦提奥库斯，雅典人米尔提亚戴斯之子（Metiochus, son of Miltiades the Athenian）163

度量衡监督官（Metronomi）348

米戴亚（Midea）368

米库图斯（Mikythus）321，322，327

米利都（Miletus）428；~的创建（founding of）5（注释17）；贸易的扩展（extension of trade）74；受古盖斯入侵（invaded by Gyges）117；被阿吕亚泰斯围攻（besieged by Alyattes）118–119；血腥冲突（intestine conflicts）130；未屈从于哈尔帕古斯（not subject to Harpagus）132，134；与波吕克拉泰斯的战争（at war with Polykrates）136；阿利斯塔戈拉斯统治下（ruled by Aristagoras）149，157–158；被波斯人围攻（besieged by Persians）154–155；被占领（captured）162–163，164；被赐予提萨菲奈斯（given to Tissaphernes）818；被雅典人放弃（abandoned by Athenians）822；伯罗奔尼撒军队在~（Peloponnesian force at）823–825；在~签订的条约（treaty at）838–839；~的水手的骚动（mutiny of seamen at）869，870；在~的舰队的不满（discontent of fleet at）870；对抗提萨菲奈斯在~的要塞（objects to Tissaphernes' fort at）870；吕桑德在～的影响（effect of Lysander in）920–921

米尔提亚戴斯（堂侄）[Miltiades (nephew)] 97，302；获得凯尔索奈斯（acquisition of Chersonese）8，69（注释34），70，74，147及（注释2）；被控告、监禁和去世（impeachment, prison and death）97，195–197及（注释54），220；逃离波斯人（escapes from Persians）163；～的性格（character of）178–179；对～的审判（trial of）178及（注释13）；当选为将军（elected general）183–184；在马拉松战役中（at battle of Marathon）186–190；讨伐帕罗斯（expedition to Paros）194–195

米尔提亚戴斯（叔叔）[Miltiades (uncle)] 68–69及（注释34），74，301

明奈穆斯（Mimnermus）54，117

明达鲁斯（Mindarus）：遭提萨菲奈斯欺骗（deceived by Tissaphernes）870–871；避开特拉叙鲁斯（eludes Thrasyllus）871–872及（注释3）；库诺塞马战役（battle of Kynossema）873–875；夺回被俘的三列桨战船（recovers captured triremes）875；舰队被消灭（fleet destroyed）876–878；～之死（death of）878，879

米诺亚（Minoa）3，306，595，621

米提莱奈（Mitylene）：与～的战争（war with）68；帕克提亚斯被送往～（Paktyas sent to）131；雅典的盟友（as ally of Athens）438；～的暴动（revolt of）525–534；其居民的命运（fate of its inhabitants）534，536–541；流亡者夺占罗泰翁和安坦德鲁斯（exiles capture Rhoeteium and Antandrus）587；被开俄斯舰队夺取（taken by Chian fleet）820；对～的封锁（blockade of）899–901，902，903

姆奈西克莱斯（Mnesikles）426

摩吕克雷翁（Molykreion）561

穆尼奇亚（Munychia）334

穆吕奇戴斯（Murychides）278

穆萨乌斯（Musaus）63

米卡莱战役（Mykale, battle at）297，298–303，330

米凯纳（Mykena）171，282，368–369及（注释24）

米科努斯（Mykonus）533

米尔奇努斯（Myrkinus）146，148，158

米隆尼戴斯（Myronides）371，374

米乌斯（Myus）151

瑙克雷达斯（Naukleidas）948

船区（Naukraries）10，28，31，81

瑙帕克图斯（Naupaktus）：被雅典人占领（occupied by Athenians）375及（注释38），377；雅典海军基地（Athenian naval station）507，514，517，519，564，587–588；德摩斯提尼在～（Demosthenes at）559，560；遭伯罗奔尼撒军队威胁（threatened by Peloponnesian force）561；海军在～遭遇（naval encounter at）810–811

瑙普利亚（Nauplia）170

纳克索斯（西西里的）[Naxos (in Sicily)]：被盖罗夺占（taken by Gelo）307；居民被逐（inhabitants expelled）320；得雅典支持（supported by Athens）713；接纳雅典大军（receives Athenian armaments）738；作为冬营（as winter quarters）750；尼奇亚斯从～开拔（Nikias moves from）754；仍属雅典（remains Athenian）782

纳克索斯（岛）[Naxos (island)]：吕格达米斯统治下（under Lygdamis）61，74；对～的征服（conquest of）149–150；对～的围攻（siege of）151（注释7）；拒绝屈从波斯人（not under submission to Persians）167；被达提

斯夺占（seized by Datis）175–176；~的暴动（revolt of）356，361；在~的军事殖民者（kleruchies in）417

奈麦亚赛会（Nemean games）320

新公民（Neodamodes）685

尼凯拉图斯（Nikeratus）553

尼凯拉图斯（尼奇亚斯之子）［Nikeratus (son of Nikias)］934

尼奇亚戴斯（Nikiades）731

尼奇亚斯（Nikias）91，97，110，181，517，558，575，664，675，952；~的性格（character of）553–555；反对阿克比亚戴斯（in opposition to Alkibiades）555；反对克莱翁（in opposition to Kleon）555–556；宗教热诚及其在提洛岛上的慷慨（religious zeal and munificence at Delos）565；在斯法克泰利亚岛上的不作为（reluctance in the matter of Sphakteria）579；讨伐科林斯（expedition to Corinthian territories）585–586；在麦塔纳设置驻军（establishes garrison at Methana）86；占领库泰拉（occupation of Kythera）591–592 及（注释1）；自托罗奈返回雅典（returns to Athens from Torone）625；力主和平（urges peace）633；~和约（peace of）647–648，649，651–652 及（注释2）；出使斯巴达失败（failed mission to Sparta）670；因阿克比亚戴斯声誉受损（discredited by Alkibiades）672；性格上的懒散（inertness of character）696–697；在援助西西里问题上的辩论（in debate on aid to Sicily）717，718–724；提出西西里战争的计划（suggests Sicilian plan of campaign）737；在西西里（in Sicily）747–748；进攻叙拉古（attacks Syracuse）748–751；退往冬营（retreats to winter quarters）754；在对叙拉古的围困中（at siege of Syracuse）760–777；~的信件被送往雅典（letter sent to Athens）773–775；西西里远征（Sicilian expedition）784，786–787，789–791，793–795，798–804；被处死（put to death）805–807

索引

尼科德罗穆斯（Nikodromus）219–220

尼科麦戴斯（Nikomedes）372

尼科斯特拉图斯（雅典海军将领）［Nikostratus (Athenian admiral)］546–547，549，592，624–625

尼塞亚（Nisaea）370，372，385–386，485，507，521，596–597

法律审订委员会（Nomotheta）33，35，398–400

诺提翁（Notium）533，894–895，896

宁法伊翁（Nymphaeum）418（注释15）

宁弗多鲁斯（Nymphodorus）487，522

奥德吕西亚人（Odrysians）521–523

奥德修斯（Odysseus）66（注释27）

奥伊巴祖斯（Oebazus）302，303

奥伊尼亚戴（Oeniadae）376

奥伊诺伊（Oenoe）481及（注释29），862

奥伊诺菲塔（Oenophyta）374，383，384

奥尔派战役（Olpae, battle of）561–565

奥林匹亚（Olympia）216，438，469

奥林匹亚赛会（Olympic Games）11，52，256，527，672–674，675

奥林图斯（Olynthus）275，450，512，513

萨拉米斯的奥奈西鲁斯［Onesilus of Salamis (in Cyprus)］156

奥诺马克莱斯（Onomakles）861

奥诺马克利图斯（Onomakritus）63

奥科麦努斯（Orchomenus）384，682，683

奥尔奈亚（Ornea）368

奥罗伊泰斯（Oroetes）138，139

1649

奥罗普斯（Oropus）558，601，808，839

奥尔提吉亚（Ortygia）318，323，324，325 及（注释 68），760，771，781，793

奥萨（Ossa）232，239

陶片放逐法（ostracism）48，91–99 及（注释 38 和 41），114，220，221（注释 9），352，374，470（注释 18），697–699

奥塔奈斯（波斯将领）[Otanes (Persian general)] 141–142，148–149

奥佐利亚人（Ozolians）559–560，561

帕凯斯（Paches）531，532–534，540，544

派奥尼亚人（Paeonians）148 及（注释 3），216

帕贡达斯（Pagondas）601

帕克提亚（Paktya）69

帕克提亚斯（Paktyas）131–132

帕劳卡斯特罗（Palaokastro）566–567

帕莱奈（阿提卡的）[Pallene (in Attica)] 61，186

帕莱奈（色雷斯的）[Pallene (in Thrace)] 216，275，439，451，622

潘菲利亚（Pamphylia）212，362

泛希腊同盟（Pan-Hellenic alliance）168–169，175，225–231，340–341

帕纳提乌斯（Panatius）306，742

帕纳克同（Panaktum）653，660，661–662，663

泛雅典娜节（Panathenaic festival）63，65，74

潘高斯山（Pangaus, Mount）215，363

巴勒莫（Panormus）314，315，520

潘塔格诺图斯（Pantagnotus）136

帕拉鲁斯（伯里克利之子）[Paralus (son of Perikles)] 468，501–502，840

帕尔米斯（Parmys）142

帕尔纳苏斯（Parnassus）257，281，559，561

帕尔奈斯山（Parnes mountains）70

帕罗斯（Paros）120，150，194–195，270，877

帕尔哈西人（Parrhasii）658

帕泰农神庙（Parthenon）62，74，425–426，468–469

帕西皮达斯（Pasippidas）882

帕西泰利达斯（伯罗奔尼撒将领）[Pasitelidas (Peloponnesian commander)] 635

帕特摩斯（Patmos）533

保萨尼亚斯（克莱翁布罗图斯之子）[Pausanias (son of Kleombrotus)] 67，171，244，356，366，509；在普拉提亚（at Plataea）283，286–289，293–294，296；进攻底比斯（attacks Thebes）294–295；~的叛国（treason of）336–338，343–345，349；~之死（death of）345

保萨尼亚斯（作家）[Pausanias (author)] 297（注释48），805

保萨尼亚斯（普雷斯托亚纳克斯之子）[Pausanias (son of Pleistoanax)] 942，947–949；在围攻雅典时（at seige of Athens）927

佩达利图斯（Pedaritus）823，824，837

佩狄伊斯（Pedieis）52

佩加（Pega）369，373，382，386，595

佩劳姆（Peiraum）816，817

皮莱乌斯（Peiraeus）58，76，80，264，366，370；港口（harbour at）222；作为防御地点（as fortified space）334–336；~的要塞（fortifications of）346，347，392；商业关系（commercial relations）419；伯里克利时代重建（rebuilt under Perikles）424–425；对~的进攻（attack on）520；要塞被削

平(levelling of fortifications)855

佩桑戴尔(Peisander)730,740;参与政治小集团(visits political clubs)835–836;与阿克比亚戴斯谈判(negotiates with Alkibiades)837–838;四百人政权的阴谋(conspiracy of the Four Hundred)842,843,858;秘密前往戴凯雷亚(secretly leaves for Dekeleia)860

庇西特拉图(Peisistratus)17及(注释5),36,38,39(注释53),46,179,307;~的伟大(greatness of)52–53;~的欺骗(deceptions of)53;遭梭伦诅咒(denounced by Solon)53–54;~的篡位(usurpation of)55;统治和流放的反复(alternate rule/exile)57及(注释1),61(注释10);流亡中(in exile)58–59,60–61;管理国家的主人(as master of the administration)58;~的婚姻(marriage of)59–60;以欺骗手段复辟(restoration through deception)59;统治的最后阶段(last period of rule)61–63;因谋杀被控告(cited for trial for murder)62及(注释13);~强制征税(and imposition of tax)62(注释13);~的治理(government of)63–64;~与荷马的诗歌(and Homeric poems)63,74;~之子(sons of)64–72及(注释24);~的对外政策(foreign policy of)68–69;内部事务(internal affairs of)73–74;外部事务(external policy of)74

佩塔戈拉斯(Peithagoras)306

佩提亚斯(Peithias)545

佩拉斯吉人(Pelasgi)3(8),360

佩琉斯(Peleus)105

伯罗奔尼撒战争(Peloponnesian War)39,89,108,111,252,334,346,355,492–494;~的直接原因(direct cause of)445及(注释71);对阿提卡的第一次入侵(first invasion of Attica)480–485;与雅典的瘟疫(and plague at Athens)495–498;对阿提卡的第二次入侵(second invasion of

Attica）495，507–509；雅典的远征（Athenian expeditions）498–499；海军的业绩（maritime exploits）507–508，514–521及（注释31–32），529，532–533，545，546–549；波提戴亚的投降（surrender of Potida）508–509；普拉提亚之围（siege of Plataea）509–512；在卡尔奇狄凯半岛（in Chalkidic peninsula）512–513；在阿卡纳尼亚（in Akarnania）513–514；在科林斯湾（in Gulf of Corinth）514–521；在色雷斯（in Thrace）521–523；伯里克利的战争计划（Perikles' plan of campaign）523–524；米提莱奈与莱斯沃斯的大部分暴动（revolt of Mitylene and greater part of Lesbos）525–541；与普拉提亚的投降（and surrender of Plataea）541–544；科西拉的动乱（sedition at Korkyra）544–552；对政治的影响（effect on politics）550–552；瘟疫和地震对～的影响（effect of plague and earthquakes on）556–557；在埃托利亚（in Aetolia）558–564；与奥尔派战役（and battle of Olpa）561–565；对斯法克泰利亚和派罗斯的占领和围困（capture/blockade of Sphakteria and Pylus）566–567，568，571–574，576–577；雅典与斯巴达的休战协定（armistice between Athens and Sparta）572–576；有关雅典战略的辩论（debate on Athenian strategy）577–580；对科林斯土地的征讨（expeditions against Corinthian territories）585–586；对科西拉的战争（campaign against Korkyra）86–87；斯巴达讨好波斯人（Spartan overtures to Persians）587–588；占领库泰拉（capture of Kythera）591–594；～的转折点（turning point in）591；雅典对麦加拉的企图（Athenian attempt on Megara）594–598；进攻戴利翁（attack on Delium）598–605；布拉西达斯的战斗（campaigns of Brasidas）606–618；一年的停战协定（one-year truce）619–623，629–634；战端重开（resumption of war）623–629，634–635；安菲波利斯战役（battle of Amphipolis）635–643，647；尼奇亚斯和约（peace of Nikias）647–655；～中的地下活动（intrigues in）

651–669；盟友的不满（discontent of allies）655-664；与雅典和阿尔戈斯同盟（and alliance between Athens and Argos）668-672；新的反斯巴达同盟（new anti- Spartan League）670-672；第九十届奥林匹亚赛会（90th Olympic Games）672-674；~重启（resumption of）779-780；敌对行动重启（resumption of hostilities）808；~的进程（resume of）951-954；也见戴凯雷亚战争（Dekeleian War）

伯罗奔尼撒人（Peloponnesians）：舰队避开特拉叙鲁斯（fleet eludes Thrasyllus）871-872；不信任提萨菲奈斯（distrust of Tissaphernes）875，877；舰队被击败（fleet defeated）876-878

伯罗奔尼撒（Peloponnesus）4，238，314，327，365，371，373，376，381；在~的节日赛会（festival games at）224；薛西斯向~推进（Xerxes' advance on）251-252；与萨拉米斯战役（and battle of Salamis）260-262；被从薛西斯之下解放（liberated from Xerxes）271

五百斗级（Pentakosiomedimni）30，32

彭泰利库斯（Pentelikus）186，189（注释36），191

佩狄卡斯（Perdikkas）448-449，487，513，522-523，594，614；在马其顿（in Macedonia）625-629；前往~处的使节（envoys sent to）635；与和阿尔戈斯的条约（and treaty with Argos）691；被宣布为雅典的敌人（declared enemy of Athens）695

科林斯的佩利安戴（Periander of Corinth）16，43，119

伯里克利（克桑提普斯之子）[Perikles (son of Xanthippus)] 33，83，90，91，97，98，100，110，179，192，199，297（注释48），334，365，372，373，375，380，386，897，951；对~的攻击（attacks on）39；与奇蒙的敌对关系（enmity with Kimon）192；与长墙的修建（and building of the Long Walls）372；与奇蒙的回归（and return of Kimon）374；与克莱安

德利达斯和普雷斯托亚纳克斯的被流放（and banishment of Kleandrides and Pleistoanax）385；再度征服优卑亚（reconquers Euboea）385；～时代的司法改革（judicial changes under）387–412；担心被陶片放逐法放逐（afraid of being ostracised）393；雄辩（eloquence of）393–394；对抗奇蒙（opposition to Kimon）393；～的公共生活（public life of）393；论雅典的责任（on Athenian obligations）415–416；与雅典人殖民地的建立（and establishment of colonies of Athenians）417–422；～的海上远征（maritime expeditions of）418；对抗修昔底德（opposition of Thukydides to）422–424；～的建筑工程（building works of）424–427；与萨摩斯暴动（and Samian revolt）427–431；～谨慎而保守的政策（cautious/conservative policy of）437–438；提议通过麦加拉法令（introduces Megarian decree）458（注释4）；斯巴达人对～的指控（Spartan accusations against）467–470；婚姻（marriage）468；关于战争与和平的演说（speech on peace and war）471–473及（注释19）；拒绝接待斯巴达使节（refuses to see Spartan envoy）480–481；被诅咒和嘲弄（denounced and reviled）483，499；葬礼演说（funeral oration）487–492及（注释38）；对雅典人的演说（speech to Athenians）499–501；被控滥用公款（accused of pecuniary malversation）501及（注释8）；亲属死于瘟疫（death of relatives in the plague）501–502；再度当选将军（re-elected Strategus）502；～的性格（character of）503；对～的指控（charges against）503–507；战争计划（plan of campaign）523–524；与尼奇亚斯的比较（compared with Nikias）553–554；～的绵柔（compliancy of）584及（注释12）；扩张政策（expansion policy）705

伯里克利（伯里克利之子）［Perikles (son of Perikles)］897，905，907，909，916

佩利鲁斯（Perillus）305

佩林图斯（Perinthus）146，163，881

庇里阿西人（Perioeki）280，368，557

波斯（Persia）39，69，70，71，123；拒绝给予雅典援助（refuses help to Athens）100；~的统治区域（dominance of）125–144，166，205–216；色雷斯之主（as master of Thrace）146–147；舰队被消灭（fleet destroyed）166–167；~帝国（empire of）205；在温泉关的成功（success at Thermopylae）238–246；在阿尔泰米西翁的成功（success at Artemisium）246–249；在萨拉米斯战败（defeat at Salamis）259–271；在普拉提亚战败（defeat at Plataea）282–298；最终被击退（final repulse of）282–303；在米卡莱战败（defeat at Mykale）298–303；对希腊的失败（failure against Greece）329–330；~的恐惧（fear of）343；斯巴达主动向~示好（Spartan overtures to）587–588；君主制（monarchy of）588–589；与斯巴达的条约（treaty with Sparta）814，818–819，838–839

橄榄叶放逐法（Petalism）99

法伊亚克斯（Phaeax）715–716

法拉利斯（Phalaris）304–305及（注释1），321

法莱隆（Phalerum）72，80，189，222，256，259，260，269

法尔纳巴祖斯（Pharnabazus）：邀请斯巴达舰队前往赫勒斯滂（invites Spartan fleet to Hellespont）814，826，827；与和斯巴达的条约（and treaty with Sparta）839；与斯巴达人在赫勒斯滂地区的合作（cooperates with Spartans in the Hellespont）868，869，875，876，883；帮助卡尔凯东（assists Chalkedon）881；援助被击败的舰队（gives aid to vanquished fleet）881；与雅典人订立条约（treaty with Athenians）884，885；监禁雅典人使节（holds Athenian envoys captive）886

法塞利斯（Phaselis）362，378

法伊鲁斯（克罗同的）[Phayllus (of Kroton)] 255

法伊鲁斯（叙拉古的）[Phayllus (of Syracuse)] 707

菲狄亚斯（Pheidias）426，468–469 及（注释 14）

菲狄皮戴斯（Pheidippides）60（注释 7），182–183，193

腓尼基人（Phenicians）136，159，246，314，376，850；海盗（as pirates）10；舰队进攻伊奥尼亚（fleet attacks Ionia）156，164；船只被狄奥尼修斯俘虏（ships captured by Dionysius）61；帮助建筑横跨赫勒斯滂的桥梁（help build bridge across Hellespont）206，207；在萨拉米斯（at Salamis）266，267，268；在西西里（in Sicily）306；舰队在埃翁（fleet at Eion）362 及（注释 10）；舰队被派往萨摩斯（fleet sent to Samos）428，429；受邀帮助打垮雅典（invited to help crush Athens）480；提萨菲奈斯承诺提供~舰队（fleet promised by Tissaphernes）826，827，868，870–871 及（注释 1）；舰队被解散（fleet disbanded）875

腓力（佩狄卡斯之子）[Philip (brother of Perdikkas)] 450，522

菲罗科鲁斯（Philochorus）8（注释 38），792

菲罗克莱斯（Philokles）905，921，924

菲罗库普鲁斯，亲王（Philokyprus, prince）49

菲罗布罗图斯（Philombrotus）20

菲琉斯（Phlius）235，694

弗伊尼基人（Phoenicians），见腓尼基人（Phenicians）

弗凯亚（Phokaea）160，372；斯巴达拒绝援助~（refused aid from Sparta）130–131；~被征服（subjugation of）132–135；城镇被弃（desertion of towns）257；波斯盟友（as ally of Persia）274，281

弗奇翁（Phokion）631

弗奇斯（Phokis）68，375，377，382，384，559，599

弗尔米奥（Phormio）477，514-520，529，547

弗尔米西乌斯（Phormisius）955

胞族（Phratries）7，28，39

弗吕尼库斯（将军）[Phrynichus (general)] 833–834，842；试图消灭阿克比亚戴斯（tries to destroy Alkibiades）833–834；被剥夺指挥权（deposed from command）835；四百人政权的阴谋（conspiracy of Four Hundred）851，852–853 及（注释 22）；被刺杀（assassinated）854，861 及（注释 34）

诗人弗吕尼库斯（Phrynichus the poet）164 及（注释 23），703

菲伊（Phye），装扮成雅典娜（dressed as Athene）59–60 及（注释 7），307

菲莱（Phyle）661，943–944 及（注释 65）

品达（Pindar）320，321，327

品达鲁斯（Pindarus）121-2

皮苏泰斯（Pissuthnes）430，814

米提莱奈的皮塔库斯（Pittakus of Mitylene）16，20，122

普拉提亚（Plataea）365；～战役（battle of）83，89，91，280–292；与雅典结盟（in alliance with Athens）101–102 及（注释 3）；纪念～战役的纪念碑（monuments to）293 及（注释 36），294（注释 40）；与勇敢奖（and prize of valour）295–296；自治得到保证（autonomy guaranteed）296–297 及（注释 48）；被底比斯人占领（occupied by Thebans）474–476；～之围（siege of）509–512，509–513 及（注释 29）；～的投降（surrender of）541–544

柏拉图（Plato）26，43，44（注释 66），180，665，940

普雷斯托亚纳克斯（Pleistoanax）385，421，619–620，658，660

普雷斯托拉斯（Pleistolas）648

普兰米利翁（Plemmyrium）781–782，793

普鲁塔克（Plutarch）22，27，35，41，44，52，67，88，131（注释 28），

171，180，196，244，295，296，338，353，365，482，534；论陶片放逐法（on ostracism）97；论伯里克利（on Perikles）412；论雅典艺术（on Athenian art）426；论弗奇翁（on Phokion）631

皮尼克斯山（Pnyx）74，536

军事执政官（Polemarch）6，684

波莱摩（Polemo）79

波利斯（Pollis）635–636

波吕埃努斯（Polyaenus）122，171

波吕达米达斯（Polydamidas）624

波吕格诺图斯（Polygnotus）426

波吕克拉泰斯（Polykrates）61，69，134，136，137，138–139，141

波吕克利图斯（Polykritus）271

波吕佩孔（Polyperchon）22（注释16）

波吕斯特拉图斯（Polystratus）859，862（注释39）

波吕泽鲁斯（Polyzelus）307，317，318

波提戴亚（Potidaea）274–275，622，624；导致封锁的事件（events leading to blockade of）439–451; 暴动与被围（revolt/blockade of）449–451; ~暴动（revolt of）465，466; ~有条件的投降（capitulation of）508–509; ~投降（surrender of）508–509

普拉西埃（Prasiae）499

普利亚姆（Priam）210

普利埃奈（Priene）118，132，428

预算委员会（Probuli）812

普罗狄库斯（Prodikus）51

普罗克莱斯（Prokles）558，560

普罗孔奈苏斯（Prokonnesus）163

普罗索皮提斯（Prosopitis）376

普罗泰西劳斯（Protesilaus）302，303

普罗托马库斯（Protomachus）897，905

普吕塔内翁（Prytaneium）22，40，46

主席团（Prytanes）31，34（注释42），84，731

普桑麦提库斯（Psammetichus）411（注释55）

普萨乌米斯（Psaumis）327

赫利奥波利斯的普塞诺菲斯（Psenophis of Heliopolis）49

德摩凡图斯的命令（Psephism of Demophantus）67（注释29）

伪色诺芬（pseudo-Xenophon）402（注释34），403，405，435

普泰利亚（Pteria）128

皮德纳（Pydna）350，450，877

派罗斯（Pylus）634，640，651，654，660，662，663，883；～战役（battle at）568，569–572，576，578，580

毕达哥拉斯（Pythagoras）158，409

皮提亚赛会（Pythian games）320

皮托多鲁斯（执政官）[Pythodorus (archon)]933

皮托多鲁斯（雅典将军）[Pythodorus (Athenian general)]712，713，714

皮托尼库斯（Pythonikus）731

拉凯鲁斯（Rhakelus）60（注释8）

莱吉翁（Rhegium）306，314，321，322，327，712，713，733，736–737，738，768，783

莱内亚（Rheneia）138

利翁（Rhium）518–520

罗德斯（Rhodes）：托勒密讨好~（courted by Ptolemies）136（注释34）；~的陪审法庭（dikasteries in）404（注释40）；卡尔米努斯逼近~（Charminus near）826；伯罗奔尼撒舰队在~（Peloponnesian fleet at）827，837，839

罗马（Rome）：与雅典的对比（contrasted with Athens）6及（注释23），8（注释42）；~的法律（law in）12（注释62）；与钱币（and coinage）27–28

圣队（Sacred Band）602及（注释12）

萨达库斯（Sadokus）508

萨狄亚泰斯（Sadyattes）118

萨迦人（Saka）270，284，290，291

萨拉图斯（Salathus）531–532

萨拉米斯（塞浦路斯的）[Salamis (in Cyprus)] 156，157

萨拉米斯（岛）[Salamis (island)] 17及（注释5），282，521；被梭伦夺取（captured by Solon）17及（注释5）；梭伦的骨灰撒在~岛上（Solon's ashes scattered at）55；~战役（battle of）160–161，191，213及（注释27），259–271及注释，338；在~寻求避难（refuge sought in）253，278；在~的舰队（fleet at）255–256及（注释11）；被三十僭主攫取（seized by the Thirty）944

萨摩斯（Samos）：波吕克拉泰斯统治下（under Polykrates）61，69；克罗伊索斯考虑进攻（Croesus considers attacking）122；~的实力和独立（power and independence of）134，135–136；被大流士征服（conquered by Darius）135–137；~的建筑工程（building works at）138；相关事件（events on）138–142；在塞浦路斯的勇猛（bravery in Cyprus）156；拉戴战役的指挥官（commanders at Lade）161；波斯人在~过冬（Persians winter at）274；反波斯起义（revolt against Persians）298，301；建议把资金从提洛岛转移到雅典（propose transfer of funds from Delos to Athens）381–382；~

的暴动（revolt of）427–431 及（注释 47–48）；雅典舰队在~（Athenian fleet at）820；阿克比亚戴斯煽动~暴动（urged to revolt by Alkibiades）831–832；~的民主政治（democracy in）839–840；~的寡头政治（oligarchy in）846–847，851；~之围（siege of）932

撒丁尼亚（Sardinia）134，158

萨尔狄斯（Sardis）：克罗伊索斯统治下（under Croesus）50，124，128–129；古盖斯统治下（under Gyges）117；波斯人在~确立统治地位（establishment of Persians at）128–130，132，156，157，259；大流士离开~（Darius leaves）149；~被焚（burning of）155–156，158；希斯提埃乌斯在~被钉死在十字架上（Histiaus crucified at）164；薛西斯在~（Xerxes at）210，228

萨提鲁斯（Satyrus）938

西徐亚（Scythia）118，217

解负令（Seisachtheia）15，21–28

塞琉古（Seleukus）40 (注释 55)

塞林努斯（Selinus）306，311，314，315，737，791

塞拉西亚（Sellasia）929

塞林布利亚（Selymbria）163，884 及（注释 27）

议事会（senate）37–38，57，85；梭伦的（Solonian）32–33 及（注释 38）；关于~的规定（regulations of）40

塞佩亚战役（Sepeia, battle of）170–171

塞米鲁斯（Sermylus）648

塞乌泰斯（Seuthes）523

西西里远征（Sicilian Expedition）493

西西里（Sicily）162，567，952；萨摩斯人移民~（migration of Samians to）

162；早期历史（early history）304–305；政府（government）305–306；萨摩斯人在~（Samians in）308；在盖罗领导下（under Gelo's leadership）309–318；遭迦太基人入侵（invasion by Carthaginians）313–314；击败迦太基人（defeat of Carthaginians）315–316；被希埃罗统治（ruled by Hiero）319–322；~的内部冲突（internal conflict in）324–327；流亡者回归~（return of exiles to）324–327；杜凯提乌斯统治下（under Duketius）708–709；~的繁荣（prosperity of）709–710；伯罗奔尼撒战争对~的影响（effect of Peloponnesian War on）710–724；西西里的民众政府（popular government of）710；与雅典和斯巴达的关系（relations with Athens and Sparta）710–711；多利安人城市进攻伊奥尼亚人城市（Dorian attacks on Ionic cities）711–712；向雅典求援（seek aid from Athens）712–713；~的和平（peace in）714；寻求雅典的援助（seeks aid from Athens）715，716–724；尼奇亚斯和约（and peace of Nikias）716；雅典对~的远征（Athenian expedition to）731–739，747–754；被派往~的兵力（forces sent to）779；德摩斯提尼对~的远征（Demosthenes expedition to）780–799；雅典人自~撤退（Athenian retreat from）798–804

西顿（Sidon）259，314

西盖翁（Sigeium）64（注释24），68，70，72

西卡努斯（Sikanus）751

西琴努斯（Sikinnus）263

西摩尼戴斯（Simonides）63，250，317

西诺佩（Sinope）418

西法伊（Siphae）599

西塔尔凯斯（Sitalkes），国王（king）448，487，508，521，522及（注释40–41）

西托尼亚（Sithonia）216

西托菲拉凯斯（Sitophylakes）348

斯卡曼戴河（Skamander river）210

斯卡普泰叙莱的矿山（Skapte Hyle, mines at）167，363

斯奇奥奈（Skione）246，622–625，648，659

斯奇利塔（Skirita）685，686

斯科鲁斯（比奥提亚的）［Skolus (in Boeotia)］281

斯科鲁斯（卡尔奇狄凯的）［Skolus (in Chalkidike)］648

斯库罗斯（Skyros）356，360，361，418

斯库泰斯（赞克莱独裁者）［Skythes (despot of Zankle)］306，308–309

奴隶（slaves）：梭伦有关~的法律（Solon's law concerning）44；普利埃奈的居民被卖为奴隶（inhabitants of Priene sold as）132；供出租（let for hire）317及（注释41）；与保萨尼亚斯的叛卖（and treason of Pausanias）344–345；藏于麦加拉（harboured at Megara）457；安布拉奇亚人为~（Ambrakiots as）477；伯罗奔尼撒战争中的~（in Peloponnesian War）546，547；对~的折磨（torture of）742；雅典战俘被卖为~（Athenian prisoners sold as）803；逃往戴凯雷亚（desert to Dekeleia）808

斯麦尔狄斯（Smerdis）142

斯米尔纳（Smyrna）117，119

索格狄亚努斯（阿塔薛西斯之子）［Sogdianus (son of Artaxerxes)］589

苏格拉底（Sokrates）605，665

索利翁（Sollium）484，649，656

梭伦（Solon）5，6（注释25和27），12，74，409；~之法（laws of）13，14；诗歌（poems）15，16，17及（注释5）；~的生平（life of）16；与征服萨拉米斯（and conquest of Salamis）17；~的诗歌（poems of）19，

22，23，54–55；被指定为执政官（created archon）20；货币贬值（debases money standard）21–22 及（注释 15），23–24；废止奴隶制（forbids slavery）21；大赦（grants amnesty）22；~受到欢迎（popularity of）23；与荣誉政体原则（and timocratic principle）28–33；创设公民大会（introduces public assembly）37 及（注释 51）；访问塞浦路斯（visits Cyprus）49 及（注释 71）；访问埃及（visits Egypt）49；在萨尔狄斯（at Sardis）50；诅咒庇西特拉图（denounces Peisistratus）53–54；~的去世（death of）54；骨灰被撒在萨拉米斯岛上（ashes scattered at Salamis）55;~的经济改革（economic reforms of）55–56

梭伦的法律和政制（Solonian laws/constitution）15，73，75，81，85，90；债务减免（debtor relief）21–28 及注释；可出口的农产品（exportable produce）41–44 及（注释 58）；惩治懒惰（punishment of idleness）42（注释 60）；强令养成勤劳和自足的习惯（enforcement of industrious/selfmaintaining habits）43–44；葬礼仪式（funeral ceremonies）44（注释 66）；遗嘱赠与（testamentary bequest）44；反对恶语（against foul language）45；论公共祭祀（on public sacrifices）45；论对赛会运动员的奖赏（on rewards for games）45；论水井的使用（on use of wells）45；论动乱（on sedition）46–48；论偷窃（on theft）46；~的接受（acceptance of）48–49

智者（Sophists）409–410 及（注释 53），703

索福克勒斯（将军）［Sophokles (general)］567，568–569，712，714

索福克勒斯（诗人）［Sophokles (poet)］408，428

索西克莱斯（Sosikles）107，108

斯巴达（Sparta）27，43，59–60（注释 7），71，74，101，127，382；进攻雅典（attacks Athens）100；伯罗奔尼撒同盟领袖（as head of Peloponnesian alliance）103; 在~召集同盟会议（convocation of allies at）107；拒绝援助弗凯亚（refuses aid to Phokaea）130–131；~的主持者（presidency of）137，168–169，175，330，340–341；拒绝援助萨摩斯（refuses aid to Samos）142，438；拒绝帮助伊奥尼亚起义（refuses to help Ionian revolt）153–154；与阿尔戈斯的战争（war with Argos）169–173及（注释4和7）；援助雅典被延迟（delays aid to Athens）182–183；与马拉松战役（and battle of Marathon）194；与在科林斯召集的大会（and congress at Corinth）228；与温泉关战役（and battle of Thermopylae）242–244，245，249；拒绝与薛西斯结盟（refuses alliance with Xerxes）276–277；拒绝援助雅典（refuses aid to Athens）277–278；派兵前往地峡（sends troops to the Isthmus）279–280及（注释10）；与普拉提亚战役（and battle of Plataea）280–292；与米卡莱战役（and battle of Mykale）300；对雅典设防的态度（attitude towards fortifications of Athens）331–332，335–336；同意分割海陆势力（agrees to separation of land/sea power）338–339；承诺援助塔索斯（promises help to Thasos）364–365；在伯罗奔尼撒的军事行动（military operations in Peloponnese）365–366及（注释37）；受到攻击（attacked）366–367；~的地震（earthquake in）366，367（注释22）；放弃与雅典的同盟（renunciation of alliance with Athens）368；军事成就（military exploits）372–373；与塔纳格拉战役（and battle of Tanagra）374；~的长老会（senate of）392；与"30年和约"的中断（and breaking of thirty years' truce）459–466；对雅典的要求（demands on Athens）470–471；侵犯圣所（violation of sanctuaries）470；伯罗奔尼撒战争初期的~（at beginning of Peloponnesian war）480；与对瘟疫的恐惧（and fear of plague）498；报复（retaliation against）508；普拉提亚向~投降（surrender of Plataea to）541–544；与在特拉奇斯人土地上的殖民（and colonisation of Trachinian territory）557–558；入侵阿提卡（invasion of Attica）567；进攻斯法克泰利亚（attacks Sphakteria）570–572；建议休战

（armistice suggested）572—576 及（注释 2）；~的防御措施（defensivemeasures of）593；与一年的休战（and one-year truce）619—623，629—634；与尼奇亚斯和约（and peace of Nikias）649—655；释放雅典战俘（releases Athenian prisoners）650，653；不受阿尔戈斯停战协定的限制（free from truce with Argos）654—655；与比奥提亚结盟（alliance with Boeotia）661—662；在曼提奈亚战役中（at battle of Mantinea）679—690；威胁阿尔戈斯（threatens Argos）689；与阿尔戈斯的条约（treaty with Argos）689—693 及（注释 13）；与和雅典结盟（and alliance with Athens）695，696；战争的必然性（inevitability of war with）777；与对阿提卡的再度入侵（and reinvasion of Attica）779—780；与波斯的和约（treaty with Persia）814，818—819，838—839；与开俄斯暴动（and Chian revolt）815；拒绝与四百人政权合作（refuses to cooperate with Four Hundred）853；与~的和约被拒绝（peace with rejected）879—881；与占领泰奥斯和德尔菲尼翁（and capture of Teos and Delphinium）894；主动求和（offers of peace）919 及（注释 1）；对~态度的变化（change in attitude towards）940—941

斯帕托鲁斯（Spartolus）512—513

斯法克泰利亚（Sphakteria）556，634，659，675，951；~被占领和围困（capture/blockade of）566—567，568，571—574，576—577，580—582，584—585，593

斯泰萨戈拉斯（Stesagoras）70

斯泰塞诺尔（Stesenor）157

斯泰西劳斯（将军）［Stesilaus (general)］188

斯泰奈拉伊达斯（Sthenelaidas）464—465

斯特拉波（Strabo）2（注释 2），117

将军（strategi）82 及（注释 13），89，348，387，389（注释 3），579，741

斯特拉托尼凯（Stratonike）523

斯特拉图斯（Stratus）513–514

斯特隆比奇戴斯（Strombichides）817，868，931–932，933

斯特吕蒙河（Strymon river）146，158，215，357，360，363，636；横跨~的船桥（bridge of boats across）209；~的重要性（importance of）615及（注释26）

斯特吕蒙湾（Strymonic Gulf）205，208

苏尼翁（Sunium）223

苏萨（Susa）126，148，149，159，162，164，205，259，379及（注释48）

叙巴利斯（Sybaris）305，420

叙巴利斯人（Sybarites）421

叙布塔（Sybota）546

叙罗松（Syloson）136，140–142

叙拉古（Syracuse）110，304，305，952–953；~的陶片放逐法（ostracism at）98–99；~的民主政治（democracy in）310–311（注释15）；被扩大（enlarged）310；被盖罗扩大（enlarged by Gelo）318；盖罗王朝垮台后（after fall of Gelonian dynasty）324，325及（注释67）；~的民主政治（democracy of）408；盖罗家族在~的根除（extinction of Gelonian dynasty at）706；~政制（constitution of）707；~的显赫（pre-eminence of）707，709；斯巴达盟友（as ally of Sparta）710；心系科林斯（attachment to Corinth）711；与莱翁提尼的争端（dispute with Leontini）715，716；与埃盖斯塔的争端（dispute with Egesta）716；雅典决定进攻~（Athenian resolve to attack）725–726；有关加强军备的辩论（debate on strengthening military condition）733–736；~政治（politics in）735–736；受到攻击（attacked）748–751；改善防御工事（improves fortifications）751；获得斯巴达援助（receives help from Sparta）754，757–758；遣使伯罗奔尼撒（sends envoys to

Peloponnesus）754；对~的进攻不成功（abortive attack against）759；~的防御工事（fortifications of）759–760；对~的围攻（siege of）760–777及（注释4）；进攻与反攻（attack and counterattack）781–798；在普兰米利翁的成功（success at Plemmyrium）781–782；击败雅典人（defeats Athenians）798–803；对战俘的处置（treatment of prisoners）803–804；处死将军们（execution of generals）805–807；雅典人在~的失败（Athenian defeat at）811

塔巴鲁斯（Tabalus）131

塔摩斯（波斯将领）[Tamos (Persian general)] 823，870

塔纳格拉（Tanagra）105，373–374，383，558，601

塔伦同（Tarentum）308，421，710，767

陶兰提亚人（Taulantii）440

泰盖亚（Tegea）284，289，291，292，339，630，655，682

泰拉蒙（Telamon）105

泰莱西拉（Telesilla）171

泰琉提亚斯（斯巴达统领）[Teleutias (Spartan captain)] 521

泰利奈斯（Telines）307

泰利斯（Tellis）484，658

腾佩（Tempe）231及（注释27），233

泰奈多斯（Tenedos）163，525

泰诺斯（Tenos）150，176

泰奥斯（Teos）132，817，820，894

泰莱斯（Teres）521

泰利鲁斯（Terillus）306，311，314

泰特拉波利斯（Tetrapolis）9

泰乌克鲁斯（Teukrus）742

泰乌提亚普鲁斯（Teutiaplus）533

米利都的泰利斯（Thales of Miletus）16，121

塔索斯（Thasos）351（注释38），363–365，394，612，614–615，842，851，882，926

泰亚盖奈斯（Theagenes）11

泰亚西戴斯（Theasides）218

泰贝（Thebe）210

底比斯（Thebes）：与庇西特拉图关系良好（on good terms with Peisistratus）60，74；与对雅典的战争（and war with Athens）101–102，105；服从大流士（submission to Darius）168；与温泉关战役（and battle of Thermopylae）242，243及（注释19），244–245，251；与普拉提亚战役（and battle of Plataea）290；遭保萨尼亚斯攻击（attacked by Pausanias）294–295；设防与强化（strengthened and fortified）373；占领普拉提亚（occupation of Plataea）474–476，543；在戴利翁的支队（regiments at Delium）601，602，603；摧毁泰斯皮埃城墙（destroys walls of Thespiae）630

地米斯托克利（Themistokles）97，372，412；反对阿利斯泰戴斯（opposition to Aristeides）38；与阿利斯泰戴斯的竞争（rivalry with Aristeides）92，220–221，346；~的双亲和性格（parentage and character of）178，179–180；海军政策（naval policy）221–222；在科林斯大会上（at congress in Corinth）225；在阿尔泰米西翁（at Artemisium）246，248，299；进入雅典（entry into Athens）253；邀请流亡者回国（invites exiles to return home）254；与萨拉米斯战役（and battle of Salamis）261–265；在萨拉米斯（at Salamis）269–270；与给勇敢者授奖（and reward for valour）272–273及（注释39）；欺骗斯巴达人（outwits Spartans）331–332；与对雅典的设防（and fortifications of Athens）333–334；与皮莱乌斯的设防（and fortification of Peiraus）334–336；被憎恨和恐惧（as hated and feared）349 及（注释35）；~的流放（banishment of）350–352（注释38）；在波斯宫廷（at Persian court）351–352；去世（death of）352，353

拜占庭的泰奥多鲁斯（Theodorus of Byzantium）409

泰奥麦斯托尔（Theomestor）298，301

泰奥弗拉斯图斯（Theophrastus）316，352，649

泰奥彭普斯（Theopompus）297（注释48），352，412，879

泰拉（Thera）698

泰拉麦奈斯（Theramenes）13–14，553，874，884，905，955–956；给海军水手支付工资（payment of wages to naval crew）822；与对斯巴达的条约（and treaty with Sparta）825；四百人阴谋（conspiracy of Four Hundred）836，851，853，854-5；支持召回阿克比亚戴斯（supports return of Alkibiades）858 及（注释27）；背叛性地出卖朋友（treacherousbetrayal of friends）860；搜罗掠获物和从敌人那里勒索金钱（collects plunder/extorts money from hostileterritories）877；指控将军们（denouncement of generals）906–910 及（注释53 和55），912；当选为将军和被罢黜（election and rejection as general）921；求和使者（as peaceenvoy）928–930；反对三十僭主（opposition to the Thirty）933–934，935，936–937；被控告（denounced）937–938；被判处死刑（condemned to death）938–939 及（注释53）

泰尔马（Therma）166，232，449

温泉关（Thermopylae）191，212，213；~战役（battle of）233–246 及注释，249

泰罗（Thero）311，314，315，319，321

提修斯（Theseus）4，38，39（注释53），49

地母节（Thesmophoria, festival）162

司法执政官（Thesmotheta）6 及（注释 24），86，399，400

泰斯皮埃（Thespiae）105

泰斯皮埃人（Thespians）599 及（注释 8）；在温泉关（at Thermopylae）242–243 及（注释 18），249，251；~的无助（helplessness of）630

伊卡利亚的泰斯皮斯（Thespis of Ikaria）48，74

泰萨鲁斯（奇蒙之子）[Thessalus (son of Kimon)] 667

泰萨鲁斯（庇西特拉图之子）[Thessalus (son of Peisistratus)] 64（注释 24），70，72

色萨利（Thessaly）231，270，292，339，360，369，376，818，826

第四等级（Thetes）18，21，22，31，820

三十僭主（Thirty Tyrants）13，89，111，403；~的任命（appointment of）96（注释 40），932–933；禁止演说术（forbid art of oratory）410；暴政（tyranny of）933–940；反对泰拉麦奈斯（oppose Theramenes）937–939；~被推翻（overthrow of）943–946；在埃琉西斯（at Eleusis）944，946，949–950；同意和平条件（agree terms of peace）949–950；~的职责（duties of）954–955

托利库斯（Thorikus）2（注释 5），882

色雷斯（Thrace）5（注释 18），278；大流士穿越~的远征（Darius' march through）146–147；马尔多尼乌斯穿越~的远征（Mardonius' march through）166–167；波斯征服~（Persianconquest of）205，208，211，216；~的矿山（mines in）363；在~的战争（war in）521–523；雅典在~遭遇灾难（Athenian disasters in）606，611–618，622，715；在雅典的~雇佣兵（mercenariesat Athens）809–810

色雷斯的凯尔索奈斯（Thracian Chersonese）68，74，211

特拉叙布鲁斯（Thrasybulus）：阿克比亚戴斯接近~（approached by Alkibiades）847–848；在赫勒斯滂的行动（action in the Hellespont）876，878；被许可进入塔索斯（admitted at Thasos）882；与卡尔凯东达成后者投降的条件（agrees terms with for capitulation of Chalkedon）884；进攻色雷斯（attacks on Thrace）890；设防弗凯亚（fortifies Phokaea）893–894；指控将军们（denunciation of generals）906–908 及（注释52）；逃离阿提卡（flees Attica）934；夺取菲莱（seizes Phyle）943–944 及（注释65）；在皮莱乌斯（at Piraeus）945，946–947，948；进入雅典（enters Athens）949

特拉叙布鲁斯（盖罗的兄弟）[Thrasybulus (brother of Gelo)] 307，317，322–324 及（注释62）

特拉叙布鲁斯（米利都独裁者）[Thrasybulus (despot of Miletus)] 119

特拉叙陶斯（Thrasydaus）318，321

特拉叙克莱斯（Thrasykles）817

特拉叙鲁斯（阿尔戈斯将军）[Thrasyllus (Argeian general)] 681–682

特拉叙鲁斯（雅典人）[Thrasyllus (Athenian)]：支持民主政治（supports democracy）847；被伯罗奔尼撒舰队绕开（eluded by Peloponnesian fleet）871–872；库诺塞马战役（battle of Kynossema）873–875；请求增援（asks for reinforcements）876；被派往伊奥尼亚（sent to Ionia）883，884；返回雅典（returns to Athens）890，905；被提名为将军（named as general）897；~的阵亡（death of）916

卡尔凯东的特拉叙马库斯 [Thrasymachus of Chalkedon] 409

特罗尼翁（Thronium）485

图狄普斯（Thudippus）590

修昔底德（麦莱西亚斯之子）[Thukydides (son of Melesias)] 380，413，422，424，553

修昔底德（奥罗鲁斯之子）[Thukydides (son of Olorus)] 1, 2, 3, 4, 10, 16, 64, 98, 108, 179, 199, 213, 333, 334, 413, 482; 与庇西特拉图家族的联系（connection with Peisistratid family）62 及（注释 15）; 与哈摩狄乌斯和阿利斯托盖同的故事（and story of Harmodius and Aristogeiton）64–66, 67; 论雅典帝国（on Athenian empire）355 及（注释 1）, 356; ~的家庭（family of）419–20; 伯里克利的演说（on speech by Perikles）471, 473; 记录伯里克利所做的葬礼演说（on Perikles' funeral oration）487; ~对伯里克利的评语（judgement of Perikles）504–505; 论克莱翁（on Kleon）534, 536, 631; 论希腊政治（on Grecian politics）550 及（注释 18）; 关于斯法克泰利亚的记载（on Sphakteria）566–567; 关于塔索斯的记载（on Thasos）611, 612–613, 614–615; 被流放（exiled）614, 616; 关于米洛斯使者的记载（on Melian envoys）699; 论尼奇亚斯（on Nikias）806–807 及（注释 31）, 有关开俄斯政府的评论（comment on government of Chios）821; 对~的赞美（praise for）875（注释 9）

图利伊（Thurii）419, 420–421 及（注释 20）, 705, 710, 767

提摩卡莱斯（Thymochares）856 及（注释 25）, 874

提莱亚（Thyrea）592, 662–663

提苏斯（Thyssus）659

提格拉奈斯（Tigranes）298, 300

提摩戈拉斯（法尔纳巴祖斯的使者）[Timagoras (envoy of Pharnabazus)] 826

泰盖亚的提马戈拉斯（Timagoras of Tegea）508

提麦盖尼达斯（Timegenidas）285, 294, 295

提麦西劳斯（Timesilaus）418

荣誉政体（timocracy）28–33, 75

提摩克拉泰斯（斯巴达国王顾问）[Timokrates (Spartan commissioner)] 517

索引

亚吕苏斯的提摩克莱翁（Timokreon of Ialysus）181，349

提蒙（Timon）226

提摩纳萨（Timonassa）64（注释24），74

提摩克塞努斯（Timoxenus）275

提林斯（Tiryns）170，282，368，369（注释24）

提萨菲奈斯（Tissaphernes）：前往斯巴达的使者（envoy to Sparta）814，817；波斯与斯巴达之间的条约（treaty between Persia and Sparta）818；在米利都（at Miletus）821，822；被鼓励偏向雅典（encouraged to prefer Athens）830–831；承诺调动腓尼基人舰队（promises Phenician fleet）868，870–871及（注释1）；欺骗敏达鲁斯（deceives Mindarus）870–871；解散腓尼基舰队（dismisses Phenician fleet）875；俘获阿克比亚戴斯（captures Alkibiades）877

提托莱亚（Tithorea）257

托尔米戴斯（海军将领）[Tolmides (admiral)] 375，376–377，384，422

托罗奈（Torone）208，617–618，625，635

特拉奇斯（Trachis）234，239（注释13），557

贸易（trade）41–43，419及（注释18）

三列桨战船（triremes）515及（注释31）

特利坦泰克麦斯（Tritantachmes）256

三一区（Trittyes）28，81

特罗亚德（Troad）68，117，872

特罗伊曾（Troezen）4，137，252，499

特罗吉鲁斯（Trogilus）761

提戴乌斯（Tydeus）921，925

廷达利翁（Tyndarion）707

推罗（Tyre）259，314

提莱尼亚海（Tyrrhenia）162，320，707，792及（注释10）

克桑提普斯（伯里克利之父）[Xanthippus (father of Perikles)] 97，192，195，245，273，298，302，303

克桑提普斯（伯里克利之子）[Xanthippus (son of Perikles)] 468

克桑图斯（Xanthus）135

克塞纳莱斯（Xenares）660，661，662

克塞诺克利图斯（Xenokritus）420

色诺芬（Xenophon）43，125，126，416，665，879，890，904；与对将军的审判（and condemnation of the generals）906–907，915，917；论克莱奥丰之死（on death of Kleophon）929（注释22）

色诺芬（欧利庇得斯之子）[Xenophon (son of Euripides)] 508–509

薛西斯（Xerxes）67（注释29），88，106，142，144，160，166，175，190，191，228，230，231，232，297，300，301，314，317，356，357，363，370；烧毁卫城（burns Acropolis）104；~的性格（character of）201–202；与入侵希腊（and invasion of Greece）202–216，223，224；与征服埃及（and subjugation of Egypt）202；~之梦（dream of）204；与在赫勒斯滂海峡上架桥（and bridging of the Hellespont）206–208，210；与阿托斯山运河的修建（and building of canal at Mount Athos）208–210；~陆海军的兵力（land/navalforce of）211–214及注释；在温泉关（at Thermopylae）235，238–245，251；与占领阿提卡（and capture of Attica）252–259；在萨拉米斯（at Salamis）259–271；~的撤退（retreatof）270–271，301–302；提议与雅典和斯巴达结盟（suggests alliance with Athens and Sparta）276–277；~的失败（failure of）329–330；战俘被归还给~（prisoners returned to）337；与雅典订立休战和约（makes truce with Athens）378；~被刺杀（assassinationof）

588；遣使斯巴达（despatches to Sparta）588

薛西斯（阿塔薛西斯之子）[Xerxes (son of Artaxerxes)] 589

扎坤图斯（Zakynthus）375，507，558

扎琉库斯（Zaleukus）12（注释62）

赞克莱（Zankle）306，307–308，311

埃莱亚的芝诺（Zeno of Elea）409

第三等级（双牛级）（Zeugita）29，30及（注释36）

自由之神宙斯（Zeus Eleutherius）325

吕考斯的宙斯（在阿卡狄亚）[Zeus Lykaus (in Arcadia)] 217（注释1），619–620

奥林匹斯山上的宙斯神庙（雅典）[Zeus Olympius (Athens)] 62

城邦神宙斯（阿格利根同）[Zeus Polieus (Agrigentum)] 304

版权专有　侵权必究

图书在版编目（CIP）数据

希腊史：从梭伦时代到公元前403年 /（英）乔治·格罗特著；晏绍祥，陈思伟译．—北京：北京理工大学出版社，2019.6（2022.11重印）

ISBN 978-7-5682-6528-7

Ⅰ．①希… Ⅱ．①乔… ②晏… ③陈… Ⅲ．①希腊-历史 Ⅳ．①K545

中国版本图书馆CIP数据核字（2018）第295073号

出版发行 /	北京理工大学出版社有限责任公司
社　　址 /	北京市海淀区中关村南大街5号
邮　　编 /	100081
电　　话 /	（010）68914775（总编室）
	（010）82562903（教材售后服务热线）
	（010）68944723（其他图书服务热线）
网　　址 /	http://www.bitpress.com.cn
经　　销 /	全国各地新华书店
印　　刷 /	唐山富达印务有限公司
开　　本 /	850毫米×1168毫米　1/32
印　　张 /	55.5	责任编辑 / 顾学云
字　　数 /	1039千字	文案编辑 / 朱　喜
版　　次 /	2019年6月第1版　2022年11月第2次印刷	责任校对 / 朱　喜
定　　价 /	188.00元	责任印制 / 李志强

图书出现印装质量问题，请拨打售后服务热线，本社负责调换